U0816074

# 黔西南年鉴

QIANXINAN NIANJIAN

2021

·总第20卷·

黔西南州年鉴编纂委员会　主办
黔西南州史志办公室　编

方志出版社
Publishing House of Local Records

**图书在版编目（CIP）数据**

黔西南年鉴 . 2021 / 黔西南州史志办公室编 . -- 北京 : 方志出版社，2021.10
ISBN 978-7-5144-4907-5

Ⅰ . ①黔… Ⅱ . ①黔… Ⅲ . ①黔西南布依族苗族自治州—2021—年鉴 Ⅳ . ① Z527.32

中国版本图书馆 CIP 数据核字（2021）第 275622 号

**黔西南年鉴（2021）**

**编　　者：**黔西南州史志办公室
**责任编辑：**冯　松

**出 版 者：**方志出版社
地址　北京市朝阳区潘家园东里 9 号（国家方志馆 4 层）
邮编　100021
网址　http://www.fzph.org
**发　　行：**方志出版社图书经销中心
电话（010）67110500
**经　　销：**各地新华书店
**印　　制：**云南速盈印刷有限公司

**开　　本：**889mm × 1194mm　1/16
**印　　张：**36
**字　　数：**1040 千
**印　　数：**001 ~ 800 册
**版　　次：**2021 年 10 月第 1 版　　2021 年 10 月第 1 次印刷

ISBN 978-7-5144-4907-5　　**定价：**300.00 元

**· 版权所有　翻印必究 ·**

# 《黔西南年鉴》编纂委员会

主 任 委 员　张玉龙

副主任委员　黄　曼

委　　　员　王相宾　陶星明　李如晴

　　　　　　钟　辉　王　建　王淑芳

# 《黔西南年鉴》编辑部

主　　编　王淑芳

副 主 编　李正江　刘凡林

执行主编　覃　徐

编　　审　王天洋　王　梅

编　　辑　徐　燕　岑　英　张其炯　朱永娟　广　宇

编　　务　夏天武　冯文明　杨秀森　张素华

封　面　万峰湖（龙　波　摄）

封　底　晴隆二十四道拐抗战军事展览馆（李　颖　摄）

# 黔西南州2021年鉴编撰人员名单

（按姓氏笔画排列）

| | | | | | | | | |
|---|---|---|---|---|---|---|---|---|
| 刁　程 | 马俊锋 | 王　安 | 王　皎 | 王　辉 | 王　震 | 王　铃 | 王　爽 | 王太忠 |
| 王沾云 | 韦　鸿 | 韦　涵 | 韦汉华 | 韦安健 | 韦章泽 | 邓　春 | 邓云昊 | 龙　虎 |
| 龙冠华 | 卢　雨 | 卢加贵 | 卢孙丽 | 田　瑢 | 史旺龙 | 代　佳 | 冯　涛 | 冯青松 |
| 匡晶晶 | 吕　玉 | 任　云 | 任长林 | 刘　敏 | 刘一兰 | 刘发达 | 刘世英 | 刘庆锋 |
| 刘秋月 | 刘艳艳 | 刘崇芳 | 刘婷婷 | 刘德仁 | 齐　勇 | 闫　蕊 | 孙　波 | 孙　源 |
| 孙民鹏 | 孙政文 | 苏　丽 | 苏中华 | 苏学龙 | 李　鑫 | 李长江 | 李安进 | 李雨杭 |
| 李荣祥 | 杨　申 | 杨　钊 | 杨婷婷 | 杨镕榕 | 肖　蔚 | 吴成锴 | 李炫霖 | 吴克政 |
| 吴胤民 | 吴婷婷 | 岑士琦 | 邱国栋 | 何　微 | 余　芳 | 余冬梅 | 余金秋 | 汪　波 |
| 张　恒 | 张　艳 | 张　祺 | 张　婷 | 张延磊 | 张胜男 | 张家明 | 陆锐豪 | 陈　进 |
| 陈　蒙 | 陈大平 | 陈进云 | 陈茂雄 | 陈宝伦 | 陈隆彬 | 范德强 | 林荣植 | 卓　维 |
| 罗　凤 | 罗　兴 | 罗　红 | 罗　念 | 罗　怡 | 罗　康 | 罗　琪 | 罗　剑 | 罗子劼 |
| 罗仁勇 | 罗明刚 | 罗莎莎 | 周　瑜 | 周　密 | 郑开松 | 郎元厚 | 孟　倩 | 赵雯雯 |
| 胡兴林 | 胡远培 | 胡　倩 | 胡爱博 | 查仕云 | 柳艳平 | 钟　瑜 | 钟　天 | 段金辉 |
| 侯　琴 | 姚　青 | 贺　灵 | 贺江波 | 秦汉娣 | 聂　鑫 | 钱卜丽 | 铁建办 | 徐全超 |
| 徐佳嘉 | 郭木青 | 郭仁标 | 唐　韵 | 唐枫秋 | 唐保华 | 唐续家 | 陶　洁 | 黄　丽 |
| 黄　聪 | 黄安友 | 黄朝银 | 黄登巧 | 黄照康 | 龚启江 | 常　芮 | 阎　雄 | 梁蓉蓉 |
| 彭兴福 | 董华珍 | 覃　徐 | 喻　鹏 | 焦　淼 | 舒　吉 | 雷靖波 | 解昊月 | 雍云峰 |
| 褚秋芸 | 蔡　江 | 颜福当 | | | | | | |

# 编辑说明

一、本年鉴坚持以马克思列宁主义、毛泽东思想、邓小平理论、“三个代表”重要思想、科学发展观、习近平新时代中国特色社会主义思想为指导，坚持辩证唯物主义和历史唯物主义立场、观点和方法，全面、客观、系统记载和反映黔西南州2020年度经济建设、政治建设、文化建设、社会建设、生态文明建设等方面的基本情况及取得的成绩和经验，充分发挥存史、资政、育人作用，竭诚为全州经济社会发展服务，并为黔西南州志编修积累资料。

二、本年鉴设有类目、分目、次分目和条目，以条目记叙形式为主，主要由编辑说明、黔西南州行政区划图、兴义市城区图、图片资料、目录、特载、专文、大事记、州情概览、中共黔西南州委员会、黔西南州人民代表大会、黔西南州人民政府、政协黔西南州委员会、纪委监委、民主党派、群众团体、法治、军事、经济管理、农业农村、脱贫攻坚、工业、商贸服务、水利电力、城乡建设、生态环境、交通运输·邮政、金融、通信、教育、科学技术、文化旅游、卫生·体育、社会生活、应急管理、人物荣誉、县（市、新区）概貌、附录、索引等部分组成。除特载外，记述时限为2020年1月1日至12月31日。

三、本年鉴资料，主要由州直各部门、中央及省驻州各单位、各县（市）、义龙新区及有关单位提供，部分资料由州史志办公室直接收集。本书内“州”“黔西南州”指“黔西南布依族苗族自治州”。

四、年鉴中采用的数据，一般以统计部门为准，未列入统计范围的，以业务主管部门提供的数据为准。

# 黔西南布依族苗族自治州行政区划图

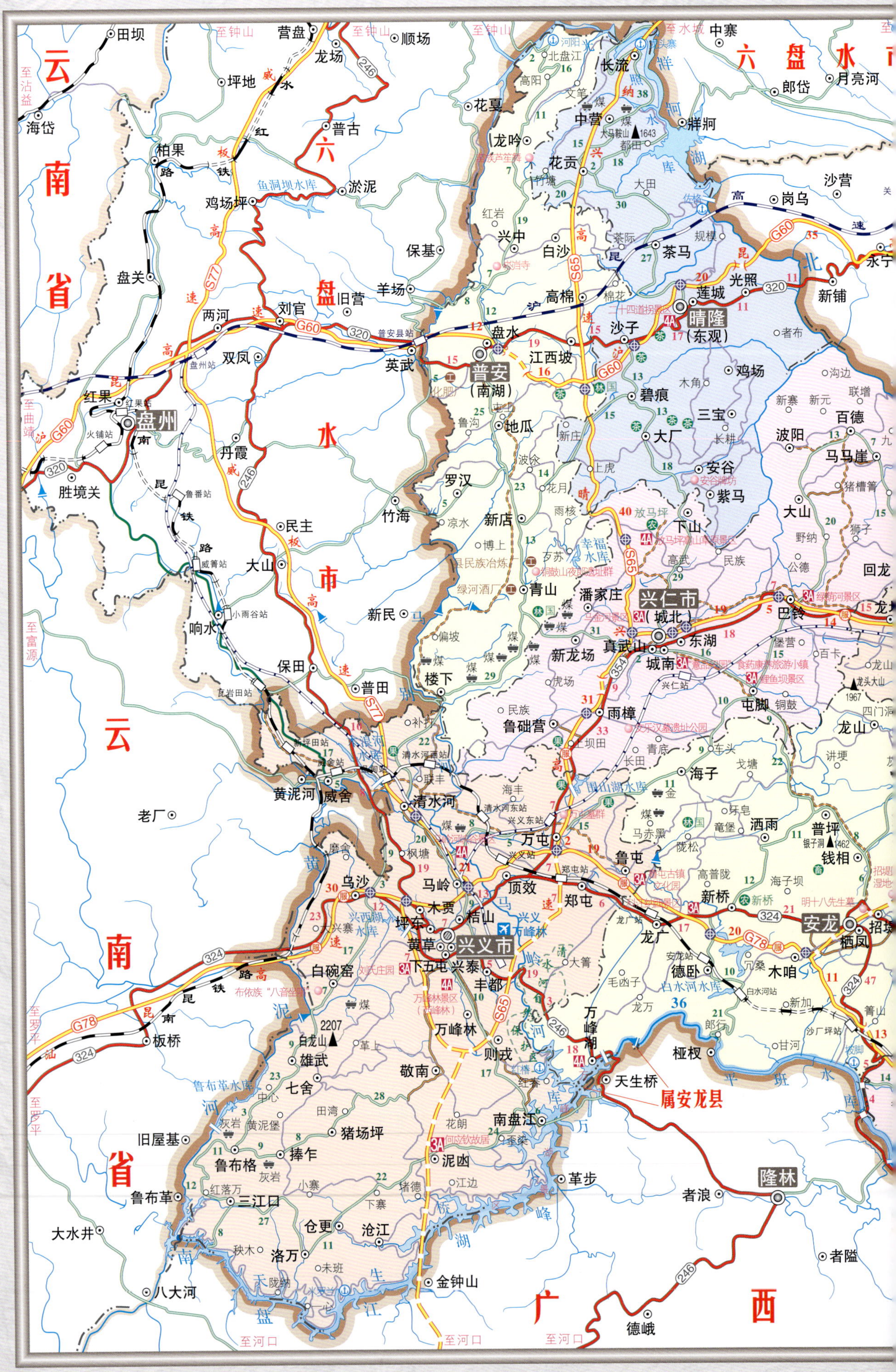


审图号：黔E（2019）001号

Scale 1：660 000

## 黔西南布依族苗族自治州兴义市城区图

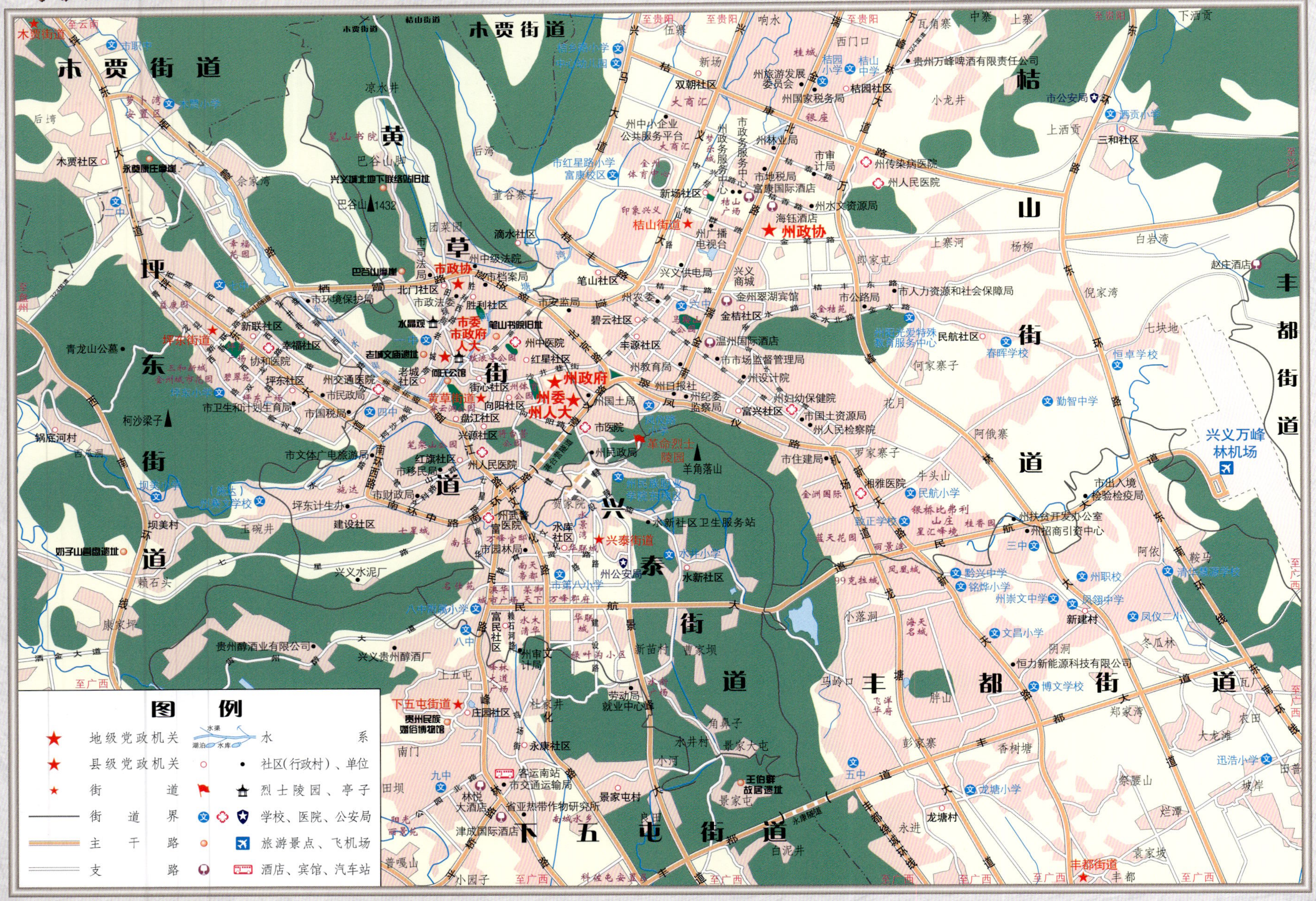


审图号：黔 E（2019）001 号

# 黔西南数字 2020

全州总面积：1.68 万平方千米
全州地区生产总值（GDP）：1353.40 亿元
第一产业增加值：249.35 亿元
第二产业增加值：462.99 亿元
第三产业增加值：641.06 亿元
年末户籍人口：371.79 万人
城镇户籍人口：158.11 万人
全年出生人口：2.75 万人
全年城镇新增就业：4.26 万人
失业人员再就业：6643 人
全年全州农村贫困人口脱贫：3.59 万人
全年全州农林牧渔业总产值：417.75 亿元
全年种植业产值：248.69 亿元
全年林业产值：32.53 亿元
全年畜牧业产值：112.19 亿元
全年渔业产值：4.24 亿元
全年全州粮食种植面积：299.95 万亩
全年粮食总产量：81.65 万吨
蔬菜种植面积：159.53 万亩
蔬菜及食用菌产量：239.92 万吨
果园面积：87.13 万亩
园林水果产量：35.98 万吨
年末猪存栏：106.99 万头
牛存栏：52.16 万头
羊存栏：44.81 万只
家禽存栏：965.52 万羽
全年猪出栏：142.55 万头
牛出栏：20.17 万头
羊出栏：39.10 万只
家禽出栏：1314.40 万羽
全年全州猪牛羊禽肉产量：17.99 万吨
全年全州禽蛋产量 3.36 万吨
全年全州水产品产量：1.34 万吨
全年全州规模以上工业营业收入：575.82 亿元
年末全州具有资质等级的总承包和专业承包建筑业企业：172 个
一级资质建筑业企业：4 个
二级资质企业：62 个
三级资质企业：106 个
全年全州建筑业增加值：125.48 亿元
全州商品房销售面积：498.39 万平方米
商品房销售额：219.78 亿元
年末市场主体总数：24.12 万户
市场主体注册资本：4075.65 万元
新登记市场主体：6.12 万户
全年进口总额：3.11 亿元
全年出口总额：2.69 亿元
利用外资金额：72 万美元
年末 AAAA 级旅游景区：10 个
全国重点文物保护单位：9 处 16 点
省级重点文物保护单位：37 处
省级以上乡村旅游重点村：17 个
乡村旅游扶贫重点村：115 个
全州客房数：4.77 万间
全州客房床位数：7.34 万张
全州艺术表演团体：22 个
艺术表演场馆：6 个
博物馆：11 个
公共图书馆：9 个
文化馆：9 个
乡镇综合文化站：126 个
年末公路通车里程：23019.06 千米
高速公路通车里程：616.05 千米
内河航道里程：1017.34 千米
四级航道：361.79 千米
五级航道：409.72 千米
六级航道：117.22 千米
七级航道：65.6 千米
等外级航道：63 千米
全年全州民航货邮吞吐量：782.89 吨
民航旅客吞吐量：104.26 万人次
全年邮政行业业务总量：4.09 亿元
快递业务量：892.91 万件
快递业务收入：1.83 亿元
电信业务总量：398.77 亿元
移动电话用户：357.78 万户
长途光缆线路长度：8.2 万千米
5G 基站建设完成：1088 个
全年全州财政总收入：173.25 亿元
全年全州税收收入：45.49 亿元
全年全州一般公共预算收入：113.13 亿元
全年全州一般公共预算支出：407.93 亿元
全年全州教育支出：93.97 亿元
全年全州农林水事务支出：71.89 亿元
全年全州社会保障与就业支出：42.65 亿元
年末全州金融机构人民币各项存款余额：1501.55 亿元
住户存款余额：831.28 亿元
金融机构人民币各项贷款余额：1575.61 亿元
住户贷款余额：723.34 亿元
全年全州境内股票市场筹资：5.14 亿元
全年全州境内债券市场筹资：2.94 亿元
全年全州证券、期货成交金额：356.1 亿元
全年保险公司原保费收入：29.28 亿元
全年保险公司赔付支出：12.96 亿元
全年城镇居民人均可支配收入：35154 元
全年农村居民人均可支配收入：11441 元
城镇居民人均消费支出：22536 元
农村居民人均消费支出：10810 元
城镇职工养老保险：25.59 万人
失业参保人数：16.75 万人
工伤参保人数：23.82 万人
城乡居民基本医疗保险参保人数：302.75 万人
城市居民最低生活保障：6.87 万人
农村居民最低生活保障：19.08 万人
社会服务机构收养救助：1095 人
全州销售社会福利彩票：1.57 亿元
筹集社会福利资金：2355 万元
全年技术合同登记：149 项
全年合同成交金额：17.62 亿元
普通高等教育招生：7583 人
普通高中招生：30934 人
中职教育招生：14312 人
普通小学招生：52033 人
特殊教育招生：506 人
幼儿园在园幼儿：125500 人
医疗卫生机构：2329 个
卫生机构人员：21483 人
助理医师：1707 人
执业医师：5198 人
2020 年贵州少年锦标赛金牌：33 枚
2020 年贵州少年锦标赛银牌：31 枚
2020 年贵州少年锦标赛铜牌：43 枚
全年人工造林：46640 公顷
木材采伐量：85.40 万立方米
处理群众环境信访诉求：235 件
审批建设项目环评：578 个
验收备案：1292 个

资料来源：州统计局

# ◆重大时政

2020 年 7 月 27 日，中国共产党黔西南布依族苗族自治州第七届委员会第十一次全体会议在兴义召开

（罗　康　摄）

2020 年 1 月 20 日，黔西南布依族苗族自治州第八届人民代表大会第五次会议在兴义召开　（魏浩然　摄）

2020 年 1 月 20 日，中国人民政治协商会议第八届黔西南布依族苗族自治州委员会第五次会议在兴义召开

（魏浩然　摄）

2020 年 1 月 10 日，黔西南州“不忘初心、牢记使命”主题教育总结大会在兴义召开　（魏浩然　摄）

2020 年 7 月 1 日，黔西南州脱贫攻坚“七一”表彰大会现场　（魏浩然　摄）

2020 年 7 月 10 日，黔西南州脱贫攻坚收官战誓师大会召开　（邢贵龙　摄）

2020 年 4 月 13 日，黔西南州党风廉政警示教育大会现场

（州纪委　提供）

2020 年 11 月 8 日上午，以“树黔菌品牌·强扶贫产业”为主题的 2020 中国·贵州食用菌产业发展大会在安龙开幕

（舒鹏倩　摄）

开幕式
①

开幕式
中国·贵州·义龙
②

中国·贵州·义龙
③

开幕式
中国·贵州·义龙
④

开幕式
⑤

中国·贵州·义龙
⑥

第六届黔西南州旅游产业发展大会
开幕式
⑦

① 中共黔西南州委书记刘文新宣布第六届黔西南州旅游产业发展大会开幕

② 中共黔西南州委副书记、州长杨永英作黔西南州文化旅游致辞推介

③ 贵州省文化和旅游厅党组副书记、副厅长许风伦致辞

④ 贵州省体育局副局长王华平致辞

⑤ 中共黔西南州委常委、兴义市委书记、义龙新区党工委书记顾先林致欢迎辞

⑥ 黔西南州人民政府副州长黄曼主持大会

⑦ 2020 年 9 月 28 日，第六届黔西南州旅游产业发展大会开幕

⑧ 2020 年 9 月 30 日，处处美景醉游客——第六届黔西南州旅游产业发展大会观摩活动见闻（单　微　摄）

⑨ 黔西南州文化旅游宣传推介会现场

⑩ 2020 年 10 月 30 日，第六届贵州兴义户外运动装备产业博览会开幕

（本版图片除已署名外均由魏浩然摄）

# 新冠疫情防控

## 援助湖北

①

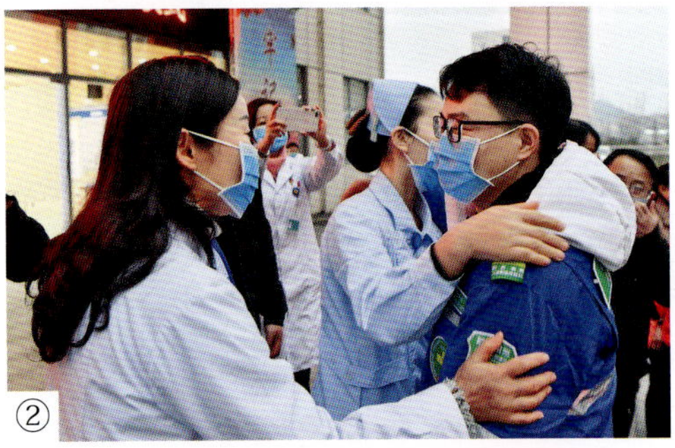
②

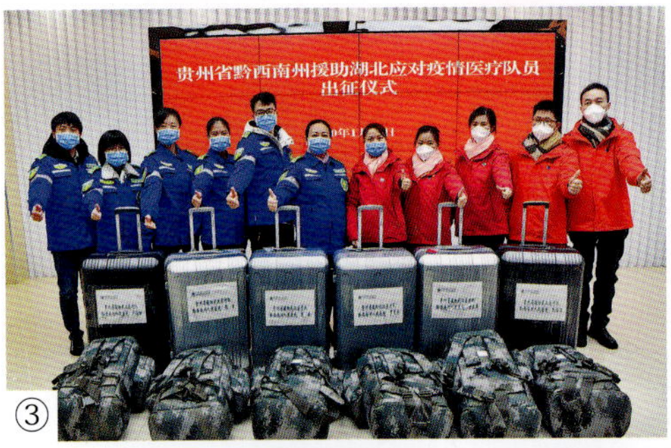

③

⑤

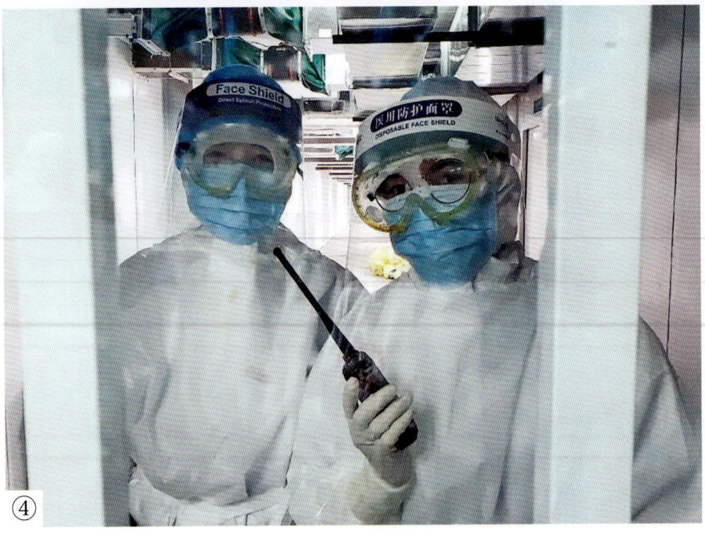

④

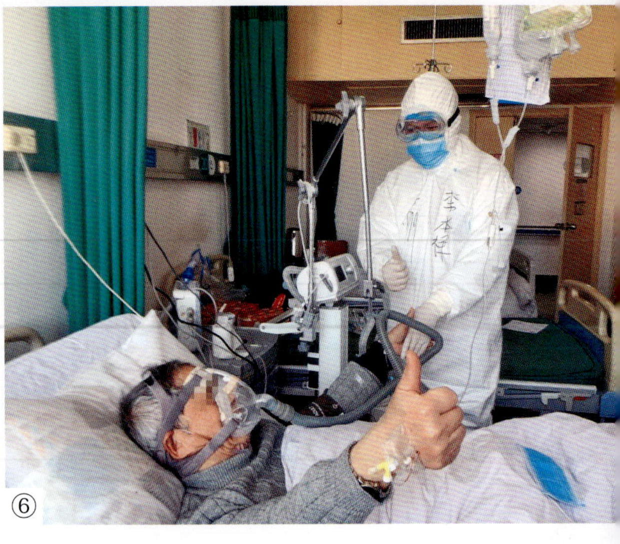
⑥

① 2020 年 1 月 27 日，兴义市人民医院组建援鄂医疗队 （魏浩然 摄）
② 2020 年 1 月 27 日，援鄂医疗队出征送行 （魏浩然 摄）
③ 2020 年 1 月 27 日，黔西南州援鄂医疗队出征前合影 （魏浩然 摄）
④ 2020 年 2 月 24 日，黔西南州人民医院援鄂医疗队员在鄂州工作中 （州卫健局 供图）
⑤ 2020 年 4 月 3 日，黔西南州人民医院援鄂队员胜利归来 （州卫健局 供图）
⑥ 黔西南州人民医院援鄂队队员获得患者赞扬 （州卫健局 供图）
⑦ 2020 年 2 月 19 日，3 名黔西南人参与武汉雷神山医院建设 （钱凌芸 摄）
⑧ 2020 年 2 月 15 日晚，3 辆冷藏运输车装载着普安县捐赠的蔬菜驰援湖北 （包华露 摄）
⑨ 2020 年 2 月 5 日，安龙县金旺农业有限公司向武汉市捐赠绿色有机蔬菜 22 吨，由武汉中百集团接收并分配 （安龙宣 摄）

## ○ 州内疫情防控

①

②

③

④

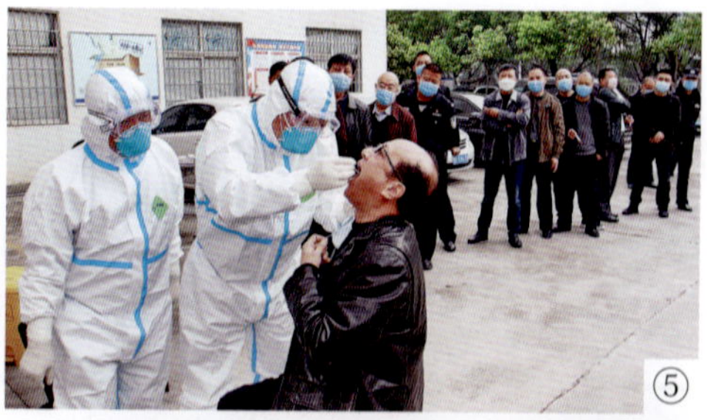
⑤

⑥

⑦

① 2020 年 1 月 31 日，义龙公安分局在兴义火车站等 8 个疫情检测服务站成立抗击新冠肺炎疫情党员突击队 （黄亨雨 摄）
② 2020 年 2 月 4 日，北盘江的临时党支部全体党员干部坚守卡点 （州报社 提供）
③ 2020 年 2 月 8 日，望谟县蟠桃街道大学生志愿者向群众宣传疫情防控知识 （于艳婷 摄）
④ 2020 年 2 月 2 日，州委书记、州应对新型冠状病毒感染的肺炎疫情防控工作领导小组组长刘文新到贞丰县看望一线防控工作人员 （龙 波 摄）
⑤ 2020 年 2 月 29 日，州疾控中心对各服务点民警作咽拭子核酸检测采样（张 京 摄）
⑥ 2020 年 2 月 1 日，兴义市公安、卫健部门在 G246 线开展疫情检查 （龙 波 摄）
⑦ 2020 年 2 月 24 日，兴义万峰林景区开放，对游客测温放行 （州报社 提供）
⑧ 2020 年 2 月 13 日，爱心人士向防控宣传服务站捐赠抗疫物资 （安龙先 摄）
⑨ 2020 年 3 月 17 日，普安县民警和医生到东城区实验学校上“开学安全第一课” （州报社 提供）

⑧

⑨

## 常态化管理

①

②

③

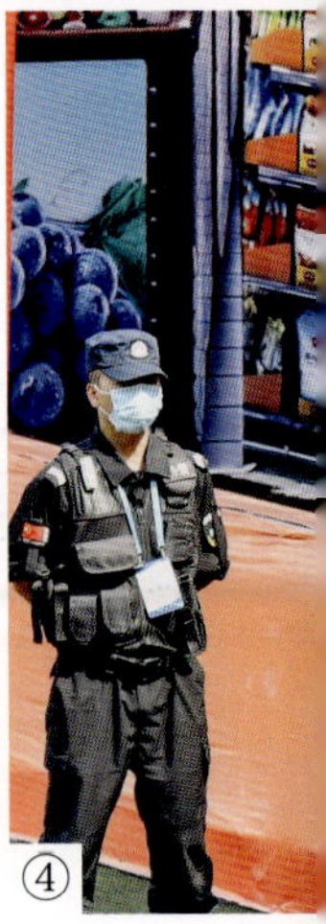

④

⑤

⑥

⑦

① 至 ④ 2020 年 7 月 30 日，黔西南州新冠肺炎疫情常态化防控综合演练在兴义体育中心举行（魏浩然 摄）

⑤ 2020 年 5 月 16 日，义龙新区在龙广镇中心小学、中心幼儿园举行 2020 年小学幼儿园春季开学演练，近 200 人参加（郎元厚 摄）

⑥ 2020 年 3 月 15 日，市人民医院到兴义九中进行体温监测（州报社 提供）

⑦ 2020 年 3 月 6 日，兴义市兴铭学校开展疫情应急演练（州报社 提供）

# ◆脱贫攻坚

## ○ 抗疫返岗

①

②

③

④

① 2020年4月8日，州政府与宁波市政府、州人社部门与宁波市人社部门、各县（市、新区）与宁波市对口帮扶区（市、县）三个层面签订11份促进稳岗就业协议（州扶贫办 提供）

② 2020年2月18日，460名农民工返岗就业（肖 雄 摄）

③ 2020年2月24日，安龙县2416名外出务工人员自驾车返岗就业（州扶贫办 提供）

④ 2020年2月21日，外出务工人员乘坐专机抵达宁波（蒋 曜 摄）

⑤ 2020年2月24日，兴义市工作人员核对外出务工人员信息（桂 松 摄）

⑥ 2020年6月10日，黔西南籍务工人员在宁波泰利电器有限公司工作（州报社 提供）

⑤

⑥

## 州内就业

①

②

③

④

⑤

⑥

① 新市民厨艺技能培训（岑 剑 摄）

② 珉城社区扶贫车间来料加工（郭泽玉 摄）

③ 贞丰县龙兴街道心安处社区绣娘制作手工艺品（郭泽玉 摄）

④ 贵州遵兴农业发展有限公司义龙分公司500亩辣椒种植示范基地（丁 政 摄）

⑤ 省民政厅帮扶晴隆县鸡场镇小王寨村、田坝村流转1500余亩土地种植辣椒（陈亚林 摄）

⑥ 2020年3月3日，56名搬迁群众在普安县九峰街道才华手袋厂就业（蔡定平 摄）

⑦ 2020年9月18日，安龙县130名绣娘和50名工匠在双龙小镇参加“锦绣助力·工匠演绎·巧手共创美好新生活”特色手工技能大赛（刘朝富 摄）

⑧ 册亨县引进知名企业落户巧马工业园，解决群众就业（何 洁 摄）

## ○ 乡村振兴

①

②

① ② 2020 年 12 月 28 日，州委书记刘文新（图 ② 前排中），州委副书记、州长杨永英（图 ② 前排右二），州人大常委会主任邓家富（图 ② 前排左二）、州政协主席陈国芳（图 ② 前排右一）出席乡村振兴指挥部成立揭牌仪式 （州报社　提供）

③ 中国少数民族特色村寨——贞丰县永丰街道七星湖社区 （贞丰县融媒体中心　提供）

④ 2020 年 7 月，册亨县秧坝镇福尧村 （陈东升　摄）

⑤ 2020 年 9 月，位于普安县青山镇哈马坝区“稻 + 鱼”的综合项目，亩产值 1 万余元 （吴　华　摄）

⑥ 2020 年 11 月 8 日，位于兴义市敬南镇新坪村小新寨的农副产品交易市场（冷库保温工程）建成投用 （邢贵龙　摄）

⑤

③

④

⑥

# ◆经济建设

## ○ 农业

①

②

③

④

⑤

① 农民驾驶收割机在安龙县招堤街道海庄村收割稻谷（刘朝富　摄）
② 灵芝种植助乡村振兴之——灵芝“王”（陈东升　摄）
③ 乌沙烤烟种植基地（任丽丽　摄）
④ 册亨县香蕉扶贫产业园核心区建成 8 千米的采蕉索道（易忠勇　摄）
⑤ 普安县龙吟镇 3500 余亩蜜柚种植基地（杨朝敏　摄）
⑥ 册亨县坡妹镇安水坪片区蛋鸡养殖产业（王子龙　摄）

⑥

○ 工业

①

②

③

④

⑤

⑥

⑦

① 贞丰县龙场二期 40 兆瓦林业光伏电站（州能源局　提供）
② 2020 年贵州振华义龙新材料有限公司（州工信局　提供）
③ 贵州兴仁登高新材料有限公司厂区鸟瞰图（州工信局　提供）
④ 2020 年贵州龙凯科技有限公司汽车轮毂生产线（州工信局　提供）
⑤ 阿妹戚托小镇居住区新市民在组装电动车（邵　梦　摄）
⑥ 在册亨县冗渡镇和坡妹镇交界的大顶柱风力发电机（梁兴星　摄）
⑦ 恒泰煤矿瓦斯发电储气罐（州能源局　提供）
⑧ 贵州省“四个一体化”重点项目——元豪电厂（田焜元　摄）

⑧

## 商贸

### 黔西南电商年货节

①

②

③

① 2020 年 9 月 9—13 日，在贵阳市参加第十届中国（贵州）国际酒类博览会（州商务局 提供）

② 2020 年 11 月 13—16 日，在宁波举行 2020 中国（宁波）食品博览会黔西南场馆（州商务局 提供）

③ 2020 年 9 月 16 日，举行 2020 年全国农产品产销对接行（贵州站）（州商务局 提供）

④ 2020 年 5 月 30 日，在兴义市举行 2020 年黔西南州"黔货出山"进军营采购洽谈会（州商务局 提供）

④

## ○ 交通设施建设

①

②

③

④

⑤

2020 年，黔西南境内开通两条高速，紫望高速和兴义环城高速。

① 紫望高速大坪隧道 （邢贵龙 摄）
② 兴义环城高速与汕昆高速交叉口 （罗 康 摄）
③ 从东峰林穿过的兴义环城高速 （州报社 提供）
④ 紫望高速公路新屯互通立交段 （邢贵龙 摄）
⑤ 兴义高速丰都收费站 （州报社 提供）

# ◆社会生活

Softball
①

第二名 800元
第一名 1000元
第三名 500元
“中国体育彩票杯”贵州省青少年射箭室内锦标赛
贵州观音山禅弓院
贵阳市南湖实验中学
黔射射箭俱乐部
GUI ZI ARCHERY CLUB
贵州观音山禅弓院
②

XINGYI
“迎中秋 庆国庆”
2020年环万峰林自行车赛
09:24:16
迎中秋 庆国庆
2020年环万峰林自行车赛
③

④

从军报国正当
⑤

⑥

⑦

① 2020 年 10 月 15—19 日，全国青年女子垒球锦标赛在义龙新区举行（张 懿 摄）

② 2020 年 12 月 6 日，贵州省射箭室内锦标赛在黔西南州举行（魏浩然 摄）

③ 2020 年 9 月 12 日，环万峰林自行车赛在兴义市开赛。456 名选手参赛（桂 松 摄）

④ 2020 年 1 月 24 日，央视跨年夜直播现场——新年新世界（2019—2020）晴隆县易地搬迁群众迎新年（陈亚林 摄）

⑤ 2020 年 10 月 6 日，武警贵州总队在黔西南州举行“迈好军旅第一步”主题文艺会演（王 栋 摄）

⑥ 2020 年 12 月 5 日，兴义智慧停车系统启用（陈茜茜 摄）

⑦ 2020 年 8 月 19 日，兴义市贵州醇景区体验馆（刘朝富 摄）

# ◆生态建设 〈〈〈〈

①

②

① 2019 年 8 月，安龙县蘑菇小镇新市民居住区（州扶贫办　提供）

② 中国少数民族特色村寨——贞丰县白层镇坝桥村（贞丰县融媒体中心　提供）

③ 2020 年建成的望谟县上亭水库（黔西南州水务局　提供）

④ 2020 年 4 月 2 日，水文工作者进行汛前测量（罗永前　提供）

⑤ 2020 年建成的册亨者述水库（黔西南州水务局　提供）

⑥ 2020 年 7 月，贞丰县挽澜镇农村人居环境治理（叶　烽　摄）

③

④

⑤

⑥

## 2020年建设中的天下布依景区一角

（本版图片由天下布依文化旅游开发有限公司提供）

# 目 录

## 特 载



## 专 文



## 大事记



## 州情概览

## 中共黔西南州委员会

## 黔西南州人民代表大会

## 黔西南州人民政府

## 政协黔西南州委员会

## 纪委监委



## 民主党派

## 群众团体

## 法　治

## 军　事

## 经济管理

## 农业农村

## 脱贫攻坚



## 工　业

## 商贸服务

## 水利电力



## 城乡建设

## 生态环境



## 交通运输·邮政

## 金 融



## 通 信

## 教　育



## 科学技术

## 文化旅游

## 卫生·体育

## 社会生活

## 应急管理



## 人物荣誉



## 县（市、新区）概貌

## 附 录

## 索 引

# CONTENTS

## Special Column



## Features



## Important Events



## An Overview of Southwest Guizhou Prefecture



## CPC Committee of Southwest Guizhou Prefecture

## Committee of National People's Congress of Southwest Guizhou Prefecture



## People's Government of Southwest Guizhou Prefecture



## People's Political Consultative Committee of Southwest Guizhou Prefecture



## Committee of Discipline Inspection and Supervision



## Democratic Parties



## Organizations of Associations

## Government by Law



## Military Affairs



## Management of Economic Operation



## Agriculture and Farming



## Head-on Combat against Poverty



## Industries



## Commerce and Service



## Hydraulic Engineering and Hydroelectricity

## Urban and Rural Development



## Eco-Environment



## Transportation and Postal Services



## Finance and Banking Industry



## Communications Services



## Education



## Science and Technology



## Culture and Tourism



## Healthcare and Sports



## Social Life

## Public Emergencies Office of Southwest Guizhou Prefecture



## Role Model Groups and Individuals



## Cities, Counties and Districts under Jurisdiction



## Appendix



## Index

# 特 载

## 在州委七届十二次全会上的总结讲话

（2020年12月28日）

州委书记　刘文新

在大家的共同努力下，州委七届十二次全会已经圆满完成各项既定任务，即将胜利闭幕。这是一次开门商大计、集智议大事的全会，是一次团结、紧张、严肃、活泼的全会，全面总结了“十三五”时期全州脱贫攻坚和经济社会发展取得的历史性成就，审议通过了州委《关于制定黔西南州国民经济和社会发展第十四个五年规划和二〇三五年远景目标的建议》《关于实施文旅兴州战略的决定》，并对“十四五”起步开局之年的经济工作进行了安排，高度统一了思想、充分凝聚了共识，系统描绘了蓝图、全面部署了任务，达到了预期目的，实现了预想效果！在此，我代表州委常委会，向各位委员、特邀代表和服务保障会议的所有同志，表示衷心的感谢并致以崇高的敬意！

回望极不平凡的“十三五”历程，我们牢记嘱托、感恩奋进，努力拼搏、超常奋斗，真可谓“看似寻常最奇崛、成如容易却艰辛”，更可谓“千淘万漉虽辛苦、吹尽黄沙始到金”！回首极其不易的决战收官之年，我们战贫、战疫、战灾同推进，大事、要事、难事一起抓，“必答题”“加试题”统筹做，一脚油门踩到底、一鼓作气战到底，以实干实绩兑现了“决战决胜2020一定要赢、一定能赢、一定稳赢”的庄严承诺！使命给了我们一副铁肩，组织给了我们十足动力，人民给了我们百倍信心，岁月给了我们千般磨砺，历史给了我们万丈光芒！

站在“两个一百年”奋斗目标的历史交汇点上，回头看看走过的路，昂首看看未来的路，强烈的、深沉的、厚重的历史感油然而生！历史的人要做历史的事，欣逢盛世更要不负盛世。我们要把握历史、担当历史、建功历史、书写历史、无愧历史，切实把中央、省委的重大部署和这次全会安排的任务抓紧抓实，始终做好“证明题”，不断取得新成效，一锤接着一锤敲，一件接着一件做，一届接着一届干，奋力写好经得起上上下下、方方面面乃至世世代代检验的历史新答卷！

第一，要提高站位把握历史。认识历史才能把握历史。我们要清醒认识、准确把握“关键时刻”“特殊阶段”“重大关头”的深刻内涵，切实把思想和行动统一到中央、省委的分析研判、战略考量、重大安排上来，不含糊、不犹豫、不懈怠，态度坚决、不折不扣贯彻落实各项决策部署，确保落地生根、开花结果。要严守党的政治纪律和政治规矩，树牢“四个意识”、坚定“四个自信”、做到“两个维护”，深入学习贯彻习近平新时代中国特色社会主义思想，将其作为认识世界、改造世界的哲学，指导实践、推动工作的科学，修身立德、律人律己的心学。要始终把习近平总书记重要指示精神作为一切工作的根本遵循，以高质量发展统揽全局，树牢正确的世界观、人生观、价值观，强化纯洁的历史观、权力观、政绩观，想问题、作决策、抓落实、促发展、惠民生都要善于先从政治上看待和把握，确保方向不偏、把握精准，有力推动全州各项事业高质量发展。当前，要以“开局就是决战、起步就要冲刺”的精神状态，统筹做好“抓收官、夺全胜、育先机、开新局”，确保明年“开门红”，迈好第一步、见到新气象，以优异成绩向党的百岁华诞献礼！

第二，要升华境界担当历史。胸怀历史才能担当历史。生逢其时是一种幸运，身在其中是一种自豪。就像脱贫攻坚一样，是“大浪淘沙”“英雄辈出”的时代，更是工作出彩、人生精彩的时代。我们对所处的新时代、所担的新使命，都要发自内心地把自己当作“历史的人”，认真负责地做好“历史的事”，尽管不能穷尽一切，但是可以穷尽一生！作为党员、干部，要自觉强化历史感，这样才会有强烈的使命感、责任感、紧迫感。要以“大我”“忘我”“无我”的思想情怀和“功成不必在我、功成必定有我”的精神境界，坚定不移围绕省委确定的“一二三四”总体思路和这次全会明确的“两大一高”主基调、五个主战略、十个主路径，毫无保留地贡献自己的智慧、才干、心力、汗水，将蓝图变成具体措施、变成实际行动、变成美好现实！要永葆共产党人的本色，讲“政品”、重“人品”，恒“务本”、怀“民本”，修“官声”、惜“名声”，始终做到不务虚功、不兴伪事、不采华名，说实话、谋实事、出实招、求实效，以工作的高质量换来发展的高质量，以干部的辛苦指数提升群众的幸福指数，不断实现人民对美好生活的向往！

第三，要增强本领建功历史。融入历史才能建功历史。以高质量发展统揽全局，是一场涉及各个方面的深刻变革。历史不以人的意志为转移，我们只有主动适应历史发展大趋势、积极融入历史发展大潮流，才能更好扛起推动高质量发展的大旗。作为领导干部，既要政治过硬，也要本领高强。要增强学习本领、政治领导本领、改革创新本领、科学发展本领、依法执政本领、群众工作本领、狠抓落实本领、驾驭风险本领，提高抓产业抓创新推“四化”的能力、抓招商抓营商促开放的能力、识别防范化解各类风险的能力、解民忧纾民困保民生的能力、贯彻新发展理念构建新发展格局的能力，加快适应高质量发展的新形势、新任务、新要求。要时刻警惕能力不足的危险，时刻都有本领恐慌的意识，增强“补课充电”的紧迫感，努力使自己成为领导新时代经济工作的行家里手。要摒弃“自我感觉良好”“自我感觉满足”“自我感觉牛气”的思想，是“狮子型”就要充分展现敢闯敢试、敢打敢拼的精神，是“老黄牛”就要始终保持老老实实、勤勤恳恳的状态，绝不能出现“比画型”“太极型”“走秀型”“两面型”。推动工作、增强本领都要强化问题导向、目标导向、结果导向，持之以恒加强思想淬炼、政治历练、实践锻炼、专业训练，在游泳中学会游泳，在战争中学习战争，让自己的“硬脊梁”更硬、“铁肩膀”更铁、“好本领”更好，永不落伍、勇立潮头，在开创高质量发展新局面中不断创造新业绩！

第四，要超常奋斗书写历史。感恩历史才能书写历史。要倍加珍惜新时代的大舞台，倍加珍惜组织和人民把我们放到这个岗位上，始终保持超常奋斗的劲头，为党尽忠、为国尽职、为民尽责，忠诚一辈子、奋斗一辈子、奉献一辈子。大家可能都读过《钢铁是怎样炼成的》，书中主人翁保尔·柯察金说：“一个人的一生应该是这样度过的：当他回首往事的时候，不因虚度年华而悔恨，也不因碌碌无为而羞愧。这样，在临死的时候，他才能够说：‘我的生命和全部精力，都献给世界上最壮丽的事业——为人类的解放而斗争’”。我们都要有为事业奋斗而无悔人生的精神，将致敬人生、致敬历史的态度坚持到底！作为领导干部，当离开某个岗位、某个地方的时候，要不留遗憾、没有愧疚、感到无悔。这就需要我们在其位、谋其政、履其职、尽其责，该做的事必须做！有的事，即使有待后人评价，甚至持有不同看法，但是该我们做就必须做。人要有“血性”，在困难面前、在矛盾中要敢于冲上去、敢于豁出去。人生能有几回搏，此时不搏待何时。要继续拿出脱贫攻坚中脱皮掉肉都不怕、流血牺牲终不悔的精神，敢于斗争、敢于亮剑、敢于宣战，该出手时就出手，丝毫半点不犹豫，坚决果断扫平事业发展道路上的一切障碍，勇往直前、一往无前！我在第一次全体会议上就讲了，在千载难逢的脱贫攻坚重大历史机遇带动下，黔西南历尽千辛万苦甩掉了贫困帽子，但这并不代表我们就很发达、很富裕了，更不代表以后的发展就能“顺势顺利”“顺风顺水”。全州在成果巩固、经济发展、社会进步、民生改善、安全稳定等方面还存在不少困难和问题，我们前进的脚步绝不能停，而且要加快、要提速，紧跟滚滚向前的历史车轮，千方百计、想方设法固根基、扬优势、补短板、强弱项，推动质量变革、效率变革、动力变革，实现发展质量、结构、规模、速度、效益、安全相统一，让黔西南的未来更加美好！

第五，要强化责任无愧历史。敬畏历史才能无愧历史。我们对过去的历史要有敬畏感，对未来的历史也要有敬畏感，贯穿其中的就是沉甸甸的“责任”二字。既要坚持“史官精神”，对我们所经历的、所见证的、所创造的历史务从实录、秉笔直书；又要强化“攻坚精神”，确保脱贫攻坚圆满收官、年度任务圆满收官、“十三五”圆满收官；还要发扬“实干精神”，走好新时代的长征路、开启现代化建设新征程。切实做到对昨天负责、对今天负责、对明天负责相连贯，对组织负责、对人民负责、对历史负责相统一。要强化“干就是讲政治、不干就是不讲政治”，建立完善推动高质量发展的更为严密、更为严格、更为严实的责任体系，坚持“干多干少不一样、干好干坏也不一样、干与不干更不一样”，把责任压实，将链条扣紧，确保每一项任务都有力有序有效落实。全州各级党组织和广大党员、干部要知责、尽责、负责，努力使自己成为形式主义、官僚主义的“终结者”，切实做到知责思为、尽责敢为、负责有为。特别是要紧扣巩固“讲政治、守规矩、重实干”的政治生态，打造“市场化、法治化、国际化”的营商环境，拓展“想干事、能干事、干成事”的干事氛围，以大担当扛起大事业，以新担当实现新作为！

“我们正在做我们的前人从来没有做过的极其光荣伟大的事业！我们的目的一定要达到！我们的目的一定能够达到！”我们要更加紧密地团结在以习近平总书记为核心的党中央周围，在省委、省政府坚强领导下，咬定目标苦干实干，向着胜利奋勇前进，全面巩固拓展脱贫攻坚成果，奋力开创高质量发展新局面！

2020年10月18日，州委书记刘文新（左五），州委副书记、州长杨永英（右五），州政协主席陈国芳（左四）等出席“全国扶贫日”捐募仪式

（龙 波 摄）

# 政府工作报告

## 在州八届人大七次会议第一次全体会议上

（2021年3月29日）

州人民政府代理州长　黄兴文

### 一、2020年及"十三五"工作回顾

2020年是我州经济社会发展经受多重考验的一年。面对新冠肺炎疫情冲击，我们坚持人民至上、生命至上，迅速贯彻"四早""四集中"部署，严格抓实"两防"措施，坚决落实"四最"要求，全力打好疫情防控人民战争、总体战、阻击战，牢牢守住黔西南阵地，为第一时间恢复经济社会秩序赢得了时间和空间，项目建设在全省率先实现100%复工复产。扎实推进常态化疫情防控，全面提升防控基础能力，切实掌控打好两场战役、夺取两个胜利的主动权和制胜权。面对脱贫攻坚艰巨任务，我们实施挂牌督战，既"督"又"战"，常态化制度化推进"四逐四准"，创新设置"窗口期"，主动暴露问题、解决问题、破解难题，集中火力攻克深度贫困堡垒，晴隆县、望谟县如期实现脱贫摘帽，啃下最后"硬骨头"，夺取了脱贫攻坚全面胜利。面对经济形势多重压力，我们全力抓好"六稳"，奋力实现"六保"，实施复工复产、复业复市、复学复课系列政策措施，纵深推进农村产业革命，全力推进工业转型升级，加快推进服务业全面恢复，经济增速由负扭正、逐季加快，地区生产总值增长4.7%，增速排全省第2位。面对人民群众殷切期盼，我们着力补短板、强弱项、防风险，扎实推进产业发展，全力拓展就业岗位，城镇新增就业4.5万人，城镇、农村居民人均可支配收入分别增长5.5%和8.6%，10件民生实事全面完成，全州社会大局持续稳定、人民群众安居乐业！

2020年主要目标任务的完成，标志着"十三五"规划顺利收官。回首过去五年，我们坚持以习近平新时代中国特色社会主义思想为指导，认真学习贯彻习近平总书记对贵州工作重要指示精神，在州委的坚强领导下，在州人大、州政协的监督支持下，坚持以脱贫攻坚统揽经济社会发展全局，牢牢守好发展和生态两条底线，全面融入全省"黄金十年"快速发展期，"十三五"时期，全州地区生产总值由801.65亿元增加到1353.4亿元，年均增长10.4%，增速连续5年位居全省前列，经济总量由全省第7位上升到第5位。固定资产投资年均增长15.2%，社会消费品零售总额年均增长11.2%，城镇、农村居民人均可支配收入年均分别增长8.5%、10.1%，全州呈现经济提速、社会和谐、民族团结、民生改善的良好态势。

——脱贫攻坚全面胜利。坚决落实精准扶贫、精准脱贫方略，累计投入资金1132亿元，全力打好"四场硬仗""三场战役"，全面解决"两不愁三保障"问题。每年压缩行政经费6%用于教育扶贫，下达资金38.15亿元，资助学生342万人次，实现应助尽助；全面加强医疗保障，贫困人口参保管理、参保资助、待遇执行均达100%，实现应保尽保；完成农村危房改造5.72万户，实现应改尽改；实施农村饮水工程1446个，解决103万人饮水安全问题；建成通组硬化路4776公里，30户以上自然村寨全部实现"组组通"；深入实施新市民计划，完成33.85万人易地扶贫搬迁，从根本上解决了"一方水土养不起一方人"的历史性难题；黔西南"星火计划、科技扶贫"试验区深入开展，中央统战部、公安部、各民主党派中央、中国联通、中国黄金集团共投入帮扶资金17.59亿元，宁波市扶贫协作投入资金12.67亿元，为我州夺取脱贫攻坚全胜注入强大动力。全州7个贫困县(市)全部摘帽，629个贫困村全部出列，累计减贫47.09万人，贫困人口全部脱贫，彻底撕掉了绝对贫困的标签。

——产业发展提质增效。深入推进供给侧结构

性改革，加快构建山地经济产业体系，经济发展实现稳中提质。农业特色化推进。坚决守牢耕地红线，粮食年均产量达97万吨；深入推进农村产业革命，十大特色产业发展壮大，建成精品水果、特色粮食、茶叶油茶、中药材、蔬菜“五个百万亩”工程，食用菌发展到10.84亿棒，发展林下菌药14万亩，建成14个粤港澳大湾区“菜篮子”基地；烤烟实现利税77.53亿元，同比增长4%；培育龙头企业452家，成功申报“普安红”、贞丰火龙果等22个国家农产品地理标志，普安成为“贵州绿茶第一采”永久首采地，兴仁成为国家出口薏仁质量安全示范区。一产增加值由159.97亿元增加到249.35亿元，年均增长6.4%。工业集群化转型。基础能源快速发展，煤炭年产量从934万吨增加到1553万吨，普安、贞丰等火电厂建成发电，电力装机容量从853万千瓦增加到1500万千瓦，年发电量从295.8亿度增加到340.7亿度；基础材料、新型建材、装备制造、特色轻工、大数据信息等产业稳步发展，兴仁登高铝业、安龙金源铁合金、义龙振华新材料、鹏昇纸业建成投产，义龙聚鑫工贸完成节能升级改造，固鑫耐磨材料、义龙锂电池负极材料等项目落地建设。工业增加值从223.92亿元增加到337.7亿元，年均增长9.5%。三产多元化融合。山地旅游加快发展，新增AAAA级景区7个、AAA级景区27个，建成体育运动基地12个，荣获“中国四季康养之都”称号，万峰林成功创建国家生态旅游示范区，成功举办五届国际山地旅游暨户外运动大会、中国美丽乡村·万峰林峰会等重大赛会，在全国率先发布山地旅游标准体系，旅游总收入年均增长29%。服务业稳步发展，建成浙兴商贸城、梦乐城商圈、兴仁盛丰商贸城等项目234个，成功创建国家电子商务进农村综合示范州。三产增加值从368.39亿元增加到641.06亿元，年均增长12%。

——基础设施不断完善。交通条件极大改善，盘兴高铁开工建设，盘兴、罗望、紫望、兴义环城高速建成通车，高速公路通车里程达621公里，全州公路通车里程达1.8万公里，建制村公路硬化率和通客运率均达到100%；建成兴义万峰林机场新航站楼，旅客年吞吐量达到138万人次。水利基础设施不断完善，建成兴义马岭水利枢纽工程等35座大中小型水库，总库容从2.71亿立方米增加到7.03亿立方米，在全省率先实现“市州有大型水库、县县有中型水库”目标。城镇基础设施不断夯实，新增城市道路427公里，建成金州体育城等10个城市综合体、兴义湿地公园等56个海绵城市项目，建成城镇保障性住房19.09万套，城镇建成区面积从102平方公里增加到143平方公里，常住人口城镇化率从37%提高到52%。信息基础设施不断加强，互联网出州带宽突破1000Gbps，行政村实现4G网络和光纤全覆盖。

——风险防控有力有效。严格防控地方政府性债务，全州法定债务率保持在绿色等级，连续五年保持无风险提示地区。扎实开展安全生产专项整治三年行动，全面守牢安全防线，2020年煤矿实现“零事故”“零死亡”目标。创新推行“312”维稳协作等机制，常态化推进扫黑除恶斗争，切实开展全国禁毒示范城市创建，深入开展矛盾纠纷排查化解，全州社会大局持续稳定。

——污染防治成效明显。全面推进中央生态环保督察及“回头看”反馈问题整改，生态文明先行试验区创建取得明显成效。扎实推进青山工程，完成营造林315.67万亩、石漠化治理518.4平方公里、水土流失治理1608平方公里，森林覆盖率达61.17%。扎实推进蓝天工程，城市空气质量优良率保持99%以上；扎实推进碧水工程，城镇污水处理率达94%，主要河流、重要湖库水质达标率保持100%，县级以上集中式饮用水源地水质达标率保持100%，万峰湖水环境综合治理成效显著，兴义市河（湖）长制工作获得国务院通报表彰，创新黄泥河两省三地联动机制。扎实推进净土工程，建成义龙鸿大垃圾发电厂，生活垃圾焚烧发电处理规模达到1200吨/日，城乡生活垃圾无害化处理率提高到63.09%，农村生活垃圾收运处置体系行政村覆盖率达95.6%，土壤污染地块安全利用率保持100%，粪污资源化综合利用率达到75%。

——改革开放不断深入。“放管服”改革成效明显，州县政务服务标准化建设全部通过省级评估达标验收，企业开办时间压缩至3个工作日，减税降费政策降低企业成本91.6亿元，市场主体总量达24万户；全面推行财政零基预算，实行“数据铁笼”监管，完成金融“两权”抵押试点；国有企业实体化改革稳步推进，州管国企资产总额从200亿元增加到668.86亿元，年营业收入从6000万元增加到29.58亿元；农村土地“三权分置”有效推进，确权登记全面完成。对外开放水平不断提升，引进深圳振华、江苏综艺等省外优强企业300余家，累计到位资金3314亿元；科技创新步伐不断加快，顶效经济开发区获省政府批复为黔西南州高新技术产业开发区，全州综合科技进步水平指数达67%，公民科学素质比例达4.6%。

——民生福祉持续增进。教育立州战略取得实效，新建改扩建公办幼儿园12所、易地扶贫搬迁教育配套学校74所，基本普及15年教育，全州提前两年通过县域义务教育基本均衡发展国家评估认定，兴义一中、八中升为省级一类示范性普通高中，创建省级示范性中等职业学校4所，兴义师院通过本科教学工作合格评估。创业就业成效明显，新增城镇就业21.83万人，城镇登记失业率控制在5%以内。医疗保障不断增强，成功创建国家级卫生县城2个、卫生乡镇65个，州医院新院建成投用，建成4个县级中医院、126个乡镇中医馆，乡镇卫生院、村级卫生室标准化建设全面完成。民生网底不断织牢，城乡低保平均标准分别提高到每月642元和每年4316元，共发放低保资金39.06亿元、临时救助金4.5亿元。社会事业全面发展，建成331个村综合文化服务中心，实现乡村“农体工程”全覆盖，成功创建全国民族团结进步示范州、全国双拥模范城，国防动员、宗教、外事、人防、老龄、关心下一代、工青妇、残疾人、消防、档案、史志等各项事业取得新进步，人民的获得感、幸福感、安全感、满意度大幅提升。

——治理能力显著提升。切实履行政府系统管党治党政治责任，严格落实“一岗双责”，深入推进党风廉政建设和反腐败斗争，切实营造风清气正的政治生态。深入推进法治政府建设，严格落实行政执法“三项制度”，政府治理效能和依法行政水平进一步提升。主动接受人大法律监督、政协民主监督，办理人大代表建议825件、政协提案1198件，办复率均达100%，提请州人大常委会审议地方法规10项。实行“三单一考”抓落实工作机制，连续五年推行州直部门“赶考”，推进各项工作任务有效落实。

各位代表！五年来，我们应对的挑战前所未有，走过的历程刻骨铭心，取得的成绩殊为不易。这是省委、省政府和州委坚强领导的结果，是全州上下艰苦奋斗、超常奋斗的结果。在此，我代表州人民政府，向在各条战线上辛勤劳动、作出贡献的全州各族人民表示崇高的敬意！向给予政府工作大力支持的人大代表、政协委员，向各民主党派、工商联、无党派人士、人民团体和各界人士，向驻州人民解放军指战员、武警官兵、消防救援人员、人民警察，表示衷心的感谢！特别向在抗疫大战中舍生忘死、逆行出征的医护人员，向在脱贫攻坚中冲锋在前、勇挑重担的广大基层干部致以最崇高的敬意！

在肯定成绩的同时，我们也清醒地看到，经济社会发展还存在不少问题：一是巩固拓展脱贫成果任务艰巨，农业基础设施薄弱，“产加销”尚未有机衔接，“小散弱”问题依然存在，利益联结不够牢固，易地扶贫搬迁后续扶持任务较重，防止返贫致贫需久久为功。二是高质量发展短板较多，科技创新能力不足，工业链条偏短、产品层次偏低、企业实力偏弱，工业转型升级任重道远；旅游产业化水平不高，生产性服务业发展滞后，推进服务业发展需持续发力。三是财税增收缓慢，地方政府性债务负担较重，财政收支矛盾突出，加大财源培育刻不容缓。四是民生保障基础薄弱，教育、医疗、养老等民生领域还存在不少短板，持续增进民生福祉不容忽视。五是一些干部运用市场化法治化手段解决问题的本领不强，形式主义、官僚主义不同程度存在。这些问题，我们一定以高度负责的态度，认真加以解决，决不辜负全州人民的重托！

## 二、“十四五”时期主要目标任务和二〇三五年远景目标

根据州委七届十二次全会部署，州政府编制了《黔西南州国民经济和社会发展第十四个五年规划和二〇三五年远景目标纲要（草案）》，一并提交大会审议。

二〇三五年全州发展的远景目标是：与全国全省同步基本实现社会主义现代化，经济更加发达、环境更加优美、文化更加繁荣、社会更加和谐、人民更加幸福。综合经济实力大幅提升，主要经济社会发展指标全面赶上全国平均水平，经济总量力争突破5000亿元，人均生产总值达到全国平均水平；基本实现新型工业化、城镇化、信息化、农业现代化，建成现代化经济体系，文化软实力显著增强，文化艺术大繁荣大发展，教育服务区域发展水平显著提高，国民素质和社会文明程度达到全国平均水平；广泛形成绿色生产生活方式，生态文明建设达到更高水平；基本公共服务、基础设施通达程度达到东部地区平

均水平，基本实现治理体系和治理能力现代化。

“十四五”时期全州经济社会发展的总体要求是：高举中国特色社会主义思想伟大旗帜，深入贯彻党的十九大和十九届二中、三中、四中、五中全会精神，坚持以习近平新时代中国特色社会主义思想为指导，坚定执行党的基本理论、基本路线、基本方略，坚决落实习近平总书记对贵州工作重要指示精神和视察贵州重要讲话精神，牢记嘱托、感恩奋进，统筹推进“五位一体”总体布局，协调推进“四个全面”战略布局，立足新发展阶段，贯彻新发展理念，融入新发展格局，坚持稳中求进工作总基调，坚持在新时代西部大开发上闯新路、在乡村振兴上开新局、在实施数字经济战略上抢新机、在生态文明建设上出新绩，坚持百姓富与生态美有机统一，统筹发展和安全工作，围绕省委“一二三四”工作思路，落实州委“两大一高”主基调、“五个主战略”“十条主路径”，巩固拓展脱贫攻坚成果，为全面建设社会主义现代化开好局、起好步，奋力开创高质量发展新局面。

“十四五”时期全州经济社会发展的主要目标是：到2025年，全州地区生产总值力争突破2100亿元，年均增长9%左右，制造业增加值占地区生产总值比重达20%以上，人均生产总值达到全国平均水平的80%左右，限额以上固定资产投资年均增长7%左右，社会消费品零售总额年均增长8%左右，森林覆盖率达到64.5%以上，绿色经济占比达到50%以上，文化旅游产业增加值达到200亿元，城镇新增就业18万人以上，城乡居民收入比缩小到3以内，人均预期寿命达到78周岁。

“十四五”时期是开启全面建设社会主义现代化新征程的第一个五年，我们要立足新发展阶段、贯彻新发展理念、融入新发展格局，全力推动高质量发展。

（一）着力增强高质量发展支撑。充分发挥山地资源优势，推进农业现代化、新型工业化、旅游产业化，加快融入“双循环”新发展格局。一是加快现代农业发展。严格落实耕地保护制度，积极推进高标准农田建设，建成一批优质粮油生产基地，守牢粮食安全底线。深入推进农村产业革命，持续推进十大特色产业发展，着力提升农产品加工转换率，加快打造精品水果、中药材、食用菌、茶叶等一批百亿级产业，将我州建设成为粤港澳大湾区优质农产品直供基地，力争一产增加值达到340亿元以上。二是加快新型工业发展。聚焦高端化、绿色化、集约化，发挥园区主平台作用，加快基础能源、基础材料、新型建材、装备制造、现代化工、特色轻工、大数据与电子信息等产业集群发展，推进工业加快转型，力争二产增加值达到780亿元以上。三是加快现代服务业发展。扎实推进文旅兴州“十大工程”，促进“旅游+”融合发展，努力将黔西南州打造成为黔滇桂三省（区）结合部文化旅游中心、国际山地旅游目的地、全域旅游示范区。大力实施服务业创新发展十大工程，推动大数据融合、大健康、现代物流、现代金融等服务业业态升级，打造黔滇桂三省（区）结合部商贸物流中心，力争三产增加值达到980亿元以上。

（二）着力打牢高质量发展基础。大力实施乡村振兴、城市带动战略，加快城乡基础设施建设，构建区域发展新格局。一是优化区域发展定位。坚持龙头带动、示范先行、各有侧重、梯次推进，兴义市要努力打造黔滇桂三省（区）结合部人口超百万区域性中心城市和大电强产中心、商贸物流中心、文化旅游中心；义龙新区要努力打造“生态载能产业集聚区”；兴仁市要努力打造“新型工业化示范区”；安龙县要努力打造“农业现代化先行区”；贞丰县要努力打造“文化旅游创新区”；普安县、晴隆县、册亨县、望谟县要努力打造“巩固拓展脱贫攻坚成果同乡村振兴有效衔接样板区”。二是夯实乡村发展基础。巩固拓展产业、就业、文化、生态、党建扶贫成果与乡村五大振兴有效衔接，深化黔西南“星火计划、科技扶贫”试验区建设，加强东西部协作、定点帮扶、社会帮扶，助推乡村振兴。实施乡村建设行动，整治提升农村人居环境，完善公共服务设施，推进传统村落、少数民族特色村寨保护发展，健全乡村治理体系，促进新型村庄建设。三是增强城镇带动功能。支持兴义市率先发展，加快兴义、义龙一体化进程，增强“火车头”“试验田”作用。巩固兴仁撤县设市成果，推进安龙、贞丰撤县设市，加快构建“兴兴安贞”一群崛起、“普晴”“册望”两翼齐飞区域发展空间新格局。建成金州大桥等一批重大基础设施，完善教育、医疗、文体等公共服务设施，加快海绵城市、绿色城市、智慧城市建设，提高城镇品质。深入推进“新市民计划”基本公共服务国家标准化专项试点工作，完善后续扶持“五大体系”，加快市民化进程。四是完善重大基础设施。建成盘兴高铁和纳雍至晴隆、六枝至安龙、望谟至广西乐业高速公路，推动兴义至文山、贞丰至田林高速公路建设，力争启动兴义至贵阳、兴义至百色铁路建设，打通红水河出海水运通道，构建融入国家“一带一路”交通体系。开工建设美女山水库等一批大中小型水库，不断完善水利基础设施。加快5G站点建设，实现重点区域5G网络全覆盖。加快天然气支线管道项目建设，实现“县县通天然气”。

（三）着力激活高质量发展动力。坚持投资拉动、消费带动、创新驱动，切实增强经济发展动力。一是全面拓展投资空间。加大基础设施、公共服务、重大产业、民生保障等领域投资力度，力争固定资产投资累计突破8000亿元。优化投资结构，强化产业投资、民间投资，投资比重分别提高到40%、50%以上。二是推动消费扩容提质。提升传统消费，加快民宿、餐饮、购物、娱乐、地产等特色化发展；培育新型消费，创新城市特色主题消费载体，加快康体养生、艺术体验、文化创意、信息咨询等业态个性化发展。三是全面深化改革创新。深入推进“放管服”、农村集体产权制度、要素市场配置等改革，激发市场主体活力。加快开发区等平台建设，持续开展营商环境大提升行动，提升区域竞争力。积极创建国家级高新技术开发区，完善科技创新体制机制，加强创新人才培养和人力资源开发，增强高质量发展活力。

（四）着力强化高质量发展保障。坚决守牢生态底线，切实防控重大风险，持续增进民生福祉，夯实高质量发展根基。一是坚决守好生态底线。深入打好污染防治攻坚战，健全源头预防、过程控制、损害赔偿、责任追究的污染防治体系，全面提升生态环境质量。统筹做好山水林田湖草石漠化系统治理，实施重大生态保护修复工程，推动园区和工厂绿色化改造，高质量建设生态文明先行示范区。二是防范化解重大风险。统筹发展和安全两件大事，切实做好政府性债务、金融、安全生产、食品药品安全等重大风险防控，常态化推进扫黑除恶斗争和禁毒人民战争，深入推进平安黔西南、法治黔西南建设。三是切实加强民生保障。深入实施教育立州战略，推进学前教育普及普惠，义务教育优质均衡，普通高中优质特色，职业教育产教融合、高等教育内涵发展。深入推进健康黔西南建设，实施基层医疗卫生服务能力提升工程，健全州、县、乡、村四级疾病控制和医疗保障体系，大力发展中医药事业。健全人才培训体系，加强创新型、应用型、技能型人才培养，实施职业农民培训工程，开展劳动力技能培训10万人次，促进高质量就业。实施“全民参保计划”，完善最低生活保障等机制，织密社会保障安全网，兜牢民生底线。

### 三、2021年目标任务和工作重点

今年是中国共产党成立100周年，是“十四五”规划开局之年，是开启全面建设社会主义现代化新征程的起步之年，做好各项工作意义重大。

今年全州经济社会发展主要预期目标是：地区生产总值增长9%左右，其中一、二、三产增加值分别增长6.5%、9.5%、9.5%左右，规模以上工业增加值增长9%左右；固定资产投资、社会消费品零售总额分别增长7%、9%左右；外贸进出口总额、利用外资均增长5%左右；一般公共预算收入增长2%；金融机构存款、贷款余额分别增长2.2%、16.5%左右；城镇、农村居民人均可支配收入分别增长8.5%、10%左右；居民消费价格涨幅控制在3%以内。

今年高质量发展主要目标是：制造业增加值占地区生产总值比重15%左右，民间投资占固定资产投资比重40%左右；研发支出与地区生产总值之比达1%，工业战略性新兴产业总产值占工业总产值比重12%；常住人口城镇化率54%左右，城乡居民人均可支配收入之比下降到3.04；单位地区生产总值能耗降幅完成省下达目标任务；城镇登记失业率5%以内，劳动年龄人口平均受教育年限9.5年，人均预期寿命77.2岁。

为实现上述目标，我们要全力抓好以下十项重点工作。

（一）全力实施乡村振兴战略，开创高质量发展新气象。坚持农业农村优先发展，巩固拓展脱贫攻坚成果同乡村振兴有效衔接，推进农业农村现代化。一是巩固拓展脱贫攻坚成果。严格落实“四个不摘”，持续深化“四逐四准”，健全防止返贫监测帮扶机制，加大产业就业扶持力度，持续强化“四险一金”保障，切实防范返贫致贫。深化易地扶贫搬迁后续扶持“五个体系”建设，深入推进新市民计划基本公共服务工作国家标准化专项试点，大力发展安置区产业，鼓励发展社区集体经济，提升稳定就业质量，提高教育、医疗、社会保障等公共服务水平，确保搬迁群众稳

得住、有就业、逐步能致富。深化东西部协作机制，促进人才交流、产业发展、消费协作、劳务输出等领域常态化合作。二是推进乡村产业振兴。切实抓好粮食生产，落实种粮农民补贴政策，建成高标准农田20万亩，粮食播种面积稳定在300万亩以上，产量稳定在82万吨以上。建设黔西南州种质资源数据库，加快种子基地、“两库两圃”建设，保护本土优质品种。推动科技人员力量下沉，加快十大特色产业发展，推进精品水果、特色粮食、中药材、蔬菜、茶叶“五个百万亩”产业提质增效，新增林下菌药10万亩，改造低产核桃4.5万亩、油茶4万亩，扩大粤港澳大湾区“菜篮子”基地规模。加大优质烟区建设，完成烟叶收购59.1万担，其中上等烟叶70%以上。加快生态畜禽渔业发展，实现生猪出栏154万头、牛出栏21万头、家禽出栏1340万羽。加快普安“白叶一号”、贞丰花椒等现代高效农业示范园区建设，新增龙头企业20个以上，推动一二三产融合发展，农产品加工转化率提高到50%以上。加快区域公用品牌培育，新增农产品国家地理标志认证2个以上。三是实施乡村建设行动。推动城乡交通一体化发展，加强“四好农村公路”建设，争取创建1个省级示范县；推进农村电网改造升级，加强村庄规划建设，基本完成行政村“多规合一”实用性村庄规划编制，全面开展传统村落保护，推进10个少数民族特色村寨景区化建设。实施乡村振兴示范工程，各县(市、新区)建设10个以上乡村振兴示范村。全面推进农村人居环境整治，持续推进农业面源污染防治、农村生活垃圾生活污水治理，实现农村生活垃圾收运体系行政村全覆盖，户用卫生厕所覆盖率达83.5%以上，农村生活污水处理设施行政村覆盖率达到省目标要求。四是扎实推进乡村治理。加强宅基地管理，切实整治违法违章建筑，坚决遏制农村乱占耕地行为。扎实推进村民自治，全面修订完善村规民约，实现基础设施、公共事务和公益事业自我管理、自我服务、自我监督。加强平安乡村建设，实现“十个一”全覆盖。全面开展农村精神文明创建活动，激活乡村振兴内生动力。

(二)全力实施工业强州战略，培育高质量发展新动能。实施工业倍增行动，发挥开发区主平台作用，抓实“百企引领”“双千工程”“万企融合”，推动工业集群发展。一是加快开发区高质量发展。理顺管理体制，优化发展规划，明确功能定位，切实提高运营管理水平。完善“七通一平”基础设施，增强开发区产业聚集能力。选准首位产业，全力推进全产业链招商，实现开发区招商引资到位资金100亿元以上。二是加快基础能源产业发展。推进煤矿机械化、智能化改造，建成主体矿5个以上，开工建设10个以上煤矿项目，煤炭过站量达1500万吨以上。加快安龙自备电厂和19个光伏发电项目建设，新增电力装机130万千瓦，力争发电量突破400亿度。推进黄金产业转型发展，建成普安泥堡金矿氧化生产线、贞丰锦丰井下延伸扩能项目，启动紫金加压预氧化项目建设。三是加快基础材料产业发展。建成义龙元豪铝业、固鑫耐磨材料项目，推动兴仁登高第二条生产线、安龙新创60万吨工业硅、义龙锂电池负极材料、西南能矿锌冶炼等项目建设。四是加快装备制造产业发展。开工建设义龙新能源装备产业园。加快约堡重工机械制造基地、新创冶金公司100万吨硅锰合金、骅骏铝业10万吨铝基合金板带材及精深加工、龙凯200万只汽车轮毂生产线(二期)等项目建设进度。五是加快新型建材产业发展。推进水泥产业拓宽市场，充分释放产能；推进安龙木纹石、普安大理石品牌化发展，建成普安金龙石业、黔海石材加工等项目；加快义龙、普安灰渣综合处理利用项目建设。六是加快特色轻工业发展。实施“烟酒糖茶薏、水药菌油纸”品牌提升行动，支持骏江实业、天地药业、德良方等药企扩能，加快晴隆黔峰名优绿茶、安龙山地刺梨全产业链、义龙康源生物科技试剂、阳光清泉健康水产业园等项目建设，建成浙茶集团普安“白叶一号”茶产业园、册亨油茶科技产业园，推进安龙万洋众创城(二期)开工建设。七是加快大数据和信息产业发展。推动义龙大数据产业园发展壮大，打造兴义、兴仁、义龙大数据电子信息产业带，推进实体经济企业与大数据深度融合，建设融合标杆项目10个、示范项目100个，促进数字经济加快发展。八是加快现代化工产业发展。推进兴义宜化、兴化高塔硝基复合肥项目建成投产，加快合成氨项目建设。推进兴仁路兴碳素预焙阳极一期项目建成投产，加快二期项目建设。推动普安众德能源扩能、兴仁泉通森海工业硫酸、金鼎高纯红磷及高纯五氧化二磷等项目建设。

(三)全力实施文旅兴州战略，拓展高质量发展新空间。启动文旅兴州“十大工程”，加快文旅产业化进程，引领现代服务业高质量发展。一是舞活文旅产业龙头。全力推动兴义市文化艺术培训中心、旅游集散中心项目建设，推进天下布依、特提斯温泉度假区、义龙金盾影视小镇等重点旅游项目建设，持续推动万峰林AAAAA级旅游景区创建，带动万峰湖、马岭河峡谷、贵州醇景区整合发展，打造兴义“一城四景”名片。支持交响乐团、歌舞剧团加快发展。二是推动文旅全面振兴。推进兴仁放马坪、晴隆二十四道拐等10个AAAA级旅游景区提质改造，推动贞丰三岔河创建国家级旅游度假区，加快推进南北盘江“一线连五湖”精品旅游线建设，新增AAAA级景区2个、AAA级景区3个。推动青少年足球事业发展，支持兴义恒丰足球小镇、普安足球培训基地建设。加快安龙笃山攀岩等运动基地改造提升，市场化举办山地特色运动赛事，促进山地运动业态发展。办好第七届全州旅游产业发展大会，加快打造“欢乐万峰林”大型实景演出剧目，实现常态化演出。创新旅游营销模式，实现旅游接待总人数、旅游总收入均增长20%以上。三是加快服务业态拓展。推进“旅游+”多产业融合，加快兴义则戎纳具康养小镇、万峰湖休闲垂钓示范基地等项目建设，拓展文旅、康旅、体旅、农旅、教旅、科旅等服务业态。加快商贸物流基础设施建设，新增建设冷库2万立方米、2个智慧农贸市场，推进普安古茶城建设。推进住宿餐饮业发展，新增限额以上住餐企业66户以上。加快金融、保险业发展，新增入州银行机构1家以上。

（四）全力实施教育立州战略，增强高质量发展新支撑。坚持教育优先发展，夯实基础教育，强化人才培养，为高质量发展提供人才支撑。一是推进基础教育优质发展。加快学前教育普及普惠发展，实现毛入园率92%以上。推进基础教育均衡发展，九年义务教育巩固率达95.3%以上。全面提升高中办学质量，积极支持省级示范性高中创建，加快文化艺术进校园进程，高中阶段毛入学率达92.7%，高考录取率稳步提高。二是支持高等教育内涵发展。支持兴义师院优化学科设置，推动学校向应用型、产教型大学融合发展。推进职业教育扩容提质，加快州职院骨干专业建设，实施中职“强基”工程，深化职业教育产教融合、校企合作。启动大学小镇选址规划，积极筹建黔西南州艺术类高等院校。三是支持民办教育健康发展。鼓励社会力量兴办教育，建立健全民办学校准入、审批和退出机制，坚持规范管理与精准扶持并举，促进各类民办学校、校外培训机构健康发展，加快构建从学前教育到高等教育、从学历教育到非学历教育的民办教育体系。四是强化师资队伍建设。加强师资培训，培训各类校长、教师1万人次，培养州级名师、名校（园）长、骨干教师等160人。强化师德师风建设，建立健全教学质量考核评价体系，严格实行教学质量与目标绩效挂钩机制，推进教学质量提升。

（五）全力实施城市带动战略，构建高质量发展新格局。坚持以人为核心的新型城镇化，实施城镇化提升行动，推动城乡协调发展。一是优化城镇战略布局。推进兴义丰都片区拓展，抓好桔山片区“填空”，加快兴义超百万人口区域性中心城市建设。规划建设义龙文化艺术小镇，促进兴义、义龙一体化发展。推进兴仁新型工业化、安龙历史文化、贞丰民族文化旅游城市建设；加快普晴、册望城乡一体化发展。二是完善城镇基础设施。加快金州大桥等项目建设，完善排水、交通、能源等基础设施，新增城市道路40公里以上，建成地下管网240公里以上。启动军地联合地下指挥所项目建设，完善教育、医疗、消防、防灾、邮政等公共服务设施，增强城镇综合承载能力。三是加快城乡一体化。按照“以产业为核心、以文化为灵魂、以旅游为主线”的标准，盘活已创建的19个示范小城镇，引领小城镇发展。全面开展小城镇规划建设，坚持镇产结合，强化产业配套，逐步把乡镇建设成为服务农民的区域中心。落实全面放开城镇落户等相关政策，加快农业人口市民化进程。推进兴义市国家级、贞丰者相镇省级新型城镇化综合试点建设。

（六）全力扩大投资激活消费，点燃高质量发展新引擎。充分发挥投资和消费对稳增长的关键作用，着力扩大有效投资，深挖消费潜力，增强经济发展动力。一是大力拓展投资空间。扩大重大项目投资，实施重大项目667个，完成投资1264亿元，全年完成固定资产投资1362亿元。优化投资结构，保持投资合理增长，着力扩大民间投资和产业投资，力争民间投资占比、产业投资占比达到40%、37%。二是加大基础设施投资力度。加快推进盘兴高铁项目建设，开工建设望谟至乐业高速公路黔西南段，启动纳雍至晴隆、六枝至安龙高速公路建设，建成县乡公路路面改善提升工程440公里。加快纳达水库等36座中小型水库续建项目建设，开工建设望谟油啥水库等10座中小型水库，力争安龙美女山大型水库开工建设。加快信息基础设施建设，建成5G基站1400个。三是推动消费扩容提质。开展“家电下乡”“汽车下乡”等行动，促进县域消费、农村消费、城镇中低收入群体消费。创新城市特色主题消费载体，促进夜间经济、步行街经济等城市消费。充分利用节假日举办农产品展销、文化展演等展会，促进假日经济消费。继续推动电商业态创新，加强“一码贵州”智慧商务平台推广运用，扩大商品销售规模。规范生活性服务业发展，促进教育培训、养老、家政、物业、快递等服务消费。

（七）全力推进生态文明建设，厚植高质量发展新优势。实施生态环境质量提升行动，推进生态文明先行示范区建设，发展绿色经济，建设美丽家园。一是加强生态环境治理。深入实施“双十工程”，持续抓好生态环保督察问题整改，继续打好污染防治攻坚战，主要污染物排放控制在国家、省下达的目标以内，环境空气质量优良天数比例保持在99%以上，地表水国家考核断面水质优良率、县级以上集中式饮用水水源地水质达标率、污染地块安全利用率均保持100%；深入推进固体废物减量化、资源化、无害化处理，综合利用率提高到75%；加快城镇污水处理设施和污水收集管网建设，城镇污水处理率达95%以上；推进畜禽养殖粪污资源化利用，综合利用率达80%以上。二是加强生态保护修复。开展自然保护区、饮用水源地等核心区域生态修复，持续推进“两江一河”流域水土保持示范带建设，深入实施珠江防护林工程，治理石漠化124平方公里、水土流失330平方公里，完成退耕还林25.9万亩、退化林修复3万亩、营造林6.1万亩，筑牢珠江上游生态屏障。三是推进生态产业化发展。深入实施绿色经济倍增计划，切实开展绿色矿山、绿色工厂、绿色园区创建，深入推进节能降耗、清洁生产、资源综合利用，完成省政府下达的能耗总量及万元GDP能耗节能“双控”目标任务。

（八）全力深化改革开放创新，激发高质量发展新活力。坚持以开放倒逼改革、以改革促进创新、以创新激发活力，推动新旧动能加快接续转换。一是深化重点领域改革。实施国有企业改革三年行动，调优国有经济结构，完善现代企业制度，健全法人治理机构，激发企业经营发展活力。深化医疗保障制度改革，提高基金监管水平。强化预算管理制度改革，推进财政支出标准化。深入推进农村集体产权制度改革，州县农村产权交易中心挂牌运营，持续推进农产品流通体制改革，增强农村发展动力。二是全面扩大对外开放。加大产业招商力度，引进行业领军型企业2家以上，引进省外优强企业70家以上，实现重点产业到位资金450亿元以上。拓展开放合作空间，主动融入“一带一路”、粤港澳大湾区等国家发展战略，推进农业、工业、服务业等领域合作，加快茶叶、制药、硝铵、薏仁等产品出口。三是着力推动科技创新。加大高新企业培育引进力度，新增上规入统企业2家以上，引进企业3家以上，国家科技型中小企业评价入库20家。推进生态铝、新材料、生物制药等产业核心技术攻关，加快科技成果转化，提高产品竞争力。

（九）全力优化营商服务环境，打造高质量发展新高地。持续开展营商环境大提升行动，营造市场化、法治化、国际化营商环境，提升区域竞争力，激发各类市场主体活力。一是营造良好的政策环境。严格落实招商引资、减税降费、减租降息、援企助企等优惠政策，提高政府公信力，建设诚信政府。深入开展服务民营企业六大专项行动，建立政银企常态化对接机制，切实解决融资难、融资贵问题，为民营企业快速健康发展营造良好发展环境。二是营造便捷的政务环境。实施政务服务和公共服务质量提升行动，深化“一窗通办、一次办成、一号服务”改革，全面落实国家“跨省通办”，州内高频热点事项“全省通办”无差别异地受理、远程办理。强化主动服务意识，开展领导干部“入企走访连心”活动，积极构建亲清政商关系，及时解决企业生产经营中遇到的困难和问题，打造“贵人服务”营商环境品牌。三是营造公平的市场环境。认真落实公平竞争审查制度，坚决防止有违公平竞争的文件出台。从严开展反垄断、反不正当竞争执法，纠正和制止指定交易、地方保护和组织经营者垄断行为。加大制假售假违法行为打击力度，建立健全企业信用信息公示系统和守信联合激励、失信联合惩戒机制，重拳打击扰乱市场秩序行为，对破坏营商环境行为“零容忍”，依法保护各类市场主体合法权益。

（十）全力抓好重大风险防控，筑牢高质量发展新防线。统筹发展和安全两件大事，推进“平安黔西南”建设，积极应对新形势、防控新风险，确保社会大局和谐稳定。一是常态化推进疫情防控。认真落实“外防输入、内防反弹”防控措施，压实“四方责任”，抓实重点人员、重点场所、重点领域和重要时间节点防控，扎实做好新冠病毒疫苗全民接种工作，构筑牢固的疫情防线，为全州经济社会发展营造健康环境。二是全力防控政府性债务风险。落实化债主体责任，严格控制增量，妥善处置存量，强化政府性债务预算管理，压减超过财政承受能力的政府举债项目，分类处置债务风险，确保不“爆雷”。有序推进非法集资风险整治，坚决守住不发生系统性、区域性金融风险底线。三是全力防控安全生产风险。持续开展安全生产专项整治三年行动，用好问题隐患和制度措施“两个清单”，坚决遏制煤矿、危化、消防、交通运输、建筑施工等重点行业领域发生重特大事故。扎实做好自然灾害监测预警和防治。四是全力防控食品药品安全风险。实施食品药品质量提升行动，落实“四个最严”要求，构建党政同责、齐抓共管、社会共治工作格局，压实企业主体责任，坚持源头严防、过程严管、风险严控，守牢食品药品安全底线。

我们要切实保障和改善民生：扎实推进“健康黔西南”建设，建立重大疫情医疗救治体系，推动州医院肿瘤专科医院、州中医院改扩建、州疾控中心疾病监测实验室及公共实验培训基地等项目建设，启动实施兴仁、安龙、贞丰3个县(市)城市医疗集团建设，深入开展全民爱国卫生运动，增强全民卫生意识。深入实施城乡居民增收计划，扎实做好高校毕业生、农村转移劳动力、就业困难人员、退役军人等重点群体就业工作，持续强化稳岗就业，城镇新增就业4万人。持续开展就业服务，确保贫困劳动力家庭和新市民劳动力家庭“一户一人”以上稳定就业。不断完善社会保障体系，加强基金监管，深入实施全民参保计划，完善城乡居民养老保险制度。全面落实城乡居民最低生活保障政策，做好留守儿童、困境儿童、失独家庭、残疾人关爱服务。统筹做好国防动员、宗教、外事、人防、老龄、关心下一代、工青妇、残疾人、消防、档案、史志等各项事业。

我们要扎实办好“十件民生实事”：1. 新建改扩建公办幼儿园8所，城镇义务教育、乡镇寄宿制和乡村小规模学校10所，招聘特岗教师300人以上。2. 提质扩能4个县级医疗卫生机构。3. 新增养老机构护理型床位800张；建设“7×24小时政务服务站”，消除老年人残障人办事“数字鸿沟”。4. 开展职业技能培训5万人次，实现农村劳动力转移就业5.91万人，公益岗位安置就业困难人员6000人次。5. 选派200名科技特派员赴基层开展农技服务。6. 建成9个智慧医疗急救站。7. 实施城镇老旧小区改造2934户，新建城市公共停车位2500个。8. 创建易地搬迁综合性文化服务示范点9个，改造提升旅游景区示范厕所9个，建成全民健身路径设施或三人制篮球场30个。9. 改造村道安全生命防护工程150公里、农村公路危桥10座。10. 建成乡镇标准化应急救援站15个、行政村应急广播系统200个。

**四、大力加强政府自身建设**

开启全面建设社会主义现代化新征程，对政府自身建设提出了更高要求。我们要始终坚持党对政府工作的全面领导，强化市场意识、协调发展意识、过紧日子意识、安全意识，以“三抓三强”为抓手，推进政府治理体系和治理能力现代化。

（一）切实加强政治建设。深学笃用习近平新时代中国特色社会主义思想，扎实开展党史学习教育和“牢记殷切嘱托、忠诚干净担当、喜迎建党百年”专题教育，增强“四个意识”、坚定“四个自信”、做到“两个维护”，不断提高政治判断力、政治领悟力、政治执行力。坚决贯彻党中央、国务院决策部署，全面落实省委、省政府和州委工作要求，定期向州委常委会报告工作，持之以恒做好“证明题”，以实干实绩诠释对党的绝对忠诚。

（二）切实加强法治建设。把习近平法治思想贯彻落实到政府工作全过程，坚持法无授权不可为，法定职责必须为，全面落实重大行政决策合法性审查制度，提高决策科学化民主化法治化水平。严格执行人大及其常委会决议决定，向人大提交高质量法规案，自觉接受人大监督、政协监督、社会监督、舆论监督，认真听取民主党派、工商联和无党派人士意见建议，提高法治政府建设水平。

（三）切实加强能力建设。进一步厘清政府与市场、政府与社会的关系，不断完善市场监管有效、社会治理有力、公共服务精细的政府治理体系，着力解决政府管理失灵、市场运作失灵的问题，推动有效市场和有为政府更好结合。切实转变发展观念，更加注重开拓创新，更加注重市场规律，更加注重质量效益，更加注重统筹协调，切实提高推动高质量发展的能力。

（四）切实加强作风建设。持续开展“大兴调查研究之风·破解发展难题”活动，着力解决经济社会发展痛点难点问题。坚持抓具体抓深入，深化“三单一考”机制，切实推进各项工作落地见效。持之以恒纠正四风，着力整治不作为、慢作为、乱作为，持续推进精文简会，力戒形式主义、官僚主义，坚决杜绝形象工程、政绩工程。完善绩效考核机制，激励干部担当作为。

（五）切实加强廉政建设。严格执行中央八项规定及其实施细则和省委、州委有关规定，持续开展全州政府系统党风廉政建设和反腐败斗争，加强重点领域、关键环节、关键岗位监督管理，防止权力滥用。深入整治民生领域的“微腐败”、坚决铲除妨碍惠民政策落实的“绊脚石”，严肃查处损害群众利益、破坏营商环境的违法违规行为，持续营造风清气正的政治生态。

新蓝图已经绘就，新征程已经开启。让我们更加紧密地团结在以习近平总书记为核心的党中央周围，在州委的坚强领导下，团结一心、开拓进取、艰苦奋斗、超常奋斗，全力谱写高质量发展新篇章，以优异成绩庆祝中国共产党成立100周年，奋力开创黔西南更加美好。

楼纳收费站立交　　（黔西南日报社　提供）

# 专　文

## 按时高质量完成脱贫攻坚目标任务

全州坚持把脱贫攻坚作为头等大事和第一民生工程，咬定“质量高、成色足”的底线目标、刚性目标不放松，一体强化“脱、稳、防”措施，常态化、制度化推进“四逐四准”（逐村逐户征求意见、逐人逐项精准措施和围绕精准找问题、突出精准搞调研、坚持精准定措施、确保精准抓落实），推动全州脱贫攻坚一轮接着一轮查缺补漏、抛光打磨、巩固提升。全州最后两个未摘帽深度贫困县晴隆县、望谟县如期脱贫摘帽，剩余农村建档立卡贫困人口全部脱贫。至此，全州在“十三五”期间累计减贫47.09万人，如期建成农村“组组通”硬化路4696千米，有效解决102.91万农村人口饮水安全问题，义务教育阶段辍学学生动态清零，行政村卫生室建设和村医配备实现全覆盖，完成5.72万户农村危房改造，建档立卡贫困户“两不愁三保障”全部到位，7个贫困县（市）全部摘帽，629个贫困村全部出列。

将2020年3月至6月作为“窗口期”，对于工作问题以“主动暴露、不予追责”为原则，在全州部署开展补功课补短板、看措施看成效“两补两看”工作。明确边查找问题、边暴露问题、边剖析问题、边解决问题“四边”总要求，促使各级各部门深入查找“3+1”保障等方面存在的问题，并结合考核反馈和巡视、巡察、督查等发现的问题举一反三，分层分级签订责任清单、责任状，州县两级同步建立“双台账”、压实“双责任”、落实“双销号”。“窗口期”规则让干部打消顾虑、放下包袱，敢于当“爆破手”、扛“炸药包”、攻“硬碉堡”，实现了从不愿提及问题到主动暴露问题、从害怕担责问责到自觉履职尽责、从工作“一般化、过得去”到确保“质量高、成色足”的“三个转变”。“窗口期”规则在黔西南最先提出、最先实行，得到省委、省政府肯定，上升为全省统一部署。

以推动国务院扶贫开发领导小组挂牌督战黔西南州的6个贫困村高质量出列为切入点，围绕“户户过、人人过”，安排开展脱贫成效大排查、大检查。明确要组织认可、群众满意、证据支撑和确保精准度、完工度、辨识度“三要”“三度”工作要求，在全州部署开展脱贫成效大排查、大检查，进一步找准补齐短板弱项，实现存量问题和增量问题动态清零。

坚持狠抓产业扶贫和就业扶贫，及时统筹各项政策、各类项目、各种要素、各方力量，降低疫情影响，增强脱贫支撑。抓产业方面突出“抓两头带中间”，围绕群众增收深化农业供给侧结构性改革，推动茶叶、薏仁米、食用菌等特色产业迅速上规模。同时，推动成立农产品销售工作指挥部，建立完善农产品销售保底保障金、黔西南州畅销码、农产品产销信息报送及预警体系、农产品顺销联盟“一保一码一体系一联盟”，健全政府收购、企业承销、网络直销的联动机制，全州农产品实现销得快、价格好。抓就业方面突出“抓内外促全面”，坚持“外输、内拓”两手抓，大力推进返岗、拓岗、稳岗，巩固有劳动力的已脱贫家庭以户为单位就业扶贫全覆盖成果，并扩大城乡就业覆盖面。疫情刚发生不久，针对个人务工收入占脱贫攻坚农民收入70%以上、个人返岗困难等实际，推动全州在全国较早开通“返岗直通车”，并与浙江宁波、东阳、金华、义乌、永康、广东深圳、惠州、福建晋江等3省8市签订“稳岗协议”，促进34.85万人顺利返岗就业及新增外出就业。同时，通过推动建设就业扶贫车间，以及挖掘州内各行业各领域就业岗位、开发公共服务岗位等方式，及时妥善安置外出务工返乡人员重新就业，有效防止失业减收。

高度重视全州33.85万易地扶贫搬迁群众在搬入地的“融入”问题，抓住用好黔西南州“易地扶贫搬迁新市民计划基本公共服务标准化”被国家市场监管总局、国家发改委、财政部等国家部委纳入全国专项试点的机遇，深入实施新市民计划“1+13”政策体系，深化“五个体系”建设，推动新市民居住区产业、就业、服务、管理、治理等工作有效落实。

实施“农调扶贫险”，保障坝区年亩产值不低于8500元、其他区域年亩产值不低于2000元。全面推行“新市民就业险”，提高对易地扶贫搬迁劳动力的失业保障能力。持续完善“新市民安居险”，增强对易地扶贫搬迁建档立卡贫困人口的保障能力。不断健全“防贫扶助险”，有效防止因病、因学、因灾、因案等原因返贫致贫。推动建立“农民扶助金”，对经基本医疗保障、教育资助、民政兜底后仍可能返贫致贫的及时予以帮扶。

加强与公安部等中央定点帮扶单位和东西部扶贫协作城市宁波市的沟通对接，与宁波市开展“云端会商”、带队赴宁波市座谈磋商、召开两地扶贫协作联席会议，持续深化“常走动、多沟通、快落实”协作机制，并推动扶贫协作与合作发展向更宽领域拓展。2020年，全州承接落实中央单位定点帮扶资金1.2亿元、宁波市帮扶资金4.45亿元，分别实施项目239个和119个。

牵头挂牌督战晴隆县脱贫攻坚，并明确由州级领导担任组长组建2个工作推动组、选派196名县处级干部和乡镇主要负责人及业务骨干组成2个“同心助攻团”，统筹“百人护航战队”“科技先遣队”等力量，帮助晴隆县、望谟县打总攻、夺全胜。统筹相关州级领导对已摘帽还有剩余农村贫困人口的贞丰县、普安县、册亨县进行挂牌督战，强化对已全部脱贫的兴义市、兴仁市、安龙县、义龙新区的州级督导，严格落实“四个不摘”要求，不断巩固拓展脱贫成果。研究建立一线扶贫干部清单化管理制度，推动脱贫攻坚各项工作不折不扣落实到“最末梢”。

（州委办）

2020年1月3日，册亨县巧马镇孔屯村特惠贷入股分红发放仪　　（叶方杰　摄）

# 打好疫情防控阻击战的“数字密码”

新冠肺炎疫情发生以来，黔西南州坚决拥护、贯彻、落实习近平总书记重要指示精神和中央、省委决策部署，树牢“四个意识”、坚定“四个自信”、做到“两个维护”，始终在思想上、政治上行动上同以习近平总书记为核心的党中央保持高度一致，切实将党中央的号召、部署、要求内化于心、外化于行，牢记人民利益高于一切，坚持把人民群众生命安全和身体健康放在第一位，坚持把疫情防控工作作为重大政治任务、当前最重要的工作和头等大事来抓，坚定信心、同舟共济、科学防治、精准施策，狠抓外防输入、内防扩散和严控流动性、严控聚集性，坚决打好疫情防控阻击战。截至2月15日，率先在全省实现确认病例清零；截至2月23日，连续15天无新增确诊病例，全州9县（市、新区）全部划入低风险区，实现了努力确保确诊病例治愈出院、努力确保不发生本地感染、努力确保医护人员和工作人员不被感染“三个确保”的目标，疫情动态平稳、总体可控，疫情防控工作由“遭遇战”，转入了“阵地战”。

**第一，“4213”统领疫情防控“阻击战”。**

在打好疫情防控阻击战中，坚决贯彻落实好中央、省的各项决策部署，结合实际，创新方法，形成了“4213”工作路径，坚强有力地推进疫情防控“阻击战”。“4”，即坚持“四最”要求。坚持以最高标准、最严措施、最大力度、最快速度作为推进疫情防控工作的基本原则，拿出“顶格”手段、“顶格”措施，坚决、有力、迅速执行落实党中央、国务院和省委、省政府决策部署，坚决把疫情防控工作作为当前最大的政治责任来担当、作为最重要的工作任务来抓，执行落实坚持做到事不过夜、马上就办、立即落实。“2”，即强化“两防两控”。紧紧围绕“内防扩散、削减存量，外防输入、控制增量”和“内外结合、把握变量”，强化外防输入、内防扩散和严控流动性、严控聚集性的工作措施，聚焦重点群体、重点单位、重点场所，狠抓疫情排查、检测、防控各项工作。“1”，即建立“一套机制”。自上而下建立落实层层联系指导工作机制，州人大、州政协、州委常委9名厅级领导联系指导各县（市）、义龙新区，县级联系指导乡镇（街道），乡镇（街道）联系指导具体的网格化宣传服务点，环环扣紧责任链条、层层压紧防控责任，做到州县乡村四级纵横一体，尽锐出战，严防死守，削减存量，严控增量，阻断疫情传播，严防疫情感染，踏雪无痕做好防控。“3”，即强调“三个确保”。全州上下通过采取多种科学、有力、有效措施，坚决做好各项工作，努力确保感染者得到科学有效救治、确保不发生本地感染、确保不发生医护人员和基层干部感染，坚决打赢疫情防控阻击战。

**第二，“133312”筑牢疫情“封控圈”。**

严格按照坚决阻断病毒传播渠道和保障公路交通网络不断、应急运输绿色通道不断、必要的群众生产生活物资的运输通道不断“一断三不断”原则，在所有环州高速路口和国道、省道、县道、乡道全覆盖设置检测服务站130个，“公安＋卫健＋交通＋民兵”合力作战，认真落实“敬礼问好、查验证件、体温测量、询问了解、告知情况、耐心劝导、热情服务、数据记录、跟踪监测、特殊处理”等十步工作法，切实做到“一快、三查、三进、三劝、一放、两报”。“一快”，即中央、省要求做好通行保障的交通工具（含飞机、车辆、船只等，下同）、人员、物资，以及其他符合上级和州要求可以通行的交通工具、人员、物资，本着保障有力、行动迅速、科学规范的要求组织快速通行，同时必须按规定开展体温测量、防疫检验、消毒杀菌等工作；“三查”，即省内车针对性查、外省车普遍查、疫情较重地区车重点查；“三进”，车上有老人、小孩、病人等情况特殊的可以进，可能引发舆情事端的人车暂时进，省内、州内人车检测正常的可以进，但都必须严格按规定办理；“三劝”，即对除有正当理由、工作需要和中央、省规定必须保障通行的人车外，疫情较重地区的一律劝返，外省籍非疫情较重地区的原则上劝返，其他人车检测异常的一律劝返；“一放”，即凡是过境人车全程监测放行离开；“两报”，即不该进来的车辆非要进来的情况必须报告，每日检测、过境的情况及遇到的风险必须报告。在全省率先设立高速绿色（应急）专用通道，切实保障救援救护、疫情防控、电煤供应等应急保障车辆优先通行。中央作出打通“大动脉”、畅通“微循环”的决定和省委作出“管点、控线、畅面”的部署后，以“一场三站一码头”为重点，强化外围封控体系，以大数据为依托，强化空中管控体系，坚决遏制因外围带来的输入性疫情风险。

**第三，“317”推进稳防稳控“网格化”。**

在强化环州外围“封控”工作的同时，在州域范围内全面推行稳防稳控“317”工作模式，按照“四逐四准”工作方法，以村（居、社区）为基本单位，以村民小组、居民小区为基本单元，组织专班逐村逐户、逐人逐项实施地毯式排查，对农村和城市疫情防控实行网格化管理。“3”，即三个全覆盖。疫情防控工作向城市小区全覆盖、向农村全覆盖、向重点领域全覆盖（重点领域包含集贸市场和大型超市、城区居民住宅区、农村村寨、公共交通营运车辆、用工行业、公共复杂场所、金融机构、机关企事业单位等八大类）。“1”，即一个宣传服务点。所有城市居民小区、自然村寨（以村民小组为单位）、各级明确的重点领域均设置宣传服务点11159个。“7”，即七项重点工作。各宣传服务点必须落实“登记、询问、测温、提示、消杀、分类管理、及时报告”等七项重点工作。形成了“全民在行动、党员是骨干”的联防联控、群防群控、稳防稳控工作格局，疫情防控宣传和排查管控工作做到横到边、纵到底，不留死角、不留盲区。

**第四，“531”核酸检测筛查“全覆盖”。**

坚决落实中央、省委“不留盲区、不留死角”要求，坚持“四逐四准”，运用“531”方法，确保实现核酸检测筛查做到“全覆盖”。“5”，即对“五类人员”实施全面排查。运用“四逐四准”的工作方法，深入全面排查报告的疑似病例、追踪到确诊病例的密切接触者、每天发热门诊就诊的发热病人、1月23日以后从武汉市湖北省等重点疫区进入黔西南的所有人员、每天新进入黔西南的来自武汉市湖北省等重点疫区的人员这五类人员。通过深入细致开展拉网式全覆盖大排查，确保重点对象全部找到、不漏一户、不漏一人、人不漏项、项无差错。“3”，即坚持“三方联动”推进核酸筛查。公安查人找人送人、卫健采样检测指导、县乡党政牵头抓落实，三方联动、全方位统筹协调推进。按照归属地管理原则，各县（市）、义龙新区负责辖区内五类人员样本采集，并明确疑似病例由定点收治医院采样，确诊病例密切接触者由疾控中心采样，发热病人由就诊医院采样，1月23日以后涉及重点疫区已集中隔离医学观察人员由疾控中心采样、分散居家观察由政府组织公安、卫健组建专班采样，新进入州境内人员由当地健康检测服务站测量体温送至定点医院采样并集中隔离观察，确保做到核酸检测筛查“全覆盖”。“1”，即强化“一线防疫人员”能力提升。加强培训指导，提升基层防疫人员专业水平和能力。抽调州疾控中心、州医院、州中医院、兴义市医院专家组建9个督导组，分赴全州9个县市新区开展核酸集中筛查培训督导，由专家现场开展操作培训，指导如何采样、如何防护、如何储存、如何送检等，确保一线人员快速掌握熟练操作、高效筛查。加强工作指导，按照“依法依规、特事特办、厉行节约、能保尽保”的原则，根据各县（市）、义龙新区预判任务数，备足取样管、试剂纸等采样检测所需物资，合理分配一定数量的N95口罩、一次性手术衣、防护服、护目镜等应急物资，指导做好个人防护，确保一线工作有序有力推进。从2月5日0时至2月9日24时，全州核酸集中筛查完成采样6424份，已检测并出检测结果6424份（其中：阴性6421份、阳性3份），占州预判数（2319人）的277.01%，占省预判数（4700人）的136.69%。截至2月27日，全州累计检测核酸样本27314份（其中2709份为复核标本）。通过深入细致开展拉网式全覆盖大排查，确保重点对象全部找到、不漏一户、不漏一人、人不漏项、项无差错。

**第五，“3313”构建隔离“爱心屋”。**

针对集中隔离工作政策性强、时间要求紧、各种困难和问题比较多的实际，探索了突出“三类人员”、落实“三个酒店”、启用“一个中心”、实行“三项服务”的“3313”模式。“3”，即突出“三类人员”。对于核酸检测是阳性的或者专家对症状有怀疑的人员，核酸检测虽然是阴性但与疑似患者密切接触的人员，必须进医院进行隔离医学观察。对与确诊患者、疑似患者、医疗怀疑患者三类人员直接接触人员，必须进行集中隔离医学观察；间接接触，经医护人员认证存在较高风险的一般接触人员，也必须进行集中隔离医学观察；其他有关接触人员落实好措施进行居家医学观察。“3”，落实“三个酒店”。隔离工作强化属地责任，各县（市）、义龙新区各指定3个酒店作为指定集中隔离点，成立了服务工作专班，分为综合、医疗、安保和应急处置4个组，每天给在酒店进行集中隔离的人员检查身体，对酒店定时进行消毒，全力让他们感受到了家一般的温暖服务，让他们消除恐慌，安心“隔离”。“1”，即启用“一个中心”。通过州市共建方式，在兴义市建设医学观察中心，用于接收州内曾经与新冠肺炎确诊病例或疑似病例密切接触、又不具备在家或医院进行隔离观察的人员，满足疫情防控工作中标准的医学观察需要。中心自2月6日投入使用后，已累计接收需要集中隔离观察的人员200多人，为有效阻断疫情蔓延、保护人民群众身体健康和生命安全提供了坚实保障。“3”，即实行“三项服务”。全力以赴做好卫生健康服务，包括测量体温、消毒杀菌等；用心用情做好后勤保障服务，提供必要的生活物资；科学合理做好心理疏导，合不同群体的特点，为受影响人群提供心理健康服务，为有需要的人员提供心理干预，同时要积极预防、减缓和尽量控制疫情的社会心理影响。

**第六，“544454”建强战役“主心骨”。**

坚决做到“哪里有疫情、有群众，哪里就有党组织坚强有力的领导，哪里就有党员的先锋模范作用”，紧紧围绕突出政治功能、提升组织力，施行“544454”措施，充分发挥各级党组织和党员干部作用，为坚决打赢疫情防控阻击战提供坚强组织保障。“5”，即通过完善指挥系统、强化属地责任、强化一把手职责、加强联防联控、创新组织设置“5项措施”优化防控指挥体系。将脱贫攻坚“四级攻坚”体系转化为疫情防控指挥体系，各级脱贫攻坚驻村帮扶工作队就地转为疫情防控工作队，严格落实属地责任，292名州县乡党政一把手带头坚守岗位、靠前指挥、主动担责，落实联防联动、定期会商、及时会商工作机制，建立214个临时党支部、设立2713个党员先锋岗，强化党的领导对疫情防控工作的领导。“4”，即从严从实、压紧压实乡镇（街道）党组织、村（社区）党组织、成员单位党组织、临时党组织“4个责任”发挥战斗堡垒作用。141个乡镇（街道）党组织严格落实“早发现、早报告、早诊断、早隔离、早治疗”防控措施和疫情监测“日报告、零报告”制度等，1293个村（社区）党组织认真落实疫情防控网格化管理措施，各疫情防控领导小组成员单位特别是医疗系统、教育系统、公安系统、市场监管系统党组织扛起责任、履行职责、密切协作、形成合力，组织党员群众积极做好知识普及、综合协调、车辆及人员管控、登记服务、体温监测、应急值守等工作，充分发挥了党组织在疫情防控中的战斗堡垒作用。“4”，即着力强化、细化第一书记和驻村干部、村党组织书记、农村（社区）党员干部、机关单位党员干部“4个职责”发挥先锋模范作用。全州3133名第一书记和驻村干部落实“四逐四准”开展地毯式、网格化排查群众84.21万人次，93262名党员深入一线开展疫情防控宣传48.19万次，制止群众集聚活动3.61万次，劝阻群众无特殊理由离村38.74万人次，切实把疫情防控工作措施抓具体抓深入。“4”，即施行及时跟踪掌握、突出一线考察、坚持分类考核、强化结果应用“4项措施”加强干部考核识别。切实在疫情防控第一线考察、识别、评价、使用干部。成立4个疫情防控干部考核识别组，分别深入卫健、医院、疾控、公安、市场监管等32个疫情防控重点职能部门和8县（市）、义龙新区及43个乡镇（街道）、92个村（社区）开展调研，掌握各级领导班子、党组织和党员干部在疫情防控工作中的实际表现和工作成效，形成县（市）党政正职、州卫健局主要领导17人的疫情防控工作评价报告，帮助指出问题18条。“5”，即通过开展走访慰问、划拨党费支持、落实待遇保障、关注身心健康、宣传先进典型“5项措施”做实做细防控一线人员的关心关爱工作。组织、卫健、科技、人社等部门对医疗专家、医务人员、一线防控人员及其家属进行走访慰问，从州管党费中划拨30万元作为配套资金专项用于疫情防控工作。积极推进防护设备配备、防护措施落实、人员待遇保障“三到位”，帮助有关医务人员、第一书记和驻村干部等购买人身意外伤害保险，各级党组织表彰先进集体2个、优秀个人179名。“4”，即通过突出战时从严、加强督促检查、强化战时作风、严肃执纪问责“4项要求”，强化党员干部在疫情防控中的纪律作风。认真开展疫情防控工作“十严查、十严防”加强纪律作风建设，发布实施应对新型冠状病毒感染的肺炎疫情防控领导小组督查令，对州疫情防控工作领导小组各工作组、各专班和各级各部门开展纪律作风督查，从严从快查处疫情防控工作中的形式主义、官僚主义，切实为打赢疫情防控阻击战提供纪律作风保障。

**第七，“6556”统筹打好“两场战”。**

认真贯彻落实中央关于“非疫情防控重点地区要以实行分区分级精准防控为抓手，统筹疫情防控与经济社会秩序恢复”的部署，强化“把耽误的时间抢回来把遭受的损失补回来”的思想认识，按照“6556”战术统筹打好疫情防控和脱贫攻坚两场战役。“6”，即运用“四逐四准”工作方法，统筹各项政策、各个方案、各类项目、各种要素、各方力量、各条防线“六个统筹”。“5”，即成立农业、工业、商贸领域企业复工复产、重大项目复工、就业保障工作“五个专班”，实行分块作战抓好各项涉及决胜全面建成小康社会、决战脱贫攻坚的重点任务。“5”，即狠抓恢复生产、恢复建设、恢复经营、恢复流通、恢复运转“五个恢复”，努力降低疫情对经济社会发展的影响。“6”，即全面开展脱贫攻坚和疫情防控两场战役实地挂牌督战，严督思想认识是否深刻、攻坚打法是否精准、重点任务是否落实、要素保障是否有力、下沉力量是否到位、战时纪律是否过硬“六个重点”，将疫情防控和脱贫攻坚工作有机结合，促进疫情防控和脱贫攻坚工作同步开展。

（文 / 王沾云　邱国栋　韦安健　喻　鹏）

2020年1月6日，望谟县成立党员教师新冠肺炎疫情防控突击队　　（州报社　提供）

# 大事记

## 1月

1日，贵州高速路网“6横7纵8联”中的第五纵——赤水至望谟高速公路紫云至望谟段正式通车。紫望高速公路起于紫云县城以西的辽菁，接惠水至兴仁高速公路紫云西互通，经纳怀、边绕、打易等地，与已经通车的望谟至安龙高速公路顺接。线路全长74千米，有隧道15座，桥梁112座，其中特大桥1座、大桥88座、中桥23座，桥隧比为65.3%，项目总投资108.77亿元。全线采用双向4车道高速公路标准建设，设计时速80千米，全线设置7处互通式立交、匝道收费站5处。通车后，紫云到望谟的行车时间将由2.5小时缩短为50分钟。

同日，黔西南州盲聋哑学校舞龙队赴云南省安宁市参加2020年“中信乐石杯”全国民族民间龙狮争霸赛，经过角逐，获舞龙项目的传统舞龙铜奖和最佳网络人气奖。

2日，州委副书记、州长杨永英主持召开八届州人民政府第七十一次常务会议，传达学习省政府全体会议暨省政府第49次常务会议精神，研究贯彻落实意见，讨论将提请州八届人大五次会议审议的《政府工作报告》《州2019年国民经济和社会发展计划执行情况及2020年国民经济和社会发展计划草案的报告》《州2019年全州和州本级预算执行情况及2020年全州和州本级预算草案的报告》稿。

3日，黔西南州文学艺术界联合会第七次代表大会开幕。州委书记刘文新出席并讲话，省文联党组书记、副主席杨晓曼到会祝贺。州委常委、州委组织部部长顾先林主持，州领导黄健勇、黄曼、廖星，省文联党组成员、秘书长何长锁出席。全州文艺界122名代表、州有关部门负责人参加会议。

同日，黔西南州“农超对接”助脱贫促消费活动启动，200余家企业的600余件产品进入大润发、大尔多、合力、佳惠、兴客隆、好宜家、大鸿发7家超市和“生活PLUS”平台销售。

5日，“我们的中国梦——文化进万家”义龙新区新市民居住区迎新文艺演出活动在义龙新区木陇街道步马新市民居住区举行。此次活动由州文化广电局主办，州文化馆和义龙新区社会事务局承办，旨在为扎实推进易地扶贫搬迁新市民社区文明创建工作，不断丰富新市民精神文化生活，增强新市民的参与感、归属感和身份认同感。

6日，省委常委、省政府常务副省长李再勇到望谟县开展脱贫攻坚挂牌督战并主持召开座谈会时强调，要深入贯彻落实习近平总书记重要讲话指示精神，按照省委、省政府的部署要求，集中精力、压实责任、摸清底数、精准施策，向绝对贫困发起最后总攻，确保按时高质量打赢脱贫攻坚战。州委副书记、州长杨永英等参加会议。

同日，州委书记刘文新在兴义市调研。强调要坚持问题导向、目标导向、结果导向，全面打通执行落实“最后一公里”，扎实做好安全稳定及节日期间市场保供稳价等工作，持续增强群众获得感、幸福感、安全感，为确保按时高质量打赢脱贫攻坚战、确保全面建成小康社会和“十三五”规划圆满收官持续营造平安和谐的社会环境。

同日，黔西南州公安机关首轮扫黑除恶“冬春行动”一号攻势暨集中打击整治黄赌毒违法犯罪集中行动全面启动，标志黔西南州2020年扫黑除恶首轮作战行动开始。

7日，州八届人大常委会第二十七次会议召开。

8日，州委、州政府召开会议，向老干部及各民主党派、工商联和无党派人士通报2019年全州经济社会发展情况和党风廉政建设情况，并提前致以新春祝福。

10日，黔西南州“不忘初心、牢记使命”主题教育总结大会召开。州委书记、州委主题教育领导小组组长刘文新讲话，省委第九巡回指导组组长雷甘霖讲话，州委副书记、州长杨永英主持，州人大常委会主任邓家富，州政协主席陈国芳，省委第九巡回指导组副组长王育贵出席。

11日，政协第八届黔西南州委员会常务委员会第二十次会议举行。

11—12日，省委常委、省委组织部部长李邑飞到晴隆县督战脱贫攻坚工作，出席全县脱贫攻坚挂牌督战动员会并讲话。强调要咬定目标任务，精准督战参战，集中兵力打好最后歼灭战。

12日，公安部治安管理局巡视员、副局长于复苓率全国社会治安防控体系建设标准化城市创建第一轮测评组，到黔西南州开展测评。测评组通过听取汇报、查阅资料、实地检查等方式，指导全州创建工作。

同日，黔西南州与新合作商贸连锁集团有限公司座谈会在北京举行，双方就城市地下空间开发与利用、“黔货出山”、智慧供销农贸市场、农产品交易市场等深度合作事宜进一步洽谈。州委副书记、州长杨永英，新合作商贸连锁集团有限公司党委书记、董事长郝彦领出席。

12—13日，经公安部测评验收，黔西南州创建“全国治安防控体系建设标准化城市”位列全省第一。

12日起，宁波市人社部门组织区县（市）150余家企业赴黔西南州举办12场“2020年宁波·黔西南州劳务协作暨春风行动系列招聘会”，提供就业岗位4500余个，部分建档立卡人员实现转移就业。

15日，黔西南州2020年春风行动暨就业援助月现场招聘会——东西部劳务协作义龙专场招聘活动在义龙新区木陇街道举行，提供省内外各类用工岗位3500余个。

16日，贵州省生态环保厅通报2019年1—12月，全省9个中心城市环境空气质量平均优良天数比率为98.0%，其中兴义市排名全省第一。

18—25日，一对夫妇曾于自驾车往返兴义至湖北孝感市大悟县探亲，途经武汉。2月1—2日，州医院及州疾控中心检测一对夫妇核酸为阳性并确诊为新型冠状病毒肺炎患者。12日经州医院救治达到临床治愈标准，予以解除隔离。13日15时出院。

20—22日，中国人民政治协商会议第八届黔西南布依族苗族自治州委员会第五次会议在兴义举行。

20—22日，黔西南布依族苗族自治州第八届人民代表大会第五次会议在兴义市召开。

21日，全国妇联“农村贫困母亲两癌救助”中央专项彩票公益金发放仪式在兴义市举行。州政府副州长、州妇儿工委主任黄曼出席仪式。

同日，州委书记刘文新主持召开专题会议，传达学习习近平总书记重要指示精神、李克强总理批示精神和国家新型冠状病毒感染的肺炎疫情防控工作电视电话会议精神以及省委、省政府领导批示精神，对全州做好疫情防控工作进行全面安排部署。州委副书记、州长杨永英，州人大常委会主任邓家富，州政协主席陈国芳，州委副书记穆嵘坤，州委常委、州人大常委会、州政府、州政协有关领导，各县（市）、义龙新区党政主要负责人参加。

22日，州政府与贵州建工集

团战略合作框架协议签订。双方将重点围绕保障性住房、棚户区改造、移民搬迁、公路、市政、水利等基础设施建设和绿色建筑建材加工及配送、劳动就业培训进行合作，并以建筑工业化为方向，在装配式建筑、BIM技术推广、智慧工地建设、绿色建筑等建筑领域开展全方位合作。

22—23日凌晨4时，黔西南州首例新冠肺炎患者确诊并入住安龙县人民医院隔离医学观察病房，该患者系武汉返乡人员。感染科13名医务人员率先请战进入一线救治，随后全院6个党支部85名党员及638名医务工作者均主动请战，加入救治队伍。28日20:30分，落实省委“集中患者、集中专家、集中资源、集中救治”要求，由安龙县人民医院专程护送贵阳定点医院继续治疗，此时，患者病情稳定，体温正常，白细胞升高到5600正常值、胸部CT病灶明显吸收。2月11日16时许，该患者治愈由安龙县人民医院接回。

23日，州委书记刘文新，州委副书记、州长杨永英，州人大常委会主任邓家富，州政协主席陈国芳到重大项目、重点企业开展走访活动，代表州四大班子看望慰问一线建设者和企业职工，向大家为经济社会发展所作的贡献表示感谢，并致以新春祝福。

24日，州委副书记、州长杨永英率队检查新型冠状病毒感染的肺炎疫情防控工作。

26日，州委书记刘文新，州委副书记、州长杨永英到安龙县检查新型冠状病毒感染的肺炎疫情防控工作并召开专题会议，一线指挥调度全州疫情防控工作，强调要认真贯彻落实习近平总书记重要讲话精神，努力实现“两个确保”目标，坚决打赢疫情防控阻击战。

27日，州应对新型冠状病毒感染的肺炎疫情防控工作领导小组召开会议，深入学习贯彻习近平总书记重要讲话精神和中央政治局常委会会议研究疫情防控工作精神，以及中央、省领导小组会议精神，对全州扎实做好疫情防控工作进行再研究、再部署。

同日，黔西南州首批11名医护人员出征支援武汉，其中州人民医院6人、兴义市人民医院5人。

27日起，贞丰县关闭活禽交易宰杀市场及摊点，关停期间，对活禽交易市场进行彻底清洁、消毒。保障环境卫生。

28日，州应对新型冠状病毒感染的肺炎疫情防控工作领导小组召开会议，传达学习贯彻习近平总书记1月27日作出的重要指示精神，以及省领导小组有关工作组召开的电视电话会议精神，部署推进全州疫情防控工作。

29日，州委书记、州应对新型冠状病毒感染的肺炎疫情防控工作领导小组组长刘文新率队到州交通指挥中心和汕昆高速岔江原收费站检测服务站点、兴义东收费站检测服务站点检查疫情防控工作，并看望慰问一线工作人员。

同日，州委副书记、州长杨永英带队到兴义市、兴仁市督导新型冠状病毒感染的肺炎疫情防控期间市场保供、物价稳控工作。

30日，州委书记、州应对新型冠状病毒感染的肺炎疫情防控工作领导小组组长刘文新在兴义市检查疫情防控工作时，看望因疫情滞留的湖北籍旅客及客商。州人大常委会主任邓家富，州领导许风伦、范华、李淞、王丽琼参加。

同日，州委副书记、州长、州应对新型冠状病毒感染的肺炎疫情防控工作领导小组组长杨永英率队到册亨县岩架收费站、洛王村、望谟县油迈乡平卜村检测服务点、望谟平洞街道纳朝村，望谟县定点宾馆、望谟县人民医院、丽甲玺农业市场、喜洋洋购物中心、望谟西收费站检测服务点暗访检查疫情防控工作，宣讲习近平总书记关于疫情防控工作的重要指示精神和中央、省、州系列部署要求，并看望慰问节日期间奋战在疫情防控工作一线的工作人员，对开展疫情防控工作进行指导。州委常委、州政府副州长王雄义、州直有关部门负责人参加。

31日，州委副书记、州长、州应对新型冠状病毒感染的肺炎疫情防控工作领导小组组长杨永英率队到贞丰县贞丰收费站、星湖湾农贸市场、龙场镇收费站、对门山村蔬菜基地、新童村等地检查指导疫情防控及市场保供稳价工作，并看望慰问奋战在疫情防控一线的工作人员。

同日，兴义市各疫情检测服务站累计成立临时党支部13个，各县（市）均有成立。

同日，州教育局开通“金州空中课堂”直播授课启动仪式。当天，全州43所高中校长、副校长、中层干部及部分初三、高三学生在家通过手机客户端和电脑收看启动仪式。

是月，黔西南州九州通天地药贸、贵州一树大家康健药房连锁有限公司向黔西南基层一线，捐赠价值14.25万元的口罩、酒精、消毒液等医疗物资。

是月，实施《黔西南州防贫扶助保险实施方案（试行）》，安排1000万元资金支持“防贫扶助险”，对全州建档立卡欠稳脱贫农户和处于贫困边缘的非建档立卡低收入农户因病、因学、因灾、被盗可能导致返贫、致贫的，创建“防贫扶助险”，用改革创新的办法防贫堵贫，巩固脱贫成果，有效抑制贫困增量，确保如期全面建成小康社会，打牢乡村振兴基础，助推脱贫攻坚。

## 2月

1日，州委书记、州应对新型冠状病毒感染的肺炎疫情防控工作领导小组组长刘文新到沪昆高速晴隆收费站检测服务站、阿妹戚托小镇等地检查疫情防控工作，看望慰问一线防控工作人员。

同日，安龙县招堤街道派出所收到一名自称普通中共党员匿名捐款1万元，支援武汉抗击新冠肺炎疫情。

1日起，兴义市城区禁止活禽交易及宰杀行为，统一到敬南农业产业园区家禽屠宰场进行集中检疫屠宰。城区内只能销售经过检疫合格的“白条鸡”“白条鸭”“白条鹅”等禽类肉及肉制品。

2日晚上和3日上午，州委书记、州应对新型冠状病毒感染的肺炎疫情防控工作领导小组组长刘文新分别主持召开专题会议和领导小组会议，对全州贯彻落实中央、省决策部署，做好春节后错峰返程和进一步加强疫情防控工作进行安排部署。州委副书记、州长、领导小组组长杨永英，州人大常委会主任邓家富，州政协主席陈国芳，州委副书记穆嵘坤，州领导刘良、罗春红、顾先林、许风伦、冉博、陈健、王雄义、范华、黄曼、李杰、胡志峰、李淞、刘兴吉、王丽琼参加。

3日，黔西南州构建疫情防控“317”宣传服务体系，实现基层防控全覆盖。“3”即疫情防控工作向农村全覆盖、向居民小区全覆盖、向重点领域全覆盖；“1”即建立一个宣传服务站；“7”即落实“登记、询问、测温、提示、消杀、分类管理、及时报告”七项重点工作内容。

4日，全州221个集贸市场、大型超市组建疫情防控宣传服务站165个，709个城区居民住宅区组建疫情防控宣传服务站652个，995个农村村寨组建疫情防控宣传服务站6513个，59个公交车、出租车、网约车管理公司组建疫情防控宣传服务站32个，471个用工单位（建筑、大型企业）组建疫情防控宣传服务站88个，4116个公共复杂场所组建疫情防控宣传服务站280个，275个金融机构组建疫情防控宣传服务站166个，946机关、企事业单位组建疫情防控宣传服务站674个。

同日，州应对新型冠状病毒感染的肺炎疫情防控工作领导小组办公室发布《致全州广大人民群众的公开信》，号召全州广大人民群众积极行动起来，万众一心、众志成城，为打赢疫情防控阻击战贡献自己的力量。同时发布《关于进一步做好人员密集场所疫情防控工作的通告》《关于进一步做好小区疫情防控工作的通告》《关于进一步做好村寨疫情防控工作的通告》等。有序推进疫情防控工作。

同日，黔西南州江西商会捐赠21万元医疗物资，用于州内疫情防控。

同日，黔西南州暨兴义市医学观察中心建成投用，主要用于接收州内曾经与新冠肺炎确诊病例或疑似病例密切接触、又不具备在家或医院进行隔离观察的人员，满足疫情防控工作中标准的医学观察需要。该观察中心位于兴义市洒金街道康平社区，远离居民区，环境、设施条件较好，可接收189人开展医学观察。

同日，全州11名护理人员前往疫情较重地区支援。这些医护人员是在州人民医院、兴义市人民医院、州中医院、兴仁市人民医院、安龙县人民医院、贞丰县人民医院、普安县人民医院、册亨县人民医院、望谟县人民医院、晴隆县人民医院，从自愿报名的众多医护人员中挑选出的业务能力强、身体健康、能够承担高强度医疗救治工作的护理人员。

5日，州委常委会暨州应对新型冠状病毒感染的肺炎疫情防控工作领导小组召开会议，再次传达学习2月3日习近平总书记主持召开中央政治局常委会会议时发表的重要讲话精神及会议精神，同时传达学习中央、省有关精神，对全州进一步抓好疫情防控工作进行研究部署。

同日，州委常委、州委组织

部部长顾先林率队到州医院慰问赴武汉支援的医疗专家家属和州级医疗专家。

同日，贵州安龙县金龙旺农业有限公司向武汉市捐赠绿色有机蔬菜22吨，抵达武汉后由中百集团接收，按武汉市政府要求分配到相关单位。

同日，根据省疫情防控领导小组办公室《关于进一步规范疫情检验点设置保障省内道口收费站正常通行的紧急通知》要求，全州暂时关闭13个收费站点。分别是册亨县巧马收费站、岩架收费站、丫他收费站；望谟县望谟北收费站、纳夜收费站、大观收费站、望谟南收费站；兴仁县潘家庄收费站、兴仁北收费站；兴义市乌沙收费站、品甸收费站；贞丰县白层收费站、龙场收费站。

同日，位于义龙新区红星医药产业园内的贵州天地药业有限责任公司复工复产，1个车间3条生产线的75名工人每天能生产出利巴韦林、地塞米松磷酸钠、维生素C等有关抗病毒的注射液110万支。至此，全州已有93家企业实现防疫复工复产。

6日，州委常委会暨州委依法治州委员会召开会议，传达学习习近平总书记在中央全面依法治国委员会第三次会议上的重要讲话精神，对全州依法防控新型冠状病毒感染的肺炎疫情相关工作进行研究部署。

同日，黔西南州开展新型冠状病毒感染的肺炎核酸筛查工作。本次核酸筛查的对象为全省报告的黔西南州疑似病例，全省报告的黔西南州确诊病例密切接触者，全州每天发热门诊就诊的发热病人，1月23日以后从疫情较重地区到黔西南州境内、返回黔西南州境内人员，包括居家隔离和集中医学隔离观察人员，以及每天从疫情较重地区到黔人员。

7日，《黔西南日报》刊登黔西南州中级人民法院、黔西南州人民检察院、黔西南州公安局共同发布《关于依法严厉打击疫情防控期间违法犯罪行为的通告》。

7—9日，黔西南州兴义市敬南镇新坪村103名群众自发捐款购买两车50吨新鲜蔬菜运抵湖北武汉、孝感。

7—14日，晴隆县刘宽、刘江、岑志云完成武汉雷神山医院C区C5—6的水电安装。15日，返回到晴隆开始医学隔离观察。

8日，州委书记、州应对新型冠状病毒感染的肺炎疫情防控工作领导小组组长刘文新到州疾病预防控制中心、兴义万峰林机场和飞洋华府小区检查疫情防控工作，并看望一线防控工作人员，对大家为防控疫情所作的贡献表示感谢。

同日，州委副书记、州长杨永英主持召开八届州政府2020年第2次党组会，传达学习习近平总书记关于应对新型冠状病毒感染肺炎疫情的重要讲话、批示指示精神和中央、省、州有关会议和文件精神，研究贯彻落实意见。

同日，全州五类人群新冠肺炎核酸筛查采样已完成2920份。此次全面核酸筛查的对象主要包括五类人群：全省报告的黔西南州疑似病例；全省报告的黔西南州确诊病例密切接触者；全州每天发热门诊就诊的发热病人；1月23日以后重点地区的所有到黔西南州境内、返回黔西南州境内人员，包括居家隔离和集中医学隔离观察人员；每天新进入的重点地区到黔西南境内、返黔西南境内的人员。

9日，州应对新型冠状病毒感染的肺炎疫情防控工作领导小组召开会议，对全州进一步做好疫情防控工作进行研究部署。

同日，《黔西南日报》登载，2019年，全州全年民生支出255亿元，教育、医疗、住房保障、民生网底持续明显改善。

10日，州委副书记、州长、州应对新型冠状病毒感染的肺炎疫情防控工作领导小组组长杨永英，先后到州精神病医院和兴义市威舍镇步步升冶炼有限公司、森乾冶炼有限公司、清水河镇高峰村疫情检测服务站、万丰瑞鑫铁合金有限公司、阳光铁合金有限公司调研疫情防控及复工复产工作，并看望一线防控工作人员，代表州委、州政府对一线工作人员连日来为疫情防控的坚守表示感谢。

11日，州应对新型冠状病毒肺炎疫情防控工作领导小组暨州扶贫开发领导小组召开会议，传达学习习近平总书记在北京市调研指导新型冠状病毒肺炎疫情防控工作时的重要指示精神，以及省委、省政府有关部署要求，对全州打好疫情防控和脱贫攻坚两场战役、夺取两个胜利进行调度安排。

12日，州委书记刘文新到义龙新区调研疫情防控和春耕生产、复工复产工作。

同日，州疾控中心、州消防救援支队、兴义市综合执法大队，按照州应对新冠肺炎疫情防控领导小组办公室的部署，分别对州人民医院感染性疾病区域、高速兴义东进出口、兴义桔山大道等地进行消毒，切实做好重点区域和公共区域疫情防控。

12—13日，兴义市下五屯街道坝佑村云凸山二组、洒金街道坝美社区兰花山组群众捐赠32吨胡萝卜由兴义运抵武汉武昌区。

13日上午，州应对新型冠状病毒肺炎疫情防控工作领导小组召开工作调度会议，传达学习习近平总书记2月12日主持召开中央政治局常委会会议时的重要讲话精神及会议精神，2月11日召开的国务院常务会议精神，以及省委书记、省人大常委会主任孙志刚到省疾控中心调研时的讲话精神，对全州进一步统筹打好疫情防控和脱贫攻坚两场战役进行安排部署。

14日，州委常委会召开扩大会议，再次传达学习习近平总书记2月12日主持召开中央政治局常委会会议时的重要讲话精神及会议精神，习近平总书记在北京市调研指导疫情防控工作时的重要指示精神，2月11日召开的国务院常务会议精神，同时传达学习省委、省政府领导视频督战脱贫攻坚和疫情防控工作时的有关部署要求。

15日，省委常委、省委组织部部长李邑飞通过视频督战晴隆县脱贫攻坚和疫情防控工作。

同日，州委副书记、州长、州应对新冠肺炎疫情防控工作领导小组组长杨永英，省发改委副主任陈熵赴望谟县督战疫情防控、脱贫攻坚工作时强调，要以问题为导向，强弱项、补短板，坚决打赢疫情防控、脱贫攻坚“两场战役”。

同日，黔西南州89个重大项目集中复工开工，总投资达417亿元，其中州级重大项目83个、总投资399.7亿元。

同日，义龙新区2020年“抗疫情·稳就业”有组织劳务输出40名外出务工人员前往宁波就业。

同日，来自湖北武汉三名游客制作四面锦旗感谢兴义市人民政府、桔山街道办、栖谷酒店以及酒店观察点工作人员，感谢他们在栖谷酒店14天医学隔离观察期间得到前述单位及人员的关心帮助，16日6时，他们在街道办的帮助下顺利登上返回武汉的列车。

16日，州级全面实地督战晴隆县脱贫攻坚和疫情防控两场战役。

同日，州应对新冠肺炎疫情防控工作领导小组办公室印发《黔西南州支持和推动农业企业复工复产的政策措施》。

同日，全州规模以上工业企业累计复工复产152家，占省调度数361家(年前生产)的42%。

同日，央视朝闻天下栏目在《战疫情，国务院扶贫办做好疫情防控期间的脱贫攻坚工作》中，对黔西南州做好疫情防控期间脱贫攻坚就业劳务输出工作进行报道。

17日，州应对新冠肺炎疫情防控工作领导小组召开专题会议，传达学习省委书记、省人大常委会主任孙志刚对州打好两场战役的指示精神，以及省有关文件精神，进一步研究完善全州统筹做好疫情防控、脱贫攻坚和经济社会发展工作的相关措施。

同日，普安县支援湖北鄂州的50吨蔬菜运达，经湖北省调度转运至黄冈市武穴市四望镇。

18日，省委书记、省人大常委会主任、省应对新冠肺炎疫情防控工作领导小组组长孙志刚在省委应急指挥中心视频连线黔西南州、晴隆县、望谟县，开展脱贫攻坚督战和疫情防控调度工作。晚上，州应对新冠肺炎疫情防控工作领导小组召开专题会议，传达学习省委书记、省人大常委会主任孙志刚视频督战晴隆县、望谟县脱贫攻坚和调度疫情防控工作时的讲话精神，研究部署贯彻落实措施。

同日，全州促进回乡务工人员返岗就业工作推进视频会在兴义召开，要求到月底，争取全州33.92万回乡务工人员能返岗就业。通过推行返岗就业工作计划书制度，至28日，已有33.6万人返岗就业。3月7日下午，在全州就业扶贫全覆盖攻坚行动工作会议会上，州应对新冠肺炎疫情防控工作领导小组对全州促进回乡务工人员返岗就业工作突出的集体和个人进行通报表扬。

19日，贵州省黔西南州义龙新区易地扶贫搬迁步马居住区中郑屯镇大箐村大坪地组的贫困户120名老乡乘坐政府组织的5辆返岗直通车，启程前往浙江镇海务工。

同日，央视《朝闻天下》播出《黔西南州开通“农民工返岗直通车”》；《央视新闻》播出《共同战“疫”春耕大直播》栏目直播《贵州万峰林景区遍地黄金花“祝福”在田中藏》农忙备春耕情景；《新闻联播》节目播出《贵州：60万岗位促就业　支持企业全面复产》，以望谟县助推贫困人口就业为典型案例，介绍贵州防控疫情、脱贫攻坚两手抓，案例有序推进复工复产情况。

21日，州委常委会召开会议，传达学习贯彻习近平总书记主持召开中央全面深化改革委员会第十二次会议时的重要讲话精神及会议精神，2月17日召开的中央应对新冠肺炎疫情工作领导小组会议精神和省相关会议、文件精神，部署推进全州疫情防控和脱贫攻坚两场战役有关工作。

同日，黔西南州155名务工人员乘坐返岗“专机”赴宁波市海曙区就业，助力企业复工复产。

同日，占地67.3亩，总投资2.5亿元的“中国万屯牛博园产业集群项目”屠宰、食品加工厂开工建设。

同日，《黔西南日报》报道：全州重点调度农业龙头企业227家，全面复工复产。纳入省调度的361户规模以上工业企业全部复工。

22日，州应对新冠肺炎疫情防控工作领导小组召开会议，传达学习中央政治局2月21日召开的会议精神。州委书记、州领导小组组长刘文新主持并讲话，州委副书记穆嵘坤，州领导冉博、陈健、范华、黄曼、李淞、王丽琼参加。

同日，黔西南州第七批疗队10名队员出发赴湖北。至此，黔西南州一共派出七批65名医护人员支援抗击新冠肺炎疫情。

23日，中共黔西南州委、黔西南州人民政府、兴义军分区发布《黔西南州广大民兵和专武干部参加疫情防控阻击战和决胜脱贫攻坚战紧急动员令》。

23日15时起至3月31日，州内景区景点免收门票开放。

24日，州委常委会召开扩大会议，传达学习习近平总书记在统筹推进新冠肺炎疫情防控和经济社会发展工作部署会议上的重要讲话精神，同时传达学习李克强总理讲话精神，对全州在疫情防控和脱贫攻坚两场战役中全面推进新一轮“四逐四准”工作进行安排部署。

同日，2019年度州委议军会议暨党管武装工作会议召开。

同日，州委召开2019年度县（市）、义龙新区和州直、高校党（工）委书记抓党建述职评议会。

25日，州委书记、州应对新冠肺炎疫情防控工作领导小组组长刘文新到兴义市检查景区、景点和酒店、民宿疫情防控及开放复业等工作情况。

26日，州委常委会会议暨州应对新冠肺炎疫情防控工作领导小组会议召开，传达学习习近平总书记对全国春季农业生产工作作出的重要指示精神和李克强总理批示精神及全国春季农业生产工作电视电话会议精神，中央、省有关会议及文件精神，研究部署贯彻落实措施。

同日，省委常委、省政府常务副省长李再勇率队到望谟县郊纳镇调研脱贫攻坚工作。强调要加大农村产业结构调研力度，做大做强有优势、经济价值高的特色产业，通过发展特色产业助推脱贫攻坚，真正让地方经济得到发展，老百姓能够增收致富，确保按时脱贫摘帽。

27日，省人大常委会副主任陈鸣明率队到兴仁市和普安县调研企业复工复产及脱贫攻坚工作。陈鸣明强调，要严防死守各条底线，加快补齐短板、巩固脱贫攻坚成果，加快推进企业复工复产，确保完成脱贫攻坚目标，在疫情防控和脱贫攻坚大战、大考中践行初心使命、交出合格答卷。

同日，州委副书记、州长、州应对新冠肺炎疫情防控工作领导小组组长杨永英主持召开州应对新冠肺炎疫情防控工作领导小组专题会议。会议主要贯彻落实2月26日习近平总书记主持召开的中共中央政治局常务委员会会议精神，分析当前疫情形势，研究部署近期防控重点工作。

28日，州应对新冠肺炎疫情防控工作领导小组召开会议。州委书记、领导小组组长刘文新主持并讲话，州委副书记、州长、领导小组组长杨永英，州人大常委会主任邓家富，州政协主席陈国芳，州委副书记穆嵘坤参加。

同日，省政协副主席任湘生率队到黔西南州调研联系服务重点企业疫情防控和复工复产工作。省统计局副局长彭龙参加，州人大常委会副主任、兴仁市委书记方俊，州政协副主席陈晴陪同调研。

同日，全州食用菌产业发展工作会议暨领导小组（扩大）会议在安龙县举行，传达学习全省食用菌产业发展工作会议暨第五次领导小组（扩大）会议精神，对下一步工作进行部署。会议通报2019年全州完成食用菌种植面积5.01亿棒，产量22.19万吨，产值

27.46亿元，共带动1.2万贫困人口脱贫增收，全州食用菌种植、销售、加工排在全省前列。

29日，黔西南州法律援助中心、黔西南州司法局公共法律服务管理科、兴义市人民医院法医司法鉴定所等单位被评为先进集体，兴义市清水河镇法律服务所主任陈建荣、黔西南州册亨县司法局公共法律服务管理股负责人梁洪两人分别被司法部评为全国法律援助工作和全国公共法律服务工作先进个人。

是月，为全力做好应对新型冠状病毒感染的肺炎疫情防控工作，黔西南州出台施行26项组织保障措施，着力提升组织力，充分发挥各级党组织和广大党员干部作用，汇聚磅礴力量坚决打赢疫情防控阻击战。

是月，黔西南州11个村入选首批国家森林乡村，分别是：兴义市南盘江镇南龙村，兴仁市新龙场镇冬瓜林村、城南街道鹧鸪园村，贞丰县白层镇坝桥村，普安县江西坡镇细寨村、龙吟镇吟路村、青山镇哈马村，册亨县丫他镇板万村、者楼街道高峰村、秧坝镇福尧村，望谟县新屯街道新屯村。

是月，全州累计向湖北捐赠蔬菜205吨。

## 3月

1日，州委常委会召开会议，传达学习2月26日中共中央政治局常务委员会会议和2月27日中央应对新冠肺炎疫情工作领导小组会议精神，落实《贵州省新冠肺炎疫情省级三级应急响应防控工作方案》，部署疫情防控、脱贫攻坚、春季农业生产、复工复产复业复学等工作，全面保障人民群众生命健康安全和社会大局和谐稳定。

同日，全州推动煤炭工业转型升级高质量发展工作大会召开。州委书记刘文新出席并讲话，州委副书记、州长杨永英作工作安排，州人大常委会主任邓家富、州政协主席陈国芳出席。

2日，州委书记、州应对新冠肺炎疫情防控工作领导小组组长刘文新主持召开专题会议。州委副书记穆嵘坤参加。会议听取州疫情防控医疗救治组组织州内专家集中审核各系统、各板块疫情防控工作规程情况汇报，交通及流动人口服务管理组探索运用交通疫情风险追踪核查系统情况汇报，对健全完善有关工作流程、工作机制进行深入讨论。会议还对全州进一步做好复工复产复业复学疫情防控、脱贫攻坚“四逐四准”和加强日调度等工作进行安排部署。

3日，州委书记刘文新到望谟县调研，强调要认真贯彻落实中央、省决策部署，毫不松懈抓好疫情防控，一刻不停推进脱贫攻坚，坚决打赢两场战役、夺取两个胜利，在大战大考中践行初心使命、交出合格答卷。

同日，州委副书记、州长杨永英主持召开“抗疫情促发展”政银企对接座谈会，研究金融机构支持疫情防控、经济社会发展工作。

3日下午，州委书记、州应对新冠肺炎疫情防控工作领导小组组长刘文新在州公安局指挥中心主持召开专题会议，视频传达学习省委书记、省人大常委会主任孙志刚在省公安厅调研疫情防控工作时的讲话精神、省应对新冠肺炎疫情防控领导小组办公室有关通知精神，对全州进一步抓好“外防输入”工作进行再安排再部署，要求筑牢“空中智慧防线”“地面钢铁防线”，健全党委一把手日调度机制，党员、干部带头严防聚集性等事项。检查州公安局整合资源建设交通疫情风险追踪核查系统运行情况，表扬全州公安机关在疫情防控中作出的贡献。

4日，省委常委、省纪委书记、省监委主任夏红民到贞丰县和普安县督查调研疫情防控、企业复产、项目复工以及春耕生产等工作情况，强调要深入贯彻执行中央、省委决策部署，统筹推进疫情防控和经济社会发展各项任务落实，坚决夺取两场战役的双胜利。

同日，央视新闻联播《不负春光不误农时——我国各地春耕生产有序展开》报道黔西南州安龙县群众抢抓时节种藕，央视战疫情特别报道栏目报道《黔西南州贞丰县战疫情·复工复产　多渠道护航　超5万名农民工返岗》，央视新闻共同战“疫”栏目直播《黔西南州贞丰县23万亩李花绽放　呈现“雪海”美景》。

5日，普安县地瓜镇屯上村基地采摘“白叶一号”青叶11斤，江西坡镇的浙茶集团加工车间炒制，4个小时后，“白叶一号”第一批干茶出炉。自2018年10月22日起，“白叶一号”在普安县种植达1.1万亩，3000亩实现“打顶采摘”，可产鲜叶3000斤。

6日，省政协捐赠黔西南州一台负压救护车移交仪式在兴义举行，根据州委安排，州政协主席陈国芳向州中医院移交获赠的负压救护车用于全州应对新冠肺炎疫情防控工作，为黔西南州在疫情防控和脱贫攻坚提供医疗保障。

同日，州人大常委会与州“一府一委两院”工作联席会议召开。通报州人大常委会2020年工作要点和审议议题计划。

8日，州委常委会会议暨州扶贫开发领导小组会议召开，学习贯彻习近平总书记在决战决胜脱贫攻坚座谈会上的重要讲话精神，以及省委常委会会议暨省扶贫开发领导小组会议精神，对全州脱贫攻坚重点工作再安排再部署。

同日，全州就业扶贫全覆盖攻坚行动工作推进视频会举行，贯彻落实州委关于全州就业扶贫全覆盖攻坚行动工作的要求部署。

同日，央视《新闻联播》“春耕备耕正当时”专栏，报道黔西南州贞丰县抢抓农时发展特色水果种植。

9日，州委常委会会议暨州应对新冠肺炎疫情防控工作领导小组会议召开。州疫情防控工作领导小组社会防控组、交通及流动人员服务管理组、疫情防控医疗救治组和2020年春季学期开学准备工作指挥部汇报近期工作推进情况。强调全州党员、干部特别是党政一把手要遵守战时纪律，保持战时状态，落实“外防输入”策略，抓紧抓实疫情防控。

同日，全州累计开通农民工返岗直通车1106班次，通过包车、包机、专列、自驾等方式，实现35.13万人外出务工及本地就业。

10日，民进黔西南州委用筹集到爱心款6.136万元采购第一批物资——148套床单被套、300盒84泡腾片，发往湖北贵州省援鄂医疗队，第二批物资将根据贵州省援鄂医疗队的实际需求进行筹办。

11日，州委书记刘文新到册亨县调研。强调要持续强化“外防输入”，严格落实“四个不摘”，坚决夺取疫情防控和脱贫攻坚两场战役双胜利。

同日，共青团省委书记涂妍率队到黔西南州调研时强调，共青团黔西南州委要准确把握新形势下共青团工作的前进方向，充分发挥青年组织和青少年兴趣团体和青年能人作用，不断创新特色，突出亮点，为推进新时代共青团工作跨越发展贡献青春力量。

12日，州委书记刘文新、州人大常委会主任邓家富、州政协主席陈国芳、州委副书记穆嵘坤等州领导带头到义龙新区万屯镇盘兴村开展义务植树活动。

同日，州应对新冠肺炎疫情防控工作领导小组召开会议，传达学习习近平总书记在湖北省考察新冠肺炎疫情防控工作时的重要讲话精神，对全州抓好疫情防控和复工复产复业复学等工作进行再研究再部署。

13日，省委常委、省政府常务副省长李再勇主持召开视频会议，就省政府督战望谟县疫情防控和脱贫攻坚工作进行专题调度。

14日，宁波市与黔西南州东西部扶贫协作“云端会商”会议召开。浙江省委副书记、宁波市委书记郑栅洁主持并讲话，宁波市委副书记、市长裘东耀出席，州委书记刘文新讲话，州委副书记、州长杨永英，州人大常委会主任邓家富，州政协主席陈国芳出席。

16日，全州初三年级和高三年级全部复学开学。复学开课前，各校加强防控安全排查、进校前体温检测等。

17日，州委书记刘文新到普安县调研疫情防控和脱贫攻坚工作。

18日，省人大常委会副主任陈鸣明在黔西南州人大常委会主任邓家富、省人大选任联委专职副主任委员韩佐芝、黔西南州人大常委会秘书长徐芝桦陪同下，赴贞丰县调研基层人大建设、脱贫攻坚、企业复工复产及经济社会发展情况时强调，各级人大要立足本职岗位，做到民有所呼，我必有应，充分发挥人大代表职能，持续开展“脱贫攻坚　人大代表在行动”，助推脱贫攻坚，确保按时高质量打赢脱贫攻坚战，促进经济社会高质量发展。

19日，全州2020年一季度经济运行调度会召开。州委常委、州委宣传部部长、州委秘书长范华，州政府副州长李杰出席会议。

20日，黔西南州65名医务人员在武汉和鄂州的定点医院及方舱医院完成新冠肺炎疫情救治任务，首批撤离回黔。26日，完成撤离。4月1—3日，回到黔西南，经过14天隔离陆续返回工作岗位。实现“无病亡病例、无转危重型病例、无医务人员感染”的“三无”目标。

23日，州委常委会会议暨州委财经委员会会议召开，研究部署当前全州经济社会发展工作。州委书记、州委财经委员会主任刘文新主持并讲话，州委副书记、州长、州委财经委员会副主任杨永英讲话，州人大常委会主任邓家富，州政协主席陈国芳，州委副书记穆嵘坤参加。

同日，州委常委会会议暨州扶贫开发领导小组会议召开。州委书记、州扶贫开发领导小组组长刘文新主持并讲话，州委副书记、州长、州扶贫开发领导小组组长杨永英，州人大常委会主任邓家富，州政协主席陈国芳，州委副书记穆嵘坤参加。

同日，黔西南首家县级信访矛盾纠纷人民调解委员会在册亨县公共法律服务中心挂牌成立，标志着册亨人民调解参与化解信访矛盾纠纷工作正式启动。

24日，省委常委、省委统战部部长、省农村产业革命水果产业发展领导小组组长严朝君率省农业农村厅副厅长级干部、省农村产业革命水果产业发展领导小组副组长、省水果专班班长向青云等一行，到黔西南州贞丰县调研水果产业发展情况。

25日，省人大常委会副主任陈鸣明到普安县、兴仁市调研脱贫攻坚暨易地扶贫搬迁工作。

27日，州委常委会会议暨各县(市)、义龙新区党(工)委书记抓脱贫攻坚座谈会召开，学习贯彻习近平总书记在决战决胜脱贫攻坚座谈会上的重要讲话精神，同时传达学习省委召开的各市(州)党委书记抓脱贫攻坚座谈会精神，对全州扎实推进“两补”工作以及脱贫攻坚有关重点任务进行安排部署。

28日，州委召开各县(市)、义龙新区党(工)委书记坚持底线思维防范化解重大风险专题座谈会。州委书记刘文新主持并讲话，州委副书记、州长杨永英讲话，州人大常委会主任邓家富、州政协主席陈国芳、州委副书记穆嵘坤参加。

同日，黔西南州公安局、黔西南州精神文明办发布《黔西南州文明饮酒倡议书》。倡导饮酒要适量、劝酒不强迫、酒后文明讲公德。

28—29日，按照省委统一安排，省委常委、省委组织部部长李邑飞到黔西南州检查2019年度落实全面从严治党责任工作，并到晴隆县开展脱贫攻坚挂牌督战。

29日，CCTV13《朝闻天下》《新闻直播间》播出新闻《“携茶”迎来采摘季　千里帮扶情义深》，报道普安县“白叶一号”工程最新进展情况。

30日，《人民日报》第11版报道州卫健系统成立健康扶贫工作专班，督导疫情防控阻击战和脱贫攻坚战。

截至31日，全州361户规模以上工业企业全部实现复工复产，其中318户企业达到节前正常生产水平。227家农业龙头企业及106个坝区全部复工复产。复工复产煤矿37个，其中生产矿井26个，产能1065万吨/年，建设矿井11个，产能435万吨/年。煤炭过站量110.5万吨，累积供应电煤达82.55万吨。342家限上批零住餐企业已全部复工，36家外资企业和35家重点电商企业复工率达100%，经营逐步恢复正常。

是月，全州140个党支部被命名为“全州标准化规范化建设示范党支部”。其中兴义市34个、兴仁市10个、安龙县8个、贞丰县6个、普安县8个、晴隆县14个、册亨县10个、望谟县15个、义龙新区7个、州直机关工委19个、州国资委党委9个。

是月，2019年贵州省“最美家庭”揭晓，全州共有7户家庭获得“最美家庭”荣誉称号。望谟县张幺妹家庭获“最美孝老爱亲家庭”荣誉称号，兴义市龙培源家庭获“最美绿色生态家庭”荣誉称号，兴仁市李雯雯家庭获“最美拥军爱国家庭”荣誉称号，普安县唐春家庭、安龙县郑周英家庭获“最美脱贫攻坚家庭”荣誉称号，贞丰县刘华龙家庭、望谟县王美封家庭获“最美科学教子家庭”荣誉称号。

是月，省教育厅正式发文公布全省50所中小学教师专业发展示范学校名单，黔西南州五所学校被评为省级教师专业发展示范基地校。为兴义五中、兴义一中、兴义市百春幼儿园、兴义四中、兴义市红星路小学富康校区。

是月，省重大工程和重点项目建设工作领导小组办公室下发2020年贵州省重大工程和重点项目名单，黔西南项目284个，年度计划投资767亿元。包括六枝至安龙高速公路、兴义市纳达水库工程、兴义环城高速公路等基础设施“六网会战”项目；义龙新区楼纳坡岗田园综合体农旅一体化旅游扶贫开发建设项目、晴隆县3万亩早生优质绿茶产业发展项目、贞丰县者相镇蘑菇小镇食用菌生产及深加工项目等重大产业发展项目；兴义市黔西南州养老产业示范建设项目、册亨县布依之锦手绣园建设项目、册亨县易地扶贫搬迁居住区后续配套教育(小学）项目等重大民生工程项目。

是月，州农业农村局印发《黔西南州农村产业革命蔬菜（辣椒）产业发展推进方案》，推动全州蔬菜产业规模化、标准化、品牌化、绿色化发展。确保到2021年，全州蔬菜种植面积稳定在152万亩以上（其中辣椒20万亩以上），产量稳定在304吨（辣椒26万吨以上），综合产值为83亿元（辣椒9亿元以上）。

是月，黔西南州兴义五中、兴义一中、兴义市百春幼儿园、兴义四中、兴义市红星路小学富康校区被评为省级教师专业发展示范基地校（全省50个）。晴隆县教育局被评为贵州省县级教师发展示范中心（全省10个）。

一季度，义龙新区782吨新鲜蔬菜销往“粤港澳”大湾区。

3月1日至5月31日，全州税务部门执行小规模纳税人增值税征收率由3%降至1%的政策。一季度，共计减免税额1.2亿元，为小微企业复工复产纾困解难。

## 4月

1日，省人大常委会副主任陈鸣明在望谟县调研易地扶贫搬迁工作。

2日，中国供销集团、中国国际茶文化研究会、浙江省供销合作社、浙江省茶叶集团联合新华社民族品牌工程办公室共同举办中国首个扶贫茶品牌“携茶”暨“白叶一号”开采云发布会。

4日，州委常委会会议暨全州脱贫攻坚“冲刺90天打赢歼灭战”工作推进大会召开。

4日10时，全州各地下半旗、鸣笛、默哀，向抗击新冠肺炎疫情斗争牺牲烈士和逝世同胞志哀，各地各界群众自发参与。

5—6日，州委副书记、州长杨永英到望谟县暗访脱贫攻坚并主持召开脱贫攻坚挂牌督战工作推进会。

8日，2020年“宁波市·黔西南州”深化东西部扶贫协作促进稳岗就业工作会商会在宁波市举行。

同日，黔西南州劳动人事争议仲裁院运用在线仲裁平台，对一件劳动报酬争议案件进行在线调解。

10日，州委书记刘文新率队检查2019年度贞丰县委落实全面从严治党责任工作，强调要坚定不移以习近平新时代中国特色社会主义思想为指导，把“严”的主基调长期坚持下去，推动全面从严治党向纵深发展、向基层延伸，为打赢疫情防控和脱贫攻坚两场战役、夺取两个胜利，实现全年经济社会发展目标提供坚强保障。

同日，州人民政府与中国农业银行股份有限公司贵州省分行战略合作协议签约仪式在贵阳市举行。州委副书记、州长杨永英，中国农业银行贵州省分行行长李运，州委常委、州政府常务副州长陈健出席。

13日，全州党风廉政警示教育大会召开。州委书记刘文新出席并讲话，州委副书记、州长杨永英主持，州人大常委会主任邓家富，州政协主席陈国芳，州委副书记穆嵘坤出席。

同日，七届州纪委五次全会召开。州委书记刘文新讲话，州委副书记、州长杨永英，州人大常委会主任邓家富，州政协主席陈国芳，州委副书记穆嵘坤参加。州委常委、州纪委书记、州监委主任刘良主持会议并作工作报告，州委常委、州人大常委会、州政府、州政协有关领导，州法院、州检察院负责人参加。

14日，公安部2020年扶贫工作会议在北京召开。对公安部定点扶贫工作中作出突出贡献的贵州省黔西南州公安局进行通报表扬。

15—17日，省委常委、省委组织部部长李邑飞到晴隆县开展脱贫攻坚挂牌督战工作。

16日，省委副书记、省长谌贻琴赴黔西南州晴隆县调研脱贫攻坚工作。

同日，晴隆·普安县城拓展区沙子片区甬安桥工程建设项目开工仪式举行。在晴隆县调研督战脱贫攻坚的省委常委、省委组织部部长、晴隆县脱贫攻坚省级督战队队长李邑飞出席开工仪式。州委书记刘文新讲话并宣布项目开工。

18日，州委常委会会议暨州安全生产委员会会议召开，传达学习习近平总书记对安全生产工作的重要指示、李克强总理批示和4月10日全国安全生产电视电话会议、4月14日省委常委会会议精神，研究贯彻落实措施，部署安全生产工作。

19日，州纪委监委在州内部分行业和领域特聘第一届特约监察员10名，聘期至2024年3月，特聘州监察委员会第一届监督员20名，聘期至2022年3月。主要对全州各级国家公职人员特别是领导干部损害营商环境、漠视侵害群众利益的不正之风和腐败问题以及形式主义、官僚主义突出问题开展监督，揭发检举职务违法和职务犯罪行为。

20日，黔西南州望谟县实验高中党总支副书记、副校长刘秀祥入围第24届“中国青年五四奖章”常规类个人奖公示，是贵州省唯一入围人选。

同日，央视《新闻联播》在头条新闻“决战决胜脱贫攻坚”栏目中播出《安吉白茶携手致富路》，报道以黔西南州普安县“携茶”采摘为主要典型，展现东西部扶贫协作脱贫攻坚工作成效。

21日，省政府副省长吴强赴晴隆县开展督战脱贫攻坚工作。

同日，公安部禁毒局中国禁毒基金会向兴仁市教育系统捐赠助学防疫物资。

同日，省政府驻京办携手爱心企业向州教育系统捐赠心理援助、科技科普创新等软硬件物资。

21—23日，省委常委、省政府常务副省长李再勇率省调研组到望谟开展蹲点调研、督导脱贫攻坚工作。

22日，央视新闻频道《朝闻天下》与《新闻直播间》以《贵州晴隆：打通产业链　全力冲刺脱贫摘帽》为题，报道晴隆县在脱贫攻坚冲刺阶段的工作成效。

27日，全州防汛抗旱工作会议在兴义市召开，旨在贯彻落实国家、省的相关会议精神，分析研判2020年防汛抗旱工作形势，研究部署2020年防汛抗旱重点工作，全力以赴把重大自然灾害安全风险降到最低，为全州经济社会发展营造和谐稳定的社会环境。州委副书记、州长杨永英出席并讲话。

同日，全州2020年第一季度经济运行分析暨项目建设推进会议召开，州委副书记、州长杨永英出席会议并讲话。

28日，全州各景区游客可利用贵州省旅游预约系统“预约黔行”小程序扫码预约进入景区，各景区原有的网上预约系统可继续使用。

28—30日，省委书记、省人大常委会主任孙志刚赴黔西南州册亨县、望谟县调研督战脱贫攻坚并召开全州视频会议。

30日，州委常委会召开扩大会议，传达学习省委书记、省人大常委会主任孙志刚在黔西南州调研督战脱贫攻坚时的指示和讲话精神，研究部署贯彻落实措施。州委书记刘文新主持并讲话，州委副书记、州长杨永英传达，州人大常委会主任邓家富、州政协主席陈国芳、州委副书记穆嵘坤参加。

是月，安龙县以金州出口蔬菜农业扶贫示范园区、南盘江沿江立体现代高效农业示范园区、钱相现代烟草农业示范园区、出口食用菌农业示范园区和薏仁米五个现代高效农业示范园区为主导，逐步形成产业布局合理、主导产业突出、配套设施完善、带动作用明显的现代农业新格局。重点打造以一、二、三产业融合发展，主要建设集农业科技大棚、综合展厅、生产加工区、旅游观光带和服务于一体的全省一流、全国领先的现代光伏农业科技示范园区。入列农业农村部对2020年国家现代农业产业园创建名单。

是月，中国社会扶贫网公布第一批拟认定的《全国扶贫产品名单》，黔西南州贵州兴仁聚丰薏苡股份有限公司、贵州草喜堂医药有限公司、贞丰县百岁园种养殖农民专业合作社等31家企业（合作社）的薏仁米、刺梨茶、蜂蜜等69个产品入围。

是月，国家林业和草原局正式认定全国3639个村庄为第二批“国家森林乡村”，其中黔西南州10个村庄入选。至此，全州已有21个行政村被评定为“国家森林乡村”。这次入选第二批“国家森林乡村”的是：望谟县蟠桃街道甘莱村、油迈瑶族乡里奖村、蔗香镇蔗香村，兴仁市城南街道保驹村，册亨县冗渡镇大寨村，义龙新区龙广镇小场坝村、郑屯镇岩锋村，安龙县海子镇石丫口村、钱相街道湾水井村、招堤街道冗讲村。

是月，兴义市信访局局长熊图美，州公安局监所管理支队副支队长、州女子看守所所长黄莉，贞丰县鲁贡镇党委书记刘秀艺、望谟县新屯街道党工委委员、办事处副主任王秀芝获“2019年度贵州省三八红旗手”称号；兴义市万峰林机场运输保障部值机室、贵州山水鞋业有限公司获“2019年度贵州省三八红旗集体”。

是月，《黔西南州易地扶贫搬迁“新市民计划”基本公共服务标准化试点》国家级基本公共服务标准化试点获国家市场监管总局、国家发展改革委、财政部批复立项。试点周期为两年，主要是在易地扶贫搬迁和医疗卫生方面，通过开展基本公共服务相关领域的标准制定、宣传、实施、动态调整等工作，提高基本公共服务的有效性、便利性，推动基本公共服务协调联动、联防联控等方面进行探索，不断创新基本公共服务标准实施推广机制，形成一批可复制可推广的成功经验。

## 5月

1—2日，州委副书记穆嵘坤率队到黔东南州剑河县考察林下食用菌产业发展。强调要学习借鉴黔东南州及剑河县食用菌产业发展经验，结合实际，细化措施，加快推进黔西南州林下食用菌产业发展。

4日，中共贵州省委、贵州省人民政府发布《关于给予2020年新冠肺炎疫情防控援鄂医疗队员记功奖励的决定》，黔西南州65名援鄂人员获得记功奖励。

5日，兴义市洒金轻工业园区的贵州苗药药业公司生产的出口产品“纳络贴”从兴义运往深圳盐田口岸，该批产品将从盐田口岸离港，通过海运抵达爱沙尼亚塔林港，然后通过铁运到俄罗斯圣彼得堡，进入欧洲国际大市场。

7—8日，全州267所中学的初中七、八年级，高一、高二实行春季学期错峰开学，涉及学生188983名。

8日，州委常委会会议暨州扶贫开发领导小组会议召开。州委书记、州扶贫开发领导小组组长刘文新主持并讲话，州委副书记、州长、州扶贫开发领导小组组长杨永英，州人大常委会主任邓家富，州政协主席陈国芳，州委副书记穆嵘坤参加。

同日，州委副书记、州长杨永英主持召开州人民政府与贵州省公路工程集团有限公司座谈会，就州畅达养老产业公司与贵州省公路工程集团公司合作组建施工企业等事宜进行商议，就加快推进晴普拓展区快速通道和义龙新区3号桥建设事宜达成一致意向。

9日，由州委副书记、州长杨永英率领的9县（市、新区）县（市）长及管委会主任组成的助农扶贫直播团，向“拼多多”平台5.85亿活跃买家推荐农特产品，引百万消费者围观，截至18时，直接产生近7000笔订单，成交额超过1200万元，其中深度贫困县晴隆、望谟销售额超过270万元。

12日，第109个国际护士节，州人民医院开展以“传承·感恩·护理世界健康”为主题的“5·12”国际护士节系列活动，致敬和表达对全体护士的节日祝福。

13日，省脱贫攻坚巡回督战组副组长，省生态移民局党组成员、副局长张珍强率队到黔西南州督查易地扶贫搬迁工作。州政府副州长，州扶贫办党组书记、主任刘兴吉陪同。

13—15日，浙江省委副书记、宁波市委书记郑栅洁率宁波市代表团到黔西南州考察，实地指导推进东西部扶贫协作工作。贵州省政府副省长吴强，州委书记刘文新，贵州省委副秘书长、省扶贫办主任李建，省委副秘书长唐仁勇，宁波市领导钟关华、施惠芳、黎伟挺、李关定、高庆丰、林雅莲参加。

14日，宁波市·黔西南州扶贫协作联席会议在兴义市召开。浙江省委副书记、宁波市委书记郑栅洁，贵州省政府副省长吴强，州委书记刘文新分别讲话，州委副书记、州长杨永英主持。

16日，州委书记刘文新会见到黔西南州考察的公安部直属机关党委常务副书记、巡视办主任、扶贫办主任华敬锋一行，就深入推进定点帮扶工作进行深入交流。

17日，中国移动黔西南分公司举行5G网络兴义连续覆盖及县县通启动仪式，中国移动在黔西南州率先实现5G网络县县通，在兴义地区实现5G网络连续覆盖。启动仪式上，参会嘉宾与万峰林景区大榕树广场、义龙新区木陇街道新市民社区及贞丰县第一中学等站点的户外直播主持人，以“基站、景区”为核心，进行5G视频连线互动，介绍5G知识，测试5G网速，展示5G网络在民生、教育、医疗等领域的运用。2020年，公司将持续在5G网络建设与惠民商用方面发力，在全州建设420个5G基站，完成全州城区范围的连续覆盖，实现5G规模商用。

17—23日，黔西南州党政代表团分赴浙江省金华市、台州市，广东省深圳市、东莞市、佛山市，福建省泉州市对接劳务协作及稳岗就业工作，就双边劳务协作促进稳岗就业相关工作与当地政企会商，签订三个层面46份劳务协作促进稳岗就业协议。

18日，州委书记刘文新到安龙县调研，强调要严格落实“四个不摘”，深入推进“两补两看”，确保脱贫攻坚质量高、成色足。

19日，台州市·黔西南州劳务协作签约座谈会在浙江省台州市举行，黔西南州台州市两地共商劳务协作稳岗，签署促进稳岗劳务协作协议，确保全州2.44万名在台务工人员安心就业。

19—21日，省委常委、省委政法委书记时光辉到黔西南州调研脱贫攻坚和平安建设工作。强调要千方百计增加群众收入，从严从细抓好安全稳定各项工作，全力服务保障经济社会高质量发展。

20—21日，省政府副省长胡忠雄到黔西南州兴义市、兴仁市、义龙新区调研生态环保、文化旅游、招商引资等工作情况。

22日，贵州好人榜名单发布，兴仁市推荐的刘关银入选“助人为乐”贵州好人，谢剑入选“诚实守信”贵州好人，张志兰入选“孝老爱亲”贵州好人。

25—27日，全州小学幼儿园错峰开学，涉及小学886所（含小学教学点217个），其中民办20所，公办866所。小学在校生332223人，其中民办小学22476人，公办小学309747人（教学点10091人）；特殊教育学校9所，在校生1259人。幼儿园774所，其中公办383所，民办391所。在园幼儿122089人，其中公办园幼儿65345人，民办园幼儿56744人；合计455571人。

27日，州委书记刘文新到贞丰县鲁容乡督战脱贫攻坚工作。强调要深入贯彻落实中央、省决策部署，奋力冲刺90天、坚决打赢歼灭战，以百分之两百的努力确保脱贫攻坚质量高、成色足。

28日，第12届贵州茶文化节暨茶产业博览会黔西南州产销对接活动开幕式在晴隆县举行，此次活动以“干净黔茶，全球共享——世界茶源地·晴隆生态茶”为主题，旨在以茶为媒、以茶会友，用茶构建起友谊之桥、发展之桥、合作之桥，助推晴隆县脱贫攻坚和产业发展，共同谱写黔西南茶产业和茶文化发展的新篇章。

28—30日，贵州绿色农产品北京运营中心董事长谢伟率队到州开展“黔货出山”进军营事项考察，州内26家农产品相关企业参加采购洽谈会。

29日，州委书记刘文新到望谟县督战脱贫攻坚工作，强调要不折不扣贯彻落实“冲刺90天打赢歼灭战”决策部署，咬紧牙关、坚持不懈、强力总攻，确保按时高质量打赢脱贫攻坚战。

31日晚，央视《焦点访谈》播出全国人大代表、州长杨永英关于脱贫攻坚工作的访谈节目，杨永英就黔西南及时采取有效措施，控制疫情对减贫进程可能产生的影响等问题回答记者提问。2020年，全州抽派已经脱贫县干部196人赴未脱贫县助力脱贫攻坚，逐户逐人逐项全部把问题找准，研究破解和解决。针对全州70%的贫困群众靠务工来增加收入的实际，除发展产业外，从2月起，结合疫情防控需要，组织专车、专列，点对点把返乡回来的劳动力输入过去，并且长期跟踪服务，保障他们稳岗就业。

是月，黔西南州已有12家企业（基地）成功入选粤港澳大湾区“菜篮子”生产基地，入选基地数量位列全省第二，占全省基地数量的32.4%，认定面积14518.2亩。

是月，农业农村部发布公告，对贵州省31个农产品实施国家农产品地理标志登记保护，其中，黔西南州7个农产品上榜，分别为：兴义甘蔗、兴义黑山羊、兴义山银花、兴义红皮大蒜、兴义生姜、兴义白杆青菜、兴仁猕猴桃。至此，黔西南州已拥有21个国家地理标志登记的农产品。黔西南州此前已有14个国家“地标”农产品，分别是兴义大红袍、晴隆脐橙、册亨糯米蕉、兴义芭蕉芋、晴隆糯薏仁、坡柳娘娘茶、普安红茶、兴义矮脚鸡、安龙黄牛、晴隆羊等。

是月，2019年在全省平安校园创建综合考评中，黔西南州取得全省第一。全州99.72%的学校实现封闭式管理，已建警务室学校1474所，聘请专职保安2534人，安装一键报警装置学校534所，有效夯实校园安全管理基础。在全州各级各类学校深入实施“三化一表”管理模式，构建安全监管网格化、安全责任岗位化、隐患排查治理制度化的工作格局。各县（市、新区）教育局及各级各类学校全部落实党组书记、校（园）长“一把手”负责制，校园安全管理水平进一步得到提升。

是月，《小康》杂志社联合多个国家权威部门和专业机构发起的中国县域发展系列排行榜之“2020中国净水百佳县市”正式发布，黔西南州兴义市、册亨县、望谟县、晴隆县榜上有名。本年度中国净水百佳县市，贵州全省共有10个县（市、区）上榜，黔西南州4县（市）榜上有名。

是月，国务院办公厅印发通报，对2019年落实有关重大政策措施真抓实干成效明显地方予以督查激励，兴义市被评为河长制湖长制工作推进力度大、河湖管理保护成效明显的地方。国家在安排中央财政水利发展资金时适当倾斜，给予4000万元奖励，用于河长制湖长制及河湖管理保护工作。

是月，沪昆铁路客运专线贵州有限公司正式发布《新建盘州至兴义铁路站前工程施工总价承包招标资格预审公告》，盘兴高铁开始施工招标。全线长98.3公里，总投资约135亿元，设计行车速度每小时250公里。8月，兴义南站站前综合交通枢纽规划获原则同意，南站将建设成为盘兴铁路、贵兴铁路、兴义至百色铁路、兴永郴赣铁路的“四线共廊”，集航空、高铁、轨道交通、长途客运、公交、出租、网约车等无缝换乘的大型综合交通枢纽。

是月，望谟县30户以上自然村4G网络覆盖率达到96.9%，超过全省平均水平。

是月，全州获得2020年中央财政残疾人事业发展补助资金588.45万元，惠及全州3795名残疾人和110户残疾人文化项目。

1—5月，全州电子商务交易实现2.14亿元，线上直播成为推动产品销售的又一渠道。

## 6月

1日上午，州委常委会召开扩大会议，传达学习习近平总书记六一寄语精神，同时传达学习省委书记孙志刚、省长谌贻琴给全省少年儿童的寄语精神。州委书记刘文新主持并讲话，州委副书记、州长杨永英，州政协主席陈国芳，州委副书记穆嵘坤，州委常委、州人大常委会、州政府、州政协领导班子成员，州法院、州检察院、兴义师院、黔西南职院负责人参加。

1日下午，州双拥工作领导小组全体会议暨创建全国双拥模范城工作推进会召开。传达学习中央、省关于双拥创建工作有关精神，研究《黔西南州双拥工作领导小组议事规则》《黔西南州双拥工作领导小组办公室工作细则》等事项。州委书记、兴义军分区党委第一书记、州双拥工作领导小组组长刘文新出席会议并讲话，州政协主席陈国芳参加，州委副书记、州双拥工作领导小组副组长穆嵘坤主持。

同日，全省粮食生产现场推进会在黔西南州召开。省政府副省长吴强出席。会议分析研究当前全省农业生产面临的新形势、新要求，对农业生产工作进行再部署、再督促。

2日，武汉市第十一中学—黔西南州“线上支教·云端帮扶”推进会在黔西南州举行。线上支教云端帮扶活动利用信息技术平台为黔西南州各学校进行远程送课，促进武汉教育与黔西南州教育的良好沟通与深度融合。

同日，2020年全州禁毒工作会议召开，对禁毒“大扫除”专项行动和全国禁毒示范城市创建工作进行再安排、再部署。

3日，州委副书记、州长杨永英到兴义市、义龙新区调研重大项目、林下菌药产业推进情况并深入企业宣讲全国“两会”精神。

4日，州政府新闻办公室发布《2019年黔西南州生态环境状况公报》，全州环境空气质量优良率99.4%，居全省第一。38条主要河流45个水质监测断面水质优良率100%，18个重要湖库23条垂线水质优良率100%，3个中心城市集中式饮用水源地水质达标率100%，县级集中式饮用水源地12个水质达标率100%，乡镇及农村千人以上集中式饮用水源地水质达标率98.9%，总体上满足乡镇居民饮用水供水要求。城市区域声环境昼间平均值为53.6分贝，总体水平达到二级，声环境质量等级“较好”；道路交通噪声昼间平均值为63.8分贝，强度等级为一级，声环境质量等级“好”。

4—5日，省委常委、常务副省长李再勇率队到黔西南州开展联系服务重大工程项目和农业产业发展情况调研。

5—6日，黔西南州林下菌药产业发展现场推进会举行。参会人员先后到各县(市)、义龙新区现场观摩林下菌药产业发展推进情况。

7日，贵州省首个直播电商基地“万峰严选”开业仪式暨供应链商家签约仪式在兴义举行。106家供应链企业和基地现场签约，46名主播4小时同步直播，线上直播带货和渠道商销售成交额581万元。

8日，州委副书记、州长杨永英主持开展“服务企业·破解难题”接待日活动，分别与贵州紫金矿业股份有限公司、贵州鑫泰诚精制钙业有限公司、广西桂冠电力股份有限公司进行交流座谈，倾听企业呼声，为企业发展排忧解难。州领导陈健、李杰、黄华、王尧忠参加。

8—10日，省人大常委会党组副书记、副主任袁周率执法检查组一行到黔西南州晴隆县、安龙县和兴义市，就《中华人民共和国野生动物保护法》《全国人民代表大会常务委员会关于全面禁止非法野生动物交易、革除滥食野生动物陋习、切实保障人民群众生命健康安全的决定》贯彻实施执行情况开展执法检查。

11日，州委常委会召开扩大会议，传达学习中央应对新冠肺炎疫情工作领导小组有关会议精神以及中央有关文件精神，对统筹推进常态化疫情防控和经济社会发展工作进行再研究再部署。

同日，黔西南州创建全国市域社会治理现代化试点城市工作动员部署暨平安黔西南建设大会在兴义召开。

11—12日，省政协副主席任湘生率队到兴仁市、普安县宣讲两会精神，专题调研“金融支持实体经济、更好地服务中小微企业发展”相关情况，分别在两市（县）主持召开座谈会，听取市（县）企业、金融机构发言。

12日，全州中考开考，40059名考生参加。与2019年比增加2607人，增长率为6.51%。全州设置9个考区、30个标准化考点、1346个标准化考场。

17日，2020年“贵州生态日”黄泥河巡河工作座谈会在黔西南州召开。省委常委、省纪委书记、省监委主任、黄泥河贵州省级河长夏红民出席会议并讲话。

同日，省政协副主席、乌都河省级河长张光奇在普安县召开乌都河巡河工作座谈会。

18日，州委常委会会议暨州河长制指挥部会议召开，传达学习省委常委、省纪委书记、省监委主任、黄泥河贵州省级河长夏红民6月17日在黔西南州开展巡河及召开座谈会时的讲话精神，听取全州河长制运行情况汇报，研究部署有关工作。

19日，州委、州政府与国家开发银行贵州省分行举行座谈。州委书记刘文新，国家开发银行贵州省分行党委书记、行长李刚分别讲话，州委副书记、州长杨永英主持。

21日，全州劳务就业扶贫工作推进视频会召开，会议对全州就业扶贫工作进行再安排再部署。州委常委、州委组织部部长顾先林，州政府副州长王丽琼出席会议。

23日，盘兴铁路全线开工建设征地拆迁启动。

24日，黔西南州曲艺节目布依八音坐唱《军民同“昂央”》参加第十一届中国曲艺牡丹奖全国曲艺大赛余杭赛区（南方鼓曲唱曲类节目）比赛，获入围奖。“昂央”是布依族“高兴，开心”的意思，《军民同“昂央”》寓意“军人与村民一同高兴”。通过八音坐唱的表演形式，将布依族传统音乐与现代器乐合奏，结合生动的故事情节、美妙的乐器合奏，表现黔西南州脱贫攻坚工作中军人帮助普梯村村民修筑引水工程、修屋建房等民生项目，帮助普梯村村民脱贫致富，展现军爱民、民拥军、军民一家亲、共建鱼水情之感。

28日，省人民政府副省长王世杰率队到黔西南州开展“两直达”服务上门、政策到家专项行动工作调研。

30日，州委书记刘文新到晴隆县督战脱贫攻坚工作。

是月，经财政部注册会计师考试委员会办公室批复，黔西南州设立注册会计师考点。是年，有1241人报名参考。

1—6月，金州出口蔬菜基地（地位于义龙新区德卧镇白水河村八光海子）向“粤港澳”大湾区销售高端新鲜蔬菜3288吨，种植企业和农户增收1225.79万元。

4—6月，黔西南州组团参加“黔货在京”网络直播推动消费扶贫产品走进中央单位活动，民进中央、中央统战部、国家林草局、中国联通公司等中央国家机关均鼓励引导单位、社会群众为贵州脱贫“拼一单”，册亨糯米蕉、安龙香菇和刺梨等农产品深受欢迎，直播销售交易额近300万。

## 7月

1日，黔西南州2020年脱贫攻坚“七一”表彰大会举行。州委书记刘文新讲话，州委副书记、州长杨永英宣读表彰决定，州人大常委会主任邓家富，州政协主席陈国芳出席，州委副书记穆嵘坤主持。会上，杨永英宣读《中共黔西南州委关于表彰全州脱贫攻坚优秀共产党员和先进党组织的决定》，全州100名“脱贫攻坚优秀共产党员”、100个“脱贫攻坚先进党组织”受到表彰。获表彰代表吴德安、李佳锦、韦小华、李秀松作发言。

2—3日，黔西南州到宁波市对接东西部扶贫协作工作。浙江省委副书记、宁波市委书记郑栅洁，宁波市委副书记、市长裘东耀分别与州委书记刘文新一行交流磋商。分别在宁波市举行产业合作招商推介会、黔西南州在宁波市挂职干部座谈会和在宁波市务工人员座谈会。

5日，央视新闻频道《朝闻天下》以《一江三果带增收　携手脱贫奔小康》为题播报黔西南州贞丰县产业结构调整、发展精品果业助农增收情况。

同日，黔西南州对“双拥示范民族村”进行命名授牌，兴义市乌沙镇普梯村、兴义市南盘江镇箐口村、兴仁市屯脚镇鲤鱼村、贞丰县永丰街道必克村、安龙县栖凤街道者跃村、晴隆县三宝街道新塘社区、普安县茶源街道联盟村、册亨县巧马镇者告村、望谟县新屯街道新屯村、义龙新区龙广镇纳桃村、义龙新区顶效街道楼纳村11个村入选。

6日上午，州委书记刘文新主持召开州委专题会议，听取全州高考准备工作情况汇报，对有关重点事项进行再安排、再部署。

6日，人民银行黔西南州中心支行办理首批普惠小微信用贷款支持计划金额4.6亿元，支持州内7家农商行和村镇银行向普惠小微企业发放信用贷款11.5亿元，加权平均利率5.84%，惠及5256户小微企业、个体工商户及小微企业主。

同日，州委副书记、州长杨永英到兴义市部分学校调研高考备考情况。

7日，2020年全国高考开考，黔西南州普通高考报名人数32685人，与2019年的31928人相比，增加757人，增长2.32%，高职分类招生已经录取4371人，实际参加高考考生28314人。全州设置9个考区、22个标准化考点、965个标准化考场。

8日，召开全州安全生产电视电话会议，传达省委书记、省人大常委会主任孙志刚对近期安全生产工作的有关批示，州委书记刘文新的批示，贯彻落实全省安全生产电视电话会议精神，对全州安全生产隐患大排查、大整改工作进行部署。

10日，黔西南州脱贫攻坚收官战誓师大会在兴义召开。州委书记刘文新出席并讲话，州人大常委会主任邓家富、州政协主席陈国芳出席，州委副书记穆嵘坤主持会议。

同日，黔西南州脱贫攻坚收官战工作会议在安龙召开。

同日，黔西南州产业招商引资推介会在深圳举行。州委副书记、州长杨永英出席并作招商引资推介，州政府副州长黄华主持会议。

12日，黔西南州、兴义市共创全国文明城市工作推进大会举行，对相关工作进行再安排、再部署。

同日，央视新闻频道《朝闻天下》播出《贵州：携手引来外贸订单　扶贫车间赶制忙》，报道贞丰县与对口帮扶城市浙江省宁波市海曙区一起在9个易地扶贫搬迁安置点，共建14个“扶贫车间”，让搬迁群众能就近就业。

13日，州委书记刘文新带队检查安全生产和防汛减灾工作，强调要认真贯彻中央、省部署要求，坚持人民至上，狠抓责任落实，切实保障人民群众生命财产安全，持续为高质量打赢脱贫攻坚战创造良好环境。

14日，兴义机场开通兴义—铜仁—温州航班航线。至此，兴义机场又增加一条省内“支支串飞”航线，成为继兴义—茅台航线复航后，有效助力省内“支支串飞”航空网络建设的又一条航线，实现省内支支航线达4条，分别是遵义新舟、遵义茅台、毕节、铜仁。

同日，望谟至广西乐业高速公路黔桂两省（区）接线协议在乐业签订，标志着望（谟）乐（业）高速公路将正式开建。

同日，州委书记刘文新到州信访局接访，调度全州信访工作，强调要践行以人民为中心的发展思想，在新一轮“四逐四准”中扎实开展矛盾纠纷排查化解，依法依规、全面深入解决群众合理诉求，为全州高质量打赢脱贫攻坚战持续创造良好环境。

14—16日，省人大常委会副主任刘远坤率省人大常委会执法检查组到黔西南州就《中华人民共和国安全生产法》《贵州省安全生产条例》（“一法一条例”）贯彻执行情况开展执法检查，并召开座谈会。

15日，州委常委会召开扩大会议，传达学习贯彻习近平总书记关于防汛救灾工作重要指示精神，以及省委、省政府领导相关批示精神，对全州抓好汛期安全工作进行再安排、再部署。

17日，中国·“万峰渔”休闲垂钓“叶之初”杯筏钓大赛在兴义万峰湖润龙湾开赛。

20日，州委办印发《全面加强“五员队伍”建设创建“五型村居”加快推进乡村治理体系和治理能力现代化的实施意见》的通知，决定在全州村（社区）全面推行公共服务员、就业指导员、文化服务员、社会治理员、党建指导员“五员队伍”建设，推进和谐村居、充分就业村居、文明村居、平安村居、红旗村居“五型村居”创建，加快推进乡村治理体系和治理能力现代化。

21日，《人民日报》2版《贵州整合省市县三级力量挂牌督战9个深度贫困县 多管齐下 全力攻克贫中之贫》文章，以案例、挑战、举措为切入点，报道聚焦晴隆、望谟脱贫攻坚就业和“三保障”。

同日，黔西南州第七次全国人口普查综合试点启动仪式在兴义举行。

24—25日，暨南大学党委书记林如鹏、华侨大学党委书记徐西鹏率考察组到黔西南州考察并召开座谈会，分别与州政府签订合作框架协议。

25日，州委常委会召开扩大会议，传达学习省委十二届七次全会和全省2020年半年经济工作会议精神，研究贯彻落实措施。

26日，黔西南州2020年半年经济工作会议召开。州委书记刘文新出席并讲话，州委副书记、州长杨永英作工作安排，州人大常委会主任邓家富、州政协主席陈国芳参加。

同日，央视新闻频道《朝闻天下》栏目在《走向我们的小康生活》系列报道中，详细介绍晴隆县三宝彝族乡村民，整乡搬迁到阿妹戚托小镇后的新生活。

27日，中国共产党黔西南州第七届委员会第十一次全体会议在兴义举行。全会由州委常委会主持。州委书记刘文新作讲话。全会听取和讨论《中共黔西南州委常委会工作报告》，审议通过《中国共产党黔西南州第七届委员会第十一次全体会议决议》。州委委员37人、候补委员6人出席会议。

同日，省政府副省长吴强在晴隆主持召开脱贫攻坚工作座谈会。

27—28日，浙江省委常委、省政府常务副省长冯飞率考察组到黔西南州考察东西部扶贫协作工作。

28—29日，省政协副主席、农工党贵州省委主委张光奇率农工党贵州省委专职副主委黄惠玲一行赴黔西南州，开展“改革完善疾病预防控制体系，有效防范重大疫情风险”专题调研。

30日，黔西南州围绕“科学处置应对、提升防控能力”主题在兴义开展新冠肺炎疫情常态化防控综合演练。州委书记刘文新、省政府副秘书长吕劲松、省卫生健康委副主任张巍出席演练活动并讲话，省卫生健康委二级巡视员陈中国作点评，州委副书记穆嵘坤致辞。

31日，州委书记、兴义军分区党委第一书记刘文新率队慰问驻州部队官兵和消防救援支队指战员，代表州委、州人大常委会、州政府、州政协向大家送上节日祝福，并对大家长期以来为全州脱贫攻坚和经济社会发展作出的贡献表示感谢、致以敬意，勉励大家充分发扬斗争精神，在大战大考中再立新功。

同日，以“食在多彩贵州 悦享醉美黔味”为主题的2020年贵州省黔菜美食消费季启动仪式·黔西南州分会场活动在兴义举行。

是月，中央宣传部、财政部、文化和旅游部、国家文物局公布第二批革命文物保护利用片区分县名单，黔西南州兴义市、兴仁市、普安县、册亨县、安龙县入选。至此，全州革命文物保护利用片区分县名单达7个，分别是贞丰县、望谟县、兴义市、兴仁市、普安县、册亨县、安龙县。

是月，《小康》杂志联合多个国家权威部门和专业机构评选的“2020中国秋季休闲百佳县市”名单出炉，兴义市在推出的2657个县域中列第48位。册亨县位“2020中国最具安全感百佳县市”的第64位。

是月，兴义市村、社区一级志愿服务工作统筹体系覆盖率100%，有注册志愿者16.85万人，志愿者组织641个。

是月，省交通运输厅《关于请予审批纳雍至兴义国家高速公路纳雍至晴隆段工程可行性研究报告的函》获省发展改革委批复，标志着纳雍至晴隆高速公路即将正式全线开建。全长162公里，估算总投资364.34亿元，设计速度100公里/小时。

1—7月，全州两级公安机关破获省内外电诈案件454起，本地破案同比上升174.29%。劝阻4.34万人次，同比增加516.16%，劝阻被骗资金2.5325亿，同比增加513.65%。冻结账户1768户，同比增加290.29%。冻结资金2942.33万元，同比增加354.98%。

## 8月

1日，从即日起至12月31日，州万峰林、万峰湖、马岭河峡谷等34家A级景区行门票优惠政策。全国所有省（区、市）游客、港澳台地区居民享受景区门票挂牌价五折优惠；通过“一码游贵州”微信小程序预约享受四折优惠。全国医务工作者、疾控工作人员、乡村医生以及浙江省宁波市居民享受门票免费。

3日，州委副书记、州长杨永英到义龙新区调研项目建设时强调，要深入贯彻落实中央、省、州有关会议精神，主动适应发展新变化，解放思想、胸怀全局，求同存异、形成合力，扎实做好“六稳”“六保”工作，推动全州经济高质量发展。州政府秘书长段棚参加。

4日，民盟宁波市委到黔西南试验区开展教育文化交流活动，向州图书馆捐赠价值12万元的图书。

7日，黔西南州关于开展全面建成小康社会“百城千县万村”调研启动会在兴义举行。旨在按照中宣部、省委宣传部关于开展全面建成小康社会“百城千县万村”调研活动工作要求，记录好、呈现好全州按时高质量打赢脱贫攻坚战，与全国同步全面建成小康社会的伟大壮举和历史巨变。

7—9日，2020年贵州省青少年武术散打(套路)锦标赛在毕节落下帷幕。经过三天的激烈角逐，黔西南州参赛选手共荣获7块金牌、5块银牌、5块铜牌的好成绩，为黔西南代表队争得荣誉。

10日，全州2020年上半年项目建设推进会举行。会议贯彻落实州委七届十一次全会、全州上半年经济工作会议精神，从抓项目、稳投资的角度，对下半年经济工作进行再研究、再部署、再推动。州委副书记、州长杨永英出席会议并讲话，州委常委、州政府常务副州长陈健主持会议，州政府副州长黄曼、李杰、刘兴吉、王丽琼、黄华，州政协副主席陈晴出席会议或参加观摩。

12日，州委书记刘文新主持召开州级督战会议，对国务院扶贫开发领导小组挂牌督战的望谟县边王村、大湾村、猫寨村、坡头村、新华村和贞丰县卡务村脱贫攻坚工作进行研究部署。州人大常委会主任邓家富，州委副书记穆嵘坤参加。

同日，黔西南州新的社会阶层人士联谊会在兴义市成立。

13日，中央广播电视总台财经节目中心大型融媒体行动《走村直播看脱贫》走进册亨县，通过央视财经客户端一小时的直播，介绍被大山包围的弼佑镇伟外村，介绍当地政府通过发展林下产业带领群众脱贫致富的新举措。

同日，2020·中国·晴隆第十届彝族火把节文艺晚会在阿妹戚托小镇举行，各地来宾与搬迁新市民2万余人参加，场面壮观。

13—14日，省政协副主席、省工商联主席、省总商会会长李汉宇率省政协经济委主任金小麒，省政协经济委副主任季可、付昭祥，省政协办公厅一级巡视员杨沛源一行到黔西南州调研国企混合所有制改革工作推进情况。

17日，贵州省党政代表团在宁波技师学院考察时，黔西南州教育局、黔西南州人社局与宁波市教育局、宁波市人社局签署《职业(技工)教育帮扶协作行动计划协议书》。新一轮的合作协议达成，标志着黔西南州与宁波市协作推动就业扶贫和教育扶贫工作迈上新台阶。

17—18日，全国人大常委会副委员长、民进中央主席蔡达峰率队到黔西南州开展“提升基层治理效能，促进社会和谐稳定”民进中央2020年度重点考察调研活动。

18日，民盟“科学探究·圆梦工程”航天科普公益项目座谈会在普安县一中召开。

19日，由州委宣传部、州卫健局、州总工会联合举办的全州庆祝2020年“8·19”中国医师节活动举行，黔西南州支援抗疫优秀医务人员、百名优秀医师、百名优秀护士、优秀医务工作者共300名获通报表扬，并为优秀代表颁发荣誉证书。会议为获得省表彰的“百名优秀医生”“百名优秀护士”。望谟县人民医院刘见婷、贺献贵，贞丰县人民医院罗宪峰，册亨县人民医院王永翠，兴仁市人民医院刘宽秀，州人民医院龙跃被评为“百名优秀医生”；州人民医院瓦静雪、册亨县人民医院刘娥、晴隆县人民医院龙德艳、安龙县人民医院卢梅、兴义市人民医院王芳、义龙新区郑屯卫生院王成艳被评选为“百名优秀护士”颁发证书。

20日，全国人大常委会委员、全国人大华侨委副主任委员、致公党中央副主席曹鸿鸣率致公党中央调研组到黔西南试验区开展参政议政联系点调研，并举行座谈会。

同日，黔西南州首例经皮左心耳封堵术在晴隆县人民医院成功实施。由宁波市第一医院心律失常诊疗中心主任储慧民教授(电生理专家)和该院副主任医师、晴隆县人民医院挂职副院长刘俊松带领晴隆县人民医院心内科团队共同完成。患者66岁，患有高血压性心脏病、心衰、心房颤动、冠心病等多种慢性疾病并合并有脑梗死、胃出血等。

21日，省人大常委会副主任陈鸣明赴兴仁市专题调研脱贫攻坚和经济社会发展等工作，并召开座谈会。

22日，央视新媒体直播组走进兴义万峰林，以《兴义万峰林：民宿之中有“天地”》为题直播体验万峰林民宿与民俗风情，直播组在万峰林万福村和中纳灰村直播布依族刺绣、万峰林田园风光、布依八音坐唱等。

25日，央视财经频道《正点财经》在“做好‘六稳’落实‘六保’”栏目中，以《贵州贞丰：东西部携手直播带货拓宽水果销路》为题，介绍贞丰县依托一江两岸发展的百香果、杧果和火龙果迎来丰收，并与浙江宁波海曙区协作，扎实做好“六稳”落实“六保”工作，通过电商平台拓宽水果销路，打开快速增收渠道。

27日，州委常委会召开扩大会议，传达学习习近平总书记近期有关重要讲话精神和对“十四五”规划编制工作、制止餐饮浪费行为作出的重要指示精神，研究贯彻落实措施。

同日，教育部党组成员、副部长翁铁慧率调研组一行到晴隆县开展脱贫攻坚教育保障专项调研活动，并在晴隆县主持召开座谈会。

28日，州委副书记、州长杨永英会见华为公司中国政企数字政府业务部副总裁金亮一行，双方就持续深化合作事宜进行座谈交流。

同日，黔西南州“创建全国示范型退役军人服务中心（站）工作”推进会召开。

29日，央视新闻频道《新闻直播间》播出《“网红村”结对帮扶　艺术振兴乡村》节目，关注晴隆县定汪村。

同日，黔西南州中毒救治中心授牌仪式在兴义市人民医院举行，标志着黔西南州应对中毒病例从单纯的救治向集毒物检验、鉴定、中毒救治为一体的中毒应急体系迈进。

是月，省人民政府网站公布第六届贵州省见义勇为英雄模范（群体）表彰决定，黔西南州7人获得表彰。省人民政府授予黔西南州兴仁县贵州金凤凰投资产业有限公司职工柏国军、兴义市南盘江镇箐口村杨家湾组村民范长勇2人为“第六届贵州省见义勇为模范”，册亨县坡妹镇四合村冗峰坪组村民张光飞、张德刚、杜正春，贞丰县沙坪镇这年村二组村民毛玉开、毛瑞礼两个群体5人为“第六届贵州省见义勇为模范群体”称号。

是月，中宣部、中央文明办推进学雷锋志愿服务工作电视电话会议发布2019年度全国学雷锋志愿服务“四个100”（100个最美志愿者、100个最佳志愿服务组织、100个最佳志愿服务项目、100个最美志愿服务社区）先进典型和疫情防控最美志愿者名单。黔西南州兴仁市爱心公益协会、兴义鱼鹰公益协会志愿者陈珊荣获“最美志愿者”先进典型表彰。

是月，省人民政府决予兴仁县贵州金凤凰投资产业有限公司职工柏国军、兴义市南盘江镇箐口村杨家湾组村民范长勇为“第六届贵州省见义勇为模范”，册亨县坡妹镇四合村冗峰坪组村民张光飞、张德刚、杜正春，贞丰县沙坪镇这年村二组村民毛玉开、毛瑞礼两个群体为“第六届贵州省见义勇为模范群体”称号。

是月，全州入住农业园区企业累计达493家，其中，省级以上龙头企业75家，示范带动农户数11万人，完成投资87.58亿元，实现总产值132.84亿元，销售收入约98.04亿元。

是月，安龙县石斛谷森林康养基地入选抗疫一线医务人员定点服务基地。

是月，望谟、晴隆、册亨和贞丰特色林业产业融资创新和综合体创建项目获省农村产业革命特色林业产业发展专项资金4100万元支持。

## 9月

1日，兴义—凯里航线成功首航，并正式开始运营。该航线由多彩航空E190型飞机执飞，班期为：每周二、四、六，飞行时刻为：18:35由兴义机场起飞，19:45到达凯里黄平机场；20:20由凯里黄平机场起飞，21:35到达兴义机场。

3日，由民进江苏省委、民进贵州省委、民进南京市委、民进黔西南州委共同主办的苏黔两地四校共庆第36个教师节活动，通过视频连线，在相距1850公里的苏黔两地四校同时举行。

3—5日，驻黔西南州部分省十三届人大代表赴晴隆、兴仁、安龙、兴义四县（市）对“两业”发展暨脱贫攻坚工作情况进行集中视察，并在兴义召开座谈会。

4日，贵州省2020年新型城镇化项目集中开工仪式举行。州委副书记、州长杨永英在黔西南分会场出席开工仪式并宣布黔西南州2020新型城镇化项目集中开工。全州与全省同步开工建设新型城镇化项目共20个，总投资203.86亿元，年度计划完成投资9.6亿元，包括公共服务设施、市政公用设施、产业培育设施、环境卫生设施等项目。其中普安县4个总投资142.57亿元，兴义市8个总投资45.06亿元，贞丰县2个总投资11.16亿元，义龙新区3个总投资3.73亿元，兴仁市1个总投资0.69亿元，册亨县2个总投资0.65亿元。

同日，《黔西南州国家农业高新技术产业示范园区规划项目规划（2020—2025年）》通过评审。

5日，中国休闲垂钓标准体系建设研讨会在兴义市万峰林国际会议中心举行。

6日，中国中医药研究促进会、世界中医药学会联合会考察组到兴义市、义龙新区考察大健康产业，并在义龙新区秋水湖康养小镇座谈交流。

7日，黔西南州代表团赴浙江省宁波市考察。宁波市委副书记、市长裘东耀会见州委副书记、州长杨永英一行。

同日，贵州省公安厅召开全省公安派出所工作会议。会上，贵州省公安厅首批命名10个“枫桥式公安派出所”并授牌，普安县公安局青山派出所榜上有名。青山派出所将传统警务、现代科技与创新思维有效结合，心贴群众，不断探索“矛盾不上交、平安不出事、服务不缺位”的有效农村警务模式并取得成效。

7—8日，省委常委、省纪委书记、省监委主任夏红民到晴隆县、望谟县的产业基地、工厂车间、新市民社区等地调研特色农业、加工企业等产业发展和带动群众就业增收情况。

8日，全国抗击新冠肺炎疫情表彰大会在北京人民大会堂举行。大会对全国抗击新冠肺炎疫情先进个人、先进集体，全国优秀共产党员、全国先进基层党组织进行表彰。其中，黔西南州人民医院呼吸与危重症医学科副主任、主任医师熊方，兴义监狱四级警长、护师何旭两人荣获“全国抗击新冠肺炎疫情先进个人”称号。

同日，央视财经频道《正点财经》栏目在《做好“六稳”落实“六保”》专题中，详细介绍安龙县深挖林地资源，发展短平快的菌类产业，积极保就业稳增收，巩固脱贫成果。

10日，黔西南州庆祝第36个教师节暨教育立州表彰大会召开。授予“教育立州工作先进集体”称号单位60个，授予“优秀教师”称号70名，授予“优秀班主任”称号35名，授予“优秀校（园）长”称号20名，授予“优秀教育工作者”称号15名，授予“教育立州先进个人”称号10名。

同日，“闪亮的名字2020寻找最美教师”发布仪式在中央广播电视总台举行。黔西南州望谟县实验高中教师刘秀祥上榜，荣获2020“最美教师”称号。

11日，《人民日报》在第8版头条“决战决胜脱贫攻坚”专栏刊发长篇通讯《确保剩余贫困人口如期脱贫，对52个未摘帽贫困县实施挂牌督战/较真碰硬“督”凝心聚力“战”》报道贵州黔西南州晴隆县、望谟县决战决胜脱贫攻坚。

同日，华为中国生态之行2020·黔西南州峰会在兴义市举行。此次峰会由华为技术有限公司主办，义龙新区管委会、黔西南州工业和信息化局协办。

12日，2020年环万峰林自行车赛在兴义市正式开赛。来自全国各地的456名选手齐聚万峰林，展开一场精彩的追逐竞赛。

9月12日至10月18日，贵州省“国培计划（2020）”——中西部扶贫攻坚行动整县推进项目望谟县送教下乡项目中小学信息技术培训班在望谟县第四小学举行，培训该县中小学信息技术教师72名。

13日，州委常委会会议暨州应对新冠肺炎疫情防控工作领导小组会议召开。会议强调，要把伟大抗疫精神转化为推进常态化疫情防控的统一行动。坚决克服麻痹思想、厌战情绪、侥幸心理、松劲心态，总结运用好前期打“遭遇战”“阵地战”的经验做法，坚持严格、规范、有序落细落小落实常态化防控工作，牢牢守住防控阵地。科学做好秋冬季防控准备，加强核酸检测能力、公共卫生设施等建设，深入开展爱国卫生运动，不断筑牢常态化疫情防控的社会大防线。

14日，中央精神文明建设指导委员会办公室发布《第六届全国文明城市参评城市（区）名单》公示名单，贵州省8个市（县）入围，黔西南为兴义市。

15日，最高人民检察院在黔西南州兴义市召开万峰湖专案生态环境保护区域协作机制建设推进会，最高人民检察院副检察长张雪樵出席会议并强调，要推进长效机制建设，实现常态化治理目标，为治理好万峰湖贡献检察力量。

16日，由商务部流通业发展司、省商务厅主办，中国蔬菜流通协会、黔西南州人民政府承办的2020年全国农产品产销对接（贵州）扶贫活动对接会在晴隆县举行。

同日，州委书记刘文新会见到黔西南州考察的中国移动贵州公司党委书记、董事长、总经理张丽一行，双方围绕进一步深化务实合作，加快推进以5G网络为代表的新基建，不断增强经济社会发展新动能进行深入交流。

16—17日，民革中央社会服务部副部长张长宏率民革脱贫攻坚民主监督黔西南联络处赴黔西南州，开展脱贫攻坚民主监督2020年度第二轮重点调研工作。

16—18日，黔西南州科协、州教育局联合举办的“黔西南州2020年科技辅导员培训班”培训，培训科技辅导员300多名。

17日，中央文明办发布2020年2月至7月“中国好人榜”，黔西南州刘武华、马德敏上榜，入选“助人为乐”中国好人。

同日，教育部民族教育发展中心在，杭州举行民族地区“智能教育试验区试验校”建设工作落实会公布首批民族地区“智能教育试验区试验校”名单。黔西南州荣获“智能教育试验区”，兴义一中、兴义市阳光书院、兴义市阳光小学、兴义市百春幼儿园、册亨县实验小学纳福校区、册亨县丫他镇民族中心小学、册亨县民族中学、兴义思源实验学校、兴仁市第六中学、义龙新区新市民第一小学荣获“智能教育试验校”。黄继良被聘为民族地区“智能教育试验区试验校”建设项目专家组成员（专家组共20人，贵州仅1位），任期3年。

18日，黔西南州语委、州教育局主办的“黔西南州第23届全国推广普通话宣传周主场活动暨黔西南州‘十三五’语言文字工作先进集体和先进个人颁奖典礼”在兴义市第五中学举行。

19日，全州防汛减灾紧急视频会议举行。州委副书记、州长杨永英出席并讲话。

同日，2020黔西南州水果嘉年华活动在兴义市浙兴商贸城开幕。

21—22日，文化和旅游部党组成员王晓峰率调研组到兴义市调研指导万峰林创建国家AAAAA级景区工作，强调要培育文旅新产品新业态，促进文旅产业联动发展。

21日，宁波市·黔西南州东西部扶贫协作工作座谈会在兴义召开。宁波市委副书记、市长裘东耀，州委书记刘文新出席并讲话。

22日，由慈溪市、安龙县、万洋集团三方投资、建设、招商、运营、管理的慈溪·安龙万洋众创城共建产业园正式开园。

24日，省政府副省长、省实地检查验收组组长郭瑞民带队到黔西南州开展“七五”普法总结实地验收。

25日，2020海丝之路（中国·宁波）文化旅游博览会在宁波国际会展中心开幕，黔西南州首次组团参展，重点展示黔西南州在脱贫攻坚与民族特色文化发展成就，借助宁波文博会平台，推动美丽黔西南文化“走出去”。

同日，2020“习酒·我的大学”逐梦奖学金黔西南区发放逐梦奖学金40万元，州内80名贫困大学生每人获得5000元资助。

27日，央视新闻频道、中文国际频道等多个频道报道黔西南州贞丰县良好的生态环境，引来上百只黄嘴白鹭栖息聚集。

27—28日，省委常委、省委组织部部长刘捷到黔西南州调研基层党建和脱贫攻坚工作。

28日，全州旅游扶贫工作推进会举行。

同日，由州委、州政府主办，州文化广电旅游局、州体育局，义龙新区党工委、管委会承办，主题为“快乐运动·生态义龙”的第六届黔西南州旅游产业发展大会在义龙新区云屯国际生态体育公园举行。

28—29日，省委常委、省政府常务副省长李再勇到望谟县调研脱贫攻坚工作和产业发展情况。

29日，州委常委会召开扩大会议，研究部署2020年国庆中秋期间全州有关重点工作。州委书记刘文新主持并讲话，州委副书记、州长杨永英，州人大常委会主任邓家富，州政协主席陈国芳，州委副书记穆嵘坤参加。

同日，中国万峰湖第十四届野钓大奖赛开幕式在兴义市举行。

30日，是全国第七个烈士纪念日，黔西南州在兴义市烈士陵园革命烈士纪念碑广场举行向革命烈士敬献花篮仪式，深切缅怀先烈们的不朽功勋，深情寄托对英雄们的无限哀思，传承弘扬革命精神和爱国主义精神，激励全州各族干部群众不忘初心、牢记使命，只争朝夕、苦干实干，为决战脱贫攻坚、决胜同步小康，实现中华民族伟大复兴的中国梦而不懈奋斗。州委书记刘文新，州委副书记、州长杨永英，州人大常委会主任邓家富，州政协主席陈国芳，州委副书记穆嵘坤，州委常委、州人大常委会、州政府、州政协和兴义军分区有关领导，州法院、州检察院，兴义师院、黔西南职院负责人出席仪式。州委常委、兴义市委书记、义龙新区党工委书记顾先林主持仪式。

同日，全州2020年秋冬种农业生产现场会召开，现场观摩兴义市白碗窑镇“烤烟+”示范点、白碗窑镇绿色防控天敌繁育基地、乌沙镇小麦种植示范点，义龙新区雨樟镇交乐坝区“烤烟+”示范点、雨樟镇交乐坝区油菜示范点、新桥镇巧烂村洒垤组蚕豆示范点、德卧镇林下菌药示范点。

是月，由中共中央机关刊《求是》主管主办的《小康》杂志社联合多个国家权威部门和专业机构，面向中国县城或基层行政单位，开创“百县榜单工程”，推出“2020中国最美乡村百佳县市”和“2020中国最具幸福感百佳县市”榜单。其中，黔西南州兴义市上榜“2020中国最美乡村百佳县市”，以95.05的评分位居榜单第二。

是月，文化和旅游部、国家发展改革委联合发布通知，公布第二批全国乡村旅游重点村名单。黔西南州贞丰县者相镇纳孔村、兴仁市屯脚镇鲤鱼村、兴义市万峰林街道下纳灰村3个村入选。

是月，黔西南州贞丰中学、安龙中等职业学校、兴义第八小学被教育部列为第三批国防教育特色学校。

是月，竞争力智库、中国经济导报社、中国信息协会信息化发展研究院和北京中新城市规划设计研究院联合发布《中国西部地区县域发展监测报告2020》，“2020中国西部百强县市”名单同步揭晓，黔西南州兴义市上榜，排名第18位。

是月，“中国茅台·国之栋梁——2020希望工程圆梦行动大型公益助学活动”资助900万元，对1800名家庭困难的大学生每人一次性资助5000元。

是月，省委组织部印发《关于命名全省党支部标准化规范化建设示范点的通知》，公布199个在组织设置、队伍建设、制度执行、任务落实、保障配套等方面达标规范、发挥作用突出的基层党支部名单。兴义市丰都街道永安社区党支部、兴仁市大山镇老里旗村党支部、黔西南州人力资源和社会保障局第一党支部、册亨县岩架镇洛王村党支部、黔西南州工业投资(集团)有限公司党支部、晴隆县人民医院第一党支部、安龙县栖凤街道第一小学党支部、黔西南州住房公积金管理中心联合第一党支部、望谟县王母街道河西社区党支部、国家税务总局黔西南州税务局机关第二党支部、贞丰县丰茂街道珉城社区党支部、贵州林贵汽车贸易有限责任公司党支部、贵州义龙(集团)投资管理有限公司党支部、黔西南州崇文中学党支部入选。

是月，农业农村部办公厅公布2020年中国美丽休闲乡村名单，兴仁市屯脚镇鲤鱼村和义龙新区鲁屯镇章磨村入选。

是月，黔西南州在“贵州省河(湖)长制2019年度‘一市一考’”中得分97.59分，排名全省第一。

是月，中宣部、中央文明办推进学雷锋志愿服务工作电视电话会议发布2019年度全国学雷锋志愿服务“四个100”(100个最美志愿者、100个最佳志愿服务组织、100个最佳志愿服务项目、100个最美志愿服务社区)先进典型和疫情防控最美志愿者名单。兴仁市爱心公益协会、兴义鱼鹰公益协会志愿者陈珊荣获“最美志愿者”先进典型表彰。

## 10月

1日，全州接待游客57.65万人次，恢复到上年同期水平的87.6%，旅游总收入32871.23万元，恢复到上年同期水平的84.2%。

2日，州委副书记、州长杨永英率队到全州重要景区景点和文化场馆开展节日旅游市场、消防安全、安全生产和疫情防控工作检查，强调要压实工作责任，紧盯细节环节，坚决维护国庆、中秋期间社会安全稳定，确保人民群众平安祥和欢乐过节。

7日，由贵州公路集团第十分公司承建的纳晴高速T13标项目动工。

10日，黔西南州文旅集团投资建设的首个游客集散中心在兴义市富康国际会展中心投入运营，首批入驻A级以上景区15个，宾馆酒店36家、旅行社16家，农特产品商家78家，商品460余种。

同日，纪念茶籽化石发现40周年学术研讨现场观摩会在晴隆县召开。

同日，由州脱贫攻坚指挥部办公室、州委宣传部主办，州总工会承办的2020年“感党恩·巧手绘制美好新生活”职工群众手工艺品设计制作大赛在兴义桔山广场举行。

12日，第六届兴义户外运动装备产业博览会筹备工作专题会议召开。

12—13日，省委书记、省人大常委会主任孙志刚到普安县、晴隆县开展脱贫攻坚督战调研。

14日，《人民日报》在第7版刊发长篇通讯《贵州聚焦重点，坚决打赢脱贫攻坚收官战——帮扶更精准　增收后劲足》，文中报道黔西南州望谟县5个国务院扶贫开发领导小组挂牌督战村的贫困劳动力实现稳定就业。

15—19日，2020年全国青年女子垒球锦标赛在义龙新区举行，北京队、天津队、上海队等8支参赛球队分为A、B两组进行激烈角逐，最终陕西队、上海队、广东队分获一、二、三名。

16日，州委副书记、州长杨永英到望谟县督导脱贫攻坚工作并主持召开座谈会。

同日，州人大常委会《黔西南布依族苗族自治州民族医药保护与发展条例》公布，2021年1月1日起施行。

17日，黔西南州举行主题为“携手扶贫济困，助力决战决胜”的2020年“全国扶贫日”捐募仪式。州委书记刘文新出席，州委副书记、州长杨永英主持，州政协主席陈国芳，州委副书记穆嵘坤出席。

19日，“中国关心下一代教育基地”挂牌暨捐赠仪式在兴仁市新龙场小学举行。

20日，黔西南州在京招商引资项目集中签约仪式举行。州委书记刘文新出席并讲话。

21日，由公安部金盾影视文化中心主办、州公安局承办的公安题材重点影视项目推进会在兴义市举行。

22日，由州脱贫攻坚指挥部、州委宣传部主办的黔西南州脱贫攻坚感恩故事讲述比赛在兴义举行，州委副书记、州脱贫攻坚指挥部指挥长穆嵘坤，州政协副主席莫武安出席，为获奖选手颁奖。

23—24日，黔西南州到四川文化艺术学院考察交流，州教育局、州文化广电旅游局、兴义市人民政府、贵州富康实业投资（集团）有限公司与该校成功签署文化艺术合作框架协议。

24日，贵州省抗击新冠肺炎疫情先进事迹巡回报告会在兴义举行，此次报告会巡讲团由省委宣传部、省卫健委联合组建，旨在学习贯彻全国抗击新冠肺炎疫情表彰大会精神、弘扬伟大抗疫精神，讲述各行各业抗击疫情的感人故事。

25日，兴义机场正式执行冬航季航班计划，其中，新增兴义—泉州航线在当天进行正式首飞，班期为每日一班，分别由华夏、厦门航空执飞。

26日，州委常委会召开扩大会议，传达学习贯彻习近平总书记近期重要讲话精神，以及省委专题会议精神和有关指示要求，研究部署全州近期重点工作。

同日，黔西南州公安自助车管所正式启用，群众只需带上身份证就可以随时在自助车管所办理驾驶证期满换证、遗失补证、补换领行驶证、申请6年免检检验合格标志、交通违法处理等三大类12小项交管业务。

26—27日，省政府副省长胡忠雄率省相关直部门到州调研，在望谟县主持召开教育工作暨基础能源产业和食用菌产业发展座谈会。

27日，全州第十一届村（社区）“两委”换届筹备工作推进会在兴义召开。

28日，庆祝民进成立七十五周年——民进深化“同心·彩虹行动”工作经验交流会在安龙召开，全国政协副主席、民进中央常务副主席刘新成出席并讲话。

同日，中央文明办、中国文明网发布2020年8月至9月中国好人榜名单。贵州共有9人荣登榜单，其中黔西南州有4人。分别为：见义勇为类，龙雄、戴明松、杨正权，三人均为安龙县栖凤街道九龙社区易地扶贫搬迁新市民。敬业奉献类，肖体奎，兴仁市潘家庄镇下溪村护林员。

同日，全州2020年第三季度项目建设推进会暨第四季度经济运行工作会在兴义召开，通报三季度全州经济运行情况及项目工作情况，分析存在问题，提出四季度的目标和措施。

29日，省人大常委会副主任陈鸣明在贞丰县、兴仁市调研工业经济运行和经济社会发展工作。

同日，州委常委会及州人大、州政府、州政协党组分别召开“防风险、守底线”专题会议。

30日，由贵州省体育局、黔西南州人民政府主办，主题为“户外运动·健康生活”的第六届贵州兴义户外运动装备产业博览会在兴义市体育中心开幕。

同日，2020兴义万峰林徒步大会启动仪式在万峰林将军峰广场举行。吸引省内外5000多名徒步爱好者参加活动。

同日，全国旅行社走进黔西南“深呼吸”——黔西南州文化旅游宣传推介会在兴义举行，来自全国各地旅行社的代表走进黔西南，共享山地城市魅力，共商旅游合作发展。

是月，省委统战部、省民宗委和省文化和旅游厅联合发文，对全省第五批320个少数民族特色村寨进行命名授牌，黔西南州26个少数民族特色村寨榜上有名，分别是：兴仁市城南街道大山脚村，马马崖镇联增村；安龙县普坪镇纳利村、免补村、鲁沟塘村，洒雨镇下龙村、堵瓦村、免底村，龙山镇北乡村、坡利村，招堤街道渔浪村，栖凤街道八坎村；贞丰县连环乡关山村平寨组；晴隆县三宝彝族乡干塘村、大坪村；册亨县弼佑镇秧兵村、落江村、者岳村，双江镇路吉村、八望村、盘江村，秧坝镇大伟村，者楼街道高峰村；望谟县郊纳镇纳江社区，打易镇山平村；义龙新区顶效街道绿化村。

是月，州委书记刘文新率队到中央音乐学院考察学习，并与中央音乐学院院长、党委副书记俞峰座谈，双方就开展务实合作，携手推动黔西南文化艺术繁荣发展有关事宜进行深入交流。

是月，黔西南州荣获全国双拥模范城称号。

是月，黔西南州册亨县顺利通过中国林产业联合会专家团队评估，被授予“中国油茶名县”称号。

是月，黄百铁路(贵州黄桶—广西百色)可研报告审查会议在贵阳召开。起于贵州省安顺市普定县黄桶街道办事处，经镇宁县、紫云县、黔西南州望谟县和广西百色市乐业县、凌云县，终于百色市城区，为国铁Ⅰ级、单线电气化铁路，设计时速160公里，新建正线长301.25公里，其中贵州省境内长171.15公里，望谟县境内线路长86.15公里。项目预计总投资为313.93亿元，总工期5年。

是月，全州756个“城区户外劳动者综合服务站”挂牌投入使用，服务全州城区环卫、建筑、快递、城管等户外劳动者群体。

是月，黔西南农信在全省率先实现改制农商银行全覆盖。

是月，州农产品在网销售的第三方店铺达8000家，实现网络零售额6.44亿元。

## 11月

1日，黔西南州1.8万余名普查指导员和普查员，走进全州千家万户，开展全国第七次人口普查入户登记工作。

1—2日，省委副书记蓝绍敏赴黔西南州调研督战脱贫攻坚。

3日，文旅兴州战略目标专题会议召开。会议传达学习党的十九届五中全会精神、州委专题会议精神等，研究部署文旅兴州实施战略实施意见。州政府副州长黄曼出席。

4日，黔西南州“脱贫攻坚故事”征集整理记录传播工作全面启动。

5日，省人大常委会副主任陈鸣明在普安县开展专题调研。

同日，州委常委会召开扩大会议，传达学习党的十九届五中全会精神，以及10月31日省委常委会会议和省委有关通知精神，听取州委《关于制定黔西南州国民经济和社会发展第十四个五年规划和二〇三五年远景目标的建议》起草情况和全州“十四五”规划谋划及编制进展情况汇报，研究部署有关工作。

6日，黔西南州新闻工作者协会成立暨第一次会员代表大会在兴义举行，州委书记刘文新作批示，贵州省新闻工作者协会发去贺信。

同日，黔西南州法学会成立大会暨第一次会员代表大会在兴义召开，州委书记刘文新致书面贺词，贵州省法学会发去贺信。

8日，以“树黔菌品牌·强扶贫产业”为主题的2020中国·贵州食用菌产业发展大会在安龙开幕。省委书记、省人大常委会主任孙志刚，省委副书记、省长谌贻琴分别作批示。省政府副省长、省食用菌产业发展领导小组组长胡忠雄宣布开幕。

9日，黔西南州学习贯彻习近平总书记授旗训词两周年暨119消防宣传月活动启动仪式在兴义举行。

9—10日，中央统战部副部长邹晓东率调研组到黔西南试验区开展定点扶贫工作调研。

9—12日，民革中央社会服务部部长边旭光率调研组到黔西南试验区开展脱贫攻坚产业扶贫调研暨感恩回访活动，并召开座谈会，就推动落实《统一战线参与脱贫攻坚2020年项目计划》，帮助补齐产业发展短板，夯实稳定脱贫基础，有序衔接乡村振兴等进行交流。

11日，州委书记刘文新主持召开州扶贫开发领导小组会议。

12日，台盟中央社会服务部副部长陈勇一行，到黔西南试验区调研脱贫攻坚医疗帮扶工作，并举行座谈会。

13日，州委召开电视电话会议，及时传达学习11月12日省委常委会会议精神，部署推进全州脱贫攻坚收官和易地扶贫搬迁后续扶持等工作。

14—15日，兴义市2020年第三届“万峰林蛋炒饭节”在兴义市万峰林乡愁集市举行，活动吸引来自四川、重庆、云南、福建等地近1400名游客前往参加。

15日，2020中国（宁波）食品博览会暨消费扶贫展举办期间，宁波米尔供应链管理有限公司与普安县百惠商贸有限责任公司签订157万元购销合同，以消费扶贫形式助力普安红茶等农特产品黔货出山。

同日，“国培计划（2020）”——脱贫攻坚整县推进项目（望谟县）培训工作总结会暨刘秀祥省级名师工作室授牌仪式在望谟县实验高中举行。

17日，全州新型城镇化推进大会举行，大会贯彻落实十九届五中全会精神、全省新型城镇化推进大会精神以及州委决策部署，研究部署进一步加快新型城镇化进程。州委书记刘文新作批示，州委副书记、州长杨永英出席会议并讲话，州委常委、州政府常务副州长陈健，州政府副州长黄曼、刘兴吉、黄华出席会议。

同日，央视财经频道《第一时间》栏目以《贵州黔西南：多部门合力助残疾人脱贫》为题，详细介绍在脱贫攻坚工作中，黔西南州将残疾贫困人口作为重点帮扶对象，多部门合力持续帮扶，通过产业扶贫、就业扶贫等手段，帮助全州34628名贫困残疾人实现同步小康梦。

18日，州八届人大六次会议完成各项议程闭幕。

同日，全国双语（汉语和少数民族语言）学习特色村镇（实践基地）挂牌仪式在晴隆县三宝街道举行。

20日，贵州省2020年全民终身学习活动周系列活动开幕式在兴义举行。

21日，黔西南州召开领导干部会议，传达学习11月20日贵州省领导干部会议精神，对全州坚决贯彻落实中央、省委有关决策部署提出明确要求。州委书记刘文新主持并讲话，州委副书记、州长杨永英，州人大常委会主任邓家富，州政协主席陈国芳，州委副书记穆嵘坤参加。

同日，黔西南州公职人员到民办机构领办（参与）文化艺术工作首次签约受聘仪式在兴义举行。

同日，电影《丛林追捕》开机仪式在义龙新区雨樟镇金盾影视文化小镇举行。

23日，省政府新闻办召开新闻发布会，会上省政府宣布同意全省9个贫困县退出贫困县序列，黔西南州为晴隆县、望谟县。

同日，州委副书记、州长杨永英出席全州第四季度安全生产暨今冬明春火灾防控工作会议。

同日，全州易地扶贫搬迁“新市民计划”基本公共服务标准化专项试点工作推进会议召开。

24日，2020年全国劳动模范和先进工作者表彰大会在北京人民大会堂举行，贵州省50名全国劳模和先进工作者进京接受表彰。黔西南州4人荣获“2020年全国劳动模范和先进工作者”称号。分别为：荣获“全国劳动模范”荣誉称号表彰的是安龙县普坪镇鲁沟塘居委会村医潘凤、贵州电网有限责任公司兴义供电局输电管理所输电五班班长龙福刚、贵州锦丰矿业有限公司地质采样班班长忙德书；荣获“全国先进工作者”称号的是兴仁市疾病预防控制中心副主任刘永芳。

25日，兴义军分区第十二次党代会召开。州委书记、兴义军分区党委第一书记刘文新出席会议并讲话。

26日，中国电建集团贵州工程有限公司党委书记、董事长郭玮率考察组到黔西南州开展投资考察洽谈，双方就拟合作新能源产业园项目进行交流座谈。州委副书记、州长杨永英出席座谈会。

28日，黔西南州政法信访系统“入村寨进社区走企业访群众”大走访活动动员部署会在兴义召开。

是月，兴义市巾帼创业帮扶中心荣获全国三八红旗集体荣誉称号，这是黔西南州近三十年来第一次获全国三八红旗集体称号。

是月，竞争力智库、中国经济导报社、中国信息协会信息化发展研究院和北京中新城市规划设计研究院等机构在北京联合发布《中国县域旅游竞争力报告2020》，兴义市上榜2020县域旅游综合竞争力百强县市名单。

是月，省发展改革委对省交通运输厅《关于请予核准批复贵州省六枝至安龙高速公路项目申请报告的函》作出批复，同意建设六枝至安龙高速公路，项目估算总投资243.06亿元。

是月，中国林业产业联合会发布《2020年全国森林康养基地试点单位遴选结果公示公告》，册亨县万重山森林康养基地入选2020年全国森林康养基地试点建设单位。

是月，贵州省企业联合会、贵州省企业家协会在2020贵州企业高峰论坛上发布“2020贵州企业100强”和“2020贵州民营企业100强”榜单，贵州万峰电力股份有限公司与黔西南州聚鑫工贸总公司榜上有名。

是月，黔西南州获得2020年耕地地力保护补贴（第一批）资金2.57亿元，通过“一卡通”统一发放到种粮农户，帮助种粮农民购买种子、化肥、农药、农膜等农业生产物资和保护耕地地力。

是月，人社部在全国范围内评选出100个人社扶贫助力全面建成小康社会优秀成果，黔西南州“就业扶贫全覆盖攻坚行动”成为贵州省唯一入选人社扶贫工作的优秀案例。

## 12月

1日，兴义机场新增的兴义—北海航线首航。由华夏航空自营，班期为每周二、四、六。

2日，《人民日报》在头版刊发长篇通讯《贵州农村公路四通八达》，报道兴义市全面推行市、乡、村、组四级农村公路“路长制”100%全覆盖，启动以乡镇、村为单位组建农村公路养护扶贫专业合作社，既破解农村公路养护难题，又能实现贫困户就业增收等内容。

2—4日，宁波市委常委、宣传部部长李军率考察团到州及晴隆县、普安县、义龙新区、兴义市考察调研扶贫协作项目。

3—4日，州委中心组举行2020年第四季度集中学习研讨会。州委书记刘文新主持并作总结讲话，州政协主席陈国芳、州委副书记穆嵘坤参加。

4日，2020年黔西南州、兴义市“12·4国家宪法日”宪法宣誓暨民法典宣讲团颁证仪式在兴义举行。

7日，兴义市组织开展应对新冠肺炎疫情大规模应急核酸检测取样技能考核。

8日，由贵州省体育局主办，贵州省射击射箭运动管理中心、黔西南州体育局、兴义市人民政府联合承办的2020年“中国体育彩票杯”贵州省青少年射箭室内锦标赛在兴义启动并开赛。

10日，州委常委会召开扩大会议，传达学习省委十二届八次全会精神，研究贯彻落实措施。听取州人大常委会党组、州政协党组和州法院党组、州检察院党组2020年度工作情况汇报。

10—13日，安龙技工学校模具设计与制造专业的学生韦顺水、兴义市中等职业学校美发与设计专业的学生吴甜甜，作为贵州代表团成员在广州参加“第一届全国技能大赛”。

14日，省委宣讲团党的十九届五中全会精神宣讲报告会在兴义举行。

同日，州委书记刘文新，州委副书记、州长杨永英率队到兴义市调研，强调要深入学习宣传贯彻党的十九届五中全会和省委十二届八次全会精神，统筹好发展和安全两件大事，为全州抓收官、夺全胜、防风险、守底线、育先机、开新局作出更大贡献。

15日，州政府新闻办举行《黔西南布依族苗族自治州民族医药保护与发展条例》颁布实施新闻发布会。州人大常委会副主任黄健勇、田大宝，州政府副州长王丽琼出席新闻发布会。

16日，省委常委、省委秘书长吴强在晴隆县茶马镇青山村调研。

同日，州委书记刘文新会见到黔西南州考察的中国足球发展基金会理事长王战和一行。

17日，黔西南州与贵州电网公司在兴义举行“两网融合”战略合作协议签约仪式。州委书记刘文新、贵州电网公司董事长邓恩宏出席签约仪式并讲话。

17—18日，省政府副省长李睿到黔西南州兴义市、兴仁市、册亨县、望谟县和义龙新区调研。

18日，州委常委会召开扩大会议，调度推进全州脱贫攻坚和经济社会发展工作，听取州政府党组和州总工会、团州委、州妇联2020年度工作情况汇报。

21日，州委书记刘文新到兴义民族师范学院向师生宣讲党的十九届五中全会和省委十二届八次全会精神。

23日，全州征兵工作总结部署会暨基层人武部规范化建设推进会在兴义举行，会议对黔西南州2021年春季和夏秋季两次征兵工作进行安排部署。

25日，州委副书记、州长杨永英到黔西南民族职业技术学院宣讲党的十九届五中全会和省委十二届八次全会精神。

26日，2020年贵州省产业大招商重大项目集中开工仪式举行，集中开工项目29个，涵盖工业、农业、城建、康养等各个领域。州委书记刘文新在黔西南分会场宣布2020年黔西南州产业大招商重大项目集中开工，州委副书记、州长杨永英出席开工仪式并讲话。

27—28日，中国共产党黔西南州第七届委员会第十二次全体会议在兴义举行。州委委员38人、候补委员6人出席会议。全会由州委常委会主持。州委书记刘文新代表州委常委会作工作报告并讲话，州委副书记、州长杨永英对全州2021年经济工作进行安排部署。

29日，黔西南州劳动模范和先进工作者表彰大会召开。州委书记刘文新出席大会并讲话，州委副书记、州长杨永英主持，州人大常委会主任邓家富，州政协主席陈国芳出席，州委副书记穆嵘坤宣读《中共黔西南州委、黔西南州人民政府关于表彰2020年黔西南州劳动模范和先进工作者的决定》。63人被授予“黔西南州劳动模范”荣誉称号，35人被授予“黔西南州先进工作者”荣誉称号。

是月，农业农村部发布公告，对望谟八步茶、仁怀功夫红茶、石阡土鸡等14个农产品实施国家农产品地理标志登记保护。其中，黔西南州望谟八步茶、兴仁牛干巴、兴仁薏仁米、贞丰火龙果、鲁容百香果5个农产品上榜。至此，黔西南州已拥有26个国家地理标志登记农产品。

是月，册亨县入选该水利部公布第三批节水型社会建设达标县（区）。

是月，经中国有色金属工业协会组织院士及相关行业专家评定，认定贵州紫金公司“金矿加压氧化中砜相包裹金形成及靶向消除的研究与应用”技术开发应用成果达到国际先进水平。

是月，贵州省农业农村厅、中共贵州省委组织部、中共贵州省直属机关工作委员会、贵州省人力资源和社会保障厅、贵州省科技厅五部门联合印发《关于表彰全省农业产业结构调整先进科技工作者和基层干部的决定》，黔西南州17人荣获“全省农业产业结构调整先进科技工作者和基层干部”荣誉称号。

是月，省政府批复同意兴义环城高速公路设站收取车辆通行费，收费时限从2020年12月28日起至2050年12月27日止。

是年，省政府向国务院呈递黔西南省级高新技术产业开发区申报国家级高新技术产业开发区请示；州政府向省政府呈递贵州黔西南国家农业高新技术产业示范区请示。

是年，自新冠肺炎疫情发生以来，黔西南州建立野生动物台账式管理、线上线下销售、家禽临时集中屠宰点、禽类交易市场监管、农产品保供市场共五项工作机制推进禽类市场交易。

是年，通过实施《黔西南州农村饮水安全巩固提升工程“十三五”规划》《黔西南州全面解决农村饮水安全问题攻坚决战行动方案》等，全州完成农村饮水安全工程投资9.55亿元，解决102.84万人农村饮水安全问题，其中建档立卡贫困人口17.42万人。

# 州情概览

## 自然地理

**【政区位置】** 黔西南州位于滇黔桂三省（区）结合部，贵州省境西南隅，云贵高原东南端。地跨北纬24°38′～26°11′，东经104°35′～106°32′，东西长210千米，南北宽177千米。东与黔南州罗甸县接壤，南与广西西林、隆林、田林、乐业4个县隔江河相望，西与云南省富源、罗平县和六盘水市盘县毗邻，东北面与安顺市关岭、镇宁、紫云隔江相望，北与六盘水市水城县、六枝特区接壤。

**【国土面积】** 全州总面积1.68万平方千米，占全省面积的9.7%，在全国30个自治州中排列第26位。在全州面积中，陆地面积1.65万平方千米，占98.24%，水域面积296平方千米，占1.76%。宜耕地面积占1%，宜林面积占37.5%，宜牧面积占11.8%；山地占53.8%，丘陵占14.9%，盆地占4.4%，河谷坝子占26.9%。人口密度为每平方千米204人。

**【人口民族】** 全州2020年，年末户籍人口371.79万人，其中城镇户籍人口158.11万人。年末常住人口数301.65万人，常住人口共出生2.75万人，常住人口出生率为9.43‰，同比下降2.83个千分点。州内居住着汉族、布依族、苗族、彝族、回族等35个民族。其中：布依族占全州总人口的29.68%，占全州少数民族人口的70.26%；苗族占总人口的7.40%，占全州少数民族人口的17.52%。

**【行政区划】** 2020年，全州辖2市、6县、1新区，即兴义市、兴仁市、安龙县、贞丰县、普安县、晴隆县、册亨县、望谟县和义龙新区。下设43个街道、83个镇、15个乡（其中2个民族乡，即兴仁县鲁础营回族乡、望谟县油迈瑶族乡），共141个乡级政区，辖1008个村民委员会、283个社区（居民委员会）。

**【地形地貌】** 黔西南州属珠江水系南北盘江流域，属典型的低纬度高海拔山区。整个地形西高东低、北高南低。最高点在兴义市七舍、捧乍高原顶峰，海拔2207.2米；最低点在望谟县红水河边大落河口，海拔275米，高差1932.2米，海拔大多在1000～2000米之间。州境内地形起伏大，地貌复杂，可分为5个不同地貌区，即低山侵蚀山地峡谷区、岩溶高原槽坝区、岩溶侵蚀高原区、岩溶侵蚀山地区、侵蚀山地河谷区。土壤种类有9个土类，19个亚类，47个土属，204个土种。土壤多属酸性和微酸性红黄土壤。

【气候特点】 全州气候属亚热带季风湿润气候区。常年全州平均气温16.4℃，各地平均气温在13.9℃（普安）~19.5℃（望谟），1月平均气温7.3℃，极端最低气温-8.9℃（1968年2月14日出现在安龙）；7月平均气温23.1℃，极端最高气温41.2℃（2012年5月6日出现在册亨）。无霜期年平均317天，最长365天，最短219天。年平均日照时数1454.3小时。年平均降雨量1327.2毫米，年平均降雨日数为189天，最多达216天（1981年），最少为137天（2009年）。极端年最大雨量2047.8毫米（1965年晴隆县），极端年最少雨量639.7毫米（2011年兴义市）。降雨集中在每年5月至9月，6月最多。热量充足，雨量充沛，雨热同季，无霜期长，终年温暖湿润，冬无严寒，夏无酷暑。

【水能资源】 境内河流均属珠江流域，州境内共有河长10千米以上、流域面积大于20平方千米的河流102条，南盘江、北盘江、红水河是州内三条较大的江河。南盘江发源于云南沾益马雄山南坡，由云南沾益、陆良、罗平八大河乡，至兴义三江口流靠州境，沿州南界，流经兴义、安龙、册亨，至册亨双江口与北盘江汇合，在州境内流长264千米，年径流量一般在262亿~151亿立方米之间，多年平均年径流量为194.9亿立方米，流域面积6522.6平方千米，占全州地域面积的38.83%；北盘江发源于云南沾益马雄山西北坡，由云南宣威、贵州水城，至普安龙吟丫口流靠州境，沿州北界，流经普安、晴隆、兴仁、贞丰、望谟、册亨，至册亨双江口与南盘江相汇入红水河，在州界流长237千米，州内流长94千米，总流域面积8758.42平方千米，占全州地域面积的52.15%；南、北盘江在册亨双江口汇合后为望谟、广西的界河，称红水河，沿望谟县南缘，由西向东，经蔗香、坝从、渡邑至桑郎河口流离州境，流长44千米，年径流量在523亿~249亿立方米之间，流域面积1515平方千米。在三大河流的支流中，属一级支流的河流39条，河流长1504.4千米；二级支流55条，河流长1097千米；三级支流12条，河流长188.1千米。乌蒙余脉在境内的乌龙山是南、北盘江的分水岭，南盘江的支流由北向南注入南盘江；北盘江的支流由南向北、向西或向东注入北盘江。各河流从河源到河口，从分水岭到河槽，两岸坡度陡峻，汇流时间快，局部地段有跌坎、陡滩，水流湍急，河流的比降大（南、北盘江平均比降在1.6‰左右，支流的平均比降一般在10‰左右）。各河流一般在5月初水位上涨，流量和含沙量猛增，直至10月底河水才逐渐由浑变清，水位递减。汛期5—9月的总流量占全年的80%~90%，其中6—8月是丰水期，这期间的径流量占全年的50%~70%，1—4月为枯水期，这期间的径流量占全年的10%左右。由于境内河流落差大，全州可供开发的水能资源丰富，水能理论蕴藏量为312.5万千瓦（界河以半数计），比全国平均值高一倍，可供开发的水能资源发电量达1000万千瓦以上，是全国三大水电基地之一的红水河水电基地的重要组成部分。已开发建成鲁布格电站、天生桥一级二级电站、平班电站、光照电站、董箐电站、鲁贡电站等大中小型电站，装机达600万千瓦以上，年发电量达到128亿千瓦时以上，是“西电东送”的重要电源基地、电力枢纽和通道。

【矿产资源】 境内已发现矿藏41种，占全省发现矿种的一半，正式提交储委批准有开发价值的21种。已探明的地下矿藏有煤、金、锑、铊、铅、锌、铁、汞、铜、铝土、砷、磷、萤石、大理石、石灰石、黏土、石英砂、铝、石膏、白云石、钼、冰洲石、水晶、硅石、钴、高岭土等。其中煤炭资源是“西南煤海”的重要组成部分，已探明储量75.28亿吨，远景储量190多亿吨，名列全省第三位，多数发热量为7000~8000大卡/千克，主要分布在普安、兴仁、贞丰、安龙、晴隆、兴义等地，可采量39.8亿吨。2015年，完成煤矿建设固定资产投资40亿元；生产原煤3138万吨；金矿资源已探明的特大型矿床1处、大型矿床4处、中型矿床1处、小型矿床4处及矿点、矿化点数十处，保有储量占贵州省的90%以上，已探明的地质储量约500金属吨，远景储量1000吨以上，被中国黄金协会命名为“中国金州”。

【生物资源】 黔西南州气候多样，给动植物生长和繁衍提供得天独厚的自然条件。境内植物种类达3913种以上。其中珍稀植物300多种，著名植物有叉孢苏铁、贵州苏铁、云南穗花杉、红豆杉、辐花苣苔、伯乐树、麻栗坡蔸兰等；油料植物有麻疯树（又名小桐子、柴油树，是生产生物柴油的重要原料树种）、黄连木、油桐、油茶、乌桕、石栗、宜昌楠、香叶树、千年桐等；果树植物有板栗、核桃、桃、李、梨、猕猴桃、红泡刺藤、栽秧泡、大果榕、橘、橙、苹果、矮杨梅、杨梅、枇杷、大乌泡、梅、椪柑、柿、番石榴、拐枣、仙人掌、头状四照花、知梗四照花、猫儿子、白木通、葡萄、黄毛草莓等；香料植物有花椒、山鸡椒、竹叶椒、木姜子、砂仁、少花桂、刺芫荽、八角、薄荷等；纤维植物有棕榈、构树、野葛、山核桃、化香树、龙舌兰、龙须草、料慈竹、麻竹、毛金竹、撑绿竹、小蓬竹、箭竿竹、地瓜藤等。境内有中草药资源近2000种，其中植物药1800多种，动物药163种，矿物药12种。特色药用植物有小花清风藤、石斛、铁皮石斛、环草石斛、艾纳香、米楠、灵芝、黄褐毛忍冬（金银花）、倒提壶、千张纸、余甘子、通草、黑草、天花粉、黄精等。境内有野生动物12纲542种11亚种以上，其中被列入国家一级保护动物的有黑叶猴、云豹、金雕、黑颈鹤、蟒等，国家二级保护动物有猕猴、穿山甲、白腹锦鸡、虎纹蛙等36种，境内国家一、二级保护动物占贵州省的45.98%。境内拥有林地945.23万亩，牧草地297.43万亩，2020年全州森林覆盖率为61.17%。

**【交通条件】** 黔西南州素有“西南屏障”和“滇黔锁钥”之称，是黔桂滇三省（区）毗邻地区重要的商品集散地和商贸中心。截至2017年年底，州境内交通运输线路，铁路有南昆线、威红线，南昆线境内长187千米，威红线境内长9千米；公路有沪昆高速、汕昆高速、晴兴高速公路和324和320国道，其中沪昆高速公路境内长65千米，汕昆高速公路境内长127千米，晴兴高速公路70.92千米。境内通航河道50条，航道总长1017.33千米，其中北盘江航道289.21千米，南盘江航道267.38千米，红水河航道107千米，北盘江支流航道88.8千米，南盘江支流航河道82.49千米，红水河支流航道78.11千米，内河航线有17条，定期航班有85次。“十二五”期间，西南水运出海中通道改扩建项目全面建成，州境内261.79千米四级航道与500吨级5座码头10个泊位全部投用。2012年引进省外造船企业在州境内落户建厂开展千吨级船舶建造，实现千吨级货船运行，改写全省无千吨级船舶的历史。2020年10月25日引进兴义—广州航线一架南航A320免费驻场过夜，连同华夏3架CRJ900，兴义机场共计达到4架航班同时驻场过夜；优化北京、上海、广州等航线网络、航班时刻和航线补贴，实现降补达4200余万元。旅客吞吐量在100万人次/年以上，全国排名从91位上升到82位；全年开通航线达23条，其中省内支支串飞5条，通达城市28个，运营航空公司11家，实现航空市场开发逆势起航，为服务地方政治、经济、社会、文化、旅游等做出重要贡献。2020年10月28日，被中国旅游协会民航旅游专业委员会授予“支线旅游机场”示范单位称号。

## 历史文化

**【建置沿革】** 春秋、战国至秦、汉、两晋为夜郎国、牂牁郡、夜郎县、夜郎郡、兴古郡。南北朝时期为东爨（cuàn）、乌蛮。唐、宋、元时期先后为西平州、盘州、于矢部、罗甸国、泗城州、普安路、普安部、安隆州。明代为普安卫、普安府、泗城州、普安厅、普安司、普安州、安南所、安隆所。明亡后，南明永历朝廷播迁安龙，改安隆千户所为安龙府，属于云南行省。清代先后为普安卫、普安州、普安县、安南卫、安南所、安笼所、安笼府、南笼厅、南笼府、安南县、永丰州。清嘉庆二年（1797），改南笼府为兴义府，治所驻今安龙县城；改永丰州为贞丰州，次年置兴义县。兴义府辖贞丰州（今贞丰县及望谟一部分），册亨州（今册亨县），普安县（今普安县），新城县（今兴仁县），安南县（今晴隆县），兴义县（今兴义市）和捧鲊巡检（今兴义捧鲊镇）。民国3年（1914），撤销兴义府，境内隶贵西道。民国9年，撤销贵西道，各县直属贵州省。民国24年，贵州分设11个行政督察区，州境属第三行政督察区，治所驻兴仁县，辖兴仁、兴义、盘县、安龙、贞丰、安南（今晴隆）、关岭、普安、册亨9个县。

1950年4月，设贵州省兴仁专区，为贵州省派出机构，辖兴仁、兴义、普安、盘县、晴隆、关岭、安龙、贞丰、册亨、望谟10个县，专署驻兴仁县城。1951年11月，兴仁专署由兴仁县城移驻兴义县城关镇。1952年11月8日，专区以专署驻地命名，改兴仁专区为兴义专区，以原兴仁专区辖区为兴义专区辖区。1955年6月15日，贵州省人民政府兴义区专员公署改称贵州省兴义专员公署。1956年7月18日，撤销兴义专区，将专区所辖的兴义、兴仁、普安、晴隆、盘县、关岭6个县划归安顺专区管辖，专署由兴义县移至安顺；安龙、贞丰、册亨、望谟4个县划归黔南州管辖。

1965年7月18日，兴义专区建置重新设立，专署驻兴义县城关镇，为贵州省人民委员会派出机构。将安顺专区所辖兴义、兴仁、盘县、普安、晴隆5县和黔南州所辖安龙、贞丰、册亨、望谟4县划入兴义专区管辖。11月13日，撤销安龙、贞丰、册亨、望谟4个县，后分别建立安龙、望谟布依族苗族自治县和贞丰、册亨布依族自治县，仍均隶兴义专区。1966年，兴义专区辖兴义、兴仁、盘县、普安、晴隆5个县和安龙、贞丰、册亨、望谟4个自治县。1967年，兴义专区改称兴义地区，驻地及辖区不变。

1971年1月，盘县改为特区，归六盘水市所辖。兴义地区辖8个县(4个自治县)。1981年9月21日，国务院批准撤销兴义地区及安龙、贞丰、册亨、望谟4个自治县建置。

1982年5月1日，黔西南布依族苗族自治州人民政府正式成立，州府驻兴义县城。1987年11月6日，经国务院批准，撤销兴义县，建立兴义市，州府驻兴义市。1992年9月经州政府批准成立州顶效经济开发区，1995年9月经省政府批准为贵州顶效经济开发区，属县级建制，辖顶效镇，开发区工委、管委会分别属州委、州政府派出机构。2012年1月，经省政府批准，顶效开发区行政区划扩至兴义市原郑屯镇、鲁屯镇、万屯镇及马岭镇的马岭河以北区域。2013年6月2日，州委、州政府以顶效经济开发区、安龙经济开发区为基础，组建义龙新区。2014年12月26日，贵州省发展和改革委员会批复设立贵州城乡统筹发展综合改革义龙试验区(简称义龙试验区)。2016年9月23日，经中共黔西南州委、黔西南州人民政府研究决定原义龙试验区更名为义龙新区。2018年6月，兴仁撤县建市。2018年10月18日，省人民政府同意将贵州顶效经济开发区更名认定为黔西南高新技术产业开发区。

**【民族文化】** 民族节日主要有布依族“三月三”“六月六”“查白歌节”“毛杉树歌节”，苗族“二月二”走亲节、“八月八”风情节、“采花节”(又叫“跳花坡”)，彝族“火把节”等。民族歌舞，彝族舞蹈“阿妹戚托”被誉为“东方踢踏舞”。布依族“八音坐唱”、布依铜鼓十二则、查白歌节、土法造纸、布依戏等被列入国家级非物质文化遗产。

**【文物考古】** 全州有文物藏品5000余件，其中国家一级文物45件，约占全省国家一级文物的一半。从兴义市万屯汉墓和兴仁县交乐汉墓出土的东汉时期的抚琴俑、铜车马、连枝灯、摇钱树、巴郡守丞印、陶质水塘稻田模型，在安龙等地发现的铜釜、铜洗(盆)、编钟、羊角钮钟，均为文物精品。普安青山铜鼓山遗址从1980年进行正式发掘，2002年进行第二次发掘，两次发掘面积共2399平方米，发掘清理房址4座、窑址1座、灰坑11个，出土较完整陶器、石器、青铜器、铁器、玉器、冶铸青铜陶范模等500余件，陶器碎片1万余件，出土文物与同时代邻近的滇、巴蜀、楚文化均有差异，具有独特的地方风格，尤以内模、外范最为突出，对探讨古夜郎文化具有重要意义。1974年贵州省博物馆考古工作者在兴义市顶效镇东侧猫猫洞发掘出土7件珍贵人类化石，4000多件石制品及数量众多的哺乳动物化石，发现用火遗迹，1980年中国科学院将猫猫洞遗址出土的人类化石定名为“兴义人”，并称“在一个遗址内出土人类化石之多、石器材料之丰富、骨器数量之大、制作之精致，在华南旧石器时代晚期是首屈一指的，在全国也十分突出”。兴义市顶效镇绿荫村是中国已知海相地层中唯一同时发现爬行动物和鱼化石的地方，其化石种类和数量之多，受到国内许多专家、学者的重视，被誉为“古生物化石宝库”，1957年在该处首次发现的距今2.4亿年的“贵州龙”化石，是中国报道的第一个三叠纪水生爬行动物化石。州境内还有多处摩崖石刻，文字有汉文、彝文、阿拉伯文、满文，字体正、草、隶、篆兼备，内容既有官方文告，也有民间乡规民约、名人题记、历史事件记述等，涉及政治、军事、经济、文化、社会等各个方面，是刻在石头上的“史书”。

**【风景名胜】** 境内有国家级风景名胜区马岭河峡谷（含国家地质公园万峰林、万峰湖）和贞丰双乳峰风景区2个，省级风景名胜区7个，省级自然保护区4个，省级以下风景区50多个。文化遗址有“兴义人”古文化遗址，万屯、交乐古墓群，贵州龙化石；名胜古迹有安龙招堤、明十八先生墓、兴义府试院、五省会馆、晴隆“二十四道拐”抗战文化遗址、何应钦故居、刘氏庄园等。

## 全州各县（市、新区）所辖乡镇、街道

**【兴义市】** 黄草街道　兴泰街道　桔山街道　丰都街道　坪东街道　木贾街道　下五屯街道　万峰林街道　马岭街道　洒金街道　威舍镇　清水河镇　乌沙镇　白碗窑镇　七舍镇　捧乍镇　敬南镇　泥凼镇　仓更镇　南盘江镇　则戎镇　鲁布格镇　猪场坪镇　三江口镇　雄武乡　洛万乡　沧江乡

**【兴仁市】** 东湖街道　城南街道　真武山街道　城北街道　陆官街道　薏品田园街道　屯脚镇　巴铃镇　回龙镇　马马崖镇　百德镇　波阳镇　大山镇　下山镇　潘家庄镇　新龙场镇　鲁础营回族乡　雨樟镇

**【安龙县】** 招堤街道　栖凤街道　钱相街道　春潭街道　五福街道　普坪镇　龙山镇　笃山镇　洒雨镇　海子镇　万峰湖镇

**【贞丰县】** 珉谷街道　永丰街道　丰茂街道　双峰街道　龙兴街道　龙场镇　者相镇　北盘江镇　小屯镇　长田镇　白层镇　鲁贡镇　沙坪镇　挽澜镇　连环乡　平街乡　鲁容乡

**【普安县】** 盘水街道　南湖街道　茶源街道　九峰街道　楼下镇　青山镇　新店镇　罗汉镇　地瓜镇　江西坡镇　高棉乡　兴中镇　白沙乡　龙吟镇

**【晴隆县】** 莲城街道　东观街道　三宝街道　腾龙街道　沙子镇　鸡场镇　中营镇　碧痕镇　大厂镇　花贡镇　光照镇　茶马镇　安谷乡　紫马乡　长流乡

**【册亨县】** 者楼街道　纳福街道　高洛街道　坡妹镇　冗渡镇　巧马镇　丫他镇　岩架镇　双江镇　秧坝镇　八渡镇　弼佑镇　百口乡

**【望谟县】** 王母街道　平洞街道　新屯街道　蟠桃街道　石屯镇　乐元镇　打易镇　麻山镇　桑郎镇　乐旺镇　郊纳镇　昂武镇　蔗香镇　大观镇　边饶镇　油迈瑶族乡

**【义龙新区】** 顶效街道　木陇街道　郑屯镇　鲁屯镇　万屯镇　新桥镇　德卧镇　龙广镇　木咱镇　雨樟镇

（州史志办）

2020年2月，册亨县岩架镇纳碰村早熟蔬菜基地　（王国义　摄）

# 中共黔西南州委员会

## 工作综述

【概况】 2020年，黔西南州贯彻执行中央、省决策部署，坚持新发展理念，坚持稳中求进工作总基调，坚持牢牢守好发展和生态两条底线，坚持把脱贫攻坚当作头等大事和第一民生工程，坚持以脱贫攻坚统揽经济社会发展全局，落实打好脱贫攻坚、风险防控、污染防治攻坚战，推进大扶贫、大数据、大生态战略行动，建设国家大数据综合试验区、国家生态文明试验区、国家内陆开放型经济试验区。高效应对新冠疫情影响，全面扩大经济建设成果，深度激发提质发展动能，持续提升生态环境质量，有力维护社会大局稳定，提高民生保障水平，巩固发展良好政治生态。

【贯彻落实重要指示精神和决策部署】 2020年，州委始终坚持把政治建设摆在首位，坚持带头学习、自觉学习、主动学习、跟进学习，不断增强党性修养，切实做到思想上清醒、政治上坚定、行动上自觉。实行“第一议题”制度，始终把学习习近平新时代中国特色社会主义思想和习近平总书记重要讲话、重要指示批示精神作为党委（党组）理论中心组学习、党委常委会会议、党组会议、干部培训的首要内容，坚持读原著、学原文、悟原理，全面系统学、及时跟进学、深入思考学、联系实际学，切实做到学习跟进、认识跟进、行动跟进，充分发挥示范带动作用。全年召开州委常委会会议39次、州委理论中心组学习会4次。巩固“不忘初心、牢记使命”主题教育成果，建立健全学习教育、调查研究、检视问题、整改落实的长效机制。持续开展学习专题、专栏，开展宣讲活动4000余场，覆盖人群超过25万人次。通过理论武装，全州党员干部群众精神更加振奋、斗志更加昂扬、行动更加有力。建立健全贯彻落实习近平总书记重要指示批示精神的管理机制，围绕党的十八大以来习近平总书记对贵州工作作出的系列重要指示批示，建立台账跟踪督办，对脱贫攻坚、生态文明建设、经济高质量发展等重要指示批示落实情况开展督促检查，确保件件有着落、事事有回音。不折不扣贯彻落实党中央的各项决策部署，党中央号召的坚决响应，党中央部署的坚决落实，党中央禁止的坚决杜绝。组织召开州委七届十次、十一次全会对贯彻落实党中央、省委重大决策部署进行全面系统安排，坚持以做“证明题”的思维和方法对标要求、细化措施、推动落实。

**【"十四五"时期全州经济和社会发展谋划】** 2020年，州委在党的十九届五中全会和省委十二届八次全会召开后，第一时间召开州委常委会会议、常委扩大会议、州委理论中心组学习会，传达学习会议精神，研究全州学习宣传贯彻落实工作，把思想和行动统一到全会精神上来，把智慧和力量凝聚到落实全会确定的各项任务上来。通过抓好集中宣讲、新闻宣传、研究阐释、氛围营造，全方位、多角度、立体化宣传宣讲全会精神，用全会精神凝聚共识、增进共识，不断增强思想自觉、政治自觉、行动自觉。深入贯彻落实党的十九届五中全会精神，省委十二届八次全会精神，坚持新发展理念，聚焦高质量发展，融入新发展格局，高质量起草《中共黔西南州委关于制定黔西南州国民经济和社会发展第十四个五年规划和二〇三五年远景目标的建议》，对"十四五"时期全州发展作出系统谋划和战略部署。

**【中共黔西南州委七届十二次全会】** 2020年12月27日至28日召开州委七届十二次全会。全会以习近平新时代中国特色社会主义思想为指导，认真学习贯彻党的十九届五中全会、中央经济工作会议和省委十二届八次全会、省委经济工作会议精神，对全州在"十三五"时期取得的成就进行总结，在新发展阶段面临的新形势新任务进行分析，在"十四五"时期的发展进行部署并展望到2035年的远景目标。全会审议通过《中共黔西南州委关于制定黔西南州国民经济和社会发展第十四个五年规划和二〇三五年远景目标的建议》《中共黔西南州委关于实施文旅兴州战略的决定》。全会提出"十四五"时期全州经济社会发展的总体要求，并对标对表中央决策部署和省委确定的"一二三四"工作思路及重点任务，明确将资源大整合、环境大提升、推动高质量发展"两大一高"作为主基调，将乡村振兴战略、工业强州战略、文旅兴州战略、教育立州战略、城市带动战略作为五个主战略。围绕主基调、主战略，统筹落实十个主路径：紧扣两个循环，即紧扣国内大循环和国内国际双循环；统筹两件大事，即统筹发展和安全两件大事；守好两条底线，即牢牢守好发展和生态两条底线；抓实两套衔接，即抓实脱贫攻坚和乡村振兴有效衔接、本届班子和下届班子有效衔接；突出两大融合，即突出产业融合和产城融合；激发两对动能，即激发改革开放动能和投资消费动能；增强两点支撑，即增强科技支撑和人才支撑；推进两类协调，即推进全州协调发展和城乡协调发展；提高两项水平，即提高人民生活水平和社会治理水平；强化两种保障，即强化政治保障和法治保障。

**【新冠肺炎疫情防控】** 2020年，州委坚持人民至上、生命至上，始终以对人民负责、对生命负责的鲜明态度，面对突如其来的新冠肺炎疫情，坚持把人民生命安全和身体健康放在第一位，以非常之举应对非常之事，全力以赴打好疫情防控的人民战争、总体战、阻击战，全州疫情防控取得重大成效。

坚持最高标准、最大力度、最严措施、最快速度的"四最"工作要求，坚决、有力、迅速贯彻落实中央、省系列决策部署。实行州县两级党委书记每日调度机制，先后召开38次州应对新冠肺炎疫情防控工作领导小组会议。在防控初期，组织5万余名党员干部投入防控一线，全力做好患者集中救治、社会面防控、医疗和生活物资保障等各项工作，各项措施精准落地落细，责任链条环环紧扣、责任体系层层压实。坚决响应党中央号召，先后派出65名医护人员全力援助湖北、14名医护人员援省、2名医务人员援助北京市，圆满完成援助抗疫的重大政治任务。

严格按照中央、省的要求，采取一系列环环相扣、有力有效的举措。在打"遭遇战"阶段，狠抓外防输入、内防扩散和严控流动性、严控聚集性"两防两控"，建立外围封控、网格防控、空中管控"三个体系"，推进疫情防控自然村寨、城市小区、重点单位"三个全覆盖"，建立交通疫情风险跟踪排查系统，修订完善疫情防控工作规程，取得决定性成效。2月15日，黔西南州4名确诊病例全部治愈出院，率先在全省实现确诊病例清零。2月24日起全州9县（市、新区）全部划入低风险区，实现努力确保确诊病例治愈出院、努力确保不发生本地感染、努力确保医护人员和工作人员不被感染"三个确保"目标。转入"阵地战"阶段，严格落实"外防输入、内防反弹”策略，坚持“管得住、管得好、管得活”原则，常态化推进各项防控措施，扎实抓好重点人群、重点场所、重点单位防控工作。从2月15日起至年底，全州无新增确诊病例、无疑似病例，牢牢掌握打赢疫情防控的人民战争、总体战、阻击战的主动权、制胜权。全面落实疫情防控常态化措施，在不断巩固防控成果前提下，大力统筹各项政策、各个方案、各类项目、各种要素、各方力量、各条防线，狠抓恢复生产、恢复建设、恢复经营、恢复流通、恢复运转，全面建立同常态化疫情防控相适应的经济社会运行秩序，全州脱贫攻坚没有因疫情受到重大影响。

制定《黔西南州秋冬季新冠肺炎疫情防控工作实施方案》《黔西南州秋冬季新冠肺炎疫情防控应急预案》，并督促指导各县（市、新区）及时制定秋冬季疫情防控的工作方案和应急预案。严格落实“四早”措施，坚持“人”“物”同防，围绕“科学处置应对、提升防控能力”主题开展新冠肺炎疫情常态化防控综合演练。秋冬季疫情防控能力建设各项工作有序推进，扎实做好防控人员队伍准备、救治床位准备、隔离场所准备、防控物资准备“四个准备”工作。

**【完成脱贫攻坚目标任务】** 2020年，州委坚持把脱贫攻坚作为头等大事和第一民生工程，咬定“质量高、成色足”的底线目标、刚性目标不放松，一体强化“脱、稳、防”措施，常态化、制度化推进“四逐四准”（逐村逐户征求意见、逐人逐项精准措施和围绕精准找问题、突出精准搞调研、坚持精准定措施、确保精准抓落实），推动全州脱贫攻坚一轮接着一轮查缺补漏、抛光打磨、巩固提升。全州最后两个未摘帽深度贫困县晴隆县、望谟县如期脱贫摘帽，剩余农村建档立卡贫困人口全部脱贫。至此，全州在“十三五”期间累计减贫47.09万人，如期建成农村“组组通”硬化路4696千米，有效解决102.91万农村人口饮水安全问题，义务教育阶段辍学学生动态清零，行政村卫生室建设和村医配备实现全覆盖，完成5.72万户农村危房改造，建档立卡贫困户“两不愁三保障”全部到位，7个贫困县（市）全部摘帽，629个贫困村全部出列。

**【全面扩大经济建设成果】** 2020年，州委正确把握“脱贫”与“发展”正相关大逻辑，实现“十三五”时期全州经济实力、发展质量大幅跃升，全面融入贵州“黄金十年”快速发展期。经济总量进入全省第二方阵，全州地区生产总值从2016年的929亿元增长至2020年的1353.4亿元，年均增长10.4%，经济增速连续5年位居全省前列，其中2016年至2019年连续4年排全省第一。在全省经济发展综合测评中，黔西南州从2016年第五进位为2019年第三，2020年跃升至第二，呈现稳步进位、量质齐升的发展态势。

**【深度激发提质发展动能】** 2020年，州委抓机遇、补短板、强弱项、增动力，坚持以供给侧结构性改革为主线，纵深推进农村产业革命，大力实施工业强州战略，加快发展以旅游业为龙头的现代服务业，农业增加值增速持续位居全省前列，规模以上工业增加值增速跃升全省前列，旅游业持续井喷式增长。交通、水利、电力、通信等基础设施大踏步前进，城镇建成区面积达到190平方千米、常住人口城镇化率达到52%，分别比五年前增加50平方千米、提高15个百分点。重点领域和关键环节改革成效明显，活动平台、创新平台、发展平台不断提升，开放合作步伐持续加快。

**【持续提升生态环境质量】** 2020年，州委认真践行“绿水青山就是金山银山”发展理念，始终以铁的决心、铁的手段、铁的纪律强力推进污染防治攻坚战，对破坏生态环境的违法行为一律零容忍、坚决出重拳。通过打好五场标志性战役，山水林田湖草得到系统保护，石漠化问题得到大力解决，绿色生态建设、绿色环境治理、绿色制度创新等方面都取得很好成效，森林覆盖率提高到61.17%，城市空气质量优良率连续7年保持99%以上，水环境质量优良率连续9年稳定保持100%。特别是采取“断然”措施，推动万峰湖水环境综合治理取得决定性胜利，一批“老大难”问题得到有效解决。

**【维护社会大局稳定】** 2020年，州委始终把稳定作为压倒一切的硬任务，坚持“看得到、拿得准、防得住、化得了、搞得定”总体工作思路，坚决打好防范化解重大风险攻坚战，形成落实“三有、三处、三治”要求、把握“十个关键词”、处理“十对关系”等工作机制，各类风险得到有效整治、总体安全可控。扫黑除恶专项斗争取得积极成效，禁毒人民战争深入推进，社会治安形势持续向好，平安黔西南建设水平不断提升，人民群众获得感、幸福感、安全感显著增强。

**【不断提高民生保障水平】** 2020年，州委始终牢记共产党的“根”与“本”，坚守为民初心、筑牢群众根基的基本任务。“十三五”时期，累计投入669亿元实施一大批民生工程，并部署开展“民生实事大起底、全清零”和“惠民政策深落实、看成效”两项活动，促进各级各部门认真兑现对老百姓的承诺。同时，教育立州战略结出丰硕成果，社会事业全面进步，就业状况持续改善，基本建成覆盖城乡的社会保障体系，到2020年，各县(市)均有1所二级及以上县级公立医院，36个新市民居住区实现卫生健康服务全覆盖，建成保障性住房5.38万套，改造棚户区13.71万户，45万人住房条件得到有效改善。

**【巩固发展良好政治生态】** 2020年，州委认真贯彻落实新时代党的建设总要求，纵深推进全面从严治党，抓好“两学一做”学习教育常态化制度化，扎实开展“不忘初心、牢记使命”主题教育，“牢记嘱托、感恩奋进”在黔西南转化为强大精神动力。坚持一体推进不敢腐、不能腐、不想腐，人民群众对党风廉政建设和反腐败工作满意度连年上升。坚持激励和约束并举、严管与厚爱并重，深入打造战时从严的政治生态，形成良好的干事创业导向。

## 重要会议

**【州委常委会议】**（部分摘要）1月20日，七届州委常委会第一百二十四次会议召开。会议传达学习贯彻省十三届人大三次会议、省政协十二届三次会议精神。会议强调，要空前团结努力，以极端负责、极其用心的态度打好最后总攻。要一举夺取全胜，争分夺秒、加快攻坚，一鼓作气、一战到底，如期交出优异答卷。要狠抓执行落实，坚持问题导向、目标导向、结果导向，以非常扎实的工作换取非常扎实的结果。要严防死守底线，努力使全州工作呈现出最佳状态。

3月27日，七届州委常委会第一百三十五次会议召开。会议深入学习贯彻习近平总书记在决战决胜脱贫攻坚座谈会上的重要讲话精神，同时传达学习省委召开的各市(州)党委书记抓脱贫攻坚座谈会精神。会议要求，要深入扎实抓好“两补”工作。要严格标准，抓住关键，全面夯实脱贫攻坚基础。要大力培育和弘扬新时代贵州精神，确保按时交出脱真贫、真脱贫的满意答卷。

5月8日，七届州委常委会第一百三十九次会议召开。会议传达学习习近平总书记5月6日主持召开中央政治局常务委员会会议时的重要讲话精神及会议精神，同时传达学习中央应对新冠肺炎疫情工作领导小组有关会议精神。会议要求，学习研究要主动跟进，时时事事处处对标对表，做到跟得紧、学得透、抓得细、落得实，确保全州工作始终沿着正确方向前进。统筹推进疫情防控和脱贫攻坚两场战役要毫不松懈。要按照完善常态化疫情防控体制机制的要求，有序推进“外防输入、内防反弹”各项措施落实，持续巩固防控战果。

6月1日，七届州委常委会第一百四十一次会议召开。会议传达学习习近平总书记在全国两会期间重要讲话精神和十三届全国人大三次会议、全国政协十三届三次会议精神，以及5月31日省委召开的全省领导干部会议精神。会议要求，要坚持以稳固本、以干求进，想方设法抓好“六稳”工作、千方百计落实“六保”任务。要牢固树立法治思维，更好发挥法治固根本、稳预期、利长远的保障作用。要持续加强党的领导，扎实做好新时代人大工作、发展新时代政协事业。要强化使命担当抓落实、强化务实作风抓落实、强化战时纪律抓落实，坚决完成大战大考之年的各项目标任务。

7月25日，七届州委常委会第一百四十七次会议召开。会议传达学习省委十二届七次全会和全省2020年半年经济工作会议精神。会议强调，要深入研究、细化措施，坚决有力、不折不扣抓好各项工作落实。要坚持“四个必须”，切实把疫情防控、脱贫攻坚、经济发展、民生保障等工作抓得更扎实、更到位。要持续绷紧弦、加把劲，坚持把防风险、守底线贯穿工作各方面和全过程，为全州事业发展创造良好环境。

8月27日，州委常委会召开扩大会议。会议传达学习习近平总书记近期有关重要讲话精神和对“十四五”规划编制工作、制止餐饮浪费行为作出的重要指示精神。会议要求，要夯实基层基础，深入贯彻落实新时代党的组织路线，着力建强基层党组织，层层压紧压实责任，严格落实一线扶贫干部清单化管理制度，把工作抓得紧而又紧、实而又实，促进各项事业持续健康发展。要严格落实中央、省部署，细化措施、强化制度，有效制止餐饮浪费行为，坚决杜绝“舌尖上的浪费”。

10月26日，州委常委会召开扩大会议，传达学习贯彻习近平总书记近期重要讲话精神，以及省委专题会议精神和有关指示要求，研究部署全州近期重点工作。会议强调，要持续绷紧弦、加把劲，毫不松懈地抓好常态化疫情防控，以最高标准、最大力度、最严措施狠抓煤矿、道路交通及水上交通等领域安全工作，严密防范化解各类风险，维护社会大局和谐稳定。要保持决战决胜的攻坚态势，确保如期交出质量高、成色足的脱贫攻坚答卷。要向着全胜、一战到底，未摘帽县要深度用力、持续发力，已摘帽县要严格落实“四个不摘”，善始善终、善作善成。

11月5日，七届州委常委会第一百五十五次会议召开。会议传达学习党的十九届五中全会精神，10月31日省委常委会会议和省委有关通知精神。会议要求，要把学习宣传贯彻党的十九届五中全会精神作为当前和今后一个时期的重大政治任务，迅速掀起热潮。要准确识变、科学应变、主动求变，努力在危机中育新机、于变局中开新局。要围绕“六个新”和12个重点领域的战略部署，科学提出全州未来发展目标任务。要将“五个坚持”贯穿到“十四五”规划编制和经济社会发展各方面、全过程，着力实现更高质量、更有效率、更加公平、更可持续、更为安全的发展。要正确处理“五大关系”，确保各项工作推进有力、稳妥有效。要全面加强党的领导，落细落实全面从严治党主体责任、监督责任、第一责任人责任。

12月10日，七届州委常委会第一百五十九次会议召开。会议传达学习省委十二届八次全会精神。会议要求，要强化“稳”“干”“进”的定力、意志和劲头。要保持“稳”，将中央、省委的关怀厚爱转化为黔西南讲政治、守规矩和奔高标、守底线的具体行动，将中央、省委决策部署转化为黔西南抓收官、夺全胜和育先机、开新局的生动实践。要强化“干”，认真对标对表，结合全州“十四五”规划谋划，及时学习研究，吃透精神，找准接口，细化措施，不折不扣落实各项部署。要确保“进”，统筹好发展和安全，逐项对照目标看进度、找差距、添措施、补短板，确保脱贫攻坚圆满收官、年度任务圆满收官、“十三五”圆满收官，推动全州良好工作态势持续巩固拓展，“十四五”顺势起步开局。

**【黔西南州“不忘初心、牢记使命”主题教育总结大会】** 1月10日，黔西南州“不忘初心、牢记使命”主题教育总结大会召开。会议要求，要树牢“四个意识”、坚定“四个自信”、做到“两个维护”，持续巩固拓展主题教育成果。要始终做到旗帜鲜明讲政治、坚持把政治建设摆在首位，始终做到忠实践行根本宗旨、不断增强群众获得感幸福感安全感，始终做到勇于自我革命、纵深推进全面从严治党，始终做到敢于担当、敢于斗争、敢于亮剑，始终做到自觉尊崇制度、严格执行制度、坚决维护制度，确保按时高质量打赢脱贫攻坚战，确保全面建成小康社会和“十三五”规划圆满收官。

**【州委农村工作会议暨全州扶贫开发工作会议】** 1月17日，州委农村工作会议暨全州扶贫开发工作会议召开。会议要求，要坚持尽锐出战、顽强作战，统筹打好“脱、稳、防”三场战役，常态化、制度化推进“四逐四准”工作，如期交出一份全面脱真贫、真脱贫的优异答卷。要牢牢把握“八要素”，纵深推进农业产业结构调整，推动全州农村产业革命取得革命性成果。要统筹抓好“三农”和乡村振兴，坚持问题导向、目标导向、结果导向，层层扣紧责任链条，为决胜2020、实现“两个确保”提供强有力的支撑。

**【州应对新型冠状病毒感染的肺炎疫情防控工作领导小组会议】** 1月27日，州应对新型冠状病毒感染的肺炎疫情防控工作领导小组召开会议。会议深入学习贯彻习近平总书记重要讲话精神和中央政治局常委会会议研究疫情防控工作精神，以及中央、省领导小组会议精神。会议强调，要把握“最重要”的要求提高认识，把握“内防扩散”和“外防输入”的要求落实好相关措施，把握“四早”和“四集中”的要求，把握“坚强有力”的要求全方位做好保障，把握“及时准确公开透明”的要求做好舆情引导，把握“全面动员”和“全面部署”的要求强化力量组织，有力有序做好疫情防控各项工作。

**【全州推动煤炭工业转型升级高质量发展工作大会】** 3月1日，全州推动煤炭工业转型升级高质量发展工作大会召开。会议强调，要压紧压实党委政府、监管部门、集团公司和煤矿企业的责任，加强安全监管能力建设，保持“打非治违”高压态势，坚决抓好安全生产。要认真按照煤矿工业企业复工复产疫情防控工作方案，全面精准落实各项防控措施，确保职工健康安全。会议要求，要以改革创新的手段强力推动煤炭工业转型升级高质量发展。要以狠抓落实的劲头推动各项决策部署落地见效，坚持问题导向、目标导向、结果导向，强化责任、强化机制、强化考核，大力促进全州煤炭工业实现脱胎换骨发展。

**【全州就业扶贫全覆盖攻坚行动工作会议】** 3月7日，全州就业扶贫全覆盖攻坚行动工作会议召开。会议要求，要全面精准再摸底数，全面精准搞好培训，全面精准扩大外输，全面精准深化内拓，全面精准承接资源，全面精准狠抓难点，全面精准跟进服务，全面精准落实保障，全面精准强化调度，全面精准考核问效，在抓紧抓实农村产业革命的同时，乘势而上、顺势而为，按照“四逐四准”的要求，大力推进攻坚行动，加快实现就业扶贫全覆盖。

**【全州2020年产业大招商暨优化营商环境工作会议】** 3月10日，全州2020年产业大招商暨优化营商环境工作会议召开。会议深入贯彻落实中央、省委经济工作会议和省政府专题会议精神。会议强调，要统筹做好疫情防控和招商引资工作，着力做好“谋”“引”“建”“改”“督”五篇文章，深入研究生成一批全产业链项目，多措并举引进一批强链项目，上下联动建成一批示范引领项目，清单压实整改一批营商环境问题，推进招商引资取得实效，不断增强发展后劲，以更大的力度、更实的措施、更快的行动把被疫情耽误的时间抢回来，把遭受的损失补回来。

**【州委中心组集中学习研讨会】** 3月23日，州委中心组举行集中学习研讨会。会议认真学习习近平总书记在统筹推进新冠肺炎疫情防控和经济社会发展工作部署会议、决战决胜脱贫攻坚座谈会上的重要讲话精神和在疫情防控以来的系列重要讲话精神，以及关于应急管理的重要指示精神。会议要求，要坚持“三个导向”，坚决夺取疫情防控和脱贫攻坚两场战役全面胜利。要坚持问题导向，采取最有力措施、最有效方法解决问题。要坚持目标导向，确保按计划按节点完成。要坚持结果导向，以每个“小结果”保全面“大结果”，推动经济社会发展保持良好态势。

**【各县（市）、义龙新区党（工）委书记坚持底线思维防范化解重大风险专题座谈会】** 3月28日，各县（市）、义龙新区党（工）委书记坚持底线思维防范化解重大风险专题座谈会召开。会议要求，要把防范化解重大风险作为重大政治任务，进一步增强鉴别风险的敏锐性、防范风险的精准性、应对风险的果断性，做到守土有责、守土尽责。要坚持常抓不懈、坚持底线思维、坚持精准施策、坚持绿色发展，着力健全工作机制、细化工作措施，有效防范化解各行业、各领域存在的风险，为全州经济社会持续健康发展创造良好环境。

**【全州党风廉政警示教育大会】** 4月13日，全州党风廉政警示教育大会召开。会议要求，要始终旗帜鲜明讲政治，做到对党绝对忠诚，严守政治纪律和政治规矩。要始终坚定信念守初心，用力解决群众的操心事、烦心事、揪心事，不断增强群众获得感、幸福感和安全感。要始终勇于斗争敢担当，增强定力、提高能力。要始终锤炼作风重实干，坚持拿实绩说话、靠作风吃饭。要始终严守底线作表率，持续强化正风肃纪，全面做到依法用权、秉公用权、廉洁用权，不断巩固发展风清气正的良好政治生态。

**【州双拥工作领导小组全体会议暨创建全国双拥模范城工作推进会】** 6月1日，州双拥工作领导小组全体会议暨创建全国双拥模范城工作推进会召开。会议传达学习中央、省关于双拥创建工作有关精神。会议强调，要深刻认识到创建全国双拥模范城是贯彻落实习近平强军思想和习近平总书记关于加强军政军民团结重要论述精神的重要实践，以高度的思想自觉、政治自觉和行动自觉，扎实做好新一轮双拥创建工作。要推动军地协同攻坚、军民共同发展，促进地方生产力、部队战斗力、军民凝聚力持续发展、持续提高、持续增强，为夺取常态化疫情防控和脱贫攻坚两场战役双胜利、确保全面建成小康社会和“十三五”规划圆满收官提供坚强保障。

**【黔西南州2020年脱贫攻坚“七一”表彰大会】** 7月1日，黔西南州举行2020年脱贫攻坚“七一”表彰大会。会议强调，要深刻认识到斗争精神是我们党伟大的红色基因、优良的革命传统、鲜明的政治品格。要树牢“四个意识”、坚定“四个自信”、做到“两个维护”，永葆敢于斗争、勇于胜利的政治本色，经受严格的思想淬炼、政治历练、实践锻炼，大力弘扬新时代贵州精神，致力夺取一个又一个新胜利。要强化斗争精神、提高斗争本领，空前团结、空前努力，确保高质量、打好收官战，坚决交出黔西南在大战大考之年的满意答卷。

**【黔西南州脱贫攻坚收官战誓师大会】** 7月10日，黔西南州脱贫攻坚收官战誓师大会召开。会议要求，新一轮“四逐四准”要以“八个一”为主要内容、主要抓手。要把握好原则性和灵活性，结合各地实际再开展一次全面回头看、再开展一次矛盾纠纷排查化解、再开展一次“两业”全覆盖普查、再开展一次资料手续清理完善工作、再开展一次村庄环境整治、再开展一次全面交叉检查及预评估、再开展一次干部履职情况跟踪评估、再开展一次更深入的感恩教育，切实把各项工作抓得更扎实、更到位，确保交出质量高、成色足的脱贫攻坚答卷。

**【黔西南州2020年半年经济工作会议】** 7月26日，黔西南州2020年半年经济工作会议召开。会议强调，要不折不扣贯彻落实中央、省决策部署和省委十二届七次全会、全省2020年半年经济工作会议精神，提高政治站位、提高思想认识，坚持“四个必须”，把握经济工作的普遍性和特殊性，紧扣“确保高质量、打好收官战，坚决夺取脱贫攻坚、同步小康全面胜利”，以强烈的使命感、责任感、紧迫感，扎实做好“六稳”工作、落实“六保”任务。

**【中国共产党黔西南州第七届委员会第十一次全体会议】** 7月27日，中国共产党黔西南州第七届委员会第十一次全体会议召开。全会听取和讨论《中共黔西南州委常委会工作报告》，审议通过《中国共产党黔西南州第七届委员会第十一次全体会议决议》。全会强调，要树牢“四个意识”、坚定“四个自信”、做到“两个维护”，牢记习近平总书记谆谆教诲和殷殷嘱托，尽锐出战、务求精准，确保按时打赢，誓夺全面胜利。要坚定不移推进农村产业革命和就业扶贫“两业”工作，为赢得大决战提供强力支撑。要坚决做到尽锐出战、务求精准，以打好“2019夏秋决战”为主抓手，强力推进脱贫攻坚最关键、最重要的全面总攻。要加强和改善党的领导，始终强化“干就是讲政治、不干就是不讲政治”的纪律要求，全面打造战时政治生态。

**【全州旅游扶贫工作推进会】** 9月28日，全州旅游扶贫工作推进会举行。会议强调，要认真学习贯彻落实全省旅游产业发展大会、全省文化和旅游工作推进会部署要求，围绕“在危机中育新机、于变局中开新局”，坚持“大山地旅游”战略不动摇，深入推进旅游业“五找三围绕”（找问题、找差距、找不足、找漏洞、找缺失，围绕目标抓落实、围绕结果抓落实、围绕责任抓落实），结合实际狠抓“挖潜、改造、创新”等工作，科学谋划旅游业“十四五”规划，推动全州旅游业及关联产业高质量发展，为夺取脱贫攻坚、同步小康全面胜利注入新动能，更加富有成效地促进旅游资源优势持续转化为经济优势、发展优势。

**【领导干部会议】** 11月21日，州委召开领导干部会议。会议传达学习11月20日贵州省领导干部会议精神。会议要求，要把贯彻落实习近平总书记重要指示精神作为一切工作的根本遵循，坚决按照省委、省政府决策部署，有力有序有效推进各项既定任务落实。要咬定目标夺全胜，确保脱贫攻坚圆满收官、年度任务圆满收官、

"十三五"圆满收官。要保持定力抓发展，将高质量贯穿工作各方面和全过程。要严防风险守底线，做到各条防线都牢不可破，埋头实干、不出乱子，绝不能让谌贻琴书记和省委分心。要从严治党强保证，充分发扬斗争精神、亮剑精神，让全州政治生态更加清明清朗。

**【州委人大工作会议】** 11月21日，州委人大工作会议召开。会议强调，要坚定不移把习近平总书记关于坚持和完善人民代表大会制度的重要思想学习好、贯彻好，在学懂弄通做实上下功夫，不断提高运用党的创新理论武装头脑、指导实践、推动工作的能力和水平。要坚定不移把人民代表大会制度坚持好、发展好，毫不动摇坚持党的领导，保证和发展人民当家作主，全面推进依法治州，坚持民主集中制，不断推进制度完善和发展。要坚定不移把新时代人大肩负的职责使命履行好、落实好，推进高质量立法，强化高效能监督，做好重大事项决定，坚持代表好人民，服务保障全州高质量打赢脱贫攻坚战。要坚定不移把各级人大及其常委会班子领导好、建设好。

**【黔西南州机关党的建设工作会议】** 11月21日，黔西南州机关党的建设工作会议召开。会议强调，要提高政治站位，深刻领会把握习近平总书记关于机关党建工作的重要论述。要树牢"四个意识"、坚定"四个自信"、做到"两个维护"，认真领会机关党的建设的重大意义、使命任务、规律特点、问题导向、责任担当，坚持机关的政治属性，建设让党中央放心、让人民群众满意的模范机关。会议要求，要聚焦中心大局，全面推进机关党建与业务工作深度融合。要建设模范机关，努力推动新时代全州机关党建高质量发展。要压实主体责任，全面加强对机关党建工作的组织领导。

**【2020年度州委议军会议】** 11月24日，2020年度州委议军会议召开。会议传达学习省委议军会议精神。会议要求，要深入学习贯彻习近平新时代中国特色社会主义思想和习近平强军思想，持续筑牢坚决听党指挥、坚定看齐追随的思想政治根基。要大力支持部队改革发展，为部队搞好服务、做好保障，统筹谋划推动全州"十四五"期间国防动员建设等工作。要用情解决军人后顾之忧，确保更多更好地惠及部队官兵干部。要不断完善军地协作机制，持续构建军地各负其责、紧密协作，军民齐心合力、深度融合的工作格局。要坚决压实党管武装责任，不断提升党管武装规范化水平。

**【中国共产党黔西南州第七届委员会第十二次全体会议】** 2020年12月27日至28日，中国共产党黔西南州第七届委员会第十二次全体会议召开。全会审议通过《中共黔西南州委关于制定黔西南州国民经济和社会发展第十四个五年规划和二〇三五年远景目标的建议》《中共黔西南州委关于实施文旅兴州战略的决定》和《中国共产党黔西南州第七届委员会第十二次全体会议决议》。会议强调，要树牢"四个意识"、坚定"四个自信"、做到"两个维护"，始终在思想上、政治上、行动上同以习近平总书记为核心的党中央保持高度一致。要认真落实中央、省委决策部署，统筹推进抓收官、夺全胜、育先机、开新局各项工作，确保全州在"十四五"开局之年迈好第一步、见到新气象，以优异成绩迎接建党100周年。要深入贯彻新发展理念，抢抓构建新发展格局机遇，扎实巩固拓展脱贫攻坚成果，奋力推动高质量发展，沿着全面建设社会主义现代化的宏伟蓝图奋勇前进。

**【黔西南州劳动模范和先进工作者表彰大会】** 12月29日，黔西南州劳动模范和先进工作者表彰大会召开。会议强调，要大力弘扬劳模精神、劳动精神、工匠精神，充分凝聚全州推动高质量发展的磅礴之力。要坚持发挥工人阶级和广大劳动群众主力军作用，充分调动全州推动高质量发展的积极性、主动性和创造性。要加快建设高素质劳动大军，为全州推动高质量发展提供有力人才保障。要实现好维护好发展好劳动者合法权益，共享高质量发展成果。

（州委办）

## 组织工作

**【概况】** 2020年，州委组织部坚持以习近平新时代中国特色社会主义思想为指导，贯彻落实新时代党的建设总要求和新时代党的组织路线，全面贯彻落实全国、全省组织部长会议精神，聚焦主责主业，围绕中心、服务大局，主动担当、积极作为，深度聚焦抓党建促脱贫攻坚、促疫情防控，充分发挥组织部门职能作用，加强领导班子、基层组织、干部人才、能力素质建设，推动力量下沉，引导广大党员干部战贫、战疫、战灾一起抓，改革、发展、稳定同推进，为打赢“两场战役”、推动全州经济社会高质量发展提供坚强组织保证。

**【政治建设】** 2020年，强化理论武装，采取常委班子率先学、理论中心组深入学、支部认真学、专题系统学、研讨交流学、创新方式学、个人经常学的“七学”机制，深入学习习近平总书记关于脱贫攻坚、疫情防控等重要论述和对贵州工作重要指示批示精神，示范带动全州各级党组织开展学习32.29万余人次。聚焦干部教育培训“四项重点工作计划”，举办5期全会精神学习研讨班和示范培训班，培训处级干部1280人次；举办州级“新时代学习大讲堂”9期，培训各级党员干部47753人次；利用“新时代学习大讲堂”以会代训17期，培训3876余人次；组织15.45万余人次参加省级“新时代学习大讲堂”专题讲座85期。组建23个开发团队开发11个习近平新时代中国特色社会主义思想建设课程和12个攻坚克难课程。推动在州委党校加挂“黔西南州干部党性教育基地”牌子，将州党风廉政教育基地、威舍红军村“长征精神”教学基地、万峰林“绿水青山就是金山银山”实践创新基地、白层古渡教学基地、普安县红色记忆奇石教育教学基地作为教学点。推动全面从严管党治党，严格执行新形势下党内政治生活若干准则，把党的政治建设纳入各级领导班子和领导干部考核考察的重要内容，督促指导各基层党组织严格落实“三会一课”、主题党日、谈心谈话、民主评议党员等制度；统筹做好2020年度全州各级党委（党组）书记抓党建述职考核评议工作以及年度民主生活会，督促指导各级党组织高质量开好“防风险、守底线”专题会议和主题党日活动；提出州委落实全面从严治党主体责任工作14项、县（市）党委14项、州直有关单位11项，配套制定州委落实全面从严治党主体责任任务安排51项和州委、常委责任清单。

**【抓党建促脱贫攻坚】** 2020年，建强攻坚队伍，严格落实“四个不摘”要求，保持县乡领导班子和驻村帮扶队伍稳定，调整优化161名第一书记和驻村干部；聚焦特殊困难村民组全面推行力量下沉“五个工作清单”，及时选派196名优秀干部组建2个“同心助攻团”帮扶晴隆、望谟，并为所有乡镇增配党委第一书记31名，选派19名熟悉情况、经验丰富的晴隆、望谟籍干部分别组建“返乡助攻团”回乡助攻，组建由州级领导带队的晴隆、望谟脱贫摘帽工作推进组会同县里一道合力推进脱贫攻坚；对新选派的第一书记、帮扶干部及147名新任村干部进行全覆盖轮训。建强攻坚堡垒，深入推进农村党组织带头人整体优化提升行动，实施“三个培养”工程，从致富能手、退役军人、返乡大学生、村医村教、合作社负责人等选优配强村“两委”班子成员，储备4269名村常务后备干部；积极稳妥推进513个村实现党组织书记村委会主任“一肩挑”。推行县（市、新区）领导班子成员包保联系合作社机制，全州152名县级干部包保联系194个合作社，全面推进“村社合一”。组建1个州级督战队、5个督战分队、14个督战工作组开展挂牌督战，共排查突出问题461个，全部整改完毕。加强有组织劳务输出，施行“村党支部+村劳务合作社”机制，在就业薄弱村成立229个就业党小组，增派下沉干部3252名，全覆盖开展劳动力摸排、政策宣传和劳务输出等工作，促进225个就业工作薄弱村民组32319名劳动力就业。

**【基层党组织建设】** 2020年，发挥党组织战斗堡垒作用和党员先锋模范作用，组织5215个基层党组织和94951名党员干部参与疫情防控，对1278个村（社区）全部实行网格化管理，在关键部位、关键环节成立临时党组织262个；全州共107902人次党员捐款912万余元，捐款党组织覆盖率达100%，党员覆盖率达97.99%。出台全面提升基层党建质量三年行动和“基层党建提升年”实施方案，推进党支部标准化规范化建设，达标率89.2%。推进党建示范点创建，州县两级部务会成员及各科（股）室负责人抓基层党建示范点135个。常态化开展软弱涣散基层党组织排查整顿，排查出的79个农村软弱涣散党组织全部整顿完毕。坚持分类别针对性指导、分领域精准施策，统筹推进各领域党建工作。推进269个社区（含新市民社区）党支部初步验收，达标率94.7%；配强社区“两委”干部1603人、工作人员2085人；稳步推进72个社区党组织书记、主任实现“一肩挑”，达40.5%；突出“五个体系”建设，设置新市民街道学校48所、医疗卫生机构7个、公安派出所3个。持续推动“让党中央放心、让人民群众满意的模范机关”创建工作，40家州直机关挂牌创建“模范机关”，119个州直单位机关党支部达标验收。国有企业开展党建品牌创建9项，党建重大课题研究8项，选优培育党建示范点40个，全州98家州管、县管企业全部完成党建入章，127个州管国企党支部全部达标验收。认真完成高校党建中央20项重点任务和省委27项具体任务，扎实做好兴义民族师范学院和黔西南民族职业技术学院党委、纪委换届工作，强化教师党支部书记“双带头人”培育工程，切实推动党委领导下的校长负责制落地落实。紧紧围绕公立医院党建24项重点任务，全面落实“党建入章”和“党委领导下的院长负责制”，实行医德医风“一票否决”制度，全州卫生系统59个基层党支部全面实现达标验收，指导成立州妇幼保健院党委和纪委；选派81名医护人员和防疫工作者支援北京、湖北、贵阳将军山医院做好疫情防控工作，强化关爱激励措施。全覆盖摸排非公经济组织和社会组织5134个，纳入党建工作台账管理1436个，建立非公经济组织、社会组织党组织425个、161个，覆盖率分别为82.1%、93.8%；选派党建指导员536名，配强党组织书记586名；同步组建工青妇组织220个、关工委组织11个；党支部达标率81.4%，推动816个企业（社会组织）完成“党建入章”。加强党员教育管理，发展党员2772名，占发展党员计划总数的100.8%；出台施行全州关于贯彻落实《2019—2023年全国党员教育培训工作规划》的实施意见，分级分类抓好党员教育，深入开展农村发展党员违规违纪问题集中排查整顿；注重在疫情防控第一线发现和考验入党积极分子，培养入党积极分子127名，确定发展对象23名，火线吸收党员68名。

**【干部队伍建设】** 2020年，出台《黔西南州领导班子建设分析研判工作办法》，每季度进行分析研判，大胆使用、提拔重用在“两场战役”中经受磨炼、表现突出的干部，提拔县处级干部69人，进一步使用18人，晋升职级16人，平级交流轮岗42人。制定《关于适应新时代要求大力发现培养选拔优秀年轻干部十五条措施》，从非贫困县选派54名40岁以下年轻干部到晴隆、望谟县参与脱贫攻坚同心助攻工作，其中31名年轻乡（镇、街道）党政正职挂任贫困县乡镇党委第一书记，从州直部门选派7名年轻干部到县乡挂职锻炼，从县市选派11名年轻干部赴州直信访、政法机关和综合业务部门挂职锻炼。超前开展换届工作专项调研，提前对县（市、新区）干部配备进行预期分析研判。疫情防控期间，及时组建4个疫情防控干部考核识别组，深入抗击疫情一线对乡科级正职以上干部进行履职评估，掌握表现突出的107名县处级干部和186名乡科级正职干部，建立“实绩台账”。出台《黔西南州“冲刺90天打赢歼灭战”干部履职跟踪评估制度》《黔西南州脱贫攻坚“两补”工作干部履职记实考核实施方案》等制度，组建考核组对全州涉及脱贫攻坚2129名副科级以上干部和57409名结对帮扶干部、12365名网格员履职情况进行跟踪评估，精准识别出履职不力的92名领导干部、55名帮扶干部和网格员。综合运用干部考察考核、巡视巡察、个人有关事项抽查核实、干部档案联审等方式，加强干部日常管理监督，开展提醒368人，函询7人，诫勉206人。加大基层一线先进典型表彰力度，33个脱贫攻坚先进集体和81名脱贫攻坚优秀个人获省委表彰，州级对100个脱贫攻坚先进党组织和100名脱贫攻坚先进个人进行隆重表彰，县（市）对320个脱贫攻坚先进党组织和853名脱贫攻坚先进个人进行表彰。划拨省、州党费328.685万元走访慰问5414名生活困难党员、老党员、老干部和脱贫攻坚一线干部；疫情防控期间，及时划拨省州县党费181万元，组织走访慰问一线医务人员、基层党员干部2741名，为基层党组织购买疫情防控物资；中央财政两批下达州党员捐款资金998万元开展走访慰问。督促各级各单位按规定落实驻村帮扶政策待遇，为2400余名第一书记、驻村干部、村支书、村主任等办理105万元“关爱险”，全覆盖组织开展健康体检，定期开展心理疏导，加强交通安全教育。深入推进公务员分类改革，加强职级职数管理，做好全州公安机关职级职数设置。开展综合行政执法改革情况调研，为行政执法类公务员单位划分做好前期准备。州、县、乡三级机关统一面向社会公开招录公务员157名、人民警察96名、选调生48名，根据规定取消招录和选调计划6人；定向“985”高校招录选调生43名。

**【人才队伍建设】** 2020年，简化引才程序，发布高层次人才和急需紧缺专业技术人才需求1274个，办理全职引进各类高层次及急需紧缺人才310名，公开招录聘用154人。采取成果转化、“候鸟式”聘任、专项技术服务、技术合作、东西部及国家对口帮扶等方式，拓宽引才渠道，柔性引进1500余名专家人才到黔西南州开展技术服务和项目合作。加强与省内外高校、科研机构合作交流，成立专家人才黔西南州工作站。利用东西部扶贫协作契机，选派专业技术人才848人赴宁波市交流学习，引进宁波市499名专业技术人才到黔西南州开展技术服务。强化人才培养激励，选派13名学科带头人和专业技术骨干到国家、省级人才基地研修提升，选派32名“甲秀之光”访问学者进行脱产学习。加强人才平台载体建设，累计建成院士工作站6个、省级人才基地5个、星创天地8个、众创空间13个等高水平干事创业平台。出台科研活动自主权实施办法、深化项目评审人才评价机构改革评估实施意见等系列支持人才创新创业的措施，建立完善人才开展科研成果转化、科技服务等方面的激励保障。优化人才发展环境，建立党委联系服务专家制度，统筹推进“弘扬爱国奋斗精神·建功立业新时代”系列活动。落实人才津贴优惠政策，审核兑现56家单位1519人高层次人才津贴958.52万元，发放引进高层次人才一次性购房补贴和生活补助273万元，发放疫情防控一线医务人员津贴183人47万元。广泛开展人才走访慰问，州委领导带队走访慰问高层次人才代表284人次，发放慰问金22.72万元；走访慰问援鄂医务人员及家属2563人次，发放慰问金100.64万元、物资6.6万件。加强人才继续教育培训，累计培训各类技术技能人才3.6万人次。制定《关于鼓励引导人才向基层一线流动的工作措施》，调整优化1419名农业专家下沉一线精准匹配到产业链上，分级分类组织“农业专家服务春耕一线”“农业专家集中会诊”等系列活动，帮助群众解决技术难题4166个。整合专家人才资源，抽调优质专家力量组建2个“科技先遣队”流动开展服务，与“农业专家服务脱贫攻坚活动”融合叠加构建基层技术服务立体网，实现基层“订单式”技术服务全覆盖，累计开展技术培训2000余场，培训17047人次，解决基层实际技术难题5578个。

**【自身建设】** 2020年，全面加强思想政治建设，召开47次部务会、4次中心组学习会、38次支部委员会，36次党员大会（主题党日）及时学习贯彻总书记关于“不忘初心、牢记使命”等重要论述及对贵州工作重要指示批示精神。充分利用贵州省智慧党建办公云平台、全州组织部门视频会议系统、钉钉办公软件等推进日常工作运转，加强对“智慧金州”、“云上金州”、数字化资源建设和信息化资源整合利用，加大干部系统、全国党员系统机构更新维护，争取财政资金495万元实施内网安可替代工程。及时将中央、省委、州委的重大工作部署、重要会议精神进行分解，建立台账督查督办。通过选调基层优秀干部、定向“985”高校选调、交流轮岗、教育培训、抽调帮助工作等方式，充实部机关工作力量，加强干部培养锻炼，州委组织部、州委远程办、干部录用考试中心共调入20人、调出3人，开展干部任免职39人次，抽调23人到部机关帮助工作，选派37名干部参加脱产培训。在脱贫攻坚一线培养锻炼年轻干部，新选派1名90后年轻干部到晴隆县帮助工作，担任莲城街道菜籽社区驻村干部。结合挂牌督战和“两补”工作要求，深入开展组织系统“百乡千村万户行”走访活动，部务会成员带头深入一线及时帮助基层发现和解决问题，督促选派到贞丰、晴隆、册亨、望谟担任脱贫攻坚先遣队员、驻村第一书记、驻村干部的7名部机关干部全面推进帮扶点教育、医疗、住房和饮水安全保障“3+1”保障工作落实。加强对选派干部的跟踪管理，及时兑现驻村工作经费、差旅补贴、健康体检、走访慰问等关爱措施。12月，州委组织部被贵州省委、贵州省人民政府表彰为“2018—2020年度全省文明单位”。

（黄　丽　杨镕榕）

## 宣传思想工作

**【概况】** 2020年，黔西南州宣传思想工作，坚持以习近平新时代中国特色社会主义思想为指导，树牢“四个意识”，坚定“四个自信”，坚决做到“两个维护”，坚定不移贯彻落实中央、省委、州委决策部署，贯彻落实全国、全省宣传部长会议精神，围绕州委、州政府中心工作和全州发展大局，印发《宣传思想工作要点》，强化工作部署、细化工作措施、切实履行职责，为夺取脱贫攻坚根本性胜利、打赢疫情防控阻击战、实现全州经济社会迅速恢复发展营造积极向上的舆论氛围、社会氛围。

**【意识形态】** 2020年，修订《黔西南州党委（党组）意识形态工作责任制实施细则》，建立意识形态工作联络、工作提示、工作汇报、风险评估、会商研判、预警通报、教育培训等制度。在《州委常委会2020年工作要点》中，明确将意识形态工作作为重点工作内容。在《中共黔西南州委党的建设工作领导小组2020年工作要点》中，明确将意识形态工作纳入党建工作内容。加强意识形态巡察督查力度，开展意识形态工作专项巡察。加强对论坛、讲座报告会的管理，对6场各类论坛、讲座等进行审批备案。督促对高校强化意识形态工作。强化宗教活动场所的管理，加强宗教活动场所实地检查督查，依法制止向未成年人传教。加强舆情信息工作，上报的舆情信息，被省委宣传部综合采用1055篇，单独采用203篇，被中宣部综合采用72篇。

**【理论武装】** 2020年，印发全州党委（党组）理论学习中心组2020年度学习重点内容安排。制定州委理论学习中心组2020年重点专题学习计划。制定《黔西南州党员干部“七学”理论学习制度》。组织开展全州2020年度干部职工理论学习考试，134725人次参与答题。组织全州广大党员干部深入学习领会《习近平谈治国理政》（第三卷）、《习近平新时代中国特色社会主义思想学习纲要》等权威著作。组织学习《中国制度面对面》《论党的宣传思想工作》《中共中央关于制定国民经济和社会发展第十四个五年规划和二〇三五年远景目标的建议》辅导读本等理论图书。组织订阅学习《党委中心组学习》《时事报告》《党建》等理论刊物。组织开展2020年社会科学州级研究课题申报工作。做好脱贫攻坚重要理论成果档案资料收集整理工作，收集整理各类理论成果431篇。围绕脱贫攻坚工作推出《黔西南州新市民计划研究》《黔西南州“四逐四准”工作方法研究》《黔西南州脱贫攻坚产业扶贫研究》《黔西南州脱贫攻坚就业扶贫研究》等理论研究成果。统筹抓好党的十九届四中、五中全会精神，省委十二届六次、七次、八次全会精神，州委七届十次、十一次、十二次全会精神宣传宣讲工作。

**【社会宣传】** 2020年，印发《2020年黔西南州科技文化卫生“三下乡”活动方案的通知》，深入贞丰县北盘江镇、普安县茶源街道、册亨县坡妹镇开展“三下乡”集中示范服务活动。全州“三下乡”活动以政策宣讲、好人慰问、文艺演出、发放宣传资料、免费送春联和免费拍全家福等多种形式进行，全州共组织开展“三下乡”活动100场，发放政策法规、科学技术、防疫免疫、卫生知识等宣传资料50万份（册）。向省委宣传部推荐80人参加评选“贵州脱贫攻坚群英谱”。在州体育场内设置“脱贫攻坚群英谱”先进典型宣传展板，宣传脱贫攻坚、抗击疫情等先进典型近100人次，营造向先进典型学习的良好社会氛围，社会反响较好。印发《黔西南州2020年“牢记嘱托　感恩奋进”主题宣讲活动工作方案》《关于开展2020年宣讲全覆盖工作的通知》，组织开展习近平新时代中国特色社会主义思想、十九大精神、习近平总书记在贵州省代表团重要讲话精神、感恩教育、扫黑除恶、禁毒等社会宣传教育活动。组织开展“脱贫攻坚感恩故事讲述”比赛活动。开展“两早”（早婚早育）治理工作。指导鸡场镇小王村11个组将社会主义核心价值观、早婚早育治理、控辍保学、经济发展等内容纳入《村规民约》，印制2000份“两早”社会危害及相关法律法规宣传资料和30份宣传海报。

**【新闻宣传】** 2020年，黔西南州对外宣传工作紧扣战贫战疫战灾、发展改革稳定组织策划安排，纵深推进媒体融合，借力中央、省级主要新闻媒体，积极用好州县媒体和社会力量，全力打好对外宣传主动仗，中央、省级重点媒体累计刊发黔西南稿件9722条次，在中央电视台各栏目（频道）上稿达136条次，创下历年同期在中央广播电视总台、贵州广播电视台等中央、省主要新闻媒体发稿量新高，全面宣传展示黔西南“打好两场战役、夺取两个胜利”的亮点和成效，为全州脱贫攻坚、疫情防控和经济社会发展提供坚强舆论支撑，极大提振全州干部群众的信心和决心。完成党的十九届五中全会、全国两会、省委全会、省州“两会”和州委全会新闻宣传报道工作。累计开展重大主题新闻策划46期。深入宣传贯彻习近平总书记在决战决胜脱贫攻坚座谈会上的讲话精神，分阶段、有重点、全镜头聚焦疫情防控、复工复产、稳岗就业、挂牌督战、“四个不摘”、消费促扶贫等重大工作部署，为全力冲刺90天、打赢歼灭战提供强大的舆论支持。统筹州县媒体平台，开设专题专栏58个，其中打赢两场战役相关专题专栏21个，州级媒体刊发稿件48000多条次。开展决战决胜脱贫攻坚重点宣传报道月活动，重点聚焦刚刚脱贫摘帽的贞丰县、普安县、册亨县，挂牌督战的晴隆县、望谟县以及贞丰县鲁容乡卡务村，望谟县打易镇边王村和乐旺镇新华村、坡头村、大湾村、猫寨村6个村，通过开展重点报道，挖掘宣传5个方面、50个先进典型群像。立足“文军”扶贫，助力脱贫攻坚，发挥“文军”助力脱贫攻坚的特殊作用，围绕“宣传促消费扶贫十大行动计划”，助力“黔货出山”。举行各类新闻发布会、媒体通气会、见面会、推介会等26场次。进一步推进媒体深度融合发展，出台《关于进一步推进媒体深度融合高质量发展的实施意见》《关于构建全媒体时代的融合传播工作机制》文件。

**【网信工作】** 2020年，召开州委网信委会议，审议通过《关于加快建立网络综合治理体系的实施办法》。州编委办下发《黔西南州委宣传部网络安全和信息化中心宗旨范围、机构规格、内设机构、人员编制和领导职数规定》文件，明确：黔西南州委宣传部网络安全和信息化中心为副县级公益一类事业单位，隶属中共黔西南州委宣传部管理。内设业务保障科、网络管理科、网络宣传科、网络应急处理科、网络评论和社会工作科、网络信息化工作科6个科室。核定黔西南州委宣传部网络安全和信息化中心事业编制21人（管理人员11人，专业技术人员9人，工勤人员1人），列入州级财政全额预算。设主任1人，副主任2人。内设机构科级职数7人（其中正科长级职数不超过6人）。组织开展黔西南州2020年国家网络安全宣传周活动。做好全国“两会”、省“两会”、州“两会”等重要节点的网络安全工作。协同公安等部门，积极建设网络安全保障体系。开展涉疫情防控重点单位网络安全专项检查工作，邀请国家计算机网络与信息安全管理中心贵州分中心专家检查黔西南州人民医院、兴义市人民医院、兴仁市人民医院3家网站。做好黔西南日报社“互联网新信息服务许可证”换发续办申报工作。

**【文艺繁荣】** 2020年，依托全州“助力脱贫攻坚　决胜全面小康”文化、科技、卫生三下乡活动，组织新市民居住区喜迎新春佳节全民阅读活动、布依戏曲（布依八音、布依戏）进安置区展演活动等400场，编排节目15个（其中有专业性较强的节目8个，群众自编自演的节目7个）。为群众义务写春联12场，向群众送春联2万副，福字2000余张。组织开展送文化进军营一次，为兴义市人武部官兵送春联50副，书法作品30余幅。围绕脱贫攻坚主题，组织州内文学家、文学爱好者开展“脱贫攻坚·文化同行”优秀文学作品创作，创作22部包含报告文学、纪实文学、中长篇小说、现代诗歌等形式的文学作品，围绕全州脱贫攻坚工作，用文学的手法多角度多层面宣传全州脱贫攻坚工作取得的成果，讴歌全州各族干部群众为打赢脱贫攻坚战付诸的努力和涌现的先进典型事迹。牵头组织拍摄《大返岗》《大稳岗》微电影。做好脱贫攻坚文艺作品档案收集工作。整理报送州级文艺作品档案资料29件。组织开展农村电影公益放映11231场。

**【文改文产】** 2020年，出台《黔西南州新闻出版行政审批与监管执法相分离改革实施办法》《黔西南州关于进一步推进移风易俗建设文明乡风实施方案》《黔西南州文艺创作专项扶持资金管理办法》《黔西南州舆情处置高效联动一体化工作机制（试行）》《关于构建全媒体时代的融合传播工作机制》《关于进一步推进媒体深度融合高质量发展的实施意见》，坚持以体制机制改革创新为内生动力，以深化完善、巩固提升为基本要求，坚定不移地纵深推进文化体制改革。组织参加2020海丝之路（中国·宁波）文化旅游博览会等重大展会活动，宣传推介黔西南州丰富的民族文化旅游资源，加强文化交流与合作。

**【新闻出版】** 2020年，新闻出版行政审批办理“印刷经营许可证”新设立事项7件，换发25件，注销1件；审批“出版物经营许可证”（批发）新设立事项7件；组织44家印刷企业开展年度报告和互联网平台公示工作；组织95家出版物发行单位开展年度核验工作。

（邓　春）

## 精神文明建设

**【“好人黔西南”道德建设】** 2020年，评选推荐“身边好人”材料68例70人、抗疫先进典型事例21例22人，入选“中国好人榜”好人8人、“贵州好人榜”好人22人、抗击疫情“贵州好人”6人；评选推荐第七届贵州省道德模范人选11名，入选全省道德模范4人，提名奖5人；2020年春节前后礼遇慰问助学帮扶“黔西南好人”207人次，发放资金23.35万元。

**【群众性精神文明创建】** 2020年，结合疫情防控实际，下发《为打赢疫情防控阻击战贡献文明力量倡议书》，引导干部群众以文明实践支持疫情防控工作，为坚决遏制疫情传播扩散和坚决打赢疫情防控阻击战贡献文明的力量；将文明婚育新风纳入县级文明村镇等群众性精神文明创建活动测评体系，推动形成健康文明婚姻家庭生活方式；把治理滥办酒席、破除陈规陋习等内容纳入村规民约，推进移风易俗树立文明乡风；利用宣传栏、宣传展板、电子屏等媒介平台广泛宣传“文明健康　有你有我”“公筷公勺”“厉行节约　反对浪费”公益广告宣传，制作宣传“公筷公勺”公益广告20000余幅，车载视频持续滚动宣传1500余辆次，户外大型显示屏持续滚动宣传2200余块处，州内各级广播电视、报纸、网站持续刊播通稿600条次。

**【“五大文明”创建活动】** 2020年，开展文明城市、文明村镇、文明单位、文明家庭、文明校园、未成年人思想道德建设先进和文明示范社区评选工作。在2018—2020年度全国全省“五大”文明创建活动中，全州43个单位获中央文明委表彰，其中获全国文明城市提名资格城市1个、全国文明村镇20个、全国文明单位16个、全国文明家庭2个、全国文明校园3所、全国未成年人思想道德建设先进单位1个；240个单位获省委、省政府表彰，其中获全省文明城市1个、文明村镇98个、文明单位141个；89个单位（个人）获省文明委表彰，其中获全省创建文明城市工作先进城市4个、精神文明建设工作先进单位55个，全省文明家庭5个、全省文明校园20所，全省未成年人思想道德建设工作先进县市1个、先进单位2个、先进工作者2人；273个单位（个人）获州文明委命名，其中文明乡（镇）16个、文明村53个、文明单位66个、文明家庭18个、文明校园14所、文明示范社区103个、未成年人思想道德建设工作先进县市1个、先进单位1个、先进工作者1人。全州创建全省文明城市工作先进城市实现全覆盖，县级及以上文明乡（镇）占比达88.7%、文明村占比达79.1%，超额完成全省乡村振兴下达任务；创建命名州级文明示范社区103个，在全省率先开展文明示范社区创建。

**【文明在行动·满意在贵州】** 2020年，采取召开全州“文明在行动·满意在贵州”活动专题会、调度会等形式，细化分解活动内容，明确州直牵头责任部门职责，联合文明城市创建成立州级督查专班，加大州市共创全国文明城市工作力度，形成合力推进文明行动工作。同时，加大暗访督查力度，及时反馈存在的问题，督促抓好整改落实，整改回复多彩贵州网“不满意问题”25条，整改回复率100%。其中，对兴义市开展常态化暗访督查，对其余县（市）实地督查至少3次以上，州级督查专班下发《督查通报》28期，组织召开视频交办会2次、现场反馈会20余次、突出问题整改落实会议1次，1396个突出问题得到有效整改。2020年，在全省9个市（州）年度综合考核中，黔西南州综合得分91.82分，排名全省第5名。在全省88个县（市、区）年度综合考核中，兴义市综合得分97.33分，排名全省第7名；兴仁市综合得分93.56分，排名全省第34名；贞丰县综合得分93.32分，排名全省第38名；晴隆县综合得分93.29分，排名全省第40名；望谟县综合得分92.42分，排名全省第53名；安龙县综合得分92.21分，排名全省第55名；普安县综合得分88.61分，排名全省第75名；册亨县综合得分84.76分，排名全省第86名。

【阵地建设】 2020年，推进兴义市、贞丰县全国新时代文明实践中心试点建设工作，实施民族地区贫困县（晴隆、普安、望谟）村综合文化服务中心工程166个，完成2个文明家庭创建省级示范点验收工作。

【未成年人思想道德建设】 2020年，完成2020年度中央专项彩票公益金支持乡村学校少年宫项目申报，获建中央项目6个，组织新建项目学校校长到黔东南州凯里市参加全省乡村学校少年宫项目培训，完成2019年前建设并投入使用的138所乡村学校少年宫年度档案录入和审核，完成2020年新建6所乡村学校少年宫项目建设验收，完成全州144所乡村学校少年宫项目年度考核；评选推荐全省“新时代好少年”候选人5名，入选全省“新时代好少年”3名；开展“扣好人生第一粒扣子”主题教育实践活动和“祖国好·家乡美”书法绘画比赛。指导兴义市完成未成年人思想道德建设年度测评。

（陈　进）

## 州直机关工委

【概况】 州直机关工委系州委的派出机构，有编制12人，其中行政编制8人、工勤编制1人、事业编制3人。截至2020年12月31日，有书记1人（由州委常委、州委秘书长担任），副书记3人（其中1人分管常务工作），州直纪检监察工委书记1人、科长4人（其中一级主任科员2人）、三级主任科员1人、工勤人员1人、事业九级管理人员2人。负责领导州直机关的党建工作，主管州直单位12个党委、29个机关党委、31个党总支、400个党支部和7700多名党员。负责州直机关党的建设和党员的教育管理工作。

【政治建设】 2020年，州直机关工委始终把政治建设放在首位，始终把学习贯彻习近平新时代中国特色社会主义思想作为首要政治任务，坚持主动学习、认真领会、学思践悟，按照学思用贯通、知信行统一的要求，认真学习领会十九大报告、习近平总书记对贵州工作重要指示批示精神，不断提高用以武装头脑、指导实践、推动工作的思想自觉、政治自觉和行动自觉，切实巩固深化“不忘初心、牢记使命”主题教育成果，进一步树牢“四个意识”，坚定“四个自信”，做到“两个维护”，在思想上政治上行动上同以习近平总书记为核心的党中央保持高度一致。认真落实意识形态工作责任制，组织机关党组织系统学习《习近平同志关于加强党的建设重要论述》《中国共产党党和国家机关基层组织工作条例》等重要学习读物和党内法规，教育引导机关党组织和广大党员，坚守正确的政治方向，深入学习贯彻黔西南州机关党的建设工作会议精神，不断推进机关党的工作高质量发展，推动全州机关党建工作走在前、作表率。

【落实主体责任】 2020年，州直机关工委带头落实全面从严治党主体责任，严守政治纪律和政治规矩，严格执行民主集中制，正确处理好民主和集中的关系。严格遵循重大问题由党组集体讨论的原则，凡是涉及重大问题决策、干部任免、大额资金使用，都坚持召开工委委员会集体讨论、集体决定，切实做到民主决策、科学决策。严肃党内政治生活，坚持落实领导干部双重组织生活制度。以问题为导向，着力解决机关党建存在的“四化”问题和“六个不到位”突出问题，推动州直机关围绕中心抓党建、抓好党建促业务，做到党建工作和业务工作一起谋划、一起部署、一起落实、一起检查。压实全面从严治党政治责任，制定《州直机关工委2020年落实全面从严治党主体责任清单》，明确“一把手”第一责任人责任，班子成员“一岗双责”责任，形成合力推进全面从严治党工作。2020年，组织召开两次专题会议研究全面从严治党工作。严格执行“两个责任”月备案制，报送备案材料12期。加强机关工委自身建设，从严要求班子成员讲政治守纪律，注重对工委干部职工的教育管理，不折不扣落实州委重大决策部署。加大对县（市、新区）工作的指导力度，推动下级党组织书记明责、守责、尽责。

【模范机关创建】 2020年，围绕

贯彻落实《中国共产党党和国家机关基层组织工作条例》《中国共产党支部工作条例(试行)》以及中央、省、州机关党的建设工作会议精神，细化17项党建重点任务，全面开展“让党中央放心、人民群众满意的模范机关”创建和党支部标准化规范化建设。2020年5月11日，对35个创建达标单位授牌，对40个州直机关单位实行挂牌创建。2020年9月11日，组织召开推进会，州税务局、州应急管理局、州老干局等8个单位作经验交流发言，州委常委、州委秘书长、州直机关工委范华书记出席并讲话，要求全面贯彻中央和国家机关党的工作会议精神，进一步推广州直单位模范机关创建工作经验，总结存在的不足，提升创建质量，推动“让党中央放心、让人民群众满意的模范机关”创建工作向县(市)拓展，向乡(镇)延伸。2020年12月，对185个党支部申报标准化规范化建设进行评估。全面落实机关党组织书记由单位主要负责人担任。加强基层党组织和党员管理，召开工委委员(扩大)会议52次，及时研究部署基层党组织换届选举、发展党员、党员教育管理等工作，完成发展新党员391名，其中在抗击疫情一线发展党员37名，认定党员身份91人，接转党员组织关系989人次，对13个单位的基层党组织进行撤、并、建、改工作，审批基层党组织换届、补选、改选78个，划拨党费120余万元支持州直机关基层党建工作，夯实基层基础。

【教育管理】 2020年，贯彻落实《中国共产党党员教育管理工作条例》《2019—2023年全国党员教育培训工作规划》和省、州相关文件规定，切实采取有效措施，提高党员教育培训质量、提高党员管理质量、提高党的组织生活质量，以党员队伍建设的高质量永葆党的先进性和纯洁性。2020年共举办9期党务干部集中培训班，培训1200多人次。坚持融入日常、抓在经常，严格“三会一课”等党的组织生活，工委班子人员以普通党员身份参加所在党支部学习活动，与支部党员一起认真学习党纪党规。坚持正风肃纪，严格落实中央八项规定及其实施细则精神和省委、州委有关规定，驰而不息纠治“四风”。健全完善州直机关工委22项工作制度，将全面从严治党落实到每个基层党组织、每名党员，真正使党的组织生活和党员教育管理严起来、实起来、规范起来。年内，工委共排查廉洁风险点10个，制定防控措施37条；开展警示教育18次，上廉政党课2次，预防提醒谈话23人次。2020年，州直机关纪检组织加强机关纪律组织建设，督查落实设立机关党委的单位，机关纪委共建立机关纪委28个，基本实现机关纪检组织全覆盖。强化对机关纪检工作的领导，制定工作规范。2020年州直机关纪检组织共开展警示教育2087次，开展预防提醒谈话1281次，向机关党组织提出监督意见303条。发现党员干部存在倾向性、苗头性问题20个，发现问题线索15个，初核问题线索7起，审查、审理案件2起。

【助攻“两场战役”】 2020年，坚持最高标准、最严措施、最大力度、最快速度的“四最”工作要求，号召和组织机关党组织和党员干部在贯彻落实州委关于打好疫情防控和脱贫攻坚“两场战役”的安排部署上抓落实、强执行，当先锋、作表率，打头阵、勇担当，以实干实绩确保夺取两个胜利。在《黔西南日报》开辟“把时间抢回来、把损失补回来”州直机关在行动和“模范机关风采”等栏目，进一步为打赢“两场战役”营造氛围、提振士气。严格落实领导包保帮扶和驻村第一书记帮扶工作，全年共协调50多万元资金、物资用于帮扶村改善基础设施建设和解决群众生产生活困难。严格落实疫情防控工作措施，做好一线发展党员、组织党员捐款及慰问防控一线人员等工作，为打赢疫情防控阻击战提供组织保证。确定102名在疫情防控一线的干部职工发展为入党积极分子，37名发展为预备党员；组织州直机关党员自愿捐款152.9万元，上缴省委组织部用于支持抗击疫情；用党费慰问战斗在疫情防控一线的24名援鄂与省将军山医院的医务人员和84名州内一线医务人员、公安干警、新闻工作者等。

【巡察整改】 2020年4月21日至5月26日，州委第四巡察组对州直机关工委开展巡察，2020年6月17日，州委巡察组向州直机关工委反馈意见。巡视巡察、审计、主题教育检视等发现问题整改落实不全面、举一反三不够等5个方面存在15个具体问题(细化为33个具体问题)。工委主要领导对反馈的问题非常重视，坚持问题导向，组织召开三次工委委员会议，制定《七届州委第七轮巡察第四巡察组巡察州直机关工委反馈意见整改方案》，工委班子成员和各科室负责人要主动认领具体问题，根据巡察整改方案要求，逐一进行整改。巡察反馈的33个具体问题已完成阶段性整改，整改完成率达100%。召开巡察整改专题民主生活会，对巡察反馈的问题再次进行检视和剖析，做到举一反三。清退违规报账费用6963元，制定出台2项制度，修订完善20项制度。开展集体提醒谈话3人次，个别提醒谈话4人次，工委无人员受党纪政务处分和无诫勉谈话，无移送司法机关情况，无接受纪律审查和监察调查情况。

【防风险守底线】 2020年，专题学习习近平新时代中国特色社会主义思想和习近平总书记关于防范化解重大风险的系列重要论述，学习《党章》《中国共产党纪律处分条例》《中国共产党问责条例》等党内法规，学习省、州关于防风险守底线的相关部署精神，聚焦“防风险、守底线”这一主题，围绕守好发展和生态底线、守好脱贫攻坚底线、守好民生保障底线、守好安全生产底线、守好防范化解债务风险底线、守好防范舆论风险底线六个方面召开工委班子专题会议和开展党支部专题主题党日活动。①纪检业务培训，把机关纪检工作纳入年度目标绩效考核。②明确机关纪检组织职责任务：请示报告、日常监督、预防明确、谈话、信访举报、问题线索、研判移送、纪律教育、监督情况报送、负责人报批、审核备案等制度。③着力发挥机关纪检组织日常作用。④对机关纪检干部以正视问题的自觉和刀刃向内的勇气，全面查找各种风险隐患，深入分析问题原因，拿出务实管用的具体措施整改检视出的问题，通过整改不断增强忧患意识，坚持底线思维，提高防控能力，进一步增强驾驭风险、迎接挑战的本领。完善制度，全面落实意识形态工作责任。在巡察反馈意见整改中，修改完善《黔西南州直工委意识形态工作联席会议制度》，明确工委第一责任人带头抓意识形态工作，带头管阵地把导向强队伍，带头批评错误观点和错误倾向，重点工作亲自部署、重要问题亲自过问、重大事件亲自处理，进一步规范“第一责任人”的责任。明确分管意识形态工作的副书记是直接责任人，具体负责抓好工委意识形态工作的贯彻落实，其他班子成员按照“一岗双责”抓好分管领域的意识形态工作，各司其职、各负其责、共同履责，做到班子成员自觉把意识形态工作的主体责任放在心上、扛在肩上、抓在手上。工委坚持把意识形态工作摆在重要位置，以高度的政治自觉、有力的措施落实意识形态各项工作任务，自觉把意识形态工作同党建工作同安排、同部署、同检查，将意识形态工作的领导权主动权牢牢掌握在手中。严格对州直机关党建网、手机短信党课、QQ工作群、工作微信群、电子显示屏、简报等宣传媒介加强管控，适时在机关意识形态主阵地适时发布典型经验、传播先进文化、弘扬正能量，不断增强州直机关党建主阵地在基层党组织和广大党员中的影响力和凝聚力。

（州直机关工委）

## 统战工作

【概况】 根据机构改革新“三定”方案，州委统战部核定行政编制14人、机关工勤编制3人。设部长1人，由州委领导兼任，副部长3人（其中1人为正处长级，不含兼职）。内设办公室、研究宣传科、干部科、一科（无党派人士、党外知识分子和新的社会阶层人士统战工作科）、二科（民族、宗教工作科）、三科（港澳侨、海外统战工作科）、四科（非公有制经济工作科）、五科（对台工作科）8个科室，设科级领导职数8人。下设副县级事业单位州“星火计划、科技扶贫”试验区联络中心，核定事业编制16人（其中：管理人员15人、工勤人员1人），列入州级财政全额预算。设领导职数主任1人，副主任2人。内设联络协调科、项目工作科、中华职教社工作科、海外（港澳侨）联谊工作科、台胞服务中心5个科室，设科级职数5人。

【自身建设】 2020年，按照中央、省委全面从严治党决策部署，着力构建大统战工作格局，发挥统战法宝作用，把广大统一战线成员紧紧团结在以习近平总书记为核心的党中央周围，形成“高位推动、四个到位、合力推进”的大统战工作格局，召开全州统战工作会议、全州对台工作会议。认真学习贯彻落实习近平新时代中国特色社会主义思想，跟进学习习近平总书记的重要讲话精神，原文诵读、研讨《习近平谈治国理政（第三卷）》。全年组织4次理论中心组集中学习研讨会，57次集中学习会，领导干部均以普通党员身份参加党员大会6次，“主题党日”活动12次，部机关党支部支委会12次，部班子成员讲党课8次，开展警示教育“一刻钟”学习教育40余次。在部机关正科级干部中，向州委推荐任用2名担任县处级副职领导职务。组织开展部机关公务员职级晋升工作，1名正科级干部晋升一级主任科员。完成部机关2020年度1名公务员考调工作。考察新增选调生1人。完成部机关事业单位人员调整工作，从事业副科级干部中提拔2人担任事业正科级领导职务，从工作员中提拔1人担任事业副科级领导职务。州委统战部荣获“全省文明单位”称号，获州直机关工委颁发“让党中央放心、让人民群众满意‘模范机关’”称号。

**【干部培训】** 2020年，依托各级党校、社会主义学院培训资源，通过“走出去”培训、“请进来”授课方式，先后选派各级统战干部、各民主党派、无党派人士和新的社会阶层人士120余人参加各类专题培训；邀请浙江省社会主义学院教授隗斌贤、省民宗委宗教业务二处三级调研员谢尚林、省社会主义学院科研处处长商莹为全州统战干部作专题讲座，集中培训3场次2000余人。

**【民族工作】** 2020年，命名63个州级民族团结进步示范单位。推荐1个全国民族团结进步模范集体、1名先进个人。推荐5个第八批全国民族团结进步示范单位、10个全省民族团结进步示范单位。获第五批省级少数民族特色村镇认定26个。申报第四批国家级少数民族特色村寨8个。完成《新时代黔西南州巩固和强化民族团结进步示范能力建设研究》课题调研申报。获“全省民族团结进步示范单位”表彰。

**【宗教工作】** 完成中央宗教工作督查“回头看”反馈问题整改工作，制定2类问题5项整改内容28项具体整改措施。建立健全宗教工作体制机制，调整充实“四员”队伍1526人（县级督导员51人、乡级联络员140人、村级信息员1290人、宗教活动场所协管员45人）。组织对51名县级督导员开展年度考核，评定优秀11人，合格40人。完成对全州5个县级宗教团体（兴义市佛教协会、兴义市天主教爱国会、兴仁市天主教爱国会、册亨县天主教爱国会、望谟县天主教爱国会）“三无”整改工作，确保宗教团体有场所、有人员、有经费。

**【非公经济统战工作】** 2020年，推动增补12名州工商联执委并调整秘书长人选，增补2名疫情防控表现突出的民营企业家为州政协委员。出台《中共黔西南州委统一战线工作领导小组关于印发黔西南州贯彻落实〈关于加强新时代民营经济统战工作的意见〉的工作方案的通知》（州统组〔2020〕3号）。推动州工商联联系引导各级商会企业捐款捐物2800余万元参与公益慈善事业。创建第五批36个“千企帮千村”示范项目（总计五批132个）。创建州遵义商会、州福建商会、州浙江商会为全国“四好”商会。创建黔西南州江西商会等6个州级“四好”商会（总计3批17个）。

**【新的社会阶层人士统战工作】** 制定实施《黔西南州新的社会阶层人士统战工作联席会议制度》。组织召开全州网络人士统战工作会议，认真开展党外知识分子联谊会、新的社会阶层人士和网络人士调查摸底并建立信息库。筹备成立州新的社会阶层人士联谊会和州网络人士联谊会。推动8县（市）成立新的社会阶层人士联谊会，兴义市成立网络人士联谊会等。完成大山面貌省级新的社会阶层人士统战工作实践创新基地建设，授予兴达律师事务所等4家单位州级新的社会阶层人士统战工作实践创新基地牌子。州新联会、州网联会积极推动开展《民法典》宣讲进学校、进机关等“五进”活动、“温暖包”捐赠活动。先后组织开展贵州心达律师事务所、大山面貌、华建兴创—兴义之窗等新的社会阶层人士企业实地走访调研10余次。

**【对台工作】** 2020年，有序推进有关职能部门学习和掌握中央对台“31条”“26条”惠台政策和贵州省“64条”实施意见。制定《黔西南州落实惠台政策助力同步小康电子口袋书》等，命名台企示范基地1个。为99名台胞台属子女发放奖助学金12.5万元。争取宁波市台办赴黔西南州对接东西部

2020年12月29日，台盟中央社会服务部副部长陈勇率深圳迈瑞生物医疗电子股份有限公司行政总裁刘来平、公司党委书记林斗明（前左一）一行到黔西南州举行医疗器械设备捐赠仪式，图为州委常委、州委统战部部长罗春红（前右一）为迈瑞公司赠送感谢状　　（州委统战部　提供）

扶贫协作工作，获捐60万元助推脱贫攻坚。争取台盟中央到黔西南州开展“同心帮扶”活动，划拨资金8万元支持望谟县开展教育扶贫，出资10万元帮助毛坪村发展蔬菜产业，资助黔西南州15名医生赴安徽、20名教师赴北京、10名县乡干部赴义乌参训。协调深圳迈瑞公司向黔西南州医疗机构捐赠医疗设备价值3438.5万元。及时跟踪有意向到黔西南州投资台商，促成台资企业长亿工业有限公司投资400多万元入驻贞丰县。引导台胞台企台属抗击疫情捐款捐物13万余元。

【港澳工作】　促成澳门霍英东基金在晴隆县、贞丰县等5县捐赠8所海联新农村卫生室建设项目。促成兴义市第三中学、兴义市向阳路小学、贞丰县第一小学分别与澳门商训夜中学、青洲小学、莲峰普济学校缔结为姊妹学校。促进兴义师院与澳门城市大学联系合作。

【海外统战和侨务工作】　元旦春节期间，走访慰问老归侨、困难侨眷和侨企代表30人，发放慰问金1.5万元，以“侨法宣传员”活动为载体，开展《中华人民共和国宪法》《中华人民共和国归侨侨眷权益保护法》《中华人民共和国归侨侨眷权益保护法实施办法》等涉侨法律法规宣传工作。倡议海外侨胞、侨商和侨企助力疫情防控，共收到抗疫物资63万元，州内归侨侨眷、留学回国人员45人捐款3.03万元，向海外侨胞和留学人员寄送防疫“爱心包”200个。制定出台《关于加强新时代海外统战工作的实施方案》《黔西南州海外统战工作规划（2021—2025年）》《中共黔西南州委统战部侨务工作规划（2021—2025年）》。

【党外代表人士队伍建设】　2020年，贯彻中国共产党领导的多党合作和政治协商制度，组织召开征求意见座谈会、情况通报会5场次。及时做好州政协委员推荐考察和调整充实工作，从疫情防控一线、文旅兴州一线等推荐考察增补州政协委员20名。做好州政协八届六次会议选举服务工作。深入各民主党派开展调研，全面了解民主党派干部队伍和组织建设情况，帮助解决实际困难和问题。支持各民主党派开展“不忘合作初心、继续携手前进”主题教育活动，不断巩固团结奋斗的思想政治基础。

【统战理论信息宣传】　2020年，共上报统战信息585条，获中央统战部信息平台以及国家级宣传媒体采用信息20余条；获省委统战部、省台办及天眼新闻等省级宣传媒体采用信息100余条；在本部网站编发信息1000余条；在“黔西南试验区统一战线”微信公众号编发信息950条；获2020年度中央统战部中国统一战线杂志社中国统一战线宣传先进单位、省委统战部全省统战理论政策研究创新成果组织单位、全省统一战线宣传工作成效明显单位；2人获中央统战部中国统一战线杂志社宣传先进个人；上报3篇作品获中央统战部“脱贫攻坚　奋斗有我”随手拍活动三等奖，2篇文章获全省统战理论政策研究创新成果，1篇文章获全省统战工作实践创新成果。

【黔西南试验区建设】　2020年，抓住统一战线参与黔西南试验区建设，中央统战部定点扶贫晴隆县、望谟县，民进中央定点扶贫安龙县，致公党中央定点帮扶和对口支援，宁波市统一战线东西部扶贫协作机遇，着力从产业、教育、医疗、文旅、人才培训、智力帮扶、基础设施、村企帮扶

2020年7月23—26日，暨南大学党委书记林如鹏、华侨大学党委书记徐西鹏率考察组赴黔西南试验区开展对口帮扶工作，其间召开座谈会与州政府签订对口帮扶合作协议 （州委统战部 提供）

2020年5月1日，州委常委、州委统战部部长罗春红（前左一）率队到望谟县打易镇开展挂牌督战工作 （州委统战部 提供）

2020年7月22—31日，中央统战部副部长邹晓东（左四）率国务院扶贫办脱贫攻坚督查组第九组到黔西南州开展脱贫攻坚工作督查 （州委统战部 提供）

等方面补齐“两不愁三保障”短板弱项，精准施策、精准发力。帮助协调中央有关部委支持安龙美女山水库建设工作，推动兴义至百色铁路、龙滩水电站通航设施、南北盘江红水河流域水土保持示范带、易地扶贫搬迁新市民等重大项目建设；争取暨南大学、华侨大学、南开中学、北京四中网校等加大对试验区教育、农产品销售等帮扶支持；引导统一战线广大成员及企业家积极开展公益帮扶，推动万科集团、龙湖集团、金辉集团、上海均瑶集团、新东方教育科技集团、中天金融集团等企业到黔西南州开展村企结对帮扶、产业带动、招商推介、捐资助学等，增强社会扶贫力量。年内，共争取统一战线参与黔西南试验区建设及定点扶贫工作项目184项，帮扶资金3.73亿元，捐赠资金0.75亿元，消费扶贫资金0.53亿元，培训人员1.78万人，资助人员0.13万人；共争取东西部扶贫协作社会资助资金551万元。

**【包保村脱贫攻坚】** 运用“四逐四准”工作机制，以“八个一”“两业”为重点，着力抓“两补”，深查“两不愁三保障”等短板弱项，逐一精准制定措施，对账销号。统筹州、县、乡、村四级力量深入作战督战。着力从“思想认识到位”“疫情防控到位”“落实责任到位”“督战保障到位”“加强调度到位”“解决问题到位”六个到位抓好脱贫攻坚挂牌督战工作。2020年，累计为3个乡镇5个村争取帮扶项目47项，资金2657.968万元。

（孙政文）

## 州委政策研究室

【概况】 州委政研室(州委改革办),行政编制共13人,内设机构5个:综合科、调研一科、调研二科、调研三科、改革科。下设事业机构1个,《黔西南工作》编辑部,正科级事业机构,隶属于州委政研室,共有事业编制10人。截至2020年12月,在职在编干部职工18人,其中,行政人员9人,事业人员8人,工勤人员1人;正处级领导1人,副处级领导3人,科级干部4人。

【党的建设】 2020年,州委政研室全年共组织各类理论学习41次,汇编学习资料100余册。严格落实"三会一课"、民主生活会、民主评议党员等制度,增强党内政治生活的政治性、时代性、原则性和战斗性。严格对标对表州委模范机关创建工作要求,按照"政治机关""勤政机关""法治机关""服务机关""文明机关""廉洁机关"六型机关创建目标任务,建立台账,细化措施,明确时限,抓好各项创建工作落实。严格执行"三重一大"制度,坚持"一岗双责",每月按时报送"两个责任"备案。严格遵守"中央八项规定""省委十项规定"及"州委八项规定",执行好新形势下党内政治生活若干准则,发放《中国共产党纪律处分条例 中华人民共和国公职人员政务处分法汇编》20余册。

【重要文件起草】 2020年,完成《中共黔西南州委关于认真学习宣传贯彻落实党的十九届五中全会和省委十二届七次全会精神的工作方案》《中共黔西南州委 黔西南州人民政府关于抓好"三农"领域重点工作确保如期实现全面小康的实施意见》等重要政策文件起草。参与完成全州党风廉政警示教育大会、全州双拥工作领导小组全体会议暨创建全国双拥模范城工作推进会等重要会议主持讲话10余次。参与草拟州委主要领导在州委常委会会议、州委专题会上主持讲话提纲20余次。完成《中共黔西南州委关于制定黔西南州国民经济和社会发展第十四个五年规划和二〇三五年远景目标的建议》等重大文稿起草。全年撰写、修改、校核州委各类重要文稿、重大文件材料累计100余篇200余万字。

【重大课题调研】 2020年,州委政研室围绕州委中心工作,组织开展调查研究,形成调研报告30余篇。完成省委重大研究课题《严防死守经济社会高质量发展过程中各条底线研究》《脱贫攻坚与乡村振兴工作有机衔接的研究》。完成"十四五"时期节点《推动黔西南州"十四五"规划建议目标实现的重大改革举措研究》。按州委领导安排完成《黔西南州政策性粮食储备调研报告》《营商环境政策研究》《黔西南州财源建设调研报告》《提升"两业"质量打赢脱贫攻坚"三场战役"研究》《在家教家风建设中强化对党绝对忠诚意识研究》《黔西南州落实产业发展八要素纵深推进农村产业革命的对策和建议》等重大问题的调查研究。完成《健全和完善党的全面领导制度研究》《强化制度建设研究》《强化政治监督研究》等党建工作要点的课题研究。

【脱贫攻坚】 继续选派熟悉帮扶村工作情况的年轻优秀干部担任安龙县万峰湖镇永和居委会第一书记,深入安龙县万峰湖镇永和居委会、龙万村开展脱贫攻坚帮扶工作,查找制约脱贫攻坚的问题和短板。严格按照"四个不摘""三落实"等工作要求,充分运用"四逐四准"工作方法,扎实抓好"疫情防控""劳动力就业服务""两补""两看""冲刺90天打赢歼灭战""八个一""三个八"等重点工作,推动帮扶村顺利通过全国脱贫攻坚大普查、"四个不摘"、年度成效等考核验收。2020年,永和居委会、龙万村顺利通过全国脱贫攻坚大普查,做到户户过、人人过,全部稳定脱贫。2020年,听取驻村第一书记脱贫攻坚汇报4次,召开室务会研究脱贫攻坚相关工作4次,处级领导带队到帮扶村开展脱贫攻坚调研24次,填报《黔西南州处级领导包保帮扶村纪实表》12期。划拨经费10万元,帮助永和居、龙万村群众发展种桑养蚕、养牛、养猪、养蜂、酿酒等产业。在春节、"八一"建军节和扶贫日期间,向帮扶村退伍军人、困难群众、养殖大户、驻村书记等发放慰问金1.6万元。

【全面深化改革】 筹备州委深改委会议7次,审议通过《中共黔西南州委全面深化改革委员会2020年工作要点》《黔西南州兴义市城市医疗集团建设实施方案》《中国人民政治协商会议黔西南布依族苗族自治州委员会提案工作条例》等20项改革事项。筹备全州改革办主任会议1次，改革云平台操作使用和信息工作培训会议1次。加强全州改革事项调度，做好改革台账登记。全年完成各级深改委审议事项和改革试点134项。完成年度工作要点明确改革任务和各类规划改革涉及本年度任务263项。全年报送改革案例和改革信息1222条，获《贵州改革情况交流》采用7期，获《贵州改革工作动态》采用55条。其中，两篇改革案例得到时任省人大常委会副主任陈鸣明、李飞跃的肯定性批示；4篇得到州委、州政府主要领导的肯定性批示。编印《黔西南州改革情况交流》12期，圆满完成省委改革办对全州年度改革考察工作。

**【党刊宣传】** 2020年，州委政研室严格遵守新闻宣传纪律规定，坚定不移继续扛好举旗帜、聚民心、育新人、兴文化、展形象的使命任务，强化对《黔西南工作》期刊、黔西南政研网站、黔西南政研和黔西南改革微信公众号等阵地管理，紧紧围绕州委中心工作，聚焦重点工作任务，充分发挥《黔西南工作》在州级党刊中的引流作用，开辟“深入学习贯彻习近平新时代中国特色社会主义思想”“疫情防控”“复工复产”“乡村振兴”等专栏，与全国各地党刊交流6期10000余份。党刊刊登《在夺取两个胜利中坚持马克思主义哲学方法论》《为按时高质量打赢脱贫攻坚战凝聚强大动力》《打好疫情防控阻击战的“数字密码”》《有力有序有效推进重工复产》《抢抓机遇开拓市场持续把企业做大做强》《统筹推进全面脱贫与乡村振兴有效衔接》等经验文章、研究文章、理论文章80余篇。

（陈进云）

## 督查考核

**【概况】** 2020年，州督查局围绕坚决打赢两场战役、“十三五”规划圆满收官和保质保量实现建成全面小康社会等重点工作任务，开展专项实地督查检查考核20次、书面跟踪督办1924件、会风会纪督查56次，呈报督查督办情况专报53期，获州委州政府领导批示15条，完成2019年度全州目标绩效考核定等和奖金兑现工作，稳步开展2020年全州目标绩效管理工作。2020年度，黔西南州督查局被中共贵州省委、贵州省人民政府授予贵州省抗击新冠肺炎疫情先进集体。

**【“两个维护”督查督办】** 将习近平总书记对贵州工作重要指示批示贯彻落实工作纳入2020年度重点督查内容，制定《黔西南州贯彻落实习近平总书记对贵州工作重要指示批示责任分工方案》《习近平总书记重要指示批示贯彻落实闭环管理工作规程（试行）》，建立健全组织协调、接收登记、呈批转办、督查督办、监督考核、请示报告、档案管理等专项工作机制，对51项重点工作任务进行跟踪督办、闭环管理。组织开展习近平总书记对贵州工作重要指示批示贯彻落实“回头看”，同步对习近平总书记作出的11项专项指示批示精神进行督办落实。组织开展贯彻落实中央八项规定精神、持续解决形式主义问题深化拓展基层减负、中国共产党督查工作条例起草建议督查调研3次。

**【“两场战役”督查督办】** 2020年，抽调人员组建州疫情防控纪律作风督查组，参与全州疫情防控工作。拟定印发“督查令”和督查工作方案，对领导讲话、工作文件、工作部署等责任分解7次，采用“四不两直”暗访督查工作方法开展疫情防控常态化督查。督查疫情防控和督战脱贫攻坚同步安排，从2020年3月开始至6月，每月对贞丰、普安、晴隆、册亨、望谟五个县和全州36个新市民居住区开展一次脱贫攻坚巡回督战。组织开展脱贫攻坚巡回督战4次、专项督查1次；印发疫情防控督查专报108期，参与督查257次（调度督查200余次、实地督查56次），下发书面督查提示20余件，上报工作情况、报告100余件。

**【重大决策督查督办】** 对省委全会、全省经济工作会议、省委农村工作暨全省扶贫开发工作会议、全省决战脱贫攻坚誓师大会、州委全会、州委常委会、州委财经委会议等会议的工作部署进行分解督办。组织对脱贫攻坚、经济社会发展、安全生产及《2020年政府工作报告》明确的重点任务等中心工作开展实地督查。完成省委、省政府综合大督查、省委根治欠薪冬季专项行动督查发现问题整改落实工作。对州委下发的《关于支持公职人员到民办机构领办或参与文化艺术工作的意见》（州党发〔2020〕15号）、《关于支持兴义市文化中心建设发展的意见》（州党发〔2020〕16号）和《关于支持民办专业机构开展文化艺术进校园工作的意见》（州委办字〔2020〕47号）等文件的学习贯彻落实情况开展督查。共跟踪督办省、州重要会议精神970项，州委决策事项386项，州政府常务会安排部署事项568项，上报相关督查情况报告29期、州委决策事项督办情况专报12期、州政府决策事项督办情况专报12期。

**【重点工作督查督办】** 组织对“六稳”“六保”、疫情防控、脱贫攻坚、易地扶贫搬迁、安全生产、煤炭高质量发展、深化“放管服”改革、生态环境保护、劳动就业、农村环境整治、农村乱占耕地建房、防范化解重大风险和重大工程、重点项目建设等开展专项督查18次。印发《2020年度督查检查考核计划》，全年共开展74项，较上年同期（2019年共90项）相比减少17.78%。

**【推进“督考合一”】** 印发《黔西南州2020年度目标绩效管理办法》，完成2019年度综合考评任务及州直部门突出贡献奖、县（市、新区）表彰奖励评审工作，督促相关部门落实“二次分配”制度，完成2019年目标绩效奖金、离退休人员生活补助和2020年州直干部职工平时考评奖金发放工作。共审核125个单位[县、市（新区）]奖金申报材料280余份，领取奖金人数7700余人。制定《黔西南州2020年度目标绩效督考工作方案》，对州委常委会工作要点、州政府工作报告明确的重点任务及职能绩效目标核查问题清单318项落实情况等进行督查核实。

**【提案办理】** 按照《中共黔西南州委办公室关于办理州政协八届五次会议政协委员提案的通知》（州委办2020-91）安排，加强与会办单位（州委统战部）的沟通对接，办理《关于将民主党派机关目标绩效进行分类别科学制定目标绩效考核办法的建议》，在规定时限内完成提案的书面答复。

**【脱贫攻坚】** 州委副秘书长、州督查局局长辛汉昆包保联系望谟县新屯街道纳坝村，州督查局副局长刘龙兴包保联系望谟县新屯街道柯杉村，每月均深入联系帮扶点进行脱贫攻坚帮扶。选派1名优秀年轻干部邓科充实望谟县新屯街道纳坝村担任驻村“第一书记”，开展驻村工作。到帮扶点上党课2次，宣讲上级有关会议精神6次，纳坝村支委开展“数变化、感党恩、促脱贫”院坝会、赶集日宣传会10次，参会群众790人次。开展“四逐四准、一查四保”工作，制定纳坝村“一村一方案”。推动完善村党组织领导的充满活力的村民自治机制，落实“四议两公开”，完善村务监督委员会工作机制，帮助村干部增强法治意识，提高依法办事能力，指导完善纳坝村规民约，弘扬文明新风，促进农村和谐稳定。协调18万元，解决纳坝村纳秧组产业路2.1千米和小广场建设；为十里乌霉种植专业合作社争取补助资金9.6万元；协调资金10万元，为柯松村建设产业路10千米。

**【自身建设】** 完善局务会会议制度、干部职工会会议制度、工作日报告制度等16项工作制度。制定《州督查局科级及以下干部职工2020年度平时考核工作方案》及《“零差错”工作方案》，完成州督查局全体干部职工2019年度全员目标绩效“二次分配”工作及2020年度平时考核工作，积极发挥干部考核激励约束作用。制定完善局政治监督活页，定期开展会前

2020年3月3日，州督查局到新屯街道督查脱贫攻坚工作反馈座谈会
（州督查局　提供）

一刻钟警示教育、提醒约谈和“两个责任”备案工作。开展会前一刻钟警示教育10余次，专题警示教育1次，组织干部职工学习相关会议、文件精神40余次。考聘3名事业人员工作，选调2名行政人员，提拔2名副科长级干部；选派2人到省政府办公厅督查室跟班学习。推荐提拔副处长级干部1人。

（韦章泽）

## 机构编制

【概况】 2020年，州委编办贯彻落实《中国共产党机构编制工作条例》（以下简称《条例》）和中央、省、州重大决策部署，围绕州的主战略，聚焦打赢脱贫攻坚、疫情防控“两场战役”，突出民生保障，科学测算和使用编制；狠抓主体责任落实，持续深化机构改革“后半篇文章”，协同推进重要领域体制机制改革，稳步推进事业单位改革，优化配置机构编制资源，圆满完成年度各项目标任务，工作质量和服务发展能力得到进一步提升。关于州直县级事业单位调整设置的专报件得到州委书记刘文新“工作抓得不错”的批示。全年，召开州委编委会会议3次，州委编办室务会会议25次，州委编办主任办公会议3次，研究机构编制事项400余项，下达编制使用计划289名，完成建议提案办理7件。

州委编办内设机构调整为综合科、业务一科、业务二科、业务三科、体制改革科（黔西南州事业单位登记管理局）、监督检查科（州委编委督查室）；核定行政编制11名，机关工勤编制2名，设置领导职数主任1名，副主任3名，科级领导职数7名。设立黔西南州委机构编制委员会办公室综合保障中心，为副县级公益一类事业单位，隶属州委编办管理，内设统计科、调研信息科、政务和公益域名科、效益评估科；核定事业编制15名，列入州级财政全额预算，设置领导职数主任1名，副主任1名，内设机构科级职数5名（其中正科长级职数不超过4名）。

【重要会议】 2020年，州委编办贯彻落实中央编委和省委编委及州委编委会会议决策部署，组织全州各级机构编制部门传达学习、贯彻落实中央编委和省委编委及州委编委会会议精神，提高政治站位，明确任务要求，从全局高度推动机构编制工作。3月30日，州委书记、州委编委主任刘文新主持召开2020年州委机构编制委员会第一次会议，传达学习全省编办主任会议精神，研究贯彻落实意见。4月9日，召开全州编办主任会议，州委书记刘文新专门对会议作出重要批示，州委常委、州委组织部部长顾先林出席会议并讲话，会议以视频会议方式开到县（市、高新区），参会人数630余人。

【工作调研】 省级调研：2020年，省委编办副主任赖武率相关处室人员，于3月26日到黔西南州调研指导经营类事业单位改革工作；省委编办副主任朱江率相关处室人员，于5月13日、14日到黔西南州调研易地扶贫搬迁后续工作和中小学编制管理工作；省委编办主任彭旭率相关处室人员，于8月13日到黔西南州调研应急管理、城市管理、生态环境、综合行政执法等改革工作，黔西南州委副书记穆嵘坤出席并主持调研座谈会；省委编办主任彭旭率相关处室人员，于11月10日到黔西南高新技术产业开发区对开发区管理体制进行调研。州委组织部副部长、州委编办主任陶星明陪同以上调研。州级调研：2020年，5月27日至28日，州委编办与州直相关部门联合到兴义民族师范学院、黔西南民族职业技术学院、贵州黔西南喀斯特区域发展研究院开展科技创新体制改革调研。8月18日，州委编办主要领导带队，到贞丰县、兴仁市开展省委巡视反馈问题整改督查调研，深入了解县（市）机构编制现状及存在问题原因，逐个问题提出整改措施。12月14日至18日，由室务会成员分别带队，深入各县（市）、义龙新区开展实地调研，全面了解全州8县（市）委编办及义龙新区党工委政治部，贯彻落实机构编制有关条例及文件精神情况，行政管理体制改革和事业单位改革推进情况，机构编制日常工作开展及监督检查情况。12月24日至26日，根据州医管委安排，参加州直公立医院人事编制及人才队伍建设情况调研。

【宣传贯彻《条例》】 2020年，州委编办通过组织州级和各县（市、新区）相关单位集中参加“新时代学习大讲堂”，利用黔西南日报等媒体开辟专栏，广泛宣传《中国共产党机构编制工作条例》，营造学《条例》、用《条例》、守《条例》的良好氛围；以《条例》为遵循，制定《条例》配套措施，推动全州机构编制管理工作实现规范化管理；通过专题党课、集中学习等多种方式组织编办系统干部加强《条例》学习，熟练掌握《条例》；经州委组织部部务会研究决定，将《条例》纳入州委党校培训课程，列入党校主体班次的学习教育培训计划，作为长期培训领导干部的重要内容。截至3月17日，全州各县（市）均已明确将《条例》纳入本级党校的培训内容；宣讲《条例》，7月27日，邀请省委编办业务三处处长鲁显坤到州委党校作“学习贯彻《中国共产党机构编制工作条例》”专题讲座，州委党校2020年第32期县干班、第28期中青班学员、第8期妇干班学员，州委编办和兴义市委编办班子成员、业务骨干共172人参加；11月13日，安排州委编办业务骨干做客“金州法制时空”广播电台，宣传《条例》，提升《条例》知晓率和影响力；贯彻落实党和国家关于机构编制工作的方针政策和决策部署，严格执行中央、省、州关于机构改革、机构设置、人员编制和领导职数的相关规定，做到令行禁止、政令畅通。

【机关党建】 2020年，州委编办采取集中学习与个人学习相结合的方式，抓好思想政治建设。全年召开中心组学习会4次，干部职工学习会24次，其中开展廉政警示和党规党纪教育10余次。加强党的组织建设，2020年5月，州委编办被州直机关工委授予“让党中央放心　让人民群众满意模范机关”称号；2020年12月组织开展党支部换届选举，会议选举办主要领导为党支部书记，一名班子成员为党支部副书记，将换届选举结果报州直机关工委批复，完成州委编办党支部换届选举工作。落实党建工作经费，结合时间节点对退休党员、帮扶联系点贫困党员开展走访慰问活动。研究制定《2020年度州委编办落实全面从严治党主体责任清单》《2020年党风廉政建设工作计划分解表》，落实主体责任，履行一岗双责。全年，召开3次专题会议研究部署党风廉政建设工作，完成“两个责任”备案12期；抓好巡察整改，州委第四巡察组于2020年5月、6月对州委编办开展巡察，根据巡察组巡察反馈的5个方面24个问题，结合提出5个方面的整改意见及建议，州委编办成立5个整改专班，由室务会成员分别牵头负责，制定出台制度4个，修订完善制度26个，抓好反馈问题的整改落实，完成阶段性整改24个，整改完成率100%。严格落实意识形态工作责任制要求，坚持把意识形态工作与业务工作同部署、同落实、同检查。落实监督执纪“四种形态”工作要求，制定《州委编办2020年党风廉政建设约谈工作实施方案》，常态化开展党员干部预防提醒谈话工作和党性党风党纪、廉政警示教育工作。全年，办主要领导对全体干部职工开展预防提醒约谈18人（次），室务会成员对分管科室干部职工开展预防提醒约谈25人（次）。

【干部选拔任用】 2020年，交流提拔事业副县级干部1人，提拔事业正科级干部2人、事业副科级干部2人，事业正科级干部试用期满正式任职1人，内部交流轮岗10人，考调（聘）2人。

【助力脱贫攻坚】 2020年，持续做好兴义市泥凼镇经堂村、江边村包保联系工作，选派1名科级干部继续担任经堂村第一书记，助力脱贫攻坚。先后协调资金60余万元，完善经堂村道路、串户路等基础设施建设，安装太阳能路灯110余盏，安装蓄水罐28个，解决9个村民组28户季节性缺水问题；协调兴义市电力公司投入资金匹配经堂村的24台10千伏大功率变压器，覆盖全村22个村民组用电；为经堂村村民黄启香交通事故一案申请司法救助，获得救助资金4万元。

【助推疫情防控】 2020年，州委编办与人社、卫健等部门沟通、配合，并向各县（市）委编办发出通知，第一时间为全州援鄂医疗队非事业编制人员开启“绿色通道”，直接聘用为正式在编人员提供编制保障。截至3月6日，全州编办系统共为黔西南州援鄂医疗队医务人员中的36名非事业编制人员及时办理入编手续。

【规范调整州直事业单位】 2020年1月，省委编办批复黔西南州规范调整和新设立副县级事业单位共35个，其中：更名和挂牌副县级事业单位14个，“撤一建一”新设副县级事业单位21个；2020年4月，中共黔西南州委机构编制委员会《印发〈关于稳步推进州直副县级事业单位调整设置实施方案〉

的通知》(州机编字〔2020〕1号),对州直副县级事业单位进行规范调整;2020年7月,完成州直事业单位规范设置调整的情况汇报和明确相关机构的设置;2020年8月,印发通知对州直有关部门下设事业单位规范调整设置工作开展检查验收工作。通过大量撤并整合设立分散、规模过小、职责弱化、重复设置的科级事业单位,从职能配置、机构名称、管理体制、人员编制等规范事业单位设置,同步做好事业单位职责调整、内设机构、编制核定等"三定"规定事项及事业单位法人登记、域名注册和档案管理等改革后续工作,实现预期目标。调整前,涉改州直事业单位213个(正县10个,副县79个,科级124个);调整规范后,州直事业单位130个(正县10个,副县79个,科级41个),撤销科级机构83个。州直事业单位机构个数精简比例约为39%。

**【推进生产经营类事业单位改革】** 2020年,根据中央和省委关于经营类事业单位改革工作会议精神,按照州委、州政府的统一安排部署,及时调整完善黔西南州经营类事业单位改革领导小组,及时研究解决改革推进过程中的困难问题,如期完成21个经营类事业单位改革,成为全省率先完成该项改革任务的市(州)。其中州级层面6个(2018年已改革完成1个,为州设计院,收回自收自支事业编制128名),现参改5个,涉及编制120名,实有人员82人,退休人员110余人。县级层面15个(兴义市6个、兴仁市4个、安龙县3个、贞丰县2个),涉及编制68名,实有人员73人,退休人员90人。

**【调整设置人大机构】** 2020年,在与省人大常委会机构设置基本对应的基础上,结合黔西南州实际,因地制宜设置机构。按照法律规定和程序设置9个专门委员会,合理设置3个综合办事机构(处级)和18个内设机构(科级),设置专门委员会专职副主任职数。

**【理顺生态环境执法管理体制】** 2020年,按照中央、省委对生态环境机构监测监察执法垂直管理制度改革工作的部署安排,将州生态环境局在各县(市、高新区)分局的40余名行政编制、10余名工勤编制全部上划州级管理。将各县(市、高新区)设立的生态环境保护综合行政执法大队、环境监测站、生态环境综合保障中心的300余名事业编制全部上划州生态环境局管理,整合专业性较强的3个科级事业单位设立副县级事业单位州生态环境综合保障中心。

**【森林公安管理体制调整】** 2020年,根据《贵州省森林公安机关管理体制调整工作实施方案》,按照"各级森林公安机关划归同级公安机关直接领导管理,各级林业部门不再领导管理""管理体制调整后,职能保持不变,职责原则上维持不变""各级森林公安机关政法专项编制全部划转同级公安机关管理,在职民警随所在单位集体整建制划转同级公安机关""森林公安机关工勤编制及在编人员随所在单位一并划转同级公安机关"的原则,印发《关于黔西南州森林公安机关管理体制调整的通知》,完成森林公安管理体制调整工作。

**【理顺供销合作社管理体制】** 2020年,根据《中共中央、国务院关于深化供销合作社综合改革的决定》(中发〔2015〕11号)精神及有关要求,增设州供销合作社联合社监事会主任1名(副处长级)。调整州供销合作社联合社领导职务名称,将主任1名、副主任2名调整为理事会主任1名、理事会副主任2名。增设兴义市、安龙县、普安县、晴隆县供销社联合社副科级监事会主任1名,将领导职务名称调整为理事会主任。其余县(市)供销社联合社改革稳步推进。

**【规范开发区领导职数设置】** 2020年,将贵州顶效经济开发区管理委员会(中共贵州顶效经济开发区工作委员会)更名为"黔西南高新技术产业开发区管理委员会(中共黔西南高新技术产业开发区工作委员会)"。将原贵州顶效经济开发区(义龙新区)管(工)委设置的1名党工委副书记兼任新区纪工委书记,改设为黔西南高新技术产业开发区(义龙新区)纪检监察工委书记1人,规范开发区领导职数设置。

**【设立黔西南州法学会】** 2020年,印发《关于设立黔西南州法学会的通知》,设立黔西南州法学会,为全州法学界、法律界的群众团体和学术团体,由州委领导联系,归口州委政法委管理。印发《黔西南州法学会主要职责、内设机构和人员编制规定》，指导各县（市）抓好法学会机构设置工作。

**【明确新设立街道政法领导职数】** 2020年，在全州15个新设立的街道办事处“三定”中明确政法委员领导职数设置事宜，全面坚持和加强党对政法工作的绝对领导，做好新时代党的政法工作。

**【调整能源监督管理体制】** 2020年，为进一步加强能源监督管理体制建设，核增州政府副秘书长职数1人，分别在兴义市、兴仁市、安龙县、普安县、晴隆县5个重点产煤县（市）政府办核增副主任职数1人，专门负责煤矿安全生产相关工作。按照州委关于“重点产煤县（市）要单独成立能源综合管理部门”的要求，在晴隆县单独设立能源局，分别在兴义市、兴仁市、安龙县、贞丰县、普安县工科局加挂能源局牌子，分别调整增设工科局（能源局）副局长职数1人，由煤炭管理中心主任兼任，同时分管煤矿安全生产监督管理中心的工作。增加州能源综合行政执法支队编制，强化执法力量。

**【加强应急管理体系建设】** 2020年，设立应急综合保障中心（应急救援中心），增加防汛抗旱公益职责，在应急救援科加挂防汛抗旱和防震减灾服务科牌子，增加防汛抗旱等服务职责。县（市）级参照州级做法，通过在应急综合保障机构设置相应内设机构、在内设机构挂牌或按照“撤一建一”原则新设机构的方式，设立相关防汛抗旱服务保障机构，同时，结合实际下达编制使用计划，解决专业技术人员不足的问题，做好应急管理工作体制机制保障。

**【完善新型城镇化工作体系】** 2020年，将州住房和城乡建设局的新型城镇化职责划转州发展改革委，承担全州统筹推进新型城镇化相关职责，厘清理顺部门职责，确保新型城镇化工作体系省、州对应，保障工作沟通对接顺畅。

**【健全人防工程质量监督体系】** 2020年，在州人民防空办公室信息保障中心加挂“州人防工程质量技术服务中心”牌子，调整为第一机构名称，增加人防工程质量建设服务职责。同时增加事业编制和增设副主任职数1人，健全州级人防工程质量监督机构。

**【调整兴义民族师范学院机构编制设置】** 2020年，按程序报批调整设置兴义民族师范学院领导职数，1名党委副书记不再同时兼任纪委书记，将1名副院长职数调整为纪委书记职数，调整后9名领导职数设置为：党委书记1人、院长1人、党委副书记3人（其中1人由院长兼任），纪委书记1人、副院长4人。在现有机构限额和职数内，调整纪委（监察）机构，撤销继续教育与培训部，新设纪委综合室，下设综合科和案件审理科；将监察室更名为纪检监察室，将原纪委宣传教育室更名为监督检查（信访）科，纪委案件审理室更名为审查调查科。

**【保障民生及相关领域机构编制】** 2020年，下达州扶贫办编制使用计划7人（行政编制2人、周转事业编制进人计划5人），下达州农业农村局行政编制使用计划2人，下达黔西南广播电视台事业编制使用计划5人，下达州医疗保障事务服务中心事业编制使用计划2人。在州林业局增设森林草原防火科，设科级职数1人，并对相关科室职责进行调整，对森林草原防火科职责进行明确。

**【保障易地扶贫搬迁后续工作编制】** 2020年，全州共设立新市民街道15个，共核定行政编制300余人、事业编制700余人，按“编随事走”原则，全州易地搬迁跨区域划转事业编制近800人。在新市民街道新设立学校48所，核定教育事业编制1900余人，安置点周边学校调整增加事业编制数近200人，保障易地扶贫搬迁新市民子女就学。新设置易地扶贫搬迁医疗卫生机构7个、新核定医疗卫生事业编制200余人，服务人口达41.82万人。新设立公安派出所3个，核定政法专项编制40余人，新设置警务室24个，配备警力30余人、辅警150余人，切实为做好易地扶贫搬迁“后半篇文章”提供坚强机构编制保障。

**【挖掘创新服务教育发展】** 2020年，联合教育、财政、人力资源和社会保障部门出台《黔西南州关于贯彻落实〈关于进一步挖潜创新加强中小学教职工管理的指导意见〉有关事项的通知》，以2019年底中小学教职工事业编制数为基数，建立教育机构编制台账，锁定编制总量，通过跨区域统筹调整，盘活存量、编制挖潜等方式，保障中小学教职工编制需求，优化教育编制资源配置，促进教育均衡发展。

【调整优化医疗卫生机构编制】2020年，对公立医院用人实行员额控制和编制管理，在不突破各级事业编制总量的前提下，合理核定各公立医院的编制。同时对员额和编制实行动态管理，结合事业发展需要原则上3年调整一次；重新制定州妇幼保健院“三定”规定，明确为比照副县级公立医院管理的公益二类财政定额拨款事业单位，核定事业编制60余人，核定编外用人员额500余人；将州中心血站由自收自支事业单位调整为财政差额预算管理的事业单位；设立黔西南州卫生健康促进中心；对州人民医院领导职数进行调整设置，在现有9名职数内，将党委书记和院长分设，不再保留工会主席领导职数，增设综合管理机构9个，同时增加备案管理临床医技机构21个、更名机构2个；为进一步做好州疾病预防宣传工作，在州疾病预防控制中心增设科教信息科；全年下达医疗卫生行业人才引进计划100余名。

【退役军人服务保障】2020年，组建副县级机构州退役军人服务中心，设置内设机构双拥工作科。按照相关规定及要求，切实做好2020年度军转干部安置和退役士兵接收安置工作。配合州委组织部制定《2020年黔西南州驻州部队随军家属就业安置工作实施方案》，为5名军转干部和16名退役士兵安置提供编制保障，稳步推进全州驻州部队随军家属就业安置工作。

【高校应届毕业生就业保障】2020年，贯彻落实中央、省、州关于“六保六稳”部署要求，申请报送近800名专项计划用于定向招录(聘)2020年应届高校毕业生(其中州级20余人，县级700余人)，重点面向脱贫攻坚和基层一线，进一步充实基层农技、医疗卫生等岗位人员力量。申请报送300余名行政(参公)编制用于州、县、乡三级统一面向社会公开招录公务员、人民警察和选调生。使用40余名行政(参公)编制面向“985”重点高校选调优秀毕业生到黔西南州工作。

【办理县(市)重大机构编制事项】2020年，在安龙县设立食用菌产业服务中心(安龙县林下经济产业服务中心)，为隶属安龙县农业农村局管理的副科级公益一类事业单位；设立兴义市中医院，为参照正科级公立医院管理的公益二类事业单位，核定领导职数4人；将兴义市第八中学、兴义市人民医院调整升格为副县级公益二类事业单位，于2020年11月获省委编办审批。

【机构编制督查】2020年，完成各级督查督办事项17项，开展超审批权限设置机构等问题自查自纠，全州共排查出未按审批权限报批的机构12个[州级9个，县(市)3个]，已完成整改7个，尚有5个正在整改中。抓好2019年省委、省政府综合大督查发现“部分市县‘三定’规定需规范的问题”整改工作，截至2月20日，贞丰县、晴隆县、册亨县均已按整改时限全部完成整改。加强对超编制、超职数、超规格配备干部情况的早发现、早清理、早整改，进一步规范县(市)、义龙新区领导职数管理，全年配合州委组织部完成干部配备预审13批次。

【省委巡视反馈问题整改】省委第二轮巡视时反馈贞丰县、兴仁市存在人员超编问题，按照省委编办彭旭主任2020年8月13日在黔西南调研时提出的巡视整改工作要求，办主要领导带队到贞丰县、兴仁市开展调研督查，同时，印发《关于开展机构编制自查整改工作的通知》，要求全州各县(市)全面开展机构编制问题自查清理。截至2020年9月底，贞丰县、兴仁市共消化超编人员280余人，在省规定时限内提前完成消化超编工作任务，完成整改工作。

【实名制系统管理】2020年，制定下发《关于进一步做好机构编制实名制系统管理维护工作的通知》，积极探索与组织、人社、财政等部门建立信息管理共享机制，按月更新州直实名制信息情况统计台账。全年，为州直单位办理入编通知书共239份，其中：行政人员101份、事业人员138份。

【事业单位法人监管】2020年，制定印发《关于开展州直事业单位法人2019年度报告公示信息抽查工作》《关于做好2020年度事业单位法人年度报告公示工作的通知》等相关文件，采取“互联网+”模式，全州共审核事业单位法人年度报告2730个，其中州级149个、兴义市697个、兴仁市294个、安龙县344个、贞丰县293个、普安县196个、晴隆县327个、册亨县241个、望谟县189个，已全部向社会进行公示，接受社会监督。

【网上名称管理】 2020年，制作《黔西南州网上名称管理工作手册》，加强网上名称管理宣传工作；印发《关于做好全州网上名称管理工作的通知》，开展机关事业单位自建网站开办审核、资格复核和中文域名解析使用工作，全州规范标识证书381个，注销36个，规范自建网站17个。

【信息工作】 2020年，向中央编办、省委编办、州委办等各级部门报送信息59期(条)，被中央编办政务和公益机构中文域名注册管理中心网站采用4期(条)、省委编办内外网采用10期(条)；刊发《黔西南州机构编制工作信息》7期。

【获得荣誉】 2020年5月，州委编办被州直机关工委授予“让党中央放心　让人民群众满意模范机关”荣誉称号。2020年6月，州委编办综合科科长杨娜被贵州省双拥工作领导小组、贵州省退役军人事务厅、贵州省人力资源和社会保障厅、贵州省军区政治工作局联合表彰为“贵州省爱国拥军模范”；州委编办综合保障中心效益评估科副科长吴应涛，2020年8月被贵州省第四次经济普查领导小组表彰为“贵州省第四次经济普查优秀个人”，2020年10月被省委巡视工作领导小组办公室表彰为“优秀巡视组员”。

（雍云峰）

## 老干部工作

【概况】 州委老干部局属州委工作部门，由州委组织部管理，正县级机构，列入州级财政全额预算。内设办公室、政策协调科、组织指导科、关工委工作科；局属老干部活动中心内设服务保障科、活动指导科、医疗保健科、信息宣传科。共有编制25个，其中：行政编制9个，机关工勤编制1个，局中心管理岗位11个，工勤编制4个。现在编人员22人，其中：县处级领导4人(局长1人，副局长、三级调研员2人，局中心主任1人)，正科级干部5人(四级调研员1人，一级主任科员1人)，副科级干部4人，科级以下干部3人，机关、事业工勤人员4人。

【领导重视】 传达学习贯彻。1月10日，州委组织部副部长、州委老干局局长鲁永明主持召开局务扩大会议，传达学习全省离退休干部先进集体和先进个人表彰大会精神暨全省老干部工作会议精神。1月19日，州委组织部部务会听取并充分讨论州委老干局关于全国全省离退休干部先进集体先进个人表彰大会暨全国老干局长、全省老干工作会议精神和贯彻意见。

研究贯彻意见。2月6日，州委常委会专题传达学习全国全省离退休干部先进集体先进个人表彰大会暨全国老干局长、全省老干工作会议精神，并对贯彻意见进行认真研究，原则同意州委老干局提出的五条贯彻意见，州委书记刘文新对下步工作提出要求。州委同意，以州委办名义印发2020年全州老干部工作要点；及时调整充实全州老干部工作领导小组成员；老干部工作纳入2020年全州“督考合一”内容。

召开会议安排部署。3月13日，全州老干部工作会议暨老年教育工作会议以视频会议形式召开。州委书记刘文新，州委副书记、州长杨永英分别作出批示，州委常委、州委组织部部长顾先林出席并讲话。会议全面总结回顾2019年全州老干部工作和老年教育工作，对2020年老干部工作和老年教育工作进行安排部署。

【三项建设】 抓政治引领。组织老干部参加州委州政府组织召开的重要会议，向老干部通报全州经济社会发展情况和州委州政府的重大决策部署等情况，让老干部积极参与建言献策的同时，继续关心支持州委州政府的中心工作和各项重大决策部署。建立“党小组+学习小组”制度，对生病卧床和行动不便的党员，采取由“学习小组”送学上门的方式，及时传达重要会议文件精神和开展活动情况，听取意见建议，并积极开展“先锋黔老”小讲堂活动。

抓思想建设。组织老干部及时跟进学习中央、省、州重要会议精神，让老干部学深学透、入脑入心，把思想和行动统一到中央、省委、州委的重大决策部署上来。1月7日，邀请《晚晴》杂志社有关负责人到包保联系点开展爱心助学捐赠活动，向安龙县招堤街道办联合村教学点捐资2.8

万元；1月8日，组织10余名副厅级以上退休干部参加州委、州政府2019年全州工作情况通报会；8月中旬，组织州离退休党支部书记代表参加省委组织部、省委老干部局举办的全省离退休干部党支部书记示范培训班；8月中旬，组织8名退休干部代表参与“我看脱贫攻坚新成就”调研座谈会，形成《黔西南州“我看脱贫攻坚新成就”专题调研报告》；11月13日，组织10余名副厅级以上退休干部参加中央宣讲团党的十九届五中全会精神宣讲视频报告会。

抓组织建设。推动老干部党建工作融入脱贫攻坚、融入地方经济社会发展。10月21日至23日，举办全州离退休干部党支部书记培训班，州直及各县（市、新区）的80余名离退休干部党支部书记（委员）代表参加培训。指导各县（市）及州直有关部门按照州、县两级示范性离退休干部党支部的要求持续抓好示范创建工作，现已完成10个州级示范性离退休干部党支部验收。走访调研3个县（市、新区）、32个州直部门离退休干部党支部，形成《黔西南州离退休党支部标准化规范化建设情况报告》。为州直有关单位划拨离退休干部党支部书记（委员）工作性补贴经费48万余元。

**【“两项”待遇】** 关注思想政治。把学习贯彻习近平新时代中国特色社会主义思想和党的十九大及十九届四中、五中全会精神作为老干部学习的重要内容，加强政治建设、思想建设和党组织建设，注重政治引领，强化理论武装，引导广大离退休人员树牢“四个意识”、坚定“四个自信”，做到“两个维护”，坚决维护以习近平总书记为核心的党中央权威和集中统一领导，始终在政治立场、政治方向、政治原则、政治道路上同以习近平总书记为核心的党中央保持高度一致。结合老党员老干部群体年老体弱的实际情况，采取多种形式，全覆盖抓好学习教育。定期举办全州离退休干部党组织书记培训班，提升离退休干部党组织书记履职能力。针对离退休党员干部群体行动不便、集中学习困难等情况，利用“学习强国”“数字黔老”等载体，为老干部搭建线上交流学习平台，利用手机端打破时间空间限制进行学习讨论。为州直单位离休干部、离退休干部党支部和副县级以上退休干部征订《晚晴》杂志共884份，为州直老年社团和州直单位离退休干部党支部征订《贵州老年报》60份。

关爱生活待遇。全覆盖对州直离休干部、离休干部遗孀、副县级（副高职称）以上退休干部及特困离退休干部开展走访慰问，共走访慰问1000余人。落实州直41名新中国成立初期退休干部的生活、医疗补助费49.8万元，发放12名州直单位特殊困难离退休干部及离休干部遗孀帮扶基金共计10.7万元，发放州直单位34名离休干部特需费共计3.25万元，帮助有特殊困难的老干部解决实际困难和问题。对易地安置在省外的3名离休干部进行电话慰问，并发放易地安置离休干部慰问金。走访慰问抗日战争时期及以前参加革命工作的人员12名，发放慰问金1.2万元。及时组织州直单位离休干部开展两年一次健康体检，调整老干部就医“绿色通道”领导小组，切实做到跟踪服务到位。为州直单位69名年满70周岁的退休干部办理高龄补贴审批，协助原单位办理逝世离退休干部丧葬事宜14人次。组织厅级离休干部代表参加2020年烈士纪念日向人民英雄敬献花篮仪式。接待处理退休干部来信来访4件次，做到“件件有回音，事事有落实”。

**【正能量活动】** 创新活动载体增添正能量。紧扣“大扶贫”战略行动和“乡村振兴战略”行动，推进老干部发挥作用从品牌向品质转变。建立50余名老干部组成的“督、讲、研”3支银龄智库队伍。疫情防控期间，全州各级老干部门充分利用微信群、QQ群等平台，号召广大老干部在加强自身防护的同时，参与地方疫情防控相关工作，充分发挥正能量作用。同时，坚持对局机关、州老干部活动中心区域进行全方位消毒。严格落实疫情防控常态化要求，坚持疫情防控值班制度和登记管理制度，维护老干部身体健康。据不完全统计，全州离退休人员共捐款达100多万元，发布相关信息100余条，作诗填词100余首，为“战疫”一线加油鼓劲。

助力脱贫攻坚增添正能量。按照“两联三共”（联合党支部、联合关工委，共建、共推、共帮）模式，力所能及地为新市民办实事、做好事、解难事。在易地扶贫搬迁安置点创建联合党支部10个，联合关工委18个。选树老干助力脱贫攻坚先进典型，大力宣传老干部参与脱贫攻坚的先进事迹，老干部罗锦峰助力脱贫攻坚先进事迹获贵州电视台播出。

围绕薪火传承增添正能量。充分调动发挥“五老”作用，助力打赢疫情防控和脱贫攻坚两场“战役”，广泛开展青少年立德树人教育，倾力倾情关爱保护留守儿童困境儿童。全州各级关工委组建270个“五老”宣讲、法治教育团，深入开展党的十九届四中全会、五中全会精神及“关爱明天·普法先行”、帮教失足、网吧监督等教育活动1063场次，参与“五老”人员1053人，受教育青少年达105万余人（次）。争取协调省关工委、州直有关部门经费300余万元，深入实施“帮助幼儿教师提升能力水平项目”“帮助幼儿园改善办学条件项目”及留守儿童家长、代理家长“尽责优教”大讲堂活动，慰问、资助、“开学季·关爱行”、科技培训、扶贫产业项目等，受益青少年5.2万余人次。全州已建关工委组织2635个，其中“五好”基层关工委2010个，“五好”率达76%。

【规范化建设】 2020年，对机关办公和老干部学习、活动、考察、就医等建立标准化工作体系，修订完善《局务会议事规则》《局中心组学习制度》等17项规则、规定和制度，办文办会、干部人事等13项工作流程；建立工作目标任务分解责任制和协调机制，对152项工作目标任务进行责任制分解，做到统一谋划部署、统一配置力量、统一推进落实、统一考核评价，形成主要领导亲自抓、分管领导具体抓、各科室合力抓的工作机制。以推广应用“数字黔老”老干部工作服务管理信息化平台为契机，建立老干部信息库，老干部党组织和党员信息库，老干部、关工委工作者信息库，开通“数字黔老”平台1116个，离退休干部数据录入25248人，离退休干部党员数据录入11291人，老干工作者、关工委工作者信息录入1121人。利用“贵州老干部工作”微信公众号、贵州老干部工作网等网络平台，及时宣传党的老干工作方针政策、工作动态、老干部先进事迹等，使社会各界、老干部全面快捷地了解掌握全州老干工作动态。实行重点工作一月一申报，常规工作和重点工作完成情况一月一评定，年终总评定的方式，对120项申报的重点工作进行研判认定，累计确定70项重点工作，使干部职工把心思集中在想事上，把本领体现在干事上，把目标锁定在成事上。

（胡爱博）

## 州关工委

【概况】 2020年，州委常委、州委组织部部长顾先林任关工委第一主任，州委原副书记、省水利厅原正厅级纪检员田忠明任主任，州人大常委会原副主任林素珍任常务副主任，4名副厅级退休、3名正处级退休老同志任副主任。州委老干局1名副局长任关工委秘书长，负责关工委日常事务。关工委办公室为州关工委日常办事机构，由州委老干局关工委工作科负责履行关工委办公室日常事务工作，现有工作人员1人（关工委工作科科长，行政编制）。10月20日，州关工委主任田忠明、副主任谭万里获中国关工委、中央精神文明办表彰为“全国关心下一代工作先进工作者”；11月27日，州关工委获省关工委、省精神文明办表彰为“全省关心下一代工作先进集体”，州关工委常务副主任林素珍获“全省关心下一代工作突出贡献奖”表彰。

【主题教育】 2020年，全州各级关工委组织“五老”开展党的十九届四中、五中全会精神及“学习三史三情，传承红色基因，争做时代新人”“祖国好·家乡美”等系列主题教育活动477场次，参与“五老”712人，受教育青少年达31万余人次。州关工委、州教育系统关工委在总结21所“两史”教育示范学校创建工作的基础上，已在全州广泛开展“两史”教育示范学校创建工作；组织参加“新时代好少年”主题教育“美好生活、劳动创造”读书活动，全州获教育部关工委表彰先进集体10个、先进个人12名，学生征文作品获一等奖232篇、二等奖342篇、三等奖471篇；组织参加“中华魂”主题教育“爱我中华”读书活动，全州获中国关工委和教育部关工委联合表彰先进集体1个、先进个人7名。

【法治教育】 2020年，结合“七五”普法和第四届“关爱明天·普法先行”教育活动，全州各级关工委组织“五老”开展法治宣传教育进校园活动337场次，参与“五老”341人，受教育青少年28万余人次；组织“五老”开展帮教活动61场次，帮教失足青少年202人次；组织“五老”网吧监督员协助参与网吧监督238场次，查处黑网吧3个；组织“五老”协助参与城区及校园周边环境整治688次，整治突出问题391个；组织“五老”协助参与矛盾化解327次，化解矛盾纠纷146件。

【科技服务】 2020年，全州各级关工委联合有关部门开展“百千万”科技培训活动，共投入培训经费124.4万元，开展科技培训81场次，培训农村青年1.3万余人次。其中，州关工委、州农业农村局、州老科协联合出资20万元，支持各县（市、新区）关工委开展科技培训18场次，培训农村青年1759人次。鼓励和支持“五老”参加“五老返乡·助力小康”等活动，共1000余名“五老”就地就近与驻村工作组结对，配合驻村工作组开展工作，协调并落实项目资金365.5万元，助推扶贫产业发展，受益群众达1.3万余人。争取省关工委资金46万元，州关工委出资1.4万元，在望谟县、晴隆县、贞丰县和兴义市探索建立科技服务示范基地4个，共创建示范基地面积1196亩，带动农户353户1614人增收。

【关爱工作】 2020年，争取中国关工委经费50万元，在新龙场镇龙场小学建立“中国关心下一代教育基地”。争取省关工委经费30万元，在12所中小学开展“开学季·关爱行”活动，资助困难家庭学生和品学兼优学生720名；争取省关工委经费11万元，深入实施“帮助幼儿教师提升能力水平项目”，共举办培训班2期，培训幼儿园园长和骨干教师278人；争取省关工委经费35万元，深入实施“帮助幼儿园改善办学条件项目”，为兴义、安龙、贞丰、普安、晴隆、册亨、义龙7所乡（镇）中心幼儿园改善办学条件。联合州慈善总会、州生态移民局在晴隆县、望谟县分别开展“托起明天的太阳”关爱帮扶活动，共资助农村贫困留守儿童困境儿童300名，发放资助金15万元。全州各级关工委会同妇联、教育等部门共开展元旦、春节及“六一”慰问活动80余场次，发放慰问金及物资（折合人民币）120余万元，受益学生8万余名（其中，州关工委到结对帮扶联系点安龙县招堤街道办打江居委会和联合村、贞丰县永丰街道办必克村、望谟县桑郎镇桑郎村分别开展慰问活动各2次，发放慰问金4.8万元，资助留守儿童困境儿童160名）。开展“尽责优教”大讲堂培训活动31场次，培训留守儿童家长、代理家长3615人。全州共1070名“五老”与1.2万余名留守儿童、困难家庭学生结对，发放慰问金、物资（折合人民币）122.43万元。全州各级关工委组织开展募捐活动17场次，募捐资金、物资（折合人民币）215.28万元，受益青少年3.8万余人（其中，州关工委积极争取宁波市镇海区“书知天下·镇海人”陈伟高等人的支持，向晴隆县、望谟县共20所边远山区小学捐赠总价值20余万元的图书5126册，惠及师生6064人；州教育系统关工委争取中国关心下一代教育基金会“书香行动”和“爱启航”活动合作项目支持，向晴隆县贫困山区学校学生赠送校服、图书等价值100余万元）。

【疫情防控】 2020年，全州各级关工委充分发挥“五老”的优势作用，投身助力全州疫情常态化防控工作之中，共1400余名“五老”通过微信群、QQ群等线上平台宣传疫情防控知识25000余次；2000余名“五老”深入农村、社区和学校开展疫情防控知识宣讲，受教育青少年达7200余人次，发放宣传资料15000余份；500余名“五老”积极参与值班值守，参与防控站（点）值守排查3200余人次，深入农村、社区、学校走访排查7891人次，助力全面打赢疫情防控阻击战。

【五好创建】 2020年，各县（市、新区）关工委严格按照州关工委印发的《黔西南州持续开展“五好”基层关工委创建工作方案》要求，结合实际，组织各基层关工委深入开展“五好”创建活动，并按照“自查申报、组织验收、统一授牌”的原则，开展州、县（市、新区）两级“五好”基层关工委创建、验收、申报、授牌等工作。经州关工委组织验收并召开主任办公会议研究，决定对兴义市酒金街道关工委等42个基层关工委分别授予全州“五好”基层关工委荣誉称号。全州已建关工委组织2635个，其中“五好”基层关工委2010个，“五好”率达76%；共有1.5万余名“五老”投身关心下一代工作。

【探索创新】 2020年，针对全州非公企业关工委组织建设乏力的问题，州关工委争取州委组织部、州委企工委、州委老干局联合印发《关于进一步加强非公有制企业和社会组织"党建带关建"做好关心下一代工作的通知》。各县(市、新区)关工委根据《通知》精神和要求，按照"单建""联建"和"属地联建"等方式，组织和指导本地建有党组织的非公企业和社会组织建立关工委，全州非公企业和社会组织关工委从2018年的11个增至2020年的65个，关工委组织工作覆盖面得到进一步创新拓展。州教育系统关工委将安龙县栖凤街道栖凤社区、普安县南湖街道惠民社区、义龙新区木陇街道麻山社区和王母社区作为全国教育系统关工委社区教育特色项目，向教育部关工委进行申报，开启全州关工委社区教育的新征程。普安县将义工联合会合并到县关工委，既创新组织建设模式，又整合关爱资源，如争取深圳壹基金向20所学校捐赠价值200万元的壹乐园"多功能运动场"和音乐教室项目设施设备，争取仁爱勤试爱心团队向20余所农村小学捐赠价值50余万元的爱心校服5000余套，惠及学生5000余人。

【组织保障】 各级党委、政府把关工委工作纳入党建工作目标、纳入重要议事日程、纳入精神文明建设总体规划、纳入目标绩效考核，州、县两级把经费列入财政预算，把关工委干部列入组织部门干部培训计划，做到统一规划、统一部署、统一督查、统一考核，解决有人办事、有钱办事、有场所办事等问题。各级组织、宣传、政法、人事、老干、教育、民政、农业、林业、科协、工会、共青团、妇联等部门支持关工委工作。

（黄安友）

## 史志工作

【概况】 2020年，全州史志部门开展党史研究，编写党史基本著作，完成生态文明建设、易地扶贫搬迁、革命遗址保护利用、农村产业革命等专题。州、县(市)二级第二轮地方志书、综合年鉴公开出版全覆盖，如期完成"两全目标"。

【党史工作】 2020年，完成《中国共产党黔西南州历史(1930—1978)》修订本的出版。完成《中共抗日战争口述史料》姚秋建、时念好等6个中共抗战亲历者链接文章的撰写，完成路远、江荣等6个抗战亲历者链接材料的审稿。报送《贵州剿匪实录》资料和黔西南剿匪亲历者口述采访及链接。完成"红军长征在贵州史迹"涉及黔西南州的诗词、文艺作品等资料报送工作。完成《冷洞人的奋斗之路》《储扬洋的青春之歌》2篇"不忘初心　牢记使命"故事采写报送。新补报革命遗址(含纪念场馆设施)34处。配合州委宣传部审读爱国教育基地解说词，守牢出版物及网络意识形态阵地。

【地方志工作】 2020年，编纂出版《黔西南州志》。1月，处理贵州人民出版社一审校稿意见，统一规范全稿600余万字。2—3月，审核补充"民政"中"赈灾救济"目断限资料，补充"供销合作"志稿，修改完善"总述"3.3万字。7—9月，继续做好州志印制前的审核工作，就"总述"中的细节问题到州民族文化中心找专家核对。于11月开机印刷，12月公开发行。全书630万字，填补中华人民共和国成立以来没有州级通志的空白。

《黔西南州志》收集资料编辑《黔西南脱贫攻坚大事记(1978—2020)》初稿近35万字。

【年鉴工作】 2020年，完成《贵州年鉴(2020)》黔西南部分资料收集整理和报送工作。2月，开始《黔西南年鉴(2020)》的组稿工作。6月完成稿件的收集，9月完成初稿，12月前，完成稿件的校对并公开出版。督促指导各县市开展年鉴阶段性工作，8县(市)在年内如期完成年鉴的公开出版。

【理论研究】 2020年，撰写史志信息被州直机关党建工作信息、黔西南每日信息简报及相关媒体采用10条。组织6篇文章参加贵州省地方志学术年会，入选文章占参会文章的29%，2人作交流发言。组织撰写10篇年鉴论文参加第四届全国年鉴论坛征文，2篇论文入选。

（覃　徐）

## 州委党校(州行政学院)

【概况】 中共黔西南州委党校(黔西南州行政学院)属财政全额拨款参公事业单位。2020年编制91人，其中管理人员(参公)编制40人、专业技术人员38人、工勤人员13人。现有教职工72人，其中参公

26人，专业技术34人，工勤人员11人。现有硕士研究生17人，专职教师22人，兼职教师13人，教师中副教授11人，教授1人。承担党政管理职能部门有办公室、组织人事处、行政管理处、教务处、学员工作处、基层党校工作处、保卫处、宣讲组织处、宣讲教研处，承担教学科研业务工作部门有哲学教研部、经济学教研部、科学社会主义教研部、党史党建教研部、公共管理教研部、法学教研部、文化与现代科技教研部、科研部、信息工作部、图书馆、对外培训部、习近平新时代中国特色社会主义思想研究室。

**【教学培训】** 2020年根据州委、州政府的安排，按照理论教育不低于70%，党性教育不低于20%的要求，突出党的十九大精神和习近平新时代中国特色社会主义思想，突出州委州政府重大发展战略和中心工作，突出党性教育和党性修养培训，突出"四史"教学，把党史、新中国史、改革开放史、社会主义发展史纳入教学内容，精心设置专题70余个，外聘兼职教师10余人就党风廉政建设、统战、质量提升、国家安全、生态、水利、禁毒等方面的专业知识作讲授，丰富教学内容，提高培训的针对性。根据疫情形势不断调整主体班培训方案和课程，春季学期采取小班制授课方式。进一步拓展和整合现场教学资源，优化和完善研究式、案例式、体验式、互动式等教学方法，努力提高教学质量。同时，进一步完善教案审查制度和集体备课（新专题）试讲制度，通过两轮试讲，9个新专题纳入主体班教学。加强师资培训，21名教师参加2020年度全州党校系统师资培训班学习，到宁波市委党校观摩集体备课（新课试讲）。学员管理突出强调树立"两个意识"、坚持"三在"、严格"五个不准"，明纪律，强规矩。与州委组织部确定主体班人员名单，及时印制《学员管理制度》、学员名册、桌签、班级管理日志、考勤表等，配备疫情防控常态化管理所需的物资，通过开展军训、党员"政治生日"主题党日、文体活动、党员趣味户外拓展活动、实地考察、外出六盘水市岩博基地进行现场教学、宁波市委党校培训，开展现场教学，丰富教学模式、开拓学员们的视野，加深同窗之情，增强班级凝聚力，增强党性锻炼。完成为期两个月的2期县干班、1期中青班、1期民干班、1期妇干班和为期13天的1期全州选调生初任培训班，以及为期12天的2期全州公务员初任培训班，共计733人次的主体班学员培训。举办两期全省学习贯彻党的十九届四中全会和省委十二届六次、七次全会精神专题研讨班，共36人参加培训。举办4期全州学习贯彻党的十九届四中全会和省委十二届六次、七次及州委七届九次、十一次全会精神专题研讨班，共803人参加培训；对外举办各类培训班次49期5574人（次），其中，在校内举办培训班21期1553人（次），外出培训28期4021人；完成7名教师9个专题优质课评选表彰工作，组织完成2017级经济学专业在职研究生毕业论文答辩工作，做好2018级、2019级在职研究生服务工作。

**【科研咨政】** 2020年，完成2019年校级创新课题结题18项；收到2020年校级创新课题申请34份，立项33项；发表论文81篇，其中：核心期刊1篇，一般公开54篇，内刊26篇；完成课题30个，其中，结题4个、立项26个；市厅级17个、校级13个。出版著作1部；组织人员负责《中国化马克思主义党建理论基本文献导读》6篇文献著作的导读撰写。组织全州党校参与全省党校（行政学院、讲师团）系统第三届优秀科研成果评奖，其中组织成果奖55项，其他8项，州委党校荣获组织奖，论文类二等奖3项（本校3项），三等奖6项（本校2项）；课题报告类二等奖1项，三等7项（本校4项）；决策咨询类三等奖1项（本校1项）；完成《黔西南咨政参考》4期，《黔西南党校论坛》4期。其中，《黔西南咨政参考（2020年第3期）》获得州长杨永英的肯定性批示。

**【对外宣讲】** 组织撰写党的十九届五中全会精神宣讲提纲，组织全州党校系统报送网上宣讲作品40个，12篇获得采用，两篇获得2020年度全省党校（行政学院、讲师团）系统优秀网络宣讲作品，州委党校获得2020年度全省党校（行政学院、讲师团）系统网络宣讲工作优秀组织奖。运用"互联网+主题宣讲"的方式，授课老师统一宣讲内容，统一宣讲口径，用通俗易懂的语言，具体翔实的数据，生动鲜活的事例，把"书面语"变成"大白话"，把"普通话"变成"贵州话"，传播贵州好声音，推动理论宣讲"七进"工作，全年开展宣讲122次，受众人次7000余人，其中：宣讲进课堂26次，受众1777人；进机关单位15次，受众1933人；进企业15次，受众933人；进社区街道（村）5次，受众250人；五中全会进机关宣讲17场次，受众1671人次；校委领导包保进村入户开展宣讲44次，受众440余人。

**【教师队伍建设】** 2020年，按照干部管理权限，完成15人提拔调整充实到相关科级职位，1人转正工作，晋升明确2人四级调研员工作；完成22名州管干部家庭成员、重要社会关系、照片等信息采集上报州委组织部；完成22名州管干部持有有关证件的核对上报，形成台账，对20名干部职工的出入境证件集中保管工作；完成2020年处级干部报告个人事项报告、领导干部关于茅台酒经营等情况专项报告和“一报告两评议”工作；完成三人（唐分明、孙文静、许杰）档案的转出和一人（张雪）档案转入工作，做好年度教职工提拔晋升档案审核工作；完成3名副高和刘清皓1名中级的专业技术职务初审及申报工作，8名工勤人员职业技能等级考评申报工作，完成7位符合条件教师三十年教龄荣誉证书工作。做好离退休干部工作。完成校（院）“数字黔老”平台开通，录入校（院）离退休老干部基础信息33条，完成离退休党支部信息录入，校（院）离退休干部12人实名注册使用“数字黔老”，为全校11名县处级及以上（副教授以上）离退休干部订阅“两报一刊”，春节期间开展走访慰问，发放慰问金2.35万元。

**【意识形态】** 2020年，抓好组织学习。始终坚决以习近平新时代中国特色社会主义思想为指导，坚持把党校“工作就是学习，学习就是工作”作为常态，围绕习近平重要讲话批示精神和中央、省委、州委重要文件、会议精神，相关部门要求的学习内容等，贯彻学习，做到意识形态工作入脑入心，放在心上、抓在手上。按照“八有”要求抓好中心组学习，制定中心组学习制度，拟定学习计划，并组织学习。按照要求组织全校党员干部运用手机“学习强国”平台开展学习；抓好组织保障。完善相关制度，调整充实意识形态工作领导小组，印发意识形态工作责任制，召开校委会分析研判本单位意识形态领域情况，对本单位苗头性、倾向性问题进行分析研判，印发《关于成立网络管理工作领导小组的通知》，修改完善网站管理办法、《黔西南党校论坛》审编规范和审编流程，健全上网信息由部门负责人、信息部门负责人、分管领导审核的“三审”制度，组建网络通信员队伍，明确每位通信员的职责范围；抓好网络监管。通过二五集中学习会，不定时打招呼提醒全校教职工微信群内禁止出现不当言论和不实信息。校园网站发布的内容，严格执行层层审查制度，通过审查方可发表。年内，本单位网站和微信群没有出现各种错误观点；抓好阵地管理。始终按照全国、全省党校工作会议的要求以及州委的相关要求，认真制定教学计划，将意识形态工作落实到干部教育培训的全过程。按照党校干部教育培训的课程设置要求，理论教育、党性教育不低于总课程的70%。在主体班培训中开设《习近平总书记关于民族工作的重要论述》《大力推进社会主义生态文明建设》《习近平总书记关于宗教工作的重要论述》《黔西南州意识形态工作》等专题，把意识形态工作贯穿干部教育培训的全过程。坚持以习近平新时代中国特色社会主义思想为指导，围绕党的路线方针政策，以学科发展为基础，以研究方向为支撑，结合黔西南州经济、政治、社会、文化、生态、党建等重大领域的热点难点问题，大力推动“教学—科研—咨政”三位一体的工作模式开展科研工作，精心设置科研课题，切实组织科研攻关。

**【统战工作】** 2020年，学习贯彻落实统战工作政策，不定期研究统战工作，全年共研究统战工作2次，将统战工作纳入主体班教学计划，在主体班次中设置相关专题。通过“二五”集中学习会、校委会、中心组学习会，认真学习习近平关于统战工作的重要论述和中央省州统战工作会议精神以及州对台工作会议精神等。抽派五名教职工参与10月28日八届州政协六次会议选举服务工作。加强与民主党派、党外人士联系。

**【脱贫攻坚】** 2020年，完成党建扶贫、精准扶贫驻村联系工作，按月报送脱贫攻坚工作情况报告和领导干部包保贫困村工作纪实表。全面落实省委、省政府“冲刺90天，打赢歼灭战”的各项部署，围绕“两不愁三保障”和饮水安全、农村产业革命等重点工作，发现问题、分析问题、及时解决问题；加强新一轮"四逐四准"工作推进，开展"十查四提升"、险情排查工作，特别对"3+1"保障工作责任落实，加强旧房拆除复垦复绿工作研判和整改落实。宣传党和国家政策，传达省委十二届七次全会、州委七届十一次全会精神，并就按时高质量打赢脱贫攻坚收官战的有关工作进行共商，提出建议和要求。到包保村开展慰问工作，为4个村20户贫困户送去慰问金10000元，慰问过程中与贫困户交心谈心，嘱咐他们要感恩党和政府。支持兴仁市波阳镇杨柳井村3万元用于流水寨组黄花菜基地小型灌溉设施建设。与兴仁市财政局对接，为兴仁市波阳镇新寨村争取州财政局20万元项目帮扶资金；与兴仁市委组织部对接，解决新寨村5万元活动室党建文化经费；同兴仁市工会梁大勇主任对接，给予5万元工会建设筹备资金。解决杨柳小学热水器资金21340元。州委党校四位副校长坚持每月至少到各自联系帮扶村一次，了解工作推进情况，解决实际问题，开展帮扶指导工作。

【党风廉政建设】 2020年，调整党风廉政建设工作领导小组，下发《中共黔西南州委党校 黔西南州行政学院2020年党风廉政建设工作要点》《中共黔西南州委党校校务委员会2020年落实全面从严治党主体责任清单》，按照工作要点及责任清单内容抓好相关工作。召开专题工作会议，听取班子成员报告党风廉政建设工作情况，按时填报"两个责任"备案表。深化落实主体责任和监督责任，9月29日下午，副校长王天洋主持召开校委会，开展会前警示一刻钟。通报中央纪委国家监委及贵州公开曝光的违反中央八项规定精神典型案例，并按照州纪委州监委第五纪检组工作提示，就做好校节假日期间疫情防控、校园安全、值班值守等事宜作纪律要求。不定期开展"四风"检查。及时填报《黔西南州党和国家工作人员操办婚丧嫁娶事宜报告备案表》。对州纪委州监委相关文件要求进行传达学习和安排部署。组织全校教职工于8月24日集体签订《中共黔西南州委党校2020年度党风廉政建设责任承诺书》《中共黔西南州委党校不操办和不参加"升学宴""谢师宴"承诺书》。严格把控节假日节点，节前强调纪律要求，节后作总结上报，给党员干部打好节前"预防针"，坚决防止"四风"问题反弹回潮。有针对性地开展提醒约谈，全年谈话13人次。严格执行财务管理、公务接待、差旅费报销、公车管理等制度，认真落实基层减负年有关要求，做到精文简会。

【巡察整改工作】 州委第七轮巡察第一巡察组于2020年5月26日至6月20日对州委党校开展巡察，巡察反馈4个方面16个具体问题。州委党校及时制定巡察整改工作方案，组建五个工作专班，按照职责抓好整改工作，已完成阶段性整改12个，正在整改4个，整改完成率75%。共给予提醒约谈和批评教育35人(次)，清退资金24.61万元，制定出台制度3个，修订完善制度16个。并于11月24日报送《中共黔西南州委党校关于王天洋同志落实整改州委第一巡察组巡察反馈问题的情况报告》《中共黔西南州委党校校务委员会关于州委第一巡察组巡察反馈问题的整改进展情况报告》《中共黔西南州委党校关于州委第七轮巡察第一巡察组巡察反馈问题选人用人专项整改工作报告》《中共黔西南州委党校关于意识形态工作巡察整改的情况报告》等相关材料。

（唐 韵）

## 州老年大学

【概况】 黔西南州老年大学成立于1987年，是中共黔西南州委、州人民政府批准设立的正县级事业单位。2008年3月列为参公管理，参公事业编制8人、工勤1人，设校长1人、副校长1人。下设办公室、教务科、综合科、活动指导科4个科室，2020年在职干部职工8人，主要从事行政、教学管理工作，教师以外聘为主。

【贯彻落实会议精神】 根据2020年全省老干部工作暨老年教育工作会议的安排，黔西南州老干部工作暨老年教育工作会议于2020年3月13日召开，州委常委、州委组织部部长顾先林出席并讲话。会议传达州委书记刘文新，州委副书记、州长杨永英对老干部工作的重要批示。会上，顾先林部长对老干老教工作提出要求：要坚持提高政治站位，切实增强做好新时代老干部工作和老年教育工作的思想自觉、政治自觉、行动自觉；要强化制度建设，扎实推进新时代老干部工作和老年教育工作再上新水平；要切实加强组织领导，确保新时代老干部工作和老年教育工作落到实处、取得实效。会议全面总结回顾2019年全州老干部工作和老年教育工作，并对2020年老干部工作和老年教育工作进行安排部署。

**【基层老年教育】** 至2020年，全州已建老年大学（学校）552所，比2015年增加325所，其中州老年大学1所，县（市）老年大学8所，乡镇（街道）老年学校141所、乡镇（街道）老年学校建校率100%；村（社区）老年学校401所。

**【老年教育网上课堂】** 2020年，受新冠肺炎疫情影响，黔西南州老年大学通过网课开展教育教学工作。充分利用中国老年大学协会远程教育网、“乐龄云”和“抖音”直播等在线课堂，引导老年学员利用手机、电脑等在网络上进行学习，2020年全州共发放线上账号2900余个。同时，结合疫情防控实际，创办黔西南州老年大学微信公众号网上学习平台，定期上传或转载教学视频，使特殊时期的居家老年人真正达到“停课不停学”、在家也能学的目的。

**【省老年大学领导到黔西南调研】** 2020年7月，由省老教办副主任、贵州老年大学党委委员、副校长胡素月，活动服务处处长郭敏玲及相关处室负责人组成的调研工作组赴黔西南州调研老年教育工作。通过召开座谈会、实地走访等形式了解全州老年教育

2020年7月28日，省老教办到黔西南州调研老年教育发展情况工作座谈会
（谢云飞　摄）

2020年9月29日，州老年大学开展主题党日活动暨“中秋”“国庆”学员座谈会
（夏守桂　摄）

“十三五”规划完成情况和易地扶贫搬迁点老年学校建设情况。

**【巡察整改】** 按照州委第七轮巡察工作部署，4月21日—30日，州委第一巡察组对黔西南州老年大学进行巡察。全体干部职工坚决贯彻落实州委巡察工作的决策部署，以高度的政治自觉、思想自觉、行动自觉，全力配合州委第一巡察组的各项工作。

6月18日，州委第一巡察组巡察州老年大学情况反馈会召开，州委第一巡察组组长魏平胜传达州委书记刘文新在听取巡察工作情况汇报时的讲话精神，并反馈巡察州老年大学5个方面17个问题，提出5个方面的整改意见及建议。州委常委、州委组织部部长、州委巡察工作领导小组副组长顾先林出席并讲话。会上，校长朱琳作表态发言：对巡察组反馈的问题全部认领、照单全收，并将整改落实作为当前一项重要政治任务，抓实抓细抓好，切实整改。截至12月底，巡察整改反馈的问

2020年3月13日，全州老干部工作暨老年教育工作会议召开（曹松坤 摄）

题完成阶段性整改17个，整改完成率100%。

**【信息宣传】** 2020年，采编黔西南州老年教育工作简报和信息111期，向《贵州老年教育通讯》《贵州老年教育》《中国老年报》《黔西南日报》“贵州老年教育网”等报纸、杂志、网站投稿12条，利用报纸、广播、电视、网络等媒体，多角度宣传全州老年教育工作。上报黔西南州老年教育相关工作信息简报111篇，被省老教办授予“全省老年教育信息宣传工作”一等奖。

**【校园文化】** 2020年，陆续组织班委、党小组长等举办“红色九月、彪炳历史、照亮未来”主题党日活动，“中秋”“国庆”学员座谈会，党的十九届五中全会、省委十二届八次全会、党的十九届五中全会、省委十二届八次全会精神宣讲会、知识竞答，民族团结示范宣传等活动，通过观看纪念抗战胜利75周年短视频，集体讲述抗战故事、朗诵抗战诗词、齐唱抗战歌曲等方式，引导学员们围绕社会主义制度的优越性、疫情防控、民族团结等进行发言，进一步凝聚思想共识，营造“感恩奋进”的良好氛围。

**【理论研讨】** 2020年，适时组织老年教育工作者和学员，结合教学实践开展理论研究，参加中国老年大学协会理论征文和省老教办创新大赛，上报理论征文10篇；收集整理一年来全州老年教育工作情况、亮点工作、全州老年教育、老教系统脱贫攻坚和校园文化活动等图文资料，汇编出版《黔西南老年教育》（2020年度）。

**【易地扶贫搬迁安置点创办老年学校】** 2020年，黔西南州各级老教办、老年大学高度重视易地扶贫搬迁安置点创办老年学校工作，按照省老教办相关文件要求，在相关部门的积极配合下，制定实施工作方案，指导帮助安置点所在乡镇（街道）、村（社区）落实办学场地、设施设备和人员，推进落实。全州易地扶贫搬迁安置点成立47所老年学校，贞丰县在安置点开设四点半学校、周末小课堂等，学员主动担任志愿者每天轮班为孩子们辅导功课、教他们书法、绘画、舞蹈、手工等，充分发挥“老有所为”的作用。晴隆县在安置点“阿妹戚托”小镇创办分校，为新市民创建学习、娱乐的平台。

2020年6月18日时任州委常委、州委组织部长顾先林（右二）到州老年大学调研指导工作 （胡静勇　摄）

2020年7月29日，省老教办副主任，贵州老年大学党委委员、副校长胡素月（右二）带队到兴仁易地扶贫搬迁点调研老年教育工作 （谢云飞　摄）

**【疫情防控】** 2020年，认真学习贯彻习近平总书记重要指示精神，学习省、州重要领导讲话和文件精神，把疫情防控作为重大政治任务，及时关停教学场地，制定防控工作方案、防控工作指南等，全面落实健康监测、消毒、食堂管理、宣传等防控措施，严格按照要求开展排查及时上报情况。充分利用微信、电话等方式开展防疫宣传，转发省委、省政府、州委、州政府有关要求和省老年大学《致全省老年大学学员的一封信》等，向干部职工和广大学员宣传疫情防控相关知识，鼓励支持广大学员积极参与社区疫情防控工作，凝聚居家抗疫的正能量，宅家防疫、以学抗疫、共同做好新型肺炎疫情防控工作。2020组织党员向新冠肺炎疫情防控工作捐款共2550元，全州共有老年学员1000余人自发参与社区疫情防控工作。

**【脱贫攻坚】** 2020年，按照上级文件要求，2名校领导班子成员每月分别到帮扶联系村开展工作1次，走访贫困户、调研基础设施建设情况，传达中央、省、州脱贫攻坚工作相关会议精神，宣传党的方针政策，帮助解决工作中存在的困难和问题，为帮扶联系村脱贫致富出谋划策、谋划村级产业发展。开展基层老年教育教师培训。为适应新时期基层老年教育发展需要，州老教办结合实际，举办黔西南州社区老年教育教师培训班，来自兴义市部分社区老年学校（社团）老年教育教师（带头人）30人参加培训。帮扶清水河镇补打村和白碗窑镇甲马石村在2019年全部实现脱贫清零。2020为保障相关工作持续推进，开展“四逐四准”“户户过，人人过”相关工作，做到“四个不摘”，稳固脱贫、防止返贫。多渠道促进就业，确保贫困户收入稳中有增。宣传推广各类就业招聘，组织群众参加就业招聘会，落实转移就业交通补贴政策，确保有就业意愿的贫困家庭至少有1个劳动力稳定就业，动态消除“零就业”贫困家庭，2020年对有外出务工意向的人员引导外出务工，通过大量的工作，疫情期间帮扶村外出务工就业600人次。

（张　恒）

# 黔西南州人民代表大会

## 人大工作

【概况】 2020年，州人大常委会坚持以习近平新时代中国特色社会主义思想为指导，学习贯彻习近平总书记关于坚持和完善人民代表大会制度重要思想，围绕中央、省委、州委重要决策部署，聚焦“十三五”圆满收官和全面高质量打赢脱贫攻坚战的根本任务，依法履职尽责，积极担当作为，全面完成州八届人大五次会议确定的各项任务，有力推动新时代黔西南州人大工作迈上新台阶，取得新成效。

全年，州人大常委会共召开常委会会议8次，审议法规案3件，对82件规范性文件开展备案审查；听取和审议专项工作报告20个，作出决定决议19项，开展执法检查7次，开展专题调研11次，开展专题询问1次，对2个部门开展工作评议；任免国家机关工作人员41人(次)；办理人民群众来信来访132件。

【坚持党对人大工作领导】 人大常委会始终把习近平总书记关于坚持和完善人民代表大会制度重要思想作为人大工作的根本遵循，始终把落实“四个善于”的要求作为政治自觉、思想自觉和行动自觉。坚持第一时间传达学习习近平总书记重要讲话和中央、省委、州委重要决策，坚持开展党组中心组学习和专题辅导，不断提高运用党的创新理论武装头脑、指导实践、推动工作的能力。

全年组织召开常委会党组会议27次，围绕依法履职的重要事项向州委请示报告22次，提请州委常委会研究9个议题，印发3个推进人大工作的重要文件。全面落实省委、州委人大工作会议精神，出台《关于加强新时代人大工作和建设的实施意见》，对人大立法、监督、决定、代表和“两个机关”建设等工作进行全面部署。

【助力疫情防控】 2020年，贯彻习近平总书记关于强化公共卫生法治保障重要指示精神，迅速集结全州人大代表、人大干部投身防控一线，坚决扛起疫情防控政治责任，按照“四最”要求和“四早”“四集中”部署，坚守人民至上、生命至上理念，迅速采取有力措施，打好疫情防控的遭遇战、阻击战。主任会议成员主动挂帅，深入一线做好兴义市、贞丰县疫情防控督导工作，传递战胜疫情的坚定信心，凝聚共克时艰的强大正能量。组织开展全国人大、省人大疫情防控决定落实情况的监督，开展传染病防治法、野生动物保护法、动物防疫法、突发公共卫生事件应急条例等执法检查，加大对危害疫情防控行为执法司法的监督力度，有效发挥法治在疫情防控中的引领、规范和保障作用。

【助力脱贫攻坚收官】 2020年，加强对扶贫相关政策法规落实情况的监督检查。围绕补齐“两不愁三保障”和饮水安全工作短板，审议全州农村饮水安全保障工作报告，开展农村医疗卫生服务体系建设调研。围绕促进产业发展，开展全州坝区产业结构调整、优质茶叶产业种植基地建设工作专题调研并审议工作报告。

全面落实州委决策部署，做好贞丰县、晴隆县的挂牌督战和帮扶工作，精准细致查缺补漏，推动督战的县、乡全部减贫摘帽。统筹抓好全州食用菌和林下菌药产业工作，不断夯实农业产业革命成果。参与乡村振兴“百村示范”检查验收，加强对乡村基层治理、移风易俗、环境整治等工作监督，推动脱贫攻坚成果巩固同乡村振兴有效衔接。深入推进“脱贫攻坚・人大代表在行动”主题活动，引导代表冲锋在前、履职尽责，凝聚“确保高质量、打好收官战”的社会合力。

【推进法治黔西南建设】 2020年，制定法治宣传教育和民法典学习宣传方案，围绕民法典对黔西南州的条例、法规和规章等进行清理，开展“宪法日”宣传、举办民法典专题讲座，推进法治宣传教育；组织开展拟任命人员任前法律考试和宪法宣誓仪式，增强宪法和法治观念。

出台《关于加强和改进自治州立法工作的实施意见》，提升立法质量和效率，加强立法队伍建设。完成州民族医药保护与发展条例立法，废止州个体工商户私营企业发展与保护条例。依法推进州自治条例修订、州教育条例修正工作，将“五个主战略”纳入自治条例。开展州科学技术进步条例修正调研，配合上级人大做好省陆生野生动物保护条例等20余项法规草案的征求意见、论证等工作。

【监督工作】 2020年，经济工作监督。审议全州经济运行、工业经济发展、国民经济和社会发展计划执行、财政预算执行、审计等专项工作报告，开展煤炭产业发展专题询问，督促做好“六稳”工作，落实“六保”任务。围绕落实“防风险、守底线”专题会议精神，开展防范化解债务风险专题调研，支持政府防范和管控债务风险。推进预算审查联网监督，审议行政事业性国有资产管理工作报告，提升财政预决算管理、国有资产管理水平。

民生工作监督。审议职业教育发展工作情况报告，支持发挥职业教育保民生、保就业、培养高素质技能型人才的作用。审议旅游产业发展、城乡规划建设管理工作等报告，推动打造文化引领、特色主导、链条支撑的旅游业态，促进旅游产业全面复苏。开展省外来投资服务和保障条例、州殡葬管理条例执法检查，推动落实州委殡葬改革工作要求，解决群众“急难愁盼”的民生问题，切实增进民生福祉。

生态环境保护工作监督。开展“守护绿水青山・建设美丽家园”环保行活动，配合开展土壤污染防治法、安全生产“一法一条例”执法检查，审议环境保护、节能等专项工作报告，做好巡河（库）工作，维护生态环境安全，保障人民群众健康。

行政执法、司法工作监督。开展州司法局、州科技局的工作评议，提出改进工作的意见建议。开展行政复议法执法检查，审议全州检察机关落实刑事案件认罪认罚从宽制度工作报告，推动建立“公检法”联动量刑协商的长效机制。召开全州各级监察委员会向本级人大常委会报告专项工作专题会议，促进监委依法接受人大监督。认真做好信访维稳工作，全力化解社会矛盾，维护社会和谐稳定。

【保障人大代表发挥主体作用】 人大常委会服务和保障代表依法履职。制定代表退出暂行办法、代表活动经费管理使用等制度，依法办理24名省、州人大代表的退出和增补工作，规范代表履职机制，保障代表活动经费。利用省、州各类学习交流平台，加强代表培训，提高依法履职能力。组织代表围绕全州脱贫攻坚产业发展、就业保障以及林下菌药产业发展等开展视察调研，发挥代表在推动产业发展中的作用。

做好常委会组成人员与代表、代表与群众的联系工作。邀请代表参加常委会会议和执法检查、调研、评议等，组织代表参加“一府一委两院”开展的预决算审查、庭审、“主题日”等活动，推荐代表担任特约监察员。畅通代表联系群众渠道，建设完成覆盖全州的代表联络站140个、代表联络室118个，打造网络履职平台，全年共接待处理涉及群众利益的各类事务2211件。

强化代表议案建议办理。采取常委会领导牵头督办、州领导“面对面”办理、专委会跟踪督办等方式，完善办理责任制、销账制、网上公开评价等工作机制。州八届五次会议以来的138件代表意见建议已全部办理答复，实现代表建议从“答复满意”向“结果满意”转变。

**【提高服务保障能力】** 配合州委巡察组对人大机关党组的工作巡察，加强思想建设、组织建设、制度建设和作风建设，不断增强服务经济社会发展、推动民主法治建设、保障人民利益的能力。

以开展模范机关创建为契机，学理论、找差距、求创新。持续做好学习机关、平安机关、法治机关、无烟机关、节约机关、“零差错”机关等创建工作。巩固组织建设和队伍建设成果，建立机关党委和机关纪委，完成各党支部换届工作。

加强和改进人大新闻宣传和理论研究工作，表彰先进单位和先进工作者，提升宣传队伍履职责任和能力。加强宣传阵地管理，出台机关意识形态工作阵地管理办法和信息发布审核制度，牢牢把握意识形态工作的主动权、话语权。深入挖掘、宣传和推介人大参与脱贫攻坚和疫情防控等工作的先进事迹和经验，编纂人大专题调研成果集，不断拓展人大宣传工作渠道。

## 人大会议

**【州第八届人民代表大会第五次会议】** 黔西南布依族苗族自治州第八届人民代表大会第五次会议，于2020年1月20—22日在兴义市召开。

会议的主要议程是听取和审议黔西南州人民政府工作报告；审查和批准黔西南州2019年国民经济和社会发展计划执行情况与2020年国民经济和社会发展计划草案的报告；批准2020年国民经济和社会发展计划；审查和批准黔西南州2019年全州和州本级预算执行情况与2020年全州和州本级预算草案的报告；批准2020年州本级预算；听取和审议黔西南州人大常委会工作报告；听取和审议黔西南州中级人民法院工作报告；听取和审议黔西南州人民检察院工作报告；听取和审议州人大常委会关于《黔西南布依族苗族自治州民族医药保护与发展条例（草案）》、关于《废止〈黔西南布依族苗族自治州个体工商户私营企业发展与保护条例〉的议案》、《黔西南州第八届人民代表大会有关专门委员会撤销和设立的决定（草案）》。

1月20日13时30分，州八届人大五次会议举行预备会。全体州人大代表参会，邓家富主持预备会。会议表决通过州八届五次会议大会议程、主席团和秘书长名单、财经审查委员会名单、议案审查委员会名单。

1月20日13时50分，召开黔西南州“两会”中共党员大会。州委书记刘文新，州委副书记、州长杨永英，州人大常委会主任邓家富，州政协主席陈国芳，州委副书记穆嵘坤和州领导刘良、罗春红、顾先林、许风伦、陈健、王雄义、王连成出席。杨永英主持会议，刘文新讲话，顾先林宣读州委关于成立“两会”临时党委的决定，出席州“两会”人大代表、政协委员中的共产党员参加会议。

1月20日下午3时，州八届人大五次会议召开第一次全体会议，大会执行主席刘文新、杨永英、

2020年10月28日，州八届人大常委会第三十三次会议开展煤炭产业发展专题询问全景 （潘永旭 摄）

邓家富、陈国芳、穆嵘坤、刘良、顾先林、张合建、黄健勇、方俊、王丽蓉、田大宝、钱正浩、徐芝桦在主席台前排就座。大会由主席团常务主席、执行主席邓家富主持，州八届人大代表和列席人员参会。会议应出席州八届人大代表349名，实际到会316名。会议举行开幕式，邓家富宣布：黔西南布依族苗族自治州第八届人民代表大会第五次会议开幕。全体起立，奏唱《中华人民共和国国歌》。开幕式后，州长杨永英代表州人民政府向大会作政府工作报告。受州人大常委会的委托，州人大常委会副主任田大宝作《黔西南布依族苗族自治州民族医药保护与发展条例(草案)》和《废止〈黔西南布依族苗族自治州个体工商户私营企业发展与保护条例〉的议案》说明。

1月21日下午3时，州八届人大五次会议召开第二次全体会议。大会执行主席刘文新、杨永英、邓家富、陈国芳、贺登祥、龙刚、田忠明、张合建、黄健勇、方俊、王丽蓉、田大宝、钱正浩、徐芝桦在主席台前排就座。州人大常委会副主任张合建主持会议，州八届人大代表和列席人员参会。会议应出席州八届人大代表349名，实际到会319名。本次会议听取州人大常委会工作报告、州中级人民法院工作报告和州人民检察院工作报告，表决通过州第八届人民代表大会有关专门委员会撤销和设立的决定，表决通过选举办法。

**【州第八届人民代表大会第六次会议】** 黔西南布依族苗族自治州第八届人民代表大会第六次会议，于2020年11月17—18日在兴义市召开。会议主要内容：传达学习省委人大工作会议精神；选举；开展《中华人民共和国民法典》专题培训。

11月18日上午8时，州八届人大六次会议召开预备会议，州人大常委会主任邓家富，副主任张合建、黄健勇、方俊、王丽蓉、田大宝，蒋静、钱正浩，州人大常委会秘书长徐芝桦在主席台就座，州八届人大代表出席会议。邓家富主持预备会，会议表决通过大会议程、打会主席团和秘书长名单。

11月18日上午8时40分召开州“两会”中共党员大会，穆嵘坤主持会议，州人大常委会主任邓家富讲话，穆嵘坤宣布州委关于

2020年11月18日下午，黔西南布依族苗族自治州第八届人民代表大会第六次会议闭幕　　（魏浩然　摄）

成立“两会”临时党委的决定。州“两会”人大代表、政协委员中的中共党员参加会议。

11月18日上午10时30分，州八届人大六次会议召开第一次全体会议，本次会议应到会州人大代表348名，实际到会303名。大会执行主席刘文新、杨永英、邓家富、陈国芳、穆嵘坤、刘良、张合建、黄健勇、方俊、王丽蓉、田大宝、蒋静、钱正浩、徐芝桦在主席台前排就座，大会由主席团常务主席、执行主席邓家富主持，州八届人大代表和列席人员参会。会议举行开幕式，邓家富宣布：黔西南布依族苗族自治州第八届人民代表大会第六次会议开幕。全体起立，奏唱《中华人民共和国国歌》。会议表决通过选举办法（草案）。

11月17—18日，州八届人大六次会议期间，大会共召开六次主席团会议。

各代表团全体会议于11月17日下午对会议议程、主席团和秘书长名单进行审议和酝酿。

11月18日下午3时，州八届人大六次会议圆满完成各项议程后胜利闭幕。大会执行主席刘文新、杨永英、邓家富、陈国芳、穆嵘坤、刘良、张合建、黄健勇、方俊、王丽蓉、田大宝、蒋静、钱正浩、徐芝桦在主席台前排就座，州八届人大代表和有关列席人员参会。会议表决通过总监票人、监票人名单和黔西南州第八届人民代表大会社会建设委员会主任委员名单。大会以投票选举的方式，选举陈远华、罗锦、鲁永明为黔西南州第八届人民代表大会常务委员会委员，选举陈远华为黔西南州八届人民代表大会社会建设委员会主任委员。大会在雄壮的国歌声中闭幕。大会闭幕后，举办《中华人民共和国民法典》专题培训。

**【州第八届人大常委会第二十七次会议】** 黔西南州第八届人大常委会第二十七次会议，于2020年1月8日在兴义召开。州人大常委会主任邓家富，副主任张合建、黄健勇、方俊、王丽蓉、田大宝、钱正浩，秘书长徐芝桦以及常委会委员共31人出席会议。会议由州人大常委会副主任钱正浩主持。州委非公企业和社会组织工作委员会书记宁福义到会作人事任免议案说明。

会议审议并以无记名投票表决方式表决通过《黔西南州人大常委会2020年立法计划（草案）》《黔西南州人大常委会工作报告（草案）》及州人大常委会代表资格审查委员会关于个别代表的代表资格报告。会议听取州人大常委会主任会议提请的相关人事任免议案。任命王丽蓉为黔西南州人大常委会代表资格审查委员会主任委员；向光发为黔西南州人大常委会研究室主任。免去向光发的黔西南州人大常委会副秘书长职务。

州人大常委会主任邓家富作会议总结讲话。为新任命的国家机关工作人员颁发任命证书。

**【州第八届人大常委会第二十八次会议】** 黔西南州第八届人大常委会第二十八次会议，于2020年1月20日在兴义召开。州人大常委会主任邓家富、副主任张合建、黄健勇、方俊、王丽蓉、田大宝、钱正浩、秘书长徐芝桦以及常委会委员共32人出席。会议由州人大常委会主任邓家富主持。

审议并以无记名投票表决方式表决通过《州人大常委会代表资格审查委员会关于个别代表的代表资格的报告》。确认蒋静、刘诚二人的黔西南州第八届人民代表大会代表资格有效，决定刘丰的黔西南州第八届人民代表大会代表资格终止。黔西南州第八届人民代表大会实有代表349名。

**【州第八届人大常委会第二十九次会议】** 黔西南州第八届人大常委会第二十九次会议，于2020年2月26日在兴义召开。州人大常委会主任邓家富，副主任张合建、黄健勇、方俊、王丽蓉、田大宝、钱正浩、蒋静，秘书长徐芝桦以及常委会委员共32人出席。会议由州人大常委会副主任张合建主持。州人民政府常务副州长陈健列席会议，州委组织部副部长鲁永明到会作人事任免议案说明。

会议审议并以无记名投票表决方式表决通过《黔西南州人大常委会2020年工作要点》《黔西南州人大常委会2020年审议议题计划》；听取、审议并表决通过州人大常委会主任会议、州人民政府州长杨永英提请的相关人事任免议案。决定任命黄华为黔西南州人民政府副州长；黄榜泉为黔西南州能源局局长。免去雷乃祥的黔西南州人大常委会义龙试验区工作委员会主任职务；胡志峰的黔西南州人民政府副州长职务；任爱佳的黔西南州能源局局长职务。

州人大常委会主任邓家富作会议总结讲话，为新任命的国家机关工作人员颁发任命证书，并举行宪法宣誓仪式。

**【州第八届人大常委会第三十次会议】** 黔西南州第八届人大常委会第三十次会议，于2020年4月27—28日在兴义召开。州人大常委会主任邓家富，副主任张合建、黄健勇、方俊、王丽蓉、田大宝、蒋静、钱正浩，秘书长徐芝桦以及常委会委员共31人出席。会议由州人大常委会副主任黄健勇主持。州人民政府常务副州长陈健、副州长王丽琼，州监察委员会主任刘良，州中级人民法院副院长李勇，州人民检察院副检察长刘宇列席会议。

审议表决通过会议议程、州人民政府关于落实《贵州省人民代表大会常务委员会关于依法科学有序防控新型冠状病毒肺炎疫情坚决打赢疫情防控阻击战的决定》情况的报告、州人民政府关于全州农村饮水安全保障情况的报告、州科技局2019年工作情况报告、州人大常委会评议工作组对州科技局2019年度工作情况的调查报告、州司法局2019年工作情况报告、州人大常委会评议工作组对州司法局2019年度工作情况的调查报告、州人大常委会代表资格审查委员会关于个别代表的代表资格的报告、关于提请审议表决通过邱国权辞去省十三届人大代表职务的议案、听取审议州人大常委会执法检查组关于民族区域自治“一法两规定”执法检查情况的报告、州人民政府州长杨永英和州中级人民法院院长高峰提请的相关人事任免议案。任命吴文忠为黔西南州体育局局长；黄其兴为黔西南州住房和城乡建设局局长；陇忠平为黔西南州中级人民法院审判委员会委员；谢娟为黔西南州中级人民法院审判委员会委员；马章鸿为黔西南州中级人民法院执行局执行一庭庭长；蒋文禄为黔西南州中级人民法院刑事审判第二庭庭长；陈颜虹为黔西南州中级人民法院行政审判庭庭长。免去王才丽的黔西南州体育局局长职务；钟代刚的黔西南州住房和城乡建设局局长职务；陈勇的黔西南州人民防空办公室主任职务。

州人大常委会主任邓家富作会议总结讲话，为新任命的国家机关工作人员颁发任命证书，并举行宪法宣誓仪式。

**【州第八届人大常委会第三十一次会议】** 黔西南州第八届人大常委会第三十一次会议，于2020年6月22—23日在兴义召开。州人大常委会主任邓家富，副主任张合建、黄健勇、方俊、王丽蓉、田大宝、蒋静、钱正浩，秘书长徐芝桦以及常委会委员共31人出席。会议由州人大常委会副主任方俊主持。州人民政府副州长王雄义、刘兴吉，州监察委员会副主任李书红，州中级人民法院院长高峰、副院长李勇，州人民检察院检察长刘青列席会议。

会议审议表决通过会议议程、州人民政府关于2019年度全州行政事业性国有资产管理情况专项报告、州人民政府关于2020年1—5月全州工业经济运行情况的报告、州人民政府环境状况和环境保护目标完成情况的报告、州人大常委会执法检查组关于检查《中华人民共和国行政复议法》实施情况的报告、州人大常委会执法检查组关于检查《中华人民共和国传染病防治法》《突发公共卫生事件应急条例》实施情况的报告、州人大常委会执法检查组关于检查《中华人民共和国野生动物保护法》《中华人民共和国动物防疫法》《全国人民代表大会常务委员会关于全面禁止非法野生动物交易、革除滥食野生动物陋习、切实保障人民群众生命健康安全的决定》实施情况的报告以及州人大常委会主任会议、州人民政府州长杨永英和州人民检察院检察长刘青提请的相关人事任免议案。决定任命王雄义为黔西南州人民政府副州长；刘志华为黔西南州人民政府副州长；何兰云为黔西南州人民防空办公室主任。任命孙正国为黔西南州人大常委会副秘书长；胡兴燕为册亨县人民检察院检察长；雷宪春的黔西南州审计局局长职务；胡兴燕的黔西南州人民检察院检察员职务；雷力的黔西南州中级人民法院生态环境保护审判庭庭长职务。

州人大常委会主任邓家富作会议总结讲话，为新任命的国家机关工作人员颁发任命证书，并举行宪法宣誓仪式。

**【州第八届人大常委会第三十二次会议】** 黔西南州第八届人大常委会第三十二次会议，于2020年8月26至28日在兴义召开。州人大常委会主任邓家富，副主任张合建、黄健勇、方俊、王丽蓉、田大宝、蒋静、钱正浩，秘书长徐芝桦以及常委会委员出席会议共30人出席。会议由州人大常委会

2020年8月28日，州八届人大常委会第三十二次会议举行宪法宣誓仪式
（潘永旭　摄）

副主任田大宝主持。州人民政府常务副州长陈健、副州长刘兴吉，州监察委员会副主任李书红，州中级人民法院院长高峰，州人民检察院检察长刘青、副检察长姚福列席会议。

会议听取、审议并表决通过州人民政府《关于全州上半年经济运行情况的报告》《关于1至7月全州国民经济和社会发展计划执行情况的报告》《关于1至7月财政预算执行情况的报告》《关于2019年度州本级财政预算执行情况和其他财政收支的审计工作报告》《关于50万亩优质茶叶产业种植基地建设情况的报告》《关于旅游发展工作情况的报告》，州人大常委会《关于批准2019年财政决算的决议(草案)》，州人大常委会执法检查组关于检查《黔西南州殡葬管理条例》实施情况的报告、关于检查《贵州省外来投资服务和保障条例》实施情况的报告，州人大常委会代表资格审查委员会关于代表资格审查情况的报告，州人民检察院《关于全州检察机关落实刑事案件认罪认罚从宽制度工作情况的报告》，州人大常委会主任会议、州中级人民法院院长高峰提请的相关人事任免议案。任命王虹为黔西南州人大常委会法制工作委员会主任；付忠文为黔西南州人大社会建设委员会副主任委员；罗倩为黔西南州中级人民法院审判员。

接受刘海峰辞去黔西南州第八届人民代表大会常务委员会委员职务，其黔西南州人大常委会代表资格审查委员会委员职务相应终止；黄朝文辞去黔西南州第八届人民代表大会代表职务后，其黔西南州第八届人民代表大会常务委员会委员职务相应终止。

州人大常委会主任邓家富作会议总结讲话，为新任命的国家机关工作人员颁发任命证书，并举行宪法宣誓仪式。

**【州第八届人大常委会第三十三次会议】** 黔西南州第八届人大常委会第三十三次会议，于2020年10月27—28日在兴义召开。州人大常委会主任邓家富，副主任张合建、黄健勇、方俊、王丽蓉、田大宝、钱正浩，秘书长徐芝桦以及常委会委员出席共27人出席。会议由州人大常委会副主任王丽蓉主持。州人民政府常务副州长陈健，副州长李杰、黄华，州监察委员会委员曹明华，州中级人民法院院长高峰，州人民检察院检察长刘青、副检察长李群芳列席会议。

会议听取、审议并表决通过州人民政府关于职业教育工作情况的报告、州人民政府关于2020年度节能工作情况的报告、州人民政府关于城乡规划建设管理实

2020年12月29日，2020年黔西南州人大新闻舆论暨理论研究工作会议在兴义召开
（潘永旭　摄）

施情况的报告，州人大常委会关于《黔西南州自治条例（修订草案）》的决议，接受省人大代表辞职和对个别州人大代表采取司法措施的议案，补选1名省人大代表，开展全州煤炭产业发展专题询问，州中级人民法院院长高峰、州人民检察院检察长刘青提请的相关人事任免议案。任命罗华为黔西南州人民检察院检察员；郑传波为黔西南州人民检察院检察员；夏玉洁为黔西南州人民检察院检察员。免去黄成学的黔西南州中级人民法院审判员职务。

州人大常委会主任邓家富作会议总结讲话，为新任命的国家机关工作人员颁发任命证书，并举行宪法宣誓仪式。

**【州第八届人大常委会第三十四次会议】** 黔西南州八届人大常委会第三十四次会议，于2020年11月12日在兴义召开。州人大常委会主任邓家富，副主任张合建、黄健勇、王丽蓉、田大宝、蒋静、钱正浩，秘书长徐芝桦以及常委会委员共29人出席。

会议由州人大常委会副主任蒋静主持。审议并表决通过州人大法制委员会关于调整《州人大常委会关于〈黔西南州教育条例（修正草案）〉〈黔西南州自治条例（修订草案）〉的决议》的报告，《州人大常委会代表资格审查委员会关于个别代表的代表资格的报告》。决定：刘海中、叶胜奇、白良春、许风伦、王国庆、刘照惠的黔西南州第八届人民代表大会代表资格终止，确认高强、毛日全、周志、李拓、缪坤和的代表资格有效，现黔西南州第八届人民代表大会实有代表348人。会议作出关于召开州八届人大六次会议的决定，决定黔西南州第八届人民代表大会第六次会议于2020年11月17日至18日在兴义市召开。会议作出关于接受陈先华辞去州人大社会建设委员会主任委员职务的决定，决定接受陈先华辞去州人大社会建设委员会主任委员职务。

州人大常委会主任邓家富作会议总结讲话，为新任命的国家机关工作人员颁发任命证书，并举行宪法宣誓仪式。

**【州第八届人大常委会第三十五次会议】** 黔西南州第八届人大常委会第三十五次会议，于2020年11月30日在兴义召开。州人大常委会主任邓家富，副主任张合建、黄健勇、方俊、王丽蓉、田大宝、蒋静、钱正浩，秘书长徐芝桦以及常委会委员共33人出席。

会议由州人大常委会副主任张合建主持。州人民政府常务副州长陈健列席会议；州委组织部副部长鲁永明到会作人事任免说明。会议听取、审议并表决通过州人民政府州长杨永英提请的相关人事任免议案。决定任命黄华为黔西南州交通运输局局长；青松为黔西南州教育局局长。决定免去陈林涛的黔西南州交通运输局局长职务；梁喜明的黔西南州教育局局长职务。

州人大常委会主任邓家富作会议总结讲话，为新任命的国家机关工作人员颁发任命证书，并举行宪法宣誓仪式。

**【州第八届人大常委会第三十六次会议】** 黔西南州第八届人大常委会第三十六次会议，于2020年12月28日在兴义召开。州人大常委会主任邓家富，副主任张合建、黄健勇、方俊、王丽蓉、田大宝、蒋静、钱正浩，秘书长徐芝桦以及常委会委员共34人出席。会议由州人大常委会副主任钱正浩主持。州人民政府常务副州长陈健，州监察委员会副主任周玉芬，州中级人民法院院长高峰，州人民检察院常务副检察长周仕刚列席会议；州委组织部副部长鲁永明到会作人事任免说明。

会议听取、审议并表决通过《州人大常委会2021年度立法计划（草案）》，州人民政府关于2020年全州和州本级财政预算调整的报告、州八届人大五次会议代表建议、批评和意见办理情况的报告，州人大常委会代表资格审查委员会关于个别代表的代表资格审查报告，州人大常委会主任会议、州中级人民法院院长高峰提请的相关人事任免议案。补选州委常委、州委组织部部长龙章怀、州人大环境与资源保护委员会副主任委员人选谢坪洴、州人大农业与农村委员会副主任委员人选蒋雪为黔西南州第八届人民代表大会代表。任命蒋雪为黔西南州人大农业与农村委员会副主任委员；谢坪洴为黔西南州人大环境与资源保护委员会副主任委员。免去岑吉善黔西南州中级人民法院副院长、审判委员会委员、审判员。

州人大常委会主任邓家富作会议总结讲话，为新任命的国家机关工作人员颁发任命证书，并举行宪法宣誓仪式。

（张　婷）

# 黔西南州人民政府

## 政府工作

**【概况】** 2020年是黔西南州经济社会发展经受多重考验的一年。面对新冠肺炎疫情冲击，黔西南州坚持人民至上、生命至上，迅速贯彻“四早”（疫情防控要做到早发现、早报告、早隔离、早治疗）、“四集中”（救治新冠肺炎患者要做到集中患者、集中专家、集中资源、集中救治）部署，严格抓实“两防”（疫情防控最初阶段，“两防”是指“外防输入、内防扩散”；疫情进入常态化防控阶段后，“两防”是指“外防输入、内防反弹”）措施，坚决落实“四最”（在2020年初黔西南州疫情防控处置过程中，州委提出“最高标准、最严措施、最大力度、最快速度”的要求）要求，全力打好疫情防控人民战争、总体战、阻击战，牢牢守住黔西南阵地，为第一时间恢复经济社会秩序赢得时间和空间，项目建设在全省率先实现100%复工复产。扎实推进常态化疫情防控，全面提升防控基础能力，切实掌控打好两场战役、夺取两个胜利的主动权和制胜权。面对脱贫攻坚艰巨任务，黔西南州实施挂牌督战，既“督”又“战”，常态化制度化推进“四逐四准”（逐村、逐户、逐人、逐项找问题，精准找问题、精准搞调研、精准定措施、精准抓落实），创新设置“窗口期”，主动暴露问题、解决问题、破解难题，集中火力攻克深度贫困堡垒，晴隆县、望谟县如期实现脱贫摘帽，啃下最后“硬骨头”，夺取脱贫攻坚全面胜利。

全州地区生产总值1353.4亿元，同比增长4.7%，经济总量上升到第5位。固定资产投资增长7.5%，社会消费品零售总额增长5.4%，全州呈现经济提速、社会和谐、民族团结、民生改善的良好态势。

**【脱贫攻坚】** 2020年，黔西南州落实精准扶贫、精准脱贫方略，打好“四场硬仗”“三场战役”，全面解决“两不愁三保障”问题。压缩行政经费532万元用于教育扶贫，下达资金8.69亿元，资助学生78.16万人次，实现应助尽助；全面加强医疗保障，贫困人口参保管理、参保资助、待遇执行均达100%，实现应保尽保；全覆盖开展饮水安全巩固提升工程，总共投入资金2.34亿元；建成通组硬化路4696.088千米，30户以上自然村寨全部实现“组组通”；深入实施新市民计划，完成33.85万人易地扶贫搬迁，从根本上解决“一方水土养不起一方人”的历史性难题；黔西南“星火计划、科技扶贫”试验区深入开展，中央统战部、公安部、民进中央、中国联通集团、中国黄金集团共投入帮扶资金1.2亿元，宁波市扶贫协作投入资金4.45亿元，支持全州夺取脱贫攻坚全胜。黔西南州剩余2个贫困县摘帽，剩余48个贫困村出列，剩余3.55万农村贫困人口脱贫，实现贫困县全部摘帽、贫困村全部出列、贫困人口全部脱贫，彻底撕掉绝对贫困的标签。

**【农业特色化推进】** 2020年，坚决守牢耕地红线，粮食产量达86.51万吨；推进农村产业革命，十大特色产业发展壮大，建成精品水果、特色粮食、茶叶油茶、中药材、蔬菜“五个百万亩”工程，食用菌发展到10.84亿棒，发展林下菌药14.20万亩，建成14个粤港澳大湾区“菜篮子”基地；烤烟实现利税7.58亿元，同比增长9.9%；培育龙头企业452家，成功申报兴仁薏仁米、贞丰火龙果等5个国家农产品地理标志，普安成为“贵州绿茶第一采”永久首采地。一产增加值249.35亿元，同比增长6.5%。

**【工业集群化转型】** 2020年，基础能源快速发展，煤炭年产量1553万吨，普安、贞丰等火电厂建成发电，电力装机容量1500万千瓦，年发电量340.7亿千瓦时；基础材料、新型建材、装备制造、特色轻工、大数据信息等产业稳步发展，义龙振华新材料、鹏昇纸业建成投产，义龙聚鑫工贸完成节能升级改造，固鑫耐磨材料、义龙锂电池负极材料等项目落地建设。工业增加值337.7亿元，同比增长4.1%。

**【三产多元化融合】** 2020年，山地旅游加快发展，全州共有AAAA级景区10个，新增AAA级景区4个、全州共有AAA级景区27个，建成体育运动基地10个，全年全州接待游客4908.86万人次，恢复至上年同期水平的70.02%，实现旅游总收入507.69亿元，恢复至上年同期水平的69.26%。三产增加值641.06亿元，同比增长3.5%。

**【基础设施】** 2020年，黔西南州交通条件极大改善，盘兴高铁开工建设，紫望、兴义环城高速建成通车，高速公路通车里程达621千米，全州公路通车里程达2.3万千米，建制村公路硬化率和通客运率均达到100%；建成兴义万峰林机场新航站楼，旅客年吞吐量达到138万人次。水利基础设施不断完善，建成兴义马岭水利枢纽工程等14座大中小型水库，总库容达到7.03亿立方米，在全省率先实现“市州有大型水库、县县有中型水库”目标。城镇基础设施不断夯实，新增城市道路67.08千米，建成区面积142.74平方千米，建成兴义湿地公园等12个海绵城市项目，建成城镇保障性住房8778套，常住人口城镇化率达到52%。信息基础设施不断加强，互联网出州带宽突破1000Gbps，行政村实现4G网络和光纤全覆盖。

**【风险防控】** 2020年，黔西南州严格防控地方政府性债务，全州法定债务率保持在绿色等级。扎实开展安全生产专项整治三年行动，全面守牢安全防线，2020年煤矿实现“零事故”“零死亡”目标。创新推行“312”维稳协作等机制，常态化推进扫黑除恶斗争，切实开展全国禁毒示范城市创建，深入开展矛盾纠纷排查化解，全州社会大局持续稳定。

**【污染防治】** 2020年，黔西南州全面推进中央生态环保督察及“回头看”反馈问题整改，生态文明先行试验区创建取得明显成效。扎实推进青山工程，完成营造林76.56万亩、水土流失治理面积321.02平方千米、森林覆盖率达61.17%。扎实推进蓝天工程，城市空气质量优良率保持99%以上；扎实推进碧水工程，城镇污水处理率达94%，主要河流、重要湖库水质达标率保持100%，县级以上集中式饮用水源地水质达标率保持100%，万峰湖水环境综合治理成效显著，兴义市河(湖)长制工作获得国务院通报表彰，创新黄泥河两省三地联动机制。推进净土工程，义龙鸿大垃圾发电厂实现生活垃圾焚烧发电处理规模达到1200吨/日，城乡生活垃圾无害化处理率提高到63.09%，农村生活垃圾收运处置体系行政村覆盖率达95.6%，土壤污染地块安全利用率保持100%，粪污资源化综合利用率达到86.13%。

**【改革开放】** 2020年，黔西南州“放管服”改革成效明显，州县政务服务标准化建设全部通过省级评估达标验收，企业开办时间压缩至3个工作日，网上办税申报率达98.7%，涉税业务网办率达85%，市场主体总量达42166户；全面推行财政零基预算，实行“数据铁笼”监管，完成金融“两权”抵押试点；国有企业实体化改革稳步推进，州管国企资产总额达到690.4亿元，年营业收入达到

37.63亿元；农村土地“三权分置”有效推进，确权登记全面完成。对外开放水平不断提升，引进江苏综艺等省外优强企业100余家，到位资金440亿元；科技创新步伐不断加快，全州综合科技进步水平指数达66.5%，公民具备科学素质比例达到6.4%。

**【增进民生福祉】** 2020年，黔西南州教育立州战略取得实效，新建改扩建公办幼儿园12所、易地扶贫搬迁教育配套学校4所，基本普及15年教育，全州提前两年通过县域义务教育基本均衡发展国家评估认定。创业就业成效明显，新增城镇就业4.2654万人，城镇登记失业率控制在5%以内。医疗保障不断增强，成功创建国家级卫生乡镇3个，建成2个县级中医院、建成3个乡镇中医馆，实现乡镇卫生院中医馆全覆盖，完成乡镇卫生院、村级卫生室标准化建设。民生网底不断织牢，城乡低保平均标准分别提高到每月642元和每年4316元，共发放低保资金8.79亿元、临时救助金1.04亿元。社会事业全面发展，实现乡村“农体工程”全覆盖，再次荣获全国双拥模范城，国防动员、宗教、外事、人防、老龄、关心下一代、工青妇、残疾人、消防、档案、史志等各项事业取得新进步，人民的获得感、幸福感、安全感、满意度大幅提升。

**【提升治理能力】** 2020年，黔西南州切实履行政府系统管党治党政治责任，严格落实“一岗双责”，深入推进党风廉政建设和反腐败斗争，切实营造风清气正的政治生态。深入推进法治政府建设，严格落实行政执法“三项制度”，政府治理效能和依法行政水平进一步提升。主动接受人大法律监督、政协民主监督，州级319件建议提案全部办理完成，办复率均达100%，提请州人大常委会审议地方法规10项。实行“三单一考”抓落实工作机制，推行州直部门“赶考”，推进各项工作任务有效落实。

（刁　程）

## 州人民政府常务会议

**【八届州人民政府第七十一次常务会议】** 2020年1月2日在兴义市召开，州长杨永英主持。会议传达学习省政府全体会议暨省政府第49次常务会议精神，研究贯彻落实意见；会议研究注销国际喀斯特区域发展研究院有限公司、撤销黔西南州大健康医药产业发展领导小组办公室等有关事宜；会议审议《政府工作报告》《黔西南州2019年国民经济和社会发展计划执行情况与2020年国民经济和社会发展计划草案的报告》《黔西南州2019年全州和州本级预算执行情况与2020年全州和州本级预算草案的报告》《黔西南州国有资本运营有限责任公司组建方案》《黔西南州企业上市培育奖励工作管理办法（试行）》《黔西南州贯彻落实国务院安委办约谈州人民政府提出问题整改方案》。

**【八届州人民政府第七十二次常务会议】** 2020年1月11日在兴义市召开，州长杨永英主持。会议传达学习省委农村工作会议暨全省扶贫开发工作会议、全省恢复生猪生产保障市场供应工作会议和全省坝区农业产业结构调整工作推进会议精神，研究贯彻落实意见；会议研究黔西南州人民政府与贵州建工集团有限公司战略合作、调整黔西南州2020年棚户区改造项目任务等有关事宜；会议审议《2020年元旦、春节期间保供稳价工作方案》《黔西南州兴义市城市医疗集团建设实施方案》《州人民政府办公室关于统一城乡居民基本医疗保险制度的实施意见》《黔西南州打好防范化解重大金融风险攻坚战行动方案》《黔西南州优化营商环境政策措施》《2020年春节期间重大项目不停工、不停建及一季度“开门红”工作方案》《黔西南州工业企业春节期间生产及节后复产服务工作方案》《黔西南布依族苗族自治州人民政府　新合作商贸连锁集团有限公司战略合作框架协议》。

**【八届州人民政府第七十三次常务会议】** 2020年2月8日在兴义市召开，州长杨永英主持。会议传达学习全国、全省农业农村系统应对新型冠状病毒感染的肺炎疫情暨春管春耕工作视频调度会议，全省统筹推进农村疫情防控和脱贫攻坚、农业产业结构调整工作电视电话会议精神，研究贯彻落实意见；会议研究新型冠状病毒感染的肺炎疫情防控期间全州重大项目及工业企业复工复产、做好应对新型冠状病毒感染的肺炎防控期间粮油物资储备、新型冠状病毒感染的肺炎疫情防控期间全州党政机关和企事业单位返州人员排查、传染病医院建设等有关事宜；会议听取新型冠状病毒感染的肺炎疫情防控和春节期间安全生产工作情况汇报；会议审议《黔西南州关于做好新型冠状病毒肺炎疫情防控期间2020年春季学期开学工作方案》《2020年州政府部门“赶考”工作方案》。

**【八届州人民政府第七十四次常务会议】** 2020年2月17日在兴义市召开，州长杨永英主持。会议听取促进回乡务工人员返岗就业工作、农业产业结构调整、政府性债务管理情况的汇报；会议研究2020年州本级预算编制草案有关事宜；会议审议《黔西南州重点服务业复工复业“1+6”工作方案》《关于有序推进重大项目复工开工的补充通知》《黔西南州领导干部包保工业企业复工复产工作方案》《黔西南州应对新冠肺炎疫情防控项目谋划及前期工作推进方案》《黔西南州促进水泥行业产能释放工作方案》《黔西南州关于加快煤炭工业转型升级高质量发展的实施意见》《2020年煤炭工业高质量发展工作方案》。

**【八届州人民政府第七十五次常务会议】** 2020年2月28日在兴义市召开，州长杨永英主持。会议听取全州疫情防控和经济社会发展、煤矿企业复工复产和安全生产及督导检查、“1+16”安全生产大排查大整治强监管百日攻坚行动情况的汇报；会议审议废止《黔西南布依族苗族自治州历史建筑保护管理办法》有关事宜。

**【八届州人民政府第七十六次常务会议】** 2020年3月10日在兴义市召开，州长杨永英主持。会议传达学习省委书记孙志刚有关批示指示精神，研究贯彻落实意见；会议听取全州脱贫摘帽和“两业”工作、州级部分国有企业2020年工作计划、2020年州直事业单位参加第八届贵州人才博览会人才引进需求计划、全州各级各类学校疫情防控和开学准备工作的情况汇报；会议审议2020年全州产业招商、优化营商环境目标确认书、考核办法和产业招商方案，以及《黔西南州国有资产监督管理委员会监管企业负责人经营业绩考核办法（试行）》《黔西南州人民政府国有资产监督管理委员会监管企业工资决定机制暂行办法》《全州就业扶贫全覆盖攻坚行动资金保障工作方案》《黔西南州对县级人民政府履行教育职责评价实施方案》等。

**【八届州人民政府第七十七次常务会议】** 2020年3月18日在兴义市召开，州长杨永英主持。会议传达学习2020年东西部扶贫协作项目建设及黔西南州与宁波市东西部扶贫协作“云端会商”会议精神，研究贯彻落实意见；会议听取2020年第一季度经济运行工作、2019年耕地保护督察反馈问题和往年土地例行督察“挂账”问题整改工作、全州违建问题清查整治工作、组建黔西南州人民医院医疗集团（黔西南州妇幼保健院板块）有关事宜情况汇报；会议审议《黔西南州争取省级煤炭结构调整转型升级奖补资金工作方案》《省能源局　贵州煤矿安监局赴黔西南州开展煤矿安全生产集中整治重点督导工作会议精神贯彻落实方案》《黔西南州征地区片综合地价县级平衡成果报告》。

**【八届州人民政府第七十八次常务会议】** 2020年3月26日在兴义市召开，州长杨永英主持。会议传达学习全省安全生产工作电视电话会议精神、全省各市（州）党委书记抓脱贫攻坚座谈会会议精神，研究贯彻落实意见；会议听取全州安全生产大排查、大整治、强监管百日攻坚行动、全州煤炭转型升级高质量发展和煤炭安全生产工作，2019年《政府工作报告》重点工作任务完成情况、《全州生态环境问题警示片》披露问题整改情况的汇报；会议审议2020年全州安全生产重点行业专项治理行动系列方案。

**【八届州人民政府第七十九次常务会议】** 2020年4月2日在兴义市召开，州长杨永英主持。会议传达学习3月26日国务院电视电话会议、3月31日国务院常务会议和4月1日省政府加快推进全省重大项目建设、积极做好稳投资工作专题会议精神，研究贯彻落实意见；会议听取州（市）人防应急指挥中心建设项目产权变更有关问题的汇报；会议审议《黔西南州2020年东西部扶贫协作工作要点》《中共黔西南州委　黔西南州人民政府关于深化改革加强食品安全工作的实施方案》《黔西南州人民政府关于做好国家综合性消防救援队伍职业优待保障工作方案》。

**【八届州人民政府第八十次常务会议】** 2020年4月7日在兴义市召

开，州长杨永英主持。会议传达学习省政府第58次常务会议精神，研究贯彻落实意见；会议听取黔西南州脱贫攻坚普查工作推进情况汇报；会议审议黔西南州脱贫攻坚“冲刺90天 打赢歼灭战”系列行动方案，以及《2019年全省安全生产巡查反馈黔西南州问题整改方案》《黔西南布依族苗族自治州人民政府 中国农业银行股份有限公司贵州省分行战略合作协议》《黔西南州脱贫攻坚“冲刺90天打赢歼灭战”统筹开展挂牌督战工作方案》。

**【八届州人民政府第八十一次常务会议】** 2020年4月15日在兴义市召开，州长杨永英主持。会议传达学习全国安全生产电视电话会议精神、全省2020年春季学期开学工作部署电视电话会议精神、全省生态特色食品产业发展推进电视电话会议精神、公安部2020年度扶贫工作会议精神，研究贯彻落实意见；会议听取黔西南州2020年春季学期开学准备工作、2020年第二季度政府债务和政府隐性债务风险防范化解工作、2019年度州直部门“赶考”年终考核工作情况及2020年州政府部门年初“赶考”情况汇报；会议审议《黔西南州高三初三年级以外其他学段（年级）2020年春季学期开学准备工作方案》《黔西南州贯彻落实省委生态环境保护督察“回头看”反馈意见整改方案》《黔西南州人民政府办公室关于做好2020年建议提案办理工作的通知》《黔西南州人民政府办公室关于2020年州政府领导面对面督办重点建议提案的通知》《中共黔西南州委 黔西南州人民政府关于进一步推进国有企业发展的意见》《黔西南州关于改革国有企业工资决定机制的实施办法（试行）》《黔西南州2020年享受政府特殊津贴推荐人选名单》。

**【八届州人民政府第八十二次常务会议】** 2020年4月24日在兴义市召开，州长杨永英主持。会议传达学习省领导领衔推进十大工业产业联席会议第二次会议精神、全省驻点招商工作推进会议精神，研究贯彻落实意见；会议听取将黔西南州特殊病康复“一院三中心”辅警工资及水电费用纳入财政保障、启用体育彩票公益金开展有关工作汇报；会议审议《黔西南州参加全国优强民营企业助推贵州发展大会暨2020全球贵商大会招商工作方案》《黔西南州领导干部联系服务重点招商引资项目工作方案》《黔西南州促进服务业恢复性增长工作措施》《黔西南州加快推进农产品流通体制改革方案》《黔西南州学校食品安全专项治理行动方案》《黔西南州安全生产委员会工作规则》《黔西南州政务服务“全省通办、一次办成”改革工作推进方案》《黔西南州政务大厅“一窗通办”改革实施方案》。

**【八届州人民政府第八十三次常务会议】** 2020年5月7日在兴义市召开，州长杨永英主持。会议传达学习全省劳务就业扶贫工作会议精神、全省安全生产电视电话会议精神、2020年全省招商引资工作电视电话会议精神，研究贯彻落实意见；会议听取国务院扶贫办调研督导组赴黔西南州调研脱贫攻坚有关工作、州第七次全国人口普查工作情况汇报；会议审议《黔西南州国民经济和社会发展第十四个五年规划编制工作方案》《黔西南州按时高质量打赢脱贫攻坚战推进农村产业革命系列工作方案》《黔西南州防汛抗旱应急预案（修订）》《黔西南州大型特大型地质灾害专项现场应急处置方案》《黔西南州重特大洪涝灾害现场应急处置方案》《黔西南州重特大干旱灾害应急处置方案》《黔西南州城市防涝灾害现场应急处置方案》《黔西南州2020年初中毕业升学考试与高中招生工作方案》《黔西南州2020年“6·5环境日”“6·18贵州生态日”期间系列宣传活动总体方案》《关于推进黔西南州州级党政机关和事业单位经营性国有资产集中统一监管的实施方案》《黔西南州残疾人联合会改革方案》《关于开展财政专项扶贫资金项目督查整改工作方案》。

**【八届州人民政府第八十四次常务会议】** 2020年5月27日在兴义市召开，受州长杨永英委托，州委常委、州政府常务副州长陈健主持。会议听取安龙县美女山水库前期工作、州直从事经营性事业单位改革工作、省人防系统腐败问题全面调查整顿工作领导小组赴黔西南督查情况汇报；会议审议《全州安全生产三年行动实施方案》。

**【八届州人民政府第八十五次常务会议】** 2020年6月5日在兴义市召开，州长杨永英主持。会议传达学习省委常委、常务副省长李再勇赴黔西南州调研指示精神、副省长胡忠雄赴黔西南州调研指示精神、2020年全国统计部门全面从严治党工作视频会议精神，研究贯彻落实意见；会议听取2019年度耕地保护督察反馈问题和往年土地例行督察“挂账”问题整改工作推进情况、黔西南州农村集体产权制度改革工作推进情况、三个新建生活垃圾焚烧发电厂项目推进情况、生活垃圾无害化处理设施运行管理和存在问题整改情况、兴义海关有关工作情况、申报创建兴义世界地质公园迎接联合国专家评估考察工作筹备情况汇报；会议研究划拨省级福彩公益金补助地方社会福利公益事业发展有关事宜；会议审议《黔西南州2020年度经济运行调度工作方案》《黔西南州2020年度经济发展综合测评目标绩效考评办法》《黔西南州2020年生态环境保护“双十工程”实施方案》《黔西南州2020年污染防治攻坚战挂牌督战工作方案》《黔西南州坚决打赢污染防治攻坚战实施方案》《黔西南州污染防治攻坚战成效考核实施方案》《黔西南州生态环境大排查问题整改督导工作方案》《煤矿安全生产违法行为举报奖励办法（试行）》。

**【八届州人民政府第八十六次常务会议】** 2020年6月15日在兴义市召开，州长杨永英主持。会议传达学习全国普通高等学校毕业生就业创业工作电视电话会议精神，研究贯彻落实意见；会议听取全州生态保护红线评估调整工作、全州自然灾害农作物受灾及农业保险理赔工作、贯彻执行《中华人民共和国安全生产法》《贵州省安全生产条例》的情况汇报；会议研究州级行政事业单位资产盘活、州财信担保公司和贵州时进担保公司整合、武警黔西南支队卫生队、招待所营房建设有关事宜；会议审议《黔西南州人民政府关于2019年度全州行政事业性国有资产管理情况的专项报告》《黔西南州人民政府关于2019年度全州国有资产管理情况的综合报告》。

**【八届州人民政府第八十七次常务会议】** 2020年6月24日在兴义市召开，州长杨永英主持。会议审议《黔西南州殡葬管理条例实施细则》《全省易地扶贫搬迁社区民族工作现场推进会筹备工作方案》《黔西南州关于贯彻落实国家基本药物制度的实施意见》。

**【八届州人民政府第八十八次常务会议】** 2020年7月7日在兴义市召开，州长杨永英主持。会议传达学习王世杰赴黔西南州开展“两直达”服务上门、政策到家专项行动调研时的讲话精神，研究贯彻落实意见；会议审议黔西南州开展“全面梳理、深挖潜力”系列行动方案、《关于印发加大金融政策支持力度促进创业就业稳岗工作措施的通知》。

**【八届州人民政府第八十九次常务会议】** 2020年7月17日在兴义市召开，州长杨永英主持。会议传达学习长江流域重点水域禁捕和退捕渔民安置保障工作推进电视电话会议精神，全国、全省农村乱占耕地建房问题整治工作电视电话会议精神，全省安全生产工作电视电话会议精神，研究贯彻落实意见；会议听取全州防汛救灾、壮大金州电力公司资产、全民科学素质、2020年“特岗计划”教师招聘工作情况汇报；会议研究将州高管处纳入财政预算规范化管理单位并进行机构改革有关事宜；会议审议《黔西南州全面实施预算绩效管理实施方案》《黔西南州红十字会改革方案》。

**【八届州人民政府第九十次常务会议】** 2020年8月7日在兴义市召开，州长杨永英主持。会议传达学习全省生态环境系统工作视频会议精神、国务院联防联控机制严防聚集性疫情做好秋冬季防控工作电视电话会议精神，研究贯彻落实意见；会议听取全州禁毒工作、关于对公安部定点帮扶金盾影视文化小镇项目实行奖补优惠有关工作、2019年保障性安居工程跟踪审计发现问题整改工作、全州食用野生动物人工养殖退出转产处置补助工作、脱贫攻坚宣传工作情况汇报；会议研究授予陶旭明律师“黔西南州优秀公益律师”荣誉称号有关事宜；会议审议《黔西南州烈士纪念设施规划建设修缮管理维护工作实施方案》《州供销社参与组建贵州隆辉农产品市场开发有限公司和控股组建贵州中信农联开发有限公司工作方案》《黔西南州脱贫攻坚展示陈列馆筹建工作方案》《黔西南州人民政府与省建筑设计研究院有限责任公司战略合作框架协议》。

**【八届州人民政府第九十一次常务会议】** 2020年8月28日在兴义市

召开，州长杨永英主持。会议研究黔西南州中医院建设国家中医住院医师规范化培训基地有关事宜；会议审议《黔西南州大学生参军入伍激励办法（试行）》《黔西南州2019年度目标绩效考核结果》《黔西南州2020年度目标绩效管理办法》。

**【八届州人民政府第九十二次常务会议】** 2020年9月11日在兴义市召开，州长杨永英主持。会议传达学习全省清查整顿拖欠教师工资补贴挤占挪用教育经费工作部署会议精神，研究贯彻落实意见；会议研究“黔西南州经济发展‘五找三围绕’方案体系”有关事宜；会议听取全州近期疫情防控、环境保护监测站资产清查及划转、污染防治挂牌督战、河（湖）长制工作考核、“渝黔合作‘渔+’行动”推进工作情况汇报；会议审议《黔西南州生态环境机构监测监察执法垂直管理制度改革人员划转工作方案和预算级次调整、资产划转、社保接续实施方案》《黔西南州关于构建现代环境治理体系的实施方案》《黔西南州生态环境保护委员会工作规则及组成人员》《关于贯彻落实〈贵州省生态环境保护督察实施办法〉的意见》《世界银行养老服务体系发展项目贷款资金分配方案》《第六届黔西南州旅游产业发展大会总体工作方案》。

**【八届州人民政府第九十三次常务会议】** 2020年9月17日在兴义市召开，州长杨永英主持。会议听取全州防汛减灾、根治欠薪暨省交办欠薪问题排查化解、监管企业拟参与全州水务一体化、国储林PPP项目、州水投公司拟出资2000万元入股兴义万丰村镇银行、第三次国土调查、农村乱占耕地建房问题整治工作情况汇报；会议审议《黔西南州人民政府关于促进3岁以下婴幼儿照护服务发展的实施方案》《黔西南州高风险金融机构化解工作方案》。

**【八届州人民政府第九十四次常务会议】** 2020年9月26日在兴义市召开，州长杨永英主持。会议传达学习第十五届贵州旅游产业发展大会精神、文化和旅游部党组成员王晓峰赴黔西南州调研指示精神，研究贯彻落实意见；会议听取全州1—8月经济运行情况、《兴义南站站前综合交通枢纽规划》编制工作、黔西南州易地扶贫搬迁“五个体系”建设新市民计划基本公共服务标准化试点工作、全州2020年面向央企招商工作、处置州矿权储备中心持有股权工作、划转新型城镇化职能职责工作情况汇报；会议研究黔西南州融通售电有限责任公司组建方案有关事宜；会议审议《关于做好2020年中秋节、国庆节“两节”期间有关工作的方案》《黔西南州“国庆”“中秋”节日期间安全生产和防灾减灾救灾工作方案》《黔西南州2020年国庆节、中秋节期间文化广电旅游行业安全生产工作实施方案》《黔西南州应对新冠肺炎疫情构筑贵州西南屏障专项工作方案》《黔西南州地质灾害隐患大排查工作方案》《黔西南州2020年10月至2021年3月政府债务风险防控方案》《黔西南州加强农村乱占耕地建房问题摸排工作方案》。

**【八届州人民政府第九十五次常务会议】** 2020年10月20日在兴义市召开，州长杨永英主持。会议传达学习省委常委、省政府常务副省长李再勇赴望谟县调研指示精神，研究贯彻落实意见；会议研究注销黔西南州水利电力综合开发总公司、州人民政府与中国华能集团有限公司贵州分公司签订能源开发合作框架协议有关事宜；会议审议《黔西南州重大行政决策程序规定》《黔西南州居家和社区养老服务改革试点实施方案》《推进金融服务全州经济高质量发展若干措施》《黔西南州长期护理保险制度试点实施方案》《黔西南州人民政府　中国移动贵州公司战略合作框架协议》。

**【八届州人民政府第九十六次常务会议】** 2020年10月20日在兴义市召开，州长杨永英主持。会议听取胡忠雄副省长赴晴隆县、望谟县调研有关情况的汇报；会议研究黔西南州第四次全国经济普查优秀集体和优秀个人评选表扬工作、兑现州直单位平安黔西南建设考核奖励有关事宜的汇报；会议审议《黔西南州消防安全责任制实施办法》《关于进一步全面加强文化艺术和体育进校园五年工作实施方案（2021—2025）》《关于减轻中小学教师负担进一步营造教育教学良好环境工作实施方案》《黔西南州关于全面加强新时代大中小学劳动教育的工作实施方案》《“金州教育云”平台软件升级方案》《中央音乐学院黔西南布依族苗族自治州人民政府文化扶贫对口帮扶合作协议》《黔西南州人民政府华录健康养老发展有限公司战略合作协议》。

**【八届州人民政府第九十七次常务会议】** 2020年11月19日在兴义市召开，州长杨永英主持。会议传达学习公安部常务副部长王小洪赴黔西南州调研指示精神，研究贯彻落实意见；会议研究暂缓《黔西南州易地扶贫搬迁市民融入发展条例》立法、黔西南州自然资源统一确权登记工作、“联合申报燃料电池汽车示范应用城市群”等有关事宜；会议审议《黔西南州易地扶贫搬迁安置住房不动产登记工作实施方案》《黔西南州安全生产和消防工作考核办法》《黔西南州贯彻落实贵州省提升城镇品质做强城镇经济推进新型城镇化若干措施的实施方案》《关于支持民办专业机构开展文化艺术进校园工作的意见》《黔西南州市场主体住所（经营场所）注册登记管理实施细则》《黔西南州深化公共资源交易平台整合共享的实施方案》《黔西南州招标（采购）中介服务网上超市管理暂行办法》《黔西南州涉及国家安全事项建设项目安全控制区域划定联席会议机制》。

**【八届州人民政府第九十八次常务会议】** 2020年12月5日在兴义市召开，州长杨永英主持。会议传达学习省推动长江经济带发展领导小组会议精神、贵州省脱贫攻坚工作情况汇报会议精神、省政府债务风险防范化解工作专题会议精神，研究贯彻落实意见。

**【八届州人民政府第九十九次常务会议】** 2020年12月10日在兴义市召开，州长杨永英主持。会议传达学全国根治欠薪冬季专项行动动员部署电视电话会议精神，研究贯彻落实意见；会议听取全州根治欠薪、耕地保护责任目标自查、2020年黔西南州劳动模范和先进工作者推荐工作情况汇报；会议审议《黔西南州积极融入新时代推进西部大开发形成新格局工作措施》《黔西南州进一步促进区域协调发展工作措施》《黔西南州进一步深化改革扩大开放推动内陆开放型经济试验区建设工作措施》《关于新时代深化殡葬改革促进殡葬事业健康发展的实施意见》《黔西南州2020年食品安全工作情况报告》《黔西南州质量提升行动工作情况报告》《黔西南州计划生育协会改革方案》《黔西南州关于深化项目评审、人才评价、机构评估改革的实施意见》《关于进一步提高村常务干部报酬的实施方案》。

**【八届州人民政府第一百次常务会议】** 2020年12月18日在兴义市召开，州长杨永英主持。会议听取2020年前三季度全州县域经济发展统计监测、推进乡村振兴、公安工作、村级妇联主席、州文旅集团拟投资建设义龙新区陆基生态渔业“三产”融合项目、州工投集团承接州矿权储备中心原持有矿业公司股权有关事宜的汇报；会议审议《黔西南州电动汽车充电基础设施建设项目投资合作框架协议》《黔西南州全面深化农村公路管理养护体制改革实施办法》《黔西南州教师工资待遇保障工作机制》《黔西南州全面深化农村公路管理养护体制改革实施办法》《黔西南州行政复议体制改革实施方案》《黔西南州关于强化知识产权保护的实施方案》。

**【八届州人民政府第101次常务会议】** 2020年12月22日在兴义市召开，州长杨永英主持。会议听取《黔西南州人民政府关于州八届人大五次会议代表建议、批评和意见办理情况的报告》《黔西南州人民政府关于州政协八届五次会议提案办理情况的通报》；会议审议《关于2020年全州经济社会发展情况和2021年工作安排的建议》《杨永英同志在州委七届十二次全会第一次全体会议上的讲话》《贵州省省、州、县三级合作推进肉牛产业发展协议书》《黔西南州人民政府　福建省泉州海洋职业学院战略合作框架协议》。

（刁　程）

## 州政务服务中心

**【概况】** 黔西南州人民政府政务服务中心（以下简称“州政务中心”）为正县级事业单位，隶属州人民政府办公室管理，内设办公室、审批服务科、综合代理科、信息技术科、热线服务科、宣传教育科、调查调研科、服务评价科，核定事业编制25人，管理人员24人，工勤人员1人；设领导职数4人，科级职数12人（正科长职数不超过8人）。2020年11月30日，新任命的2名副主任到位，在职干部职工21人。

2020年，政务中心以推进“全省通办、一次办成”和“一窗通办”两项改革为抓手，推进“跨省

2020年7月31日，原州委常委、州人民政府副州长王雄义（第一排右五）赴州政务中心调研指导工作，与全体干部职工合影　　（戴学鸿　摄）

2020年4月27日，黔南州政务中心党组书记、主任罗梅花（左三）带队赴黔西南州人民政府政务中心考察调研，州政务中心主任蒋芙蓉（右二）作讲解　　（戴学鸿　摄）

通办”“跨省联办”，拓展“贵人服务”品牌，优化营商环境，加快法治政府、创新政府、廉洁政府和服务型政府建设，提升群众幸福感和获得感。全年召开干部职工学习会56次，干部职工作学习交流发言45人次；组织赴省政务服务中心、安顺市政务中心考察学习73人，组织州直、各县（市、区）参加省、州业务培训会27次，培训人员1319人次；在政务服务网发布中心动态信息、窗口动态、基层动态等681条，州级媒体采用报道39条，省政务服务中心作“全省通办、一次办成”改革工作信息简报经验推广2条，省委改革办采用1条；开展警示教育4次。

【标准化建设】 2020年，州、县两级政务服务标准化建设全部通过省级评估达标验收，综合性实体政务大厅总面积从2017年13546平方米增加至60538.25平方米；取消部门自建分厅47个；公布办事指南37993个、办理“全省通办”14.41万件，在省政务服务中心开展市县级政务服务中心业务考核中，黔西南州综合性实体大厅建设和运行排名第2位，重点任务推进排名第3位。黔西南州政府、兴义市政府、贞丰县政府政务公开工作在全省2019年度政务公开第三方评估中被评为“优秀”。

【“一网”通办】 2020年，全州推行“不见面”服务，通过线上“网上办、手机办”和线下“预约办、邮政办”等方式开展“一网通办”。全年受理430.35万件，办理依申请六类事项18678个（州县两级13317个，州级1192），网上可办率达100%。

【“一次”办成】 2020年，启动“全省通办、一次办成”改革，在州、县政务大厅设置“全省通办”窗口117个，明确“通办”人员，安装视频音频可视对讲设备，畅通办理结果免费邮政寄递；671个“通办事项”实现异地收件、全程受理，全年开展办理结果免费寄递2668件（省内2536件，省外132件），减少群众跑腿次数2668次；办理“全通通办”（即行业通办、综合通办、区域通办）15.15万件，州本级6.83万件。兴仁市与慈溪市开展就医备案、失业登记、跨省转学、企业设立等“跨省联办”事项61个；黔西南州与百色市聚焦两地企业群众普遍关切的高频异地办理事项，梳理第一批“跨省通办”事项85个，解决企业群众办事“多地跑”“折返跑”，让两地企业群众“进一扇门、办两省事”。

2020年12月8日，黔西南州与百色市政务服务“跨省通办签约仪式”现场
（陈　刚　摄）

**【“一窗”通办】** 推行“前台综合受理、后台分类审批、综合窗口出件”工作模式，在州政务大厅设置A、B、C三个区域分设综合窗口，统筹调剂部门60人进驻窗口，按照“受审分离”原则，推行政务服务标准化作业，实现“一窗受理、并行办理、信息共享、集成服务、限时办结”，州本级纳入“一窗”综合收件受理事项达81.02%，县（市、义龙新区）达80%。

**【“一号”通办】** 整合资源提升“一号受理”，统筹覆盖州、县、乡三级政府部门“12345”热线平台运行管理，接听企业群众来电96868人次，其中现场解答89343人次，转办8132件（含书记、州长直通交流平台115件）。对商家、群众反映集中的热点、痛点和堵点问题进行统计分析并按月通报相关部门，在《黔西南日报》（民生专栏）刊登“12345”热线办理事项34期。

**【疫情防控】** 创新开展疫情防控，引导办事企业和群众通过“网上办、手机办、预约办、就近办、邮政办”等方式办理事务，强化联防联控力度，坚决防止疫情蔓延。2月1日至3月4日，全州通过贵州政务服务网、部门自建系统共受理20.14万件（州级45462件），其中线上受理件57037（州级22990件）。3月2日，在全省首先恢复州政务大厅窗口服务，群众办事通过扫贵州健康码和检测体温分批次进入政务大厅办事，日均近4000人，实现“零”感染。

**【政务公开】** 2020年，州政务公开暨政务服务工作领导小组办公室围绕《中华人民共和国政府信息公开条例》（国务院令第711号）明确的法定主动公开内容及州委、州政府高质量打赢脱贫攻坚战、高质量推进经济社会发展、优化营商环境等要求，将“决策公开、执行公开、管理公开、服务公开、结果公开”落实到行政管理全过程，政务服务全流程，全力推进政府信息“应公开尽公开”；印制《全面推进基层政务公开标准化规范化工作实施方案》《黔西南州2020年政府信息公开工作要点》，召开业务培训会，公布《政务公开标准规范清单》。全年举行新闻发布会、媒体通气会、见面会26场；累计公开规章2件、规范性文件459件；全州通过政府网站、政务微博、微信公开、政务客户端、政务新媒体、开放会议等多渠道公开政府信息22.93万条，其中：

2020年2月3日，疫情防控期间，州政务中心主任蒋芙蓉（右一）在一线引导群众网上办事
（陈大平　摄）

2020年9月27日，州政务中心党支部与扶贫点册亨县弼佑镇秧佑村党支部联合开展“数变化·感党恩·送政策”主题党日活动现场 （州政务中心 提供）

州政府及部门公开72849条，县级政府及部门公开15.64万条。

【脱贫攻坚】 2020年，协调110万元项目资金，帮助册亨县弼佑镇秧佑村和秧里村新建产业路26千米，完成通村公路和村内主要路段道路硬化；协调项目资金161.5万元，实施老油茶低产改造8535亩，新增435亩，发展杉木种植15018亩；实施易地扶贫搬迁230户990人。年内，秧佑村已顺利通过州级、省级、国家级脱贫攻坚第三方评估验收和国家级脱贫攻坚普查及各级督查检查。

（陈大平）

## 信访工作

【概况】 黔西南州信访局作为州委工作部门，列入州级财政全额预算，设局长1人，副局长3人，正处长级干部1人。2020年，核定公务员编制11人(其中管理人员10人，工勤人员1人)，核定事业编制15人(其中管理人员14人，工勤人员1人)，内设机构8个科室：办公室、政策研究室、督查科、办信科、复查复核科、综合指导科、人民群众来访接待中心、信访信息中心，内设机构科级职数10人。

2020年，州委常委会3次专题听取全州信访工作汇报，州领导多次对信访工作作出批示，其中州委书记刘文新、州长杨永英批示10余次，州委常委、州委政法委书记冉博批示50余次，其他州领导批示10余次。

2020年，全州信访总量呈现出“总量稳定、存量减小、变量可控、结构优化、稳中向好”的基本态势。2020年，州信访局在全省信访工作年度考核中位列全省优秀等次。

【压实责任】 2020年，州委、州政府和各县(市新区)党委(工委)和人民政府(管委会)签订《2020年度信访工作目标管理责任状》。同时，州信访局制定《黔西南州2020年信访工作要点》，梳理印发15条贯彻落实的重点事项清单，进一步压实各级信访部门和有权处理机关责任，确保各司其职、各负其责、协调配合、齐抓共管。

【领导接访】 2020年，州信访局严格落实领导接访“五公开”要求，制定州、县领导干部定期公开接访群众工作方案，并将州、县领导接访日程表在当地报刊、网络

2020年11月26日，州委书记刘文新到州信访局接访群众（州信访局 供稿）

2020年11月30日，州委副书记、州长杨永英到州信访局接访群众
（州信访局　供稿）

媒体和接访场所等公开。全州共有厅级领导28人次参与接访，共接待来访群众22批47人次，领导签批13批35人。县级领导1505人次参与接访，共接待来访群众62批128人次。同时，各级领导下访、回访，变群众上访为干部下访，对群众信访事项主动办，有效化解矛盾纠纷。

**【网上信访】** 2020年，全州各级信访部门加大网上信访宣传力度，强化网上信访服务意识，完善网上信访受理办理机制，引导群众通过网上信访形式表达诉求。全州群众网上信访占87.34%，同比上升171.81%。

**【来信来访】** 2020年，接待群众走访502批次926人次，批次人次同比分别下降73.69%、78.13%；来信448件次，同比下降38.88%。凡是到州信访局上访的群众都做到有访必登，有访必录，建立台账，并及时将上访事项录入信访信息系统。同时，加强工作催办、督办，来访事项系统办理“三率”达100%。凡是州信访局收到的群众信件和书记、州长转（交）办群众信件全部按规定拆阅、登记、录入、分流、转办、反馈，并加强工作催办、督办，贵州省信访综合业务系统转（交）办“网上信访”事项办理“三率”达99.77%。

**【复查复核】** 2020年，全州共受理办理信访复查复核事项243件。其中，办理复查事项128件，办理复核事项115件，复查复核受理率为100%、按期答复率100%、有效办结率100%。同时，认真抓好《贵州省复查复核办法》学习贯彻，组织开展全州信访业务专题培训，全州各县（市、新区）信访部门主要负责人、业务骨干和州级有权处理行政机关信访机构负责人100余名参加培训，并及时对黔西南州复查复核委员会进行调整充实。

**【督查督办】** 2020年，州信访局分别到各县市（新区）督查中央、省、州信访工作会议精神及决策部署及《信访工作责任制实施办法》的贯彻落实和“三无”县创建、群众信访“最多访一次”活动、“百日攻坚战”等进行督查，指出问题、分析原因、明确整改要求，撰写督导工作报告供领导参阅；认真贯彻落实《信访工作责任制实施办法》，加强重大活动、重要会议及各个敏感节点期间矛盾纠纷信访问题排查化解督查工作，确保全州社会大局的安全稳定。

**【最多访一次】** 2020年，《中共黔西南州委办公室　黔西南州人民政府办公室关于印发〈黔西南州关于开展群众信访“最多访一次”活动实施方案（试行）〉的通知》（州委办字〔2019〕22号）文件印发，全州各级各部门严格按照“最多访一次”活动要求，积极建立“最多访一次”活动工作台账，加强改进办理方式，及时回应群众关切，推行引导让群众“最多访一次”，有效化解一批信访矛盾积案，初信初访总量有所下降，重复访率等得到有效控制。群众信访“最多访一次”工作得到省委副秘书长、省委政法委副书记、省信访局局长庞鸿和州委书记刘文新、州长杨永英、州委政法委书记冉博等领导的批示。

**【“三无县”创建】** 2020年，制定并下发《黔西南州信访工作联席会议办公室〈关于2020年信访工作“三无”县（市、区）创建工作实施意见〉》督促指导各县（市、新区）深入抓好京访治理和“三无”县创建活动。全州共发生群众进京到国家信访局或国家部委走访20批次29人次，批次人次同比分

2020年10月18日，全州治理重复信访、治理信访积案会议在兴义市召开
（州信访局　供稿）

别下降62.96%、55.38%；未发生因信访问题引发的极端恶性事件和舆论负面炒作，望谟县、册亨县成功巩固全国信访工作“三无”县成果，兴仁市、安龙县、贞丰县、晴隆县符合全国信访工作“三无”县创建标准。

**【信访工作资金】** 2020年，全州共争取中央资金177万元，共解决特殊疑难信访问题72件，信访人均对处理意见表示满意并签订息诉息访承诺书。

**【信访法治化】** 2020年，州信访局深入推进法治机关建设，加强对《宪法》《信访条例》《依法分类处理信访诉求工作规则》等法律法规的学习和宣传，提升信访干部和信访群众法律意识，有效推动信访诉求依法分类处理。

**【包案化解】** 2020年，省级领导包案督访信访事项涉及黔西南州9件已化解到位并签订《息诉息访承诺书》，化解率100%。省信访局交办的20件“四重”信访案件已全部化解并录入系统办结。中联办集中交办重复信访事项386件，化解161件（含涉法涉诉32件），化解率41.71%，超额完成2020年化解率达40%的目标任务；省级集中交办重复信访事项89件，化解67件，化解率75.28%，超额完成2020年化解率达55%的目标任务；州级集中交办重复信访事项33件，化解26件，化解率78.79%，超额完成2020年化解率达42%的目标任务。

**【风险管控】** 2020年，各类重要会议、重大活动、特殊敏感节点期间，严格按照省、州的统一部署要求，超前安排部署，科学制定信访维稳工作方案，精心组织实施，成立州信访维稳工作领导小组，狠抓源头督查调度和对外衔接协调，启动“312”战时机制和“零报告”机制，强化24小时值班备勤，坚守岗位，履职尽责，各级各有关部门通力协作，各司其职、各负其责，圆满完成全国“两会”，省州“两会”，党的十九届五中全会，省委十二届七次、八次全会，州委七届十一次、十二次全会等特殊敏感时期信访维稳工作。

**【脱贫攻坚】** 2020年，制定并印发《关于做好2020年脱贫攻坚走访帮扶工作的通知》（2020-1），明确驻村帮扶第一责任人和第二责任人，每月包保领导按要求到扶贫联系点开展走访帮扶，配合安龙县做好脱贫摘帽后巩固相关工作。结合信访工作实际深入开展扶贫领域不正之风专项整治，强化脱贫攻坚领域信访矛盾问题的排查梳理，及时转办交办脱贫攻坚领域信访事项，推动脱贫攻坚工作取得成效。

（贺　灵）

## 档案工作

**【概况】** 2019年机构改革州档案局与州档案馆局馆分离，州档案馆履行档案保管利用职能，为州委直属事业单位。州档案馆事业编制17名，内设办公室、编研科、信息技术科、接收征集科、保管利用科、鉴定保护科6个科室。

**【档案管理宣传】** 2020年，由黔西南州档案局组织州档案馆协助，在兴义市街心花园以“档案见证小康路　聚焦扶贫决胜期”主题进行“6·9国际档案日”宣传活动。州委宣传部、州法院、州农业农村局、州公路局、兴义市档案局及档案馆等相关单位参加，对档案法及参与单位的相关职能责进行宣传，现场发放宣传资料近千册。

**【档案查阅服务】** 2020年，共提供档案服务204人次，查找档案资料878件，复印档案1465页。

**【档案接收与利用】** 2020年，接收州民政局、州委组织部、州文联、州委党校、州委督察局、州委办等6家单位档案420盒8315件（其中：永久档案290盒5021件，30年档案130盒3294件），脱贫攻坚档案179盒6645件，民间人士提供民国地契、族谱等资料6份进馆收藏。通过对黔西南州红色档案资源的深入调研，编写《黔西南州红色档案的开发利用》的调研报告。

**【档案信息化建设】** 2020年，州级财政拨款40万元专项资金对4206卷（盒）105893条793109幅馆藏档案全文数字化。对州级脱贫攻坚档案资料179盒6645条进行数字化。

**【档案安全工作】** 2020年，黔西南州档案馆根据省、州的要求，在防洪抗旱、防低温凝冻两个期间，组织全馆人员对档案馆的消防系统、用电安全进行大巡查和排查，对存在安全隐患进行整改。认真落实“八防”措施，履行案库房安全保管工作职责，设立24小时值班备勤室，完善和健全《黔西南州档案馆应急工作方案》，明确各科室和人员的相关责任，健全人防、物防、技防三位一体的档案安全管理工作机制。

2020年6月5日，“6·9”国际档案日宣传　（罗　兴　摄）

2020年8月3日，州档案馆党支部到望谟县乐元镇坝怀村开展“数变化、感党恩、美家园”主题党日活动时全体起立唱国歌　（罗　兴　摄）

**【脱贫攻坚档案收集整理】** 2020年，州档案馆收集州级脱贫攻坚专项档案179盒6645件、照片档案2盒及易地扶贫搬迁新旧照片7.5万张。在全州易地扶贫搬迁“回头”看中对项目档案资料、“一户一档”档案资料排查清理进行业务指导。

**【协助州档案局开展相关工作】** 2020年，州档案馆协助指导州市场监管局整理2019年档案43盒1458件、州统战部整理档案262盒、州电大整理档案23盒624件、州工投集团整理人事档案50盒。协助州档案局对义龙新区生态环境局和经发委的档案业务进行指导。受州档案局委托参与州“两区”划定阶段性验收、平班电站水库移民工程验收、兴义市小龙潭电站等工程项目的验收工作。

**【脱贫攻坚】** 2020年，州档案馆到单位扶贫联系点望谟县乐元镇里好村、坝怀村指导工作24次，组织全体干部职工到望谟县乐元镇坝怀村与贫困户和普通党员代表开展“数变化、感党恩、美家园”主题党日活动。在开展好扶贫工作的同时推动平安创建工作，并在新冠肺炎疫情期间为扶贫点筹措防疫物资。2020年11月23日，贵州省人民政府宣布望谟县等9个县退出贫困县序列。

（罗　兴）

## 州公共资源交易中心

【概况】　黔西南州公共资源交易中心（简称“州公共资源交易中心”）是州人民政府直属正处级全额拨款事业单位，内设综合科、财务科、信息技术科、监督科、交易受理部、开标组织部、评标组织部、交易服务部、政策法规部9个科部。核定事业编制39名（其中包含正科级公益一类事业单位州农村产权流转交易中心，隶属州公共资源交易中心管理，核定事业编制6名），实有在职人员33人，列入州级财政全额预算。

2020年，累计完成项目交易1131宗，交易金额257.95亿元，节约资金总计1.43亿元，矿业权出让、土地使用权出让、产权交易合计增值金额2.02亿元。

州公共资源交易中心始终把党风廉政建设工作摆在首位，常态化开展警示教育、开展预防提醒谈话，干部职工没有发生违法违纪行为。2020年召开党风廉政建设工作专题会议4次，拟定领导主体责任任务18项，开展“会前警示教育一刻钟”27次，开展个别谈话1次1人、集中谈话1次6人。结合实际对重点岗位关键环节廉政风险点进行分析研判和排查，共排查出廉政风险点10个，并制定27条具体防控措施加以防控。

【平台整合共享】　2020年，州公共资源交易中心草拟《黔西南深化公共资源交易平台整合共享的实施方案》，经多方征求意见、合法审查、专题会议研究、政府常务会议审定等程序后，于12月7日正式印发。强化平台整合共享工作资金保障。2020年州财政安排信息化工作经费268万元，用于平台整合共享推进有关事宜。公共资源“不见面”交易、“中介服务网上超市”平台建设、电子保函等整合共享工作均已完成。

【升级硬件设备】　2020年，州公共资源交易中心充分利用现有场地和设备，采取与银行合作的方式，推进硬件设备实施提级改造，提升服务质量和水平。合理利用现有电脑设备，完成监控中心进行升级改造。安装卡座式电脑桌12套、电脑12台，实现一个标室一个监控机位，为项目业主、监督部门观看现场监控提供便利。将三楼不经常使用的专家休息室改造成为远程“不见面”评标室，增加远程评标室1间，缓解远程异地评标场所需要。完成数字见证室的建设，为下步更加规范管理评标提供保障。协调进驻的2家金融机构共同出资120万元完成机房、网络系统改造，提高安全防范级别，增加评标系统网络带宽，提高评标系统网速，提升服务效率。

【制度建设】　2020年，州公共资源交易中心强化内部考核评价制度建设。修订完善量化考核、考勤管理、督查督办、信息报送4项制度，进一步完善激励和问责机制，内部工作氛围更加良好。狠抓业务制度建设。围绕交易受理、信息发布、保证金退还、专家抽取、开评标管理等制定出台7项业务办理制度；围绕开评标管理，修改完善各方主体行为规范、工作纪律等13项，并同步完成制度装框上墙130余块。抓好评标区廉政文化墙建设，让参加评标人员接受警示教育。充分利用原有文化墙，结

2020年9月4日，副州长刘志华（左三）到州公共资源交易中心对业务工作进行调研

（州公共资源交易中心　提供）

合公共资源交易工作实际，以较少的投入将廉政文化装入原有的17块框中，进一步丰富评标区公共资源交易廉政文化建设。

**【深化交易改革】** 2020年，在州财政局的支持下，完成政府采购项目的“远程不见面”开标。推行政府采购项目“远程不见面”开标以来，已完成304宗政府采购项目的“远程不见面”开标。推进电子保函在公共资源交易中的运用。按照国家平台整合共享工作的安排部署，建成电子担保保函平台并投入运用。电子担保保函平台建成投用以来累计为200余家中小施工企业共开具696笔担保保函，担保金额共计9312万元，切实减轻企业负担。深入开展跨区域合作评标。与安顺、黔东南、铜仁达成常态化合作评标意向，完成跨地区评标常态化制度建设；协助湖北宜昌、十堰等地公共资源交易中心开展异地评标。2020年完成跨地区合作评标项目20宗。完善“中介服务网上超市”平台建设，并将项目作为创新项目报省中心评审。2020年新增入驻业主84家、入驻代理机构61家，完成234个项目的招标代理机构选择。协助推进政府采购类应收账款抵押贷款。向平台推送2395条中标信息，有13家供应商发起29笔融资需求，融资需要总额4967万元，促成9家企业融资14笔，金额2025万元。

**【脱贫攻坚】** 2020年，领导班子到包保联系点及辅包保联系点村开展脱贫攻坚督导工作25次；开展慰问2次，慰问困难群众15户，驻村干部1名，共发放慰问金

2020年2月18日，主任张时龙（右二）到帮扶点防疫宣传点对一线防疫人员进行慰问

（州公共资源交易中心　提供）

7500元，慰问小学生151人，发放学习用具折合5102元。持续加大资金帮扶，巩固脱贫成果。截至2020年9月，共计拨付脱贫帮扶工作经费70000元。其中：拨付50000元给糯泥村，拨付20000元给鲁坎村（辅包点）。协调资金帮助改善民生。2020年，协调争取到330000元资金解决部分村民小组饮水困难；协调州电信、州联通公司解决群众通信信号弱、通信难的问题；协调资金帮扶解决4名学生入学困难问题。2020年，带领七舍镇副镇长、糯泥村村支两委、部分茶叶种植大户共20余人到晴隆县晴隆心间茶业农业有限公司学习茶叶加工技术，并与晴隆心间茶业农业有限公司达成茶青销售协议，解决茶青销售难问题。

**【疫情防控】** 2020年，州公共资源交易中心采取严格防控措施，确保公共资源交易平稳运行。结合实际制定疫情防控工作方案，拟定防控工作制度。根据疫情防控指挥部统一要求，结合疫情响应级别采取针对性的疫情防控措施。疫情严重阶段全面暂停项目交易，疫情得到缓解后，采取线上交易方式恢复交易，保障经济平稳运行，疫情期间全州公共资源交易在全省实现“五个率先”。结合人员流动特点，设立监测防控点，安排专人长期坚守岗位，对前来参加交易的各方主体，在测量体温、扫码、佩戴口罩后才允许进入。做好办公场所的卫生和消杀。疫情暴发后，及时采购消毒液、口罩等防护用品，卫生保洁人员每天对办公场所进行一次喷洒消毒。

（徐佳嘉）

## 无线电管理局

**【概况】** 黔西南无线电管理局是公务员法管理的正县级机关单位，黔西南无线电管理局监测站是参照公务员法管理的副县级事业单位，均为贵州省工业和信息化厅派出机构。

**【春运期间无线电安全保障】** 黔西南无管局2020年1月16日至20日，到兴义万峰林机场、兴义顶效火车站、州广播电视台、兴义市广播电视台及州电信、移动、联通公司进行春运检查工作。

2020年5月21日，在晴隆县无线电发射台机房进行干扰排查（曾　涛　摄）

**【业余无线电】** 2020年11月15日，黔西南无管局举办业余无线电台操作技术能力（A类）考试，33人参加，33人合格。2020年，为年审执照6份、换发执照2份。

**【无线电台（站）和设备管理】** 2020年，全州台站总数达到30702个，受理新增台站1758个，其中三大运营商新增基站1663个；受理行政审批12件〔无线电频率使用许可2件、无线电台（站）设置使用许可10件〕，受理单位8家，共指配频率10组，报停清除台站8462台，修改台站数据库信息完成数据库更新工作。黔西南州共建5G基站619个，其中州移动分公司507个、州电信分公司107个、州联通分公司5个。开展卫星地球站核查工作共核查19家单位，共计42个卫星地球站。

**【无线电宣传】** 2020年，12月3日联合兴义市新闻中心在兴义市清水河镇新场小学举行无线电科普知识宣传，发放书包、文具327件。

**【监督检查】** 2020年，检查全州无线电发射设备销售市场4次，宣传《无线电发射设备销售备案实施办法（试行）》，共检查经销商25个，发放责令整改通知书10份，有关事项通告30余份。一般行政处罚1起，没收无型号核准对讲机6台，下达行政处罚决定书1份。2020年，新增经营主体备案32个，全州经营主体备案879个，备案型号数量24114个。无线电发射设备销售备案信息平台指定专管员1人，备用管理员1人。

**【干扰查处】** 2020年，干扰投诉6起，查处6起，一般行政处罚程序3起，没收移动通信干扰器2套，手机信号放大器4套。责令整改2起。

**【“双随机、一公开”】** 2020年，每季度随机抽查两家设台单位，并上网公示，全年完成双随机抽查单位8家，未发现违法使用频率的情况。

**【销售备案情况抽查】** 检查全州无线电发射设备销售市场6次，共抽查无线电发射设备经销商35个，发放责令整改通知书23份，有关事项通告40余份。全州经营备案879个，抽查率为4%。

2020年12月3日，在兴义市清水河镇新场小学举行无线电科普知识宣传进校园活动（王益迁　摄）

**【检查违规使用对讲机等非法设台行为】** 对州内设台情况进行检查，共检查设台单位17个，其中火力发电厂1个、物业公司2个、景区3个、酒店5个、餐饮2个、行政机关4个。现场下达责令整改通知书6份，新增台站设置83个（其中中继台2个）。

**【打击“黑广播”“伪基站”违法犯罪活动专项行动】** 每周坚持出动监测车1次，监测人员3人、监测设备4套。2020年，共开展专项监测28次，出动人员84人次，使用设备84套次，未发现“黑广播”“伪基站”。

**【简化行政许可流程，优化行政许可服务】** 修改贵州政务服务网办事指南，完成“全省通办、一次办成”工作，编制申请材料审查要点和答疑手册。

**【无线电重点频段监测、检测】** 2020年，每月至少3次的定点监测，完成全国“两会”、省“两会”、元旦、春节、清明、五一、端午、中秋节、国庆节等重要节假日的无线电监测值班工作。两会期间及时查处一起无线电干扰案件。

2020年4月8日，核查贵州广播电视台卫星地球站 （龙　丽　摄）

2020年11月15日，在黔西南无管局举办业余无线电台操作技术能力（A类）考试 （龙　丽　摄）

**【重大任务无线电安全保障】** 2020年6月8日晚，黔西南州册亨县、望谟县通信基站大面积掉线停用。6月11日开始，国家脱贫攻坚复检组对册亨县开展复检，黔西南无管局于6月9日上午召开紧急会议，派出2个工作组，2辆无线电监测车辆确保无线电通信畅通。

**【重点路段公众移动通信频段频谱监测评估】** 为落实《贵州省重点路段公众移动通信频段频谱监测专项工作方案要求》在兴义市和册亨县采用移动监测的方式，累计监测里程215公里，共计5天。筛选三大运营商的问题基站清单，下达责令整改通知书，督促完成整改。

**【考试保障】** 2020年，为各类资格考试提供无线电监测保障16次，派出监考人员175人次，出动监测车54辆次，使用设备263台套，阻断作弊信号2起，查处作弊案件1起，查获作弊设备1套。

**【基础技术设施建设】** 2020年，实施义龙新区黔西南无线电固定监测站和天线测试场建设项目工作，实施二类固定站和快速部署系统招标采购工作。

**【人才队伍建设和培训】** 2020年9月，黔西南无管局参加全省无线电管理技术技能综合演练，获得1个第一名、2个第二名。

**【军地无线电管理统筹协调】** 2019年4月，黔西南无管局到兴义军分区开展调研工作，开展无线电台站信息数据共用共享，为战时和重要时期军队电磁战提供基础信息数据。

**【脱贫攻坚】** 2020年，春节前走访慰问、组织劳动力赴“八马福兴建材市场解决八渡搬迁群众就业供需见面洽谈会”等活动。

（闫　蕊）

# 政协黔西南州委员会

## 政治建设

【政治学习】 2020年，州政协组织召开政协党组中心组学习会议4次、常委会会议6次、党组会议27次、机关干部职工学习会议9次、机关各支部会议约100次，学习习近平新时代中国特色社会主义思想、党的十九届五中全会精神，学习中央统筹推进新冠肺炎疫情防控和经济社会发展工作部署会、中央应对新冠肺炎疫情工作领导小组会议、中央决战决胜脱贫攻坚座谈会精神等系列重要会议精神，以及中央、省委、州委重要决策部署。领会习近平新时代中国特色社会主义思想的精神实质，坚定不移地用科学理论武装头脑、指导实践、推动工作，做到理论清醒、政治坚定、行动自觉，确保政协履职的政治方向。

【党的建设】 2020年，州政协重点抓政治生态建设，从政协班子成员做起，严守政治规矩，牢固树立大局意识，注重团结协作，发挥政协正能量，助力营造全州风清气正的政治生态环境。州政协党组召开会议27次，机关党组召开会议46次，机关党组研究“三重一大”事项32次。落实请示报告制度，年度政协党组工作要点、政协常委会年度会议计划、政治协商计划和调研视察计划等重要工作。组织开展庆祝建党99周年系列活动，重温入党誓词、重忆入党经历、重问入党初心、重读入党志愿书等系列活动。

【完成中心任务】 2020年，完成州委安排的新冠疫情防控阻击战、帮扶复工复产、督战帮扶脱贫攻坚、开展煤矿安全生产调研、落实河长制巡河巡库、督导农村环境整治“百村示范”、开展“防风险、守底线”调研等方面的工作。驻会的8名州政协州级河长开展巡河（库）32次；到基层开展中央、省委和州委全会精神宣讲25次。

【巡视巡察整改】 2020年，州委巡察组到州政协机关开展政治巡察。4月21日，七届州委第七轮巡察第八巡察组巡察州政协机关党组工作启动，开展政治巡察工作，巡察组共向州政协机关党组反馈4个方面11个具体问题，州政协机关成立巡察反馈问题整改工作领导小组，制定《州委第八巡察组巡察州政协机关党组反馈问题整改落实方案和责任清单》。至8月底，对巡察出的11个问题已全面整改完毕，整改率100%。9月14日，州政协机关党组巡察整改专题民主生活会召开。

【意识形态工作】 2020年，州政协组织召开5次州政协党组会议、

13次机关党组会议，专题研究部署意识形态工作，结合疫情防控、防范化解重大风险、平安建设、民族宗教等工作进行安排部署，制定印发《州政协机关意识形态工作联席会议制度（试行）》《黔西南州政协网络平台管理规定（试行）》文件，政协门户网站、公众号发布新闻信息1000余条，政协机关干部职工公开发表文章138篇。

**【党风廉政】** 2020年，州政协落实党风廉政建设责任制，推进从严治党。召开专题研究党风廉政建设工作会议4次，开展党规党纪教育学习30次、“会前一刻钟”警示教育15次、落实中央八项规定检查14次、集体提醒谈话6次（75人）、任前谈话3次（12人）党建预防提醒谈话32次（136人）。查找6条风险点，修订完善12条风险防控措施。签订《州政协机关领导干部党风廉政建设责任制责任承诺书》18份、《州政协机关党员、干部廉政勤政承诺书》62份。邀请州内外书画家创作廉政书画作品32幅，建成州政协廉政走廊。

## 脱贫攻坚

**【督战帮扶】** 2020年，州政协组建8个督战组，分赴普安县、晴隆县、册亨县、望谟县开展督战100余次，主席陈国芳包保督战油迈乡，副主席王林包保督战王母街道，副主席霍盛红担任州驻望谟县“两补”工作推动组组长，政协机关400余人（次）到基层开展督战帮扶，帮助发现和督促整改问题274个，整改率100%，助推晴隆县、望谟县顺利摘掉贫困县“帽子”。

2020年8月20日，黔西南州政协陈国芳（前左二）率调研组调研核桃产业改造提质增效工作 （州政协　提供）

**【产业扶贫】** 2020年，州政协继续组织推进产业扶贫工作，陈国芳主席任全州精品果业领导小组组长、核桃产业发展领导小组组长，莫武安副主席任全州薏仁米产业发展领导小组组长，陈晴副主席任全州中药材产业发展领导小组副组长，至2020年底，全州精品水果种植面积达到90余万亩。2020年全州各级共筹资2560万元投入核桃产业改造提质增效工作中，各县（市、新区）示范基地达到面积3.6万亩。其中采取伐密留稀、修枝压条综合技术改造3.01万亩，采取嫁接改良品种0.6万亩，通过改造，全州核桃挂果面积超过20万亩。2020年黔西南州核桃产业提质增效工作全省排名第一位。

**【委员帮扶】** 2020年，全州1017名政协委员与3690户贫困户结成帮扶对子，累计投入1.6亿元帮扶资金，在产业、就业、教育、医疗、法律服务等各方面主动作为，促进3243户群众精准脱贫；全州

2020年10月14日，州委副书记、州长杨永英与州政协委员面对面共话全州精品果业推进与发展 （州政协　提供）

125个政协委员企业包保46个乡（镇、街道）239个村（社区），企业累计投入资金4.07亿元，助推149个贫困村出列，30655贫困人口实现脱贫；疫情期间21家委员企业积极主动开展扶贫捐款，捐赠56万余元，全部用于普安县、晴隆县、望谟县、兴义市扶贫联系点产业或基础设施建设。

## 新冠肺炎疫情防控

**【督查指导】** 2020年，面对突如其来的新冠肺炎疫情，按照中共黔西南州委办公室、黔西南州人民政府办公室关于印发《黔西南州委常委、州人大常委会主任、州政协主席联系指导县（市、新区）应对新型冠状病毒感染的肺炎疫情防控工作方案》的通知（州党办发〔2020〕5号）要求，州政协主席陈国芳联系督查指导兴仁市开展疫情防控工作，州政协副主席廖星协助督查指导义龙新区疫情防控工作。1月28日，陈国芳主席8次率队到兴仁市、兴义市、义龙新区收费站、医院、农贸市场检查疫情防控情况。2月3日，州政协党组、机关党组召开第57次会议，成立州政协疫情防控领导小组，政协机关67名领导干部及职工立即取消休假，全部进入战时状态。2月7日，兴仁市波阳镇杨柳井村出现1例确诊新型冠状病毒感染的肺炎患者，陈国芳主席赴兴仁市开展工作。2月9日，义龙新区确诊新冠肺炎患者，廖星副主席到义龙新区新桥康居驿站集中医学留观点实地督导。州政协其他副主席深入普安、晴隆、望谟等县开展工作，与基层并肩作战，一手抓疫情防控，一手抓脱贫攻坚，助力按时高质量打赢“两场战役”。州政协主席会议成员深入委员企业开展复产复工调研20余天次，走访企业100余家，宣传州委、州政府复工复产文件精神，鼓舞发展信心，帮助解决困难问题，指导推动复产复工。4月23日，八届州政协常务委员会第二十二次会议召开，将在新冠肺炎疫情工作中表现突出的熊方、夏先政、周洁等13人增补为政协委员。

**【助力抗疫】** 2020年，省政协动员省内委员企业家和省政协港澳委员筹集和购买一批医疗物资和救护车，向贵州援鄂医疗队、贵州中医药大学和部分市州进行捐赠。经过州政协积极主动向省政协协调争取，黔西南州获捐1辆负压救护车，3月6日，州政协将救护车移交给黔西南州中医院，支援疫情防控工作。疫情期间，州政协组织政协委员捐款1086.92万元，捐赠价值约507.65万元的紧缺医疗物资、217.64万元的生活物资。州政协医疗卫生界与州医疗、疾控、卫生等单位保持密切联系，在技术服务、协调联系等方面提供必要支持。州政协组织工商联、经济界的委员企业家订购紧缺医疗物资，做好紧缺物资保障，配合全州抗疫大局工作。

**【机关内部防控】** 2020年，在疫情期间，州政协机关大院管理做到“三个严”。严格落实值班制度，每日明确1名厅级领导带班，1名县处级干部为值班负责人，2名值班人员，严格落实24小时值班制度，每日“零报告”，实行“日调度”。严实管理干部职工，发放《新型冠状病毒感染的肺炎健康科普小知识》宣传册，印制张贴《关于疫情防控期间州政协机关大院管理的公告》，全体机关干部职工填写《机关企事业单位干部职工及家属疫情防控排查情况登记表》，签订《州政协机关干部职工疫情防控承诺书》，对外地返州人员和与疫情严重地区人员接触过的8名干部职工采取隔离14天的措施。严格管控机关大院，进入州政协大

2020年11月下旬，黔西南州政协主席陈国芳（中）率队开展“防风险 守底线”调研
（州政协 提供）

院“一律消毒、一律量体温、一律登记、一律佩戴口罩，特殊情况一律上报”，不漏一车一人。

## 政协履职

**【政治协商】** 2020年，州政府领导到政协协商1次，州政协组织召开州长与委员座谈会1次，开展常委会会议专题协商2次。1月7日，州委副书记、州长杨永英率队到州政协征求《政府工作报告》意见，州政协主席会议成员、专委会负责人和委员代表参加协商。10月14日，召开州长与委员座谈会，杨永英州长围绕全州精品果业推进与发展与州政协委员协商。7月20日，八届州政协第二十四次常委会听取州人民政府关于全州易地扶贫搬迁教育保障情况通报和全州营商环境建设通报，并进行协商讨论，州政府副州长黄华参加会议，听取意见建议，回应关切。10月14日，政协第八届黔西南州委员会常务委员会第二十五次会议听取州人民政府关于全州精品果业推进与发展情况通报、全州城市社区治理情况通报和全州烤烟+产业发展情况通报，并进行协商讨论，州政府副州长王丽琼参加会议，听取意见建议，回应关切。

**【民主监督】** 2020年，州政协持续关注和推动全州实施核桃产业改造升级和农村人居环境综合整治推动乡村振兴“百村示范”工程。主席、副主席8次到基层调研核桃产业发展情况，3月30日召开黔西南州核桃产业改造提质增效工作推进会，8月4日召开全州精品果业生产、加工、销售企业协商座谈会，8月下旬向州委提交《全州核桃产业改造提质增效工作监督性调研报告》。围绕农村人居环境综合整治推动乡村振兴“百村示范”工程，主席会议成员带队开展1次专题调研，对各县（市、新区）工作落实的情况开展16次民主监督，向州委呈报监督报告3篇。在全省政协农村人居环境整治专题研讨会上，黔西南州政协作经验交流发言。10月15日，州政协组织驻州省政协委员赴兴义市视察城区医疗机构布局情况，实地了解兴义市医疗机构布局、资源配置、服务保障能力，针对存在问题建言献策，与有关方面一道协商解决问题，10月下旬向州委呈报民主监督报告，积极建言献策。

**【参政议政】** 2020年，州政协协同全国政协开展“发挥文化建设在乡村振兴战略中的作用”调研工作，7月中旬州政协组织开展调查研究，调研报告得到全国政协常委、全国政协文化文史和学习委员会副主任刘福连批示肯定，9月18日全国政协在北京召开专题协商会议，州政协主席陈国芳受邀通过视频连线作题为《加强民族地区扶贫搬迁安置点文化建设的建议》的交流发言。1月14日，政协第十二届贵州省委员会第三次会议在贵阳召开，主席陈国芳参加会议并发言，强调要把中国特色社会主义制度优势转化为政协治理效能。在1月15日下午界别小组讨论会上，主席陈国芳在特邀人士二组讨论并发言。在1月16日上午举行的省政协十二届三次会议第二次全体会议上，主席陈国芳代表黔西南州政协作大会发言。2020年州政协围绕7个专题开展调查研究工作，形成7篇政协调查研究报告，提出意见建议35条，得到州委、州政府领导批示18次。1月上旬，主席陈国芳牵头组织开展“全州煤炭产业转型升级高质量发展”调研，向州委专题呈报专题报告，列入州委常委会议研究内容。4月上旬，州政协副主席廖星、黄榜泉牵头组织开展“全州易地扶贫搬迁教育保障”专题调研。5月下旬，州政协副主席陈晴牵头组织开展“黔西南州营商环境建设”专题调研，在7月20日召开专题协商会议。8月上旬，州政协副主席王林牵头组织开展“黔西南州城市社区治理”专题调研。8月中旬，州政协副主席莫武安牵头组织开展“全州烤烟+坝区产业结构调整”专题调研。8月上旬至中旬，州政协主席陈国芳牵头组织开展“全州精品果业推进与发展”专题调研。11月中下旬，州政协主席陈国芳牵头组织开展“全州经济社会发展防风险、守底线工作情况”专题调研，州政协副主席廖星、黄榜泉、莫武安分别率队赴广西百色、云南曲靖、贵州遵义考察学习，深入本州各县（市、新区）实地调研，形成《黔西南州贯彻落实新发展理念，实现高质量发展视角下“防风险、守底线”调研报告》，为全州制定“十四五规划”做专题建言。

**【提案工作】** 2020年，委员提案立案245件，办复245件，办复率达100%，满意率达100%。确定州领导督办重点提案21件、州政协领导督办民生提案21件、专委会面对面督办提案6件。6月11日，州委副书记、州长杨永英针对州政协八届五次会议委员提出的《关于加强校园周边食品安全监督的建议》赴兴义市、义龙新区开展面对面协商督办，并就学校“互联网＋明厨亮灶”开展调研。3月至8月，州政协主席陈国芳多次深入各县市、新区实地督办州政协“加快核桃产业提质增效改良”提案，督促提案办理单位州林业局和各县（市、新区）将这一提案办成、办好、办实，助力乡村振兴。2020年，组织修订完成《提案工作条例》，制定《黔西南州政协提案办理工作考核评价暂行办法》，并对45个提案承办单位进行考评，修订《2020年度民生提案专项经费管理使用办法》。建成智慧政协综合管理平台，提案办理实现一站式、全过程、数据化。州政府纳入财政预算的300万元提案办理专项经费，主要用于解决义龙新区雨樟镇长箐村路灯照明、德卧镇冗桑村文化广场附属设施、兴义市兴西湖库区移民搬迁点文化广场建设等21个民生提案。

**【社情民意】** 2020年，收集整理社情民意信息24件，编发《社情民意信息》24期转送有关部门，内容涉及垃圾处理、医疗保险、城市内涝等方面。

**【团结联谊】** 2020年，州政协共组织外出到云南、广西、江苏、安徽等地考察学习9次，上级政协、外地政协到州内考察协商11次。组织到宗教场所开展走访交流6次，5月22日兴义市洒金街道栗坪社区四印广场开展以“铸牢共同体、打赢歼灭战”为主题的五月“民族团结月”宣传活动。12月4日，州政协在贞丰县人民医院举行“政协委员服务社会——‘健康行’”活动，发挥政协委员与党外知识分子的智慧和力量，帮助基层提升医疗服务能力和水平。

**【智力支边】** 2020年，实施智力支边项目23个，引进资金267万元。其中，引资新建教育基础设施及教学设备项目1个，资金人民币1万元；农村医疗基础设施建设及设备项目3个，争取资金人民币6万元；资助贫困学生项目9个，资助人数375名，资金162.85万元；开展脱贫攻坚项目7个，资金90.6万元；举办各类培训班3期，投入资金7万余元，培训人员1800余名。

2020年7月16日，州政协协同全国政协开展“发挥文化建设在乡村振兴战略中的作用”调研　（州政协　提供）

## 自身建设

【深化改革】 2020年，州政协深化改革领导小组召开深化改革工作会议3次，安排部署、研究讨论州政协改革工作。完成深化改革任务5项。制定出台《黔西南州政协领导联系界别工作制度》《黔西南州政协委员履职工作规则》《中国人民政治协商会议黔西南州委员会提案工作条例》《黔西南州政协委员履职档案管理暂行办法》4个文件。12月14日，邀请九三学社社员、浙江大学人文学院研究员于钟华作《庖丁解牛与卖油翁酌油——中国传统文化的根本问题》主题授课。

【培训教育】 2020年，州政协组织开展专题培训3次。10月28日，邀请贵州心达律师事务知名律师程浩玲对委员学习辅导《民法典》，邀请中信知联科技公司工程师张云端为全体委员使用智慧政协系统进行专题培训。

【书香政协】 2020年，州政协开展"书香政协"系列活动。2月13日，州政协召开会议，研究决定编写《黔西南州政协40年记》一书，回顾黔西南州政协40年历史，为中国共产党百年华诞献礼。搜集整理黔西南州第一届至第八政协履职工作概览及重要图片，编辑制作图片资料62余幅，建成州政协文化走廊。建设文化资料室，党员学习室，共收藏图书和史料8万余册，为机关党员干部职工形成多读书、读好书、喜读书的良好氛围创造条件。由州政协主办的内部刊物《盘江文化》，旨在挖掘盘江流域历史文化，凝聚发展合力，2020年刊发2期53篇文章。

【机关管理】 2020年，州政协机关严格管理，提升工作能力。3月2日至3日，州政协机关组织离退休党支部党员为抗击疫情工作捐款，机关离退休人员54人捐款20800元。6月4日，召开州政协机关工作小组工作会议，机关工作小组增加至6个，分别为：秘书工作小组、综合工作小组、人事教育工作小组、党建工作小组、扶贫信息工作小组、后勤保障工作小组。6月5日召开州政协机关2020年挂牌创建"让党中央放心让人民群众满意的模范机关"动员大会。6月29日州政协机关庆祝建党99周年党员大会召开，会议重温入党誓词，表彰2019年优秀共产党员，州政协主席陈国芳为全体党员上党课。7月31日州政协机关召开2020年"八一"建军节座谈会，机关在职、离退休的转业和退伍干部职工讲述参军入伍的经历，重温从军初心，对做好新时期政协机关"双拥"工作提出意见建议。9月16日，州政协机关2020年下半年党风廉政警示教育大会召开，采取会前现场观摩警示案例展板、会上听取违纪违法案例剖析形式开展，州纪委州监委派驻第十纪检监察组组长邹锡鹏应邀到会指导，州政协党组成员、秘书长、机关党组书记李如晴为机关党员干部职工上廉政党课。

## 政协会议

【州政协八届五次会议】 1月20日，中国人民政治协商会议第八届黔西南布依族苗族自治州委员会第五次会议在兴义开幕。会议应出席委员313名，实到委员285名，符合《政协章程》规定。

州委书记刘文新，州委副书记、州长杨永英，州人大常委会主任邓家富，州委副书记穆嵘坤在主席台前排就座，祝贺大会召开。州政协主席陈国芳，副主席王林、廖星、黄榜泉、李建勋、莫武安、陈晴、霍盛红、王尧忠，秘书长李如晴出席开幕会并在主席台前排就座。开幕会执行主席由陈国芳、王林、黄榜泉、陈晴、李如晴担任，王林主持开幕会。应邀出席会议并在主席台就座的领导有：州委常委，州人大常委会副主任，州政府副州长，兴义军分区、州法院、州检察院、兴义师院、黔西南职院负责人，州政协历届主席、副主席、秘书长等。

会议审议通过州政协八届五次会议议程。刘文新代表中共黔西南州委对大会的召开表示祝贺。陈国芳代表政协第八届黔西南州委员会常务委员会作工作报告。受八届州政协常务委员会的委托，黄榜泉向大会报告八届三次会议以来的提案工作情况。

1月22日上午，州政协八届五次会议举行第二次全体会议。州政协主席陈国芳出席会议并讲话，州政协副主席王林、廖星、黄榜泉、莫武安、陈晴、霍盛红、王尧忠，州政协秘书长李如晴出席会议。会议由廖星主持。会议应到八届州政协委员313名，实到委员282名，符合《政协章程》规定。会上，州政协委员熊和金、周国辉、江旭、杨安煜、应兴红、周胜华、钟瑜、周洪斌、陈亚琼、吕纪进作大会发言。州政府办、教育局、农业农村局、林业局、生态移民局、人社局、政务服务中心、工信局、发改委、法院、卫生健康局、文化广电旅游局等部门负责人应邀到会。

1月22日上午，中国人民政治协商会议第八届黔西南布依族苗族自治州委员会第五次会议在圆满完成各项议程，胜利闭幕。大会应到委员313人，实到282人，符合《政协章程》规定。大会表决通过中国人民政治协商会议第八届黔西南布依族苗族自治州委员会第五次会议提案审查委员会关于八届五次会议提案审查情况报告、中国人民政治协商会议第八届黔西南布依族苗族自治州委员会第五次会议决议。

**【州政协八届六次会议】** 10月28日，中国人民政治协商会议第八届黔西南布依族苗族自治州委员会第六次会议在兴义召开。会议应到会委员323人，实到会273人，符合规定。

州委书记刘文新，州委常委、州委统战部部长罗春红到会指导。州政协主席陈国芳主持会议。州政协副主席王林、廖星、黄榜泉、李建勋、莫武安、陈晴、霍盛红、王尧忠，州政协党组成员、普安县委书记农文海，州政协秘书长李如晴出席。会议通过政协第八届黔西南州委员会第六次会议选举办法，通过总监票人、监票人、总计票人名单。通过投票选举农文海当选政协第八届黔西南州委员会副主席；安守金、马丽红当选政协第八届黔西南州委员会常务委员。

**【州政协常务委员会议】** 1月11日，八届州政协常委会第二十次会议在兴义举行。州政协党组书记、主席陈国芳出席会议并讲话。州政协副主席王林、廖星、黄榜泉、蒋静、李建勋、陈晴，秘书长李如晴及八届州政协常委会组成人员出席会议。会议由陈晴主持。驻州省政协委员、部分州政协委员以及州政协机关各委办室中心负责任和科级以上干部、各县（市）政协主席、义龙新区政协工委主任列席。会议传达学习习近平总书记在全国政协新年茶话会上的讲话精神；审议人事事项；审议州政协八届五次会议有关事项。

4月23日，八届州政协常委会第二十二次会议在兴义举行。州政协党组书记、主席陈国芳出席会议并讲话。州政协副主席王林、廖星、黄榜泉、莫武安、陈晴、霍盛红、王尧忠，秘书长李如晴及八届州政协常委会组成人员出席会议。会议由莫武安主持。驻州省政协委员、部分州政协委员以及州政协机关各委办室中心负责人和科级以上干部、各县（市）政协主席、义龙新区政协工委主任列席。会议听取州纪委州监委通报全州党风廉政建设工作情况；听取州政协提案法制委员会关于州政协八届五次会议提案审查立案情况汇报，并进行协商讨论；会议经过审议通过人事事项。会上，州政协常委作2019年度工作书面述职。会议决定同意辞去政协第八届黔西南州委员会委员职务2名：伍定英、邵恩胜。同意增补政协第八届黔西南州委员会委员13名：马安平、王家益、韦锋、龙跃、付明勇、刘宽秀、汤友明、杨雁冰、周洁、赵建兰、夏先政、黄锦睿、熊方。

6月3日，八届州政协常委会第二十三次会议在兴义举行。州政协党组书记、主席陈国芳出席会议并讲话。州政协副主席王林、廖星、李建勋、莫武安、陈晴、霍盛红、王尧忠，秘书长李如晴及八届州政协常委会组成人员出席会议。会议由霍盛红主持。驻州省政协委员、部分州政协委员以及州政协机关各委办室中心负责人和科级以上干部、各县（市）政协主席、义龙新区政协工委主任列席。会议传达学习习近平总书记在全国两会期间发表的重要讲话、十三届全国人大三次会议、全国政协十三届三次会议、贵州省领导干部会议和七届州委常委会第141次（扩大）会议精神。会议决定任命刘光勇为黔西南州政协副秘书长。

7月20日，八届州政协第二十四次常委会在兴义举行。州政协主席陈国芳、州政协副主席王林、廖星、黄榜泉、李建勋、陈晴、王尧忠，州政协秘书长李如晴及州政协常委会组成人员出席会议。会议由王尧忠主持。州委常委、州委统战部部长、州政协党组副书记罗春红，州政府副州长黄华参加会议。驻州省政协委员、部分州政协委员以及州政协机关各委办室中心负责人和科级以上干部、各县（市）政协主席、义龙新区政协工委主任列席。会议听取州人民政府关于全州易地扶贫搬迁教育保障情况通报，并进行协商讨论；州政协调研组书面提供关于全州易地扶贫搬迁教育保障的调研报告；听取州人民政府关于黔西南州营商环境建设情况通报，州政协调研组书面提供关于黔西南州营商环境建设的调研报告；会议征集社情民意信息。会上，陈国芳作题为《提高把人民政协制度优势转化为社会治理效能的能力》的讲话。

10月14日，政协第八届黔西南州委员会常务委员会第二十五次会议举行，州政协党组书记、主席陈国芳主持会议并讲话。州政协副主席王林、廖星、黄榜泉、莫武安、陈晴、霍盛红，州政协党组成员、普安县委书记农文海，州政协秘书长李如晴及八届州政协常委会组成人员出席。州委常委、州委统战部部长罗春红，州政府副州长王丽琼应邀到会指导。驻州省政协委员、部分州政协委员以及州政协机关各委办室中心负责人和科级以上干部、各县（市）政协主席、义龙新区政协工委主任列席。会议听取州人民政府关于全州精品果业推进与发展情况通报、全州城市社区治理情况通报和全州烤烟+产业发展情况通报，并进行协商讨论；审议通过《中国人民政治协商会议黔西南布依族苗族自治州委员会提案工作条例（草案）》、《黔西南州政协委员履职工作规则（草案）》、《关于召开州政协八届六次会议的决定（草案）》、州政协八届六次会议特邀领导名单（草案）、主席台就座人员名单（草案）、小组划分办法及召集人名单（草案）和州政协八届六次会议议程（草案），以及日程（草案），秘书长、副秘书长名单（草案）；审议并通过人事事项。会议决定：同意辞去委员职务：任爱佳、贺春秀、李祖胜。同意增补委员：农文海、安守金。免去：蒋万福黔西南州政协提案法制委员会副主任职务；杨绍芸黔西南州政协教科卫体与文化文史学习委员会副主任职务。任命：蒋万福为黔西南州政协教科卫体与文化文史学习委员会副主任；杨绍芸为黔西南州政协人口资源环境委员会副主任；龚倧为黔西南州政协民族宗教联谊委员会副主任；蒋春风为黔西南州政协提案法制委员会副主任。

**【其他重要会议】** 9月18日，全国政协“发挥文化建设在实施乡村振兴战略中的作用”专题协商会在北京召开，中共中央政治局常委、全国政协主席汪洋出席并讲话。专题协商会采取现场会议和视频会议相结合的方式举行，100余位全国和地方政协委员、全国政协参政议政人才库特聘专家等在全国政协机关主会场和安徽、湖南、贵州分会场参加会议，21位委员、专家和基层代表在会上发言，近70位委员通过移动履职平台发表意见。省政协委员、黔西南州政协主席陈国芳在兴义市洒金街道办易地扶贫搬迁移民安置点以网络视频连线方式，在会上作题为《加强民族地区易地扶贫搬迁安置点文化建设的建议》的交流发言。

10月21日，黔西南州党外代表人士工作座谈会举行。州政协党组书记、主席陈国芳出席会议并讲话，州委常委、州委统战部部长、州政协党组副书记罗春红主持会议，州政协副主席陈晴，州政协副秘书长宋赢、刘光勇出席会议。州内各民主党派、州工商联、州知联会、州新联会等负责人参会并围绕如何更好提升调查研究质量、提升参政议政水平作发言。陈国芳、罗春红在会议上作讲话。

11月18日，2020年度滇黔桂三省（区）左右江革命老区七市（州）政协主席联席会议在黔东南州凯里市召开，省政协副主席蒙启良出席会议并讲话，黔东南州委书记桑维亮出席会议并致辞，州政协主席陈国芳出席会议并发言。自2014年以来，左右江革命老区七市（州）政协主席联席会议已经成功召开6年，每年由一个市（州）承办，会议聚焦推进《左右江革命老区振兴规划》实施、推动老区市州之间合作发展等重大问题深入开展协商。此次会议由黔东南州承办，围绕“打造滇黔桂三省（区）左右江革命老区七市（州）林下经济发展创新示范带”主题开展调查研究，组织协商讨论。黔东南州政协主席主持会议，黔西南州、黔南州、百色市、河池市、崇左市、文山州政协主席、秘书长、研究室主任出席会议，各市（州）部分县市参加会议。黔西南州安龙县政协、贞丰县政协、普安县政协负责人参加会议。

（唐枫秋）

# 纪委监委

## 综 述

【概况】 2020年，黔西南州纪委监委忠实履行党章和宪法赋予的职责，充分发挥监督保障执行、促进完善发展作用，在防控疫情斗争、决胜全面建成小康社会、决战脱贫攻坚等大战大考中坚定不移全面从严治党，一体推进“三不腐”，反腐败斗争压倒性胜利持续巩固，全州政治生态持续向上向好。

州纪委州监委机关设内设部门18个，即办公室、组织部、宣传部、调研法规室（案件申诉复查复议办公室）、党风政风监督室、信访室、案件监督管理室、案件审理室，纪检监察干部监督室、第一、三、四、五、六共5个监督检查室，第二、七、八、九共4个审查调查室，扶贫与民生监督检查室（重大责任事故调查办公室），另设机关党委、机关纪委，直属事业单位1个，即黔西南州监察委员会留置所；共有派驻纪检监察组14个，分别为派驻第一至第十四纪检监察组。

【推进扫黑除恶“打伞破网”】 黔西南州各级纪检监察机关按照中央、省、州统一部署，灵活运用政策设计、工作部署、干部培训、督促检查、追责问责“五步工作法”，深化运用“系统分析、整体研判、个案支撑、两头对挖”的工作思路及“一个规律五个倒查”（分析涉黑涉恶犯罪由小到大、有组织犯罪和寻求政治身份、政治庇护的规律，倒查基层党委政府粉饰太平、包庇纵容黑恶势力坐大成势问题，倒查公安机关有警不接、有案不立、立案不侦、查案不力，看守所通风报信问题，倒查检察机关该捕不批、该诉不诉、纵容包庇问题，倒查法院重罪轻判、枉法裁判，监狱违规违法减刑、假释、保外就医问题，倒查相关行业监管部门履职不力，为涉黑涉恶犯罪开“绿灯”问题）的工作方法，扎实推动扫黑除恶专项斗争监督执纪问责工作向纵深发展。2020年，共受理涉黑涉恶腐败问题线索36条，对涉黑涉恶腐败、充当黑恶势力“保护伞”、扫黑除恶工作推动不力等三类问题立案27件，处理27人，党纪政务处分21人，组织处理6人，移送司法机关2人。

【监督推动脱贫攻坚】 聚焦脱贫攻坚，特别是晴隆县、望谟县脱贫摘帽这个当前最大的政治任务，立足“监督的再监督”“检查的再检查”职能定位，优化监督体系，整合精干力量下沉一线，“督”“战”“帮”一体推进强化精准监督，重点围绕易地扶贫搬迁

“新市民”计划、作风和腐败整治、“数据铁笼”等专项督战，在脱贫攻坚监督检查中发现并督促整改问题5655个，推动中央纪委国家监委调研督导、省级领导挂牌督战、省级排查、省级巡回督战、省纪委监督检查、贫困县退出专项评估检查等反馈的5057个问题全部完成整改，有效助力晴隆、望谟等贫困县顺利“摘帽”。运用“窗口期”规则，将脱贫攻坚中的表现作为量纪的重要因素，帮助干部卸下包袱，凝聚脱贫攻坚合力。常态化开展“访重助”专项行动，开展“五个专项治理”和“一折通”、东西部扶贫协作资金、农村饮水安全等专项监察，紧盯县里的权、乡里的情、村里的点，监督全面推行“县、乡、村三公开”，严查群众身边“微腐败”，发现扶贫民生领域腐败和作风问题4774个，立案2632件，问责党委（党组）43个、副科级以上干部282人。

**【深化基层“拍蝇”】** 聚焦产业项目落实，以基层“拍蝇”为抓手，建立州、县、乡三级指挥体系，发布《“拍蝇”攻略》，依托“智慧金州”大数据平台，强化线上分析、线下核查，立案查处农民专业合作社骗取套取、重复享受扶贫资金等问题376件，督促扶贫资金归位1.68亿元。督促有关部门将2015年以来产业扶贫资金使用及建设项目基本情况录入“智慧金州”云平台，打通财政部门与享受资金扶持企业之间的数据壁垒，构建项目数据库，建立数据分析模型。制定《扶贫产业项目专项治理承诺书》，责成主管部门、乡镇分管领导、实施地村“两委”负责人围绕项目实施情况，对照12—15种违规违纪违法行为分类开展自查，成功类项目总结经验做法，失败类项目写出情况说明，对在规定时间内未完成自查，存在虚报、瞒报的，依规依法严肃处理。运用48个典型案件开展“一案一整改”，督促案发单位、行业主管部门组织召开警示教育大会15次，制定完善制度17个，共有18人主动投案交代问题，主动上交违纪违法资金441.25万元。

2020年3月18日，黔西南州国有企业党风廉政建设警示教育会在兴义召开，州委常委、州纪委书记、州监委主任刘良（右二）出席并讲话 （州纪委 提供）

**【采用多种方式查处违纪违法案件】** 坚持从整体和全局出发，线上线下系统推进、同步分析，全面梳理掌握腐败问题存量。在查办案件的同时，督促指导案发单位党组织同步开展“一案一整改”，强化用身边事警示教育身边人，持续放大教育震慑效应。坚持党委（党组）主体责任、书记第一责任人责任和纪委监委监督责任同频共振、同向发力，分级分类组织开展有针对性的警示教育、集体约谈、谈话提醒、主体责任培训等，持续释放全面从严信号。根据不同领域和系统、地区实际灵活运用“窗口期”规则督促有问题的党员、干部限期主动投案交代问题，实事求是运用“四种形态”，综合考虑时间节点、情节、态度、表现（口碑）等因素，依规依纪依法审慎做好主动投案人员甄别、处置工作，充分体现严管厚爱。全州共有195名党员、干部主动向纪检监察机关投案交代问题，上交违纪违法资金800.013万元。

**【监督优化营商环境】** 出台《黔西南州营商环境建设监督工作程序》，明确州纪委州监委、州投资促进局、州公共资源交易中心、州政务服务中心、州工商联等单位在营商环境建设监督工作中的职能职责和监督联络机制，压实各监督主体监督责任。编印《黔西南州营商环境专项监督工作手册》，为各监督主体开展营商环境

2020年12月15日，黔西南州营商环境座谈会在兴义召开，州委常委、州纪委书记、州监委主任刘良（右三）出席并讲话 （州纪委 提供）

专项监督工作提供精准指导，有效提升监督效能。出台《黔西南州监委特聘监督员工作制度》，从全州企业界选优聘请30名“特聘监督员”兼职监督营商环境，加强对全州各级国家公职人员损害营商环境、漠视侵害群众利益的不正之风和腐败问题以及形式主义、官僚主义突出问题监督。统筹公安、发改、投促、政务服务、公共资源交易等机构监督力量，建立“收集问题＋分析研判＋督促改进”工作机制，定期集中分析研判影响营商环境的突出问题，推动多渠道收集问题、多角度发现问题、多元化解决问题。分级组织召开企业家座谈会听取优化营商环境的意见和建议，收集影响营商环境建设问题354个，督促解决334个，有效促进企业在常态化疫情防控下解难纾困，推动解决一批企业反映突出问题，助力营商环境持续优化。

## 重要会议

**【全州纪检监察系统新冠肺炎疫情防控监督暨脱贫攻坚督战专题视频会议】** 2020年2月13日，州纪委组织召开视频会议，对全州纪检监察系统自身疫情防控及监督推动疫情防控、脱贫攻坚监督、复工复产等工作进行推进部署。

**【七届州纪委五次全会】** 2020年4月13日，中国共产党黔西南州第七届纪律检查委员会第五次全

2020年4月13日，七届州纪委五次全会召开 （州纪委 提供）

体会议在兴义召开，州委书记刘文新出席会议并讲话，刘良代表州纪委常委会作题为《有效处置化解存量强化监督遏制增量，为夺取脱贫攻坚同步小康全面胜利提供坚强保障》的工作报告。

**【黔西南州党风廉政警示教育大会】** 2020年4月13日，黔西南州党风廉政警示教育大会召开，刘文新出席会议并讲话，杨永英主持会议，刘良通报有关典型案件。

## 重要文件规定

**【《中共黔西南州纪委黔西南州监委2020年脱贫攻坚监督一号令》】** 2020年1月16日，州纪委办公室印发《中共黔西南州纪委黔西南州监委2020年脱贫攻坚监督一号令》，对2020年全州纪检监察机关脱贫攻坚监督工作进行全面部署。

**【《关于稳步推进州直副县级事业单位调整设置实施方案》】** 2020年4月8日，中共黔西南州委机构编制委员会印发《关于稳步推进州直副县级事业单位调整设置实施方案》（州机编字〔2020〕1号），明确“黔西南州非公有制经济发展侵权投诉中心更名为黔西南州监察委员会留置所，为黔西南州纪委州监委机关所属副县级事业单位”。

**【《州纪委州监委2020年“访村寨、重监督、助攻坚”专项行动工作方案》】** 2020年5月2日，州纪委印发《州纪委州监委2020年“访村寨、重监督、助攻坚”专项行动工作方案》，对州纪委州监委领导班子成员和内设机构组成专项行动工作小组到贫困村走访工作进行安排部署。

**【《关于规范调整州纪委州监委下设事业单位机构编制事项的通知》《黔西南州监察委员会留置所宗旨和业务范围、机构规格、内设机构、人员编制和领导职数设置》】** 2020年7月6日，州编办印发《关于规范调整州纪委州监委下设事业单位机构编制事项的通知》（州机编办字〔2020〕59号）、《黔西南州监察委员会留置所宗旨和业务范围、机构规格、内设机构、人员编制和领导职数设置》（州机编办字〔2020〕92号），明确黔西南州监察委员会留置所宗旨和业务范围、机构规格、内设机构、人员编制和领导职数。

**【《关于开展村（社区）党支部书记、主任“提级监督”试点工作的实施方案（试行）》】** 2020年8月14日，州纪委办公室印发《关于开展村（社区）党支部书记、主任“提级监督”试点工作的实施方案（试行）》，对探索集体“三资”达到一定规模的村（社区）“一把手”提级监督试点有关工作进行部署。

**【《关于深化中共黔西南州纪委州监委派驻机构改革的实施意见》】** 2020年8月27日，中共黔西南州委办公室印发《关于深化中共黔西南州纪委州监委派驻机构改革的实施意见》及《中共黔西南州纪委黔西南州监委派驻机构设置方案》的通知，对纪检监察派驻机构改革工作进行安排部署，对机构设置、职责、监督范围、编制配备等事项作进一步明确。

**【《整治形式主义官僚主义突出问题工作措施（2020版）》】** 2020年9月15日，州纪委办公室印发《整治形式主义官僚主义突出问题工作措施（2020版）》，围绕当前形式主义官僚主义的新表现，制定相关工作措施，并对各项措施执行有关工作进行明确。

（罗　红　赵雯雯）

# 民主党派

## 民革黔西南州工委

【概况】 2020年，民革州工委认真贯彻落实习近平总书记“四新”“三好”要求，以建立“学习型、创兴型、效能型”的工作委员会为目标，积极开展组织思想建设、社会服务、疫情防控、脱贫攻坚民主监督、社情民意和参政议政等工作。截至2020年12月，党员共计90人，其中州委委员11人，主任委员1人。民革州工委下设6个直属支部，1个晴隆支部。

【组织思想建设】 2020年，以“组织建设年”为抓手，贯彻落实“三个文件”精神，学习相关组织建设的文件和领导讲话精神，发展民革党员，推动支部建设。全年共发展党员5人，成立6个州直属支部。组织开展理论学习和主题教育培训。学习习近平总书记系列重要讲话精神，学习省委和刘文新书记在全州党风廉政警示教育会上的讲话精神。学习《中国国民党革命委员会章程》，开展“五种能力”培训。全年参加民革省委、中共黔西南州委举办的学习5次。民革州工委获团结报社《团结报》征订发行工作优秀奖，获民革贵州省委《团结报》征订发行工作一等奖。晴隆支部获民革贵州省委《团结报》征订发行工作突出贡献奖。

【民主监督】 2020年，按照州委“贫困不除、愧对历史，群众不

2020年9月16日，民革中央到晴隆开展脱贫攻坚民主监督调研

（民革黔西南工委　提供）

2020年9月16日，民革中央脱贫攻坚调研组到普安脱贫攻坚民主监督（民革黔西南工委　提供）

富、寝食难安，小康不达、誓不罢休”的要求，结合民革中央“寓监督于帮扶之中，寓帮扶于监督之中”的工作要求，围绕全州脱贫攻坚工作，开展民主监督。全年，组织脱贫攻坚民主监督专题培训100余人次。累计走访贫困村10余个，调查贫困户100余户，收集反馈问题10余个。撰写形成调研报告4篇，向各级政府提出意见建议15余条，反映社情民意4条。有力推动一批重难点问题的整治解决。2020年9月14—18日，民革中央社会服务部副部长张长宏、民革贵州省委会副主委黄东兵、民革州工委主委黄榜泉带队赴普安县、晴隆县开展脱贫攻坚民主监督调研。先后考察普安县易地搬迁茶园街道纳茶社区、地瓜镇白叶一号种植基地，晴隆县林下菌药产业基地、三宝乡整体易地搬迁、阿妹戚托小镇感恩馆、建隆摩托新能源有限公司、山水服饰有限公司等产业项目，主要了解产业扶贫、产业发展、务工就业、利益联结、产业运营、群众就业增收、易地搬迁扶贫、扶贫车间生产、东西部扶贫协作项目、乡村振兴等情况。11月，边旭光赴兴义市、晴隆县、望谟县，开展脱贫攻坚产业扶贫调研暨感恩回访活动。

**【参政议政】** 全国两会期间，黄榜泉提交《关于对珠江流域上游“万峰湖”实施环境保护的提案》《关于加快左右江革命老区交通基础设施建设，持续巩固少边穷地区脱贫攻坚成效的提案》《关于建立民族地区乡村振兴“文教康旅产业示范区”的提案》《关于将贵州省建设成为能源综合实验区的提案》《关于将贵州易地扶贫搬迁户迁出点的土地纳入国家储备林建设项目用地的提案》《关于将兴义至永州至郴州至赣州铁路纳入国家“十四五”铁路网建设的提案》《关于将易地扶贫搬迁配套建设短板纳入国家政策支持的提案》《关于煤矿企业涉法涉诉纠纷不应影响煤矿企业兼并重组的提案》《关于免除或减少民族自治州配套资金的提案》《关于为煤矿安全监管一线执法人员购买人身意外伤害险建议的提案》《关于支持贵州省实施“煤炭机械化智能化”重大科技产业工程的提案》11件提案，其中获国家部委立案9件，联合立案1件，转为意见建议1件。组织党员围绕黔西南州旅游产业发展、政务服务跨省通办、山地户外运动、动物园建设等进行深入调研，提交《黄榜泉在全国政协重点关注

2020年4月7日，黄榜泉带队到企业开展复工复产调研（民革黔西南工委　提供）

问题情况通报会就“促进民族地区旅游业发展”做远程提问》《关于政务服务跨省通办的几点建议》《关于大力推广山地户外运动带动我州旅游发展的建议》《关于建设动物园的建议》4篇社情民意。撰写《关于黔西南州乡村振兴工作的调研报告》《脱贫攻坚民主监督调研报告》《民革黔西南州工委关于中药材产业现代化实践路径探析资料》《解决精品果业发展销售难的对策建议》《民革黔西南州工委关于强化民主政治建设、加强民主协商的调研报告》《融入粤港澳大湾区“菜篮子”平台建设》6篇调研报告，供上级部门决策参考。

【社会服务】 2020年，围绕疫情防控、科学知识普及、技能培训、公益设计开展社会服务活动，累计更新市内科普宣传展板、公共场所固定科普宣传栏30块，制作流动宣传海报50幅，开展社会服务活动20场。1月，成立以主委黄榜泉任组长，秘书长陈敏任副组长，其他工委委员任成员的疫情防控工作领导小组，部署州工委疫情防控工作。晴隆县人民医院副院长、民革党员应兴红参与到新冠防控一线阻击战工作。民革党员响应号召，累计捐款捐物16万元左右。州工委被民革省委评为抗击新冠肺炎疫情先进集体。黄榜泉、陈敏、应兴红、曾光秀、孙文涛、吴洪益、刘洋、禹熹、徐荣宁被民革省委评为抗击新冠肺炎疫情先进个人。

（龙　虎）

## 民盟黔西南州委

【概况】 中国民主同盟在黔西南州建立组织有36年历史。民盟黔西南州委员会现任主任委员黄曼，副主任委员罗敏（驻会）、吴军、周洪斌、朱琦，秘书长周锡纯（驻会）。委员会下设办公室、组织部、宣传教育部、社会服务部、议政调研部等5个部室。截至2020年底，下辖民盟兴义市工作委员会、民盟兴义民族师范学院支部、民盟黔西南民族职业技术学院支部、民盟州人民医院支部、民盟州中医院支部、民盟州教育综合支部、民盟州医卫综合支部、民盟州科技一支部、民盟州科技二支部、民盟州综合一支部、民盟州综合二支部、民盟兴仁市支部等12个基层组织，共有盟员451人。

2020年，民盟黔西南州委围绕提升一支高素质盟员队伍，打好抗击疫情和脱贫攻坚“两场战役”，做实“盟员之家”“民盟名中医工作室”“民盟新市民社会服务工作站”三个工作平台，增强参政议政意识、社会服务意识、组织建设意识和机关服务意识，认真履行参政党职能，为黔西南州经济社会发展做出积极贡献。

【思想建设】 2020年，坚持以思想建设为提升工作的强劲动力，以理论学习为增强履职能力的主要抓手，采用集中和网络视频的方式召开主委会、全委会、机关学习会等多种形式开展学习活动。始终坚持把学习教育作为打牢思想根基的重要途径，深入学习贯彻中央省州疫情防控、党派工作、脱贫攻坚等重要文件、会议精神。通过政治理论学习增强服务黔西南改革发展大局的思想自觉和行动自觉，进一步夯实思想政治基础，强化思想引领，传递主流声音，着力增进政治认同、思想认同和理论认同，坚定不移地走中国特色社会主义政治发展道路。全年共派出14名盟员参加由省委组织部、统战部以及民盟贵州省委等组织的骨干履职提升培训班学习。

根据《“不忘合作初心，继续携手前进”主题教育活动的方案》的相关要求，召开2019年度领导班子民主生活会。班子成员通过谈心谈话、座谈会、书面征求意见表等形式，征集到意见归并为10条。班子成员对征集到的意见建议形成问题清单，进行自我剖析，查找差距和不足，力求精准聚焦主题、精准查摆问题、精准提出整改措施，推动领导班子形成合力。

按照“围绕中心、服务大局、内聚人心、外树形象”的总体要求，把思想宣传工作融于各项活动和报道中。以黔西南民盟网站等为宣传主阵地，以盟员先进事迹、支部活动、参政议政、社会服务等为重点内容开展宣传报道，不断扩大民盟的社会影响力。认真组织支部和盟员参加民盟贵州省委“典型在身边”微视频活动，得到各支部和广大盟员的积极响应。选送的彭茂胜盟员微视频《扎根扶贫一线，彰显时代精神》获一等奖，梁瑶盟员微视频《我在雄武扎根底，群众笑颜把贫脱》

和孟丹盟员微视频《用真情扶真贫，贫困户真脱贫》获优秀奖，州综合二支部微视频和州医院支部微视频分获典型经验类二等奖、三等奖。全年共在民盟黔西南州委网站上刊发各类报道123条，在民盟中央、中央统战部等中央级网站上刊发各类报道30余条，在民盟贵州省委网站、多彩贵州网等省级网站上刊发各类报道100余条，在《黔西南日报》、兴义之窗等州级媒体上刊发各类报道20余条，充分展现民盟良好形象。

**【组织建设】** 2020年，共发展新盟员19名，其中，硕士研究生4人，大学本科15人，副县处级领导干部1人，中高级职称3人，平均年龄30.47岁。截至2020年底，全州共有盟员451名。其中，女盟员234人，占51.88%；教育界盟员203人，占45%；医卫科技界盟员125人，占27.72%；文化艺术界盟员10人，占2.22%；经济界盟员16人，占3.55%；新的社会阶层盟员40人，占8.87%；副县级以上领导干部24人，盟员平均年龄为48岁。

全体盟员中，有省人大代表1名、州人大代表5名，兴义市人大代表1名；省政协委员2名、州政协委员20名、兴义市政协副主席1名、兴义市政协委员7名、兴仁市政协委员5名，共有各级人大代表、政协委员共42人，占盟员总数的9.31%。

2020年，完成州科技二支部和兴仁市支部的换届工作，分别召开支部盟员大会进行换届，选举产生支部新一届委员会。完成部分州直属支部以及兴义市工委下属8个支部换届的筹备工作。

**【参政议政】** 为做好省州“两会”期间建议案、提案工作，民盟黔西南州委召开参政议政工作会议进行总动员、总部署，组织骨干盟员提案质量审查组，对提交的100余件建议案、提案进行质量把关。提交省“两会”建设案、提案6件。提交州“两会”建议案、提案74件，其中集体提案15件，个人建议案、提案59件。民盟黔西南州委提案占比再创新高，个人提案占州政协八届5次大会立案数的37.23%，集体提案占总数的60%。提交发言材料3篇，其中《通过破产程序拯救困难民营企业》《加强病虫害防治，化解精品果业风险》作为大会发言，《大力推动“全域山地旅游”加快黔西南州和谐发展》作为书面发言。主委黄曼撰写的材料《大力发展文旅新业态，促进服务业恢复升级——以黔西南为例》被省政协列为“省政协委员与贻琴省长对话”书面发言。在“州长与委员座谈会”上，民盟黔西南州委党派材料2篇《加强预防，化解精品果业重大风险》《发挥资源优势，加快精品果业发展》作为大会发言，《发展精品果业要从“精”字突围》列入书面发言。

2件党派提案、2件委员提案分别获州政协主席、副主席以及州政协专委会面对面督办，凸显出民盟黔西南州委参政议政的新作为。4名盟员作为政协委员代表和一般代表参加州政府领导、州政协主席会成员、州政协专委会面对面督办、现场督办提案会议。向州政协上报社情民意信息《关于发挥文化建设在实施乡村振兴战略中的作用的建议》，向民盟省委上报《关于加强易地扶贫搬迁对象中低保对象政策衔接的建议》等18条社情民意信息。

严格落实参政议政调查研究制度，将调研工作纳入年度工作重点，申请财政调研专项经费。按照全盟齐参与的要求，组织12个基层支部盟员参加培训，全州近四分之一的盟员参与调研活动，完成对黔西南州7家规模化制造业

2020年4月10日，民盟黔西南州委员会盟务工作会议召开

“企业工人受教育情况”的问卷调查，并汇总资料上报民盟贵州省委。在此次大调研中创新开启“党盟联合调研”模式，与州新的社会阶层人士联谊会、心达律师事务所党支部等协作，推动调研工作进一步发展。完成民盟省委2020年调研课题《实施高校毕业生就业创业促进计划和基层成长计划——以黔西南州为例》。参与州政协“精准选好富民产业，守好防范脱贫攻坚成效巩固风险底线”专项调研工作，完成调研报告、发言材料各1篇。

全年参加中共黔西南州委民主协商会、情况通报会、州长与委员会座谈会、专题征求意见会等各类协商6次，发表协商意见建议7条，履行民主监督职责。罗敏、周锡纯、邓忠治、张伟4名盟员分别被州人大、州纪委、州监委聘为各专委会委员或民主监督员，认真履行民主监督职能。

**【社会服务】** 依托黔西南“星火计划·科技扶贫”试验区工作，进一步借助民盟在教育、医疗和法律服务的优势，按照大扶贫战略要求，在脱贫攻坚工作中主动作为，作有所为。新冠肺炎疫情发生后，州人民政府副州长、民盟黔西南州委主委黄曼第一时间率队前往全州各县市疫情防控一线，指导和督查疫情防控工作。民盟黔西南州委及时发布《倡议书》，要求全体盟员切实把思想和行动统一到中共中央、国务院决策部署上来。严格落实疫情防控责任要求，按照科学指引做好个人防护，减少人员聚集，自觉向身边亲友科普疫情防治知识和防控要求，有效地配合地方党委政府做好疫情防控工作。黔西南60余名盟员医务工作者，始终战斗在疫情防治第一线，用实际行动为人民群众筑起一道健康安全防线，充分体现出救死扶伤、迎难而上、勇于担当的新时代医务工作者的职责和使命。引导和鼓励盟员积极参与爱心捐助，踊跃捐款。贵州心达律师事务所党支部和民盟州综合二支部号召党员、盟员律师捐款6.6万元；盟员彭宁带领贵州桓源建设公司员工向社会各界捐赠口罩、消毒用品等物资及现金共18万余元。据不完全统计，黔西南盟员在疫情期间累计捐款捐物价值约20余万元。广大盟员纷纷结合工作实际，充分履行职责职能。如盟员企业家邹刚在年初抗击疫情期间，积极组织生产口罩等物资为抗疫做出积极贡献。盟员许涛同时担任州中医院和黔西南州疫情防控专家组成员，参与制定新冠肺炎防控实施方案，积极投身于疫情防控阻击战中。盟员张宏卫是州人民医院影像科CT部门负责人，也是州疫情防控专家组成员，作为一线防疫战士，参与到州疫情防控指挥工作；盟

2020年1月20日，参加黔西南州八届人大五次会议、政协黔西南州第八届委员会第五次会议的盟员合影
（民盟黔西南州委　提供）

员医生周白玉深入疫情一线，为工作人员和老百姓进行疫情防控心理辅导专题讲座及时缓解大家对疫情的恐慌情绪；盟员瓦静雪作为州医院护理部副主任，疫情发生后迅速成立援鄂医疗后备团队，抽调174名护理人员组成护理防控小组，援鄂17人次，援筑2人，并为院外单位复工复产全力提供指导。盟员医生郑丽波是兴义市人民医院副院长，24小时内指导完成全院发热门诊、隔离病房的改造，为医务人员及交通卡点检查人员、入户调查志愿者等近500人进行多次防护用品培训及现场指导；盟员罗仁勇参加贵州省应对新型冠状病毒肺炎疫情防控领导小组物资（医药）保障组，承担全省医药物资的消耗调配、采购筹集、综合协调工作表现优异，受到贵州省应对新型冠状病毒肺炎疫情防控领导小组表彰。盟员刘勇在疫情防控组织复工复产期间，助力企业复工复产；盟员王奎、张伟以及其他专业技术人员奔赴一线，每日到州内3家新型冠状病毒感染的肺炎定点救治医院开展废水监测；盟员费伦敏、梁瑶，投身到疫情防控第一线进行防控知识宣传、引导农民群众加强清洁卫生管理，增强自我防护意识和能力等。

与盟中央、盟省委及黔西南州电商办联系，将黔西南州“大山面貌”“薏道”“胖四娘”等22家电商平台纳入民盟中央扶贫联系地区电商平台中。民盟中央还单独设立“贵州电子商务云黔西南馆”的二维码和电商平台连接，有效地宣传黔西南州的农副产品和旅游资源。主委黄曼多次深入望谟县桑郎镇桑郎村、述里村、卡加村、油寨村、兴合村、八合村，晴隆县光照镇者布村、莲城街道火把村，开展脱贫攻坚督战工作。充分整合资源，加大产业扶贫力度，拨付20万元资金帮助桑朗镇发展蔬菜、精品水果等产业，拨付10万元资金帮助者布村打造推出“者布一碗面”品牌。盟员付光翔，按照州脱贫攻坚指挥部工作安排，从2017年以来，系统指导兴仁、安龙、贞丰、普安、册亨、晴隆、望谟七县（市）顺利通过脱贫攻坚第三方评估工作。与州委统战部组成联合调研组赴民盟宁波市委就象山白鹅养殖项目进行对接，实地考察象山牧歌鹅业有限公司等3家企业，形成考察建议和调研报告供相关部门参考。

开展“新东方·情系远山”黔西南教育帮扶项目，向黔西南州兴义三中、普安一中等一百余所学校提供情系远山——小学英语双师课堂、高中双师课堂的相关课程及软件平台。通过“爱学APP”，兴义三中每天平均活跃人数均上千人。开展远程促学。牵线搭桥北京四中、新东方、情系远山基金会等帮助望谟县12所中学开展“智慧课堂”，通过远程教学的方式帮助学生答疑解难，有效促进望谟信息化教学建设。向外派出学习。组织来自黔西南州兴仁市和义龙新区基层中小学的4名优秀校长和骨干教师，参加2020年统一战线教育帮扶项目“校长培训”。举办特色讲座。副主委吴军受邀在爱康学院云课堂，为线上2000多医务工作者作“增加膝关节OA阶梯治疗梯扶手”讲座。在普安一中和兴义三中分别开展民盟“科学探索、圆梦工程”航天科普公益讲座。民盟州教育综合支部到贞丰县第四中学开展以“诗词进校园”为主题的教育帮扶活动。联系图书捐赠。充分利用东西部协作机关争取民盟宁波市委员会向黔西南州图书馆捐赠价值12万元的图书。联系对接

2020年8月15日，中共黔西南州委常委、州委统战部部长罗春红（右二），州人民政府副州长、民盟州委主委黄曼（左三）到贵州心达律师事务所调研，并为“黔西南州新的社会阶层人士统战工作实践创新基地”“民盟黔西南综合二支部”以及“盟员之家”揭牌

（民盟黔西南州委 提供）

2020年8月18—19日，民盟北京市委专职副主委张振军一行赴黔西南州普安一中举办的民盟“科学探索·圆梦工程”航天科普讲座现场

（民盟黔西南州委　提供）

新东方公益基金会和新星出版社，为黔西南州捐赠价值200多万元近3.5万册中小学生读本。

牵线搭桥邀请全国高血压领域第一人、首都医科大学附属北京安贞医院高血压科创始人余振球教授率专家组到黔西南州作《高血压规范诊疗》讲座和现场教学，共培训全州（县、乡）医生300余人。协调盟员医生到“民盟名中医工作室”下五屯卫生院开展义诊及帮扶活动，创收20余万元。对接联系民盟中央社会服务工作委员会副主任、北京康益德中西医结合肺科医院院长董瑞到兴义市调研艾蒿种植，为黔西南州康养产业合作发展奠定基础。牵线搭桥望谟县和普安县医院参与“天使工程”，节约购买资金1600万元左右。协调友邻优课&新东方公益基金会为普安县卫健系统医务人员子女捐赠“守护天使医护子女助学金”活动，捐赠资金8.9万元，共资助74名学生。

民盟黔西南州委班子以“民盟新市民社会服务工作站”为平台，多次到社区开展调研，并根据社区及新市民的需求及时开展相关工作。组织州医院支部到社区开展义诊活动，活动现场为前来就诊的500多位群众提供细致的诊疗服务、医卫宣传，并捐赠600只口罩和价值1.8万多元的药物。为洒金街道办三个社区“四点半课堂”捐赠图书1.5万本。为社区中学近百名教师进行“民法典”宣讲培训，为学校学生介绍禁毒、校园欺凌的危害及防范等有关法律知识。组织州医卫综合支部到社区开展“救在你身边”应急安全知识讲座。

委员会领导每月均到脱贫攻坚帮扶点龙广镇佳皂村、干田村进行工作督导，与村支两委共同解决脱贫攻坚工作中遇见的问题，协调万峰湖水产发展有限公司、鸿鑫农业科技发展有限公司，把烤烟、三七种植专家引进村开展技能培训，考察农副产品项目合作，寻求发展道路。组织盟员中的法律专家到帮扶点为群众开展《民法典》法律知识宣讲，发放宣传资料，进一步提高村干部和老百姓的法律意识及自我保护能力，引导形成“学法、懂法、守法、用法”的理念。春节期间，民盟黔西南州委到义龙新区龙广镇干田村和佳皂村，为90户贫困户发放粮油、棉被、棉衣等价值约8.5万元的慰问物资，还为其中10户特困户分别送去慰问金300元，给贫困群众送去关怀与温暖。

【荣获奖项】 2020年，民盟黔西南州委获民盟中央思想政治建设和宣传工作先进集体、民盟中央社会服务先进集体、民盟中央群言发行工作优秀单位表彰，获民盟贵州省委创新优秀奖和民盟贵州省委社会服务工作先进集体表彰。民盟兴义市工作委员会、民盟黔西南州人民医院支部、民盟黔西南州综合二支部3个支部（工委）获“民盟贵州省委2020年先进基层组织”表彰，袁潇、邹刚、欧珍贵、孟丹、彭茂胜5人获“民盟贵州省委2020年优秀盟员”表彰，伍亮、罗方敏、张传俊、周峰、吴时飞、梁瑶6人获“民盟贵州省委2020年优秀盟务工作者”表彰。

（张　祺）

## 民建黔西南州支部

【概况】 中国民主建国会（简称民建）是主要由经济界人士组成的、具有政治联盟特点的、致力于建设中国特色社会主义事业的政党，是中国共产党领导的多党合作和政治协商制度中的参政党。中国民主建国会贵州省委黔西南州支部于2015年12月11日成立，截至2020年12月底，有会员57人。

**【思想建设】** 2020年民建黔西南州支部筑牢增强“四个意识”、坚定“四个自信”、做到“两个维护”，紧扣全面建成小康社会目标任务，统筹推进疫情防控和经济社会发展工作。贯彻落实《民建贵州省委全面加强作风建设建设实施方案》《民建贵州省委2020年工作要点》《民建贵州省委全面加强作风建设活动进度安排及任务分工方案》的工作部署，坚持求真务实、真抓实干，改进思想作风、工作作风，严格纪律要求，树立务实进取、清正廉明的良好形象，建设作风优良的中国特色社会主义参政党。

7月8日，民建黔西南州支部委员会全面加强作风建设动员部署会在兴义召开。民建黔西南州支部委员会要按照民建中央和民建省委的安排部署，提高政治站位，深刻认识全面加强作风建设对参政党自身建设的重大意义，把作风建设不断推向深入；以监督领导班子为重点，以全面转变工作作风为着力点，迅速行动起来，加强组织领导，将督导工作贯穿于作风建设始终，确保作风建设达到预期效果，以优良的作风积极投入脱贫攻坚“六个参与”和新发展理念示范区建设，为黔西南州按时高质量打赢脱贫攻坚战作出积极贡献。

**【社会服务】** 2020年，根据省、州会议精神，支部要求在当前疫情严峻的关键时刻，全州广大会员要高度重视，教育和提醒广大会员严格遵守有关防疫规定，动员会员和会员企业积极参与到打赢疫情防控阻击战中。

根据州长杨永英的安排，民建州支部主委李维勇帮助贵州骏江实业有限公司采购口罩生产原料无纺布及包边带，在春节期间协调河南省贵州商会帮助采购原料及春节和疫情期间运输问题，促成原材料厂先后分二批将9吨无纺布、包边带等口罩生产原料及时运抵黔西南州，确保骏江实业有限公司得以开足马力生产，为全州口罩等防疫物资的有效供给提供保障。

民建会员黄继海作为黔西南州遵义商会会长，向全体商会会员发起“我为疫情献爱心”募捐活动，号召全体会员慷慨解囊，为这场疫情阻击战尽一分绵薄之力，体现遵商的责任担当。疫情期间率会员捐款140.055万元的现金及物资助力抗击疫情。

在口罩、温度计、酒精、消毒液等防护、消杀物资紧缺，物流关闭的情况下，民建会员王文军带领旗下医药公司采购团队加强采购所需防控物资，自大年三十开始，公司在全国各地采购到口罩339.17万个、体温计38872支、红外线体温枪2806支、84消毒液54888瓶、酒精34.93万瓶、碘附20140瓶、防护服101套，护目镜1130个等抗疫物资和药品，总价值1651余万元，为黔西南州打赢新肺炎防控阻击战物资保障工作贡献一分力量。在全力保障医药用品正常供应的同时，王文军会员旗下九州通天地药贸、一树大家康健向抗击“新冠肺炎”最前线的州、县医疗机构、相关部门、镇村防疫一线捐赠防疫物资。共捐赠N95口罩、医用口罩、防护护、体温计、体温枪以及酒精、消毒液等防疫物资价值50余万元。

为助力社会的防控工作，支

2020年7月8日，民建黔西南州支部全面加强作风建设动员部署会会议
（民建黔西南支部　提供）

2020年11月23日，民建贵州省委社会服务处到望谟开展"思源·佑华教育移民班"回访活动
（民建黔西南支部　提供）

部会员陇光琼积极组织旗下企业贵州飞龙雨绿色实业有限公司向社会捐赠批防控物资及资金，其中，现金5000元、口罩10150只、酒精800公斤、箱装水1335件，还有桶装水、消毒液、消毒器具等，捐赠资金达12.1万元。

9月19日至20日，通过互联网腾讯会议平台，对晴隆县、望谟县1640名初、高中教师开展远程网上培训，帮助提升基层教师综合素质，夯实教师脱贫基础。

11月22日，争取民建省委支持，民建省委卫生与健康委员会（贵医支部）组织专家到望谟县开展医疗培训和义诊活动，培训基层医务工作者100余名，义诊480余人。争取民建省委、资助，向册亨县第三中学捐赠教学电脑两台，价值10000元。

为民建贵州省委高粱扶贫项目做好服务，民建会员企业贵州特需集团（贵州维其多农产品开发有限公司）已在兴仁市、安龙县、义龙新区、贞丰县、册亨县签订7.35万亩红缨子高粱种植协议，黔西南片区共计投入资金（不包含厂房设施）1500余万元。

11月23日，民建贵州省委社会服务处处长王兰、四级调研员郭晓鸣到望谟县第四中学开展"思源·佑华教育移民班"回访活动。与学生座谈交流了解学生们学习、生活情况，勉励他们珍惜学习机会，学会感恩，努力学习，以优异的成绩回报爱心人士的关心关爱，并将这分爱心传递下去。还为2020级"思源·佑华教育移民班"揭牌，并向该班学生发放爱心书包。

（刘婷婷）

## 民进黔西南州委

**【概况】** 民进兴义支部建立于1985年12月4日，1994年11月30日中国民主促进会黔西南州委员会成立。

中国民主促进会黔西南州委员会下设办公室、组织部、宣传教育部、社会服务部和议政调研部。2020年完成部分直属支部换届调整工作，现下辖兴义市工委、兴义师院支部、电大职院支部、文化支部、科技支部、医卫支部、中教支部、兴义一中教育集团支部、综合支部、法律支部、经济一支部、经济二支部、安龙县支部和兴仁小组。截至2020年12月，共有会员608名。

2020年，民进黔西南州委被民进贵州省委表彰为"履职能力建设先进集体""参政议政工作先进单位""组织建设工作先进单位""社会服务工作先进单位"。部分优秀会员分获民进中央"民进全国履职能力建设先进个人""民进全国会史工作先进个人""民进全国抗击新冠肺炎疫情先进个人"等表彰。

**【重大活动】** 2020年1月13—14日，全国政协副秘书长、民进中央副主席朱永新带队赴安龙县坝盘村看望慰问贫困群众，并在民进黔西南州委召开履职能力建设座谈会。

2020年8月17日，民进中央主席蔡达峰率民进中央重点考察调研组在黔西南州安龙县开展"提升基层治理效能"调研，走访基层单位并在安龙县召开推动基层治理效能和民进中央定点帮扶工作座谈会。民进中央副主席朱永新，贵州省政协副主席、民进贵州省委主委左定超、民进广东省委主委鲁修禄陪同调研。

2020年10月27—28日，庆祝民进成立七十五周年——民进深化"同心·彩虹行动"工作经验交流会在黔西南州安龙县召开。民进各省级组织先后深入安龙县万峰湖镇坝盘村、蘑菇小镇综合服务中

2020年10月16日，在民进天津市委和民进黔西南州委的牵线下，天津南开中学与兴义一中在线上签订了对口帮扶协议　（民进州委　提供）

心、安龙温氏畜牧有限公司、安龙教育园区等地进行实地走访调研。民进中央常务副主席刘新成出席经验交流会并讲话。民进中央副主席王刚，贵州省政协副主席、民进贵州省委主委左定超，河北省人大常委会副主任、民进河北省委主委张妹芝出席会议。

**【思想组织建设】** 2020年，根据民进中央、民进贵州省委“履职能力建设年”工作方案的相关要求和实施意见，民进黔西南州委制定工作计划，把政治理论学习作为提高履职能力的首要活动，把学习贯彻习近平新时代中国特色社会主义思想作为首要政治任务。坚持和完善主委会、机关办公会学习制度，指导和推动支部政治理论学习。

为庆祝中国共产党成立99周年，民进黔西南州委领导班子率机关干部职工和会员代表30余人，到安龙县草纸街爱国主义教育基地接受爱国主义教育，激发会员爱党爱国爱会的热情，增强凝聚力。组织领导班子、机关干部职工开展廉政警示专题教育活动，集体收看《忏悔之音　警钟长鸣——严重违纪违法干部忏悔视频》《激浊扬清　正气黔行》廉政教育视频。

积极组织会员参加民主党派基层骨干服务改革发展研讨班、全州深入学习贯彻州委七届十次全会精神示范培训班等省、州相关培训。举办1期履职能力专题培训会，民进黔西南州委委员，兴义市工委、各支部委员及信息员、机关干部共60余人参训。

发挥领导班子示范带头作用，班子成员带头自学、带头宣讲辅导，传达中央、省、州大政方针、决策部署。通过举办专题讲座、座谈会、网上学习、精选编印学习资料等形式，指导和推动全体会员理论学习，引导会员正确认识和把握大局，为紧扣大局履职凝聚思想共识。

**【参政议政】** 利用“履职能力建设年”工作契机，推动参政议政制度建设工作全面开展。继续实施参政议政“三个一”建设，结合民进中央、民进省委参政议政工作要求，对基层支部及广大会员参与课题调研工作，从选题、立项、调研、结题到保障等全过程进行制度化安排，提供制度保障，推动基层组织议政建言工作的进一步提升。

建立议政调研工作委员会、提案建议撰写服务指导小组和议政调研成果评价小组，进一步加强议政调研工作力度，理顺工作流程，提高课题和提案的质量。

探索基层组织履职能力建设新平台。创新开展“开明沙龙”“开明同心讲堂”等活动品牌，发挥民进界别特色和优势，通过邀请会内外专家学者不定期举办“做新时代的文化自信的中国人”“民法典解读”“公务接待礼仪”“摄影基础知识和技巧”等专题讲座；利用民进黔西南开明画院，开展书画、文化交流活动，创建文化界别会员履职交流新平台。通过各类平台的建设，黔西南州民进各级组织和会员自觉深入基层和各行各业，收集社情民意、听取群众意见，积极履行参政党职能。

在黔西南州政协八届四次会议和黔西南州八届人大四次会议上，黔西南民进会员中的17位政协委员和2位人大代表，围绕全州“五位一体”“四个全面”布局，以脱贫攻坚和乡村振兴为重点，积极履行民主监督、参政议政职能，为全州民生改善和经济社会全面发展建言献策，提交党派提案6件，个人议案和提案30件。《关于发挥乡贤文化——优秀家族文化在乡村振兴中的作用的建议》入选黔西南州政协八届四次会议大会书面发言。《关于加大对扶贫龙头企业支持力度的建议》等提案得到州委州政府和相关部门的高度重视。组织课题组参与民进贵州省委2020年度课题招投标，中标二类、三类课题3个，并组织调研完成课题。同时，配合民进中央和民进贵州省委到黔西南州开展“基层社会治理”“盘活大量工业园区资产研究”等课题调研。

**【“星火计划、科技扶贫”试验区工作】** 2020年，民进黔西南州委配合民进中央、民进全国各地方委员会共31批次360余人次到安龙县开展定点帮扶工作，实施帮扶项目26个，直接投入资金0.004亿元，协调引进企业资金0.84亿元；培训安龙县基层干部和技术人员5990人；共购买和帮助销售安龙县农产品4.8亿元，惠及贫困人口2.37万人。

实施“同心·彩虹行动”，全国29个民进省级组织结对帮扶安龙县11个乡镇（街道）学校，开展多学科教师培训和教学交流研讨活动，形成“镇海班”“支教岛”“同步课堂”“西部教师培训班”“漂读图书馆”“美育教育进校园”“幼儿教师培训”“音乐教师培训”等一批特色长效精准帮扶项目。

开展医疗帮扶和送医下乡活动。引进名医师现场诊疗指导，培训基层医生300余名，开展义诊200余人，向贫困群众发放药品价值1万元。

开展产业帮扶。推动安龙县茶产业进入中国公众标准茶交易体系，笃山石斛确定为国药扶贫基地，推进食用菌、种桑养蚕“产学研合作”，推动温氏集团安龙公司建成投产85栋家庭农场，饲养规模达到22万头。

开展消费扶贫工作。开展“我为扶贫下一单”活动倡议和“黔货在京”直播活动，助力消费扶贫，通过直播带货销售农产品150余万元。

促进民生改善。设立“开明道德讲堂”“爱心超市”，免费为贫困人口做白内障筛查及手术，协调帮扶资金27万元整体改善坝盘村人居环境和灾后救助。

**【宣传信息工作】** 2020年，民进黔西南州委共编辑《民进黔西南简报》78期，编辑简讯100余条。筹备主办“跟党走，在正道上行”——民进黔西南州委“庆祝民进成立75周年”系列活动，举办文艺会演，对2020年度先进集体、脱贫攻坚先进个人、抗疫工作先进个人、履职能力建设先进个人及专项工作先进个人进行表彰。在民进黔西南州委微信公众号、微信群中上传工作动态和要闻简讯，在中央、省、州媒体上宣传报道黔西南民进工作。

**【组织建设】** 2020年，民进黔西南州委领导班子探索基层组织建设新途径，加强与各地市级民进组织友好结对共建，学习借鉴其他地区委员会的基层组织建设经验。为最大限度激活组织活力、调动会员积极性，构建主委—分管副主委—相应部室、州委委员—支部支委—骨干会员的四层组织联动架构，将州委委员、支部支委和骨干会员按照特点特长划分到组织、议政调研、社会服务、宣传教育四个部室，配合分管副主委开展好相应的工作，加强民进黔西南州委对基层的领导，基层组织与州委会的工作目标任务更紧密的连接。

为更好地推动会员履职，创新建立民进黔西南州委“虚拟机关”，下设办公室、议政调研部、宣教部、社会服务部和组织部，通过报名和遴选充实各部室人员，“虚拟机关”成立后，成员积极履职，投身于参政议政、定点帮扶、脱贫攻坚，在民进黔西南州委各项工作中发挥重要作用。

为增强基层组织凝聚力，发挥基层组织战斗堡垒作用，民进黔西南州委号召各支部根据支部特点和优势，创新开展“一支部一项目”社会服务活动。要求各支部围绕“弘扬爱国奋斗精神、

2020年8月16至18日，全国人大常委会副委员长、民进中央主席蔡达峰率民进中央重点考察调研组到黔西南州开展以“提升基层治理效能，促进社会和谐稳定”为主题的民主党派年度重点考察调研工作 （民进州委 提供）

建功立业新时代”，根据本支部及会员的特点，采取符合实际、灵活多样的支部活动方式，并不断创新工作方法、活动形式，激发组织活力，提高组织生活质量，使会员在活动中有参与、有贡献、有获得；主动关心会员、真心服务会员，帮助会员提升归属感和认同感；达到团结会员、凝聚力量的目的。

2020年，民进黔西南州委中教支部、经济二支部和安龙县支部联合赴黔西南州望谟县开展“春阳行动”，向望谟县捐赠价值20万元的图书，向蔗香镇中心小学捐赠价值3070元文体用品，向望谟县第三中学捐赠价值2800元文体用品。经济一支部和文化支部联合开展“庆祝中国民主促进会成立75周年系列活动之民进黔西南开明画院成立1周年书画交流活动”。兴义市工委组织民进兴义五中教育集团支部会员到兴义市威舍镇和威舍镇中学开展“一支部一项目”之送课下乡活动，兴义市工委开展“春雨助学行动”，共资助5名贫困学生每人2000元。

2020年6月16日，民进黔西南州委主委廖静率民进会员企业家赴望谟县开展“春阳行动”教育帮扶活动，分别在望谟县教育局、蔗香中心小学和望谟第三中学捐赠了20万元图书和价值5870元的文体用品　（民进州委　提供）

**【助推脱贫攻坚】** 围绕“教育立州”战略部署，配合民进中央实施深化“同心·彩虹行动”。通过与民进天津河西区委友好结对共建，经过一年多的努力推动，促成天津南开中学与兴义一中友好结对帮扶并签订协议。经与民进重庆市委共同推动，在兴义市人民医院成立民进会员“著名骨科专家黄伟工作室”。2020年，在民进中央的帮助和推动下，北京师范大学教师教育研究中心与兴义民族师范学院合作成立的“西南民族地区教师教育研究中心”举办民族地区教师教育振兴行动高峰论坛。民进会员企业向安龙捐建“梦想教室”、“同步课堂”、云校智慧教育云平台等，实现安龙与发达地区的教育无缝对接。配合开明慈善基金会、北京明伦公益基金会、中国儿童少年基金会等做好捐资助学，完成资助金发放500余万元，资助留守儿童和贫困学生千余名。

民进黔西南州委为唤起社会各界对少数民族贫困地区女高中生的关注，于2012年开展帮助贫困女学生完成高中学业的“春阳行动”。新一届班子换届后，为更好地开展社会服务工作，确定“同心彩虹·春阳行动”为州委社会服务工作品牌，进一步扩大“春阳行动”的活动内涵。成立“同心彩虹·春阳行动”领导小组并下设办公室，制定2020年实施计划。同时将“春阳行动”纳入开明慈善基金会地方公益品牌，民进黔西南州委也成为第一个地市级委员会与开明慈善基金会签订公益合作的地方委员会。2020年，“春阳行动”共捐赠物资和现金价值79.57万元。

民进黔西南州委企业家联谊会积极支持和参与“同心彩虹·春阳行动”等公益活动，发挥民进企业家优势，组织会员成立“志愿者团队”，为明伦公益基金开展助学回访活动，回访受助学生250名。民进黔西南开明画院为会员搭建书画创作交流平台，以纪念中国民主促进会成立75周年为契机，举办3次书画展及书画创作交流活动。

**【抗击新冠疫情】** 2020年初，新冠疫情发生以后，民进州委严格按照工作部署和要求，将疫情防控作为当前最重要的一项政治任务，带领和发动广大会员积极投身疫情防控工作，发布倡议书，发动广大会员捐款捐物，奉献爱心。

疫情发生后，黔西南州民进企业家联谊会第一时间捐款3万元汇到北京明伦公益基金会，用于购买口罩等医护用品支援武汉。2月初，兴义市人民医院2名会员主动请缨，分别前往湖北鄂州、湖北武汉参与抗疫。全州79名医卫届会员在一线参与疫情防控工作，为黔西南州在全省疫情率先清零作出积极贡献。3月初，贵州省第七批援鄂医疗队收到民进黔西南州委捐赠的价值近4万元生活医用物资。

疫情期间，全州民进会员积极响应号召，纷纷捐款捐物，民进州委共筹集价值79.2万余元的物资和款项用于疫情防控工作，为坚决遏制疫情扩散，打赢疫情防控攻坚战贡献自己的力量。

（解昊月）

2020年10月20日，到望谟县开展义诊及设备捐赠活动（州农工党支部　供稿）

2020年10月22日，精准医疗帮扶活动专家与望谟县人民医院医务工作者进行面对面交流经验（郑开松）

## 农工党黔西南州支部

**【概况】** 2020年，农工党黔西南州支部围绕州委州政府的工作大局，牢固树立“四个意识”、坚定“四个自信”、做到“两个维护”，立足自身特点，充分发挥界别优势，全面助推全州高质量打赢脱贫攻坚战，全面建成小康社会。

**【思想建设】** 2020年，支部按照农工党中央和省委的安排继续开展“不忘合作初心、继续携手前进”主题教育活动，学习中国共产党十九大、农工党十六届三中全会、省委、州委重要会议精神。充分发挥农工党“党员之家”的平台作用，通过会议、培训等方式加强对中国共产党党史、农工党党史、党章的学习，进一步提高广大党员的自豪感、增强自信心，提升参政议政的能力。

**【参政议政】** 2020年，新冠肺炎疫情肆虐之际，支部发挥党派资源优势，积极开展“改革完善重大预防控制体系，有效防范重大疾病风险”重大课题调研，对全州各县市疾控中心，州县级医疗机构、乡镇街道（社区）卫生院进行抽样调查，初步摸清全州疾控预防控制体系的建设情况和应对突发卫生事件的能力，该报告提交州委统战部和州卫健等职能部门。报告引起农工党省委会及黔西南州相关部门领导的高度重视。同时，支部还针对脱贫攻坚产业领域向州政协提交《关于进一步加大全州特色农产品精深加工业发展扶持力度的建议》等提案，该提案被作为2020年州政协督办提案。另外，支部的省州县各级政协委员分别从自身角度提交政协提案6份，涉及领域包括医疗保障、中医药发展、教育等。

**【社会服务】** 2020年，支部协调农工党北京市委到晴隆县望谟县两个国家级深度贫困县，开展精准医疗帮扶及以医疗设备捐赠活动，共开展精准医疗送医送药活动3场，向望谟县和晴隆县捐赠设备5套，价值200余万元。在

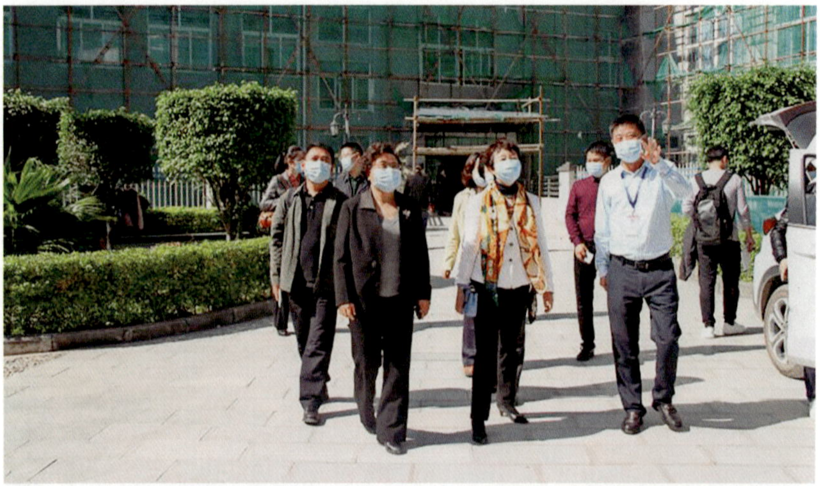

州委常委、统战部长罗春红（左二）陪同农工党中央社会服务部副部长耿丽丽（右二）调研望谟县人民医院　（州农工党支部　提供）

新冠肺炎疫情期间，积极响应号召，组织党员及党员企业踊跃捐钱捐物支援一线工作人员，慰问一线防控人员，其间共捐款捐物累计价值300余万元，慰问卡点人员30余人次。

（郑开松）

## 致公党黔西南州支部

**【概况】** 2016年4月25日，致公党黔西南州支部委员会成立，4月29日在兴义召开致公党黔西南州支部委员会成立大会，同时被选为致公党中央参政议政联系点。截至2020年12月底，全州有支部党员64人，平均年龄44.31岁。其中归侨、侨眷、留学人员、台属47人，占73.44%，保持“侨、海”特色为主体的党派特点；各级人大代表、政协委员18人，占28.12%；中高级知识分子31人，占48.43%；教育、科技医卫界39人、占60.93%，本科以上学历47人、占73.44%，女成员27人、占42.19%。2020年发展新党员1人。

**【思想政治建设】** 2020年，通过召开专题学习会、支部组织生活等方式，引领支部党员深入学习贯彻习近平新时代中国特色社会主义思想，学习中共十九大和十九届四、五届全会精神，切实增强“四个意识”、坚定“四个自信”、自觉做到“两个维护”。

按照致公党省委五届五次全委扩大会议的有关要求，根据党章及有关规定，完成《民主党派代表人士中长期培养人选》的推荐，并启动致公党黔西南州支部换届和筹建致公党黔西南州总支部等相关工作。

**【参政议政】** 2020年，出席中共州委民主协商会、州长与委员座谈会、专题征求意见座谈会等各类协商6次并发表协商意见，向州级以上人大、政协上交建议案、提案7件和大会发言5件，向致公党中央参政议政部上报《推进大数据、区块链与经济社会融合创新发展调研素材》《关于修订〈中华人民共和国河道管理条例〉的建议》《关于高度重视洪涝灾害后重建农村防洪减灾规划的建议》等直报材料3篇；完成致公党贵州省委调研课题《关于巩固脱贫攻坚农村安全饮水成果的对策研究》《推进500亩以上坝区基地建设的调研》2件。

**【社会服务】** 2020年，组织支部党员参加致公党中央及省委“致力黔行　同心抗疫”捐款活动，共捐款6150元；支部党员共5人直接参与本省新冠肺炎的疫情防控和一线医疗救治工作。

9月13日至17日，选派10名扶贫干部、乡镇干部赴江苏省苏州乡村振兴学堂，参加致公党中央举办的“致公党定点扶贫和脱贫攻坚民主监督基层干部培训班”。

引进北京中菌菌业有限公司投资1350万元，实施义龙新区木陇社区步马林下种植食用菌200亩，建成年产1500万棒的义林食用菌科技有限公司菌棒厂，解决易地扶贫搬迁户就业60余人。

协调北京中菌菌业有限公司与晴隆黔祥农业开发投资有限公司合作，以龙头企业+易地扶贫搬迁户的方式，组织实施食用菌大棚栽培400个，预计可解决易地扶贫搬迁户就业800余人。

（钟　瑜　段全辉）

## 九三学社黔西南州支社

**【概况】** 九三学社黔西南州支社于2015年3月28日成立，截至2020年12月底，共有社员50名。

【思想建设】 2020年，支社组织学习习近平新时代中国特色社会主义思想和党的十九届四中全会精神、中国共产党统一战线工作条例（试行）等重要文件，提高社员对党的方针、政策及统战理论的理解和认识。针对全体社员，特别是新社员，组织学习九三学社的发展历史，了解九三学社的发展历程及政治地位。支社多次选派骨干力量参加社中央、社省委及各级统战部门的培训。通过培训，加强社员的理论水平，提高支社的参政议政能力。

2020年11月1—7日，首都师范大学附属育新学校及回龙观育新教育集团相关教师赴兴义八小开展“同心树人”教育帮扶活动（九三学社黔西南支社　提供）

【社会服务】 7月16日，九三学社贵州省委秘书长李梓一行出席援建晴隆县紫马乡卫生院农村卫生室项目揭牌仪式，来自贵州医科大学附属医院、贵州中医药大学第二附属医院7名医疗专家在紫马乡卫生院进行义诊活动，为200余名群众诊疗服务，并且免费发放价值3万余元的药品。首都师范大学附属育新学校与兴义八小结对签约仪式并开展系列活动，9月开始正在开展两校师徒结对活动，由两校确定名师、学科带头人、骨干教师等建立“手拉手”关系，并通过网络互动和现场指导等方式进行帮扶指导。11月1日至7日，首都师范大学附属育新学校及回龙观育新教育集团相关教师赴兴义八小开展“同心树人”教育帮扶活动。本次活动的开展，共培训兴义市兴泰办事处公（民）办学校教师300余人次，受益学生2000余人次。

12月13日至15日，九三学社浙江省委副主委、宁波市政协副主席叶正波率队赴黔西南试验区开展“同心树人”教育帮扶活动，向望谟县平郎社区Warm（布依语：温暖望谟）图书馆捐赠7万元图书，在兴义市开展黔西南州小学校长培训和黔西南州政协委员政协干部培训。

2020年12月13日，九三学社浙江省委副主委、宁波市政协副主席叶正波率队赴黔西南试验区开展“同心树人”教育帮扶活动，在兴义市开展黔西南州小学校长培训（九三学社黔西南支社　提供）

【参政议政】 按照州政府、州政协的安排，九三学社州支社针对黔西南州精品水果发展工作进行调研。在州政协委员与州长面对面座谈会议上作主题为《在发展精品水果种植中解决设施农业用地的对策建议》现场发言。

（范德强）

# 群众团体

## 黔西南州总工会

**【概况】** 2020年，黔西南州总工会有内设机构6个，行政编制16人，在职在编16人；机关工勤编制1人，在职在编1人。下设两个正科级事业单位：州工会服务职工中心（公益一类），全额事业编制3人，在职在编2人；州工人文化宫（公益二类），自收自支事业编制2人，在职在编2人。

**【助力疫情防控阻击战】** 2020年，及时转发《贵州省总工会办公室关于做好新型冠状病毒感染的肺炎疫情防控有关工作的通知》，发出《黔西南州总工会致全州工会组织和广大职工的倡议书》，利用新长征“贵州工会云”“黔西南州总工会”微信公众号等平台，宣传新冠肺炎疫情防控知识和上级各项决策部署；与相关单位加强办公区联防联控，开展疫情防控知识和心理干预培训，强化广大职工群众打赢新冠肺炎阻击战的责任感和使命感。各级工会开展慰问关爱抗疫一线人员和医务工作者活动，共慰问抗疫单位196个、职工（家属）6943人，发放慰问金、物资236万元，其中慰问赴鄂赴省医务人员家属76人次，发放慰问金7.6万元。面向全州医疗卫生工作者开展“你为生命加油　我们为你加油”专项普惠活动，惠及全州1.17万余名医疗卫生工作者。州总工会领导分别深入有关企业开展复工复产调研指导，兴义市总工会投入资金37万元，帮助43家企业有序复工复产，义龙新区总工会拨付专项经费85万元用于疫情防控和助推47家企业复工复产，安龙县、晴隆县为返岗职工发放加油卡、爱心物资等。全州全额返还2974家小微企业2544万元工会经费，其中州直返还27家，资金40.8万元。州县两级工会会同人社等部门开展线上和线下招聘活动18场，进场企业514家，提供岗位35602个，达成就业意向2137人。工会组织开展专场招聘8场，达成就业意向459人。

**【创新开展“三个五”行动】** 2020年，创新开展“三个五”行动，打造服务易地扶贫搬新市民响亮品牌。主要是：培育“五好品行职工”提升“五大服务品牌”深化“五项人文关怀”。州总工会同级总工会结合实际制定新市民“五好品行职工”行动方案，对新市民工作生活中言行符合“五好品行”条件之一的，适时开展兑现奖励扶持活动，兑现相应的资金或者生活用品。自9月份开展“五好品行职工”活动以来，在示范点开展“五好品行职工”活动，全州共向2100多名新市民兑现奖励积分24.3万分，

2020年手工刺绣技能大赛现场　　（郑　滔　摄）

兑换物资或者资金24.3万余元。全州易地扶贫搬迁安置点63个管理单元，建立工会组织57个，吸纳会员7.24万人，配备专兼职工会社会工作者、志愿者282人，努力提高安置点工会服务实效。工会"爱心帮扶超市"服务品牌，州县总工会在15个"工会爱心帮扶超市"补助资金113.76万元，新市民持爱心消费卡购物享受8折优惠。工会爱心托管中心秉承"子女托管放心、父母务工安心"宗旨，州县总工会投入64万元到12个"工会爱心托管中心"示范点，服务新市民子女共3700多人，惠及2000多个新市民家庭。全州建设金州工匠场12个"金州工匠场"示范点投入经费133万元，利用各类技艺技能人才161人培育工匠人才117人，培训新市民1200人次，帮助653人实现就业。"5项人文关怀"，引导职工尊重人、帮助人、关爱人。以文化人行动，展现新市民人文关怀。组织新市民职工参加全省网络读书征文活动和"书香三八"读书活动，2689个基层工会，近2万名女职工参加，在新市民社区创建"追梦书屋"35个，服务7.8万余人。创业就业行动，提高新市民生活水平。联合人社等部门开展就业培训43场次，参加培训各类人员共2840余人，其中，州总工会组织开展以产妇、养老、婴儿护理为主要内容的"护工就业行动"培训378人，369人实现就业，103名妇女经人社部门考核获得初级育婴师资格证。与有关部门面向新市民举办就业招聘26场次，共6486名新市民参与，帮助1819人就业。组织"决胜小康·奋斗有我"送文艺到易地扶贫搬迁安置点慰问演出，分别在晴隆县阿妹戚托小镇、兴义市洒金街道、册亨县高洛新区演出，全州各级工会共开展17场送文艺到基层慰问演出，受众1.5万余人。

**【建设户外劳动者综合服务站】** 2020年，州县两级工会加大沟通协调力度，争取政府的大力支持，会同发改、人社等5部门共同加大推进建设力度，全州共投入资金326万元，建成1005个户外劳动者综合服务站，超额完成省总工会、州政府下达的任务。真正成为"冷可取暖、热可纳凉、渴可饮水、累可歇脚、急可如厕"的爱心综合服务站，关心户外劳动职工。在全省推进会上，州总工会作《用心办好民生实事　用情建好户外劳动"避风港"》经验交流发言。

**【城镇困难职工解困脱困攻坚战】** 2020年，州总工会创新建立"四方共扶"（四方：困难职工所在单位领导、工会组织、州县

贞丰县户外劳动者综合服务站　　（尹益盛　摄）

工会干部、企业及其志愿者）帮扶机制，组织企业35家志愿者89人，发动州县工会干部64人，帮扶121户302人。采取及时发放帮扶资金、送温暖资金、生活救助金、子女助学金、医疗救助金以及生活补贴和一次性生活救助等举措，城镇困难职工解困脱困工作取得良好成效，高质量通过省总工会组织的第三方评估验收。扎实开展困难职工大摸底大排查工作，按照"应纳尽纳"原则将387户困难职工纳入工会帮扶工作管理系统，开展常态化资助帮扶，全年发放中央财政帮扶资金266.7万元。重视第三方评估反馈问题梳理整改工作，率先在全省出台《黔西南州职工返贫致困常态化帮扶救助工作方案》，建立健全常态化帮扶机制。

**【服务职工】** 2020年，继续开展职工医疗互助，全州参加第四期职工医疗互助单位1108家91165人，筹集互助金463.786万元（其中州直参加单位124家12239人，筹集互助金61.195万元），全州申请互助报销2459人次，报销互助金443万元（其中州直申请互助报销476人次，报销互助金117.79万元）。与创维集团联合开展"助力脱贫攻坚、易地扶贫搬迁就业"暨"普惠服务职工·万众消费扶贫"专项普惠服务活动，慰问全国劳动模范22人、八大群体从业人员2000人，发放价值20万元的慰问物资，发放消费补贴卡20万张。创新开展会员专项服务，牵头与州国资委、州电视台联合举办首届单身职工联谊活动，110个单位500余名单身职工参加活动，56对单身职工成功牵手。

**【维护职工利益】** 2020年，州总工会持续深化维权帮助行动，维护新市民合法权益。新市民社区工会积极参与劳动争议等各种纠纷矛盾调解，共开展"尊法守法·携手筑梦"公益法律服务37场次，发放资料1.5万余份，现场接受法律咨询1659人次。宣传《民法典》《保障农民工工资支付条例》《女职工劳动保护特别规定》等64场次，发放资料1.42万余份。跨界关爱行动，做新市民的有力后盾。各县（市、新区）总工会在宁波帮扶县区建成9个"跨界关爱行动"服务联络站，登记在册3.75万人，其中新市民1.48万人，各级工会慰问1100余名外出困难务工人员。

**【技能竞赛】** 2020年，州总工会广泛开展劳动技能竞赛。深入推进开展"美丽贵州"绿色增效劳动竞赛活动，共完成竞赛项目47个，参加竞赛班组459个，参赛职工10106人。组队参加"梵净山杯"贵州省第九届手工制茶大赛，黔西南州参赛选手彭泽秀获红茶一等奖。组队到习水县参加第三届古树茶加工技能大赛比赛，黔西南州参赛选手潘丽和岑开武荣获优秀奖。组队到都匀参加"2020年贵州省手工刺绣职工职业技能大赛"，黔西南州参赛选手王凤获三等奖。举办"感党恩·巧手绘制美好生活"手工艺品设计制作大赛，

2020年5月1日，黔西南州劳动模范表彰大会现场 （郑 滔 摄）

9支代表队200余名选手参加编织、雕刻、绘画、塑制、其他手工制作五个类别的比赛，现场销售各类手工艺品销售5410件，销售额16.8万元，同时邀请全州100名热爱手工艺品设计制作的新市民现场观摩学习。在贞丰县举办全州首届夏秋茶评茶暨茶艺技能大赛，25支参赛队伍共89人参加，选送92个茶样参加评茶比赛。深入开展工匠培育工程。创建州级劳动模范和工匠人才创新工作室11个，省级创新工作室3个；推荐申报3个劳模（职工）疗休养基地，1个被授予省级首批劳模（职工）疗休养基地；扎实推进“黔酒茶绣工匠培育工程”，培育酿酒业工匠坊5个、制茶业工匠坊5个、刺绣业工匠坊13个。

**【弘扬劳模精神】** 2020年，黔西南州潘凤、忙德书、刘永芳、龙福刚4人荣获中共中央、国务院表彰为全国劳动模范和先进工作者。杨胜娇等35人荣获省委、省政府表彰为贵州省劳动模范和先进工作者。幸文波等98人荣获州委、州政府表彰为黔西南州劳动模范和先进工作者。兴义市、兴仁市、贞丰县三县（市）也开展劳动模范和先进工作者评选表彰。

**【金秋助学】** 2020年，开展“金秋助学”活动。组织各县（市、新区）总工会重点排查新市民困难职工（农民工）子女就学情况，统筹分配上级工会“金秋助学”活动专项经费，全州各级工会积极筹集资金开展“金秋助学”活动，慰问职工（农民工）子女527人，发放金秋助学助学金216.8万元。

**【“两节”送温暖】** 2020年，按照省总工会安排部署，开展“两节”送温暖慰问活动。统筹分配使用省财、州财“送温暖”资金共计132.62万元，各级工会认真组织开展两节“送温暖”活动，慰问困难职工（农民工）、一线职工2815人次。

（王　震）

## 共青团黔西南州委

**【概况】** 2020年共青团黔西南州委内设机构5个，参公编制13人，下属全额拨款事业单位1个，编制5人。2020年，有参公人员11人，事业人员4人。

**【思想教育活动】** 2020年，组织青年代表100余人在兴义市威舍镇举行第三个文化和自然遗产日暨“重走长征路寻找最美红色故事”活动两期。10月25至26日，响应中央、省委关于群团组织品牌创建、思想引领和长征文化公园建设的决策部署，参加贵州共青团“青春长征”行动集体学习实践培训暨2020年度总结展示会议，大力推进青少年爱国主义教育和红色文化教育。各级团组织依托红色教育资源，集中开展入团仪式，祭奠革命英烈等教育活动。发挥榜样的示范带动作用，积极做好“青年五四奖章”“优秀共青团员”“优秀团干部”等典型推选活动。2020年，全州共开展主题活动591场次，覆盖团员青年58743人次。推出少先队员宣传片《追光少年·逐梦金州》，献礼“10·13”少先队建队日，在共青团中央、全国少工委平台展播。

**【组织建设】** 2020年，按照与实际情况相协调、与青年分布相适应的原则，因地制宜地开展易地扶贫搬迁安置点团的基层组织建设。在条件好、团员数量较多的易地扶贫搬迁安置点，建立团的总支部或基层团委。在条件一般、团员数量较少的易地扶贫搬迁安

2020年6月12日，开展第三个文化和自然遗产日暨“重走长征路寻找最美红色故事”活动第一期　（团州委　提供）

2020年11月26日，黔西南州新市民青少年艺术盛典颁奖仪式现场

（团州委　提供）

置点，建立团支部。对外出务工、求学团员较多的易地扶贫搬迁安置点，探索“与学校联建”“与企业联建”“多个易地扶贫搬迁安置点联建”等做法。全州62个新市民居住区已实现团组织全覆盖。全年完成非公企业团建数241个，团组织、团干部、团员录入完整率达到100%。

**【疫情防控】** 2020年，组织全州1668名志愿者，55支青年突击队开展疫情防控志愿服务31220次，累计服务时长480余万小时。多渠道争取防疫物资资金。口罩38870个、酒精1917升、消毒液1120公斤、防护服375件等，共计92万元。在各市（州）团组织中，率先和国家“一省包一市”贵州省对口支援的鄂州团市委开展“团结一心·共同抗疫”行动，组织30吨物资支援鄂州。开展关心关爱抗疫医护人员“七个一”行动。建立团干部、志愿者“一对一”服务制度。率先向936名抗击疫情一线医护工作者和志愿者购买“新型冠状病毒肺炎”专项保险和人身意外保险，保险金额7100余万元，被中国青年报专题报道。通过团中央宣传部、中国青年报、团省委宣传部、黔西南州委宣传部推出青年Rap《战疫复工菁彩说》、微视频《归来·追梦》，讲好黔西南州青年投身疫情防控、志愿服务、复工复产故事，网络点击量达85万。

**【脱贫攻坚】** 2020年，持续推进“新市民·追梦桥”工程，在全省各市（州）中率先出台大联动工作联席会议制度，召开联席会议，成立联合党总支（党支部）。聚焦“文旅兴州”战略，开展“希望工程·陪伴行动”，在全省率先组建新市民青少年特长队伍，开展“感恩奋进·圆梦小康”脱贫攻坚系列宣传活动——“希望工程·陪伴行动”黔西南州新市民青少年艺术盛典，吸引141支队伍参赛，4万余人参与投票、访问量达29万余次。在易地扶贫搬迁新市民居住区为青少年设计“新兴”“小梦”文创形象IP，推出服装、动漫、视频、歌曲等文创产品，助力“希望工程·陪伴行动”。组建消费扶贫青年突击队，开展“黔货出山·风行天下——贵州青年在行动”“甬爱传递·向黔助力”专场带货活动，线上观看人数达50万人次，总订单量2.8万单，总销售额达90余万元，涉及全州各县市新区60余个品项，带动贫困户人均增收1000余元。开展新市民社区社会治理工作。安龙县蘑菇小镇、晴隆县阿妹戚托小镇入列团中央参与贵州省易地扶贫搬迁社区治理工作示范项目，全省共6个，每个点15万元工作经费支持。兴义市青创农场项目和安龙县双龙社区“双龙新青年计划”社会融入与社会参与项目得到团中央每个点7万元经费支持。在全省各市（州）中率先制定新市民追梦桥志愿服务保障标准，并被纳入黔西南州易地扶贫搬迁基本公共服务标准体系框架。发起“助力抗疫·决战贫困”行动，为国家挂牌督战的6个深度贫困村和包保的兴仁市杨家湾村、新坪村扶贫干部捐赠3000个口罩、2000瓶酒精等防疫物资。

依托全州20个脱贫攻坚夜校，开展脱贫攻坚政策、技能培训、普通话、舞蹈班、绘画班、关爱留守儿童等方面的培训。扎实开展困难学生学业资助。持续做好希望工程圆梦助学工作，争取到“习酒·我的大学”逐梦奖学金、中国茅台·国之栋梁——2020希望工程公益助学活动等项目为全州1910名贫困学生提供995万元的奖学金。争取到东西部对口帮扶黔西南州的共青团宁波市委营养晚餐补助190.2万元，帮助全州1268名建档立卡贫困户少年儿童。

**【志愿服务】** 2020年，团州委共

2020年8月5—7日，举行第一期志愿者培训　（团州委　提供）

争取专项志愿者1009名到黔西南州各县(市)，开展脱贫攻坚、基础教育、服务三农、医疗卫生、基层青年工作、基层社会管理等服务。8月和11月分别组织360余名志愿者参加两期志愿者培训。重点围绕十九届五中全会精神、黔西南州脱贫攻坚工作情况、青年马克思主义思想教育、禁毒知识、意识形态思想教育、民法典等方面内容进行学习。组织300余名志愿者参与全省粮食生产现场推进会、第六届黔西南州旅游产业发展大会、黔西南州新冠肺炎疫情常态化防控综合演练活动，提供跟车讲解、参观引领、礼仪指引、酒店服务等志愿服务，得到各级领导和来宾的一致好评。

**【改革攻坚】** 2020年，州、各县市(区)均建立中长期青年发展规划联席会议制度。9月17日组织召开黔西南州第一次联席会议，会上审议通过《联席会议议事规则》《黔西南州中长期青年发展规划(2020—2025年)》和《近期工作要点》。

**【服务青少年】** 2020年，联合州工商联召开“服务青年创业·助力脱贫攻坚”青年创业分享会12场，参与青年900余人，帮助解决实际问题100多个，打造黔西南州青年“创业角”。发挥农村青年致富带头人作用，实现全州农村致富带头人协会全覆盖，开展黔西南州农村致富带头人培训暨“乡村振兴领头雁”线下学习交流会3次，培训人员500人次，成功办理五笔创业贷款共计150万元。七夕前夕，团州委联合团兴义市委、兴义供电局举办“电亮青春·缘来兴义”联谊活动，来自全州各级国家机关和事业单位的单身青年参加活动。联合州体育局共同举办“2020黔西南州第四届QBA篮球联赛”“黔西南州网球运动公益训练推广活动”“2020年黔西南州青少年篮球联赛”。联合人社部门在兴义民族师范学院举办“2020年黔西南州高校毕业生专场招聘活动”，建立就业需求信息数据库，累计募集岗位数3200余个，覆盖人数3000余个，结对帮扶建档立卡学生405人。

**【从严治团】** 2020年，加大双向交流和转岗力度，转岗1名正科级干部到州林业局，结合实际对部室负责人进行轮岗。通过省委组织部“2020年定向‘985工程’等重点高校选调优秀毕业生”工程引入一名应届毕业生；通过公开考调考聘吸纳2名专职团干部，充实人才队伍，团州委干部配备率达92%。主动向组织部门汇报，选优配强团系统干部队伍，实现“1+2+2+1”干部队伍配备。加强团队干部队伍建设，举办黔西南州2020年少先队骨干辅导员培训班，组织全州99名少先队辅导员参加培训。坚持把学习新修订的《干部任用条例》、干部选拔任用四项监督制度以及干部人事制度改革政策法规作为经常性工作。2020年考察2名正科级领导职务干部，3名副科级非领导职务干部。

（卢孙丽）

## 黔西南州妇联

**【概况】** 2020年，州妇联内设机构6个，即办公室、组织联络宣传部(女性社会组织服务中心、网络和新媒体中心)、妇女发展部、权益部、家庭和儿童工作部、州妇女儿童工作委员会办公室，参公事业编制15人，实有12人，设主席1人、副主席2人。下属事业单位州妇女儿童服务中心(正科级)，编制3人(管理人员)，实有1人。

**【宣传教育】** 2020年，继续把学习宣传贯彻习近平新时代中国特色社会主义思想作为第一位任务，广泛开展“巾帼心向党　奋进新时代”群众性宣传教育活动，结合纪念建党100周年，以“巾帼心向党 百年正辉煌”为主题，开展“唱支山歌给党听”少儿主题宣传、“党的女儿”融媒体宣传、“奋斗的我 最美的国”新时代先进人物进校园、三八红旗手巡讲等宣传活动；结合脱贫攻坚成就宣传，讲好巾帼脱贫故事和巾帼扶贫故事，用妇女群众喜闻乐见的方式，充分发挥新媒体作用，线上线下强化对妇女的思想引领、政治引领、价值引领，引导广大妇女听党话、感党恩、跟党走。

2020年12月11日，宣讲十九届五中全会精神（州妇联 提供）

【巾帼脱贫行动】 2020年，配合绣娘集团开展绣娘就业计划工作，促进妇女就业。申报省级锦绣计划培训项目9个，获培训资金55万元。组织参加“黔女兴业赋能行动”2020年贵州省家政服务职业技能大赛，兴义市巾帼帮扶中心彭云获得一等奖，并代表贵州参加全国的比赛。组织全州9县市区开展主题为“锦绣助力·巧手脱贫”的刺绣大赛。开展妇联系统脱贫攻坚劳动力全员培训，共计培训20114人，绣娘培训8760人、转移劳动力技能培训3722人、新市民劳动力技能培训4273人、建档立卡贫困劳动力技能培训3359人。建基地创示范。兴义市绣娘服饰农民工专业合作社、安龙县卡伊民族刺绣文化有限公司、贞丰县飞落花布依服饰文化有限公司3个基地被认定为2020年贵州省“锦绣计划巧手脱贫基地”；晴隆县鸡场镇众富养殖农民专业合作社、望谟县酷咯熊实业发展有限公司2个基地被认定为2020年度“全国巾帼脱贫示范基地”；安龙县万亩白及生态产业园（农业）、望谟县黔灵女家政有限公司（家政）2个基地被认定为2020年度“贵州省巾帼脱贫基地”。

【家庭文明建设】 2020年，开展“最美战疫家庭”“最美绿色生态家庭”“最美脱贫攻坚家庭”3次主题寻找活动。州医院熊方家庭获全国抗疫最美家庭；安龙县郑周英家庭、瞿嘉丽家庭获全国最美家庭；州医院李莹莹家庭、普安县邓泽林家庭获全国五好家庭；州医院李莹莹家庭、兴义市张恩莉家庭、安龙县宋明丽家庭获全省“最美战疫家庭”；州住房公积金管理中心王正江家庭、安龙县瞿嘉丽家庭获全省“最美绿色生态家庭”；安龙县查连敏家庭、普安县张俊家庭、兴仁市林雪玉家庭、潘昌怪家庭、望谟县刘秀祥家庭、贵州省公路开发有限责任公司兴义营运管理中心陈家斌家庭获全省“最美脱贫攻坚家庭”。开展“家书传家风”家书征集活动。共收到应征家书127封，推荐20封家书到省参评，其中兴义市医院的郭薇、黔西南州统计局的蓬国龙、册亨县的周巧玉3封家书入选贵州省优秀家书集。开展家庭教育服务工作。成立黔西南州家庭教育指导中心，举行2020年黔西南州“家家幸福安康工程”启动仪式，在易地安置点开展“幸福家”家庭家教家风讲座31场，近2000余人受益。在全州易地搬迁点组建妇联“幸福家”家庭家教家风宣教队，宣传队员70余人，为全州贫困家庭送去教育知识和有关法律法规知识。贞丰一小被授予“幸福家”家庭家教家风宣传教育省级示范实践基地。

【“六一”慰问活动】 2020年，开展“六一”慰问活动，州妇儿工委主任、州政府副州长黄曼率州妇联班子成员对向阳路小学全体师生进行慰问，发放慰问金2万元。州妇联党组书记、主席王婷菊，党组成员、副主席卢卫民，副主席陈维娟分别到兴义市雄武乡中心小学、中心村沙地小学、小补以小学、安龙县蘑菇小镇天菇小学开展“六一”慰问活动，发放慰

2020年6月1日，州妇联开展2020年六一慰问活动　（州妇联　提供）

问金共计2万元。同时，代省妇女儿童基金会为30名女童发放“助学款”。

【维权工作】 2020年，利用三八维权周、综治宣传月、法制宣传日、禁毒宣传日等活动契机，深入开展形式多样、内容丰富的法治宣传活动，共开展宣传130场（次），发放宣传资料近万份。建立黔西南州妇女儿童权益保护工作机制、婚姻家庭纠纷预防化解工作机制，协调全州各地综治中心，开设婚姻家庭纠纷调解窗口，在易地搬迁安置点，设立妇女儿童维权工作站。安龙县春潭街道综治中心、晴隆县三宝街道办事处、望谟县蟠桃街道蟠桃园社区三个妇女儿童维权工作站，被省妇联列为省级妇女儿童维权工作示范站。拓展妇女维权渠道。开通24小时“12338”妇女维权服务热线，共接访妇女群众76人（次），与上年相比，接访人数提升218%，有效保障妇女儿童的人身安全和合法权益。组建巾帼心理咨询师志愿者队伍，6名专业心理咨询师，共为妇女群众提供心理疏导服务12次。

【“搭五桥、建五家”创建活动】 2020年，按照“搭五桥、建五家”的工作部署，帮助安置点妇女群众全面实现由农民向市民转变。搭建群众思想引领“感恩桥”，创建奋进之家。开展教育宣传活动154次，覆盖2万多新市民。搭建群众创业就业“致富桥”，创建幸福之家。建立绣娘扶贫车间和家庭绣娘作坊，全州实际入驻企业已达34个，建设扶贫车间59个，锦绣坊46个，解决就业3686人。搭建群众排忧解难“连心桥”，创建温暖之家。开展惠民政策宣传30多次，开展走访慰问困难家庭活动2次；为贫困、单亲、残疾、重病、优秀母亲送去慰问金2.75万元。搭建群众权益维护“平安桥”，创建和谐之家。开展法治宣传活动27次，建立巾帼维权调解队，参与调解邻里纠纷、婚姻家庭矛盾、群众心理疏导工作6次。搭建市民意识培养“融合桥”，创建文明之家。开展爱国卫生运动、“公筷公勺”进家庭等活动9次。

【典型示范】 2020年，州妇联开展优秀典型评比推荐活动，兴义市巾帼创业帮扶中心荣获全国三八红旗集体表彰，张恩莉荣获抗击新冠肺炎疫情全国三八红旗手表彰，王秀芝、黄莉、刘秀艺、熊图美4人荣获省级三八红旗手表彰，兴义万峰林机场运输保障值机室、

2020年6月5日，建立“新市民·追梦桥”服务中心　（州妇联　提供）

贵州山水鞋业有限公司2个单位荣获省级三八红旗集体表彰。

在2020年城乡妇女岗位巾帼建功先进集体和个人的申报推荐评选中，推荐贵州省巾帼文明岗6个：黔西南州公安局进驻州政务服务中心窗口、黔西南州疾控中心监测检验科、黔西南州人民医院感染性疾病科、国家税务总局安龙县税务局第一税务分局、贞丰县社会保险事业局、贵州省公路开发有限责任公司兴义营运管理中心江西坡收费站；贵州省巾帼建功标兵5个：周玉芬、李冰、韦丽、曾洪梅、晏倩；贵州省巾帼建功先进集体4个：黔西南州人民医院呼吸与危重症医学科、兴仁市人民医院、兴义机场运输保障部商务中心、兴义市则戎镇冷洞村妇女联合会。

【公益事业】 2020年，州妇联整合社会资源，组织开展“两癌救助”“母亲健康快车”“母亲邮包”“恒爱行动——百万家庭亲情一线牵”“百名学子圆梦想·精准助学奔小康”“粉红馨爱　重塑美丽”“编织梦想　情暖冬奥”——艺术创意编制等公益项目活动。开展“两癌”救助工作。审核上报“两癌”患病妇女信息256条，争取到救助名额143个，救助资金143万元。为安龙县、晴隆县、望谟县三地妇保院争取中国妇基会“母亲健康快车”3辆，价值50余万元。争取中国妇基会向黔西南州捐赠母亲邮包100个，价值30000元。向全州47名符合条件乳腺癌术后患者赠送义乳及配套文胸。

（卓　维）

## 黔西南州科协

【概况】 2020年，黔西南州科学技术协会内设机构4个，参公编制11名，实有9人，其中党组书记1人，主席1人，副主席1人；工勤编制1名，实有2人。下属事业单位州科技馆，全额拨款事业编制4人，实有3人，其中馆长1人。

【队伍建设】 12月8日，组织召开黔西南州科协系统党的十九届五中全会精神宣讲报告会，40余名科技工作者和科协干部代表参会。在2020年“全国科技工作者日”活动期间，州委州政府分管领导分别带队，慰问31名在疫情防控和脱贫攻坚工作中涌现出的州内优秀科技工作者。打造一支“讲政治、懂科技、爱科协、能干事、愿服务”的高素质专业化科协干部队伍。选派1名县处级干部到州委党校参加主体班学习，选调1名优秀年轻干部充实到州科协干部队伍中，完成3名科级干部职级晋升、1名科级干部试用期转正和2名工勤人员技能考评工作，推动配备县级科协副主席1人，兴义市科协主席张琳莉获“全国科普先进工作者”称号。

【疫情防控应急科普】 2020年，根据省科协和州委州政府关于做好新冠病毒疫情防控有关工作要求，及时发出《弘扬科学精神　勇担责任使命——致全州科技工作者的倡议书》，制作公共场合疫情防控科普知识宣传海报800余张，更换科普宣传栏40余块（版）。充分利用黔西南科普微信公众号等平台，发布疫情防控的科普知识、宣传先进人物和典型事迹共200余条。

【全民科学素质工作】 2020年，州委州政府主要领导多次对全民科学素质工作给予批示肯定并提出工作要求，召开州政府常务会议，专题听取全民科学素质工作开展情况汇报，解决抽样调查专项工作经费10万元，将其纳入州直机关和县（市、新区）目标绩效考核负指标体系。省科协推荐选取黔西南州作为全国3个地市级地区之一，开展中国公民科学素质试点调查，总结试点工作经验在全省进行交流推广。州全民科学素质工作领导小组以“新时代学习大讲堂”视频直播的方式，在州县（市）乡（镇）同步召开公民科学素质抽样调查专题培训会，对调查内容作详尽细致地培训。全州各级各部门面向基层、服务民生，组织开展科普知识学习测试微信答题、民族语言科普知识大喇叭宣传进社区等大量各具特色的群众性科学教育、传播和普及活动。2020年黔西南州公民具备科学素质的比例达6.4%，比2018年的4.1%提高2.3个百分点，超额完成黔西南州人民政府与省人民政府签订的“到2020年公民具备科学素质的比例达到4.6%”的目标任务，取得“三个一”的新突破（完成目标值增速全省第一，三个少数民族自治州中排名第一，摆脱全省排名倒数第一）。

【科普宣传】 参与拍摄的《兴义国家地质公园喀斯特地貌以及贵

2020年2月5日，组织制作新冠肺炎疫情防控科普知识宣传栏安放在兴义市区
（州科协　提供）

州龙化石科普知识宣传片》作为2020年贵州省全国科普日主场直播活动播放素材，在贵州广播电视台公共频道等省内主流媒体和网络平台播放，组织的“五个‘聚焦’全面促进城乡公民科学素质整体提升”活动被中国科协评为2020年全国科普日优秀活动。邀请省反邪教协会特邀专家到部分学校和易地搬迁安置区举办反邪教专题巡讲12场次，6000余名师生和群众聆听讲座，有效提高其识邪辨邪防邪的意识和能力。本年度，以科技文化卫生“三下乡”“国家安全日”“科技活动周”“全国科普日”等主题活动为契机，深入基层开展集中科普宣传活动40余场次，发放各类宣传资料和宣传品共计20余万份（册），受益人数50余万人次。

**【科普基础设施建设】** 2020年州委下发的《中共黔西南州委关于实施文旅兴州战略的决定》中，将科技馆纳入兴义市文化中心建设项目。整合部门资源，与兴义一中、兴义市阳光书院共建校园科普馆2个，与州总工会在布谷鸟实业公司和新滢工艺有限公司共建科普暨反邪教活动室（劳模工匠创新工作室）2个。

**【学术学会工作】** 2020年，指导州教育学会下属专业委员会开展学术研讨、交流系列活动16场次，与州青少年近视防治协会到兴义市昌文学校联合开展“爱眼护眼科普讲座及视力检测进校园活动”，指导州医学会感染病学分会召开学术年会暨感染科质控交流活动。组织6个项目参加中国创新方法大赛第二届贵州区域赛，获优秀奖6个，参赛项目和获奖项目在全省各市（州）科协中排名第一，黔西南州科协获优秀组织单位表彰。

**【青少年科技教育】** 2020年，先后到晴隆县、普安县、兴义市和义龙新区开展“中国流动科技馆”巡展活动6次。举办黔西南州第七届青少年科技创新大赛，评出奖项259个，推荐46个项目参加第35届贵州省青少年科技创新大赛，获26个奖项。组织参加2020年全国中学生生物学竞赛，全州共1530名学生参加，31名学生获奖。举办2020年黔西南州科技辅导员培训班，共300人参训。

**【科技助力精准扶贫】** 2020年，与中国林学会及宁波市科协、延边州科协共同组建“中国林学会

2020年4月17日，黔西南州迎接第十一次中国公民科学素质抽样调查暨“新时代学习大讲堂”专题培训会
（州科协　提供）

2020年4月17日，省科协党组书记、副主席张美圣(右二)，副州长王丽琼(左一)等省州领导在兴义市酒金街道新市民搬迁点科普活动室参观调研

(州科协　提供)

甬黔延林业科技经济联合体”，邀请中国林科院专家到黔西南州开展林下经济种养殖技术培训。着重开展新市民、易地扶贫搬迁群众和建档立卡贫困户培训工作，2019年以来，累计完成新市民劳动力技能培训2375人次，建档立卡贫困劳动力技能培训3024人次，“退一进十”技能培训2748人次，圆满完成州委下达科协系统的培训任务。加强对基层典型的培育和指导，争取“基层科普行动计划”、科技致富“二传手”等项目资金共计116万元。按照“扶贫扶智”工作思路，提供资金5.5万元，在单位帮扶点兴义市乌沙镇大兴寨村新建科普宣传栏1个。

【信息宣传】　2020年，黔西南科普微信公众号知名度不断提升，关注人数从2万人增加至13万多人。全州科协系统在贵州省科协网站发布先进科技工作者事迹、疫情防控、公民科学素质提升、科协工作动态等各类信息110余篇，在中国科协网站发布6篇，黔西南日报发表文章12篇，在黔西南科普公众号推送各类科普信息60余条。

(常　芮)

## 黔西南州工商联

【概况】　黔西南州工商业联合会(以下简称州工商联)设办公室、业务科2个内设机构，设直属事业单位民营经济服务中心(加挂法律服务中心牌子)。2020年底，有执委86人、常委42人、非公副主席15人、副会长11人；州工商联及8个县(市)基层工商联共有54个直属商(协)会，其中：有28个行业商会、18个异地商会、8个乡镇街道商会。会员数达到4810个，其中：企业会员1169个、团体会员59个、个体会员3582个。在工商联界别中，有州级以上政协委员36人、州级以上人大代表7人，其中省政协委员4人、省人大代表3人。省工商联非公副主席2人、副会长1人、常委3人、执委5人。

【民营经济人士理想信念教育】　2020年，开展“企业党建与企业业绩融合发展”主题党课，在州福建商会党支部、州工商联六届五次执委会暨商会建设、“千企帮千村”工作推进会、全州非公经济组织和社会组织党建工作专题培训班上宣讲，同时深入执(常)委会员企业中座谈宣讲。开展“团结与凝聚力——加强队伍建设”专题党课，到州遵义商会、州福建商会、州浙江商会、州四川商会、州江西商会、州湖南商会、州石材商会等各州直所属商会和执(常)委企业开展专题党课宣讲。开展“民营企业加强习近平新时代中国特色社会主义思想学习和实践”党课，在州工商联六届执委企业、2020年度主席会长日活动上开展理想信念教育宣讲。开展党的十九届四中、五中全会精神，省委十二届六次、七次、八次全会精神和州委七届十次、十一次、十二次全会精神宣讲；制定印发学习宣传贯彻工作方案，通过召开州工商联“千企帮千村”民营企业与乡村振兴有机衔接培训班，州工商联六届六次执委会，到商会、企业、包保村调研走访等方式开展全覆盖宣讲。时时刻刻把民营企业家理想信念教育抓在手上，把民营企业家紧密团结党的周围。

【“千企帮千村”精准扶贫行动】　截至2020年12月底，录入“千企帮千村”精准扶贫行动台账的企业847家，同比增长20%，帮扶贫

2020年8月8日，在宁夏银川宁夏贵州商会会议室召开黔西南州工商联“黔货出山”赴宁夏银川考察团座谈会（胡远培 摄）

困村767个，同比增长6.2%；受帮扶贫困人数29.13万人，同比增长65.3%；投入总资金11.41亿元；开展“千企帮千村”民营企业遍访活动，强化“千企帮千村”帮扶台账动态管理；发挥民营企业引领示范作用，指导推进“千企帮千村”示范项目创建，年内共建成36个“千企帮千村”示范项目，11个省级“千企帮千村”先进民营企业；组织各县（市）工商联和民企代表赴毕节市、黔东南州开展互学互促活动，增强抓好“千企帮千村”精准扶贫行动的信心；组织各县（市）工商联和民企代表赴南宁市开展“千企帮千村”交流暨消费扶贫活动，搭建平台，实现企业和农民共同增收；举办“千企帮千村”民营企业与乡村振兴有机衔接培训班，为民营企业投身乡村振兴提供路径和方法，民企代表100余人参加；在黔西南日报社和金州财经分别开设“千企帮千村”专栏，《金州财经》栏目完成52期“千企帮千村”专题宣传片的制作播报，《黔西南日报》刊载31篇宣传报道，完成《聚力脱贫攻坚——“千企帮千村”民营企业在行动》汇编。

**【东西部扶贫协作】** 2020年5月13日—15日，宁波市工商联组团赴黔西南州考察，到望谟、普安、晴隆对教育教学、扶贫车间、长毛兔养殖、糯薏仁大数据产业园等项目建设和发展情况进行调研，就下一步帮扶开展深入交流和磋商；8月25日—28日州工商联组织各县（市、新区）工商联、民营企业家赴宁波市开展东西部扶贫协作交流活动，围绕深入推进东西部扶贫协作和村企结对帮扶、黔货出山助力消费扶贫等工作进行交流、考察，举办东西部扶贫协作交流会暨消费扶贫签约仪式，此次活动签约金额达1.21亿元；依托贵州商会平台在宁波建立4个展销展示黔西南州农特产品体验馆，采取线上线下相结合的方式销售黔西南州农特产品，推动东西部扶贫协作。

**【助推招商引资】** 2020年，继续开展“走出去、请进来”等为外地企业投资牵线搭桥活动，以“全国优强民营企业助推贵州发展大会暨2020全球贵商大会”为契机，做好以商招商台账梳理，陆续参加省招商工作队赴广西、云南、陕西、广东、福建、四川、重庆、长三角地区等8次招商活动，利用招商会、座谈会、考察活动等将黔西南投资优势向州外商会、企业家推介，大会促成涉及黔西南州签约项目53个，签约金额286.06亿元。克服疫情影响，组织全州农特民营企业到宁波、

2020年11月27日，黔西南州工商联“千企帮千村”民营企业与乡村振兴有机衔接培训班现场（刘周君 摄）

上海、银川、西安、南宁等地开展优质特色产品销售，赴宁夏开展消费扶贫生活馆开馆暨“黔货出山”交流活动，赴宁波开展东西部扶贫协作交流会和签订消费扶贫农产品供销协议，赴上海开展“黔货出山·风行天下”商贸交流，赴广西开展“千企帮千村”交流暨消费扶贫活动等“走出去”4次。邀请广东企业到义龙新区大数据产业园区考察投资，宁波余姚市民营企业家赴黔西南考察，省联青年企业家委员会赴黔西南开展投资环境考察，西安市工商联考察组到黔西南开展交流考察等“请进来”7次。分别与浙江乐清市工商联、江苏昆山贵州商会、无锡贵州商会、宁夏贵州商会、上海贵州商会、遵义市工商联、西安市工商联、广西贵州商会等签订友好工商联（商会）合作协议。

2020年8月26日，黔西南州工商联与宁波市工商联东西部扶贫扶贫协作交流会暨消费扶贫签约仪式现场 （陈玉州　摄）

【营商环境建设】 2020年，与州纪委监委建立协同工作机制共同推动解决民营企业反映的困难问题。州工商联推荐优秀民企代表，由州纪委监委聘请作为特聘监督员，发挥营商环境建设监督作用。与州纪委监委联合召开两次黔西南州营商环境座谈会，共收集民营企业反映困难问题89个并推动解决。与州税务局联合召开联席会议暨服务民营企业座谈会，推动行业涉税问题协商解决。与法院联合召开联席会议两次，征求民营企业对生产经营中涉法涉诉问题的意见建议，并帮助解决困难问题，维护企业家合法权益。与州检察院联合召开“两长座谈会”两次，共同营造亲商护商安商兴商的良好环境，促进民营经济健康发展。与州公安局共同开展“千警进千企”警企结对帮扶工作，共同营造全州良好营商环境。与州司法局成立黔西南州工商业联合会（总商会）人民调解委员会，共同推动全州工商联（商会）系统成立调解组织。截至2020年底，全州工商联系统经司法部门批复成立人民调解委员会共7家，州直属商（协）会人民调解委员会共3家。通过线上线下等形式组织民营企业全年共300余人次参加各类法律法规培训，加强民营经济人士对疫情期间出台的各类惠企政策和相关法律法规的学习认识，引导民营企业诚信守法经营。启动实施民营企业信用体系建设工作，为民营企业建立完善企业信用档案并进行系列相关服务。

【疫情防控和复工复产】 2020年初，新冠肺炎疫情暴发后，州工商联根据疫情防控需要和自身桥梁纽带作用的优势，迅速建立疫情防控工作台账，联系和动员州内外各商会、友好商会积极对接省内外医药厂商，提供医疗物资供货来源，累计收集各商会、企业提供防疫物资供货商148家，通过各渠道联系商会企业累计捐赠共计1345.40万元，其中62万元的物资直接支援给湖北省，开展“优医优属·关爱最美守护者”活动，各级商会、民企共向基层一线捐赠价值533.82万元的防疫物资。通过商会协调争取从省外、海外采购来医疗物资价值共计678.36万元。调度疫情期间商会、民营企业复工复产，州工商联通过实地调研、电话调研及举办民营企业大学堂等方式，面向130家执常委企业宣传疫情防控知识和复工复产帮扶政策，组织召开黔西南州商会、民企复工复产工作会议，从省工商联争取到口罩、消毒液等防疫物资为42家商会、企业等协调发放一次性口罩8014个、口罩内垫（片）9890个、口罩巾639卷助力复工复产。3月底，州工商联商会、执常委企业已全面复工复产，复产率达100%。在江西等省出现洪涝灾害时，继续动员州内商会企业，向州红十字会捐赠现金10万元和4万只价值2万元的防汛专用编织袋等助力防汛减灾。在全国“扶贫日”引导民营企业参与脱贫攻坚捐款320万元。

**【商会组织建设】** 统筹制定2020年度商会建设工作计划，全年共走访调研州直属商（协）会12家，县级商（协）会10家，召开“四好”商会建设动员部署培训会和工作推进会，组织商会负责人观摩本地“四好”商会，赴上海贵州商会等异地商会交流经验，联合县级工商联开展互学互促活动，开展商会党支部标准化规范化建设，探索加强商会组建关工委、团组织模式，形成“党建带会建、党建带关建、党建带团建”工作机制，成立关工委组织4家，成立团组织3家、青年委员会2家。开展2019年度民营经济组织工程、农业系列职称评审，初步审核专业技术职务任职资格人员共186人，涉及州管民营企业31家；对全州民营经济涉及本领域高技能人才进行摸底，收集统计高技能人才24人。开设“黔西南四好商会创建专栏”，指导7家所属商（协）会按时完成商会2019年度年检，与团州委联合开展青年创业分享会12期，完善新版会员组织管理系统录入，摸清全州工商联系统会员底数。开展全国、省级“四好”商会申报和州级“四好”商会认定，2020年全州共6家商会被认定为州级“四好”商会，3家州级异地商会被认定为2019—2020年度全国“四好”商会。截至2020年12月，全州工商联系统共统计直属商（协）会54家，其中39家商（协）会获得县级以上“四好”商会认定，各级工商联直属商会“四好”标准达72.2%。

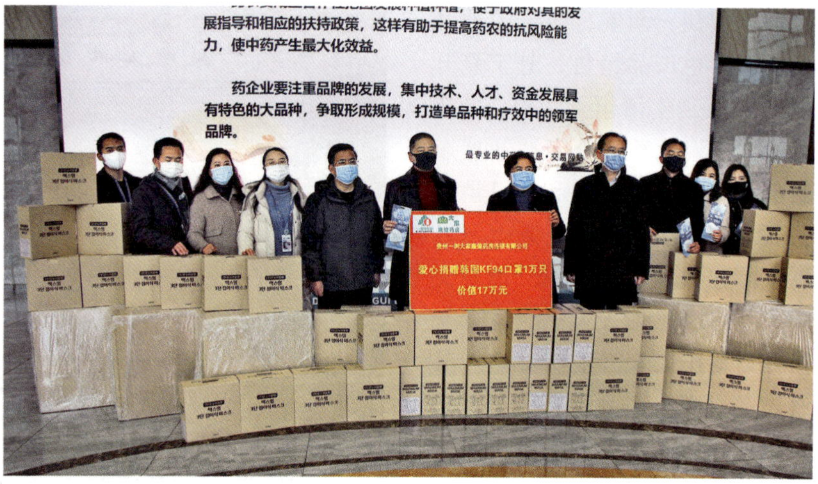

2020年2月6日，一树大家康健公司向疫情防控捐赠价值17万元的口罩
（州工商联　提供）

**【工商联机关党建】** 加强政治建设，践行“两个维护”。开展党支部“双带工程”，支部标准化建设验收达标，开展模范机关创建；党组书记带头开发“企业党建与企业业绩融合发展”等4个党课；在执委会、主席会长日活动开展理想信念教育培训；举办非公经济和社会组织党建工作专题培训班，提升民营企业政治思想素质。全面从严治党，推进廉政建设。2020年组织干部职工学习会，主席会、党组（扩大）会、4次党组理论中心组学习会、12次党员大会，规范化开展党风廉政建设工作。运用监督执纪的“四种形态”，扎实推进作风和纪律建设。强化党建引领，抓好阵地建设。创新服务为载体，强化商会组织建设，打造新时代中国特色商会之家。

**【年度荣誉】** 州工商联被中华全国工商业联合会办公厅通报表彰为2020年度民营企业调查点工作

2020年6月11日，在兴义地标国际酒店召开黔西南州2020年度“四好”商会建设动员部署培训会
（胡远培　摄）

先进基层工商联。2020年，州工商联党组结合自身工作开发的党课《全面加强企业党的建设、推动党建促业绩融合发展》，列为省委组织部组织人事干部学院“企业党建”主体班课程，成为全省企业党建课件；《团结与凝聚力》成为省社会主义学院主体班课程。州江西商会被全国工商联授予“抗击新冠肺炎疫情先进商会组织”荣誉称号；融泰商贸公司、天地药业贸易公司被全国工商联授予“抗击新冠肺炎疫情先进民营企业”荣誉称号。州福建商会、州浙江商会、州遵义商会获得2020年度全国工商联“四好”商会荣誉称号。州工商联《构建乡村振兴产业扶贫新模式》被中华工商时报社通报表彰为2020年度“创新中国”优秀案例。完成贵州省工商联课题《黔西南州民营企业产业扶贫发展研究》被评为中国高质量发展优秀成果，《发现》杂志刊登、中国知网收录。六届州工商联企业家兼职副主席王文军被省委、省政府授予“贵州省劳动模范”荣誉称号。

（胡远培　颜福当）

## 黔西南州侨联

【概况】 黔西南布依族苗族自治州归侨侨眷联合会（简称黔西南州侨联），是在黔西南州委领导下的由全州归侨、侨眷组成的人民团体，内设办公室和经济联络部，核定参公编制7名（2019年机构改革增加2名）、工勤1名。其中领导职数2名，科级2名，财政全额拨款。

【海内外联谊】 2020年，开展2期“亲情中华·为你讲故事”网上夏令营，共有来自美国和西班牙的海外华裔青少年117人参加，通过微信群推送宣传片的方式，全方位、多角度、深层次地讲好中国故事、贵州故事、黔西南故事，活动围绕黔西南景点、美食、文化为主题，向他们推送短视频宣传片20个。

配合中央电视台国防军事频道携南侨机工蒋印生及家人赴晴隆县“二十四道拐”拍摄《最后的南侨机工》节目，以华侨精神为纽带，弘扬爱国主义精神。

响应中国侨联号召，向州内归侨侨眷及海外侨胞发起援建“华侨冬奥冰雪博物馆”倡议，共筹集到捐款1.18万元。

接待宁波市侨联王东海、省侨联副主席李力、内蒙古通辽市侨联一行赴黔西南州考察调研及中国侨商会常务副会长付波、罗马尼亚贵州商会副会长许健赴黔西南考察互访活动，为黔西南引资引智贡献侨界力量。

【汇集资源】 2020年，争取中国侨联义诊项目资金3万元，开展“侨爱心—送温暖”义诊活动，覆盖望谟县新市民社区及学校2600人次，并为125名建档立卡贫困学生免费验配眼镜；拨付1.4万元资金帮助兴义市洒金街道康平社区“保贝科技·侨爱心”图书室完善设施；为望谟县新屯街道拨付资金5000元帮助完善相关设施；匈牙利贵州商会、香港爱心人士捐助爱心助学金25.6万元，共帮助晴隆、望谟贫困学生32人；澳大利亚魏基成夫妇捐赠成人冬衣150件；浙江新华爱心教育公益基金会给予晴隆民族中学珍珠班60名学生助学金15万元；争取到江苏昕弘教育集团为望谟县打易中学食堂建设捐款35万元。

【维护侨益】 运用微信群等网络平台，定期推送《中华人民共和国归侨侨益保护法》及实施细则、

2020年12月4日，开展侨法宣传　（罗　曼　摄）

《中华人民共和国民法典》等法律知识，利用走访慰问归侨侨眷及“12·4宪法宣传日”发放侨法宣传资料，加大相关法律法规普及力度，增强侨界群众法治观念，夯实依法治国侨界群众基础。

加强与归侨侨眷联系，对生病、去世的归侨侨眷开展走访慰问，把党和政府的关怀送到侨界群众手中；坚持开展“送温暖”活动，春节期间，走访慰问归侨、困难侨眷73人次，发放慰问金6.1万元。在落实“一法两办法”方面，协调帮助日本华侨解决多年遗留房产纠纷问题；帮助归侨侨眷出具身份证明材料，协助办理高考加分手续。疫情期间，到侨资企业开展调研，了解州内侨企复工复产情况，帮助企业协调融资、员工返岗、复工复产、项目落地、招工难、用工培训问题，确保如期恢复生产。

**【参政议政】** 2020年，7名侨界政协委员认真履行职责，围绕州委州政府中心工作及黔西南州经济社会发展组织调研、建言献策，并提交关于民营经济发展、老旧小区交通治理及农村产业道路修建方面提案10个。

**【疫情防控】** 将《黔西南州侨联归侨侨眷和州内侨胞的温馨提示》《致全州广大人民群众的公开信》《防疫手册》及海外疫情输入防控相关信息通过微信群、QQ群的方式，向干部职工及归侨侨眷进行宣传引导，并明确专人负责网络舆情监督，确保州内侨界不出网络负面消息。

响应中国侨联、省侨联号召，立足实际，发出《黔西南州侨联关于号召广大侨界朋友为打赢“新型冠状病毒感染的肺炎”防控阻击战贡献力量的倡议书》，号召侨界朋友为疫情防控贡献智慧与力量。共接受州内归侨侨眷及留学回国人员45人捐款人民币3.03万元；侨企及海外华侨社团捐赠人民币12.2万元、美金2.27万元从美国、韩国、玻利维亚、匈牙利购买的额温仪250个、防护服200套、R10N95口罩9600个、KF94口罩2000个捐赠黔西南州。主动关心海外华人华侨和留学人员，筹集到2.1万个一次性口罩，以“爱心包”的方式寄送给海外华人华侨和留学人员，210个爱心包分别寄往美国、英国、俄罗斯、加拿大、澳大利亚、匈牙利、南非、越南、柬埔寨，海外华人华侨和留学人员收到“爱心包”后，通过电话、微信的方式向党和国家的关心关爱表示感谢。

**【脱贫攻坚】** 2020年，定期到扶贫点兴义市猪场坪镇田湾村、长湾村走访调研，与村级指挥所人员座谈共商，指导村级指挥所扎实开展“四逐四准”“两补两看”工作。通过逐村逐户，逐人逐项的排查梳理，帮助两村补齐短板，梳理解决脱贫攻坚存在问题，多方筹措，为争取帮扶资金6.48万元帮助帮扶点两村解决产业发展及“两补”问题；通过电商平台、抖音的网络渠道帮助解决农产品销售问题，2020年，实现收入13万元，帮助村集体实现收益3万元；筹集资金48640元，帮扶7名大学生、1名中学生。

（韦　鸿）

## 黔西南州文联

**【概况】** 2020年，黔西南州文学艺术界联合会(以下简称“州文联”)用习近平新时代中国特色社会主义思想引领新时期文艺工作。把培育和弘扬社会主义核心价值观作为根本任务，不断推出精品力作。把习近平新时代中国特色社会主义思想教育融入日常，充分发挥州级文艺家协会的优势，抓好基层和创作一线文艺工作者(包括新文艺群体)尤其是新文艺群体的教育引领。开展廉洁教育和警示教育，增强干部拒腐防变能力。抓好班子和干部队伍思想政治建设和专业化能力建设，激发干部队伍活力，为推动文艺繁荣发展提供组织保证和人才支撑。

**【完成换届工作】** 根据《黔西南州文学艺术界联合会章程》规定，经州委同意，黔西南州文联第七次代表大会于2020年1月2日至3日在兴义召开。会议选举产生黔西南州文学艺术界联合会第七届委员会委员、主席、副主席，通过主席提名的秘书长人选，圆满完成换届选举。

**【阵地建设】** 2020年，实施新思想领航工程，抓牢阵地建设，持续开展马克思主义文艺观、社会主义核心价值观和文艺工作者职业道德观教育。做细做实文艺界意识形态工作，对文学双月刊《万峰湖》编审机制进行全方位改革，与《贵州文学》进行合作，实现由内部刊物向全国公开发行期刊的重大转变。同时，实施全面改版升级，增加刊物容量、制作电子书刊，大力推介黔西南本土实力作家和艺术家，挖掘培养一批本土农民作家、网络作家、青年作家、新文艺群体自由撰稿人，2020年完成6期《万峰湖》印发（其中抗疫专刊2期），完成“心手相连战疫魔·同舟共济筑防线”微信公众号专刊8期。

2020年11月，“我们的中国梦——文化进万家”文艺志愿服务活动
（武传山　摄）

**【完善工作机制】** 2020年，建立文艺创作奖励扶持机制，设立“黔西南州文艺创作专项扶持资金”，对优秀文艺作品、重大现实题材作品等进行扶持，对2019年37件优秀文艺作品（一类2件、三类作品15件、四类作品20件）进行扶持。

建立完善文艺人才培养机制，坚持把文艺人才培养放在重要位置，开展戏曲、书法、八音坐唱、阿妹戚托等传统文化、少数民族文化进校园，为传统文化、少数民族文化传承发展奠定人才基础。采取多种形式大力推介黔西南州优秀文艺人才，举办“挥毫书脱贫·同心颂小康”黔西南州第四届书法篆刻展活动，培养推介一批德艺双馨文艺人才，展现黔西南优秀文艺人才的良好形象。

**【文艺创作成果】** 2020年，文学艺术创作在戏剧、文学、舞蹈、影视、摄影、书法等领域纷纷取得突破。组织州戏剧曲艺家协会创作的布依八音坐唱《军民同“昂央”》节目荣获贵州省第十四届“杜鹃书荟”曲艺大赛三等奖、第十三届中国曲艺牡丹奖入围奖。创作富有时代特点的精品佳作，创作以反映黔西南州强力推进疫情期间复工复产为内容的微电影《2020大返岗》《2020大稳岗》，艺术呈现黔西南州各级各部门在疫情防控期间积极策划组织、统筹安排35万人顺利大返岗复工复产的生动场面。一大批文学作品登上《诗刊》《扬子江》等国家核心刊物，推出《人间奇迹》《他从山中来》《幸福亨通的地方》《点一盏光而不耀的心灯》《荷曲》《魂牵梦萦》《余留芬芳》等作品，报告文学《与新冠病毒的一次较量》在中国作家微信公众号刊发，被多家媒体转载，收入作家出版社和国家文旅部的“抗疫作品”专辑。《咿哟，幸福的您》获得第五届美丽乡村国际微电影艺术节“最佳故事片”奖。张德厚、邹幼平、余国雄等摄影艺术家作品荣获国际山地旅游联盟、贵州旅游协会、中国南方电网庆祝建党70周年等摄影展金奖、银奖、入围奖等。

2020年9月，《军民同“昂央”》荣获第十三届中国曲艺牡丹奖入围奖
（州戏剧（曲艺）家协会　提供）

2020年4月，微电影《2020年大返岗》拍摄现场　（武传山　摄）

岑岚书法作品入展中国文联、中国书协主办的“中国力量”全国脱贫攻坚书法作品展（第二、三篇章）并作为参展书法家代表出席开幕式发言。完成“绣娘”原创歌曲创作活动，为宣传册亨县以布依手工刺绣为主的民族文化，反映以“绣娘”为主导有效解决当地搬迁群众就业问题和布依文化传承的脱贫攻坚新模式，组织黔西南州词曲家深入册亨县采风创作“布依绣娘”歌曲，歌曲生动、优美、感染力强，充满情怀，具有较强的艺术美感。牵头承办中央广播电视总台“心连心”艺术团赴公安机关慰问演出普安分会场工作，精心打造舞蹈节目《春喜秋悦》《警民大联欢阿妹戚托》在首届警察艺术节上展演，同时在贵州电视台文艺频道录播。

**【文艺惠民活动】** 2020年，围绕“三月三”“六月六”“八月八”等全州少数民族传统节庆活动及重大节庆纪念活动等，集中组织优秀作品展演展示展播，唱响时代主旋律。开展“送欢乐到基层”“摄影大篷车下基层”“书法进万家、进校园”“戏曲进乡村、进校园”“金州文化传播者”等品牌文艺活动。组织开展以“助力脱贫攻坚　决胜全面小康”为主题的2020年“三下乡”暨“我们的中国梦——文化进万家”多彩贵州百姓大舞台文艺志愿服务活动，为精准扶贫同步小康工作宣传鼓劲。为群众义务写春联12场，向群众送春联2万余副，福字2000余张。开展送文化进军营活动，为兴义市军分区和武装部队官兵送春联200余幅，书法作品40余幅。

**【助推脱贫攻坚】** 2020年，创作完成“脱贫攻坚·文化同行”文学作品22部、脱贫攻坚主题美术作品200幅，展出60件脱贫攻坚主题的书法精品，征集“感恩奋进·圆梦小康”山歌颂党恩作品大赛作品100件（首），“我的扶贫故事”微视频作品60部，收集整理摄影作品3000余幅。完成脱贫攻坚文艺作品收集整理工作。全方位多角度收集展示脱贫攻坚文字、图片、音视频、实物等，共计收集整理脱贫攻坚文艺作品190件。开展帮扶村农产品宣传推广促销费扶贫工作，开发老茶树商业价值，组织文艺家认领示范茶园20亩，时长5年，每年投入6万元，促进帮扶村产业发展。

2020年6月，聚焦脱贫攻坚主题创作摄影作品《产业扶贫见成效》
（墙忠元　摄）

【助力疫情防控】 2020年，组织开展“以心手相连战疫魔·同舟共济筑防线”疫情防控主题文艺创作活动，用生动的文艺作品，深情讴歌战疫一线的英雄人物，弘扬“逆行”奉献精神。全州参与抗疫主题文艺创作的文艺家和文艺爱好者达1000余人，共创作文艺作品2545件，遴选优秀作品180余件编辑“抗疫专辑”，通过“黔兴义”微信公众号分8期进行推送，其中第四期被省文联官网转载推送。州文联全体党员干部共捐款22788.00元用于战疫。

（田　瑢）

## 黔西南州残联

【概况】 2020年，州残联党组、理事会履行“代表、服务、管理”职能，围绕全州残疾人疫情防控、脱贫攻坚、民生保障和服务需求等中心工作，为残疾人做好事、办实事、解难事，圆满完成年初制定的各项工作目标，荣获州直机关工委授予“脱贫攻坚先进基层党组织”荣誉称号。

【残联改革】 2020年，按照“强三性、去四化”（增强政治性、先进性、群众性，去除机关化、行政化、贵族化、娱乐化）的要求调研起草《残联改革方案》，从加强组织建设、提升服务水平和质量、加快推进残疾人小康进程、创新工作载体、加强党的领导、组织实施9个方面提出20项改革措施，报经州委常委会审定，州政府办公室印发《黔西南州残疾人联合会改革方案》，在全省率先出台。通过实施改革，推动各县市出台《改革方案》，增强残联组织的生机和活力，促进各级残联组织更好地履行职能。

【东西部协作】 打造东西协作“三联动＋三聚焦”模式（州县两级联动、部门联动、社会多方联动，聚焦产业发展、聚焦民生保障、聚焦特群就业），为助力打赢残疾人脱贫攻坚战注入新动力。2020年全州残联系统争取宁波帮扶资金858万元，占全省残联系统争取帮扶资金总数的30%，主要用于实施残疾人家庭无障碍改造、养蜂、公共服务岗位等10个项目，助推1039户贫困残疾人家庭增收脱贫。聚焦产业发展，在安龙县、晴隆县争取东西部扶贫协作资金70万元，选择便于管理、投入小见效快、劳动强度小、劳作时间短的养蜂项目，覆盖带动113户贫困残疾人家庭养蜂户均增收6000元以上。聚焦民生保障，争取帮扶资金180万元保障改善残疾人民生，30万元用于晴隆县100户贫困重度残疾人家庭无障碍改造，150万元用于全州60名0至15岁建档立卡贫困残疾儿童康复扶贫救助和45名贫困残疾儿童家长培训补助。聚焦特群就业，争取资金608万元，开发残疾人公共服务岗位766个，帮助766户贫困残疾人家庭户均年增收1万元以上。

【扶持养蜂产业】 2020年，州残联投入资金12.69万元向晴隆县富汇养殖农民专业合作社购买养蜂技术培训服务，开展残疾人养蜂入户培训321户、跟班培训29人，针对性解决残疾人养蜂存在的困难和问题，手把手传授养蜂技能。全州80%以上残疾人养蜂家庭实现蜂群增加和蜂蜜增产增收。在全州持续巩固发展养蜂产业，投入资金98万元，继续扶持143户残疾人家庭养蜂。2018—2020年，共投入资金476万元扶持867户残疾人家庭养蜂增收脱贫。

【脱贫攻坚】 2020年，贯彻落实

2020年7月21日，州残联副理事长郎凤琴出席初级保健按摩培训班开班仪式

（保国菊　摄）

2020年9月27日，参加第63届国际聋人节活动人员合影 （常 虹 摄）

各级党委、政府关于脱贫攻坚各项决策部署，州、县残疾人扶贫专班坚决扛起政治责任，协调配合相关部门，召开全州残疾人脱贫攻坚和突出问题整改工作调度会强化督促部署，常态化推进“四逐四准”工作机制，加强数据比对和政策落实，领导班子成员每月带队下基层督战督导，在答好疫情防控加试题的基础上按时完成残疾人脱贫攻坚各项任务，全州34628名建档立卡贫困残疾人全部脱贫。

【残疾人创业就业】 2020年，创建1个省级和10个州级农村残疾人扶贫基地，带动安置330名残疾人就业，其中建档立卡284人。扶持创建10个残疾人就业扶贫资金转股分红经济实体。投入资金304.7万元扶持629户残疾人家庭创业户。投入资金12.69万元开展残疾人养蜂入户培训321户、跟班培训29人。投入经费23.9万元扶持15家盲人保健按摩机构完成规范化建设。投入资金73.5万元持续对49家盲人保健按摩机构实施提升建设。投入资金16.9万元举办盲人初级保健按摩培训班一期，培训盲人26名，参训合格率100%。组织输送97名盲人按摩师参加省级盲人保健按摩提升培训，均成绩合格结业。

【残疾人特殊教育】 资助99名2019年秋季至2020年春季就读的学前残疾儿童。为11名2019年春季残疾人学历提升教育和2名2019年秋季残疾人学历提升教育的残疾人发放补助。资助522名残疾人大学新生、残疾人子女大学生及残疾人在校大学生，发放助学金104.6万元。

【残疾人康复服务】 提升残疾人康复服务，全面加强残疾预防和残疾人康复工作，康复服务率达98.5%，辅具适配率达98.4%，超过“十三五”确定的规划目标80%。规划目标投入资金1069.23万元，实施康复救助人数为14382人，完成辅具采购发放6813件，基本实现残疾儿童应救尽救。组织专家评审新增18家定点康复机构，从管理、技术和服务设施等方面全面提升康复服务能力。通过制作康复救助动漫宣传视频、邀请定点康复机构专家下沉入户、组织专家做客《金州自强之声》科普等多渠道广泛宣传康复救助政策，加大残疾预防宣传力度。健全康复工作制度，加强对定点机构的日常监督管理。

【残疾人社会保障】 摸清核准重度残疾人和困难残疾人底数，配合民政部门核发残疾人“两项补贴”和做好提标扩面工作，做到应补尽补、应发尽发。2020年，全州29639名重度残疾人享受护理补贴2154.708万元，32072名困难残疾人享受生活补贴3999.3万元。完成贫困重度残疾人无障碍改造

2020年3月18日，省残联副理事长刘樨（左三）到晴隆县调研残疾人养蜂产业发展 （州残联 提供）

2010户，其中388户未脱贫家庭实现改造全覆盖。为711名智力、精神和重度肢体残疾人实施“阳光家园计划”项目，落实补助资金106.65万元。

2020年3月27日，州残联党组书记、理事长王琴（右二）带队赴兴义市则戎镇花郎村走访残疾人家庭　（常　虹　摄）

**【残疾人维权】** 持续开通“12385”维权热线，全年共接待残疾人来访咨询40余次，均已回复和妥善解决。利用对口帮扶、残疾人节日等大力开展法制宣传、惠残政策宣传，让残疾人自觉学法知法守法、了解和掌握惠残政策，教育引导广大残疾人听党话、感党恩、跟党走。与贵州纬图律师事务所签订《公益法律援助协议》，积极为残疾人提供法律援助服务。聘请手语翻译人员为听障人士维权服务，制作残疾人宣传禁毒短视频，参加“扫除毒害，健康生活”作品评选，获全州二等奖。

**【残疾人文化体育】** 利用各类宣传平台宣传残疾人事业，挖掘残疾人自强典型、提炼脱贫攻坚成功经验、制作专题节目和总结工作发展动态，各级各类媒体宣传黔西南州残疾人事业350条/次；实施“五个一”文化进家庭项目110户；组织社会助残志愿者、爱心企业代表等参加自闭症日、特奥日等入户走访活动，扩大社会各界对残疾人群体的关心面和关注度。

**【疫情防控】** 贯彻落实党中央、省委和州委应对疫情的防控部署安排，加强组织统筹协调，发挥基层协会作用，强化防控宣传引导，开展心理恐慌疏导，协调解决实际困难，分类指导复工复产等做好全州残疾人工作者和8.7万持证残疾人群体的疫情防控工作。为独居和盲人等特殊困难残疾人提供生活保障服务，协调爱心企业捐赠价值5000元的医用口罩240个、84消毒液40公斤和相关药品；为7家盲人按摩店协调房东减免房屋租金9364元。落实31.88万元残疾人创业就业受疫情影响资金，对全州113家盲人按摩机构516个床位、12家农村扶贫基地、3家辅助性就业机构、2家集中安置残疾人企业、50户农村残疾人家庭创业户和11家农村合作社进行补助，惠及848名残疾人。2020年，全州无残疾人工作者和残疾人感染新冠肺炎的情况发生。

（刘　敏）

**2020年黔西南州新增持证残疾人数表**

单位：人

| 等级＼类别 | 视力 | 听力 | 言语 | 肢体 | 智力 | 精神 | 多重 | 合计 |
|---|---|---|---|---|---|---|---|---|
| 一级 | 243 | 149 | 260 | 253 | 173 | 156 | 96 | 1330 |
| 二级 | 103 | 188 | 100 | 730 | 364 | 1291 | 81 | 2857 |
| 三级 | 85 | 176 | 35 | 740 | 290 | 269 | 39 | 1634 |
| 四级 | 129 | 69 | 38 | 1187 | 138 | 127 | 11 | 1699 |
| 合计 | 560 | 582 | 433 | 2910 | 965 | 1843 | 227 | 7520 |
| 以上数据截止时间为2020年12月31日 | | | | | | | | |

## 黔西南州红十字会

**【概况】** 黔西南州红十字会成立于1988年，2001年由州编办行文从卫生行政部门分离出来，列入群众团体组织机构系列。2003年6月召开第一次会员代表大会，理顺组织关系。现全州红十字会系统共有8个县（市）级红十字会，专职干部职工44人，基层红十字组织256个，团体会员单位75个，红十字会员2万余人；其中州红十字会干部职工12人，设常务副会长1人，副会长兼秘书长1人，下设4个科（室）、中心，即：办公室、业务科、赈灾救护科、备灾救灾服务中心。

**【五届理事第三次会议】** 2020年7月22日，黔西南州红十字会第五届理事第三次会议在兴义召开，五届理事会成员和一届监事会成员47人参加。州红十字会党组成员、二级调研员赵玉芳向理事会作工作报告。会议更换增补五届红十字会理事，审议通过工作报告。州委常委、州委秘书长、州委宣传部部长、州红十字会会长范华作讲话，充分肯定州红十字会一年来取得的成绩，从提高政治站位、加快创新发展、汇聚人道力量、加强组织领导四个方面对下步工作提出要求。

**【疫情防控】** 2020年，州红十字会全力以赴参与疫情防控阻击战。制定印发《黔西南州红十字会应对新型冠状病毒感染的肺炎疫情防控工作方案》，细化措施，落实责任到人。做好接受社会捐赠工作，2月2日起，州、县（市）红十字会陆续发布接受社会捐赠公告，社会各界积极响应，捐款捐物，支援疫情防控。截至2020年8月31日，全州红会共接收捐赠资金800.45万元，使用798.29万元，待支出2.16万元。州红会本级接收新冠肺炎疫情防控捐赠款物647.66万元，其中捐赠资金194.63万元，捐赠物资453.03万元，捐赠款物全部按照疫情防控需要和捐赠人意愿统筹安排使用。

**【应急救援】** 2020年，州红十字会认真执行《黔西南州红十字会自然灾害等突发公共事件应急预案》，指导全州各县市红十字会修订完善应急预案。开展灾害管理系统操作员培训。进一步提高各级红会应对自然灾害等突发公共事减灾宣传活动12次（州红会2次），发放宣传资料2.7万余份，开展应急演练和培训3次，参加演练培训人数1200余人。选派人员参加中国红十字会总会、省红十字件的应急反应能力，协助政府搞好备灾救灾工作；广泛开展宣传和演练。在“5·8红十字博爱周”“国际防灾减灾日”活动期间，全州红十字会共开展防灾会组织的供水和大众卫生应急救援队培训与演练。

**【应急救护】** 2020年，全州共开展群众性应急救护知识宣传活动71场次，宣传培训人数1.9万余人次。紧紧围绕易地扶贫搬迁新市民社区“五个体系”建设，以新市民居住点为依托，以新市民为重点，大力开展新市民应急救护培训。全州红十字会系统广泛开展新市民应急救护知识宣传活动，普及2.3万余人次，开展新市民应急救护知识培训13期，共培训新市民3200余人，发放应急救护包1000余个；在兴义一中、兴义三中开展应急救护普及培训，共培训学校师生1100余人；围绕州委文旅兴州战略提高从业人员能力素质的工作要求，联合州文化广电旅游局、施达集团于9月7日至8日在皇冠酒店举办“世界急救日”应急救护知识培训暨“疫情下的急救”活动，开展2期救护员资格培训，各县（市）红十字会积极开展应急救护持证培训，全州386人取得红十字救护员资格证书。

**【人道救助】** 2020年，州红十字会共募集款物4200余万元，用于以助困、助学、助医、助残为主要内容的救助活动，其中，台盟中央携深圳迈瑞生物医疗电子股份有限公司捐赠价值3438.5万元的医疗设备，助力脱贫攻坚。组织人员深入社区、乡村、敬老院、福利院、幼儿园和特殊学校慰问孤寡老人、残疾人、困难群众、困难学生和留守儿童，发放大米、食用油、棉衣、棉被等生活用品，慰问群众6500余户，受益困难群众1.86万余人次，为困难群众送去党和政府的温暖；筹集555床棉被支持州直部门在元旦、春节慰问贫困户，让贫困群众温暖过冬。在晴隆、望谟脱贫攻坚关键时刻，支持19个州直部门大米300袋、菜油300桶，走访慰问帮扶村困难群众，增进与贫困户的感情。抓好“小天使基金”“天使阳光基金”救助项目登记、审核、申报等工作，完成贫困患儿申报10人，收到处理“天使阳光基金”项目资助告知书1份，收到处理“小天使基金”项目资助告知书4份。

**【无偿献血宣传】** 2020年，组织开展第17个“世界献血者日”系列宣传活动，与州血站、兴义市红十字会等单位联合，在兴义市体育中心开展义务献血及宣传活动，大力传播红十字人道精神、无偿献血知识，鼓励更多的人自愿无偿献血。全州各县（市）红会均开展宣传活动，共发放宣传资料1万余份，协助血站采血833人次。

**【造血干细胞捐献】** 2020年，开展造血干细胞宣传招募活动，宣传普及造血干细胞捐献知识，做好初筛、高分、体检等工作，于6月15日、16日在普安县开展造血干细胞捐献志愿者招募工作，完成血样采集114人次，完成回访、信息核对录入工作。全年，全州志愿者成功捐献造血干细胞两例，累计完成9例。

**【人体器官捐献】** 2020年，开展人体器官捐献知识及《贵州省人体器官捐献条例》的宣传工作，全州红会系统累计开展宣传工作16次，发放宣传资料2.5万份，接受人体器官捐献咨询820余人次，提高群众对人体器官捐献知识、《贵州省人体器官捐献条例》的知晓率和志愿捐献登记的积极性。2020年全州捐献志愿者报名登记达166人，做好器官捐献协调见证工作，完成人体器官捐献12例。

**【基层组织和队伍建设】** 2020年，持续深入乡镇、社区、学校开展红十字基层组织建设工作，保持全州红十字组织队伍稳定，全州共有基层红十字组织238个。深化红十字志愿服务与青少年、社区服务活动，全州红十字志愿者服务队达34支，红十字青少年会员总数达1.2万余人。

**【红十字宣传】** 2020年，州红十字会通过“5·8”世界红十字日暨红十字博爱周、“5·12”防灾减灾日、“6·14世界献血者日”“9月世界急救日”“12·1”世界艾滋病日等重要纪念日，开展《中华人民共和国红十字会法》、《贵州省人体器官捐献条例》、红十字运动基本知识、造血干细胞捐献、无偿献血与人体干细胞捐献知识、应急救护知识、防灾减灾知识宣传，全州红十字知识宣传达3.98万人次。在各级媒体播发新闻信息60余条，向省红十字会网站上传信息40余条。

**【博爱家园项目】** 2020年，在深度贫困县晴隆、册亨实施“红十字博爱家园”项目2个，项目资金80万元。完成活动室、避险广场和文化长廊等硬件建设并投入使用，生计金已组织申报审核发放，使用范围从种植、养殖拓展到商贸、运输等领域，为贫困群众发展产业发挥作用。

**【东西部扶贫协作】** 2020年，宁波市捐赠给全州红会系统款物3000余万元，州本级100余万元。双方深入开展交流互访活动。9月21日至24日，宁波市红十字会副会长周学群率有关区县（市）红十字会负责人赴黔西南州开展项目回访和工作调研。考察调研组一行实地察看兴义市乌沙镇乌沙村宁波红会援建亮化工程项目、万峰林和马岭河峡谷红十字应急救护站、州红会备灾救灾仓库、兴仁市潘家庄鸡坪村红十字博爱家园、易地扶贫搬迁移民安置社区在水一方社区等。召开对口帮扶工作座谈会，举行“宁波市对口帮扶黔西南州红十字应急救护培训工作站”挂牌仪式，宁波市红十字会赠送两台AED及AED训练机和两具心肺复苏模拟人。双方共同商讨下一步结对帮扶工作，确定2021年帮扶工作重点。9月20日至25日，宁波红十字会派遣2名应急救护培训优秀老师赴黔西南州开展应急救护培训，到兴义市消防救援大队、兴义市公安局、普安县南湖街道社区、兴义一中、兴义八中、兴义三中开展培训，共培训3800余人。

**【落实党内关怀帮扶】** 2020年，关心关爱脱贫攻坚驻村第一书记和驻村干部。与州直机关工委共同开展关爱驻村扶贫干部活动，为230名州直部门下派的驻村第一书记和扶贫干部赠送应急救护包，配备三角巾、绷带、碘伏棒、口罩、速冷冰袋等物资，同时，赠送安全救护手册供学习，发出《致州直单位派驻第一书记和驻村扶贫干部的一封信》，向奋战在脱贫攻坚一线的广大干部致以诚挚的问候和美好的祝福，在扶贫一线传播“人道、博爱、奉献”的红十字精神。

**【脱贫攻坚】** 2020年，按照“四个不摘”“尽锐出战”的要求，选派办公室工作员唐昌健到扶贫帮扶村接替原办公室主任周洪宇（已调出红会）担任第一书记。会主要领导和分管领导每月至少一次深入扶贫联系点大湾村和营上村，共商帮扶措施，谋划产业发展，争取和协调资金项目，帮助贫困户解决实际困难；从州委政法委协调到2万元资金，用于大湾村开展疫情防控工作；州委常委、州委秘书长、州委宣传部部长、州红十字会会长范华为大湾村解决5万元工作经费；支持大湾村种植花椒、高粱、薏仁米等经济作物，引导贫困户发展黄牛养殖和生猪养殖。以主题党日活动为载体，组织大湾村40余名党员、干部、致富带头人、贫困户代表到贞丰县观摩学习花椒、茶叶种植技术。按照州委多轮次“四逐四准”的要求，走访贫困户，用心、用情、用力协调解决一些困难和问题，确保脱贫攻坚质量高、成色足。

（李安进）

## 黔西南州社科联

**【概况】** 黔西南州社会科学界联合会（以下简称“社科联”），是州委领导下的以哲学社会科学研究为主要任务的学术性群众团体，是全州社会科学界各学术团体的指导、协调、服务机构，是党和政府联系与团结全州广大哲学社会科学工作者的桥梁和纽带。为参公管理事业单位，参公事业编制7人。设主席1人，副主席1人，调研员或副调研员1人。科级职数2人，工勤人员1人。内设机构有办公室和学会及科普工作科。2020年，实有8人，其中，主席1人，副主席1人，三级调研员1人，四级调研员1人，科级干部2人，四级主任科员1人，工勤人员1人。

**【六届二次全委会议】** 4月17日，召开黔西南州社会科学界联合会第六届委员会第二次全体会议。会议增选州社会科学界联合会第六届委员会委员，选举刘先国为黔西南州社会科学界联合会第六届委员会副主席兼秘书长。

**【理论武装】** 2020年，组织学习习近平新时代中国特色社会主义思想，不断强化思想理论武装。发挥党组理论学习中心组作用，持续深入学习贯彻习近平新时代中国特色社会主义思想。通过党组理论中心组学习、党支部“三会一课”学习，组织学习《习近平谈治国理政》第三卷、《习近平新时代中国特色社会主义思想学习纲要》《习近平扶贫论述摘编》《习近平关于哲学社会科学工作重要指示精神摘编》《中国制度面对面》等重要文献，跟进学习习近平总书记的重要讲话、重要批示，使党员、干部思想理论武装不断强化。

**【意识形态】** 2020年，加强对报告会、论坛、讲座等阵地的管理服务责任。党组在3月、12月召开半年一次的意识形态专题会议，专题组织学习《黔西南州党委（党组）意识形态工作责任制实施细则》《中共黔西南州委办公室关于印发〈黔西南州举办论坛、讲坛、讲座、年会、报告会、研讨会等活动的管理规定（修订）〉的通知》等文件，按照规定和实施细则做好审批报备工作。加强对州级思想文化类社团组织的管理服务责任。起草《关于加强黔西南州哲学社会科学学术社团建设的实施意见（试行）》，制定《州社科联2020年深入社科学会调研工作方案》。6月22日，党组书记、主席秦廷华带队到州回族学会走访调研，了解州回族学会2018年成

2020年4月17日，黔西南州社会科学界联合会第六届委员会第二次全体会议在兴义富康会展中心召开

（州社科联　提供）

2020年11月18日—20日，组织社科理论界专家学者深入脱贫攻坚基层一线开展理论采访　（州社科联　提供）

立以来开展工作情况及今后的工作打算。6月24日，组织州布依学会、苗学会、彝学会、回学会相关负责人到州社科联参加“党课开讲啦”活动，加强学会负责人的党性教育。协助黔西南州女领导干部联谊会办理注销相关手续。加强对媒体风险管控的政治责任。坚持正确的政治导向，严格落实主编负责制，办好《黔西南社会科学》杂志。全年共刊发理论文章43篇，其中关于学习贯彻习近平新时代中国特色社会主义思想和党的十九届四中全会精神理论文章3篇，关于脱贫攻坚理论文章18篇。做好意识形态工作责任制专题督查。11月5日—9日，按照州委《关于开展2020年全州意识形态工作责任制专题督查的通知》精神，由州社科联党组领导带队的第二督查组对兴义市、兴仁市、普安县、晴隆县党委开展意识形态工作责任制专题督查，通过调阅检查工作材料，针对督查发现问题形成督查反馈报告上报州委宣传部。

**【理论阐释】** 2020年，在《黔西南社会科学》开设专栏，学习研究宣传党的十九大精神和习近平新时代中国特色社会主义思想。由社科联组织解读阐释州委七届十一次全会精神，有7篇文章在《黔西南日报》发表。做好脱贫攻坚重要理论成果的收集整理。按照省委宣传部和州委宣传部的部署，做好2015年至2020年脱贫攻坚重要理论成果档案142篇资料收集整理工作。其中省级层面脱贫攻坚理论成果24篇、州级层面脱贫攻坚理论成果118篇。中国社会科学院国情调研特大项目“精准扶贫精准脱贫百村调研”丛书《精准扶贫精准脱贫百村调研·并嘎村卷》6月公开出版。

**【理论宣讲】** 2020年，按照州委要求，党组主要负责人作为州委宣讲团成员在全州社科理论界、兴义民族师范学院、脱贫攻坚帮扶村宣讲党的十九届四中全会精神和省委十二届六次、七次全会、州委七届十次、十一次全会精神，在望谟县宣讲党的十九届五中全会精神。

**【社科普及】** 10月20—22日组织社科专家学者深入兴仁市巴铃镇、真武山街道、百德镇，贞丰县龙场镇、丰茂街道、双峰街道，普安县南湖街道、盘水街道、茶源街道宣讲《推进脱贫攻坚与乡村振兴有效衔接》《坚持和完善共建共治共享的社会治理制度》《中华人民共和国民法典》等专题9场。“社科理论进基层”活动，各县市委宣传部门、乡镇（街道）党（工）委积极配合，组织干部群众1100余人参加聆听。活动在推动习近平新时代中国特色社会主义思想进机关、进农村、进企业、进社区，加强主流意识形态建设等方面发挥积极作用。

**【课题研究】** 2020年，开展黔西南州社科界“重大理论和现实问题”课题研究。严格课题研究组织管理，认真搞好立项评审、中期检查、结题评审等工作，进一步提高课题研究质量。本年度共收到课题申报书120项，立项20项，结题17项。开展黔西南州脱贫攻坚课题研究。按照州委领导要求，成立由兴义民族师范学院、州委政策研究室、州委党校、州社科联的专家学者组成的《黔西南州新市民计划研究》《黔西南州脱贫攻坚“四逐四准”工作方法研究》《黔西南州脱贫攻坚产业扶贫研究》《黔西南州脱贫攻坚就业扶贫研究》4个课题组，跟踪研究进度，完成研究任务，2020年5月下旬形成《黔西南州脱贫攻坚实践成果、制度成果研究》文本，送州委领导审阅。组织申报省级层面研究课题。组织申报贵州省2020年理论创新课题（招标课题）3项、贵州省2020年度哲学社会科学社科规划课题3项、贵州省2020年度哲学社会科学规划课题选题7项。

2020年10月20日，组织社科专家学者深入兴仁市百德镇开展“社科理论进基层”活动
（州社科联　提供）

**【理论研讨】** 11月11日，组织召开全州社科理论界专家学者会议，启动开展“脱贫攻坚故事”征集整理记录传播“理论研究宣传专班”工作。11月18—20日，组织社科理论界专家学者共25人组成3个理论调研组，到兴仁市、贞丰县、望谟县、册亨县、安龙县、普安县、晴隆县脱贫攻坚基层一线开展理论采访、调查研究，忠实记录扶贫干部、脱贫群众的口述历史的理论提炼总结。形成调研成果60余篇。组织社科专家参加“2020中国社会科学院马克思主义研究院国情调研基地联席会议”。11月8—9日，中国社会科学院马克思主义研究院国情调研基地联席会议在安徽绩溪举行，黔西南州社科专家参加并在会议上发言。

**【两场战役】** 2020年，党组认真落实州委、州政府关于打赢两场战役、夺取两个胜利的相关文件精神，分析研判和把握单位全体干部职工的思想动态，强化思想引导，加强疫情防控知识宣传、深入推动脱贫攻坚。结合疫情防控日报告制度，实时掌握单位干部职工的疫情防控动态和思想情况，引导机关干部职工相信党、相信组织，做到带头落实联防联控措施，构筑群防群治的严密防线。党组领导定期到帮扶点、包保村开展脱贫攻坚帮扶调研指导，主动与人力资源和社会保障部门联系协调贫困群众就业培训，特色就业技能；与村支两委、第一书记共同研究解决扶贫产业发展、返乡群众就业等问题，加强对易地扶贫搬迁群众就业情况的调研走访，着力在巩固脱贫攻坚成果上做文章。

2020年7月10日，秦廷华在兴义民族师范学院作学习贯彻党的十九届四中全会精神专题辅导
（州社科联　提供）

**【基地建设】** “黔西南国情调研基地”是中国社科院马克思主义研究院5个“国情调研基地”之一，2020年马克思主义研究院在黔西

南州主要开展精准扶贫精准脱贫、农村社会治理、村级集体经济等方面的调查研究。为中国社科院马克思主义研究院、工业经济研究所、社会学研究所、农村发展研究所等单位到黔西南州开展贵州省和中国社科院的院省联合课题的调查研究工作积极搞好对接服务，保证课题研究工作的顺利进行，获得中国社科院马克思主义研究院等单位的高度认可。11月10日，贞丰古城文昌宫被授予“贵州省人文社科示范基地”，继安龙招堤后贞丰古城文昌宫是黔西南州第二个省级“人文社科示范基地”。

2021年9月15日，在普安县红色记忆奇石馆开展爱国主义教育活动

（州社科联 提供）

**【表彰荣誉】** 2020年，组织22项成果申报贵州省第十三次哲学社会科学优秀成果奖，通过评审，兴义民族师范学院黄守斌《侗戏丑角研究》获著作类二等奖表彰；兴义民族师范学院雷励、余颂辉、张道升、封传兵《〈集韵〉〈广韵〉比较研究》获研究报告类三等奖表彰；兴义民族师范学院吕国富、靳玉乐《地方公立大学四重资本与办学自主权关系研究》获论文类三等奖表彰。

（肖 蔚）

2020年9月15日，册亨县冗渡镇新市民居住区举办“我唱红歌给党听”歌唱大赛

（邹启芬 摄）

# 法 治

## 政法委及综治工作

**【概况】** 2020年，全州政法机关按照中央、省委和州委政法工作会议的部署要求，以抓“1+4+1”（“1”为扫黑除恶，“4”为禁毒大扫除、命案防控、防范打击新型犯罪、邪教转化攻坚，“1”为早婚早育治理）政法重点工作落实为带动，统筹推进疫情防控、脱贫攻坚和平安稳定工作，全州社会大局总体持续平安稳定，执法司法取得新的成效，人民群众获得感、幸福感、安全感进一步增强。

**【维护稳定】** 筑牢反恐防恐防线，组织开展二轮集中明察暗访和轮涉恐风险隐患大排查大整治，开展反恐工作培训9次，各类演练73次，增强应急处置队伍的实战控制能力和协作配合能力，实现暴恐案事件“零发生”。严厉打击涉疫违法犯罪行为，共查处立办涉疫违法犯罪案件233起，抓获违法犯罪嫌疑人642人；查处涉疫违法案件210件，行政拘留274人；查处轻微涉疫违法案件170件，训诫170人。开展政法信访系统“入村寨进社区走企业访群众”大走访活动，建立大走访发现问题办理“六个明确”工作机制，做法获贵州政法动态、全省大走访工作简报刊发。共派出走访人员9224人次，走访群众52697户，走访重点企业612个，收集各类问题、矛盾纠纷共2096个，协调帮助解决群众困难308个、企业困难9个。

**【防范化解重大风险】** 2020年，聚焦重点领域防风险、守底线、保稳定。组织建立13项防风险护稳定工作机制，建立10个方面22个平安风险“公安+”干预机制。办理各类重大决策事项社会稳定风险评估报备331件，累计甄别处理投资项目在线审批监管平台推送项目3771个。省交办黔西南州的48个重大风险点化解26个，稳控22个，化解稳控率100%；州自行排查的84个重大风险点化解50个、稳控34个，化解稳控率100%；全州共调解矛盾纠纷7788件，调解成功7694件，调解成功率98.79%。强化“两欠”防范化解，妥善解脱贫攻坚领域欠薪问题，2020年依法查办各类欠薪案件97件，为737名农民工追讨工资1179万元，结案率100%。

**【扫黑除恶专项斗争】** 2020年，推进扫黑除恶“六清”行动。在“线索清仓”行动中，“12337”平台转办线索37条、省转线索181条均已全部办结；自行受理线索3019条，已办结3015条，办结率99.86%。在“逃犯清零”行动中，部、省督捕的7名涉黑涉恶“百日追逃”嫌犯全部到案。在“案件清结”行动中，全州公安机关立案侦查涉黑案件12件、立案侦查涉恶案件51件，已全部移送审查起诉。全州检察机关提起公诉66件537人，其中涉黑案件13件145人、涉恶案件45件384人、涉“保护伞”案件8件8人。全州法院一审判决涉黑涉恶案件64件666人、二审涉黑涉恶案件47件587人，均已全部办结。在“黑财清底”行动中，查封、扣押、冻结黑恶资产1.9亿余元，全州法院在已审结的一审涉黑涉恶案件中，依法处置涉案资产共17.66亿元，处置到位共1.40亿元。在“伞网清除”行动中，全州三类问题立案193件200人，其中“保护伞”问题立案89件89人，结案89件89人，结案率100%，给予党政纪处分65人，移送司法机关22人，组织处理21人。在“行业清源”中，全州共发出纪检监察建议书、公安提示函、司法建议书、检察建议书等1175份，全部完成整改。

**【社会治安综合治理】** 2020年，组织开展专项整治活动，检查重点地区重点行业1919次，抓获违法犯罪嫌疑人1623人，破获涉毒案件985起、涉黄案件249起。全年共发生命案15起，破案15起，发案率同比下降16.67%，10万人命案发案率0.52%，低于全国平均水平，命案防控效能排名全省前列。强化示范创建引领，创建命名平安示范村（居）180个、平安乡镇（街道）29个。推进“一中心一张网十联户”工作，出台《黔西南州“一中心一张网十联户”治理机制实施方案》，全州共划分基层社会治理网格12879个，选聘网格长6572人，网格员19738人，创建“十联户”790962户，遴选联户长58077人，组建义务巡防队2107支19129人。推进综治中心规范化建设，全州县、乡、村三级综治中心实现全覆盖，县乡两级综治中心共配备事业编制人员296名，实有工作人员405人。大力推进市域社会治理现代化试点工作，围绕试点创建的88项共性指标和19项区域特色指标，坚持统筹推进和突出重点相结合，把试点工作融入脱贫攻坚体系，把平安建设贯穿脱贫攻坚全过程，充分发挥政治、法治、德治、自治、智治“五治”融合作用，强力实施市域社会治理现代化“九大工程”，统筹推进黔西南州创建市域社会治理现代化试点城市。建立命案风险“公安+”干预、“公安+法院+司法行政+N”联动调解、家庭婚恋纠纷排查化解“八单一表”衔接联动工作机制、刑事案件伤员急救“绿色通道”救治等工作机制。强化隐患排查化解，组织排查“民转刑”命案隐患4095件，逐一落实分色预警和责任包保化解。推进禁毒“大扫除”专项行动，全州共破获毒品刑事案件62起，缴获毒品50余公斤，抓获犯罪嫌疑人101人，共受理吸毒行政案件477起，查处吸毒人员同步立案数527起，收戒吸毒人员590人，创新推进吸毒人员脱贫帮扶，实施县域禁毒扶贫“四战并进”、新市民居住区禁毒帮扶“四全并重”模式（全环节管控涉毒人员，全覆盖毒品预防教育，全方位防范化解毒情风险，全社会推进禁毒脱贫），帮助1158名贫困吸毒人员“戒除毒瘾、家庭脱贫”。推进防范打击电信网络新型犯罪，成立黔西南州反诈骗中心，及时升级、改造黔西南州反诈平台，开展防范电信网络诈骗案件“全覆盖”宣传活动，开展黔防范电信网络诈骗百日攻坚专项行动，全州共立电信网络诈骗案件3911起，与上年同比上升110.16%，破案787起，抓获犯罪嫌疑人1967人，劝阻10.93万人次，劝阻金额6.2亿元，打击战果上升幅度排名全省前列。推进“两早”专项治理工作，共控办酒席2682例（涉早婚45例），开展早婚早育现象排查，排查出全州早婚早育存量共计6345户8069人，全部纳入“贵州省综治信息平台”管理。推进铁路护路联防联治工作，州委政法委划拨20万元补助普速铁路县（市、新区）开展铁路环境安全隐患整治工作，转拨12.85万元用于发放铁路护路巡防员工资、补贴，看望慰问公安干警和护路队员，共发放慰问金2万元，核实确认隐患425处，加大整治力度，425处隐患问题已整治408处，完成率96%。

**【服务保障脱贫攻坚】** 2020年，发挥服务保障脱贫攻坚作用。印发实施《关于切实做好晴隆望谟两县脱贫攻坚矛盾纠纷排查化解集中攻坚的指导意见》《黔西南州易地扶贫搬迁新市民居住区社区治理“两补两看”集中攻坚方案》和《黔西南州政法部门帮助督导晴隆望谟两县脱贫攻坚矛盾纠纷排查化解集中攻坚工作方案》。“五一”节假日期间，州委政法委牵头组织州直政法各部门组成13个工作组下沉到晴隆县、望谟县的31个乡镇（街道）所辖村组帮助排查化解脱贫有关矛盾纠纷和风险问题，共排查化解稳控脱贫攻坚矛盾纠纷393个。在全州组织开展矛盾纠纷大排查大化解集中攻坚行动，共排查突出矛盾纠纷1186件，化解597件，稳控584件，化解稳控率99.58%。

**【政法领域改革】** 2020年，全州涉法涉诉信访改革不断深入，共评查案件202件，督促对68件二类案件瑕疵补正，对3件三类案件依法按程序予以纠错。全州各级政法部门共办理司法救助案件275件，救助462人，发放救助金1040.93万元。依法深化政法智能化建设，全州法院系统投入417万余元搭建电子卷宗深度应用系统、配置智慧语音系统、建成罪犯远程庭审专用科技法庭；全州检察机关探索构建智慧办公办案系统，共受理各类案件16143件，纠正办案瑕疵435件，预警办案期限1300余次，应用远程讯问系统开展讯问439次，应用智能辅助办案系统5000余次；全州公安机关强力推动智能化执法办案管理中心建设，率先在全国、全省实现县级智能化执法办案管理中心全覆盖和派出所执法办案管理分中心智能化管理，率先在全省建成执法办案管理中心监督平台，自主研发“平安风险实时防控系统”、热力感应及2G+4G仿真基站热点采集系统、互联网城域网出口等27万余套终端，每日动态采集数据5.6亿条以上，在全省率先建成“Y库+”应用系统，摸索提炼“Y+”技战法，破获各类重特大疑难案件31起，通过DNA找人破获现行命案58起、历年命案22起；全州司法行政系统充分利用线上网络开展执法监督，共录入监督主体部门10个、执法部门475个、审核通过权责清单13.04万条，对全州7461名持有贵州省行政执法证、68名持有行政执法监督证的人员进行大数据动态管理。依法全面推进依法治州工作，编印《依法行政常用法律法规政策选编》，进行合法性审核69件，纠错3份，提出修改意见和建议135条；对《黔西南州人民政府盘江宾馆改革工作方案》等17件重大事项、重要工作、重大改革提供法律意见书，提出意见和建议58条；聘请20名专职律师担任州人民政府法律顾问，审查州政府合同协议共45件，提出意见建议197条，州、县、乡政府及县级以上政府部门实现法律顾问全覆盖。持续巩固新市民社区公共法律服务体系，围绕全州易地扶贫搬迁，创建36个新市民公共法律服务室，为33.85万名搬迁群众提供全方位的法律服务和法治保障。全州办理公证案件3681件，办理司法鉴定案件3087例，均无一例投诉。开展助力农民工讨薪法律宣传活动331场次，接待农民工法律咨询3597起，办理农民工法律援助案件996件，为农民工挽回经济损失985.8万元。

**【政法队伍建设】** 2020年，坚持把政治建设摆在首位，举办全州政法领导干部政治轮训、全州政法系统政法宣传业务暨舆论引导、全州乡镇（街道）政法委员履职能力提升等培训班，全州政法单位共培训干警36924人次，省委政法委组织9期“政法大讲台”学习，全州2.4万人次参加。聚焦全面从严治党治警，查处干警违纪违法案件87件91人，检察机关立案查办司法工作人员相关职务犯罪8件8人。强化领导班子和基层力量，履行好协管职能，做好州县两级政法各部门班子成员和正科级领导职务干部任免审核工作，共审核同意任免干部156人次。积极稳妥推进州委政法委下属事业单位改革，将原所属事业单位整合升格为黔西南州委政法委综合保障中心（副县级事业单位），核定事业编制11名；一盘棋推动州、县两级法学会机构组织实现全覆盖，做法获全省推介，新增事业编制25名，召开成立大会暨第一次会员代表大会，共发展会员755名；加强工作调度，督促全州140个乡镇（街道）政法委员全部配备到位。强化舆论引导和政法宣传，在中央级媒体发表稿件230余篇，在省级媒体发表稿件570余篇。积极推进新媒体建设，全州共建政法新媒体平台181个，政法部门8个账号53次荣登全国政法榜单。被中国长安网采用稿件23篇，被贵州长安网采用稿件569篇，黔西南州创新社会治理模式在中国长安网平台进行主题直播，65万人次观看直播。推荐参加第五届平安中国“三微”比赛的册亨县检察院作品《破“伞”》获“优秀微视频”奖。全州政法机关服务保障脱贫攻坚做法被列入2020年中央电视台《平安中国行》专题报道内容。加强精神文明建设，州委政法委、州检察院、州公安局、州司法局等9个政法机关获全省文明单位称号。强化从优待警关爱措施。开通政法干警就医“绿色通道”，依规发放政法干警津贴补贴，落实政法干警关爱、帮扶机制。走访慰问因公牺牲政法干警家属、特困政法干警、见义勇为人员等共140人、基层政法单位和见义勇为先进集体15个，发放慰问金17.9万元。组织开展黔西南州政法系统2020年“十佳法治人物”评选活动，全州各级政法机关共有9个集体、25名个人获得省部级以上表彰。

（胡兴林）

2020年11月，公安部常务副部长王小洪（前排左二）在普安调研公安部定点帮扶工作　（州公安局　提供）

2020年5月19日，省委常委、省委政法委书记时光辉（前排左二）在安龙县调研社会治理工作　（州公安局　提供）

## 公　安

【概况】　2020年，黔西南州公安机关着力强化队伍建设，践行总书记训词，打造“四个铁一般”过硬队伍，加大执法规范化建设力度，努力实现维护政治安全和社会稳定、打击刑事犯罪、社会治理、服务人民群众。强化管党治警，探索实践警务机制改革，不断深化执法规范化建设，提高依法打击、依法治理、依法服务能力和水平，满足人民群众对美好生活公平正义的需要。

【警务保障】　2020年，按照新时代公安派出所建设相关要求，投入资金在全省率先完成派出所综合指挥室建设，118个派出所情报指挥室全部按照公安部新时代派出所建设标准，升级整合为综合指挥室。加强派出所移动图传设备配备，先后为全州所有基层派出所配备4G执法记录仪695台，执法记录仪采集站131台，实现移动警务终端全覆盖，执法全流程记录，确保上级公安指挥部门能够实时掌握一线处警情况，必要时及时提供支援、还原事实真相。全州共有2231个六类警务室，配备社区民警923名、辅警1313名、警用摩托车660辆。2020年州公安局获中央转移支付经费1512万元，兴义市公安局获中央下拨转移经费1432万元，全州各级公安机关获中央转移支付经费共计11.2亿元。

【警务改革】　2020年，对涉及执法勤务以及涉及监管场所安全等10类22项安全风险建立“公安+”干预机制，形成黔西南州平安风险“公安+”干预体系，实现对社会各类风险隐患的无缝隙无盲区排查干预管控。6月28日，完成森林公安局转隶。

【国内安全保卫】　2020年，加强对邪教组织“门徒会”的查禁取缔工作。开展反邪教宣传活动1次，发放反邪宣传资料600余份，张贴宣传展画50余张，并向群众介绍邪教的危害和防范知识，受理咨询邪教相关防范知识1000余人次。

严密防范和打击敌对势力的破坏活动，加强“三非”人员打击力度。组织警力对非法入境、非法居留、非法就业的境外人员开展清理排查，截至11月23日，共侦破组织他人偷越国边境案1起，刑事拘留1名，批准逮捕1名，起诉1名，核查非法出入境人员19批次48名。

【打击刑事犯罪】 2020年立案11458起（同比上升38.42%），破案5219起，破案率45.55%：其中现行案件10589起（同比上升37.73%），补立案件869起，刑事案件占比较大的有：电信网络诈骗案件2902起（占比25.33%），盗窃案件2889起（占比25.21%），危险驾驶案件2116起（占比18.47%），八类案件650起（占比5.67%），毒品案件578起（占比5.044%）。

【反诈防诈】 2020年，州反诈中心共拦截阻断疑似诈骗电话3855个，开展预警劝阻宣传80800人次、劝阻4.61亿元，止付16061个账户、止付4.21亿元，冻结3342个账户、冻结1.07亿元，依法封停涉嫌电信网络犯罪电话卡572张，冻结止付、关停非柜面交易银行卡346张、对公账户36个。

州反诈中心从各县（市、新区）抽调人员组成反电信网络诈骗“一案一研判”专班，以“全链条”打击为导向，形成梳理资金流、信息流、人员流—落定嫌疑人—推送处置指令的专项打击模式，实现对通信网络诈骗案件联合打击、精准打击、体系打击。2020年1月至12月，全州共破获电信诈骗案件586起，同比上年上升188.71%。其中破本地案件179起、破外省案件406起，抓获违法犯罪嫌疑人444人，摧毁各类通信网络犯罪团伙36余个，返还受害人被骗资金87.44万元。依法处理非法买卖或出租个人银行卡、支付宝账户、电话卡的犯罪嫌疑人26人。

【专项打击传销】 2020年，开展专项行动20余次，出动执法人员400余人次，清查房屋出租户2000余户，取缔、捣毁非法传销窝点54个，查获、教育、遣返参与非法传销人员170余人，收缴传销书籍、资料、笔记本200余份，行政处罚简易程序案件114件，处罚款5700元，没收为传销人员提供的房屋租金16.06万元。公安刑事立案14件（其中网络传销3件），破案12起，抓获犯罪嫌疑人17名，涉案金额880余万元，参与网络传销人员500余人。

【人口和户籍管理】 推动户籍人口城镇化，制定印发《州人民政府办公室关于印发〈黔西南州2020年推进户籍制度改革和非户籍人口落户城镇具体措施〉的通知》文件，指导开展户改工作，通过放开城镇人口落户限制，采取户籍人口迁移60日攻坚和城乡属性调整，实现户籍人口指标超额完成任务。截至10月31日，全州总人口371.79万人，城镇人口158.11万人，户籍人口城镇化率达42.53%。在年初基础上提升3.47%，超自定任务1.47%（自定目标任务为41.06%），超省户改办下达任务1.77个百分点（省级目标任务为40.76%）。全州户籍人口城镇化率在全省排位第五，增速

2020年11月17日，公安部物证鉴定中心在兴义举办物证技术综合分析利用培训班 （州公安局 提供）

排位第一，超额完成州经济指标预期目标任务（州经济指标目标任务为：全州户籍人口城镇化率在全省排位第五，增速排位第三）。为保证全州全国第七次人口普查户口整顿数据的准确性，全面调查核对本辖区内常住人口、暂住人口的基本情况和数据资料，及时清理解决户口登记管理工作中的“错、重、漏”等问题，全面开展第七次全国人口普查户口整顿工作，充分发挥公安机关的重大职责使命。通过开展户口整顿清查工作，全州人户分离61.74万人，户口待定人员中已解决13988人，暂住人口13.5万人，注销重复户口1910人，清理应销未销9146人，变更（更正）21.34万人。

【危爆物品管理】　2020年，共检查涉爆单位811家次，民爆仓库908个次，剧毒化学品从业单位164家次，排查爆破作业人员947人次，排查安全隐患744余起，组织专家对爆破作业现场实地核查19次，按规定程序审批爆破作业项目14个。

全州教育培训涉爆作业人员2169人（三大员1937人，爆破工程技术人员232人），因受疫情影响，参加继续教育培训1346人（三大员1157人，爆破工程技术人员189人）。全州共收缴制式雷管10.86万枚、非制式11771枚，制式炸药19753公斤、非制式3096公斤，黑火药1公斤；组织销毁过期炸药9238.1公斤、雷管37135发、过期导爆管39893枚、过期索类爆炸物品28202.8米、手榴弹4枚、手雷2枚、炮弹3枚、航弹1枚、手雷1枚、手榴弹9枚、导火索33.5米；行政处罚涉爆单位6家，罚款39万元，行政拘留违规实施爆破作业人员1人。

对全州所有烟花爆竹生产、批发、运输企业及部分烟花爆竹零售点进行检查，共检查企业和零售网点1297家次，发现安全隐患441起，其中当场整改432起，限期整改9起。办理烟花爆竹行政案件46起，行政拘留15人，罚款2.1万元，收缴各类烟花爆竹5500余件。全州烟花爆竹信息系统应用工作稳步提高，2020年共办理电子运输证件891份。

开展易制爆危险化学品和物流寄递专项行动，共排查易制爆危险化学品从业单位138家次、易制爆危险化学品从业人员176人次，物流企业31家次，寄递企业511家次，全州寄递网点全部安装“一键紧急报警”装置。推进寄递运输车辆安装地网安防芯片工作。

【缉枪治爆与公务用枪管理】　2020年，开展公务用枪安全大检查专项行动2次，共发现隐患22起，现场整改19起、限期整改3起，各配枪单位枪支保管安全设施落实较好，“三铁”和双人双锁、枪库值班、枪弹库分开存放、措施设施等均落实到位。在推进公务用枪数字化改造工程方面，完成全州公务用枪数字化改造购买枪支零部件和枪支信息采集设备统计及资金支付工作，不断推进全州专管民警开展枪支数字化改造培训工作。

全州公安机关共查处涉枪案件57起（其中刑事案件43起，采取刑事强制措施13人；行政案件14起，行政警告6人，罚款1200元）。收缴枪支228支（火药枪105支、气枪26支、射钉枪6支、小口径枪8支、仿军用枪14支，军用枪16支、其他枪支53支）、子弹4412发（其中军用弹298发、猎弹84发、小口径弹89发、气枪铅弹158发、其他3774颗）、手榴弹1枚、弩2把、仿真枪2支、管制刀具1063把。

【特种行业和公共复杂场所管理】　2020年，检查典当行业11家次，提出整改意见4条并全部督促落实

2020年11月17日，全国公安机关集中统一销毁非法枪爆物品行动黔西南分现
（州公安局　提供）

整改，完善安全管理设施和特行许可证的审核办证工作。审核全州20家公章刻制企业，刻制印章30941枚。全面统计旅馆业基础数据为1892家，联网管理1892家，联网率100%，全面夯实大情报系统。多次集中对全州旅馆业进行明察暗访，现场纠正78家，全州旅馆业信息系统上传工作稳步提高，累计上传信息860.57万条（中宾860.05万条，外宾5248条）。加强对旅馆业的检查处罚力度，共检查旅馆3500余家次，处罚旅馆业580家，罚款金额8.8万元。

【治安巡逻及大型活动安保】2020年，面对新型冠状病毒感染肺炎疫情的严峻形势，黔西南州公安机关党员民警坚守在防控第一线，组织建立“317”基层网格化宣传服务站点11173个，并定期组织开展督导检查。通过旅馆业扫码系统推送信息418次，涉及1582条，核实一、二、三类人员69条66人，到华（归国）人员76条62人。采取“公安＋卫健＋教育”，全力护航平安开学。全州共计投入6000余人成功护航全州1718所中小学幼儿园，70余万名学生及教职工平安复学复工。全面坚守交通及流动人员服务管理指挥部，及时处理各类指令2000余条，指挥调度核实人员信息4万余条。

【治安行政案件查处】2020年，全州共暗访涉黄涉赌重点场所、部位131次，较上年同期107次暗访频次增加18.32%；发现涉黄涉赌场所14个，较上年同期发现涉黄涉赌场所12个增加16.67%。全州共处罚旅馆业256家次，罚款53500元。全州共侦办黄赌案件刑事126起，与上年同期143起相比，下降11.89%；查处黄赌行政案件959起，与上年同期1118起相比，下降14.22%。贞丰县公安局侦办省公安厅督办的王玉泽等人野外流动开设赌场案。

【出入境管理】2020年，全州共管理常住外国人63人，共办理外国人签证、居留许可52人次，没有发生外国人漏管漏控事件，共登记、上报临时来州的境外人员2337人次，临时住宿申报率达100%，查询比对处理境外人员临时住宿涉嫌不准入境、台湾重点人物、内控人员、境外记者、重点国家人员报警数据（含周末和节假日）794条。全州共签发出国（境）证件8145本（其中护照3990本、往来港澳通行证1886本、签注1482人次、大陆居民往来台湾通行证714本、签注73人次）。

全州共办理“三非”外国人案件23起，查获“三非”外国人71人，依法遣送42人，现有在押15人，限制活动范围14人。开展因婚滞留“三非”外国人排查工作。经走访宣传，全州因婚滞留“三非”外国人52人，实际居住在辖区36人，在外务工或者已离开辖区16人。办理结伙偷越国边境案件2起（刑事拘留7人）；组织他人偷越国边境案件4起（刑事拘留2人，逮捕1人，取保候审1人）。

【交通安全管理】截至11月24日，全州机动车驾驶人保有量85万人，较2019年增加6.2万人，增长7.9%。机动车保有量83.8万辆（其中私家车35.6万辆，占全州总机动车数的42.4%，摩托车增加41.2辆，占全州总机动车数的49.2%；其他车辆7.03万辆，占全州总机动车数的8.39%）；较2019年增加（量）9.26万辆，增长12.41%［其中，摩托车增加55120辆；增长15.43%；小型载客汽车（私家车）增加2.9万辆，增长8.86%；其他车辆增加8549辆，增长13.83%］。

2020年，共查处各类道路交通违法150.8万起，同比上升23.91%，现场共查处道路交通违法47.7万起，同比上升15.48%，非现场共查处道路交通违法103.2万起，同比上升28.28%，查处酒驾醉酒案件9698起，同比上升318.74%，占全省的18.12%，其中，酒驾7880起，同比上升382.55%、占全省的17.71%，醉驾1818起，同比上升166.18%，占全省的10.09%，无证24391起，超速47.8万起，客车超员97起，货车超载1822起，扣留机动车71250辆，扣留机动车驾驶证16150本，行政拘留1578人，吊销机动车驾驶证1811本。完成各类道路交通安保任务共计184起。

【网络安全管理】2020年，共发现核查处置涉及疫情敏感信息229条，删除谣言及不实、敏感信息143条，落地查处213人，警示、批评教育24人，行政处罚28人，责令发布谣言信息的网民写保证书23人。

【“放管服”改革】2020年，继续推进便民服务进派出所、进警务室工作，延伸户籍、机动车、驾驶证、出入境等32项业务到派出所，延伸户籍、机动车、驾驶证等20项业务到社区警务室预约办理，对偏远地区群众和行动不便的残疾人、孤寡老人，由社区民警、警务助理上门采集信息、收集资料带回派出所办理后送到群众手中。120个派出所共办理户籍、治安业务49万条、交管业务12万条。

10月26日，黔西南州公安自助车管所启用，是全省首个实现车驾管业务从受理到办结全流程24小时服务的现代化、智能化车管所，可以自助办理体检加拍照驾驶证业务、机动车业务、违法处理业务，实现全天候、全年无休24小时开放，打破传统工作时间朝九晚五的限制，群众可自由选择任何时间办理车驾管业务，真正实现运用互联网+大数据、人工智能等信息技术，进一步提升政务服务效能。

**【看守所管理】** 2020年，全州看守所共收押犯罪嫌疑人4839人，在看守所刑满释放785人，留所服刑797人，投送监狱1449人。收押特殊病犯罪嫌疑人233人，收押涉黑涉恶犯罪嫌疑人210人。看守所获取深挖犯罪线索563条，破获案件113起，矛盾化解136起。开展所内就医19922人次，所外就医165人次，住院治疗39人次。开展心理咨询2157人次。

**【戒毒所监管】** 2020年，共收戒吸毒人员226人（2020年6月1日，兴仁市戒毒所已停止收戒），处理出所人员480人（其中：按期解除3人，提前评估出所159人，转社区戒毒23人，转刑拘3人，转司法场所强戒254人，转康复中心38人）。获取深挖犯罪线索142条，破获案件64起。开展矛盾化解12起，成功调解5起。开展所内就医7350人次，所外就医5人次。兴义市戒毒所承担全州强制戒毒人员的收押工作，收戒人员83人。

**【拘留所管理】** 2020年，共收拘行政违法人员9163人。获取深挖犯罪线索12条，破获案件9起。开展所内就医10542人次，所外就医16人次。收拘特殊病人5人。

**【留置管理】** 2020年，配合州纪委监委在审查服务中心完成留置28人（其中新收15人，2019年在所13人）的看护任务，使用看护队伍20支240人次，召开看护队伍培训会96余次，工作调度会20余次。

**【禁毒工作】** 2020年，全州公安机关禁毒部门共办理毒品刑事案件39起，抓获毒品违法犯罪嫌疑人86名，缴获各类毒品51230克，查获处理吸毒人员523名，查处吸毒人员523名，强制隔离戒毒吸毒人员309名。全州铲除毒品原植物罂粟8213株。

4月2日，州公安局禁毒支队与云南省德宏州公安局禁毒支队联合侦办一起特大运输毒品案件，组织州局交警支队、兴义市公安局、普安县公安局30余名警力快速反应，采取后方尾随押送、前方设卡拦截的方式，在兴义市江底超限检测站开展精准查缉，11时许，将嫌疑车辆成功拦截，抓获犯罪嫌疑人2名，缴获毒品海洛因52块18200克，扣押轿车1辆，查缉取得重大战果。7月和9月，州局禁毒支队先后分两个时间段，组织2批警力在沪昆高速晴隆县服务区进行毒品公开查缉专项行动。破获运输毒品案件3起，抓获犯罪嫌疑人4名，缴获各类毒品607克，扣押车辆4辆，查处吸毒人员3名。

8月31日，与云南罗平公安机关联合侦破“8·31”特大运输毒品案件，缴获毒品海洛因21140克。通过研判分别向贵州铜仁、广西南

2020年11月29日，国家禁毒办副主任闵天石（左二）率检查组检查全国禁毒示范城市创建
（州公安局　提供）

宁推送涉毒情报线索2条，抓获犯罪嫌疑人3名，缴获各类毒品8420克（其中，海洛因7350克、冰毒片剂1070克），扣押涉毒车辆2辆。

9月30日，册亨县公安局与云南临沧市公安局联合侦破“9·30”特大运输毒品案件，案件抓获犯罪嫌疑人5名，缴获各类毒品5650克，该案涉及贵州、云南、湖南、辽宁4省。六是持续强化情报研判工作。打击毒品合成作战专班持续开展对过境轨迹异常车辆研判分析。

2020年，全州共查处吸毒人员523名，强制隔离戒毒309名，强制隔离戒毒执行率全省排名第一。充分发挥“两所一中心”作用。实现对全州吸毒人员“应收尽收、应戒尽戒、应治尽治”。州司法强制隔离戒毒所在所吸毒人员245名，州（市）公安强制隔离戒毒所在所吸毒人员154名，州特殊病康复中心共收治病残吸毒人员191名。

**【护航脱贫攻坚】** 截至2020年10月31日，公安部累计投入黔西南州帮扶资金近3亿元，实施项目400余个，覆盖带动贫困人口10.07万人实现增收；引入企业18家，引入社会帮扶资金1亿元，带来投资7.43亿元；帮助销售和购买农特产品价值1.57亿元；培训基层干部6604人；走访慰问贫困群众2000余人，资助贫困学生4950余人。在公安部的帮扶指导下，兴仁（县）市实现78个贫困村全部出列，19866名群众搬出大山乐居新家园，22677户94947人贫困人口实现脱贫，贫困发生率由2014年19.27%降至0，2018年9月成功退出贫困县序列；普安县实现44个贫困村全部出列，35399名群众搬出大山乐居新家园，19427户82598名贫困人口实现脱贫，贫困发生率由2014年20.95%降至0，2020年3月成功退出贫困县序列。

4月起，分兵护航晴隆、望谟两县脱贫攻坚工作。脱贫战队抓重点、攻难关、打硬仗，全力解决事关脱贫攻坚事业大计和群众切身利益的急事难事，在各级党委政府和广大干部群众中再塑“护航战队”这个平安扶贫新品牌。

护航战队密切配合当地从速从严落实“退一补一”政策，重新从其他贫困户中评审补位，仅晴隆县就落实“退一补一”300余户4000余人。护航战队支援所到县梳理线索、研判对策，对症下药，从根本上推动解决问题。晴隆县12574户57841人全部“真搬实住”，至2020年7月4日，687户履行协议并“复垦复绿”。望谟县拆除旧房1185户，新增455户同意拆除老旧房。

**【疫情防控】** 2020年，在抗击疫情阻击战中，全州公安民警、辅警英勇无畏、奋不顾身，始终奋战在疫情防控第一线，按照公安部、省公安厅和州委州政府统一部署，采取有力措施，阻止和遏制疫情在全州蔓延。

3月1日至9日聚焦“外防输入、内防反弹”，共排查重点关注人员464人，全部落实分类管理控措施，未发生输入性疫情和本地感染。3月10日组建“公安＋外事专班”强化境外输入防控。

驰援武汉。2020年2月21日，黔西南公安援鄂小分队在州公安局集结待发，州人民政府副州长、州公安局党委书记、局长李淞出席行前动员会，对黔西南公安援鄂工作提出要求。小分队在援鄂期间与当地民警、干部、群众并肩战斗，克服种种困难，为打击战“疫”作出积极贡献。

黔西南援鄂小分队共10名民警，全州9个县（市、区）公安局（分局）和州公安局机关各1名。在武汉市公安局和省公安厅协调管理专班的领导下，全体民警整体值守湘口卡点（湘口收费站系汉洪高速重要出入口，是武汉市出汉南大门，更是邓南、湘口数十家国内大型企业和汉南码头众多运输车辆运输防疫保障物资出入武汉的重要通道），日车流量在600余辆（次），司乘人

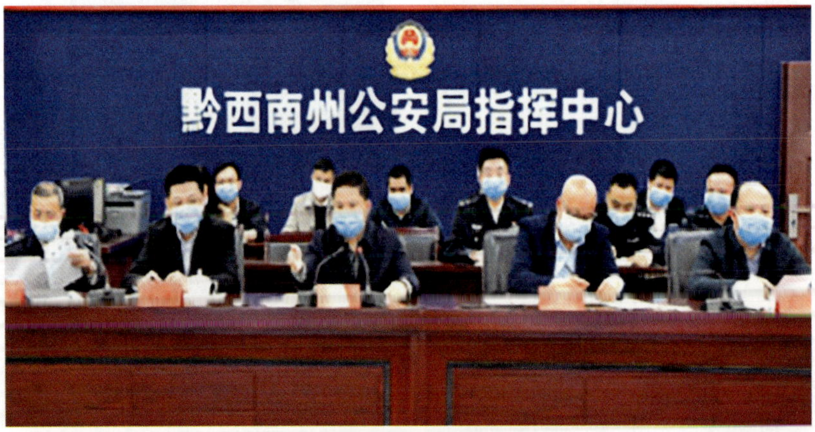


2020年3月3日，州委书记刘文新（左三）通过公安指挥系统调度全州疫情防控工作
（州公安局　提供）

员1500余名，替换当地民警、民兵和社区工作人员，全权负责卡口情疫防控工作，是全省援鄂工作队中唯一一支由增援民警单独执勤守卡的小分队。

在执勤过程中，全体队员一直保持高度负责的工作态度，既积极主动作为，又安全防护到位，在鄂期间虽然接触大量过往司乘人员和一些敏感接触者，执勤49天，无一人感染疫疾。援鄂49天，小分队共查缉来往车辆17320台（次）、查缉司乘人员30420人（次）。劝返不符合通行条件车辆1854辆次，人员2825人次，核检新冠肺炎密切接触人员26名，外籍人员3名，打击闯关车辆7辆、人员18名，帮助困难群众45人次，协调帮助外出复工复产人员和外地返汉人员快速通关698人次，高质量完成卡口值守工作任务。通过为期49天的扎实工作（入汉51天，执勤49天），完成援鄂任务，相关工作得到公安部前方工作组副组长、部人训局副局长夏德福的充分肯定，得到副省长、省公安厅厅长郭瑞民等的批示肯定。

（吴成锴　李炫霖）

## 检　察

**【概况】** 黔西南州人民检察院下辖8个基层检察院，中央政法专项编制376人，工勤编制53人，实有政法专项编制377人、工勤编制49人。其中州检察院中央政法专项编制72人，工勤编制13人。州检察院内设机构有办公室、第一检察部、第二检察部、第三检察部、第四检察部、第五检察部、第六检察部、第七检察部（生态环境保护检察工作办公室）、第八检察部、第九检察部（“12309”检察服务中心、国家赔偿工作办公室）、法律政策研究室（检察委员会办公室）、案件管理办公室、检务督察室（巡察工作领导小组办公室）、警务部（法警支队）、检察技术信息部、计划财务装备科、干部科（机关党委办公室）、宣传科（新闻办）、政治部、离退休工作科。设检察长1人、副检察长4人，政治部主任（副县长级）1人，检察委员会专职委员（副县长级）2人，科级领导职数32人（含机关党委专职副书记1人）。2020年，全州检察工作在全省检察业务考评中名列全省第一，24个集体和73名个人获得州级以上表彰，普安县人民检察院、晴隆县人民检察院被授予2018—2020年度全省文明单位，黔西南州人民检察院、兴义市人民检察院、贞丰县人民检察院被确认为往届全省文明单位。

**【服务脱贫攻坚】** 2020年，批准逮捕涉贫领域刑事犯罪164人、提起公诉344人，为“战贫”营造良好环境。对4名“蝇贪”提请公诉，坚决防止“精准滴灌”出现渗漏。帮助农民工讨薪1250余万元，工作做法被评为2020年度贵州全面深化改革专家特别推荐典型案例。贞丰县检察院办理的一件农民工讨薪行政检察监督案，被最高检评为全国检察机关保护农民工合法权益典型案例。司法救助持续传递司法温暖，231万元救助金帮助86个家庭挺起生活的脊梁。为因交通肇事案丧失劳动能力、背负巨额债务杨某一家发放救助金23万元，让因案致贫的家庭重新燃起生活希望。122名检察干警驻村帮扶，帮助1811户7854人脱贫摘帽，3个集体、8名个人获省院记功表彰。

**【服务经济发展】** 2020年，批准逮捕侵害59人、提起公诉103人。发挥检察职能追赃挽损，为涉案受害企业挽回经济损失39万余元。发布涉企典型案例52个，走访企业50家，对153家涉案企业开展同步预防，帮助防范法律风险，促进守法合规经营。“一企一方案”对12家重点企业开展法治帮扶，送法进企业30次，提供法律咨询服务42次，助力复工复产。对涉嫌犯罪的企业人员，依法不捕不诉93人，有效防止“案子办了、企业垮了”。2个集体5名个人在“保企”工作中获省院记功表彰，兴仁市检察院对女企业家查某非法占用农用地案依法作出不起诉决定，并通过法律文书强化释法说理和法治宣传教育，不起诉决定书被最高检评为全国优秀法律文书。

**【服务疫情防控】** 2020年，主动提前介入涉疫刑事案件15件35人，监督公安机关立案2件，批准逮捕涉疫犯罪19人、提起公诉26人。安龙县检察院办理的田某售卖口罩诈骗案被评为全省疫情防控犯罪典型案例。办理防疫物资监管、野生动物保护等领域公益诉讼案件8件。晴隆县检察院向野生动物保护主管部门制发检察建议，督促对违法从事野生动物饲养的6家基地依法进行处置，推动涉疫源头防控。强化法治宣传教育，兴仁市检察院录制的《野生动物保护》法治课程获最高检采用，作为中国检察教育培训网络课程全国展播。

**【扫黑除恶】** 2020年，保持雷霆之势，打好扫黑除恶收官战，提起公诉137人。深挖“案中案”，移送“保护伞”线索24件，提起公诉7人，推动“伞网清除”。建议对72人涉案财产采取强制措施，提出财产刑量刑建议12件102人，推动“打财断血”。履行客观公正义务，落实“一个不放过、一个不凑数”要求，追捕追诉34人，不捕不诉8人，依法改变公安机关定性4件。围绕打赢“治理战”，制发检察建议122份，与公安机关、人民法院等制定“扫黑除恶”常态化机制20余个，推动标本兼治、长效常治。4个集体、7名个人获省院记功表彰，册亨县检察院拍摄的宣传片《破伞》获第五届平安中国优秀微视频奖。

**【打击犯罪】** 2020年，批准逮捕各类犯罪嫌疑人1818人、提起公诉4250人。依法毒品犯罪，批准逮捕66人，提起公诉93人，2件案例入选“全省检察机关依法打击毒品犯罪典型案例”。突出惩治安全生产领域犯罪，提起公诉3人。加大惩治电信网络犯罪力度，批准逮捕100人，已提起公诉56人，营造清朗网络空间。批准逮捕破坏金融管理秩序、金融诈骗等犯罪33人，提起公诉26人，贯彻反洗钱工作部署，严惩洗钱犯罪，提起公诉4人，为金融安全护航。全面落实认罪认罚从宽制度，根据真实案例拍摄宣传片开展法治宣传教育，推动90.18%的犯罪嫌疑人认罪认罚。全州群众安全感和对检察工作的满意度持续提升，分别达到99.25%、98.77%。

**【参与社会治理】** 2020年，化解行政争议62件，监督行政机关纠正违法228件，3个集体、4名个人被评为“加强行政检察监督、促进行政争议实质性化解”专项工作先进集体和个人。深入开展大走访活动，进村入户走访群众24264户、企业312家，开展法治宣讲24593次，发放宣传手册29122份，收集意见建议155条，化解社会矛盾纠纷126起。

**【刑事检察】** 2020年，监督立案92人、监督撤案81件，追捕追诉179人，依法不批准逮捕1155人、不起诉1697人，不捕不诉率排名全省前列。强化引导侦查，7份引导侦查提纲入选“全省检察机关优秀引导侦查提纲”。对侦查、审判中不需要继续羁押的，建议变更强制措施51人。对认为确有错误的刑事裁判提出抗诉24件，抗诉采纳率全省第一。纠正减刑、假释、暂予监外执行不当106人次，纠正脱管漏管314人，严防“纸面服刑”“提钱出狱”。

**【民事检察】** 2020年，提出民事抗诉和再审检察建议101件。大力整治虚假诉讼，纠正“套路贷”“假官司”85件。对执行活动中的违法情形提出检察建议389件，共同破解执行难。民事检察监督成效名列全省第一，2个集体和5名个人被评为“全省做强民事检察工作，加强民事审判监督”先进集体和个人，两份法律文书被评为全省优秀民事法律文书。

**【行政检察】** 2020年，组织公开听证44件，化解行政争议62件，努力实现案结事了政和。持续强化非诉行政执行监督，监督行政机关纠正违法228件，监督法院纠正违法25件，全力维护司法公正和效率。3个集体、4名个人被评为“加强行政检察监督、促进行政争议实质性化解”专项工作先进集体和个人。

**【公益诉讼检察】** 2020年，全面加强公益诉讼检察。办理民事和行政公益诉讼616件、刑事附带民事公益诉讼64件。通过诉前程序，推动解决问题556个，以良性互动助力法治政府建设。深入开展“守护美好生活”“碧水润家园”等专项工作，1个集体和6名个人被评为专项工作先进集体和个人。聚焦安全事故多发易发、安全监管漏洞多、风险隐患大等突出问题，办理安全生产领域公益诉讼案件175件，推动排查化解重大安全隐患500余个，为全州安全生产专项整治工作提供司法保障。

**【队伍建设】** 2020年，坚持政治建检，强化党的政治领导，严格落实向党委请示报告重大事项制度，主动向州委、省院请示报告工作52次。全面落实意识形态工作责任制，注重弘扬法治正能量，两级院5个官方微博、微信影响力位列全省检察机关前十名，望谟县人民检察院抖音在《检察日报》“抖说民法典”活动中获“最佳普法账号”，3部微电影在中央政法委、最高检举办的“三微”评选中获奖。坚持业务强检，深入开展“月见庭审”岗位大练兵等活动44场，757人次受训，组织全员线上线下培训69期，参训1788人次，开发的2门优质课程入选被最高检采用，13名干警在各类技能竞赛中被省院评为“十佳公诉人”或“业务标兵”。

**【检务公开】** 2020年，自觉接受人大监督和政协民主监督，向两级人大常委会报告工作47次，州检察院专题向州人大常委会报告落实认罪认罚从宽制度情况，在人大监督下推动制度落实。邀请436名代表委员视察检察工作，对代表委员提出的92条意见建议逐一办理、认真答复。自觉接受社会监督，常态化开展检察开放日活动，邀请各界人士470余人次走进检察机关。构建检务公开新机制，按季度发布检察业务数据，及时公开法律文书3673份，公开案件信息7387条，深化12309检察服务中心建设，畅通“信、访、网、电”等立体化诉求表达渠道，网上网下接待接访律师、诉讼代理人、群众等1962人次，处理答复率100%，确保司法公正让人民群众看得见、听得懂、能评价。

（匡晶晶）

## 法 院

**【概况】** 2020年，全州法院坚持以习近平新时代中国特色社会主义思想为指导，坚持服务大局、司法为民、公正司法，忠实履行职责使命，圆满完成各项工作任务。全州法院有正式干警737人，其中，研究生学历47人，本科学历618人，大专及以下学历72人。中院政法编制人数122名，实有人数104人。

**【审判工作】** 全年受理案件7.02万件，办结6.2万件，标的额85.3亿元，同比分别上升16%、12%和23%。发回重审改判率、一审息诉服判率等主要办案质效指标位居全省前列。员额法官人均结案299件，排名全省第三。其中，中院受理6322件，审结5761件，同比分别上升2.9%和2.2%。

**【执行工作】** 2020年，巩固深化“基本解决执行难”成果，执结案件2万余件，到位金额17.3亿元。创新实施执前督促、悬赏等制度，发布悬赏金额3924万元，促进诚信社会建设。加大失信惩处力度，将11285名被执行人纳入失信“黑名单”；罚款2件次、拘留425人；

2020年9月23日，州法院开展“黔山雷暴之‘六稳、六保’”专项执行行动

（张凤利 摄）

2020年4月16日，全州法院召开执行局局长工作会议暨执行工作业务培训

（张凤利 摄）

以拒执罪追究2人刑责。着力解决财产变现难，通过网络平台举行司法拍卖，拍卖成交率达69%，溢价率达30%，为当事人节省佣金451万元。

**【司法改革】** 2020年，完善审判权力和责任清单，坚持院庭长办案常态化，全州入额院庭长办结重大疑难案件9297件，占总结案数15%。落实员额法官考核、惩戒机制，对200件重点案件开展评查，对发现问题运用“四种形态”严肃追责。完善发改案件错误等级评定机制，发布通报23期。探索推进案件繁简分流，做到“简案快审、繁案精审”。率先在全省推行类案与关联案件强制检索机制，审委会讨论案件需提交类案检索情况，吸纳全国审判经验避免“同案异判”问题。联合州公安局、卫健局出台《罪犯暂予监外执行组织诊断工作实施办法》，属全省首家建立组织诊断机制的法院。加强智慧法院建设。新建8个科技法庭，联合兴义监狱建成罪犯庭审专用科技法庭。升级档案系统服务及存储设备，完成诉讼电子卷宗深度应用数据迁移。抓好政法机关跨部门大数据办案平台运用，考评指标保持全省最优。率先在全省配置智慧语音识别系统，实现庭审陈述同步识别为文档文字。提升智能化辅助水平，构建全业务网上通办、全流程依法公开、全方位智能服务的智慧法院新格局。

**【司法为民】** 2020年，注重民生权益保护，审结涉民生案件2841件。深化家事审判改革，办结婚姻、继承等家事纠纷6896件；加大司法救助，为当事人缓、减、免诉讼费612万元。全力配合妥善化解涉及群众144人、涉案标的8447多万元、历时多年的原共青林场历史遗留问题。深入贯彻立案登记制，对依法应当受理的案件一律敞开大门。发挥跨域立案、移动微法院平台作用，有效解决疫情期间老百姓诉讼难问题。开展“入村寨进社区走企业访群众”大走访活动，深入村寨逐家逐户聆听司法心声。兴仁、贞丰法院利用“午间法庭”“周末法庭”为上班族、务工者以及农忙时节农民开庭审案、排解纠纷。望谟法院加大“双语”法官培养，让语言不再成为少数民族群众维护权益的沟壑。

**【扫黑除恶】** 2020年，牢固树立“铁案”意识，深度聚焦“打伞破网”“打财断血”，全力以赴打赢扫黑除恶收官战。截至2020年底，全州受理的114件黑恶案件全部审结。黑恶案件财产处置到位率80%。“案件清结”“黑财清底”成效走在全省前列。中院一篇判例被最高法院评为全国优秀案例三等奖；2名干警被州委推荐为全国扫黑除恶先进个人评选对象。

**【反腐倡廉】** 2020年，审结贪污、贿赂等职务犯罪案件28件28人，其中被告人原职级为科级11人、县处级3人、厅局级以上1人。依法审结遵义市委原常委、原常务副市长王某某受贿案，毕节市司法局原党组书记、局长张某某受贿案等一批社会高度关注的职务犯罪案件，彰显有腐必反、有贪必肃的坚定决心。

**【脱贫攻坚】** 2020年，依法审结金融扶贫、贫困地区项目建设等案件78件，标的额1845.2万元。2人因挪用扶贫资金被判处刑罚。全州法院共派出214名干警常年驻村帮扶，为扶贫点协调项目11个、

2020年6月1日，黔西南州中级人民法院主任龙春燕一行到兴仁市联庄村、大屯村开展“六一”儿童节慰问（何 微 摄）

2020年5月12日，黔西南州中院召开全州法院2020年党风廉政建设和反腐败工作暨警示教育会议 （张凤利 摄）

资金156万元，捐款捐物28万元，化解困难600余件。贞丰、晴隆法院细化新市民居住区巡回审判工作机制，服务搬迁群众“最后一公里”。

【司法公开】 抓好司法公开四大平台建设，庭审直播2.36万件，被点播767万次；审判流程有效公开率99%，排名全省第三。前往机关、社区、校园、村组举行法治讲座56场，开展《民法典》专题宣讲8场。打造“两微一快一抖”新媒体传播矩阵，传播法治好声音。全年发布图文信息4036条，宣传视频1656条，制播电视新闻54期。中院拍摄的反家庭暴力微电影《从此陌路》，被贵州省妇联、省妇儿工委评为同类作品三等奖。兴义法院、普安法院分别被中央政法委和最高法院官网授予“全国法院抖音直播优秀奖”等五个奖项。

【队伍建设】 2020年，坚持抓党建带队建促审判，教育干警严守政治纪律，坚挺政治规矩。认真接受州委巡察和省法院司法巡查，扎实抓好问题整改。突出先进典型示范引领，开展向李庆军、胡国运等先进学习活动，8个集体16名个人受到州级以上表彰。选派43期832名干警参加学习培训，提高法律适用、化解矛盾、群众工作能力。深入开展《民法典》专题培训，做到全员覆盖、反复学习，提升理论水平与实用能力。推选8名干警到上级法院挂职锻炼。继续与贵州大学、贵州民族大学等高校搭建合作平台，促进优势互补。完成最高法院、省法院重点课题各1篇。2篇裁判文书分别荣获全国法院国家赔偿优秀文书二等奖、审判业务优秀成果三等奖。5篇文章被《中国审判》《人民司法》《贵州审判》等刊物采用。1篇调研报告入选《贵州法治发展报告（2020）蓝皮书》。严格落实“一岗双责”，让失责必问成为常态。坚持刀刃向内，以零容忍态度严惩司法腐败，全年查处违纪违法干警17人。深入开展“以案释德、以案释纪、以案释法”警示教育，汲取教训、举一反三，堵塞漏洞、健全机制，塑造风清气正司法生态。

（何 微）

## 司法行政

【概况】 2020年，黔西南州司法局坚持以习近平新时代中国特色社会主义思想为指导，贯彻落实中央、省委、州委决策部署，围绕中心、服务大局，助脱贫、战疫情、促平安、保稳定，为全州决战脱贫攻坚、决胜同步小康提供有力的法律服务保障。

2020年9月24日，省检查组对黔西南州“七五”普法进行检查验收，图为省检查组副组长、省司法厅副厅长冯小山（右一）对法治产品拍照

（州司法局　提供）

**【法治政府建设】** 依法开展立法工作，完成《黔西南布依族苗族自治州自治条例》注释文本和修改对比稿。参加《黔西南布依族苗族自治州民族医药保护与发展条例（草案）》《黔西南布依族苗族自治州教育条例（修正草案）》审议、修改工作。做好《黔西南州历史建筑保护管理办法》废止相关事宜。州政府探索政府立法第三方起草和评估方式，与中国政法大学就政府立法第三方起草和评估相关事宜签订《合作框架协议》。

立案审查、行政复议、行政应诉工作。2020年，收到行政复议申请104件，其中受理96件，不受理8件。已审结复议案件92件（含2019年结转22件）。办理经州人民政府复议的行政应诉案件28件，其中一审应诉案件22件，二审应诉案件6件。

执法监督。利用线上网络开展执法监督，在贵州省行政执法综合监督管理信息平台录入监督主体部门10个、执法部门367个、审核通过权责清单13.04万条。通过贵州省行政执法管理系统对全州持有贵州省行政执法证的5792人，持有行政执法监督证的68人进行大数据动态管理。审查行政规范性文件41件（其中：县、市27件，州直单位14件），对其中内容违法的5份行政规范性文件发出书面《审查意见函》进行纠正。组织开展涉及省政府和省政府办公厅行政规范性文件、野生动物保护地方政府规章和行政规范性文件专项清理工作。

2020年5月28日，秦昌政带队到州中级人民法院开展诉调对接工作

（州司法局　提供）

政府法律顾问工作。加强行政规范性文件合法性审核。审查州政府拟出台文件37件，提出修改意见和建议135条。审查《宁波市·黔西南州2020年深化东西部扶贫协作促进稳岗就业协议》《黔西南州人民政府吉利科技集团有限公司战略合作协议》《中央音乐学院　黔西南州人民政府文化扶贫对口帮扶合作协议》《新建盘县至兴义铁路黔西南州兴义市境内段征地拆迁工作协议书》等州政府合同协议共45件，提出意见建议197条。办理《黔西南州人民政府小车修理厂改革工作方案》等政府重大事项、重要工作的合法性审查共17件，提出意见建议58条。外聘法律顾问参与办理州人民政府合同协议、政府重大事项、重要工作、重大行政规范性文件等

的合法性审查共计57件，提出意见建议379条。

【人民调解】 2020年，与州信访局联合下发《黔西南州关于加强人民调解参与信访矛盾纠纷化解工作的意见》，设立信访矛盾纠纷人民调解委员会9个，信访矛盾纠纷人民调解工作室1个，全州信访矛盾纠纷人民调解组织在各县（市、新区）层面实现全覆盖。与州中级人民法院、州公安局四家联合下发《黔西南州“公安＋法院＋司法行政＋N”联动调解机制》，共同对辖区内各类矛盾纠纷特别是涉及易地扶贫搬迁方面的矛盾纠纷进行调处。下发《关于加强和规范一站式服务平台建设统筹推进新形势下矛盾纠纷多元化解的实施意见》，进一步整合法院、公安、司法、信访、人社、卫健、住建、生态环境、自然资源、市场监管、农业农村等部门线上线下调解资源，全力构建矛盾纠纷大服务、大联动、大调处格局。全州共调解各类矛盾纠纷10317件，调解成功10201件，调解成功率98.89%，涉及金额21029.42万元。

【特殊人群监管】 2020年，推动州局及各县市区司法局指挥中心接通“天网工程”，实现社区矫正监管信息化、智能化。全国“两会”期间，由局班子成员分别带队，对全州9个县市新区司法局社区矫正监管情况进行督导。全年累计接收社区矫正对象13617人，累计解除矫正11820人，在册社区矫正对象1797人（其中管制9人，缓刑1605人，假释146人，暂予监外执行37人）。重新犯罪5人，重新犯罪率0.2%。办理执法变更27起，其中撤销缓刑收监执行23起，撤销假释1起，暂予监外收监执行3起。调查评估639件、警告75起、治安处罚15起（行政拘留7起、行政拘留且罚款8起）、居住地变更迁出起26起。全州安置帮教人员在册总数13674人，全年共接纳刑满释放人员3197人，安置2888人，帮教3197人。

【律师工作】 2020年，引导律师参与脱贫攻坚工作，全州律师捐款捐物共计52.7万元，在全省捐款捐物数排名第二。全州律师服务复产复工企业216家，审查合同253件，出具法律意见书85份，解答法律咨询903次。全州组建律师服务团队9个，为53家民营企业深入开展体检，宣讲法律法规及政策70次，审查合同65件，提出法律意见建议90条，形成体检报告53份。开展专职律师违规兼职行为清理工作，涉及律师事务所

2020年10月15日，州长杨永英（前左八）到州维权站调研与工作人员合影 （州司法局 提供）

2020年1月8日，受援群众向州司法局法律援助中心赠送锦旗

（州司法局 提供）

13家，共33名律师，其中整改后继续执业32人，注销律师执业证1人。全州63家律师事务所、599名执业律师担任法律顾问1035家，办理刑事诉讼辩护及代理2231件，民事诉讼代理9735件，行政诉讼代理327件，非诉讼法律事务453件，咨询和代写法律文书15142件，仲裁业务210件，提供法律援助3083件，参加公益活动163次。

**【公共法律服务】** 2020年，创建36个新市民公共法律服务室。全州受理并批准法律援助案件6292件，解答法律咨询7691人次。办理公证案件3681件，办理司法鉴定案件3087例。开展助力农民工讨薪法律宣传活动331场次，接待农民工法律咨询3597起，办理农民工法律援助案件996件，为农民工挽回经济损失985.8万元。

**【普法依法治理】** 2020年，在全州国家机关持续开展宪法学习宣传教育活动，推动宪法学习宣传常态化。开展“宪法宣传周”系列活动。出资10余万元，与州文化馆、晴隆县党委政府到扶贫点长流乡双龙村、兰田村联合举办“听党化、感党恩、跟党走、数变化”系列活动，参与群众近2000人，群众反响良好。邀请贵州民大法学院副教授傅智文赴黔西南为全州广大领导干部讲授民法典。完成“七五”普法检查验收各项工作任务。上传资料信息53711条，名列全省第一。9月24日，省政府副省长、省法治宣传教育工作领导小组副组长郭瑞民率省检查验收组一行赴黔西南州开展“七五”普法实地验收，对黔西南州“七五”普法工作给予充分肯定。

**【疫情防控】** 印发《关于做好全州司法行政系统疫情防控工作的通知》，以战时状态做好疫情防范各项工作。编制《疫情防控时期法律知识手册》，引导广大人民群众依法支持和配合疫情防控工作，开展防疫知识竞答全州参加知识问答人数4.99万人次。通过《金州法治时空》广播栏目，邀请州卫健委相关领导做客直播间，向全州听众讲解宣传卫生健康系统法治建设、当前疫情防控政策措施及相关法律法规。协助州委加强“两监一所”疫情防控工作，协调相关部门将兴义监狱、海安监狱、州强戒所纳入政府一级防控单位，确保“两监一所”疫情零发生零感染。

**【脱贫攻坚】** 2020年，全州司法行政系统共选派20名干部职工与公安部门组建“护航战队”赴晴隆、望谟开展护航行动。制定《黔西南州司法局关于对双龙村兰田村脱贫攻坚挂牌督战工作方案》，组建督战工作队按照督战到村8项任务及督战到户10项任务开展督战，每轮督战后召开局党组会议进行分析研判，帮助协调解决督战中发现的问题。共开展9轮督战，发现共性问题7个，个性问题64个，已全部整改核销完毕。

**【工作成效】** 2020年，州为民维权矛盾化解中心创始人陶旭明获州政府授予“黔西南州优秀公益律师”荣誉称号；州司法局获州直机关工委“让党中央放心、让人民群众满意的模范机关”荣誉称号，局机关被推荐为“省级文明单位”候选单位，局机关2名个人获司法部表彰。

（苏中华）

# 军 事

## 兴义军分区

【概况】 2020年，兴义军分区把政治建军放在首位，加强战备工作，落实战备值班制度，开展国防潜力调查核查，做好后勤综合保障，参与地方建设，完成脱贫攻坚各项任务。

【思想政治建设】 2020年，以4个季度党委中心组带机关理论学习、16次双周理论学习为抓手，跟进学习习近平主席最新讲话精神，突出党的十九届五中全会精神学习。持续巩固两项主题教育成果，开展“五从五看五增强”（从取得伟大历史成就，看党的坚强领导，增强忠诚品质；从强大组织动员能力，看巨大制度优势，增强四个自信；从临危受命挺身而出，看人民军队中流砥柱，增强使命担当；从白衣甲冒死驰援，看最美逆行英雄壮举，增强战斗精神和血性；从群防群控团结奋战，看全国人民万众一心，增强战疫必胜信心）教育实践活动，推动党的创新理论武装走深走心走实。召开军分区第十二次党代表大会，选举产生新一届党委班子，党的组织建设进一步加强。贯彻落实《中国共产党军队党的建设条例》和省军区《加强团级以上党委建设的措施》，进一步提升师团两级党委班子建设水平。统筹抓好涉郭徐房张信息清理、参加社团清理整治、巡察问题整改、政治领域官僚主义纠治4项清理整治工作。务实召开州委议军会和党管武装工作会议，推动《关于进一步

2020年11月25日，兴义军分区召开军分区第十二次党代表大会
（兴义军分区　提供）

2020年6月24日，兴义军分区开展防汛救援战备演练（兴义军分区　提供）

兴义军分区2020年度群众性练兵比武　（兴义军分区　提供）

加强党管武装工作的十五条具体措施》落地落实。严格落实军委主席负责制“信息服务机制”，全年共在省级以上媒体刊稿用稿712篇、央视七台军事频道6条，要讯工作取得全省第一名。

【战备训练】　着眼应对强敌加强战备工作落实，以严格落实战备值班制度为抓手，规范各项战备秩序，修订完善国防动员和非战争军事行动等方案计划14类，推进光传输网扩容升级、战备库室升级改造等建设。组织防汛救灾战备应急演练，出动民兵参与防汛救灾3次、灭火救援16起。全要素全流程参加省军区演习，组织民兵应急分队参加省军区战备拉动点验。学习贯彻军事训练《条例》《大纲》，创新开展“金州讲武堂”活动，统分结合落实首长机关训练，集中组织重点课目训练考核和群众性练兵比武活动，完成基干民兵集中轮训。持续深化学生军训改革，完成全州4万余名学生军训任务。以打“翻身仗”的决心力度抓好民兵整组工作，先后4次召开推进会推动46个问题整改，分步推进民兵营（连）部规范化建设，完成基干民兵和普通民兵调整编建和整组任务，接受省军区民兵调整改革检查验收和国防动员部抽查，成绩排名靠前。

【国防动员工作】　2020年，开展国防潜力调查核查，统计上报数据9万余条，梳理五大领域重点潜力清单59条。针对疫情、两征推迟和高考延期等影响，采取积极措施，围绕“五率”考评指标，紧盯兵役登记、宣传报名、体检政考、役前教育训练、审批定兵、输送保障、跟踪回访和退兵协调等关键环节，全过程抓实抓细。兵役登记提前4个月完成；大学生和大学毕业生征集比例分别达到87.41%、40.27%，均较前一年有大幅提升；退兵比例连续4年控制在1%红线内，无责任退兵；严格落实廉洁征兵各项制度，未发现廉洁征兵问题，圆满完成新兵征集任务，征兵工作取得全省第三名的历史最好成绩。组织基层专武部长开展业务集训，进行资格认证，参加省军区专武部长集训，综合成绩排名全省第二。积极运用省军区基层武装部规范化试点建设成果，推进完成州内基层武装部达标建设任务。

【综合保障工作】　2020年，开展“强化廉政主管责任，纯正后勤

2020年5月30日，兴义军分区协调组织召开“黔货出山进军营洽谈会”
（兴义军分区　提供）

2020年2月19日，军分区、市人武部二级联动，出动民兵支持糖厂复产，收割甘蔗，助力蔗农增收
（兴义军分区　提供）

2020年8月26日，兴义军分区组织黔西南州军校录取生欢送大会
（兴义军分区　提供）

行业生态”专题教育和行业领域问题整治，完成家底经费清理清查，整改“八一公园”“刘氏庄园”两个擅自处置项目历史遗留问题。统筹做好经费物资、运输卫勤、装备营房综合服务保障，销毁处理报废装备，接收配发装备车辆，维修改造公寓房。常态抓好疫情防控工作，严格落实各项指示要求，保持疫情“零感染”。以分区党委名义给官兵家属发出慰问信温暖人心，着眼有效发挥“六个作用”，组织民兵参与地方疫情防控工作，圆满完成各项任务。助力复工复产的新闻在央视军事频道和《中国国防报》头版头条刊发；协调驻地银行加大金融扶持、出台“四个一线”人员参军优惠措施、助力学生返校复学的做法被国动部要讯转发。

**【参建参治工作】** 参与地方打赢脱贫攻坚硬仗，按照“量力而行，真抓实干，全程帮扶”的思路，接续抓好4个乡镇12个村包保帮扶工作，走访调研30余次，研究确定具体帮扶举措110余条，先后投入195万元巩固脱贫攻坚成果，持续帮扶义龙新区尖山苗寨小学、楼纳八一爱民学校，改善学校教学条件。协调做好“黔货出山进军营”工作，召开洽谈会遴选确定28家优质企业和167类农特产品，协调参加贵州省“黔货出山进军营”薏仁米产品展示展销现场会，扎实推进军队消费扶贫在军分区范围内有效落实。积极做好双拥工作，2020年，黔西南州再次荣获“全国双拥模范城”，双拥共建根基进一步夯实。

（兴义军分区）

# 武警黔西南支队

【概况】 中国人民武装警察部队黔西南支队（简称武警黔西南支队），成立于1982年8月1日。2018年1月1日零时起，中国人民武装警察部队由党中央、中央军委集中统一领导，实行中央军委—武警部队—部队领导指挥体制。中国人民武装警察部队黔西南布依族苗族自治州支队改为中国人民武装警察部队黔西南支队。

部队主要担负执勤、处突、反恐和抢险救援任务。支队机关驻兴义市鲁屯镇营盘脚。

支队连续三届被省委、省政府表彰为“拥政爱民模范单位”。

2020年，支队被武警部队表彰为“安全工作先进单位”和“暑期百日安全竞赛优胜支队”，2人被表彰为先进个人；20名官兵被支队表彰为“精武强能标兵”。

【战斗力建设】 2020年，完成安龙、册亨、晴隆、兴仁、兴义中队“智慧磐石”工程建设。全年，完成武装押解、押运、联勤巡逻、军训任务，均做到万无一失。以“八个体系”战备建设，优化战备值班力量，全面规范战备秩序，细化处突维稳、抢险救援等预案方案，完善应急指挥、力量编成、装备物资等各项准备，常态组织战备演练和实战化检验拉动；紧紧扭住“八落实”，以“岗位大练兵”为载体，紧跟实战化训练步伐，部队军事训练水平呈向上向好的发展态势。

2020年3月13日，支队部队快速集结 （武警黔西南支队 提供）

【思想政治建设】 2020年，持续推进“主席的话儿记心上”学习实践活动，引导官兵自觉“日记一句话、周学一篇文、月写一心得”。坚持常委领导讲大课、“十佳”教员讲“六课”、优秀骨干讲“微课”，研究推广“课堂教育＋文化活动＋随机教育＋谈心交心”新方式，探索“网络＋教育”新模式，用好大众传媒和思想政治教育云平台。持续推进武警部队“金华会议”精神贯彻落实，完成基层“六室一场”文化设施建设。营造“阅读让思想飞、书香伴智慧行”的“书香军营”，全面推进数字化图书馆建设，逐步引进文化娱乐系统、数字阅读机、朗读亭等数字资源设备配置。积极推动文化建设军民融合发展，与州、县（市）文旅部门签订军民协同发展协议，挂牌驻地图书馆、文化馆武警分馆，盘活驻地资源打造支队精锐文化品牌。组织“卫士风采”系列文化活动，持续开展“五送”活动下基

2020年3月13日，支队组织登车，开展训练 （武警黔西南支队 提供）

2020年4月4日，支队召开贯彻落实"金华会议"精神推动基层文化工作动员部署会
（武警黔西南支队　提供）

层，深化运用推广"一队一品+N个兴趣小组"，组建支队、大队"强军风采"文艺小分队和"加油小乐队"。

【后勤保障建设】　2020年，严格遵守财经纪律、落实各项规定要求，指导机关、基层认真研究上报预算，有序推进后勤领域重点问题整肃治理工作；完成总队财务专项检查组检查问题整改治理，组织协调解决2013年以来支队两项历史遗留问题审计结算工作，共计经费110余万元；完成2018年以前及2019年历年结余经费清理上缴工作。完成新机关搬迁后的资产清查，基层建立健全电子资产账，资产管理工作初见成效。

营房建设方面：2020年直接投入经费用于基本建设。

新冠肺炎疫情防控方面：2020年卫生队门诊治疗量达1500余人次，住院收治95人次，转诊上级医院治疗18人次。年初新冠肺炎疫情暴发后，卫生队高度重视，其间，机关基层设置隔离观察室108个，共计隔离观察200余人次，先后开支经费28万余元，购买各类防疫物资800件（套）。协调地方保障口罩4000个，特别是针对疫情进入常态化防控后，支队疫情领导小组召开专题会议，研究制定支队疫情防控"十八条措施"。支队疫情防控做法被总队摘转，坚决实现新型冠状病毒肺炎疫情"零输入、零感染"的双零目标。

【贯彻落实"金华会议"精神】　2020年，支队党委把贯彻落实"金华会议"精神作为年度工作开局起步的大事、推进"十三五"规划落实的要事，支队首先采取党委中心组集中学习、常委会专题讨论、政工例会动员部署等方式，认真学习习近平主席关于新时代中国特色社会主义文化建设的一系列重要论述和金华支队试点成果，引导班子成员自觉站在强国强军的高度领会加强基层文化建设的内涵要义，自觉把文化建设纳入单位发展总体规划，纳入战斗力体系建设，纳入经常性基础性工作，实现文化建设与各项建设相互渗透、融合发展。支队机关秉承挖掘部队特质、融入驻地特色，注重思想性、功能性、艺术性相统一，坚持设计方案全覆盖、一条主线贯到底、特色文化见亮点，以基因红、橄榄绿、建筑灰为基本色调，以墙、道、林、场、园、廊为基本构架，以突出重点、平衡协调、简约大方为基本原则，通过画龙点睛、锦上添花，打造忠诚信念、红色大道、强军大道、军史长廊、平语近人、精武强能6大板块，构建支队政治文化环境建设新格局。

【疫情防控阻击战】　自新型冠状病毒肺炎疫情发生后，支队坚决贯彻党中央、习主席的决策指示，及时成立疫情防控领导小组，建立应对疫情领导小组，第一时间召开疫情防控领导小组会议，结合上级疫情防控工作会议精神，对本级处置应对疫情工作作出一系列专题部署，明确防疫工作的责任、措施和流程，要求全体官兵思想要重视、行动要迅速、措施要有效。通过层层安排部署，党委领导分片区督导疫情防控工作，减少集中开会频次，设定紧急会议参会人数上限，且必须戴口罩。并建立疫情防控工作日报制，明确基层疫情防控联络员，确保疫情信息收集"零失误"，确实收集疫情防控第一手信息数据真实有效无误。加强流动人员管控，实行封闭式管理，取消人员休假，严格控制人员外出；严格落实营区卫生管理制度，对营区重点部位进行消毒；为执勤哨兵配发口罩、温度计、消毒液等防护设备，对进入营区人员进行体温测量、消毒防疫，切实封堵疫病源头。支队参加总队的疫情防控知识辅导授课，了解病毒发生及传播途径，增强个人防病能力和卫生防病意识。同时，还制作宣传手册，下发部队，做到人手一本，全面加大卫生防病及疫情防控知识宣传。严禁官兵在微博、微信等网络媒体转发、传播有关新型冠状病毒相关信息，做到不造谣、不信谣、不传谣。发挥党组织战斗堡垒作用和党员先锋模范作用，大力宣讲党的方针政策和疫情防控相关知识，普及新型冠状病毒、口罩佩戴、消毒液使用、饮食卫生等方面健康常识，激发官兵参与打赢疫情防控阻击战的热情和信心。开展环境整治，对办公地区、厕所、公共场所等区域进行不留死角、不留盲点地灭菌、消毒，净化各类病媒生物滋生环境，还每天定时对进入营区人员和上班人员进行体温测量，做到科学防控。

**【组织战备拉动演练】** 2020年3月13日，黔西南支队严密组织战备拉动演练。本着从难、从严、从实战需要出发的原则，采取“不打招呼、不设预案，紧急出动、快速机动，查摆问题、现场讲评”的方式，组织支队前指带机动大队、“一组五队”实兵实装拉动演练，重点检查执勤战备制度落实情况和部队快速反应能力，对部队战备工作进行全面检验。演练中，参谋长全程指挥；支队长深入一线检查指导，现场督导整改；各级指挥员思路清晰、程序清楚、组织严密；全体官兵闻令而动、士气高昂、携装齐全，展现良好的精神风貌和过硬的战斗作风。

**【兴仁市新农场镇灭火战斗】** 5月7日13时许，黔西南支队接地方政府火情通报：受连日来持续高温、干燥天气影响，兴仁市新农场镇突发山林火灾，大屯、民裕村共6个组376户1471人生命财产和当地森林资源安全受到严重威胁。接到命令后，支队第一时间启动应急响应机制，抽调兵力火速赶赴任务地域，全面投入灭火战斗。

16时25分，机动一中队接到出动命令后，在副政委的带领下第一时间出发，克服火场地处偏远、坡陡路窄，山火产生的灰烬烟雾导致能见度低等困难，仅用50分钟于17时15分顺利抵达集结地域，按照联合指挥部的指挥第一时间展开扑救。

根据联合指挥部的安排，参战官兵主要担负疏散群众、扑灭山火、清理烟点等任务。官兵进入火场后，一路纵深推进，不断扑打火点，与肆虐的山火展开较量。针对任务重、时间长、隐蔽大的实际，支队政委赶赴现场指挥行动。经过近12个小时的奋战，参战官兵共扑打火点、清理烟点10余处，最终于次日凌晨3时02分将所有着火点全部扑灭，无人员损伤。

**【赴革命烈士陵园举行公祭日活动】** 9月30日，武警黔西南支队官兵参加各县、市(区)举行的烈士纪念日公祭活动，缅怀先烈寄哀思，弘扬革命精神。

公祭仪式结束后，还组织官兵进行现场教育，学习革命先烈天下兴亡、匹夫有责的爱国情怀，视死如归、宁死不屈的英雄气概，百折不挠、坚忍不拔的必胜信念，引导官兵在重温战争历史、传承红色基因中，不断提高感性认识和理性思考。

(史旺龙)

2020年9月30日，武警黔西南支队官兵赴革命烈士陵园举行公祭日活动
(武警黔西南支队　提供)

## 贵州预备役师炮兵团

【概况】 2020年，预备役炮兵团坚持以习近平新时代中国特色社会主义思想和习近平强军思想为根本遵循，坚决贯彻落实上级党委决策指示，突出“稳字当头、稳中求进”总基调，团结带领全体官兵努力拼搏、奋力开拓，较好完成练兵备战、疫情防控、改革准备、脱贫攻坚等工作任务，部队呈现出政治意识强、练兵备战紧、风气建设正、安全稳定好、精神面貌佳的发展态势。

【思想政治建设】 开展“传承红色基因、担当强军重任”主题教育和党委、机关中心组理论学习，结合庆祝建党99周年，组织官兵到兴义市威舍红军村重温入党誓词、接受现地教育；集中传达学习十三届全国人大三次会议和党的十九届五中全会精神；结合实际开展经常性教育，紧跟时事观看战备教育纪录片，滚动更新营区宣传展板，不断浓厚政治氛围，官兵“四个意识”得到增强、“四个自信”更加坚定。

着眼加强政治建设、能力建设，团临时党委定期跟进学习习近平主席重要讲话精神，努力在学懂弄通做实上下功夫，政治思维、红线意识持续增强；严肃组织“对表主席教诲检视反思”活动，临时党委委员开展深刻的批评与自我批评，普通党员进行全面检视反思发言，全体党员普遍受到深刻党内政治历练，团队政治生态更加纯正。

落实师《“双争”评比实施细则》，规范组织“四有”（有灵魂、有本事、有血性、有品德）优秀个人季度评比、年度总评，实行军事训练与奖励表彰挂钩，4名现役干部、2名预备役军官获师奖励表彰，4名现役干部获黔西南州拥政爱民、脱贫攻坚奖励表彰，先后3次召开大会为现役官兵、预备役军官宣布职务晋升、晋衔授衔命令，官兵荣誉感使命感不断增强。

先后投入15万余元改善官兵居住生活条件；主动为官兵办理家属随军、分居补助、随军补贴等福利待遇，大力开展“帮战友”活动，协调解决官兵子女入学，帮助解决干部家属工作随调，团结和谐的内部关系进一步巩固。

【军事能力建设】 2020年，召开党委扩大会议专题研究战备工作，修订完善12份非战争军事行动预案，形成团队抢险救灾经验成果；根据季节转换，结合重要时节，完成营区应急处突、防汛救灾、消防灭火等3个专题演练拉练；做好战备物资管理工作，全面清查战备物资底数，投入资金采购单兵战斗装具，按标准储备战备食品，完成战备器材室建设和废旧库室整顿，部队应急处置能力得到提升。

区分指挥军官、参谋军官抓好军事体能、技能训练，认真组织军官等级考评和军事训练月考核，整治设置军事体能训练场地，集中开展偏训漏训课目补差，周密组织高危课目安全风险评估和作业实施，安全完成年度军事训练考核，成绩名列全师各团第2名。

克服疫情影响，走访1市3县20家乡镇街道办和企事业单位，新编入兴仁登高铝业、兴义阳光集团等大型国有企业，提高华为大数据兴义分中心、中联创展信息有限公司等高技术企业编组比例，编实编强以兴义市城市综合执法局为主体的应急分队，理顺兴义市辖区各营连编组结构，完成年度编兵整组任务。

【正规化建设】 2020年，开展“抓条令学习，保安全稳定”“平安出

2020年，预备役炮兵团组织“不忘初心，投身改革”主题党日活动，参观威舍红军村期间重温入党誓词

（预备役炮兵团 提供）

行、安全行车”“安全警示月”等活动，组织条令法规普学普考和安全常识授课，组织学习“16保16防”系列丛书，观看《前车之鉴》《肆虐之火》《死囚心路》等安全警示、防间保密教育片，持续提高官兵法治意识；开展作风纪律整顿，完善干部请销假、查铺查哨、车辆审批等规定，部队秩序不断正规。

落实党委议管议密，开展安全大检查、保密大检查，重点排查点位隐患，定期组织营房用电用气巡检，规范官兵用网行为。

从严抓好调整改革过渡期部队管理，细致做好资产清查工作，确保交出明白账、清楚账；结合调整改革直前准备工作，开展年底安全教育整顿，对照重点内容搞好任务分解、问题排查，明确责任到人、限期整改；开展“大谈心大交心”活动，切实掌握官兵思想底数。

2020年8月，预备役炮兵团首长机关带应急分队组织防汛救灾拉动演练

（预备役炮兵团　提供）

2020年8月，预备役炮兵团组织预编分队轻武器实弹射击训练

（预备役炮兵团　提供）

**【综合保障能力建设】** 周密组织疫情防控。第一时间成立领导小组，跟进组织疫情防控专题授课和传达问题通报，坚决落实营区防控措施和防控纪律，常态坚持体温监测、扫码进出、行程监控、营区消杀等制度，采购1万余元防疫物资，严密组织归队干部返营隔离和核酸检测，达成零感染的防控目标。

常态抓好装备管理。落实车炮场日制度，规范设置兵器室、弹药室，细致组织常用车辆装备维护检修。

坚持食谱公开，做好伙食调剂，定期补充更换战备给养物资，及时申领调换适体被装；认真做好日常医疗服务，组织现役官兵到医院体检；完成军地情况对接、土地坐落测量、取回土地证原件等工作；加强营房设施、营产营具的管理维护。

严格落实财经制度。规范执行预算、审批、结算流程，制定团《物资采购工作规定》《资产管理办法（试行）》，全面清查固定资产，依规定按流程组织办公用品采购，委托地方公司进行营区社会化保障项目招标，全面清查官兵公务卡使用情况，及时注销过期公务卡，财经制度有效落实。

**【作风建设】** 严格执行军委十项规定，深入开展“双十条”整治活动，推行评功评奖、晋职晋衔、士官选改等敏感事务公开；坚决贯彻从严治党要求，刚性落实每周党日时间，认真组织党课、报告工作、思想汇报、民主评议等制度落实，将《中国共产党军队党的建设条例》纳入党委、支部集中学习内容，开展“坚持挺纪在前，自觉做严守纪律规矩的表率”党课教育，督促领导干部自觉参加双重组织生活，党员教育管理监督更加严格；认真开展法纪警示教育，组织观看《铁纪强军》教育片，及时传达违纪违规案例通报，不断提高官兵遵规守纪的自觉性；常态开展廉政监督，设立举报信箱、意见箱，公布监督举报电话，开展节假日等重点时节监督检查，确保团队清风常吹、正气常在。

【双拥扶贫】 落实“四个不摘”要求，支援地方经济社会建设，全年累计投入资金10万余元，扶持贫困村开展天门冬中草药种植项目、帮助贫困户养殖肉牛；为大箐村健康小学捐赠8000余元电脑、打印机等办公设备，资助贫困大学生完成学业，开展“1+1”活动资助11名贫困小学生，投入资金用于党建扶贫、村委建设；为受疫情影响的贫困村紧急提供4000余公斤大米渡过难关，春节、“八一”采购1万余元的生活必需品走访慰问困难群众，赢得群众一致好评。团对口帮扶的2个贫困村均实现提前脱贫，为黔西南州打赢脱贫攻坚战、获“全国双拥模范城”表彰做出应有贡献。

（预备役步兵师炮兵团）

2020年10月，预备役炮兵团政委现地考察团重点帮扶项目中草药种植基地建设情况
（预备役炮兵团 提供）

## 黔西南州人防办

【概况】 2020年，黔西南州人民防空办公室共有内设机构3个，分别为综合科、人防工程建设管理科（指挥和信息化科）、州人防工程质量技术服务中心（州人防办信息保障中心），共有干部职工13人；全州9县（市、新区）均设立人防机构，共有人防从业人员37人（其中行政24人，事业13人）。

【目标防护体系建设】 2020年，组织对重要经济目标进行普查、评审。按照省国动委和省人防办要求，确定上报重要经济目标防护试点单位和防护试点目标，指导试点目标单位建立完善组织机构、组建防护专业队伍、编制重要经济目标防护方案、组织开展防护试点。

【组织指挥体系建设】 2020年，完成城市人民防空袭方案制定（修订）。州（市）人防地面应急指挥中心、非涉密专网视频会议系统和第三代短波固定电台建成投用。全年增设人防警报器，国家人防重点城市警报覆盖率达到国家要求；警报系统接入使用国家突发事件预警信息发布系统，应急处突能力不断提高，实现无线统一控制。

【人员防护体系建设】 2020年，采取“1+7”模式启动全州人防建设专项规划编制；与住建、自然资源、综合执法等部门建立联合监管机制，开展人防工程项目建设联合监管。

【专业力量体系建设】 全州各县（市、区）均按照城区人口规模对抢险抢修、医疗救护、防化防疫、交通运输、消防、治安、通信7类人防专业队伍进行整组。2020年，组建人防工程平战转换和人防信息安全防护新型专业队伍，并对专业队伍进行授旗授牌点验。组织开展人防机动指挥所应急通信综合训（演）练，参加全省人民防空机动指挥所跨区域应急通信支援综合演练。邀请陕西烽火电子股份有限公司专业技术人员对黔西南州人防系统人员进行人防机动指挥所理论知识培训；开展人防机动指挥所上机操作技能训练，开展电台语音调试和通信建联训练。

**【支撑保障体系建设】** 2020年，组织全州人防系统干部集中培训，开展人防法规知识和人防工程业务培训，全面提升社会各界对人防政策法规的知晓率；开展国际减灾日宣传活动，发放黔西南州防空防灾应急宣传手册1000余份、防灾减灾宣传围裙1000余件，制作人防防空防灾宣传展板21块，发布“防灾减灾日”公益信息100条，接受群众现场咨询1000余人；聚焦人民防空创立70周年，开展“9·18”人防音响警报试鸣演练暨人民防空新型专业队组建和授牌活动，检验人防警报设施性能，提高人民群众对警报信号的识别能力，强化全民国防观念和防空防灾意识。

**【脱贫攻坚工作】** 2020年，州人防办党组班子和处级干部共深入帮扶点推动脱贫攻坚工作13次，召开座谈会现场办公6次，开展党课宣传1次，传达关键时间节点上级召开的会议和文件精神督导推动工作5次。为人防办主要领导每月深入包保村开展一次脱贫攻坚工作，每月听取一次办驻村干部工作汇报，研究一次脱贫攻坚工作。同时，以“八个一”为主要抓手，扎实开展新一轮“四逐四准”工作，严格按照“四个不摘”的要求，进一步巩固脱贫成果，抓好脱贫攻坚与乡村振兴的有效衔接，全力推进500亩“大红袍”橘子、佛手瓜、沃柑等种植，解决种植中出现的困难和难题，做好已种植的2万株大红袍、6000株沃柑种苗管护，确保群众持续稳定增收。

（陈　蒙）

2020年9月18日，全州人防音响警报试鸣演练暨人防新型专业队组建和授牌活动　（人防办　提供）

# 经济管理

## 宏观经济调控

**【固定资产投资】** 全州2020年500万元以上固定资产投资同比增长7.5%，增速连续33个月排名全省第一。

**【争资融资】** 2020年，争资融资工作取得新突破，争取到中央和省预算内投资补助资金19.44亿元，争取三批次地方政府专项债券资金77.79亿元，累计推送382个项目进入省"两张清单"、198个项目进入省1800亿元融资项目单，分别新增发放贷款82.53亿元、20.58亿元。成功募集两支企业债券共23亿元，注册14亿元绿色债券一支。

**【产业发展】** 2020年，推进农村产业革命，调减低效作物种植面积30万亩，十大农业特色优势产业基本成型，产业基地规模突破500万亩，106个坝区建设全面推进，平均亩产值提高到10290元，粮食种植面积稳定在300万亩以上，实现存栏生猪148万头，林下菌药种植面积突破11.33万亩，农业综合生产能力稳步提升。

出台加快煤炭工业转型升级高质量发展实施意见，煤炭整合技改提速推进，6个煤矿建成投产，新增产能225万吨，煤炭过站量达到1200万吨。开工19个光伏项目，电力总装机规模突破1400万千瓦，发电量达330亿千瓦时。正胤活性炭、鹏昇包装纸、锦兴等重大项目建成投产，制造业占规上工业经济的比重提高到48.9%。实施"双千工程"，改造企业122户，24户企业纳入省级"千企改造"，完成投资177亿元。推进"万企融合"，建成融合标杆项目10个、示范项目100个，带动企业200户，企业上云280户。

全州批发业、零售业、住宿业、餐饮业和规上服务业等主要服务业指标实现扭负为正，消费市场逐步回暖。文化旅游业复苏势头尤其强劲，在全省率先实行景区景点全面开放、A级旅游景区全免政策措施，全州接待游客总人数和旅游总收入恢复到上年同期的七成水平。

**【社会发展】** 2020年，坚持强化"外输、内拓"两手抓，加强与对口帮扶城市宁波市等3省8个东部沿海城市的劳务协作并签署58份稳岗就业协议，促进返岗就业及带动新增就业34.85万人。城镇累计新增就业入库上抒数据为45011人，失业人员实现再就业6643人，就业困难人员再就业4121人，城镇登记失业率3.63%。农业富余劳动力转移就业6.27万人，公益性岗位安置就业困难人员在岗6406人，农民工就业人数3.63万人。

全民参保计划加快推行，参加基本医疗保险人数达302.09万人，城镇职工基本养老保险、城乡居民基本养老保险、失业保险、工伤保险参保人数逐年增长。城乡低保平均标准分别提高到每月642元、每年4316元。发放价格临时补贴1.91亿元，惠及困难群众241.7万人次。

4所新市民居住区配套学校全部建成投用，新建、改扩建公办幼儿园12所，寄宿制学校12所，城镇义务教育学校2所。乡镇、行政村实现农体工程全覆盖，公立医疗机构实现远程医疗和院内信息系统全覆盖。巩固发展3家城市医疗集团、9个紧密型医共体，药品和医疗器械价格持续降低。

**【重大工程和重点项目】** 2020年，全州612个重大工程和重点项目累计到位资金1384.13亿元，累计完成投资1379.42亿元，为年度投资目标（1237.6亿元）的111.45%。开工项目206个，完工项目296个，为稳定全州投资预期提供重大支撑，重大项目建设推进速度在全省持续领先。

**【环境资源】** 2020年，城镇生活污水垃圾处理基础设施、医疗废物无害化处置等方面共有22个项目争取到中央预算和省预算资金支持，争取资金2.4957亿元（较2019年1.021亿元增幅为144.44%），其中：获得中央预算资金支持项目16个，获得资金2.4494亿元，获得省预算资金支持项目6个，获得资金463万元。

16个中央预算项目中，望谟县边饶镇污水处理工程、兴仁市

2020年6月23日，省铁建办在兴义组织召开盘兴铁路全线开工建设征地拆迁启动会 （州发改委 提供）

2020年7月31日，州人民政府副州长李杰主持召开兴义南站站前综合交通枢纽规划审查会议 （州发改委 提供）

2020年9月29—30日，中国铁路总公司工程鉴定中心在贵阳市组织召开黄百铁路可研报告审查会议 （州发改委 提供）

巴铃镇镇区污水综合治理项目等6个污水处理项目建成完工，投资2.0958亿元。兴义市工业园区大宗固体废弃物综合利用基地建设，总投资13.78亿元，已完成投资10.4亿元。贞兴生活垃圾焚烧发电项目开工建设，总投资3.28亿元，完成投资0.96亿元。22个贵州省大生态工程包项目，总投资48.88亿元，已完成40.12万元，投资完成率82.06%，其中12个项目建成完工。

制定《黔西南州2020年生态文明试验区建设工作要点》《黔西南州贯彻落实〈关于进一步加强塑料污染治理的实施方案〉的工作方案》《黔西南州2020年“贵州生态日”系列活动方案》《黔西南州2020年长江经济带工作要点》等，调整《黔西南州生态文明建设目标评价考核方案》，落实生态文明考核制度，完成各县（市）、义龙新区2019年度生态文明建设考核。统筹推进生态文明体制机制改革，自然保护地优化调整、固定污染源排污许可清理和发证登记等6项改革任务全面完成，兴义市河（湖）长制工作获得国务院通报表彰，黄泥河两省三地联动机制成功经验在全省得到推广。

**【经济体制改革】** 2020年，共降低各类成本39.1亿元，超额完成年度目标任务的195.38%。实施煤矿“两化”改造，累计完成4个煤矿综合机械化改造和4个煤矿智能化升级，全州26个正常生产煤矿机械化率达100%。社会信用体系改革全面展开，加强全国信用信息共享平台（贵州黔西南）建设，全年录入新增数据归集6000万条，6家企业获得第二届省级诚信企业称号。及时落实用电价格政策，对疫情防控期间企业执行支持性电价政策，阶段性降低贵州省除高耗能行业用户外，现执行工商业及其他电价类别的电力用户用电成本。市场监管体制机制改革持续深入，2020年全州培育新增市场主体46606户，推动“双随机、一公开”监管常态化，共梳理监管事项目录清单1002项、行政检查事项938项、检查实施清单865项，实现同一监管事项名称、编码、依据、类型等基本要素统一。

**【价格监测】** 2020年1—12月，全州居民消费价格指数累计上涨2.7%，低于调控目标（3.5%以内）0.8个百分点，涨幅控制在政府调控目标以内，市场物价总水平基本稳定。

严格执行和实施省、州各级各项价格监测报告制度16个，在节日、疫情、汛期等非常期间，重点启动4个应急价格监测日报告制度，共监测农副产品、重要商品、煤炭及电煤、建筑材料、医用相关商品物资价格等370余个品种，汇总报送各类价格监测表500余期，圆满完成2020年度价格监测任务。密切关注和掌握市场价格动态，适时反映市场供应和价格情况，重点对农贸市场、超市、粮油批发市场开展市场价格监测巡查和实地采价50余次，共填报全州《市场价格巡查情况统计日报表》50余期。做好价格信息服务工作，发布价格信息及分析报告100余期，并按时完成价格信息约稿和政务信息工作任务。编发深度贫困地区特农产品价格监测信息专报20余期，协同农业、教育部门做好非洲猪瘟疫情防控、校农结合工作，定期向其提供相关价格信息各200余期。向州蔬菜专班提供市场蔬菜价格监测情况，填报蔬菜重点工作推进台账周报表11期。认真做好房地产市场等专题价格调研工作，房地产市场健康发展建言献策。会同有关部门落实价格联动机制，全州全年共发放临时价格补贴1.97亿元，惠及低收入群体253万人，向省发改委和州政府报送价格补贴资金发放情况调度表和专题报告40余期。牵头起草节假期、疫情期间等重点时期和医疗物资、生猪等重要商品保供稳价方案，落实省价格调控有关安排部署，州县发改和农业等部门协同合作，共同处置册亨县、望谟县生猪及产品价格偏高情况，普安县出现短期生猪供应短缺情况，望谟县消毒液、酒精等医用防控物资出现供应短期短缺情况，使当地市场供应尽快恢复正常，价格有所回落，确保市场总体基本稳定。2020年获得国家价格工作先进集体表彰。

**【粮食储备】** 2020年，全面完成州、县级粮油储备目标任务。州县级储备粮任务56800吨，完成64319吨，完成目标任务的113.2%。县级储备油任务5100吨，完成5100吨，完成率100%。州县级成品粮储备任务5200吨，完成5650吨，完成目标任务的109%。

**【西部开发】** 2020年，制定印发《黔西南州积极融入新时代推进西部大开发形成新格局工作措施》

《黔西南州贯彻落实贵州省关于新时代推进西部大开发形成新格局2020年重点工作实施方案任务分工方案》。争取到省下达2020年西部大开发重点项目前期工作专项补助资金200万元。组织上报2020年度东部城市对口支持西部地区人才培训需求，开展东部城市支持西部地区人才培训实施情况评估及问卷调查。

制定印发《黔西南州进一步深化改革扩大开放推动内陆开放型经济试验区建设工作措施》《黔西南州参与和推进贵州内陆开放型经济试验区建设2020年工作要点》《黔西南州进一步促进区域协调发展工作措施》。组织各县(市、新区)申报2021年度省级内陆开放型经济试验区建设专项资金需求。协同开展“一带一路”境外项目风险排查、“一带一路”建设安全保障。

**【以工代赈】** 2020年，围绕贫困地区产业发展配套基础设施建设争取省发展改革委下达以工代赈资金11086万元。其中，800万元支持望谟县发展杧果产业，1500万元支持望谟县“一县一业”生态板栗产业扶贫项目，3090万元支持望谟县坝区、贫困村产业发展配套基础设施建设，2750万元支持晴隆县“一县一业”茶产业扶贫项目，1500万元支持册亨县“一县一业”特色林产业扶贫项目，300万元支持安龙县山地刺梨产业配套基础设施建设，350万元兴仁市潘家庄南冲河至下溪以工代赈示范项目，796万元支持兴仁市开展国家以工代赈巩固脱贫攻坚成果衔接乡村振兴战略试点实施真武山街道办产业基础设施示范项目建设。

（州发改委）

## 招商引资

**【概况】** 黔西南州投资促进局于2011年10月正式成立，隶属于州发改委管理，为正县级参公事业单位。州投促局三定方案核定参公编制18人，内设项目科、招商科、督查科和办公室，下设黔西南州投资促进服务中心(原黔西南州招商引资项目代办服务中心，正科级事业单位，事业编制4人，事业工勤编制1人)。

2020年全局实有人员19人，其中：参公15人，事业3人，事业工勤1人；正县级1人(编制在州发改委)，副县级2人，正科级4人，副科级3人(含2名事业副科)，科员及工作员9人。

**【招商引资指数】** 2020年，全州共新引进重点产业项目447个，实现重点产业项目到位资金440.18亿元。全年全州对接洽谈企业1131家(次)，其中“走出去”拜访企业324家(次)，“请进来”考察洽谈807家(次)。

在贵州省经济发展综合测评增比进位指标中“招商引资指数”(暨2020年产业大招商工作成效综合测评)排名全省第三位，“营商环境评价指数”排名全省第八位。

**【党政领导带头招商】** 2020年，州委书记刘文新、州长杨永英分别率队赴北京、宁波、上海、广州、深圳、武汉等地开展招商引资活动共9次，促成广东致远新材料有限公司在义龙新区投资5亿元建设年产1200吨高纯高性能钽铌金属新材料项目，宁波神马集团有限公司在兴仁市投资2.8亿元建设年产10万吨铝基合金板带材生产线及铝制品精深加工项目、泰龙科技有限公司在兴仁市投资2.98亿元建设年产200万支汽车轮毂生产线建设项目，上海龙金集

2020年7月3日，黔西南州宁波市产业合作招商推介会召开 （黄 莹 摄）

团在义龙新区投资3亿元建设上海约堡重工机械制造基地项目等43个项目落地，涉及签约投资总额249.49亿元。

**【产业“链长”领衔招商】** 2020年，州政府分管产业的州领导强化产业“链长”领衔招商职责，副州长刘志华带队到北京、成都等地开展大数据产业招商工作，副州长黄曼带队赴北京、深圳、昆明等地开展文旅、商贸物流等产业招商工作，副州长李杰带队赴广东等地开展建材产业招商工作，副州长刘兴吉带队赴福建等地开展农业产业招商工作，副州长王丽琼带队到深圳、上海等地开展大健康产业招商工作，副州长黄华带队赴北京、上海、广州、深圳、武汉、重庆、杭州等地开展工业、能源等产业招商工作。全年，州各产业“链长”共外出开展招商活动16次。

**【招商引资项目编制】** 2020年，全州共谋划编制产业链招商项目847个，完成800个编制目标任务的105.87%，通过贵州省投资促进信息化综合应用平台、黔西南州人民政府投资金州专栏等省州项目库平台对外宣传发布。其中，委托深圳中商产业研究院对全州“9+6+3”产业链现状、空间布局、产业配套进行梳理研究，明确现有产业发展的优劣势和产业招商方向，编制出涵盖“两图两池四库”产业招商指引，并谋划一批招商项目。

**【重大活动招商】** 2020年，借助全国工商联2020主席高端峰会暨全国优强民营企业助推贵州发展大会在贵州召开之机，先后组织小分队赴广西、云南、重庆、成都、上海、西安等城市开展面向全国优强民营企业系列招商活动，共促成42个项目签约，签约总投资244.29亿元，完成省下达黔西南州200亿目标任务的145.09%。借助央企助力贵州发展大会在贵州召开之机，开展面向央企招商活动，共促成55个项目签约，签约总投资318.26亿元，完成省下达黔西南州300亿元目标任务的106.09%。统筹和组织相关县市参与水博会、文博会等省级重大招商活动。水博会上，促成广西丰实生物科技有限公司在兴仁市投资5亿元建设天然高锶矿泉水康养产业园建设等项目4个，投资总额11.49亿元；文博会上，促成北京新松建业投资管理有限公司在兴义市投资28亿元建设兴义市新松·国际医养旅游健康城等项目2个，投资总额31.6亿元。

2020年12月26日，全省产业大招商重大项目集中开工仪式黔西南州分场
（龙　波　摄）

**【深圳、宁波驻点招商】** 2020年，全州选派两批次共37名干部在深圳设立驻点招商工作队，开展以深圳为中心，面向泛珠三角地区的招商工作，在黔西南州派驻到宁波的挂职干部中选派8名干部组成宁波驻点招商工作队，开展对口帮扶城市招商工作，开展上门对接和邀请客商赴州考察等工作。7月起，调动产业主管部门助力驻深招商工作，每月由州工信局、州农业农村局、州商务局、州卫健局、州能源局等一至两个产业部门到以深圳为主的珠三角地区精准召开“一月一产一会”产业招商推介会。全年驻深圳招商分队共引进产业项目56个，涉及投资总额212.6亿元，完成省下达目标任务80亿元的265.75%。

**【优化营商环境建设】** 推动人大、政协、纪委、公安等力量多方位、立体式对营商环境联合监督，调动各营商环境责任部门和县（市、新区）优化营商环境和项目服务，提升招商吸引力。与公安联合开展“三方五共”行动，与州纪委州监委联合印发执行《营商环境建设监督工作程序》，配合州人大开展《贵州省外来投资服务和保障条例》联合执法，与州政协联合开展营商环境问题专题调研。开展“项目大排查，环境大提升，合同大兑现”专项行动，对全州2018年以来政府类招商引资合同兑现情况进行排查，逐个项目进行梳理，对未兑现政府承诺的，合法合规的及时督促政府履行承诺，投资方不履行合同的项目依法有序退出。组织开展明察暗访工作，查找整改全州营商环境问题，深入各县（市）直部门对营商环境工作进行明察暗访，查找营商环境存在问题及工作短板，及时下发通报要求立即整改，并对整改情况进行台账管理（其中：以州招商引资协调领导小组办公室督办事项90项，办结90项）。通过投资服务热线、省政府转办件等共收集问题、线索3件，及时转到相关部门、县（市、新区）办理并作好调度督促，及时化解矛盾、答复企业问题，办理的3件投诉问题中，已办结3件，投诉应诉率100%，投诉化解率100%。与州纪委州监委完善出台《黔西南州营商环境建设监督工作程序》，开展营商环境建设全过程的监督，州纪委州监委在网站上开通助力优化营商环境专栏，发布信息18期，通报近年来破坏营商环境案例10起，受到党政纪处分10人。各级政务服务中心设立代办窗口，对新引进招商引资项目提供免费行政审批手续全程代办服务，新引进项目代办覆盖率100%，办结率100%。

（州投资促进局）

## 市场管理

【概况】 黔西南州市场监督管理局，2020年着力健全食品安全治理体系、提升食品安全治理能力、提高食品安全治理效能；着力开展品牌培育、质量攻关工程；开展知识产权培育、创造、运用、保护；守住市场监管领域安全底线；深化商事制度改革。

【食品安全】 2020年，制定《关于深化改革加强食品安全工作的实施方案》，推动落实企业主体责任，督促食品生产经营企业设立食品质量安全管理岗位；与司法机关、纪委监委等部门沟通协调，畅通执法信息共享渠道，推进行政执法信息与司法监督信息资源共享，逐步健全食品安全治理体系。投入资金200万元，建设完成乡（镇）食品快速检测室40个，配备村级食品安全协管员1629名；完善食品安全委员会议事制度、风险监测评估制度等长效机制，打造食品安全社会共治格局，不断提升食品安全治理能力。制定食品安全监管责任清单，完善食品安全评议考核机制和评估体系，突出问题导向和工作绩效，强化考核结果运用，实施“从农田到餐桌”全过程严管，切实提高食品安全治理效能。2020年，完成食品和食用农产品抽检11264批次，立案查处食品类违法案件965件，罚款530万元，移送公安机关食品安全案件17件。

【高质量发展】 2020年，推进质量提升行动，聚焦制造业、食品药品等“七大质量提升专项行动”，着力开展品牌培育、质量攻关等“九大质量提升工程”，全州产品、工程、服务质量显著提升，生态环境质量持续改善，质量创新和保障能力进一步增强，质量对经济社会发展的贡献度进一步增强，社会公众质量获得感明显提升。扎实推进标准体系建设，完成“晴隆绿茶”“七舍茶”等特色农产品标准建设，有效保护黔西南州特色农产品的特有品质，提高黔西南州特色农产品的知名度。扎实推进品牌奖励，2020年州级财政下达品牌奖励资金298.5万元，县级匹配318.5万元，惠及全州111家企业156个品牌项目。

【知识产权】 2020年，推进知识产权强州战略，开展知识产权培育、创造、运用、保护，提高知识产权对经济发展的贡献率，全力服务高质量发展。指导帮助企业培育地理标志证明商标、申请贵州省知识产权优势企业试点项目，完成对晴隆县、望谟县、贞丰县、册亨县县域经济知识产权战略项目的申报推荐工作，完成11家贵州省知识产权优势企业审核推荐工作。全年，全州共申请商标5928件，注册商标3123件，实有商标12262件，其中农产品商标3300余件；共申请专利2039件，其中发明专利461件，实用新型1372件，外观设计206件。围绕防疫物资、食品药品、特种设备等重点产品和重点场所，严肃查处商标侵权、假冒专利、侵犯地理标志等违法行为。年内查处侵犯知识产权案件98件，罚款70万元。

【重点领域风险防控】 2020年，坚持“源头严防、过程严管、风险严控”，开展学校食堂“明厨亮灶”和“互联网＋明厨亮灶”工作，全州学校食堂“明厨亮灶”覆盖率100%；与六盘水市建立区域食品安全风险预警交流合作机制，组建风险预警交流专家库，聘请31名涉及食品生产、流通、餐饮等领域及食品安全监管人员的食品安全风险预警交流专家，多措并举强化食品安全监管，牢牢守住不发生重特大食品安全事件和系统性区域性食品安全风险的底线。

组织开展“两品一械”生产经营使用单位日常监督检查、专项检查和飞行检查，全州共出动执法人员8123人次、检查“两品一械”生产经营使用单位8325家次。开展中药饮片、特殊药品、生物制品、无菌和植入性医疗器械、毒品检测类医疗器械、化妆品等专项检查，完成药品抽检638批次，化妆品抽检50批次，医疗器械抽检48批次，收集评价药品不良反应报告2982份、可疑医疗器械不良事件报告291份、化妆品不良反应报告77份、药物滥用报告173份，查处“两品一械”违法案件72件，罚款123.85万元，送公安机关案件1件，确保“两品一械”质量安全。

完成“电梯安全卫士”项目建设，增强远程监管和安全风险预警；抓牢抓实电梯安全、压力管道、压力容器、游乐设施等重点特种设备安全监管，督促企业建立健全特种设备安全管理制度，全面推进特种设备安全监管能力建设，着力提高特种设备使用登记率、检验率，有效降低特种设备隐患率，进一步增强特种设备应急处置能力。2020年，开展电梯维保质量评价，评出A级单位13家、B级单位13家、C级单位9家、D级单位10家。全州特种设备平均隐患率2.7%、登记率96.33%、检验率99.21%。

开展儿童用品、家具及建筑装修材料、服装鞋帽及家用纺织品、食品相关产品、农用物资、家用电器及电器附件、消防器材等7类105批次产品抽检，争取资金30万元对混凝土电杆、砌墙砖、水泥等9类183批次产品进行抽检，配合省局完成监督抽样200批次，共查处产品质量案件63件，罚款55.6万元。

以药品、疫情防控用品及生活必需品为重点，全力做好猪肉、粮、油、禽、蛋、菜、奶、盐等生活必需品的价格监管，加大对屠宰场、生猪养殖户、农贸市场、超市等的价格监督检查力度，严厉打击串通涨价、哄抬物价、囤积居奇等价格违法行为。2020年，共检查药品、医疗器械生产经营单位11991户次，检查食品销售单位78531户次，检查其他经营单位21652户次，查处价格违法案件36件，罚款430余万元。

【优化营商环境】 2020年，持续深化商事制度改革，全面推进“证照分离”“三十四证合一”“一网通办”等改革，以登记注册便利化为主要抓手，逐步拓展到开办企业其他领域，实现“减环节、优流程、压时限、降成本、提效率”的工作目标，有效激发全社会创新创业活力。2020年，新增市场主体61197户，全州市场主体总量达24万户。扎实推进市场监管领域部门联合“双随机、一公开”监管，2020年，全州共开展随机抽查7650次，随机抽查对象52947户，选派执法人员29143人次，单位随机抽查平均达30.12次，实现“双随机、一公开”监管全覆盖、常态化。开展反不正当竞争执法专项行动，查处反不正当竞争案件43件，罚款120万元。检查白酒经营户394家次，检查各类市场2055家次，查处酒类案件3件，罚款14.6万元。检查农资经营户1748户次、农资市场537个次，立案查处9件，罚款19万元。充分利用互联网广告监测系统、传统广告监测系统排查、监测各类广告6984余条次，发现违法广告149条次，查处广告违法案件9件，罚款63.5万元。受理消费投诉举报1438起，为消费者挽回经济损失562.9万元，持续净化市场秩序，营造公平竞争的市场环境。

【脱贫攻坚】 2020年，共选派7名干部到6个扶贫联系村（社区）担任第一书记和扶贫工作队员，帮助6个扶贫联系村（社区）解决工作经费24万元。用好用活动产抵押政策助力脱贫攻坚，共办理动产抵押登记100件，抵押登记金额达32.05亿元。抓实知识产权助力脱贫攻坚，围绕12个农村特色优势产业，将兴义矮脚鸡、九盘五星枇杷、兴仁猕猴桃等列为地理标志重点培育对象，组织实施地理标志的申报和认定工作，将晴隆县、望谟县作为贵州省知识产权优势企业项目和县域经济知识产权战略推进项目的重点推荐对象，积极向省级申报，争取项目资金，助力两县脱贫摘帽。

【新冠疫情防控】 2020年，贯彻落实中央、省、州决策部署，把疫情当战情，把疫情防控作为最紧迫最重要的政治任务，把市场当战场，认真履行市场监管职能职责，第一时间进入战时状态，深入市场一线开展巡查检查，扎实抓好疫情防控相关工作。围绕发热退烧药品、医疗器械、防护用品等领域，共检查药品、医疗器械生产经营单位13237户次，有效保障防疫物资产品质量安全。加强冷链食品监管，共排查冷库520家次，检查冷藏冷冻肉品经营户812家次，排查冷冻冷藏肉品12.5吨，配合卫健部门检测核酸冷冻冷藏肉品样品数量534个，检测从业人员数量339人，检测环境样品数量596个，查处5家违法违规的冷冻食品经营户，罚款5.5万元。坚持一手抓疫情防控、一手抓复工复产，制定出台助力复工复产24条工作措施，疫情期间共发放一次性使用非无菌口罩临时生产函5家，帮助企业获省局发放临时生产函4家，全州口罩生产能力从每天4万只提升到100万只。共减免计量检定/校准费用、医疗器械检验费用、特种设备检验费用等115.09万元。落实抗疫特别国债资金助力复工复产，全州累计筹集、调配资金4345万元，补助各类市场主体。2020年，获省委、省政府授予“贵州省抗击新冠肺炎疫情先进集体”。

【扫黑除恶专项斗争】 2020年，贯彻落实习近平总书记关于扫黑除恶的重要批示精神和中央、省委、州委决策部署，把扫黑除恶专项斗争作为重大政治任务，列为“一把手”工程，将扫黑除恶专项斗争深度融入市场监管工作全过程，严监管，重治乱，以扎实的举措、雷霆的铁腕整治市场流通领域乱象，对涉黑涉恶势力持“零容忍”态度，对涉黑涉恶线索发现一起，坚决查处一起，严厉打击一起，营造良好的市场环境，全力服务“六稳”“六保”大局，为高质量打赢脱贫攻坚战和疫情防控战贡献力量。据统计自2018年以来，共开展80余个专项整治，检查市场主体90000余户次，查处各类违法案件1748件，罚款3876余万元，排查线索115条，涉恶线索1条。围绕打击传销、食品安全、欺行霸市强买强卖等重点领域，制定完善制度20项，实现扫黑除恶专项斗争制度化、常态化。

（吴克政）

2020年12月15日，在兴义举行“2020年黔西南州冷链食品安全疫情防控应急演练”，州市场监管局局长周茂萍任演练现场指挥长，州人民政府副州长黄曼任演练总指挥，图为州人民政府副州长黄曼作演练点评（州市场监管局　提供）

## 自然资源管理

【概况】 2020年坚持以习近平新时代中国特色社会主义思想为指导，全面落实党中央、国家和省、州关于疫情防控、脱贫攻坚和自各项工作统筹协调推进。

【耕地保护】 2020年，与各县（市、新区）签订《政府耕地保护目标责任书》，层层压实主体责任；完成永久基本农田储备区划定工作，3月，将初步划定成果上报省自然资源厅；调剂州级水田指标1826.12亩，用于安龙县、册亨县和晴隆县完成兑现承诺占补；完成新增耕地3991亩、新增水田3258亩、新增粮食产能692.99万公斤。完成全州征地片区综合地价的平衡工作，并将全州平衡结果呈报州人民政府，按照《贵州省人民政府办公厅关于开展征地区片综合地价制定工作的通知》（黔府办发电〔2019〕146号）要求，代州人民政府起草关于审定征地补偿标准的请示上报省人民政府，州人民政府于2020年11月28日公布实施全州征地区片综合地价补偿更新标准；按要求向省自然资源厅上报黔西南州马岭水利枢纽工程占补平衡工作情况报告，2020年10月已完成马岭水利枢纽工程占补平衡工作。参与州内重大项目耕地占补平衡指标协调，严控建设占用永久基本农田，对于符合规定确实难以避让永久基本农田的重大项目进行补划，2020年度重点项目占用基本农田面积（41.33公顷）、补划面积（42.14公顷）；推动全域综合土地整治试点，兴义市乌沙镇、兴仁市下山镇全域土地综合整治试点均已完成实施方案的编制并报省级审查，经《自然资源部办公厅关于印发全域土地综合整治试点名单的通知》（自然资办函〔2020〕2424号）文批复，兴义市乌沙镇全域土地综合整治试点入选。

**【国土空间规划编制】** 2020年，按照州国土空间规划委员会和《黔西南州国土空间规划编制工作方案》《黔西南州国土空间规划基础信息平台项目建设方案》要求，明确全州国土空间规划编制工作主要职责、工作要求、重点内容、工作时序等并扎实推进，并将国土空间基础信息平台建设纳入全州大数据建设。对州直有关部门和县（市、新区）进行实地调研和座谈，强化与省级规划编制工作的对接协调，加强对县级空间规划编制的督导。开展基础性研究和专题研究，州级现状评估已按要求完成，州级“双评价”形成初步成果，4个专题研究已经全面启动并形成初步方案。组织县（市、新区）开展现行土地利用总体规划修改，全州八县市开展的土地利用总体规划修改方案已获省政府批复实施。按照自然资源部和省自然资源厅要求，2020年12月30日完成全州各县市三条控制性的试划工作，并按要求经州级审查后报省自然资源厅。

**【地质灾害防治】** 2020年，与各县市（新区）签订地质灾害防治确认书，压实地方政府地质灾害防治主体责任。印发全州地质灾害防治方案、地质灾害隐患排查专项治理行动方案、地质灾害隐患“百千万”大排查方案等，加强地灾隐患排查。已查明地质灾害隐患1169处，以中小型地质灾害隐患为主，占96.58%。威胁13.36万人，潜在经济损失53.4亿元。全州共发生地质灾害险情22起、灾情3起，成功避让3起，紧急撤离受威胁群众614户1440人，均未造成人员伤亡。争取到省级资金批复项目9个。争取到州级地质灾害防治专项资金1000万元，专项用于全州中小型地质灾害项目治理。争取到威胁100人以上隐患点一线监测人员监测业务省级补助经费306.72万元，落实威胁50至100人隐患点一线监测人员监测业务补助经费162.72万元。2020年，晴隆县安谷团坡发生的滑坡紧急避险，被省自然资源厅通报为成功避让案例；晴隆县鸡场镇红寨村一、二组“9・18”滑坡地质灾害得以成功处置，均实现人员“零伤亡”。

**【矿山恢复治理和矿业权出让】** 2020年，印发《黔西南州2020年度加快推进矿山地质环境恢复治理工作实施方案》，推进22个关闭煤矿恢复治理，全部完成（其中：2个不需治理，1个被规划为易地扶贫搬迁解决搬迁户就业引进的制衣厂企业建设项目）。开展绿色矿山建设63家，建成3个国家级绿色矿山、70个省级绿色矿山，完成计划数的116%，超额完成任务，得到省自然资源厅的肯定。同时，组织全体干部职工观看《2020年长江经济带生态环境警示片》《贵州省2020年生态环境问题警示片》《黔西南州2020年生态环境警示片》《国家省州警示片综合剪辑》警示教育片，进一步警醒大家、教育大家，切实增强做好生态环境保护工作的紧迫感、责任感。黔西南州自然资源局组建以来，不断探索破解矿业权出让过程中矿产资源规划未批出让难、各类保护地影响温泉（地热）开发难、州管金矿探矿权延续和增列煤炭难、规划未批提前谋划下年度矿业权出让难等阻碍矿业权有序出让的难题，矿业权出让取得历史性跨越，矿产资源保障能力获得显著提升，与2018年相比，实现州级采矿权出让个数和收益、地热矿业权出让、金矿探矿权增列煤炭勘查矿种和提前谋划下年度矿业权出让“四个零的突破”。

**【用地和矿产资源要素保障】** 2020年，严格按照《省自然资源厅关于进一步加强建设用地保障服务推动经济社会高质量发展的通知》(黔自然资函〔2020〕392号)要求，及时组织人员对建设项目用地申请进行审查。印发《关于加快推进建设项目用地组件上报通知》(州自然资发电〔2020〕74号)，跟进督促县(市、新区)加快建设项目用地报批进度。上报建设项目用地共66件，总面积32854.01亩；获批复建设项目用地25件，总面积9382.98亩。做好矿产资源保障，加大采矿权出让力度，州、县两级共出让采矿权25个，出让收益合计2.2618亿元，其中，州级出让8个采矿权，出让收益1.0089亿元。完成兴仁市、贞丰县、普安县、望谟县、义龙新区等共29个砂石矿出让计划核实。谋划省级发证矿业权出让工作，向省自然资源厅上报6个萤石矿探矿权，均已纳入省自然资源厅2020年度出让项目库。加大地热水、矿泉水资源开发力度，成功出让兴仁市马马崖九盘村矿泉水采矿权。启动“十四五”矿产资源总体规划编制，完成基础数据收集、服务采购等工作。

【土地节约集约】 2020年，组织开展单位GDP建设用地使用面积下降目标评估，全州单位GDP建设用地使用面积下降率为4.4%。印发《黔西南州自然资源局关于进一步开展土地供应及供后开发利用监测监管的通知》，推进批而未供、闲置土地消化处置及“僵尸企业”土地盘活利用。盘活供应批而未供土地3.08万亩。处置供应产业园区批而未供土地10宗共781.69亩。清理4宗僵尸企业用地187.99亩，依法收回盘活作学校和房地产开发利用。

【不动产和确权登记】 2020年4月底，全州所有不动产登记窗口新平台已全部升级改造，转用新平台。兴义市、兴仁市已与房开企业、银行、法院实现信息共享。进一步加快房屋、土地登记数据的整合力度，整合率达到100%，实现房地数据全关联。各县(市、新区)不动产登记数据全部整合进入省自然资源厅数据库，部分县(市、新区)聘请相关测量单位对城镇不动产权籍进行调查。组织对县(市、新区)宅基地和集体建设用地测绘数据成果进行验收移交，完成数据成果导入省不动产登记中心数据库13.2万余宗，完成宅基地登记发证19.99万宗；完成新市民林权确权登记496宗，面积共计6250.1亩。全州68个易地扶贫搬迁安置区，共计搬迁74579户，338587人，应颁证总套数为79071套，已全部完成登簿。按照《州人民政府办公室关于印发黔西南州自然资源统一确权登记总体工作方案的通知》《州人民政府办公室关于成立黔西南州自然资源统一确权登记工作领导小组的通知》《关于印发〈黔西南州自然资源统一确权登记实施方案〉的通知》等文件要求，稳步推进全州自然资源统一确权登记工作。

【自然资源督察和执法】 2020年，完成全州19个违建问题的整治，按照国家和省的要求，报省领导小组办公室审核并全部销号，整治到位率100%；按时提交州2019年季度卫片执法系统，经省自然资源厅审核，不扣减省级重点“能、交、水”项目，全州违法占耕比为29.30%；扣除省级重点“能、交、水”项目后违法占耕比为6.40%。2019年耕地保护督察反馈问题和往年“挂账”问题需限期整改965宗(其中：退耕还林问题单项整改378宗，由林业部门根据国家林草总局相关要求整改；需自然资源部门牵头整改587宗)，针对前期整改率较低等问题，及时分析研判，强化整改措施，压实整改责任，不折不扣抓好落实。截至2020年12月底，省自然资源厅认定黔西南州整改到位579宗，整改率98.64%。往年“挂账”问题189宗，其中：限期整改92宗，已全部整改到位；持续整改97宗，整改到位38宗。

【第三次全国国土调查】 2020年，按时完成下辖8县(市)1.68万平方千米土地利用现状初始调查工作及统一时点更新等各阶段工作任务，共采集图斑130多万个，平均实地举证率达50%。逐一对照《国家自然资源督察武汉局督察意见书》反馈兴仁市存在的更新错误、更新不彻底、初始调查错误有关问题，举一反三，认真梳理，查缺补漏，立即整改、主动整改、全面整改，按时完成自查整改及省级反馈未举证图斑实地举证工作。经国务院三调办反馈，全州第三次全国国土调查全部县级调查成果已通过国家级内业核查和数据库质量检查，全州三调主体工作已基本完成。通过开展三调工作，摸清县(市、新区)耕、园、林、草等各类土地资源利用现状。全面启动耕地资源分类评价、全域坡度调查、石漠化等专项调查工作。

【测绘地理信息】 2020年，重点围绕服务民生，组织开展20个极贫乡镇测绘地理信息数据采集工作、农村产业结构调整遥感监测工作、全州500亩以上坝区调查核实工作。组织开展全州测量标志巡查工作，已形成新时期基础测绘成果管理调研阶段成果，平稳推进国土空间基础数据生产项目。按要求开展测绘法宣传日暨国家版图意识宣传周活动，面向政府机构及企事业单位发放地图，并对各行业领域进行地图监管。按时按要求推进"十四五"基础地理测绘专项规划编制。

【生态保护红线评估】 2020年，印发《黔西南州生态保护红线评估优化工作实施方案》，按照"多规合一""划管结合"的总体思路，依据国家统筹划定生态保护红线、永久基本农田、城镇开发边界三条控制线有关要求，以现有成果为基础，重点识别存在的矛盾冲突，对现有自然保护地生态保护红线划定情况进行评估优化，根据调整规则尽可能调整当前及未来生态保护和社会经济发展的突出历史预留问题，确保生态保护红线划定成果权威、科学、符合实际可执行。采取县州省多次集中办公、集中修改、分批审查等方式，组织县市（新区）进行多轮次调整、审查修改完善，最终成果按要求已上报自然资源部等国家部委审查。

【复垦复绿和增减挂钩】 2020年，完成2016—2018年度旧房拆除后的复垦复绿工作任务，共计复垦复绿53896户，面积11329.52亩，占已拆除旧房的100%，同时各县市（新区）初步完成县级验收工作。督导县市（新区）推进增减挂钩项目实施并开展自查清理整改，已全面清查整改2010年以来实施的增减挂钩项目全面清查整改，于2020年11月底完成数据汇交并上报省自然资源厅。

【空间管理平台】 2020年7月14日，黔西南州自然资源局空间管理平台建设项目顺利通过住建部专家验收，荣获"2020中国地理信息产业优秀工程银奖"。发挥"多规合一"平台优势，对拟选址位置进行合规性审查，并确定拟选址意见。印发《关于梳理上报黔西南州"多规合一"暨城乡规划空间管理平台使用情况的通知》《推广使用黔西南州"多规合一"暨城乡规划空间管理平台实施办法》《黔西南州"多规合一"业务协同平台运行机制（试行）》等，在全州范围内推广、规范"多规合一"暨城乡规划空间管理平台的运行维护管理工作，切实提高生产效率和服务质量。结合国土空间基础信息平台和"一张图"监督实施系统的建设标准，持续推进平台建设和运行维护，不断完善系统功能，为全州加强国土空间规划管控提供技术支撑，促进重大项目快速落地提供自然资源要素保障。

【工程审批制度改革】 2020年，制定工程建设项目规划设计方案联合审查工作规则、工程建设项目区域评估实施细则、项目立项用地规划许可阶段并联审批事项办理规则、工程建设许可阶段并联审批事项办理规则等有关规范标准，压缩业务办理时限，在申报材料齐全的情况下，审批时限用地预审和规划选址从原来的15个工作日缩短至9个工作日、工程建设规划许可从原来的15个工作日缩短至5个工作日。依法审查严格选址，全年共办理项目报件54件，分别涉及水利项目13件，交通基础设施建设项目4件，光伏、风电输电线路等电网建设项目36件，地震观测项目1件。其中：出具预审初审意见并上报省部级预审或选址19件，拟用地面积1051.32公顷。

【农村乱占耕地建房整治】 2020年，成立黔西南州农村乱占耕地建房问题整治工作领导小组，州长杨永英担任组长，由副州长李杰、刘兴吉、黄华和州政协副主席王尧忠分别担任副组长，下设四个督导组，并根据工作需要进行调整充实。邀请省第三测绘院技术专家对州、县两级有关技术人员进行培训。印发全州农村乱占耕地建房问题整治工作方案、摸排工作方案及加强方案、工作月报制度通知、督查通知、"八不准"宣传通知、"十二个坚决"通知等。经调度督查统计，全州摸排系统注册用户数共13652个，共采集农村违法建房基本信息644708条，属于2013年1月1日以来各类占用耕地建设没有合法合规用地手续的房屋信息为14.24万条，面积9.41万亩（耕地5.4962万亩，基本农田1.7770万亩）。其中，住宅类共11.8383万条，面积3.4809万亩；公共管理服务类（村两委办公房、农村教育设施、养老设施、卫生文化娱乐设施等）共0.8298万条，面积2.0476万亩；产业类共1.5724万条，面积3.8818万亩。各县市（新区）共排查出2020年7月3日以后新增违法占用耕地建房问题10起，涉及占地面积1618.22平方米，其中占用耕地741.1平方米，已依法进行查处。州农村乱占耕地建房问题整治工作领导小组办公室在网络媒体上公开曝光全州发生的5起（其中：望谟县4起，义龙新区1起）乱占耕地建房典型案例，发挥典型案例的警示教育作用，以“零容忍”的态度坚决遏制新增乱占耕地建房问题发生。

**【兴义市文化中心规划调整和用地建设保障】** 2020年，贯彻落实《关于支持兴义市文化中心建设发展的意见》（州党发〔2020〕16号）等文件精神和刘文新书记“抓得紧，但必须依法依规，办成事、不出事”的批示要求，坚持“依法依规、统一规划、分步实施”原则，及时组建工作专班，以州委办、州政府办文件印发《兴义市文化中心规划编制、报审工作方案》。加强规划编制和项目规划设计的督导，跟进兴义市自然资源局和规划编制单位，根据时间节点顺排时序、倒排工期。邀请黔西南州外规划、建筑权威专家和相关州直部门，召开专家技术审查会，为规划方案落地实施提供专业指导。副州长李杰组织召开州城规委第十七次项目审查会，对《兴义文化艺术城概念规划及控制性详细规划》进行初步审查。书记刘文新主持召开州城规委第十八次项目审查会，认为项目的规划建设有利于提升兴义市城市品位，着力为打造“滇桂黔三省结合部的文化旅游中心”提供坚实基础。州自然资源局多次组织召开专题会，研究项目推进过程涉及的规划调整、土地处置、历史遗留问题清理等问题，统筹考虑土地合法合规出让和降低金州电力公司负债率两大问题。根据州委、州政府确定的《黔西南州收储3000亩土地开发相关工作方案》，按照调整控规、收回土地、划转土地“三步走”原则，依法合规收回兴义市民航片区3000亩收储土地（以实际测量为准）用作建设兴义市文化中心，指导兴义市组织开展招拍挂出让工作。

**【安全生产】** 2020年，按照“管行业必须管安全、管业务必须管安全、管生产经营必须管安全”和“谁主管谁负责”的原则，成立由党组书记、局长任主任，副县级以上领导任副主任的安全生产工作委员会，建立主要领导亲自抓，分管领导具体抓，科室（事业单位）负责人各负其责的工作机制，适时组织召开安全生产工作专题会议。不定期组织人员到县（市、新区）实地督导检查安全生产“打非治违”工作，进一步压紧压实安全生产责任。开展巡查打击工作，从严查处自然资源领域违法行为。全年共开展巡查3316次，发现非法采矿点89个，下达责令停止违法行为通知书份数32份，现场炸封取缔58个，立案14件，没收违法所得9.6675万元，未发生非法采矿导致的安全事故。利用“安全生产月”和“安全生产金州行”等活动契机，加大普法宣传力度，增强全民法治意识，有效杜绝非法盗采、非法占地问题发生。

**【扫黑除恶】** 2020年，为深入开展自然资源领域突出问题专项整治，加大土地、矿产等自然资源领域执法监管，严厉打击非法开采、非法占地等自然资源违法犯罪行为，强力整治自然资源行业乱象，印发《黔西南州自然资源局关于印发全州自然资源领域扫黑除恶长效长治工作机制的通知》《黔西南州自然资源领域开展扫黑除恶宣传工作制度》《黔西南州自然资源领域涉黑涉恶违法犯罪线索摸排工作制度》《黔西南州自然资源系统干部职工扫黑除恶专项斗争工作纪律要求》《黔西南州自然资源领域扫黑除恶专项斗争联络协调信息跟踪反馈制度》《黔西南州自然资源领域扫黑除恶专项斗争约谈问责制度》《黔西南州自然资源领域扫黑除恶协作配合工作制度》。全州自然资源系统共接收、排查线索113条，已全部办结，未发现违法用地及矿产资源开采黑恶问题。共清理排查违法用地257宗，已整改完成81宗，非法采矿14宗，已整改完成13宗，经分析研判，未发现违法用地及矿产资源开采黑恶问题。共制作永久性宣传大展板4块、彩色宣传画报300份、扫黑除恶应知会知手册170本、横幅宣传标语16条。成功处置晴隆“黄金案”历史遗留问题，涉及地块已于2020年2月13日成功挂牌出让。

**【依法行政】** 2020年，组织开展行政复议及应诉工作，协调各有关单位和法律顾问，认真研究案情，落实应诉各环节的责任人、具体职责以及工作要求，仔细、及时审查提交答辩材料，确保案件顺利审理。全年依法受理政务信息公开申请45件，并及时依法给予答复；受理行政应诉10件，行政复议26件，行政裁决1件，均依法办理。持续做好省政府取消、下放和调整行政审批等事项及州级层面实施的行政审批事项落实和承接工作，对保留的行政审批事项实行目录化、编码化管理。

**【《黔西南州自然村寨农房风貌指引》正式出版】** 《黔西南州自然村寨农房风貌指引》(简称《指引》)经过历时三年的修改完善，2020年7月由云南人民出版社正式印制出版。《指引》作为全州易地扶贫搬迁新市民居住区、绿色小镇及以行政村为单位，覆盖30户以上农村居民点的规划设计、农户自建的补充性参考文件；其目的是使农户审美观得到正面引导，农房外观得到有效控制，村庄风貌得到整体提升。

**【新冠肺炎疫情防控】** 2020年，落实“早发现、早报告、早隔离、早治疗”要求，全体党员、干部熟知疫情防控工作中的“责任清单”和“负面清单”，增强法治意识，依法支持和配合疫情防控工作。建立健康申报和职工晨检等制度，坚持做好干部职工上班期间体温测量登记，干部职工上岗佩戴口罩，开展日常消毒处理。规范外来人员管理，并做好人员信息登记、体温测量等工作，全系统未发生疫情异常情况。认真抓好支持疫情防控和促进经济社会发展22条措施落实，全力做好“六稳”服务保障。对全州实施的重大工程、重大项目，建立服务机制，开通绿色通道，加快审批进度，实现建设项目用地应保尽保。按照自然资源部关于扶持生猪养殖的政策，积极配合农业农村部门和平台公司做好生猪养殖基地，指导县(市、新区)生猪屠宰场(点)规划选址。稳步推进农村产业革命，配合省耕调办开展耕地质量地球化学调查评价成果应用指导，持续开展农村产业结构调整遥感监测和部分坝区内种植物监测。

**【脱贫攻坚】** 2020年，指导晴隆、册亨、望谟3个深度贫困县对重大基础设施、重点工程、易地扶贫搬迁、农村产业革命和工业振兴产业等建设项目用地情况进行梳理核实，共梳理核实已用未报、边建边报建设项目11个，总面积13572.35亩；已上报8个，总面积12761.15亩。加强贫困地区地质灾害监测巡查岗位开发力度，争取到威胁100人以上地质灾害隐患点一线监测人员监测业务省级补助经费306.72万元，落实威胁50至100人监测业务补助经费162.72万元。按照省自然资源厅的要求，黔西南州需开发567个地质灾害监测巡查岗位，结合实际开发800个，超额完成233个。调整安排237名贫困人口作为地质灾害隐患点监测员，直接增加贫困人口每年7200元收入。在建地质灾害治理工程项目过程中，根据就近原则优先安排治理区贫困劳动力、新市民劳动力、边缘劳动力家庭就业。兴义市坪东街道办事处栖霞路四陵碑滑坡防治工程实施过程中增设3个贫困就业岗位；晴隆县安谷乡五星村尾竹组滑坡地质灾害防治工程实施过程中增加4个贫困就业岗位，岗位工资大于1万元/季度·人。

（刘发达　褚秋芸）

## 煤矿安全监察

**【概况】** 贵州煤矿安全监察局盘江监察分局位于黔西南布依族苗族自治州兴义市桔山街道碧云南路，是贵州煤矿安全监察局的正处级派出机构，2005年4月1日由原贵州煤矿安全监察局盘江办事处更为现名，属中央在黔单位，负责黔西南州行政区域内各类煤矿安全监察执法工作。盘江监察分局内设综合办公室、监察一室、监察二室、监察三室4个科室，核定行政编制16人，现有15人，局长1人，书记1人，副局长2人，副处长级安全监察专员1人，四级调研员1人，处级以下监察员11人，均为全日制大学本科以上学历。

**【辖区煤矿】** 盘江监察分局监察区域面积11202平方千米，涵盖黔西南州行政区域内的兴义市、兴仁市、安龙县、贞丰县、晴隆县、普安县六个产煤县(市)和义龙新区，共有各类煤矿矿井92处，产能3198万吨/年。其中正常生产矿井30处，正常建设矿井15处。

【煤矿安全】 2020年，黔西南州未发生煤矿生产安全事故。

【监察执法】 2020年，盘江监察分局共开展完成289矿次，完成年度计划的120.4%。查处隐患1818条，其中重大隐患20条。停止采掘作业面142个、停止设备设施使用94台（套），对煤矿企业及个人实施行政处罚150次，罚款1084.42万元，责令停产停建整顿矿井3处。暂扣安全生产许可证18本。

【打非治违】 严厉打击“五假五超三瞒三不”行为，运用暂扣安全生产许可证、停产整顿、公开裁定等综合措施查处一批典型违法行为。2020年，查处重大隐患20条，监察罚款901.4万元，暂扣安证18本，责令停产停建整顿3处。对兴民、糯东、黔山等典型违法行为进行重处，责令停产整顿。对黑金煤矿、源兴煤矿、宏发煤矿等六处煤矿典型违法行为组织公开裁定7次，形成警示震慑。

【瓦斯治理】 对照省府3号文和省府办6号文要求，落实瓦斯防治攻六个专项行动和安全生产六个专项整治，督促煤矿落实开采“保护层”，督促各产煤县市主导对厚度0.3米及以上的煤层测定瓦斯参数，及突出危险性评估鉴定。开展“一通三防”专项监察。完成“一通三防”专项监察全覆盖，并对18处重点煤矿“回头看”，编制风险隐患两个清单。推动煤矿加强瓦斯抽采及计量。督促突出、高瓦斯矿井采掘工作面抽采评价单元实现独立计量，组织到盘州学习“两堵一注”封孔工艺并推广。

【破解突出问题】 盯住关键人，强化企业主体责任落实，对企业管理人员实施处罚82人次，罚款74.8万元，通过执法推动煤矿内部处罚90人次，罚款11.87万元，解聘9人。抓住关键矿，对振兴等有基础的煤矿加强服务指导，宣传推广三宝等高标准建设矿井，选树郭家地等主动实施开采保护层的良好典型。将宏发、兴顺等安全风险等级高的煤矿列为重点执法对象。汛期期间重点盯住新华、绿荫塘、大石堡、久丰紫马等受水害威胁严重矿井。管在关键时，针对下半年违法行为抬头、重大隐患增多趋势，联合州能源局进一步分析研判，对重大违法违规行为、瓦斯治理、通风管理、工程管理、机电和运输、监控系统等方面的突出问题进行通报，督促限时整改。

【安全保障】 2020年，淘汰退出7处煤矿，督促3个炮采矿井换发安证，改造升级，盯住“双回路”不可靠矿井按时限要求改造。开展“学法规、抓落实、强管理”活动，在执法中逢查必考，共计抽考72矿次1178人次。坚持普法半小时，及时向企业宣贯法律法规和政策措施，开展防突、驻矿安监员业务、煤矿安全监控系统训、顶板管理和光面爆破等培训8次，培训540余人次。

【远程监察和网络巡查】 2020年，开展远程监察36次，发现问题隐患58条，实施处罚198.5万元，每日开展网络巡查6次，共发现隐患47条，逐一核查并督促整改，远程监察推动12处煤矿企业对内追责61人次，企业内部罚款2.91万元。

（贵州煤矿安全监察局盘江监察分局）

## 财　政

【概况】 2020年，黔西南州财政局贯彻执行国家财政、预算、税收、财务会计等有关政策、法规、法令、规章制度，组织实施国家和省有关财税规划和改革方案。承担着全州各项财政收支管理的责任、负责州级财政收支管理工作、编制年度州级财政预算草案并组织执行、政府非税收入管理等工作。设20个正科级内设机构，2个副县级下属单位（国库集中支付中心、绩效评价服务中心），州财政局共有编制109个（含下属机构），在职干部职工90人。

【疫情防控】 2020年，贯彻落实习近平总书记人民至上生命至上的理念，把新冠肺炎疫情防控作为最重要、最紧迫的工作来抓实抓牢。优先保障疫情防控经费。按照特事特办、急事急办的原则，加快资金拨付使用，确保不因资金问题而影响医疗救助和疫情防控。全年，全州筹集资金5.62亿元，为开展疫情防控工作提供资金保障。

加强疫情防控资金管理。制定《黔西南州应对新冠肺炎疫情防控补助资金管理办法》，对疫情防控补助资金保障范围、支付标准、承担比例、结算方式等作具体规定，规范全州疫情防控资金使用和管理。

简化物资采购程序。积极协调辖区内各经办银行机构，建立“资金拨付绿色通道”，加快资金拨付进度，及时优先保障疫情防控资金需求。畅通“物资采购绿色通道”，明确应急采购程序，缩短采购时间，全力满足疫情防控物资采购需要。

落实医疗保障及医护人员保障政策。对确诊患者个人负担部分给予财政补助，并由同级财政垫支；对因履行工作职责感染的医护和相关工作人员，依法享受工伤保险待遇，并明确相关费用列支渠道。2020年，全州发放疫情防控人员临时性工作补助756万元。

**【集中财力助脱贫】** 2020年，严格对标“两不愁三保障”要求，继续加大财政专项扶贫资金投入力度，全年投入财政专项扶贫资金23.40亿元，支持打好脱贫攻坚收官战。同时，压缩党政机关行政经费6%用于教育精准扶贫。

全州七个整合试点县整合涉农资金20.26亿元，全部投向脱贫攻坚，为脱贫攻坚提供坚强保障。

围绕全州农业产业和特色产业发展，通过绿色产业扶贫投资基金提供金融保障，扶持农业企业不断壮大。2020年共投放项目142个，投放金额45.35亿元，带动9070户贫困户稳定脱贫增收。

**【民生保障】** 2020年用于教育、社保、卫生、住房等民生方面的支出共294.30亿元（其中，教育支出93.97亿元；社会保障和就业支出42.65亿元；卫生健康支出40.59亿元；住房保障支出12.24亿元；文化旅游体育与传媒支出5.53亿元；农林水支出71.89亿元），占一般公共预算支出比重的72.14%。

优先稳就业保民生。落实各项稳岗援企政策，助力企业复工复产。落实失业保险稳岗返还政策，阶段性减征职工基本医疗保险费。简化各类培训补贴申报程序，支持各类重点企业开展职工线上培训促进复工复产。

落实减税降费政策。落实普遍性降费政策，贯彻执行好中央和省减、免、缓工作，确保政策落实到位。自减税降费政策实施以来，全州累计减免税费29.20亿元，切实减轻企业负担。

全面落实惠农补贴政策。按照乡村振兴战略要求，加强财政惠农补贴资金管理，全州共发放各类涉农补贴20.17亿元，惠及全州农户88.77万户104.83万人。

**【风险防控】** 2020年，进一步加强地方政府债务风险评估和预警，州级指导各县（市、新区）对到期债务情况逐笔逐项认真分析研判债务潜在风险点，实行清单式、台账式管理，针对未来三个月偿付需求，按月下达预警通知，确保按时足额偿付到位，避免发生债务违约事件。对还本付息金额大、化解难度高的季度节点实行周报告制度，确保及时有效预警。全力用好用足滚动置换政策，2020年全州共争取到再融资债券资金63.44亿元，拉长政府债券还款年限。为兴义市争取试点建制县置换债券24.43亿元，极大缓解兴义市的偿债压力。消除隐性债务风险隐患的“燃点”“爆点”，牢牢守住不发生以县为单位的系统性、区域性财政金融风险的底线。

**【优化结构】** 2020年，树立“过紧日子”思想，从严控制和压缩一般性支出，州级部门非刚性、非重点项目支出平均压减18%，工作经费类平均压减15%。

保重点支出。紧紧围绕州委确定的“七桩大事”，2020年州本级预算安排资金共计18.88亿元，着力保障州委既定的新市民计划、工业强州、教育立州、乡村振兴等重大战略的实施。

紧紧围绕脱贫攻坚政策导向，2020年共争取上级转移支付资金266.96亿元，增加30亿元，增长12.8%。

全力支持打好污染防治攻坚战。坚持生态优先绿色发展，为全面构建生态文明制度体系提供基础保障，2020年全州共投入资金11.80亿元，支持打好污染防治攻坚战，推动发展绿色经济。

**【财政改革】** 2020年，全面实施预算绩效管理改革。以《黔西南州全面实施预算绩效管理实施方案》为统领，制定《黔西南州预算绩效管理实施办法》《黔西南州州级部门预算支出绩效评价结果应用实施办法（试行）》等七个配套管理办法，将财政预算绩效管理重心从“事后”管理转移至“全过程”管理。2020年，州本级共68个部门编制整体支出绩效目标，涉及金额53.11亿元，单独编制68个项目绩效目标，涉及资金11.3亿元；各县（市、区）共478个部门编制整体支出绩效目标，涉及金额114.37亿元，单独编制808个项目绩效目标，涉及资金21.05亿元。继续推进零基预算改革。围绕州委的重要决策部署，突出预算安排重点，优化财政支出结构，兜住民生底线，增强财政保障能力。

国有资产管理改革。全面落实政府向人大常委会报告国有资产管理情况制度，起草《2019年度全州行政事业性国有资产管理情况的专项报告》《2019年度全州国有资产管理情况的综合报告》，综合全面反映全州各类国有资产基本情况。2019年，全州行政事业单位资产总额615.79亿元，负债总额171.33亿元，净资产444.46亿元。对州级行政事业单位闲置土地提出具体盘活方案，为切实提高资产效益打下坚实基础。

党政机关所办企业集中统一监管改革。出台《黔西南州关于推进州级党政机关和事业单位经营性国有资产集中统一监管的实施方案》，推进经营性国有资产集中统一监管，加快国有企业瘦身提质增效。

非税收入改革。开展财政电子票据和政府非税收入收缴电子化管理实施工作，全面清理单位非税收入收缴过渡户。从2021年元月份起，全州停止使用纸质票据和旧非税系统，统一使用非税电子票据。

继续推进省以下分领域财政事权和支出责任划分改革。配合做好交通、教育、科技、环保、公共文化五个领域的改革工作。

**【科学规范严管理】** 2020年，贯彻落实预算法，完善管理手段，科学化精细化管理水平进一步提升。加强支出管理，严格执行年初预算，资金拨付严格按照制度流程操作。加强财政资金监管，围绕打好“财经纪律攻坚战”，充分发挥财政监督的职能作用，加强对资金安排、拨付、使用等关键环节约束，真正形成财政监督与财政管理的紧密融合，防范资金使用安全风险。全年共组织开展财政监督检查户数238户，检查发现违法违规户数54户，涉及金额4824万元。纠正财政违法、违规、违纪金额4147万元，追缴财政资金553万元，查补财政收入123万元。强化绩效管理。将预算绩效管理纳入政府绩效目标考核，强化预算支出责任，提高财政资金使用效益。州、县基本实现绩效目标管理部门（单位）全覆盖。同时除一般公共预算外，将政府性基金预算、国有资本经营预算、社保基金预算纳入绩效目标编报范围，实现“四本预算”绩效目标全覆盖。盘活存量资金。全州盘活存量资金6.00亿元，集中用于稳增长、调结构、惠民生等重点领域和关键环节，弥补财政收支不平衡形成的缺口，缓解地方财政收支困难。全力做好州直行政事业单位的采购服务。全年州本级政府采购预算金额6.04亿元，实际采购金额5.91亿元，节约资金1337万元，有效降低财政支出，最大限度地发挥资金使用效益。

2020年6月22日，在第八届人大常委会第三十一次会上首次向州人大常委会报告行政事业性国有资产管理工作 （州财政局　提供）

**【2020年全州和州本级财政预算执行情况】** 2020年，州八届人大五次会议批准的全州预算是：一般公共预算收入111.89亿元，一般公共预算支出340.90亿元。在预算执行中，由于受国家减税降费和新冠肺炎疫情以及上级特殊转移支付加大的影响，财政收支发生较大变化。经州八届人大常委会第三十六次会议批准，全州预算调整为：一般公共预算收入112.98亿元，一般公共预算支出385.31亿元。

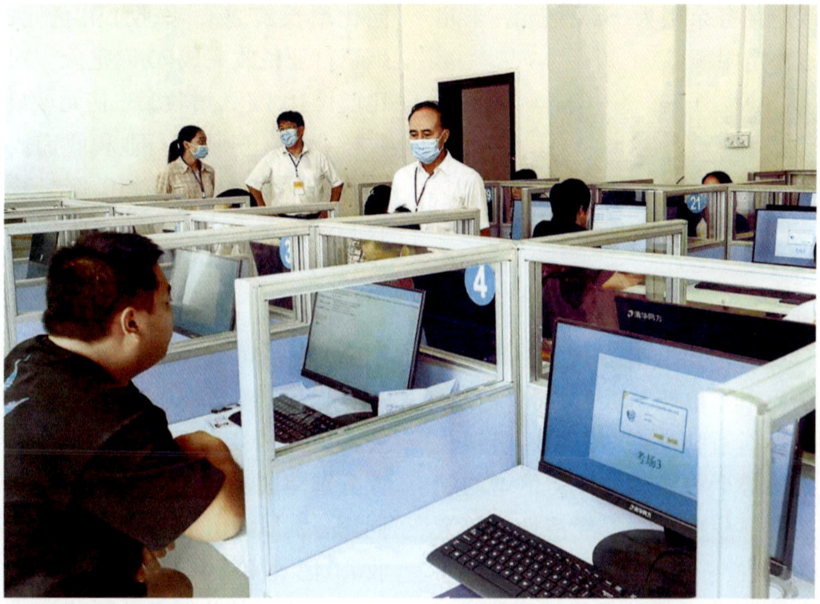

2020年9月7日，黔西南州财政局党组书记、局长左应江（右一）在会计考试巡考　　（州财政局　提供）

一般公共预算执行情况：全州一般公共预算收入完成113.13亿元，为调整预算的100.13%，比上年决算数增收3.44亿元（下同），增长3.14%。其中：税收收入45.49亿元，减收21.44亿元，下降32.04%；非税收入67.64亿元，增收24.88亿元，增长58.20%。加上上级各项补助收入266.96亿元，置换一般债券收入52.84亿元，新增一般债券收入1.40亿元，动用预算稳定调节基金9.81亿元，调入资金32.42亿元，上年滚存结余10.99亿元，接受其他地区援助收入4.45亿元，当年收入合计492.00亿元。全州一般公共预算支出完成407.93亿元，增支23.81亿元，为调整预算的105.87%，增长6.20%。加上上解省级支出8.43亿元，一般债务还本支出52.96亿元，当年支出合计469.32亿元。收支相抵后，当年收大于支22.68亿元，扣除结转下年专款14.39亿元后，全州净结余8.29亿元，按照《预算法》规定全部安排预算稳定调节基金。

政府性基金预算执行情况：全州政府性基金收入157.73亿元，上级补助收入3.25亿元，上年结余6.48亿元，调入资金0.21亿元，新增专项债券收入77.79亿元，置换专项债券收入35.04亿元，抗疫特别国债安排的收入13.51亿元，当年收入合计294.01亿元。政府性基金支出232.42亿元，专项债务还本支出35.04亿元，调出资金11.96亿元，上解上级支出8.14亿元，年末结余6.45亿元，按基金管理政策结转下年安排使用。

国有资本经营预算执行情况：全州国有资本经营预算收入461万元，上年结余5093万元，上级补助收入2217万元，当年收入合计7771万元。国有资本经营预算支出2063万元，调出资金2217万元，年末结余3491万元，按照规定结转下年安排使用。

社保基金预算执行情况：全州社保基金保险费收入38.77亿元，财政补贴收入24.67亿元，利息等其他收入1.45亿元，当年收入合计64.89亿元。社会保险待遇支出62.01亿元，转移性等其他支出2.88亿元，当年支出合计64.89亿元，当年收支无结余，加上年初滚存结余66.21亿元，年末结余66.21亿元，按社保基金管理政策结转下年安排使用。

政府债务情况：经省人民政府批准，核准全州2020年末政府债务限额为602.15亿元，全州政府债务余额为594.55亿元，未超过核定限额。

州本级预算执行情况：州八届人大五次会议批准的州本级预算是：一般公共预算收入21.27亿元，一般公共预算支出40.47亿元。经州八届人大常委会第三十六次会议批准：一般公共预算收入调整为30.21亿元，一般公共预算支出调整为67.48亿元。

一般公共预算实际执行情况：州本级一般公共预算收入完成30.61亿元，为调整预算的101.35%，比上年决算数增收9.76亿元，增长46.82%。其中，税收收入9.91亿元，减收3.55亿元，下降26.39%；非税收入20.70亿元，增收13.31亿元，增长180.21%。加上上级各项补助收入44.80亿元，调入资金4.40亿元，动用预算稳定调节基金3.00亿元，置换一般债券收入1.37亿元，上年滚存结余7.99亿元，接受其他地区援助收入0.10亿元，当年收入合计92.27亿元。州本级一般公共预算支出完成68.19亿元，为调整预算的101.06%，增长53.59%，加上一般债务还本支出1.37亿元，州对下补助支出9.36亿元，上解省级支出0.72亿元，当年支出合计79.64亿元。收支相抵后，当年收大于支12.63亿元，扣除结转到下年的专款10.06亿元，州本级净结余2.57亿元，按照《预算法》规定全部补充预算稳定调节基金。

政府性基金预算执行情况：州本级政府性基金收入41.83亿元，上级补助收入0.53亿元，上年结余2.17亿元，新增专项债券收入26.07亿元，置换专项债券收入1.51亿元，调入资金0.21亿元，当年收入合计72.32亿元。政府性基金支出68.46亿元，州对下补助支出0.19亿元，调出资金0.03亿元，专项债务还本支出1.51亿元，年末结余2.13亿元，按基金管理政策结转下年安排使用。

国有资本经营预算执行情况：州本级国有资本经营预算收入416万元，上级补助收入2017万元，上年结余5067万元，当年收入合计7500万元。国有资本经营预算支出2035万元，调出资金2000万元，年末结余3465万元，按照规定结转下年安排使用。

社保基金预算执行情况：州本级社保基金保险费收入20.29亿元，财政补贴收入22.90亿元，利息等其他收入1.22亿元，当年收入合计44.41亿元。社会保险待遇支出42.57亿元，转移性等其他支出2.70亿元，当年支出合计45.27亿元，当年收支结余-0.86亿元，加上年初滚存结余59.03亿元，年末结余58.17亿元，按社保基金管理政策结转下年安排使用。

政府债务情况：经省人民政府批准，核准州本级2020年末政府债务限额为58.24亿元，州本级政府债务余额为58.22亿元，未超过核定限额。

（王　安）

## 税收管理

**【概况】** 2020年，国家税务总局黔西南布依族苗族自治州税务局面对新冠肺炎疫情影响、组织收入形势严峻、工作压力倍增的局面，顶住疫情性、经济性、政策性减收“三叠加”，防控性、逆周期调节性、基础保障性增支“三碰头”的压力，运用“算清讲透、上下同欲、精准熔断、正面引导”四步工作法，组织入库税款105.22亿元，为服务发展、服务大局、促进经济社会事业发展提供财力保障。落实减税降费税收优惠政策，支持和促进地方经济发展。

**【税收收入】** 2020年，全州累计组织税收收入105.22亿元，同比下降20.1%，减收26.53亿元。税收收入规模排全省第6位，税收增速位列全省第9位。州级以下一般公共预算收入完成45.49亿元，同比下降32.0%，减收21.45亿元。分税种来看，税务部门征收的16个税种“5增11减”，其中，5个增收的税种合计完成19.53亿元，合计增收1.21亿元；11个减收的税种合计完成85.68亿元，合计减收37.74亿元。分行业来看，九大支柱税源“二增七减”，税收合计完成83.90亿元，同比下降21.0%，减收22.24亿元。其中，增收行业中，金融行业税收完成8.94亿元，同比增长27.2%，增收1.91亿元；烟草行业税收完成20.17亿元，同比增长10.1%，增收1.85亿元。减收行业中，房地产行业税收完成13.30亿元，同比下降10.3%，减收1.53亿元；建筑行业税收完成17.26亿元，同比下降28.9%，减收7.01亿元；煤炭行业税收完成8.36亿元，同比下降37.5%，减收5.03亿元；租赁和商务服务业及公共管理、社会保障和社会组织业分别完成6.54亿元和1.09亿元，同比分别下降51.7%和76.1%，减收7.0亿元和3.46亿元；居民服务、修理和其他服务业税收完成1.36亿元，同比下降22.8%，减收4038万元；电力行业税收完成6.86亿元，同比下降18.5%，减收1.56亿元。分地区来看，全州9个县（市、新区）均呈下降减收态势。具体来看：全州仅兴义、贞丰增速下降处于个位数水平，税收收入分别完成53.90亿元、9.9亿元，同比分别下降8.6%、9.8%，分别减收5.07亿元、1.07亿元；兴仁增速下降达一成以上；望谟、册亨、普安增速下降达二成以上；其余单位增速下降均超三成以上。

**【依法治税】** 2020年，印发《关于加快推进行政执法三项制度工作的实施意见》，构建以强化“思想、组织、质效、宣传”为内容的工作保障体系。及时制定《国家税务总局黔西南州税务局工作规则》等制度，不断健全完善税务行政重大决策机制。建立公职律师和法律顾问使用管理制度，组建包含21名法律顾问、14名公职律师的专家团队，定点联系9个县（市、新区）局，实现法律顾问全覆盖。完善执法事项法制审核范围和标准，建立以书面审核与集体审议相结合的审核模式，对重大执法决定法制审核从执法主体、执法程序、执法文书、证据固定等9个方面进行合法性审查，并使用统一文书进行规范化管理。全面落实“双随机、一公开”机制，建立随机抽查对象和检查人员名录库。完善税收违法案件“一案双查”、内部控制管理等制度，全链条梳理税务执法和行政管理风险点，制定61条防控措施，修订岗位职责制度76项。实施执法全过程记录，梳理出5大类26个必须全程录音录像的执法事项和3大类17个必须文字记录和重点环节录音录像的执法事项，在全州配备执法记录设备182台。严厉打击涉税违法行为，查补各项收入2.4亿元，入库1.69亿元；尤其是“7·12”成品油企业虚开专案得到公安部、副省长郭瑞民及省税务局局长钟油子批示和通报表扬。全州优化营商环境纳税指标得分排全省第三位，成功创建“强化法治保障，优化税收营商环境州”。

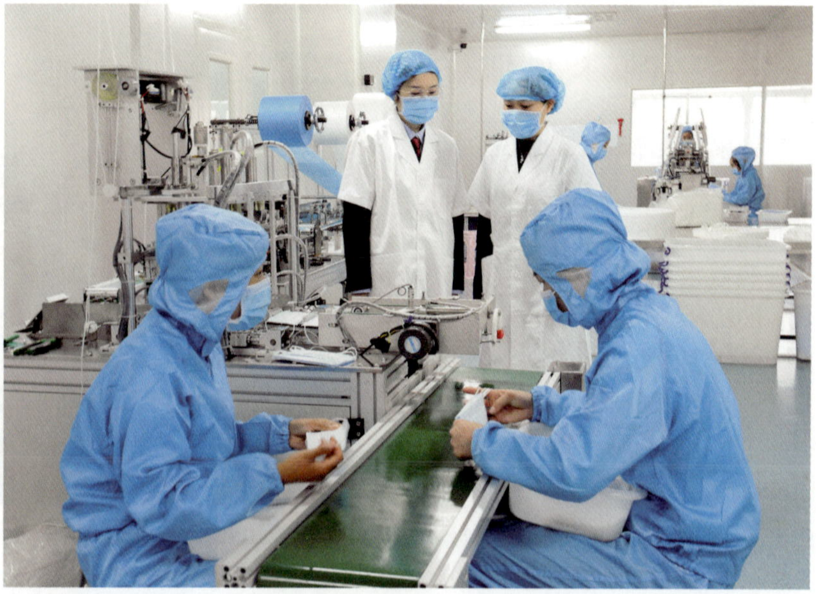

2020年3月3日，国家税务总局黔西南布依族苗族自治州税务局防疫政策支持专班到黔西南州贵州骏江实业有限公司车间调研生产情况　（张德厚　摄）

2020年4月13日，邮政快递“小哥”到网上发票寄递中心领取邮政寄件　（张德厚　摄）

【纳税服务】　2020年，全年累计减税降费31.52亿元，其中，新增减税降费7.62亿元，围绕支持疫情防控和复工复产的新增减税降费5188万元；聚焦“非接触式办税要添力”，分批实现211个税费事项网上办理，全年通过非接触式办理税费业务量占比9.8成以上；聚焦“数据服务大局要加力”，深化拓展税收大数据分析应用，共出具28篇高质量的分析报告，在服务各级领导决策、助力市场主体发展中发挥积极作用；聚焦“疫情防控工作要尽力”，从严抓好群防群控、联防联控，全州税务系统上下同心、投身战疫，10支党员突击队闻令即动、逆行出征，让税务蓝成为抗疫战场的硬核力量。

【税收征管】　2020年，全州税务系统实施“集成优化、归口管理”暨深化税收征管转方式建设，设立“三类系列五个团队”实行精准管理，初步构建起以“大风控为基础、大数据为依托、大稽查为震慑”的大征管格局。在政府主导下依托“矿产储量核实系统”推动涉税数据共享，创新“加油站数据信息实时采集系统”和“税收征管质量监控系统”提升税收治理和征管精细化水平。个人所得税首次汇算平稳实施，5919户扣缴义务人、16.83万人进行个人所得税汇算，累计入库税款5.2亿元，同比增收367.83万元。社保费征收职责划转、水土保持补偿费等四项非税收入项目征收职责顺利完成。2020年全州征收各项社会保险费34.25亿元，非税收入6.38亿元；全年开展风险管理查补税款6.09亿元，入库税款3.58亿元，其中，56户房地产开发企业查补税款3.79亿元，入库税款1.85亿元；15户建筑企业查补税款0.61亿元，入库税款0.22亿元；立案检查82件，打掉5个犯罪团伙，抓捕犯罪嫌疑人65人，入库税款1.7亿元。

**【党建扶贫】** 2020年，全州税务系统共选派驻村“第一书记”33人、专职驻村干部68人、驻村帮扶干部172人，直接投入资金1140万元，引进帮扶资金210万元，培训基层干部864人，帮助销售贫困地区农产品200万元，产业实际投资金额1300万元，对口帮扶的32个贫困村、3268户贫困户、1.37万名困难群众全部脱贫摘帽，创新方法为全州易地搬迁住房不动产登记出具免税证明7.9万多份，为全州决胜脱贫攻坚贡献税务力量。中共黔西南州税务局机关第二党支部荣获“全省党支部标准化规范化建设示范点”；黔西南州税务局系统6个党支部被中共黔西南州委党建设工作领导小组授予“全州标准化规范化建设示范党支部”称号；黔西南州税务局第一稽查局局长田磊被授予“全省

2020年10月，国家税务总局兴义市税务局办税服务厅导税员史玲辅导纳税人在自助办税机上代开发票 （张　松　摄）

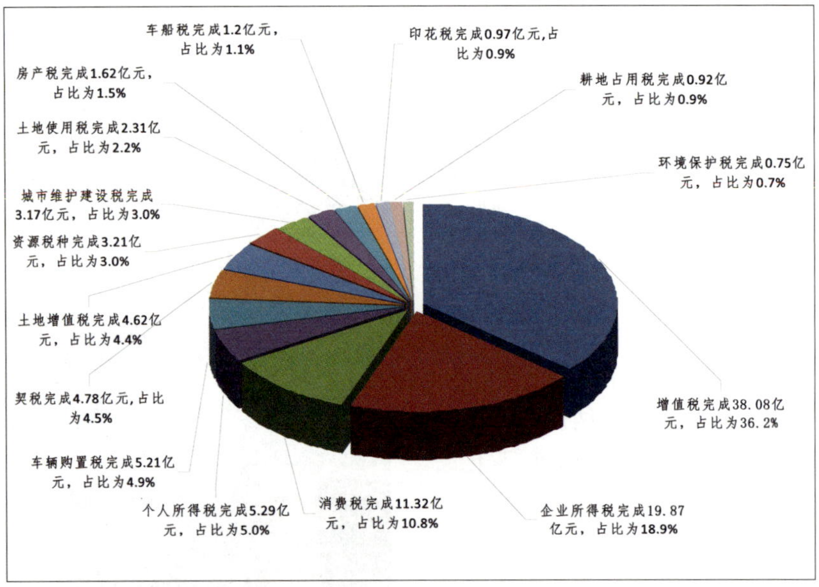


国家税务总局、黔西南布依族苗族州税务局2020年累计税收收入分税种完成情况图（单位：亿元）

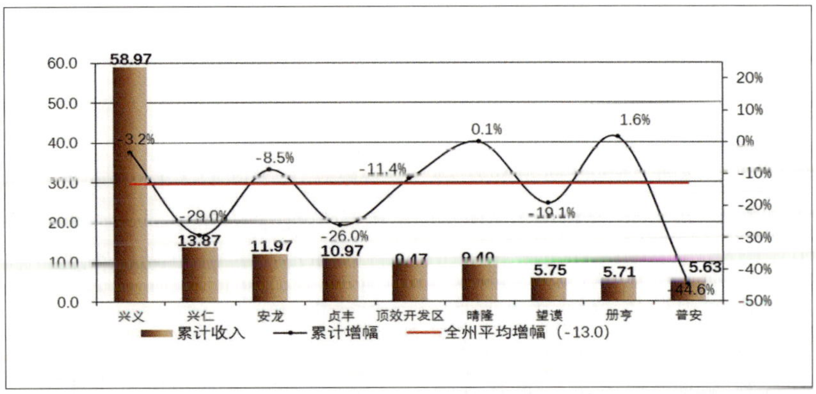


国家税务总局、黔西南布依族苗族州税务局2020年各县（市、新区）局累计税收收入规模与增幅示意图（单位：亿元）

脱贫攻坚优秀基层党组织书记”称号。

【党风廉政建设】 党建集成，横向统筹实现党建与业务“融会贯通”，调整优化党支部设置，由分管局领导任支部书记，实现党建与税收业务同部署、同落实。业务集成，纵横联动为机关和基层“松绑减负”，按照关联业务“一条线”的原则调整确定班子成员分工，对管人、管税、管事等基础工作归口管理，优化充实一线税收征管力量，业务系列正式干部占比达72.12%。紧盯疫情防控、减税降费、脱贫攻坚、优化营商环境、增值税专用发票电子化试点等重大决策部署落实情况开展监督，实行季清单、月报告式监督，运用内控监督平台做实日常监督，组织核查各类疑点数据298条，对187条疑似过错进行自我纠错，对72条执法过错的26人追究责任，确保纳税人应享尽享减税降费政策。督促扶贫干部签订和践行《扶贫必廉承诺书》，开展两次扶贫领域腐败和作风问题专项检查，对个别扶贫干部工作不到位的问题进行严肃处理。建立州县两级局联动监控分析、移交处置工作机制，对落实《优化营商环境条例》《税务系统优化营商环境“十五条禁令”》情况、纳税服务投诉处理情况、涉税业务情况受理处理情况开展纵横联动监督，对逾期办结问题进行责任追究。持续加强对公务接待、公务用车、差旅、会议、培训等公务活动和办公用房的监督，促进规范管理，全州税务系统制发文件数量和召开四类以上会议数量分别比上年减少25%、30%。对违规收送礼品礼金和私车公养问题开展专项整治，共计110名干部职工主动填报相关问题，上交金额14.9万元。开展利用作废代开发票及税票、二手房交易税收管理违纪违法问题专项检查，补征税款2.78万元，发现1名已离职的临时人员涉嫌贪污税款的问题线索并移交县监委查办，挽回税收损失近50万元。运用监督执纪“第一种形态”对103人次进行责任追究，其中提醒谈话31人次、批评教育44人次、责令作出书面检查19人次、通报批评8人次、停职两个月1人，有效实现由“惩治极少数”向“管住大多数”拓展。

【干部队伍建设】 2020年，全州税务系统共组织各类业务培训130

2020年5月11日，黔西南州税务局党委书记、局长吴惠钊（左五）代表州税务局党委领取“让党放心，让人民群众满意的模范机关”奖牌 （韦 涵 摄）

2020年12月2日，国家税务总局黔西南布依族苗族自治州税务局机关组织领导干部进行宪法誓词宣誓 （韦 涵 摄）

2020年7月1日，国家税务总局黔西南布依族苗族自治州税务局开展“不忘初心跟党走，志愿献血迎‘七一’”活动　　（韦　涵　摄）

2020年12月3日，国家税务总局黔西南布依族苗族自治州税务局组织税务干部到万峰林小学开展宪法宣传　　（张德厚　摄）

期，培训1.2万余人次；在黔西南州税务系统范围内选拔任用7名正科长级领导正职；录用34名新进公务员。在“岗位大练兵、业务大比武”中，黔西南州税务局荣获“全省税务系统团体三等奖”，4名税干入选“2020年全省税务系统专业骨干”，28名税干入选“2020年全省税务系统岗位能手”。2020年，全州税务系统共有3个单位通过“全国文明单位”复核，7个单位荣获“2018—2020年度全省文明单位”。全州共有3个窗口、2个科室、6个股室、5名干部在全省税务系统“三创三树”活动中分别荣获贵州省税务局表彰的文明窗口、文明科室、文明股室和文明标兵称号；黔西南州税务局机关工会被贵州省总工会授予“贵州省五一巾帼标兵岗”称号，并被命名为“职工之家”；黔西南州税务局机关工会第五工会小组被贵州省总工会命名“职工小家”；兴义市税务局荣获全省第四次经济普查先进集体；兴义市税务局干部陆薇被授予“贵州省五一巾帼标兵”称号；全州税务系统5家单位、1名干部分别被授予“五一巾帼标兵岗”和“五一巾帼标兵”称号。

（韦　涵）

## 审　计

**【概况】** 黔西南州审计局（州委审计委员会办公室），为州政府组成部门，是省审计厅人财物统一管理机构。单位领导成员：党组书记、局长雷宪春（6月退休）；党组成员、副局长沈浩廷、龙敏。2020年，州审计局人员编制51人（行政22人，行政工勤3人；参公事业20人，参公工勤2人；事业4人），实有40人；内设办公室、计划管理与整改督察科、政策法规科（审理科）、电子数据审计科、财政审计科、教科文卫审计科、农业农村审计科、固定资产投资审计科、社会保障审计科、自然资源和生态环境审计科、企业审计科、经济责任审计科、人事科；及“州委审计办秘书科”。另下设州政府性投资建设项目前置审计中心、决算审核中心（加挂“州国家基本建设预结算审核中心”）两个正科级参公单位和审计信息技术服务中心一个正科级事业单位。

全州审计机关2020年完成审计项目111个，查出主要问题金额74.88亿元，审计发现非金额计量问题289个，审计期间整改金额7.52亿元，审计处理处罚金额13.47亿元；移送处理事项25项。出具审计报告111篇，获州领导批示5篇(次);提出并被采纳审计建议248条,通过审计促进被审计单位建立健全规章制度6项。省以下审计机关人财物统一管理改革以来,连续四年获全省审计机关年度目标绩效考核一等奖;受州政府委托向人大所作审计工作报告,连续四年获大会表决全票通过;精神文明建设成果持续巩固,2020年11月20日,经中央、省、州三级文明委复核,确认保留州审计局"全国文明单位"称号。同时,通过示范带动,年内七个市、县审计局成为全省文明单位或全省文明先进单位,黔西南"审计文明行业系统"基本形成。

**【审计管理改革】** 2020年,全州审计机关全面落实"两统筹"下的全省审计"一盘棋"工作部署,围绕中心、服务大局,省级进一步强化全省审计资源统筹,黔西南州优先保障上级审计机关人员调度需要。按照全省"一盘棋"和审计结果共享等要求,审计机关加大审计统筹,探索全面推广大数据审计模式,组织对具备大数据审计条件的107家州本级、525家县(市、区)级一级预算单位(本级)2019年度预算执行和其他财政收支及决算草案情况进行大数据审计。通过疑点推送方式对44家州级一级预算单位疑点事项进行必要的延伸核查和追溯。积极探索"1+N"的工作方式,推行"一审多项""一审多果""一果多用",提升审计监督效率,不断扩大审计覆盖面。

**【财政收支审计】** 2020年全州审计财税部门和金库18个,组织实施28个部门预算审计,查出问题144个,涉及违规金额3.1亿元,管理不规范资金58.17亿元,提出审计意见和建议82条。审计深入分析财政资金的收入、分配、管理、使用等情况,注重从体制、机制、制度以及政策措施层面揭示、分析和研究问题,揭示体制机制障碍,立足体制机制提出有针对性的改进建议,推动建立全面规范透明、标准科学、约束有力的预算制度,促进提高财政资金效益。

2020年7月15日,州委召开州委审计委员会第三次会议(州审计局 提供)

**【经济责任审计】** 2020年州审计机关完成经济责任审计项目20个,查出违纪违规资金3.58亿元,管理不规范资金2.38亿元,经济责任审计移交涉嫌经济问题25项,涉及24人。另配合州委组织部完成离任的县处级领导干部监交工作14项,监交涵盖工作任务、财务收支、资产资金、项目投资、资产负债、经济纠纷等遗留经济事项。

**【政策跟踪审计】** 2020年,根据《贵州省审计厅关于印发〈应对新冠肺炎疫情防控资金和捐赠款物专项审计工作方案〉的通知》和州领导2020年2月17日批示抄清,于2月21日至4月7日派出审计组,对州本级财政资金、社会捐赠资金物资进行审计,延伸审计州红十字会、州慈善总会、州卫生健康局、州教育局、州医院等11家政府机构和单位,对重要事项进行必要的延伸和追溯。审计中聚焦捐赠款物的总体情、分配和使用,以及相关税费政策、财政贴息、贷款优惠政策等精准到位情况,推动疫情防控相关政策措施落实、促进疫情防控工作高效开展。

根据省审计厅关于转发审计署《新增财政资金直达市县基层直接惠企利民情况专项审计工作方案》的通知,从8月起,每月实施新增财政资金直达市县基层直接惠企利民情况专项审计工作。先后完成安龙县、义龙新区、册亨县、贞丰县、晴隆县、望谟县、普安县、兴仁市的审计（其中：省厅审计组10月负责实施州本级和兴义市的审计）。通过对新增财政资金筹集、分配、拨付下达、管理使用及发挥绩效情况的全程跟踪审计，促进资金直达市县基层、直接惠企利民，促进资金及时拨付、精准使用、安全高效。

【民生资金（项目）审计】 2020年，根据年度审计项目计划，组织对三宝乡、双江镇、郊纳镇、鲁容乡四个极贫乡镇2019年9月至2020年6月脱贫攻坚资金进行跟踪审计。

组织对贞丰县、册亨县2019年1月至2020年7月、对晴隆县和望谟县2020年1月至2020年6月扶贫政策措施落实和扶贫资金分配管理使用情况进行审计，对上述四县分配、管理、使用扶贫专项资金的县财政局、扶贫办、农业农村局等共计95个部门和单位进行延伸审计调查。重点监督扶贫相关政策落实、项目建设运营、资金绩效、资金管理使用及项目建设情况，揭示和反映体制机制制度性问题，揭露重大违纪违法问题，有针对性地提出审计建议，促进精准扶贫、精准脱贫政策措施落地生根，维护扶贫资金安全，夯实稳定脱贫、逐步致富的基础。

督促对望谟县郊纳镇2019年9月至2020年6月脱贫攻坚资金跟踪审计查出的四个方面的8个问题的整改。

组织全州审计机关对中央扶贫开发工作会议以来各级审计机关（包括审计署特派办、省审计厅等）扶贫审计（涉及黔西南州）查出的问题进行全面清理，涉及2016年至2020年。

2020年10月31日至2020年11月18日，州审计局组织州、县两级审计机关，对全州2020年防灾减灾及灾后重建资金及物资进行跟踪审计，并按省审计厅要求上报审计报告。

4月14日，黔西南州审计局启用法制阵地（暨智能法规库），全面推进依法审计
（州审计局　提供）

【资源环保审计】 2020年，组织实施对望谟县政府原主要领导的自然资源资产离任审计。重点审计土地、矿产、水、森林等自然资源和相关生态环境保护情况，抽查自然资源、生态环境、林业、水务、发改、财政、统计、住建8个部门，对重要事项进行必要的延伸和追溯。揭示和反映当地人民群众最关心、最需迫切解决的资源环境领域突出问题，深入分析资源环境领域突出问题的形成原因，从体制、机制上提出审计意见建议，推动当地自然资源资产和生态环境领域突出问题的有效解决。

【政府投资审计】 2020年，审计机关优化力量，以促进提高资金使用效益，完善政府投融资体制，推进项目建设、提高投资绩效为目标，加强对政府投资工程建设项目竣工结（决）算审计。年内组织实施政府性投资审计项目4项，审减资金（节约支出）2242.61万元；另备案项目643项，审减资金17671.77万元。

【机关建设】 2020年，加强全州审计系统政治机关建设，从政治上强起来。从年初审计项目计划开始，到方案制定、推动项目实施、项目审理和出具审计报告，坚持把审计工作放在“围绕中心、服务大局”这个目标中去谋划、去思考、去工作；把旗帜鲜明讲政治的要求全面融入审计各项工作。坚决落实省审计厅党委和州委“干就是讲政治，不干就是不讲政治”要求，把“五步工作法”和“四逐四准”精准落实到审计中。

2020年5月18日，州审计局“让党中央放心让人民群众满意模范机关”挂牌
（州审计局　提供）

加强全州审计系统党的建设工作，使党旗高扬起来。创新党建干部职工培养，实施“标兵带新兵、能手带新手”的方式改进和提高审计业务能力，培养年轻干部，让新人成长为审计骨干，推动机关党建与审计业务工作深度融合。坚持抓好党员“政治生日”“我是党员我先上”等活动，按照“党员走到哪里，党的组织就跟到哪里”的原则，对执行专项任务人员和时间达到一定要求，均成立临时党支部，不断探索强化党组织的覆盖面和影响力，推动党建工作和审计业务工作同频共振、双向提高，使每名审计党员干部都成为党旗高高飘扬的战斗堡垒。

加强全州审计机关党风廉政模范系统建设，所有审计干部廉起来。细化年度工作，明确定期召开党风廉政建设和反腐败工作专题会，分析审计机关存在的新情况、新问题，研究讨论重大事项，认真履行“主体责任”和“一岗双责”，把红脸出汗、咬耳扯袖作为常态。切实加强党性党风教育和廉政文化建设，加大干部教育力度，筑牢干部反腐倡廉思想防线。

加强审计机关学习型系统建设，所有干部学起来。除局党组组织的中心组学习、专题学习、业务学习和局支部“三会一课”等学习外，大力倡导八小时之外的个人自学。重点组织好审计署大讲堂、省审计厅组织的学习和培训，用好抓实学习强国平台，引导全员积极加入，巩固提升，发挥作用。

统筹实施文明行业系统创建，推动审计文明靓起来。结合文明创建指标体系，坚持州、县（市）审计机关上下联动“一盘棋”，州审计局发挥示范引领，继续抓好“全国文明单位”的提升和巩固；县市审计机关积极抓创建，打实基础，争取支持，年内黔西南州审计文明行业先进系统基本形成。

（刘崇芳）

### 2020年黔西南（州）本级及所辖市（县、区）审计工作统计表

| 审计机关 | 完成审计项目（个） | 审计查出主要问题金额（万元） | 审计发现非金额计量问题（个） | 审计期间整改金额（万元） | 出具审计报告和审计调查报告（篇） | 审计处理情况 | | 审计促进整改落实有关问题资金（万元） | 审计提出建议（条） | 提交审计信息（篇） |
|---|---|---|---|---|---|---|---|---|---|---|
| | | | | | | 审计处理处罚金额（万元） | 移送处理事项（件） | | | |
| 黔西南州本级 | 24 | 48204.91 | 128 | 656.68 | 24 | 31807.27 | 13 | 3682.19 | 63 | 116 |
| 兴义市审计局 | 8 | 224913.89 | 6 | 68876.22 | 8 | 3724.92 | 0 | 22.44 | 21 | 6 |
| 兴仁市审计局 | 13 | 41382.08 | 9 | 4385.4 | 13 | 35685.55 | 6 | 141.87 | 13 | 48 |
| 安龙县审计局 | 8 | 109184.17 | 35 | 0 | 8 | 0 | 1 | 7438.95 | 19 | 18 |

续表

| 审计机关 | 完成审计项目（个） | 审计查出主要问题金额（万元） | 审计发现非金额计量问题（个） | 审计期间整改金额（万元） | 出具审计报告和审计调查报告（篇） | 审计处理情况 | | 审计促进整改落实有关问题资金（万元） | 审计提出建议（条） | 提交审计信息（篇） |
|---|---|---|---|---|---|---|---|---|---|---|
| | | | | | | 审计处理处罚金额（万元） | 移送处理事项（件） | | | |
| 贞丰县审计局 | 8 | 6103.72 | 7 | 17.8 | 8 | 0 | 2 | 17.8 | 16 | 6 |
| 普安县审计局 | 12 | 108920 | 24 | 393 | 12 | 5600 | 1 | 343 | 18 | 0 |
| 晴隆县审计局 | 12 | 31118.5 | 57 | 530.22 | 12 | 818.03 | 1 | 192.27 | 40 | 40 |
| 册亨县审计局 | 9 | 57107 | 10 | 6 | 9 | 57107 | 1 | 102 | 18 | 0 |
| 望谟县审计局 | 12 | 120738.21 | 10 | 26.51 | 12 | 0 | 0 | 127 | 26 | 0 |
| 义龙新区审计局 | 5 | 1109.75 | 3 | 272.13 | 5 | 0 | 0 | 996.18 | 14 | 2 |
| 合计 | 111 | 748782.23 | 289 | 75163.96 | 111 | 134742.77 | 25 | 13063.7 | 248 | 236 |

注：顺序按民政部公布的行政区划排序，以市本级、区、县级市、县的顺序排列

## 国有资产监督管理

**【概况】** 黔西南州人民政府国有资产监督管理委员会（简称州国资委）主要职责是，对州人民政府授权管理的国有企业履行以管资本为主的国有资产监管职责，并承担州委国企党建工作领导小组办公室、州国有企业改革工作领导小组办公室工作。设主任1人、副主任3人，内设5个科室和科级事业单位州国有资产综合服务中心。行政编制共11人，事业编制7人，工勤编制1人。州国资委监管企业共7家，均为州管一类企业，包括：州工投集团、金州电力集团、州宏升公司（州扶投公司、州国有资本运营公司）、州城投集团、州水投公司（州金农公司）、州文旅集团、州畅达公司。截至2020年12月底，监管企业资产总额668.86亿元，同比增长17.36%；所有者权益212.85亿元，同比增长7.00%；营业收入29.58亿元，同比增长19.19%；上缴税收1.72亿元，同比增长41.52%，实现国有资产保值增值。

**【国企转型发展】** 2020年，督促指导各监管企业紧紧围绕州委、州政府主战略，聚焦主责主业，积极发展实体经济，加快实体化转型发展。截至12月底，监管企业在建项目共23个，总投资377.6亿元，已完成投资103.68亿元，有效发挥了国有企业在全州经济社会发展中的重要支撑作用。其中：金州电力集团加快“大电强网”建设步伐，充分发挥地方电网优势，努力打造黔西南州“电价洼地”，助推全州工业经济发展。2020年完成销售电量45.75亿千瓦时，占全社会用电量的35.5%，售电收入18.85亿元。州水投公司投资18.81亿元的鹏昇纸业年产60万吨包装纸项目建成投产，成为国内首家、国际领先的再生纸造纸行业污水处理零排放项目；着力推进全州水务一体化项目，2020年获得银行授信56.3亿元。州工投集团聚焦非金属矿资源开发，组建贵州木纹石材开发有限公司，实现销售收入2010万元；组建贵州省工建绿色科技环保有限公司，开展绿色商砼、预拌砂浆等新型建材业务，实现销售收入4097万元。州宏升公司围绕国有资本运营、融资担保两大主业，2020年

推动全州国储林项目获得银行授信26.1亿元，提供担保11.6亿元。

【国资国企改革】 2020年，坚持以“突出主营业务、剥离非主营业务、集中优良资产、合并业务同类项、防范债务风险”为原则，按照“成熟一家、推进一家”的要求，深入推进州管国有企业战略性整合重组，先后整合成立州国有资本运营公司、州林下菌药公司、贵州建工西南公司，对州级财信和时进两家担保公司进行整合，进一步提高担保能力。推进金州电力集团与贵州电网公司组建黔西南州融泰售电有限公司，加快两网融合发展。牵头制定《黔西南州国有企业退休人员社会化管理工作实施方案》，统筹推进全州国有企业退休人员社会化管理，完成全州8503名人员移交工作。加大央企招商对接力度，认真梳理国资系统联系央企在黔西南州意向性投资项目，积极推动项目落地签约，确定签约项目3个，累计投资8.5亿元。

【国资监管效能】 2020年，出台《中共黔西南州委办公室 黔西南州人民政府办公室关于印发〈关于进一步做强做优做大国有企业的意见〉的通知》《黔西南州人民政府国有资产监督管理委员会监管企业员工招录指引（试行）》《黔西南州人民政府国有资产监督管理委员会监管企业工资决定机制暂行办法》《黔西南州人民政府国有资产监督管理委员会监管企业负责人经营业绩考核办法》《黔西南州人民政府国有资产监督管理委员会监管企业公务用车管理办法（试行）》等制度，不断健全以管资本为主的国有资产监管体制。认真抓好疫情防控，积极应对疫情影响，促进监管企业复工复产，强化对企业疫情防控及复工复产工作情况调度，及时协调解决存在的困难问题。出台八条措施鼓励监管企业采取新增就业岗位、减免房租等措施应对疫情影响支持中小企业发展，全年共计减免房租1382.29万元。加强监管企业债务调度，推动监管企业债券融资、债务置换，积极帮助各县（市、新区）企业融资担保，有效防范化解债务风险。充分利用大数据手段全方位监管企业人、财、物、事变化情况，实现国资监管云与企业云平台数据无缝对接互通，实现预警处置实时化、全程监管透明化。全州国有企业上云共916家，实现应上尽上。进一步完善国有企业上报事项审批流程，加强对国有企业上报的重大事项报告进行合规性审核，共报请州委常委会审议事项4件，报请州政府常务会审议事项24件，向州政府转报事项177件，办理批复245项。

【党建工作】 2020年，全州国企党建工作，按时按质完成11项重点工作任务。发挥考核指挥棒的作用，开展州管国企党组织书记抓党建工作述职评议会，集中听取12家企业党组织书记述职，推动管党治党责任有效落实。实施国有企业全面提升基层党建质量三年行动计划，党组织关系隶属州国资委党委管理的127个企业党支部提前一年实现达标全覆盖。围绕实施“基层党建提升年”重点工作任务，选优培育国有企业党建示范点40个，其中省级示范点2个，州级示范点23个，县级示范点15个。依托“贵州人才博览会”等重点人才工程，引进45名企业紧缺人才，推动国有企业人才队伍建设。深入推进党建重大课题研究和“党建品牌”创建，首批9家企业共开展党建品牌创建9项，党建重大课题研究8项，验收品牌创建成果7项，申报课题研究报告4项。切实发挥国有企业应尽的社会职能，全州国有企业全年保障贫困人员就业2584人，招录高校毕业生岗位583人，招录见习生116人，解决农民工就业3420人。

（黄　聪）

## 统　计

【概况】 黔西南州统计局是主要从事统计调查、统计数据加工整理、统计分析预测、统计信息咨询和统计协调管理等活动的正处级政府职能机构。内设10个行政科（室），下设统计信息服务中心（内设4个事业科），编制39人，其中，机关行政编制19人、事业编制17人，工勤编制3人，实有人数33人。

2020年，按时完成国民经济核算、基本单位名录、农业、工业、投资、贸易、服务业、能源、人口、劳动工资、科技创新、文产、大数据、房地产、建筑业、非公企业人才等常规统计调查的月、季、年报工作。全年共撰写统计信息和分析189篇，经济运行分析专报7期。印发《黔西南州经济要情》11期，及时送发州委、州政府、州人大、州政协和相关部门参阅。及时发布《2019年黔西南州国民经济和社会发展统计公报》，按时编印《2019年黔西南州领导干部统计手册》《2019年黔西南州统计年鉴》并发送州领导及相关部门。编印《回眸十三五 数说新成就——2016至2020年黔西南州经济社会发展概况》统计资料，作为州委全会参阅资料。

**【绿色发展指数统计监测】** 2020年，根据《州委、州政府关于印发〈黔西南州县市区大生态建设目标评价考核方案〉的通知》（州委办字〔2018〕4号）文件要求，按照“依法统计、分级负责、部门把关、统计综合”的原则，监测各县市绿色发展指数，并将绿色发展指数考核结果形成《2019年全州各县市绿色发展指数报告》报州生态文明办。根据《州生态文明建设领导小组办公室关于各县（市）、义龙新区2019年度生态文明建设目标评价考核结果的通报》（州生态文明办〔2021〕1号），全州各县（市、新区）考核得分第1至第9位依次是兴仁市（42.17分）、贞丰县（42.00分）、兴义市（41.99分）、义龙新区（41.94分）、册亨县（41.97分）、安龙县（41.66分）、望谟县（41.52分）、晴隆县（41.45分）、普安县（40.03分），其中义龙新区取兴义、兴仁、安龙绿色发展指数平均值。

**【统计改革】** 2020年，实施GDP统一核算改革。按照国家和省统一安排部署，坚决贯彻落实地区生产总值统一核算实施方案，进一步细化工作要求，印发《黔西南州地区生产总值统一核算实施方案》《黔西南州县市生产总值统一核算补充办法》，明确工作机制、组织方式、核算方法、数据发布等内容。采取以会带训、媒体宣传、专题培训等方式，在州县两级政府常务会、经济运行分析会上多次讲解核算指标体系，在媒体上做好数据解读，正面引导社会舆论。共开展核算培训15次1050余人次，通过培训，各级各部门对GDP统一核算工作有全面理解和把握，为精准分析全州经济发展现状，调整行业结构，强弱项补短板，确保高质量发展奠定基础。

**【第四次全国经济普查】** 贯彻落实国务经普办、省经普办有关经济普查工作会议精神和安排部署，严格按照全国普查方案要求和规范的业务操作流程，有力有序扎实推进经济普查各项工作，高质量完成经济普查公报撰写、普查表彰、年鉴编辑等工作任务，对全州第四次全国经济普查工作进行梳理总结，规范整理归档普查资料，为今后开展各项大型普查提供借鉴。共编印《黔西南州经济普查年鉴（2018）》资料250套，全州共18个单位被贵州省第四次经济普查领导小组为全省第四次经济普查优秀集体，35人为全省第四次经济普查优秀个人，并通报表扬。州第四次全国经济普查领导小组评选50个优秀集体、100名优秀个人，予以通报表扬。

**【全国第七次人口普查】** 2020年，第七次全国人口普查启动，黔西南州高度重视，坚持谋划从早、落实从严工作导向，将全州第七次全国人口普查工作列入2020年政府工作报告，并纳入州委州政府重点工作督查考核，形成政府主导、统计牵头、部门协作的人口普查工作格局。严格执行《全国人口普查条例》《第七次全国人口普查方案》和《普查实施细则》，强化上情下达，以“七个到位”（组织领导到位、人财物保障到位、宣传到位、部门协作联动到位、综合试点总结提炼借鉴到位、区域划分与绘图覆盖到位、阶段推动与整体衔接落实到位）为抓手，层层压实责任，推动形成普查工作强大合力，按照工作进度安排，完成筹备工作、制度政策制定、人员安排和业务培训、综合试点、摸底调查、入户登记、数据比对复查议查、核实修正等环节工作，全州第七次全国人口普查工作首战告捷。

**【统计执法】** 2020年，州委州政府印发《关于全面落实依法统计依法治统进一步提高统计数据真实性的通知》，要求全州各级各部门将习近平总书记关于统计工作指示批示精神和中央《意见》《办法》《规定》纳入党委常委会、政府常务会、党组理论中心组学习会的内容，确保学习常态化。全年，州委常委会、州政府常务会共组织学习《意见》《办法》《规定》7次，州直有关部门共组织学习34次，县（市）党委、政府共组织学习40次1163人次。统计部门与组织部门、党校配合，开展“统计法律法规进党校”活动，加强对领导

2020年9月29日，国家统计局投资司司长彭永涛（右三）率调研组到黔西南州就固定资产投资运行情况和投资统计工作进行调研　　（州统计局　提供）

干部统计法律法规教育培训，州县两级共组织培训11次，参训人员1437人。

以“查”促改。整合全州统计系统统计执法人才和统计专业人才资源，依法开展“双随机一公开”统计执法监督检查，对统计造假实行“零容忍”。4个季度执法检查共随机抽查监管对象24户，发现统计违法行为9起，立案查处4起，限期责令整改5起，其中《不设置统计台账也是违法》入选省统计局典型案件，对统计造假弄虚作假形成有力震慑。

以“制”筑基。编制行政执法事项清单、行政执法流程图和服务指南信息、权利告知书，制定行政执法文书基本模板、重大执法决定法制审核目录，完善行政执法案卷管理制度、行政执法投诉制度和行政执法考核监督制度，完成每季度领导干部违规干预统计记录台账，确保违规干预记录规范、完整、翔实。

以“宣”促行。充分利用“12·4”国家宪法日、《统计法》颁布纪念日等重大节点宣传统计法律法规，紧密结合第七次全国人口普查、统计年定报等重点工作任务，把法治宣传与常规统计工作紧密结合起来，做好对党政领导干部、统计人员、统计调查对象和广大社会公众的普法宣传，向企业和群众发放统计法律读本共计2100余份。开展普法培训3期，共培训群众200余人次，发放宣传资料500余册。充分运用统计系统媒体宣传，国家、省级媒体刊发统计执法信息10篇。

**【重要会议】** 2020年2月25日，黔西南州召开2020年全州统计工作视频会议，在州统计局三楼会议室设州主会场，各县(市、新区)统计部门设分会场。会上，传达学习全国和全省统计工作、全国经济普查总结表彰会议精神、中央《意见》《办法》《规定》以及刘文新书记、杨永英州长、副州长李杰副州长批示精神，对GDP统一核算内容进行培训解读。州统计局党组书记、局长作题为《不忘初心　砥砺前行　为经济社会高质量发展提供坚强统计保障》的讲话。州统计局副县级以上干部及各科室负责人，州直有关部门分管领导在州主会场参加会议。各县(市)统计局、义龙新区经发局主要负责人，副科级以上干部及各股(室、中心)负责人，县(市、区)直有关部门分管负责在分会场参加会议。

统计部门全面从严治党工作视频会议，对安排部署2020年8月27日，黔西南州举办党政领导干部统计业务“全覆盖”培训班，州领导范华、黄曼、李杰、黄华出席会议。同时还争取邀请专家培训、组织系统培训、联合部门培训、抓实企业培训、精准对接培训、开展统计好培训，经过充分筹备、精心组织、针对性强的统计业务培训，并开展统计业务知识测试，干部统计思维进一步筑牢，统计业务能力进一步提升，统计基层基础进一步夯实，源头数据质量进一步提高，为做到“应统尽统”“搞实、搞准、搞全”统计数据奠定了坚实的基础。

**【脱贫攻坚】** 2020年，全年共召开党组会(党组扩大会)10余次专题研究脱贫攻坚，到帮扶点开展工作28次，组织召开各种学习宣讲会议10余次，协助选优配强村级班子，完善组织阵地建设。全年共投入帮扶资金21.26万元，帮助帮扶村修建活动广场、修建水窖、通组公路硬化、房屋透风漏雨整治等，种植马铃薯200亩、花椒250亩、百香果76亩。开展慰

12月17日，国家统计局副局长鲜祖德（右一）在晴隆县三宝街道干塘村入户调研（州统计局 提供）

问活动5次，慰问建档立卡贫困户、残疾人等共60户，发放慰问金2.16万元。通过精准帮扶，2个帮扶贫困村如期出列，贫困群众如期脱贫，为全州高质量打赢脱贫攻坚战、决胜全面小康贡献了统计智慧和力量。

**【表彰及奖励】** 2020年8月，州统计局赖香如、黄义保、支昌三人被贵州省第四次经济普查领导小组评为全省第四次经济普查优秀个人。2020年，黔西南州统计局统计法治建设、统计基层基础、综合、核算、工业、新经济统计等6项统计业务工作被省统计局评为优秀等级。

（州统计局）

## 国家统计调查

**【概况】** 国家统计局黔西南调查队是国家统计局派出机构，为参照国家公务员制度管理的正处级事业单位，既是政府统计调查机构，又是统计执法机构，依法独立向国家统计局和上级调查队上报承担的国家统计调查任务。同时，承担地方政府委托的统计调查任务，为地方政府提供统计调查服务。内设办公室、综合和执法监督科、住户调查科、价格调查科、企业和专项调查科、劳动力调查科、农业农村调查科7个科室，编制21人，实有人数19人（含贫监办1人）。

**【价格调查工作】** 2020年，黔西南居民消费价格全年上涨2.7%，涨幅比上年同期高0.5个百分点。与2020年一季度、二季度、三季度相比分别回落2、1.2、0.8个百分点，全年呈稳步回落态势。

**【新设立小微企业和个体户跟踪调查】** 2020年第4季度调查情况显示：到2020年末正常营业的有19家，占比为20.9%；停业、关闭、破产、其他等原因未能上报的有72家，占79.1%。在25家有效样本中，资产总计为1545.3万元，比上年同期减少了293.8万元，降幅16.0%，营业收入为672.2万元，比上年同期减少726.6万元，降幅51.9%；从业人员期末人数77人，比上年同期减少31人，降幅28.7%。

**【农业农村调查工作】** 2020年黔西南州粮食总产量为81.65万吨，比

2020年9月，黔西南调查队企业和专项调查科负责人（右）到小微企业开展调研

上年同期增长0.18%；主要畜禽产品（猪、牛、羊、家禽）总产量为17.99万吨，比上年同期增长1.95%。

**【劳动力调查工作】** 2020年，黔西南州开展全国月度劳动力调查共16个调查点，为国家公布调查失业率提供数据支撑，采取抽样调查方式进行，由调查员手持电子移动终端（平板电脑）入户采集，实时上报。调查对象以抽中住户为单位进行登记，调查内容包括调查对象的基本信息、就业信息（就业方式、单位类型、职业行业、工作时间等）、未就业信息（是否找工作、找工作方式、失业时间、就业意愿等）情况，次月轮换50%（每个调查点轮换8户）调查户，调查频率高、轮换比例大、时间要求严。

2020年3月，黔西南调查队劳动力调查科负责人（中）到晴隆县大厂镇现场指导调查员开展劳动力调查工作

2020年12月，黔西南调查队纪检组长许多亿（左二）带队督战望谟县基层脱普工作

**【统计法制工作】** 2020年完成黔西南州“七五”普法和全省调查队系统“七五”普法验收要求的资料收集上报。以《意见》《办法》和《规定》为主要学习内容，分别将统计法律法规纳入了党组、中心组和支部学习计划。举办了两期统计法律知识培训及测试，四期《防范和惩治统计造假弄虚作假重要文件选编》学习，一次《意见》《办法》《规定》的专题培训及测试，一次《防范和惩治统计造假弄虚作假督察工作规定实施办法》的学习。把法治知识贯穿在各项业务调查中，分别在住户专业统计人员培训会、消价专业基期样本轮换采价员培训会上进行统计法规知识的培训，在全州脱贫攻坚普查培训会上进行统计法治宣传教育。以“12·4”国家宪法日和“12·8”统计法颁布纪念日为依托，组织开展各项普法宣传活动。组织全队干部职工开展婚姻家庭专项法治宣传法律知识竞答活动，参加全国法律知识竞赛、全省《民法典》知识竞答活动等。开展国家安全教育日普法学习宣传活动。组织全体干部职工集中观看《民法典公开课》、在线观看法院庭审录像。参加黔西南州第七次人口普查宣传动员会及统计法治宣传活动。

按照总队要求共开展两轮“双随机”执法检查，第一轮检查了5家工价企业，第二轮对两个县统计局的住户调查工作中遵守统计法律法规和执行国家方案制度情况开展执法检查。

完成上报《统计违纪违法案件线索台账》和《统计执法检查台账》，将2020年统计执法监督检查情况汇总表整理上报执法监督处。

全年共撰写上报法规工作信息23篇，其中7篇被总队内网采用。完成三个季度领导干部违规干预统计工作台账的纸质上报和网络直报工作。建立了《2020年工价调查企业统计信用档案》和《2020年全队统计人员信用档案》。

**【脱贫攻坚普查工作】** 黔西南州委、州政府高度重视脱贫攻坚普查工作，成立脱贫攻坚普查领导小组，以高度的历史使命感和政治责任感抓实抓牢第一批脱贫攻坚普查工作，确保普查工作圆满完成。

第一批普查现场登记从7月20日开始，根据国家和省的安排，涉及兴仁市、安龙县、贞丰县、普安县、册亨县5个已摘帽县（市），有脱贫攻坚任务的725个行政村和105304户建档立卡户。截至8月10日现场普查登记结束，8月31日通过省和国家普查审核验收。州第一批5个县（市）应普查105304户，实际普查上报105304户，上报率100%，指导员复核率、普查工作组验收率、州级验收率均为100%。其中，5户失联户、156户整户自然减少户均按程序上报并获得认可，不入户普查，实际入户普查105143户，其中，见面访谈100059户，占95.17%；因务工等原因举家外出，通过电话访谈5084户，占4.84%。

黔西南州第二批脱贫攻坚普查涉及晴隆县和望谟县共54431户，其中晴隆县27830户，望谟县26601户。黔西南州委、州政府高度重视第二批脱贫攻坚普查工作，专题召开会议听取汇报并作要求，州脱贫攻坚普查领导小组按照“两早、两明、两严”原则（早准备、早摸底，明责任、明方法，严管理、严操作）环环相扣，紧锣密鼓做好各项工作部署。自2020年12月20日第二批脱贫攻坚现场登记工作正式启动以来，通过高标准、高质量推动普查工作，黔西南州接受普查的晴隆、望谟两县数据质量稳定，成绩得到省脱普办和省巡回指导组高度肯定，普查工作组2020年12月28日完成晴隆、望谟两个县共计54431户贫困户现场登记工作，晴隆、望谟两县普查结果于1月5日晚23点全部通过省级验收，1月15日晚24点全部通过国家级验收。

（王太忠　吕玉　张家明　聂鑫　陈宝伦　刘艳艳）

附件

1.《黔西南州2020年城乡居民收入稳步提升　增速恢复态势明显》

2.《黔西南全年CPI冲高回落　总体运行稳定》

3.《小微经营状况平稳　惠企政策仍需加码》

**附件1**

## 黔西南州2020年城乡居民收入稳步提升增速恢复态势明显

2020年是全面建成小康社会目标实现之年，是全面打赢脱贫攻坚战和“十三五”的收官之年。在以习近平总书记为核心的党中央坚强领导下，黔西南州坚持科学统筹推进疫情防控和经济社会发展工作，进一步加强产业扶贫、就业扶贫工作，扎实做好“六稳”工作，全面落实“六保”任务，全力抓好中央、省、州各项惠民政策落地见效，始终把人民安居乐业放在首位，在“两个一百年”奋斗目标的历史交汇点上干出新气象、展现新作为，重点项目不停、企业经营状况渐佳，主要经济指标呈现稳中向好的运行态势，经济社会呈现强劲恢复、逐季回升、民生改善的良好态势，物价稳定，城乡居民收入稳步提升，增速恢复明显。

### 一、城乡居民收入特点分析

2020年，黔西南州城镇居民人均可支配收入35154元，同比增长5.5%；农村居民人均可支配收入11441元，同比增长8.6%；2020年黔西南州城乡居民收入增速继续高于全国、全省平均水平。

2020年城乡居民人均可支配收入增长情况

| 单位 | 城镇居民人均可支配收入 | | 农村居民人均可支配收入 | |
|---|---|---|---|---|
| | 绝对额（元） | 增幅（%） | 绝对额（元） | 增幅（%） |
| 全国 | 43834 | 3.5 | 17131 | 6.9 |
| 贵州 | 36096 | 4.9 | 11642 | 8.2 |
| 黔西南 | 35154 | 5.5 | 11441 | 8.6 |

（一）城乡居民收入增速恢复明显

黔西南州城镇居民人均可支配收入增长5.5%，比前三季度回升0.1个百分点，比上半年回升1.1个百分点，比一季度回升3.7个百分点；农村居民人均可支配收入增长8.6%，比前三季度回升0.1个百分点，比上半年回升1个百分点，比一季度回升3.7个百分点；城乡居民可支配收入增速逐季回升。

（二）增幅在全省排名靠前

黔西南州城镇居民人均可支配收入35154元，排全省第4位；同比增长5.5%，排全省第1位。农村居民人均可支配收入11441元，排全省第6位；同比增长8.6%，排全省第2位。

（三）城乡收入差距逐步缩小

黔西南州持续深入贯彻落实中央“三农”工作各项决策部署，狠抓农业增效、农民增收、农村繁荣，全力以赴打赢脱贫攻坚战，不断加大对农业农村基础设施的投入和建设，大力促进农村经济发展，2020年农村居民人均可支配收入增速比城镇高3.1个百分点，城乡居民收入差距进一步缩小，城乡居民收入比从上年同期的3.16:1下降至今年的3.07:1。

（四）县域收入差距逐步缩小

精准扶贫、精准脱贫、脱贫攻坚大决战促使低收入群体居民收入不断增加，册亨、望谟等县的城镇、农村居民收入增速分列全州前列，各县市收入差距逐步缩小。

2020年黔西南州分县市城乡居民人均可支配收入情况表

| 县市 | 城镇居民人均可支配收入 | | 农村居民人均可支配收入 | |
|---|---|---|---|---|
| | 绝对值（元） | 增幅（%） | 绝对值（元） | 增幅（%） |
| 兴义市 | 37358 | 5.4 | 14533 | 8.4 |
| 兴仁市 | 34032 | 5.3 | 11280 | 8.4 |
| 普安县 | 33689 | 5.3 | 10644 | 8.5 |
| 晴隆县 | 33292 | 5.5 | 10073 | 8.8 |
| 贞丰县 | 33923 | 5.4 | 11094 | 8.7 |
| 望谟县 | 33226 | 5.8 | 9778 | 8.9 |
| 册亨县 | 33434 | 5.9 | 10024 | 8.8 |
| 安龙县 | 33888 | 5.7 | 10839 | 8.6 |

（五）脱贫攻坚与乡村振兴战略持续推进

黔西南州通过巩固扩大脱贫攻坚成果、改善农村基础设施、发展壮大农村产业、提升农村公共服务水平、抓好乡村人居环境整治、强化乡土人才支撑、加强基层组织建设、激发农民内生动力，在如期完成脱贫攻坚目标的基础上，以乡村振兴巩固脱贫攻坚成果，切实提升脱贫的稳定性和持续性，建立消费扶贫长效机制，增强贫困地区产业的市场竞争力，确保城乡居民持续稳定增收。

二、城镇居民收入增长情况

（一）工资性收入稳中有升

黔西南州城镇居民人均工资性收入20371元，同比增长5.0%，增幅较一季度、上半年、前三季度分别提升4个、0.5个和0.1个百分点，增速快速回升，工资增收支撑作用依然明显。主要原因：一是通过精准搭建就业平台、整合开发岗位、开展技能提升培训、强化政策激励保障等举措促进稳岗就业，发放就业见习、求职、创业等补贴，开展在线求职辅导和网上招聘，扩大招聘规模，采取有力措施扶持稳定就业。二是积极开发公益性岗位，聚焦重点群体就业，积极开展职业技能培训，开发更多公益性岗位和扶贫车间，对就业困难人员和贫困劳动力进行托底安置。三是落实创业就业优惠政策，扎实推动返乡人员就地就近就业创业和有序返岗，多渠道多举措促进返乡人员就业创业。四是通过加强职业技能培训、机关事业单位的扩招、劳务输出等多项举措实施，促进高校毕业生就业。五是财政增资政策兑现，开展2020年全州义务教育学校教师和公务员工资收入水平调度，督导落实教师工资待遇，发放高层次人才津贴，发放机关事业奖励性绩效、公务员晋级晋档、事业人员正常晋升促增收。六是惠企政策支持企业稳岗，为支持企业稳定就业，启动发放稳岗返还资金，帮助企业稳定职工。七是社会从业人员的工资待遇明显提高，黔西南州城镇单位从业人员年平均工资69347元，在岗职工为73245元，较上一年增长1417元，年平均工资居全省第3位。八是机关事业单位人员及新参加工作、调入或下派到乡镇人均每月增加乡镇工作补贴200元，及时发放驻村干部补贴。九是根据《关于做好幸福金州促消费百日专项行动有关工作的通知》要求，重点围绕“劳动节”“儿童节”“国庆节”等节假日，组织本地限额以上零售、餐饮、汽车销售等企业参加百日专项行动的系列促消费活动，扩大消费，提高企业和居民收入，促进地方经济增长。十是精准推进就业扶贫工作，政策性增资、就业形势稳定等多种因素综合发力，保障居民工资性收入的总体增长。

（二）经营净收入降幅收窄

城镇居民人均经营净收入为8094元，同比下降1.9%，降幅较一季度、上半年和前三季度分别收窄8.6个、7.2个、0.6个百分点，居民增收掣肘于经营净收入的大幅下降。全州各县市在做好常态化疫情防控的前提下，有序推进复工复产复商复市复学，在一系列惠企惠民政策推动下，市场主体活力得到释放，产业经营收入增长明显，经济陆续恢复至正常水平。具体体现在：一是通过不断创优经济发展环境，加大对个体、私营经济的培育和扶持，鼓励自主创业、自谋职业，积极发挥小额担保贷款作用，人社部门积极与经办银行协调，优化放款审核、发放流程，开通绿色通道，及时给申请创业担保贷款个人和小微企业发放贷款，使个体经营者不断增多、规模不断扩大，经营收入不断增加。二是政策向好促使经营收入增长，各县市采取加强人员培训、积极提供全额贴息创业担保贷款等多项扶持政策，鼓励自主创业就业，支持微商、电商、网络直播等新经济模式发展，促使经营规模不断扩大，随着各级相关创业等鼓励、优惠扶持政策等实施，更多人员选择了自谋职业和自主创业，甚至从事第二职业，促使从事个体经营人数增加，促进一、二、三产业融合发展，拓宽城乡居民增收渠道，带动广大经营群体持续走上经营正轨，促进居民经营收入平稳增长。

（三）财产净收入来源多样化

随着疫情影响的消除，居民财富的积累，导致投资渠道、理财方式的多元化，利息收入、红利收入、出租房屋、储蓄性保险净收益及其他财产所得等多元化成为财产性收入主要来源，城镇居民人均财产净收入2819元，居民通过房屋租赁、资产参股投资、征地补偿金、银行利息、土地合股等投资方式，成为财产性收入主要来源。

（四）转移净收入较快增长

城镇居民人均转移净收入

3870元，同比增长42%，转移净收入增长亮眼，增速居四项收入之首。转移净收入的增长得益于社会保障政策和民生兜底政策持续发力：一是养老保险待遇实现“十五连涨”。全州企业退休人员养老金待遇水平大幅度提高，月人均养老金从1204.61元增加到2401.91元。连续四年调整机关事业单位退休人员养老保险待遇。全州机关事业单位退休人员，月人均养老金从3600余元提高到4600余元。二是整合培训资源，提升劳动者就业创业技能，促进创收增收。各县市围绕提高劳动者就业技能，以提升培训就业率为目标，将职业技能培训融入山地旅游发展建设、精准扶贫、易地扶贫搬迁等重点工作，有计划、有重点地开展职业技能培训，提高城乡最低生活保障标准，发放失业保险补贴等，不断加大临时救助力度，扩大救助范围，居民充分分享惠民政策红利。

## 三、农村居民收入增长特点

### （一）工资性收入成为中坚力量

黔西南州农村居民人均工资性收入4769元，同比增长1.4%，占比41%，成为农村居民收入的中坚力量，主要体现在：一是围绕“确保实现有劳动力家庭一户一人以上就业”目标，制定了《黔西南州就业扶贫全覆盖攻坚行动计划》《黔西南州脱贫攻坚“冲刺90天打赢歼灭战”就业稳岗工作攻坚行动方案》等一系列稳岗就业政策，围绕实施“一强三保四体系”18条措施等，坚持“外输内拓”两手抓，大力推进有组织劳务输出，紧盯“返岗、增岗、稳岗”三个关键环节，多渠道多举措扎实推动返乡人员就地就近就业创业。二是与宁波市抢抓东部城市复工复产用工紧缺和黔西南州疫情防控好、劳动力输出安全的良好机遇，一手抓疫情防控，一手抓脱贫攻坚，明确“外输”“内拓”工作思路，推进劳务协作有组织输出，着力抓好稳岗就业增收，全面深化东西部扶贫协作工作。三是各项促就业稳岗位政策取得成效。针对毕业生、贫困低收户以及返乡农民工等不同群体，出台并落实各项促就业稳岗位政策，通过专场招聘、定向帮扶以及发展地摊经济等政策，增加就业岗位。通过一系列积极的就业创业政策的实施，全州经济社会发展受疫情影响逐渐缩小，劳动力市场逐渐恢复活力，就业状况逐步转好，工资性收入增长快速回升。

### （二）经营净收入稳中有升

农村居民人均经营净收入为4210元，同比增长11.2%。具体体现在：黔西南州全面落实农业产业发展“八要素”，以产业结构调整为主线，充分利用500亩以上坝区打造食用菌、精品水果、花卉苗木、蔬菜、中药材等各个主导优势产业，示范带动全州15.45万户59.9万人发展现代高效农业产业，深入推进农村产业革命，实现现代农业产业转型升级，助推农业产业化发展，农业生产形势不断向好，农产品销售增长，货款结账及时，推动产业扶贫助增收，经营性收入增加。

### （三）财产性收入渠道变多

农村居民人均财产净收入为58元，具体情况为：全州“三变”改革实现县域全覆盖，共有9个县（市、新区）123个乡镇628个村开展试点工作，其中贫困村357个，占贫困村总数的89.9%。产业规模化的带动，加大土地流转的数量和速度，项目覆盖带动农户获得更高分红，促进现代农业发展，开发农户新的收入渠道。

### （四）转移性收入拓宽增收途径

农村居民人均转移净收入为2405元，同比增长28.5%，增长的主要因素：国家和各级政府持续出台的各项强农惠农政策，保证了转移性收入的持续稳定增长，为保障打赢脱贫攻坚战，黔西南州对各项强农惠农政策都有所倾斜，加大投入力度，建立政府投入长效机制，使得人均转移性收入呈大幅提升。

## 四、促进城乡居民增收的建议

### （一）常态化疫情防控不松懈，坚决守住脱贫攻坚成果

虽然全国各地疫情防控已取得重大战略成果和阶段性胜利，但疫情仍在全球蔓延，疫情仍然给经济发展带来诸多挑战，要深刻认识当前疫情防控的严峻复杂形势，始终绷紧常态化疫情防控这根弦，全面落实“外防输入、内防反弹”的总体防控策略，慎终如始、再接再厉、毫不松懈抓好常态化疫情防控工作，坚持常态化精准防控和局部应急处置有机结合，及时、准确、严格落实疫情防控最新要求，坚决防止疫情出现反弹，坚决巩固来之不易的防控成果，扎实做好“六稳”工作，全面落实“六保”任务，

抓好脱贫攻坚成果拓展与乡村振兴有效衔接，加快推动民族地区经济社会高质量发展，坚决守住脱贫攻坚成果。

（二）以乡村振兴战略为统领，加快构建现代农特产业体系

以乡村振兴战略为统领，大力发展多种形式的新型农业经营主体，持续推进现代高效农业示范园区建设，助推农业创新发展；以增加农民收入为主题，以农业产业结构调整为主线，深化农村改革，紧紧围绕产业“八要素”持续深化农村产业革命，大力推进特色优势产业升级，坚持产业上抓龙头、强带动，在产销对接上抓销售、保效益，在利益联结上抓分配、富农民，培育壮大集体经济支柱产业。实现茶产业、薏仁米、食用菌、中药材、精品水果、“稻＋渔业”、花卉苗林、蔬菜、烤烟、香料、生猪、肉牛、肉羊、家禽产业带动农户增收，有效构建产销对接联动体系，确保农产品“产得出、销得掉、价格好”，推动产业集群融合式发展，加快推动农特产品全产业链发展，积极推进农业产业化经营，助推农特产品建设和农业绿色发展，充分利用农博会、农展会、电子商务等平台，创出品牌、拓展市场，大力提升涵盖自然风光、矿产资源、民族风情、人文景观、历史遗迹等文化背景的“水墨金州幸福黔西南”形象名片，助推黔货出山，进一步促进农村发展、农业增效、农民增收。

（三）发展“互联网＋”产业新模式，带动传统产业升级

支持和鼓励发展在线教育、在线办公、在线医疗、智慧政务、产业数字化、智能经济、自主就业、共享用工、共享经济等“互联网＋”新模式，依托大数据、云计算、物联网、区块链、人工智能等新兴产业技术，盘活云平台、开发工具、车间厂房等闲置资源，建立健全互联网平台消费体系，充分发挥市场主体在资源配置中的决定性作用，鼓励云资源共享，发展线上线下融合消费模式，引导企业将生产流程、销售平台等向云上迁移，提高云资源利用率，推动“互联网＋”行业落户黔西南州各县市，提升农特产品市场竞争力。一是推动批发零售餐饮业入驻各外卖平台，居民服务业扩展到网上经营。随着政府职能转变，政府部门服务意识逐渐增强，帮助商户降低平台服务门槛，联合各商业银行推动移动支付，并降低服务费率。二是宣传“畅游黔西南”“一码游贵州”等微信小程序云上旅游模式，鼓励商家、景点在平台上入驻，同时在宣传过程中发放商品购买折扣券、旅游门票抵扣券，增加平台入客量和线上线下交易量，鼓励和引导农民走规范化、集约化农业经营道路，推行观光体验、定点直供、农村电商等新型农业经营模式，将美丽乡村和特色农业建设相结合，提高企业和居民收入。

（四）加大培训力度，提高就业创业能力

结合黔西南州地方特色，根据企业和市场用工实际改进培训方式，有针对性地开展应用技能培训，提升城乡居民就业创业技能。比如加大对布依锦绣等传统民族手工艺的培训，对布依民族风情的农家乐重点进行乡村特色农家菜厨艺培训，对地方农特产品种养殖户进行绿色农产品种养殖技能培训，对进城务工人员和外出沿海发达地区务工人员进行务工技能培训等，通过政府引导、部门指导、能人带领等途径，树立就业创业典型，发挥标杆引领作用，切实提高城乡居民创业就业、增收致富的能力。

（五）稳就业，促增收

一是在抓好疫情防控的同时，继续全力做好“六稳”工作，落实“六保”任务，全面落实就业优先政策，持续加大民生投入。对吸纳就业主力军的中小微企业继续加强政策和金融支持，激发劳动力市场主体活力；二是力促高校毕业生以及就业边缘化人群等重点群体、弱势群体就业，通过就业培训指导、线上全流程招聘、开发公益岗位等就业项目保证就业；三是通过促进农民工就地就近稳岗就业，加强东西部劳务对接“点对点”输出、鼓励自主创业等方式消化就业存量，千方百计提高居民收入。

（六）着力提高低收入群体收入，不断扩大中等收入群体

建立健全农村低收入人群的帮扶机制和防止返贫监测机制；进一步深化户籍制度改革，完善财政转移支付和农村转移人口市民化挂钩政策；健全分层分类的社会救助体系，完善城乡居民最低生活保障、教育救助、医疗救助、残疾人孤儿帮扶等社会福利救助制度，保障低收入群体收入增长；大力提高教育、医疗等公共服务均等化程度，扩大优质就

业岗位数量，提高就业稳定性和就业质量，加强对有增长潜力居民的政策、资金和项目扶持力度，继续提高中低收入群体收入水平，不断扩大中等收入群体，缩小收入差距，拉动城乡居民收入水平的高质量提升。

（七）持续巩固提升脱贫成果，抓好脱贫攻坚与乡村振兴有机衔接

面对新征程，继续保持决战决胜不松劲，持续巩固提升脱贫攻坚成果，贯彻新发展理念，以高质量统揽全局，进一步深化农业农村改革，促进城乡区域协调发展，继续大力推进农村产业革命，加大产业结构调整，推进农业产业化经营，不断培育高素质的新型职业农民，抓实城乡居民持续稳定增收，抓好脱贫攻坚与乡村振兴的有机衔接，夯实高质量发展根基，加大财政投入力度，不断完善基础设施建设，加大教育、医疗等民生领域投入，抓实人才外引内培，不断提升公共服务水平，促地农民工就近就地就业创业。树立“绿水青山就是金山银山”的理念，牢牢守住发展和生态两条底线，深入实施乡村振兴、大数据、大生态、大旅游、大健康战略行动，大力推动新型工业化、新型城镇化、农业现代化、旅游产业化，抓实乡村人居生态环境提升，推动移风易俗向纵深发展，持续改变农村面貌，凝聚干群发展合力，为经济社会高质量发展奠定坚实基础，确保“十四五”开好局、起好步。

**附件2:**

## 黔西南全年CPI冲高回落总体运行稳定

2020年以来，黔西南州深入贯彻习近平总书记重要指示批示精神，全面落实“六稳六保”的工作与任务，统筹疫情防控和经济社会发展，全力以赴做好保供稳价工作。2020年黔西南居民消费价格稳步回落，全年累计上涨2.7%，其中食品价格上涨4.2%，是影响CPI波动的主要原因。

### 一、2020年黔西南州居民消费价格运行特征

2020年，黔西南居民消费价格全年上涨2.7%，涨幅比上年同期高0.5个百分点。与2020年一季度、二季度、三季度相比分别回落2、1.2、0.8个百分点，全年呈稳步回落态势。

（一）2020年黔西南CPI同比高位震荡，呈持续回落态势

从同比来看，2020年1月受春节节日消费习惯拉动和新冠疫情与非洲猪瘟“双疫”叠加影响，黔西南居民消费价格走高，同比上涨5.4%，CPI高位震荡，创2020年涨幅最高位；2-4月，在新冠疫情的影响下，猪肉、鲜菜价格大幅上涨，同比小幅波动。5-6月，随着黔西南政府一系列保供稳价措施效果的逐渐显现，复工复产脚步加快，加之天气逐步转暖，价格下降，同比逐步大幅回落。7、8月份黔西南受大范围持续降雨影响，交通运输受限，进一步抑制了生猪和蔬菜调运，供应偏紧，价格再度上浮，8月价格达下半年涨幅最高位，同比上涨3.1%。9-11月，随着降雨减少，交通运输恢复，猪肉价格持续下降，食品价格带动CPI持续回落，10月份回落至“1”区间。12月受节假日消费拉动和气温下降的影响，食品价格小幅上涨，带动CPI小幅回升。

（二）环比持续波动，受食品价格影响显著

从环比来看，2020年1-12月，CPI呈“五涨两平五跌”态势。1月份春节来临，受消费需求拉动和新冠肺炎疫情以及上年非洲猪瘟之后等多种原因综合影响，居民消费价格高位运行，环比上涨1.2%，达到全年最高点。2月份，在新冠肺炎疫情的持续影响下，生产生活、物流交通受阻，猪肉、蔬菜市场供应减少，“菜篮子”价格上浮；同时，受疫情影响，市民外出活动减少，消费受限，交通、文化娱乐、住房装潢类价格下降，带动2月份CPI回落0.9个百分点。3-5月份气温回升，伴随

疫情逐步得到有效控制，各行业开始复工复产，猪肉市场投放增加，猪肉价格小幅下调。6—9月企业、餐饮业、学校复工复产复学脚步加快，同时受端午节假日消费拉动，猪肉消费需求再次释放，加之7、8月南方多地持续强降雨，生猪调运受阻，猪肉价格止跌现涨，保持增长势头。10—11月，CPI进入今年首次负增长，CPI分别下降0.1%、0.8%。12月年关将至，黔西南居民受消费习惯影响，节前制作香肠、腊肉等肉制品增加，市场需求扩大，同时，气温下降，部分地区道路凝冻，物流运输缓慢，成本上涨带动猪肉、鲜菜价格上浮，CPI止跌现涨，环比上涨0.3%，较上月增长了1.1个百分点。

## 二、2020年黔西南价格变动特点及原因分析

从分类看，八大类商品和服务价格呈“四涨三降一平”。其中，食品烟酒价格上涨9.7%，其他用品和服务价格上涨3.7%，医疗保健价格上涨2.4%，教育文化和娱乐价格上涨0.3%；交通和通信价格下降4.2%，衣着价格下降0.9%，居住价格下降0.8%；生活用品及服务价格与上年持平。

### （一）食品烟酒价格波动对CPI影响程度起主要作用

2020年，黔西南州食品烟酒价格上涨9.7%，其中，食品价格上涨14.2%，拉动居民消费价格总水平上涨2.87个百分点，是影响黔西南州居民消费价格上涨的首要因素。从构成看，在14个食品小类商品中，有10类商品价格呈现不同程度的上涨。其中，畜肉类上涨42.5%，食用油上涨24.8%，豆类上涨8.6%，禽肉类上涨7.2%，鲜菜上涨4.7%，蛋类上涨2.9%，糖果糕点上涨2.1%，调味品上涨1.1%，其他食品上涨0.9%，奶类上涨0.1%。主要食品价格变动如下：

1. 2020年畜肉累计上涨42.5%，影响CPI上涨2.38个百分点；同比上涨2.9%，影响CPI上涨0.22个百分点，较上年相比下降了55.9个百分点。其中猪肉累计比上涨54.2%，影响CPI上涨1.72个百分点；同比下降1.6个百分点，影响CPI下降0.07个百分点。猪肉较上年相比，价格小幅回落，但猪肉价格仍是影响CPI波动的主要原因。一是随着国家一系列保供稳价措施的出台，生猪产能逐渐恢复，活猪进场量加大，市场供应增加，带动猪肉价格同比下降1.6%。拉动总指数下降0.07个百分点。二是受猪肉类价格大幅上涨影响，其他肉类呈“水涨船高”之势，牛肉、羊肉、畜肉副产品、其他畜肉制品、禽肉类价格联动上涨，分别上涨54.2%、16.8%、4.1%、39.1%、27.9%，合计拉动CPI上涨0.77。

2. 鲜菜价格累计上涨5%，影响CPI上涨0.15个百分点，较上半年相比上涨0.01个百分点；同比上涨7.2个百分点，影响CPI上涨0.21个百分点，较2019年相比下降1个百分点。调查的28种鲜菜价格与上年同期相比，呈“20涨7跌”，其中涨幅超20%的有：花菜、豇豆、四季豆、西红柿、蒜薹、洋葱、生姜，分别上涨了89%、43%、32%、31%、27%、22.3%、20.2%。一是2020年受疫情影响，1、2月份受新冠肺炎疫情影响交通运输不便、物流受阻、导致市场供应量减少，鲜菜价格上浮；二是7、8月份鲜菜主产区降雨量增多，影响鲜菜产量、运输及储存，致使鲜菜零售价上涨；三是12月份天气逐渐转冷，陆地菜供应减少，市场上大多为大棚种植或外地供应，气候因素导致供应量减少，致使鲜菜价格上涨。

### （二）服务项目价格同比小幅回落

黔西南州服务项目价格下降

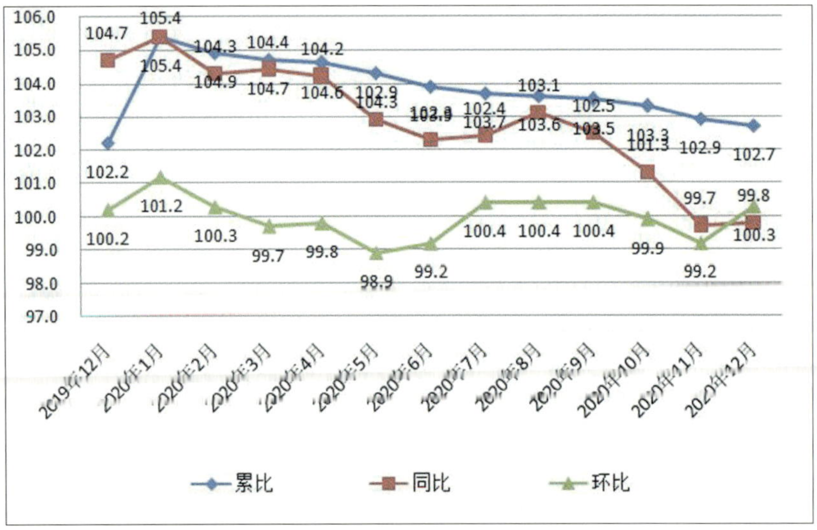


2019年12月—2020年12月黔西南居民消费价格指数

0.9%，拉动居民消费价格下降0.31个百分点。一是居民出行人数大幅减少，致使旅行社收费下降5.4%。二是旅游景区门票优惠让利惠民，带动景点门票价格下降37%。三是租房市场需求平淡，私房房租价格下降2.3%。四是受全国车险综合改革影响，拉动车辆保险价格下降7.8%。

（三）工业消费品价格下降1.7%

随着政府部门持续推进“六稳”“六保”工作，工业消费品供应充裕，价格有涨有落。其中，金饰品价格上涨11.1%，教育用品价格上涨2.8%。今年以来油价呈现跌多涨少的局面，拉动交通工具用燃料价格下降36%，其中，汽、柴油价格分别下降14.5%和15.6%。

## 三、值得关注的问题

（一）“就地过年”，预计农产品消费量较往年明显增长

受疫情影响，多地倡导“就地过年”，党政机关、企事业单位纷纷响应政府号召，出台相关措施鼓励职工“就地过年”，减少外出。预计农产品消费量较往年相比将大幅上涨，这就要求政府需提前引导市场，做好农产品的产销对接工作，保障市场供应，满足市民节日消费需求。

（二）强化疫情防控，防止疫情反扑

年关将至，全国流动人口增加，据铁路部门综合判断春运客流预计2.96亿人次，人员流动剧增，聚集频次上涨，防控形势日趋复杂。面对严峻的疫情形势，各级政府部门要提高警惕，加强防控力度，严格落实各项防控要求，从源头抓牢、抓实防控措施，筑牢疫情防控网。

## 四、CPI走势分析及后期预判

2020年，一场突如其来的新冠肺炎疫情席卷全球，世界经济受到强烈冲击，在“双疫”同行的压力下，食品价格高位运行，带动CPI重回历史高位。综合来看，一方面非洲猪瘟疫情后生猪产能恢复较慢，生猪供应偏紧，加之新冠肺炎疫情期间严格的交通运输管制，市场投放猪肉量减少，供应不足，导致猪肉价格上浮；另一方面新冠肺炎疫情稳定控制后，生产进程再次加快，企业复工、学校复课、餐饮业恢复，消费需求得到释放，在消费拉动和季节性消费增加的双重影响下，猪肉、鲜菜价格一路走高。

但据农业农村部测算结合前期生猪生产恢复情况、新生仔猪数量、猪饲料销量等因素测算，预计2021年1月份至2月份生猪出栏比上年同期增长25%左右，后期猪肉价格还有下降空间。当前我国生猪产能恢复势头良好，猪

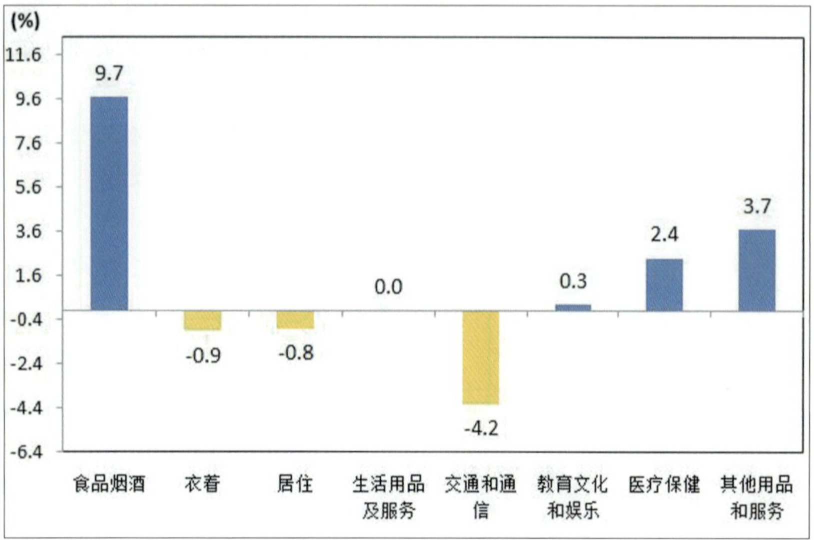


2020年黔西南居民消费价格分类别累计涨跌幅

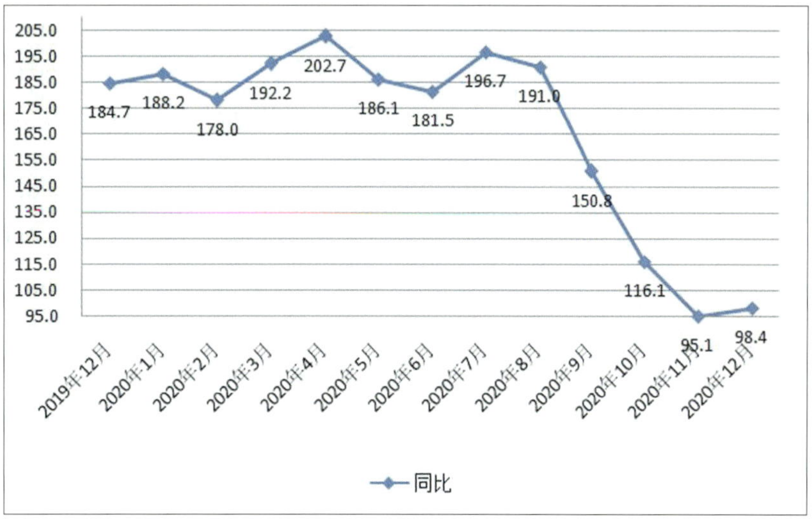


2019年12月—2020年12月黔西南猪肉同比指数

肉市场供给持续改善，畜禽、果蔬、水产品生产稳定、供给总体充足。近期受节日消费拉动等因素影响，部分农产品价格季节性走高，符合常年波动规律。从春节期间市场形势看，“菜篮子”产品总体生产稳定，市场供给有保障。

综合分析，2021年黔西南居民消费价格总水平有望继续收窄，CPI涨幅将低于2020年，物价走势趋稳。

**附件3:**

## 小微经营状况平稳惠企政策仍需加码

为进一步掌握新设立小微企业和个体经营户经营发展状况以及相关帮扶政策落实情况，黔西南调查队从2014年开始对91个样本单位进行了跟踪调查，调查结果显示，2020年4季度黔西南州新设立小微企业和个体经营户总体运营状况较为平稳，随着市场环境的逐渐改善，经营有稳中向好的趋势。

### 一、样本单位存续情况

黔西南州抽中新设立小微企业和个体经营户调查样本共计91家，4季度调查情况显示：到2020年末正常营业的有19家，占比为20.9%；停业、关闭、破产、其他等原因未能上报的有72家，占79.1%。

### 二、主要经济指标变动情况

在25家有效样本中，资产总计为15453千元，比上年同期减少了2938千元，降幅16.0%，营业收入为6722千元，比上年同期减少7266千元，降幅51.9%；从业人员期末人数77人，比上年同期减少31人，降幅28.7%。

### 三、小微企业及个体经营户的经营状况

（一）经营者的经营信心有所提振

在25个有效调查样本中，在回答“本季度的经营情况”时，认为“比较好”的有6家，占24%；认为“一般”的有10家，占40%；认为“比较差和很差”的有9家，占36%。随着市场需求的持续恢复，小微企业和个体经营户对市场的经营信心有较大提振。

（二）市场需求不足，用工数量减少

调查结果显示，4季度25户小微企业及个体经营户期末从业人员77人，比上年同期减少31人。“没有招工需求”的有24家，占96%。主要原因是市场需求不足，企业经营状况一般，总体效益不佳，企业为节约经营成本没有招工意愿。

（三）融资意愿不强，融资难度较大

25个调查样本中，有19家“没有融资需求”，占76.0%；“有融资需求，但未获得融资”的有2家，占8.0%；“有融资需求，并获得全部所需融资”的有2家，占8.0%。户均年利息及费用率为6.13%，比上年同期的7.86%减少了1.73个百分点，融资成本依然较高。

（四）优惠政策多，税费负担减轻

2021年4季度25户小微企业及个体经营户都享受到疫情期间“税费减免政策”，“享受政府资金支持和贷款优惠”的共有2家，占8.0%；“缴纳各种税金”的企业数额较少，户均仅为0.18千元，“缴纳各种费用”户均0.3千元，说明政府的税费优惠政策覆盖面广，受惠企业多。

### 四、小微企业经营中面临的困难和问题

（一）市场需求不足，经营状况不佳

2020年受疫情的影响，市场对产品的消费需求大为降低，致使企业营业收入大幅减少，营业利润不高。大部分小微企业自复工复产以来，房租、水电费、员工工资和防护物资等费用需要不断支出，经营成本持续增加，从而进一步压缩了企业的盈利空间，企业生存压力较大。

另外，由于受到资金、技术、人才等方面的影响，大多数小微企业的管理呈现粗放、混乱的状态，导致其在市场竞争力不强，同时也制约了小微企业的进一步发展。企业人员普遍较少、资金不充裕、信息化管理水平低等是小微企业管理的难题。

（二）融资成本较高，融资渠

道过窄

利率高、缺少有用的抵押或者担保资产依然是小微企业在贷款过程中遇到的最大困难。小微企业从银行获得贷款的利率会普遍上浮，而民间融资利息费用率普遍更高。同时受限于经营规模，小微企业的固定资产较少，土地房屋等抵押物不足，借贷融资过程中的可抵押资产缺乏。小微企业和个体经营户获取融资渠道较少，要贷到所需资金仍存在一定的难度。

（三）经营状况平稳，经营效益不佳

小微企业及个体经营户受制于规模小、适应能力差、抵御市场风险的能力弱，原材料和运输价格上涨压力加大，企业运营成本上升、利润空间被压缩，小微企业和个体经营户的营利能力不强，人工工资上涨等因素让企业难以容纳较多的劳动力，人才匮乏导致小微企业自主创新能力低下，难以开发适应市场变化要求的新产品、新服务，难以通过改进生产工艺达到降低生产成本、提高生产效率的目的。加上受经济大环境欠佳、市场竞争激烈等因素的影响，企业经营状况虽较为平稳，但经营效益难以有效提高。

## 五、促进新设立小微企业和个体经营户发展的建议

（一）拓宽融资渠道、降低信贷门槛

金融部门应降低贷款门槛，放宽贷款政策，不断增强金融扶持力度，确保企业发展资金需求；可建立小微企业征信体系，对信用好的企业提供融资或贷款优惠政策；对受疫情影响较大的行业企业，灵活运用无还本续贷、应急转贷等措施，支持相关企业特别是小微企业稳定贷款。对受疫情影响、授信到期还款确有困难的小微企业，银行机构和地方金融组织可通过适当降低利率、减免逾期利息、调整还款期限等方式帮助企业渡过难关，不得盲目抽贷、断贷、压贷。

（二）扩大内需提振消费，逐渐改善企业市场环境

小微企业是激励创新、带动投资、促进消费的重要“生力军”。疫情期间，一些小微企业因为长时间的停工停产而面临巨大的经营压力，政府有关部门可出台刺激消费的政策举措，促进释放消费潜力，提振市场信心，拉动经济加快稳定复苏。深入做好小微企业的对点帮扶，提高帮扶小微企业政策制定的精准度，因企施策、确保实效。积极回应企业诉求，在房租减免、水电降费等方面给予支持，进一步改善小微企业经营环境，增强小微企业发展的生机和活力。

（三）加大政策扶持力度，助力企业纾困

为了应对新冠肺炎疫情冲击，2020年2月以来，国家出台了若干新的减税降费政策，切实为小微企业纾困解难，为创业者增添了动力。但也应该看到，小微企业依然面临不少经营难题。因此，可以对经营状况良好、有发展潜力、对本地经济发展有促进作用、基础条件扎实的企业，制定有针对性的政策，采取资金扶持、信贷支持、人才的协调配置等措施，促进小微企业健康发展。

（国家统计局黔西南调查队）

# 兴义海关

**【概况】** 2019年1月16日，兴义海关正式开关，受贵阳海关直接领导，是按授权负责指定口岸和区域范围内海关各类管理工作的执行机构。正县级规格，内设机构2个，即办公室（党委组织宣传部）、综合业务科，人员编制10人。主要负责党的基层组织建设和干部队伍建设；办理具体海关业务，反馈执法作业结果；完成贵阳海关交办的其他工作。

**【学习教育】** 不断推进“两学一做”学习教育和“不忘初心、牢记使命”主题教育常态化、长效化。组织开展党委中心组理论学习10次，开展“三会一课”、固定学习日、主题党日等组织生活69次，持续运用“钉钉”“学习强国”“法宣在线”等网络平台组织学习，全员完成100学分、50学时基本要求。

**【纪律作风整顿月】** 4月份开展“纪律作风整顿月”。制定实施《兴义海关“纪律作风整顿月”专项活动具体实施方案》，落实具体责任。通过“四会一课一谈”（专项动员会、典型案例警示教育专题会、纪律规范文件专题学习会、专题分析会、纪律规范专题党课、谈心谈话），学规范、析案例、找问题、抓整改；开展“三查一训一试”（工作纪律专项检查、内务规范专项检查、执法执勤专项纪律检查、集中队列训练、学习成果测试）查摆问题、制定措施7条。

4月20日，兴义海关开展队列训练 （徐仕恒 摄）

进行队列训练4次，内务规范检查4次。紧盯重大节日等关键节点，通过节日提醒、通知等形式发布廉政提醒6次，集中谈心谈话18人次。

【安全生产】 2020年，组织全关学习安全生产三年专项行动应知应会手册，积极参加“链工宝”安全生产专项学习培训。开展“安全生产月”“安全生产万里行”“安全生产贵州行”等一系列安全生产专项行动，制订安全生产专项整治工作方案和工作计划，建立兴义海关问题隐患和制度措施“两个清单”，消除问题隐患。明确出口硝酸铵及其包装为监管重点，“一把手包企”，进一步做好危化品规范申报、安全隐患排查等工作。同时，加强干部职工安全防事故教育培训，开展内部安全隐患排查和消防应急演练4次，全体干部职工牢牢树立安全意识，杜绝火灾、水患、燃气泄漏、交通意外等安全事故发生。

【进境种猪监管】 2020年，完成新海关第一批种猪隔离场验收、贵州省第一批种猪进境监管工作。并整理工作记录、工作日记，研讨工作经验，撰写《种猪进境隔离检疫总结》提交总关，为关区后续种猪进口提供有价值的实践参考。

【疫情防控】 2020年，贯彻落实

4月28日，贵阳海关与黔西南州人民政府签署合作备忘录 （翟玥辉 摄）

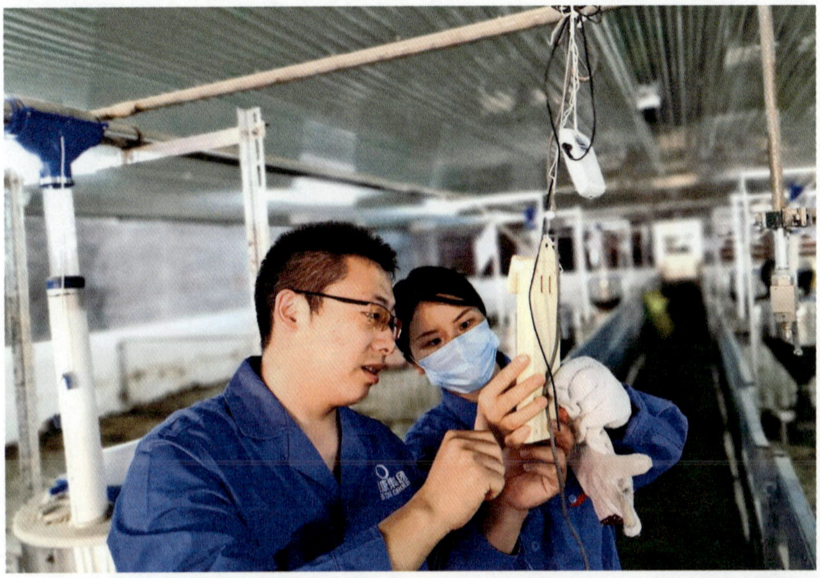

2020年5月4日，兴义海关关员在册亨德康农牧有限公司进境种猪隔离检疫场查看养殖记录
（胡　晖　摄）

2020年7月20日，在贵州宜兴化工有限公司进行安全生产演练
（胡　晖　摄）

有关疫情防控决策部署，投身疫情防控一线。2人参加贵阳海关党员突击队支援贵阳龙洞堡机场口岸抗疫一线。兴义海关设立进口物资快速通关专用窗口，落实“不见面、网上办”“零延时”等通关保障措施，及时帮助出口企业办理相关业务，保障对外贸易顺利开展，稳定外贸增长。2月5日，为兴义市政府协调15万只医用外科口罩通关。12月15日，兴义海关联合黔西南州市监局组织开展冷链食品安全疫情防控应急处置演练。在配合做好黔西南疫情防控工作基础上，扎实抓好内部防控，坚持日报、日查、日消等多措并举，将全关职工及其家属的身体健康情况上报总关，实行入出人员体温监测、入出车辆登记制度，根据疫情形势的变化和季节气候特点，动态优化调整防控措施，确保干部职工个人防护到位，在新冠肺炎疫苗接种工作开始后，组织9名干部职工接种，12月份，关区干部职工接种率已达75%。

**【复工复产】** 开展梳理排查、建立台账、结对帮扶，提出复工复产16条具体落实措施，2020年4月，关区企业实现100%复工复产。2020年，黔西南州外贸进出口额3.11亿元，出口货物2.69亿元，进口0.42亿元，进出口总额同比下滑2.36%，其中出口同比增加12.06%，进口同比减少46.64%。货物检验检疫119批次，同比增长147.92%；新增企业注册38家，同比增长31.03%；原产地签证68份，同比增长119.35%，签证金额1042万美元，同比增长133.20%；关区实现防疫物资、杨梅汁出口首次出口，硝酸铵企业出口增长持续居于全国前列；新增供港澳蔬菜种植基地2家，新增出境水果果园6家，粤港澳大湾区“菜篮子”生产基地已达12家，实现粤港澳大湾区“菜篮子”注册备案企业稳步增长；同时，积极指导粤港澳大湾区“菜篮子”工程配送中心建设，搭建蔬菜水果快速流通渠道。

（焦　森）

# 农业农村

## 农　业

**【概况】** 2020年，黔西南州农林牧渔业总产值完成417.75亿元，增长6.6%，增速排名全省第2位。第一产业增加值249.35亿元，同比增长6.5%。农村居民人均可支配收入11441元，排全省第6位；同比增长8.6%，排全省第2位。黔西南州农业农村局获农业农村部“中国渔政亮剑2020”系列专项执法行动工作先进集体表彰。

**【粮食生产】** 2020年，全州粮食作物播种面积322.23万亩，比上年296.61万亩增加8.64%；总产量93.89万吨，比上年增加11.16%（其中，夏粮总播面81.54万亩，产量14.01万吨；秋粮总播面240.69万亩，产量79.88万吨）。

**【林下菌药产业】** 2020年5月，为应对疫情影响，按照州委、州政府的统一部署，发挥和利用森林覆盖优势，推动林下菌药产业上规模、精准带农户促增收。全年完成林下菌药种植面积14.20万亩（其中林下食用菌7.65万亩，林下中药材6.55万亩），累计用工量51.60万人次（其中新市民17.69万人次）。

**【坝区产业结构调整】** 2020年，全州扩面推进106个示范坝区建设，坝区总耕地面积达16.99万亩，农作物种植（在田）面积（含复种、轮作）33.21万亩，坝区入驻县级以上龙头企业168家、农业专业合作社257家；带动农民28.68万人，其中贫困人口4.56万人；坝区土地流转（入股）面积14.15万亩，土地流转（入股）率达83.3%；坝区土地整治7.11万亩，建成设施大棚1407万平方米，冷库库容4.22万立方米，购置冷链运输车辆34辆，有效灌溉率92.25%，田间道路通达率94.33%；坝区良种良法覆盖率达100%，绿色防控覆盖率90.22%。全州106个坝区平均亩产值11901元，坝区农民人均可支配收入14899元。

**【特色产业发展】** 2020年，全州围绕农业提质增效和扩大特色优势农产品有效供给目标，大力发展茶叶、精品水果、中药材、食用菌、薏仁、生态畜牧业、生态渔业等山地特色农业。全年种植茶叶56.37万亩，产量1.91万吨，产值19.80亿元；水果103.68万亩，产量79.92万吨，产值47.76亿元；中药材110.5万亩，产量45万吨，产值35亿元；食用菌10.84亿棒（万亩），产量35.07万吨，产值45.39亿元；薏仁米70.82万亩，产量20.70万吨，产值12.94亿元；蔬菜184.5万亩，产量304.2

万吨，产值85.54亿元。全年出栏生猪142.55万头、牛20.17万头、羊39.1万只、家禽1314.4万羽，禽蛋产量3.36万吨，畜牧业产值112.19亿元；水产品总产量1.66万吨，稻田养鱼6.07万亩，产值3.65亿元。

**【现代高效农业示范园区建设】** 2020年，全州新增3个省级现代高效农业示范园区，总数达53个（种植类园区43个、生态畜牧业9个，特色渔业1个），全年完成投资137亿元，实现总产值251亿元，全年销售收入约175亿元。园区主干道建设长度累计达1984千米，机耕道路2861千米，生产便道2988千米，沟渠（含管网）2732千米；温室大棚189.40万平方米；标准化圈舍103.11万平方米；加工厂房建筑面积87万平方米；低温储藏库房容积31.13万立方米。种植基地面积约达261万亩；智慧农业种植业基地6500亩，完成农产品认证数98个，认证面积达69.89万亩。入驻园区企业累计达522家，示范带动农户数12万人。

**【农产品品牌建设】** 2020年，全州新增农产品地理标志8个、新增绿色食品认证11个、新增中绿华夏有机产品认证3个，全州总数农产品地理标志达22个、绿色食品认证19个、中绿华夏有机产品认证4个。册亨糯米蕉荣获2020中国农产品百强标志性品牌，贵州万峰湖润丰实业发展有限公司鲷鱼、草鱼和贵州益寿生态养殖有限公司鲷鱼实现全省有机水产品零的突破。

2020年8月25日，贵州水稻生产发展大会　　（郭广波　摄）

2020年9月30日，黔西南州2020年秋冬农业生产现场会　　（岑祥强　摄）

**【新型农业经营主体培育】** 2020年，全州培育452家州级以上农业产业化龙头企业（其中国家级2家、省级114家），国家级龙头企业实现零的突破；现有正常运行的农业专业合作社3377家（上云合作社1354家）、家庭农场3511个（其中录入名录系2894个）；深入推进农产品泉涌“十进”工程，成功挤进粤港澳大湾区“菜篮子”工程，14家企业获生产基地认证，正在实施建设粤港澳大湾区“菜篮子”平台黔西南分中心。

**【新型农民科技培训】** 2020年，全州开展农业技能培训2.62万人（其中开展实用技术培训2万人、贫困劳动力培训2728人、致富带头328人及其他技能培训3136人），培训新型职业农民7009人；组织村书记、村主任及村“两委”成员、党员骨干，种养大户、家庭农场主、农民合作社负责人、小微农业企业、农业社会化服务组织等新型农业经营主体负责人及经营管理骨干、农村创新创业带头人、大学生村官等70人参加中组部、农业农村部农村实用人才和大学生村官培训。

【农村人居环境整治】 2020年，全州建设改造农村户用卫生厕所28758户，占省级下达任务量1.5万座的191.72%，完成投资7433.45万元；建设改造村级卫生公厕553座，占省级下达任务量330座的167.58%，完成投资3439.498万元。全州农村生活垃圾收运覆盖率达92.3%，实现二类县农村生活垃圾收运处置体系覆盖90%以上行政村、三类县农村人居环境干净整洁；建成贞丰县鲁容乡、晴隆县三宝乡7个行政村的农村生活污水治理试点示范项目并投用。

【农业机械化】 2020年，全州共完成农机购置补贴资金810万元(其中：中央资金327万元)，补贴覆盖6257户农户，补贴机具6865台，全州农机总动力可达302.4897万千瓦，主要农作物耕种收综合机械化率达到40.10%，其中小麦48.52%，水稻49.96%，玉米31.41%。

【农村改革】 2020年，全州“三变”改革实现县域全覆盖，共有9个县(市、新区)136个乡镇835个村开展试点工作，占行政村总数的72%，其中贫困村497个，占贫困村总数的92.37%。试点村已入股的村集体资源(含未承包到户的耕地、林地、水库、山塘、滩涂以及村集体其他资源性资产等入股情况)面积共计15.34万亩，入股折价1052万元；农户承包地入股(含田、土、林地等)11.56万亩，入股折价7498万元；其他资源入股(含村集体经营性资产入股等)入股折价1329万元；各级财政投入试点村资金8.97亿元，其中：量化到村集体形成股金2.63亿元，量化到贫困户(贫困人口)形成股金3.67亿元；农民变股东12.15万户、49.05万人，其中：贫困户5.75万户、23.66万人；参与“三变”改革经营主体1585个，投入资金13.89亿元；农民股东参与“三变”改革增加收益1.93亿元，其中贫困股东增加收益7591万元，村集体增加收益1787万元。

【农业保险】 2020年，全州政策性险种承保8个，总承保1229.7(万亩/万头)，共计提供保额150.05亿元，保费共计4971.22万元，惠及经营主体20家、惠及农户17.4万户次、惠及农民39.02万人；地方特色险种共计承保10个，总保险数21.22(万亩/万头/万只/万羽)，共计提供保额5.26亿元，保费共计2455.84万元，惠及经营主体7家、惠及农户26937户次、惠及农民11.29万人；“农调扶贫险”承保险种14大类品种，完成种植业承保面积112.63万亩、养殖业承保数量29.51(万头/万只/万羽)，共计为10.88万户次新型农业主体、农户提供风险保障15.3亿元，保费7028.58万元。

【农业招商引资投资】 2020年，全州以106个坝区为重点，以茶叶、食用菌、蔬菜、精品水果、中药材(含石斛)、生态畜禽、生态渔业、薏仁八大产业为核心，围绕“9+7+3”产业，完成招商项目谋划编制共268个，到位资金76.45亿元，完成全年任务数111.7%；全年“走出去、请进来”开展招商引资活动共27次，“走出去”15次，其中协调服务州级产业招商“链长”赴省外招商4次，与贞丰县联合举办招商活动2次，完成深圳定点招商推介1次；“请进来”12次，邀请广州千鲜汇、贵州力合、宁波生猪协会等客商到黔西南州投资考察。

【农产品质量安全检测】 2020年，全州开展疫情期间专项检测111

2020年5月，在晴隆县召开第12届贵州茶文化节暨茶产业博览会
(杨娇萍　摄)

2020年9月24日，在兴义举行贵州省2020年渔业船舶安全应急处置演练
（刘纪宏　提供）

批次，“利剑”行动专项检测85批次。完成种植业产品定量检测600批次、畜牧水产品定量检测400批次，合格率100%。完成兽药残留速测167批次、饲料瘦肉精专项检测80批次。完成饲料质量安全监测137批次、兽药质量监督抽检25批次。对各县市生产基地、超市及农贸市场销售的蔬菜、水果、食用菌进行农产品农药残留速测抽样检测共计10889个样品，其中合格样品10875个，不合格样品14个，合格率99.87%。完成家禽产品质量安全风险监测任务154批次、屠宰环节风险监测抽送样76批次，完成产地检疫122.37万头（其中生猪105.97万头、牛12.05万头、羊4.35万只）、禽类产地检疫413.09万羽、定点屠宰检疫25.83万头，其中：猪23.78万头、牛羊2.05万（头、只）。

**【动物疫病防控】** 2020年，全州共完成注射口蹄疫苗猪167.66万头、牛83.94万头、羊49.13万只；完成注射高致病性禽流感苗1176.61万羽；完成注射猪瘟苗169.68万头；完成注射高致病性蓝耳苗143.51万头；完成注射小反刍兽疫疫苗41.08万只，完成注射鸡新城疫苗547.27万羽，均完成应免疫数的100%。完成口蹄疫、禽流感等重大动物疫病免疫抗体血清学监测14789份；完成省级集中监测送样1521份、省级免疫抗体飞检采样832份、州级飞检1400份；完成禽流感病原学专项监测3248份（H5、H7）、禽流感紧急监测1048份（病原学、血清学各524），监测结果全部阴性；完成16家规模养殖场非洲猪瘟专项监测，共检测样品550份，环境样147份，均为阴性；生猪调运送检样12415份，均为阴性，出具报告178份。

**【农业综合执法】** 2020年，全州共出动执法人员7280人次，检查市场1614场次，检查经营门市7242个次，检查企业568个次，检查农产品生产基地、农民专业合作社、养殖场941个次，受理举报7件，下达整改通知书68份。立案查处案件278起（其中种子48件，肥料15件，农药59件、兽药34件、饲料46件、农机58件、渔机渔具18件），结案124起，移交案件5件。罚没款57.56万元；查获违规农资67.931吨（其中肥料65.3吨）。

**【农业科技】** 2020年，全州完成度粮油作物绿色增产增效技术示范推广项目7个，兴义市水稻超高产示范基地实施的2020年水稻高产攻关项目最高亩产1081.8公斤，创贵州省水稻单产历史新高。

**【畜禽品种改良】** 2020年，全州完成牛改6.39万头、推广杂交猪154.75万头、羊改6.6万只、推广良种禽522.08万羽、推广蜜蜂3.62万群，分别占任务的114.1%、103.2%、108.2%、104.4%和329%。

（苏　丽）

## 林　业

**【概况】** 2020年，黔西南州林业局始终坚持以习近平新时代中国特色社会主义思想为指导，以“林业生态持续向好、林业经济持续发展、涉林群众持续增收”作为全州林业可持续发展目标，推进全州林业各项工作。全年完成营造林76.56万亩，任务完成率为100.79%，全州森林覆盖率为61.17%，森林蓄积量达4800万立方米。年内，全州累计投入中央、省级和州级林业建设资金14.78亿元，根据2020年林业统计电快报，全州完成林业总产值364.08亿元，其中一产127.12亿元，二产43.07

亿元，三产193.89亿元。全州有省级以上森林公园4个（其中1个国家级森林公园，3个省级森林公园）、自然保护区9个（其中4个州级自然保护，5个县级自然保护区）、国家湿地公园6个、国有林场9个（其中州直属国有林场2个，县直属国有林场7个）、风景名胜区7个、国家地质公园1个。成功申报创建省级森林乡镇12个、森林村寨45个、森林人家384家。2020年林业生态建设保护和发展综合指数全省排位第五。

**【机构设置】** 2020年，黔西南州林业局内设行政机构8个，分别为：办公室、人事科、计划财务科、政策法规科（改革发展科）、造林绿化管理科（州绿化委员会办公室）、自然保护地和森林资源管理科（风景名胜区管理科）、灾害防治科、森林草原防火科；黔西南州林业局下设副县级事业单位1个（黔西南州自然保护地管理服务中心），州自然保护地管理服务中心内设7个事业科室，分别为：产业发展科、野生动植物保护科、营林科、林草资源服务科、检疫科、基金服务科、自然保护地服务科。黔西南州林业局核定编制52人，其中：行政编制16人，行政工勤编制3人；事业编制36人（其中：事业专业技术人员编制26人，事业管理人员编制9人，事业工勤人员编制1人）。截至2020年12月31日，实有人员40人：行政人员10人，行政工勤人员3人；事业专业技术人员24人，事业管理人员2人，事业工勤人员1人。2020年，切实做好局内体制机制改革工作，完成州森林公安局机制体制调整工作，完成州林业调查规划院改制工作，成功完成两家僵尸企业（州木材公司、州林业车队）处置工作。

**【国家储备林项目建设】** 2020年，完成国家储备林建设项目可研报告编制并通过省林业组织审查面积138.75万亩（超目标31.65万亩），拟总投资130.08亿元，拟申请银行贷款102.28亿元，争取到项目资金42.43亿元（其中：银行已贷款授信38.33亿元、地方政府专项债券资金4.1亿元）、已到位9.1亿元（其中：银行贷款5亿元、地方政府专项债券资金4.1亿元），完成望谟县国家储备林（一期、三期）、册亨县国家储备林项目（一期）、晴隆县国家储备林项目（一期）、普安县国家储备林项目（一、二期）、义龙新区国家储备林项目（一期、三期）、安龙县国家储备林（一期）实施方案的审查批复工作，批复面积28.06万亩，现已完成7.32万亩，惠及贫困户9746户、40238人。

**【林业生态扶贫】** 黔西南州林业局发挥造林优势，助力脱贫攻坚。2020年争取到生态护林员指标达1480人，全州累计争取生态护林员指标21613人，已完成选（续、改）聘工作，带动21613户建档立卡贫困户就业脱贫。全年完成林业惠民资金兑现3.72亿元，其中新一轮退耕还林补助资金2.92亿元、公益林生态效益补偿资金7327.75万元、天然商品林停伐管护补助654.38万元。按照州委、州政府统一安排，抽调精干力量组成生态建设扶贫专班，结合林业工作实际和优势，将项目、资金、人力向贫困县倾斜，组织申报晴隆县、望谟县、册亨县林下经济项目，获得补助资金2929万元，利用林地占补平衡资金280万元分别在望谟县打易镇边王村、望谟县乐旺镇蛮结村打造600亩油茶种植示范基地和250亩大苗花椒示范种植基地。局党组每季度至少研究一次帮扶工作，每月至少到帮扶村开展调研一次，帮助推进兴仁市屯脚镇坪寨村林下天麻种植项目和箬叶（粽粑叶）种植项目。

**【绿色富民产业】** 2020年，全州累计投入中央、省级和州级林业建设资金14.78亿元，完成林业总产值364.08亿元，其中一产127.12亿元、二产43.07亿元、三产193.89亿元。

特色林业（特色优势）产业基地。全州特色林业产业共完成基地建设35.04万亩（花椒12.80万亩、油茶15.24万亩、板栗7万亩），其中油茶一产、二产产值累计达到5.56亿元，花椒一产、二产产值累计达到1.34亿元，累计带动农户4.1万户15.98万人，增加就业岗位3300余个。

林下经济。全州累计利用林地发展林下经济面积146.98万亩，产值29.83亿元。其中：林下种植利用林地面积33.69万亩，实现产值7.67亿元；林下养殖利用林地面积17.53万亩，实现产值8.58亿元；林产品采集加工利用林地面积34.87万亩，实现产值9.86亿元。

森林景观利用。建立9家森林康养试点基地，森林旅游景点38个，森林景观利用面积60.89万亩。森林森林景观利用（含生态旅游、森林康养)实现产值3.71亿元。

**【营造林】** 2020年，完成营造林76.56万亩(其中新一轮退耕还林69.96万亩)，任务完成率为100.79%，森林覆盖率达到61.17%，较上一年度提升2.46个百分点。推进核桃提质增效工程。争取省州县三级投入核桃提质改造资金2612万元，完成核桃提质改造示范基地建设完成12366亩。积极推进菌材林基地建设。完成菌材林基地造林4.57万亩，建成菌材林等育苗基地10041亩，年产各类苗木2.46亿株。

**【森林资源保护】** 2020年，黔西南州林业局抓好森林灾害防控工作，加大涉林案件违法严打整治力度，保障林木健康生长，确保森林资源安全。

林业有害生物防治工作。全年预测发生各种林业有害生物面积13.87万亩，实际发生面积13.20万亩，测报准确率94.88%。需防治面积12.22万亩，无公害防治面积12.19万亩，无公害防治率99.74%。经防治后，全部为轻度危害，成灾面积为0，成灾率为0。全州育苗面积672.77公顷，产苗量约2亿株，共实施产地检疫面积672.77公顷，产地检疫率为100%。

森林防火工作。全年森林火灾刑事案件立案50起，抓获嫌疑人40人，办理森林火灾行政案件37起，行政处罚37人。2020年，全州森林火灾受害率为0.29‰，未突破省森防指下达的控制指标0.8‰。

"六个严禁"专项行动。截至2020年12月31日，"六个严禁"疑似图斑核实率、当年行政案件查结率、当年刑事案件移送率以及往年行政案件行政处罚执行率全部达到100%。

自然保护地违法违规问题排查整改。针对纳入整改台账的违法违规重点问题，各县(市、区)已制定整改台账，并按照省林业局关于自然违法违规问题整改工作"一区一方案"要求，由各县(市、新区)人民政府召开专题会议，制定整改方案，成立领导小组，明确责任单位、责任人、整改时限、整改措施等，限时抓好整改落实，目前已全部完成整改销号。

完成自然保护地优化调整阶段性工作。各县市自然保护地优化调整成果和方案已编制完成并通过省、州、县三级审查，评审通过同意撤销普安14个县级自然保护区、册亨双江县级自然保护区优化调整方案并批复，审查通过贞丰龙头大山自然保护区、兴义坡岗保护区范围优化调整方案。调出合法矿业、道路建设等地块53个(矿权37个、交通项目9个、产业园区3个、污水处理厂2个、水利项目2个)，解决大量历史遗留问题。

申世迎检和试点建设。全力推动兴义地质公园申世迎检工作，推动册亨北盘江国家湿地公园、望谟北盘江国家湿地公园试点建设。

野生动植物保护。建立黔西南州野生动物收容救助站，做好野生动物疫源疫病防控工作，积极稳妥推进以食用为目的的野生动物人工繁育场的转产(退出)工作，维护社会稳定。

(陶　洁)

## 州普晴国有林场

**【概况】** 州普晴国有林场为正县级公益一类事业单位，隶属州林业局管理，内设机构8个(办公室、财务科、营林科、森林资源管理科、一工区、二工区、三工区、四工区)，核编52人，其中管理岗位20人，专业技术岗位16人，林业技能岗位13人，工勤3人(逐步削减)，列入州级财政全额预算。实有职工204人，其中在职40人、退休164人。单位主要从事森林资源保护和培育，种质资源收集和保存，生物多样性和野生动植物保护，新技术推广，林业科技服务及科普教育，木材战略储备林基地建设等生态公益事业。

州普晴国有林场位于贵州省西南部，地跨普安、晴隆两县，距晴隆县城15千米，普安县城26千米，兴义市86千米。沪昆、纳兴高速公路从林区穿过。森林资源管理面积3.38万亩，有林面积2.9万亩，森林总蓄积21.45万立方米，森林覆盖率85.79%。林区自然生长的珍稀树种有楠木、榉树、红豆杉、木兰、鹅掌楸等，野生中药材有钩藤、黄精、草珊瑚、血藤、灵芝等数十种。

**【林下经济】** 州普晴国有林场充分发挥林地资源优势，通过外引内联大力推进林下经济发展，2020年共引进9家企业及个人发展林下经济5096亩，其中食用菌3914亩(红托竹荪2800亩、姬松茸500亩、黑皮鸡枞264亩、赤松茸300亩、大球盖菇50亩)，中材

2020年5月28日，贵州省第一批森林康养试点基地验收专家组到州普晴国有林场林下菌药产业园开展检查验收工作（赵福喜 摄）

药1182亩（黄精120亩、天麻462亩、白魔芋385亩、丹参115亩、水草花100亩），共引进投资资金7667万元。

2020年，林下经济产值1.99亿元，带动就业4911人，解决务工6万余人次，支付工人工资660万元，带动人均增收1.1万元/年，其中：带动扶贫就业2116人，务工收入300万元。

**【生态旅游】** 州普晴国有林场围绕“三个规划”（《普晴省级森林公园总体规划（2018—2030）》《普晴国有林场森林康养特色小镇总体规划（2018—2030）》《贵州北盘江森林康养中心总体规划（2019—2030）》），发挥区位优势，以林场优良的森林生态环境为基础，地貌景观为骨架，森林景观为主体，以森林康养、抗战文化、民族文化为特色，聚休闲、度假、养生、游乐等功能为一体，打造国内重要的特色森林康养胜地、山地森林休闲度假旅游胜地。2020年景区共接待游客1万人次，实现旅游综合收入20万元。项目带动就业人数23人，人均增收3.6万元。

2020年5月28日，贵州省第一批森林康养试点基地验收专家组赴州普晴国有林场，对康养基地接待场所、康养林、林下菌药产业园、康养规划核心区和中药材种植区开展检查验收。

2020年7月，州普晴国有林场联合晴隆县文体广电旅游局、晴隆县二十四道拐文化旅游（集团）有限公司向黔西南州文化广电旅游局申报黔西南州普晴林场森林旅游AAA景区，2020年11月26日评定通过。《黔西南州普晴国有示范林场“十四五”建设方案》在“十四五”期末，把黔西南州普晴林场森林旅游AAA景区建成AAAA景区。2020年11月，州普晴国有林场与晴隆县文体广电旅游局开展合作，利用晴隆县文广局争取的上级资金1250万元，联合实施晴隆县三望坪景区建设。

11月4日，州普晴国有林场被列为贵州省第一批国有示范林场（陈茂雄 摄）

**【省国有示范林场申报】** 州普晴国有林场结合近年来工作重点和总结国有骨干林场建设的基础上，申报国有示范林场建设。2020年11月4日列为贵州省第一批国有示范林场(17个)，30日确定以“林下经济”为重点开展“十四五”示范建设工作。

（陈茂雄）

## 南盘江国有林场

**【概况】** 按照中央、省、州关于国有林场改革精神，根据贵州省林业厅、省发展改革委、省编委

2020年11月11日，册亨县巧马镇、森林资源管理科相关人员对木材采伐安全进行检查　（王兴富　摄）

办、省财政厅、省人力资源社会保障厅《关于全省国有林场改革实施方案的批复》（黔林营复〔2016〕203号）和《州人民政府办公室关于印发黔西南州普晴林场改革实施方案和黔西南州巧马采育林场、板坝紫胶场、林业局苗圃站改革实施方案的通知》（州府办发〔2016〕82号）精神，撤销黔西南州巧马采育林场、黔西南州板坝紫胶场、黔西南州林业局苗圃站建制，并于2017年5月正式成立黔西南布依族苗族自治州南盘江国有林场。

业务范围为从事森林资源保护和培育，生物多样性和野生动植物保护，种质资源收集和保存，林木良种选育，花卉苗木繁育，林业调查规划设计，林业科研及新技术推广，国家战略储备林基地建设等生态公益事业。林场性质为公益一类全额拨款事业单位，隶属黔西南州林业局管理。核定事业编制60名（管理20名，专业技术26名，林业技能岗位14名），列入州级财政全额预算。

林场场部坐落于贵州省兴义市丰都新区，经营范围主要分布在贵州省册亨县巧马镇与丫他镇境内，位于珠江上游南盘江北岸，地处两省（贵州　广西）三县（黔西南州册亨、安龙及广西隆林县）交界处，林场下设6个工区，分别为者告工区、大榕树工区、三岔河工区、尾贤工区、板坝工区、丰都工区。

2020年，南盘江国有林场苗圃　（刘　波　摄）

林场总面积1.24万公顷，林地面积1.1万公顷，占林场总面积的89.28%，非林地面积1326.27公顷，占林场总面积的10.72%。森林面积9105.46公顷（包括非林地上的森林面积35.4864公顷），林场森林覆盖率为84%。

**【完成指标数】** 2020年，完成州级财政幼林抚育项目建设任务1333亩；完成州级财政林区公路维修项目21.6千米；完成8.8千米巧马火车站林区公路建设项目；完成林场2018—2020年度珍贵苗木培育项目阶段性目标管理任务投资100余万元；与国家林业局热林所合作的《余甘子优良无性系测定试验示范科研项目》完成阶段性目标管理任务，长势良好；国家储备林5万亩项目建设，完成实施方案外业调查工作；省财政厅、省林业局下达的2020年第三批省级林业改革发展资金（森林抚育）项目，完成实施方案的编制并得到州林业局的批复；完成林场森林经营规划（2021—2025）编制工作。

**【采伐限额管理】** 依据《森林法》等法律法规，执行责任到人的采伐监督管理机制，不断推进依法采伐，禁止无证采伐行为发生。2020年，共计采伐人工商品林5145亩，采伐活立木蓄积5.93万立方米，控制在全年5.99万立方米之内，较好的完成全年采伐任务；完成林场年度林木销售计划的采伐作业设计及销售，实现销售总值65.25万元（其中：林场自营林木销售收入6.58万元，合作经营林木销售按比分成收入58.67万元）；划定南盘江国有林场天然林停伐区26615亩，完成停伐方案编制工作，同时落实天然林管护人员9人；完成2块国有林场管理条例固定宣传碑牌的建设工作。

【森林防火】 防火物资储备。2020年，有防火物资：风力灭火机44台、背式割草机7台、油锯16台、充电式锂电筒28把、灭火弹13件、1号拖把100把、镰刀9把、砍刀10把、灭火服60套、逃生绳2把、工具包10个、对讲机6个、望远镜10个、加厚水壶40个。

防火措施。在全场范围内对火灾隐患进行大排查，结合省厅组织下发的“防火码”推动工作，对在林场范围内的商户、工厂等经营性单位进行积极主动的防火宣传工作，让森林防火“人人有责，人人尽责”的观念深入人心；与巧马镇人民政府联合组织开展2020—2021年度森林防火应急演练，通过演练不断提高林场森林火灾应急处置能力和扑火队员的实战能力；完成“互联网＋森林防火督查系统”的信息收集和日常报送工作；制定《黔西南州南盘江国有林场森林防灭火安全专项整治三年行动实施方案》，完成森林防灭火问题隐患和制度措施“两个清单”的建立及信息报送工作；完成全场2020—2021年度森林防火责任状的签订工作；完成15公里森林防火隔离带项目建设；完成10名临时防火队员的续聘及培训工作。

2020年11月16日，册亨县巧马镇，黔西南州南盘江国有林场与巧马镇人民政府联合开展森林防火演练（王兴富　摄）

2020年12月22日，巧马火车站林区公路完成路面硬化（刘　波　摄）

【管理国有森林资源】 2020年，对原有在林场林地上修建房屋的83户农户，现场进行测定房屋占地面积8600平方米，并逐户收取林地租金；野外勘查现场确定林地小班边界148块，明确权属30178亩林地，与林地租赁户签订租赁合同81份，为解决林场部分林地历史遗留问题找到突破口；建立南盘江国有林场古树大树名录，登记存档。

【林区安全生产工作】 2020年，林场组织对辖区内的木材采伐、木材加工、学校、加油站、易燃易爆品销售等企业进行安全生产大排查，对排查中存在的安全隐患企业，督促企业落实整改，做到及时提醒、及时发现、及时消除安全隐患，全年未发生安全生产事故。

【人才队伍建设】 2020年林场新进干部职工13人，其中，上级任命场纪委书记1人，公开招聘10人，选调2人，进一步充实林场人才队伍。截至2020年12月在职在册人员41人，其中管理人员17人，专技人员19人，工勤人员5人。

【脱贫攻坚】 2020年，林场共计聘用生态护林员10人，其中3人为建档立卡贫困户，总计支付劳务费26.5万余元，在脱贫攻坚发挥助推作用。

（冯　涛）

# 脱贫攻坚

## 工作综述

【概况】 2020年是脱贫攻坚全面收官之年，黔西南州强化举措、狠抓落实，集中力量攻克脱贫攻坚最后堡垒，不断破解脱贫攻坚难题。

【设置“窗口期规则”】 为激励县乡村干部在决战决胜中担当作为，打消顾虑、放下包袱，不回避、不遮掩问题，将存在的问题主动暴露出来，黔西南州将2020年3月1日至6月30日作为“窗口期”，并明确“主动不追究、被动严追责”的工作规则，深入查找“两不愁三保障”、易地扶贫搬迁、产业扶贫、就业扶贫等方面存在的问题，并结合考核反馈和巡视、巡察、督查等发现的问题，开展补功课补短板、看措施看成效“两补两看”工作，县（市、新区）和州直部门同步建立“双台账”、压实“双责任”、落实“双销号”。在“窗口期”内，县乡村干部主动暴露的工作问题，一律不予追究。在“窗口期”后，对于该暴露未暴露的问题、有意遮掩和漏报瞒报的问题，一律严肃追责同时，建立“窗口期”干部履职跟踪评估制度，由组织部门跟踪评估，纪委监委跟踪监督，对不担当、不作为、不胜任的干部坚决调整或作党政纪处分，激励各级干部敢于当“爆破手”、扛“炸药包”、攻“硬碉堡”，实现从不愿提及问题到主动暴露问题、从害怕担责问责到自觉履职尽责、从工作“一般化、过得去”到确保“质量高、成色足”的“三个转变”。黔西南州探索创新的“窗口期规则”，得到省委、省政府的充分肯定，上升为全省“冲刺90天打赢歼灭战”决策的统一部署。中组部调研组、国扶办调研组到黔西南州实地调研时，对黔西南州设置“窗口期规则”，推进“两补两看”的做法也给予充分肯定和一致好评。

【增加就业收入】 2020年，为应对疫情、灾情对贫困群众收入的影响，黔西南州坚持外输内拓，切实抓好贫困劳动力“返岗”“拓岗”“稳岗”工作，促进34.85万人顺利返岗就业及新增外出就业；从一、二、三产发展及重点项目、重点工程建设中挖掘3.43万个岗位，结合实际开发公共服务岗位31592个，解决不能外出的劳动力（包括弱劳动力、易地扶贫搬迁劳动力）就业；先后与宁波市政府、人社局和各区（市、县）三个层面对应签订11份稳岗协议，与浙江东阳、金华、义乌、永康、台州、广东深圳、惠州和福建晋江等3省8市签订稳岗协议。同时，与宁波市共商出台相关政策，对在宁波务工并符合条件的黔西南州建档立卡贫困人员，每人每月发放1600元稳岗补贴。黔西南州与宁波合作推进稳岗就业的做法，得到中央有关领导和贵州省委、省政府主要领导的充分肯定和高度评价。中共中央政治局常委、全国政协主席汪洋在《贵州今日重要信息第523期：贵州省黔西南州携手浙江省宁波市探索劳务协作稳岗新模式确保务工人员送出去、稳得住、能融入》上批示："请永富同志阅，在东部稳岗、防止和减少回流，宁波的做法应推广"。国务院扶贫办刊发黔西南州稳岗就业的有关经验；人社部在人社扶贫典型事例宣讲活动中通报黔西南州稳岗就业的经验做法。在贵州省劳务就业扶贫工作会议上，黔西南州作经验交流发言。

**【发展林下菌药产业】** 5月，黔西南州为应对疫情影响，充分发挥森林资源优势，采取超常规办法推动林下菌药产业迅速上规模、精准带农户。各县（市、新区）均按照确定一个主导品种、开展一批专业培训、培育一个技术团队、引进一家龙头企业、创建一个示范基地、组建一个销售专班、新增一家菌棒企业、建立一套组织体系的思路狠抓林下菌药产业发展。仅半年时间，全州完成林下菌药种植14.08万亩，超额完成全年11.33万亩的目标任务，累计用工量49.24万人次。新增种植的林下菌药产品产量预计4.97万吨，已销售2.72万吨，销售额4.35亿元。由于林下菌药产业规模上得快，并注重与贫困群众构建紧密精准的利益联结机制，贫困群众得以迅速增加生产经营性收入。

**【实施"五大工程"】** 实施"安居工程""乐业工程""文明工程""安全工程""堡垒工程"等五大工程，探索推进"新市民计划"，全力抓好易地扶贫搬迁工作。截至2019年6月20日，完成33.85万人的易地扶贫搬迁任务，规模接近全州总人口的1/10，占全省搬迁规模的1/6。

实施新市民"安居工程"。主要措施为高标准规划建设和保障群众基本权益、公共教育服务、公共医疗卫生服务、综合配套服务。实施新市民"乐业工程"。通过推进全员培训、以产业促就业、为新市民中劳动力购买就业险促进充分就业，以及在新市民居住区同步建立就业创业服务中心36个，实施劳务输出就业、园区产业就业、绣娘培训就业、坝区产业就业、旅游扶贫就业、公共服务就业，对符合条件的新市民给予创业担保贷款、场租补贴及"创业奖励"补助资金，针对易地扶贫搬迁劳动力中无法输送到企业就业的就业困难人员，适度、合理、规范开发公益性岗位吸纳就业等多种方式，全州易地扶贫搬迁劳动力实现就业16.98万人。实施新市民"文明工程"。通过悬挂新旧房屋对比照片，开展脱贫攻坚政策、法律法规、科技普及、实用技能、文明礼仪、感恩教育等宣传宣讲活动，在广大新市民中形成感恩中国共产党、感恩习近平总书记、感恩社会主义社会的浓厚氛围。建设文体活动中心、室外文体活动场地、民族文化纪念馆，安装应急广播系统，组建文体活动队伍，指导设立文化创意产品生产（销售）点，设立文化旅游商品购物点，强化文化基础。采取划区域、门前三包责任落实和以楼为单位，由楼长、小组长负责楼道、地下室、住宅楼前后卫生，垃圾清理定时定点、车辆停放规范有序等措施，加强社区环境完善整治，大力宣传新市民的新生活、新变化、新面貌，创建文明社区。实施新市民"安全工程"。主要措施为推行民主自治、强化协同参与、深化治安防控。创新新市民"堡垒工程"。结合新市民居住区的规划建设标准和人数，成立15个街道党工委，新组建社区居委会78个，同步建立群团组织，实现党组织引领的组织体系全覆盖，强化政治功能。结合居住区党员分布等情况建立党总支、党支部等基层党组织114个，安置点党组织建设实现全覆盖，健全基层组织。按"编随事走"原则，统筹新市民搬出县按比例划转教师、医疗卫生等事业编制到新市民居住区所属的县（市、新区），选拔优秀领导干部担任党工委、管委会领导职务，采取县乡下派、从搬出地"两委"干部和党员能人中选拔等方式选优配强社区"两委"干部，配强干部队伍。建立结对共建机制、包保落实机制，健全工作机制。2020年4月，国家市场监管总局、国家发展改革委、国务院扶贫办、财政部批准黔西南州易地扶贫搬迁"新市民计划"基本公共服务标准化专项试点立项建设。

**【规范扶贫资产管理】** 2020年，制发《关于进一步加强扶贫资产管理工作的实施意见（试行）》，紧扣“五个全面”推进落实。

全面分类摸查，做到“底数清”。对2016年以来使用各类扶贫资金投入形成的项目及资产进行全面核查，逐一登记造册，做到分级分类、应纳尽纳，形成扶贫资产管理清单，以县为单位实行集中统一管理。

全面界定产权，做到“归属清”。依据项目的资金构成和实施方式，科学界定扶贫资产的所有权。扶贫资金直接到户到人的，产权归个人；投入村的，产权归属村集体；统筹扶贫资金投入企业的，以合同或协议形式进行折股量化；无法清晰界定的，由县级人民政府按照相关规定和项目实际情况，确定产权归属。

全面规范运营，做到“责任清”。根据扶贫资产的不同类型，采取不同的经营模式和管理方式，提高资产经营管理水平。对到户类扶贫资产，由贫困户自行确定自主经营或委托经营。对经营类扶贫资产，由所有权人依法自主经营或通过承包、租赁、股份合作等方式确定经营主体。对公益类扶贫资产，由所有权人落实管护责任人，优先吸纳贫困家庭劳动力参与管护，确保定期保养、正常运行。

全面明确收益，做到“分配清”。按照有利于巩固脱贫成果的原则，重点围绕经营类扶贫资产产生的收益进行合理分配。脱贫攻坚期，扶贫资产收益优先用于扶持贫困村、贫困户；脱贫攻坚结束后，重新完善收益分配办法，原则上用于扶贫资产维护、脱贫成效巩固。收益分配坚持劳动致富，“不养懒人”，防止新的简单发钱发物，“一分了之”“一股了之”的情况出现。

全面加强监管，做到“处置清”。组织扶贫、财政、审计等部门加强对扶贫资产的联合监管，每年进行一次绩效考核，确保资金使用安全、资产运营规范。按照所有权与监管权相统一、受益权与管护权相结合的原则，由县级人民政府统筹管理县域内所有扶贫资产，制定完善相关制度，加强资产归属、使用、经营、维护、收益、处置等指导。

**【打造乡村振兴示范】** 2020年，贯彻落实国务院扶贫开发领导小组《关于开展挂牌督战工作的指导意见》和5月25日全国社会力量挂牌督战工作视频推进会议精神，州委书记、州长亲自挂帅、亲自领衔、亲自督战，制定强党建、稳脱贫、奔小康示范创建工作方案，州县镇村四级联动，黔甬协作，社会助力，多措并举，寻找“战贫硬核”，解析“战贫密码”，奋力将6个督战村打造成脱贫攻坚质量高成色足的示范、乡村振兴先行的示范。通过抓好驻村帮扶工作队、村级干部、致富带头人“三支队伍”夯基固本“强党建”；打好未脱贫人口脱贫攻坚战、脱贫不稳定人口返贫和边缘人口致贫阻击战“三场战役”攻守并举“稳脱贫”；创新产业发展、消费扶贫、乡村治理“三个创新”换脑造血“奔小康”。5月，国务院扶贫办刘永富主任在《关于赴贵州省望谟县乐旺镇坡头村调研的情况报告》上作出“做出成效、做好样子”的批示；6月，国务院扶贫办刘永富主任在6个督战村支部书记与宁波市结对帮扶村6位党组织书记的联名信上批示：“作为先进典型宣传。”在中国扶贫服务志愿促进会主办的“2020年扶贫日系列论坛——乡村发展与脱贫攻坚论坛”和中国扶贫基金会主办的“2020年扶贫日系列论坛——社会力量助力挂牌督战论坛”上，黔西南州挂牌督战村“强党建、稳脱贫、奔小康”示范创建工作获得与会领导高度评价，并作为典型案例进行推广。

## 脱贫与帮扶

**【概况】** 2020年，黔西南州认真贯彻落实精准扶贫、精准脱贫基本方略，狠抓责任、政策、工作“三落实”，切实抓好党中央、国务院及省委、省政府关于脱贫攻坚各项决策部署的贯彻落实。坚持常态化、制度化推进“四逐四准”，坚持战疫、战贫、战灾一起抓，改革、发展、稳定同推进，扎实做好“必答题”和“加试题”，脱贫攻坚成效持续巩固提升，经济社会持续稳步发展。

**【脱贫摘帽】** 2020年，黔西南州在持续巩固已摘帽的兴仁市、安龙县、贞丰县、普安县、册亨县和非贫困县兴义市及义龙新区脱贫攻坚成效的同时，狠抓剩余未摘帽县、未出列贫困村和未脱贫人口脱贫攻坚工作。11月23日，根据省人民政府发布的公告，晴隆、望谟两县退出贫困县序列，至此，全州7个贫困县（市）全部实现脱贫摘帽，48个未出列贫困村全部出列，3.59万名剩余贫困人口全部脱贫。

**【实施挂牌督战】** 2020年，落实“督”和“战”结合要求，既帮助查找问题，又合力解决问题，较真碰硬“督”、凝心聚力“战”。强化“一把手”带头督。州委、州政府主要领导率先垂范，带头全覆盖走访督战贫困发生率高于30%的21个贫困村，州委常委全覆盖走访督战联系贫困发生率高于20%的53个贫困村；县级常委班子成员包保联系3个以上贫困村、3户以上贫困户。突出重点挂牌督。对坚中之坚的晴隆县、望谟县分别由州委书记、州长挂牌督战，两县所有乡镇均落实厅级干部包保，州脱贫攻坚指挥部大部分力量都派到两县脱贫攻坚火线战场。州级还对晴隆县、望谟县分别派出由州领导担任组长的工作推动组，驻县帮助开展工作。州脱贫攻坚指挥部保持挂牌督战攻坚态势，坚持每月对督战对象开展不少于1次督战。统筹资源合力督。对已经脱贫摘帽但是还有剩余农村贫困人口的贞丰县、普安县、册亨县，分别由州人大常委会主任、州政协主席、州委副书记挂牌督战。对贫困人口已全部脱贫的兴仁市、安龙县和兴义市及义龙新区强化州级督导，确保“四个不摘”严格落到实处，脱贫成果不断巩固。从全州选派196名县处级干部、乡镇（街道）主要负责人及业务骨干组建新的“同心助攻团”与晴隆县、望谟县主战地和各级帮扶干部协同作战，帮助晴隆、望谟两县打总攻、夺全胜，既督又战。实施上下联动督。即按照“上下联动、一体督战”要求，统筹整合省州县力量开展挂牌督战，确保对所有有剩余贫困人口的行政村、所有剩余贫困户挂牌督战全覆盖。对在督战过程中发现的突出问题和困难，充分发挥督战责任单位和帮扶单位优势，制定责任清单、帮扶清单，整合力量、协调资源，帮助整改落实到位。加强部门分类督。即扶贫、教育、公安、卫健、医保、住建、水务、农业农村、财政、民政、人社、移民、残联等部门，组建巡回督战队伍，落实主管责任，确保挂牌督战成效。聚焦党建强力督。对黔西南州国家扶贫开发领导小组挂牌督战的望谟县边王村、大湾村、猫寨村、坡头村、新华村和贞丰县卡务村，按照“一方牵头、四方共建”模式，扎实开展“强党建、稳脱贫、奔小康”示范创建挂牌督战。中国社会扶贫网公示情况显示，全州6个村在资金、物资、消费扶贫、就业扶贫4个板块，与全国1113个挂牌督战村相比，均排在前列。10月14日，在北京召开的乡村发展与脱贫攻坚论坛上，望谟县坡头村第一书记就“强党建、稳脱贫、奔小康，推动挂牌督战村后进变先进”作经验交流发言，刘永富主任对黔西南州的示范创建工作给予高度评价。

**【坚持“四个不摘”】** 2020年，贯彻落实“四个不摘”要求，坚持“政策不变、力度不减、机构不散、干部不撤”，确保脱贫成果得到巩固提升。

摘帽不摘责任。在脱贫攻坚期内，加强对非贫困县、已摘帽县、已出列村和2019年底已脱贫的71.28万建档立卡贫困人口巩固提升工作的统筹调度。对贫困人口已全部脱贫的兴仁市、安龙县和兴义市及义龙新区强化州级督导，保持已摘帽县（市）党政主要负责人的稳定，继续把主要精力放在脱贫攻坚工作上。进一步压实第一书记、村（居）支书和主任、驻村工作队员、网格员、帮扶责任人的责任，确保任务在村、吃住在村、工作在村，不出现返贫致贫情况。

摘帽不摘政策。对已摘帽县、已脱贫的建档立卡贫困人口继续兑现脱贫攻坚相关政策，确保已脱贫人口义务教育、基本医疗、住房安全、饮水安全、民政兜底等有保障，不断巩固提升脱贫成效，实现持续稳定脱贫。全年共安排已脱贫县和非贫困县财政专项扶贫资金9.04亿元，实施扶贫项目776个，累计受益贫困群众66.31万人（次）。已摘帽的5个县（市）统筹整合财政涉农资金13.17亿元，确保年终实际整合资金不低于上年水平。

摘帽不摘帮扶。持续保持驻村帮扶队伍稳定，制发《关于进一步加强驻村帮扶干部管理的通知》《抓党建促脱贫攻坚近期重点工作提示》等文件，对仍在岗的第一书记和驻村干部原则上不作调整。对工作不胜任、因身体健康原因已无法正常履职、家庭有特殊困难等情形确需轮换的，严格执行“一事一议”、州县党委书记“双签字”制度，切实保持全州629个同步小康驻村工作队伍稳定。

摘帽不摘监管。将脱贫不稳

定和处于贫困边缘的低收入户纳入建档立卡管理。截至12月，全州登记录入脱贫不稳定户(即脱贫监测户)5761户24730人、边缘易致贫户7721户29301人。建立健全防止返贫致贫监测和帮扶机制，对已确定的监测对象，实施分级预警帮扶机制。由县级扶贫开发领导小组合理划定因病、因学、因灾等预警线，科学确定一级(红色)预警、二级(黄色)预警、三级(蓝色)预警三个预警级别，有针对性地落实帮扶措施，确保不发生返贫。

**【落实“四逐四准”政策】** 2020年，贯彻落实省委“确保高质量、打好收官战”部署要求，先后召开全州脱贫攻坚收官战誓师大会、州委七届十一次全会、半年经济工作会议，3月至6月开展以补功课补短板、看措施看成效“两补两看”为主要内容的第三轮“四逐四准”(逐村逐户征求意见、逐人逐项精准措施，围绕精准找问题、突出精准搞调研、坚持精准定措施、确保精准抓落实)，7月至9月开展以“八个一”为主要内容的第四轮“四逐四准”，即再开展一次全面回头看、再开展一次矛盾纠纷排查化解、再开展一次“两业”全覆盖普查、再开展一次资料手续清理完善工作、再开展一次村庄环境整治、再开展一次全面交叉检查及预评估、再开展一次干部履职情况跟踪评估、再开展一次更深入的感恩教育，切实做到“八个坚决”，即坚决克服松懈情绪、厌战情绪，坚决警惕骄傲心态、自满心态，坚决摒弃一般思想、过关思想，坚决避免疏漏情况、缺项情况，坚决杜绝拖延现象、停滞现象，坚决防止不实行为、作假行为，坚决谨防麻木状态、茫然状态，坚决反对形式主义、官僚主义，致力于全面查缺补漏、精准抛光打磨、持续巩固提升。与此同时，黔西南州制定落实一线扶贫干部清单化管理制度，对村级脱贫攻坚指挥所指挥长、第一书记、支书、主任及结对帮扶干部、网格员等一线扶贫干部明确20条工作清单、21条责任清单，进一步打通执行落实“最后一公里”，推动脱贫攻坚各项工作不折不扣落实到“最末梢”。11月至12月开展“七查”“十防”为主要内容的第五轮“四逐四准”。在前面几轮“四逐四准”的基础上，11月11日州扶贫开发领导小组召开会议，要求全州各级各部门和广大干部进一步强化“咬牙”“坚持”“加油”“攒劲”“争气”的定力，兑现“决战决胜2020一定要赢、一定能赢、一定稳赢”的承诺，继续围绕“查漏补缺、抛光打磨、巩固提升”，开展新一轮“四逐四准”进行安排部署。11月13日，州委召开电视电话会议及时传达学习11月12日省委常委会会议精神，对在新一轮“四逐四准”中进一步抓好脱贫攻坚收官和易地扶贫搬迁后续扶持等工作进行安排部署，并要求加强防风险、防舆情“两防”工作，坚持党政一把手每天调度，严密防范化解各种风险隐患，坚决捍卫脱贫攻坚成果，全面、充分展示“贵州战法”在黔西南州实践运用所取得的脱贫攻坚成效，以最佳状态迎接大考、赢得大考。

**【东西部扶贫协作】** 2020年，持续加强与对口帮扶城市宁波市对接联系，两地党委政府高层按要求开展互访交流2次，召开“云端会商”会议、高层联席会议，签订对口协作协议，事项化、项目化、清单化推进工作落细落小落实，高位推动建立和落实“常走动、多沟通、快落实”的协作机制。持续推进劳务协作订单化。成立黔西南州在甬务工人员临时党总支，在对口帮扶区(县、市)下设临时党支部，开通“黔西南农民工返岗直通车”，政府、人力资源机构、用工企业多方联动，精准高效开展岗位收集和推送。4月7日至8日，黔西南州与宁波市两地政府、人社部门和对口帮扶区(县、市)三个层面签订11份促进稳岗就业的协议，新增帮助贫困劳动力到浙江省就业8563人(其中，宁波市3182人)、新增帮助贫困劳动办到省内稳定就业15348人，新增帮助贫困劳动力到省外其他地区就业7232人。

持续推进资金项目精准化。制定《黔西南州东西部扶贫协作资金使用和项目管理办法》，落实资金项目管理主体责任和监管责任。2020年共获宁波市级财政帮扶资金4.45亿元，实施帮扶项目119个，覆盖带动14.6万名贫困人口。

持续推进产业合作梯度化。制定《黔西南州与宁波市产业合作招商引资政策》，着力引进一批优强龙头企业到黔西南州投资兴业、发展产业、吸纳就业。安龙—慈溪万洋众创产业园等7个重大产业合作标志性工程快速推进。册亨县坛坪坝区蔬菜基地被认定为粤港澳大湾区“菜篮子”生产基地。全年通过扶贫协作共引进项目65

个，到位资金43.39亿元，带动贫困人口5.57万人。

持续推进帮扶领导组团化。聚焦教育、医疗、贫困乡镇和深度贫困村开展组团式、结对式帮扶，通过互派干部，每个县(市)均分别有1个以上宁波市教育、医疗组团式帮扶试点，同时实现乡镇中心校、乡镇卫生院和深度贫困村结对帮扶全覆盖。宁波市6个区(县、市)、79个经济强镇、269所学校、92所医院，与黔西南州7个贫困县(市)、89个乡镇、363所学校、147所医院，宁波市198家企业、114个经济强村、34个社会组织与黔西南州246个村以“一对一”或“多对一”方式开展务实结对帮扶。2020年克服疫情影响选派干部90人、专技人才848人到宁波市挂职学习，宁波市选派干部21人、专技人才499人到黔西南参与脱贫攻坚收官战。持续推进人才支援全链化。两地签署《东西部扶贫协作人力资源开发战略合作协议》，从人才互派、交流培训、技术引进等方面，全链化在教育、医疗、农技等民生领域，广泛开展“基层医生培训”“远程视频教师培训”“基层脱贫攻坚干部专项培训”“赴宁波市专业培训”等活动。同时，黔西南州各级各类表彰向援黔挂职干部人才队伍倾斜，着力提升帮扶干部人才的责任感、荣誉感、获得感。年内，帮扶工作队18名干部人才代表获省、州级表彰。

**【中央单位定点帮扶】** 对接中央统战部、公安部、民进中央、中国黄金集团和中国联通集团等5家中央单位，围绕“两不愁三保障”要求，精准发力、精准帮扶，定点扶贫成效显著。5家中央单位分别成立定点扶贫工作领导小组，制定工作规划和年度工作计划，深入扶贫一线调研督导，累计黔西南州开展调研督促工作122次。累计选派20名干部到黔西南州挂职，帮助定点扶贫县谋划发展战略，转变思想观念，理清工作思路，协调资金项目。聚焦“两不愁三保障”和收入达标、干部群众培训、消费扶贫等，帮助黔西南州汇聚资源、搭建平台，积极谋划实施一批富民产业和民生保障项目。至2020年，累计投入财政帮扶资金1.2亿元、实施帮扶项目239个；帮助培训基层干部和技术人16963人次；帮助定点扶贫县区购买和销售各类农特产品5.27亿元。

**【社会帮扶】** 推进社会扶贫相关工作，以“中国社会扶贫网”为抓手，以“扶贫日”为重要契机，持续加大社会扶贫工作宣传力度，动员和组织社会各方面力量参与，努力形成全社会共同参与的扶贫开发机制。截至2020年12月，全州“中国社会扶贫网”累计注册贫困户18.58万户，累计注册爱心人士18.34万人，发布资金、物品需求共3.78万条，对接成功1.2万项，累计受捐金额318万余元，用于全州建档立卡贫困家庭在健康、教育、住房、物品方面的帮扶。

（冯青松）

2020年2月26日，义龙新区德卧镇八光海子金州出口蔬菜基地140多名员工返岗，抗疫复工 （吴古昌 摄）

# 工业

## 综述

**【概况】** 黔西南州工业和信息化(大数据发展管理)局机关内设办公室、人事科、运行监测和科技科、规划和投资科、产业政策和法规科、消费品工业科、原材料工业科、节能与综合利用科、工业园区科、民营经济与创业创新服务科、企业改革与发展科、电子信息与工业互联网科、大数据综合发展科、安全生产和民爆物品管理科14个科(室);机关行政编制26人、工勤编制6人。

2020年,面对突如其来的新冠疫情,黔西南州工业和信息化(大数据发展管理)局充分发挥大数据主管部门人员技术力量优势,及时开发智慧工信调度应用系统,实现手机端和电脑终端实时掌握系统内工业企业复工复产进度。对纳入系统调度企业实行"一企一策"复工复产工作制度,建立局领导联系包保县(市、新区)工作机制,制定《工业企业疫情防控指南》;对疫情防控期间涉企优惠政策及时进行汇编整理,及时将国家"两直达"惠企政策措施落到实处,帮助企业申请财政资金、基金支持,为企业协调解决疫情防控物资、用工、用电等问题和困难,推动企业迅速复工复产。2020年2月20日,全州率先在全省范围内实现节后工业企业100%复工复产,稳住全州工业经济增长基本面。

**【工业增加值增速】** 2020年,全州规模以上工业企业(2000万元及以上口径)工业增加值同比增长5.7%,增速排全省第三位,高于全省平均水平0.7个百分点。

**【工业投资】** 2020年,全州纳入调度的工业项目共149个,上报完成工业投资422.96亿元(含园区基础设施),占全年目标任务370亿元的114.31%;完成技改投资138.84亿元,占全年目标任务75亿元的185.11%。

**【新增规上企业】** 2020年,全州累计新增入规企业52户,完成省目标任务的130%,完成州目标任务的130%。

**【千企改造】** 2020年,实施"千企改造"工程122个,完成投资178.54亿元,占全年目标任务150亿元的119.02%;全州9家企业列入省级龙头企业名单,15家列入省级高成长性企业名单,20家列入州级重点企业。兴义清水河年产10万吨硅锰合金项目、兴仁登高年产25万吨电解铝生产线项目(二期)、安龙慈溪万洋众创城建设项目、册亨正胤活性炭年产

15000吨高端活性炭系列产品项目、义龙煤电铝一体化项目、贵州鹏昇（集团）纸业60万吨包装纸等一批重大项目相继投产。

**【园区建设】** 2020年，获得省级工业和信息化发展专项资金1300万元，全州工业园区实现产值591亿元；贞丰县工业园区、安龙县工业园区、普安县工业园区、晴隆县工业园区获得贵州省特色工业园区认定。中央环保督察回头看整改工作基本完成，全州工业园区均已建成污水处理设施，安装在线监测设施并联网运行，贵州省产业园区环保督察整改工作领导小组办公室同意销号。贞丰工业园区获得全省产业园区综合考评高成长型园区第一名，清水河—威舍工业园区获得全省重点工业园区考评第九名。

**【信息基础设施建设】** 2020年，全州累计完成投资8.05亿元，上链带宽达900Gbps，光缆总长度14.2万公里，电信业务总量完成398.77亿元，增长36%，增速排全省第1位；FTTH覆盖家庭数205.18万户，固定互联网宽带接入用户79.19万户，移动互联网用户284.12万户，固定电话普及率3.89部/百人，移动电话普及率123.97部/百人，电话普及率127.86部/百人。新增30户以上自然村4G网络52个，实现行政村和30户以上自然村4G网络全覆盖，5G基站建设完成1088个，完成5G商用试点示范应用，实现市县区核心区域覆盖5G网络。

**【大数据产业】** 2020年，义龙数据中心已能提供标准机架4400架、20000台云主机、26PB云存储、20000台云桌面的服务能力。建设完善“智慧金州”数据中台，建立“数字孪生城市”联合创新实验室、“数字政府”治理能力现代化联合创新实验室。“万企融合”建设融合标杆项目10个、示范项目100个，带动大数据与实体经济深度融合企业218个，完成企业上云288户；软件和信息服务业营业（全口径）收入7.39亿元，同比增长64%；500万口径业务收入2.79亿元，同比增长52.4%；全州大数据企业共持有专利26项，软著作权76个。孵化工联、农联等涵盖各产业的“九大联”大数据产业，“产销对接”平台累计交易217726笔订单，累计产生交易50269.43万元。

**【民营经济】** 2020年，全州民营经济增加值达819.12亿元，占GDP比重达60.49%。进一步推进《省政府办公厅下发关于应对新冠肺炎疫情促进中小企业平稳健康发展的通知》、支持民营经济发展二十八条、六大专项行动等相关政策贯彻落实，持续完善服务体系建设，深入实施专精特新中小企业培育计划，做好“创客中国”黔西南州中小企业创新创业参赛工作，实施企业管理人员培训工作。

**【工业招商】** 2020年，全州策划编制工业产业项目数完成317个，完成目标任务240个的132.08%；引进技术含量高、成长性好、带动性强的企业76家；引进高新技术企业数11家；标志性产业项目49个；项目到位资金204.23亿元。“走出去、请进来”考察对接活动共48余次。义龙年产10万吨动力电池材料、10万吨锌冶炼、固鑫锆刚钰棕钢钰、1500吨高纯高性能钽、兴仁年产200万支汽车轮毂、60万吨新型预焙阳极、20万吨工业硫酸、册亨年产15000吨高端活性炭系列产品等一批技术含量强、成长性好、带动性强工业项目先后签约落地建设，为全州工业经济持续健康发展增添新的动能、注入新的活力。

**【清理欠款】** 2020年，组建清理拖欠民营企业中小企业账款工作专班，建立清欠工作台账，制定整体解决办法，共偿还民营企业中小企业无分歧账款8184万元，拖欠民营企业中小企业无分歧账款清偿比例为100%，按时完成省政府减负办下达的清偿目标任务。

**【重点产业发展】** 2020年，全州六大重点工业产业实现工业增加值282.16亿元，同比增长8.64%，占全州工业比重的98.6%，较上年提升0.51个百分点，拉动全州工业经济增长5.6个百分点。基础能源产业在政策调整等开局不利因素影响，成功实现扭负为正，逆势增长4.37%，基础材料产业持续高速增长，同比增长30.58%，化工及装备制造产业连续两年保持50%以上增长速度。基础能源、基础材料、新型建材、特色轻工产业分别突破百亿元产值大关，推动全州工业总产值历史性跨入千亿元“俱乐部”。

（孙民鹏）

## 基础材料产业

**【概况】** 2020年，州工信局采取系列措施，推进基础材料企业在做好疫情防控的基础上加快复工复产，3月底全州重点基础材料工业企业生产负荷基本达到春节前正常生产水平，重点项目复工建设。推动企业精准制定“一企一策”方案，确保企业有序实现复工复产。出台《黔西南州支持和推动企业复产项目复工的政策措施》《黔西南州进一步有序推进企业项目复工复产工作方案》《黔西南州工业企业复工复产指南》等相关政策和指南支持复工复产。帮助企业协调解决复工复产涉及的用工、水电、资金等要素保障问题。

制定印发《黔西南州基础材料产业发展2020年行动计划》，明确2020年基础材料产业发展实现9%的增速发展目标，采取强化用电保障、狠抓项目建设、培育扶持壮大重点企业、加大招商引资力度、积极拓展市场、淘汰落后产能、严防安全环保风险七个方面的工作措施推进基础材料产业发展，持续助推全州基础材料产业高质量发展。

**【重点项目建设】** 2020年，基础材料产业聚焦“建链、强链、延链”，引进建设一批具备较强带动性的重点项目。电解铝方面：电解铝上下游产业项目建设有序推进，龙凯公司年产100万只铝合金汽车（摩托车）轮毂生产线项目、路兴年产30万吨阳极碳素项目、骅骏年产10万吨铝基合金板带材项目、新电公司年产5万吨铝及铝合金杆铝绞线生产线项目进展顺利；元豪铝厂项目一期生产线主体工程已完成80%工程量。黄金方面：贵州紫金矿业公司簸箕田1金矿项目主体工程已完成；新材料方面：固鑫年产3万吨锆刚玉27万吨棕刚玉项目基础设施已完成，预计2021年初试运行；义龙1200吨钽铌新材料项目、西南能矿年产10万吨锌冶炼项目、10万吨负极材料项目正在进行基础设施建设。铁合金方面：安龙金源一期第二台5万吨矿热炉主体工程已建成。

**【企业竞争能力不断增强】** 加大基础材料产业龙头企业培育，对现有工业企业增资扩建或投资技术改造新投资1亿元以上的项目，优先推荐纳入省级“千企改造”工程项目及推荐申报省十大千亿级振兴资金。兴仁登高项目获2020年度省十大千亿级工业产业振兴专项资金650万元及省工业发展基金2亿元资金支持，同时州级匹配650万元资金支持兴仁登高项目建设。义龙煤电铝项目获2020年度省十大千亿级工业产业振兴专项资金750万元资金支持，同时州级匹配750万元资金支持项目建设。

**【企业简介】** 兴仁登高新材料公司。贵州兴仁登高新材料有限公司（以下简称登高新材料公司）创建于2016年5月31日。贵州金凤凰产业投资有限公司（占股51%）与贵州金州电力有限公司（占股49%）共同出资成立的国有股份制公司。注册资金10亿元。

2017年，兴仁登高新材料公司承接兴仁登高50万吨/年煤电铝一体化项目建设。项目采用行业内最先进成熟的530kA电解槽，设计直流电耗低于12500kWh/t，电流效率高于94%。同时投资1.4亿元建设了国内最先进的“石灰石—石膏”湿法脱硫净化设施及1套备用系统，是目前国内同行业首台建成的烟气脱硫设施。项目自运行以来，设备运行状态良好，铝产品纯度99.80%以上的达到80%左右（行业标准纯度99.60%），处理后的烟尘、氟化物、二氧化硫等污染物排放低于国家标准5至10倍，是目前国内同行业中处于领先位置的项目之一。

建成25万吨/年铝液生产线及50万吨/年铝液项目全部配套工程。通过产能置换方式获得电解铝指标25.28万吨。2020年，累计生产铝液24.8万吨，带动工业用电消耗35亿度，创造产值34.3亿元，盈利3.1亿元，缴税4000万元，直接解决就业660余人，间接带动物流运输、三产服务等就业1000余人。

龙凯科技有限公司。公司成立于2020年10月，生产汽车轮毂、汽车缸盖、铝家居等铝合金精深加工制造。计划在兴仁投资12亿元，建设年产300万—500万只汽车轮毂生产线项目、年产200万件汽车缸盖生产线项目、年产200万件新能源汽车壳体项目、年产6万吨铝家居和铝型材生产线项目以及年产1万吨航空航天高精端产品铸造生产线项目，一期年产100万只汽车轮毂生产线项目于2021年1月实现首件产品生产下线。

振华义龙新材料公司：公司成立于2017年1月，位于黔西南州安龙新桥镇义龙新材料产业园，主导产品为锂离子动力电池正极材料，系贵州振华新材料股份有限公司全资子企业，主要从事锂离子电池正极材料的研发、生产及销售。计划分两期建设年产4万吨三元正极材料项目，总投资30亿元。一期年产2万吨生产线于2018年2月建成投产，二期年产2万吨生产线第一车间已经开始试生产，第二车间正在进行设备安装。两期完全建成后，年产值可达40亿元，解决就业1500人以上。2020年，共实现工业总产值8.14亿元，缴纳税金667万元。

## 信息基础设施建设

**【农村“小康讯”工程建设】** 2020年，贯彻落实贵州省信息基础设施建设新提升行动方案、“宽带贵州”行动计划相关要求，持续推进全州行政村、30户以上自然村4G网络、光纤网络建设，推动农村宽带接入能力优化升级工作。全面开展农村30户以上自然村寨4G网络覆盖摸底排查，推动4G网络向乡村地区深度覆盖，全面提升乡村移动通信网络承载能力和移动宽带接入能力。

**【易地扶贫搬迁通信网络提升工程】** 2020年，持续推进通信业务帮扶工作，保持易地搬迁新市民通信业务惠民政策不变，完成全州易地扶贫搬迁安置区住房光纤到户、4G网络覆盖提升优化建设，让易地搬迁的群众都能享受到快捷、稳定的高速光纤宽带上网及宽带电视业务。

**【5G基站建设】** 2020年，加快5G基站建设规划编制工作，建立5G基站建设问题协调机制和调度机制，及时协调解决各级党政机关、公共场所、企事业单位、住宅小区等站址建设难题，有力有序推进全州5G基站建设，逐步提升全州5G网络覆盖面和应用场景示范能力。

**【工作成果】** 2020年，黔西南州建成光缆总长度达7.5万千米，建设基站10738个，其中4G基站9650个、5G基站1088个，全州实现城镇、行政村光纤网络和30户以上自然村4G网络覆盖率达100%。

## 大数据产业

**【概况】** 抓住贵州省委、省政府将黔西南州与贵阳市、贵安新区同时列为全省重点建设大数据基地这一重大发展机遇，秉承“数字经济引领新增长”理念，把大数据发展列入“十三五”时期重点发展内容，深化供给侧结构性改革，以大数据服务于经济社会发展，为决胜脱贫攻坚、同步全面小康，奋力打造民族特色山地经济创新示范区提供数字引擎，大数据产业为实现黔西南州经济社会高质量发展和后发赶超的重要支撑。

2020年，建设融合标杆项目10个、示范项目100个，带动大数据与实体经济深度融合企业218个，完成企业上云288户；2020年软件和信息服务业营业（全口径）收入7.39亿元，同比增长53%；500万口径业务收入2.79亿元，同比增长11.8%。

**【“新基建”项目投资】** 2020年，全面贯彻中央关于加快5G网络、数据中心等新型基础设施建设进度的要求，抢抓机遇，乘势而上，加大通信基础设施和数据中心建设力度，加快5G网络建设。全州在保障30户以上自然村4G网络覆盖建设任务同时，开展城区、城郊、乡镇及发达乡镇5G基站建设，在重要交通干线、州级重点产业园区、旅游景区等进行部署5G基站。重点建设义龙大数据产业园区。大数据产业园一期工程已建成，项目总投资约5亿元，建成运营1#数据中心、2#数据中心、1#动力中心、数据监控配套中心。数据中心的数据机房建设采用国际“T3+”设计标准，年平均PUE值为1.25。建设完善“智慧金州”数据中台，为全社会提供软件公共基础设施服务。政府主导、全州统筹、全面推广运用智慧金州应用服务，以价值创造为导向构建智慧城市大脑，盘活数据资源，释放数据红利的目标。

**【完善双创平台】** 发挥高新技术产业开发区、产业园区开放平台作用，重点打造义龙大数据产业园，建设和完善义龙大数据双创中心，建立健全双创管理体系、培育体系和孵化体系。强化统筹管理，建立部门之间、部门与各县（市、新区）之间的高效协同机制。强化政策保障，促进科技、金融、财税、人才等方面的支持政策。强化培育体系，依托中信、华为等优强大数据企业，建立实战实训体系，推动“华为信息与网络技术学院”等共建培育模式，加强计算机、网络、大数据技术、物联网等专业方向的人才培养。强化孵化主体。积极营造有利于企业创新的良好环境，以企业创业创新群体为主体，调动企业家干事创业的积极性。

【打造数字经济】 2020年，依托智慧金州汇聚数据，健全共享机制、有序推进数据开放，最终实现以政用带民用促商用，培育壮大数据应用生态。加快大数据与农业深度融合，推动农业向生产管理精准化、市场销售网络化融合升级。推动合作社、一村一社1300家，通过产销对接平台，将社会采购需求、合作社农牧畜产品信息、贫困户信息进行共享互通，通过平台进行交易，实施“以销定产”的订单农业模式。推动大数据与工业融合。推进安全云数据应用，运用物联网、云计算、GIS、移动互联网等技术，建立真实、有效覆盖全州553家煤矿、非煤矿山、危险化学品、烟花爆竹、冶金工贸等行业的远程防控体系，提升企业管理效能、降低企业运行风险。推动全州所有国有企业上云，推进大数据在企业研发设计、生产制造、经营管理、销售服务全流程的融合应用。实现物流、资金流和信息流的统一，理顺企业内部物流流转，提升企业竞争力。

【提升数据价值】 示范引领、分业施策，分行业、分领域建设一批高水平的大数据与实体经济深度融合典型示范项目，形成可复制可推广的融合技术、融合产品、融合模式和解决方案，带动全行业、全领域技术创新、产品创新和模式创新。围绕农业产业打造产销对接平台，实现生产要素资源有效衔接。加快建设并用好产销对接平台、农村产权交易平台、合作社云平台、教育云平台，加快大数据与农业深度融合，推动农业向生产管理精准化、质量追溯全程化、市场销售网络化融合升级，通过黔西南州产销对接平台与合作社云、教育云的互联互通，持续提高线上采购率，推广机关单位食堂线上采购，加强对供应商资质管理，将学校食堂食材采购需求、合作社农牧畜产品信息、贫困户信息进行共享互通，通过平台进行交易，实施“以销定产”的订单农业模式，实现需求与生产精准对接，形成稳定合作，订单式生产，增加合作社收入、减少经营风险，助力社会经济发展及脱贫攻坚。

【培育大数据生态】 充分利用省、州数博会等重大活动载体和专项产业链招商活动，加强与优强大数据电子信息企业对接力度，开展专题招商、精准招商、定向招商。围绕义龙大数据产业园区，对接引进数据存储、安全、清洗、加工类大数据企业，增强园区数据中心运维能力。围绕北上广深地区，引进系统运维服务、IT服务管理、信息安全服务、软件和信息服务、大数据项目孵化等信息技术服务企业入驻义龙大数据产业园，加快发展大数据应用服务。

【发展电子商务】 围绕黔货出山，聚焦乡村农特产品，充分发挥电子商务平台销售渠道，助推乡村振兴和经济社会发展。以市场为导向，整合州内泉涌配送服务有限公司、贵州享益农业发展有限公司、贵州放心粮仓电子商务有限公司等优强电商企业，结合农村电子商务服务站，打造全州统一农特产品销售电商平台，汇集州内各类地标农特产品，统一品牌、统一包装、统一销售，形成本地自主电商品牌。加强自主电商平台与京东、天猫等主流销售平台合作力度，利用抖音、今日头条等新媒体，主播带货等新方式不断拓宽特色农产品销售渠道，加大黔西南州农特产品影响力。加快培育本地优秀农特产品，增加品牌种类，结合现有产销对接平台，采取线上线下双线发展模式，不断增加销售流量，形成电商销售完整闭环，推进“黔货出山”工程。

（孙民鹏）

## 能源产业

【概况】 黔西南州能源局下设8个科室：办公室、政策法规科、电力和经济运行科、煤炭管理科、科技装备科、油气及新能源科、能源安全监督管理科、人事科。行政编制16名（含工勤编制2人），实有人员14人；下设两个事业单位：黔西南州能源综合行政执法支队（副县级公益一类事业单位），下设5个科室：综合科、执法一科、执法二科、执法三科、执法

补者煤矿主平硐　　（州能源局　提供）

四科；核定事业编制41人（管理人员），实有人员24人；州煤炭安全技术培训中心，核定事业编制14人（管理人员4人，专业技术人员9人，工勤人员1人），实有人员13人。

**【煤炭生产】** 2020年，全州有92个生产建设煤矿，煤矿现有设计产能2949万吨/年；取得兼并重组主体资格煤矿87处，批复规模4275万吨/年；共有生产煤矿40处，产能1560万吨/年；建设煤矿47处，拟建规模2290万吨/年；无处置意见煤矿4处，规模111万吨/年；拟公告关闭煤矿1处，规模15万吨/年。煤与瓦斯突出煤矿32处，高瓦斯煤矿10处，低瓦斯煤矿46处，未鉴定2处；井工煤矿90处，露天煤矿2处。完成煤矿固定资产投资40亿元；煤炭过站量达1220万吨，完成目标率为102%，完成率位居全省首列。44个正常生产煤矿完成瓦斯监控系统升级改造，实现与县级瓦斯监控中心互联互通，新增煤矿瓦斯发电机组装机3600千瓦，瓦斯抽采利用率达54.05%，煤炭资源综合利用有效提升，煤矸石利用率达86.33%。

**【电煤保供及新增产能】** 2020年，组织煤矿和电力企业签订电煤中长期供煤合同703万吨，累计供应电煤805万吨，超额完成省能源局分配的任务量580万吨，全州电厂总存煤量108.08万吨。帮助煤矿协调建设手续办理问题，29个煤矿取得建设批复，17个煤矿开工建设，完成5个煤矿主体工程建设，新增产能180万吨/年，完成年度目标任务120%。

**【能源安全】** 制定《黔西南州煤矿矿级领导失职记分管理办法（试行）》《黔西南州煤矿从业人员培训工作制度》，强化企业安全生产主体责任；制定《煤矿安全监管重点清单》《黔西南州煤矿安全监管工作制度》《黔西南州能源局煤矿安全监管联系制度》，落实安全监管人员职责；制定《黔西南州强化煤矿瓦斯防治攻坚提升瓦斯治理能力实施方案》，深入推进煤矿通风系统、监测监控系统、瓦斯参数测定和突出危险性鉴定等专项整治；制定《黔西南州煤矿安全专项整治三年行动工作方案》《黔西南州石油天然气长输管道安全专项整治三年行动实施方案》，编制完成煤矿“两个清单”；印发《黔西南州煤矿安全生产违法行为举报奖励办法》，及时发现并排除重大事故隐患，制止和惩处违法行为。2020年，全州煤矿安全监管系统共开展煤矿安全检查436矿次，查出重大隐患24条，查出一般隐患和问题3624条，立即整改1310条，限期整改2314条，整改完成3214条；排查油气管道安全隐患79处，完成整改68处；作出行政处罚65矿次，罚款1971.11万元。2020年，首次实现全州22年来煤矿安全生产零事故零死亡“双零”目标，得到省级主管部门主要领导和州级主要领导的表彰和肯定。

**【煤矿产业高质量发展】** 2020年，根据《黔西南州加快煤炭工业转型升级高质量发展的实施意见》《黔西南州基础能源产业2020年行动计划》等文件精神，成立州县两级煤矿工作专班，开展煤矿安全生产服务工作，按照州委“四逐四准”工作机制，编制煤矿“一矿一策”，形成《黔西南州煤炭产业发展问题清单》，解决煤矿发展问题；优化调整各类保护区和煤矿矿区的工作方案，妥善处理20多个煤矿矿区与风景名胜区、自然保护区、水资源保护区重叠问题；推动全州43个煤矿内外部“双

贞丰挽澜窑上光伏电站　（州能源局　提供）

回路”供电升级改造，11个煤矿完成外部供电“双回路”改造，16个煤矿完成内部供电“双回路”供电改造；以招商引资、入股等方式解决煤矿融资难题，推动7个煤矿恢复正常生产和建设；积极争取省级各类煤矿奖补资金9515万元，帮扶煤矿转型升级发展。全年关闭煤矿4个，淘汰落后产能114万吨。新增综合机械化改造4处，全州44处机械化煤矿，机械化率达100%；新增辅助系统智能化升级7处，全州45处煤矿实现智能化，智能化覆盖率达100%。

**【电力产业优化升级】** 2020年，推进电力项目建设，义龙元豪自备电厂1、2号两台机组实现并网发电，安龙自备电厂1号机组正在进行锅炉设备安装，2号机组完成钢结构安装；提升电力保障能力，完成电网建设投资20亿元以上，重点实施城乡配电网电压质量提升、煤矿“双回路”建设、工业园区等供电保障项目和新一轮农村电网改造升级项目；以收购、参股、注资、预付电煤款等方式推动全州4家火电企业实现煤电联营，稳定煤电供需关系；依托电价优势，引进优强企业落地，组织企业申报降成本稳预期专项资金，累计为企业减免用电成本375.96万元。

**【新能源和天然气产业发展】** 2020年，加快推进新能源项目建设，完成新能源项目投资约50亿元以上，有序推进5个风电项目和19个光伏项目建设，2020年底所有在建项目已实现并网发电；推进天然气“县县通”工程，天然气二期工程完成投资4654万元，完成进度3.1%。积极督促安龙县、望谟县建立LNG/CNG；强化天然气供应保障，严格落实天然气“压非保民”日调度工作机制，编制《黔西南州供暖季天然气“压非保民”调峰保障预案（2020—2021年）》，保障全州今冬明春供暖季天然气安全供应。

**【“十三五”能源成效】** “十三五”期间，全州能源系统深入贯彻“四个革命、一个合作”能源安全新战略，紧紧围绕“大电强网＋大产业”战略，以能源供给侧结构性改革为主线，全面实施能源工业运行新机制，深入推进能源结构优化升级，全州能源工业转型升级初见成效：煤炭产业转型升级成效明显。完成煤矿机械化升级改造42个，主体矿建设煤矿17

白碗窑光伏电站　（州能源局　提供）

个，产能提升1500万吨/年；关闭煤矿34个，淘汰落后产能645万吨/年。电源结构进一步优化。2020年底，全州电力装机容量达1499.02万千瓦。其中，水电装机675.9万千瓦，占比45.1%；火电装机467.8万千瓦，占比31.2%；新能源装机355.32万千瓦，占比23.7%。清洁能源供应大幅提升。建成天然气支线管道一期项目支线，建成LNG储罐12个，储气能力约56万立方米。

远程煤矿无线组网监测系统子站　　（州能源局　提供）

**【“十四五”能源目标】**“十四五”期间，全州能源系统将继续深入贯彻“四个革命、一个合作”能源安全新战略，以煤、电为基础，以电网建设为纽带，加快实现“煤电网产”深度融合一体化发展，着力构建清洁、低碳、安全、高效的能源体系。至2025年，全州煤炭产量达2500万吨以上；全州电力装机达1800万千瓦以上；电网新增投资70亿元以上，电网结构更加完善，满足全州电力负荷增长需求；加快充电桩建设，推动“车、桩、网”一体化发展；实现全州天然气“县县通”全覆盖。

**【党风廉政建设】**2020年，州能源局强化组织领导，狠抓全面从严治党主体责任落实，严格执行“一岗双责”，将党风廉政建设工作同业务工作同安排、同部署、同落实。制定《黔西南州能源局2020年党的建设和党风廉政建设工作要点》，召开全局党的建设暨党风廉政建设大会，梳理2020年州能源局廉洁风险点28个，制定防控措施72条，组织召开“防风险、守底线”专题会、“一案一整改”民主生活会，切实增强党风廉政建设工作。全年召开4次会议研究部署党风廉政工作，组织干部职工签订《廉政承诺书》36份；学习典型案例、讲党课、听报告会、参观警示教育基地教育等方式开展廉政警示教育8次，召开党员大会14次，支委会12次，主题党日活动11次，理论学习中心组学习6次，开展预防提醒约谈116人次，对全局干部职工进行全覆盖约谈，严肃执纪问责。动态调整《黔西南州能源局权力清单和责任清单目录》，明确行政许可2项、行政处罚42项、行政检查2项、行政强制3项、行政奖励1项、其他权力1项，厘清权力清单和责任清单，坚持旗帜鲜明讲政治，以正风肃纪为保障，营造良好政治生态。

（吴婷婷）

望谟县华能贵州公司羊石光伏电站继电保护室　　（州能源局　提供）

# 商贸服务

## 商 贸

【概况】 2020年，全州社会消费品零售总额增长5.4%，增速排全省第3位。全州批发业销售额同比增长14.1%；零售业销售额同比增长3.3%；餐饮业营业额同比增长-2.9%。完成进出口货物贸易3.1亿元，同比增长-2.4%，增速排全省第5位。完成实际利用外资72万美元，增速排全省第4位。完成网络零售额22.1亿元，同比增长24.3%，完成绝对值居全省第3位。开发区工业总产值382.59亿元、规模以上工业增加值114.6亿元、财政总收入26.31亿元、税收16.52亿元、期末就业人数58073个、招商引资到位资金173.5亿元。

【商贸物流】 推动实施《黔滇桂三省（区）结合部商贸物流中心专项发展规划2012—2020》《黔西南州商贸流通业高质量发展专项规划（2018—2021）》，推进兴仁市国际会展中心、贵州现代物流产业集团农产品集配中心、义龙新区工程设备零配件交易市场、贞丰花椒全产业链冷库、晴隆县农产品销售中心、兴义中农城等项目建设，完成投资70.433亿元。完成印象兴义省级步行街升级改造，完成永康农贸市场，大地卉丰智慧农贸市场印象兴义店、克妈山综合农贸市场、望谟县丽甲玺农贸市场等10个农贸市场信息化改造。对晴隆县、兴仁市等农商互联项目进行验收，新增冷库库容5万立方米以上。争取安龙县欣蔓生物科技、望谟光秀生态食品、贵州蔬菜集团、晴隆万年农业4个农商互联供应链建设项目，获省级财政资金补助1200万元。兴义二级农产品批发市场（敬南农副产品交易市场）建成运营。

【复工复产】 2020年，成立商贸流通批零住餐、电商、外贸外资等3个复工复产工作专班，对各领域商贸企业状况进行全面摸底排查。针对行业特点建立复工复产“日报告”和“零报告”制度，及时全面掌握各地商贸流通企业复工复产情况。严格按照“四个一”（“一业一方案、一企一手册、一人一服务、一人一档案”）工作要求，明确责任单位、责任人、完成时限，做到应开尽开。制定《餐饮企业新冠肺炎防控工作规程》《商场、超市新冠肺炎防控工作规程》《成品油经营企业新冠肺炎防控工作规程》，广泛宣传复工复产措施，要求复工企业严把员工“准入关”外，严禁带病上班。根据《黔西南州商贸旅游企业复业工作方案》要求，制定《黔西南州商贸流通批零住餐企业复工复产工作方案》《黔西南州商务局电商企业复工复产工作方案》《黔西南州外贸外资企业复工复产工作方案》，切实督促企业落实到位，及时协调解决困难和问题，帮助企业尽快实现复工复产。全州342家限上批零住餐企业、36家外资外贸企业、35家重点电商企业复工率达100%。

【促进消费】 2020年，结合省《多彩贵州促消费百日专项行动方案》，组织266家企业参加省级多彩宝促费活动。制定《黔西南州促进服务业恢复性增长工作措施》《黔西南州餐饮、购物消费券发放工作实施方案》《黔西南州汽车加油券发放工作实施方案》《黔西南州人民政府关于大力发展地摊经济夜间经济推动商贸业发展的通知》等系列政策措施，在全省率先开展以“幸福金州、暖心消费”为主题的促消费百日专项行动，采取“政府+银联+企业”模式，促进消费市场回暖。组织709家企业，通过1583.13万元消费券补贴（已经兑现金额）撬动47.8倍乘数效应的消费，直接带动消费7.58亿元。制订《黔西南州“冲刺90天打赢歼灭战”产销对接攻坚方案》《2020年黔西南州“黔货出山·风行天下”夏秋攻势工作方案》，形成“4421”工作体系（即建立4项机制：四级联动、监测预警、包保服务、保底稳控；压实“4项工作”：推进“十进”、衔接省内市场、开拓省外市场、创新电子商务；承诺“2个确保”：确保做到产销互连，以销促产、确保不发生任何农产品滞销致贫、滞销亏损、滞销伤农等事件；兑现“1个目标”：实现“产得出”“销得掉”的产销对接目标）。举行“黔货出山”进军营供需洽谈会、2020年黔渝合作“渔+”行动供需洽谈会，让优质农产品走出黔西南州。全州农产品销售完成35.17亿元，同比增长18.14%。

9月16日，在兴义市举办2020电子商务培训　　（州商务局　提供）

【电子商务】 通过京东等大型电商平台开展安龙、贞丰、册亨、望谟等地农户的香蕉、百香果、生姜等农产品销售。主办“黔西南州电子商务网络在线培训”，通过线上直播培训新模式，开拓电商工作思路，为全州营造良好的电商发展氛围。创新“黔西南州畅销码”，助农销售农特产品。启动全省首个直播电商基地建设，打造贵州万名网红主播带货计划、常年引进抖音等平台主播到直播基地进行直播带货，搭建“万峰严选”线上选品商城，推动农产品“出山达海”。国家级电子商务进农村综合示范整体推进工作有序，全州8个县市均已通过商务部、财政部、扶贫开发办组织的第三方绩效评价验收。累计拨付专项资金1.02亿元，剩余资金按照项目进度分阶段进行拨付。同时，在省商务厅的支持下，晴隆、望谟县再次获得2020年国家级电子商务进农村综合示范县专项资金支，各获批资金2000万元。

【“三外”工作】 落实外商投资准入前国民待遇加负面清单管理制度，对外资企业实行“一企一策”包保服务，为4家外商投资企业争取资金61.9万元，新增设立外资企业3家。

外贸企业退税取得新突破，积极落实外贸退税政策，办理出口退（免）税1218.77万元。积极培育外贸主体，新增对外贸易经营者备案登记企业45家，新增外贸进出口实绩企业4家。为企业各类省级支持资金1160.044万元，兑现2019年度外贸进出口奖励扶持资金181.99万元。进一步提振外资外贸企业信心。制定《2020年商贸物流产业招商工作方案》，对2020年商贸物流业招商工作任务进行分解，明确招商引资工作任务、落实工作责任、强化工作措施，围绕发展冷链物流、农产品生产基地、打造商业中心等开

2020年8月，州商务局开展行政审批评审会　　（州商务局　提供）

展招商，确保招商引资工作的扎实推进。统筹编制商贸物流产业招商引资项目30个，引进优强企业14家，其中高新技术企业4家，实现到位资金40.04亿元。

全州开发区（万峰林除外，其为全省唯一的现代服务业开发区，没有可比性）在2020年组织的2019年度省级考核中全部升位（黔西南高新区从12上升到8位、兴仁开发区从23位上升到21位、安龙开发区从30位上升到27位、清水河开发区从46位上升到45、威舍开发区从56位上升到55位）。

**【行政服务】** 按照“应进必进”要求，州商务局所有行政审批事项均进驻政务服务大厅窗口办理，进驻率达100%，对政务服务事项窗口人员做到即收即办，按规定限时办结。将办事窗口整合到大厅一楼“全省通办”窗口，将对外贸易经营者备案登记、特许经营备案、成品油零售经营资格审批、二手车交易市场及经销企业备案等18项事项纳入“一窗通办”。及时办理群众申请事项。2020年1月1日至12月31日共受理事项130件，办结130件，行政许可57件，其他行政服务73件，所有办件均在贵州政务服务网和单位门户网站公示。窗口提前办结率100%，窗口岗位无黄牌红牌，无迟到空岗，多次被州政务中心评为“先进示范岗”，局干部职工蒋继兰被评为“个人优秀党员示范岗”，全年行政审批零投诉。

**【安全生产】** 根据《中共黔西南州委办公室　黔西南州人民政府办公室关于印发〈黔西南州关于推进从事生产经营活动等事业单位改革的实施意见〉的通知》文件精神，黔西南州商务局原下属从事生产经营活动事业单位黔西南州蔬菜水产饮食服务公司进行改革，原公司人员、资产、债权及债务全额划转至黔西南州文化旅游产业投资开发（集团）有限公司，2020年改革工作基本完成。班子成员以上率下，对全局存在的历史遗留问题事项进行分件、分案包保，在重要时间节点进行排查疏导，确保商务系统不添乱。坚决扛起维稳责任，按照相关要求与时限，办好商务局2020年因改制遗留出现的3件信访案件。经答复开导，没有出现复议情况。全年出动检查次数163次，出动检查人次423人，检查企业210家次，排查一般隐患315个，已全部完成整改，下达整改意见308条，停业停产整顿企业1家。实现商务系统安全生产“零事故”。

**【党建帮扶】** 制定《黔西南州商务局挂牌督战望谟县石屯镇冉道村、上平寨村脱贫攻坚工作方案》，既

2020年11月30日，商务局局长刘华到望谟县石屯镇冉道村开展脱贫攻坚指导工作　　（州商务局　提供）

"督"又"战"，为帮扶村争取资金51.92万元，实施红米、蜂糖李、魔芋等短平快的特色产业，争取公益性岗位395个，组织外出务工160人次，有效助力118户301人脱贫，实现帮扶村如期出列。打造以"互联网+""展会+""品牌+""直营店+""对口帮扶+"的"5+"消费扶贫模式，认定扶贫产品904个；用好《黔西南州2019年东西部消费扶贫协作工作方案（试行）》，州级补助东西部消费协作项目企业18家、资金180万元；组织开展各类展会、节庆等32场（次），实现直接经济效益3.95亿元，实现农特产品销售18.14亿元、同比增长144.15%。

（李长江）

## 石油销售

**【概况】** 中国石化销售股份有限公司贵州黔西南石油分公司（以下简称黔西南石油分公司）下属11个部门（综合管理部、零售部、物流部、发展基建部、政工部、安全数质量部、人力资源部、财务核算部、商业客户部、非油品部、督查队）、8个县级石油分公司（普安石油分公司、晴隆石油分公司、兴仁石油分公司、贞丰石油分公司、安龙石油分公司、册亨石油分公司、望谟石油分公司、兴义石油分公司）、2座油库（晴隆油库、郑屯油库）、8个县级公司下辖95座在营加油站。

**【油品销售】** 2020年，受新冠疫情、系统外加油站竞争等影响，中石化黔西南石油分公司全年油品销售整体低迷，全年仅实现油品销售35.1亿元，同比减少3.3亿元，首次出现多年来的大幅下降。截至2020年底，黔西南石油分公司所属在营加油站95座，社会在营加油站全年增加15座，总数达113座，社会站数量首次超过黔西南石油分公司在营加油站数量，普遍性的大幅降价成为竞争新常态。州内非标油经营活跃，"自流黑"等非法经营活动持续扰乱成品油市场，给油品直分销经营带来巨大压力。面对严峻的市场形势，公司多措并举积极拓展油品市场，在31座加油站开展闪付立减、持卡优惠、挂牌价直降、加油赠券等营销活动促销增量。大力开展APP支付PK竞赛，石化钱包支付、会员消费等活动，下半年扭转汽油销售下滑趋势。大力开展加油站管理与服务提升活动，增强零售竞争力。优化加油站枪机布局，提升加油效率。对贞丰城关站、兴仁红井田等加油站实施改造，增设加油枪28把。

**【非油品经营】** 2020年，公司全年开展"易捷年货节"等多项重大营销活动，销售取得较好成效，全年主要促销活动评比排全省系统前列。寻找引进第三方资源，扩大便利店影响力。公司参与黔西南州政府组织的"幸福金州·暖心消费"消费活动，在加油站便利店可以消费政府补贴发放的消费券，带动顾客进店消费。强化基础管理，完善制度严考核，培养员工队伍。公司从人员培训、制度执行着手，采取培训、巡店、盘点等方式，提升基础管理。调整分公司非油品经营管理办法，调动非油线条三级人员联动，提升执行力。推进精细管理，提升便利店运营水平。年销售超一百万元门店已达47座，年销售超二百万元门店达10座，13座门店达到销售公司综合服务站标准。非油品年利润突破千万，基础品类商品销售过亿元大关，创历史新高。开展油非互促活动。洗车站点已达36座，对5座加油站便利店进行升级改造，打造电商线下体验店15座，吸引客户进站消费。

**【天然气销售】** 全年天然气销售总量进一步扩大，直分销增长3.1倍，进步明显，零售同比减少11.5%，零售市场基本稳定。随着网约电动汽车兴起，出租车天然气使用量明显减少，公司利用仅有的位于兴义城区的两座天然气零售站点开展市场竞争，基本稳住零售市场。

**【打非治违】** 协助政府职能部门开展成品油市场"打非治违"29次，查处黑窝点12个，查处流动油罐车35辆，查封自建罐42个，没收油料310吨，查封手续不全社会加油站1座，进一步净化州内油品市场。

**【项目建设】** 2020年新建投营加油站4座，投营合资站2座，改造加油站13座。配合政府部门开展"十四五"行业规划，"十三五"未落地的加油（气）站纳入"十四五"规划，全州加油站、加气站、充电站、甲醇加注站统一规划，不规划独立的充电站、甲醇站。

【安全数质量管理】 黔西南石油分公司全年实现安全、油品数质量零事故，企业安全平稳运行。强化施工作业现场管理，全年共查出施工问题1612条，处罚施工单位11次共计4.9万元，处罚监理单位11次共计2.8万元，处罚公司员工13人次共计1.98万元。开展安全资格取证、复训一次，共计培训257人次；开展职业卫生培训一次，共计培训164人次；开展计量员培训两次，共计培训101人次；开展数质量培训一次，共计培训8人。完成郑屯油库储罐高低液位连锁改造、安龙南盘江加油站围墙垮塌风险整改，消除的两项重大安全隐患。开展加油站油品等抽检，品合格率100%。大力推进公共安全建设，公司所属95座加油站、2座油库均达到治安反恐防范石油石化行业标准。

【党建工作】 强化政治理论学习，始终把习近平总书记最新重要讲话和重要指示批示精神，作为党委会、中心组学习的“第一议题”，作为推动工作、解决问题的“金钥匙”。管大局，突出经济责任抓党建。严格执行“三重一大”制度和党委前置决策程序，强化对相关风险的研判和把控。保落实，突出政治优势抓党建。党委在打造“一支部一品牌”的同时，切实解决经营管理难点问题，全年完成项目攻关18个；强化对“合创共建”的支持力度，3个在职党支部与地方行业主管部门或企业建立“合创共建”关系。扎实推进为基层减负工作，全年共收集整理出128项减负清单，其中保留78项、取消20项、系统优化30项。

【脱贫攻坚】 公司有扶贫点5个，派有4名专职扶贫人员驻村扶贫，分公司领导多次带头现场开展专题扶贫调研，为扶贫点争取到17万元专项扶贫资金，为扶贫事业作贡献。

【疫情防控】 2020年，黔西南石油分公司积极做好疫情防控工作，为一线员工下发口罩、酒精、体温检测仪等防疫物资，上下一心全力抗疫，公司员工无一人感染。疫情期间油库、加油站、便利店持续营业，服务不打烊，商品不断供，切实保障社会应急救援、公共服务车辆和当地群众生产生活用油需求，履行企业社会责任。疫情暴发初期，在口罩严重紧缺的情况下，公司从有限的抗疫物资中抽调部分口罩资源，给离退休人员每人发放口罩20个，获得离退休人员的赞扬。

响应国家号召，落实疫情租金减免政策，全年为租赁公司资产的28户承租户减免租金32万余元。

（林荣植）

## 烟草专卖

【概况】 黔西南州烟草专卖局(公司)组建于1983年11月，辖兴义、兴仁、普安、安龙、贞丰、晴隆、册亨、望谟8个县（市）局（分公司），控股中维金州翠湖宾馆。

2020年，加强基层组织建设，调整优化39个党支部为29个并完成换届改选。成立脱贫攻坚挂牌督战队，派出驻村第一书记7人，投入资金600万余元，帮助全州482户1836人脱贫，虎场村顺利脱贫出列。调整选拔科级干部53人次，干部队伍年龄结构、知识结构更加优化。1人获全省劳模称号，4人获全省营销技能竞赛奖。

【烟叶生产】 2020年初先遇疫情突袭，后遭旱情攻击，再遭雹灾打击，又受汛情冲击，全州上下精心组织，超常奋斗，战疫情、抢农时，抗灾情、抓农事，圆满完成各项目标任务，完成计划102.5%，实现烟农售烟收入9.1亿元，户均收入9.33万元，同比提高1.1万元/户，烟叶税2亿元。烟叶等级质量持续提升，工业口碑逐步恢复。综合体建设稳步推进，雨樟、白碗窑综合体均被评为行业优秀产业综合体。

【专卖管理】 2020年，共查获案件287起；完成双“30”案件1起、双“50”案件1起；国际网络案件6起。协调组建打击经济犯罪联合行动办公室，创新联合打假方式。严防真烟非法流通，市场净化率保持在98%以上。全面落实“放管服”改革，实施“一站办理”，开通网上受理，群众好评率达到80%以上。持续加大内部监管力度，真品卷烟外流排名全省倒数第三位。

【基础管理】 2020年，实施规范管理工程，梳理有效文件138项、废止38项。全面推进标准化县级局（分公司）、烟叶站点建设，建立完善技术标准42个、管理标准120个、工作标准40个。以“162”规范管理体系为抓手，全面抓好

“规范管理工作巩固深化年”任务落实，开展“规范管理示范单位”分类创建活动，公开招标资金比达98%、项目比达87%。着力开展创新创效行动，设立“创新基金”，成立创客小组，与贵州理工学院、省烟科院、瓮福集团等开展高层合作，科技立项7项、获奖2项，开展QC课题42项，新建白碗窑绿色防控天敌繁育基地、AM真菌扩繁基地和3个品种筛选园，落实成果转化项目16项。

**【企业软实力建设】** 2020年，落实上级决策部署，全面完成目标任务，政策执行力不断增强。加大对外宣传，主流媒体与地方媒体多次报道，州委书记、州长分别对全州烟草工作作出重要批示，对外影响力不断扩大。加大法律、控烟、舆情、信访、资金等风险排查化解，开展安全生产专项整治三年行动，通过标准化二级达标企业复评，排查并整改安全隐患572项，实现“六零一降”目标。加大“黔彩，新生态”企业文化宣贯力度，开展节日送关怀慰问，成立州公司团支部，搭建青年成长平台，企业内部凝聚力不断增强。

（罗　念）

## 食盐经营

**【概况】** 贵州盐业（集团）黔西南有限责任公司隶属于贵州盐业（集团）有限责任公司，下辖兴仁市、普安县、贞丰县、晴隆县、安龙县、册亨县、望谟县七个县级公司，全州共有八个独立核算单位，全州共有职工77人。内设五个部门党委工作科、纪检监察室、资产财务科、市场营销中心、综合管理办公室。

**【食盐销售】** 2020年，全年盐品销售9614吨，完成83.6%（其中食盐9036吨，完成90.39%，小袋盐8836吨，完成98.18%，中高端盐品销售457吨，完成销售总量的5.08%）；利润总额636.82万元，同比增长92.69%，扭亏脱困任务全面完成；利税总计939.04万元，同比增长68.94%，缴纳税费318.05万元，同比增长47.04%。

**【履行社会责任】** 严格按集团决策部署，疫情期间减免22户租赁户租金82.19万元。落实“保居民就业”任务，全年招录1名高校大学生和新增外聘6名人员。疫情期间持续做好普安县罗汉镇帮扶村工作，走访慰问贫困户17户，送去生活用品、慰问金、防疫物资共计1万多元。帮助攻坚队出资两万元为金竹林村安装8盏路灯帮助解决村民夜晚出行不便问题。晴隆公司出资1万元，对沙子镇保家村脱贫攻坚工作进行帮扶。

加强食盐政府储备管理，疫情期间新增安龙、兴仁、贞丰三个食盐储备单位，储备量由原1000吨增加为2200吨，确保食盐供应安全。加大化凝用盐的调运、储备，积极支持配合地方政府开展“抗雪凝、保畅通”。组织开展2020年“扶贫日”捐款工作，全州共募捐善款15250元（其中全州在职、内退及退休67人共捐款10250元，公司捐款5000元）。

**【安全生产】** 签订“安全生产责任状”，落实安全生产工作责任制，压实安全生产责任，一把手负总责、班子成员履行好“一岗双责”。开展各项安全检查。开展安全隐患大排查大整治活动、“三违”治理专项行动、安全生产集中整治、汛期安全生产、安全生产月、消防安全大整治等专项行动，对排查出的隐患全部落实整改。提高安全管理技能。邀请消防部门开展消防安全知识培训和大演练，加强安全管理制度建设，配备必要的设施设备。由于措施有力，全年无安全事故的发生。

（王　爽）

## 供销合作

**【概况】** 2020年，黔西南州供销社机关内设机构有办公室、改革与市场发展科、合作指导监督管理科、财务统计科、监事会办公室5个科室，人员编制12人（参公事业编制），领导职数为理事会主任1人，理事会副主任2人，监事会主任1人（副处长级），科长或副科长5人。直属集体所有制企业8个（州农资公司、州土产公司、州日杂公司、州储运公司、州综贸公司、州皇桥公司、州众兴公司、州新农城乡消费合作社），企业职工178人（其中：在册人员54人，退休职工124人）。

控股组建企业4个（贵州田甜小果商贸有限责任公司、贵州中信农联开发有限责任公司、贵州赛优商贸有限责任公司、黔西南州创优电子商务有限公司），参股

2020年6月18日，州供销社控股组建的中信农联开发有限责任公司挂牌成立营运　（任长林　摄）

2020年3月20日，州供销社控股组建的贵州田甜小果商贸有限责任公司挂牌营运　（任长林　摄）

组建企业1个（贵州隆辉农产品市场开发有限责任公司）。

**【主要经济指标】** 2020年，全系统累计实现购进总额42.5亿元，完成年度目标任务的176%；累计实现销售总额49.1亿元，完成年度目标任务的194%；累计实现利润1.09亿元，完成年度目标任务的181%；资产总额达到15.4亿元，完成年度目标任务的112%；所有者权益达到10.9亿元，完成年度目标任务的115%；累计完成农产品销售额7亿元，完成年度目标任务的136%；累计完成化肥供应29万吨，完成年度目标任务的161%。

**【农业服务体系建设】** 2020年，全系统新建"三位一体"新型合作社19个，完成年度目标任务的316%，其中省级示范社4个，争取省级供销合作事业发展专项资金24万元；新建村级供销社13个，完成年度目标任务的260%，其中省级标范社6个，争取省级供销合作事业发展专项资金23.28万元。州级示范社7个，安排州级供销改革发展专项资金49万元；新建农产品展示展销中心1个；新建农民合作社联合社7个；新领办创办合办协办农民专业合作社12个；改造提升薄弱基层社9个；发展基层社社员5329个；新建庄稼医院7个；新增农业生产性服务中心4个；连锁经营网点增加191个；培育农产品市场4个。

**【农村电商】** 以黔西南州创优电子商务有限公司为依托，加强同第三方电商平台的深度融合合作。利用节日经济成功举办2020年、2021年电商年货节，助推州内农产品销售1000余万元；加强同拼多多合作，开展"多多助农"州、县（市）长带货直播活动。吸引线上消费者120余万人，实现线上销售额100余万元，带动全平台销售1200万元；同"一亩田"合作，开展全州"县（市）长走田间带货直播"和农村电商创业人才培训150人次；组织州内农特产品200余个单品上线拼多多、一亩田、一码贵州、扶贫832等20余家电商平台销售，线下搭建供销农产品展示展中心，实现线上线下助推州内农产品销售800余万元，2020年度获省扶贫开发领导小组办公室表彰为全省消费扶贫示范单位荣誉称号。

**【项目建设】** 2020年，围绕项目建设三年行动计划，推进全系统重点项目的谋划和推进落实。控股组建贵州中信农联开发有限责任公司，承接全州1391所公办学校食堂学生营养餐食材配送供应链服务；控股组建贵州田甜小果商贸有限责任公司，成功举办"供销助力·黔果出山——2020年黔西南州水果嘉年华"活动，进一步

2020年9月19日，“2020年黔西南州水果嘉年华　供销助力　黔果出山”活动开幕　（任长林　摄）

2020年6月，州供销社创优电子商务有限公司在兴义市延路57号新建农产品展示中心投入营运　（任长林　摄）

2020年12月28日，州供销社创优电商公司组织州农农产品参加宁波市供销社在宁波南塘老街举办的消费扶贫活动　（任长林　摄）

拓展州内水果销售渠道，组织上海、广州、宁波、贵阳等地客商同州内50余家专业合作社、种植大户、水果商签订“黔果出山”战略合作协议，协议采购金额1.1亿元，获省水果产业发展领导小组办公室表彰为“2020年全省水果产业做出突出贡献的流通企业”；优化黔西南州创优电子商务有限公司股权结构，激活资本资源要素，推动供销农村电商高质量发展；参股组建贵州隆辉农产品市场开发有限责任公司，加快推进全州冷链物流体系建设和农产品现代流通中心建设；全资组建贵州赛优商贸有限责任公司，推动社有资本优化合理布局；指导各县（市）供销社围绕“一县一业”规划布局，精心谋划的推进项目建设取得成效。

【治理体系】　机关治理体系加快创新，按照供销合作社“三会制度”建设的要求，加强同组织人事编制部门的沟通对接，州级联合社机关理事会、监事会机构设立经州委编办批复同意，领导职务变更及监事会人员配备工作正在推进落实中。兴义、兴仁、安龙、普安、晴隆五个县（市）联合社机关理事会、监事会机构设置获编委批复，其中兴义、兴仁监事会主任已配备到位，贞丰、册亨、望谟三县供销社正在按程序申请报批和推进落实。

【脱贫攻坚】　2020年，帮扶册亨县冗渡镇慢纳村、毛坪村，新建村级供销合作社各1个，协调帮扶资金10万元；建成慢纳村、毛坪村乌金鸡联合养殖场1个，首批投放试点养殖鸡苗5000羽，协调争取产业扶贫专项资金50万元，项目覆盖慢纳村、毛坪村所有贫困户；指导慢纳村种养殖专业合作社发展标准化辣椒示范种植50亩，带动贫困群众发展辣椒种植200余亩；协调中信农联公司采取定单式农业带动慢纳村合作社种植萝卜300余亩。持续推动慢纳村、毛坪村村集体经济发展和贫困群众增产增收。协调争取晴隆、望谟两个贫困县产业扶贫项目10个，争取省级供销合作事业发展专项资金47.28万元；拟安排州供销改革发展专项资金49万元加快贫困地区村级供销合作社建设；强化东西部扶贫协作对口帮扶，争取宁波市协作项目帮扶资金310万元，建成供销电商农产品展示展中心1个，搭建起农产品线上销售平台和"黔果出山"销售平台，线上线下助推全州农产品销售；依托供销社系统优势和网络优势，源源不断地将州内蔬菜、水果直供直配到宁波、上海、贵阳及粤港澳大湾区，以扩大消费扶贫持续巩固和扩大脱贫攻坚成效。

**【疫情防控】** 围绕群众生产生活需要抓物资保供，疫情期间，全系统加强物资调运和储备。系统内各大商场、超市、村(社区)综合服务网点、农产品交易市场物资供应充足，没有出现断货脱销、假冒伪劣、哄抬物价的情形发生。农资供应平稳有序，确保春耕秋种农资需求。探索疫情防控蔬菜水果、蛋禽肉类"生鲜直达"零接触配送服务，确保市民足不出户便可采购安全放心的生活物资。抓好系统内疫情防控工作，加强对机关和老旧小区的管控，全系统没有出现新冠肺炎感染病例和凝视病例。

（任长林）

## 康养服务

**【旅游综合服务康养项目建设】** 2020年，天下布依景区项目作为黔西南州州委实施"文旅兴州"发展战略的重大项目，坚持生态保护为第一原则，努力挖掘、保护、传承布依民族文化资源，按照国家AAAAA级旅游景区标准打造以布依文化、度假、运动、体验、康养等功能于一体的国家级特色文化生态旅游景区。于2017年7月开发建设，景区位于兴义市丰都街道办赵家渡村江平大道，建设规划用地面积约880亩，分三期建设，一期投资15亿元，包括农耕文化区、民俗风情区、梦幻山水区、仙山云海区、山地草甸区、户外运动区、远古村落区和文苑雅居区八个功能区。景区以"布依文化""山水自然""康养之路""生态居住""温泉度假"等为内容。景区自然生态条件得天独厚，植被覆盖率达80%，并有大量珍稀动植物，现存白鹭数千只、野生猕猴数百只；树莺、阳雀、布谷鸟等二十多种野生鸟禽和谐共处。同时依托丰富的温泉和洞穴资源，以及石斛、金银花、小花青风藤等中草药，形成生态文化旅游+康养产业链。

（贵州天下山水文化旅游开发有限公司）

**【养老项目建设】** 2020年，黔西南州和兴义市在兴义市则戎镇安章社区共建"养老产业示范园"，项目占地200亩，分两期实施。一期(已启动建设)占地50亩，建筑面积22700平方米，设置床位500张，总投资1.58亿元，预计2021年完成项目建设，2022年投入营运。二期占地150亩，规划建设面积10.92万平方米，其中计容面积8.1万平方米，估算投资5.7亿元，预计2022年启动建设，2025年建成使用。

（州畅达养老产业有限责任公司）

**【养老服务】** 2020年，黔西南州加强与宁波开展东西部扶贫协作。10月10日，与宁波市慈善总会签订协议，获宁波市支持黔西南州脱贫攻坚资金共100万元，完成对10个养老服务机构提质改造工作。加强人才队伍培训，累计培训养老机构管理和护理人员40余人次，不断提升机构服务水平。加快推进健康养老产业发展，引入上海和佑、中国华录等知名养老服务集团，助力全州健康养老产业快速发展。发放高龄老人生活津贴，共为全州80岁以上高龄老人发放生活津贴3535.04万元，惠及对象31.89万人次。

（州民政局）

# 水利电力

## 水利工作

**【概况】** 黔西南州水务局是黔西南州人民政府工作部门，为正处级。核定行政编制13人，行政工勤3人，配备局长1人，副局长3人，科级领导职数9人，现有在职职工16人（含行政工勤3人），内设机构有办公室、人事科、综合运行管理科、水资源科（节约用水办公室）、政策法规和河长制工作科、农村水利水电科、水土保持科、计划财务科、工程建设与监督科等9个科室。州水务局下辖黔西南州水利资源开发建设中心、黔西南州水土保持监测分站、黔西南州水利电力勘测设计院3个事业单位，其中全额拨款事业单位2个，即：黔西南州水利资源开发建设中心（副县级）、黔西南州水土保持监测分站（正科级）；定额拨款事业单位1个，即：黔西南州水利电力勘测设计院（正科级）。

2020年，全州水利系统累计完成水利水务固定资产投资60.26亿元，为全年目标任务的100.43%，连续4年超过60亿元。列入中央投资计划的水利项目年度投资计划完成率为97.64%。新增污水处理能力2.8万吨；全州83个建制镇生活污水处理设施覆盖率达到100%，城镇生活污水处理率达到94%，全州城镇生活污水处理能力不断提高。

**【重点水利工程建设】** 2020年，加快推进36座在建骨干水源工程及配套水网建设，累计完成投资21.45亿元，为年度投资计划的116%；完成兴义纳达、革里、望谟八一等8座水库主体工程；完成兴义木浪河、册亨丫他、贞丰鲁花等15座水库蓄水验收工作；完

2020年12月28日至30日，黔西南州美女山水库工程可行性研究报告审查会在北京召开　（罗　舜　摄）

2020年建成后的册亨丫他水库 （黔西南州水务局 提供）

成兴义小龙潭、兴仁崩土山、响水、安龙月亮田等13座中小型水库竣工验收，全州水库验收数量排全省第1位。完成《美女山水库可行性研究报告》并送审，水利部水规总院于12月28至30日完成对《可研报告》的审查。新开工建设望谟油啥、晴隆普岔河等11座中小型水库，全州新开工水库数量排全省第2位，实现“储备一批、开工一批”的目标。

【民生水利工程建设】 2020年，黔西南州着力解决农村饮水安全问题，让农村贫困地区群众吃上“放心水”，不断改善水利基础设施条件，围绕减贫摘帽县开展水利脱贫工作，组建晴隆县、望谟县安全饮水保障专班，各专班深入各乡镇村组，实地督促整改落实供水保障情况，确保不因饮水安全问题影响出列；全州农村自来水普及率达90.57%，农村集中供水率达90.57%，按现行标准全州已全面解决农村饮水安全问题。完成水土流失综合治理总面积321.02平方千米，全州水土流失面积趋势得到缓解，水土流失率减少到29.45%。完成76座水库大坝安全鉴定任务，完成山洪沟治理项目3条，完成中小河流治理2条。建成黔西南州水资源监控能力平台正常上线运行。完成第一批35家州直部门公共机构节水型单位创建工作和贞丰县县域节水型社会创建工作任务。深入落实河长制，完成9处河湖“清四乱”专项清理整治任务。

【城乡居民生活用水】 2020年，全州城镇供水总量为6966.47万吨，各县（市、区）供水总量表如下：

**黔西南州城乡居民生活用水总量统计表**

| 城市名称 | 供水总量（万立方米） |
|---|---|
| 兴义市 | 3911.9 |
| 兴仁县 | 1080.39 |
| 贞丰县 | 438 |
| 普安县 | 258.75 |
| 晴隆县 | 174.57 |
| 安龙县 | 443.04 |
| 册亨县 | 135 |
| 望谟县 | 281.82 |
| 义龙新区 | 243 |
| 合计 | 6966.47 |

【洪涝灾害】 2020年6月8日至9月18日，强降雨造成全州6县、2市、1新区50个乡镇12.1285万人受灾，31户137间房屋倒塌，443户1479间房屋受损，紧急转移1947人；农作物受灾16001.401公顷；堤防决口2处11.9米，损坏堤防14处13873.2米、损坏护岸5处、损坏塘坝1处、损坏灌溉设施29处、损坏其他设施9处，水利工程设施直接经济损失10588.5万元。

【水旱灾害防御】 2020年，州委、州政府领导多次对水旱灾害防御工作作出重要批示，汛期强降雨期间多次召开工作视频调度会。提前对2020年全州水旱灾害防御工作进行安排部署，强化责任担当，进一步落实水库“三个责任人”和山洪易发区“三个负责人”，督促各县市区水务部门对195座水库（水电站，含在建）落实安全度汛“三个责任人”，对737个山洪灾害易发区明确“三个负责人”，明确各类责任人的主要职责和基本要求，并将责任人信息录入山洪灾害监测预警平台，在各地门户网站上公示，接受社会监督。

全面开展汛前水旱灾害防御安全大检查，抓好隐患排查整治，成立8个专项检查组，州、县共派出44个检查组397人，对279座水库水电站、49处堤防、278处山洪灾害易发区及75处其他设施进行检查，共查处隐患157处，按限时要求全部整改。完成162座水库水电站（含在建）153座水库水电站防汛抢险应急预案编制、完成9座在建水库度汛方案编制。全州99座水库水电站先后开展演练工作，

74处山洪灾害易发区开展演练。严格实行24小时值班带班制度和一日三次零报告制度，全年发布暴雨预警信息和调度信息275次，共计23164条。按照《黔西南州水务局水旱灾害应急处置方案》有关规定，启动水旱灾害防御Ⅳ级应急响应4次，Ⅳ级应急响应提升Ⅲ级应急响应2次。严格按照《贵州省大中型水库(水电站)泄洪预警管理办法》的规定，在董箐水电站、光照水电站、木浪河水库、马岭水库泄洪期间做好协调和泄洪预警工作，确保电站水库泄洪期间沿河群众生命财产安全。

（段金辉）

## 水文工作

**【概况】** 黔西南州水文水资源局是参照公务员法管理的正县级事业单位，核定编制67人。2020年，在职职工57人，退休职工38人。机关内设办公室、计划财务科、组织人事科、站网测验科、水情与水资源评价科和水环境监测科（贵州省水环境监测中心黔西南州分中心）等6个科室。全州管辖有46个水文(位)站，160个雨量站。

**【水文测验】** 2020年，州水文水资源局全面落实随测、随算、随整理、随分析“四随”要求，完成2020年度46个水文(位)站、160个雨量站汛前准备和检查、水文测验和水文资料收集整编审查，共收集水位资料46站年、流量资料26站年，施测流量621次，悬移质输沙率资料2站年，单沙资料3站年，降水量资料202站年，蒸发量资料9站年。报送阿依、保基、波秧桥、草坪头(二)、册亨、大田河(二)、高家树林、河边、桃核树、莲城、晴隆大桥河、王母12个市(州)界断面水量监测断面月平均水位、流量成果144站次。报送天生桥和岔江2个省界断面日平均水位、流量成果24站次。完成16个水文站和20个水位站测站考证。完成阿依、草坪头(二)、天生桥(兴仁)、巴铃、天生桥、新桥、马岭(三)、岔江、望谟、册亨、大田河(二)水文站超标准洪水测洪方案编制。

2020年3月18日，水文检测人员在贫困户家中取农村安全饮水检测水样品 （于叶舟 摄）

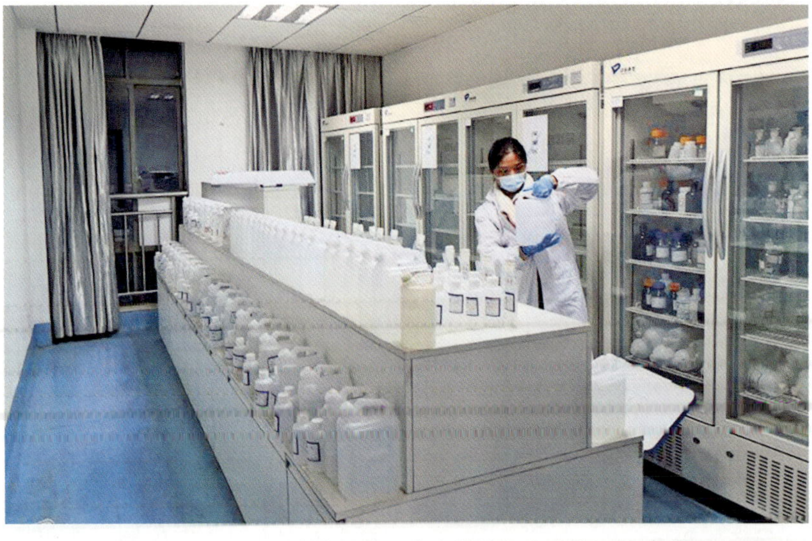

2020年3月19日，水环境监测科工作人员张怡正准备开展农村饮水安全水样品检测工作 （于叶舟 摄）

**【水情与水资源】** 2020年，州水文水资源局修订和完善测报预报预案，监测和分析雨水情信息，研判特殊水情。维护水雨情设备158站次、视频设备30站次、中心维护4站次，更换240站物联网卡。执行枯期日值班，特殊情况24小时值班，汛期严格24小时值班值守、领导带班制度。完成《2019年水情年报》编制与《2020年雨水情中长期趋势预测分析》成果会商。编制9个中小河流水文站及21个中小河流水位站特征水位修订报告。完成4个中型水库的数据与视频接入、16个水文(位)站的视频整改。报送旱情简报2期、短期水情预测5期、水雨情快报35期、水雨情日报39期、水情简报(旬报)17期、洪水预报47期，监视采集实时信息700万条。完成10个基本水文站、48

2020年4月1日，水情与水资源评价科工作人员杨金在开展设备维护工作　　（徐选林　提供）

个基本雨量站2019年特征值统计入库。完成国家水资源监控能力建设一、二期站点运行维护。土壤墒情移动监测与数据上报448站次。

**【水环境监测】** 2020年，州水文水资源局完成3个全国重要水功能区断面、2个供水水源地断面、28个省级水功能区监测断面、市（州）界10个监测断面、新增3个水库断面的采送水样品检测和资料整编。完成州内106个乡（镇）和2个县城以上城市集中式供水水源地监测，检测样品266个，检测项目24项，合格率达99%，出检测报告12份，简报12期24份，季报4期。完成2市6县1新区32个供水点95个水样品农村饮水工程水质抽查监测。

**【规划计划】** 2020年，州水文水资源局修编水文现代化规划，编制"十四五"水安全保障规划水文项目及"十四五"水利发展规划水文重点项目筛选和投资规模测算。完成国家基本水文站提档升级改造及中小型水库水文预警设施补充建设（一期）工程可行性研究，初步设计报比，编制县界断面2021年储备项目新建鲁贡水文站初步设计方案。

**【脱贫攻坚】** 2020年，州水文水资源局选派正科级干部1人驻村帮扶义龙新区德卧镇扁占村，获"全省脱贫攻坚优秀共产党员"称号，2名包保扁占村、甘河村的副处级领导每月进村开展工作一次。投入6.98万元以及捐赠文件柜、空调、冰箱、沙发、床等物资帮扶扁占村、甘河村贫困户。聘用两名贫困户解决就业问题。选派7名优秀干部挂牌督战黔东南州榕江县农村饮水安全。

**附件：**

## 2020年雨水情年报

### 一、雨、水情站网密度与分布

境内河流属珠江流域西江水系，州水文水资源局辖自动测报水文（位）、雨量站206个，其中水文（位）站46个，雨量站160个；站点密度达81.6平方千米／站，其中水文站密度600平方千米／站，水位站800平方千米／站，雨量站105平方千米／站。水雨情站点兴义市31个，兴仁市33个，安龙县23个，贞丰县12个，普安县25个，晴隆县20个，册亨县26个，望谟县36个，4个水文站属中央报汛站，其余均为省级报汛站。

### 二、雨情

年内各县（市）平均降雨量1222.3～1464.0毫米，与历年均值相比，兴仁市、望谟县偏大1～2成，其余站与多年均值接近。各县年平均降雨量及降水距平图如下：

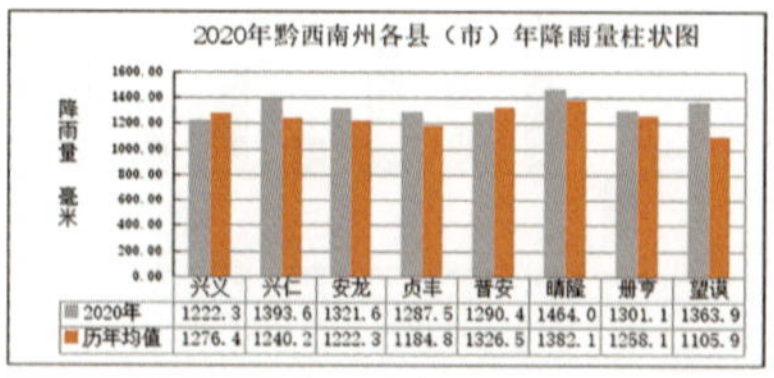


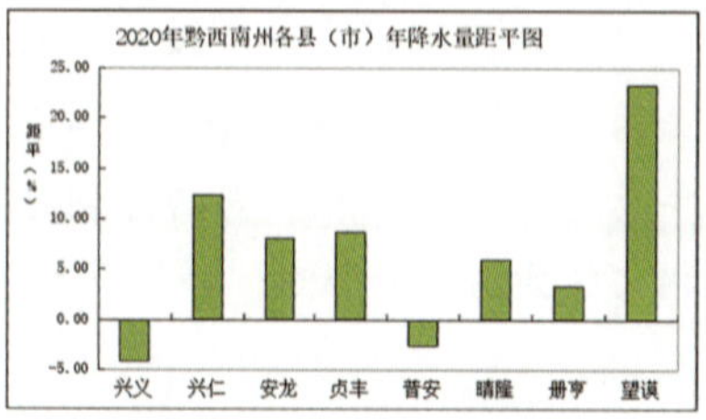


汛前（1—4月），各县平均降雨量107.5～214.8毫米，占全年总量的7.3～16.5%，与历年均值相比，兴仁市、贞丰县、普安县与历年同期接近，晴隆县偏小1成，其余县偏大3～7成。详见下图：

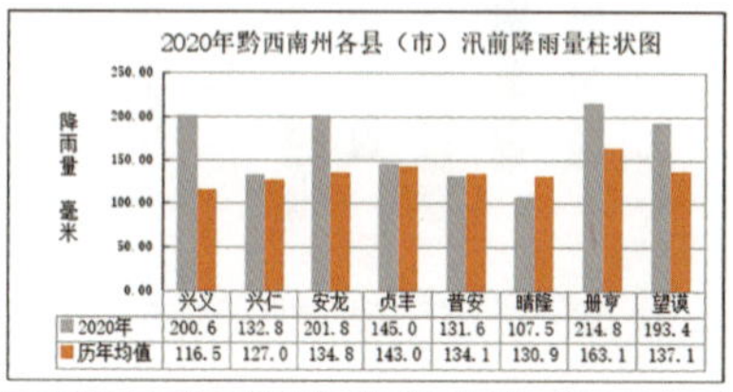


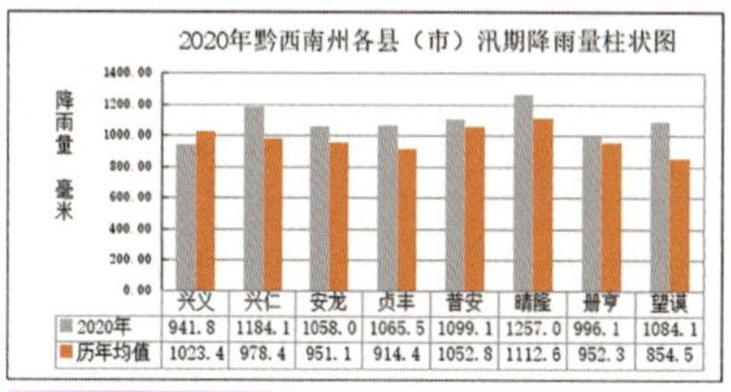


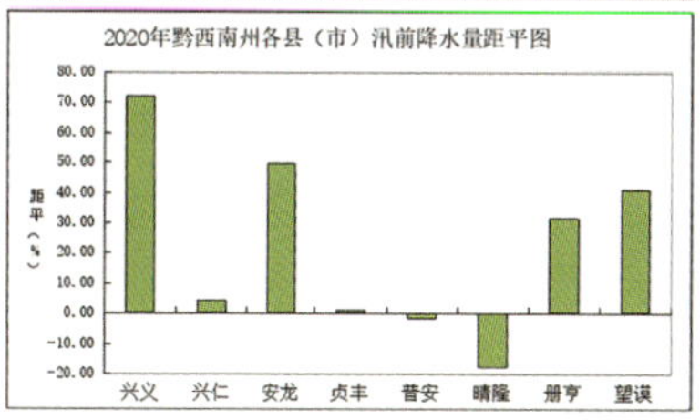


汛期（5—9月），各河流水文站降雨量941.8～1257.0毫米，占全年总量的76.6～85.9%，与历年

同期相比，兴义市、普安县、册亨县与历年接近，其余县偏大1～2成。

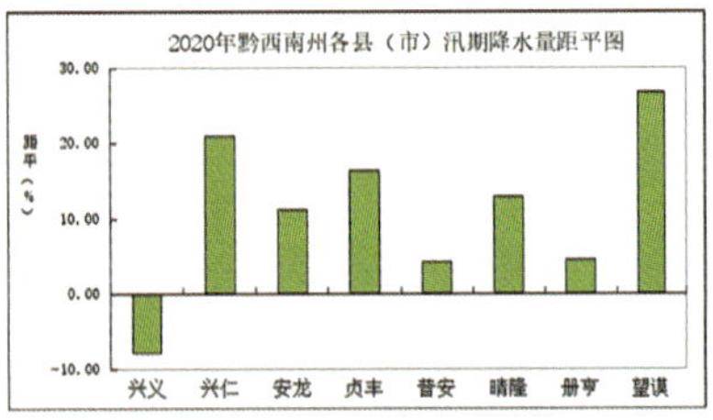


汛后（10—12月），各河流水文站降雨量59.6～99.5毫米，占全年总量的4.6～6.9%，与历年同期相比各县偏小3～5成。详见下图：

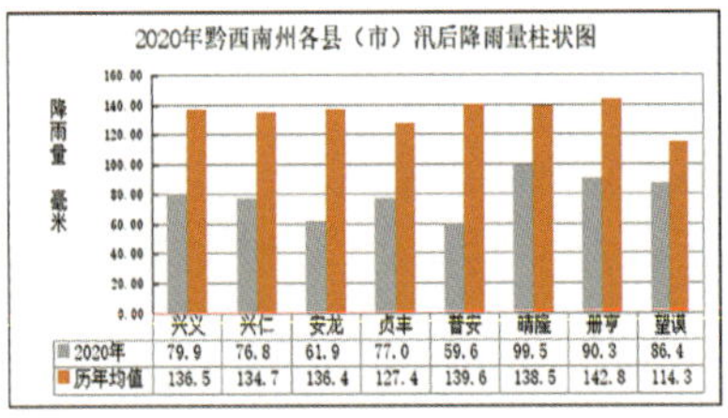


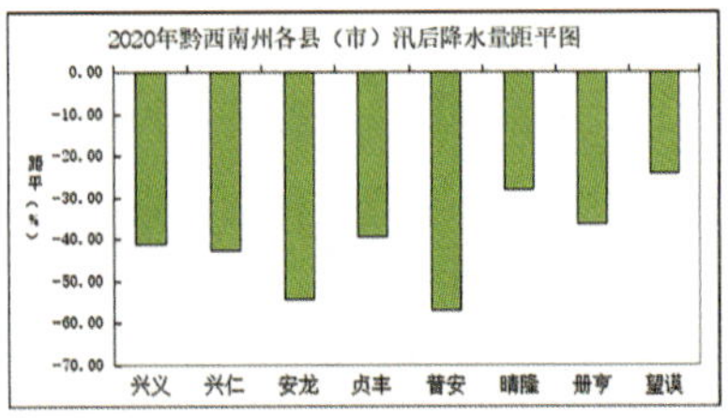


全州各县平均降水量，1月份59.5～88.0毫米，与历年同期相比各县偏大1～3倍。2月份11.1～24.8毫米，与历年同期相比，安龙县与历年接近，望谟县偏大3成，其余县偏小1～4成。3月份12.5～49.9毫米，与历年同期相比，册亨县、望谟县、安龙县偏大1～4成，其余各县偏小3～5成。4月份16.5～64.5毫米，与历年同期相比，兴义市偏大4成，其余县偏小1～6成。5月份95.0～174.0毫米，与历年同期相比，兴仁市、安龙县、晴隆县、册亨县与历年接近，其余县偏小1～3成。6月份211.1～516.0毫米，与历年同期相比，兴义市偏小2成，其余县偏大1～6成。7月份102.0～216.6毫米，与历年同期相比，望谟县与历年接近，其余各县偏小2～5成。8月份134.4～234.1毫米，与历年同期相比，兴义市偏大1成，安龙县、望谟县偏小1成，其余县与历年接近。9月份214.0～286.5毫米，与历年同期相比，普安县、兴义市、晴隆县偏大4～6成，其余县偏大1倍多。10月份36.3～66.8毫米，与历年同期相比，望谟县与历年接近，其余各县偏小2～5成。11月份4.8～11.3毫米，与历年同期相比，各县偏小6～8成。12月份9.6～32.0毫米，与历年同期相比，兴仁市、册亨县与历年接近，晴隆县偏大4成，其余县偏小1～3成。

### 三、水情

州内大中小河流全年发生超警戒水位1站次（岔普河兴仁市天生桥水文站6月24日超警戒水位0.20米），发生涨幅超5米洪水1站次（波秧桥6.24洪水），4～5米洪水2站次，3～4米洪水3站次，2～3米洪水25站次，1～2米洪水119站次。各河流代表站水位变幅1.79～7.55米，变幅最大是马别河兴义市马岭水文站7.55米，其次是黄泥河兴义市岔江水文站6.43米，最小是册亨县册亨水文站1.79米。

最高洪水南盘江安龙县天生桥站出现在5月上旬，黄泥河兴义市岔江站出现在6月上旬，乌都河普安县草坪头站、岔普河兴仁市天生桥站、巴铃河兴仁市巴铃站出现在6月中旬，其余站出现在9月中旬。

最高洪水位马别河马岭站出现在9月14日，水位是955.30米，较上年最高水位低0.14米，最大流量672立方米/秒。黄泥河岔江站出现在6月9日，水位838.69米，较上年最高水位高0.06米，最大流量1670立方米/秒。南盘江天生桥站出现在5月9日，水位441.18米，较上年最高水位高0.01米，流量867立方米/秒。新桥河新桥站出现在9月17日，水位1165.36米，较上年最高水位高2.25米，流量166.0立方米/秒。望谟河望谟站出现在9月17日，水位540.63米，与上年最高水位相同，流量202立方米/秒。乌都河草坪头站出现在6月24日，水位1217.96米，较上年最高水位高2.45米，流量572立方米/秒。大田河站出现在9月17日，水位816.39米，较上年最高水位低0.31米，流量432立方米/秒。巴铃河巴铃站年出现在6月24日，水位13.70米，较上年最高水位高0.08米，流量63.6立方米/秒。岔普河天生桥站出现在6月24日，水位5.10米，超警戒水位0.20米，较上年最高水位高0.45米，流量242立方米/秒。者楼河册亨站出现在9月17日，水位539.22米，较上年最高水位低0.87米，流量83.9立方米/秒。

州境内各基本水文站没有出现低于历史最低水位情况。

### 四、主要江河来水量情况

主要河流基本水文站年平均流量1.34～341.3立方米/秒，与历年均值相比，黄泥河、新桥河、大田河与多年均值接近，岔普河、巴铃河、望谟河偏大1～4

成，其余河流偏小1～3成。汛前（1月～4月）平均流量0.25～370立方米/秒，与历年同期相比，南盘江天生桥站、乌都河普安县草坪头站与历年同期接近，马别河兴义市马岭站偏小1成，望谟河望谟县望谟站偏大2倍多，其余站偏大1～9成。汛期（5月～9月）平均流量2.11～679立方米/秒，与历年同期相比，黄泥河兴义市岔江站、大田河册亨县大田河站与历年均值接近，岔普河兴仁市天生桥站、巴铃河兴仁市巴铃站、望谟河望谟站偏大2～3成，其余站偏小1～5成。汛后（10月～12月）平均流量0.45～322立方米/秒，与历年同期相比：者楼河册亨县册亨站、望谟河望谟县望谟站与历年均值接近，其余站偏小1～3成。

五、重点水库蓄水

州内7座大中型水库蓄水情况如下表：

| 水库名称 | 规模 | 流域 | 地址 | 集水面积（公里²） | 总库容（百万米³） | 2020年讯初（5月1日）蓄水量（百万³） | 2019年讯初（5月1日）蓄水量（百万³） | 距平（%） | 2020年讯末（9月30日）蓄水量（百万³） | 2019年讯末（9月30日）蓄水量（百万³） | 距平（%） |
|---|---|---|---|---|---|---|---|---|---|---|---|
| 天生桥一级 | 大（一） | 南盘江 | 安龙县 | 50139 | 10257 | 3966.61 | 3900.4 | 1.70 | 6774.66 | 5801.4 | 16.8 |
| 董菁 | 大（二） | 北盘江 | 贞丰县 | 26557 | 955 | 788 | 818.1 | −3.68 | 836 | 784.1 | 6.62 |
| 天生桥二级 | 中型 | 南盘江 | 安龙县 | 50194 | 29.46 | 8.22 | 8.61 | −4.53 | 9.95 | 10.11 | −1.58 |
| 兴西湖 | 中型 | 南盘江 | 兴义市 | 36.12 | 27.2 | 9.97 | 6.94 | 43.7 | 12.19 | 18.92 | −35.6 |
| 围山湖 | 中型 | 南盘江 | 兴义市 | 38.2 | 15.5 | 7.64 | 7.32 | 4.37 | 12.45 | 11.24 | 10.8 |
| 木浪河 | 中型 | 南盘江 | 兴义市 | 309 | 47.1 | 11.57 | 24.05 | −51.9 | 55.62 | 40.18 | 38.4 |
| 柘仑 | 小（一） | 南盘江 | 安龙县 | 86.9 | 14.9 | 9.94 | 6.08 | 63.5 | 12.2 | 11.9 | 2.52 |

汛初（2020年5月1日），天生桥一级电站、董菁电站、天生桥二级电站和围山湖水库与上年汛初蓄水量相近，木浪河水库蓄水量较上年偏小5成，其余2座水库偏大4～6成。汛末（2020年9月30日），董菁电站、天生桥二级电站、柘仑水库与上年汛末蓄水量相近，兴西湖水库蓄水量较上年偏小5成，其余水库汛末蓄水与上年同期相比偏大1～3成。

六、灾情

州内各县均出现不同程度的春旱，2月上旬至3月初，全州总体降雨时空分布不均，近30天（2月4日至3月4日）西北部普安县与晴隆县偏少2～4成，马别河、乌都河等监测断面水位持续走低，日趋接近或低于多年同期平均水位及枯警水位，达到轻度枯水。

州境全年洪涝、冰雹灾害受灾人口12.46万人，农作物受灾面积1.59万公顷，房屋倒塌212间，直接经济损失5.7亿元，总体受灾经济损失较上年高。

（邓云昊）

## 兴义供电局

**【概况】** 兴义供电局成立于1988年12月，位于滇、黔、桂三省（区）交界处的黔西南州州府所在地兴义市，负责黔西南州内电网规划、建设及调度运行管理，辖1个分局7家直管县局，承担全州8县（市）的供电服务，供电面积1.39万平方千米。

2020年，兴义供电局系统未发生三级及以上人身、设备和电力安全事件，未发生对社会造成重大不良影响的涉电公共安全事件。供、售电量继续高速增长，创历史新高，售电量88.78亿千瓦时，同比增长7.22%，增速长期位居全省前列。营业收入36.24亿元，同比增长4.41%，固定资产投资8.82亿元，计划完成率

101%，电费回收率99.96%。综合线损率3.19%；10千伏及以下有损线损率4.99%。综合电压合格率99.48%，同比提高0.17个百分点。客户平均停电时间18.95小时，同比降低3.8小时，降幅16.70%；中心城区停电时间0.36小时，同比降低0.55小时，排名全省中心城区第一。劳动生产率22.93万元/人·年。第三方客户满意度81分。全省唯一一家“南方电网公司2018—2020年服务文化示范单位”，调度自动化班获评南方电网公司班组文化示范点。

【安全生产】 辖区共有500千伏变电站1座，容量2250兆伏安，220千伏变电站10座，容量3120兆伏安，110千伏变电站38座，容量2538兆伏安，35千伏变电站74座，容量633.85兆伏安，运行维护35千伏以上线路203回共3123.5千米。落实南方电网网公司党组35号文。承接网、省公司35号文行动措施计划，制定64项工作举措，理清“责任体系、保障体系、监督体系”关系，形成大安全管理格局。

保障电网设备安全。落实电网防范系统运行风险25项重点工作和39项防控措施，按时完成率100%。召开电网风险会商11次，发布预警通知书125份，实施控制措施842条。落实设备运维策略，制定任务356项，实施差异化运维及规范化检修。开展变电设备专项整治，细化土变抗短路风险管控措施12条；排查火灾隐患216条，编制消防应急预案123份；开展109组蓄电池核容试验，计划完成率100%。推进输配电无人机巡视，全年日常巡视1.2万次、特巡特维2998次，紧急、重大缺陷消缺率100%；75条高故障线路巡视完成率、整治率100%，10千伏公用线路故障降幅30.32%，高故障线路故障降幅70.18%。

严格管控人身风险。修编完善全局安全职责及到位衡量标准，签订安全目标责任书3859份。落实安全生产问责与激励，问责49人，罚金3.5万元。对发挥作用的“三种人”奖励14.7万元，安全生产长周期奖励356万元。安全警示教育和保命技能培训覆盖率、培训合格率100%。排查隐患1.48万条，供电方隐患整改率98.17%，客户方安全隐患告知书下达率100%。开展纠察4880处，查处A类违章9场次，较2019年同期降低20场次，同比降低69%。强化年末人身风险A类违章提级问责，杜绝A类违章。五期安全规程普考，合格率97%。

守牢网络安全底线。定期开展漏洞扫描整改，完成“计算机名—用户名—实际使用者”三者一致的整改，实现35千伏及以上变电站态势感知系统100%全覆盖，关注第三方人员管理，“护网2020”网络安全攻防演习实现“三不一零”目标。未发生五级及以上网络安全事件。

完成应急处置和重大保供电任务。成功应对多轮强降雨和低温雨雪凝冻灾害，完成182项重要保供电任务，累计出动抢修人员2.34万人次、抢修车辆1943辆次，保障全州政治、经济、文化活动的有序开展，得到地方政府的高度肯定。

全力打好疫情防控攻坚战。系统员工无感染、无疑似病例，守住疫情防控“两条底线”。同时完成全州41处疫情防控重要场所和100余户重点关注客户的安全可靠供电。

【电网建设】 2020年，电网结构持续完善。全年电网建设投资完成7.848亿元，为年度计划的101%，投产项目332个，整治35千伏重过载变电站4个、薄弱线路23条、重过载线路18条。解决贞丰、望谟及晴隆三个县共9个乡镇存在的全部停电风险，满足新增负荷需求116个，电网风险明显降低。

重点项目建设有序推进。长达11年未建成的220千伏天兴线工程即将投产。登高3、4号输电工程、金润铁合金输电工程、义龙大数据输电工程、110千伏鹏昇纸业、35千伏步步升等一批重点业扩工程建设全面推进。

项目建设质量持续提升。10千伏沙光线史迪威小镇台区改造及充电站新建项目获南方电网公司基建工程优秀设计、优质工程表彰，500千伏普换线获得贵州省工程建设施工质量最高荣誉“黄果树杯优质工程奖”，220千伏练长线改入雨雪变线路工程、110千伏锅底冲变工程获得省公司2020年度基建优质工程。

推进“十四五”电网规划编制。协调促成电网规划成果纳入黔西南州国土空间规划，部分长期受制的重点工程项目前期工作取得突破，消除220千伏电网结构风险和助力黔西南州经济社会发展。

物流管理工作继续保持全省领先。以指标管理为工作着力点，全面提升物资管理水平，综合管理评价连续2年排名全省第一。

【供电服务】 优化办电流程和环节。全流程监测、分析、预警业扩工单，加大关键环节办理时限管控力度，简化业务流程，提高业务效率。低压居民、低压非居民、高压单电源用户平均接电时间，均在公司规定的6天、10天、60天的时限内。发布“贵人服务·心意电”供电品牌。推动业扩规范化建设。加强业扩全流程管控，落实“周通报、月分析”“业扩三级回访”机制。开展专项检查8次，发现问题701个并按期完成整改。编制《业扩报装“十易错”、“十必核”操作指引》，对小微企业报装接电实施覆盖售前、售中、售后的“全能型”上门服务。落实“三零服务”，将小微企业“获得电力”作为攻坚重点，大力服务新增报装用电容量315千伏安以下小微企业低压接入。

狠抓供电可靠性。编制《兴义供电局降低客户平均停电时间行动方案（2020年）》，“集中火力精益化巡视，集中火力系统性消缺”，完成23条网架薄弱线路整治，推进571个低电压台区整治，供电可靠性持续提升。全面提升服务质量。发挥客户全方位服务体系作用，强化“客户需求传递、客户服务协同、客户服务评价”三项机制，严格执行三个“五分钟”信息传递机制，服务效率持续提升。

严格落实国家疫情期间阶段性降低用电成本政策。减少用户用电成本7.92亿元，超10万用户获益。发挥电力数据精准实时特点，密切跟踪分析20个行业复工复产情况，为各级党委政府决策提供有力有效支撑。

规范网格化服务，发挥片区客户经理的工作效能，全年“95598”投诉1148件、“12398”投诉9件，全渠道投诉总量保持公司低位水平，是公司除贵安局外唯一保持“12398”投诉量在个位数的地市局，第三方客户满意度81分，优化营商环境工作得到地方政府的高度肯定。

【改革创新】 2020年，“两网融合”取得新突破，促成贵州电网公司与黔西南州政府签署战略合作协议，融泰售电公司正式成立。落实“三个先行一个保障”，完成主网调监控合一建设和500千伏金州变纳入调度集中监控工作。稳步完成输变电集约化管理，推动输变电业务“全电压等级运维”“地县两级专业人员无差异同标准管理”。着力做实做强县乡供电。推进体系建设向基层延伸，通过地县两级体系建设计划一张表，按周进行督办，并将县局的过程管理纳入安全管理综合评价。强化对分县局的指导帮扶，编制《供、配电所班组标准化管理手册》，规范班组管理，切实为基层减负。有序做好退休人员社会化移交和统筹外补贴整改。提前全面完成退休人员社会化管理移交，得到省公司和州委州政府肯定。加快推动数字化转型。以“指标实用化”为抓手，严控增量异动数据，GIS与生产、公线线变一致性99.93%，专线线变一致率100%，GIS与营销、公线线变一致性99.43%，专线线变一致率95.84%，数据质量综合位居全省第一。着力营造全员创新氛围。成立职工创新工作室13个，培养科技创新人才24名。全年20项职工创新项目获网省公司奖励，取得发明专利6项，实用新型专利22项。

【电力扶贫】 2020年，推进687个农网改造升级项目建设，重点抓实国务院2个挂牌督战县和6个挂牌督战村农网项目建设，提前完成“6·30”管控项目投产，充分保障全州52个易地搬迁安置点、33.5万搬迁人口安全可靠用电，提前一年完成“两率一户”三大指标要求。对口帮扶的安龙县半坡村等9个定点帮扶点、结对帮扶困难群众全部脱贫。消费扶贫102万元，超额完成任务。在公司政策允许范围内，将脱贫攻坚相关项目用电需求全部纳入业扩配套项目，助力全州脱贫攻坚战。全州电力脱贫攻坚工作得到国务院脱贫攻坚第九督察组高度认可，在贵州省委反馈会上给予肯定。

（郭仁标）

## 金州电力集团有限责任公司

【概况】 贵州金州电力集团有限责任公司（以下简称金州电力集团）于2016年9月挂牌成立，由黔西南州国资委（51%）和贵州兴义阳光资产经营管理集团有限公司（49%）共同出资组建，注册资本20亿元。作为黔西南州管一类国有企业，公司始终贯彻落实黔西南州委、州人民政府“大电网+大产业”及“煤—电—网—产”深度融合发展的战略决策部署，突出电力供应主业定位，以地方电网为龙头，推动电力上下游产业发展。形成煤炭、火电、水电、清洁能源发电、电网、生态载能、贸易、民生为主的八大产业板块10家二级独立法人子公司。作为贵州省唯一的地方电网供电企业，公司先后被国家发改委、国家能源局、国务院国资委明确为全国售电侧改革试点、增量配电业务改革试点、国企改革“双百行动”综合试点单位。作为全国仅有的1家集“发—输—配—售”一体，涵盖“风—光—水—火—储”综合能源的电力供应企业，公司地方电网已成为黔西南州经济发展中突出的优势基础资源，独特的电价优势，吸引华为大数据、振华新材料等一大批重点项目落地黔西南州，推动电解铝、工业硅等一系列生态载能项目达能达产，为黔西南州招商引资和工业经济发展做出贡献。

2020年7月6日，中共贵州金州电力集团有限责任公司第一次代表大会
（金州电力公司　提供）

**【产业现状】** 煤炭板块：为保障旗下自备电厂用煤需求，2018年4月金州电力集团以承债方式（21.6亿元）整体收购图南集团5对煤矿，保有资源储量1.5亿吨，正处于扩能技改过渡时期（2019年至2022年），生产总能力0.027亿吨/年。火电板块：火电装机280万千瓦，其中已投运140万千瓦，分别为清水河自备电厂、贞丰自备电厂（一期）；在建、拟建140万千瓦，分别为安龙自备电厂、贞丰自备电厂（二期）。水电板块：公司自有产权水电站6座，总装机13.95万千瓦，其中老江底水电站10万千瓦。清洁能源发电板块：光伏发电装机20万千瓦，天然气发电装机5万千瓦，储能电站2万千瓦。电网板块：公司建成各等级变电站51座，各等级输电线路6547千米，电网覆盖兴义、义龙全境及其他县市工业园区，实现环网供电，年供电能力可达300亿千瓦时。于2018年实现与广西百色市区域电网互联互通，实现相互供电，互为安保。生态载能板块：为保障电源点富余电量消纳，建成工业硅、电解铝（参股49%）、硝酸铵（参股31.19%）项目，将富余电量转化为产业产品，为电网调峰调频提供支撑。贸易板块：为保障各产业板块物资供应，规范采购流程、降低采购价格、提高采购效率，公司注资5亿元成立金瑞峰贸易公司，年交易额高达20亿元。民生板块：旗下子公司兴义市方舟殡葬服务有限公司主要承担兴义市辖区殡葬业务。

**【经营指标】** 2020年，网内供电量持续增长。全年完成供电量56.39亿千瓦时，除去供百色电网7.07亿千瓦时、万峰实业2.59亿千瓦时等过网电量，除去损耗电量0.96亿千瓦时，完成销售电量45.75亿千瓦时，同比增长6.27亿千瓦时，增幅16%。

售电收入18.86亿元，增幅13.03%。其他实业实现正增长。工业硅仅7—12月通过管理体制改革后，完成产量1.096万吨，实现扭亏为盈；硝铵全年产量16.98万吨，同比增长20%；电解铝液全年产量24.79万吨，同比增长54%。累计完成投资22.13亿元。地方电网供电最高负荷突破历史新高，达到118万千瓦；供电量首次单月突破6亿千瓦时，创历史新高，同比增长51%。资产负债率降至67%；全年完成营业收入30.28亿元，上缴税金8.93亿元。

**【安全生产】** 2020年，金州电力集团实现安全生产责任事故零发生，全年“安措”计划完成率100%，“两票”整改合格率100%，隐患按期整改率100%。实现综合供电可靠率99.813%，累计电压合格率98.27%，比上年同期上升0.37个百分点，与考核指标相比上升0.29个百分点。全年火力发电25.97亿千瓦时；水电（全产权和控股水电）供电量4.21亿千瓦时，同比增加0.22亿千瓦时，增幅5.62%；新能源发电1.08亿千瓦时，增幅91.25%；全年累计减少购电成本0.73亿元，通过外购元豪电厂和百色的电量缓解成本投入2亿余元。

【深化改革】 2020年7月，金州电力集团在州委、州政府的大力支持下组建党委领导班子和纪律检查委员会，完善党组织机构，加强党的领导。公司党委成立以来，金州电力集团全面推进企业内部管理体制改革，大力提升管理效能，坚持以战略定位精准、产业模板清晰、管理架构精简、管理体制顺畅、人才活力迸发为目标，完成从集团公司本部，到各子公司内部管理体系改革。突出电力供应主业定位，释放煤炭产能，提升火电效益，扩大水电规模，挖掘清洁能源发电空间，增强“电—网”匹配性；确定以煤炭、火电、水电、清洁能源发电、电网、生态载能、贸易、民生为主的8大产业板块，10家二级独立法人子公司，完成贵州金州电力集团有限责任公司更名。撤销集团公司原有11个设置不合理、职责履行不到位的部门，重新拟定公司“三定”方案，设立集团公司10个部门，在编人员由原来的7名增加到79名，强化集团公司对各部门、各子公司的有效管理。在公司党委统一指导下，各子公司改革同步推进，选人用人导向明显，人才晋升渠道通畅，干部职工干事创业激情高涨。按照“横向业务全覆盖，纵向管控全过程，内容设计全要素”的总体框架，构建“系统完备、科学规范、运行有效”的制度体系，通过9月份“制度建设月”，共制定120项管理制度，建立党委会、董事会、经理层议事决策规则，健全责任层层落实、压力层层传递的经营业绩考核体系，完善重大风险防范化解、全面统筹预算、薪酬管理等管控体系，企业管理的规范性不断增强。

【业务培训】 2020年，为适应公司改革发展的需要，金州电力集团组织开展多项培训工作。上半年因受疫情影响，培训工作至5月底才逐一恢复。截至12月底，组织开展区域电网数字化理念提升培训、消防安全培训、电网建设项目档案归档培训、厂家设备仪器使用培训（两期）、干部选拔任用流程培训、发展党员工作业务培训、恒华新物资管理系统（试点）培训、2020年计量自动化及费控系统培训共8项，累计参培人数563人次；企业年金业务流程培训（两期）、党组织建设暨办公室业务培训会，累计参培人数66人次。

【电源点及电网建设】 2020年，金州电力集团在电源点建设方面总计投入2.74亿元。其中，清水河2×35万千瓦自备电厂煤场技改、渣场等配套工程完成投资0.73亿元，渣场工程已接近尾声，预计2021年上半年投入试运行；贞丰电厂2×35万千瓦自备电厂（一期）运煤通道等基础设施完成投资0.5亿元，一期工程已具备竣工验收条件；安龙2×35万千瓦循环流化床燃煤自备电厂完成投资1.51亿元，主厂区建设停工一年多，在集团公司工作专班的攻坚下，已逐步恢复施工，预计于2021年9月建成投运，年发电量30亿千瓦时。

2020年，电网建设方面完成投资19.39亿元。其中，主网完成投资5.4亿元，建成220千伏晴隆变、110千伏双山变、110千伏三板桥变；城网改造完成投资5.45亿元，建成10千伏及以下电缆161.18千米，箱变61台；农网改造完成投资8.54亿元，建成10千伏线路340.4千米，0.38千伏、0.22千伏线路2550.07千米，配变1344台；电网建设总投资完成率121.89%，其中农网改造投资完成

2020年9月3日，金州电力集团结合内部管理体制改革召开新提拔和新进人员思想动员大会

（金州电力公司　提供）

建安龙2×350MW循环流化床燃煤自备电厂实现1号机组点火启动
（金州电力公司 提供）

率116.91%，通过改造后，供电可靠率达99.813%，同比提高0.013个百分点，电压合格率达97.98%，同比提高0.08个百分点，户均容量达2.35千伏安，同比提高0.22千伏安。2021年计划投资10.07亿元，在建项目10个，分别是：兴义市布雄110千伏输变电新建工程、兴义市110千伏猪场坪输变电新建工程、八一110千伏输变电新建工程、兴义市110千伏则戎输变电新建工程、110千伏城南输变电新建工程、220千伏龙广变扩建工程、110千伏兴仁北输变电新建工程、110千伏三板桥输变电新建工程、兴义市2019年10千伏及以下城市配电网建设与改造项目、万峰湖220千伏变电站主变扩建工程。

**【脱贫攻坚】** 2020年，金州电力集团履行国有企业社会责任，推进公司脱贫攻坚工作各项目标任务。公司主要负责人深入调研，先后与乡镇领导、公司驻村干部、村“两委”班子开展交流座谈，聚焦“两不愁、三保障”“四个不摘”“五个一致”、基础设施建设、产业发展等方面，听取相关意见和建议。

2020年，为加大产业帮扶，扶持村集体产业发展，公司投入资金24余万元，帮助垛坎村村民益种养殖专业合作社发展艾草深加工，帮助冗桑村村民发展种桑养蚕、生态鱼养殖产业，通过带动合作社的产业发展来带动贫困户的经济收入。公司的帮扶干部每月到贫困户家走访不少于4次，在疫情期间，采取电话沟通的方式积极开展政策宣传，准确掌握贫困户致贫原因，家庭种植、养殖、外出务工等情况，协调解决贫困户实际困难；针对帮扶干部调离、退休等情况，及时调整干部接替，确保帮扶贫困户不断挡。通过国有企业结对帮扶扶持壮大村级集体经济项目，对晴隆县花贡镇白胜村、花贡社区、河塘社区每月开展“一村两社区”调研帮扶。

2020年，公司开展慰问贫困户、贫困户儿童共计125人/次，慰问金额11余万元。根据相关工作要求，选派10人到兴义市捧乍镇垛坎村、槟榔村，义龙新区德卧镇冗桑村前沿指挥所开展脱贫攻坚工作。因人因户制定帮扶方案，两村脱贫户245户，搬迁户59户，边缘户2户，省内务工2408人，省外务工1434人，达到贫困户就业全覆盖。

2020年，为切实提升供电能力和服务水平，巩固提升脱贫攻坚电力保障。集团公司进一步加快兴义配电网建设与改造步伐，持续提升电网建设。通过农网改造完成10千伏线路长度340.4千米，0.4千伏及以下线路长度2550.07千米，户表77671户，涵盖兴义市27个乡镇、街道及义龙木陇、顶效街道与郑屯、万屯、鲁屯镇。在决胜脱贫攻坚的冲刺阶段，党员深入仓更、捧乍、白碗窑、鲁布革、七舍等乡镇，进村入户排查供电薄弱环节，及时高效解决各种安全隐患以保障生活用电；深入贫困村、贫困户中发放安全用电宣传册，切实做好用户的安全用电宣传。同时，公司持续做好电力政策扶持，根据《省发展改革委省民政厅关于完善阶梯电价免费电量电费兑现方式有关事项的通知》（黔发改价格〔2019〕876号）文件要求，对公司辖区供电的城乡低保对象和特困人员家庭每月减免10千瓦时的电量电费，截至12月，公司共计减免电费39万元。

**【科技创新与数据产业】** 2020年，金州电力集团持续推进兴义地方电网能效管控系统建设工程（二期）、兴义地方电网稳控装置新增及稳控系统改造项目、兴义市电力有限责任公司供电可靠性管理信息系统定制化研发项目、简道云电子工作票流程管理应用开发以及变电站电缆沟除湿通风系统等。其中，在变电站电缆沟除湿通风系统项目获得变电站电缆沟

2020年10月12日，金州电力集团万峰电力公司作为2020年贵州省百强、制造业百强企业入围单位，受邀参加“2020年贵州百强企业高峰论坛”

三防封堵器、变电站高压室开关柜防潮除湿智能控制单元与系统等国家实用新型专利成果。2020年6月，贵州省科技厅、中共贵州省委组织部、贵州省科学技术学会联合下发《关于批准建设贵州省第十批院士工作站的通知》文件，金州电力集团作为贵州省唯一的地方电网企业，获批设立省级院士工作站。10月，金州电力集团万峰电力公司荣获贵州省百强、制造业百强入围企业单位。

【企业文化】 2020年，金州电力集团严格按照疫情防控相关工作部署，在保障广大职工和客户群体生命安全的前提下召开中共贵州金州电力集团有限责任公司第一次代表大会、第一届工会会员代表大会，推动金州电力集团改革发展和企业文化建设，组织广大干部职工开展“不忘初心、牢记使命”主题教育活动、迎新徒步活动、“守初心携手奋进，担使命服务兴州”迎春文艺晚会、“冲刺90天，打赢歼灭战”保供电活动、“夏送清凉、慰问一线”、安全生产主体责任宣传月系列活动、“心系贫困生，党员在行动”帮扶活动、“认清形势、企兴我荣”主题宣讲活动、“回馈客户，感恩有您”电费优惠活动、“宪法宣传周”等多项活动。

在做好对外宣传的同时，对内整改《贵州金州电力》报和微信公众号，规范和加强新闻宣传管理制度；做好宣传橱窗，积极发挥“外塑形象，内聚人心”的舆论宣传作用。通过金州电力集团官网、金州在线、亮点黔西南、兴义之窗、中国农村电气化信息网、黔西南州电视台、兴义市融媒体中心等平台网站累计发稿311篇，通过金州电力微信公众平台推送信息60期。

（吴胤民）

2020年10月29日，州国资委与金州电力集团机关党支部联合举行“庆祝抗战胜利75周年、烈士纪念日、中国人民志愿军抗美援朝出国作战70周年纪念日”主题党日活动

## 天一电厂

【概况】 2020年，天生桥第一发电厂（以下简称“天一电厂”）发电量30.42亿千瓦时，上网电量30.36亿千瓦时，完成年度考核值（35.41亿千瓦时）85.74%。未发生人身伤亡事故、设备事故、电力安全事故、火灾事故、交通事故、水淹厂房事故、恶性误操作事故、职业病危害事故，未发生突发环境事件、信息安全事件、大坝安全注册评定等级降级和违反三防

工作规定事件，实现连续安全生产6654天。天一公司实现营业收入6.36亿元，利润总额2.78亿元，净利润2.25亿元，缴纳税费1.45亿元。

**【新冠疫情防控】** 2020年，新冠肺炎疫情暴发后，公司积极开展落实各项防疫措施，把疫情防控作为工作第一要务，发动全厂员工紧急采购口罩，安排做好食堂、通勤车、中控室等重点部位防疫防控。号召各党支部充分发挥战斗堡垒作用和党员先锋模范作用，组织全体党员向疫情防控工作捐款131人次，共计2.6万元；向企业所在社区疫情防控工作捐款3万元。疫情防控进入常态化，始终与社区、市、州保持密切沟通，时刻关注疫情防控最新政策。及时组织编制常态化下疫情防控管理制度及防控指南，为生产经营各项业务正常开展提供有力保障。

**【安全基础管理】** 2020年，开展安全生产领域专项整治、“四个再”落实、安全生产专项整治三年行动、受限空间作业专项检查、车辆船舶安全排查、消防安全评估等专项行动及专项检查。严格落实二十五项反措，主动开展自查自评，得分率95.15%。以集团安全生产交互检查为契机，用“它山之石可以攻玉”的思想，学习水电系统单位好的经验方法，提升自身安全管理水平。全年安全生产形势总体平稳，执行两票合计1942张，合格率为100%；发现设备缺陷151项，较上年同期减少15项；下达各类整改计划191项，均有效整改闭环或落实防范措施；累计开出《施工安全许可证》45张。

强化治安保卫和反恐工作日常管理，坚持“预防为主、单位负责”的工作方针。加强对外来人员的审查、体温检测、健康扫码等工作；增配安防设施，加强人防、物防、技防管理；与安龙县公安局联合开展防恐怖袭击实战演练，锻炼安保队伍应急处置能力；与地方政府、派出所保持密切沟通，及时了解当地治安、维稳情况，对可能影响生产区域的风险进行预判。

**【发电运行及水工管理】** 2020年，全年发电设备台平均可用8011.89小时，同比增加121.47小时。发电设备计划停运5次，同比减少3次，台平均计划停运时间同比增加84.39小时。发电设备未发生非计划停运事件，同比减少3次。台平均等效可用系数为91.21%，同比上升1.14个百分点。全年共发生不安全事件24起，均未达到统计事件，比上年同期增加14起。全年入库水量115.7亿立方米，较多年均减少约4成；主汛期共发生4场洪水，洪水总量26.93亿立方米，年来水预报综合准确率89.97%；启动大坝安全第三次定期检查，大坝自动化系统、地震监测系统、水情自动测报系统运行良好，完成溢洪道泄槽底板局部破损及表面裂缝处理，大坝面板L18L19及L19L20垂直缝水下防渗处理等工作。

**【电力市场管理】** 2020年，组织人员参加南网总调、广州交易中心等专业机构组织的电力市场培训，提升人员技能水平。集中各方力量研究参与电力现货市场存在的问题，向南网总调、广东电网反馈南方区域统一调频辅助服务市场的相关意见和建议。组织人员参加广州交易中心月度电能交易会商，分析、编制电厂月度电能交易申报单。

**【设备管理】** 完成1、3、4号机组C级检修和2号机组B级检修，贯彻设备全过程技术监督管理，加强设备维护和设备改造工作，随机组检修，完成线路保护改造，保信子站改造，机组消防、空调取水减压阀改造，机组电能计量屏改造，水工建筑10kV变压器改造，溢洪道工作闸门控制系统、拉杆更换、油缸改造，进水口事故快速闸门启闭机及油压装置控制系统改造，调速器系统改造，励磁系统改造，2号机蜗壳渗水检查与处理等技改、修理及科技项目。

**【信通管理】** 2020年，围绕南网总调、集团公司网络安全排查与整改工作要求，部署网络安全综合管理平台、安全态势感知系统，升级防病毒网关、网络硬件及安全设备特征库，加强厂站内电力监控系统的整体安全性及防护完整性。通过设备技改，提高信通业务的可靠性。完成合性机房建设、存储管理平台建设、前方值班区信通机房修缮、生产实时系统升级等项目。与大二公司签订光纤通道互为备用协议，提高双方链路通道的可靠性。在兴义办公区安装南网总调视频会商系统，结束需奔赴其他单位参加总调视频会议的历史。

（周　瑜）

## 天生桥二级水力发电有限公司

【概况】 天生桥二级水力发电有限公司（以下简称“天二公司”）隶属于南方电网调峰调频发电有限公司，系南方电网应急调峰调频电厂，成立于1988年3月，负责运行管理黔、桂界河南盘江上的天生桥二级水电站和500千伏开关站、220千伏开关站各一座。天生桥二级电站是西电东送的发源地，也是西电东送南路工程第一个电源点。电站至广东、贵州和广西的4回500千伏、8回220千伏输电出线（其中天大线已退运，间隔备用），构成南方电网交流输电主网架的重要枢纽。

天生桥二级水电站为低坝引水式电站，电站的主要建筑物由首部枢纽（拦河坝）、引水系统和地面厂房三部分组成。

天生桥二级水力发电有限公司设办公室、党建人事部、财务部、生产技术部、安全监管部、运行中心、水工水情管理中心5个部门、2个中心，在职正式职工144人。

【安全生产指标】 2020年发电量50.51亿千瓦时，全年安全生产形势保持平稳，未发生安全生产事故事件。220千伏及以上继电保护正确动作率连续14年保持100%；220千伏及以上故障快速切除率连续11年保持100%；生产实时控制业务通信通道连续10年零中断；紧急缺陷、重大缺陷消缺及时率100%；跳机次数连续4年为0；机组强迫停运率、机组非计划停运小时等关键指标均大幅向好。

【安全生产】 2020年，南方电网公司安全风险管理体系初审95.94分，具备“五钻”复审条件。调度工作评价排名第一，通过南网五星评审。优化形成“1个综合应急预案+12个专项预案和18个现场处置方案+26份应急处置卡”的应急预案体系，全年开展演练14项，发现问题整改率100%。开展一线员工“保命”技能培训100余人次，员工安全意识及安全技能进一步加强。开展“十四五”技改与修理规划，形成10项生产技改、22项其他技改、7项小型基建规划、13项修理项目的规划清单。安健环整治取得新成果，克服疫情和地质条件差的影响，完成生产区域多个小型基建项目施工，厂区技术业务用房及职工生活楼建设项目顺利实现主体结构封顶。圆满重大节日保供电任务及“护网-2020”行动。

【落实上级部署】 严格落实“第一议题”机制，通过党委会、党委学习中心组及时学习贯彻落实习近平总书记重要讲话、指示批示精神。毫不松懈防控新冠肺炎疫情，编制发布11个疫情防控文件，始终保持“零疫情”。坚决落实国家关于小微企业减免租金的相关政策，全年共减免租金5万余元。稳妥推进退休人员社会化工作，完成89名退休人员平稳移交地方。

2020年，天二公司厂区技术业务用房及职工生活楼改造项目完成主体结构封顶 （王朋凤 摄）

【企业基础管理】 2020年，推进企业管理体系与管理能力现代化建设，系统策划，落实制度简明化的要求，开展文件“废改立”修编工作，梳理784项业务，承接制订及本地化新增114份业务指导书；开展内控体系建设，编制《内控管理手册》《内控评价手册》《内控重要岗位人员清单》；建立“三重一大”法律审核事项清单，落实“三重一大”事项前置法律审核，深入推进依法治企。持续推行精益管理，深入推进业务精细化和管理精益化。企业管理水平获得

2020年3月10日，天二公司召开精神文明、企业文化及品牌建设委员会会议
（李 玲 摄）

行业认可，荣获“标准化良好行为企业”AAAAA级认证。

【人才培养】 制定《天二公司人才培养计划（2020—2025）》，建立五年人才培养任务清单，切实将人才资源优势转化为创新优势、竞争优势、发展优势。着力提升技术（能）人员业务水平，发布《运行人员专业能力提升实施方案》《水工专业资格培训及评价工作方案》，组织21人参加调峰调频公司运行专业技能竞赛，获得团体第一好成绩。组织完成2020年技术技能专家选聘工作，新选聘技术专家3人、技能专家1人、向上一级申报技术专家1人。开展岗位设置优化和人员调整，推动扁平化管理。选拔四级正干部2人、四级副干部3人，交流轮岗干部1人。

【职工创新】 2020年，基于钉钉平台开发30项信息化应用，减轻部门班组业务流转负担，协同效率显著提升。全年提炼管理创新成果5项，《安全生产激励与问责机制在水电厂安全管理中的应用与实践》获电力企业管理创新论文大赛一等奖。

【企业文化】 在南方电网“知行”文化框架下，凝练出“守心源·遵纪守法 天行经纬”的法治文化、“凝心源·同德聚力 天高行远”的团队文化及“暖心源·诚信互助 美好加源”的服务文化，完善“一力五心”企业文化体系。建立“职工文体活动日”机制，完成职工摄影、书画展厅建设，汇编《指尖上的廉洁》等作品集，发布四期《卓越天电》电子杂志。完成坝索纪念碑修缮，突出坝索纪念碑广场区域的爱国主义教育功能。获得全国文明单位（复审）、全国厂务公开民主管理先进单位、南方电网公司廉洁文化示范单位，企业文化展厅入选南方电网企业文化综合类一类展厅（全网五个之一）。

【脱贫攻坚】 2020年，坚持定期听取驻村第一书记工作汇报和实地检查机制，坚持定期与当地政府沟通协调机制，压实驻村扶贫工作责任。积极沟通汇报，做好年度扶贫资金审核和及时拨付到位，持续完善扶贫村基础设施建设，推进扶贫村进村公路项目稳步实施，完成帮扶解决新加村育苗大棚建设费用捐赠事项，拓展农民增收渠道。按照“产业＋就业”两业扶贫的总体思路，做到因地制宜、因户施策，将扶贫与扶志、扶智融合。组织办公室党支部与鲁贡村党支部开展共建活动，以加强对扶贫村大棚蔬菜种植业等工作的运营指导。组织党员参加调峰调频公司“党员带头，扶贫有我”倡议活动，积极购买扶贫产品。

（苏学龙）

2020年6月17日，党委副书记刘仕良（左二）到扶贫点鲁贡村调研
（王朋凤 摄）

# 城乡建设

## 住房和城乡建设

**【概况】** 2020年，全州住房城乡建设事业稳中有进、各项指标实现增比进位。其中，商品房销售增速位全省第一，房地产投资增速位全省第二，建筑业产值增速位全省第三，城镇基础设施建设投资、保障性安居工程建设等均超额完成任务。此外，州住房城乡建设局获全省易地扶贫搬迁工作先进集体表彰，兴义市被住建部列入74个“创建全国无障碍环境达标市县村镇”之一，黔西南州建筑施工许可指标在全省营商环境第三方评估考核中获全省第一名，全州住建领域大安全“1+2+2+N”（“1”是《黔西南州住建系统安全生产专项整治三年行动实施方案》；第1个“2”是州住建局学习宣传贯彻习近平总书记关于安全生产重要论述和州住建局落实企业安全生产主体责任两个专题；第2个“2”是全州建筑工程和城市建设安全生产专项整治三年行动；“N”是住建系统房地产、物业、城建、城管、环卫等安全生产专项整治工作）工作体系及物业纠纷调解“1+3+N”（“1”为以党委政府为主导，“3”为整合住建、司法、法院部门资源，“N”为多方参与、联合调处的物业纠纷多元化解工作格局）模式获省住建厅点赞并推广，全州住房和城乡建设事业发展环境和工作成效实现“双提升”。

**【城镇建设】** 2020年，全州累计开工城市基础设施建设类项目270个，完成城市基础设施建设投资141.66亿元，新增城市道路67.08千米，新增城市公共停车位4965个，开工建设海绵型项目15个（建成12个），开工建设地下综合管廊5千米（建成2.3千米），建设改造城镇公厕55座；全州共新增城镇燃气管网32.52千米；新增公园绿地增量56.67万平方米，新增绿道18.86千米，新增绿廊20.08万平方米；全州130处历史建筑均已公示挂牌，安龙府试院街区经省政府批复列为贵州省历史文化街区；全年累计完成小城镇基础设施固定资产投资77.29亿元，城镇综合承载能力稳步提高。

**【城镇住房保障】** 2020年，全州住建系统开工改造城市棚户区2489套；建成8778套；发放城镇保障家庭租赁补贴2442户451.07万元；完成投资14.72亿元；新增公租房分配183套。此外，全州推进老旧小区改造任务有序有力，纳入2019年改造计划的39个小区3812户已基本完工，累计完成建设投资1.22亿元；纳入2020年改造计划的2172户已全部开工，基本完工6个小区211户，累计完成投资1321万元。

【房地产】 2020年，黔西南州住房和城乡建设局坚持“房子是用来住的、不是用来炒的”定位，指导房地产业持续平稳健康发展。先后印发《关于进一步做好新冠肺炎疫情防控期间全州房地产开发企业复工复产有关工作的通知》《黔西南州扩大住房消费实施细则》等文件，指导各县（市、新区）在做好疫情防控的前提下，加快推进房地产开发企业复工复产，帮助解决企业复工复产中存在的困难和问题。疫情防控期间，全州共批准58家房地产开发企业，提取15.6亿元预售资金用于前期工程费、管理费、销售费、财务费等费用，减轻房地产企业资金压力；为42家企业采取“容缺审批”方式办理商品房销售预售许可证；7家企业缓交城市基础设施配套费共计1939.50万元，2家企业免交城市基础设施配套费278.95万元；23家房地产开发企业对包括餐饮企业在内的2366户中小微租户减免疫情防控期间租金1869.89万元。2020年，全州累计完成房地产开发投资164.56亿元，同比增长28.5%；累计销售商品房498.39万平方米，同比增长16.1%。

【建筑业】 2020年，全州住建系统坚持目标导向，全面梳理和深挖全州建筑业潜力，以推进全州建筑业高质量发展为主线，以提高本地建筑企业竞争力为抓手，以净化建筑市场为手段，落实高质量发展要求，竭诚服务企业提质升级，推动建筑职业技能培训本土化，培育技能工人考核点1个、特种作业考核点1个，完成“安管”人员、特种作业人员、技术工人累计培训考核共4025人，就近就地解决州内企业人员需求。此外，全州11个项目获得“贵州省安全文明样板工地”称号，7个项目获得“贵州省优质主体结构工程”称号，1个项目获得“黄果树杯”优质工程，质量安全水平得到显著提升。2020年，全州共完成建筑业总产值154.42亿元、增速13.5%；培育或推动建筑企业资质升级42家，推动全州建筑业持续高质量发展。

【城市管理】 2020年，全州住建系统开展城市综合治理提升城市品质。加大城市日常服务和监督管理，城市日常管护机械化水平不断提升，城市平均道路机械化清扫率达70%以上；强化日常监督检查，全年共依法严厉查处出店经营4331起、占道经营行为5654起、清理马路市场5289次、劝离流动摊贩1.85万次、暂扣流动摊车237辆，规范夜市摊点5130起、整治油渍污染路面873起、清理垃圾随意堆放748次，取缔夜市摊点565起，清理露天烧烤摊点510起。全州开展城市道路扬尘专项治理402次，出动执法检查人员5000余人次，检查工地3015处（次）；检查渣土消纳场204处（次），责令整改204起，处罚款10余万元，城市品质不断提升。

【扫黑除恶】 2020年，全州住房城乡建设系统以施工企业、物业小区、房地产中介机构为重点，采取“五集中”（集中部署、集中力量、集中“阵地”、集中整治、集中服务）监管模式，实施最严格的“六个零”（提示约谈不能为零、问题隐患不能为零、执法文书不能为零、整改复查不能为零、经济处罚不能为零、执法过错必须为零）监管执法，突出抓好建筑工程领域、房地产市场领域、物业管理领域整治。办理线索155件，所有线索已全部处置清零；移送案件线索142条；收到“三书一函”44份（件），在规定时限内全部整改完成并回复；全州住房城乡建设（综合行政执法）系统受理各类案件18627件，立案11085件，结案11067件，责令限期改正2334起，责令停止违法行为2299起，

2020年11月27日，局长黄其兴检查洒金教育城公共租赁住房项目（彭德华　提供）

行政处罚企业118家，行政处罚个人17347人，罚款1149.36万元。

【工程建设项目审批制度改革】 2020年，全州住房城乡建设系统以工程项目审批制度改革为重要抓手，通过流程精简，提供“一站式”服务，加强“全链条”建设，及时解决政务服务中的难点、堵点，有力营造“强磁场”氛围，做到“四个实现”，企业及群众满意度明显提升：实现审批事项由“繁”到“简”，全州将改革前的155个审批事项压缩至70项；实现申请材料由“多”到“少”，审批事项申请材料由改革前的775个精简至369个；实现审批时限由“长”到“短”，将审批时限由改革前的平均355天压缩到80个工作日以内；实现审批模式由“流水作业”到“协同作业”，建成覆盖全州的工程建设项目审批管理系统，实现同“多规合一”“一张蓝图”互联互通和业务协同，项目审批效率有效提高，企业成本有效压缩。2020年，全州通过工程建设项目审批管理系统申报项目1194个，办理审批服务2394件。其中并联审批办件率排名全省第一，联合验收办件数量排名全省第一，联合验收办件率排名全省第二。

【城乡垃圾治理】 2020年，黔西南州住房和城乡建设局全力推进城乡生活垃圾无害化处理，推进农村人居环境不断改善，晴隆县、望谟县、义龙新区完成整县推进生活垃圾收运体系建设；借助数字乡村监测平台“慧眼”加强对全州农村生活垃圾收运情况的实时监督。2020年，累计完成生活垃圾无害化处理59万吨，日均1624.04吨。

【脱贫攻坚】 2020年，全州住建系统坚持精准聚力施策，推进农村住房安全保障实现全面覆盖。完成对望谟县、晴隆县及有剩余贫困人口县开展脱贫攻坚农村安全住房保障挂牌督战。住房安全排查不留死角，逐户核实晴隆县、望谟县5.43万户建档立卡贫困户住房安全保障情况。督促问题整改深入全面，完成农村危房改造“四个清零”（农村危房改造质量问题清零，农村危房改造面积超标清零，农村危房改造补助资金清零，农村危房改造建新住旧清零）；“两补”（补功课、补短板）窗口期，晴隆县、望谟县排查及各级督战发现问题2884个，发现问题全面清零销号。对全州建档立卡贫困户住房安全保障数据档案开展整县复核验收，确保住房安全不漏一户，累计出具住房安全评定结果12.19万户，实现全覆盖。加强住房安全动态监测，共排查整治因自然灾害、退出易地扶贫搬迁等原因新增不安全住房1083户，整治新增老旧房透风漏雨5587户。组织开展全州脱贫攻坚农村住房安全保障“回头看”，切实整改存在问题，巩固脱贫攻坚住房安全保障成果。

（钟　天）

## 生态移民

【概况】 2020年，贯彻落实习近平总书记对贵州工作有关重要指示批示精神，生态移民工作涉及3项工作均已完成。在新市民居住区广泛开展“感党恩、听党话、跟党走”系列活动1200余场次。全面强化党员教育管理，完成党支部标准化规范化建设。落实全面从严治党主体责任，制定细化全面从严治党主体责任清单，按时对“两个责任”进行备案。连年未发生移民进京上访、5人以上移民到省越级上访和重大移民群体性事件。

【易地扶贫搬迁】 2020年，组织开展挂牌督战、扫尾攻坚、问题整改、核查验收、“户户过、人人过”系列工作。全州建成8万余套677万平方米安置住房，打造一批如兴义洒金、义龙顶效、兴仁在水一方、安龙蘑菇小镇、贞丰珉谷、普安江西坡、晴隆阿妹戚托、册亨高洛、望谟蟠桃园等36个精品规模居住区，实现安置住房通过验收率100%，真搬实住率100%，拆旧复垦率100%。中央电视台《摆脱贫困》摄制组三进黔西南，以黔西南州为样板拍摄贵州易地扶贫搬迁。在全国易地扶贫搬迁论坛上，册亨县被评为“十三五”易地扶贫搬迁工作成效明显县，州生态移民局被评为“十三五”易地扶贫搬迁工作担当有为集体，普安江西坡、安龙蘑菇小镇、晴隆阿妹戚托被评为“十三五”美丽搬迁安置区，一批干部群众被评为“十三五”奋进易地扶贫搬迁干部和励志易地扶贫搬迁群众。

实施新市民计划“1+13”政策体系，抓实规划建设、产业发展、文化旅游、教育发展、就业创业、卫生健康、资源权益、政策措施、兜底保障、社会治理、政策宣传、智慧金州服务、社区党建等13个方面的具体措施。2020年4月，

晴隆县阿妹戚托小镇体育场地（陈亚林　摄）

全州“新市民计划”基本公共服务标准化试点获国家市场监管总局、国家发展改革委、财政部批复立项，标志黔西南州走出一条具有自身特色的易地扶贫搬迁路子，得到国家层面的肯定和推广。

申报易地扶贫搬迁后续扶持项目122个、申报资金22.41亿元，省级已明确下达资金1.49亿元。在此基础上，全州完成编制《2020—2022年易地扶贫搬迁安置区帮扶方案》，编制项目概算投资达257亿元，申报中央、省补助资金219亿元。同时，紧盯易地扶贫搬迁后续扶持“两业”工作，结合国家乡村振兴战略，启动易地扶贫搬迁后续扶持“十四五”规划编制工作。

**【水库移民】** 2020年，全州水库移民工作以前期工作和竣工验收为重点，提前完成安龙平桥水库三个安置点建设并组织移民建房搬迁入住。以美女山水库为代表，省政府5月下达“停建令”，6月4日组织召开前期工作推进会，6月8日实物调查细则通过省级审查，一个月即完成实物外业调查工作，创造到大型水库前期工作用时最短的奇迹。同时，高效完成马岭水库征地移民搬迁安置工作，创造大型水库移民安置工程与水库枢纽工程同步启动、同步竣工、同步验收的新战绩。

（钱卜丽）

## 住房公积金管理

**【概况】** 2020年，黔西南州住房公积金管理中心贯彻落实《住房公积金管理条例》，坚持一手抓疫情防控，一手抓复工复产，及时出台缓缴、停缴等公积金政策措施，全体干部职工目标同向、行动同步，各项业务稳步发展，服务能力和服务水平有效提升。全年全面超额完成各项目标任务，为支持缴存职工实现住有所居和住更宜居提供有力保障。

**【住房公积金缴存】** 2020年，中心严格执行缴存政策，规范受理审核缴存比例和基数，落实“控高保低”，严格上下限管理，对受新冠肺炎疫情影响导致生产经营困难的企业经审批可降低缴存比例、缓缴或停缴。通过门户网站、微信、支付宝城市服务、广播电视及报刊等，形成线上推广与线下上门宣传相结合的立体化宣传体系，加大公积金政策的宣传力度，不断提高公积金政策知晓率，增强企业自主缴存意识，缴存扩面工作取得新进展。全年新建住房公积金个人账户1.23万户，新开户单位501家，使全州个人住房公积金账户数达到14.86万户。实现住房公积金归集额29.59亿元，较上年同期增长10.21%，增加2.74亿元；归集余额92.58亿元，较上年同期增长15.57%；归集总额达180.21亿元，较上年末增加19.64%。

**【住房公积金提取】** 2020年，中心坚持便民利民原则，精简办事要件，简化办事程序。加强内部风险管理，采取不同岗位设置不同操作权限，分设受理岗和审核岗，权责分明，结合扫黑除恶专项斗争工作要求，提出住房公积金提取实行“凡提必核”，每笔业务办理都建立核查台账，确保资金管理安全。强化窗口工作人员业务培训，努力提高甄别材料真伪的能力，有效预防骗提行为的发生。全年共有31.10万人次提取住房公积金17.11亿元，较上年增长28.31%，增加3.78亿元，占全年归集额的57.84%。职工提取住房公积金主要是：购买、建造、翻建、大修自住住房提取2.6亿元；离休、退休提取2.12亿元；完全丧失劳动力，并与单位终止劳动关系提取3900.38万元；户口迁出本市或出境定居提取45.26万元；偿还购房贷款本息提取11.42亿万元；租赁住房提取1545.48万元；其他（含死亡，重大疾病）提取4678.35万元。截至年底，全州累计提取住房公积金87.63亿元，比上年末增加24.26%，较好地支持职工改善自住住房的需要。

【住房公积金贷款发放及回收】 2020年，中心持续加大对中低收入家庭购买首套住房的支持力度，注重对宏观政策和房地产市场形势的研究分析，调整完善贷款政策，科学提高资金使用效率，支持合理自住和改善性住房需求。加强对贷款楼盘的审核管理，落实楼盘项目准入机制，防范贷款楼盘系统性风险。强化贷前调查、贷中审核和贷后管理，紧盯贷款逾期催收，确保贷款逾期控制继续保持全省前列。全年发放个人贷款6939户，发放住房公积金个人贷款额25.71亿元，较上年同期减少0.69亿元，下降2.61%，贷款总额累计达到152.62亿元，累计回收贷款53.72亿元，住房公积金贷款余额98.90亿元。全年异地贷款发放357笔，金额1.30亿元。2020年末，发放异地贷款总额3.30亿元，异地贷款余额2.99亿元。贷款回收良好，无呆、死、烂、坏账。

【增值收益及分配】 2020年，中心加强账户管理，科学调配管理资金，提高资金使用效益，保障资金规范运营。实现业务收入2.83亿元，业务支出1.67亿元，实现增值收益1.16亿元，比上年同期增长13.47%，增值收益率1.33%。增值收益分配，根据国家有关要求和《黔西南州住房公积金管理暂行办法》规定，提取住房公积金贷款风险准备金1476.48万元，提取并上缴州财政管理费用1532.34万元和城市廉租住房（公共租赁住房）建设补充资金8629.04万元。截至年底，贷款风险准备金余额9890.45万元。累计提取城市廉租住房（公共租赁住房）建设补充资金3.39亿元。

【政策调整】 2020年3月，与州财政局、中国人民银行黔西南州中心支行联合下发《关于妥善应对新冠肺炎疫情落实住房公积金阶段性支持政策的通知》（州公通〔2020〕6号）。全年共有74个企业3730户职工办理住房公积金缓缴，缓缴金额1165.70万元。为缓缴职工发放住房公积金贷款46笔，共计1415.10万元。

2020年6月，印发《州住房公积金中心关于调整2020年住房公积金缴存基数上下限的通知》（州公通〔2020〕8号），对全州职工缴存住房公积金基数上下限进行明确，2020年单位在岗职工缴存住房公积金的月工资基数上限为18311元，月缴存额上限为4394元（个人缴存额18311×12%+单位缴存额18311×12%）；月工资基数下限分别为：一类地区1790元，二类地区1670元，三类地区为1570元。月缴存额下限分别为：一类地区180元，二类地区168元，三类地区158元。

2020年6月，黔西南州“全省通办、一次办成”领导小组办公室与中心联合下发关于印发《州住房公积金政务服务事项“全州通办、一次办成”实施方案》，公积金三大类事项28个子项全部实现“全州通办”，随职工意愿，在全州范围内任意选择各县（市、新区）政务中心公积金窗口办理业务，全年共计办理“全州通办”业务5541件。同时，在充分调研的基础上，于2020年10月在全省率先实现8项公积金业务“全省及跨省通办”。

【服务平台建设】 2020年，中心加快综合服务平台建设，全面开通网上服务大厅、手机APP、支付宝公积金查询、“12329”服务热线、微信等八大公积金服务渠道，逐步扩展网上业务功能和自助功能。推出5项公积金业务在网上服务大厅、微信公众号、手机公积金APP上零跑腿、零材料办理；实现公积金缴存业务全程网办，全年共注册缴存单位2168家、办理业务51471件；业务办理数据按照个人信息推送统计达117.85万条。

（罗　凤）

2020年1月13日，公积金管理委员会三届四次会议召开　（贺咏梅　摄）

# 生态环境

## 综　述

【概况】 黔西南州生态环境局，为黔西南州人民政府组成部门，正处级单位，内设办公室、人事科、政策法规科、污染防治科、生态环境评价科、环监安全监管科6个机构；下设黔西南州生态环境保护综合行政执法支队、黔西南州生态环境综合保障中心2个直属事业单位。设立州生态环境局兴义、兴仁、安龙、贞丰、普安、晴隆、册亨、望谟、义龙分局，作为州生态环境局的派出机构。

2020年7月6日撤销州环境工程评估中心、州环境突发事件应急中心和州建设项目环境影响评价资料报件服务中心，组建州生态环境综合保障中心，副县级公益一类事业单位，隶属州生态环境局管理，内设科室环境信息科、环境监测科、环境应急科、环境评估科4个科室。

2020年，黔西南州生态环境局核定总编制61人。其中新修订编制：行政编制11人、机关工勤编制2人；黔西南州生态环境保护综合行政执法支队事业编制30人，黔西南州生态环境综合保障中心编制18人。2020年末实有人员41人。

【全州环境质量状况】 2020年，全州生态环境质量总体保持稳定并趋于向好，各项指标均达到预定目标，生态环境指数总体为“良”。

2020年，全州38条主要河流45个水质监测断面中，水质全部达到或优于Ⅲ类，优良水质断面比例为100%，水质状况总体为“优”。其中Ⅰ类水质断面3个，占6.7%；Ⅱ类水质断面38个，占84.4%；Ⅲ类水质断面4个，占8.9%。出境断面1个，水质类别为Ⅱ类，水质状况为“优”。全州18个重要湖库23条垂线，水质均达到或优于Ⅲ类，优良水质垂线比例为100%，水质状况总体为“优”；18个湖库中水质为Ⅱ类即“优”的占83.3%，水质为Ⅲ类即“良好”的占16.7%。3个中心城市集中式饮用水源水质达标率持续保持100%；12个县级城镇集中式饮用水源地水质达标率保持100%；千人以上集中式饮用水源地水质达标率99.9%。

2020年，全州环境空气质量为二级，首要污染物为臭氧；优良率为99.9%，同比上升0.5个百分点；综合指数为2.06，同比下降6.4%，空气质量有所改善。晴隆县、望谟县空气质量为一级；其他各县市环境空气质量均为二级，首要污染物均为臭氧；普安县优良率为99.2%，其他各县市优良率均为100%；综合指数为1.78～2.30，排名依次为册亨县、普安县、晴隆县、贞丰县、兴仁市、望谟县、兴义市、安龙县；安龙县综合指数同比上升6.0%，空气质量有所下降；其他各县市环境空气质量有所改善，综合指数下降幅度为0.9%～17.0%，改善幅度由大到小排名依次为晴隆县、贞丰县、普安县、册亨县、兴义市、兴仁市、望谟县。

全州细颗粒物平均浓度为14微克/立方米，同比下降6.7%；各县市为10～22微克/立方米，普安县最低，安龙县最高。可吸入颗粒物平均浓度为27微克/立方米，同比持平；各县市为20～36微克/立方米，册亨县、普安县最低，望谟县最高。二氧化硫平均浓度为5微克/立方米，同比下降28.6%；各县市为3～11微克/立方米，贞丰县最低，晴隆县最高。二氧化氮平均浓度为8微克/立方米，同比下降20.0%；各县市为4～12微克/立方米，册亨县最低，兴义市最高。一氧化碳日均值第95百分位数浓度为1.0毫克/立方米，同比下降9.1%；各县市为0.6～1.4毫克/立方米，普安县最低，兴仁市最高。臭氧日最大8小时滑动平均第90百分位数为115微克/立方米，同比下降5.0%；各县市为98～135微克/立方米，晴隆县最低，普安县最高。

2020年，中心城市兴义市环境空气质量为二级，首要污染物为臭氧。优良率为100.0%，同比上升1.1个百分点。综合指数为2.31，同比下降2.1%，空气质量有所改善。细颗粒物浓度为19微克/立方米，同比下降5.0%；可吸入颗粒物浓度为29微克/立方米，同比下降6.5%；二氧化硫浓度为6微克/立方米，同比上升20.0%；二氧化氮浓度为14微克/立方米，同比持平；一氧化碳日均值第95百分位数浓度为0.8毫克/立方米，同比持平；臭氧日最大8小时滑动平均第90百分位数为114微克/立方米，同比下降1.7%。

2020年，中心城市兴义市降水pH为7.27，未出现酸雨。

2020年，中心城市兴义市城市降尘为2.40吨/月·平方千米，小于5吨/月·平方千米，达到《贵州省打赢蓝天保卫战三年行动计划》要求。

2020年，全州区域声环境昼间等效声级平均为53.9dB（A），总体水平达到二级，声环境质量“较好”。道路交通声环境昼间等效声级平均为62.5dB（A），强度等级为一级，声环境质量“好”。功能区声环境昼间达标率为97.6%，夜间达标率为92.1%。

## 污染治理

**【污染防治攻坚战】**“蓝天保卫战”。2020年，修订完善全州重污染天气应急预案、编制重污染天气应急减排清单。按要求划定并公布禁止使用高排放非道路移动机械的区域。制定全州老旧柴油货车和燃气车淘汰更新目标及实施计划。完成11家企业挥发性有机物综合治理任务。中心城市兴义市环境空气质量实施预测预警预报。建筑工地扬尘污染防治“6个100%”制度逐步落实。建成2个黑烟车抓拍设备。完成化工企业整治任务11家。全州环境空气质量优良率99.8%。

“碧水保卫战”。加强集中式饮用水源地环境保护与污染防控，全州260个农村千人以上集中式饮用水源全部划定保护区或明确监管范围，排查的31个环境问题整治完成。以县为单位开展农村生活污水治理基础信息调查、编制县域农村生活污水治理专项规划。全州纳入省级调度的6个产业园区均已完成污水集中处理设施建设，全部安装自动在线监控装置，依托城镇污水处理厂处理工业废水的4个园区全部通过可行性论证评审。18座加油站地下油罐防渗改造任务已全部完成。全州国控、省控监测断面水质均达到或优于Ⅲ类，优良水质断面比例为100%；县城以上饮用水源地水质达标率100%，无地表水丧失使用功能的水体（劣于Ⅴ类）断面，水质总体状况稳中向好。

“净土保卫战”。完成受污染耕地安全利用和严格管控总任务为73.04万亩。完成2家涉镉等重金属重点行业企业整治任务。完成贵42个重点企业用地土壤污染状况详查采测工作。对2017年7月1日以来办理环评的4579个项目用地和937块建设用地土壤污染状况调查情况开展排查。目前，全州重点行业重金属污染物排放量未超过2013年基准水平。

“固废治理战”。生态环境部“清废行动”反馈确认的1个问题整改完成。全州7座生活垃圾填埋场已封场停用3座。危险废物经营处置能力达到11万吨/年。已建成6座医疗废物处置中心，医疗废物处置能力达到1.07万吨/年，全州城镇医疗废物无害化处置基本实现“全覆盖”。

“乡村环境治理战”。完成全年60个建制村农村环境综合整治任务。排查全州1006余个行政村，尚未发现农村黑臭水体。全州达到排查标准的规模养殖场（户）共658个，梳理出问题的养殖场（户）共90个，已逐一整改完成，并在农业农村部系统上销号。

**【固定污染源排污许可】** 2020年，按照国家、省实现固定污染源排污许可全覆盖的安排部署，全面落实固定污染源排污许可制，扎实推进固定污染源排污许可清理整顿核发登记工作。制定下发《黔西南州固定污染源排污许可清理整顿核发登记实施方案》，并采取有力措施，积极推进相关工作，超前完成全州6622家企业的排污许可发证和登记工作。

**【环境监管执法】** 2020年，实施生态环境损害赔偿制度，依法对3起环境污染违法案件提请生态环境损害赔偿。拍摄全州生态环境问题警示片，刀刃向内，暗访披露全州生态环境突出问题13个。建立生态环境保护综合执法机关、公安机关、检察机关、审判机关信息共享、案情通报、案件移送等司法联动机制，推进检察机关依法提起公益诉讼。持续开展“守护多彩贵州　严打环境犯罪”执法专项行动、环境监管执法“大练兵”活动和“绿盾”自然保护区监督检查专项行动，加大生态环境违法犯罪行为的制裁和惩处力度，全州查处环境违法案件102件，共处罚款1317万元；其中移送拘留案件20件，限产停产案件1件，环境污染犯罪案件1件，查封扣押案件1件。

**【核与辐射安全监管】** 2020年，完成176家涉源单位核与辐射安全年度评估工作，申报率为96.7%，现场监测率为93.4%，达标率为100%；转移1家使用单位闲置放射源2枚，转移（收贮）率为100%；核发辐射安全许可证60家/次，审批输变电工程项目报告表15个。

**【环境应急管理及环境信访】** 9月9日，与兴仁市人民政府在兴仁联合开展2020年环境应急演练。获生态环境部表扬为2019年生态信访工作中表现突出的集体。2020年全年共受理环境信访投诉251件，均在规定时限范围内办结。2020年未发生较大及以上突发环境事件。

**【中央、省委环保督察问题整改】** 2020年，利用中央生态环保督察所形成的倒逼作用，抓重点、真投入，解决长期形成、想解决而没有解决的一些重大的生态环境问题。第一轮中央环保督察反馈涉及黔西南州25个问题，已全部完成整改并长期坚持；中央生态环境保护督察“回头看”反馈涉及7个问题，已全部完成整改并长期坚持。省委生态环境保护督察及“回头看”反馈的问题共38个，完成整改并长期坚持34个，正在推进整改问题4个。中央、省委生态环境保护督察及“回头看”期间移交的群众环境信访投诉305件均已全部办结。全州对履行生态环保责任不力的党政干部问责40余人、约谈100余人。

## 环境保护

**【自然生态保护】** 2020年5月25日，贵州省长江经济带战略环境影响评价项目协调领导小组办公室组织召开黔西南州生态环境分区管控“三线一单”成果验收会，黔西南州生态环境分区管控“三线一单”成果顺利通过验收。10月31日黔西南州人民政府印发《黔西南州生态环境分区管控“三线一单”实施方案》，全州共划定125个生态环境分区管控单元，其中：优先保护单元64个，重点管控单元42个，一般管控单元19个。组织开展“绿盾2020”自然保护地专项行动，生态环境部移交的长江经济带自然保护地69个疑似重点问题清单，按照“一区一方案”要求，全部整改完成并按程序销号。完成违法违规小水电环评手续清理整改工作，全州41个需要完善环评手续的小水电项目全部按照时限完善环评手续和环保竣工自主验收备案。

**【生态环保领域“放管服”】** 2020年，持续推进生态环保领域“放管服”改革。推行建设项目环评、排污许可和入河排污口设置“三合一”审批，把3项审批事项整合为1项，一并开展技术评估审查。制定实施《黔西南州生态环境局环境影响评价审批正面清单的函》（州环函〔2020〕19号），开展环评告知承诺制审批和环评豁免管理试点，实行即申报、即受理、即审批，在1—2个工作日即完成项目审批，较法定时限缩短98%审批时限。推行“全省通办、一次办成”和“一网通办、一窗通办”改革，实现所有行政审批事项在贵州政务服务网上进行收件受理审批，实现贵州政务服务网与建设项目环保审批系统（贵州省）互通互联，网上办件率达到100%。2020年共审批项目578个。其中报告书77个，报告表501个；承诺制审批项目64个、绿色通道审批74个、豁免管理项目约500个；生猪（肉牛、蛋鸡）规模化养殖告知承诺制项目17个，疫情防控“三类”建设项目4个。

**【生态环境保护制度改革】** 2020年，州、县成立生态环境保护委员会，各级党委、政府和相关职能部门严格落实生态环境保护党政同责、一岗双责的规定，坚决扛起生态文明建设和生态环境保护的政治责任。各级各部门按照管发展必须管生态环境保护、管生产必须管生态环境保护、管行业必须管生态环境保护的要求，切实履行好生态环境保护职责，建立水、气、土污染防治联席会议制度，细化工作任务，及时沟通情况，共享工作信息，协调解决问题，全地域、全行业、全方位推进工作。已建立《十大行业企业环保专员制度》，第一批十大行业155家企业均配备环保专员，明确企业法人和环保专员的环保责任清单，进一步压实企业环保主体责任，加快推进十大行业存在的环境问题整改。

推进生态环境监测机构垂直管理改革，黔西南州环境监测站上划贵州省生态环境厅管理并更名为黔西南生态环境监测中心。黔西南州生态环境综合保障中心正式挂牌成立，环境应急科隶属于黔西南州生态环境综合保障中心下属科室。

**【环保能力建设】** 2020年，建成兴义市机动车移动源尾气排放遥感监测（黑烟车抓拍）、臭氧前驱体及光化学烟雾在线监测走航车项目，争取到大气污染溯源分析和颗粒物激光雷达专项资金，并委托第三方开展中心城市环境空气质量预警预报服务，严防污染天气出现。

**【生态环境保护宣传教育】** 6月5日，联合兴义市政府，组织州（市）35个部门和10家企业，共计260余人，在兴义市桔山广场开展集中宣传活动。启动仪式上，企业代表欧子健、兴义市政府张超副市长和州生态环境局唐昌应局长分别先后作发言，州人民政府副州长李杰作动员讲话。启动仪式后，集中观看《黔西南州“十三五”生态环境保护成果展》和《“保护母亲河”河长制湖长制成果展》，并在签名墙上进行签名留念。活动现场发放宣传资料和物品9000余份，活动邀请州各大媒体进行宣传报道。集中宣传活动结束后，将成果展板在桔山广场继续展出十余天，参观人数达1.5万人次。在“6·5”环境日和“6·18”贵州生态日期间，在州广播电台开设“金州环保”专栏，各相关州直部门、各县市政府、各重点行业企业负责人纷纷做客电台，对生态环境保护工作谈措施、谈办法，着力提升各个层面履行生态环境保护职责的意识。

开展全州生态文明建设“先进典型”采访宣传报道。联合州委宣传部，对在生态文明实践探索、宣传教育等方面做出显著成绩和突出贡献，具有典型示范意义11个先进典型（其中先进集体4个，先进个人7个）开展追踪采访宣传报道。黔西南日报和黔西南电视台已经全部进行采访宣传报道。报道被贵州民族报、多彩贵州网、中新网、人民网、学习强国、经济日报、省生态环境厅新媒体平台等媒体进行转载。

组织开展环保设施公众开放活动。线上公众开放：疫情期间，组织州监测站、桔山污水处理厂、州医疗废物处置中心、鸿大垃圾发电厂、赵家渡水质自动站5家环保设施单位，分别制作时长约4分钟的环保设施公众开放视频作品，通过局“两微”公众号平台，在线上向社会公众开放，网络点击量达6000余次。线下公众开放：组织市民和师生60余人分批到州监测站、鸿大垃圾发电厂、州医疗废物处置中心、桔山污水处理厂、滴水污水处理厂、赵家渡水质自动站、兴西湖水质自动站、桔园空气自动站参观学习。全州列入全国第一至四批设施开放名单的8家单位，已经全部线下对公众开放。

开展习近平生态文明思想进校园、进机关、进企业、进社区活动。组织到兴义师专附中、义龙新区机关和元豪火电厂开展习近平生态文明思想“四进”宣传活动，将“十三五”生态文明建设成果进行现场展出，参观人员达2000余人，发放生态环保宣传资料300余份，普及生态文明理念和环保知识。

（姚　青）

## 水环境

### 2020年黔西南州主要河流断面水质状况表

| 序号 | 断面名称 | 所在河流 | 规定水质类别 | 实际水质类别 | 主要污染物 | 备注 |
|---|---|---|---|---|---|---|
| 1 | 三江口 | 南盘江 | Ⅲ | Ⅱ | — | 入境 |
| 2 | 坡脚 | 南盘江 | Ⅲ | Ⅱ | — | — |
| 3 | 蔗香南 | 南盘江 | Ⅲ | Ⅰ | — | — |
| 4 | 岔江 | 黄泥河 | Ⅲ | Ⅱ | — | — |
| 5 | 黄泥河 | 小黄泥河 | Ⅲ | Ⅱ | — | 入境 |
| 6 | 沧江 | 仓更河 | Ⅲ | Ⅱ | — | — |
| 7 | 堵德 | 达力河 | Ⅲ | Ⅱ | — | — |
| 8 | 车榔 | 马别河 | Ⅲ | Ⅱ | — | — |
| 9 | 赵家渡 | 马别河 | Ⅲ | Ⅱ | — | — |
| 10 | 纳怀 | 木浪河 | Ⅱ | Ⅱ | — | — |
| 11 | 伍寨 | 锅底河（湾塘河） | Ⅲ | Ⅲ | — | — |
| 12 | 下纳灰 | 纳灰河 | Ⅲ | Ⅲ | — | — |
| 13 | 庙边 | 石桥河 | Ⅲ | Ⅱ | — | — |
| 14 | 纳省 | 纳省河 | Ⅲ | Ⅱ | — | — |
| 15 | 小寨 | 顶效河 | Ⅲ | Ⅲ | — | — |
| 16 | 德卧 | 白水河 | Ⅲ | Ⅱ | — | — |
| 17 | 纳桃 | 者告河 | Ⅲ | Ⅱ | — | — |
| 18 | 八渡 | 乃言河 | Ⅲ | Ⅱ | — | — |
| 19 | 百口 | 百口河 | Ⅲ | Ⅱ | — | — |
| 20 | 岔河口 | 北盘江 | Ⅲ | Ⅰ | — | 入境 |
| 21 | 蔗香北 | 北盘江 | Ⅲ | Ⅱ | — | — |
| 22 | 毛蟲 | 格所河（乌都河） | Ⅲ | Ⅱ | — | — |
| 23 | 竹塘 | 竹塘河 | Ⅲ | Ⅱ | — | — |
| 24 | 平寨 | 西泌河 | Ⅲ | Ⅱ | — | — |
| 25 | 岔普 | 麻沙河 | Ⅲ | Ⅱ | — | — |
| 26 | 跳蹬 | 麻沙河 | Ⅲ | Ⅱ | — | — |
| 27 | 粑粑铺 | 南冲河 | Ⅲ | Ⅱ | — | — |
| 28 | 栗树 | 新寨河 | Ⅲ | Ⅱ | — | — |
| 29 | 白层 | 那郎河 | Ⅲ | Ⅱ | — | — |
| 30 | 鲁贡 | 鲁贡河 | Ⅲ | Ⅱ | — | — |
| 31 | 马路河 | 大田河 | Ⅲ | Ⅱ | — | — |
| 32 | 大田村 | 大田河 | Ⅲ | Ⅰ | — | — |
| 33 | 洛凡 | 大田河 | Ⅲ | Ⅱ | — | — |
| 34 | 工公桥 | 鲁沟河 | Ⅲ | Ⅱ | — | — |
| 35 | 打凼 | 打凼河 | Ⅲ | Ⅱ | — | — |
| 36 | 倒马坎 | 海子河 | Ⅲ | Ⅱ | — | — |
| 37 | 庆坪 | 庆坪河 | Ⅳ | Ⅱ | — | — |
| 38 | 下坛 | 北乡河 | Ⅲ | Ⅱ | — | — |

续表

| 序号 | 断面名称 | 所在河流 | 规定水质类别 | 实际水质类别 | 主要污染物 | 备注 |
|---|---|---|---|---|---|---|
| 39 | 马鞍田 | 挽澜河 | Ⅲ | Ⅱ | — | — |
| 40 | 羊场村 | 者楼河 | Ⅲ | Ⅲ | — | — |
| 41 | 坝岩 | 清水江 | Ⅲ | Ⅱ | — | — |
| 42 | 三滩 | 望谟河 | Ⅲ | Ⅱ | — | — |
| 43 | 蔗香红 | 红水河 | Ⅲ | Ⅱ | — | 出境 |
| 44 | 乐康 | 乐康河 | Ⅳ | Ⅱ | — | — |
| 45 | 昂武 | 桑郎河 | Ⅲ | Ⅱ | — | — |

## 2020年黔西南州湖库垂线水质状况表

| 序号 | 垂线名称 | 所在湖库 | 规定水质类别 | 实际水质类别 | 主要污染物 |
|---|---|---|---|---|---|
| 1 | 巴结 | 万峰湖 | Ⅲ | Ⅱ | — |
| 2 | 天生桥 | 万峰湖 | Ⅲ | Ⅱ | — |
| 3 | 未罗兰 | 万峰湖 | Ⅲ | Ⅲ | — |
| 4 | 坝达章 | 万峰湖 | Ⅲ | Ⅱ | — |
| 5 | 新寨 | 万峰湖 | Ⅲ | Ⅱ | — |
| 6 | 红椿码头 | 万峰湖 | Ⅲ | Ⅱ | — |
| 7 | 兴西湖坝前 | 兴西湖 | Ⅲ | Ⅱ | — |
| 8 | 木浪河坝前 | 木浪河水库 | Ⅱ | Ⅱ | — |
| 9 | 小龙潭坝前 | 小龙潭水库 | Ⅲ | Ⅱ | — |
| 10 | 围山湖坝前 | 围山湖水库 | Ⅲ | Ⅱ | — |
| 11 | 光照电站坝前 | 光照电站水库 | Ⅲ | Ⅱ | — |
| 12 | 马马崖电站坝前 | 马马崖电站水库 | Ⅲ | Ⅱ | — |
| 13 | 董箐电站坝前 | 董箐电站水库 | Ⅲ | Ⅱ | — |
| 14 | 鲁皂水库坝前 | 鲁皂水库 | Ⅲ | Ⅲ | — |
| 15 | 法泥水库坝前 | 法泥水库 | Ⅲ | Ⅲ | — |
| 16 | 打鱼凼水库坝前 | 打鱼凼水库 | Ⅲ | Ⅲ | — |
| 17 | 纳山岗水库坝前 | 纳山岗水库 | Ⅲ | Ⅱ | — |
| 18 | 云洞水库坝前 | 云洞水库 | Ⅲ | Ⅱ | — |
| 19 | 水车田水库坝前 | 水车田水库 | Ⅲ | Ⅱ | — |
| 20 | 东风水库坝前 | 东风水库 | Ⅲ | Ⅱ | — |
| 21 | 坝朝水库坝前 | 坝朝水库 | Ⅲ | Ⅱ | — |
| 22 | 册亨水库坝前 | 册亨水库 | Ⅲ | Ⅱ | — |
| 23 | 纳过水库坝前 | 纳过水库 | Ⅱ | Ⅱ | — |

### 2020年黔西南州中心城市集中式饮用水源地水质状况表

| 水源地名称 | 监测断面 | 水质类型 | 规定类别 | 实达类别 | 主要污染物及超标倍数 |
|---|---|---|---|---|---|
| 兴西湖水库 | 兴西湖水库 | 湖库 | Ⅲ | Ⅱ | — |
| 木浪河水库 | 木浪河水库 | 河流 | Ⅲ | Ⅰ | — |
| 围山湖水库 | 围山湖水库 | 湖库 | Ⅲ | Ⅱ | — |

### 2020年黔西南州县级城镇集中式饮用水源地水质状况表

| 所在地 | 监测断面 | 水质类型 | 规定类别 | 实达类别 | 主要污染物及超标倍数 |
|---|---|---|---|---|---|
| 兴仁市 | 鲁皂水库 | 地表水（湖库） | Ⅲ | Ⅲ | — |
| | 法泥水库 | 地表水（湖库） | Ⅲ | Ⅲ | — |
| 贞丰县 | 纳山岗水库 | 地表水（湖库） | Ⅲ | Ⅱ | — |
| | 水车田水库 | 地表水（湖库） | Ⅲ | Ⅱ | — |
| 晴隆县 | 西泌河水库 | 地表水（湖库） | Ⅲ | Ⅲ | — |
| 普安县 | 甲金水库 | 地表水（湖库） | Ⅲ | Ⅲ | — |
| 册亨县 | 坝朝水库 | 地表水（湖库） | Ⅲ | Ⅱ | — |
| 望谟县 | 纳坝水库 | 地表水（湖库） | Ⅲ | Ⅱ | — |
| 安龙县 | 钱相马槽龙潭 | 地下水 | Ⅲ | Ⅲ | — |
| | 海子农场 | 地下水 | Ⅲ | Ⅲ | — |
| | 观音岩 | 地下水 | Ⅲ | Ⅲ | — |
| 望谟县 | 六洞河 | 地下水 | Ⅲ | Ⅲ | — |

## 大气环境

### 2020年黔西南州各县（市）环境空气质量状况表

| 城市名称 | $PM_{2.5}$ (μg/m³) | $PM_{10}$ (μg/m³) | $SO_2$ (μg/m³) | $NO_2$ (μg/m³) | CO (mg/m³) | $O_3$ (μg/m³) | 优良天数比例 | 综合指数 | 空气质量等级 |
|---|---|---|---|---|---|---|---|---|---|
| 册亨县 | 12 | 20 | 4 | 4 | 1.2 | 109 | 100.0% | 1.78 | 二级 |
| 普安县 | 10 | 20 | 4 | 11 | 0.6 | 135 | 99.2% | 1.92 | 二级 |
| 晴隆县 | 13 | 23 | 11 | 7 | 1.1 | 98 | 100.0% | 1.95 | 一级 |
| 贞丰县 | 14 | 31 | 3 | 7 | 1.0 | 115 | 100.0% | 2.04 | 二级 |
| 兴仁市 | 14 | 27 | 4 | 6 | 1.4 | 122 | 100.0% | 2.12 | 二级 |
| 望谟县 | 13 | 36 | 7 | 11 | 1.0 | 99 | 100.0% | 2.15 | 一级 |
| 兴义市 | 17 | 30 | 5 | 12 | 0.8 | 111 | 100.0% | 2.19 | 二级 |
| 安龙县 | 22 | 31 | 5 | 6 | 0.8 | 128 | 100.0% | 2.30 | 二级 |

续表

| 城市名称 | | $PM_{2.5}$ (μg/m³) | $PM_{10}$ (μg/m³) | $SO_2$ (μg/m³) | $NO_2$ (μg/m³) | CO (mg/m³) | $O_3$ (μg/m³) | 优良天数比例 | 综合指数 | 空气质量等级 |
|---|---|---|---|---|---|---|---|---|---|---|
| 兴义市（国控） | | 19 | 29 | 6 | 14 | 0.8 | 114 | 100.0% | 2.31 | 二级 |
| 全州 | | 14 | 27 | 5 | 8 | 1.0 | 115 | 99.9% | 2.06 | 二级 |
| 年均值标准 | 一级 | 15 | 40 | 20 | 40 | 4 | 100 | — | — | — |
| | 二级 | 35 | 70 | 60 | 40 | 4 | 160 | | | |

## 2020年中心城市兴义市酸雨污染状况表

| 监测点位 | pH年均值 | 酸雨率（%） |
|---|---|---|
| 万峰林 | 7.33 | 0 |
| 场坝街 | 7.22 | 0 |
| 城市平均 | 7.27 | 0 |

## 2020年中心城市兴义市城市降尘状况表

| 监测点位 | 降尘量年均值（t/km²） | 点位属性 |
|---|---|---|
| 万峰林 | 1.96 | 清洁对照点 |
| 场坝街 | 2.28 | 监测点 |
| 桔园中学 | 2.82 | 监测点 |
| 坪东大道 | 2.54 | 监测点 |
| 城市平均 | 2.40 | —— |

# 声环境

## 2020年黔西南州区域声环境质量状况

| 城市 | 等效声级 dB（A） | 总体水平等级 | 声环境质量 |
|---|---|---|---|
| 兴义市 | 52.8 | 二级 | 较好 |
| 兴仁市 | 53.6 | 二级 | 较好 |
| 安龙县 | 54.4 | 二级 | 较好 |
| 贞丰县 | 52.0 | 二级 | 较好 |
| 普安县 | 52.7 | 二级 | 较好 |
| 晴隆县 | 54.1 | 二级 | 较好 |
| 册亨县 | 52.4 | 二级 | 较好 |

续表

| 城市 | 等效声级 dB（A） | 总体水平等级 | 声环境质量 |
|---|---|---|---|
| 望谟县 | 53.9 | 二级 | 较好 |
| 义龙新区 | 58.9 | 三级 | 一般 |
| 全州 | 53.9 | 二级 | 较好 |

## 2020 年黔西南州道路交通声环境质量状况

| 城市 | 等效声级 dB（A） | 强度等级 | 声环境质量 |
|---|---|---|---|
| 兴义市 | 61.5 | 一级 | 好 |
| 兴仁市 | 65.6 | 一级 | 好 |
| 安龙县 | 54.2 | 一级 | 好 |
| 贞丰县 | 61.6 | 一级 | 好 |
| 普安县 | 64.2 | 一级 | 好 |
| 晴隆县 | 59.0 | 一级 | 好 |
| 册亨县 | 65.0 | 一级 | 好 |
| 望谟县 | 65.0 | 一级 | 好 |
| 义龙新区 | 66.7 | 一级 | 好 |
| 全州 | 62.5 | 一级 | 好 |

## 2020 年黔西南州功能区声环境质量状况

| 城市 | 昼间达标率 | 夜间达标率 % |
|---|---|---|
| 兴义市 | 100.0% | 85.7% |
| 兴仁市 | 89.3% | 92.9% |
| 安龙县 | 100.0% | 85.7% |
| 贞丰县 | 96.4% | 96.4% |
| 普安县 | 100.0% | 96.4% |
| 晴隆县 | 100.0% | 100.0% |
| 册亨县 | 100.0% | 100.0% |
| 望谟县 | 100.0% | 100.0% |
| 义龙新区 | 92.9% | 71.4% |
| 全州 | 97.0% | 92.1% |

# 交通运输·邮政

## 交通基础设施建设

**【概况】** 2020年计划完成全社会交通固定资产投资175亿元。截至12月底，全州全社会交通固定资产投资完成181.75亿元，目标完成率103.86%。

全州公路通车总里程为2.27万千米。按行政等级分：国道896.91千米（国高253.82），省道2051.94千米（省高367.47），县道3126.76千米，乡道4212.38千米，村道7678.31千米，组组通硬化路4696.09千米。按技术等级分：高速621.29千米，一级公路220.25千米，二级公路724.58千米，三级公路578.95千米，四级公路12609.5千米，等外公路7907.82千米。全州水路通航里程1017.33千米，其中：高等级四级航道361.79千米，五级航道411.5千米，六级航道117.22千米，七级航道65.6千米，等外级航道61.22千米。

**【公路建设】** 2020年黔西南州地方实施的在建普通国省道改建项目4个总规模183千米，完成年度投资2.6613亿元，建成53千米。截至12月底，4个在建项目年度投资完成5.9499亿元，建成62.6千米。

2020年计划完成新改建农村公路681千米，其中贫困地区窄路基路面改造80.7千米。截至12月31日，完成年度投资93208.151亿元，完成路面894.809千米。截至12月31日，已开工1126.461千米，建成808.992千米县乡公路，累计完成投资12.8亿元。全年计划建成公路安全生命防护工程1092千米，截至12月31日，建成1770.748千米，年度目标完成率163.6%。

全年计划完成新增普通国省道危桥改造5座、县乡道危桥改造5座、村道危桥改造10座。截至12月31日，已完工国省道危桥改造计划项目5座、县乡道危桥改造5座、村道危桥改造12座，累计完成投资2194.98万元，总体形象进度110%。

2020年计划创建“美丽农村路示范项目”800千米，截至12月31日，创建完成800千米，目标完成率100%。

**【高速公路建设】** 兴义环城高速公路。截至2020年12月底，已完成年度投资26.7854亿元；累计完成投资101.8809亿元，项目总体形象进度100%。已建成，并完成交工验收。

六枝至安龙高速公路。项目社会资本招标工作已完成；州人民政府已印发项目征地工作规程和拆迁安置补偿方案，7月17日完成项目征地拆迁动员暨业务培训会议；自然资源部对项目建设用地预审批复；贵州省发改委对项目核准批复；部分控制性工程建设及征地拆迁工作正有序推进。

纳雍至晴隆高速公路。项目社会资本招标工作已完成；贵州省发改委对项目可行性研究报告进行批复；州人民政府已印发项目征地工作规程和拆迁安置补偿方案；自然资源部对项目建设用地预审批复；部分控制性工程建设及征拆工作正有序推进。

**【一、二级公路建设】** 2020年册亨、晴隆极贫乡镇公路完成年度投资0.99亿元，年度目标完成率100%。其中，册亨县城至平华二级公路，已完成年度投资0.6458亿元，项目总体形象进度100%；晴隆砂锅经三宝至沙余公路改扩建工程（主线），已完成年度投资0.3亿元，项目总体形象进度100%。

**【汽车站场建设】** 2020年计划建成1个乡镇客运站，加快推进兴仁城西客运站县级客运站建设，累计完成总体形象进度75%以上。截至12月31日，兴仁城西客运站主体工程已完成，总体形象进度达90%；望谟新屯客运站已建成，总体形象进度达100%。

**【水运建设】** 2020年，全州完成水运固定资产投资1944.48万元。其中：完成董箐、光照库区航运建设工程完善项目（董箐库区董箐码头、小花江码头，光照库区晴隆县左格码头、五里碑码头、龙头寨码头、兰田码头，普安县河洋码头的安防设施、环保设施、绿化设施、岸电设施、公厕等）工程投资1002.70万元，于12月完成验收；完成港口、船舶污染物防治设施建设投资500万元，包括垃圾桶（箱）、污水接收动力船、污水接收池、污水处理装置、厕所、污染物转运车、油污水接收桶、告示牌等建设。实施完成4个城乡便民码头建设，即普安县垫地坪码头、雷响田码头已完成建设并验收，安龙县者孔码头、纳河码头已建设完成未验收，城乡便民码头工程完成投资441.78万元。

## 运输管理

**【路政管理】** 2020年，黔西南州交通运输局路政管理支队对全州农村公路进行巡查公路里程1.53万千米；全州农村公路路政共上路巡查7248人次，纠正、查处各类路政违章407件，其中公路违法建筑案件21起、违法广告牌264起、违法加加水点17起、违法摆摊设点105起，结案率均达到100%。全年持续开展执法宣传，其中在“路政宣传月”投入执法人员95人次，执法车辆36辆次，放置横幅36条、展板18块，发放相关宣传资料13530余份，接受群众咨询2720人次。

2020年，农村公路路政联合公安交警开展农村公路货运车辆超限超载运输治理，截至2020年12月，投入稽查人员4160人次，开展流动治超361次，开展路警联合执法299次，检测货运车辆25787辆，查处超限车辆392次，卸载（转运）货物4032.5吨，移交交警处罚212起，超限运输比例1.52%，将超限运输比例控制在2%以内，完成省、州级指标。

**【道路运输事故预防】** 2020年，认真落实“管行业必须管安全、管业务必须管安全、管生产经营必须管安全”的要求，切实履行道路运输行业源头监管职责，深入贯彻落实安全生产专项整治三年行动工作要求，指导县（市、区）道路运输管理机构开展道路运输行业安全生产大排查大整治、消防安全执法检查专项行动、道路危险化学品运输综合治理、道路运输行业做好安全重大风险识别和防控工作、“安全生产月”等各项活动。打击道路运输各类违法违规经营行为，规范安全生产法治秩序，查处各类非法违法经营活动427起，其中无证或证照不全从事经营的207起、隐患排查治理制度不健全、责任不明确、措施不落实、整改不到位的92起，其他非法违法生产经营的128起。严格监督汽车客运站执行“三不进站、六不出站”制度。强化车辆动态监控管理，督促辖区“两客一危”企业履行车辆动态监控主体责任，充分利用车辆动态监控平台和贵州省道路交通安全综合管理平台监控运输车辆的运输经营行为，及时纠正违规行为。严格依法开展运输经营行为执法检查，全州共计检查车辆37974辆次，查处非法营运和违规经营案件共计753起。

**【交通运输工程质量安全监督】** 2020年，州交通质监站及州交通建设发展中心工程质量科受理续建和新开工项目质量安全监督共46个、里程961.655千米，州交通质监站年初制定2020年度监督计划，确保普通国省干线和重要农村公路监督覆盖率达100%，按照监督工作计划开展21次质量安全督查，对检查发现的问题隐患进行督促整改，加强监督项目施工过程中质量安全管控。各县（市、新区）交通运输局组建的质量机构具体开展农村公路独立中桥、小桥、公路安全生命防护工程、通村及以下等级路的质量安全监督工作，州交通质监站及州交通建设发展中心工程质量科进行帮扶和指导工作。

年内完成竣（交）工核验检查项目25个里程538.114千米，其中：普通国省道灾毁恢复重建工程项目为1个、里程18千米，县乡公路路面提升改善工程22个、里程498.729千米，大中修工程2个、里程21.385千米，该25个项目以合格工程通过竣（交）工验收，并投入使用。

加强对试验检测机构管理，严格执行试验检测机构登记备案制、专项督查制及信用评价制度。在州交通质监站及州交通建设发展中心工程质量科登记备案的试验检测机构25家，州交通质监站及州交通建设发展中心工程质量科在2020年总共开展3次试验检测机构综合督查，并配合省交通质监局完成2020年信用评价工作。

**【农村公路养护工程】** 2020年，实施生命安全防护工程257个，处置隐患里程1782千米，年度完成投资2.2亿元，实施危桥改造20座，年度完成投资0.1987亿元。全州农村公路各季度路况评定：第一季度县道PQI中等路率为74.6%、乡道PQI中等路率为74.6%。第二季度县道PQI中等路率为76.43%，乡道PQI中等路率为75.54%。第三季度县道PQI中等路率为76.54%，乡道PQI中等路率75.6%。第四季度县道PQI中等路率为76.54%，乡道PQI中等路率为75.6%。全州1239个建制村（含235个居委会），已通畅1239个，通畅率为100%。

**【道路旅客运输】** 2020年，全州共有道路旅客运输企业25户［班车客运企业12户，包车（旅游）客运企业13户］，共有营运线路532条，共有客运车辆1512辆［省际线路54条，客车108辆；市际线路56条，客车161辆；县际线路151条，客车369辆；县内线路272条，客车656辆；包车（旅游）客运218辆］，全州共2141个行政村，已通客运2141个村，通达率100%。

**【城市公共交通】** 2020年，全州共有城市公交企业11户，公交车514辆。其中，兴义市2户，公交车286辆；兴仁市1户，公交车46辆；普安县1户，公交车38辆；晴隆县2户，公交车20辆；贞丰县1户，公交车20辆；望谟县1户，公交车19辆；册亨县1户，公交车12辆；安龙县1户，公交车16辆；义龙新区1户，公交车57辆。

**【出租车客运】** 2020年，全州共有出租汽车企业100户（巡游出租汽车企业15户，巡游出租汽车1431辆；网络预约出租汽车企业85户，网络预约出租汽车2251辆）。其中，兴义市巡游出租汽车企业5户，巡游出租汽车697辆，网络预约出租汽车企业31户，网络预约出租汽车1803辆；兴仁市巡游出租汽车企业2户，巡游出租汽车170辆，网络预约出租汽车企业14户，网络预约出租汽车91辆；普安县巡游出租汽车企业1户，巡游出租汽车50辆；晴隆县巡游出租汽车企业1户，巡游出租汽车80辆；贞丰县巡游出租汽车企业2户，巡游出租汽车143辆，网络预约出租汽车企业7户，网络预约出租汽车90辆；望谟县巡游出租汽车企业1户，巡游出租汽车108辆，网络预约出租汽车企业10户，网络预约出租汽车76辆；册亨县巡游出租汽车企业1户，巡游出租汽车50辆，网络预约出租汽车企业10户，网络预约出租汽车74辆；安龙县巡游出租汽车企业1户，巡游出租汽车70辆，网络预约出租汽车企业12户，网络预约出租汽车117辆；义龙新区巡游出租汽车企业1户，巡游出租汽车41辆，网络预约出租汽车企业1户。

**【道路货物运输】** 2020年，全州共有道路货物运输企业311户，营运货车7289辆。其中，兴义市181户，3664辆；兴仁市30户，90辆；普安县4户，12辆；晴隆县10户，29辆；贞丰县5户，60辆；望谟县1户，5辆；册亨县3户，22辆；安龙县13户，464辆；义龙新区64户，2943辆。

**【汽车维修企业】** 汽车维修企业：2020年，全州共有一类维修企业18户，其中兴义9户、义龙1户、兴仁2户、安龙2户、贞丰2户、望谟1户、晴隆1户；二类维修企业118户，其中兴义89户、义龙3户、兴仁3户、安龙8户、贞丰6户、册亨2户、望谟7户；三类维修企业201户，其中兴义157户、义龙1户、兴仁5户、安龙3户、册亨20户、望谟7户、晴隆3户、普安5户。

【机动车驾驶培训机构】 根据《贵州省机动车驾驶培训教学大纲规定》要求，对机动车驾驶人在道路交通安全法律、法规和相关知识、基础和场地驾驶、道路驾驶、安全文明驾驶常识四个方面进行培训学习。2020年度全州共有驾驶培训学校50家，驾驶技能培训52867人，结业29135人，道路运输从业人员从业资格培训考试5346人。

【水上运输】 2020年，全州共有水路旅客运输企业21户，客运船舶399艘15585客位；水路货物运输企业2户，货运船舶16艘21500载重吨（其中500吨级货船1艘，1000吨级货船9艘，2000吨级货船6艘）。

## 交通安全执法

【概况】 2020年黔西南州交通运输局分别制定印发《黔西南州交通运输局关于开展2020年“安全生产月”和“安全生产金州行”活动的通知》（州交安〔2020〕6号）、《关于印发黔西南州交通运输安全专项整治三年行动细化实施方案的通知》（州交安〔2020〕8号）、《黔西南州交通运输局关于开展第三季度暨国庆、中秋节前安全生产大检查的通知》（州交安〔2020〕12号）、《黔西南州交通运输局关于印发“黔西南州交通运输安全生产监管执法月”系列活动实施方案的通知》（州交安〔2020〕13号）、《黔西南州交通运输局关于开展安全生产专项检查的通知》（州交安〔2020〕17号）《黔西南州交通运输局关于立即组织开展奋战一百天切实做好2020年第四季度及今冬明春安全生产工作的通知》（州交安〔2020〕19号）等文件并开展各项工作，在春运、五一、汛期、六月安全月、中秋国庆、冬季等重要时间段督促各县市交通运输部门、局属各单位开展安全检查，利用六月安全生产月、监管执法月活动，加大公路和水上交通法律法规的宣贯力度。召开安全生产专题会议3次，季度安全例会4次，分别对每季度及重要时段的安全生产作安排和部署，每季度成立局领导带队检查组，在全州范围内开展安全生产督促检查。开展安全生产专项整治三年攻坚行动。成立以党组书记、局长为组长的领导机构，结合实际，制定细化实施方案。深入学习贯彻宣传习近平总书记关于安全生产重要论述，并做好指导全州交通运输行业深入推进学习，共计形成学习报告及简报10篇。全州各交通运输经营企业严格落实安全生产主体责任，加强安全生产管理，推进安全生产标准化建设，全州道路运输行业应达标企业按期达标；强化从业人员安全培训教育，提升企业本质安全；开展风险辨识与防控，健全完善隐患排查治理制度，制度化开展事故隐患排查，及时发现并消除事故隐患；加大安全投入，落实安全生产保障措施，全力提高安全生产水平和应急救援能力，确保企业安全生产。加大督导检查力度，为全面掌握全州交通运输领域安全生产专项整治工作开展情况，州交通运输局共派出检查人员248人次，检查单位288家，检查安全隐患335条，完成隐患整改335条。

【道路运输安全整治】 紧盯事故多发易发的“两客一危”、城市公交、出租车和汽车客运站经营企业，督促企业认真落实安全生产主体责任。强化隐患排查治理，着力查大风险、除大隐患、防大事故，认真贯彻落实省交通运输厅“五条军规”，强化包保责任，开展道路运输企业、“两客一危”、城市公交、班线（旅游）客运专项整治，着力提升安全生产管理水平。持续推进运输企业安全生产标准化达标工作，持续抓好“打非治违”工作。指导督促县（市、区）交通运输局持续推进辖区交通运输行业相关经营企业做好安全生产标准化建设，提升全行业的安全生产水平。积极开展交通运输行政执法行动，打击各类违法违规经营行为，规范安全生产法治秩序，全面提高事故防控能力，有效促进全州交通运输行业安全生产形势持续稳定好转。2020年，共组织检查组1197个，检查人员6313人次，检查企业2036家次，排查治理隐患企业单位2299家次，排查出一般隐患1130项，整改完成1081项，整改率95.66%，责令改正、限期整改、停止违法行为744起，无证、证照不全或过期、超许可范围从事生产经营建设，以及倒卖、出租、出借或以其他形式非法转让安全生产许可证的280起，处罚罚款331.74万元，责令停产、停业、停止建设企业1家。

【水上交通安全工作】 将乡镇自用船管理纳入重要检查内容，按照《内河渡口渡船安全管理规定》《贵州省乡镇自用船舶安全管理办法》的规定，进一步推动落实乡镇人民政府履行乡镇自用船安全管理的主体责任。狠抓船舶检验及乡镇自用船管理培训工作，在各县（市）开展船舶集中检验和乡镇自用船舶管理培训活动，减少超期脱检船舶，加强乡镇自用船的检丈登记或年度检验，确保船舶适航。督促建立涉水出行的农闲民俗活动、婚丧嫁娶、乡（镇）集会向乡镇政府和海事部门双报备制度，确保水上出行安全。指导各县市区交通运输局组织加大对辖区水域和库区的督促检查力度，实现全州重点水域安全检查全覆盖。持续开展水上安全宣传教育、打非治违、隐患排查与整治等工作，水上安全形势持续稳定，未出现安全责任事故。由黔西南州承办水上交通事故跨区域联合应急救援演练任务，按照州人民政府领导批示要求，4月底向省交通运输厅上报演练计划和方案，之后按照省交通厅、省应急厅要求，按时上报演练脚本，时间紧任务重的情况下，局领导班子高度重视，主要领导亲自部署安排，班子成员分工协作，于6月30日圆满完成演练任务，并得到各级观摩领导的高度好评。

**【农村公路安全工作】** 2020年全州实施完成安全生命防护工程176个（含计划外项目81个），处治隐患里程1782千米，完成危桥改造工程项目共19座/523.33延米；完成整改并销号验收州级挂牌督办隐患68处；深入开展地质灾害隐患排查治理工作，排查农村公路（含新增普通国省道）地质灾害隐患点共计25处，投入工程治理资金4027万元。

**【超限运输治理工作】** 2020年完成将公路行驶货车超限超载率控制在2%以下目标。全州（含地方）投入稽查人员4160人次，检测车辆25787辆，查处超限超载车辆（不含超限超载1吨以内）392辆，卸载（转运车辆）351辆，卸载（转运）4032.5吨，移交交警处罚212起。全州货运源头治理投入执法人员数267人次，巡查120次，巡查源头单位166个，下达整改书（份数）9份，抄送相关主管部门7份。货车非法改装专项行动，投入检查投入执法人员人数1025人次，开展货运车辆非法改装路面检查200次，查处货车非法改装车辆34辆，检查机动车维修企业29家，下达整改通知书15份治理。通过治理，全州货运车辆超限运输率为1.52%。

**【交通机构改革】** 2020年8月，根据州编办《关于规范调配州交通运输局（州交通战备办公室）部分下设事业单位机构编制事项的通知》（州机编办字〔2020〕77号）、《黔西南州交通运输发展中心宗旨和业务范围、机构规格、内设机构、人员编制和领导职数规定》（州机编办字〔2020〕115号）、《黔西南州交通建设发展中心宗旨和业务范围、机构规格、内设机构、人员编制和领导职数规定》（州机编办字〔2020〕116号）、《黔西南州交通运输综合行政执法支队宗旨和业务范围、机构规格、内设机构、人员编制和领导职数规定》（州机编办字〔2019〕68号）文件规定，黔西南州交通运输局下属单位完成机构改革，新组建成立黔西南州交通建设发展中心、黔西南州交通运输发展中心和黔西南州交通运输综合行政执法支队三个副县级单位。截至2020年3月，全局系统共有在册编干部职工197人。

（州交通局）

## 铁路建设

**【盘兴铁路】** 盘兴铁路项目成功发行专项债券9.07亿元，专项债资金于2020年6月到位。2020年4月8日盘兴铁路全线用地报件工作正式通过省自然资源厅审查；5月19日盘兴高铁全线用地手续正式报进自然资源部窗口；6月23日省铁建办在兴义市召开盘兴铁路全线开工建设征地拆迁启动会；7月8日盘兴高铁全线用地手续通过自然资源部部务会审查，9月获得自然资源部正式批复。截至12月底，红线用地完成征地1257.95亩，占红线用地（1828.5）68.80%；临时用地征地完成828.67亩，占临时用地（2416.91）34.29%。发放征拆补偿资金2473.47万元。全线完成投资3亿元，开工累计完成投资5亿元。

**【项目编研】** 贵阳至兴义铁路：深化贵阳至兴义铁路沿线资源综合开发论证，组织设计单位、贵州铁投集团、中天城投等深化开发方研究，测算项目经济盈亏平衡等，提出意见建议上报省政府决策参考。

兴义至百色铁路：配合中铁二院编制完成兴百铁路项目预可行性研究报告，配合中铁五院编

2020年6月23日，省铁建办在兴义组织召开盘兴铁路全线开工建设征地拆迁启动会　（铁建办　提供）

2020年8月12日，州长杨永英率队赴京对接黔西南州铁路“十四五”规划工作　（铁建办　提供）

2020年7月31日，州人民政府副州长李杰主持召开兴义南站站前综合交通枢纽规划审查会议　（铁建办　提供）

2020年9月29日，中国铁路总公司工程鉴定中心在贵阳市组织召开黄百铁路可研报告审查会议　（铁建办　提供）

制完成项目可研报告编制工作，协调地方配合开展地勘工作，帮助各级人大代表、政协委员撰写议案提案，通过在两会上提交建议议案等方式推进铁路建设工作。

黄桶至百色铁路：配合中铁二院昆明公司深化黄桶至百色铁路线路方案研究，完成线路经过黔西南州望谟县境内线路选线与站点设置研究，2020年5月15日，中铁二院黄百铁路项目总体组赴望谟县开展黄百铁路现场踏勘及望谟站位方案征求意见工作。2020年9月28日至30日，中国铁路总公司工程鉴定中心在贵阳市组织召开黄百铁路可研报告审查会议，推进项目预可行性研究报告编制工作。

**【运输量】** 州境内2020年铁路旅客发送量为48.66万人，货物周转量为702.1万吨，其中发送量为284.1万吨，到达量为417.6万吨。

（铁建办）

## 兴义机场

**【概况】** 2020年，兴义机场围绕“经营性与公益性相结合的滇黔桂三省区结合部中小型机场；黔西南州对外靓丽的窗口和名片；黔西南州对外改革开放的平台和经济社会发展的助推引擎”功能定位，开展各项重点工作，成效显著。疫情防控防线坚强牢固、复工复产有序推进、航空市场开发逆势启航、旅游支线机场航旅融合、精神文明建设结出硕果、党建及党风廉政建设取得实效，管理品质系统性、整体性提升，为助力黔西南州经济社会高质量发展做出积极的贡献。

**【疫情防控阻击战】** 2020年1月22日制定《兴义机场防控新型冠状病毒疫情工作方案》，成立以兴义机场总经理马祥为组长的疫情防控领导小组，统筹地方防控资源，联合地方相关部门成立临时党支部，建立多方联动机制，紧急采购2台红外体温仪，主动争取防疫物资增援和采购；统筹兴义机场全体干部职工不折不扣抓好各项防控措施的贯彻执行。实现疫情防控零感染，为助力地方经济社会高质量发展创造良好的外部环境。

**【运输生产情况】** 旅客吞吐量：2020年累计完成旅客吞吐量104.23万人，比上年同期138.46万人减少24.70%；货邮吞吐量：2020年累计完成货邮吞吐量782.89吨，比上年同期1364.16吨减少42.61%。起降架次：2020年累计飞行12536架次，比上年同期14814架次减少15.38%，完成目标任务值12598架次的99.51%。

【航班航线开发情况】 2020年10月25日引进兴义⇌广州航线一架南航A320免费驻场过夜，连同华夏3架CRJ900，兴义机场共计达到4架航班同时驻场过夜；优化北京、上海、广州等航线网络、航班时刻和航线补贴，实现降补达4200余万元。旅客吞吐量牢牢守住100万人次，全国排名从91位上升到82位；全年开通航线达23条，其中省内支支串飞5条，通达城市28个，运营航空公司11家，实现航空市场开发逆势起航，为服务地方政治、经济、社会、文化、旅游等做出贡献。

【合作共赢新发展格局】 2019年12月31日，兴义机场与黔西南州消防支队、兴义市人民医院签订战略合作共建协议，2020年1月1日，双方正式启动战略合作，实现航空应急救援与社会应急救援体系深度融合，提升兴义机场安全保障能力；2020年6月18日兴义机场与贵阳汽车客运有限公司、州文旅集团、阳光集团、华夏航空等单位签订战略合作协议，利用大数据平台，采取优势互补、资源共享，打造集"吃、住、行、游、娱、购"为一体的综合服务保障体系，将优势资源转化为经济优势，构建合作共赢新发展格局。

【荣誉称号】 2020年兴义机场坚持党建引领，推进党建工作与重点工作深度融合。11月20日，中央文明委授予兴义机场"全国文明单位"荣誉称号。2020年第三、四季度兴义机场安全保障能力均排名西南地区第一名，6月荣获"贵州省三八红旗集体"荣誉称号，10月28日，被中国旅游协会民航旅游专业委员会授予"支线旅游机场"示范单位。12月荣获"贵州中小机场保障能力提升试点工作示范单位"荣誉称号。10月，交通运输部授予马祥"全国交通运输系统抗击新冠肺炎疫情先进个人"称号。

（兴义机场）

## 邮政管理

【概况】 黔西南州邮政管理局成立于2012年11月23日。下设办公室、普遍服务（机要通信）科、市场监管科，属副县级单位，核定行政编制人员10人。现有在编在岗人员10人。

【行业情况】 邮政企业（中国邮政集团有限公司黔西南州分公司）：全州共有144个邮政普遍服务网点（县城以上网点24个，乡镇以下网点120个），从业人员1207人（含委代办450人）。

民营快递企业：共有快递品牌14个，民营快递企业独立法人43个，服务网点817个（其中设在乡镇农村地区的411个），从业人员有2153人。

全州邮政行业指标完成情况：2020年，黔西南州邮政行业业务总量完成4.37亿元，同比增长30.64%；全州邮政行业业务收入完成4.09亿元，同比增长14.59%；2020年，全州快件进口业务量9243.45万件，同比增长32.82%。全州快递服务企业业务量（快件出口业务量）累计完成892.91万件，同比增长23.35%。

【基础设施建设】 2020年，按照国家邮政局、省邮政管理局工作部署，黔西南州推进"快递进村"工作。截至年底，全州1008个建制村中，快递服务进村已达320个，覆盖率为31.74%。

2020年，全州100个交通不便边远建制村的投递频次已全部达到周三频次，全部退出边远建制村范围。

【监督检查】 2020年，黔西南州邮政管理局全年出动执法人员1130人次，执法检查565次。其中，邮政普特服行政执法检查154次，出动执法人员308人次；邮政市场行政执法检查411次，出动执法人员822人次。

"双随机、一公开"执法情况：2020年，邮政普特服"双随机、一公开"检查11次，出动执法人员22人次；邮政市场"双随机、一公开"检查49次，出动执法人员98次。

行政许可情况：2020年，核准通过快递企业变更或作废分支机构25个；审核备案通过增设分支机构4个，末端网点190个；受省邮政管理局委托开展许可核查8次，其中许可申请2次，许可延续4次，许可变更2次。

行政处罚情况：2020年，下达处罚决定书31份，处罚金额18.9万元。（周　密）

# 金　融

## 金融监管

### 中国人民银行黔西南州中心支行

**【概况】** 2020年，全州金融机构人民币各项存款余额1501.6亿元，同比增速为1.8%；各项贷款余额1575.6亿元，同比增速为14.5%，全省排名第四；金融机构累计发放贷款1030.4亿元，同比多投放82.2亿元，增幅为8.7%。推进应收账款融资业务，促成融资交易237笔、109.88亿元。普惠小微贷款余额174.1亿元，同比增长24.5%，高于全州各项贷款增速10个百分点。

**【金融支持脱贫攻坚】** 2020年，全州金融精准扶贫贷款余额421.68亿元，同比增长6.81%，增速位居全省第二。为助推脱贫攻坚圆满收官，高质量接续乡村振兴夯实基础。坚持创新发展的金融扶贫理念，从工作机制、政策保障、融资需求、普惠金融发展和金融精准扶贫要求等六个方面建立完善制度，创新金融扶贫措施为金融扶贫提供保障。

**【金融支持小微企业】** 2020年，普惠小微贷款余额174.1亿元，同比增长24.5%，高于全州各项贷款增速10个百分点。通过窗口指导、货币政策工具、督促检查等措施，引导贷款利率不断下行，让利实体经济，1—12月，全州小微企业贷款加权平均利率为5.63%，较同期下降31个基点。引导金融机构加大对企业复工复产、复商复市、

2020年1月19日，中国人民银行黔西南州中心支行召开2020年工作会，部署2020年全年工作　（柳　红　摄）

2020年2月19日，人民银行黔西南州中支组织召开2020年全州金融工作联席会，部署2020年金融工作　（柳红　摄）

脱贫攻坚和普惠领域的信贷支持力度，发放总量位居全省第一，惠及全州1.6万余户经济主体；办理普惠小微信用贷款支持计划7.4亿元，全省排名第二；推动全州金融机构累计为企业办理延期贷款本息金额15.5亿元。

**【金融改革与稳定】** 2020年，推动建立黔西南州金融监管会商协调机制，印发防范化解重大金融风险攻坚战方案，在高风险机构化解处置、风险隐患排查防范方面起到重要作用。推进全州唯一一家高风险机构化解风险，以存款保险早纠为主线，通过约谈高管、风险提示等落实自救责任，加大向地方政府的汇报力度，以“发起行＋政府”出资增资扩股推动风险化解，实现辖内高风险机构“清零”。切实维护金融消费者合法权益，依法处理金融消费者投诉，治理金融违法广告。加强金融监管力度，完成1家金融机构综合执法检查及3家行政处罚，强化金融统计数据源头管控，提升金融统计数据质量。

**【普惠金融服务】** 2020年，优化支付结算环境，率先在全省通过“云闪付”发放消费券，商户交易活跃度提升90%；率先在全省提出支付服务与“一县一业”深度融合，实现支付服务覆盖全州地方特色产业。推进专项货币政策工具和两项直达政策在全州落地生效，又快又好将央行政策性资金精准输送到市场主体，落实3次降准政策释放可用资金12.7亿元，向14家法人机构发放再贷款再贴现68.07亿元，惠及各类市场经营主体10.2万户。

**【金融监督管理】** 2020年，坚持金融法治建设。组织实施综合执法检查，建立完善依法检查体系，提升监管能力。组织开展查前培训，不断规范执法检查程序和行为。遵循风险为本和法人监管原则，灵活运用反洗钱监管手段，依法实施反洗钱行政处罚34万元；指导金融机构移交公安机关重点可疑交易线索7条，加强与公、检、法等单位的沟通协作，推动洗钱入罪工作深入开展。果断处置贵州国能区块链技术有限公司违规经营数字货币发行兑换，遏制金融风险和舆论风险的进一步扩散。

**【经理国库】** 2020年，全辖国库办理预算收支退更等业务196万笔，金额1124亿元；会同税务、财政部门组成所得税退税工作组，办理电子退库6.3万笔，金额5.1亿元。2020年，全州各级国库拨付疫情资金2.08亿元；开立防疫账户32户，办理疫情捐款、专项资金2.42亿元；积极向地方党政、社会公众宣传人民银行经理国库35周年工作成效。推进征信平台建设，与州大数据局密切配合，推动州政府印发《州信用信息管理平台建设工作方案》。

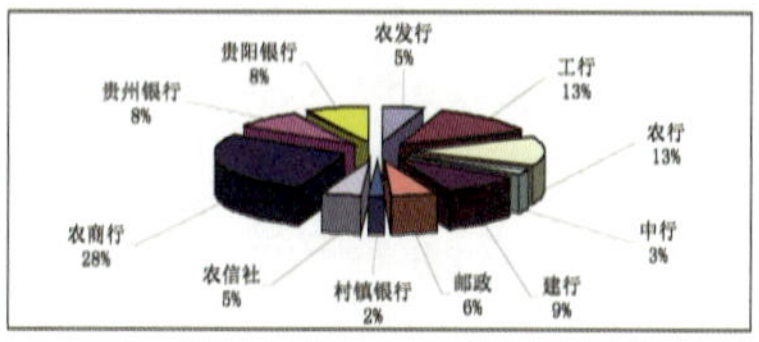


2020年末黔西南银行业金融机构各项存款余额占比（%）

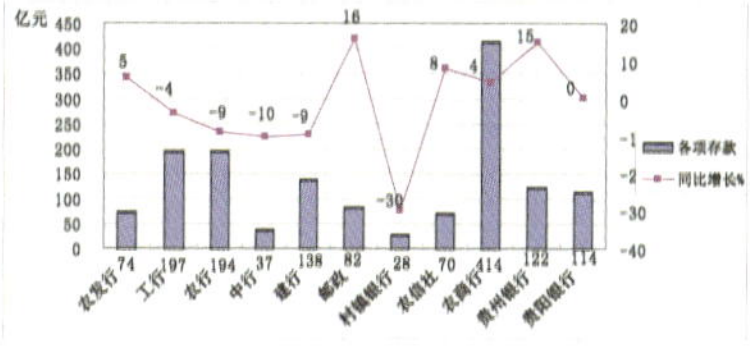


2020年末黔西南金融机构各项存款及同比增速（单位：亿元）

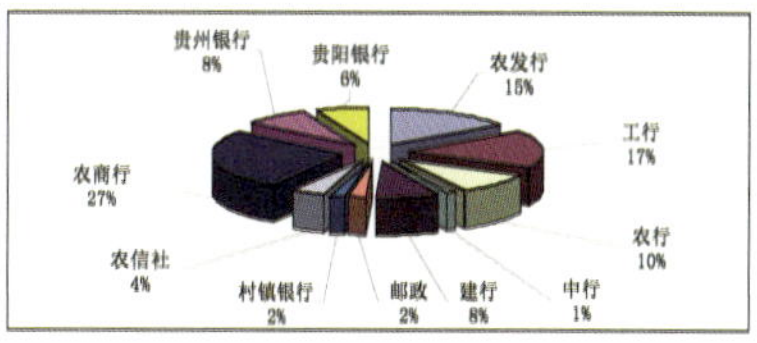


2020年末黔西南银行业金融机构各项贷款余额占比（%）

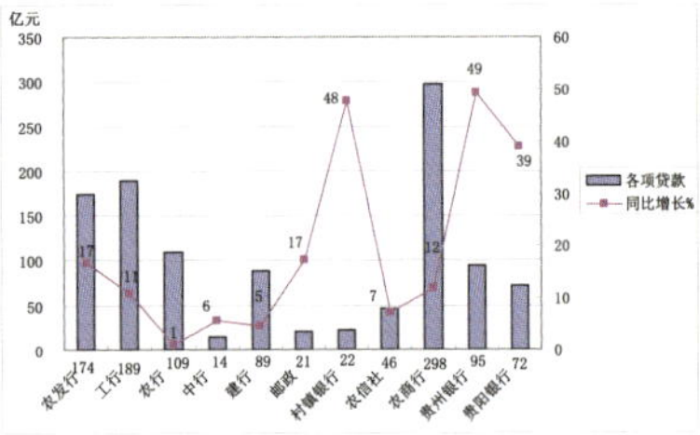


2020年末黔西南州金融机构各项贷款及同比增速(单位：亿元)

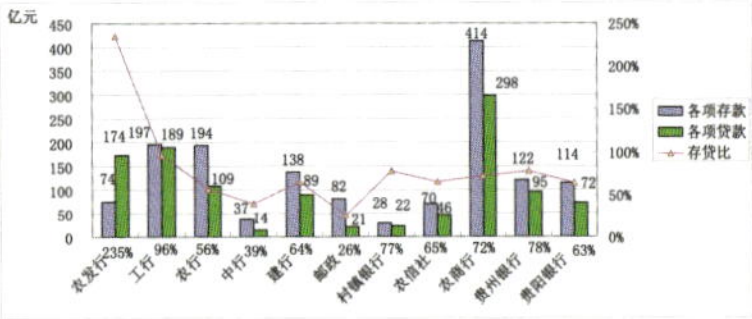


2020年末黔西南州金融机构存贷款及存贷比(单位：亿元)

(阎　雄)

## 中国银保监会黔西南监管分局

**【概况】** 2020年，全州共有银行业金融机构25家，机构网点367个，从业人员4898人；保险机构18家，机构网点101个，从业人员1020人。银行业资产总额1991.92亿元，较年初增加178.10亿元增长9.82%；负债总额1917.22亿元，较年初增加177.82亿元增长10.22%；实现净利润27.17亿元，同比增加0.25亿元增长0.94%；不良贷款余额21.92亿元，较年初增加0.73亿元增长3.46%，不良率1.39%，较年初下降0.15个百分点。

其中各项贷款余额1576.60亿元，较年初增加199.56亿元，增长14.50%。

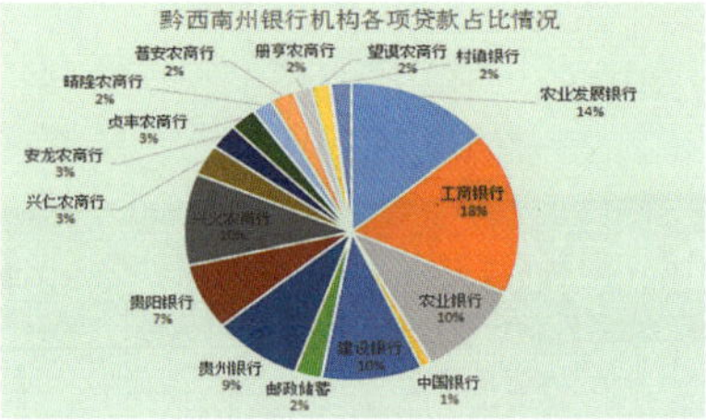


黔西南州银行机构2020年各项贷款占比情况图　　（制图：刘于）

各项存款1462.10亿元，较年初29.76亿元，增长2.08%。

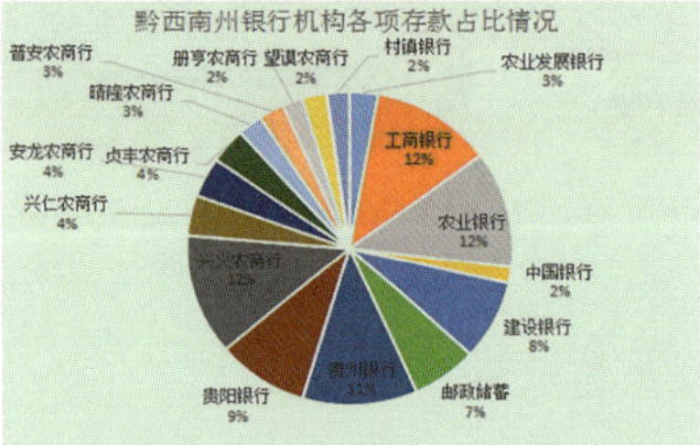


黔西南州银行机构2020年各项存款占比情况图　　（制图：刘于）

辖内保险业实现原保险保费收入29.29亿元，同比增加3.28亿元，增长12.6%，高于全省平均增速8个百分点，增速全省排名第一。其中：财产险收入同比增长14.28%，人身险收入同比增长9.84%，首次突破10亿元，达10.36亿元。

**【服务实体经济】** 2020年，引导行业加强对民营企业和小微企业支持，持续推动小微企业贷款增量、扩面、提质、降本。全州全口径小微企业贷款余额446.06亿元，较年初增加65.91亿元，增长17.34%，占各项贷款余额28.31%，新发放普惠型小微企业贷款平均利率6.16%，较上年下降0.89个百分点，无还本续贷贷款余额11.59亿元，较年初增加2.43亿元，增长26.53%，同时通过内部资金转移定价优惠、减免手续费等方式为42579户小微企业降低融资成本1.39亿元。督导银行建立完善容错纠错机制，细化授信尽职免责内部制度，小微企业不良贷款追责5.16亿元中免责1.28亿元，追责372人中免责195人，进一步提高基层银行愿贷敢贷积极性。同时建立小微企业金融服务监管评价协调机制，组织对兴义农商行等3家机构开展小微企业金融服务工作监管试评价工作；完善“法人机构＋分支机构”全覆盖的普惠型小微企业贷款分层统计制度，对义龙浦发村镇银行阶段性普惠型涉农

2020年6月12日，组织召开保险业助推脱贫攻坚工作督导会　（黄　跃　摄）

贷款考核不达标开展监管走访。指导推动成立黔西南银行业人民调解委员会，不断提升消费者权益保护有效性和针对性。全年共接收办理消费者投诉95件，为消费者挽回直接经济损失15.75万元。

**【金融风险防范化解处置】** 2020年，实现辖内高风险机构“清零”目标。持续督导高风险机构兴义万丰村镇银行通过压降不良资产、协调主发起行定向增资及引进地方国有企业入股方式进行风险处置，该行2018—2020年三年间共处置不良贷款4.35亿元，不良贷款率降至4.98%，资本充足率上升至10.75%，拨备覆盖率上升至100%，主要监管指标达到出列标准，按期完成高风险机构“摘帽”退出。重点领域风险得到有效管控，做好属地接托管分公司的监测和督导工作，确保天安财险黔西南分公司整体经营运行平稳；推动2家网贷机构退出市场，实现辖内网络借贷机构清零；分析研判辖内保险机构市场运行和合规风险，建立数据提取模板，分析指标异动情况，进行监管通报，督促问题排查整改。把开展金融放贷领域突出问题专项整治作为深入推进扫黑除恶专项斗争的重要抓手，协同配合做好相关工作。联合有关部门组织辖内银行保险机构开展防范非法集资宣传和排查整治，年度考评中被评为“优秀”。

**【市场整治】** 2020年，开展对兴仁振兴村镇银行、华安财险黔西南中支等14家机构现场检查和督查工作，共发现问题225个、涉及问题金额5.67亿元。运用EAST系统，建立跨机构、跨数据源的员工异常行为排查模型，实现银行员工信用卡跨机构违规交易的新突破，EAST应用持续深化，获贵州银保监局2020年EAST系统劳动竞赛应用三等奖。对建行黔西南州分行等5家机构共计罚款117.24万元，没收违法所得10.24万元，对7名责任人处以警告和11万元罚款；责成机构内部问责警告26人，记过5人，记大过1人，罚款195人、金额82万元，其他方式问责40人。

**【行业改革发展】** 2020年，辖内最后一家改制机构贵州册亨农商银行及其分支机构于12月16日正式挂牌开业，标志着黔西南州农信社改制圆满收官，在全省率先实现农商行县域全覆盖。指导辖内15家农村中小银行完成股权托管，股权管理的规范化和透明化进一步提升。认真贯彻落实《贵州省推动农业保险实现高质量发展的实施意见》，明确辖内农业保险业务经营条件，促进农业保险规范经营。稳妥推进车险综合改革，指导辖内各财产保险公司按期顺利完成车险新旧产品切换，车险价格回归合理水平，采取明察暗访及通报会等方式传达落实车险改革相关精神，促进车险改革后提升各保险公司理赔服务，切实保护保险消费者权益，确保车险业务平稳健康发展。稳步推动商业健康和养老保险回归保障本源，开展意外险市场清理整顿。

**【疫情防控】** 2020年，在省、州启动一级响应的同时，立即成立疫情防控工作领导小组，按照“坚定信心、同舟共济、科学防治、精准施策”的总要求，积极作为，确保疫情防控工作取得实效。督促辖内银行保险机构切实增强大局意识，做好疫情防控金融服务，落实纾困政策，积极支持复工复产，向实体经济合理让利，确保疫情期间金融服务秩序不乱、服务不断。辖内银行机构为105673

2020年4月17日，召开2020年全州银行业和保险业监督管理工作会议
（梁 泓 摄）

家复工复产小微企业新发放贷款236.76亿元；发放无还本续贷8.66亿元；为2047户小微企业12.12亿元贷款延长贷款期限。

【脱贫攻坚】 2020年，积极引导辖内银行保险机构克服疫情影响，着力满足脱贫攻坚重点领域融资需求，奋力冲刺打赢脱贫攻坚战。辖内银行业精准扶贫贷款余额409.39亿元，较年初增加14.59亿元，增长3.70%，直接带动贫困户30.64万人次。晴隆、望谟2个原深度贫困县各项贷款余额177.39亿元，较年初增加38.06亿元，增速27.32%，分别高于全州、全省同期各项贷款平均增速12.82个百分点、14.19个百分点。支持鼓励保险业在助推脱贫攻坚中积极发挥作用。辖内保险机构根据州内农业经济发展特点，开发省内唯一的“农调扶贫险”，累计为173.21万亩农业产业、27.1万头养殖保险载体提供18.16亿元的风险保障，将种植企业、农户的14类品种纳入“应保尽保”范畴，兑付赔款3800余万元，惠及相关种植企业、农户。

（任　云）

## 银行业

【中国工商银行兴义分行】 2020年，中国工商银行兴义分行经营效益稳定增长，营业收入、拨备前利润、中间业务收入分别同比增幅分别为9%、9%和6%。信贷发展稳步提升，开展“春润”“春融”行动全力支持抗疫和复工复产，在实体经济、普惠金融等领域加大投放力度，各项贷款规模达到252.9亿元，增量创历史新高，完成项目储备25个，为来年信贷业务奠定良好基础。资产质量的控制优良，全年累计清收转化不良贷款1.55亿元，年末不良率0.53%，低于全省平均水平。

强化GBC联动，借助地摊经济市场，利用“收款码＋商户之家＋手机银行＋信用卡”产品组合拓展商户市场，全量个人客户有效增长，信用卡客户在行内房贷、中高资产、ETC目标客群渗透上继续保持全省第一，e支付活跃商户数新增全省排名前列。系统内率先突破国内信用证福费廷业务，实现全州首笔利率互换业务、电子供应链业务落地。实现全省首单公立医院年金业务落地；场景建设成效显著，实现诉讼费专户拓展，完成市内多个大流量、标志性商场、医院、小区的智慧停车、智慧社区项目建设；黔旅贷业务实现突破，获得兴义市e抵快贷业务开办资格等。

（贺江波）

【中国农业银行黔西南分行】 2020年，全行始终以习近平新时代中国特色社会主义思想为引领，聚焦重点领域和薄弱环节，深入推进经营转型，牢牢守住风险案防底线。截至年末，各项存款余额175.9亿元，较年初减少1.9亿元；各项贷款余额165.07亿元，较年初增加32.99亿元；实现账面净利润3.53亿元，比上年同期增加0.5亿元。

加大信贷支持力度。全行精准扶贫贷款余额达41亿元，较年初增加6.6亿元，带动服务建档立卡贫困人口11.7万人，较年初增加6.3万人。全力支持实体经济发展。投放民营企业法人贷款6亿元，普惠金融领域贷款余额11亿元。全力支持农户生产经营。“惠农e贷”余额13亿元，增量6.3亿元。全省农行首家创新推出特色“乡村振兴e贷”，并投放5亿元，惠及农户5000余户。积极开展党建扶贫。累计投入党费65万元，各级行领导多次赴挂牌督战县——晴隆县和望谟县开展扶贫工作，慰问困难党员、修缮党建活动场所、开展爱心捐赠，支持当地特色产业发展。全力助推消费扶贫。通过工会、食堂线下购买晴隆、望谟、册亨等贫困县农产品53万余元；助推晴隆、册亨、望谟等贫困地区的20多家农产品企业上线入驻中国农业银行“电商扶贫专区”及“益农融商”公益商城，扶贫商城线上农产品交易总额达1000余万元。

信贷管理水平不断提升。不良贷款实现“双降”，余额为1.6亿元，较年初减少865.9万元，占比0.98%，较年初下降0.31个百分点。其中，农户不良贷款余额1419万元，不良率0.96%，为全省农行最优。资产处置考核排名全省农行第一。合规经营和安全生产不断强化。充分发挥“三线一网格”管理模式效能，强化干部员工日常行为排查，不断提升反洗钱工作质量，全行合规标杆网点评价排名全省农行第一。运营管理考核得分排名全省农行第一，全行“三铁”机构13个，占比54%，排名全省农行第一。“三化三达标”考评验收优秀率达100%。重点领域操作风险管理水平有效提升，全年未发生重大风险事件，实现第14个平安经营年。

（孟 倩）

【中国建设银行黔西南州分行】 2020年，建行黔西南州分行以党建促发展，打造区域全方位链条金融服务，存、贷款等多项主要指标增长位列市场第一，市场占比快速提升，资产质量良好，业务发展取得历史以来最好成绩，KPI（关键绩效指标）获市州分行第二。

建行黔西南州分行有职能部门9个，所辖支行11个（其中：兴义城区支行7个，行政县支行4个）。共有合同制员工288人，其中：在岗员工287人，内退员工1人。

一般性存款日均余额四行占比25.74%。各项贷款日均余额154.13亿元，四行占比25.28%。

不良额3147万元，不良率仅0.21%，在本地同业及系统内八家二级行中，建行不良额及不良率均为最低。在人行组织的全州金融机构综合评价和反洗钱评级两项监管考核中，取得第一名的成绩。

2020年实现税前利润5.18亿元，四行占比25.51%，实现经济增加值2.21亿元。

黔西南分行“寻访那一抹红——红色港湾里的新金融”荣获总行新金融特色百佳案例；定点扶贫和金融扶贫同步推进，决胜脱贫攻坚圆满收官，贞丰支行获“贵州省脱贫攻坚先进集体”表彰，州分行党委书记、行长何健荣获建总行“中国建设银行金融扶贫突出贡献个人奖”表彰；派驻驻村第一书记王国忠荣获建总行“中国建设银行定点扶贫突出贡献个人奖”表彰。

着力运用新金融理念，推进战机飞行和平台建设，首家探索“智慧煤炭”“智慧水务”综合服务平台建设；推进“智慧旅游”“智慧停车”“智慧医院”“智慧校园”和“智慧住建”平台建设，特色卡发放94302张；多场景、特色化，提速构建有效平台生态：联合生活PLUS实现账户出海，获客近万户；上线首家“建融慧学”校园一卡通实体卡，实现场景缴费8万笔3.13亿元；银医平台延伸至消费场景，日均交易量4500余笔230余万元。

（齐 勇）

【中国银行股份有限公司兴义分行】 中国银行兴义分行辖分行营业部、云南路支行、峰林大道支行、神奇路支行、瑞金路支行四个城区支行和兴仁支行，共六个营业机构，到2020年12月，有正式员工114人。分行本部设立人力资源部、综合管理部（含保卫部）、纪委办公室、公司业务部、普惠金融部、风险内控部、个人数字金融部、会计运营部。

2020年，分行各项人民币存款时点余额25.29亿元，其中公司存款余额13.25亿元，个人存款余额12.04亿元；各外币存款折合394.48万美元。分行各项贷款余额16.62亿元，其中公司授信时点余额6.89亿元，对私贷款余额9.73亿元；银承贴现5810.89万元，占比5.95%。截至2020年12月末，不良贷款余额5747.44万元，不良率3.46%。实现营业收入8180万元、拨备前利润5612万元、净利润230万元、中间业务收入2317万元。

新冠肺炎疫情发生后，分行党委认真组织集中学习习近平总书记在防控新冠肺炎疫情工作的系列重要讲话指示精神，全面落实省分行和地方政府疫情防控工作要求，按照中央、总行、省分

2020年9月22日，中国银行黔西南州中心支行2020年“人民币知识宣传进社区”暨万峰林街道办纳录村反假货币宣传活动 （中国银行兴义分行 提供）

行部署，扎实推进疫情防控各项工作，落实金融支持疫情防控、复工复产责任，组织分行进行疫情防控公益捐款329人次总金额36208元，发放兴仁市两个企业两笔防疫贷款共100万元，为大家康健药房投放250万元流动资金贷款用于购买防疫物资，开通购汇和跨境汇款绿色通道为客户办理两笔货物贸易项下跨境汇款，用于购买口罩，金额分别为9.05万美元和3.6万欧元，为地方经济建设和疫情防控贡献力量。

2020年，按银监、省分行工作部署，召开风控会；对重点业务控制环节提出相关管控要求等方式，在反洗钱、内控合规等重点考核指标上取得较好考核分值，合规经营季度考核分值名列全省第一。妥善处理原油宝事件，和解签约率达到100%。全年未发生重大舆情和群体性事件，风险处置工作取得成效。

2020年，协助地方政府发行专项债券、线上创新产品践行普惠金融责任、大公司授信支持地方经济建设等多种方式支持实体经济发展。政府专项债方面承接兴义市革里水库建设项目和兴仁市中医院建设项目，实现发债资金9700万元成功落地；办理民工工资保函业务140万元；大公司授信投放3.04亿元。为客户办理远期结售汇业务14笔，金额合计567万美元，实现新业务突破。

（李荣祥）

**【黔西南农信社】** 黔西南农信社下辖兴义、兴仁、安龙、贞丰、晴隆、普安、册亨、望谟8家农村商业银行股份有限公司，率先在全省地州实现改制农商银行全覆盖。共有营业网点178个，其中，固定营业网点170个、便民服务点8个，不仅是黔西南州首个乡镇营业网点全覆盖的金融机构，也是全州从业人员人数最多的金融机构。截至2020年12月31日，黔西南农信社共有员工2121人，其中，在岗职工1977人。

2020年5月18日，黔西南农信首个新市民家园——兴义农商银行洒金支行新市民家园落成仪式现场 （黔西南农信社 提供）

2020年，各项存款524.68亿元，较年初增长22.04亿元，各项贷款419.6亿元，较年初增长38.24亿元。实现各项收入33.91亿元，同比增加0.92亿元；实现净利润1.99亿元，全年缴纳各类税金2.63亿元。存贷增量市场份额分别为82.19%、19.16%，均位列全州银行第2位。整体市场份额存款占比为35.22%、贷款占比为26.63%，均位列全州银行首位。资本充足率12.48%，高于监管标准1.98个百分点。拨备覆盖率154.71%，拨贷比5.61%，高于监管标准3.11个百分点，主要监管指标保持稳定。

2020年，黔西南农信社涉农贷款余额388.61亿元，增速11.18%，农户贷款面42.14%，涉农贷款实现“两个高于”。普惠型小微企业贷款90.99亿元，增速20.45%，高于各项贷款增速10.42个百分点。共计支持小微企业贷款户数35396户，较年初增长7154户。全面完成小微企业贷款“两增两控”的目标。通过拟定金融服务方案，出台相关服务措施，以500亩以上坝区农业为重点，支持新型农业经营主体，不断推动全州68个500亩以上坝区金融服务体系建设，灌溉金融活水，助力乡村振兴。

2020年，黔西南农信社信贷扶贫力度持续加大。投放“特惠贷”15.8亿元、“深扶贷”5.67亿元，绿色产业扶贫投资基金4.5亿元，全面助力产业扶贫。助力2个贫困县脱贫摘帽。建立“农信牵头、党政支持、企业配合、农户参与”的多方协调机制，通过“财政资金化解一批、企业归还一批、还原主体续贷一批”等方式，实现“特惠贷”户贷企用全面清零。

在突如其来的疫情面前，黔西南农信全力做好金融助力抗疫工作，始终把自身发展和主责主业与支持复工复产、稳企业保就业有机结合起来，认真做好小微企业无还本续贷展期等工作，不抽贷、不惧贷、不断贷、多贷优贷主动贷。主动到企业开展疫情调研评估，制定“一企一策”融资方案，优化服务、简化流程、创新产品。全州共发放普惠小微信用贷款9035户、18.1亿元，获得人民银行普惠小微信用贷款7.24亿元。采取延期还本付息等方式，为企业纾困解难，稳企业保企业1342户，获得人民银行奖励资金306.6万元。

截至2020年末，黔西南农信社累计共创建信用乡镇107个、信用县1个，信用乡镇占比达78.1%，其中2020年创建信用乡镇10个、达标升级42个。不断加快信用工程系统推广上线工作，更新农户信息27万户，完成率37.53%。

2020年，黔西南农信社通过收集农民工信息、搭建与企业用工信息服务平台、召开外出农民工金融服务联席会、推荐农民工外出就业、协助政府定点输出农民工就业等方式，做实农民工金融服务。除此，黔西南农信社还积极做好新市民金融服务，2020年在全州共创建“新市民家园”9个，围绕“搬得出、稳得住、能致富、快融入”的服务要求，切实解决新市民迁出地与迁入地金融服务“两头空”的问题。累计建立7.37万户易地扶贫搬迁农户资信档案，发放搬迁户个人贷款16.43亿元，支持新市民创业就业，保证对新市民的金融服务不脱节、不断档。

（孙　源）

**【贵州银行股份有限公司黔西南分行】** 2020年，贵州银行黔西南分行下辖10个营业机构，覆盖黔西南州六县二市，其中兴义市区3个，其他县市各1个。各项存款余额165.15亿元，较年初增加30.36亿元。各项融资余额212.19亿元，累计投放59.19亿元。

2020年，累计投放各项信贷资金59.19亿元。至年末，分行实体经济贷款余额达62.91亿元，占各项贷款的58.03%，占比较年初提升13.95个百分点，在贵州银行全省9家分行中排名前列，高于全行平均数8.23个百分点。其中绿色贷款余额41.34亿元，占比33.04%。

应对“新冠疫情”，积极行动帮助企业复工复产。2020年投放疫情防控信贷资金9.44亿元，向377户“两增两控”企业、个体工商户及疫情防控相关企业顺利复工复产。采取多种方式延期还本付息。对全行信贷客户进行梳理，对因受疫情影响不能正常还本付息的44户个人及小微客户，采取调整还款计划、展期、延期等多种方式方法，办理延期还本付息1.15亿元。同时，对受疫情影响暂时失去收入来源、造成贷款发生逾期的，不视为违约，不纳入违约客户名单。最大限度减免客户成本费用。通过免收资金汇划手续费、贷款利率优惠等多种措施，为疫情防控期间客户最大限度节约成本支出。全年投放采购疫情防控物资贷款18笔，金额4.25亿元，平均执行利率低于行内平均利率2.6个百分点。采用人行专项支小再贷款支持的62户重点小微企业及个体贷款2.51亿元，贷款加权平均利率4.38%，低于全行平均执行利率2.3个百分点。截至年末，共发放377户小微贷款13.07亿元，向公司类企业发放复工复产贷款5笔，金额3.51亿元，并实行利率优惠等成本减免政策，全年共为客户节约综合成本0.87亿元。畅通绿色通道提升服务效率。在全辖10个营业网点均开设疫情防控业务专用服务窗口，实行特事特办、急事急办，疫情防控相关业务随到随办；简化贷款审批流程提高办贷效率，对贵州义龙腾飞商贸有限公司投放用于采购口罩等抗疫物资贷款500万元，从受理到发放仅用4个小时。

投放绿产贷款，助推产业扶贫。共发放扶贫产业子基金贷款（绿色产业贷款）12.8亿元，绿色产业贷款2亿元，“黔微贷”0.66亿元，“贵园通”及“银政通”集群贷款0.12亿元，扶贫产业子基金贷款在全省贵州银行系统内及黔西南州各银行间投放金额排名均为第一位。打通“最后一公里”，服务基础设施。共投放公路项目贷款21笔，金额8.97亿元，辐射贫困户28077户，辐射贫困人口59827人，进一步提升贫困地区道路畅通率，切实解决农村人员出行难、农产品运输难的问题；向水务一体化、兴义北郊水厂等项目投放绿色贷款4.85亿元，有力支持兴义市污水处理及管网工程建设，兴义北郊日产10万吨供水项目顺利投产运行，为保护区域水资源，改善区域生态环境，提高群众生产生活水平，提供坚实的保障。践行责任担当，大力支持全州医疗、住房、教育“三保障”。共授信7.46亿元，支持州市医院及部分县医院、乡镇卫院的基础设施建设及医疗设备采购及药品采购。为全州易地扶贫搬迁项目提供全方位金融服务，分行下辖7个管理型支行均为当地易地扶贫搬迁项目提供资金结算等综合金融服务，累计提供资金结算达75.3亿元，约5万户搬迁贫困户基本住房需求得到保障；支持县域城乡义务教育一体化发展，加大对乡村特别是老少边穷等地区义务教育扶持力度，累计向州内38所学校投放贷款8.29亿元，支持全州“普十五”项目教学设备购置及公立幼儿园项目建设，极大改善全州义务教育设备不足的现状。

抓好信贷基础管理。加强信贷资产质量考核，推动信贷资产质量持续向好。强化信用风险管理和资产质量管控，做好风险监测工作，重点加强贷款临期管理和季度结息监测，强化风险排查，全力收回和化解到期债务，年末保全资产现金清收工作开展较好，资产质量继续保持稳定。充分发挥省级城商行决策链条短、产品创新快的优势，积极参与全州债务风险化解工作，通过与州政府融资平台组建全州债务应急资金池等方式，全年累计化解处置到期政府债务57.84亿元，为州内到期债务平滑与化解提供有力支持。

进行体制机制改革和业务流程再造，对支行的部门设置等组织架构进行合理调整，规范议事、决策、执行、反馈等流程管理，强化信贷、会计、安全保卫、内控案防、法律合规、机构建设、舆情监测、新冠疫情防控、突发应急事件等各项基础业务管控，全年实现平安经营，未发生任何经济和责任性刑事案件。

（孙　波）

**【贵阳银行股份有限公司黔西南分行】** 贵阳银行股份有限公司黔西南分行，分行本部设10部1室，黔西南地区下辖4家城区综合性支行、3家小微支行、1家社区支行、8家县域支行（含义龙支行）、农金站点360家，服务半径覆盖全州两市六县一区，服务能力大大提升。黔西南分行现有员工277名，其中研究生学历6人，本科学历254人，大专学历17人，平均年龄31.63岁。

2020年，贵阳银行黔西南分行各项存款余额134.71亿元，较年初新增10.92亿元，增幅8.82%，增幅排名全州第四，其中公司存款余额92.33亿元，较年初增加3.44亿元，储蓄存款余额42.37亿元，较年初新增7.48亿元，增幅排名全州第三。贷款余额113.81亿元，较年初增加15.75亿元，其中公司贷款余额98.12元，较年初增加13.20亿元，增幅排名全州第五；个人贷款余额15.69亿元，较年初增加2.55亿元，增幅排名全州第三。2020年累计向全州投放信贷资金52.02亿元，缴税4942.30万元，较2019年增加2388.14万元，同比增长93.50%。实现经营收入7.65亿元，较上年同期增加5755.11万元，增幅8.14%；营业利润和利润总额分别为5.74亿元和5.73亿元，分别较上年同期增长7.78%和7.73%；净利润5.55亿元，较上年同期增长5.54%。

2020年，分行共计发放本土产业项目贷款3.41亿元，其中义龙稻田共养项目投放1亿元；普安长毛兔产业链项目投放3424万元；安龙食用菌项目投放333万元；册亨糯米焦产业投放7160万元；册亨甘蔗产业投放1800万元；支持贞丰葡萄种植投放600万元；贞丰食用菌投放7330万元；兴仁薏仁

2020年12月24日，兴义民航支行开业　　（贵阳银行兴义分行　提供）

2020年7月，贵阳银行黔西南分行庆祝建党99周年活动

（贵阳银行黔西南分行　提供）

米产业投放3500万元。

2020年投放爽农诚意贷490笔，金额8963.8万元。

2020年，分行投放公司贷款42.67亿元，大力的支持全州的交通、医疗、教育、农业等基础设施建设，支持捧乍镇、清水河镇、威舍镇、乌沙镇、洛万乡、猪场坪乡等乡镇修建乡村公路，支持万峰5所中学、兴仁医院进行教学基础设施、医疗基础设施更新，为全州脱贫攻坚提供有力的保障。同时，在政策允许范围内，积极协助政府化解债务危机，2020年购买政府平台公司债两笔，金额6.8亿元，通过展期、延期、表外转换表内等方式，化解政府债务合计22笔，金额26.64亿元。

（刘庆锋）

## 保险业

**【中国人民财产保险股份有限公司黔西南公司】** 中国人民财产保险股份有限公司黔西南分公司，隶属于中国人民财产保险股份有限公司贵州省分公司直管，是国有中央直管企业的分支机构。州分公司本部内设部门有：办公室（人力资源部、纪委办公室），财务会计部，销售管理部，车辆保险部（信息科技部、客户服务中心），非车险部（个人非车保险部、健康保险事业部、社会医疗保险事业部），农业保险部（农险扶贫部），理赔中心，线上化服务中心，个人信用贷款保证保险业务部。公司除州分公司外，在全州八县（市）分别设有支公司，乡镇设有营销服务部、社区门店、服务咨询点，服务网点遍布全州城镇乡村，公司主要办理险种有车辆保险、财产保险、农业保险、责任保险、货运保险、人身意外伤害保险、健康保险等1000多个保险险种，全州从业人员1200余人（含代理人员），60余台现场查勘车辆为客户服务，已初步形成州、县（市）、乡镇服务网络全覆盖的保险服务模式。

2020年，公司实现保费收入4.67亿元，市场份额全州排名第一，为70多万投保主体（即集体和个体车辆、企业财产、家庭财产、学校学生、种植户、养殖户等）承担3258亿元的风险保障责任。处理赔案5.52万件，支付各项赔款2.6亿元，代扣和缴纳地方税金4209.76万元。

2020年，公司开发扶贫专属农业保险产品17个，覆盖省委省

2020年1月21日，中国人保财险有限公司兴义支公司向村级合作社和农户兑现农调扶贫险款项

（人保财险黔西南公司　提供）

政府明确的12个特色农业产业，并创新“保险+期货”产品。

农业保险保费收入达5002.35（不含共保数据）万元，为农户提供52.83亿风险保障；共计赔款3137.91万元；承保范围覆盖全州9个县（市、新区），承保品种包括中央政策性农业保险8个品种（公益林、商品林、能繁母猪、育肥猪、小麦、油菜、水稻、甘蔗），以及地方特色农业保险20个品种（蔬菜、食用菌、水果、花椒、茶叶、薏仁米、中药材、牛、羊、家禽、蔬菜及水果价格指数等）。

2020年，全州“农调扶贫险”完成种植业承保面积112.63万亩、养殖业承保数量29.51（万头/万只/万羽），共计为108834户次新型农业主体、农户提供风险保障15.3亿元，保费7028.58万元。其中：价格指数险已完成承保面积5.33万亩，共计为3798户次新型农业主体、农户提供风险保障9761.27万元，保费486.94万元。全年累计赔款3590.72万元。其中种植业赔款3161.98万元，涉及种植面积7.85万亩，惠及新型农业主体及农户7587户次；养殖业赔款191.3万元，涉及养殖数量1.44万（万头/万只/万羽），惠及新型农业主体及农户350户次；价格指数险赔款237.44万元，涉及种植面积3.34万亩，惠及农户3175户次。

2020年，公司为全州各县市、义龙新区共计2900余名脱贫攻坚工作人员提供“脱贫攻坚关爱保险”服务，保费收入183.53万元，为全州脱贫攻坚工作人员提供24.57亿元的风险保障。

实施全州建档立卡贫困人口的“安居险”统保工作。通过财政全额出资为建档立卡贫困人口购买“安居险”产品，利用商业保险机构专业化管理技术和人才队伍，有效提升灾害救济的覆盖范围、保障水平和救助的效率。帮助参保群众防范和化解各种自然灾害和意外风险，构筑脱贫致富的风险防范屏障。2020年，公司签单承保建档立卡贫困人员22.51万人，保费收入450.29万元，为参保群众提供720.47亿元风险保障。

2020年1月21日，贵州长田农业生态发展专业合作社、贵州华春农业生态发展专业合作社分别向人保财险兴义支公司赠送锦旗和匾牌

（人保财险黔西南公司　提供）

2020年，为全州70余万学生提供125.68亿元风险保障，推进平安校园建设。

新冠疫情期间，向黔西南州支援武汉、鄂州、贵阳抗击疫情的76名医护人员捐赠“法定传染病保险”，每人捐赠保额53.8万元，捐赠保险总计4088.8万元，全力支援基层一线疫情防控，为抗击疫情提供暖心支持。

与州交警支队联合开展“警保联动”，建立“警保联动”便民服务站，真正方便群众实现“就近办、便捷办、少跑腿、一次办”的目标。12月2日，公司联合州公安局、州交通运输局等单位举办“12·2”全国交通安全日，主题宣传活动，现场发放头盔200余顶。

辖内各县支公司主动与辖区交管部门商榷“两站两员”建设，建交通安全劝导站19个，正在建设中7个，共计投入66万余元。截至年末，服务人保客户及非人保客户共计300余人，处理案件265件。

作为《贵州省道路交通事故社会救助基金》保险业唯一受托管理人，公司积极履职，有效提高道路事故纠纷解决速度，充分保障道路交通事故受害人依法及时得到救助，助力黔西南州“大扶贫”的整体推进。2020年，全州共发生赔款222笔，支付赔款845.22万元。

2020年10月23日，黔西南州保险行业协会在兴仁市雨樟镇309省道金盾文化广场路段开展机动车辆保险理赔服务质量现场测评，对全州13家财产保险公司进行车险理赔服务测评，黔西南分公司荣获行业第一名。

（卢 雨）

11月27日下午，中国人寿贵州省公司赴扶贫点兴仁市屯脚镇坡脚村开展产业扶贫资金捐赠（中国人寿兴义支公司 提供）

2020年9月8日，2020年保险精准扶贫示范县捐赠仪式在晴隆县委召开（中国人寿兴义支公司 提供）

**【中国人寿保险股份有限公司黔西南分公司】** 中国人寿保险股份有限公司黔西南分公司，隶属于中国人寿保险股份有限公司贵州省分公司直管，是国有中央直管企业的分支机构，根据总部机构改革和“三定”工作（定部门职责、定内设机构、定人员编制）要求，公司本部设8个部门，即总经理室、综合管理部、风险管理部、营销发展部、收展发展部、银行保险部、团体业务部、运营服务部。下辖7个县域综合性支公司和兴义市城区3个专业化支公司和团队，即：兴义市个险专业化支公司、城区团险拓展团队、城区银保拓展团队。共计10个县、市经营单位，下辖21个农村服务网点。2020年，全州系统员工134人，其中：在编员工共计119人（本部54人，支公司65人），劳务派遣员工15人；因公司未承保大病保险业务，导致派遣人员减少近一半以上。

销售人员1844人，其中：个险渠道销售人员1580人、银保渠道销售人员201人、团险渠道销售人员63人。

经营业绩。截至12月31日，全州实现总保费4.95亿元，同比增长-6.28%。首年期交9406.01万元，预算完成率104.55%，同比增长7.83%；长期险首年标保4157.13万元，预算完成率104.91%，同比增长4.87%；保障型产品3333.01万元，预算完成率105.08%，同比增长39.84%。

其中，个险渠道首年标保3948.53万元，预算完成率103.03%，同比增长15.29%；首年期交7168.39万元，预算完成率108.23%，同比增长2.38%；保障型10年期以上产品3783.65万元，预算完成率107.49%，同比增长76.07%；银保渠道5年期及以上864.18万元，预算完成率117.43%，同比增长5.27%；首年期交1588.52万元，预算完成率99.57%，同比增长5.02%；大短险保费4989.71万元，预算完成率83.01%，同比增长-6.56%。

合规经营。2020年，按照总、省公司和当地人民银行的要求开展好反洗钱学习、宣传及培训工作，按时调整反洗钱工作领导小组，开展全辖反洗钱自查自纠和反洗钱审计，指导全辖反洗钱工作人员开展非法人身份识别、客户风险等级的调整、可疑交易的人工识别、新系统上线需要解决的问题等。年初反洗钱工作风险等级评定中，我司全辖均为中风险等级。认真开展非法集工作整治工作，全辖共向群众3000余人开展宣传，发放宣传资料2000余份，每季度开展非法集资排查工作，排查中未发现问题线索。

客户服务。公司服务体系在科技国寿的强大助力下，从前端的投保、契约、保全、理赔全部实现无纸化的操作，客户信息变更、生存金领取、保单借款、红利查询、保单签收、回访、E化申请资金秒到账，助力销售，提升客户体验感。截至2020年末，全州个单理赔e化率与团单理赔e化率分别为94.02%、78.07%，理赔智能替代率为84.18%；理赔个人业务申请支付平均时效1.13天，较上年同期下降0.56天，出险支付平均时效为54.26天，较上年同期下降2.13天。

企业文化建设。2020年1月15日，中国人寿黔西南分公司开展2020年元旦春节“国寿温暖送到家”活动，黔西南分公司总经理王洪伟代表公司领导班子、分公司工会，慰问困难职工，为他们送去慰问金，并叮嘱大家注意防寒保暖。

2020年2月3日，公司积极发动全州系统共青团员参与中国金融团工委、全国金融青联、金融青年志愿者协会发起的“抗击疫情金融青年在行动”公益捐款特别活动，公司16名共青团员合计捐款660元。疫情无情人有情，礼轻义重，传递着共同战“疫”国寿共青团员的温暖。

2020年2月14日，为积极响应贵州省慈善总会发起的“抗击疫情守护家园”倡议，遵照贵局联合省地方金融监管局、人民银行贵阳中心支行、贵州证监局共同发起的全省金融系统开展“金融担当抗击疫情”募捐活动要求，公司积极组织全州系统各级员工、销售伙伴踊跃捐款，共同抗击疫情。公司全体人员（员工销售伙伴）合计捐款51750.88元。

**【中国太平洋财产保险股份有限公司黔西南中心支公司】** 2020年，中国太平洋财产保险股份有限公司黔西南中心支公司（以下简称：太保财险黔西南中心支公司）坚持以“对标一流、看齐先进”为指引，认真贯彻落实上级公司各项工作要求和规定动作，紧紧围绕年度经营目标，聚焦市场份额提升，积极调整业务结构，切实推进降本增效，不断优化资源配置，坚持依法合规经营等方面开展工作。

2020年，太保财险黔西南中心支公司实现保费收入3.65亿元，同比增长8.95%，市场份额排名第三，代扣和缴纳地方税金3528.60

2020年2月24日，望谟县边饶镇坎边村村名两头耕牛被盗一案赔付现场
（太平洋保险黔西南支公司　提供）

2020年1月18日，向望谟县边坝村村委会捐赠扶贫物资及活动经费
（太平洋保险黔西南支公司　提供）

万元，带动就业人口1918人。

2020年，车险共接到事故20696起，赔付19083件，赔付金额1.3亿元；非车险共接到事故2067起，赔付1917起，赔付金额1913万。农险共接到报案2902起，赔付2882件，赔款金额2309.25万元。

2020年，公司成为黔西南州防贫扶助保险的独家承保单位，年保费1000万元。截至2020年12月31日，防贫扶助保险已赔案件566件，赔付金额976.65万元，扶助人口2445人。防贫扶助保险从源头上为贫困群众撑起“防贫伞”和筑牢“防贫堤”，给贫困群众增添信心，为巩固拓展脱贫攻坚成果同乡村振兴有效衔接作有益的探索和实践，并取得显著成效。

农业保险。2020年，在12个优势特色产业和500亩以上坝区农业产业结构调整承保理赔工作，起到农业保险在农业生产中的稳定器作用，全年，公司独家承保黔西南州中央政策性保险涉及的种植业（甘蔗、花椒、水稻、油菜4个品种）、养殖业（能繁母猪、生猪2个品种）和林木业（公益林、商品林2个品种）共三个大类险种，承保地方特色茶叶、蔬菜、中药材、鸡、肉牛保险，创新开办地方特色李子保险，开展种草养牛项目。

截至2020年12月31日，总计完成投保数量252.95万亩/头/羽，涉及农户数56735户，提供风险保障23.27亿元，保费规模3485.82万元。

2020年，农调扶贫险完成投保数量85.2万亩/头/羽，涉及农户1225户，保费收入839.33万元，提供风险保障1.71亿元。

2020年，向黔西南州建档立卡16.08万贫困人口捐赠“黔惠保”一元民生保险，提供风险保障1000万元，保险价值12.86万元，为黔西南州政府开展脱贫攻坚工作添能助力。

2020年5月，太保财险黔西南中心支公司对边饶镇岜饶村“种草养牛”项目进行2019年度分红发放，分红发放对象为岜饶村建档立卡贫困户10户38人，共计分红金额6000元，直接或间接精准帮扶10户贫困户创收。

2020年，公司携手黔西南州阳光爱特殊教育服务中心走访19个家庭，慰问24个孩子，发放慰问金4800元；截至2020年12月31日，公司为黔西南州阳光爱特殊教育服务中心提供特定场所人身意外伤害保险保费11500元，提供风险保障2.53亿元。

（太保财险黔西南中心支公司）

## 融资投资

**【黔西南州文化旅游产业投资开发（集团）有限公司】** 黔西南州文化旅游产业投资开发（集团）有限公司（以下简称州文旅集团）是经州委、州政府批准，由黔西南州金州投资有限责任公司、黔西南州兴义民航有限责任公司、黔西南州峰林文化旅游产业有限公司整合而成，于2019年1月挂牌成立，注册资本金10亿元，由州国资委履行出资人职责。

2020年，国有经营性资产租金收益合计1204.59万元，其中，划转的州级行政事业单位经营性资产租金收益917.67万元，兴义民航公司经营性资产租金收益286.92万元。根据疫情减租政策，全年减免租金1316.51万元。

受新冠肺炎疫情影响，兴义万峰林机场各航线航班市场下滑严重，为最大限度降低影响，兴

4月13日，省发改委副主任安银基（左三），州委副书记穆荣坤（右三），州政府副州长、州公安局局长李淞（左一）调研羊架村建成陆基生态渔业“三产”融合扶贫项目

（州文旅集团 提供）

10月10日，黔西南州游客集散中心投运仪式剪彩现场（州文旅集团　提供）

义民航公司及时对北京、上海、贵阳等城市航线做出调减，停飞厦门航线，新增昆明⇌兴义、泉州⇌兴义、北海⇌兴义等6条航线，优化调整北京⇌兴义、上海⇌兴义等5条航线，2020年开通航线19条，通航城市26个，共飞行12500架次（5300班次），旅客吞吐量104.25万人次、邮货吞吐量773.22吨。

州文旅集团坚持以“文旅+”为抓手，坚持生态优先、绿色发展，积极布局以搭建黔西南州游客集散中心、开发“畅游金智慧”旅游平台、编制研学旅行规划、建设陆基生态渔业“三产”融合项目、申报AA+信用评级为重点的“五个一工程”，深入落实文旅兴州、教育立州战略要求。其中，黔西南州游客集散中心于2020年10月10日正式投入运营，发挥着向本地市民及外地游客提供优质文化旅游产品及服务的积极作用；“畅游金州”智慧旅游平台线上商城于2020年12月12日试运营，正积极探索旅游产业数字化的发展模式；《黔西南州全域研学旅行发展专项规划（2021—2025）》已于2020年11月27日通过专家评审，按照规划设计，将布局“一心三区四线”研学发展格局，将黔西南州打造成为国内知名、省内一流的研学旅行目的地；义龙新区陆基生态渔业“三产”融合项目于2020年12月18日通过州政府常务会议，该项目是实现巩固拓展脱贫攻坚成果同乡村振兴有效衔接、推动农业现代化的重要抓手；AA+信用评级工作正在积极推进，在集团公司AA信用评级成功的基础上，已完成《企业信用评级规划服务项目可行性分析报告》等工作。

（张胜男）

**【黔西南州城市建设投资（集团）有限公司】** 黔西南州城市建设投资（集团）有限公司是经州委、州人民政府批准，于2011年9月6日成立，注册资金2亿元，是作为黔西南州城市基础设施国有资产的投资主体并对其实施运营的国有独资公司，公司成立以来，重点围绕黔西南州新型城镇化建设和重大项目投资，参与各县（市、新区）城市基础设施、特色小镇、易地扶贫搬迁、教育、医疗卫生等政府性投资项目建设；根据各县（市、新区）子公司注入资产情况提供相应的融资、担保等服务。公司内设综合部、财务部、项目管理部、发展与市场部、融资部、安全生产部六个职能部门，共有在职人员51人，其中班子成员4人，中层管理人员8人，具有高级职称人员5人，各类专业技术资格人员21人。

截至2020年底，集团本部及实际控制子公司资产总额为94.56亿元，较上年同比增长72.77%，年度实现营业收入5038.37万元，较上年同比增长5.07%，实现净利

2020年7月7日，州工投集团与州城投公司签订战略合作框架协议（州城投公司　提供）

2020年5月21日，兴义民族师范学院欧佩克项目开工仪式

（州城投公司　提供）

润593.69万元，较上年同比增长约12.66%。形成全资子企业8个，控股企业2个，参股企业3个的组织框架。

项目建设。2020年，集团公司项目建设合计完成投资约2.9亿元，其中兴义民族师范学院新校区项目建设暨省委巡视整改工作取得阶段性成果，完成4栋遗留工程和80套教师公租房建设以及欧佩克贷款项目的快速顺利推进，年度完成投资约1.6亿元，特别是欧佩克项目作为义龙新区2020年工程质量管理标准化示范项目组织进行观摩，并取得良好成效；州妇幼保健院、州儿童医院“两院合一”项目已完成部分行政科室搬迁，年度完成投资约8000万元；BM408建设项目已完工，年度完成投资约1000万元；景峰郡苑房开项目已启动建设，完成投资约1200万元；沙井街城市广场项目，主体工程已封顶，正在进行全面装饰及室外广场施工，完成投资约2800万元。

资本运营。2020年，集团公司通过租赁、合作办学等方式盘活固定资产，实现收入295.85万元。原财校、原卫校地块合作申办的兴义市城投小学，在校生达到860人，教职工66人，其中专职教师38人。公司在做好经营管理的同时，每季度进行一次资产安全检查，做到全年资产零事故，确保国有资产保值增值。

融资服务。2020年，集团公司大力开展融资工作，助推经济发展。成功发行14亿元“2020年黔西南州城市建设投资有限公司公司债券”，进一步解决子公司项目资金缺口；贵州省国有资本运营有限责任公司(以下简称省国资公司)通过增资扩股的方式投入14亿元资金入股集团公司，增资扩股工作有序推进，顺利完成全州债务“红转橙”目标；为州级平台及各县市子公司的融资提供连带责任担保工作，全年融资总额为28亿元，担保共计6.9亿元，实现融资担保收入共计4170万元。

服务实体经济。2020年，集团公司响应国家号召，在疫情期间对民营企业共计减免租金75万元。推进甲供材市场化贸易，通过为公司代建项目按照工程进度供应主要建材和走建材贸易市场化道路为路径，实现营业收入约3300万元。加快固废资源化利用及绿色新型建材技术开发，研究开发利用废弃石粉制备满足水泥混凝土性能的专用填料、新型建筑材料，已进入最后阶段。强化国有企业合作共赢发展，实现资

2020年3月23日，兴义民族师范学院新校区教师公租房竣工验收会现场

（州城投公司　提供）

2020年鹏昇公司厂区　　（胡世莹　摄）

源共享和优势互补，共同壮大国有经济，与工投集团签订战略合作框架协议。双方同意在合作领域内，同等条件优先选择对方作为合作伙伴；与贵州建工集团和兴义市信恒城投公司共同出资成立贵州建工西南建设有限公司，全年承接项目（已签订施工合同）18个，实现净利润326.8万元。加强企业混合所有制改革，同义龙工投公司、上海龙金实业集团有限公司，在义龙新区合资组建成立贵州约堡环保股份有限公司开展生产基地搬迁项目。拓展经营业务范围，充分发挥和整合公司现有各类人才资源（中高级职称、建造师等），在集团公司原有经营范围基础上，增项建筑施工总承包资质，完善建筑施工工程承接机制。组建全过程工程咨询子公司，专门负责公司承担的政府性投资工程集中建设管理、全过程工程咨询服务，全面提升项目集中建设管理能力和水平，为公司“实体化”转型发展提供技术保障。

风险管控。2020年，对集团公司各领域存在的风险进行排查，一对一制定防范措施。针对项目建设方面存在的风险，成立3个工作专班，下设8个工作小组，妥善解决项目历史遗留问题、群众反映问题、项目建设难题，有效推动项目建设顺利实施；针对安全生产方面存在的风险，及时调整领导分工，设立安全管理部门，组织17名人员参加考试取得安全考核合格证。加大安全隐患排查力度，全年共开展排查20余次，排查隐患60余处，均及时整改到位。针对意识形态方面存在的安全隐患，抓好责任制的落实，研究制定工作方案和责任清单，加强分析研判和舆论引导，全年共召开3次支委会研究部署意识形态工作。针对债务风险防范方面，紧紧守住决不逾期还款的底线，多途径融资，举新还旧，加强预警提示，调度资金，全年共化解债务9.74亿元。通过加强管控，全年未因风险防范不力，发生事故。

（罗　怡）

**【黔西南州水资源开发投资有限公司】** 黔西南州水资源开发投资有限公司（简称“水投公司”）和黔西南州金农生态产业发展有限公司（简称“金农公司”）按照“一套人马、两块牌子”合署办公。水投公司2011年11月挂牌成立，是州委、州政府为促进水利建设而成立的国有独资企业，注册资金5亿元，州政府为出资人，授权州国资委履行出资人职责，2016年经中诚信评级为AA企业。公司现有全资子公司6个，直接控股公司2个，参股公司2个和各县划入名誉上全资子公司10个。金农公司2016年7月挂牌成立，是州委、州政府为促进全州农业产业化发展而成立的国有独资企业，作为州级发展生态农业产业投资主体、融资平台和经营实体的定位，注册资本人民币5亿元，州政府为出资人，授权州国资委履行出资人职责。金农公司现有全资子公司1个，直接控股公司1个，义龙新区名誉划入全资子公司1个。金农公司总资产为1.56亿元。水投（金农）公司及其全资子公司共计48人（含2人临聘）。

受疫情影响，2020年上半年个别子公司部分经营效益指标同比下滑，但降幅持续收窄，2020年下半年已转正实现快速增长。2020年，完成净利润1082.40万元，完成率220%，同比上升131%；成本费用利润率为12.63%，完成率140%，同比上升40%；资产负债率为45%，完成率100%，同比上升-0.70%；主营业务收入完成10570.48万元，完成率201%，同比上升101%；劳动生产总值完成5069万元，完成率128%，同比上升28.90%。

统筹抓好疫情防控和复工复产。严格落实防控措施，建立健全组织指挥体系，落实防控经费10余万元，成立援岗先遣组10余人下沉蹲点办公，发动150余人投入防控战场，在2020年3月底所属项目全部实现复工复产。协调各参建单位有序分批复工复产，对1900余人开展14天轨迹核查，对593名返岗人员开展核酸、CT和血常规筛查，隔离350人。其中仅鹏昇纸业对1801人返岗进行核查、筛查，涉及省外914人（中高风险地区572人，其中重点疫区206人、严重疫点6人、重点疫点360人；低风险地区342人），省内887人。在克服疫情影响下，鹏昇纸业项基本建成达到投产条件，同益管业实现型材销售翻番，兴农种业效益持续好转，新风土公司实现创收。

融资及化债。申报发行14亿元绿色企业债得到国家发改委批复，完成第一期、第二期发行，成功募集到位资金9.8亿元；加快水务一体化融资回归主业，向国开行申请不少于72亿元贷款，取得贷款17.26亿元；争取得到邮储银行5.5亿元授信，取得500万元贷款；通过二级市场转售自持债券4.26亿元给有关县（市、新区）使用；按程序为各县（市、新区）提供连带担保7笔涉及19.3亿元；采取开具承兑汇票偿还短期贷款3亿元；筹措资金兑付“19黔水债”15亿债券利息1.2亿元；配合省金控集团对公司增资入股，取得资金10.9亿元；同民生银行、农业银行合作向交易商协会申请发行12亿元中期票据，民生银行正在协调担保相关事宜；在各银行取得流动资金贷款共计2020万元。

水务一体化融资。加快协调各县（市、新区）推进全州水务一体化PPP项目融资，公司作为社会资本方和各县（市、新区）组建SPV公司，向国开行申请不少于72亿元贷款（期限不超过20年），通过各方出资比例或股东各方约定分享利润。同时，也新建水务一化项目“投转固”工作，提高公司整体融资和偿债能力。国开行向各县（市、新区）放款14.76亿元，其中向安龙TOT发放3.83亿元、安龙PPP发放0.5亿元、兴义3.03亿元、普安0.5亿元、贞丰2.9亿元、册亨4亿元。

重大在建鹏昇项目基本建成投产。同有关单位和总承包商对接，快速推进鹏昇纸业项目建成投产。年产25万吨高强瓦楞纸生产线2020年11月29日投产，由于还处于整改消缺阶段，仅按设计产能的一半参数生产，该条生产线完成产能约8000吨，产值约3000万元；年产35万吨箱板纸生产线预计2021年1月中旬建成投产。鹏昇项目累计完成投资14.81亿元，占计划投资约81%。同时，还延伸包装纸产业链，抓好年产5万吨纱管纸项目和年产1亿平方米瓦楞纸板（纸箱）及包装彩印项目前期工作。

股权融合发展。完成鹏昇公司民营股权49%收购。2020年3月10日，经州政府常务会研究，同意州水投公司出资2254万元收购向倚志持有鹏昇公司的49%股权，州水投公司以对价方式出资2346万元收购州水投能源公司持有贵州鹏昇（集团）纸业有限责任公司51%股权。至此，鹏昇公司成为州水投公司全资子公司。完成同益民营49%股权收购。2020

2020年，同益公司厂区图　　（王　方　摄）

年10月27日，经州国资委同意，州水投公司出资1290万元收购同益公司民营股权49%，已完成工商信息变更。同时，将公司持有的部分股权等价转让给全州各县（市、新区）子公司，已召开每一次股东大会和第一次董事会、监事会，签订《股权转让协议》和《代理商协议》。

生产经营。2020年，同益公司签订销售合同69份，比上年同比增加34份，增长率为97%。生产PE管、PVC管和钢带波纹管等管材共计3054.7吨（不含半成品），PE管材废品率约为1.7%，PVC管材废品率约为4.40%，钢带波纹管废品率约为2.47%。全年实现销售收入约4600万元（含税收入约5200万元），缴纳220万元，净利润约60万元。兴农种业公司完成实现薏苡种销售182吨、玉米种25吨，实现销售收入569万元，发生直接材料成本339万元，净利润30余万元。施工企业新风土公司依托鹏昇纸业项目，承接厂区道路、管网等附属工程施工，产值约3000万元，纳税270万元，净利润200万元。

协助贵州兴电新能源发电有限公司白碗窑40兆瓦光伏发电项目、兴义市甲马石光伏发电项目，本年累计实现收入6626万元，净利润2238万元；协助实现清水河甲马石和普安高棉光伏电站顺利融资并按要求如期建成发电。

（唐续家）

**【黔西南州工业投资（集团）有限公司】** 黔西南州工业投资（集团）有限公司（简称“工投公司”），集团公司以能源、矿产、服务为主业，定位为资源存储平台、产业发展平台、资本运营平台和人才聚集平台，2020年，拥有职工505人（总部53人）、下属全资公司15个、控股公司10个、参股公司17个。2020年，资产总额148.1亿元，净资产74.3亿元，新增投资2亿元，经营收入5.6亿元，利润总额6100万元，上缴税收4800万元；州本级资产总额20.94亿元，净资产8.82亿元，新增投资1亿元，经营收入5.01亿元，利润总额1200万元，上缴税收680万元。

电力项目。参建的11个电力项目总装机量563.9万千瓦，占全州投产装机1499万千瓦的37.6%，集团权益装机量47.45万千瓦。其中平班、光照、董菁、马马崖、兴义电厂、普安电厂等10个投产权属项目发电量203.43亿千瓦时、

2020年3月18日，中央调研工作组到贵州木纹石材开发股份有限公司调研复工复产情况 （州工投公司 提供）

2020年2月21日，州委副书记、州长杨永英（右三）到木纹石公司调研疫情防控及复工复产工作 （州工投公司 提供）

收入46亿元、利润5.9亿元；控股的0.56万千瓦的兴仁工业园分布式光伏项目发电量超570万千瓦时。

矿产资源储备。完成新庄、波秧探矿权增列煤炭矿种之后首次延续审批。完成收购贵州豫能地瓜3井田矿业权转让调查，启动项目审计、评估。新获取安龙笃钱和义龙秦家寨两个采矿权证，实现开工建设。新筛选交外、郭家湾、坡井湾3宗饰面石材空白靶区，完成资源评价，有序推进州、县出让前期工作。与109地质队共同完成将军屯地热项目勘查。

实体化转型发。安龙木纹石公司连续四年获得省“千企改造”龙头企业称号，新组建工程分公司，累计签约5000余万元，实现营业收入2010万元。俊材绿色矿山标准化建设顺利通过省级验收。工建公司当年投产、当年盈利，实现销售额4097万元，净利润424万元，成功摘牌3宗工业用地162.7亩。工盛贸易收入与利润倍增，全年供应电煤113.96万吨，成为普安电厂最大供应商，并筹建黔西南州煤炭、钢材和木材专业交易市场，推进搭建黔西南州区域物流运营平台。兴仁金库、安龙金库、望谟金库项目完成土地获取。完成普安、晴隆基地公务用枪数字化改造。

经营性事业单位改革。全面完成州委、州政府关于州盘江宾馆、人民会场、小车修理厂、林规院4家单位改革的决策部署，于2020年6月全部完成事改企。建立法人治理结构，理顺内部管理，重振生产经营，州盘江宾馆公司改革后职工待遇普遍提高，州人民会场公司实现收入261.52万元，利润35.81万元，州林规院公司实现收入1196.08万元、利润218.33万元。

脱贫攻坚。持续开展万名绣娘就业计划，累计申报项目方案44个。实缴出资5390万元参建州林产公司发展林下菌药产业，完成林下菌药种植14.08万亩，累计用工49.24万人次。开展精准助学行动，年内发放助学金67.1万元，资助学生338人。捐赠10万元帮扶包保联系的团坡村、落江村发展产业。扶贫日单位及个人共捐款12.5万元。拨付10万元用于5个壮大村级集体经济，梳理发展产业项目7个，争取上级补短板资金156万元、产业资金230万元。中信工联大数据公司实施的金州产销云平台累计注册供应商454户，上架上平1.84万件，实现全州线上采购学校覆盖率100%，总交易额为4.84亿元。参股组建的农品商贸公司实施金州名品汇项目，现有供应商125家，全州3000余种名特优铲平均上架。推进校农对接和营养餐合作项目，形成全州整合方案。

获得荣誉。2020年，集团公司党支部被命名为“全省党支部标准化规范化建设示范点”。集团公司获“全省文明单位”荣誉称号。集团党委书记、董事长徐声健获评“全省脱贫攻坚优秀基层党组织书记”。集团公司财务部经理李山（女）获评为“黔西南州劳动模范”。集团权属守押公司副总经理齐飞被评为“全国抗击疫情表现突出个人”。集团公司员工韦朝峰被评为“全州脱贫攻坚优秀共产党员”。

（杨婷婷）

**【黔西南州畅达养老产业有限责任公司】** 系原黔西南州畅达交通投资有限责任公司，2015年7月经州政府批准成立，州国资委履行出资人职责，国有独资的州级一类企业（正县级）资产总额180.86亿元。企业综合实力AA+，企业主体长期信用AA。共拥有18家子公司(其中：全资子公司14家；控股子公司1家；参股子公司3家）。全资子公司分别为：望谟县富达交通建设有限公司、贵州省康达交通发展有限责任公司、贞丰县畅达交通开发投资有限公司、普安县公路工程公司、晴隆县畅达交通建设有限公司、贵州财丰城市建设管理有限公司、贵州兴仁惠道交通投资有限责任公司、贵州省兴义汽车运输总公司、贵州顶效开发区南下建设有限公司、黔西南州南下交通工程检测有限公司、黔西南州畅达旅游客运有限责任公司、黔西南州畅达项目报件咨询服务有限责任公司、黔西南州畅达宝丽家政服务有限责任公司、黔西南州交通勘察设计有限责任公司。控股子公司为：安龙县荷韵旅游文化发展有限责任公司。参股的子公司分别为：黔西南州中畅能源发展有限责任公司、黔西南州癸辛工程项目管理咨询有限公司、贵州安六铁路有限责任公司。

州畅达公司现设综合部、投资部、财务部、融资部、党建办、协调部、监管部、工程部、计划运营部9个部门，现有职工35人，其中：大学本科24人，大学专科9人，中等教育1人，初中教育1人，具有高级职称1人、中级职称4人。其中班子成员4名（州管干部）、中层正职1名，中层副职9名。2020年末，实现经营营业收入3.5亿元，较上年同期下降0.6亿元下降14.6%。利润总额1.1亿元，较上年同期下降0.19亿元下降22.48%。

2020年，坪东大道地块(14.45亩)综合开发，成立工作专班招商引资，先后与博爱医院拟建二甲综合医院、兴义市豪辉公司拟建4S店汽车城、浙兴商贸城拟建木质建材市场及四川省渠县孝善老年公寓拟合建社区养老服务中心等多家客商进行多轮谈判，最终确定州畅达公司以土地作价入股与兴义市豪辉公司共同开发建设综合市场。正在研究《合作方案》，明确豪辉公司全额投资，州畅达公司每年收取固定的国有资产有偿使用费。待向州国资委上报审批后，力争在2021年6月启动建设，2022年6月投入使用。

发展实体。2020年，普安至兴义一级公路项目成功申报地方政府专项债券5亿元，并划转到普安鸿安公司(委托代建单位)专户，采用"建设一段，使用一段"的原则推进项目建设，完成投资5亿元。巴铃至盘龙二级公路项目完成代偿工程款4.48亿元，基本完成工程款代偿工作。盘兴铁路(黔西南段)项目成功申报地方政府专项债券9.07亿元用于资本金和兴义南站站房建设，完成投资3.392亿元，累计完成投资5.3188亿元。岩架码头项目工程可行性研究报告已初审，积极开展前期专项报件报批工作，同时申报9600万元地方政府专项债券，确保2021年可启动项目建设。

化解债务。2020年，成立主要负责人为第一责任人、分管的班子成员为直接责任人的债务防范化解工作领导小组和债务风险预警工作领导小组，制定债务化解应急和预警机制及债务风险防范化解方案，按照"半年调度、三月预警、一月调度"的要求，加强对公司债务的调度和督促管理，做到风险早发现、早报告、早处置。同时，协调金融机构做好贷款降息展期工作，减轻偿债压力，避免出现偿债资金断链风险，稳妥化解隐性债务存量。共化解债务2.75亿元，其中：本金20740万元，利息6785万元。

（龙冠华）

**【黔西南州宏升资本营运有限责任公司】** 黔西南州宏升资本营运有限责任公司是经黔西南州委、州人民政府同意，于2005年7月成立的政策性国有融资公司，主营投融资管理，承接国开基金、国有土地收储及房地产开发、上市公司股权投资、担保增信等业务，投资覆盖易地扶贫搬迁、棚户区改造、旅游、教育、农村饮水、电网改造等。公司下设办公室、投融资部、财务管理部、人力资源部(党建办)、项目管理部、督察部、法律事务部等七个部室，现有职工39人，其中：硕士研究生5人、大学本科20人、大专及以下14人，其中：具有高级职称2人、中级职称10人、初级职称3人，其中：领导班子5人、中层正职4人、中层副职8人。为全面加强国有资产的集中管理，化解全州债务风险，2020年1月10日成立黔西南州国有资本运营有限责任公司，注册资本100亿元，与州宏升公司、州扶投公司实行一套人员的经营管理模式。

截至2020年底，公司资产总额226亿元，实现营业收入2361.35万元，较上年同期增加227.70万元增长10.67%，净利润208.98万元，较上年同期增加92.62万元增长79.59%；已形成6个全资子公司、11个控股公司、6个参股公司的组织机构。

资本运营。2020年，州宏升公司积极推进黔西南州国储林建设项目融资工作，总融资额度44亿元，获国开行审批授信21.7亿元；推进TOT融资项目，以政府出资代表方参与TOT（一期）项目融资，总融资额度16.48亿元，已成立黔西南州兴义市体育中心PPP项目、黔西南州兴义市体洒金手工产业园(一期)PPP项目及黔西南州义龙新区棒垒球体育公园PPP项目的项目公司，以社会资本方参与TOT（二期）项目融资，总融资额度11.45亿元，成立兴仁陆官轻工业园区标准厂房PPP项目及黔西南州安龙县禄堂湾殡仪馆及公墓PPP项目的项目公司；认真履行州级受托企业职责，完成绿色产业扶贫投资基金投贷联动4.64亿元；完成新增融资1.27亿元，其中：完成国开行基金2900万元、贵州银行新增融资9780万元；完成股权投资6217万元，其中：黔西南州林下经济产业运营有限责任公司5610万元、贵州蔬菜集团有限公司510万元、贵州股权交易中心有限公司50万元、贵州宏创农业产业开发有限公司47万元；完成"宏升·学畔馨苑"项目建设投资1822万元，实现商品房销售收入4700万元。

2020年，公司不断加强自身债务风险管控，严格落实防范化解债务风险管理机制，按时偿还债务本息共计17.29亿元；积极支持州内国有企业化解债务风险，充分发挥AA融资平台效应，以出具差额支付保函、土地投标保函等方式为州内国有企业担保44.35亿元；做好黔西南州风险应急周转资金池资金管理工作，2020年度共计承接新入池资金5.59亿元，累计循环借款16.22亿元；配合完成浦发石漠化基金161.11亿元还款计划调整，还款期限从8年调整为12年，大大缓解各县市区还款压力。

2020年8月完成州财信担保公司、贵州时进担保公司两家州级担保公司整合工作，整合后划入州国有资本运营公司，资产总额达9.78亿元，全年完成融资担保7.14亿元。整合后，财信担保公司在强化政策性职能、积极承担社会责任的同时经营能力进一步提升，在严格执行抗“疫”期间担保费率不超过1%的前提下，实现营收953.71万元、净利润277.08万元，全年上缴税收248.28万元。

2020年1月10日，黔西南州国有资本运营有限责任公司挂牌成立
（宏升公司　提供）

2020年5月15日，州林产公司召开县（市、新区）林下经济产业运营公司组建工作专题座谈会
（宏升公司　提供）

发展实体。2020年5月，与州工投集团共同出资1.1亿元组建州林产公司，投资设立控股子公司9家，覆盖黔西南州境内2市6县1新区共9个地区，完成投资2.2亿元，种植林下菌药14.13万亩、累计用工量50.75万人次、实现产值2.19亿元；与兴仁市共同组建黔西南州薏仁仓储管理有限公司，助力兴仁市获得薏仁米收储资金北京首农集团3000万元、农发行3亿元、建设银行1.3亿元，基本实现2020年度收储稳价目标；以宏创公司为载体推进薏仁米精深加工，积极引入广州市高纤宝健康食品有限公司开展合作生产经营，推出精品礼盒真空包装薏仁米和糯米香蕉口味月饼2款自有品牌产品；以宏升茶业公司为载体推进大宗毛茶、条形茶、袋泡茶等收购、生产及销售，实现产值623.61万元。

获得荣誉。2020年公司工会被评为“州级工会规范化标准化建设示范点”“黔西南州厂务公开民主管理示范单位”，职工书屋被评为“省级职工书屋”，两名中层干部被评为“州级劳动模范”，两名驻村干部被评为“兴义市最美脱贫攻坚干部”。

（梁蓉蓉）

# 通　信

## 中国邮政集团有限公司黔西南布依族苗族自治州分公司

【概况】 2020年，中国邮政集团有限公司黔西南布依族苗族自治州分公司(以下简称黔西南州分公司)，州分公司本部设有5个职能部门、2个市场营销部门、4个专业支撑部门和2个直属单位，在全州8县(市)分别设有县市分公司和乡镇邮政局所，共有服务网点144个(其中金融服务网点63个)，合同员工770余人。

【经营业务】 黔西南州分公司围绕邮政主业主责，坚持质量第一，效益优先，动员全州邮政广大员工振奋精神，凝心聚力，积极作为。截至2020年末，黔西南州分公司累计实现业务收入2.22亿元，同比增长8%，增幅排全省邮政第三位。其中在重点业务发展方面，金融业务进一步深化转型、调整存款结构，经营业绩稳步提升。实现收入1.58亿元，同比增长9.08%，在全州邮政主营业务收入占比达到71.4%，稳定全州收入增长大局。寄递业务创新“建仓引包　以包养仓　电商造包”的发展理念，业务收入增幅和业务收寄量均创历史新高。全年实现寄递业务收入3066万元，完成年计划的158.5%，同比增长95%，排全省第一位。寄递业务收寄量、业务收入、市场占有率增幅均列全省第一位。农村电商利用邮乐网、黔邮乡情、黔西南邮政等邮政电商平台和公众号平台，助力本地

2020年9月，“黔货出山”——安龙县邮政分公司投递员在农业科技园帮助电商客户搬运出售的红薯　（杨礼川　摄）

农特产品“黔货出山”和“农产品进城”。累计销售本地农特产品“进城”34.3万件，销售金额225余万元，同比增长71.46%，助力脱贫攻坚和乡村振兴。

2020年1月，黔西南州邮政分公司党委到望谟县营盘村开展脱贫攻坚“暖冬行动” （杨礼川 摄）

**【普遍服务】** 黔西南州分公司始终牢记“人民邮政为人民”的服务宗旨，把普遍服务工作当作政治任务和头等大事，按照集团有限公司普服为“根”、客户为“本”的战略部署，加大资源要素投入，不断完善网点基础设施，不断创新服务方式，邮政普遍服务整体水平取得明显改进。

黔西南州分公司按照集团公司、省公司和地方监管部门的要求，筹集资金，连续三年持续投入资金380余万元，对全州144个普服网点进行升级改造。在服务环境上，统一制作网点局名牌，制作全新的门头标识，更换背景墙，统一规章制度，全部配备监控设备，配齐各类章戳，配齐安全消防设备等；在人员服务上，统一为营业人员和投递人员配发工作服装、制作工号牌，开展业务培训，创建“普遍服务标杆支局”。通过持之以恒的改造，彻底改变网点环境“脏乱差”、空间布局“矮窄小”的状况，网点里外焕然一新，让客户体验到舒适的用邮环境。

为有效解决“最后一公里”服务不到位等问题，黔西南州分公司投入26万余元，为全州1008个建制村制作普遍服务专用信报箱，安装在每个村村委会门口，将投递外勤监控条码贴在信报箱内，监督投递员服务频次，老百姓需要寄出的邮件集中放在村委会，由投递员及时取走代寄，实现寄件不出村。小小信报箱成群众与邮局之间的“连心箱”，得到群众一致好评。黔西南州分公司大力推进新《邮政普遍服务》标准落地实施，截至2020年末，解决101个边远行政村投递难题，实现全州144个普遍服务网点、1008个行政村的投递频次和营业时间全部达标，全州邮政网点营业率达到100%，营业实名制收寄率、邮件封发及时率、条码平信收寄率指标均达到99%以上，得到广大老百姓的称赞和管理部门的高度认可。

2020年10月，兴义市敬南镇邮政普遍服务投递员，把当天报纸送到必亮村村委会现场 （杨礼川 摄）

**【脱贫攻坚】** 黔西南州邮发挥邮政渠道、网络优势，借助“黔邮乡情”“邮乐购”等邮政电商平台，帮助贫困村线上销售滞销农产品，助力黔西南州农特产品“黔货出山”和“农产品进城”。2020年累计销售农特产品“进城”34.3万件，销售金额225余万元，同比增长71.46%，帮助420名农户创收117余万元，充分展现邮政作为央企的责任担当。此外，黔西南州分公司业务发展不忘帮助地方百姓，尽力为当地贫困户提供就业机会，招聘符合基本条件的贫困户作为网点的营业员、投递员和邮件分拣员，全州有32名贫困户因此获得稳定就业、实现脱贫致富。兴义市洒金邮件处理中心，日均出口电商包裹邮件超过10万件，兴义市分公司主动与洒金安置区工作人员对接联系，招聘170余名周边村寨的搬迁户、贫困户到处理中心工作，每人每月可得收入4000元左右，有力帮助地方政府“搬得出、稳得住、能致富”易地扶贫搬迁目标的实现。

2020年3月，疫情防控期间，黔西南州邮政分公司党委、工会、团委组织员工在兴义市大佛洞献血屋开展无偿献血活动　　（杨礼川　摄）

**【疫情防控】** 新冠肺炎疫情发生后，黔西南州分公司按照省委、省政府，州委、州政府和省分公司的工作部署，把打赢疫情防控阻击战作为重大政治任务，担当起行业“国家队”的使命责任。组织兴义市分公司接收来自贵州伊利泰生物科技有限公司发往武汉的抗疫医品20余件，邮政党员志愿者主动请战，以最快的速度进行封装、装车和发运。按照疫情防控要求，许多学校延迟开学，纷纷采用“网络课堂”模式在线教学，为让学生们尽快使用到教材，黔西南州邮政分公司抽调党员干部和管理人员到各所学校开展帮扶，与工作人员一起打包教材。累计揽收配送教材26000余册，解决多所学校的送书难题，助力学校停课不停学工作。疫情期间，保证疫情期间党委政府机要通信、党报党刊和全州广大群众各类邮件正常收寄、及时投递。采购帮扶湖北的滞销农特产品93840元；干部职工自愿参与向湖北疫区捐款99人，捐助资金8864元，爱心献血19人。州分公司党委领导班子深入基层，靠前指挥，督导疫情防控，将口罩、防护服、消毒液、体温枪等防疫物资，优先提供给基层一线员工使用，实现全州邮政员工无一人感染疫情。同时，统筹常态化疫情防控和复工复产，彰显关键时刻听指挥、拉得出，危急关头冲得上、打得赢的负责任央企形象。

**【荣誉称号】** 2020年，黔西南州分公司被全国总工会授予“全国模范职工之家”“全国模范职工书屋”荣誉；黔西南州分公司和普安县分公司荣获“全省文明单位”称号；册亨县分公司党支部被贵州省委评为“全省脱贫攻坚先进党组织”；贞丰县分公司赵克春荣获“贵州省五一劳动奖章”“贵州省劳动模范”；普安县分公司龚桂英等荣获“贵州省劳动模范”称号荣誉。

（刘秋月）

## 中国移动通信集团贵州有限公司黔西南分公司

**【概况】** 中国移动通信集团贵州有限公司黔西南分公司（以下简称“中国移动黔西南分公司”）隶属于中国移动通信集团贵州有限公司。2020年，围绕公司战略落地、市场拓展、管理提升等方面的中心任务，坚持目标同向、部署同步、工作同力，全面贯彻“党建引领、文化落地、管理提升、争先进位”的工作部署，圆满完成十三五的目标任务，努力保障公司的平稳运行和稳定发展，为全州经济社会加快发展提供有力的支撑和保障。

2020年，打造“电商平台＋网络直播”扶贫新模式，助力望谟纳王村杧果直播销售活动
（中国移动黔西南分公司　提供）

2020年，中国移动黔西南分公司抢险保通信工作
（中国移动黔西南分公司　提供）

**【坚持党建引领】** 2020年，树立194面党员旗帜，开展20个“书记项目”，创建“金州网络工匠”等20个党建特色品牌。签订“党建和创”协议35份，创建25个党员责任区，网格党建指导员覆盖率达到100%。公司上下深入推进嵌入式廉洁风险防控体系，风险防控覆盖16个领域。不断强化作风建设，严格落实中央八项规定精神实施细则，持续整治“四风”突出问题。

**【落实疫情“三个保障”】** 2020年，中国移动黔西南分公司迅速成立疫情防控工作领导小组，21支党员突击队1500余人次坚守在抗疫一线工作中。7小时内快速完成防控区内4G网络全覆盖，9小时紧急开通新增防控区专线。

累计群发疫情公益短信400余万条，为2854名一线医护人员提供免停机通信保障服务，免费开通抗疫视频彩铃10万余户，3个县公司签订“5G红外热成像测温”产品合同。

第一时间建立应急机制和流程，着手筹集防疫物资，快速启动消毒防护工作，并为政府疫情防控工作提供强有力的数据支撑。进一步增强在极端环境下挑战极限的能力、在复杂局面下的把控能力和在突发事件中的执行穿透力。

**【助力望谟县脱贫攻坚】** 2020年完成望谟县剩余的40个自然村4G信号覆盖任务。在产业扶贫方面，在实施“产业＋企业＋合作社＋农户”发展模式，为伏开村拓展稻田养鱼增收约120万元，村民人均可支配收入从2017年的2800元增加到2020年的1.3万元，村集体经济收入也由2017年的0元增加到2020年的45万元。以“电商平台＋网络直播”扶贫新模式，在油迈乡纳王村连续三年开展“望货出山”杧果销售扶贫活动，累计为当地村民销售杧果13.6万公斤，创收107万元。在项目实施方面，重点实施扶贫培训、村委活动阵地改造、蔬菜示范基地建设等25个项目。2020年11月23日，望谟实现脱贫摘帽，公司圆满完成上级交办的扶贫任务，切实履行国企政治责任、社会责任。

2020年，中国移动黔西南分公司率先实现县县通5G

（中国移动黔西南分公司　提供）

**【信息基础设施建设】** 2020年，中国移动黔西南分公司持续加大投入，推进信息基础设施建设，承建完成第一批992个行政村和第三批101个行政村的电信普遍服务试点项目。网络质量持续领先，完成20个精品小区网络覆盖，景区、高速、高校覆盖率提升到99%。5G建设跑出加速度，2020年已在全州建设585个5G基站，实现兴义市主城区和各县核心城区5G网络连续覆盖。提速降费落实到位，积极响应国家“提速降费”等政策号召，网络进行全方面升级，平均家宽上网速率从4Mbps提升到27Mbps，平均移动手机上网速率从12Mbps提升到23Mbps，流量单价从60元1G降至5元1G，用户体验持续改善。服务品质持续改善，公司推进党建与服务工作相融合，近两年确立12个书记项目，做实不知情定制“零容忍”，守住客户权益底线，通过“总经理客户接待日”活动及“社会责任沟通日”活动，接待客户百余次，现场解决率超95%，聚焦网络满意度，黑点整治解决率96.25%，宽带装维服务满意度提升到99%以上。

（罗　琪）

## 中国联通黔西南州分公司

**【概况】** 中国联合网络通信有限公司黔西南州分公司（以下简称“州联通公司”）是中国联通在黔西南州的分支机构，位于兴义市瑞金北路13号。2000年1月8日，成立中国联通兴义分公司，同年合并国信寻呼。2002年设置公司工会、团委，2005年成立公司党委。2020年，建设5G新网络，大力推动5G技术与应用的创新融合。公司本部共设置市场部、政企BG、网络部、客户服务部、财务部、党委组织部（人力资源部）、党委办公室（办公室）、党委宣传部（党群工作部）、派驻纪检组9个部门。另设统战、安监、双拥等部门，与相关部门合署办公办公。全口径用工人数385人，其中，合同制员工222人，业务外包人员135人，离职承包28人，基层一线人员占比70%。共设立10个县级分公司。

**【党建工作】** 2020年，中国联通黔西南州分公司坚持以人民为中心的发展思想，认真落实国家网络强国战略和国务院提速降费政策，持续加快基础通信设施建设，4G网络在行政村覆盖率提升至94%，5G网络在县城区以上实现覆盖，网络质量、服务能力、信息安全得到稳步提升。在落实新时代党的建设总要求和基层党组织能力建设上，持续推进基层组织能力建设和支部标准化规范化达标创建，支部标准化规范化达标创建实现100%验收。在助力当地大数据发展、数字政务、智慧城市、智慧社区建设等信息化进程中积极发挥企业优势，推动社会供给侧改革和数字经济发展。持续加强党员发展管理，不断壮大党组织力量，设置党支部14个，2020年预备党员到期转为正式党

2020年9月21日，中国联通集团公司党组副书记李福申（右二）到册亨县香蕉分拣中心调研（李　鑫　摄）

员17人，新吸纳入党积极分子32人，党员人数124人。

【5G建设】　2020年，在上级公司的统一领导下，通过共享方式，合作建成5G基站490个，完成兴义城区和各县城区域全面覆盖，为黔西南州智慧城市建设打下基础。

【通信保障】　2020年，州联通公司完成疫情防控演练、抗洪救灾、脱贫攻坚等30余次通信保障任务。在晴隆，为做好脱贫攻坚验收工作，公司在15天内开通7个基站，助力晴隆县人民政府顺利通过脱贫攻坚验收；在望谟县，42天内开通19个小康讯基站，在乐元镇纳尖村巧所组基站建设前，无任何手机信号，干部员工克服山高路远，没有合理光缆路由的重重困难，新建光缆5千米，共计投资40余万元，提前于2020年5月脱贫攻坚验收前开通联通4G信号，在确保望谟县顺利完成脱贫攻坚验收的同时，解决当地村民长期无手机信号的状况，受黔西南州人民政府的高度评价。

【市场经营】　2020年，州联通公司坚持推进数字化转型，线上线下一体化经营发展策略，保持异业深度融合，利用交付网的优势，拓展本地优秀互联网企业共享合作。2020年收入规模3.06亿元，网上用户53万户，其中移网用户规模45万户，宽带用户规模8万户。

8月27日，州联通公司与册亨县人民政府签署战略合作框架协议。12月3日，州联通公司与普安县人民政府签署战略合作框架协议。协议双方将共享优质资源，充分利用互联网、云计算、大数据、物联网、人工智能和系统集成等网络、技术、人才和服务优势，整合领先的云到端的产品、解决方案及服务，并依托自身强大的网络资源，紧紧围绕智慧城市建设与发展，并就通信业务、创新业务开展深度合作，以大数据为引领，加快册亨县、普安县脱贫攻坚、产业转型发展和创新社会管理。

【脱贫攻坚】　2020年，州联通公司落实册亨集团专项扶贫工作，推动香蕉大数据温室大棚、八渡

2020年5月7日，图为联通党委书记、总经理王利民（左二）实地考察生态有机肥生产厂项目（李　鑫　摄）

2020年12月3日，中国联通黔西南州分公司与普安县人民政府签署战略合作协议
（李　鑫　摄）

2020年12月27日，中国联通黔西南州分公司与册亨县人民政府签署战略合作协议
（李　鑫　摄）

蓝染等28个扶贫项目先后落地。推进易地扶贫搬迁用户资费扶贫，惠及7440户贫困户，黔西南联通投入资金1226.94万元（其中网络扶贫218.59万元，册亨县移民搬迁网络专项扶贫401.29万元，资费扶贫570.98万元，消费扶贫18.64元，其他帮扶资金17.44万元），为册亨县早日脱贫摘帽作出重要贡献。先后选派驻村书记到牛场村、洛干村等扶贫一线担任第一书记。以农村基层党建为抓手，以扶贫解困为目标，以易地扶贫搬迁为主线，积极探索实现脱贫攻坚的新路子，切实帮助群众脱贫奔小康。

**【疫情防控】** 面对新型冠状病毒感染的肺炎疫情，州联通公司党员领导干部坚决按照上级部署要求，把人民群众生命安全和身体健康放在第一位，把疫情防控工作作为当前最重要的工作和重大政治任务来抓，快速响应，靠前指挥，扎实工作，守土有责、守土担责、守土尽责，为坚决打赢疫情防控阻击战贡献力量，主动请战抗疫获好评。州联通公司一手抓好疫情防控，一手抓好复工复产，实现疫情防控与生产经营两手抓、两手硬、两不误，在疫情防控一线彰显企业使命和担当。

（李　鑫）

## 中国电信黔西南分公司

**【概况】** 2020年，中国电信股份有限公司黔西南分公司（以下简称中国电信黔西南分公司）以党建为统领、坚持以习近平新时代中国特色社会主义思想为指导，认真贯彻落实省公司和州委州政府决策部署，统筹疫情防控和生产经营，攻坚克难，努力拼搏，圆满完成“十三五”各项目标任务，企业转型升级和高质量发展取得新的成效。

**【党建统领】** 2020年，中国电信黔西南分公司夯实基层党建工作，全面提升党建工作质量，为企业发展提供政治思想组织作风保障，实现“以党建促发展，以发展促党建，双促进双领先”的目标，获得省公司颁发的发展先锋奖金奖、转型先锋奖银奖。全年坚决落实疫情防控、脱贫攻坚政治任务，履行央企责任，积极做好地方通信保障及支撑服务。1个全国文明单位、5个省级文明单位、3个州级文明单位通过复核验收，全州解决“历史遗留老大难”18项。

持续开展“党建统领、支部结对帮扶”主题活动，机关支部与各县级分公司通过主题党日、党建翼联方式，对标工作中的难点、热点，有针对性开展帮扶。持续开展党员先锋队突击队活动，在疫情防控、复工复产、网络保障、营销攻坚、贞丰通信大楼搬迁等重大项目（活动）中，各支部党员先锋队冲锋在前，为企业改革发展作出应有贡献。

2020年11月，公司总经理走进营业厅倾听客户之声　（汪　波　摄）

**【高质量发展】** 2020年，中国电信黔西南分公司围绕“五个一流”（经营业绩一流、管理水平一流、竞争能力一流、员工队伍一流、企业文化一流）愿景要求，实现本地网“三年三大步”规划目标。收入增幅全省排名前列，市场地位稳步提升，网络覆盖逐步扩大，运营响应不断提升。三大业务用户跨越规模量级，移动过网份额达到30.87%，宽带净增份额达到50.08%，高清用户保持高速增长。客户综合满意度行业领先、宽带和移动网质量感知行业第一。深化机制改革演进至3.0版本，划小承包持续优化深入推进。

2020年7月，黔西南万峰林完成5G覆盖　（汪　波　摄）

**【云网保障】** 2020年，中国电信黔西南分公司各专业网络运行稳定，隐患整治、网络优化及工程建设等均取得良好效果，整体网络质量逐步提高，建维基础管理进一步夯实，客户感知逐步好转，维护队伍素质不断提升。全年新增5G基站493个、4G基站195个，新增FTTH端口7.797万个，行政村增加覆盖40个。全面完成疫情防控重保、全国两会、黔西南与宁波两地“云端会商”、脱贫攻坚验收通信保障、全国校长交流会、十九届五中全会等重要网络通信应急保障任务。6月下旬，向州教育主管部门提出专线专网的技术方案，高考前完成全州27所学校标准化考点的物品关、体温关、人员关“过三关”调测开通，服务黔西南州2.8万名考生安全参加高考，得到广大师生的一致好评。

**【全员服务】** 2020年，中国电信黔西南分公司着手“两深入两服务　全员服务在行动”主题教育传播，推进纵向到底、横向到边的服务体系建设，开展集团优秀服务事迹宣讲《电信的服务传承与升华　让陪伴与守望不再遗憾》、集团优秀服务项目评选《圆百年夙愿　解无网之难》，及“倾听之声”主题活动和“满意服务　十分信赖”主题传播活动，致力于服务文化建设，提升全员服务意识，深入抓好服务，综合满意度连续六个季度在省内电信本地网排名第一、本地三家运营商行业排名第一。

**【提速降费】** 2019年，中国电信黔西南分公司推出全新5G融合套餐，增加移动用户手机上网流量，针对宽带用户开展普遍提速，城市及农村区域全部实现300M起步，消除城乡宽带速率差别。农村区域带宽由提升到300M/500M，原100M宽带用户平均资费从50元/月下降到300M宽带33元/月，下降34%。城市区域带宽提升到300M/500M/1000M，原100M宽带用户平均资费从80元/月下降300M宽带54元/月，下降32.5%。各企

2020年7月，高考考生进入考场安检机启用实况　（苏启再　摄）

事业专线由原来的10M/20M速率全面提速到50M/100M，专线资费也得到全面下降，并针对各中小企业专线用户开展免费提速活动，如对原使用10M的专线用户免费提速到20M或以上。

【安全生产】 2020年，中国电信黔西南分公司以《安全生产专项整治三年行动方案》为抓手，从“九大重点领域”开展安全隐患排查和治理，狠抓“疫情防控”及常态化防控工作，组织实施安全生产教育培训和应急演练，开展“创建无烟楼，健康你我他”签名承诺活动，开展全员找隐患劳动竞赛，安全生产标准化创建达标排名全省第一，有效遏制重大安全事故的发生，全州安全生产工作持续稳定向好。

【队伍建设】 2020年，中国电信黔西南分公司加强队伍建设，持续推动干部年轻化，选人用人强调基层和扶贫经历，薪酬继续基层导向、业绩导向。实施二次绩效考核制度，进一步激发员工工作的主动性、积极性，提升工作质量。继续规范业务外包人员管理，制定和明确业务外包管理办法和管理工作规范。全年共组织各类培训班50余期，其中线上培训10余期，新入职大学生各类培训、内训师等培训4期。促进高校毕业生培养体系建设，提升新员工岗位胜任能力。组建一支州级内聘内训师队伍，涵盖企业管理、综合类、市场类、网络维护类等专业共48名州级内训师。

【融媒探索】 2020年9月，设立财信融媒电商中心，探索媒体融合，发挥主流媒体+新媒体+网络通信融合优势，助推电信业务和扶贫农产品宣传。与《金州财经》联合开设《直播黔西南——电信专场》直播节目，已执行专场直播11场，每场均有一定单量产生。圆满完成省州公司首次双平台直播、以“5G选电信，智享新生活”为主题，集团、省、州三级联动直播、全省“双十二”大联播，其中销售天翼1号5G手机81台，充值产品657份，农产品800多份。

【脱贫攻坚】 2020年，中国电信黔西南分公司党委高度重视脱贫攻坚工作，多次专题研究并加强组织保障，在网络扶贫、业务扶贫、就业扶贫、消费扶贫、扶贫宣传、扶贫人员待遇等方面工作成效明显。公司采取帮扶单位与被扶贫村党支部开展党建翼联形式，发挥党建对脱贫攻坚的统领作用。成立脱贫攻坚督战领导小

2020年11月，天翼一号直播活动　（陈云松　摄）

组，制订督战方案，四个小组8人到州、县包保贫困村开展督战工作。有驻村第一书记1人，专职驻村干部4人，其中晴隆县茶马镇董箐村驻村第一书记郭卫被授予晴隆县“脱贫攻坚优秀共产党员”“优秀驻村第一书记”等多项荣誉。公司全年对帮扶的贫困村投资400余万元，新建4G基站6个，优化补点4G基站11个，完成39个自然村组的光纤宽带建设。对建档立卡精准扶贫户优惠信息费总金额3366.25万元。在同等条件下优先录用黔西南州退伍军人2人，贫困县学生16人。农产品采购总金额125万元，贫困地区采购率超过80%。

（汪　波）

## 中国铁塔股份有限公司黔西南州分公司

**【概况】** 中国铁塔股份有限公司黔西南州分公司（以下简称“黔西南铁塔”）于2014年11月6日在黔西南州挂牌成立，2015年10月完成三家电信企业4500个存量物理站址收购，至2020年拥有基站7858个（物理站址），其中塔类基站6558个，微站980个，室分320个（覆盖面积930万平方米）；公路隧道公网覆盖总里程396千米，高铁公网覆盖总里程40.81千米。

**【党建引领】** 公司认真履行党组织主体责任，充分发挥党委把方向、管大局、保落实作用。聚焦生产经营，确保重点工作落地。开展“党旗飘扬”“打好脱贫攻坚战”党团突击队活动，实施“书记项目”，开展支部结对、支部品牌创建活动。其中，5G建设交付获州工信局书面表扬，网络脱贫攻坚获省通信管理局“突出集体”表彰，公司党委获评贵州省分公司2019—2020年度先进基层党组织。着力夯实“三基”（基本组织、基本队伍、基本制度）建设，提升党支部的组织力、凝聚力和战斗力。

**【5G新基建建设】** 2020年，聚焦5G新基建重大项目落地，开展“5G交付大会战”党团突击队活动，5G建设能力得到认可。主动拜访主管部门，积极推动出台《黔西南州加快推进5G基站建设工作方案》，建立5G建设协调机制，获取政策支持，并将5G建设纳入州督查局督察事项，确保5G项目顺利推进。分别与移动、电信在全州范围内开展5G工程建设“联合攻坚”行动，以坚持协同发展取得客户认可。组织建设线条、设计、监理人员培训5G技术和建设策略，进一步提升专业技能；有序调度人力物力资源，日清日结，责任到人，快速完成建设目标。统筹“十四五”5G建设规划，牵头编制的《黔西南州5G站址专项规划（2020—2025年）》于2020年12月通过评审，标志着5G网络设施将实现与国土空间规划编制有机融合，支撑5G后续发展。2020年，承建的990个5G需求均如期交付，在“5G建设大战90天”活动中，获州工信局、黔西南电信、黔西南移动书面表扬。

**【服务国计民生】** 2020年，依托铁塔“塔、房、电、维”综合资源优势，扩大共享面，变“通信塔”为“数字塔”，服务国计民生。在跨行业信息化方面，发展形成独具一格的铁塔共享平台，服务园区、电力、油气（含石油、石化、天然气）、林业、地震、气象等，以及北斗高精度定位系统地面增强站建设，为各行业数字化转型和社会治理能力现代化建设。在能源经营方面，针对轻型电动车群体充电慢、不安全和续航短等问题，依托专业化的能源保障优势，推动能源基础设施的智能化、数字化、绿色化改造升级，开展智能换电、充电业务，纾解民生

2020年10月20日，公司党委与黔西南通服党支部签署党建翼联合作书

（铁塔公司　提供）

痛点。其中，为400余名美团、生活PLUS等骑手用户提供现场扫码换电，只需15秒就能快速实现电动车满电续航，实现骑手走到哪换到哪，就近换电无限续航；解决小区违规停放电动摩托车充电痛点，为小区集中配置电动摩托车公共智能充电设施端口7000余个，覆盖130余个小区。

【通信保障】 疫情防控期间，全体维护人员坚守岗位，梳理确定245个疫情重保站址，对重保站址采取划片区责任制，全面巡检、逐站排查，发生停电时责任人员及时响应、迅速到位发电，确保疫情期重保站址零断站。疫情期间累计发电保障12986站次，出动人员26083人次，出动车辆13046车次。克服疫情影响，分析历年汛期数据，提前梳理重要站址和发电频次较高站址，早安排、早部署，有效提升汛期应急保障能力。与运营商、供电局沟通及时、信息共享，最大化提升抢修量和抢修效率，2020年1—10月，发电站次同比提升30.05%；日均最大保障量同比提升58.04%。另外，协同运营商完成春节、运营商5G测试、脱贫检查、国庆、凝冻天气等重要通信保障工作。

【网络扶贫】 按照省、州“网络扶贫”总体要求，持续加大30户以上自然村电信普遍服务投资建设力度，公司成立以来，集中资源优势，投资重点向农村倾斜，在农村建设达4118站，确保快速经济建设电信普遍服务基站。2020年，承接233个扶贫站点建设，多数是高山站，复工复产后即组织党团突击攻坚，确保“具备一站开通一站，开通一站服务一片”，上半年保质保量完成省通管局任务。自此，实现全州30户以上自然村4G网络全覆盖，以网络扶贫助力黔西南州按时高质量打赢脱贫攻坚战，通过网络建设助力“黔货出山”，被省通信管理局评为网络脱贫攻坚突出集体。

【获得荣誉】 2020年，公司获中国铁塔总部授予“中国铁塔地市级工会先进集体”荣誉称号；贵州铁塔党委授予2019年—2020年先进基层党组织；贵州省通信管理局授予公司“贵州省通信行业网络脱贫攻坚工作成绩突出集体”称号；公司“彭昆创新工作室”研发的静音发电机获国家专利，打造公司具备核心竞争力的优势产品。

（余金秋）

2020年6月23日，黔西南铁塔党委全体党员、入党积极分子到贞丰县开展“追寻红色记忆　共谱铁塔新篇”纪念建党99周年系列活动（铁塔公司　提供）

2020年9月7日，贵州铁塔党委委员、副总经理潘海涛到黔西南铁塔低速充电设置点现场了解充电业务发展情况（铁塔公司　提供）

# 教　育

## 基础教育

【概况】 2020年，全州有各级各类学校1738所，在校生75.27万人，教职工56459人，专任教师47065人。

【学前教育】 2020年，全州共有幼儿园810所，在校生12.55万人，教职工12791人，专任教师7499人。普惠性幼儿园覆盖率达80%，学前三年毛入园率达91.8%。

【小学教育】 2020年，全州共有小学651所（不含小学教学点202个），在校学生33.54万人，教职工20443人，专任教师19013人。

【初中教育】 2020年，初中学校212所，在校学生16.97万人，教职工13670人，专任教师12218人，九年义务教育巩固率提高到95%。

【特殊学校】 2020年，特殊教育学校9所、工读学校1所，特殊教育3172人，工读学校334人。特殊教育教职工219人，专任教师191人；工读学校教职工23人，专任教师10人。实现"三残"儿童入学率93%以上。

【高中教育】 2020年，全州普通高中43所，在校生学生9.11万人，教职工8349人，专任教师7716人，高中阶段毛入学率提高到92.5%。

【中职教育】 2020年，全州中等职业教育学校12所（含黔西南职院中职部）。在校生学生27487人，教职工964人，专任教师873人。

【学校项目建设】 2020年全州实施各类教育项目383所单体项目672个，实质性开工建设660个，开工率96.29%，竣工率为75.92%。城镇小区配套幼儿园治理，已完成治理任务33所，治理任务完成率为75%。新建、改扩建公办幼儿园12所、易地扶贫搬迁新市民学校4所、城镇义务教育学校2所、寄宿制学校12所（12所公办幼儿园完工10所、主体完工2所，4所新市民学校、2所城镇义务教育学校全部竣工投入使用，12所寄宿制学校完工11所，主体施工1所）。共争取各类教育项目建设资金7亿元。

【教育信息化建设】 依托"金州教育云"平台，以智慧管理和智慧教学为抓手，推进学、教、研、训、评一体化，助推教育优质均衡发展。2020年，全州实名注册"网络学习空间人人通"空间277万个，教师空间59256个，实名注册率达100%，学生空间75.69万个、家长空间158.29万个，实名注册率

98%。教学资源564个，教学应用73个，名师空间851个，课程社区316个。

2020年，教育部民族地区“智能教育试验区试验校”建设工作落实会在杭州举行，黔西南州被确定为“智能教育试验区”，并在会上作《发挥“五个作用” 助推“教育立州”》经验分享。兴义一中、兴义市阳光书院等10所学校获“智能教育试验校”（全省15所，黔西南州占10所）。

【招生考试】 2020年，参加高考考生28306人，二本以上上线14416人，上线率50.93%；一本上线4673人，上线率16.51%。2020年录取本科14684人，录取率51.88%，专科以上录取28986人，录取率88.69%。其中：一本录取4452人，一本录取率15.73%；二本录取10232人，二本录取率36.15%；专科录取人数14302人，录取率43.76%。北京大学和清华大学录取22人，录取国防生和军事院校30人，其中空军飞行员录取6人，比2019年增加3人，为历年录取最多的人数，受到中国人民解放军空军招收飞行学员工作局成都选拔中心的表扬。“985”高校录取476人，“211”以上高校录取1574人。

【师资建设】 抓好乡村教师生活补助，保障乡村教师工作稳定。开展“三区”支教工作，促进义务教育均衡发展，2020年，选派153名教师到乡镇及以下农村学校任教。

依法审核教师资格，把好新入职教师入口关，组织中小学、幼儿园教师资格申请审核通过2890人。

抓好教学技能大赛，提升教师专业素养，技能大赛覆盖14个学科，评出一等奖128名、二等奖182名、三等奖288名。

黔西南州高素质人才培养工作室为晴隆民族中学授牌成立帮扶联系点并形成长效帮扶机制。成立高考备考联盟，对全州43所高中高三教师进行学科指导。构建“全国名师＋金州名师工作室＋金州名师＋金州教师”模式，推进省外名校倾情送教帮扶，与宁波镇海中学、广东外语外贸大学、武汉市第十一中学签订合作框架协议，开展线上线下送教帮扶活动。举办“心之所向·行将必至”——“决战30天”冲刺高考励志专题班会激发内生动力。

营造尊师重教的良好氛围。通过“内引外联”，借助“国培计划”、省级培训、州级培训、“星火计划”和武汉大学、浙江大学、宁波远程送教等培训，多渠道开展线上线下校长教师培训，共计培训校长教师12.99万人次。认定黔西南州州级名校（园）长50人、州级骨干校（园）长54人、州级名师188人、州级骨干教师387人，成立18个州级名师工作室。招聘特岗教师353人，优化乡村教师队伍结构，缓解农村教师数量不足、结构性缺编等问题。加强新时代师德师风建设专项治理，针对教师性骚扰学生、学术不端、职称评审弄虚作假，收受学生和家长礼品礼金等开展集中治理。

【留守儿童关爱教育】 做好留守儿童统计工作，完善留守儿童档案和联系制度。全州各中小学每学期对本校各年级各班“留守儿童”情况全面摸底，准确掌握“留守儿童”动态，建立留守儿童档案，完善“四知道”（一知“留守儿童”基本情况，二知监管或代管人基本情况，三知父母外出务工去向，四知“留守儿童”的具体表现）、“四沟通”（一与“留守儿童”沟通，二与班主任沟通，三与监管、代管人沟通，四与外出务工父母沟通）联系制度，对留守学生档案实行滚动管理。2020年，全州留守儿童11.68万人，建档率达100%。

开展“四在学校”，大力建设示范校。探索创新寄宿制学校留守儿童“四在学校”（吃在学校解食忧、住在学校受关爱、学在学校长知识、乐在学校感幸福）工作机制，开启创新“留守儿童”关爱新模式，逐步形成“四在学校”经验，全州投入“全面薄改”寄宿制学校资金4.54亿元，项目258个，建筑面积43.54万平方米。消除“大班额”、学生校外借宿等问题，全面推进标准化留守儿童之家及学校少年宫建设，不断改善农村办学条件，基本满足留守儿童学习和在校寄宿提供条件。完善家庭、学校、社会监护体系，构建“留守儿童”亲属监护网络。举办家长学校开班教学，对监护人举办家教培训班，教给他们管教孩子的科学方法和学习、生活、安全等方面的注意事宜。引导监护人转变教育观念，改进教发挥学校关爱“留守儿童”主渠道作用。建立学校帮扶网络，结合学校教育、家庭教育、社会教育，有针对性开展多形式的心灵关爱、心理健康教育，引导农村留守儿童积极向上，自尊、自信、自立、自强。狠抓专题教育活动，加强“留守儿童”思想道德建设。纵深推进养成教育，培养“四有”好少年。加强家校合作课题研究，探索留守儿童管理新机制。扎实开展留守儿童主题班会，进一步加强留守儿童心理健康教育。大力建设留守儿童之家，搭建留守儿童活动和服务平台。

**【教育精准扶贫】** 抓好控辍保学。严格落实“五四”措施，压实“双线”和“七长”责任制，推进脱贫攻坚教育保障“控辍保学”工作。用好“劝返复学工作指南二十条”和班主任直报系统，对义务教育阶段学生就学信息进行动态跟踪，确保贫困家庭义务教育阶段的孩子不失学辍学，控辍保学实现“动态清零”。抓好精准资助。严格按照国家、省资助政策和《黔西南州学生资助管理工作机制（试行）》规定，采取对象确定、政策告知、资金落实、发放兑现，问题督促、问责处理6个机制，将学生资助工作精准落实到县、到校、到班、到人，层层压实工作责任，确保学生资助工作规范安全运行。2020年，共下达各级各类资助资金8.69亿元，惠及学生78.16万人次，使学生资助工作得到有效保障。

易地扶贫搬迁教育保障。对全州4个县（市、新区）易地扶贫搬迁集中安置点4个配套教育建设项目进行挂牌督战（兴仁县薏品幼儿园、贞丰县北盘江镇第三幼儿园、册亨县高洛第一小学、义龙新区顶效国建中学），如期建成投用。做好搬迁就学的接转衔接，在新市民居住区完成新建、改扩建易地扶贫搬迁教育配套学校74所，按照规定的师生比要求配齐配足教师，确保易地扶贫搬迁农户子女有学上、上好学。册亨县高洛第一小学被贵州电视台选用于全省挂牌督战易地扶贫搬迁学校典型进行宣传。

营养改善计划。紧绷校园食品安全这根弦，按照“四个最严”要求，狠抓“五关”，做到“五同”，坚决做到学校食堂管理“十到位”，确保校园食品安全，让师生吃得放心、吃得安心。2020年共下达学生营养改善计划资金3.28亿元，惠及学生41.24万人。其中学前营养餐补助资金3559.34万元，惠及学生65913人；义务教育营养餐资金2.93亿元，惠及学生34.65万人。

“校农结合”。严格按照省、州要求，有序推进“校农结合”工作，助推农村产业发展。2020年，全州学校农产品采购量达6.96万吨，其中本省6.61万吨，本地6.25万吨。采购本省占比达94.98%，本地达90%。

东西部协作。2020年，宁波市361所学校结对帮扶黔西南州363所学校。全州“教育组团式”试点学校目标任务10所，实际完成19所，由65名宁波市骨干教师组成19个帮扶团队。团队制定组团式帮扶方案，对试点学校薄弱方面进行针对性的专项帮扶。加强人才交流，选派163名建档立卡等贫困户家庭子女到宁波市接受中等职业教育，超额完成120人的目标任务，宁波市教育部门共组织197名校长、教师到黔西南支教，黔西南州共组织387名校长、教师到宁波挂职培训。望谟实验高中副校长、党总支副书记刘秀祥老师应邀到宁波进行6场演讲，辐射1500余人次，实现甬黔两地人才交流双向流动。宁波市支援学校通过线上视频研讨等方式对黔西南州受援学校开展线上线下教学、教研等交流活动980次，受益教师45080人次。2020年暑期，宁波市教育部门组织66名专家名师对黔西南州中小学校（园）长、教学名师和教研员进行线上、线下培训，黔西南州共36222人参加培训。2020年10月27日至31日，50名黔西南州中职学校管理干部及骨干教师赴宁波进行能力提升培训。

**【校园安全工作】** 按照“定级、定格、定人、定责”的属地分片负责和分级负责相结合的网格化监管模式，构建安全监管网格化、安全责任岗位制、隐患排查治理制度化的工作格局，实现安全监管不留盲区，隐患排查治理不留死角，兑现学校安全工作管理“五覆盖”“五落实”“五到位”目标，校园安全管理水平得到大幅提升。深入推进“七五”普法工作，持续推进学校法治安全教育宣传，青少年学生法治教育实践基地建设，利用“互联网+监管”推进“双随机一公开”，健全法治教育工作长效机制。

**【疫情防控工作】** 2020年，统筹抓好疫情期间停课不停教不停学工作，在全省率先应用“金州空中课堂”开展线上教育教学。制定《各级各类学校开学工作方案》“1+4”文件，做好开学工作顶层设计。按照“三条指南”“五个必须”“六个到位”“六级责任”“严督严实严防12条”“把好四关”校长“五严承诺”“五兑现”“十五级安全责任”“公安+卫健+教育”

联动机制等工作措施。采取明察暗访、电话抽查等形式，对各级教育行政部门和各级各类学校落实开学前“七项工作”、开学后“十三项工作”和落实疑似感染症状应急处置“五条措施”情况进行督查。按照“一校一案”的要求，创新推进“公安+卫健+教育”联动护航学校安全，做到摸排精准到位、物资储备精准到位、措施管控精准到位、联防协调精准到位、督查靠前精准到位。加强大数据、信息化应用和舆论引导，中央电视台、人民日报、新华社等媒体对全州平安开学进行深入广泛宣传报道，凝聚疫情防控与平安开学“两战双胜”的信心和斗志。

（董华珍）

## 高等教育

### 兴义民族师范学院

**【概况】** 兴义民族师范学院肇基于清嘉庆十八年（1813）重建的笔山书院，2009年教育部批准为全日制普通高等学校，2016年通过教育部本科教学工作合格评估，2017年获批为贵州省新增硕士学位立项建设单位和贵州省第二批应用型发展转型试点高校。学校占地1211亩，校舍建筑总面积23.27万平方米。2020年有党委工作机构5个，行政机构16个，教学机构14个，教辅部门4个，本科专业41个。有8个省级一流大学建设项目，10个省级重点支持学科和专业，1个2011省级协同创新中心，1个山地旅游教育与推广省级人文社科示范基地，3个省级特色重点实验室和省级大学生创新创业训练中心、中国民族师范教育研究中心、国际山地旅游发展研究院等19个校内科研机构。学校现有在职教职工721人，其中正高职称69人，副高职称248人，引进和培养博士111人、硕士392人，享受国务院特殊津贴专家、省管专家和享受省人民政府特殊津贴专家各1人。图书馆总建筑面积2.72万平方米，馆藏纸质图书72万册，电子图书80.1万册。现有全日制在校生共11635人，少数民族学生7417人，在校生中少数民族学生占63.75%。2020年共招收本科生2660人，少数民族预科694人，民族汉语预科120人，专升本490人，合计3964人。学校秉承“勤学、尚美、求实、创新”的校训，以“地方性、民族性、师范性、应用型”为办学定位，将人才培养与地方经济社会发展紧密结合，为黔西南州经济社会发展服务，朝着特色鲜明的区域“双一流”大学的目标砥砺奋进。

**【党建工作】** 2020年，学校召开中国共产党兴义民族师范学院第二次代表大会，全校117名党代表全部到会，选举产生学校第二届党委领导班子成员10名，第二届纪委委员5名，实现代表到会率100%，选票率100%和当选率100%，其中新当选的宣传部部长、统战部部长、组织部部长以100%选票和100%的当选率进入学校党委委员行列，增强党委班子的核心领导力量。

学校严格执行党委领导下的校长负责制，按照党委会、校长办公会议事规则和“三重一大”制度规定的议事范围和职责权限召开党委会议、校长办公会，对涉及职称评聘、干部人事任免、重大工程建设、大额资金使用等重要事项的决策实行集体研究决定。2020年，共召开校长办公会41次、党委会37次，校长办公会审议提交党委会审定的重要事项106项。

学校不断强化干部队伍建设，2020年，协助省委组织部完成2次省管干部选拔任用考察工作；交流一名副处级干部到州直单位任职；学校通过民主推荐和组织考察任用9名正处级干部、2名副处级干部；新提拔科级干部6名，完成21名科级干部、12名处级干部试用期满考察正式任职工作。在干部选拔任用工作中，学

2020年，中心校区教学楼 （黄昌顶 摄）

校注重从少数民族干部、妇女干部、非中共党员干部中选派优秀年轻干部，2020年提拔的17名干部中，少数民族干部4名，妇女干部6名，非中共党员2名。

为不断提升干部履职尽责的能力和水平，2020年，学校组织举办1期网络教育培训班，培训科级以上干部190余人；举办1期“学习贯彻党的十九届四中全会精神”专题培训，培训科级以上干部80余人；举办1期基层党组织书记、党务工作者、科级以上干部培训班，培训科级以上干部、基层党务工作者220余人次。

2020年，学校严格开展支部标准化建设工作，制定《兴义民族师范学院党支部标准化规范化建设的实施方案》和《兴义民族师范学院党支部标准化规范化建设验收指导表》，完成33个基层党支部的校内达标验收工作。落实关心激励党员相关机制，“开展七一”表彰活动，表彰一批在主题教育、教学、科研、脱贫攻坚、疫情防控中表现突出的优秀党员、优秀党务工作者70名，先进基层党组织5个。在疫情防控战中，有13名教师党员参加学校疫情防控先锋岗，47名教师党员担任心理咨询师和工作联络员，189名学生参与疫情防控志愿服务，切实发挥党员的先锋模范带头作用。

党建带动团建。2020年新发展团员180名，开展困难团员帮扶，疫情期间资助240名青年团员；充分发挥共青团引领作用，组织学生参加省、州、学校举办的各项活动30余场次，参与学生12000余人次，获省级奖项6项；认真做好关工委工作，完成校级关工委和二级学院关工委小组成员调整，进一步充实关工委工作领导力量；认真落实离退休人员待遇，支持和鼓励他们为学校改革发展贡献力量，2名退休职工获省关工委关心下一代工作先进个人表彰。

**【人才培养】** 2020年，学校坚持把人才作为学校发展的第一资源，全面加强师资队伍建设和学术梯队建设，学校人才队伍结构不断优化。制定《兴义民族师范学院“笔山学者”选聘实施办法(试行)》《兴义民族师范学院“金州之子”选聘实施办法(试行)》《兴义民族师范学院“校长杰出青年基金”选聘实施办法(试行)》，有效构筑学校高层次人才发展新格局。

2020年，学校从北京大学、复旦大学、苏州大学等国内外大学引进研究生教师45名，其中博士研究生15名，硕士研究生30名；持续做好人才队伍干部培训工作，2020年完成2019年新进教师黔西南州事业单位初聘人员培训和黔西南州高校青年教师岗前培训工作；不断加大职称评聘工作力度，完成2020年高校教师系列专业技术职务任职资格自主评审，49人取得相应专业技术职务任职资格，第四轮中级178人岗位聘用工作。

2020年，学校表彰2019—2020学年度优秀教师51人、优秀教育工作者44人；推荐3名教职工参选并获评黔西南州“教育立州”工作先进个人，推荐1名教师申报并获评国务院特殊津贴专家；推荐1名教师申报并获评第9批省管专家、1名教师参选并获评贵州省古树名木大树专家库专家、1名教师参选并获评贵州省核桃产业发展专家。

为促进学生德智体美劳全面发展，2020年，学校评选出省级“三好学生”24名、优秀毕业生51名、优秀学生干部8名、先进班集体4个，校级“三好学生”422名、优秀毕业生121名、优秀学生干部142名、先进班集体20个。学校持续加强学生资助工作，2020年，先后累计发放各类学生资助15764人次4473万元。

学校积极推动毕业生就业稳定发展，采取“线上线下”帮扶模式，组织毕业生积极参与2020年黔西南州高校毕业生专场招聘活动，“线上线下”招聘总共47场，先后累计为学校毕业生提供就业岗位2000多个。毕业生全校综合初次就业率为82.65%，超过全省本科院校79.05%平均水平。

**【教学工作】** 为进一步提高本科人才培养质量，学校全面贯彻OBE的教育理念，坚持“学生中心、产出导向、持续改进”原则，贯彻落实《教育部普通高等学校本科专业类教学质量国家标准》，启动2020年版本科人才培养方案和课程教学大纲修订工作，对全校41个本科专业人才培养方案进行修订，明确各专业培养目标、毕业要求、毕业指标点与教学活动关系，明确毕业要求与课程(活动)关系。

2020年，学校进一步强化学科建设，6个学科科研平台中20个项目列入项目库；对2019年遴选聘用的学科带头人及方向负责人开展中期检查及绩效评价，开展2020年度学科带头人及方向负责人的遴选工作，初步遴选出1名学科带头人及3名学科方向负责人；学校新增视觉传达设计、朝鲜语、经济与金融和应用电子技术教育4个本科专业，学校本科专业达到41个；积极开展省级、国家级一流专业申报，遴选应用心理学、化学、汉语言文学、体育教育、历史学共五个专业申报省级一流专业建设点，遴选出数学与应用数学、汉语国际教育、英语、应用心理学共4个专业申报国家级一流专业建设点。

2020年，校、院两级单位开展课程思政示范观摩课16场，立项建设课程思政示范性项目63项；学校组织非思政课教师课程思政教学技能竞赛，评选出课程思政教学技能竞赛一等奖2项，二等奖4项，三等奖6项；学校1名教师在首届贵州省高校课程思政大赛中荣获三等奖；选派4名优秀青年教师参加省级教学技能竞赛，获省级课程思政教学竞赛三等奖1项、省级青教赛三等奖3项，荣获省级青年教师竞赛优秀组织奖；在2020“第二届贵州省高校教师优秀作品双年展”活动中，获三等奖3项，优秀奖10项；在新“黔创”够“韵味”——第二届贵州省高校师生文化创意大赛中，获二等奖1项；在2020年结题验收的省级一流大学建设项目中，中学数学教学团队获教学团队“优秀”等次，一流程序设计课程群获“良好”等次，在“战疫”“脱贫”温暖同行——贵州省2020年高校师生美术、书法大赛中，获三等奖1项、入选3项、荣获优秀组织奖。

2020年，承办国培计划（2020）中西部紧缺薄弱培训项目（劳动教育培训）开班仪式（黄昌顶 摄）

2020年，学校组织学生参加第六届中国国际“互联网+”大学生创新创业大赛，推荐4个项目参加贵州省总结赛，获铜奖1个，获优秀奖3个，学校被评为省级优秀组织奖；全校805名学生参与大学生创新创业训练计划项目，申报获批项目161个，其中国家级项目54项、省级项目107项，获批的国家级项目数量和省级项目数量在全省26所本科高校中名列第四；在贵州省第二届大学生物理学术竞赛中，荣获一等奖2项，三等奖3项，在全省16个本科高校中名列第五；在“泛珠三角”大学生计算机作品大赛中，获省级三等奖一项，最佳创新奖一项；在“欣源杯”2020年全国大学生计算机作品大赛中获三等奖一项；在第六届全国青年科普创新实验暨作品大赛贵阳赛区获“创意作品”三等奖一项；在全国大学生程序设计天梯赛中，获贵州省团体三等奖一项；在全国大学生数学竞赛中获省级一等奖1项，在全省地州高校中名列第三；在贵州省第二届普通高等学校音乐教育专业学生基本功大赛中，获得一等奖1项、三等奖2项；在第十五届全省校园文化活动月“青春聚力，黔货出山”农产品品牌包装设计大赛，共有2个项目荣获二等奖；学生在第十届市场调查与分析大赛中获省级一等奖1项、二等奖3项，三等奖1项。

**【科学研究】** 2020年，投资1000万元专项资金，搭建中国语言文学等学科平台，助推学校科研发展；投资80万元培育教育学、生物学、中国史等硕士建设学科发展；学校结合实际，修订《兴义民族师范学院科研项目经费管理办法》，对学校各级各类纵向科研项目和横向科研项目经费来源、经费使用范围与审批、经费预算、决算以及各部门经费管理职责与权限进行明确规定。

学校坚持科研先导地位，科研平台和科技创新能力进一步提升。2020年，学校“贵州省多民族文化生态化传承创新团队”获2019年度哲学社会科学“十大创新团队”命名、心理健康教育与推广研究中心获第二批“学术先锋号”命名、1名教师获2020年度“学术先锋”称号。

全力抓好科研项目申报，学校组织申报国家社科基金项目、国家自然科学基金项目、全国教育科学“十三五”规划课题、贵州省哲学社会科学规划课题、贵州省科技计划项目、贵州省教育厅高等学校人文社会科学研究项目、贵州省教育厅自然科学研究项目等各级各类项目共计315项，获批纵向科研项目60项，其中国家级项目1项、省部级项目4项、省教育厅自然科学研究创新群体项目1项、特色领域项目1项，其他厅级项目53项。

2020年，学校举办新时代笔山学术研讨会、2020西南民族体育与山地旅游高峰论坛、海峡两岸教师教育论坛暨“互联网+”时代教师核心素养与教师教育变革研讨会（兴义民族师范学院分会场）、贵州省物理学会2020年学术年会等大型学术研讨会，学校学术水平和社会影响力明显提高。

**【对外交流】** 2020年，学校对外交流合作水平稳步提升，与加拿大卡普顿大学就中外合作办学项目的推进积极磋商，并达成初步合作意向；领导率队到贵州商学院、贵州理工学院等兄弟院校开展交流调研，为学校申报中外合作办学项目准备；学校选派1名教师为青年骨干教师国内访问学者候选人、1名教师为东西部扶贫协作选派专业技术人才赴宁波大学跟班学习，推动项目落地落实。

2020年，学校按照贵州省教育厅办公室《关于组织实施我省青年骨干教师公派出国留学英语培训的通知》（黔教办函〔2020〕50号）文件精神，经校党委会议研究决定，同意推荐两名教师参加贵州省青年骨干教师公派出国留学英语培训，顺利完成课程培训，取得教育部出国留学人员培训部颁发的结业证，并通过申请教育部国家留学基金委因公出国项目语言考试；按照《贵州省国际交流协会关于举办2020年度第一期“HSK（汉语水平考试）考教结合标准课程”培训的通知》（黔教际协〔2020〕5号）文件精神及要求，最终推荐七名教师参加培训，并顺利获得结业证书。

由中国—东盟教育交流周组委会秘书处支持、学校自主承办、马来西亚理科大学和泰国兰实大学联合协办的中国—东盟教育交流周项目：“疫情时代下的云上教育”——高等教育技术应用学术研讨会，于2020年1月12日在中国、马来西亚、泰国三地以视频会议的形式同时举办，来自泰国、马来西亚、越南、英国、马尔代夫等国家的学者，学校相关人员代表共100余人通过线上和线下的方式参加，进一步深化学校与东盟国家在学术上的互动交流。

2020年，学校八音坐唱团队表演 （张 艳 摄）

**【脱贫攻坚】** 2020年，学校党委把定点帮扶和领导干部包保贫困村工作作为一项重大政治任务。多次召开会议研究助力脱贫攻坚、驻村帮扶等工作，明确由2名校领导作为包保贫困村的领导干部，分别帮扶兴仁市百德镇新元村和银厂村，抽调4人分别到兴仁市百德镇银厂村和新元村开展驻村帮扶工作，推动攻坚任务落地落实。

学校持续深化校农合作，开通农产品进高校“直通车”，助推扶贫点产业机构调整和发展，构建校农结合的长效机制，搭建“以校促农、以校惠农”的平台，建成学校校农结合优质农产品营销点。2020年，学校食堂采购食材来自本地贫困地区的比例超过90%。积极推动晴隆县易地扶贫搬迁安置点学校教育质量提升行动计划，全力打造易地扶贫搬迁安置点学校样板。

2020年，学校党委先后5次召开领办晴隆县易地扶贫搬迁安置点学校工作会议，对领办工作作出全面部署。分别向黔西南州委和州委教育工委呈送《兴义民族师范学院关于“组团领办·四好一新”晴隆县易地扶贫搬迁安置点学校教育质量提升行动计划的请示》《兴义民族师范学院关于“组团领办·四好一新”晴隆县易地扶贫搬迁安置点学校教育质量提升行动计划的报告》，明确领办工作部署和目标规划。选派2名干部分别担任晴隆三中和六中的领办校长，全面负责晴隆县易地扶贫搬迁安置点教育质量提升工作，从学校各二级学院遴选出29名骨干教师，全力推动安置点学校教育质量提升工作。

2020年，学校制定《兴义民族师范学院领办易地扶贫搬迁安置点学校经费使用管理办法（暂行）》，全力推进“组团领办·四好一新”晴隆县易地扶贫搬迁安置点学校教育质量提升行动计划工作。积极开展国培项目，加大基层教师培训力度。学校积极申报获批中西部扶贫攻坚整县推进项目（望谟）、中西部紧缺薄弱环节学科（少数民族地区乡村培训）、中西部紧缺薄弱学科（劳动教育）3项，为全省3000余名中小学全学科教师进行能力提升系列培训，不断增强地方中小学教师专业技术能力。

（张　艳）

## 黔西南民族职业技术学院

**【概况】** 黔西南民族职业技术学院于2004年1月由黔西南州原农业学校、水电学校、农机化学校、财贸学校、卫生学校五所中专学校合并组建。2008年10月，黔西南民族行政管理学校并入学院。学院占地面积661.8亩，分新校区和民管校区两个校区办学。学院紧紧围绕全省“大扶贫、大数据、大生态”战略行动和州教育立州、脱贫攻坚、工业强州、商贸物流、山地旅游、高效农业、产业结构调整等重大决策部署，不断调整专业建设方向，优化专业结构和布局，努力把学院打造成立足黔西南、面向贵州、辐射周边的特色高水平职业技术学院。

学院开设有园林技术、建筑工程技术、计算机应用技术、会计、药学、护理等34个高职专业，2020年拟新增民族表演艺术专业。开设有护理、农村医学、国际山地旅游等8个中职专业。专业设置涵盖医药卫生、水利电力、电子信息、财贸金融、农林牧渔等11大类。2020年，《药学》骨干专业、药学专业教学团队、山地生态农业省级开放实训基地、酒店专业现代学徒制、《卫生信息技术》精品在线课程共5个项目通过省级项目验收。2020年，医药系《人体形态与机能》、生物系《动物疾病防控诊疗咨询实训中心》2个项目获省职业教育兴黔富民行动计划立项。

2020年，学院有教职工469人，其中管理岗位50人，专业技术岗位405人，工勤岗位14人。博士1人，硕士132人，大学本科289人，大学专科37人，中专及以下9人。正高职称12人，副高职称107人，中级职称195人，初级及以下94人。引进硕士研究生19人。选调5人，考调4人。

2020年，招收新生共计4163人，其中，高职新生3871人，中职新生215人，技工新生28人，五年一贯制新生49人。年底，全日制在校学生11522人，其中，少数民族学生4646人。2020年学院被教育部列为全国高校毕业生就业状况布点监测100所高校之一，学院采取“五位一体”工作联动机制，扎实推进毕业就业工作，按要求完成就业布点监测工作。2020届高职毕业生2620人，其中农村建档立卡贫困户毕业生792人，截至2020年8月31日，就业2180人，初次就业率83.21%，其中农村建档立卡贫困户毕业生就业764人，初次就业率96.46%。截至2020年12月7日，就业2382人，就业率90.92%，其中农村建档立卡贫困户毕业生就业779人，就业率98.3%。

**【教学工作】** 2020年，学院入选贵州省第三批1+X证书制度试

2020年高职扩招报名现场　（葛丽萍　摄）

点院校名单，获批四个职业技能等级证书试点，分别是“财务数字化应用职业技能等级证书(中级)”“建筑工程识图职业技能等级证书(中级)”“幼儿照护职业技能等级证书(中级)”“运动营养咨询与指导职业技能等级证书(中级)”。共有147名学生通过考核并获得相应证书。年内，选派40名教师赴宁波职院学习任务型课程建设，选派1人赴宁波技师学院开展2个月教学管理学习、选派3人赴宁波职业技术学院跟岗学习。在疫情期间，学院积极推动在线课程建设，利用职教云网络平台，开发在线课程七百余门。深化校企合作，探索“州医护理班”人才培养模式，选拔108名学生进入“州医护理班”学习。与兴义市人民医院联合开办医学影像技术专业，首届招生29人。学院申报获批贵州省特色中草药种植与检测公共实习实训平台建设项目，该项目按照“1+N”模式建设贵州省特色中草药种植与检测公共实习实训平台。学院现有校内实训基地149个，校外实训基地122个。现有纸质图书58.3万册。现有教学用计算机总数1576台，教学科研仪器设备资产总值5506.39万元，生均教学科研仪器设备值达7708.27元。2020年，学院组织师生参加各级各类技能大赛，获省级以上奖项16项，其中国家级1项、省级15项。

**【科研活动】** 2020年，获省级科研课题立项3项，州级科研课题立项7项，院级科技计划项目立项4项。学院与企业合作开展技术研发，申报纵向科研项目立项3项，学院教师承担企业委托科研项目立项1项。省级科研课题结项2项，州级科研课题结项12项，院级科技计划项目结项8项。教师公开发表论文84篇。完成省教育厅高校人文社会科学研究项目结题及项目清理相关工作，完成省教育科学规划课题结题清理工作。完成黔西南民族职业技术学院在校生和2020届大学毕业生创新创业训练计划项目的申请、评审，批准13个项目立项。按照贵州省教育厅要求和学院安排，组织推荐“刺梨白兰地”和“桂花茶”项目参加“黔货出山”贵州省大学生农产品创新创意大赛，“刺梨白兰地”项目获得优秀奖。邀请企业家、学生创客开展创业主题讲座及创业沙龙、创业分享等活动2期，参加人数100多人次。孵化大学生创业企业2家，孵化入驻企业2家。

**【学生工作】** 投入经费60万元加强校园文化阵地建设，制作宣传栏、展板、标语等，深入宣传党的十九届五中全会精神、疫情防控知识、公共卫生知识等；大力营造文化氛围，开展书法名家作品进校园上墙、社会主义核心价值观内容上墙、优秀传统文化上墙等系列活动，文化育人的氛围更加浓厚；切实开展丰富多彩的大学生校园文化活动月系列活动。举办新时代学习大讲堂17期、校园广播“金州职院之声”300余期等。2020年推荐省级高职三好学生22名，优秀学生干部8名，先进班集体3个；省级中职三好学生3名、优秀学生干部1名、先进班集体1个；推荐优秀大学毕业生55名，表彰院级三好学生112名，优秀学生干部121、先进班集体43个，年内，学院共计329名大学生报名应征体检，经过应征报名、体格检查、政治考核最终57名大学生被批准入伍，在校生29人，毕业生22人，高校新生6人。2020年学院办理完成资助项目13

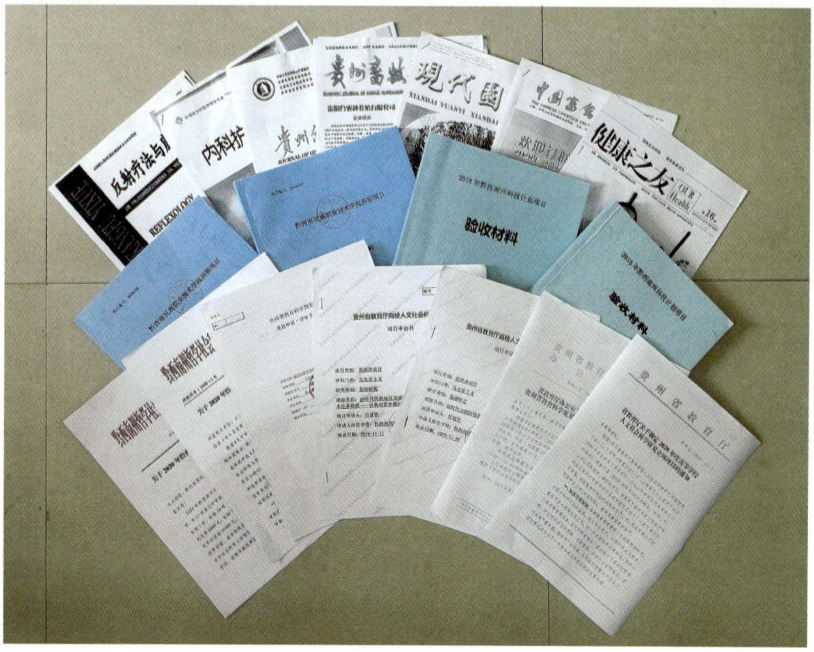


2020年度科研项目立项、结项及论文发表相关材料　（黄振栋　摄）

个，受助学生24465人次，发放资助金3766.53万元。2020年高职国家奖学金13人，10.4万元；高职国家励志奖学金313人，156.5万元；高职国家助学金6536人次，924.84万元；高职教育精准扶贫学生资助11252人次，2239.85万元；中职学生教育精准扶贫学生资助202人次，19.46万元；技师学生教育精准扶贫学生资助16人次，2.365万元；中职学生国家奖学金1人，0.6万元；中职学生国家助学金746人次，74.6万元；中职学生免学费1313人次，131.3万元；技师学生国家助学金52人次，5.2万元；技师学生免学费54人，5.4万元；院级资助3965人次，140.226万元；义务服兵役后就读学生学费补助2人1.75万元；2020年高职学生生源地助学贷款2995人1167.34万元工作。2020年疫情期间为建档立卡贫困学生解决实际困难，发放专项困难生活补助共计139.15万元资助金。

**【培训工作】** 2020年，以在院本部办培训示范班为主，同时深入社区、农村、企业，开展“教育+人社+行业”各类培训7340人次，涵盖农业、物流、应急、卫健、电商、酒店等行业部门，其中通过人社部门开展的培训有42期，参训人员共计2371人次。

**【校区建设】** 2020年，完成运动场路灯建设项目、黔西南职院南门及其通道建设工程，完成二期工程建设项目道路油化工程、东南片区路网零星附属工程、西南片区运动场西南角附属工程。

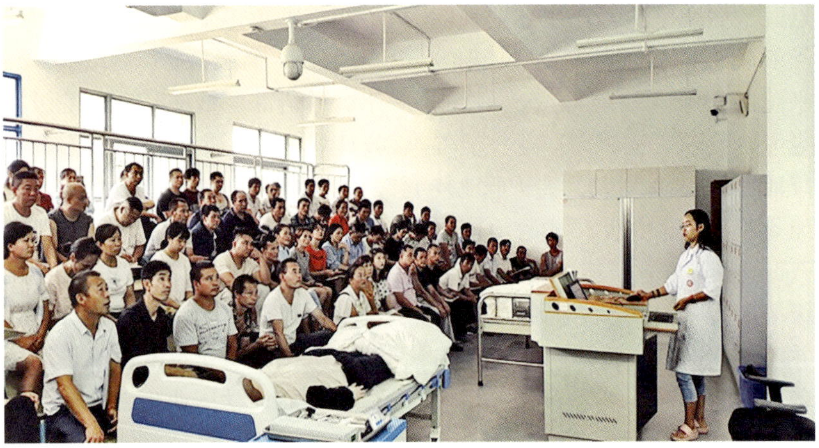

2020年8月13日，教师向护工班学生开展教学　（王家丽　摄）

**【校园安全文明建设】** 2020年，学院安保人员配备共计43人，分阶段开展全院师生各类安全教育60余次，制定完善安全管理制度33个，预案22个。组织全院安全隐患排查62次，消防宣传、应急逃生、消防演练活动4次。开展学生寝室管制刀具、大功率电器安全隐患大排查、整治活动6次。开展校园安保人员培训、训练2次。购买校方责任险和实习责任险，与在校学生签订《学生安全协议书》10100余份，与实习生签订《实习学生安全协议书》3000余份，发放《告学生家长书》1.25万份。按照兴义市文明城市创建和学院文明校园创建要求，完成原农校宿舍、原卫校校区等6个老旧校区环境卫生整治工作，完成学院卫生、文明行为提示标牌安装680余块。

**【党建工作】** 2020年，召开学院第二次党员代表大会，选举产生新一届党委领导班子和纪委班子。制定《关于加强党的政治建设若干措施的贯彻落实方案》。全年组织开展集中警示教育活动2次。聚焦“六围绕一加强”及“五个持续”的要求，分三批对7个部门开展内部巡察，发现问题共计79个，督促问题整改79个。选优配强基层党支部支部班子，完成缺额委员补选工作，实施党支部书记“双

2020年10月17日，电工班学生实操，老师在进行指导教学　（徐　龙　摄）

带头”培育工程，做好党务工作人员集中轮训工作，开展党支部书记集中培训2次、党建工作业务培训2次、业余党校培训600余人次，师生向党组织递交入党申请书600余人，吸收入党积极分子124人，接收预备党员57人。研究部署推进党支部标准化建设3次，预计完成达标党支部16个，选树先进典型党支部2个。学院机械与电子工程系党总支获黔西南州委“脱贫攻坚先进党组织”表彰。

【扶贫工作】 2020年，协助帮扶村便桥项目申请，获批50余万元专项资金支持。累计支持帮扶村17.5万余元，其中，10万元发展薏仁米产量产业，3万元修建科发村文化广场、坡利村村委会办公设施等。疫情防控期间调配口罩、体温计等紧缺物资支持帮扶村做好疫情防控工作。倡导学院教职员工“以购代捐”“以购代扶”，采购包保村蔬菜、水果等价值27780余元。与9个农民专业合作社、2个村、2家配送企业达成长期合作协议，学院食堂全年采购贫困地区农特产品价值852万元，贵州省农产品（黔西南州本地）采购比例达87%以上。基地建设3个，安龙县普坪镇科发村蔬菜种植基地、安龙县龙山镇坡利村金实种养殖农民专业合作社、山地生态农业开放实训基地，产生经济效益约120万元。产教融合共9家，其中，兴义市喜洋洋农民专业合作社、安龙县普坪镇顺意生态种养殖农民专业合作社、兴义市仁豪种养殖农民专业合作社、猪场坪乡毛草湾种养殖专业合作社、兴仁市瑞农生物科技有限公司、兴仁市斌青中药材苗园、兴仁鑫农源野生中药材种植有限公司、兴义市特色种草示范园、科技种植园，产生经济效益约723万元。

（州职业技术学院）

## 黔西南州广播电视大学

【概况】 黔西南州广播电视大学的前身是“电大兴义工作站”，创建于1979年，1980年开始招生办学。1986年3月，经贵州省人民政府批准，更名为“贵州广播电视大学黔西南州分校”；2008年8月经黔西南州人民政府批准，再次更名为“黔西南州广播电视大学”，是一所从事现代远程开放教育的综合性地方成人高等学校。校园占地面积13.75亩，教学及办公用房5栋，使用面积10925平方米，建有办公室42间，普通教室42间，多媒体教室2间，计算机教室6间（配有280台计算机）。

内设科室10个：办公室、人事科、教学部、教务科、中专部、远程网络教育科、招生就业培训科、后勤保卫科、团委、工会。

【人才队伍】 2020年，学校在职教职工59人，其中专任教师35人（副高职称教师10人，占比28.6%，中级职称教师19人，占比54.2%）。评审中级专业技术职称教师1人、初级专业技术职称教师3人。加强学校中层干部队伍建设，严格执行干部选拔任用工作程序，遵守干部选拔任用工作各项纪律规定，结合岗位需求，选拔任用3名副科级、3名正科级干部，轮岗交流4名正科级干部。

【专业设置】 开设有开放教育本、专科专业28个，涵盖文、经、法、医、管理、教育等8个学科门类；与中国医科大学、西安交通大学、中国人民大学、对外经贸大学等8所高校合作开办的奥鹏网络教育专业57个。

【办学规模】 坚持把招生工作为学校发展的首要任务，领导班子高度重视，学校教师全员参与。充分利用各种宣传媒体，在全州广泛宣传，扩大社会影响；继续执行和适度调整校内招生奖励政策，调动全员招生积极性。2020年春、秋两季招生1961人，完成年初制定的招生计划的115.3%，有学历教育在籍学生5794人。

【教育教学】 进一步规范教育教学管理工作，制定《班主任管理办法》，推进班主任管理工作的规范化、制度化。开展教材定期集中发放和常态分散发放的试点工作，提高工作效率，减轻班主任的工作负担。教育教学各项工作有序开展，2020年安排网上教学辅导200余科次，本科论文指导及答辩645人，专科论文指导及审查803人。组织开放教育、奥鹏网络学院课程考试27551人次，全年考试工作安全有序。在全省电大教学检查考核中，考评得分99.1分。积极承办2020年全省社区教育书画大赛、2020年全省全民终身学习活动周启动仪式，进一步推进社区教育的发展。

【基础建设】 2020年，针对校园设施设备陈旧的现状，加大维修改造力度，实施和完成10个办公

2020年11月5日，贵州广播电视大学党委副书记钱庆生到校开展综合改革调研 （罗子劼　摄）

室、4个卫生间、1个会议室、1个试卷保密室、临街1-4号门面等教学办公用房的改造提质工程。对学校网站进行改版升级，建成集招生宣传、信息公告、教学辅导、考试管理等功能为一体的全新学校网站。努力推进校园信息化建设，启动“1+1+1+3”（数字化校园建设项目一期工程、建设1个学术报告厅、1个全民终身学习服务窗口、3个现代化多媒体电教室）智慧校园项目建设的前期筹备工作。

**【平安校园】** 2020年，贯彻落实上级疫情防控工作部署，建立健全防控工作制度，加强外来人员进出校园管理，全面开展校园防毒消杀，落实“日报告”“零报告”“外出请假报备”制度。开展爱国卫生运动，提高校园环境卫生质量。做好校园及周边环境的综合治理工作，常态化开展校舍、线路和消防设施安全检修，确保校园安全稳定。深入开展“消防安全”“反恐防暴”“电信诈骗”等安全防范教育，增强师生员工安全防范意识。

**【脱贫攻坚】** 落实州委、州政府关于坚决打赢脱贫攻坚战的决策部署，2020年班子成员先后10次到帮扶村开展政策宣讲和调研帮扶。轮换选派驻村第一书记1人，驻村干部1人，落实相关补贴及保障措施。邀请州农业专家到村开展薏仁米种植及炒茶等农业实用技术培训80余人次；协调落实帮扶资金10万余元，支持格红村、峰岩村发展薏仁米基地1000余亩、茶叶基地500余亩，提供薏仁米种子及配套农药4312公斤、炒茶设备2套，助推两村的农村产业发展。春节前夕，班子成员走访慰问4名驻村干部及家属，深入两村走访慰问贫困户21户，为村民送去春联146副。

**【民主管理】** 2020年，做好统战工作，组织开展知联会换届工作，调整充实学校关心下一代工作委员会。推进工会规范化建设，制定《工会经费使用管理办法》《工会会员暨教职工大会制度》，规范工会经费使用和管理，推进学校依法治校、民主管理进程。关心教职工文化精神生活，建设工会阅览室1个、工会活动室1个；举办“感恩前行·同步小康”为主题的徒步活动，丰富教职工文化生活。

（罗子劼）

2020年9月30日，省管核心专家、研究员石明，黔西南州农业农村局茶办主任徐俊昌，制茶工艺大师胡玉祥等3名专家到帮扶村——安龙县洒雨镇格红村开展制茶技术培训 （解天录　摄）

# 科学技术

## 科技综述

【概况】 2020年，黔西南州科技局内设行政科室5个，分别为办公室、创新发展科、农业农村与社会发展科（州“星火计划、科技扶贫”试验区办公室）、成果转化与科技监督科、政策法规与科技人才科（外国专家科）；下属事业单位2个，分别为州科技情报研究所和州生产力促进中心。黔西南州科技局共有行政编制10名，工勤编制2名，事业编制12名。

【科技统计监测】 2020年，科技创新发展成效考核工作获得全省第二位的好成绩，科学研究和技术服务业工资总额现价增长速度位列全省第1位。

【国家两高区创建】 2020年，《贵州黔西南高新技术产业开发区发展战略规划》《贵州黔西南高新技术产业开发区产业发展规划》通过专家评审，省政府已向国务院呈递黔西南省级高新技术产业开发区申报国家级高新技术产业开发区请示；州政府已向省政府呈递贵州黔西南国家农业高新技术产业示范区请示。

【科学技术项目】 2020年，获得省级各类科技项目立项支持25项，资金1250万元。其中，宏达环保科技有限公司、一站式工程服务中心有限公司、中联创展信息技术股份有限公司3家企业获科技部“科技助力经济2020”立项支持，共获后补助资金150万元；州级科技计划项目立项15项，支持资金155.8万元；对2019年立项的25个创新创业平台进行后补助，共补助经费145万元；列支967万元省R&D（全社会研究与试验发展经费）后补助激励资金对州内企业开展补助，调动企业开展研发统计工作；开展对国家火炬民族医药基地13个子课题、省州级科技计划项目的督导、评估、验收工作，确保科技项目有效实施。

【科技创新环境】 2020年，印发实施《黔西南州落实扩大高校、科研院所等科研事业单位科研活动自主权的实施办法》《黔西南州关于深化项目评审、人才评价、机构评估改革的若干意见》，开展《黔西南布依族苗族自治州科学技术进步条例》修订工作，已完成第二稿。

【科技创新平台】 2020年，新增普安天麻、贞丰生态茶2个省级农业科技园区，普安生猪、晴隆羊2个省级星创天地，万峰电力院士工作站1个，布谷鸟秀梦工坊众创空间1个，义龙云大数据科技企业孵化器1个。

【科技型企业】 2020年，贵州宏墙工程质量检测有限公司、黔西南州华科检测技术有限公司、贵州思泽达环保科技有限公司等8家企业新获高新技术企业认定，全州有效期内高新技术企业达28家；成功培育5家企业通过成长梯队遴选，共获得后补助资金85万元。其中，贵州易源信息科技有限公司、贵州桃李云科技有限公司、贵州康源生物科技有限公司遴选为科技型种子企业，各获得后补助资金15万元；贵州指趣网络科技有限公司、贵州中能高新材料有限公司为遴选小巨人企业，各获得后补助资金20万元；国家科技型中小企业评价入库38家；培育义龙振华新材料有限公司为创新型领军企业。

【技术市场】 2020年，州科技成果转移转化交易平台上线运行，实现与省级平台共享科技成果35项；举办技术市场培训会，邀请专家教授为全州县市科技管理部门、企(事)业单位从事技术服务人员开展技术合同登记、科技创新券申请、技术市场实务及政策等培训，全州完成科技成果登记59项，实现技术合同成交额17.62亿元，发放科技创新券20万元，实现科技创新券领券83万元，位居全省前列。

【省级科学技术奖励】 2020年，获省2019年科学技术奖励项目3项。其中，省亚热带作物研究所主要承担的《山地杧果新品种鉴选及配套栽培技术集成与应用》获省科技进步二等奖，省烟草公司黔西南州公司主要承担的《生物质燃料烤房供热设备研发应用》获省科技进步三等奖，黔西南州绿缘动植物科技公司参与承担的《兜兰属植物创新培育及产业化关键技术研究》获省科技进步三等奖。组织申报2020年科学技术奖励评奖项目9项。其中，主要承担单位项目3项，参与承担单位项目6项。

【外国人到华工作许可】 2020年，与州市出入境管理局建立信息共享机制，对州内聘外单位开展外国人到华工作行政检查，向聘外单位宣传外国人到华工作有关规定和要求，对取得有效工作许可的外国人工作期间的管理进行了解和评估，严格开展对聘用外国人进行事前、事中、事后的合同性检查，杜绝外国人非法务工和其他违法情况发生。完成1项外教工作许可，3项美籍、南非籍外教工作许可注销，2项乌克兰籍、俄罗斯籍外教工作许可延期。全州有3名持有有效工作许可的外籍工作人员。

【科技人才】 2020年，制定《黔西南州“筑梦青年科技人才培养计划”实施方案》；持续开展科技特派员及科技先遣队工作，选派130名省级科技特派员赴全州各县市开展技术示范、科技培训、成果转化等服务工作。以州级科技特派员为成员，组建望谟、晴隆科技先遣队助推全州脱贫攻坚及乡村振兴工作，先后得到新华社、央视新闻报道、半月谈杂志、贵州日报等国内主流媒体专题报道，州委书记刘文新、州长杨永英及分管副州长等批示肯定科技先遣队相关工作；推荐上报省级高层次创新型人才和优秀青年科技人才12人。

【对外科技合作】 2020年，开展宁波特色农业新品种示范。筛选西甜瓜适宜品种3个，引进水稻主栽品种10个、园艺新品种5个以上和瓜菜品种5种以上，进行推广示范种植。2020年，水稻品种甬优1540以亩产1081.8公斤刷新贵州水稻超高产记录；抓住黔西南州与华侨大学、暨南大学签订对口帮扶协议这个重要契机，由局领导带队赴两所大学开展科技合作对接相关工作。“新型无醇高效消毒液”“国家一类新药心肌宁注射液系列产品的产业化”两个项目的科技合作有序推进。

【科技宣传】 2020年，利用州政府科技局子网站发布各类科技信息324条，上报省科技厅信息被采用93条。在科技活动周期间，组织兴义民族师范学院紧扣“科学抗疫 服务地方”主题，开展“暖心行动”、志愿者行动、科技创新成果展等形式多样的宣传活动；组织黔西南民族职业技术学院、兴义国家地质公园博物馆、兴义市向阳路小学、兴义市五中师生等参加贵州省科普讲解大赛、贵州省第四届科学实验展演会演赛，激发师生的创新活力。其中，黔西南民族职业技术学院的讲解作品《战役急先锋——航拍无人机在疫情防控中的应用》、兴义国家地质公园博物馆的讲解作品《化石宝库的明珠——兴义动物群》均获得优秀奖。政策法规科科长齐兴安做客黔西南广播电视台FM107.9、FM88.3交通旅游广播、黔西南广播电视台数字电视13频道、金州广播网、网络收音机直播的《金州法制时空》，做一期《推动创新驱动发展 激发科技创新活力》的专题访谈，向社会公众宣传中国科技创新工作的开展情况和科技创新与人民生活息息相关等知识内容。

**【脱贫攻坚】** 2020年，召开局党组会研究脱贫攻坚工作5次，包保领导每月到帮扶村开展脱贫攻坚督导工作不少于1次，及时了解帮扶村脱贫攻坚工作开展情况，帮助驻村第一书记理清工作思路，到贫困户家中走访，了解贫困户生产、生活情况，切实帮助他们解决困难，增强脱贫信心；按时拨付驻村第一书记工作经费、生活补助费和交通补助费，切实保障驻村第一书记开展工作所需；支持者孟村5万元，用于该村发展养殖产业；支持秧庆村12万元，用于该村发展水稻和养殖产业。

（柳艳平）

## 科研单位

### 贵州黔西南喀斯特区域发展研究院

**【概况】** 2020年，喀斯特研究院坚持以党建为引领，以科技是第一生产力、创新是第一动力为根本遵循，以组建科技先遣队推进科技下沉为根本抓手，以明确重点科研方向提升整体科研水平为根本目标，以体制机制改革调动人员积极性为根本动力，以科技示范引领助推产业发展为根本任务，统筹抓好各项重点工作。

**【农业林业科研】** 专利：申请薏仁米和水稻相关发明专利4项。新品种认定："薏珠1号、薏珠2号、薏珠3号、薏珠4号"通过贵州农作物新品种认定。项目：2020年获批农业农村部1项，省级项目6项，州级项目3项，宁波市东西部科技协作项目1项。种质资源：收集和保存主要农业种质资源2198份，包括水稻450份，玉米810份，小麦310份，薏苡244份，油茶94份，中草药78份，茶15份，核桃35份，高粱、小米、菜豆、豇豆、辣椒、花生、柑橘等162份。示范推广新技术：引进湖南农业大学"抛秧盘淤泥育秧"配套插秧轻简化技术，有效解决人工插秧劳动力成本高、效率低问题，达到"一人抵三人"效果，为群众节约人力成本；引进水稻"印刷播种"技术，降低50%用种量、提高出苗率，为群众节约种植成本；通过试验"稻+"技术，提高水稻种植综合效益，并在兴义万峰林、普安哈马坝区、贞丰永丰街道等地进行技术推广516亩；用减量化栽培方式推广优质水稻4000余亩，省时、省工、省材，每亩节约成本近300元。示范引进新品种：引进宁波农科院甬优系列13个水稻品种在普安、贞丰、兴义、安龙推广1400亩种植。其中，推广种植的"甬优1540"水稻，创亩产1081.8公斤的全省历史新高。示范推广新品种：2020年，建立薏仁米新品种（系）示范点9个，提供薏仁米新品种（系）10个进行规范化试验示范种植，示范面积170亩。辐射带动老百姓种植薏仁米11000余亩，经测产示范的新品种亩产量较地方品种亩产增加230公斤，亩增收492元。

2020年4月2日，科技特派员开展花椒修剪培训和施肥指导

（州喀斯特院　提供）

**【科技体制改革试点】** 2020年，喀斯特研究院20人参加改革试点。参加第一类"成果转化和智力服务"有18人，围绕茶叶、油茶、

2020年9月，召开科技先遣队现场观摩交流会　　（州喀斯特院　提供）

2020年12月，引进湖南农业大学指导群众发展“庭院经济”
（州喀斯特院　提供）

中药材、林下菌等产业开展科技服务；参加第二类“服务州内市场主体”有1人，服务于贵州喀斯特商贸公司，创造税收40万元；参加第三类“离岗创业”有1人，增资20万元新增种植白茶50亩，带动周边7户茶农种植白茶60亩。成果转化：完成转化科研成果2项，转化成果为兴农糯3号、金玉011两个玉米品种，成果受让方为贵州金农科技有限公司以及个人，转让金额共30.5万元；完成技术服务转移3项，转移费用249.5万元。

【科技先遣队】 2019年12月底，组建第二批科技先遣队，聚焦晴隆、望谟两个深度贫困县和持续巩固已脱贫的普安、贞丰、册亨县，立足产业发展，围绕产业革命“八要素”，遵循“五步工作法”和“四逐四准”机制，采取“四定四准”工作措施，围绕全州十大农业产业、县主导产业和百姓所需开展现场技术指导和培训450场（次），培训13000余名干部群众。

帮助册亨县“从无到有到强”建立起食用菌产业，种植黑木耳、灵芝、红托竹荪、羊肚菌、黑皮鸡枞8700余亩，采收黑木耳（干品）0.5万余公斤、灵芝（干品）900公斤、红托竹荪（鲜品）20500公斤，累计吸纳群众就近就业27705人次，发放500余万元务工费；推动贞丰县建设红托竹荪、香菇、木耳、羊肚菌等示范基地3420亩，带动100余名群众稳定就业。打造薏仁米、食用菌、高粱、中药材、魔芋等产业示范点16个，示范面积7820亩，辐射带动种植60余万亩，带动9.5万名群众增收。在基层培养带动技术推广员165人。特别在“春耕”疫情防控特殊时期，录制实用技术小视频11个，通过州、县融媒体和抖音、快手等视频平台推送到群众手中。研究并总结出《塑料小拱棚加遮光网扦插培育茶苗方法》推广运用，680亩苗圃茶苗成活率达到95%以上。打造西南油茶科旅谷项目，总投资4.9亿元；协助册亨县申报并获得“中国油茶名县”称号；与册亨县共建科技支撑服务平台，吸引全国科研团队进驻。

组织召开2020年科技先遣队现场观摩交流会，通过听汇报、看变化、找问题、作点评，增强科技人员科技服务的责任感、紧迫感和互动性。科技先遣队这一做法得到州四大家领导的充分肯定和批示，被省科技厅在全省推广，并引起中央、省、州等各类媒体关注，先后被央视、新华社

2020年4月，在贞丰县科技特派员指导群众利用人工播种器进行毯苗盘淤泥育苗（州喀斯特院 提供）

以及省州等各类媒体报道达50条，累积点击浏览量555余万次。

【科技特派员】 2020年，选派30名省级科技特派员，下沉到晴隆县、望谟县、贞丰县、普安县、安龙县等开展科技服务工作。针对相关县份产业科技需求，科技特派员攻克关键技术、转化科技成果、积极开展好先进技术示范推广及技术培训等科技服务活动。共开展专项技术培训60余期，培训干部群众2837人次，帮助破解产业发展问题325个。

（余 芳）

## 贵州省亚热带作物研究所

【科研项目申报及立项】 2020年，热作所围绕贵州12大农业特色产业，根据农业特色产业发展需求，整合科技和人才资源为地方农业产业发展提供技术支撑，积极组织申报国家、省部级和地厅级各类项目43项，其中，国家级项目9项，省部级项目24项，地厅级项目10项；获立项项目21项，其中，国家基金项目1项，国家重点研发项目3项，国家林业和草业局项目1项，省部级项目3项，地厅级项目13项，项目合同经费856万元。

【科技合作与交流】 2020年，热作所加强与国内外科研院所的科技合作，在兴义市先后承办“2020年全国热带作物遗传育种学术研讨会”、“中国热带作物学会牧草与饲料作物专业委员会2020年学术研讨会”、农业农村部农业技术试验示范与服务支持项目“滇桂黔石漠化地区特色作物产业发展关键技术集成示范”2020年终总结会。同时积极组织科技人员参加省内外学术交流72人次；协助建设“中国热带农业科学院贵州兴义试验基地”科研平台。

【年度主要科技成果】 2020年，热作所获农业农村部神农中华农业科技贰等奖1项（与中国热科院联合申报的《杧果产业化关键技术研发与应用》项目），获贵州省科技进步贰等奖1项（《山地杧果新品种鉴选及配套栽培技术集成与应用》项目）。获得国审品种3个〔桂热82号（杧果）、黔北蕉芋（芭蕉芋）、滇东北薏苡〕；申报新品种1个（仁薏1号）、申报新品种保护1个（黔山芒2号）。制定国家行业标准2项〔《芭蕉芋块茎等级规格》《植物新品种特异性、一致性和稳定性测试指南（芭蕉芋）》〕。主编《贵州山地甘蔗高效栽培技术》《贵州山地特色热带作物高效生产技术》《贵州山地薏苡高效栽培技术》《贵州铁皮石斛仿野生种植》著作4部，参编《薏苡的现代研究》著作1部。获国家授权发明专利5项，实用新型专利1项，外观设计专利3项。

【科技扶贫】 2020年，热作所利用科技与人才优势，利用贵州热区资源，培育热作特色产业，推动产业扶贫，选派科技特派员30人，在兴义、兴仁、贞丰、望谟、安龙、册亨、晴隆等市县开展科技服务和技术培训，根据地方产业发展需求，整合项目资金300余万元，搭建农业科技成果转化平台，解决农业产业发展的技术难题，推动杧果、澳洲坚果、薏苡、香蕉、木薯等产业规模化发展，累计培训农户4028人次，发放培训资料4450份，带动贫困户1859户，科技帮扶成效明显。组建望谟科技先遣队，深入望谟县极度贫困乡镇开展集团式科技帮扶，助力望谟县杧果等产业快速健康发展，如期高质量打赢脱贫攻坚战。望谟县杧果种植面积10万余亩，杧果产业成为望谟县脱贫致富支柱产业；按照中共黔西南州委组织部关于印发《督战贞丰县鲁容乡脱贫攻坚工作方案》的通知要求，挂牌督战贞丰县鲁容乡鲁容村、里秀村，定点帮扶贫困户3户，帮扶发展杧果、澳洲坚果产业25亩，赠送种苗、肥料等农资价值60余万元。在脱贫攻坚战场，1人获省委、省政府先进工作者表彰，1人获省级农业产业结构调整先进个人表彰，8人获省级优秀科技特派员表彰。

**【疫情防控】** 2020年初，新型冠状病毒肺炎疫情发生以来，贵州省亚热带作物研究所（以下简称热作所）党委第一时间成立以所党委书记为组长的疫情防控工作领导小组，设立"党员先锋岗"，组织党员干部轮流值班积极防控，配合兴义市下五屯街道办事处做好热作所辖区的疫情防控工作，坚持24小时值班，严防死守；倡议全所职工为抗击新冠疫情捐款11850元，由黔西南州红十字会转交武汉市红十字会，并分别向省农科院职工医院、黔西南州红十字会、黔西南州义工联合会捐赠自主研发的价值30800元的薏苡咖啡，疫情防控工作取得明显成效，被兴义市民政局授予"抗击疫情先进单位"称号。

（查仕云）

## 黔西南州气象局

**【概况】** 黔西南州气象局成立于1965年8月，主要职责是在上级气象主管机构和本级人民政府的领导下，负责本行政区域内的气象行政管理工作。

2020年，黔西南州气象局实有领导职数4人，非领导职数2人。内设有正科级管理机构4个，直属公益一类事业单位5个，直属公益二类事业单位1个，独立设置的公益一类县级气象机构1个，隶属州气象局管理的地方机构州人工影响天气办公室1个。2020年全州气象部门在编职工人数143人（公务员38人，事业77人，地编28人）。其中：州局59人，县局84人；研究生2人，本科生117人，大专生19人；高级职称18人，中级职称46人，初级职称63人。

**【气象扶贫】** 2020年全州气象部门定点帮扶的8个贫困村已全部出列，职工对口帮扶287贫困户全部脱贫摘帽。派出定点扶贫干部共22人（其中担任驻村第一书记5人，驻村工作队员14人，科技副职和返乡助攻团3人），已投入折合金额409.67万元，其中气象部门投入约58.74万元，协调外单位投入约350.93万元，走访慰问扶贫干部139人次，开展扶贫干部谈心谈话192人次，扶贫干部参加脱贫攻坚业务培训420人次；扶贫干部职务、职称晋升2人次。

**【气象服务】** 2020年，全州共出现64次暴雨、23次冰雹天气。州气象局落实"三个叫应"气象服务机制，完成市、县两级决策用户信息更新，及时开展各类服务及预警、叫应等工作，为政府决策、三农服务、公众出行提供准确的气象服务，为重大节日及重要活动提供优质气象保障服务。

州气象局共制作发布《重要气象信息专报》6期，《气象信息报告》155期，《气象信息快报》259期；各县（市）气象部门共制作发布《重要气象信息专报》25期，《气象信息报告》695期，《气象信息快报》706期。州气象局共启动气象灾害（暴雨）Ⅱ级应急响应1次，Ⅲ级应急响应4次，Ⅳ级应急响应8次；启动气象灾害（凝冻）Ⅳ级应急响应1次；启动气象灾害（寒潮）Ⅳ级应急响应1次。各类气象灾害应急响应共计49天。州级组织召开重大天气多部门会商6次，县级24次；州级开展三个叫应219人次，县级开展三个叫应1927人次；各县市党委政府领导到气象平台指挥调度16次。

全州通过国突系统发布预警信息2195条。州级共发布218条（其中暴雨红色预警13条，外部门预警14条）；县级共发布1977条（其中暴雨红色预警60条全部分区全网发布，外部门预警171条）。通过"12379"发布预警手机短信81万人次（其中州级8.6万人次），通过"10620121"和名商通等短信平台发布气象预报、实况信息309.4万人次（其中州级发布22.5万余人次）。2020年全州无因灾人员伤亡情况。

**【人工影响天气】** 2020年，全州冰雹天气呈现出现时间早、降雹日数多、冰雹强度大、影响范围广、局部灾害重等特点，共出现强对流天气42次，共出现23个降雹日，比2019年多7天，比前5年平均（2015年至2019年）多8.4天。为安全、高效开展人影作业，每次作业天气过程时州、县人影办均坚持领导带班，靠前指挥，加强人影作业联防工作，对减轻冰雹灾害和缓解旱情起到积极作用。

2020年，共培训作业人员255人，其中新兵34人(占比13%)，合格率为100%。全州出炮52门、火箭14部，共实施防雹增雨作业698次，发射人雨弹15732发(比2019年多7439发)、火箭弹166枚(比2019年多60枚)，是黔西南州开展防雹工作以来作业次数最多、用弹量最多的一年。

**【安全监管】** 2020年，开展省州县联动专项抽查，会同省灾防中心开展3次省州联动防雷安全检查4家，开展4次州县联动防雷安全检查，对全州9县市、新区抽查58家加油站、烟花爆竹厂、炸药库、加气站和景区进行执法检查，共排查出防雷安全问题隐患点40个，对存在防雷安全问题，下发整改意见书30份。开展"双随机一公开"执法检查，全州开展94次检查，检查对象数385家(其中州本级132家，县局253家)。加强行政审批工作，行政审批62家，防雷设计竣工验收28家，升放气球活动32家，升放气球资质2家。

推进易地扶贫搬迁防雷检测服务，全州气象部门所属企业总共投入22人，经过60余天奋战，完成42个易地扶贫搬迁集中安置点防雷检测工作任务，共计检测安居房3804栋，服务搬迁贫困人员26.3493万人。

**【文明创建】** 2020年，普安县气象局获评第六届全国文明单位，安龙县气象局、册亨县气象局、普安县气象局、贞丰县气象局及兴仁市气象局、黔西南州气象局6个单位获评省级文明单位；望谟县气象局获评全省精神文明建设先进单位。

**【气象科研】** 2020年两次组织召开"2018年度自立科研项目(课题)结题验收会议"，现场验收评审科研项目(课题)14个，发表、交流科研论文10篇，新增气象科技成果13项。项目涵盖气象预测预报技术、乡镇精细化预报服务、为农气象服务、公共气象服务、雷电灾害风险区划、雷达数据传输监测系统等方面，为解决实际工作需要提出许多新方法、新功能，具有较强的实用价值。

(胡　倩)

4月，州气象局开展人工影响天气作业技术骨干及新进人员安全技能再培训

**附：**

## 黔西南州2020年度气候影响及评价(2020年1月—12月)

### 一、综述

2020年度全州年平均气温17.0℃，较历年偏高0.7℃；全州年平均降雨量1457.0mm，较历年正常略偏高10.5%；年日照时数1646.0小时，较历年正常。

### 二、气候概况

主要气象要素的时空分布

1. 年平均气温的分布及季节变化

2020年度全州年平均气温在14.7℃(普安)~20.4℃(望谟)之间，与历年相比，望谟偏高0.9℃，兴仁偏高0.9℃，晴隆偏高0.8℃，普安偏高0.8℃，兴义偏高0.7℃，安龙偏高0.6℃，册亨偏高0.6℃，贞丰正常略偏低0.1℃。年内日极端最高气温41℃，5月7日出现在册亨；日极端最低气温-1.7℃，12月19日出现在普安。

2. 年降雨量的分布及季节变化

2020年度全州年降雨量在1216.4mm(普安)~1779.4mm(晴隆)之间，与历年比较，各地区处于正常范围。年内一日最大降水量121.9mm，9月17日出现在贞丰。

3. 年日照时数的分布及季节变化

2020年度全州日照时数在1337.7小时（普安）～1927.0小时（册亨）之间，与历年比较：贞丰偏多38%，册亨偏多30%，其余各地正常。

三、主要气候事件及其影响

2020年度，黔西南州先后遭受冰雹、暴雨洪涝、大风等灾害影响，其中暴雨洪涝、冰雹造成损失较大，给人民的生命财产造成不利影响。

冰雹。3月23日14时至16时30分晴隆县有冰雹灾情发生，受灾人口2349人，农作物（茶叶、烤烟、蔬菜）受灾面积175.4公顷，成灾175.4公顷，绝收72公顷。直接经济损失1143.15万元。其中农业损失1143.15万元。

4月30日08时至5月1日08时普安县、晴隆县有大风冰雹灾情发生，1480人受灾，转移安置3人，农作物受灾面积4212.7公顷，成灾面积66.6公顷，绝收14.8公顷。直接经济损失1583.05万元，其中农业损失1462.53万元，其他损失114.52万元。

5月11日13时至11日17时有大风冰雹灾情发生，此次灾害造成60人受灾（其中：合作社社员40人），农作物（蔬菜、水果、食用菌）受灾面积48.3公顷，成灾面积26.7公顷，绝收面积0.5公顷。果园大棚损坏45个，食用菌大棚损坏12个。直接经济损失180万余元，农业经济损失180余万元。

5月21日16时至23时有大风冰雹灾情发生，农作物（蔬菜、水果、食用菌）受灾面积104.9公顷，成灾面积104.9公顷。直接经济损失133.65，农业经济损失133.65万元。

6月4日08时至5日08时普安、兴仁、册亨出现冰雹暴雨灾情，受灾人口21628人，农作物受灾面积3481.8公顷，成灾204.1公顷，绝受33.4公顷。直接经济损失23515.6万元。其中农业损失15976万元，其他损失7539.6万元。

暴雨洪涝。6月8日16时至9日11时兴仁出现暴雨天气，1500人受灾，农作物（玉米和水稻）受灾面积166公顷，成灾约150公顷，绝收66公顷。造成直接经济损失约160万元。其中农业损失150万元，基础设施10万元。

6月8日夜间册亨县出现暴雨天气，受灾人口856人，转移安置262人。农作物（玉米、辣椒）受灾面积49.2公顷，成灾8.3公顷，绝收3.3公顷。直接经济损失500万元。其中农业损失48万元，其他损失452万元。

6月13日夜间至14日白天兴仁出现暴雨天气，受灾人口约800人，农作物（水稻、玉米、薏仁米）受灾面积约100公顷，成灾66.7公顷，绝收33.3公顷。直接农业经济损失约85万元。

6月1日到22日，望谟县大部地区普降暴雨，受灾人口8990人，转移安置30人。农作物（玉米、辣椒）受灾面积282.5公顷，绝收20公顷。直接经济损失1334.06万元。其中农业损失289.5万元，其他损失1044.56万元。

6月23日08时至24日08时普安、晴隆、兴仁出现暴雨天气，受灾2337人、转移安置362人；农作物受灾面积1879.2公顷，成灾723.3公顷，绝收545.4公顷；直接经济损失4479.8万元，其中农业损失1142.67万元，其他损失3337.13万元。

9月10日晚至11日，望谟县多地出现暴雨风天气受灾人口670人，转移安置67人；农作物（玉米）受灾面积240公顷；损坏房屋98间。直接经济损失112.5万元，其中：农业损失112.5万元。

资料及方法说明

1. 本评价所采用的平均值按WMO（世界气象组织）规定，以1981—2010年平均值为常年平均值。

2. 文中气温、降水、日照时数为8个气象站新Z报资料。

3. 气温距平（ΔT）采用下面标准：

ΔT〉1.0℃　特高

0.5℃〈ΔT≤1.0℃　偏高

−0.5℃≤ΔT≤0.5℃　正常

−1.0℃≤ΔT〈−0.5℃　偏低

ΔT〈−1.0℃　特低

4. 降水距平百分率（ΔR）采用下面标准：

ΔR〉60%　特多

30%〈ΔR≤60%　偏多

−30%≤ΔR≤30%　正常

−60%≤ΔR〈−30%　偏少

ΔR〈−60%　特少

5. 日照距平百分率（ΔR）采用下面标准：

ΔR〉80%　特多

25%〈ΔR≤50%　偏多

−25%≤ΔR≤25%　正常

−50%≤ΔR〈−25%　偏少

ΔR〈−80%　特少

6. 气象灾情为不完全统计，灾情资料主要来源于各县气象部门，部分资料来自州内各级应急部门，在此致以感谢。

（黔西南州气象局）

# 文化旅游

## 文化综述

**【概况】** 黔西南州文化广电旅游局领导班子职数5名，非领导职数2名，内设11个科室，行政编制18名，机关工勤编制6名。2020年，将原局属11个事业单位［州文化市场综合执法支队、州广播电视网络信息传输中心、州艺术研究所、州非物质文化遗产保护中心、州广播影视传媒发展中心、州民族文化中心、州博物馆、州文化馆、州图书馆、州旅游服务中心、州国际山地旅游暨户外运动大会服务中心（旅游宣传营销中心）］进行调整规范。调整后，局属事业单位7个［州文化市场综合执法支队、州广播电视网络信息传输中心、州民族文化中心、州博物馆、州文化馆、州图书馆、州国际山地旅游暨户外运动大会服务中心（旅游宣传营销中心）］。州直文化广电旅游系统共有职工257人（其中，在职职工157人，退休职工100人）。

**【文化设施建设】** 2020年，争取国家补助资金1660万元，新增少数民族地区村级综合文化服务中心166个，其中，册亨县55个、望谟县73个、晴隆县38个，并配置设备166套，已通过省文旅厅设备验收组验收，实现村级综合文化服务中心建设达到全覆盖。新增多彩贵州“广电云”有线数字电视用户48539户；实施国家战略试点，建成县级应急广播平台2个、乡镇级平台28个、村级平台281个。

实施新市民计划文化旅游“十个一”［建成文体活动中心各一个，建成文体活动广场各一个，建成民族文化纪念馆各一个，建设安装应急广播系统各一套，组建文体活动队伍各一支，指导设立文化创意产品生产（销售）点各一个，建成公共旅游厕所各一座，设立文化旅游商品购物点各一个，建成多彩贵州广电智慧社区平台各一个，培训非物质文化遗产传承人群各一批］工程，在全州36个新市民居住区规模以上搬迁安置点，累计建成文体活动中心45个；建成室外文体活动场地99个，其中文体活动广场72个、6.69万余平方米，安装全民健身设施95套；建成民族文化纪念馆44个；建设安装应急广播系统41套；组建文体活动队伍84支；指导设立文化创意产品生产（销售）点45个；建成公共旅游厕所85座；设立文化旅游商品购物点45个；建成多彩贵州广电智慧社区平台43个；累计完成非物质文化遗产传承人群培训4296人次（其中，2020年度完成1207人次），均超额完成“十个一”目标任务。开展群众文化惠民活动524场(次)。创作游客喜爱的文艺节目20个，驻场(景区)演出80场次。聚焦脱贫攻坚，创作编排文艺节目131个。安排奖补资金144万元帮助县市区局，为全州36个新居住区招募36名文化志愿者，支持贫困劳动力务工就业。挤出172.1万余元资金，开展乡镇文化服务中心建设、文化文艺活动，添置宣传设备，慰问贫困群众，兑现驻村第一书记、干部家属等慰问金，做实帮扶工作。推进“小喇叭”响起来，强化宣传硬件建设。挤出资金，及时划拨12.38万元，为黔西南州1238个村(社区、新居住区)各购置一只手持小喇叭，实现基层疫情防控宣传工作全覆盖。

## 文化市场综合执法

**【概况】** 黔西南州文化市场综合行政执法支队为公益一类副县级事业单位，承担宣传、贯彻执行国家、省、州有关文化市场行政执法法律法规；负责制定全州文化市场综合行政执法工作方案，并组织实施；查处文化、文物、出版(版权)广播电影、电视、旅游领域跨区域违法违规案件和重特大案件；指导、监督县(市、新区)文化市场综合行政执法工作；组织全州文化市场综合行政执法人员开展业务培训，承担“扫黄打非”有关工作任务。内设综合科、执法一科、执法二科、执法三科、执法四科5个科室，核定事业编制25人，2020年，在编在岗人员8人(保留参公身份)。

**【平安文化市场建设】** 2020年，将文化广电旅游市场安全生产、扫黑除恶、反恐、禁毒等工作纳入文化市场综合行政执法日常检查重要内容，开展安全隐患排查，排查发现安全隐患356处，实行台账管理，销号推进，全部整改到位。组织开展经营业主培训会议36次，培训从业人员1800余人次，保障文化广电旅游行业平安、安全、稳定。

**【文化执法】** 2020年，开展“两会”期间文化市场领域安全生产大检查、“两考”期间文化市场执法行动、“春季”“秋季”开学期间校园周边专项整治、暑期网吧专项整治、娱乐场所专项整治、“五一”、国庆、中秋、春节期间文化市场专项检查、非法地面卫星接收设施、“扫黄打非”等专项整治行动。全州共出动执法人员38366人次，检查KTV、网吧、文物、旅行社、旅游景区、星级酒店、出版物经营单位、印刷企业、影院等行业场所16576家次(其中文化娱乐经营单位10023家次，旅游景区、旅行社5451家次，其他经营场所1102家次)。依法查处案件27件，其中警告18件，吊销许可证1件，停业整顿1件，罚款7件，罚金5.5万元。责令改正15家、取缔无证无照经营场所6家，取缔擅自开展营业性演出2场(次)，依法清理出版物(或音像制品)游商地摊20余个，收缴非法音像制品、出版物10306余册(张)。移交公安办理的“范某某网络传播淫秽物品牟利案”获文化和旅游部重大案件表彰。

**【政务信息公开】** 严格公正文明执法，维护公平竞争市场秩序，保障公民、法人和其他组织合法权益，提高执法透明度和公信力，严格行政执法“三项制度”，公开执法案件主体、案由、处罚依据等案件信息，在州、县政府网和文体广电门户网站公布。推行“双随机一公开”监管工作，全州受理举报案件18件，办结率达到100%。

(黄朝银)

## 网络信息传输

**【概况】** 黔西南州广播电视网络信息传输中心为副县级事业单位，负责中央和省级广播电视频率、频道的收转和州级自办广播频率、电视频道的发射、传输、覆盖及地方政务、资讯的集成与发布等社会公益性综合信息服务工作，负责全州广播电视无线覆盖直属站的规划、建设、技术维护，收转播出、值机值守及对各级广播电视转播台站的业务技术指导，负责全州广播电视无线覆盖网新技术，新业务建设、开发和营运、管理，代办州广电履行省广电网络股份应有的权力和利益，确保国有资产的保值增值。内设办公室等5个科室，核定编制33名，在职在编20人，退休人员16人。

**【广播电视转播】** 黔西南州大老子山转播发射台现有调频广播发射机3台，转播中央、省、州3套广播节目(中国之声FM100.7MHz、贵州广播FM107.9MHz、黔西南州广播FM91.9MHz)，国标数字电视发射机共发射国标数字电视节目2个频点16套数字电视节目(26频点:CCTV-1、CCTV-2、CCTV-4、CCTV-10、CCTV-12、CCTV-13、CCTV-14、CCTV-15;40频点:CCTV-9、CCTV-11、CCTV-17、CGTN、贵州卫视-1、贵州卫视-2、黔西南州综合频道、兴义频道);2020年8月关停四套模拟电视节目(CCTV-1、CCTV-17、贵州卫视-1、黔西南州综合频道)。

【传输保障】 规范日常管理,重点工作专人负责,提高工作效能,保证工作质量。完善大老子山转播发射台站管理工作机制、操作流程和规程。要求值班值守人员严格执行机房制度、操作规程,按时巡查设备运行状况,做好记录,随时监播、监看。在重要安全播出保障期,提前认真安排好技术维护检修工作,排除影响安全播出的隐患。做好节假日重要安全播出保障期技术维护检修工作,排除安全播出隐患,每月、每季度不定期对信号源、发射机、光缆传输、供电系统、天馈系统等设备设施进行巡查;重要安全播出保障期前组织应急演练,提高应急指挥人员的指挥协调能力,应急队伍的实战能力。

【基础设施建设】 2020年,改造和完善大老子山台站基础设施建设。完成监控系统升级改造,增设18处红外摄像头,建设台站电子围栏,对发射铁塔、重要路口等进行实时监控,为防止突发事故的发生和自然灾害的发生提供预警预防和相关监控视频资料;做好数字电视发射机"一备一"和信号源系统独立备份,为安全播出工作奠定重要的设备保障;更换完成备用电源和卫星接收天线的防雷系统。分别同网络公司、鞍山天翔广播电视设备有限公司、湖南恒宇电力建设有限公司续签光缆、天馈、电力代维协议,落实完善代维工作。

(罗 剑)

## 州民族文化中心

【概况】 2020年,因机构改革黔西南州民族文化中心加挂黔西南非物质文化遗产保护中心和黔西南州文物保护中心牌子,为副县级公益一类事业单位,隶属黔西南州文化广电旅游局管理。受黔西南州文化广电旅游局委托,履行文化广电旅游工作综合辅助服务职能。研究文物资源利用、非物质文化遗产传承利用、研究、推广文化艺术,监测广播电视等媒体,推广、交流旅游资源,推动全州民族文化事业高质量融合发展。黔西南州民族文化中心核定事业编制35名,在职在编人数29人。

【文化活动】 开展文化艺术作品分期展出工作,承办"2020年贵州省图书馆学术年会暨首届贵州图书馆创新发展论坛""戴仲光、曾传文先生美术作品展""黔西南州矿物晶体、化石标本交流展暨科普讲座";协办"挥毫书脱贫·同心颂小康"黔西南州第四届书法篆刻展、"第四届群众美术书法摄影省级巡回展黔西南展"、"民进黔西南开明书画院成立一周年书画交流活动";推送布依八音坐唱《军民同"昂央"》入围第十一届中国曲艺牡丹奖全国曲艺大赛。组织团队参加全省"与祖国同行·与经典同在"主题诵读展示活动,制作推荐《永远的格桑梅朵》《四月的纪念》《与妻书》《春江花月夜》《陌上桑》五个诵读作品参与活动,其中四个节目入选复赛,《与妻书》获银奖,《永远的格桑梅朵》获铜奖。

【文明创建】 2020年,开展好思想道德建设、"节约在手中"等活动,加强社会主义核心价值观宣传教育,正确引导党员群众做到文明节俭,加强中心大楼管理工作,获得"2018—2020年全省精神文明建设先进单位"称号。

【安全生产】 定期加强中心及"三馆"区域消防安全隐患排查工作,组织全体职工开展消防安全知识及演练培训工作。2020年1月3日,邀请州公安消防支队宣传科参谋李泽亮对中心、三馆及中心物业管理公司全体职工开展消防安全知识培训;2020年11月30日,邀请州公安消防支队工程师代金对中心、三馆及中心物业管理公司全体职工进行消防安全知识培训,进一步提高全体职工消防安全意识及自救能力。做好非法集资防范及宣传教育工作。制定非法集资防范宣传教育工作方案,建立健全本单位网络舆情监测引导和应对处置机制,通过单位QQ群、微信群宣传非法集资防范知识,利用单位LED显示屏滚动播放"树立正确理财观念,警惕非法集资陷阱"等宣传标语,提升群众的参与度和增强群众的防范意识。恢复被拆除的给排水、电气、消防、通风、空调等整体联动工程,完成州民族文化中心消防验收及整改工作，取得消防验收合格意见书。

**【疫情防控】** 2020年，严格执行疫情防控措施，安装安检、自动测温及电梯门禁系统；抽调2人到州疫情防控领导小组办公室支持疫情防控工作，抽调3人到全省疫情防控演练专班做好全省疫情防控演练工作；开展全省文化和旅游行业今冬明春常态化疫情防控暨人员密集场所应急疏散演练·安全生产培训活动，组织20余干部职工，做好活动的筹备、策划、协调和保障等各项工作。

（蔡　江）

## 州文化馆

**【概况】** 黔西南州文化馆为正科级事业单位，隶属黔西南州民族文化中心管理。负责面向基层开展各类文化艺术培训活动；完成各项文艺演出工作和宣传工作；抓好群众文艺队伍建设工作，辅导、培训群众文艺骨干；为州内各项文化活动提供志愿服务；主办主题静态展；开展群众文化志愿者队伍建设工作；开展文化作品创作工作，组建文艺创作队伍；开展文化业务学习和交流活动；协助开展非物质文化遗产的搜集、整理、研究、保护、传承工作。黔西南州文化馆核定编制49人，2020年，在职职工43人，其中正高级职称3名、副高级职称19人，中级职称18人，初级职称1人，见习期人员1人，工勤人员1人。

**【文化惠民】** 2020年，到兴义市洒金社区、三江口镇红落万村，晴隆县光照镇规模村、孟寨村，义龙步马新市民居住区，承办“我们的中国梦”——文化进万家系列演出活动5场。协办“激情广场·欢乐金州”“决战脱贫攻坚　决胜全面小康”感恩文艺演出分别走进晴隆县阿妹戚托小镇、普安县惠民新市民区。到兴义市洒金新市民区、义龙步马新市民区、晴隆县规模村、孟寨村、三江口镇红落万村开展送摄影展到基层5场。送农民画展到晴隆县阿妹戚托小镇、普安县惠民新市民安置区。到33个新市民区开展新市民文艺培训、脱贫攻坚劳动力全员培训、文艺演出活动以及摄影展，文艺演出共计29场，完成摄影展出2场。到尖山苗寨学校开展艺术公开课，送摄影展出活动。到册亨县秧坝镇举办八音坐唱和舞蹈培训班，捐赠民族乐器，设立群众文化辅导站，开展“文化扶贫”系列服务。到晴隆县长流乡兰田村、双龙村承办2场“听党话·感党恩·跟党走·数变化”脱贫攻坚暨民法典宣传法治文艺活动演出。

2020年，州文化馆在晴隆县长流乡兰田村开展“听党话·感党恩·跟党走·数变化”脱贫攻坚暨民法典宣传法治文艺活动演出

（谢达坤　摄）

**【文化抗“疫”】** 疫情期间，打造推出“快乐健身系列”快乐椅子健身操；搭建“群众文化空中大课堂”“文化慕课”平台助力“文化抗疫”；通过微信公众号互联网平台，搭建“群众文化空中大课堂”“文化慕课”，利用网络资源，为群众送去文化服务。

**【志愿服务】** 2020年，组织志愿到州盲聋哑学校，开展主题为“助残脱贫，决胜小康”摄影展出活动；邀请州盲聋哑学校到州文化馆参观布依八音艺术展、艺术课教室以及各类排练厅，开展文艺演出。主办“唐诗风骨”“经典诵读”系列读书会。配合中央电视台星光大道贵州省黔西南州赛区选拔赛暨星光公益行录制工作开展，免费提供场地，担任评委工作。配合《我来自北京》剧组提供拍摄服装服务。配合“纪念中国民主促进会成立75周年”暨民进黔西南开明画院成立一周年书画展交流活动活动，免费提供场地；为黔西南州电视台、黔西南州职业技术学院、黔西南州盲聋哑学校免费提供小剧场录制参赛节目。协办“庆祝全面建成小康社会”第四届群众美术书法摄影省际巡回展贵州省黔西南州站活动；联合承办由黔西南州文化广电旅游局主办的全国第23届“推广普通话宣传周”活动；全年为广大群众开放布依八音展厅、禁毒教育中心。

**【民族文化传承保护】** 2020年，开展“民族文化进校园”系列活动，派出馆员，到兴义师范学院、马岭中学开展八音坐唱教学，赴尖山学校开展艺术公开课，到万峰学校，开展民族舞蹈、声乐教学；配合著名歌唱艺术家阎维文带领的《听，这里是贵州》摄制团队，开展采风活动；配合拍摄布依民歌、乐器，苗族、彝族歌舞等具有地域代表性的民族风情文化；到望谟县昂武乡、边饶镇播东村，册亨县丫他镇巧洞村，贞丰县鲁贡镇闇老村收集非遗民族文化物品，保护非物质文化遗产。

**【文化活动】** 2020年，担任及承担第六届黔西南州旅发大会开幕式总导演、演出节目排练等工作；配合中央广播电视总台“心连心”艺术团到公安机关（普安分会场）开展“忠诚铸伟业阔步新征程”主题节目录制工作；派出馆员，为黔西南州公安系统、黔西南州武警支队、黔西南州政协、黔西南州人民银行、丰都社区、义龙新区鲁屯湖景酒店、金州器乐协会、盘江艺术团、稻草人合唱团、百花艺术团、土壤艺术团开展文艺辅导工作，送摄影展到军营；协办“回望2019·决胜2020黔西南州纪检监察系统迎新春文艺晚会”，联合黔西南州工业投资（集团）有限公司主

2020年6月21—24日，黔西南州曲艺节目布依八音坐唱《军民同“昂央”》参加第十一届中国曲艺牡丹奖全国曲艺大赛余杭赛区南方鼓曲唱曲类节目比赛（赛后入围参加中国曲艺牡丹奖全国曲艺大赛）（黎峻男 摄）

办“反四风 扬正气”“践行两个维护，一以贯之推进全面从严治党”党风廉政宣教月廉政文艺会演；配合兴义市人民医院第五届文化节闭幕式及2020年春节迎新晚会、第十五届“和平杯”京剧票友邀请赛、脱贫攻坚专题文艺晚会演出等，导演、节目排练工作。

**【文化交流】** 组织曲艺《八音坐唱》、布依舞蹈《梳花》、苗族舞蹈《板凳舞》，到宁波市农村文化礼堂“2020我们的村晚”参演，展示黔西南独特的民族魅力；推送布依八音坐唱《军民同“昂央”》，首次入围第十一届中国曲艺牡丹奖全国曲艺大赛。

到浙江省杭州市余杭区，参加“第十一届中国曲艺牡丹奖全国曲艺大赛”，向全国观众，展示黔西南州少数民族特色文化；参加宁波市鄞州“共建美好新家园”鄞州、黔西南两地文化走亲活动演出、宁波市鄞州消费扶贫月系列活动、宁波市2020海丝之路（中国·宁波）文化旅游博览会演出；邀请宁夏、天津、西藏、云南、青海、内蒙古、江西文化旅游单位的相关领导和省厅领导，到文化馆进行参观交流。

**【评估定级】** 2020年，州文化馆坚持“以评促建、以评促改、以评促管”的原则，完成州文化馆第五次全国文化馆评估定级工作。

（岑士琦）

## 州图书馆

**【概况】** 黔西南州图书馆为正科级事业单位，隶属于民族文化中心管理。负责图书、报刊、电子文献、视听文献等印刷和非印刷载体文献采编、储藏及借阅工作。负责图书资料管理和文献数字化处理，文献信息资源开发利用，提供全方位文献信息服务；开展图书馆学研究、知识培训与社会教育及相关社会服务。核定编制27名，2020年，在职在编11人。

**【读者服务】** 2020年，新增馆藏图书2.4万余册，图书达10万余册；整理少儿阅览室（“宝贝的书屋”）和“城市书房”乱架图书15万余册次；整理上架期报刊150余种，6000余份；征集整理地方文献1600余册；做好免费开放服务，推行全开架借阅模式，全年共接待读者15.4万余人次，办理读者证2500余张，完成图书借阅4.2万余册次。

**【全民阅读】** 全年对外接待读者15.4万余人次，完成图书借阅4.24万册次，完成藏书15万余册。协调黔西南州民盟、宁波市民盟和北京青年基金等，获得捐赠15366册，价值60万元；完成黔西南州2020年“浸润书香·同步小康”“4·23”世界读书日全民阅读活动承办工作；组织金州国学读书会、州朗诵协会等，参加由省文化和旅游厅、贵州省图书馆、黔西南州文化广电旅游局举办的“与祖国同行·与经典同在”主题诵读展示活动，制作推送诵读作品《与妻书》，获银奖；《永远的格桑梅朵》获铜奖。开展2020年“绿书签行动”系列宣传活动，宣传“护助少年儿童健康成长，抵制有害出版物和信息”主题；运用微信公众号、移动图书馆、读书小程序等线上平台，为青少年读者推荐优秀读物；联合辞林书店，举办父母公益课黔西南州图书馆专场活动；在微信公众号线上平台开展“品盛夏诗词·享端午民俗”主题活动，举办“浓情端午，‘阅’享多彩贵州——寻找数字阅读达人”和端午节民俗知识竞赛活动；开展致敬军魂主题周线上活动，应用大数据拓展阅读服务。在“我的书房”设置军事主题书架；与艺术培训机构合作，在第23届全国推广普通话宣传周，开展“推广普通话，书写国学经典”活动。制作

2020年12月10日，黔西南州人民政府副州长黄曼（左一）致辞 （谢达坤 摄）

拍摄州图书馆专题宣传片《梅花香自苦寒来》，展现图书馆服务、新面貌。

【数字阅读】 应用移动图书馆APP、云图数字有声图书馆、博看人文期刊数据库、新语数字图书馆、中华连环画数字图书馆、看展览数据库等开展线上服务，为读者提供数字阅读服务；在党政机关、学校、机场、景区、医院、监狱等重点单位办公场所和人员密集场所，设置的电子借阅设备，推广公共阅读，定期维护更新数字阅读资源，拓展新媒体、新技术应用，创新阅读方式。

【设施建设】 在“我的书房”和少儿阅览室（“宝贝的书屋”）采用图书自助借还系统，创新借阅合一管理服务模式，运用图书自助借还系统服务、管理，实现自助办证、查询、借还等智能化服务。在地方文献室设立政府公开信息查询专区，提供纸质和电子查询；在“我的书房”设置电子阅读体验区、读者自习区，分类管理，针对性服务。完善智能安全检测系统、智能门禁联动系统、读者自助饮水系统等配套设施。安装自助办证机1台、自助借还机4台、自助查询机2台；建设阅览座席482个、存包位144个，增设刷脸存包柜6组；新增图书档案消毒设备。

【交流合作】 开展馆际交流，配合在兴义召开2020年贵州省图书馆学会学术年会暨首届贵州图书馆创新发展论坛，做好协办服务。

加入贵州省公共图书馆资源建设联盟和贵州省图书馆参考咨询联盟，与六枝特区图书馆签订文献资源共建共享互借合作协议。指导农家书屋、图书馆分馆、图书流动服务点调研业务工作。加强与州安监局、州消防支队、州政协、州税务局、州强戒所、州史志办等交流合作，共建图书分馆，为州强制隔离戒毒所分馆，更新图书500余册。与州史志办合作，在地方文献室设立黔西南州方志馆，整理上架党史、志书、年鉴等资料书籍1000余册。受赠北京青年基金科普图书2966册，在“宝贝的书屋”设立华硕科普图书馆专柜。受赠民盟宁波市委员会与《未来作家报》报社帮扶图书2400余册。与黔西南州朗诵协会、金州国学读书会、兴义民族师范学院民族教育中心等机构合作，为文化交流、阅读推广、公益讲座等社会公益性活动提供服务。

【人才培训】 2020年，采取学习例会、网上平台、视频讲座等方式，组织干部职工开展政治理论、业务工作、图书馆法等学习培训；举办图书自助借还系统、图书管理平台、自助借阅设施原理和操作技能培训；组织文化工作志愿者，开展图书馆基础业务知识和现代化新型图书馆理论培训。举办“公共服务行业普通话提升”专题培训。开展学习宣传《贵州省公共文化服务保障条例》工作，组织黔西南州代表队，参加省文化和旅游厅举办的“两法一条例”知识竞赛，荣获三等奖。分批组织干部职工，参加上级单位部门举办的各类业务培训90余人次。

（郭木青）

## 州博物馆

【概况】 黔西南州博物馆为正科级事业单位，隶属州民族文化中心管理。负责文物征集、鉴定、登编、保管及文物复制与修复，组织文物展览；开展历代文物研究、博物馆研究，民俗、民族历史研究，文物修复技术研究和藏品研究；开展文物宣传、文物讲解、历史知识普及、文物信息网络建设等工作；协助开展考古发掘工作。黔西南州博物馆核定编制15人，2020年，在职在编9人，其中高级职称3人，中级职称6人。

【文物安全】 2020年，州博物馆落实安全生产责任制，完成州博物馆馆藏文物预防性保护工程竣工验收；配合上级部门开展安全生产检查；组织职工学习安全生产知识；开展文物库房、展厅、办公区等场所的安全管理工作；做好新冠肺炎疫情防控；全面加强博物馆安保，确保无安全责任事故发生。

【社会教育活动】 围绕2020国际博物馆日“致力于平等的博物馆·多元和包容”主题，开展社教活动，邀请黔西南日报社进行“5·18”国际博物馆日全篇专题报道，搭建博物馆与公众沟通与互动的平台；“六一”儿童节期间，组织兴义市聋哑学校师生走进州博物馆，参观“夜郎的疑问”考古成果展。

【文物征集】 制定州博物馆2020年文物征集方案，判别待征集文物，聘请专家组认真评估鉴选，

2020年6月1日，组织聋哑学校到州博物馆开展社教活动，参观“夜郎的疑问”考古成果展 （李 璇 摄）

选出待征集文物231套306件，包括铜器130套、玉器45套、石器3套、陶器13套、银器32套、瓷器1套、玛瑙器3套、木器2套、琉璃器1套、锡器1套。

**【文物保护研究】** 制定《黔西南州博物馆馆藏铁器保护修复方案》《黔西南州博物馆馆藏铜器保护修复方案》《黔西南州博物馆馆藏陶器保护修复方案》《黔西南州博物馆配套设施项目实施方案》；协助完成黔西南州矿物晶体、化石标本交流展暨科普讲座；协办《走进夜郎》专题展览，在广州南越王博物馆公开展出；参与兴义街心花园广场传统图案的设计；在省级刊物、媒体等发表文章45篇，州级刊物、媒体发表5篇，其中学习强国选用20余篇。

（马俊锋）

## 广播电视

**【概况】** 黔西南广播电视台为州政府直属正县级全额拨款事业单位，归口州委宣传部领导。内设机构22个：办公室、总编室、财务室、人事教育科、策划部、通联部、民语译制部、广播新闻部、广播社教文艺部、广播技术播出部、电视新闻部、电视民生节目部、旅游文艺部、电视特别节目部、电视录制部、电视技术部、广告管理部、市场活动部、网络信息部、保卫科、工会、融媒体业务科。核定事业编制117人，领导职数7人，科级职数35人。2020年，在编人员103人，其中管理人员43人：正处级2人、副处级4人，正科级17人（含双肩挑5人），副科级16人（含双肩挑7人），科员及以下4人；专业技术人员64人（含部分双肩挑正副科级人员）：正高级职称1人，副高级职称4人，中级职称27人，初级职称32人；工勤人员8人：技师2人，高级工3人，中级工2人，初级工1人。现有台聘用职工54人。

主要职能是承担全州广播和电视节目宣传工作；对广播和电视宣传内容、安全播出进行管理；定期制播广播和电视新闻、社教文艺、旅游、财经、法制、少儿等广播电视类别节目。

**【脱贫攻坚宣传】** 2020年，黔西南广播电视台以习近平新时代中国特色社会主义思想为指导，紧紧围绕坚决打赢疫情防控阻击战和脱贫攻坚歼灭战“两场战役”，以积极占领意识形态主阵地为根本，始终坚持党管媒体原则和团结稳定鼓劲、正面宣传为主的方针，牢牢把握正确的政治方向和舆论导向，全力做好舆论引导工作，充分宣传展示黔西南州“两场战役”、夺取两场胜利的亮点和成效。

聚焦按时高质量打赢脱贫攻坚收官战，策划选题，组织力量深入基层一线，紧扣脱贫攻坚工作重点，有层次、有步骤，有深度、主题鲜明地开展宣传报道。围绕全州战疫情、保就业、保民生和做好“六稳”落实“六保”、纵深推进农村产业革命等重点，分阶段做好采编计划和安排，深入未摘帽县及督战村采访，全方位展现各级合力冲刺，打赢脱贫攻坚战的坚实步伐。先后在《黔西南新闻联播》《金州之声》两档广播电视重点栏目开设《脱贫攻坚同步小康》《确保高质量打赢收官战》《战疫情　抓脱贫》《把时间抢回来　把损失补回来》《决战决胜·四逐四准走基层》《冲刺90天·打赢歼灭战》《打赢两场战役群英谱》等专栏，播发相关新闻1150余条。全面深入报道全州干部群众奋力打好脱贫攻坚歼灭战，夺取收官之战全胜的生动场面，得到州委领导的充分肯定，为全州打赢脱贫攻坚收官战营造良好的舆论氛围。

【疫情防控宣传】 疫情防控阻击战打响以来，黔西南广播电视台按照中央、省委、州委决策部署，充分发挥主流媒体舆论引导作用，成立专班，组织力量，强化内宣，突出外宣，广播、电视和新媒体有效结合、共同发力，全方位、立体式展现全州人民众志成城、共克时艰，在《黔西南新闻联播》《金州之声》《金州新视线》中开设“众志成城抗疫情”专栏，播发州各行各业防疫抗疫稿件260余条，用镜头和笔尖记录下全州上下抗击疫情的生动场面和感人故事。

在FM107.9综合广播频率、FM88.3交通旅游频率推出《疫情不退，我们不离》等特别节目，两个频率整合所有栏目，集中力量每天滚动式为广大听众播报疫情有关权威信息及正确防护知识，科学心理疏导，安抚听众情绪。

发挥布依语、苗语节目优势，及时组织人员录制布依语、苗语宣传音频、视频，通过广播、电视、微信、QQ、快手、抖音等平台和农村大喇叭，用通俗易懂的民族语言向全州各县市区，特别是农村少数民族地区宣传新冠病毒的防控知识，消除、澄清不实消息的传播，确保社会稳定。

高频次播出抗击疫情公益广告，两个广播频率和两个电视频道播出抗击疫情公益广告、科普知识3600多条次，播出时长3900多分钟。

充分发挥新媒体作用，在《动静黔西南》专区发布关于“两场战役一起打、两场战役都要取得胜利”相关报道1300余条次，总点击量3260万，黔西南广电APP发布疫情相关信息600条次，黔西南广播电视台微信公众号发布疫情相关信息600多条次。为打赢疫情防控阻击战提供有力舆论支持。

【外宣工作】 从1月25日至4月30日采集送播各类电视消息在中央电视台各频道播发稿件67条（次），在《贵州新闻联播》播发稿件76条次，在央视的同期发稿率在全国的地州级广播电视台名列前茅。“国庆”期间，在中央电视台《新闻联播》《焦点访谈》《经济半小时》《朝闻天下》《新闻直播间》等报道涉及黔西南州文化旅游、脱贫攻坚、基础设施等方面的重要稿件5条，其中10月7日央视财经频道《经济半小时》栏目播出的专题片《山乡里的黄金周》为电视台独立采制完成，获州委书记刘文新批示“很好”。2020年采集送播各类电视消息在央视播发203条（次），在贵州卫视《贵州新闻联播》《新闻延长线》播发307条。配合央视完成《走村直播看脱贫》等央视大小屏直播10余场。完成《唤醒千年沉寂的土地》等专题策划与制作。

【栏目创新】 FM107.9综合广播在重点抓好时政新闻栏目《金州之声》的制作播出的同时，创新节目内容与形式，把民生、文化和生活类节目有效结合起来，突出栏目个性特色和服务功能，栏目收听率比2019年增长300%。

《金州财经》栏目把节目与直播带货结合起来，通过与《直播黔西南》平台合作开展直播40余场，线上推荐销售黔西南州农特产品。

【公益宣传】 黔西南广播电视台始终牢记初心使命，彰显媒体价值，把公益节目和公益广告的制作播出作为主流媒体弘扬主旋律、传播正能量的一个重要内容来抓。《金色童年》栏目拍摄制作的“《圆梦行动》孝媳邵天英”节目，入选2020年全国“弘扬社会主义核心价值观共筑中国梦”主题原创网络视听节目。《金色童年公益特别节目——圆梦行动》被国家广电总局评为少儿节目精品节目，获得5万元的少儿节目精品发展专项资金扶持。民语译制部充分发挥自身优势，积极参与社会公益，利用影响力帮助一个被拐35年、有听力障碍、只能说民族语言不懂汉语，无法沟通交流的老年人寻找到亲人，受到社会各界和中央级媒体的高度关注。

加大公益广告的播出力度，围绕疫情防控、社会主义核心价值观、廉政、普法、禁毒、民族团结、安全生产、环保节能等重大主题和重点工作在综合和公共两个频道共统筹编播电视公益广告13000多条次；FM107.9和FM88.3两个频率共统筹编播广播公益广告8500多条次。在网站开设《众志成城抗疫情》专栏，刊载刊播疫情防控标语和各类宣传标语、公益视频共150多条次。

【媒体融合】 2020年，以贵州广播电视台黔西南融媒体中心的建设为契机，借助省级融合媒体平台资源，围绕“一个中心”“一个厨房”“一个矩阵”三个核心要素来打造融媒体传播平台，融合传播效果逐渐显现。由黔西南广播电视台负责运营的“动静”新闻客户端（APP）黔西南专区影响力日益增强，全年专区发稿4253多条，总点击量已突破一亿次。其中：单条稿件在APP上最高点击量达100多万次，点击量10万+以上稿件达300多条。

融媒体中心建设稳步推进，规划面积近2000平方米的贵州广播电视台黔西南融媒体中心基建工程已启动建设。

**【安全播出】** 2020年黔西南广播电视台进一步补充完善安全保卫制度、消防安全制度、广播电视安全播出预案和网络安全预案，进一步规范节目送播流程。开展防恐防暴、安全防范、消防安全知识培训和演练4次，参加的干部职工70多人。制作宣传栏5块，利用电子显示屏播出相关标语12条，完成春节、全国“两会”、省“两会”等重要安全播出保障期的安全播出工作，全州脱贫攻坚暨七一表彰大会等重要会议的直播工作，广播和电视节目均做到零事故。

**【落实意识形态工作责任制】** 坚持党管媒体原则，把落实意识形态工作责任制和网络意识形态工作责任制主体责任与业务工作紧密结合，一同部署、一同推进。主要领导履行第一责任，旗帜鲜明地站在意识形态工作第一线，切实把意识形态工作领导权牢牢抓在手上，及时组织党委委员对意识形态工作进行研究部署。层层压紧压实意识形态工作责任制，分别在年初和年中对意识形态工作进行部署，将落实意识形态工作要求落实到各个部室科，不折不扣把中央、省委、州委意识形态工作决策部署及每一项指示精神落到实处。在思想上行动上均能自觉与党中央保持高度一致。严格执行三审三校制度，从严从细对播出节目内容的审核把关，重点管控政治导向问题，守好阵地，时常梳理排查安全播出的风险点，把设备安全、播出安全防范化解做在日常，“补牢于未亡羊之时”，不断增强全台职工意识形态风险防控化解能力，自觉提升舆论阵地从业人员斗争意识，保持高度的政治敏锐性和鉴别力，确保网站及个人自媒体未出现一例有违宣传纪律的微博微信。

**【巡察整改工作】** 2020年6月21日州委第二巡察组向台党委反馈17个问题，提出5个方面的整改意见和建议，台党委召开专题会议，制定整改方案，将17个问题分解细化为51个子问题，及时对所反馈问题进行整改，整改完成率100%，共对6人进行预防提醒约谈，集体谈话36人次，完善制度5个，清退资金7912元。

**【工作成效】** 2020年，台第三党支部被评为“全州脱贫攻坚先进党组织”，受到州委表彰，并被州直机关工委推荐参加全省优秀先进党组织的评选。《金色童年公益特别节目——圆梦行动》被国家广电总局评为少儿节目精品节目，获得5万元的少儿节目精品发展专项资金扶持。参与的《贵州恋歌——庆祝新中国成立70周年联合大直播》被贵州省广播电视局评为特等奖，4件作品获得贵州广播电视奖二等奖，1人被省委、省政府表彰为先进工作者，1人被省新闻工作者协会表彰为全省优秀新闻工作者，41人次受到各级各部门的表彰和奖励。

（余冬梅）

## 黔西南日报社

**【概况】** 黔西南日报社为州级财政全额预算管理正县级事业单位，内设机构有总编室、记者部、要闻部、综合新闻部、科教文体部、社会生活部、特刊副刊部、网络管理部、《今日黔西南》编辑部、广告发行部、办公室、财务科、录入校对室十三个部(室、科)。领导班子编制7人，实有副县级以上领导干部5人。共有职工70人(在编人员42人，聘用人员28人，退休人员26人)，其中，采编业务人员55人、行政后勤15人。具有新闻专业高级职称10人，中级职称16人，初级职称29人。

**【党的建设】** 2020年，结合工作实际制定《黔西南日报社2020年全面从严治党主体责任清单》，继续完善《党委会议制度》《黔西南日报社网络安全应急预案细则》《财务管理制度》等规章制度，开展党委理论中心组学习4次，党委会学习11次，每周职工会学习37次，党委书记上党课1次、党风廉政党课1次，4个支部严格开展“三会一课”学习60余次，开展干部理论学习考试2次。是年，开展主题为“学习中央媒体刊发的典型报道心得体会分享”的新时代大讲堂2期，6位采编人员进行学习分享，开展以班子成员主讲的“抓实审读工作　提高办报质量”“加强新闻策划　提升报道时度效”学习大讲堂2期。

**【守好舆论阵地】** 2020年，修订

《黔西南日报社党委落实意识形态工作责任制实施细则》《黔西南日报社意识形态工作联席会议制度》，党委专题研究意识形态领域工作2次，进一步强化党对意识形态工作的全面领导，发挥党委意识形态工作领导作用，层层落实具体工作任务，把党委的主体责任、书记的第一责任、分管领导的直接责任、部门负责人、支部书记“一岗双责”的共同领导责任落实到位。围绕国家网信办提出网站履行主体责任八项要求，严格按照制定的《黔西南日报社网站管理办法》《黔西南日报社网络信息安全管理制度》《黔西南日报社应急管理与值班制度》《黔西南日报社网络安全应急预案细则》等制度落实网络意识形态安全的各项工作。与此同时，不断加强技防建设，定期或根据自身需求，对本单位的中心机房服务器等网络设备进行漏洞扫描，针对性地完善各类系统，开展内部与外部应急演练，设定停电、黑客入侵、木马植入、DDos入侵等各类突发事件应急演练。根据《黔西南日报社网站管理办法》《黔西南日报社网络信息安全管理制度》，在特殊节点严格落实7×24小时值班制度，进行网上巡查，保证各平台正常发布新闻资讯。是年，成立由党委书记、社长任组长的审读工作领导小组，并聘请审读阅评员，分别审读阅评报纸、新媒体，确保审读工作专业化、常态化、规范化，新闻宣传工作实现稳步提升。

**【发挥新闻报道职能】** 2020年，聚焦脱贫攻坚、生态文明建设、模范机关创建等重点工作，主动策划“决战决胜·四逐四准走基层”“多彩贵州·相约2020”“全面建成小康社会　百城千县万村行”“我的扶贫故事　我的脱贫故事”“走向生态文明新时代”等主题宣传，领导班子带头主动投身打赢两场战役的主战场，深入一线采写《党旗在挂牌督战村高高飘扬》《大湾村：美好生活就在身边》《村里又见“雁”归来》《我与“一江三果”共成长》《扶贫5000多个日夜》等有质量、有品质、有温度，冒热气、带露珠、沾泥土的鲜活作品。是年，做好全国“两会”、全省“两会”报道，以及全州“两会”全程报道，按照省委、州委宣传部要求，及时转载“中共十九届五中全会在京举行”“全国劳动模范和先进工作者表彰大会隆重举行”“贵州66个贫困县全部脱贫摘帽”等中央、省内重大新闻，保质保量完成州委重大活动、重要会议和州四大家领导的调研报道。结合重要时间节点，全媒体平台开设“在习近平新时代中国特色社会主义思想指引下——多彩贵州走新路”“深入学习贯彻党的十九届五中全会精神”“学习贯彻州委七届十一次全会精神”等专栏，营造全州深入学习贯彻落实习近平新时代中国特色社会主义思想的舆论氛围。全体人员深入学习宣传贯彻习近平总书记重要指示精神，采编人员奔赴抗疫一线，全面、深入、多角度宣传党中央国务院，省委、省政府的决策部署和全州各级各部门贯彻落实的有力行动，加强政策解读和防护知识普及，营造万众一心、众志成城的舆论氛围，刊登相关报道2000余篇（幅）。其中，中国黔西南微信公众号发布《带着黔西南人民的爱，到最需要的地方去！11名医护人员出征支援武汉》，单篇点击率达3.38万次。落实州委打好疫情防控阻击战和脱贫攻坚战决策部署，加强新闻策划力度，重点围绕扶贫、就业、产业、企业复工复产、教育复学等方面策划选题，统筹开展“众志成城抗疫情”专题宣传和“决战脱贫攻坚、决胜全面小康”主题宣传，开设“把时间抢回来、把损失补回来”“冲刺90天·打赢歼灭战”“贵州特色农产品·吃出健康好味道”“我的扶贫故事/我的脱贫故事”专栏，开展“四逐四准走基层”走转改活动，推出战“疫”斗“贫”群英谱，推出《林下菌药香》《14颗红手印，立下打赢疫情防控“军令状”》《稳岗稳就业　不返乡不减收》《41℃“熔炉”中穿行的扶贫干部》等新闻稿件，激发广大群众坚决打赢两场战役夺取两场胜利的信心和决心。是年，充分发挥全媒体平台优势，以图、文、视频等多形式开展全方位宣传，增强报道的感染力、吸引力和影响力，推出的返岗就业、脱贫攻坚挂牌督战、普安白茶等报道，受到《人民日报》、新华社、人民网、《民生周刊》、中国新闻网、《贵州日报》等中央、省级媒体关注、转发。此外，开展《宁波日报》与《黔西南日报》“摆脱贫困”联合采访活动，就普安县全产业链帮扶、“白叶一号”实施情况，册亨县特色资源开发、供港蔬菜基地情况，望谟县劳务协作、稳岗就业情况，晴隆县易地搬迁、阿妹戚托小镇情况进行采访，并同步推出融媒体报道8期。是年，报社结合“安全生产月”、“6·26”国际禁毒日、“12·4”国家宪法日等重要时间节点，全媒体平台开设“践行社会主义核心价值观”、“民法典开讲”、“扫黑除恶进行时”、“安全生产金州行”、禁毒“大扫除”专项行动等专栏，并在“中国黔西南网”首页第一要闻区悬挂相关宣传横幅超链接，做好全州科技宣传周、法治建设、平安黔西南建设、安全生产等社会宣传活动。是年，在第三十五届贵州新闻奖评选中，报社推出的作品《黔西南州提前完成易地扶贫搬迁任务33.85万名山区群众搬入新家园成为新市民开启新生活》获得一等奖，《一碗蛋炒饭笑待天下客》《阿里巴巴助力“普安红”出山系列》获二等奖（媒体融合），《我请马云来喝茶》《晴隆300户易地扶贫搬迁群众有了菜地》获三等奖，在省内市州报中处于前列。是年，黔西南日报社获“全国城市党媒抗击疫情新闻宣传先进单位”“全国城市党媒践行‘四力’先进单位”称号，魏浩然获得州直机关“十大敬业”标兵称号，龙波获得第七届贵州省优秀新闻工作者称号，韦欢获得“全国城市党媒抗击疫情新闻宣传先进个人”称号。

**【加强对外宣传】** 2020年，结合工作实际制定《黔西南日报社关于进一步做好外宣工作的方案》，成立以党委书记、党委副书记为组长，党委委员、副总编辑为副组长的外宣工作领导小组，每周定期组织召开外宣选题策划会，研究重大对外宣传选题，并将选题情况报送州委宣传部。年内，报送外宣选题7期，向《人民日报》（人民网）、新华社（新华网）、《中国日报》等中央级媒体推送稿件，《黔西南州册亨县“品牌+”助糯米蕉发展驶入“快车道”》《黔西南州：立足资源禀赋做强全产业链　助推县域经济发展更具活力》《“绣花”功夫搭起干群连心桥——晴隆县“六支队伍”抓细抓实提升脱贫成效纪实》等200余篇稿件被采用，同时，积极、主动对接中央、省级媒体，报送新闻选题或线索，提供新闻素材，协助、配合完成相关重点报道。是年，配合人民日报社组织的有关重点报道工作，《人民日报》一版等重要版面刊发宣传黔西南的新闻报道10余篇。

（罗　康）

## 旅　游

**【概况】** 2020年，全州共接待游客4908.86万人次，恢复至上年同期水平的70.02%；实现旅游总收入507.69亿元，恢复至上年同期水平的69.26%。在国庆、中秋“双节”假期，全州旅游业实现恢复性增长，接待国内游客657.37万人次，同比恢复99%；实现国内旅游综合收入43亿元，同比增长2%。

**【打好“两场”战役】** 2020年，按照“一手抓防控、一手抓复工”的工作思路，在全省率先实行景区景点全面开放、A级旅游景区全免政策措施，用足用活中央、省支持文化旅游局恢复发展政策及州级旅游发展基金，对全州AAAA级旅游景区、乡村旅游标准级客栈、乡村旅游经营户（农家乐）进行补助。争取补助资金179万元，帮助受损严重且继续经营的16家旅行社、6家精品客栈、8家优品客栈、6家旅游商品企业、8家星级饭店、11家旅游车队旅游车辆176辆加快恢复发展，推动文化旅游行业企业复工复业复产。推荐州内文化旅游企业申报绿色产业扶贫基金项目22个、地方政府债券项目105个，帮助州内文化旅游企业发展，度过困境、恢复发展。9个AAAA景区接入省智旅平台，稳步推动24个AAA级旅游景区智慧平台建设，完成34个A级旅游景区接入“预约黔行”“一码游贵州”等全域智慧旅游平台，实现“限量、预约、错峰”全面管控，有序运行。推进“旅游+”多产业融合，大力发展全域山地旅游，着力培育新的经济增长点。

**【旅游扶贫】** 打造兴义市上纳灰村、下纳灰村、兴仁市鲤鱼坝村、贞丰县纳孔村4个村入选全国旅游扶贫重点村，推动兴义市上纳灰村、贞丰县纳孔村入选省级乡村旅游示范基地。全面实施旅游扶贫九项工程，持续巩固旅游扶贫成果，2020年全州旅游扶贫新增带动2804人脱贫增收，开发优化旅游环境岗位133个，乡村旅游管理岗位204个，大旅游创新发展工程岗位84个。推荐“非遗扶贫”带头人6名和“非遗扶贫”行动项目2个，推出非遗扶贫就业工坊11家。2020年虽受新冠肺炎疫情影响，还是吸引宁波市游客5000人次到黔西南州旅游、疗养。

**【旅游景区建设】** 2020年，万峰林景区AAAAA创建工作取得实质性进展，贯彻国家文化和旅游部党组成员王晓峰调研时的指示精神，进一步完善景区规划及软硬件设施，开展重新申报工作。

新增文化旅游投资131亿元，不断加快长远·秋水湖康旅小镇、天下布依等重点旅游项目建设。大力培育乡村旅游景点，新增兴义地质公园博物馆旅游区、贞丰盘江热带果林景区、普晴森林康养旅游区、册亨板万古寨景区4个AAA旅游景区，全州AAA级旅游景区增至27个，A级旅游景区增至37个。新建和改扩建旅游厕所77座。完成乡村旅游质量等级评定212家，其中，甲级村寨1个，精品客栈10家，五星级乡村旅游经营户（农家乐）1家，乡村旅游乙级村寨16个，优品级客栈47家，四星级乡村旅游经营户（农家乐）19家，乡村旅游标准级村寨53个，标准级乡村旅游客栈（民宿）22家，三星级乡村旅游经营户（农家乐）43家。

**黔西南州新增A级旅游景区名录**

| 序号 | 旅游景区名称 | 等级 | 批准时间 |
|---|---|---|---|
| 1 | 黔西南兴义贵州龙地质公园博物馆景区 | AAA | 2020.12.16 |
| 2 | 黔西南州北盘江热带果林景区 | AAA | 2020.12.16 |
| 3 | 黔西南州普晴森林旅游区 | AAA | 2020.12.16 |
| 4 | 黔西南州册亨板万布依古寨景区 | AAA | 2020.12.16 |

**【文化旅游推介】** 组织州内旅游企业、行业协会等，参加2020海丝之路（中国·宁波）文化和旅游博览会、宁波市“云端会商”第十八届徐霞客“开游节”活动、“春暖花开游贵州”公益宣传活动、“贵人黔行”主题宣传活动、“云游贵州”直播宣传推广活动等旅游宣传推介5次。组织参加多彩贵州非遗周末聚和自然遗产日暨“多彩贵州非遗购物节”黔西南州旅游推介活动，扩大黔西南州非物质文化遗产事业影响力。联合今日头条、新浪微博、微信、抖音及州内媒体，全面开展“绝美喀斯特·康养黔西南”“黔西南·中国四季康养之都”等品牌形象宣传。邀请宁波文化旅游投资集团等到黔西南考察、座谈3次，考察金盾景区文化小镇项目，义龙云屯体育旅游公园温泉项目，进一步推动宁波文旅集团到黔西南投资合作。引进浙江宁波四季旅行社在义龙新区注册成立黔西南分社。赴深圳、成都、上海、昆明、广西等重点客源城市参加旅游博览会、开展旅游宣传推介会各1次，着力向国内外推介黔西南旅游精品旅游线路、少数民族特色旅游商品、茶酒等农特产品，拓展黔西南州旅游产品、农特产品，在国内外旅游市场占有度。

**【文化旅游产业】** 2020年，举办第六届黔西南州旅游产业发展大会，签约项目12个、签约资金111.63亿元。

兴义、贞丰、安龙、普安、册亨5个县（市）通过省级全域旅游示范区验收，推动全州旅游业从风景观光旅游到山地度假旅游的转变，从景点旅游到全域旅游的转变，吸引更多游客到黔西南。运用市场化运作方式，举办万峰湖野钓大奖赛、中国女子棒垒球三大赛事、万峰林国际徒步大赛、兴义万峰林国际山地越野跑公开赛等户外运动品牌赛事。升级改版《布依八音》《阿妹戚托》《寻梦万峰林》等一批民族文化旅游剧目，布依八音坐唱《军民同“昂央”》入围第十一届中国曲艺牡丹奖全国曲艺大赛，《谷艺神袍》《山水八音》《寻梦万峰林》等剧目在万峰林、二十道四拐等旅游景区驻场演出。推出楼纳村、必克村、鲤鱼村等125个精品旅游村寨。打造“普安红”茶品牌，建成世界茶源文化主题公园、天下普安古茶城、布依茶源小镇等旅游项目。

（龚启江　彭兴福　罗莎莎　代　佳　舒　吉）

# 卫生·体育

## 卫生健康综述

【概况】 黔西南州有医疗卫生机构2327个，其中：医院140个，包括综合医院97个(其中：州人民医院、兴义市人民医院为三级甲等医院)，中医院8个(其中：州中医院为三级甲等医院)，中西医结合医院2个，专科医院32个，疗养院1个；基层医疗卫生机构2157个，其中卫生院105个，社区卫生服务中心(站)102个，村卫生室1494个，诊所、卫生所、医务室442个，门诊部14个；专业公共卫生机构30个，包括9个疾控中心、9个卫生健康综合执法大队、9个妇幼保健院、1个紧急救援中心、1个中心血站和1个皮肤病与性病防治所(中心)。全州医疗卫生机构有在岗职工27623人，其中卫生技术人员21483人(正高级职称253人、副高级职称1705人、中级职称4029人、初级职称11832人)，平均每千人拥有卫生技术人员数7.44名；卫生技术人员中有执业(助理)医师6905人，平均每千人拥有2.39名；有注册护士9823人，平均每千人拥有3.40名。全州医疗机构实有床位20074张，平均每千人拥有6.95张。

黔西南州卫生健康局核定行政编制24人，实有24人，科级职数18名。2020年7月黔西南州卫生健康局原有的内设科级事业单位整合成黔西南州卫生健康促进中心，核定事业编制19人，实有14人；内设科室5个，科长5个，副科长1个。直属单位有州人民医院、州中医医院、州疾控中心、州卫生健康综合行政执法支队、州妇幼保健院、州紧急救援中心、州中心血站等部门。2020年度，黔西南州创“疫情防控备案式审核规程”全省借鉴推广；黔西南州荣获“全国无偿献血先进城市”称号；州卫生健康局获省委、省政府授予“贵州省抗击新冠肺炎疫情先进集体”、州委州政府授予“教育立州先进集体”“模范机关创建先进集体”荣誉；州人民医院通过“三甲”复审；州人民医院、兴仁市人民医院、兴义市人民医院分获“现代医院管理制度省级试点”评比地市级第二名、县(市)级第一二名成绩；梁龙甫获“全国科技助力精准扶贫先进个人”，梁龙甫、张杰获“贵州省抗击新冠肺炎疫情先进个人”等荣誉。

【新冠肺炎疫情防控】 2020年1月，黔西南州及时成立新冠肺炎防控工作领导小组，及时安排部署疫情防控处置、医疗救治、医疗物资保障等统筹部署工作，“外防输入、内防反弹”防控疫新冠肺炎疫情。完善“查、防、控、治、导、督”六项工作机制，及时确立10家定点救治医院、3家核酸检测定点机构，设置隔离医学观察中心37个（床位1222张）。创新实施“卫健＋N”机制，提前全省一天超额完成“五类人群”核酸筛查任务；组织州内14名专家编制28个重点部门共56个疫情防控技术性、备案式审核规程，属全省首创，得到省卫健委领导专批并在全省推广。2020年2月15日实现全州4例新冠肺炎确诊患者治愈，率先全省第一个市州实现病例清零。贯彻落实中央和省的部署，派出援鄂医护人员65人、援助北京2人、援助贵阳14人。做好企业疫情防控工作，合力确保254所学校高三初三春季复学、全州高中小学夏季入学；纳入省调度的361家规模以上工业企业全部复工，复工率提前一周实现100%目标。严格实施“卫健＋N”等机制合力确保复商复市，在重点医疗卫生机构设置87个党员先锋岗，2000余名党员干部冲锋在前，防疫工作期间共收到医护人员、防疫工作者请战书1883份，发展防疫一线党员54名。全面应对秋冬季疫情反弹，切实补齐疫情防控能力短板，全州“九大能力”建设按省的时间节点提前2天超额完成任务。从2月12日至年末，全州无确诊病例及阳性检测无症状感染者报告。

2020年10月28日至29日，省卫生健康委主任孙发（前排左二）在黔西南州调研，州政府副州长王丽琼（左一）等陪同调研

**【疫情防控演练】** 2020年，黔西南州开展三次较大规范的疫情防控演练，7月22日至23日，按省“2+12+24”（疫情发现2小时内直报、核酸检测12小时内出结果、流调报告24小时内完成）实战演练，黔西南州演练成绩98分排全省第二名。7月30日，按照省“科学处置应对、提升防控能力”主题常态化防控综合演练，得到州委刘文新书记、省政府副秘书长吕劲松等领导的充分肯定。12月14日，2020年度贵州省山地紧急医学救援暨冬春季疫情防控综合演练在黔西南州义龙新区举行，得到国家卫健委、省人民政府领导的赞誉，是贵州省省历年突发公共卫生事件应急演练中规模最大、参演人数最多、科技含量最高的一次实战演练。

2020年1月26日，州委书记刘文新（前左三）、州长杨永英（前左二）一行在安龙县人民医院慰问奋战疫情一线医务人员

**【健康扶贫工作】** 2020年，黔西南州8个县（市）均有1所二级及以上县级公立医院，8县（市）人民医院共有175个临床科室、1117名执业医师。全州98个乡镇每个乡镇均有乡镇卫生院，共有99所乡镇卫生院，共有执业（助理）

医师962名、全科医师162名。全州1007个行政村共有达标卫生室1035所，有合格乡村医生1854名，每个村卫生室配备药品种类不低于80种。县乡村三级医疗机构建设、人员和能力均达到国家“基本医疗有保障工作标准”，县乡村的机构及人员“空白点”全部消除，保障人民群众看病就医有地方、有医生、有政策。贫困人口30种大病患者实现应治尽治，全州共救治贫困人口大病患者4919人；全州建档立卡贫困人口高血压、糖尿病、肺结核、重症精神障碍4类慢性病患者家庭医生签约服务72.3万人，实现应签尽签和规范服务。全州建档立卡贫困人口患者住院享受“先诊疗后付费”政策13.72万人。全州36个易地扶贫搬迁新市民居住区建设医疗卫生服务机构57个，有医务人员294人，实现新市民居住区卫生健康服务全覆盖。全州累计建立居民健康档案275.19万人份，录入居民电子健康档案274.33万人份，电子健康档案建档率为95.53%；完成65岁及以上老年人免费体检11.97万人，完成率59.97%。

**【医药体制改革】** 2020年，黔西南州全面深化公立医院综合改革，12家纳入改革的公立医院按党建6个方面20个重点任务，全面落实医院党委领导下的“院长负责制”；3家现代医院管理制度试点工作稳步推进；全州所有公立医院全部取消药品和耗材加成，建立多渠道补偿机制。全州公立医院取消药品加成减少收入1.21亿元，通过调整医疗服务价格补偿7325.7万元，补偿到位率达104.06%；取消耗材加成减少的收入2233万元，通过调整医疗服务价格补偿4393.45万元，补偿率达196.75%。落实分级诊疗制度，实施城市医疗集团建设，推进县域内医共体建设实现全覆盖，全州县域内就诊率91.51%。巩固完善全民医保制度，各类医保参保率90.12%，城乡居民医保按病种支付病种增加到150种，在二级以上公立医院全面开展日间手术付费，全州共52家医院进入全国跨省异地就医结算平台。完善药品供应保障制度，严格落实药品购销“两票制”，全州128家政府办基层医疗机构和1035个村卫生室全面落实国家基本药物政策。医院管理机制及医疗卫生行业综合监管体系逐步完善，12所公立医院综合改革成效明显。

**【公共卫生服务】** 2020年度，全州适龄儿童免疫规划疫苗接种率达到90%，传染病报告率和报告及时率95%，突发公共卫生信息报告率达到100%，0—6岁儿童健康管理率90%，孕产妇系统管理率90%，65岁及以上老年人健康管理率70%，在册患者管理率和精神分裂症治疗率80%，结核病患者健康管理服务率90%，高血压管理任务18.03万人，糖尿病患者管理任务51116人。饮用水卫生安全巡查、非法行医、非法采供血等卫生技术监督协管服务覆盖90%以上的乡镇。建立3家三甲医院和州妇幼保健院的州级危重孕产妇和新生儿救治中心，建立州级危重孕产妇和新生儿救治基金，共解决76例孕产妇和102例新生儿医疗欠费170.63万元，有效解决抢救危重病例的后顾之忧。2020年1—10月，全州孕产妇死亡率为18.02/10万，控制在22/10万的省级目标值内；婴儿和5岁以下儿童死亡率分别为4.84‰、6.70‰，控制在9.5‰和12‰的省级目标值内。全州疾病预防控制无甲类传染病报告，报告乙丙类传染病19种发病4838例死亡37例，疾病诊治能力、疫情防控能力、医疗保障能力进一步巩固提升。

**【对口帮扶工作】** 2020年度，浙江省宁波市90家医疗机构持续对口帮扶黔西南州149家医疗机构，实现州县两级人民医院、妇幼保健院、乡镇卫生院帮扶全覆盖。按各受援医院结合自身实际制定2+5专科建设目标，宁波支援医院根据受援医院需要派出管理专家及骨科、心内科、急诊科等相关技术专家，帮助建设10多个特色专科和“胸痛中心”“卒中中心”“创伤中心”三大中心建设。帮助开展42项新技术，实现受援医院脑外科手术、无痛分娩等10多技术零突破。帮扶专家朱建丰在册亨县人民医院开展的小针刀技术，得到贵州省王世杰副省长“成效明显、值得推广”的表扬肯定。在东西部协作健康扶贫的帮扶下，开放床位从受援的2015年来增加2264张，增长率70%；门、急诊病人就诊量增289万人次，增长率61.45%；住院人次增加26.4万人次，增长率54.38%；手术例数增加7.07万次，增长率87.53%，受援医院服务能力大幅提升。

**【中医药事业发展】** 2020年末，全州有三级甲等中医院1家，二级甲等中医院3家，未定级中医院1家，民营中医院4家，中医馆124家。全州中医医技人员发展到650人，民间民族医药传承人200余人。全州地道中药资源近2000种，中药材种植、加工企业430余家，合作社50余家。州级行政管理探索"项目带动、品牌拉动、疗效推动"的"名医""名科""名药"机制加快中医产业发展，与"中医中药中国行"系列活动相融合，开展民族医药文化进机关、进医院、进学校、进企业、进社区的"五进"活动；申报州中医院"国家中医传承"项目，拟订"贵州省黔西南州省级区域医疗中心"发展方向。《黔西南布依族苗族自治州民族医药保护与发展条例》于2020年12月15日召开政府新闻发布会，拟定2021年1月1日起施行。

【疾病预防控制】 2020年度，州、县、乡中国疾病预防控制监测预警系统建成并投入使用。全州无甲类传染病报告，累计共报告乙丙类传染病20种，报告总发病11929例，报告总死亡96例，报告总发病率、总死亡率和总病死率分别为415.40/10万、3.34/10万和0.80%。与2019年同期相比，总报告发病数下降6.61%，总报告死亡数下降41.10%，总病死率下降37.50%。发病率的下降主要是由于流感、肺结核、乙肝、流行性腮腺炎发病减少所致。全年共报告突发公共卫生事件或相关信息13起，其中一般事件1起，未分级事件12起；传染病疫情11起，食物中毒2起。事件涉及全州6个县(市区)11个乡镇，发病(或中毒)258例，无死亡。与2019年同期相比，事件发生起数(13起)持平，发病(或中毒)数(247例)上升4.45%，死亡数(2例)下降100%。

免疫规划：免疫规划工作2020年完成2次AFP专家评审。预防接种数据报告全州2020年1—12月应完成的针次数为104.16万人次，累计实种102.54万人次，累计接种率为98.44%。流感疫苗接种任务为10万剂次，实际接种10.09万剂次，完成任务百分率100.91%。全年发现并报告乙肝病例1695例、流行性腮腺炎233例、风疹4例、甲肝20例、百日咳4例、流脑1例、乙脑1例。

艾滋病防治：全州2020年1—12月新报告艾滋病病毒感染者和艾滋病病人553例，其中艾滋病病人195例，收到死亡报告212例。2020年新报告病例较2019年(640例)下降13.6%。

结核病防治：2020年度，全州总发现涂阳肺结核患者1676例，结核患者病原学阳性率为51.89%。全州总的肺结核发病率91.80/10万，与2019年同期比下降10.28%。初治涂阳治愈率91.39%，复治涂阳治愈率81.06%，初治涂阴完成疗程率95.65%。全州非结防机构网络直报肺结核或疑似肺结核病人数为4698例，到定点医院治疗2940人；结防机构应开展网络追踪人数1758例，已追踪人数为1757例；耐多药肺结核高危人群耐药筛查率为100.00%。病原学阳性病人耐药筛查率为97.68%。黔西南州人民医院5月21日正式挂牌成为贵州省耐多药肺结核病定点救治医疗机构。

麻风病防治：2020年全州新发麻风病人9例，全州县市患病率大于1/10万的有安龙县。全州发生神经炎9例，麻风反应8例(Ⅰ型反应2例，Ⅱ型反应6例)，均给予免费规范治疗。根据国标共判愈12例，年末有现症病人34例，在治病人8例，症状监测任务数520人。

精神病患管理：2020年，全州严重精神障碍患者在册人数14123例，报告患病率4.92‰，已达4‰的目标任务；规范管理13174人，规范管理率93.28%，已达80%要求；服药13199人，服药率93.46%，已达80%的要求；规律服药9310人，规律服药率65.92%，已达50%的要求；面访患者12975人，面访率91.87%，已达80%的要求；全州精神分裂症患者在册人数9444例，服药8827人，服药率93.47%，已达80%的要求；精神分裂症患者规律服药6175人，规律服药率65.39%，已达60%的要求。

地方病防治：2020年度，黔西南州开展燃煤砷中毒的三个病区县病区全覆盖监测，共监测25个病区村，除原来的砷中毒病人外，没有发现新病人。2020年全州碘盐覆盖率为99.88%(2407/2410)，合格碘盐食用率为96.51%(2326/2410)。全州监测8~10岁儿童1602名，儿童甲肿率为1.56%，甲肿率小于5%，无新发克汀病病人，合格碘盐食用率分别为96.32%。全州监测808名孕妇，合格碘盐食用率分别为96.91%。以上指标已经达到消除碘缺乏病标准，继续保持消除碘缺乏病可持续发展状态。

爱国卫生工作：2020年全州未发现疑似鼠病例，无本土疟疾疫情，继续保持无本土疟疾疫情状态。全州网络报告布病疫情5起(兴义1起、兴仁市1起、晴隆县2起、义龙1起)。晴隆县报告2例上年度抗体阳性病例。全州设置水质监测点352个(城区集中供水监测点100个，乡镇集中供水监测点225个，学校自建供水监测点27个)，城市和乡镇监测覆盖率为100%。监测分别于4月和9月共完成两轮，监测任务完成率为100%，全州水质监测(城市集中供水及农村集中供水)水样总体合格率为81.11%(571/704)，其中城区饮用水合格率98.0%，农村饮用水合格率为74.41%。微生物指标合格率81.68%，理化指标合格率98.86%，饮用水质量较上一年提高。

**【大健康产业】** 完成大健康招商项目编制103个，全州共开工建设项目37个，累计投资21亿元。

**【信息化建设】** 2020年，全州建成“上下贯通、横向联通”的远程医疗服务体系，实现全州乡镇卫生院院内信息化建设全覆盖，支撑“智慧医保”项目实施，实现医保审核监管关口前移，州人民医院和兴义市人民医院远程医疗服务延伸到科室。“影像云—云胶片”项目实现远程诊断全覆盖，累计完成远程影像诊断136154例，节约传统胶片耗材支出1000万余元。举办网络信息安全培训，提升基层医疗机构网络安全意识和防护能力。利用远程医疗系统开展新冠肺炎患者救治指导和疫情防控培训，累计开展1495次远程会诊和20余轮防控诊疗方案研讨、院内感染和个人防护等培训，累计培训12万余人次。

**【禁毒工作】** 加强戒毒医疗服务，从州人民医院、州中医院、兴义市医院3家三甲医院派驻医护人员，全天24小时州强制戒毒所轮流执守治疗服务，全州3个门诊(普安、兴仁、兴义戒毒药物维持治疗门诊及贞丰延伸点)累计治疗吸毒人员1266人次。兴义和谐阳光医院累计收治病残吸毒人员261人。州人民医院设置“黔西南州自愿戒毒中心”，全州二级及以上公立医院设置禁毒咨询门诊，开展吸毒人员戒毒咨询及心理疏导、戒毒康复服务。启用医疗机构麻醉药品、第一类精神药品购用印鉴卡管理，规范管理各医疗机构精麻药品采购、保管、使用，全州共有110家医疗机构办理印鉴卡。2020年共办理“麻醉药品、第一类精神药品购用印鉴卡”核发24件，发放麻醉药品、第一类精神药品电子印鉴卡密钥7套。

**【科技教育】** 卫生系列资格考试：2020年全州护士执业资格考试报名3225人，资格审查合格3123人，考试继续实行人机对话考试；卫生专业技术资格考试报名5749人，资格审查合格5484人，较2019年增加1271人，报考人数为历年之最，考试继续采取纸笔考试(护理师专业)与人机对话考试(药学等116个专业)的方式分别进行；医师资格实践技能考试总人数3578人(其中：临床执业医师1177人，临床执业助理1684人；口腔执业医师37人，口腔执业助理57人；公共卫生执业医师25人，公共卫生执业助理1人；中医执业医师120人，中医执业助理117人；中西医结合执业医师110人，中西医结合执业助理74人；中医师承及确有专长执业助理31人；乡村全科执业助理145人)。

科教培训：全州全科医师转岗培训遴选培训对象19名，于4月7日在兴义市人民医院、州人民医院召开开班仪式；完成住院医师规范化培训的招生审核，住院医师规范化培训招录名额155

2020年10月28日，省卫生健康委主任孙发(前左三)一行在兴仁市人民医院调研

名（其中黔西南州人民医院75名、兴义市人民医院80名）；2020年助理全科医生（西医）培训招录名额25人，兴仁市人民医院、安龙县人民医院两基地完成学员招录审核工作；基层卫生人才培养全州2017级中专学历提升人员321人顺利毕业。

农村订单定向医学生免费培养：完成2020年本科层次农村订单定向免费医学生招生录取本科任务数为61名（其中临床医任务数42名、中医任务数19名）。

**【宣传工作】** 2020度，全州卫生健康系统共播报扶贫健康电视专题宣传共28期，其中上中央电视台新闻联播4期，省级电视专题报道12期，州级电视台专题报道20期，宣信息稿件180多条，在网络推送278条，利用微信公众号发布宣传500多条，开展的宣传活动89场次，发放的资料20多万份，建宣传栏878个。

**【职业健康工作】** 2020年度，黔西南州共对尘毒危害企业（含小、微型企业）共834家企业开展监督检查1141次，下达文书737份，立案49起，警告56项，责令限期改正467项，罚款金额42.83万元。组织开展法律法规宣传活动，本系统干部职工和企业开展线上职业病防治知识答题活动和问卷调查活动，参与500余人次；组织实施职业健康进企业网络公开课活动，1万余人次参与；印发宣传材料1.73万份，开展研讨会、主题报告会、员工座谈会、知识讲座、知识竞赛等活动326场次，媒体报道22次，宣传受众人数28391人，随访到尘肺病人1257例。全年完成职业健康检查42788人，其中岗前检查34191人，岗中6361人，离岗1666人；接触种类以噪声为主32220人，其次为煤尘30861人，还有矽尘5585人、水泥尘1080人、其他粉尘3027人；发现疑似职业病1100人，职业禁忌证1518人。网报个案卡6361张，疑似职业病报告卡1100张。开展重点行业职业病危害普查、开展现场演练，完成州、县调查质量。

**【人口与家庭发展】** 2020年度，全州常住人口出生27504人，同比减少7163人，常住人口出生率9.43‰，同比下降2.83个千分点。其中全州常住人口一孩出生数为11257人，同比减少2689人；二孩出生数为11571人，同比减少4940人；多孩出生数为4676人，同比减少466人。出生人口符合政策情况，报表统计全州常住人口政策外生育6068人，同比减少855人。其中政策外一孩出生2208人，同比减少1376人；政策外二孩出生627人，同比减少180人；政策外多孩出生3233人，同比增加701人。全州“两早”社会问题专项治理统计上报“两早”早育2379对，同比减少2012对。其中早育一孩1829对，同比减少1755对；早育二孩498对，同比减少309对，早育多孩52对。全州开展“优生优育”培训4次，培训受众200余人次；全州开展公职人员学习宣传“两早”相关法律法规次数37次，印制及发放宣传资料11.45万份，进村入户开展“面对面”宣传共67次52079户。落实好计划生育奖励、保障、救助、优惠“四项制度”，落实12.66万人7.09万户对象预算经费3395.806万元。全州149名计生“两户”女孩考生高考加分。

**【妇幼健康工作】** 全州孕产妇健康管理率、0～3岁儿童系统管理率和0～6岁儿童健康管理率均达90%以上，比“十二五”期末提高5个百分点。2020年1—10月，全州孕产妇死亡率、婴儿死亡率和5岁以下儿童死亡率分别为18.02/10万、4.84‰和6.70‰，分别控制在22/10万、9.5‰和12‰的省级目标值内。全州妇幼重大项目惠及广大妇女和儿童，共为适龄妇女75244人开展宫颈癌检查、28854人开展乳腺癌检查，为育龄妇女30608人增补叶酸预防胎儿神经管缺陷，为孕妇8690人开展无创产前基因检测、8426人开展孕中地贫基因检测，为新生儿14202人开展耳聋基因检测、13752人开展代谢病基因检测。全州8个县级妇幼保健院基本达到二级标准，其中晴隆和兴义基本达到二级乙等标准。

**【安全生产工作】** 推进安全生产“百日攻坚”，加大安全隐患排查治理，召开全州卫生健康系统安全生产视频会议、现场观摩培训等，州卫生健康局全年共组织68个组456人次排查医疗卫生机构249家，查出隐患358条，下发督办通知书30份，对隐患问题建立“两个清单”闭环管理，确保整改到位。全州县级卫生健康部门组织1797组4217人次排查医疗机构2081家，排查隐患问题526条，整改522条，下发整改意见书23

份。全州卫生健康系统全年无火灾事故。

**【老龄事业发展】** 完成黔西南州“十三五”老龄事业发展规划总结评估，规划涉及的目标任务和评估指标已全部完成。极开展第三届全国“敬老文明号”和全国“敬老爱老模范”创建活动，黔西南州人民医院、兴义市人民医院、贞丰县民族中医院3个单位和邵天英、冯乔兰、李顺华、徐向丽、马友琼5人分获第三届全国“敬老文明号”和全国“敬老爱老助老模范人物”全国拟表彰公示。出台《黔西南州关于加快推进医疗健康服务和养老服务融合发展的实施方案》促进医养结合机构建设，加快医疗健康服务和养老服务融合发展。开展医养结合示范试点项目11个，其中省级医养结合示范单位1个、基层医疗机构医养结合服务试点6个、智慧健康养老服务试点3个、安宁疗护试点1个。

**【党建工作】** 2020年度，州卫生健康局党组全年组织集中学习56次、“会前一刻钟”警示教育50次，主题教育理论宣讲、“党课开讲啦”等党课辅导26场次，签订《党风廉政建设责任书》80余人次；组织召开“防风险、守底线”专题会议，14名副处级以上领导干部检视剖析存在问题共105条，整合共性问题并对应制定整改措施39条；直属单位查找检视剖析问题349条，对应制定整改措施378条。全系统118个基层党支部“五个基本”（基本队伍、基本活动、基本阵地、基本制度、基本保障）达标111个；公立医院党23项重点60条具体措施全面落实；全州19家县级以上医疗机构接入“医药监管平台”，累计跟踪医疗数据5.8亿条，监管患者诊疗1164万人次，对发现的951条问题单据和5901条疑似问题单据并及时进行提醒，促进药品耗材、医保监控、质量监督等全过程信息体系的重点监督，确保采购、处方、收费等项目事前干预、事中监督、事后追查。常态化落实党风廉政建设“两个责任”清单，梳理权力清单、责任清单192项，全部录入贵州政务服务智慧管理平台，强化卫健领域行政审批、行政许可、资质认证的过程监管，“放管服”工作有效落实。重点岗位、重点环节、重点领域等10个廉政风险点季度常态化廉政约谈，苗头性问题及时提醒约谈，全年集体约谈4次424人、个别约谈3次4人，党纪处分1人。

（陈隆彬）

## 疾病预防控制

**【概况】** 黔西南州疾病预防控制中心为正县级机构，核定编制121名，列入州级财政全额预算，设党组书记、主任1名，副主任3名。中心有正式在编人员102人，离退休人员117人，研究生学历10人，大学本科学历63人，大专学历16人，中专及以下学历13人；高级职称人12（其中正高4人），中级职称37人，初级职称31人，其他22人。中心内设科室21个（办公室、人事科、规划财务科、后勤供应科、科教信息科5个职能管理科室。设质量控制科、监测检验科、免疫规划科、健康教育科、流行病防治科、应急办公室、艾滋病防治科、性病防治科、结核病防治科、麻风病防治科、地方病防治科、慢性病防治科、卫生科、病媒生物防治科、职业病防治科和综合门诊部等16个业务科室），中层管理岗位29个。黔西南州疾病预防控制中心中心占地面积10000余平方米，工作用房8676平方米，实验室建筑面积有3315平方米。中心拥有气相色谱、超高效液相色谱、气相色谱质谱质谱仪，液相色谱质谱质谱仪、CD4检测仪，荧光定量PCR仪，全自动微生物鉴定仪、脉冲场凝胶系统，ICP-MS，石墨炉原子吸收仪等155件，设备缺少141件（国家标准296件）。中心实有基本检验能力366项，与国家标准（592项）相比相差226项。中心通过贵州省计量认证，通过艾滋病确认实验室认证，具有计量认证资质和食品资质认证。是贵州医科大学和遵义医学院的实践教学基地。

**【新冠肺炎疫情防控工作】** 2020年，黔西南州新冠病毒核酸检测样本共19255份，累计报告4例确诊病例（均治愈出院）、6例阳性检测无症状感染者。疫情涉及3个县市区（义龙4例、兴仁4例、安龙2例）5个乡镇（街道办）；男性6例，女性4例；年龄最小6岁，最大42岁；职业学生4例，教师3例，干部职员2例，民工1例。追踪管理密切接触者107人，协查协办省内、省外、境外密切接触者共计56人。从2月12日起至12月31日，黔西南州无确诊病例及阳性检测无症状感染者报告。报告的4例确诊病例和6例无症状感染者均有湖北旅居史，开展流行病学调查处置，病例收治到定点医院隔离治疗，追踪排查密切接触者并进行集中隔离医学观察，开展病例搜索，病家环境消杀，宣教等措施，未发生本地病例。

截至12月31日，检测冷链冷冻食品及市场环境样本2781份，检测从业人员咽拭子671份；各县级疾控自行检测冷链冷冻食品及市场环境样本808份，检测从业人员咽拭子164份，结果均为阴性。全州冷冻食品批发、经营场所环境标本及从业人员咽拭子标本检测结果虽然为阴性，但现场采集信息中，超市、农贸市场部分冻食品（鱼、虾、鸡腿等）的产品来源地有美国、巴西、加拿大、挪威等国家，提示全州冷冻食品来源较复杂，存在潜在风险。

截至12月31日，黔西南州完成1365人份（2730剂次）新冠病毒疫苗预防接种工作。7家疾控中心签订采购合同并拨付疫苗款，到货4480剂次新冠病毒疫苗，全部用于9类重点人群的接种任务。

根据疫情防控需要，拍摄完成《黔西南州各类学校新冠肺炎疫情防控消毒技术操作规程》专题片一部，由州教育局发放到各学校指导开展消毒工作。对于确诊病例、疑似病例、病例的密切接触者所活动过的场所，州疾控中心进行疫区划分、疫区消毒、终末消毒和居家消毒指导，同时对州内大型公共场所、人群密集场所等提出具体针对性消毒指导意见。输入型新冠肺炎疫情后，抽出12人组成消毒技术指导组，开展中心内部人员消毒技术业务培训16人次；开展全州疾控系统视频培训1次；对州职院教职员工理论和现场培训125人次；培训兴义一木公司15人次；开展全州消毒技术业务培训1期，参会87人；派出15人次到全州3个疫点指导终末消毒工作，电话指导各县（市、新区）疫情防控消毒工作30余次；派出58人次参加各县（市、新区）针对交通检查卡点、集中人员隔离留观点、超市、社区、医疗卫生机构、复工复产企业、学校等进行消毒技术指导5次；截至12月31日，全州消毒面积1143.39万平方米；制作新冠肺炎防控、复工返岗防护、开学防控知识折页、手册、宣传单、物品等55万份（册），指导制作健康教育宣传栏2380个，悬挂、张贴宣传海报、标语、横幅等1.9万多条（张）；在州、县电视台全天滚动播出《黔西南州疾控中心致全州人民的公开信》中疾控、省疾控制作的预防视频；在州教育局教育云平台播放中心制作的“各中小学环境消毒操作指导”视频；通过中心微信公众号发送新冠肺炎预防知识、视频等217条（次）；通过州疾控中心微信公众号推送疫情防控知识200余条，县级微信平台推送50条；在州电视台播出预防视频公益广告240次；通过广播电视台、电梯楼宇电子屏等播出冬春季加强呼吸道传染病防控公益广告1000余次；在州广播电台“883健康有约”栏目播出9期新冠肺炎预防知识节目。

**【重大传染病防控】** 2020年全州无甲类传染病报告，报告法定乙丙类传染病20种，报告发病12151例，报告死亡102例，年报告总发病率421.03/10万、总死亡率3.53/10万、总病死率0.84%，与2019年相比，发病率下降4.87%，死亡率下降37.43%，病死率下降34.22%。发病率的下降主要是由于流行性感冒、肺结核、乙肝、流行性腮腺炎、伤寒副伤寒、艾滋病的报告发病数下降所致。

**【重大传染病疫情和突发公共卫生事件处置】** 截至12月31日，黔西南州共报告突发公共卫生事件或相关信息13起，其中一般事件1起，未分级事件12起；传染病疫情11起，食物中毒2起。事件涉及全州6个县（市区）11个乡镇，发病（或中毒）258例，无死亡。与2019年同期相比，事件发生起数（13起）持平，发病（或中毒）数（247例）上升4.45%，死亡数（2例）下降100%；黔西南州疾控中心加强突发疫情应急处置工作，截至12月31日，共参与处理突发公共卫生事件和其他疑似事件10起；从1月1至12月31日止共收到传染病自动预警系统预警信号2695起，预警信息涉及9县（市区），预警病种23种。初步判断：排除1945起，疑似事件750起。疑似事件经现场调查排除343起，继续关注398起，暴发/流行9起；从1月1日至12月31日止共收到传染病辅助决策系统预警信号1569起，及时响应1568起，及时响应率99.04%，及时处置1565起，及时处置率为99.75%。

**【病媒生物防控】** 全州2020年1—12月未发现疑似鼠病例。2020年上半年，全州5个监测点共完成捕鼠1924只，完成全年总任务的130.9%；捕蚤1540匹（609组），占全年任务数的160.3%；13个疫源乡镇（街道办）完成春季灭鼠工作；全年鼠蚤实验室检测未发现鼠疫阳性标本；2020年1—12月全州无本土疟疾疫情，继续保持无本土疟疾疫情状态；2020年兴义、普安、兴仁、贞丰、晴隆、安龙已开展监测。全州应完成270份单个报表、实际仅完成115份单个报表2020年兴义、兴仁、普安、晴隆、贞丰已开展监测；全州（按单个报表数统计）应完成270份单个报表、实际仅完成124份单个报表、完成率为45.93%、完成率为42.59%；全州网络报告布病疫情5起（兴义1起、兴仁市1起、晴隆县2起）、义龙1起。晴隆县报告2例上年度抗体阳性病例。

**【结核病防治】** 2020年全州总的肺结核发病率91.80/10万与上年同期比下降10.28%；2020年全州总发现涂阳肺结核患者1676例，结核患者病原学阳性率为51.89%；2020年初治涂阳治愈率91.39%，复治涂阳治愈率81.06%，初治涂阴完成疗程率95.65%；全州非结防机构网络直报肺结核或疑似肺结核病人数为4698例，已到定点医院治疗2940人，结防机构应开展网络追踪人数1758例，已追踪人数为1757例，追踪率为99.94%，通过追踪到位1658例，追踪到位率为94.31%，总体到位肺结核病人数为9598例，总体到位率为97.87%；2020年耐多药肺结核高危人群耐药筛查率为100.00%；2020年病原学阳性病人耐药筛查率为97.68%。

**【艾滋病防治】** 继续推进艾滋病病例“四位一体”管理，兴义、贞丰和望谟县继续推进艾滋病病例正常乡镇管理模式，且该模式逐渐成熟，有望向全州推广；州级购发试剂，加大乡镇老年人检测力度，2020年州疾控中心自筹资金采购10万份艾滋病快检试剂，发放基层，以加强乡镇老年人艾滋病检测，全年从中发现报告新病例33例，对加大发现艾滋病病例工作起到积极作用；加强与社会组织协作，拓宽艾滋病干预工作覆盖面，2020年兴义市与贵州省“爱之缘协会”签订协议，通过购买服务方式协助兴义市开展男男同性恋人群干预监测工作。已检测49例，检测阳性4例。

**【麻风病防治】** 截至12月底，2020年全州新发麻风病人9例（男性病例，MB3例、PB6例），无儿童病例。新发病人2级畸残1例，畸残比11.11%，以州为单位患病率1.32/10万，全州县市患病率大于1/10万的有安龙县。全州发生神经炎9例，麻风反应8例（Ⅰ型反应2例，Ⅱ型反应6例），均给予免费规范治疗。根据国标共判愈12例，有现症病人34例，在治病人8例；全州症状监测任务数520人，已完成531人。信息处理任务数520人，已完成531人。宣传和培训任务数520人，已完成1690人。麻风可疑者筛查任务数110人，已完成120人。密切接触者检查任务数1077人，已完成2191人。治愈存活者监测任务数1683人，已完成1693人。全州9县（市、区）均完成疫情监测及信息管理。州级需对全州各县（市、区）开展业务督导指导18次，已完成14次。

**【免疫规划】** 全州2020年常规免疫应报告县级单位数9个，应报告和实报告乡级单位数131个。根据上报国家免疫规划信息系统的数据，全州2020年1—12月应完成的针次数为1041648人次，累计实种1025402人次，累计接种率为98.44%。按全州上报省级免疫规划信息系统的2019年度全州出生儿童建档情况估算全州2020年应完成的针次数为110.01万人次，全州1—12月累计实种针次数占全年应种针次数的比例93.20%；全州2020年发现并报告乙肝病例1695例、流行性腮腺炎233例、风疹4例、甲肝20例、百日咳4例、流脑1例、乙脑1例。未发现并报告白喉、麻疹病例。与2019年同期相比除流脑明显上升外，其余各疾病较上年同期有所下降；根据国家、省、州的流感防控要求，黔西南州2020年流感疫苗接种任务为10万剂次，根据任务量及时下文指导各县（市、新区）疾控中心采购流感疫苗，指导乡级安全接种，截至2020年12月31日，全州流感疫苗已接种100907剂次，完成任务百分率100.91%。

**【慢性病防控】** 国家基本公共卫生服务项目工作：2020年全州总人口287.17万人（2019年资金拨款人口数），截至12月31日，建立居民健康档案并录入系统301.98万份，电子建档率为105.16%，完成90%的指标任务。全州65岁以上老年人建档人数36.07万人，年检规范人数21.64万人，65岁以上老年人健康管理率71.57%，已达70%的目标要求。全州高血压在管患者累计18.78万人，2020年管理任务数180343人，任务完成率104.14%，已达100%的目标要求；规范随访150047人，规范管理率79.89%，已达60%的目标任务；最后一次血压控制满意人数14.5万人，血压控制率77.23%，已达60%的目标任务。全州2型糖尿病在管患者累计52828人，2020年管理任务数51116人，任务完成率103.35%，已达100%的目标要求；规范随访41547人，规范管理率78.65%，已达60%的目标任务；最后一次血糖控制满意人数40561人，血糖控制率76.78%，已达60%的目标任务。严重精神障碍患者管理：截至2020年12月31日，全州严重精神障碍患者在册人数14123例，报告患病率4.92‰，已达4‰的目标任务；规范管理13174人，规范管理率93.28%，已达80%要求；服药13199人，服药率93.46%，已达80%的要求；规律服药9310人，规律服药率65.92%，已达50%的要求；面访患者12975人，面访率91.87%，已达80%的要求；全州精神分裂症患者在册人数9444例，服药8827人，服药率93.47%，已达80%的要求；精神分裂症患者规律服药6175人，规律服药率65.39%，已达60%的要求。全民健康生活方式行动工作：按要求完成全民健康生活方式行动年度工作，及时将相关信息录入《全民健康生活方式行动信息系统》。全州共创建健康社区49个，健康单位63家，健康学校134家，健康食堂7家，健康餐厅/酒店8家，健康主题公园4个，健康知识一条街3个，健康小屋3个，健康步道4条。

**【监测检验】** 流感、重症肺炎和不明原因肺炎监测：全年流感监测共检测样本1941份，其中包含4起聚集暴发疫情。共检测重症肺炎病例样本22份，其中1份为季H1合并新甲H1阳性，其余为阴性；检测不明原因肺炎病例样本2，均为阴性；手足口病例检测：全年共检测样本971份，其中重症样本92份，聚集性病例样本473份。伤寒、副伤寒监测：复核疑似伤寒菌株18株，其中13株经复核后符合上送条件，送省疾控实验中心。流行性乙型脑炎监测：检测7例疑似病例IgM抗体，其中2例为IgM抗体阳性；食品安全风险监测：化学污染物监测，科理化实验室全年分两批次共采样83份，检测已完成，所有数据完成上报；致病微生物监测，公卫微生物实验室全年共安排采送样190份，所有检测已完成，检出致病菌47株，所有数据完成上报；食源性疾病监测，公卫微生物实验室上半年共完成州医院送阳性标本42份，所有检测已完成，检出致病菌24株，所有数据完成反馈。饮用水水质监测：完成全州2020年枯水期水质监测共704份水样的检测，完成率101%。完成“河长制”要求的新西湖水库水质监测4次，监测结果已经反馈。艾滋病检测：艾滋病确证实验室检测确证样本151份。结核病检测：结核病实验室检测耐药培养样本1141份。验室能力建设：完成新实验楼内装修设计图纸修改和实验室搬迁等工作。

完成黔西南州疾病预防控制中心疾控体系防控能力饮用水检测能力提升、公共卫生体系建设和重大疫情防控救治体系建设、移动PCR检测实验室等项目采购及安装调试工作；完成黔西南州新冠肺炎疫情常态化防控综合演练及贵州省冬春季疫情防控山地紧急医学救援演练；完成国家风评中心及贵州省市场监督管理局能力考核工作；完成国家对本单位HIV检测、CD4检测、病毒载量检测、梅毒检测、乙肝检测、丙肝检测的考核。

**【健康教育】** 2020年，全州各基层组织认真组织开展健康促进与教育工作，发放各类健康教育印刷资料140万份，播放音像资料2.8万次14.7万小时，宣传栏1482个更新6262次，开展公众健康咨询活动765次受益7.5万人次，举办健康知识讲座3405次，个体化健康教育受益2.1万人次，健康教育进家庭6.5万户，贫困患者家庭健康教育处方发放1.5万份，学校组织开展健康教育活动60次，村级健康教育骨干培训2824人次；居民健康素养监测：指导各县（市）开展全州居民健康素养监测工作，完成5828人（任务为5760人），安龙县完成烟草监测322人，兴义市完成中医药素养监测240人；指导安龙县开展健康促进县创建工作并接受省级验收；贫困地区健康促进三年攻坚行动：开展健康教育进乡村行动、健康教育进家庭行动、健康教育进学校、健康教育阵地建设、基层健康教育骨干培养等工作。

**【职业病防治工作】** 重点职业病监测工作全州全覆盖，职业健康体检机构17家（新增备案3家），兴义市8家，兴仁市3家，其余各县1家。全州有职业病诊断机构1家（黔西南州人民医院）。职业病鉴定委员会一个（办公室设在州卫健委）。州疾控中心按监测方案要求按时完成各项工作责任和质量控制，并认真完成好监测及评估报告等目标任务；职业病防控2020年主要开展辖区内重点职业病职业健康核心指标监测、工作场所职业病危害因素监测、职业性放射性疾病监测、医疗卫生机构医用辐射防护监测、非医疗卫生机构放射危害因素监测等工作。

**【中心门诊工作】** 2020年中心门诊部开通银联商务收费，解决只能使用现金支付的状态。并且开通医疗管理系统，提高工作效率；完成对污水处理系统和医疗废物存放间的改造；综合门诊部年初制定的任务指标360万元。创收392.85万元，在门诊人次、医学美容、MORA检测等与上年相比均有增加。

（黄登巧）

## 计划生育

**【概况】** 黔西南州计生协会是州委领导下的群众团体，是协助政府落实计划生育基本国策、促进人口长期均衡发展与家庭和谐幸福的重要力量。2020年，黔西南州计生协机关核定编制16名，其中：参公编制14名、工勤编制2名，内设综合科、项目科两个科室。2020年底，黔西南州计生协在编16人，其中：在编在岗从事计生协工作4人（副处长级2人、科级2人）。全州有县级计生协8个、乡级计生协组织125个。

**【助力脱贫攻坚】** 2020年，黔西南州计生协开展“幸福保障·计生家庭意外伤害保险”“医疗健康社会扶贫行动”“生育关怀·扶残助残”“计生困难家庭紧急救助”等公益项目，助力计生贫困家庭精准脱贫，投入10万余元在兴仁市开展“幸福保障·计生家庭意外伤害保险”项目，为兴仁市计生家庭8622人参保；晴隆县计生协积极申报人口健康基金10万元发展彝族手工绣项目；组织州中医院、州疾控中心专家在义龙新区易地扶贫搬迁安置点步马、麻山、阿泥新市民居住区开展生殖健康、优生优育、艾滋病防治等健康知识培训3场；各级计生协在36个新市民家庭服务中心开展生育政策宣传、早婚早育危害宣传、优生优育宣传、健康知识宣传、健康体检、义诊等宣传服务活动841次，惠及15.88万余人次。

**【参与疫情防控】** 2020年，黔西南州计生协联合州卫生健康局印发《新型冠状病毒感染的肺炎预防指南》10万册，联合州卫生健康局下发《关于对计划生育特殊家庭在疫情期间发放防护药品的通知》，为计生特殊家庭调配发放疫情防控一次性医用口罩3090个、感冒退热颗粒等防护药品49箱；参与全州新冠肺炎疫情常态化防控综合演练和2020年度贵州省冬春季疫情防控山地紧急医学救援队伍能力提升暨航空紧急医学救援演练志愿服务等工作。

**【协会宣传教育】** 2020年，黔西南州计生协利用黔西南州卫生健康网站、《健康金州》微信公众号、《金州卫生健康信息》等媒体和平台加强计生协宣传阵地建设；组织参加中国计生协举办的“翰墨书爱党情怀·丹青绘祖国发展”书画作品征集活动，征集筛选上报参评书画作品12幅；利用“生殖健康服务日”“计生协5·29会员日”，广泛开展群众性宣传教育活动，在“5·29”宣传服务活动期间，全州各级计生协共发放宣传资料、宣传品3万余份（册），开展优生优育指导、生殖健康咨询、健康体检和义诊活动等60余场次，服务群众3.5万余人次，参与法治宣传教育专项活动27次，发放宣传资料10013份。

**【计生家庭帮扶】** 2020年，黔西南州计生协开展“暖心行动”投入经费10万元，慰问帮扶计生特殊家庭178户；开展“计生特殊家庭住院护理补贴保险”工作，计生特殊家庭住院护理补贴保险报案理赔25人次，发放金额38000元，为计生特殊家庭254人投上住院护理补贴保险，动态实现全州失独家庭住院护理补贴保险全覆盖；实施计生特殊家庭生活环境改善项目，投入经费10万元为晴隆县5户计生特殊家庭改善人居环境；

开展“生育关怀·送温暖”等活动，在元旦、春节期间全州共慰问帮扶768户计生困难家庭，共投入慰问资金6.8万余元（含物资折价）。

【协会培训活动】 2020年，黔西南州计生协组织州医院、州中医院、州疾控中心等专家在义龙新区和普安县开展4场优生优育健康知识培训，为260余名育龄群众、待产孕妇、基层健康宣传指导员、计生协会员和志愿者等进行专题培训。联合州教育局在贞丰县举办全州青春健康“沟通之道”师资培训，来自教育系统和卫健系统50人参加培训。

【协会项目实施】 2020年，黔西南州计生协在贞丰县第四中学新建州级青春健康俱乐部1个，指导兴义师院申报并中标中国计生协青春健康高校项目。争取省级补助项目资金30万元，在晴隆县实施家庭服务中心建设、失独家庭生活环境改善和安龙县关怀关爱“三留守”项目。

【计生协会改革】 2020年，黔西南州计生协改革融入州委全面深化改革全局，改革方案经局党组会、州政府专题会、州政府常务会、州改革办专题会和州委常委会先后审议，2020年12月30日中共黔西南州委办公室、黔西南州人民政府办公室印发《黔西南州计划生育协会改革方案》的通知（2020—2022）。州计生协及兴义市、贞丰县、册亨县计生协专职副会长分别进入同级卫健局党组，担任党组成员。对县、乡两级计生协改革进展情况进行月调度，督促推进县乡计生协一体化改革。

【协会工作成效】 2020年，黔西南州计生协创新探索优生优育指导中心建设社区服务型模式获全省计生协创新奖；黔西南州计生协工作获全省计生协年度工作目标任务综合评估一等奖。州计生协秘书长李斯红作为中国计生协优生优育指导中心项目执行单位负责人到北京参加以“新时代婴幼儿照护服务新动能”为主题的首届中国人口与发展论坛。

（刘世英）

## 卫生健康综合行政执法

【概 况】 2018年6月26日《黔西南州卫生计生监督执法局宗旨和业务范围、机构规格、人员编制和领导职数规定》（州机编字〔2018〕93号）将“黔西南州卫生监督局”更名为“黔西南州卫生计生监督执法局”。2019年8月13日《黔西南州卫生健康综合行政执法支队宗旨和业务范围、机构规格、内设机构、人员编制和领导职数规定》（州机编办字〔2019〕70号）将“黔西南州卫生计生执法监督局”更名为“黔西南州卫生健康综合行政执法支队”，业务范围：受黔西南州卫生健康局授权或委托，依法统一行使行政处罚权以及与行政处罚相关的行政检查、行政强制权，包括行政处罚的立案、调查、处罚等执法职能。机构规格：黔西南州卫生健康综合行政执法支队为副县级公益一类事业单位，隶属黔西南州卫生健康局管理。内设机构：黔西南州卫生健康综合行政执法支队设置5个正科级内设机构。人员编制和领导职数：核定黔西南州卫生健康综合行政执法支队事业编制27名（其中：管理人员24名、工勤人员3名），列入州级财政全额预算。领导职数：支队长1名（副处长级）、政委1名（副处长级）、副支队长2名（正科长级）。内设机构科级职数：科长或副科长职数10名（其中科长不超过5名）。2020年有参公身份人员12人，机关公勤2人，事业身份9人。

【疫情防控】 2020年，开展防控新冠肺炎疫情卫生监督检查，共出动卫生监督员25668人次，检查医疗机构2809家次，其中：定点医疗机构195家次，其他公立医疗机构1336家次，民营医疗机构1278家次；公共场所3788家次，其中：机场5家次，高铁站2家次，火车站4家次，客运站69家次，超市或大型购物场所297家次，其他（含宾馆酒店、美容美发店）3411家次，隔离点129家次、生活饮用水单位381家次、生产企业743家次、学校1117家次，疫情期间全州共立案处罚案件425起、其中非法行医案件62起。州执法支队本级共出动卫生监督员1583人次，检查医疗机构305家次，其中：定点医疗机构82家次，其他公立医疗机构102家次，疾控机构12家次，民营医疗机构121家次；公共场所152家次，其中：机场2家次，火车站1家次，客运站25家次，超市或大型购物场所25家次，其他（含宾馆酒店、美容美发店）99家次、监狱（含看守所）4家次，生活饮用水单位70家次、隔离点19家次、消毒产品生产企业32家次、学校103家次，餐饮具消毒12家次，立案处罚案件11起。

**【监督单位】** 2020年，被监督单位总计8439户，从业人员17231人，持有健康证12901人。其中：公共场所3604户，从业人员12381人；生活饮用水58户，从业人员338人；涉及饮用水卫生安全产品4户，从业人员74人；学校卫生955户；消毒产品2户，从业人员81人；餐饮具集中消毒15户，从业人员105人；传染病防治1802户；放射诊疗110户；职业健康检查机构、职业病诊断机构、放射卫生技术机构15户，从业人员4252人；医疗卫生机构1820户；计划生育61户，立案1421件，结案1405件（其中自觉履行103件，强制执行2件），罚款金额306.88万元。

**【中医药服务监督】** 2020年，本级对州中医院开展现场监督检查1次；对中医备案诊所持证、消毒隔离制度、医疗废物管理制度落实情况进行监督检查，监督检查范围为是否超出备案执业范围开展诊疗活动、实际设置与取得的“中医诊所备案证”记载事项是否一致。

**【预防接种门诊监督】** 2020年，全覆盖检查预防接种门诊158家，其中三级医疗机构4家，二级医疗机构16家，一级医疗机构109家，其他预防接种门诊29家。

**【医疗机构不良执业行为记分管理】** 2020年，全州共对医疗机构的不良执业行为记分367家，总计记分1195分，其中一级医疗机构记分107家，共计记分463分；二级医疗机构记分36家，共计记分130分；其他医疗机构记分242家，共计记分679分。

**【职业健康监督】** 2020年，检查复工复产的27家用人单位进行新冠疫情防控检查督导，开展尘毒危害专项治理督查205家，监督检查262次，下达文书168份，立案22起，其中警告、责令限期改正87起，处罚金额3.1万元。

**【放射诊疗卫生监督】** 2020年，对36家医疗机构进行专项监督检查。

**【农村集中式供水专项卫生监督】** 新冠肺炎疫情应急一级响应期间，对69家集中式供水单位、9家二次供水单位（含4家定点医院和发热门诊二次供水单位）开展监督检查，下达整改文书48份，出动执法车辆42台次，执法人员115人次。开展农村饮用水卫生监督检查乡（镇）集中式供水单位61个，存在问题48个，下达整改文书46份；简易集中式供水2387个，发现问题1450个，下达监督意见书622份；分散式供水153个，发现问题67个。

**【餐饮具集中消毒服务单位监督】** 2020年，对全州18家餐饮具集中消毒服务单位全覆盖检查，出动监督员60人次，立案1家，罚款2000元。

**【新业态监督】** 2020年，母婴保健、月子中心、托育机构等新业态监督，检查母婴保健技术服务医疗机构33家，月子中心4家。

**【疫情防控非定点医疗机构监督】** 2020年，疫情应急一级响应防控期间，检查非定点医疗机构700家次，共出动卫生监督执法人员1000余人次，下达监督意见书354份。开展疫情期间复工复产阶段医疗服务医疗废物管理和新冠病毒抗体检测监督检查361家；开展精神病专科医院疫情防控专项检查8家；抽查开展限制临床应用技术未进行备案的医疗机构17家；开展医疗美容综合监管专项监督，检查医疗美容机构和生活美容场所92家，其中对6家进行警告，对2家责令停止执业，对3家进行不良执业行为记分，没收违法所得2.41万元，罚款15.32万元。

**【疫情常态化防控、复工复产复业单位专项卫生监督】** 2020年，检查复工开业医疗机构监督检查361家，提出整改建议180家；抽查公共场所36家（其中：火车站1家、汽车站11家、宾馆8家、商场8家、机场1家、美容美发场所7家），出动卫生监督员320余人次。

**【到黔人员入住场所新冠肺炎疫情防控监督】** 2020年，检查来黔人员定点隔离观察场所（酒店、宾馆）20家、32次，达卫生监督意见书16份。

**【消毒产品卫生监督】** 2020年，共出动卫生监督员177人次，检查消毒产品生产企业2家，检查消毒产品经营户174家，抽查消毒产品96个批次；药品批发企业和药店共抽查消毒产品670个批次，对5家保健用品生产企业现场进行行政许可审查。

【疾病预防控制机构卫生监督】2020年，新冠肺炎疫情防控应急响应期间，对全州疾病预防控制中心进行全覆盖的监督检查，主要检查综合管理情况、法定传染病疫情报告情况、传染病疫情控制情况、医疗废物处置情况、病原微生物实验室生物安全管理情况，针对检查内容均没有发现违法违规行为。

【医疗废物、废水卫生监督】2020年，全州共检查医疗机构731家次，下达监督意见书390份，立案18起，结案11起，罚款13100元；对定点医疗机构全覆盖督查，共检查定点医疗机构11家(定点医院9家，定点发热门诊2家)。全年共检查各级各类医疗机构1871家次，责令改正554家次，立案221起，警告155家次，罚款137家次，全州共计罚款22.76万元。

【民营医疗机构依法执业监督】2020年，监督检查民营医疗机构411家(其中一级及以上民营医疗机构120家；门诊部16家；诊所178家；其他民营医疗机构97家)，发现超范围行医15家；聘用非卫生技术人员从事诊疗活动46家；未按期校验4家；违法开展禁止限制类医疗技术1家；擅自急诊发热患者1家；其他违法行为121家。共查办案件170件；共计罚款76.2715万元。

【学校卫生监督】2020年，全州各级各类学校共计976所，“双随机”抽查78所学校；高三、初三拟复学学校开展复学前疫情防控工作专项监督检查，全州共抽查学校30所；县及县以下已复课学校卫生监督执法检查227所；2020年高考期间检查22个高考考点周边宾馆酒店83家，立案查处4家，出动执法人员172人次。

【医疗卫生行业综合监管】2020年，州卫生健康局、州市场监督管理局、州医疗保障局联合开展医疗卫生行业综合监管执法检查，抽查公立医院2家，药店10家，医疗美容诊所2家，生活美容场所2家。

【公共场所卫生监督】2020年，检查公共场所1035家，其中火车站4家次、汽车站33家次、宾馆486家、商场45家次、机场3家次、美容美发场所464家，出动卫生监督员620余人次。检查景区12家，民宿酒店15家。

【卫生监督稽查】2020年，对卫生行政执法程序、卫生行政执法案件质量、卫生监督执法行为、着装管理规定等内容，开展2次本级稽查，1次层级稽查，下达本级卫生监督稽查建议书6份，层级卫生监督稽查建议书8份，随机抽查卫生违法案件卷宗50份进行评判，现场指导文书改进。

【“双随机一公开”监督】2020年，接收国家“双随机”卫生监督任务1019件，监督完成1019件(其中任务完成854件，任务关闭165件)，监督完成率100%，在“双随机”抽查中立案查处112件，罚款14.02万元。全州国家双随机工作按专业分类：公共场所任务发放538件，任务完成538件，任务关闭136件，完结率100%，立案查处74件，罚款2.92万元；生活饮用水任务发放19件，任务完成19件，完结率100%，立案查处4件，罚款3200元；职业卫生任务发放1件，任务完成1件，完成率100%；放射卫生任务发放21件，任务完成21件，完成率100%。立案查处4件，罚款1.81万元；学校卫生任务发放196件，任务完成196件，完成率100%，立案查处6件；医疗卫生任务发放95件，任务完成95件，完成率100%，立案查处4件，罚款3.21万元；消毒产品发放任务1件，任务完成1件，完成率100%；传染病防治发放任务106件，任务完成106件，任务关闭8件，完成率100%，立案查处16件，罚款3.26万元；餐饮具消毒发放任务12件，任务完成11件，任务关闭1件，完成率100%。立案查处3件，罚款5000元；血液安全发放任务1件，任务完成1件，完成率100%；计划生育任务发放29件，任务完成28件，任务关闭1件，完成率100%。立案查处1件，罚款2万元。省级“双随机一公开”执行抽查任务103次，随机检查496户，选派卫生执法人员220人次，抽查结果公示496条。部门联合双随机抽查73户，选派卫生执法人员20人。本年度省级双随机抽查任务立案查处7件，罚款3400元。

【卫生监督培训】 2020年，州、县两级卫生监督员参加网络培训平台学习107人，其中参加考核人员76人，全部达到48学分的省级要求，开展黔西南州2020年职业健康工作推进会暨培训会，对全州参会人员进行职业卫生现场监督检查的培训；举办全州卫生监督执法视频培训会，全州卫生健康合行政执法100余人参加培训；组织人员参加国家和省级培训10余人次，对监管对象开展法律法规宣传培训182人，发放宣传资料200余份。

【脱贫攻坚】 2020年，黔西南州卫生健康综合行政执法支队为洛王村解决84消毒液60公斤、消毒酒精30公斤、外科医用口罩等防疫物资；调整农业产业结构目标任务230亩；易地扶贫搬迁旧房拆除及复垦复绿80户；帮助该村从其他单位协调各类项目帮扶资金共80万元。

（徐全超）

## 黔西南州人民医院

【概况】 黔西南州人民医院为三级甲等综合医院，分为桔山、黄草两院区。桔山院区占地面积200余亩，建筑面积约20万平方米。黔西南州人民医院编制床位1000张，实际开放床位1700张，设置临床科室33个、医技科室13个和行政职能科室26个，有1个博士工作室。医院骨科是省级重点学科，眼科是省级重点扶持专科，心血管内科、呼吸与危重症医学科、妇科、新生儿科及普外科为州级重点学科，重症医学科、血液透析室、中医科是医院特色专科。医院现有职工2321人，在职职工1982人。其中，正高级职称人员89人，副高级职称人员223人，中级职称人员550人。有博士2人、硕士102人、在读博士2人、在读硕士2人、硕士研究生导师6人。2020年，医院完成门急诊113.48万人次，出院病人65439人次，手术43423例次；治愈好转率98.86%，病床使用率84.15%，平均住院日8.05天，药占比为21.00%。

【党建工作】 2020年，黔西南州人民医院加强党的全面领导，筑牢为民服务政治保障，坚持党委理论中心组学习制度和“三会一课”制度，党组织书记上党课制度，院党委每月开展一次理论中心组学习，各党支部每月一次党员集中学习教育活动，推进党员干部常态化政治理论学习，依托“学习强国”平台，重点学习习近平总书记重要讲话等精神。全年共计召开党委会50次，院长办公会37次，党委理论中心组集中学习50次。抓实41个党支部的标准化建设，开展“让党旗高高飘扬在战‘疫’一线”活动，为疫情防控阻击战做大量成效工作。

【公立医院改革】 2020年，黔西南州人民医院加大执行力度，持续抓好综合绩效考核相关工作；完成国家三级公立医院绩效考核55项数据及自评报告；按时上报医改控费监测指标表及现代化医院管理制度省级试点医院重点工作任务推进表30次；完成桔山院区建设及重置布局优化，产科病区、新生儿科病区调整至桔山院区原精神病院大楼，顺利完成新院搬迁工作；完成新院肿瘤大楼、妇产儿童大楼、传染病院建设，完成申报批复。

【医疗服务】 2020年，黔西南州人民医院将28个专业、181个病种纳入电子化临床路径管理，入径病例数占同期出院人数的49.40%，入径病例达32325例，入径率97.32%，完成率98.01%。根据《单病种质量管理实施方案》将36个单病种纳入信息化管理。加强手术分级管理，全年开展日间手术661台，占同期全院择期手术的4.52%，均无24小时内二次手术及严重并发症发生。全年共开展新技术、新项目137余项。2020年完成远程会诊149例，其中对上级医院提起48例，完成下级医院提请会诊101例。2020年参加上级医院培训70余次，培训人次1200余人；对下级医院举办培训13次，共计38课时，参培人员8000余人。2020年派出院外会诊15人次，组织全院会诊149次(其中死亡讨论28次)，邀请院外会诊25次。

【科研工作】 2020年，黔西南州人民医院申报贵州省科技厅科学技术项目5项，获立项1项，获经费资助5万元；申报贵州省卫生健康委科技基金项目7项；组织疫情防控一线医务人员申报疫情相关项目6项。组织申报州级重大科研项目5项，获立项2项，共获资助经费22万元。全院各级各类人员在各级公开出版的报纸、杂志，论文共197篇。承办省级Ⅰ类继续医学教育项目1项，申报省级继续医学教育项目10项，获立项10项，其中Ⅰ类8项，Ⅱ类2项。完成Ⅰ类6项，Ⅱ类1项。

【医学教育】 2020年，黔西南州人民医院全年完成160名临床医学专业全程教学师资遴选工作。完成20名授课师资全院授课试讲。抽选5名授课老师参加遵义医科大学的远程授课试讲。选派1名临床本科教学管理人员到遵义医科大学进修学习。完成全院249名符合带教资格的指导老师、带教老师的师资聘任遴选工作。组织69人次参加国家级师资培训，46名参加省级师资培训，205人次参加院级师资培训。

【住培工作】 2020年，黔西南州人民医院全年共接收实习生830余名，接收各县医院骨干医师等共142人到医院进修，招录2名耳鼻咽喉科、2名内科专业并轨研究生，现全院共8名并轨研究生在读。2020年，完成16个专业80名住培学员的招录工作。现有2018级—2020级住培学员共221人分别在内、外、妇产、儿科、全科等16个专业基地进行规范化培训。继续接收2020年全州基层医疗机构全科医师转岗培训学员5名及二级以上医院全科医生转岗培训学员12名。

【护理工作】 2020年，黔西南州人民医院选派护理人员外出进修学习37人次，专科护士进修学习21人次，骨干外出学习9人次。加强护理质量控制管理，持续改进护理质量，完善护理质控与护理安全管理组织及职责，实行三级质控管理体系。加强护理安全管理，保障患者安全，定期考核抢救物品发生故障处理流程，组织应急演练2次，落实护理不良事件上报制度。护理工作患者满意度达到98.05%。

【人才队伍建设】 2020年，黔西南州人民医院共有254人取得专业技术任职资格。其中，初级30人、中级128人、高级96人。引进20位紧缺专业技术人才。自主公开招聘合同制职工118人。其中，主治医师1人、主管护师1人、初级职称61人。2020年共派出27名不同职称医师到中国医学科学院血液病医院、上海复旦大学附属儿童医院等医院进修学习。

【信息化建设】 2020年，黔西南州人民医院通过四川大学华西医院远程医疗服务平台的搭建，开展远程会诊、远程培训提高我院医疗技术水平。继续巩固加强胸痛中心、危重孕产妇中心、危重儿童救治中心、产前诊断中心、卒中中心的工作成果；全面铺开创伤中心、出血中心的建设；逐步推进罕见病信息化建设工作，逐步完成与国家罕见病协作网的数据接口对接。

【社会责任】 2020年，黔西南州人民医院共承担各种政府指令性任务、组织开展社会性诊疗服务活动、医疗保健服务和会议医疗服务共38次。2020年派出院外会诊15人次，组织全院会诊145次（其中死亡讨论27次），邀请院外会诊25次。全年组织“万医下基层”健康扶贫大型义诊活动10次。

【医联体、医疗集团建设】 2020年，黔西南州人民医院选派两批共90名技术骨干和管理人员到州妇幼保健院开展帮扶，启用新信息化系统，实现两院信息化统一，实现医疗集团成员单位同质化管理。派出30名医生分别到成员单位进行院外会诊，派出67名主治医师到贞丰县、安龙县、册亨县等县级医院开展对口帮扶，派出25名医护人员到晴隆县中营镇卫生院等8所乡镇卫生院帮扶，派出两批25人支援农村卫生工作，派驻11人到安龙县和册亨县进行帮扶工作。派出人员专业涉及内科、外科、妇产科、眼科、儿科、手术麻醉、检验、超声、介入科、护理等众多学科，共开展组织查房478次、手术示教82次、疑难及死亡病例讨论182次、专题讲座226次、门急诊4555人次、医技检查2152人次，开展新技术、新项目10余项，开展超声技术指导5项，医师门诊出诊每人平均超过8天/月。收治合作医疗机构转诊病人2390例，下转病人6例。

【三甲复审评审】 2020年11月17日至19日，黔西南州人民医院经过省卫生健康委综合复审，顺利通过三甲复审评审。

【六大中心建设】 2020年11月，黔西南州人民医院通过国家卫生健康委脑卒中防治工程委员会审批并授予“高级卒中中心（建设单位）”称号；按建设标准稳步推进出血中心、创伤中心等中心建设工作，加强产前诊断中心和产前诊断(筛查)网络建设，建立科学医疗救治体系。2020年胸痛中心共诊治胸痛患者1411例，其中高危胸痛患者539例，低危胸痛患者872例，溶栓患者共计31例。

【脱贫攻坚】 2020年，黔西南州人民医院收治建档立卡贫困人口5979人次，开展“先诊疗、后付费”工作，开通“绿色通道”；派出3名长期驻村扶贫干部到安龙县龙山镇肖家桥村、柿花坪村，用好“四逐四准”工作方法，深入实施精准扶贫方略，坚决扛起脱贫攻坚政治责任，精锐出战，通过做好村级发展“关键事”、群众满意的“暖心事”、群众期盼“实在事”，完成部分通组公路硬化、串户路硬化、亮化工程，组组通道路硬化12.62千米，串户路硬化12.62千米，新开挖产业路2.1千米。

【新冠疫情防控】 2020年，黔西南州人民医院投入资金170余万元10昼夜完成7间隔离负压病房建设工作，干部职工2283人抗疫捐款28.85万元，组织医务人员进行防控知识及穿脱防护装备培训43次考核5000余人次、理论考试10余次考核1557人次；制定、修订、完善相关疫情防控预案，完善门急诊预检分诊流程、发热门诊预检分诊流程等19个工作流程，制定6个消毒隔离制度，完成预检分诊区、CT检查室、感染性疾病科及老院发热门诊和病区的路线规划工作，完成感染性疾病科和儿科病房内布局流程制定工作；2例新冠肺炎患者在院治愈出院；疫情期间全院医务人员主动请缨、逆行出征，党员干部职工递交抗疫请战书225份，分别派出9批29名医务人员援鄂、援筑、援京，胜利完成任务，医护人员零感染。

（王　皎）

2020年9月8日，全国抗击新冠肺炎疫情表彰大会在北京人民大会堂举行，黔西南州人民医院熊方被授予“全国抗击新冠肺炎疫情先进个人”称号

（州卫健委　提供）

## 黔西南州中医院

【概况】 黔西南州中医院·骨科医院、黔西南州第二人民医院建于1987年，是政府主办、合署挂牌的集综合医疗、临床教学、预防保健、健康体检、科研为一体，具有中西医结合特色和优势的“国家三级甲等中医院”。是“以骨科为龙头，中医为特色，中西医并重，学科健全”的综合性中医医院。是国家中医住院医师规范化培训基地。医院编制床位500张，实际开发床位500张，有副高以上专家60余名，“贵州省名中医”1名，“黔西南州名中医”8名；医院设内科、外科、妇产科、儿科、眼科、耳鼻咽喉、口腔等临床科室25个，医技科室8个。

【业务指标】 2020年，州中医院办理门急诊21.54万人次、入院20224人次、出院20251人次，病床使用率107.91%；总收入3.15亿元，同比下降0.01亿元，下降0.31%。业务收入为2.82亿元，其中医务性收入13192.6万元，占医疗业务收入46.78%，同比增长428.96万元，增长3.36%；药品收入5556.65万元，占医疗业务收入19.71%，同比下降856.54万元，下降13.35%，按照公立医院改革考核指标计算药占比(不含中药饮片收入)为15.38%；卫生材料收入2563万元，占医疗业务收入9.08%，同比下降1028.57万元，下降28.63%；检查检验收入6889.63万元，占医疗业务收入24.43%，同比下降241.97万元，下降3.51%。

【经济指标】 2020年，州中医院全年业务总收入3.15亿元，同比下降0.01亿元，下降0.31%。业务收入为2.82亿元，其中医务性收入13192.6万元，占医疗业务收入46.78%，同比增长428.96万元，增长3.36%。

【管理工作】 2020年，州中医院制定《黔西南州中医院关于选派脱贫攻坚驻村干部的有关规定》《黔西南州中医院关于进一步严明驻村工作纪律的规定（试行）》《黔西南州中医院行政、医、技人员聘用办法》《黔西南州中医院就业见习、顶岗试用人员招收管理规定》《黔西南州中医院护理人员用人办法》《黔西南州中医院行政职能科室奖励性绩效工资考核方案（试行）》《黔西南州中医院门诊医师出诊管理制度（试行）》等，为医院相关工作提供制度保障。

【安全保障】 2020年，州中医院开展消防培训2次，消防演练2次。更换及冲装过期灭火器265个、破损防火门3扇、应急照明灯39盏、疏散指示牌65块、灭火器箱32个，合计4万多元；定期对消防设施进行保养维护；增加手术室监控设备一套；对院区5台电梯维保，费用为30000元；完成智慧消防系统安装建设项目，费用为284700元；洗涤、消毒被服180126件，加工制作各临床用品5734件、缝补40360件，创造价值557065元；车队全年安全行驶里程129890公里，出车2912次，车辆维修、保养17次。未发生一起交通安全责任事故。

【科研申报】 2020年，州中医院科研申报各级各类项目32项，其中，贵州省卫生健康委员会科学技术基金课题5项，贵州省中医药管理局中医药、民族医药科学技术专项课题9项，州级自筹项目获得18项申报名额。截至2020年12月31日，未收到科研立项文件。2020年组织科研结题8项，其中，2018年度中医药、民族医药科学技术研究课题1项；2017年黔西南州科技计划项目5项；2018年黔西南州科技计划项目2项。2020年登记发表的医学论文达163篇，其中：北大核心期刊1篇，国家级核心期刊90篇，省级核心期刊72篇，获得“全国科研成果一等奖”1篇，获得“优秀论文一等奖”2篇。全院医务人员取得实用新型专利共50项，医学著作出版2部。

【住院医师规范化培训】 2020年，州中医院对2020级34名住培学员开展为期10天住培入院岗前培训1次；组织住培学员执业医师实践技能培训9次，并指导未参加执业医师考试的住培学员进修实践技能规范操作。全年组织住培学员理论培训9次、技能培训4次；并在贵州省中医药大学第二附属医院的指导下，开展2020年住培年度考核工作，2020级34名住培学员均考核合格。做好国家住院医师规范化培训基地申报和管理工作。遴选40名科室主任、教学主任、管理人员参加“2020年中医住院医师规范化培训师资（教学主任）网络培训班”，39人考核合格获得“中医住院医师规范化培训教学主任培训合格证”，举办《中医住院医师规范化培训教学师资网络培训班》，全院198人参加师资培训并考核合格。2020年共接收医学院校实习生44人、共接收各级医院进修人员19人。院内业务学习每月组织开展1—2次，组织临床中、西医及药学知识讲座、网络培训11次，新冠肺炎知识网络培训5次，参加培训人员达7145人次。组织临床医师进行“三基”考试4次共计考核837人次，合格率达99.87%；对全院非中医类别执业医师学习“中医药基本知识与技能”的理论考试1次，考核53人，合格率达84.91%。遴选院内专家为乡镇卫生院基层医师40人开展理论学习及技能学习培训。派出11人到省外省内参加各类短期培训班、研讨会、学术交流会及政府指令性任务培训；派出36名医务人员到国内同专业一流医院进修学习。

经审核、评估，州中医院于2020年12月4日获国家“第三批中医住院医师规范化培训基地”资质。

【师承教育工作】 2020年，州中医院组织申报“第二批贵州省中医名医”传承工作，宋春英、赵波2名传承工作指导老师和张伟、夏纳、施靖、李璞4名传承工作继承人2020年9月7统一进岗；2020年贵州省中医医术确有专长人员医师资格考核考试专长师承指导老师李发荣、专长继承人熊丰于2020年9月27日统一进岗。

【病案管理工作】 2020年，州中医院回收、整理、录入、装订、编码、归档病案20251份，同比减少1809份，减少率为-8.93%；患者出院后，住院病历3日归档19668份，迟交病历533份，同比减少-213份，迟交天数1473天，处罚7365元。2020年为院内职工用于科研、教学、病案讨论、论文发表、职称晋升借阅、查阅、医保科抽调、价格科抽调、药剂科每月处方医嘱点评抽查、医务部每月组织院内副高职称专家进行三级质控抽查病案5355份；为公安、司法、法院、保险、州市医保、州市社保、出院患者借阅、查阅、复印病案4687份，按照病历管理规定全年收取复印费31074元。

**【扶贫工作】** 2020年，州中医院党委班子成员到扶贫点调研12次；医院直接出资8万元帮扶安龙县招堤街道办板磨村和栖凤街道办箐山村；研究制定《黔西南州中医院关于选派脱贫攻坚驻村干部的有关规定》及《黔西南州中医院关于进一步严明驻村工作纪律的规定（试行）》制度；每月收集驻村队员月工作报告，并拟定医院脱贫攻坚月报告及时报州委督查局。

**【医联体建设】** 2020年，州中医院共派驻13名医务人员定期分别到普安县中医院、贞丰县民族中医院开展帮扶诊疗活动，全年帮扶人员共开展接诊门/急诊患者975人次，管理住院患者403人次，护理659人次，手术14台次、现场指导686次（教学查房606次、疑难病例讨论36例、手术示教14次）、会诊64人次、举办小讲座106次，培训1175人次，技术示教40次，培训297人次，提出管理改进意见120条，带徒89人，开展其他帮扶活动23次。义诊中接诊患者600多人次，为500多名群众作白内障筛查，发放宣传资料1500多份，免费发放药品2000多元同时帮扶指导普安县中医院新开展中医医疗技术项目2项。与兴仁市中医院、普安县中医院、安龙县中医院、贞丰县民族中医院组建医疗集团。与安龙县中医院正式签订《黔西南州中医院城市医疗集团合作协议》并挂牌。

**【宁波市中医院帮扶】** 2020年宁波市相关医疗机构及宁波市中医院共派驻24名高级职称以上医务人员到州中医院开展帮扶指导，定期派驻肿瘤科及内分泌科的9名专家在院开展门诊坐诊、科室小讲座、教学查房、手术示教、院内大讲座、医院管理工作等驻点帮扶活动，其间接诊肿瘤科和内分泌专科门诊病人318人次，开展院内培训、科室培训600人次，技术示教147人次，教学查房39次，指导放射科阅片200人次，带教10人次，提出科室管理意见30条。州中医分期分批派出21名医务人员和管理人员到宁波市中医院参加长期进修学习和短期培训。

**【社会职责】** 完成州看守所医务室、州纪委医务室、州戒毒所医务室的医护人员值守工作。“万医下基层”“三下乡”会议医疗保障服务、白内障筛查、义诊等20余次，发放宣传资料约3000份，为群众提供诊疗、咨询900余人次。

**【医院荣誉】** 2020年度，州中医在全国533家三级公立中医医院绩效考核工作中排名为112位。在全省55家三级公立医院党建绩效考核中名列第14名同级第一。在国家公立医院移动互联网满意度调查工作满意度均高于全国及全省平均分数。其中：门诊患者，满意度得分88.22，高于全省平均值5.44分，高于全国平均值3.53分；住院患者满意度得分91.90，高于全省平均值3.71分，高于全国平均值1.72分；医院员工满意度得分85.01，高于全省平均值5.84分，高于全国平均值6.78分。成功承办黔西南州首届中药师职业技能竞赛，并荣获团体一等奖和最佳赛事组织奖。职工之家创建活动中，获黔西南州总工会授予2020年度“黔西南州模范职工之家”称号。

（王　铃）

## 妇幼保健

**【概况】** 黔西南州妇幼保健院成立于1994年5月，为黔西南州卫健局下属副处级事业单位，是贵阳市妇幼保健院、黔西南州人民医院医联体单位，宁波市妇女儿童医院对口帮扶医院，黔西南州产前筛查机构、危重孕产妇及危重新生儿救治中心之一。2012年州编委批准成立黔西南州儿童医院，与州妇幼保健院实行“两块牌子，一套人员”的管理体制，2015年7月卫计机构改革将州计划生育技术指导所与州妇幼保健院整合，成立黔西南州妇幼保健与计划生育技术服务中心，与州妇幼保健院、州儿童医院实行“三块牌子，一套人员”的管理体制机制。医院占地面积3670平方米，业务用房面积约1万平方米，编制床位300张，实际开放床位150余张。

【新院建设】 黔西南州儿童医院、黔西南州妇幼保健院“两院合一”建设项目是2013年和2015年中央预算内投资的重大民生项目，项目总投资4.2亿元，建筑规模7.3万平方米的新院区，建设地点位于义龙新区东峰林大道，占地面积213.07亩，项目门诊、医技、住院大楼等主体工程已于2020年8月全面封顶，项目内部水电、消防暖通管道、门窗、电梯、暖通、医疗智能化、二次精装修、医用气体、医疗净化、室外附属、污水处理、高压供电等工程正在快速推进。2020年，“两院合一”建设项目累计完成投资3.55亿元，预计2021年中可建成投用。

【医院管理工作】 2020年，黔西南州妇幼保健院坚持妇幼卫生工作方针，以保健为中心，以临床为保障，开拓自身业务，突出保健特色，加强基层业务技术指导，努力提升妇幼健康服务能力，“两个系管指标”持续提升（即孕产妇健康管理及儿童保健管理）、“两个筛查指标”持续提升（即“两癌”筛查及新生儿疾病筛查）、“两个死亡指标”有效控制（即孕产妇死亡及5岁以下儿童死亡），不断规范保健技术服务，提高保健服务质量，以保健助推业务发展。根据州编委关于调整州妇幼保健院体制机构的文件精神，州妇幼保健院（州儿童医院、州妇幼保健计划生育技术服务中心）编制床位300张，实际开放床位150张，人员定额编制61名，员额编制510名，实有干部职工316人，其中专业技术人员260人，副高以上职称17人，中级职称32名，初级职称197人。2020年全院实现门诊人次81207人次，出院人次6780人次，住院分娩2805例，手术台次4737台，部分指标数据均创历史新高。

【基本公共卫生指标】 全州活产数为41459人，住院分娩活产数为41149人，住院分娩率99.25%；孕产妇死亡9例，孕产妇死亡率为21.71/10万（省目标值为22/10万）；婴儿死亡225例，婴儿死亡率5.43‰（省目标值为7.5‰），五岁以下儿童死亡320例，5岁以下儿童死亡率为7.72‰（省目标值为9.5‰）；孕产妇系统管理37772人，系统管理率为91.11%；0–6岁儿童健康管理318594人，健康管理人数293444人，健康管理率92.11%；0–3岁儿童总数163035人，系统管理人数149455人，管理率91.67%，6个月内纯母乳喂养率为87.81%；辖区产妇40980人，早孕建册人数38274人，早孕建册率93.40%；孕期血红蛋白检测39671人贫血2390人贫血患病率6.02%；产前筛查25005人筛查率为61.02%；结婚登记44826人，婚前保健25961人，婚检率为57.92%。

【艾滋病、梅毒和乙肝母婴阻断项目】 2020年，全州产妇总数为41431人，艾滋病检测41348人，检测率为99.80%，梅毒检测41248人检测率99.76%，乙肝检测41245人，检测率为99.75%，均达省、州指标。艾滋病检出阳性孕产妇36例，用药34例，干预率94.44%，阳性产妇分娩活产婴儿35例，干预35例，干预率100%；检出梅毒阳性孕产妇207人，产妇治疗140例，干预率67.63%，分娩199例，治疗183例，治疗率为91.96%；检出乙肝阳性孕产妇1486例，阳性产妇分娩活产1485例，新生儿乙肝免疫球蛋白接种率为100%。

【农村贫困妇女“两癌”筛查项目】 2020年，宫颈癌任务数为73594人，完成75278人，完成率102.29%。乳腺癌任务数为26000人，完成任务数29155人，筛查完成率112.13%。

【贫困地区儿童营养改善项目】 2020年，全州儿童营养改善项目实现全州8县（市）全覆盖。2020年任务数36200人，应发放434400盒，实际发放416158盒，项目任务完成率为95.80%（省级要求发放率为达85%以上）。

【新生疾病筛查项目】 全州2020年全州代谢性疾病筛查41399人，检测率92.33%，超过国家规定90%检测率的要求，确诊甲减14人发病率为0.034%，G6PD25人发病率为0.06%。其中贞丰县筛查率为83.52%，未达目标值要求。2020年项目任务为8400例（兴义4400例、兴仁4000例），均已按时完成任务数，完成率100%。

【宁波对口帮扶】 2020年，宁波市市妇女儿童医院专家团先后4次共18个工作日到州妇幼保健院进行医疗对口支援，选派卫生技术人员22人次，专家门诊接诊238人次，住院患者管理14人次，主持医疗手术10台（手术示教10台），会诊及疑难病例讨论11例，教学查房11次，新技术（项目）引入3项，远程医疗会诊111例，远程手术6台。利用贵州省妇幼专科联盟优势医疗资源，定期邀请刘蜀博士工作室专家团队的周富林医师到院乳腺科开展坐诊及带教，共计接诊患者80余人，组织会诊及疑难病例讨论7例，手术示教24例，带教查房5次。

【疫情防控工作】 落实预检分诊工作常态化管理，规范医院预检分诊和核酸集中采集点设置，合理设置就诊通道，规范就诊流程，职工、患者及家属的核酸检测全覆盖，重点人群“应检尽检”，确保疫情防控常态化下提供正常的诊疗服务。强化卫生技术人员培训，通过医博士、华医网等机构组织全院卫生技术人员参加新冠肺炎诊疗与防控指令性继教项目培训20余场，应急演练1次。

（陆锐豪）

## 紧急医疗救援

【概况】 黔西南州紧急医疗救援中心是政府举办的非营利性、公益性的卫生机构，负责辖区120院前医疗急救工作日常调度指挥。协调全州院前急救医疗资源，应对全州各类重大突发公共事件，做好全州重大活动的医疗卫生保障工作。中心内设办公室、院前急救科、后勤科，核定编制数18名，2020年底实有人数13人。其中副高职称3人，中级职称2人，初级及以下职称3人，管理编制人员4人，事业工勤1人。

【调度情况】 2020年，黔西南州紧急医疗救援中心共接警77946次，有效调度8949次，其中交通事故救援2321（25.94%）；损伤救援1893（21.15%）；昏迷救援772（8.63%）；疾病发作救援2401（26.83%）；心脏病救援45（0.5%）；中毒救援475（5.31%）；其他意外救援428（4.78%）；妇产科疾病救援282（3.15%）；儿科疾病救援153（1.71%）；抽搐救援178（1.99%）。各县共接警12.91万次，有效调度15568次。其中晴隆县120急救中心共接警19260次，有效调度1111次；安龙县120急救中心共接警10937次，有效调度2992次；贞丰县120急救中心共接警23317次，有效调度3778次；册亨县120急救中心共接警11341次，有效调度1126次；望谟县120急救中心共接警18326次，有效调度1768次；普安县120急救中心共接警18653次，有效调度1645次；兴仁市120急救中心共接警27280次，有效调度3148次。

【疫情防控】 2020年，黔西南州紧急医疗救援中心制定院前急救疫情防控相关调度流程，针对可疑发热患者，做好病人信息登记，及时引导，及时报告，协助患者转运至发热门诊。2020年接警77946次，未发现疑似病例。中心严格排查中心内部人员接触史和健康状况，工作人员进入机构必须进行体温检测，外出要记录行经路线，严格佩戴口罩，每天准时上报体温检测数据；严格开展全员培训，及时掌握新冠病毒肺炎基本知识、疫情报告程序和防护措施等，共计培训10余次。做好后勤安全保障工作，紧急储备应急物资，严格执行消毒技术规范，定时对中心各科室进行消毒，每天消毒2次，做好清洁消毒管理和记录。严格执行24小时领导带班和工作人员在岗值班制度，严禁擅离职守，全力保护人民群众身健康和生命安全。

【安全生产】 2020年，黔西南州紧急医疗救援中心完善安全生产及消防安全管理机制。严格落实“管行业必须管安全、管业务必须管安全、管生产经营必须管安全、管安全生产必须管职业健全”原则，层层落实安全责任人，明确分工，明确职责，强化监管措施，签订《安全生产目标责任书》，加强对中心安全生产及消防安全的全面排查整治。悬挂横幅标语、LED滚动播放、摆放消防安全展板、发放消防安全宣传单、急救知识宣传资料等，发放宣传资料100余份。并组织职工观看火灾警示教育片，引导干部职工深刻汲取事故教训，提高防范意识和能力，做好“安全生产月”相关工作，确保安全生产、消防安全零事故。

【对口帮扶】 2020年8月26日至27日，黔西南州紧急医疗救援中心同宁波市急救中心联合举办黔西南州院前急救培训班，培训黔西南州各县（市）网络医院及急救分站80余人。宁波市急救中心将高级气道管理模型等13件医疗设备捐赠给黔西南州紧急医疗救援中心，账面原值9.942万元。

【宣传报道】 2020年，中心利用网站、宣传栏、微信平台等方式发布急救专业知识、党风廉政工作、安全生产工作及党建工作等信息40余篇，相关疫情防控知识50余篇，发放普法宣传资料240余份，禁毒宣传册80余份，安全生产资料100余份，州委实时信息报送40余篇。

（韦汉华）

## 州中心血站

【概况】 黔西南州中心血站是集血液采集、提供安全血液和指导临床合理用血，不以营利为目的的公益性事业单位，设有办公室、献血服务科、体采科、检验科、成分制备科、供血科、质量管理科、后勤保障科等8个科室。现有职工57人，专业技术人员43人、非卫计人员14人，其中卫生技术人员占职工总数的75.44%。

【无偿献血】 2020年，黔西南州中心血站利用“6·14”等无偿献血节日，加大对社会各界的宣传，提升街头个人献血积极性。组织开展“6·14”无偿献血者日活动，现场833名献血者捐献全血28.86万毫升。普安县组织人体干细胞捐献活动，采集106人份加入骨髓干细胞信息库。2020年度共采集血液34347人次，同期增长6%，共11830600毫升，达到11.83吨，超额完成年前制定目标，千人口献血率达12%，超过世界卫生组织推荐的10%的标准，其他血液制品100%满足临床需求，成分用血比例达100%，全年无一例因用血导致血传染性疾病发生，血液质量安全。疫情期间为爱的逆行者送出《感谢状》6000份。获全州无偿献血奉献奖1139人，无偿献血促进特别奖1个、单位奖1个、先进省（市）奖1个。2020年黔西南州再次获得2018—2019年度全国无偿献血先进城市称号。

【血站建设】 2020年，黔西南州中心血站2020年正式纳入州级财政差额预算管理，结束自1995年成立时自收自支的管理模式。血站建设项目主体工程完成，业务用房将达6103平方米。实现全州各县（市）至少有一个固定（流动）献血点，兴义市区固定献血屋3个，兴仁市固定献血屋1个，新增固定献血点1个，新增流动献血车2辆，方便市民就近献血。

【对口帮扶情况】 2020年，浙江省宁波市中心血站派出专家16人到州中心血站开展业务培训，帮助州中心血站提升管理能力和业务能力，建立和加强对口帮扶的联络机制；州中心血站派出37人到宁波市中心血站跟班学习；州中心血站得到宁波市中心血站捐赠设备价值约15万元，州中心血站累计接受帮扶设备价值达41.05万元。

【能力培养】 2020年，黔西南州中心血加强输血指导，科学用血水平有效提高，全州医疗临床用血100%来自无偿献血，血站工作人员培训不低于75个学时，职工培训完成覆盖率100%，采集血液核酸检测覆盖率达100%，出库血液合格率100%。

（李雨杭）

## 体　育

【概况】 2020年，黔西南州体育局领导班子数2人，内设科室4个，机关编制8名，其中，行政编制7人，工勤编制1人。局下属事业单位有州山地户外运动管理中心、州国民体质监测中心和州老年体育工作服务中心3个。州体育局与3个下属事业单位共有61人（其中，在职职工24人、退休职工37人）。

【群众体育】 2020年，黔西南州体育局先后成立州击剑协会、州马拉松协会、州排球协会、州田径协会、州越野车协会、州象棋协会，截至年底，全州共有社会体育组织152家；全民健身活动及赛事，主要有“居家尚武战疫情”网络武术展示大赛、“打赢歼灭战·同步奔小康”全民健身线上公益徒步活动、全国县域社会足球赛事活动兴义赛区“足协杯”比赛、2020年黔西南州业余足球联赛、2020年黔西南州气排球交流赛、2020年黔西南州网球运动公益训练推广活动、中国·黔西南“小帅精兵强将”杯2020年首届竞技垂钓赛、“2020YONEX 羽梦之志”羽毛球赛事、2020年黔西南州青少年篮球联赛、2020年小篮球联赛（黔西南州站）、2020年贵州省体育彩票杯“全民健身日(月)”系列活动百台千人乒乓球比赛(黔西南赛区)、2020年兴义市创建全国文明城市“湾塘悦府杯”篮球运动等赛事活动。以第六届黔西南州旅游产业发展大会为平台,举办中国万峰湖第十四届野钓大奖赛、兴义万峰林徒步大会等品牌赛事活动;将社会体育指导员培训纳入每年的工作计划,2016—2020年共培训社会体育指导员1815人次;2020年贵州省广场舞网络大赛黔西南州运动员张婷等8人获二等奖。

完成黔西南州第五次国民体质监测工作,在兴义市、晴隆县和册亨县抽取2880名不同群体人员进行体质测试,形成数据样本上报省体育局;完成2020年全民健身活动状况调查,在兴义市、册亨县、晴隆县抽取1820名样本,完成入户调查、检查督导、整理上报数据等工作。

2020年9月29日,中国钓鱼运动协会会长施泽华(中)宣布中国万峰湖第十四届钓鱼大奖赛开幕　(州体育局　提供)

**【竞技体育】** 2020年,培育体育传统项目学校和运动训练基地。培育3所体育传统项目学校,为:兴义中学(田径、篮球)、兴义市桔山办桔乡路小学(篮球)、兴义市龙井万峰小学(跆拳道)。培育2所体育试点校:义龙新区顶效镇红星幼儿园(体操)、义龙新区德卧教育集团幼儿园(体操试点校)。培育6个运动训练基地:顶效开发区中学(射箭)、册亨县第三中学(摔跤)、贵州将门国术文化有限公司(武术)、龙广镇第二中学(田径)、黔西南州奥邦体育文化发展有限公司(击剑)、贵州真行者户外体育运动有限责任公司(攀岩)。

2020年12月19日,国家体育总局副局长、中国足协党委书记杜兆才(左六)到普安县调研青少年足球发展工作　(州体育局　提供)

加大体育后备人才工作的建设力度,2020年完成830名运动员注册,同时完善二级运动员、二级裁判员档案整理工作;定期对基地、体育传统项目学校、试点校开展测试和评估。邀请省体操运动管理中心、省射箭运动管理中心、省体育运动学校等专业教练员到黔西南州选拔120名优秀运动员参加训练,输送21名运动员到省体育运动学校参加训练,以备战贵州省第十一届运动会;做好教练员、裁判员培训工作,完成足球、田径、篮球、气排球、武术、体操等教练员的培训工作,其中选派10人参加体育总局举办的全国

2020年12月8日，在兴义市举办2020年“中国体育彩票杯”贵州省青少年射箭室内锦标赛暨贵州省射箭室内大奖赛　（州体育局　提供）

体育传统项目（排球）培训。

举办省级体育赛事，2020年12月4日至13日在兴义市体育中心举办2020年“中国体育彩票杯”贵州省青少年射箭室内锦标赛暨贵州省射箭室内大奖赛；黔西南州选派469名运动员、教练员参加射箭、拳击、跆拳道、摔跤、举重、田径、羽毛球、篮球、游泳、击剑、足球、体操、乒乓球、攀岩、速度轮滑等18个大项比赛。获金牌39枚、银牌29枚、铜牌43枚，获得4—8名143项，取得全省金牌排列第5名、奖牌排列第6名的成绩，均较上年排名上升1位。

**【设施建设】** 2020年，在公共体育场馆建设方面。完成兴义市马岭街道思源社区、兴义市木贾街道东兴社区、兴仁市在水一方社区、册亨县高洛新区、册亨县坡妹镇等5个社区多功能运动场的建设；完成兴义市清水河、兴仁市真武山等14个社会足球场的建设。农体工程实现全覆盖。2020年成功申报88个乡镇级、政村级“农民体育建设工程”，启用州级体育彩票公益金782万元用于建设256个行政村“农体工程”建设。截至年底新建乡镇级农民体育健身工程8个，投入资金240万元；村级农民体育健身工程336个，投入资金1102万元；新市民居住区，安装全民健身设施17套，投入资金51万元。

在运动基地和健身绿道建设方面。完善30千米健身绿道的标志标牌，对兴仁放马坪、义龙云屯两个生态体育公园进行提质升级。

在公共体育场馆免费低收费

2020年8月7日至9日，在贵州毕节市举行2020年贵州省青少年锦标赛武术散打比赛，图为黔西南州代表队合影　（州体育局　提供）

开放方面。积极向上级争取公共体育场馆免费低收费开放补助经费451.4万元，有效的保障全州公共体育场馆免费低收费开放工作，为黔西南州公共体育场馆维护及免费低收费开放管理提供资金保障。

**【体育产业】** 2020年，户外运动设施进一步完善。兴仁放马坪生态体育公园新增玻璃滑道、步步惊心、卡丁车、马术体验等4个项目，丰富生态体育公园的体旅业态。完成鲁屯生态体育公园棒垒球公园二期项目规划，建设后体育公园棒垒球将成为国内一流的棒垒球场地。举办第六届黔西南州旅游产业发展大会和第六届兴义户外运动产业装备博览会，引进体育企业落户。贵州恒丰集团有限公司到兴义市丰都街道办投资新建黔西南州恒丰足球青少年训练基地、住宅小区及其附属设施项目，签约总投资80亿元。

**【老年体育】** 2020年，老年体育工作持续推进，组队参加2020年贵州省老年人持杖健走交流活动，获4个优胜奖并获体育道德风尚奖；参加2020年贵州省老年人健身球操交流活动，获规定套路和自编套路优胜奖和体育道德风尚奖；参加2020年贵州省老年气排球交流活动，男子代表队获优胜奖；参加2020年贵州省老年人柔力球交流活动，获集体全能（规定加自选）交流项目优秀奖和体育道德风尚奖；参加2020年贵州省第二届社会体育指导员技能交流展示大赛，获太极拳、健身气功、演讲三个项目一等奖，广场舞项目二等奖；在兴义举办86人参加的黔西南州象棋协会首届会员象棋比赛，在兴仁举办10支代表队参加的“中国体育彩票杯”2020年黔西南州老年人门球赛，在州垂钓基地举办48人参加的“中国体育彩票杯”2020年黔西南州老年人钓鱼比赛，贵州省老年人健步走大联动活动（黔西南州分会场）启动仪式在兴义市万峰林西南入口广场举行，700余名中老年人参与活动；组织40人参加全国老年人柔力球、健身球操、气排球教练员（裁判员）培训，组织79人参加全省柔力球、健身球操、持杖健走、气排球教练员（裁判员）培训，举办100人参加的黔西南州健身球操、持杖健走教练员（裁判员）培训。

2020年11月11日，在兴义市举办贵州省老年人健步走大联动黔西南州分会场活动 （州体育局 提供）

**【体彩销售】** 2020年，体育彩票销售名列前茅。截至2020年11月30日黔西南州体育彩票累计销售4.01亿元，超同类竞争对手2.62亿元，排名全省第三。其中乐透销售2.67亿元、竞猜型销售1.09亿元，“顶呱刮”即开型彩票销售0.25亿元；体彩市场销售份额达到74.2%，排名全省第一；电彩市场份额74%，全省第一；即开市场份额76.8%，全省第三。

（刘一兰）

# 社会生活

## 人力资源和社会保障

**【概况】** 2020年，全州人社系统在决胜贫困的主战场、在抗击疫情的最前沿、在保障改善民生的事业中，履行职责，完成目标任务，为全面建成小康社会和“十三五”规划圆满收官做出应有贡献。

**【稳就业保就业】** 2020年，城镇新增就业入库数4.5万人，上报数4.26万人，完成省任务3.1万人的135.84%；失业人员实现再就业6643人，完成省任务6500人的102.20%；就业困难人员实现再就业4134人，完成省任务3900人的106%；城镇登记失业率3.63%，控制在5.0%以内；农业富余劳动力转移就业6.27万人，完成省任务5.91万人的106.11%；公益性岗位安置就业困难人员6406人次。全州支出就业补助资金2.6亿元，累计使用抗疫特别国债资金7650.77万元；支出工业结构奖补资金547万元；发放创业小额担保贷款3.09亿元，完成省任务1.9亿元的163%，带动就业6605人。应对疫情，发起返岗就业大会战，对春节前后返乡劳动力进行摸排，陆续出台“一强三保四体系”（实施强组织、构建指挥作战体系，保岗位、构建促进就业增收体系，保健康、构建健康服务和疫情防控体系，保运输、构建

2020年2月18日，全州返岗就业工作推进视频会在兴义富康酒店召开，州委常委、州委组织部部长顾先林（后左一）作动员部署，副州长王丽琼（后左二）主持会议，州、县（市、新区）返岗就业专班组属地参会　　（人社局　提供）

2020年4月8日，“宁波市·黔西南州”深化东西部扶贫协作促进稳岗就业工作会商会在宁波举行，州委常委、州委组织部部长顾先林作讲话（杨毅诚　摄）

2020年8月17日，贵州省党政代表团在浙江省宁波市考察期间，黔西南与宁波签署《职业（技工）教育帮扶协作行动计划协议》（赵进云　摄）

2020年8月24日，“黔西南州务工人员之家”挂牌在广东省深圳市华茂鼎盛集团举行，副州长王丽琮（后左三）出席揭牌仪式，州委组织部副部长、州人社局党组书记、局长王军（前左一）与当地人社局签订劳务协作促进稳岗就业协议（人社局　提供）

务工出行安全体系）18条、返岗就业服务保障7条、易地扶贫搬迁新市民就业计划17条、资金保障方案8条等措施，采取“专人专车专厂专线”和“点对点、一站式”方式，促进34.85万人返岗就业及新增外出就业。发起稳岗就业行动，与东部沿海3省8市签订58份协议，将劳动力稳在务工地、稳在岗位、稳住收入。帮助新增贫困劳动力到浙江省就业8563人、其他地区7232人、省内1.53万人，其中2019年在浙江省稳定就业5497人中实现返岗就业4682人。用好务工地建的10个劳务协作站，派出就业小分队走访企业、园区、人力资源机构505次，慰问务工代表1234人，协调处理劳务纠纷80件，帮助就地及时转岗552人。就业工作得到中央、省、州领导的高度认可和媒体报道。

**【就业扶贫】** 2020年，依托贵州省劳务就业扶贫大数据平台监测预警模块和线下台账调度，对有劳动力的贫困户、易地扶贫搬迁户、边缘户、脱贫不稳定户就业情况进行常态化监测，确保实现“一户一人以上稳定就业”目标。建立“四级台账”，开展3轮贫困劳动力摸排、易地扶贫搬迁劳动力大普查、就业全覆盖普查，同步建立更新州县乡村四级就业台账，推行就业服务卡“双更新”管理机制，动态监测劳动力就业。对好“四本专账”，加强与扶贫、移民等部门对接，以国扶办35.48万人贫困劳动力信息为基础，建立“建档立卡贫困劳动力外出务工台账”。根据省厅下发9556人有意愿未就业名单，建立“务工意愿登

2020年3月13日，州人社局开展“进企业、送服务、送政策”的“一进两送”活动，州人社局局长王军（前中）率相关人员到企业发放稳岗资金

（人社局　提供）

记台账”。开展核实建立3861人的“外省在黔务工贫困劳动力台账”和5764人的“省内跨市（州）、县（区）务工贫困劳动力台账”。强化托底防范，针对返乡回流人员，推行“四个第一时间”机制，建立“一人一档”，全程跟踪监测服务，避免因返乡产生新的“零就业”家庭。有序开发公共服务岗位2.2万个，解决返乡劳动力过渡性就业和贫困劳动力、边缘劳动力、农村弱劳动力等就业困难人群托底就业。新市民就业创业服务中心实现36个居住区全覆盖。为易地扶贫搬迁新市民劳动力18.07万名购买“就业险”542.10万元，累计赔付1440人63.15万元。发起就业扶贫全覆盖攻坚行动。锁定实现有就业意愿未就业8.92万劳动力的就业服务全覆盖，累计收集岗位信息22.52万个，储备州内有效岗位3.43万个。建立州县乡村四级劳务服务机构，依托贵州省劳务就业扶贫大数据平台，做好人岗匹配，做到“线上匹配、线下到岗”。平台累计推荐就业4.95万人次，帮助实现就业2.52万人。创建扶贫车间183家，累计带动就业1.08万人。单位《从大返岗到大稳岗》作为贵州省唯一的地州工作成效展示，入选人社部人社扶贫助力全面建成小康社会100个优秀案例成果。单位职工获表彰为全国科技助力精准扶贫先进个人、全省脱贫攻坚优秀共产党员、全省先进工作者、全省易地扶贫搬迁工作先进个人、全州脱贫攻坚优秀共产党员各1名。

**【重点群体就业】** 2020年，推行就业援助常住地服务帮扶失业人员4629人。化解产能过剩职工安置，全州共关闭煤矿企业31家，15家煤矿企业职工安置方案经省厅备案通过，剩余16家煤矿企业报省厅备案审核。开发公岗安置就业困难人员，全州公益性岗位安置6406人次，其中4050（女满40周岁、男满50周岁）就业困难人员1174人次，易地扶贫搬迁1820人次，贫困劳动力1973人次，劳动保障协管员1354人次（村级协管员1197人次）。狠抓高校毕业生就业，实名制系统登记2020届离校未就业高校毕业生7935人；州直各部门募集就业见习岗位，吸纳大学生见习期满59人，现有

2020年4月28日，省委组织部副部长、省人社厅党组书记、厅长潘荣（左二）到黔西南州望谟县调研指导就业扶贫

（罗舟君　摄）

2020年9月28日，州人社局组织全州60余家人力资源服务公司、劳务派遣公司、培训学校等机构代表参加的人力资源服务机构助力脱贫攻坚工作座谈会

（人社局　提供）

在岗731人；青年大学生实现创业505人，带动就业1657人；“三支一扶”招募71人已上岗。

**【就业创业公共服务】** 2020年，搭建创业平台，新建省、州级创业孵化基地各1家，全州共建成创业孵化基地11家（省级4家、州级5家、县级2家），在孵企业211家，累计带动就业6158人。累计发放创业场所租赁补贴3191人864.06万元，补贴扶持3201人，带动就业5709人；累计发放自主创业补贴399人199.5万元，补贴扶持399人，带动就业1254人。认定3家州级农民工创业示范点；孔才、李利、陆昌斌3人获全国优秀农民工表彰。实现全州街道、乡镇、社区、行政村劳动保障机构全覆盖，建成充分就业社区230个（国家级1个、省级5个、州级5个）。办理就业创业证7541本。举办第四届“中国创翼”创业创新黔西南州选拔赛，推荐7个项目团队参加省级决赛，其中“盲人摸中文”项目获省级创新组第二名，并代表贵州参加国家级比赛，获“创翼之星”称号。开展专项活动，春风行动暨就业援助月活动，走访就业困难人员和零就业家庭1.03万人，帮助就业困难人员实现就业7807人，组织专场招聘会127次，达成聘用合同或意向6217人。开展民营企业招聘月活动63场次（线上招聘会22场次，线下招聘会41场次），362家民营企业提供2.1万条岗位信息，达成就业意向1240人。“就业扶贫行动日”活动，实地集中宣传150场次，张贴宣传海报3000张，发放宣传资料10万余份，向500余家企业负责人宣传解读政策，开展专场招聘活动75场次，82家企业参加，收集各类岗位信息7.6万个。强化人力资源服务，开展网络招聘，共发信息34.78万个。举办高校毕业生专场招聘会及“天天招聘会”，500余家用人单位提供岗位2.1万个。举办定期人才交流洽谈会31期，参会企业961家次，提供岗位4226个，岗位需求1.53万人，收到求职简历1345份，达成意向358人。做好流动人员档案管理，共接收档案1.05万份，转出1703份，开提档函260份，开托管证明166份，录入档案信息5.75万条。产业园入驻机构开展培训1.66万人次，发布空岗信息10.45万个，推荐就业9852人次，创收1.28亿元；举办招聘会136场，服务企业1562家，有组织劳务输出3035人。

**【技能培训】** 2020年，农民就业技能培训6.47万人次，完成省厅3.6万人次的179.81%，完成州政府工作报告统筹城乡劳动力培训5万人次的129.46%，培训后实现就业创业4.19万人，初次就业率65.13%；建档立卡及易地扶贫搬迁培训5.83万人次，完成任务3.19万人次的182.73%，其中建档立卡贫困劳动力技能培训4.7万人次，培训后实现就业创业3万人，初次就业率64.81%；易地扶贫搬迁劳动力技能培训2.96万人次，培训后实现就业创业1.92万人，初次就业率64.9%。东西部劳务协作技能培训357期1.54万人次。开展线上培训企业职工3845人次，支持353个企业开展以工代训，兑现企业2.32万人以工代训补贴3147.47万元。2020年累计使用技能提升专项资金6755.04万元，完成省任务4560万元的148.14%。

**【社保扩面】** 2020年，城镇职工基本养老保险参保25.59万人，完成省厅任务110.06%。城乡居民基本养老保险参保191.11万人，完成省厅任务100.26%。失业保险参保16.75万人，完成省厅任务120.67%。工伤保险参保23.82万人，完成省厅任务100%，社保扩面任务全面完成。社保卡累计持卡299.45万人，提前完成任务。“减、免、缓、返”效果明显，为全州符合缓缴条件的670余户企业办理缓缴金8900余万元。5600余户大中小微企业享受减免社保费5.27亿元，涉及参保8.8万人，其中：养老保险4.66亿元、失业保险2021.63万元、工伤保险4070.43万元。为9292人办理阶段性失业补助金1197.77万元。为2020年的16508人次发放失业临时价格补贴547.24万元。发放稳岗补贴2069户，稳岗返还2709.51万元，涉及企业职工5.65万人。办理企业职工退休215人，企业年金备案24家，出具被征地农民社保资金意见批复23个，涉及征地面积5851.82亩，提取被征地农民社保资金9950.37万元，按月完成65家国家级标本企业失业动态信息监测。受理工伤认定案件1356件，办结1356件，结案率100%。

【待遇保障】 2020年，机关事业单位基本养老保险待遇享受人数2.59万人，发放养老金14.85亿元；企业职工基本养老保险待遇享受人数2.52万人，发放养老金7.89亿元；城乡居民基本养老保险60周岁以上待遇享受人数41.61万人，发放养老金4.98亿元。工伤保险待遇享受人数2653人，发放待遇1.32亿元。领取失业保险金20837人次，发放待遇3461.63万元。享受农民工一次性补助161.49万元，发放技能提升补贴294人39.2万元，为领取失业保险待遇人员缴纳医保619.73万元。从未发生拖欠，发放率和社会化发放率均为100%。加强与扶贫、民政、税务、财政等部门配合，全州16周岁以上（不含在校生）贫困人口参保59.79万人，为13.17万人代缴2020年度城乡居民基本养老保险费1255.16万元；60周岁以上贫困老人12.72万人全部按月发放养老金。全州贫困人口城乡居民基本养老保险实现“应保尽保”、保费“应代尽代”、待遇“应发尽发”。新市民“安居险”已签单承保建档立卡贫困人员22.51万人，保费450.30万元，累计已赔案件428件394.97万元。

【网上经办服务】 2020年7月实现养老资格认证在贵州社保和多彩贵州APP的线上认证；开展2020年度州本级国有企业退休人员的生存认证，加强与各县（市、新区）沟通联络并指导其服务顺畅。10月全面推开新增退休（职）人员养老保险待遇统一通过社保卡发放，新增城镇企业职工退休（职）人员通过社保卡领取养老金达到95%以上。在局微信公众号中正式上线开通社保卡新卡的线上制卡功能。各县（市、新区）均设置社保卡即时制卡网点，合作银行7家共57个，支持全州异地申领及补换社保卡。结合全州持续开展的“一进两送”宣传，深入975家企业做好政策解读。全州范围内全面推行社保事项网上经办，为5000多家企业提供“不见面”服务。

【人才引进】 完成定向招聘2020年应届毕业生（含2018、2019年未落实工作单位高校毕业生）职位857个，完成任务842名的101.78%。深化人才引进工作，参加第八届线上线下贵州人才博览会，面向社会公开引进各类高层次及急需紧缺人才949名，共收简历1.7万份（博士31份、硕士7203份、本科9280份）。参加“人生多彩　筑梦贵州”知名高校引才活动，共接待153人（博士2人、硕士62人）。参加中国浙江宁波人才科技周活动，发布高层次人才需求岗位200余个，其中博士需求120余个。入选“百千万人才引进计划”1人。深化事业单位人事制度改革，办理援鄂医疗队非事业编制聘用手续36人；审批2020年度公开招聘事业人员方案14个，计划招聘1520名，办理聘用手续206人；审批第八届人才博览会引人才实施方案34个，计划引进751人，办理聘用手续306人（州直125人、县市181人）；统计完成全州3015个事业单位82545名人员基本情况；全州事业单位应参加年度考核67457人，实际参加年度考核67001人；审批发布25个州直事业单位考聘实施方案，考聘80人；办理州直部门119人的调动手续；办理85个事业单位新取得职称聘用手续、岗位变动手续及人员晋聘手续358人；办理州直55个单位195名科级人员任免备案手续，办理州交易中心任免手续7人；审办31个单位271人的职称申报按岗推荐手续（高级200个、中级66、初级5个）；办理州直33个单位723人的人事关系划转手续和生态环境系统上划

209名的人事关系划转手续；重新设定州应急局等27个事业单位的岗位设置；审批备案免费医学毕业生89人，特岗教师399人；办理试用期满转正手续66人；办理借调手续26人；办理10个单位解除聘用合同备案手续13人；开展2020年州直事业单位新进人员初聘培训198人。教育培训，共选派专技人员96人参加高级研修班、能力提升班等学习培训。指导兴义师院、州职院做好线上线下继续教育培训，兴义师院开展线上培训测试2000余人次、线下培训4500余人次，州职院开展线下培训1200余人次。抓好专技人才互派交流，全州共选派医疗、教育、农业等领域专业技术人员848人赴宁波市交流学习，宁波市共选派专家499人到黔西南州开展对口帮扶。引进宁波市医疗卫生专家10人赴州内三所三甲医院开展8天短期帮扶活动，推进技能等级鉴定改革，职业技能鉴定考核合格3954人，下放技师以上等级考评权限。大力培养技能人才，组织项目参加世界技能大赛贵州省赛区选拔赛，塑料模具项目获全省第一名、美容项目分获全省第一名、第二名，餐厅服务员竞赛项目获全国扶贫技能大赛优胜奖，有2个项目选手参加第一届全国技能大赛，1人入选国家队。

**【职称评审】** 深化职称制度改革，开展2019年度民营经济组织工程系列专项职称申报评审，申报工程系列268人（高级28人、中级174人、初级66人），评审通过198人（高级22人、中级112人、初级64人）。开展2020年度农业、工程、卫生、中小学教师等系列社会化职称申报评审，指导督促各县（市、新区）和高校开展授权评审系列级别职称申报评审。加强职称评审监管，2020年，全州申报社会化职称6330人，由州内组织评审6083人（正高级18人、副高级1562人、中级2584人、初级1919人）、评审通过5489人（正高级14人、副高级1258人、中级2331人、初级1886人），委托省直单位组织评审247人（正高级101人、副高级58人、中级76人、初级12人），评审通过198人（正高级80人、副高级46人、中级61人、初级11人）。开展享受政府特殊津贴选拔推荐，全州申报28人，专家评议推荐7人。经评审获国务院特殊津贴31人、省政府特殊津贴2人（援鄂医务和脱贫攻坚一线各1人）。

**【工资制度改革】** 开展全州义务教师和公务员工资收入水平调度比对工作，州内义务教育教师平均工资水平均高于当地公务员；审核2019年度州直56个事业单位、1519名人才、958.52万元高层次人才津贴；完成州直事业单位4388人晋档晋薪，办理晋升职务工资审批手续30多人次、调动人员工资转移手续16人次；办理71名事业单位和机关工勤人员的退休备案手续及退休待遇审批；完成州直经营性事业单位改制档案工资审核；认真执行《州直公立医院薪酬总量核定办法（试行）》规定；完成一线医务人员临时性工作补助审批兑现，共183人47万元；完成医疗机构核增一次性绩效工资总量审批，一类医疗机构核增491.4万元，二类医疗机构核增328.1万元，三类医疗机构核增1335.6万元；完成一线医务人员提高薪酬，发放一线医务人员待遇257人202万元；成立黔西南州评比达标工作协调小组，推荐全国抗击疫情先进集体1个，先进个人2人；推荐上报先进工作者（省部级劳动模范）61人、先进集体或先进单位26个；发放“中国人民志愿军抗美援朝出国作战70周年”纪念章220枚。

**【维权与用工】** 2020年，查办欠薪案件185件，为1686名农民工追讨工资2779.85万元，结案率100%，实现案件、金额、人数“三下降”。全州受理劳动人事争议案件2836件，结案2835件，案件涉及金额7605.17万元，结案率99.96%，调解率67.43%，均达到并超过人社部、人社厅标准。劳动用工网上备案企业2519户次，备案劳动者9.98万人次；用工企业劳动合同签订率95%以上；书面审查督促1046户用人单位补签劳动合同6780份，涉及农民工6780人；办理劳务派遣许可17件；完成2020年企业薪酬调查任务，调查企业240余户次，涉及劳动者2万余人次；以州政府名义下发《黔西南州关于改革国有企业工资决定机制的实施办法（试行）》；开展国有企业负责人2019年度薪酬清算；召开全州租赁和商务服务业统计工作专题培训会，对16家相关企业进行深入调研，摸清情况、压实责任。

**【劳动监察】** 2020年，重新修订印发《黔西南州处置企业工资拖欠突发群体性事件应急预案》；农民工实名制、工资支付专用账户和银行代发工资管理工作有序推进；“两网化”建设扎实推进；继续抓好劳动保障监察诚信档案建设；在州劳动保障监察举报投诉中心设立“一站式”法律援助窗口；推广“四方共管账户制度”“工程款拨付函询制度”“劳资专管员派驻制度”等治理拖欠农民工工资问题新机制；集中梳理、排查、化解省农民工暨保障农民工工资支付工作领导小组办交办欠薪问题736条（件）；开展2019年冬季攻坚行动暨2020年春节前农民工工资支付专项检查，共清理解决拖欠问题17个，为1686名农民工追讨工资2779.85万元。开展清理整顿人力资源市场秩序专项行动，检查企业1301户次；开展2020年根治欠薪专项行动；排查用人单位1178户次，清理解决拖欠问题6个，为162名农民工追讨工资48.8万元；开展打击非法用工专项行动；为全州169个集中开工建设项目缓缴工资保障金近1亿元，为44家企业返还工资保障金3888万元；支付政府欠薪应急周转基金1300万元（州级400万元、其余各100万元）。

**【人事仲裁与鉴定】** 2020年，成功调解因企业改制引发的黔西南州集体劳动争议案件（盘江宾馆21人、贵州宜化化工有限公司41人）；启用“黔西南州微仲裁”在线仲裁平台；持续开展巡回仲裁；每月开展一次送法律、送政策、送案例进企业、进社区、进校园活动；设立农民工维权岗，为农民工精准提供一站式服务，接待600余人次，现场调解处理农民工工资案件87件，移交监察大队调查处理26件，移交仲裁院依法受理18件。修订《劳动能力鉴定管理规范》；组织劳动能力鉴定会议五期，开展鉴定1300人次；组织协调工伤医学复查评估38场次1000余人；接待相关劳鉴咨询1400余人次、电话咨询1000余人次；收集完善档案共1448份60余卷。

**【“法治人社”建设】** 强化权力运行管理，编制《州人社局政务服务事项清单及办理标准（2020版）》，将本部门行政审批事项由7项调整为6项，其中：行政许可增加1项，其他类权力取消2项；在2019版权责清单基础上取消2项、继续下放2项行政许可事项，减少行政权力1项。严规公正文明执法，全面贯彻落实行政执法公示制度、执法全过程记录制度、重大执法决定法制审核制度，有效规范人社行政执法行为，全年共办理62件行政执法事项，无行政执法案件被提起行政复议、行政诉讼。审批服务事项集中办理，将行政许可等9项六类依申请权力事项和145项公共服务事项共计154项人社政务服务事项全部进驻州政务大厅集办，进驻率、网办率100%。积极推进“一窗通办”改革，将部门分设窗口整合为3个综合窗口，让企业群众办事“只进一扇门”“只到一个窗”“最多跑一次”。积极配合推行“全省通办、一次办成”改革，两批次全部认领全省通办事项共计39项，其中行政许可2项、公共服务事项37项，按要求设置进驻大厅“全省通办”窗口，与全省同步实现异地收件、异地受理、远程受理。本部门政务服务事项业务办件量每月均超过10万件，全年共办理138.34万件政务服务事项。持续开展“减证便民”，严格落实人社部门证明事项清理结果，将取消事项全部删除。按上级部署，开展证明事项告知承诺制试点，切实推动相关人社服务事项流程更简、监管更严、服务更优。严格做好规范性文件合法性审查，无被纠错，备案率、公布率100%。开展双随机抽查113次、企业314户、事项579次、执法人员252人，抽查结果全部公开。共60件具体行政行为被提起行政复议诉讼，已结行政诉讼案件无败诉，行政负责人出庭应诉率100%。

**【机关党建】** 2020年，局结对帮扶的贫困望谟县交龙村、纳良村完成贫困村出列和全部贫困人口脱贫任务。建设“模范机关”，持续深化“黔西南人社党建+”模式。形成以党建引领人社业务、以人社业务强党建的良好局面，为人社战疫情助脱贫提供坚强保障。强化党员党性教育、业务知识技能、自身建设，创建模范机关成功。建设“文明单位”，软件硬件两手抓两手硬，认真落实意识形态主体责任、进一步推进“放管服”和制度建设，创建并获评全省文明单位、全州模范机关，单位第一党支部被命名为全省党支部标准化规范化建设示范点。建设“廉政人社”，加强队伍建设，全面从严治党。认真落实党风廉政建设责任制、推进廉政文化建设、加强风险防控、从严从实管理干部、落实巡察整改责任。

【综合防控管理】 2020年，成立疫情防控工作领导小组，制定方案，编制《政策学习资料汇编》，在全州人社领域开展防控知识宣传；加强排查研判、职工教育、值班值守、应急管理、政务服务、宣传工作、政策落实、节后办公区域疫情防控等八个方面对全系统疫情防控进行安排；做好疫情防控常态化，落实来访登记、疫情信息“零报告”“日报告”等，确保防控措施落到实处。基金风险防控，全面取消人工报盘和现金业务，消除基金风险。实现养老保险待遇核算、比对、审核全程网上操作，实现FES系统发放待遇；及时处理基金监管系统预警信息。全年发生预警数：养老保险25条、失业保险504条、工伤保险33条、五险综合4条，全部办结；实地稽核521户，核实2244人，未足额缴纳社保费18户37人，少缴社保费7.13万元已全部追缴；核查享受待遇21661人次，欺诈冒领887人次，欺诈冒领金额90.99万元，追回71.08万元；核查社保费欠缴，做好基金内控管理自查检查及警示教育。托管服务，代发433名托管人员“三费一补”“自建津贴”“生活费”等共118.22万元，代发伤残津贴8.39万元；代收273名托管社保费67.24万元，代扣12名内退个人部分社保费5.99万元；为730名退休和内退托管划缴社保费61.82万元，协助2名死亡托管家属办理丧抚费1.17万元，电话回访慰问1059名托管人员(含遗属)，对接社保部门将疫情期间免交养老保险费单位部分政策惠及托管人员。开展2万余人次的各类考试，确保顺利有序安全。信息维护，做好金保信息系统、基金监督系统、机房系统、社保卡应用及线上服务、局相关网站、电子政务网、综合办公系统等维护管理。政府网站政务公开频道共发布信息452条、省电子政务网页面共发布信息77条。

（雷靖波）

## 医疗保障

【概况】 2020年，黔西南州医疗保障局认真贯彻落实中央、省医疗保险政策法规，按照“保基本、可持续、惠民生、推改革”的要求，完成城乡居民医保制度的统一，健全基本医保、大病保险、医疗救助三重制度综合保障机制，全面落实贫困人口资助参保政策，2020年，黔西南州城乡居民医保个人缴费标准为250元，国家补助标准提高到550元，全州城乡居民医保参保302.8万人，全州基本医保参保率占常住人口的达95%以上。

【医保扶贫】 2020年黔西南州医疗保障局聚焦脱贫攻坚“两不愁三保障”突出问题，按照精准“四逐四准”要求，全面落实“三重医疗”保障，出台贫困人口医疗保障方案，调整城乡居民基本医疗保障政策，大病保障政策、十项便民措施等，州扶贫领导小组出台系列兜底保障政策，全面实施“一站式”即时结报。2020年全州建档立卡贫困人口75.21万人，定额资助贫困人口参加城乡医保72.08万人，资助资金8553.66万元，计生两户、特困人员等对象全额资助3.22万人，资助金额8686.31万元，其他资助(计生两户、优抚军人、贫困重度残疾人等)资助30623人，资助金额765.58万元。全州建档立卡贫困人口住院医疗保障政策受益贫困人口14.7万人次，医疗总费用7.94亿元，基本医疗报销5.4亿元，大病报销5071.25万元，医疗救助6608.37万元。

【基金监管】 2020年印发《黔西南州医疗保障局关于进一步加强医保协议管理的通知》《黔西南州医疗保障局关于进一步加强医保基金监管工作的通知》，建立医疗保障基金监管工作联席会议制度。加大医保基金监管和对违规违约行为的处罚力度，与辖区各定点医药机构签订《防范欺诈骗保承诺书》，将违反协议管理和《防范欺诈骗保承诺书》纳入定点医药机构的诚信考核。开展智慧医保审核监控系统，实现医保审核关口前移，持续开展打击欺诈骗保行动，采取例行检查，交叉检查等措施加强日常监管，加强警示教育和行业作风建设，医保基金管理取得明显成效。2020年1—10月，全州二级及以上医疗机构人均住院总费用涨幅从2019年的10.59%下降到5.05%，下降5.54个百分点；住院人均医保报销费用从2019年的13.13%下降到-4.22%，下降17.35个百分点。降幅最明显的有州医院、州中医院、兴义市医院。

【医保改革】 2020年黔西南州医疗保障局深入推进总额控制下的按病种、按床日付费等复合付费方式，不断扩大按病种付费范围。

按病种付费：与医疗机构就医疗服务协议条款、支付方式、病种增减、定额标准等相关内容进行协商谈判，签订医疗服务协议。2020年全州城乡居民医保按病种支付项目达150种，职工136种。按床日付费：通过收集、整理、测算2019年全州精神病专科医院医疗费用情况，2020年确定一级医院按80元/日，二级医院按100元/日支付医保基金。日间手术试点：按照“先易后难、试点先行、逐步扩大、整体推进”原则，继续以日间手术工作方案中20个病种及术式在黔西南州3家三级综合性医疗机构实施。进一步缓解病人住院难，有效缩短入院等待和平均住院时间，提升医疗服务效率，控制医疗费用不合理增长。

【智能报销】 2020年8月，黔西南州率先医保报销单据OCR智能审核系统，实现异地和本地现金结算。开通医保报销单据OCR智能识别系统，在贵州省内率先实现医保报销单据(医疗发票、费用清单、病历)的电子化录入，形成电子化和结构化数据，着力构建高效操作环境、提高医保报销服务效率。至2020年底，全州通过智能系统为群众报销门诊急诊及住院费共计1328笔，票据3000余份，单据识别审核正确率从60%提升到98%以上，3万元以下的小笔费用审核周期由原15个工作日缩短到7个工作日，减少群众报销等待时间，提高参保群众获得感。

【长护保险】 2020年9月，国家医保局、财政部下发《关于扩大长期护理保险制度试点的指导意见》(医保发〔2020〕37号)，将黔西南州列入国家扩大长期护理保险制度第二批试点城市。黔西南州作为贵州首个试点城市，一直在探索建立长期护理保险的体重机制。在充分征求省医保局、长护险经办专家、州直有关部门、社会公众的意见建议的基础上，黔西南州医疗保障局组织起草《黔西南州长护险制度试点实施方案》，并于11月5日正式行文印发。长期护理保险制度的建立和推行，对促进“医养融合”新型养老服务模式发展，解决长期失能人员的护理和日常照料难题，不断完善与经济社会发展相协调的多层次社会保障体系有着极大的推动作用。

【疫情防控】 新冠疫情发生以来，切实减轻医疗机构垫付压力，州医保局及时调整医保总额预算指标，为全州新冠定点医院先行拨款2500万元疫情救治医保基金。为新冠定点医院开辟绿色通道，优先处理集中收治新型冠状病毒感染的肺炎患者的医疗机构相关医保业务，推行“三保障一减征”政策，保障参保人不因费用问题影响就医。保障收治医院不因支付政策影响救治。保障参保人员待遇不受影响，将2020年度全州城乡居民基本医疗保险集中征缴期延长至2020年3月31日。集中征缴期间缴费的参保人员，待遇享受从2020年1月1日起开始计算。阶段性减征医保费，自2020年2月至2020年6月止，实施为期5个月的阶段性减半征收职工基本医疗保险(含生育保险)单位缴费部分的政策，为全州3295家企业70319人，减轻企业负担负5158.49万元。

(侯　琴)

## 民政工作

【概况】 黔西南州民政局为正县级行政机关，行政编制13人，机关工勤编制2人。2020年，局机关实有人员15人，其中：公务员13人，机关工勤2人。局领导班子配备局长1人、副局长3人，非领导职务人员共有二级巡视员1人、一级调研员1人、二级调研员2人，四级调研员1人；内设行政科室8个，分别为办公室(人事科)、规划财务科、信息政策法规科(信访科)、社会组织管理科(社会组织执法监督局、社会工作科)、社会救助科、基层政权和区划地名科、社会事务和慈善事业促进科、养老服务和儿童福利科。下属事业单位6个，共有事业编制73人，实有在编人员52人。在6个下属事业中，有全额拨款4个、差额拨款事1个、自收自支1个，分别为：副县级全额拨款单位1个，即州社会救助中心，正科级全额拨款单位3个，分别是州儿童福利院、州社会福利院、州流浪乞讨人员救助站，正科级差额拨款单位1个，即州精神病医院，正科级自收自支单位1个，即州福利彩票发行中心。

【兜底保障】 2020年，农村低保标准从2019年的4100元/年提高到4316元/年，平均增幅5.27%，城市低保标准从610元/月提高到642元/月，平均增幅为5.25%。

2020年1月13日，民政厅厅长彭旻（右二）在晴隆走访低保贫困户
（州民政局　提供）

全州共有农村低保对象19.08万人，1至12月发放农低保金5.82亿元；共有城市低保对象6.87万人，1至12月发放城低保金2.94亿元。着力推进新市民“农转城”。完成易地扶贫搬迁新市民“农转城”6.23万人。按照每人1500元的标准，共为23.64万名贫困移民发放一次性临时救助金3.55亿元。按照城市居民最低生活保障标准的1.3倍确定供养标准，从2019年的9204元/年提高到9750元/年，共有特困供养对象5694人，1至12月发放特困供养金8579.5万元。1至12月，实施临时救助63450人次，发放救助金1.04亿元，实施急难救助91例，发放急难救助金163.67万元，为全州42428名农村低保季节性缺粮对象发放救助粮1178.55吨。

**【儿童福利】** 2020年，全面落实孤儿基本生活保障制度，全年共为637名孤儿发放生活补助金877.37万元。加大对事实无人抚养儿童的保障力度，全州共有事实无人抚养儿童1148人，对已获得最低生活保障、特困人员救助供养金或者困难残疾人生活补贴，且未达到事实无人抚养儿童基本生活保障补贴标准的，进行补差发放，其他事实无人抚养儿童按照补贴标准全额发放，共发放补贴资金663.16万元。

**【区划地名】** 2020年，加强行政区划调整后续监督管理。对全州易地扶贫搬迁集中安置区新设立的15个街道实际驻地与批复驻地情况进行清理排查，共查出8个新设立街道的实际驻地与批复驻地不一致问题，督促涉及县（市）人民政府进行整改。完成地名管理体系建设工作。完成全州第二次全国地名普查档案的整理归档工作，完成2015—2018年、2019年度地名信息更新和全国地名信息管理平台错误地名信息更改入库，上报《中国地名大会》第二季节目试题40条。

**【社会事务】** 2020年，争取殡葬项目资金，共计完成181个公益性公墓及105个重点乡镇殡仪服务站规划建设项目汇总录入工作。已投入使用的城区经营性公墓有6个、公益性公墓18个，启动建设33个，殡仪服务站建成投入使用2个。兴义市、安龙县、兴仁市、贞丰县实现城市规划区范围集中火化，义龙新区实现全域火化，1—12月全州火化遗体5272具，全州平均火化率30.5%，较上年增加2.5个百分点。大力实施殡葬惠民政策。各县（市、新区）均出台本地惠民殡葬政策，截至12月底，全州共有3387户群众享受惠民殡葬政策，减免资金1197.72万元，其中有易地搬迁安置点群众91户享受惠民殡葬政策减免15.73万元。2020年，办理婚姻登记40155对，其中结婚登记27804对，离婚登记9101对，补发结婚证2810对，补发离婚证440对。

**【社会组织】** 2020年，依法登记社会组织40个、注销社会组织18个，全州共有社会组织1184个。认真开展社会组织年检，州级应参加年检社会组织226个，已有191个完成年检；开展双随机抽查11次，抽查社会组织65个。开展打击整治非法社会组织专项行动，对存在问题的1个社会组织依法予以取缔。积极发挥社会组织作用，全州有40个社会组织计划投入资金2000万元实施扶贫项目和对各类贫困对象开展帮扶救助，受益困难群众达4万人；疫情期间，全州近80家社会组织2700余人积极参与疫情防控服务工作，并捐款捐物1000万余元。加强社会工作人才队伍建设，争取到省民政厅17个社会工作和志愿服务站项目425万元，在晴隆县三宝街道实施“三区”社会工作专业人才支持计划，培育8名本土社工；开展兴义市、晴隆县社工机构“牵手计划”项目；普安县、册亨县“社工黔行”项目争取到补助资金54万元。开展志愿者注册，完成志愿者实名注册登记人数59.5万人，占全州人口数的16.17%，超过国民经济和社会发展第十三个五年规划纲要，注册志愿者比例为居民人口的13%。

**【慈善事业】** 2020年，在元旦、春节组织对“三留守”人员和福利院、救助站等走访慰问，发放慰问金6.5万元，发放温暖包1408个。开展“同心彩虹·站起来”慈善项目，救助骨病患者138人，发放救助金47万元。投入资金10万元资助晴隆县、望谟县农村困难留守儿童、水库移民困难留守儿童300名；划拨资金5万元开展“爱心圆梦·慈善助学”活动，资助州内建档立卡、孤儿、单亲家庭子女、残疾学生或残疾人子女、低保家庭子女困难学生50名。疫情期间开展“抗击疫情·守护家园”慈善捐赠，收到捐赠金74.39万元、抗疫物资10.34万件（折价66.27万元），所有款物全部用于抗疫一线和特殊服务对象。下拨资金2万元助力脱贫攻坚，支持冗渡镇团坡村金银花烘房配套辅助设施建设。

**【基层政权】** 2020年，完成易地扶贫搬迁安置点78个社区居委会设立，依法选出社区居委会主任78人、成员452人，其中29个社区居委会实行书记、主任“一肩挑”，依法选出772名居民小组组长或楼栋长。强化“村规民约”在基层自治中的制度优势，指导修订完善“村规民约”和“居民公约”1292份，推荐上报2020年度“村规民约示范村”68个，示范村达到全州行政村总数的6.78%。做好村（居）人员背景审查常态化工作，共审查违法违纪人员27人，涉黑恶人员0人，清除村（居）干部队伍5人，留任22人。

**【队伍建设】** 2020年，坚持党管干部、党管人才原则，加强科级干部队伍建设，做好科级干部选拔任用工作，严格按照管理权限和干部选拔任用政策规定开展本单位科级及以下职务干部的任免、交流、退休、辞职、任职回避等有关工作，并及时履行向组织人事部门报批备案等有关手续。年内，从州直单位调入干部2名，从相关县市考聘干部5人，提拔事业副科级干部3名、正科级1名，晋升一级主任科员1名。制定出台《黔西南州民政局干部过程管理绩效考核办法》，创新开展“科长论坛”活动，干部职工素质和能力得到大幅度提高。州民政局被评为“全国民政系统抗击新冠肺炎疫情先进集体”“贵州省退役军人工作模范单位”“全州脱贫攻坚先进党组织”，3人获国家表彰，2人获得省级表彰，1人获州级先进个人表彰。

**【法治建设】** 2020年，围绕普法宣传、法治宣传教育专项活动、民政业务法治、扫黑除恶、禁毒等宣传开展各类宣传，发放各类宣传资料3000余份。组织全州民政系统开展“双随机、一公开”行政执法检查2次，抽取被检查单位共13家，抽取执法检查人员10名。对2020年66件行政执法案卷开展自查评查工作。

**【平安建设】** 2020年，制定印发《黔西南州民政系统创建全国市域社会治理现代化试点城市工作行动方案》，为推动提升“平安黔西南”建设，树立“民政为民、民政爱民”工作理念，探索具有民政工作特色的市域社会治理模式，为全州民政系统起到示范引领作用，评选全州民政系统平安民政示范单位17家单位。按照“管行业必须管安全、管业务必须管安全、管生产必须管安全”的安全生产工作要求，扎实抓好本系统本行业本领域安全生产工作。

**【政务宣传】** 2020年，通过州政府门户网站、微博、微信公众号等平台发布信息1291条，为大力宣传民政工作，打下坚实基础。全面深入推进政务服务“全省通办、一次办成”“一窗通办”，全面梳理本部门“全省通办”事项清单，积极配合政务服务中心做好该项改革工作。统筹完成“十三五”期间改革“十本账”明确的民政收官任务工作。按要求双拥创建、科普活动、国家安全、禁毒、反恐怖、民族团结等各项工作任务。

**【疫情防控】** 2020年，研究制定《黔西南州民政局新型冠状病毒感染肺炎疫情防控应急预案》，在全省率先出台《儿童福利机构新冠肺炎防控管理规程》《州精神病医院

2020年4月8日，全州民政工作会召开　　（州民政局　提供）

新冠肺炎防控管理规程》等7个民政服务机构管理规程，确保民政系统疫情防控得到有力保障。

**【督查调度】** 2020年，建立督查台账，对州委州政府、省民政厅、州直各目标绩效管理主管单位的各类重点任务进行分解督办。针对州委州政府领导及各项督办事项均以建立工作任务台账管理方式实行日提醒、月调度，通过制定任务清单，明确责任领导、责任科室及责任人，专人定期跟踪督办，加大落实力度，督促目标任务保质保量完成，共完成督办事项155件。将目标任务完成情况纳入干部过程管理，对各科室承担的各项工作任务实行“日提醒提示、周调度跟踪、月小结公示、季通报约谈”，有效确保州政府领导交办的各项工作任务全部按时、保质、高效落实到位，未出现未完成州政府领导交办任务被通报现象。

**【综合服务】** 2020年，共收文24629件，其中：正式公文22921件，非正式公文或事务1708件；通过电子政务网发文或各类事务共418件，根据州政府发文有关文件要求，计入州政府发文统计26件。提高保密意识，涉密人员签订保密承诺责任书，做到涉密计算机专人管理，涉密资料专柜保存，杜绝泄密事件的发生。优化档案管理，实行专人管理文书档案，及时做好年度档案分卷整理、电子录入、档案室归档工作。

**【国家试点】** 2020年，按照《民政部办公厅财政部办公厅关于开展第五批居家和社区养老服务改革试点申报工作的通知》的要求，黔西南州积极抓好试点申报。2月12日，获批为全国第五批居家和社区养老服务改革试点地区，获批试点资金1390万元。成立由州人民政府州长任组长、分管副州长任执行组长的工作领导小组，建立黔西南州养老服务工作联席会议制度，制定出台《黔西南州居家和社区养老服务改革试点实施方案》，开展试点工作，做优“长板”、补齐“短板”，不断构建居家和社区养老服务新格局，满足老年人持续增长的养老服务需求。2020年11月初，国家第五批居家和社区养老服务改革试点验收组对黔西南州开改革试点进行实地

2020年3月20日，副州长王丽琼（左三）在州精神病医院调研指导工作
（州民政局　提供）

检查验收，验收组通过听取汇报、查阅资料、实地查看，对全州改革试点工作给予充分肯定和高度认可，顺利通过验收。

**【上级支持】** 2020年，收到上级拨款10.78亿元，争取国家6个民政专项债券项目3.53亿元，争取省发改委下达州民政社会服务兜底工程项目3个940万元，争取到项目帮扶资金331万元，用于建设兴义市洒金小学、晴隆县阿妹戚托小镇、望谟县甘莱小学、望谟县第三小学“甬黔儿童科技体验馆”和晴隆县阿妹戚托小镇、望谟县蟠桃街道平朗社区老年人日间照料中心。

（州民政局）

**2021年黔西南州社会组织成立登记表**

| 序号 | 名称 | 登记时间 | 统一社会信用代码 | 法定代表人 | 业务主管单位 | 注册资金（万元） | 地址 |
|---|---|---|---|---|---|---|---|
| 1 | 黔西南州田径协会 | 2020-5-28 | 51522300MJY56734X4 | 向盛刚 | 黔西南州体育局 | 3 | 兴义市坪东街道办坝美村兰花山组阳光书院内 |
| 2 | 黔西南州渔业协会 | 2020-6-1 | 51522300MJY549539F | 徐廷焕 | 黔西南州农业农村局 | 3 | 兴义市桔山大道汇金中心A座15楼 |
| 3 | 黔西南州青创就业服务中心 | 2020-6-2 | 52522300MJY564923T | 张　洪 | 中国共产主义青年团黔西南州委员会 | 5 | 兴义市桔山街道黔西南州政务服务中心四楼 |
| 4 | 黔西南州义龙多贝利幼儿园 | 2020-6-22 | 52522300MJY563138N | 刘顺兰 | 义龙新区教育局 | 5 | 黔西南州顶效镇金州农贸市场原冲浪池 |
| 5 | 黔西南州义龙爱尚幼儿园 | 2020-6-28 | 52522300MJY5651095 | 丁学柱 | 义龙新区教育局 | 5 | 黔西南州义龙新区雨樟镇雨樟村二组（农商银行后） |
| 6 | 黔西南州义龙硕果幼儿园 | 2020-6-28 | 52522300MJY565096F | 刘　科 | 义龙新区教育局 | 5 | 黔西南州义龙木陇街道办团结村二组 |
| 7 | 黔西南州风筝协会 | 2020-7-6 | 51522300MJY570012H | 严　珺 | 黔西南州体育局 | 3 | 兴仁市放马坪高山草原景区 |
| 8 | 黔西南州象棋协会 | 2020-8-3 | 51522300MJY585169X | 张大兴 | 黔西南州体育局 | 3 | 兴义市坪东街道办宝泰幸福花园小区2-24-4 |
| 9 | 黔西南州形体艺术协会 | 2020-8-10 | 51522300MJY5095530 | 李　艳 | 黔西南州文化广电旅游局 | 3 | 兴义市沙井街财富广场一楼甲层 |
| 10 | 黔西南州蓝天救援队 | 2020-8-12 | 52522300MJY512381K | 岑祥川 | 黔西南州应急管理局 | 5 | 兴义市桔山街道办新场五组25号 |
| 11 | 黔西南州义龙新爱心幼儿园 | 2020-8-14 | 52522300MJY514379R | 王育祥 | 义龙新区教育局 | 5 | 黔西南州顶效镇迎宾东路219号 |
| 12 | 黔西南州硬笔书法协会 | 2020-8-26 | 51522300MJY522352E | 黄　维 | 黔西南州文化广电旅游局 | 3 | 兴义市兴泰街道办文化路亿联康馨苑负一楼 |
| 13 | 黔西南州越野车运动协会 | 2020-9-7 | 51522300MJY529861B | 田　科 | 黔西南州体育局 | 3 | 兴义市坪东街道坪东大道与纬五路交会处 |
| 14 | 黔西南州旗袍舞秀协会 | 2020-9-15 | 51522300MJY53517X6 | 喻安宁 | 黔西南州文化广电旅游局 | 3 | 兴义市金桔社区康居广场3楼 |
| 15 | 黔西南州青年摄影家协会 | 2020-11-2 | 51522300MJY641220A | 唐可可 | 中国共产主义青年团黔西南州委员会 | 3 | 兴义市桔山街道办兴义商城A座1007室 |
| 16 | 黔西南州新的社会阶层人士联谊会 | 2020-11-2 | 51522300MJY640834J | 周洪斌 | 中共黔西南州委统一战线工作部 | 3.7 | 兴义市桔山街道黔西南州人民政府政务服务中心四楼双创园 |

续表

| 序号 | 名称 | 登记时间 | 统一社会信用代码 | 法定代表人 | 业务主管单位 | 注册资金(万元) | 地址 |
|---|---|---|---|---|---|---|---|
| 17 | 黔西南州新闻工作者协会 | 2020-11-11 | 51522300MJY644480H | 桂　勇 | 中共黔西南州委宣传部 | 3 | 兴义市瑞金南路34号黔西南州日报社5楼 |
| 18 | 黔西南州鞭陀协会 | 2020-11-27 | 51522300MJY651349M | 陈进良 | 黔西南州体育局 | 3 | 兴义市坪东资产管理委员会办公楼四楼 |
| 19 | 黔西南州马拉松协会 | 2020-12-3 | 51522300MJY653408J | 李万林 | 黔西南州体育局 | 3 | 兴义市金水南路州检察宿舍一号1楼 |
| 20 | 黔西南州中国画学会 | 2020-12-11 | 51522300MJY657484B | 熊　肸 | 黔西南州文化广电旅游局 | 3 | 兴义市东南环线中段赵庄松风居美术馆 |
| 21 | 黔西南州排球协会 | 2020-12-17 | 51522300MJY6602379 | 卢　旭 | 黔西南州体育局 | 3 | 兴义市飞洋华府梧桐郡南区087号 |
| 22 | 黔西南州二手车行业协会 | 2020-12-30 | 51522300MJY667498G | 黄连学 | 直接登记 | 3 | 兴义市木贾二手车市场车辆登记服务站二楼 |

## 2021年黔西南州社会组织变更登记表

| 序号 | 名称 | 变更事项 | 变更后 | 变更登记时间 |
|---|---|---|---|---|
| 1 | 黔西南州教育学会 | 法定代表人 | 钟昆龙 | 2020-1-8 |
| 2 | 黔西南州老年摄影学会 | 法定代表人 | 马达伦 | 2020-2-3 |
| 3 | 黔西南州义龙新区顶效镇亚却爱心幼儿园 | 法定代表人 | 余小样 | 2020-3-31 |
| 4 | 兴义市黔兴中学 | 法定代表人 | 崔玉江 | 2020-4-2 |
| 5 | 黔西南州布依族苗族自治州布依学会 | 法定代表人 | 王　峰 | 2020-4-3 |
| 6 | 黔西南州义龙峰林学校 | 法定代表人 | 刘　勇 | 2020-4-29 |
| 7 | 黔西南州供应商联合会 | 住所 | 兴义市桔山街道办浙兴商贸7号馆三楼7-1-314至317号 | 2020-5-25 |
| 8 | 黔西南州中小企业服务中心 | 住所 | 兴义市桔山街道办体育中心B5路与河滨路交叉处 | 2020-5-25 |
| 9 | 黔西南州保险行业协会 | 法定代表人 | 杜友利 | 2020-6-3 |
| 10 | 黔西南州浙江商会 | 法定代表人 | 陈　辉 | 2020-6-18 |
| 11 | 黔西南州银行业协会 | 法定代表人 | 邵　健 | 2020-6-30 |
| 12 | 黔西南州湖南商会 | 法定代表人 | 欧阳勇 | 2020-7-6 |
| 13 | 黔西南州诚爱残障儿童能力康复训练中心 | 住所 | 兴义市桔山街道金水北路(民航安置区) | 2020-7-27 |
| 14 | 黔西南州山东商会 | 住所 | 兴义市民族风情街1-13-07 | 2020-7-15 |
| 15 | 黔西南州钓鱼协会 | 法定代表人 | 付孝军 | 2020-7-15 |
| 16 | 黔西南州朗诵艺术协会 | 住所 | 兴义市云南街87号汇丰源小区502室 | 2020-7-27 |
| 17 | 黔西南州义龙启蒙星幼儿园 | 法定代表人 | 韦昌梅 | 2020-8-3 |

续表

| 序号 | 名称 | 变更事项 | 变更后 | 变更登记时间 |
|---|---|---|---|---|
| 18 | 黔西南州商品混凝土行业协会 | 住所 | 兴义市木贾街道办木贾村三组 | 2020-8-14 |
| 19 | 黔西南州露露职业技能培训学校 | 法定代表人 | 苏太粉 | 2020-8-21 |
| 20 | 黔西南州建筑行业协会 | 法定代表人 | 吴流宪 | 2020-9-9 |
| 21 | 黔西南州渔业协会 | 名称 | 黔西南州休闲渔业协会 | 2020-9-21 |
| 22 | 黔西南州广东商会 | 法定代表人 | 许千里 | 2020-11-4 |
| 23 | 黔西南州旅游行业协会 | 法定代表人 | 卯荣兵 | 2020-11-4 |
| 24 | 黔西南州诗词楹联学会 | 法定代表人 | 刘凤文 | 2020-11-16 |
| 25 | 黔西南州六盘水商会 | 法定代表人、地址 | 刘会琴、兴义市木贾国际商贸城36栋6楼 | 2020-11-24 |
| 26 | 顶效开发区顶兴学校 | 业务范围 | 十二年一贯制教育 | 2020—12—9 |
| 27 | 黔西南州室内外装饰行业协会 | 住所 | 兴义市桔山街道办时代锋尚小区 A1－A2 栋三楼 | 2020-12-17 |
| 28 | 黔西南州职工文化体育协会 | 法定代表人 | 严笑函 | 2020-12-25 |
| 29 | 黔西南州上网服务营业场所行业协会 | 住所 | 兴义市桔山大道金地首座 C 栋18栋 | 2020-12-25 |
| 30 | 黔西南州垂钓运动协会 | 住所 | 兴义市盘江西路8号盘江公寓内 | 2020-12-25 |

## 2021年黔西南州社会组织注销登记表

| 部门登记证号 | 单位名称 | 法定代表人 | 地址 | 业务主管单位 | 注销登记时间 |
|---|---|---|---|---|---|
| 515223006754254000 | 黔西南州麻风防治协会 | 潘　牛 | 兴义市兴义大道黔西南州疾病预防控制中心 | 黔西南州卫生健康局 | 2020.1.2 |
| 51522300798820090T | 黔西南州消防协会 | 张宇殊 | 兴义市建设路州消防支队内 | 黔西南州公安局 | 2020.1.10 |
| 51522300795254636B | 黔西南州书法篆刻研究会 | 林永建 | 兴义市湖南街30号兴义师专附中三楼 | 黔西南州文联 | 2020.3.10 |
| 51522300680161499J | 黔西南州水文水资源学会 | 单忠明 | 兴义市桔山街道办桔香路 | 贵州省黔西南州水文水资源局 | 2020.3.25 |
| 52522300688425153Y | 黔西南州莫忙茶叶科研所 | 谢学斌 | 兴义市永定路8号 | 黔西南州科学技术局 | 2020.7.6 |
| 51522300MJT070027C | 黔西南州女领导干部联谊会 | 王婷菊 | 黔西南州妇联内 | 黔西南州社科联 | 2020.7.13 |
| 51522300308878071C | 黔西南州农村专业技术研究联合会 | 李定战 | 兴义市遵义路3号 | 黔西南州科学技术协会 | 2020.8.12 |
| 51522300565032886U | 黔西南州布依族苗族自治州通信产品流通协会 | 李修华 | 兴义市幸福路1号 | 黔西南州工业和信息化委员会 | 2020.8.31 |
| 515223006707260385 | 黔西南州国际税收研究会 | 张　琪 | 贵州省兴义市云南街26号 | 黔西南州税务局 | 2020.12.25 |

## 退役军人事务

【概况】 黔西南州退役军人事务局机关核定行政编制9名，内设办公室（人事科）、政策法规（规划财务）科、思想政治和权益维护科、移交安置和就业创业科、拥军优抚和褒扬纪念科5个行政科（室）。州退役军人局负责管理州退役军人服务中心、州军队离退休干部服务中心（州军队离退休干部休养所）、州威舍军供站、州民兵武器装备仓库4个直属事业单位。

【移交安置】 2020年，接收军队转业干部，均安置在州直行政单位或参公单位，部分自主择业。年内接收退役士兵中，大多选择自主就业，部分由政府安排工作。有安置在央企、省直单位或省管国有企业，州直单位（机关工勤或事业工勤岗位）以及各县（市、新区）机关工勤或事业工勤岗位。

【就业创业】 2020年，完成自主就业退役士兵（含往年退役士兵）的技能培训工作，退役士兵（含往年退役士兵）顺利报名就读高职院校。举办退役士兵推荐就业专场招聘会16场，110余家企业参加，提供就业岗位3300余个，一些应聘退役士兵达成就业意向或就业。

【保险接续】 2020年，继续开展部分退役士兵社会保险接续工作，发放《退役军人创业就业政策法规汇编》200余册，在政府专网、微信公众号等媒体进行社会保险补缴相关知识宣传，在人社、民政、医保、公安等部门的协作下，全年累计受理部分退役士兵保险补缴，养老保险补缴完成率为91.79%；医疗保险补缴完成率为92.31%。

【服务保障体系建设】 2020年1月，申报州、县、乡、村四级服务中心（站）28个标准化建设试点单位，6月17日，州退役军人服务中心、义龙新区退役军人服务中心、兴义市南盘江镇退役军人服务站、兴义市南盘江镇箐口村退役军人服务站，代表28个四级服务中心（站）标准化建设试点单位接受省退役军人事务厅验收，在全省率先达到优秀等次，圆满完成省厅上半年下达的标准化试点建设任务。6月底，以28个标准化建设试点单位为示范，推动全州创建工作。8月28日召开全州“学习推广新时代‘枫桥经验’暨创建全国示范型退役军人服务中心（站）工作推进会”，对县、乡、村三级服务中心（站）负责人进行业务培训。10月20日，兴义市退役军人服务中心、南盘江镇、马岭街道退役军人服务站、义龙新区木陇街道退役军人服务站、兴仁市退役军人服务中心等5个服务中心（站）通过省厅调研组评估验收，截至12底，全州首批申报县、乡两级退役军人服务中心（站）通过省厅、退役军人事务部达标验收。全州共达标建成1个州级、9个县级退役军人服务中心，建立138个乡级、1258个村级退役军人服务站。州退役军人服务中心在事业单位改革中升格为副处级事业单位，县级服务中心全部为副科级事业单位。州、县、乡三级服务中心（站）编制数438个，实际到岗345人。在全州率先开通法律咨询视频系统。通过开展法律援助、设置来访接待窗口、设立退役军人援助关爱基金，打造“退役军人之家”等方式，为解决退役军人及其他优抚对象实际困难、化解矛盾纠纷、维护社会和谐稳定搭建新平台，探索打通服务退役军人“最后一公里”的新途径。

2020年10月23日，退役士兵推荐就业招聘会现场签订就业协议
（张英文 摄）

【优抚有关资金发放】 2020年，按照全州社会救助和保障标准与

2020年6月17日，省厅党组成员、副厅长谢晓东（右三）与全国“最美退役军人”、退役军人服务中心志愿者王秉跃（右一）交谈　　（罗灿鑫　摄）

物价上涨挂钩联动机制，发放享受定期抚恤补助对象临时价格补贴；发放义务兵家庭优待金；按月发放优抚金。

**【春节、八一慰问工作】** 2020年春节，全州各级党委、政府共走访慰问驻军部队49次，慰问优抚对象，发放慰问金。“八一”期间发放优抚对象慰问金，全州各级党委、政府共走访慰问驻军部队90余次，发放慰问金（含慰问品）。

**【烈士纪念设施工作】** 2020年，经州委常委会讨论决定，州委退役军人事务工作领导小组印发《黔西南州烈士纪念设施规划建设修缮管理维护工作实施方案》；州人民政府批准同意兴义市烈士陵园升级为州级烈士纪念设施，成为州内第一座市（州）级烈士纪念设施；各县（市、新区）烈士陵园不同程度得到修缮维护，烈士纪念设施管理保护机构由3个增加到7个，机构编制人数9人增加到18人。

**【褒扬纪念工作】** 9月30日，州委州政府组织400余人在兴义市烈士陵园举行向人民英雄敬献花篮仪式；围绕“红色九月　彪炳历史　照亮未来”主题，在全州开展“庆祝抗战胜利75周年、抗美援朝出国作战70周年”宣传教育活动；走访慰问抗战老战士及烈士遗属40余人，抗美援朝老战士170余人。

**【帮扶援助】** 2020年3月2日，州人民政府副州长、州公安局局长李淞主持召开设立州、县（市、新区）退役军人援助关爱基专题会议。根据专题会议决定，印发《黔西南州设立州、县（市）、义龙新区退役军人援助关爱基金工作方案》，州级财政和公益彩票基金分别向州级退役军人援助关爱基金注入30万元和20万元。同时，为规范州级援助关爱基金运行，出台《黔西南州州级退役军人援助关爱基金管理办法（试行）》规范性文件并配套出台政策解读文件。按照“全省慈善一起捐”活动部署，7月29日，组织开展黔西南州州级退役军人援助关爱基金募捐活动，70余名州直单位负责人、企业爱心人士参加启动仪式，同时，通过发布“倡议书”，开展线上线下募捐活动，线上（微信二维码、99公益）线下分别募捐善款27.2万元、12.56万元，合计39.76万元。援助关爱基金运行以来，对符合政

2020年7月29日，黔西南州2020年退役军人援助关爱基金“全省慈善一起捐”启动仪式　　（万新文　摄）

2020年10月20日，黔西南州退役军人党员专题培训班留影（刘福贵　摄）

策条件困难退役军人进行帮扶援助，发放州级退役军人援助关爱资金3万余元。

【思想政治工作】 2020年11月18日至20日，黔西南州部分退役军人党员专题培训班开班仪式在州委党校举行。州退役军人局党组书记、局长马崇曾，四级调研员余立奇，州委党校教育长刘远尧，州委组织部陈敏等出席开班仪式。部分乡镇（街道）退役军人服务站退役军人党员站长和从事退役军人党员思想教育工作培训。通过培训，增强退役军人事务系统的服务保障能力水平，做让党中央放心、让服务对象满意的退役军人党员；发挥示范引领，凝聚退役军人的强大合力，做服务保障的第一人、和谐稳定的维护人、服务对象的贴心人，带动广大退役军人积极为社会作贡献；努力干好本职工作，补齐服务体系建设的工作短板，全力推进全州退役军人服务保障工作上台阶、上水平。

【双拥创建】 党政领导亲自担任双拥领导小组双组长，在服务中心设双拥工作科，开发“国防双拥在线学习考试系统”，将10余万国家公职人员纳入学习考试范围，出台解决双拥创建、军人“三后”等文件办法6个，成为全州落实双拥政策、推动双拥创新、执行各项工作的根本遵循。确定每年7月为“黔西南州国防双拥宣传月”。围绕“民族团结”主题，重点在增进军政军民团结促进民族团结进步繁荣发展中深化双拥工作。依托乡村振兴战略和全州红色旅游，将少数民族文化与双拥红色文化有机融合，开展“双拥示范民族村”命名活动，打造“晴隆二十四道拐”等爱国主义教育基地，谋划新建具有少数民族特色的黔西南州“双拥陈列馆”和“晴隆二十四道拐博物馆”，拍摄创作《晴隆二十四道拐》《军民同昂央》成功上映，全方位宣传黔西南双拥故事，传播双拥文化。共建活动中，既坚持以往行之有效的共建方法，又研究新方法，探索新形式。把“共育”作为共建重点。开展地方助力改革强军促进建设世界一流军队，部队助力乡村振兴促进全面建设美丽家园等“双助双促”军地互动活动10余项，进一步推进双拥工作常态化、规范化、制度化。2020年10月20日，全国双拥模范城（县）命名暨双拥模范单位和个人表彰大会在北京举行。黔西南州第二次被授予“全国双拥模范城”荣誉称号，实现州委州政府拟定的“两连冠”目标。州委书记刘文新、兴义军分区政委王连成到北京主会场参会，受到习近平

2020年7月5日，州举行“国防双拥宣传月”启动暨“双拥示范民族村”授牌仪式（赵建良　摄）

总书记等党和国家领导人的亲切接见。

【军休服务管理】 2020年，在“春节”“建军节”“国庆、中秋节”和疫情防控期间，共组织开展向军休干部、退休士官、军休干部遗属走访慰问、送疫情物资、生日祝福、住院探视150余人次；落实各项军休人员待遇、发放慰问金、慰问品和抗疫物资共计570万余元；《黔西南州军休中心（所）：做到“五个确保”落实“两个待遇”》作为经验材料被州政府办公室采用；军休中心自制“今昔对比照”“福满中秋　喜迎国庆”“国庆中秋入户走访慰问”3个微视频成为热门视频；军休党员干部职工为因新冠病毒疫情防控期间的困难群众、去世群众家属、牺牲干部群众家属捐款15100元；组织开展“纪念抗日战争胜利暨世界反法西斯战争胜利75周年”主题观影活动；“黔西南军休红星门球队”荣获“‘中国体育彩票杯’2020年黔西南州老年人门球赛”优胜奖。

（杨　申）

## 民族宗教

【概况】 黔西南州民族宗教事务委员会，在2020年机构改革中明确行政编制13名，工勤编制1名。设主任1名，副主任3名，科级职数6名。内设机构为：办公室、政策法规科、经济建设科、文化教育科、宗教一科、宗教二科。2020年年末，在编13人，主任1人，副主任3人，二级调研员1人，科室4人，办公室副主任1人，科员2人；工勤人员1人。下属事业机构1个（民族研究中心，列入州级财政全额预算）。民族研究中心编制数9名（其中，管理岗位6名，专业技术人员3名），设领导职数2名（主任1名，副主任1名）。2019年年末，在职在编8人，主任/十级专业技术岗1人、副主任1人、七级管理岗1人、八级管理岗1人、九级管理岗3人（参公管理1人）、十二级专业技术岗1人。

【“民族团结月”活动】 5月为“民族团结月”，印制民族团结宣传资料6万份到各县（市）、义龙新区及州直各部门，包括习近平新时代民族工作思想摘要汇编、民族理论政策法律法规选编、听习近平谈民族团结一家亲携手共圆中国梦宣传折页。为各族人民展示布依族、苗族、彝族、瑶族等民族文化，促进各民族文化交流、交往、交融，教育引导各民族营造“共同团结奋斗、共同繁荣发展”的氛围，州民宗委、兴义市民宗局与洒金街道办在栗坪社区四印广场开展以“铸牢共同体、打赢歼灭战”为主题的5月“民族团结月”宣传活动。2020年度，新冠肺炎疫情风险尚未解除，为减少人员聚集和流动，此次宣传活动采取悬挂宣传标语、设置宣传展板、发放宣传手册等方式开展。活动中，参会领导及工作人员向在场新市民发放宣传资料、宣传党的民族政策、法律法规等，活动中发放各类宣传资料共计5000余份。

【民汉双语骨干人才业务培班】 2020年8月10日至14日，黔西南州2020年民汉“双语”骨干人才业务培训班开班仪式在兴义民族师范学院举行。培训内容主要是围绕习近平新时代民族工作思想，民族传统文化在乡村振兴中的地位和作用，守望精神家园——如何保护黔西南民族文化，布依文、苗文、彝文基础知识等开展。所有学员能积极发挥自己的优势，运用所学，在民族文化的传承与挖掘的同时，开展汉语普通话培训，让少数民族同胞既懂本民族语言，也尽快学会汉语普通话，使他们成为本民族语言的传承者、汉语普通话的践行者，使民族语言与汉语普通话共生共存，传承民族文化，助力脱贫攻坚。各县（市）民宗局、义龙新区社会事务局分管领导，各县（市）义龙新区布依语、苗语、彝语服务窗口单位（省州民宗委双语教学扶持学校、乡镇社区服务窗口、司法等部门）共110余人参加。

【开展民族歌曲进机关】 2020年8月11日至13日，在州文化馆举办为期两天的民族歌曲进机关培训。此次培训活动由州民建办、州民宗委、州广播电视台、州文化馆共同举办，州直各成员单位文体活动爱好者90余人参加培训。培训旨在巩固和深化民族团结进步示范州成果，切实铸牢中华民族共同体意识，在更高起点、更高水平上推进全州民族团结进步事业，彰显黔西南州民族文化特色，并以培训的方式推动民族歌曲进机关，在州直机关内形成学民歌、唱民歌、传民歌的浓厚氛围。通过培训，让学员们丰富民族知识，更新观念，拓宽视野，拓展思路，将所学歌曲带到本单位，让大家进一步了解黔西南少数民族文化和民族文化歌曲的魅力，主动弘扬民族音乐，发扬民族精神，丰富州直机关干部职工精神文化生活。

**【少数民族传统手工艺技能培训】** 为进一步推进新市民计划，做好新市民社区民族团结进步示范创建工作和助推脱贫攻坚战，营造“搬得出、快融入、稳得住”的民族团结氛围，让更多的易地扶贫搬迁建档立卡贫困户人群及少数民族群众能居家灵活就业、自主创业，切实协助党委、政府抓好贫困人群就业培训工作，助推脱贫攻坚，促进民族地区经济、社会和文化的发展，2020年11月16日至20日，州民宗委2020年民族团结进步示范创建暨脱贫攻坚劳动力全员培训班在布谷鸟公司举行，50余名少数民族贫困群众参加培训。培训期间，参训学员珍惜学习机会，努力学习，严格按照培训课程参加培训，做到学有所获、学有所成，充分利用布谷鸟公司的就业、创业平台，实现增收致富。

**【爱国爱教】** 2020年2月8日，普安县青山镇青山清真寺民管会发出捐赠呼吁，呼吁青山镇广大回族同胞用实际行动践行信仰，正信正行，发扬爱国爱教、扶危济困、服务社会的优良传统，伸出援助之手，为疫情防控贡献穆斯林的一份爱心和力量。普安县青山清真寺民管会及当地回族同胞合计捐款捐物折合人民币达9.51万元。

**【推进“双培”行动】** 为切实解决少数民族汉语言障碍，省、州民宗委针对存在汉语言障碍的少数民族民众开展汉语言和实用技能的3年“双培”行动计划，培训从2018年起到2020年结束。2018年，通过摸底调查全州8个县（市）及义龙新区存在汉语方言障碍人口总计19142人，占少数民族人口0.18%。其中：男性6261人，占32.7%；女性12881人，占67.3%。16岁至59岁少数民族汉语方言障碍有7885人，占汉语方言障碍总人数41.2%。60岁以上存在汉语方言障碍11257人。通过调研，全州存在汉语方言障碍最严重的民族是布依族、苗族和彝族，日常生活中使用本民族语言交流最多的是布依族，其次是苗族、彝族、瑶族和仡佬族。存在汉语言障碍人口较多的是贞丰县、册亨县、望谟县、晴隆县和普安县。为切实解决汉语方言障碍，积极开展少数民族汉语方言障碍劳动技能和汉语方言培训。2018年以来，黔西南州针对少数民族群众汉语方言障碍，对16岁以上至60岁以下的少数民族汉语方言障碍进行劳动技能和汉语方言培训。2020年，共培训120余班次，重点以产业发展为主，结合本地实际，以种植、养殖、劳动力技能培训等方式以及考虑群众技能培训愿望，因地制宜、因人而异，开展通用语言培训、种养业及传统手工艺产业等技能培训，帮扶少数民族贫困群众实现脱贫。开展汉语普通话培训。2020年底，全州启动76个广播“双培”工作点，针对存在汉语方言障碍的少数民族群众开展汉语普通话培训。“双语”广播音频教材采用布依语、苗语（中部方言、西部方言）、彝语等少数民族语言，通过一句民族语言和一句普通话开展培训，并将培训音频发到有普通话障碍的村民手机上。2020年，全州共开展双语广播培训87次，受众达6.35万人次。2018年来，州民宗委以普安县作为试点，在少数民族村寨开启以“儿媳教婆婆汉语、婆婆传儿媳技艺”的“小手牵大手”活动，在少数民族婆媳之间搭起思想沟通、语言沟通、技能沟通的桥梁和纽带，促进婆媳关系和睦。据不完全统计，疫情防控以来，普安县布依族、苗族、彝族等三个少数民族儿媳教婆婆汉语、婆婆传儿媳技艺达3000人以上，增加经济收入280万元以上，其中江西坡镇联盟布依族村达1000人以上，增加收入150万元以上。至2020年底，黔西南州“双培”工作全部结束。

**【少数民族发展资金集中投入】** 2020年下中央、省达黔西南州级少数民族发展资金共5110万元，其中提前下达中央少数民族发展资金3830万元、第二批中央少数民族发展资金200万元、省级少数民族发展资金1080万元。中央资金项目55个，省级资金项目51个，基础设施建设项目80个，产业发展项目24个，传统手工艺培训项目2个。其中：兴仁市获资金550万元，共安排项目36个。安龙县获资金345万元，共安排少数民族发展资金项目13个（基础设施项目13个）。贞丰县获资金700万元，共安排少数民族发展资金项目5个（基础设施项目2个，产业发展项目1个，技能培训项目2个）。晴隆县获资金1230万元，共安排少数民族发展资金项目9个（基础设施项目1个为省级资金建房补助，产业发展项目8个）。普安县获资金510万元，共安排项目13个（基础设施项目3个，产业发展项目10个）。册亨县获资金495万元，共安排少数民族发展资金项目10个（基础设施项目9个，产业发展项目1个）。望谟县获资金1280万元，共安排少数民族发展资金项目23个（其中基础设施项目17个，产业发展项目4个）。

实施基础设施项目80个，资金2788万元。投入资金1227万元，新建改建通村通组公路、串户路及硬化75.72千米，解决1.18万户4.57万人出行难问题；投入资金403.7万元，新建机耕路16.07千米，解决370户1765人生产问题；投入资金156.3万元，修建排洪沟渠、水渠11.02千米，解决294户1625人生产、生活问题；投入资金90万元，修建便民桥2座，解决141户584人出行问题；投入资金90万元，安装太阳能路灯245盏，解决737户3063人夜间出行问题；投入资金99万元，修建水井、水池13个，解决136户437人饮水问题；投入资金22万元，修建漫水路堤30米，268户1461人受益；投入105万元，实施民族建房补助，覆盖53户农户227人。通过通村通组道路硬化、串户路硬化、机耕路建设、太阳能路灯安装、广场建设、民居改造等基础设施建设项目的实施，大大改善少数民族和民族地区的生产生活条件，有效解决少数民族群众出行难、运输难、住房难、开展活动无场所等问题。

实施产业发展项目24个，资金1872万元。投入资金100万元，实施杧果种植500亩，带动农户90户396人，其中贫困户90户396人；投入资金794.8万元，种植百香果1120亩、辣椒1500亩、香蕉300亩，覆盖3115户1.37万人，户均增收1000元；投入资金312万元，扶持发展养猪100头、牛70头、乌金鸡2.8万羽，覆盖219户750人增加收入1000元。

实施技能培训项目2个，资金440万元。投入资金440万元，培训6274人，对贫困户共2600人进行少数民族传统手工艺培训，直接或间接解决4000余人的就业、创业问题。通过特色种植业、养殖业以及少数民族传统手工艺等项目的实施，不仅提高农村人口综合素质，带动民族地区农村产业结构调整升级，促进产业化水平提高，也拓宽了农民增收途径。

**【包保村脱贫攻坚】** 民宗委单位包保村为安龙县五福街道办作坊村，处级领导干部联系村为安龙县春潭街道平寨居委会。为切实做好包保村工作，派驻安龙县作坊村“第一书记”，按照州委州政府和县委县政府脱贫攻坚工作安排部署，认真开展脱贫攻坚工作，重点开展“两补”“两看”、新一轮“四逐四准”工作，委领导带队深入安龙作坊村、平寨居委会，对已脱贫的贫困户进行入户走访，详细了解他们的生产生活情况，对存在的问题和困难认真研究解决，不断提升和改善生产生活水平，持续巩固脱贫攻坚成效。安排州级少数民族发展资金20万元（作坊村10万元、平寨居委会10万元），用于完善基础设施建设。研究划拨3万元资金到包保村作为脱贫攻坚成果巩固工作经费（作坊村2万元，平寨居委会1万元）。派驻县级干部员分别在晴隆县、望谟县做好“县级干部返乡助攻团”相关工作。

**【民贸民品优惠政策落实】** 2020年指导各县（市）民宗局、义龙新区社会事务局开展民贸企业申报工作，联合州财政、州人行对各县（市、新区）申报材料进行初审后，共向省民宗委呈报民族贸易企业14家，获认定13家。全年共贷款11.9亿元，贴息716.95万元。其中：2020年第一季度民贸民品贷款2.68亿元，贴息148.44万元；第二季度贷款2.86亿元，贴息201.2万元；第三季度贷款3.19亿元，贴息191.25万元；第四季度贷款3.17亿元，贴息176.05万元。

**【承办全省易地扶贫搬迁社区民族工作现场推进会】** 6月29日，全省易地扶贫搬迁社区民族工作现场推进会在黔西南州召开。会议总结交流全省易地扶贫搬迁社区民族工作试点的经验和做法，分析研判当前面临的形势和任务，安排部署下一步工作。来自省内各级民宗部门的观摩组赴兴义市、安龙县、义龙新区实地调研观摩易地扶贫搬迁社区民族工作情况。

**【申报国家、省级少数民族特色村寨命名】** 2020年共收集到各县

(市)民宗局、义龙新区社会事务局申报的32个少数民族特色村寨。州民宗委联合州委统战部、州文化广电旅游局审核后，于5月13日向省民宗委报送32个少数民族特色村寨申报材料。9月24日，省委统战部、省民宗委、省文化和旅游厅联合下文，认定黔西南州第五批省级少数民族特色村寨26个。申报第四批中国少数民族特色村寨6个，待国家民委评审后，确定认定名单。

**【重点帮扶】** 2020年，推进黔西南州3个民族乡(兴仁鲁础营回族乡、晴隆三宝彝族乡、望谟油迈瑶族乡)“两业”发展，争取州级少数民族发展资金30万元(10万元/乡)，用于发展蔬菜种植产业，中药材种植、蜜蜂养殖等项目，采取易地发展产业方式和“合作社+贫困户”方式实施，解决贫困户就业，建成兴仁鲁础营民族乡产业扶贫示范点、晴隆三宝民族乡产业扶贫示范点和望谟油迈民族乡产业扶贫示范点。同时，争取省级资金100万元用于民族乡改善基础设施和提高少数民族群众实用技术水平。

**【民族班建设】** 2020年，投入民族教育资金90万元作为兴义一中、兴义八中开展册望民族高中班教育资金。继续在兴义一中、兴义八中招收来自册亨县、望谟县的100名少数民族学生。2020年全州“册望班”参加高考人数82人，本科上线82人，上线率100.00%。其中，一本上线75人，上线率91.46%；二本上线7人，上线率8.54%。进一步推广“民族班”办班模式，加强对安龙县一中、普安县一中和晴隆一中民族高中班办班工作指导，为黔西南州志智双扶，教育扶贫。

**【民族成分变更】** 2020年，全州共审批变更民族成分293人。其中兴义市49人、安龙县62人、兴仁市46人、晴隆县36人、贞丰县21人、册亨县13人、普安县20人、望谟县46人。在审批的总人数中，有122人申请变更为布依族，占总变更人数的41.6%；62人申请变更为苗族，占总变更人数的21.2%；39人申请变更为黎族，占总变更人数的13.3%；32人申请变更为彝族，占总变更人数的10.9%；10人申请变更为回族，占总变更人数的3.4%；5人申请变更为仡佬族，占总变更人数的1.7%；5人申请变更为土家族，占总变更人数的1.7%；5人申请变更为壮族，占总变更人数的1.7%；1人申请变更为满族，占总变更人数的0.3%；1人申请变更为白族，占总变更人数的0.3%；3人申请变更为侗族，占总变更人数的1.0%；4人申请变更为水族，占总变更人数的1.4%；1人申请变更为瑶族，占总变更人数的0.3%；2人申请变更为傈僳族，占总变更人数的0.7%；1人申请变更为穿青人，占总变更人数的0.3%。

**【依法管理宗教事务】** 贯彻落实“全面贯彻党的宗教信仰自由政策，依法管理宗教事务，坚持独立自主自办原则，积极引导宗教与社会主义社会相适应”的新时期宗教工作基本方针，依法加强宗教事务管理，促进宗教和顺社会和谐。在“导”字上下功夫。开展宗教工作的关键是在“导”上想得深、看得透、把得准，做到“导”之有方，“导”之有力，“导”之有效。始终坚持中国宗教中国化方向，积极引导宗教与中国特色社会主义相适应，对教义教规中有利于社会和谐、时代进步、健康文明的内容加大宣传、引导。

**【增强“五个认同”】** 增强宗教界人士和信教群众对伟大祖国、中华民族、中华文化、中国共产党、中国特色社会主义的自觉认同。以“五个认同”为核心，指导宗教界扎实开展讲经讲道、神学思想建设和解经工作。把党的宗教工作基本方针坚持好、贯彻好，坚定不移走宗教中国化道路，即全面贯彻党的宗教信仰自由政策，依法管理宗教事务，坚持独立自主自办原则，积极引导宗教与社会主义社会相适应。

**【“四进”活动】** 2020年，开展国旗、宪法和法律法规、社会主义核心价值观、中华优秀传统文化“四进”宗教场所活动，覆盖全州43个登记开放宗教活动场所。督促指导各县(市)统战、新区政治部，民宗、社会事务部门领导干部深入场所围绕“四进”内容开展宣讲，鼓励和指导场所教职人员围绕“四进”结合教义教规向信众开展宣讲，要求“四进”活动规范化。全州各宗教场所将宪法、《宗教事务条例》《贵州省宗教事务条例》等放到各场所陈列室(办公室)显眼位置。引导宗教界人士和信教群众正确把握国法和教规的关系，自觉抵制违规违法宗教活动。着力丰富“四进”内容，创新“四进”活动，宣讲党的宗教方针政策，宣讲民法典，重点讲解民法典总则中宗教组织的法人类型，在宗教场所营造学法、懂法、用法、守法的良好氛围。将《全民科学素质知识普及读本》《农村劳动力培训阳光工程读本》《无公害茶叶采制技术》《猪病简明诊治技术》等科学技术及技能培训方面的书籍送到宗教场所，送到教职人员及场所管理人员手中，鼓励他们宣传好政策，培训好技术，带领广大信教群众共同脱贫致富奔小康。

【民族节庆活动和宗教活动场所管理】 2020年，全州各县（市、新区）未举办民族节日节庆活动，全州宗教活动场所及民间信仰点均处于暂停对外开放状态，均未开展聚集性宗教活动，宗教教职人员未外出开展宗教活动，未发现利用疫情非法发展教徒扩大宗教影响情况，无群众自发组织的涉及民族宗教方面的群众性聚集活动。

【疫情防控】 自新型冠状病毒肺炎疫情发生以来，州民宗委及时采取措施，要求各县（市、新区）一律取消民族宗教领域内组织开展的聚集性相关活动，关闭所有对外开放的民族宗教活动场所（含民间信仰点），做好民族宗教领域群众的思想教育引导工作，切实减少少数民族群众聚居村、寨群众聚会饮酒。在疫情期间，全州共开展宗教场所疫情防控工作暗访督查巡查90余次，全州93个宗教场所（含民间信仰点）均已按要求全部暂停对外开放，所有民族节庆、宗教活动全部取消，所有宗教教职人员一律不得外出开展宗教活动。全州民宗系统共签订防控新冠肺炎疫情承诺书100余份。州民宗委为进一步加强包保村疫情防控工作，对单位包保的安龙县作坊村划拨2万元、平寨社区划拨1万元民族工作经费用于加大新冠肺炎疫情防控宣传工作，积极采用少数民族语言引导群众进一步提高自我防疫能力，不信谣、不传谣，科学防控，切实减少少数民族群众聚居村、寨群众聚会饮酒。经过宣传，全州宗教界积极投入疫情防控工作，全州宗教界捐款捐物折合人民币共计48.01万元，其中，佛教界11.91万元、伊斯兰教界31.07万元、天主教界3.56万元、基督教界1.47万元。

（州民宗委　提供）

2020年6月29日，望谟县新屯街道党工委、望谟县民族中学在纳包村举办庆祝建党99周年活动　（岑志福　摄）

# 应急管理

## 安全生产综合监督管理

【概况】 黔西南州应急管理局位于兴义市兴义大道与B10路交会处，负责全州应急管理工作，指导全州各地各部门应对安全生产类、自然灾害类等突发事件和综合防灾减灾救灾工作。负责全州安全生产综合监督管理和工矿商贸行业安全生产监督管理工作。内设办公室、政策法规科、应急指挥和信息科、风险监测和综合减灾科（救灾和物资保障科）、火灾防治和防汛抗旱科、地震和地质灾害救援科、安全生产基础科、安全生产综合协调科，下设两个事业单位州应急综合行政执法支队、州应急综合保障中心（州应急救援中心）。

2020年12月10日，黔西南州安委办组织参加全国（全省）安全生产工作视频会议
（州应急管理局 提供）

【安全生产情况】 2020年全州共发生事故61起、死亡59人，同比减少11起、33人，分别下降15%和36%，其中：道路运输事故57起、死亡56人，同比减少5起、11人，分别下降8.1%和16%；建筑施工事故1起、死亡1人；其他事故3起、死亡2人。安全生产工作取得“四个无”的新突破：全年无一起较大及以上生产安全事故发生；全年无一起亡人的煤矿生产安全事故发生；全年无一起亡人的危险化学品和烟花爆竹生产安全事故发生；全年无一起亡人火灾或有影响的火灾事故发生。

2020年7月31日，全国安全生产电视电话会议召开，图为黔西南州分会场 （州应急管理局 提供）

【安全生产责任制落实】 2020年，州委常委会6次、州政府常务会8次、州安委会7次专题研究应急管理、安全生产工作。分别与9个县（市、新区）及15家重点安委会成员单位签订《黔西南州二〇二〇年度安全生产和消防工作目标任务责任书》和《安全生产专项整治三年行动目标任务责任书》，层层压实责任，强化对安全生产工作的安排部署。

【安全生产专项整治】 2020年，研究制定《黔西南州十二个重点行业领域安全生产专项治理工作方案》《全州安全生产专项整治三年行动实施方案》等行动方案，抽调全州相关行业管理部门人员组成安全生产专项整治三年行动专班，以推进全州安全生产专项整治三年行动“两个专题十六个专项”为重点，全面推行落实“两个清单”“四个突出”“四个责任”，在全州范围内持续开展危险化学品、煤矿、道路交通、消防、非煤矿山、烟花爆竹、工贸和建筑施工、旅游、地质灾害等重点行业领域大排查大整治行动，全年共检查企业55327家次，排查并整改隐患61483项，全部整改。

【应急救援准备】 2020年，修订《黔西南州总体应急预案》《黔西南州矿山事故应急预案》等应急预案，全面提升应急救援综合能力。建立健全全州应急系统值班值守制度，实行由主要领导总带班、“1名县级干部＋2名工作人员＋1名驾驶员”轮流24小时在岗带班在指挥中心值班，全年组建10支应急救援队伍，加强值班值守实战演训演练，提高事故灾害应急应对能力。

【防灾减灾救灾】 2020年，全州因洪涝、风雹等自然灾害造成12.46万人受灾，未造成因灾人员伤亡，直接经济损失5.69亿元。结合全州发生的自然灾害，及时调拨棉衣1587件，棉被3499床，大米17.74吨，帐篷445顶，折叠床738张等物资。全年投入冬春救助资金4165.21万元，发放现金2079.77万元，大米107.31吨，棉衣被1.4053万件（床），共救助受灾群众4.02万户，14.99万人。下拨州级专项补助资金162万元帮助全州因灾倒损房屋受灾户98户。

【宣传教育培训】 2020年，通过与主流媒体合作，联办《应急人说

2020年4月27日，全州防汛抗旱工作会议 （州应急管理局 提供）

2020年3月29日，全州安全生产电视电话会议　（州应急管理局　提供）

安全》《安全生产大讲堂》《金州消防》《消防之声》等栏目，专栏宣传报道危化品、森林防火、防汛减灾、消防安全等23个专题片。制作的《普法新市民　安全伴你行》宣传片获得应急管理部普法作品三等奖，《总结问题出新招，保障安全促发展——贵州省黔西南州全力构建安全生产大格局》《用巧力抓关键，激发农村安全潜能——看贵州黔西南州如何推进安全宣传进农村》等两篇纪实性工作材料被《中国应急管理报》刊登推广。

（罗仁勇）

## 消防救援

【概况】 2020年，支队党委围绕“铸魂育人、提质强能”总基调，团结和带领全州广大指战员同心同向、知重负重、苦干实干，实现“机制更优、主业更精、基础更牢、队伍更强、形象更佳”的五大目标，工作走在全省前列。

【发挥党组织的战斗堡垒作用】 2020年，制定《党员积分制管理办法》《党建和业务工作深度融合实施意见》等制度办法，召开基层党组织标准化规范化建设现场会和推进会，统筹推进“五个不动摇”教育实践活动，纵深开展“强党性、明规矩”专题教育，充分挖掘指战员典型故事，树牢榜样力量，支队被评为2020年度目标工作“先进单位”，荣获安全工作、执勤训练、执法质量、指挥调度“先进支队”称号，13个集体、15名个人受到部局、总队表彰，7人荣立三等功，49人被表彰嘉奖。

【应急救援】 2020年，建立固定设施操作分队，升级完善17支专业队伍，召开专业队建设现场会，举办重型潜水员、冲锋舟驾驶员、山岳洞穴救援、急流救援专业培训，培养潜水员30名、冲锋舟驾驶员45名，21人获得专业洞穴救援证书，20人获得急流救援证书。举办全省水上交通事故跨区域联合应急搜救演练、跨区域地震救援航空投送实战演练、万峰林机场综合应急救援演练和全省旅游行业综合应急演练，实战化练兵成效明显。全年全州消防救援队伍共接警出动1918次，抢救被困人员401人，抢救财产价值3.4亿元。

【清除隐患】 2020年，在全省率先颁布《消防安全责任制实施办法》，打造10类消防安全标准化管理样板，召开全州现场观摩会28次，制定出台《助力脱贫攻坚五项

2020年11月9日，州政府举行学习贯彻习近平总书记授旗训词两周年暨119消防宣传月活动　（消防支队　提供）

火灾防控措施》，持续推动《黔西南州“智慧消防”建设实施意见》落地，全州500个微型消防站完成提档升级。共计检查单位13647家，下发行政处罚决定书435份，罚款323万余元，“三停”136家。支队全媒体中心在全省率先实现实体化运作，完成州级应急科普教育基地建设，打造4个消防宣传主题公园，开设12个消防专栏，固化“五图一点一喇叭”宣传阵地，创新“路空两栖”宣传模式，进一步增强全民消防安全意识。

（州消防支队）

2020年6月30日，消防支队开展橡皮艇编队训练　（消防支队　提供）

2020年7月31日，消防支队开展全员岗位大练兵比武竞赛　（消防支队　提供）

# 人物荣誉

## 领导名录

（姓名后面有 ※ 号的为2020年内已去职。此名录仅供参阅，不作确定级别、待遇等用。）

### 中国共产党黔西南州委员会

书　　记　刘文新
副 书 记　杨永英（女，布依族）　穆嵘坤
常　　委　刘　良　罗春红（女，布依族）
　　顾先林（苗族）　许风伦 ※　冉　博（苗族）
　　陈　健　范　华（回族）　王连成
　　龙章怀（侗族）
秘 书 长　范　华（回族）
副秘书长　廖福刚　王定芳（布依族）　刘国兴（兼）
　　辛汉昆（兼，女）　黄　勇（兼，回族）
　　张艳军　李　雄　沈堂江 ※

**州纪委州监委机关**

纪委书记、监委主任　刘　良
纪委副书记、监委副主任　李书红
　　周玉芬（女，布依族）
　　赵　龙（白族）
纪委常委　潘　勇（布依族）　蒋若勇
　　吴道峻（回族）　曹明华
　　夏　飞 ※
监委委员　吴道峻（回族）　曹明华
　　王　卫　夏　飞 ※
秘书长、办公室主任　吴道峻（回族）
组织部部长　罗　倩（女，布依族）　方文毅 ※
宣传部部长　洪　珊（女，侗族）　马　强 ※
调研法规室（案件申诉复查复议办公室）主任
　　孔德跃 ※
党风政风监督室主任　冉青青（女，布依族）
信访室主任　查　敏（布依族）
案件监督管理室主任　马　强　夏　飞 ※

干部监督室主任　胡丽娟（女）
第一监督检查室主任　彭印英（女）
第三监督检查室主任　吴玉祥
第四监督检查室主任　潘仕合（布依族）
扶贫与民生监督监察室（重大责任事故调查办公室）
主任　张天根（回族）　李超超 ※
第二审查调查室主任　李兆丰
第七审查调查室主任　曾桂兵
第八审查调查室主任　张　创
第九审查调查室主任　陈紫彬
案件审理室主任　田　霖
州纪委州监委派驻第一纪检监察组
组　　长　孙立旺
副处长级专职纪检监察员　蒋问玲（女）
州纪委州监委派驻第二纪检监察组
组　　长　刘　冰
副处长级专职纪检监察员　蒋开云（布依族）
州纪委州监委派驻第三纪检监察组
组　　长　杨式明　黄政权 ※
副处长级专职纪检监察员　吴科信（苗族）
州纪委州监委派驻第四纪检监察组
组　　长　谭云疆（苗族）
副处长级专职纪检监察员　陈振海
副处长级专职纪检监察员　郭　恒
州纪委州监委派驻第五纪检监察组
组　　长　舒　华（女）
副处长级专职纪检监察员　胡丽娟（女）※
州纪委州监委派驻第六纪检监察组
组　　长　龚　巍
副处长级专职纪检监察员　贝启真（布依族）※
州纪委州监委派驻第七纪检监察组
组　　长　潘忠艳　龚　倞（女）※
州纪委州监委派驻第八纪检监察组
组　　长　罗静坤
州纪委州监委派驻第九纪检监察组
组　　长　李红军（土家族）
副处长级专职纪检监察员　彭永仙（女，黎族）
州纪委州监委派驻第十纪检监察组
组　　长　邹锡鹏
副处长级专职纪检监察员　韦　松（女，布依族）
州纪委州监委派驻第十一纪检监察组
组　　长　王　棚（布依族）　杨式明 ※
副处长级专职纪检监察员　李远冲
副处长级专职纪检监察员　王金国（布依族）
州纪委州监委派驻第十二纪检监察组
组　　长　龙运见　邵　卿（女）※
副处长级专职纪检监察员　贝启真（布依族）
李远冲 ※
州纪委州监委派驻州中级人民法院纪检监察组（第十三纪检监察组）
组　　长　罗玉坤
州纪委州监委派驻州人民检察院纪检监察组（第十四纪检监察组）
组　　长　陈　刚（布依族）
黔西南州监察委员会留置所
主　　任　郭喜跃

**州委办公室（州档案局）**

主　　任　范　华（回族）
副 主 任　谭　宏　张　荣（苗族）　钟　辉
罗　智（布依族）※　李　雄（苗族）※
档案局局长　王定芳（布依族）

**州委组织部**

部　　长　顾先林（苗族）※　龙章怀（侗族）
副 部 长　罗定超（布依族，分管常务工作）
谭云临（苗族）　王　军（兼，女）
陶星明（兼）　鲁永明（兼）
部务委员　黄　丽（女，布依族）　吴　勇
范春明（回族）
公务员局局长　吴　勇

**州委远程办**

主　　任　匡忠畅

**州委老干局**

局　　长　鲁永明
副 局 长　陈文智（女，彝族）　张兴华
州关工委秘书长　张兴华
州委老干部局老干部活动中心（老干部离职休养所）
主任（所长）　陈良品

**州委宣传部［州政府新闻办、州精神文明办、州新闻出版局（州版权局）］**

部　　长　范　华（回族）
副 部 长　娄　勇（分管常务工作）
　　　　　陆才美（女，布依族）　刘启万
　　　　　杨建萍（女）※
网络安全和信息化中心
主　　任　龙瑞见
州人民政府新闻办公室
主　　任　杨建萍 ※
州精神文明建设指导委员会办公室
主　　任　陆才美
州新闻出版局（州版权局）
局　　长　娄　勇

**州委统战部［州委台办（州政府台办）］**

部　　长　罗春红（女，布依族）
副 部 长　牟庆芳（女，分管常务工作）
　　　　　杨丽敏（女）　张　睿（女，苗族）
　　　　　王相宾（兼，布依族）
　　　　　何　杨（兼，布依族）

**“星火计划、科技扶贫”试验区联络办公室**

主　　任　梁正武（黎族）

**州委台湾工作办公室（州人民政府台湾事务办公室）**

主　　任　罗春红（女，布依族）
副 主 任　牟庆芳（女，分管常务工作）　杨丽敏（女）
　　　　　张　睿（女，苗族）　王相宾（兼，布依族）
　　　　　何　杨（兼，布依族）

**州委政法委**

书　　记　冉　博（苗族）
副 书 记　陈喜扩（分管常务工作）　唐朝海
　　　　　易　菊（女）
政治部主任　皮仁刚
法学会专职副会长兼秘书长　罗　文

**州委政研室**

主　　任　黄　勇（回族）
副 主 任　金传友　张明景　梅　贵
　　　　　王沾云（布依族）※

**州委编办**

主　　任　陶星明
副 主 任　陈福兴　巫　敏（女，壮族）
　　　　　陈发鑫（布依族）

**州直机关工委**

书　　记　范　华（回族）
副 书 记　周光磊（分管常务工作）　邹　浩
　　　　　车志敏（女，彝族）
纪检监察工委书记　钟　海

**州信访局**

局　　长　刘国兴
副 局 长　张鸿恩　项祖培　任　波

**州督查局**

局　　长　辛汉昆（女）
副 局 长　刘龙兴　彭　尉　江洪涛

**州委机要保密局（州国家密码管理局、州国家保密局）**

局　　长　杨明选

**州档案馆**

副馆长　李明海（布依族）　冉　昕　冯安全

**州委巡察办**

主　　任　潘　勇（布依族）
副 主 任　王学军（苗族）　张力文（黎族）※
州委第一巡察组
组　　长　魏平胜（布依族）
副 组 长　张六海（苗族）
州委第二巡察组
组　　长　王世继（布依族）
副 组 长　刘卓刚（回族）※
州委第三巡察组
组　　长　唐贤义（布依族）
副 组 长　杨　翔 ※
州委第四巡察组
组　　长　杨　翔　李祖胜（布依族）※

副 组 长　邓召秦（苗族）
正处长级巡察专员　谭代武　刘卓刚（回族）
副处长级巡察专员

**州史志办**

主　　任　王淑芳（女，布依族）
副 主 任　杨　埩（女，布依族）　李正江

**州老年大学**

校　　长　朱　琳（女）
副 校 长　胡静勇

**州委党校（州行政学院、州社会主义学院）**

州委党校校长　穆嵘坤（兼）
州行政学院院长　陈　健（兼）
州委党校（州行政学院、社会主义学院、州委讲师团）
副校长（副院长、副团长）、校务委员会委员
　　　　王天洋　林可华　周玉华（布依族）※
　　　　蔡　平　邓一平（侗族）
教育长、校务委员会委员　刘远尧（苗族）
组织人事处处长　曾宪辉
行政管理处处长　张作义
教务处处长　邓　芳（女，土家族）
学员工作处处长　帅斌付
基层党校工作处处长　瞿　强※
保卫处处长　王思卫（布依族）
宣讲组织处处长　郭真向※
宣讲教研处处长　张丙乾
经济学教研部主任　刘培林
党史党建教研部主任　张杰彬（苗族）
公共管理教研部主任　石　鑫
法学教研部主任　邓连引（苗族）
文化与现代科技教研部主任　王正勇
科学社会主义教研部主任　王玉玲（女，布依族）
信息工作部主任　瓦龙文（回族）

## 黔西南州人大常务委员会

主　　任　邓家富
副 主 任　张合建（回族）　黄健勇　方　俊
　　　　王丽蓉（女，布依族）　田大宝（苗族）
　　　　蒋　静（女，黎族）　钱正浩
秘 书 长　徐芝桦
副秘书长　雷太平　余正华（布依族）　孙正国
机关党组书记、办公室主任　徐芝桦
机关党组成员　向光发　雷太平　孙正国
　　　　秦黔玲（女）　邱国权※

**研究室**

主　　任　向光发
副 主 任　龚义杰

**法制工作委员会**

主　　任　王　虹（女）
副 主 任　郑国兴

**法制委员会**

主任委员　李云林
副主任委员　秦黔玲（兼，女）※
委　　员　王永忠　白宁玲（兼，女）　陈　勇
　　　　吴立社　杨江帆（布依族）

**财政经济委员会**

主任委员　雷乃祥
副主任委员　陈　昆（兼）
委　　员　韦炫章（布依族）　吴玉方　季　赟
　　　　刘　琼（女）　孟成雄

**教育科学文化卫生委员会**

副主任委员　白宁玲（女）
委　　员　黄朝文（布依族）　韦寒冬（女，布依族）
　　　　李文茂　蒋福彪　韦贵萍（女）

**监察和司法委员会**

主任委员　柳云龙（仡佬族）
副主任委员　陈　昆
委　　员　蒋蜀安　岑官丽（女）　杨　惠（女）
　　　　刘　瑜　徐诗勇（布依族）

**民族宗教侨务委员会**

主任委员　刘远雄（苗族）

委　　员　蒙立胜（布依族）　罗　敏（女，布依族）
　　　　　尹洋华（布依族）　艾　敏（女，布依族）
　　　　　张芳友（苗族）

**农业与农村委员会**

主任委员　秦黔玲（女）

副主任委员　蒋　雪（女）　余正华（兼，布依族）

委　　员　范国美（女）　梁　峰（布依族）　郎元兴
　　　　　高　雪（满族）　陆明菊（女，布依族）

**选举任免联络委员会**

主任委员　邱国权 ※

副主任委员　王义文

委　　员　吴金山　刘海峰（彝族）　张鸿恩
　　　　　雷乃祥　陈　敏（女）

**社会建设委员会**

主任委员　陈远华

副主任委员　付忠文

**环境与资源保护委员会**

主任委员　陈先华

副主任委员　谢坪洴

委　　员　张盛琦　李秀琼（女，苗族）
　　　　　张　伟（布依族）　王利刚　陈　隆（苗族）

**州人民代表大会常务委员会代表服务中心**

主　　任　李正海

## 黔西南州人民政府

州　　长　杨永英（女，布依族）

副 州 长　陈　健（分管常务工作）　黄　曼（女）
　　　　　李　杰　李　淞　刘兴吉
　　　　　王丽琼（女、苗族）　胡志峰 ※　黄　华

秘 书 长　詹丹志 ※　段　棚（布依族）

副秘书长　张洪波 ※　岑大明（布依族）　王　波
　　　　　何兰云　廖顺海　刘　刚　杨　睿
　　　　　王　健　刘祖慰

**州政府办公室（州外事办、州政府经济发展研究室、州金融办）**

主任、机关党组书记　段　棚（布依族）

副秘书长、机关党组成员　岑大明（布依族）
　　　　　廖顺海　刘　刚
　　　　　王　波　杨　睿
　　　　　王　健　刘祖慰

副主任、机关党组成员　刘祖慰 ※
　　　　　俞蜀波（女，苗族）

副 主 任　席大中 ※　俞蜀波（女，苗族）※
　　　　　沈堂江 ※　刘　琼（女）　夏文鼎

**驻北京联络处**

主　　任　孟　云

副 主 任　刘文生

**驻贵阳办事处**

主　　任　席大中

**州委州政府机关事务服务中心**

主　　任　俞蜀波（女，苗族）

副 主 任　高安荣

**州政务服务中心**

主　　任　蒋芙蓉（女）

副 主 任　杨朝贤 ※　易青松（苗族）　杨芳燕（女）

**州发展改革委**

主任、党组书记　高振敏

副主任、党组成员　涂立德 ※　陈建林（苗族）
　　　　　邓成刚　容　烜

党组成员　方　洪　谭云疆（苗族）

铁建办主任　邓勤田

州经济研究中心

主　　任　金道林

**州投资促进局**

局　　长　罗佐臣

副 局 长　樊　荣（黎族）　邓志豪

**州教育局**

局长、党组书记　梁喜明 ※　青　松（女）

副局长、党组副书记　谢　毅（苗族）

副局长、党组成员　罗立军　李天维

党组成员、州教育工会主席　封　蠡（女）

正处长级督学、党组成员　陈丽芬（女）

副处长级督学　罗娄燕（女，苗族）

**州委教育工委**

书　　记　范　华

副 书 记　李　杰　梁喜明 ※　青　松（女）

**州教育发展中心（州教育考试中心）**

主　　任　岑顺林（布依族）

**州科技局**

局长、党组书记　王一中

副局长、党组成员　邓启鹏　王敬黔

党组成员　林凤娥（女，壮族）

**州工业和信息化局（州大数据局）**

局长、党组书记　靳龙方

副局长、党组成员　袁大江（黎族）　岑建芳（布依族）
雷　玷（回族）

党组成员　冯全明　陈元里（苗族）　龙声卫（黎族）

**州大数据服务中心**

主　　任　龙声卫（黎族）

**州民营经济和中小企业发展促进中心**

主　　任　洪玉华

**州民宗委**

主任、党组书记　王相宾（布依族）

副主任、党组成员　吴贞亮（苗族）　刘　舟（苗族）
李景兴（回族）

**州公安局**

局长、党委书记、督察长　李　淞

常务副局长　王克华

党委副书记　王克华　贺春秀（女，布依族）※

副局长、党委委员　赵俊国　曾孔阳 ※
吴贵森（兼，彝族）

党委委员、政治部主任　许　波（女）

特（巡）警支队支队长

特（巡）警支队政委　王海涛 ※

禁毒工作支队政委　罗福荣（布依族）※

网络安全保卫支队支队长　谢　佳 ※

网络安全保卫支队政委

国内安全保卫支队支队长　赵慧平 ※

法制支队支队长　保安全（回族）

出入境管理处处长　赵光胜

兴义机场公安分局政委　赵光胜 ※

义龙新区（顶效经济开发区、安龙经济开发区）分局

局　　长　覃元提（布依族）

政　　委　韦　锋（布依族）

州公安局交通管理局（州公安局交通警察支队）

支 队 长　覃国洲（布依族）

政　　委　王征宇 ※

**州民政局**

局长、党组书记　张　鸿

副局长、党组副书记　李定益（苗族）

副局长、党组成员　李开斌 ※　查世海（布依族）
王沾云（布依族）

州社会救助中心主任　张廷华（回族）

**州司法局**

局长、党组书记　秦昌政

副局长、党组副书记　岑华斌（布依族）

副局长、党组成员　韦仕斌（布依族）　肖　芳（女）
龚飞燕（女）※

政治部（警务部）主任、党组成员　谭诗久

公证处主任　梁正文

**州强制隔离戒毒所**

所　　长　张若谷

第一政委　秦昌政（兼）

政　　委　王　玲（女）

副 政 委　杨洪彬（回族）

副 所 长　阮伯华　刘友良
政治处主任　魏劲松（苗族）

**州财政局**

局长、党组书记　左应江
副局长、党组副书记　朱继民
副局长、党组成员　刘建津 ※　雷　霞（女）
张宏全
党组成员　孙立旺
国库集中支付中心主任　黎峥嵘（女）

**州人力资源社会保障局**

局长、党组书记　王　军（女）
副局长、党组成员　黄　莉（女）※　王从刚
肖堂友　罗　雄
党组成员　黄　莉（女）　舒　华（女）
考试院院长　胡德剑
社会保险事业局局长　罗定国（布依族）
就业局局长　胡　莹（女）
州劳动保障综合行政执法支队支队长　杨学斌
州劳动人事争议仲裁院院长　韦　莽（布依族）
党组成员、州就业创业服务中心　张仕伟

**州自然资源局**

局长、党组书记　李锦洪
副局长、党组成员　陈　阳（女）
党组成员　申　杰（仡佬族）　温安贵
执法监察支队支队长　罗启荣

**州生态环境局**

局长、党委书记　唐昌应
副局长、党委委员　韩　龙 ※　齐红奕（女）
刘　路
副 局 长　张　力（布依族）

**州住房城乡建设局　（州综合行政执法局、州城市管理局）**

局长、党组书记　钟代刚 ※　黄其兴
副局长、党组成员　李启斌 ※　李文胜
秦永刚（布依族）　刘维佳
党组成员　范　磊 ※
州综合行政执法局万峰湖分局局长　夏家祥

**州交通运输局（州交通战备办）**

局长（主任）、党组书记　陈林涛 ※　黄　华
副局长（副主任）、党组成员　钟代刚　李　江
张国志
兼职副局长　邵卫春（女）
党组成员　刘启耀（布依族）　马发猛（回族）
交通运输综合执法支队政委　吴永福（布依族）
交通建设发展中心主任　刘建平

**州水务局**

局长、党组书记　周寿黔
副局长、党组副书记　李本荣 ※
副 局 长　钟　瑜　林以彬　邓安祥（布依族）
党组成员　刘远忠（苗族）
党组成员、水利资源开发建设中心主任
郭　锐（布依族）

**州农业农村局**

局长、党组书记　徐祖荣（女）
副局长、党组成员　李玉军　令狐彬彬（布依族）
副 局 长　刘兴安
党组成员　朱晓康（土家族）　葛建明　刘　冰
党组成员、农业农村发展中心主任　石　明
渔业发展中心主任　刘兴安 ※
农业技术推广中心主任　蔡宏鑫

**州商务局（州政府口岸办）**

局长（主任）、党组书记　刘　华
副局长（副主任）、党组成员　王文海（布依族）
陆文广
余洪江（布依族）
党组成员、国际贸易促进会黔西南州支会会长
谢剑辉

**州文化广电旅游局**

党组书记、局长　戴时昌（彝族）
党组成员、副局长　吕天华　冉　兵
林昌平（布依族）　范国玲
党组成员　庹　铸　杨式明

党组成员、文物局局长　范国玲 ※
文化市场综合行政执法支队支队长　丁连勇

**州卫生健康局**
局长、党组书记　梁龙甫（布依族）
副局长、党组副书记　曾四清（女）
副局长、党组成员　王大燕（女，布依族）
胡顺金（苗族）
党组成员、计划生育协会专职副会长　王文正
党组成员、卫生健康综合行政执法支队支队长
孙仁海
党组成员、工会主席　王贵英（女）

**州退役军人局**
局长、党组书记　马崇曾（回族）
副局长、党组成员　杜流祥　吴望江（布依族）
时　俊 ※　郑逢春

**州应急局**
局长、党组书记　王美强（土家族）
副局长、党组成员　李端虎　华　雄（回族）
叶劲松（彝族）
党组成员　李安辉　姚友斌（彝族）　项　超（布依族）
应急综合保障中心（州应急救援中心）主任　张　笠

**州审计局**
局长、党组书记　雷宪春
副局长、党组成员　沈浩廷（回族）　龙　敏（苗族）
党组成员、领导干部经济责任审计工作联席会议
办公室主任　张时龙
总审计师　张亚非（女）※

**州国资委**
主任、党委书记　陈学农（彝族）
副主任、党委副书记　孙取利（女，回族）
副主任、党委委员　何宏辉　郑照丹（回族）

**州市场监管局（州知识产权局）**
局长、党组书记　周茂萍（女，水族）
副局长、党组成员　张德秀（女）※　李厚辰（侗族）
唐正泽　文龙生（彝族）
党组成员　岑仕斌（布依族）　吴克俊
食品安全总监　杨明江
药品安全总监　柳红英（女，布依族）
综合行政执法支队支队长　聂山林 ※　邓远鸿
州检验检测中心副主任　林廷龙　农文明（布依族）

**州能源局**
党组书记　潘　龙（布依族）
局　　长　任爱佳 ※　黄榜泉（布依族）
副局长、党组副书记　李　鑫
副局长、党组成员　杨　枫（苗族）　陈仕曦
党组成员　胡永华
能源综合行政执法支队支队长　赵良忠

**州体育局**
局长、党组书记　王才丽（女）※　吴文忠
副局长、党组成员　王　政（苗族）　李祖平 ※

**州统计局**
局长、党组书记　李泽芸（女）
副局长、党组成员　何正祥（布依族）　李启政
赖香如（女）
统计信息服务中心主任　陈　浪（黎族）

**州医保局**
局长、党组书记　付汝奎
副局长、党组成员　何正义（布依族）　方　针（女）
副 局 长　王　梅（女）
党组成员、医疗保障事务服务中心主任
孙学耕（女，回族）

**州人防办**
主任（局长）、党组书记　陈　勇（布依族）※
何兰云
副主任（副局长）、党组成员　曾勋华　刘　灵

**州扶贫办**
主任、党组书记　刘兴吉
副主任、党组副书记　陈秀玲（女，布依族）
副主任、党组成员　刘凡林（苗族）　余泽漱 ※
杨　鎏（苗族）　张国芳

副 主 任　付光翔
督查专员　钟　辉※　林佳权
扶贫开发促进中心主任　周义力

**州生态移民局**

党组书记　黄其兴（布依族）※　谢　坤
局　　长　王尧忠
副局长、党组副书记　梁富忠（布依族）※
岑　民（女，布依族）
副局长、党组成员　李　文
党组成员　王燕国
党组成员、督查专员　杨　梅（女，布依族）
谢　鑫

**州林业局**

局长、党组书记　刘凌云（彝族）
副局长、党组副书记　陈兴林（布依族）
副局长、党组成员　黄秀忠

**州供销合作社联合社**

主任、党组书记　黄清勇（布依族）
副主任、党组成员　李选志　龙汉勇（黎族）

**州住房公积金管理中心**

主任、党组成员　胡雨生
副主任、党组成员　赵仕成
总会计师、党组成员　张　春（女）

**州公共资源交易中心**

主　　任　张时龙
副 主 任　杨黔明（女）

## 政协黔西南州委员会

主　　席　陈国芳
副 主 席　王　林　廖　星　黄榜泉（布依族）
蒋　静（女，黎族）※　李建勋
莫武安（黎族）　陈　晴（回族）
霍盛红（女，苗族）　王尧忠
农文海（布依族）
秘 书 长　李如晴（布依族）
副秘书长　宋　赢　朱曼华　刘光勇（布依族）

**办公室**

机关党组书记、办公室主任　李如晴（布依族）
机关党组副书记
机关党组成员　朱曼华　刘光勇（布依族）
赵克难※

**提案法制委员会**

主　　任　马丽红（女，回族）
副 主 任　蒋春风　李　勇（兼）　蒋万福※

**经济委员会**

主　　任　岑南昌（布依族）※
副 主 任　朱继民（兼）　胡雨生（兼）
杨社风（女，回族）

**教科卫体与文化文史学习委员会**

主　　任　王应琼（女）
副 主 任　蒋万福　杨绍芸（女，布依族）※
罗　敏（兼，女，布依族）

**农业农村委员会**

主　　任　陈亚琼（女，彝族）
副 主 任　陈国祥（苗族）

**民族宗教联谊委员会**

主　　任　黄　倩（女，回族）
副 主 任　龚　倞（女）

**人口资源环境委员会**

主　　任　陈林涛　吕纪进※
副 主 任　杨绍芸（女，布依族）　唐鹏程（兼）
温安贵（兼）

**研究室**

主　　任　赵克难（女）※
副 主 任　陈　钢（苗族）　蒋万福※

**智力支边联系小组办公室**

主　　任　罗　智

副 主 任　潘纯清

**州政协委员服务中心**

主　　任　罗成武

## 法院　检察院

**黔西南州中级人民法院**

院长、党组书记　高　峰（仡佬族）

常务副院长、党组副书记　李　勇

副院长、党组成员　岑　卫（布依族）

岑吉善（布依族）※

副 院 长　李华敏（女，布依族）

政治部主任、党组成员　龙春燕（女，侗族）

审判委员会专职委员　张黔川　金　涛（女）

党组成员　杨再官（侗族）　杨德莉（女）

执行局局长　杨德莉（女）

刑事审判工作局局长　刘远益

**黔西南州人民检察院**

检察长、党组书记　刘　青（布依族）

常务副检察长、党组副书记　周仕刚（苗族）

副检察长、党组成员　姚　福　李群芳（女，回族）

政治部主任、党组成员　黄代波

## 民主党派

**中国国民党革命委员会黔西南州工作委员会**

主任委员　黄榜泉（布依族）

秘 书 长　陈　敏（女）

**中国民主同盟黔西南州委员会**

主任委员　黄　曼（兼，女）

副主任委员　罗　敏（女，布依族）

吴　军（兼，苗族）

朱　琦（兼，女，蒙古族）　周洪斌（兼）

秘 书 长　周锡纯（回族）

**中国民主促进会黔西南州委员会**

主任委员　廖　静（女）

副主任委员　黎　虹　曾　旭（兼）　潘元萍（兼，女）

## 群众团体

**州总工会**

主　　席　田大宝（苗族）

党组书记、副主席　胡丹录

副主席、党组成员　莫武龙（黎族）

副 主 席　罗　雄（兼）　刘婷婷（挂，女）

党组成员　左秋芳（女）

党组成员、工会经费审查委员会主任

王　琼（女，布依族）

**共青团黔西南州委**

书记、党组书记　邓麟宇

副书记、党组成员　朱登琳（女，苗族）　刘　玲（女）

挂职副书记　沈堂江（挂）

兼职副书记　张　洪（兼）

**州妇联**

主席、党组书记　王婷菊（女，布依族）

副主席、党组成员　卢卫民（女，彝族）

副 主 席　陈维娟（女）　封　鑫（兼，女）

余必丽（兼，女）　冯玉敏（兼，女）

胡　莹（挂，女）

**州文联**

名誉主席　黄健勇

主席、党组书记　桂　兵（回族）

副主席、党组成员　夏　萍（女）　岑　岚（布依族）

秘 书 长　夏　萍（女）

**州残联**

主　　席　范　华（回族）

名誉主席　田大宝（苗族）　蒋　静（女，黎族）
理事长、党组书记　王　琴（女，布依族）
副理事长　郎凤琴（女，布依族）　蒙廷跃（布依族）
党组成员　岑家勇（布依族）　黄莉红（女）
副 主 席　王　琴（女，布依族）　吴山舢（布依族）
罗永会（女）　邢孝兰（女）　赵田发
郑洪祖

**州科协**

党组书记　班庭源　吴文忠 ※
主　　席　邓　笑（女，苗族）
副 主 席　胡　艳（女）　李　坤（兼）　张传跃（兼）
罗立军（兼）　陈元里（兼，苗族）
陈淑琳（兼，女）　白美发（挂，回族）

**工商业联合会（商会）**

主席（会长）　莫武安（黎族）
党组书记　何　杨（布依族）
副主席（副会长）　何　杨（布依族）　吴玉方
保　琨（女，回族）　李自庚（彝族）
秘书长、党组成员　查连金　戴　云（布依族）※
党组成员　李自庚（彝族）

**州社科联**

主席、党组书记　秦廷华（黎族）
副 主 席　刘远尧（兼，苗族）　陈　琳（兼，女）
黄利君（兼）　张　翔（兼）
副主席、秘书长、党组成员　刘先国
余　波（布依族）※
党组成员　余　波（布依族）

**州侨联**

主席、党组书记　杨黔生
副主席、秘书长　李　辉
副主席、党组成员　赵克难（兼，女）※
副 主 席　刘进杰（兼）

**州红十字会**

会　　长　范　华
常务副会长、党组书记　吴评说（女，布依族）
副会长兼秘书长、党组成员　伍定英（女，布依族）
赵玉芬（女）※
副 会 长　廖顺海（兼）　娄　勇（兼）　李开斌（兼）
肖堂友（兼）　付汝奎（兼）
朱登琳（兼，女，苗族）　张宏全（兼）
沈浩廷（回族）
党组成员　赵玉芬（女）

**贸易促进会黔西南州支会**

会　　长　谢剑辉

**州计划生育协会**

会　　长　王丽琼（女，苗族）
常务副会长　梁龙甫（布依族）
专职副会长　王文正
秘 书 长　李斯红（女，布依族）

## 院　校

**兴义民族师范学院**

党委书记　吕国富（穿青人）
院长、党委副书记　刘照惠 ※　缪坤和
党委副书记　丁湘梅
副院长、党委委员　邱国俊（女）※　彭光明（黎族）
张兴毅　潘　勇（苗族）
罗红英（女）
党委委员、纪委书记　马必静（女）

**黔西南民族职业技术学院**

党委书记　袁金富
院长、党委副书记　韦国民（布依族）
党委副书记　黄　波（布依族）
副院长、党委委员　肖永璘 ※　王媛茳（女，布依族）
李光武　曾　旭
党委委员、纪委书记　贺芝鑫（布依族）
党委委员、工会主席　韦仕平（布依族）
党委办公室（学院办公室）主任　张鲁涛
组织人事部部长　陈英胜 ※　杨朝贤
宣传部（思想政治工作处）部长（处长）
黄榜书（布依族）

统战部部长　黄洪伟（蒙古族）　刘安尧（苗族）※
　　　　　　汪　荣
学生工作部部长　汪　荣
纪委副书记　罗荣忠 ※　黄福林（布依族）
马列主义教研室主任　郭应乾（布依族）
保卫处处长　田　燃
资助管理中心主任　聂　红（女，布依族）
医药系党总支书记　王　伟（布依族）
医药系主任　陈　伟
护理系党总支书记　陈　琳（女）
水利电力工程系党总支书记　曾志萍
水利电力工程系主任　邓　毅（彝族）
机械与电子工程系党总支书记　黄洪伟（蒙古族）
机械与电子工程系主任　况照祥（满族）
商务系党总支书记　黄永佳
商务系主任　查兰建（布依族）
生物工程系（食用菌系）主任　赵同贵
科研处处长　白美发（回族）
继续教育与培训部（劳动力转移就业培训中心）部长（主任）　叶飞龙

**广播电视大学**

党委书记　杨光智
党委副书记、校　长　傅　强
副校长、党委委员　解天录
副 校 长　封怀忠（彝族）
纪委书记　陈英胜

**兴义一中**

党委书记　黄利君
校长、党委副书记　李　坤（苗族）
副校长、党委委员　饶正雄　王甫尤（布依族）
　　　　　　　　　马　波（回族）
副 校 长　曾　旭 ※
党委委员、纪委书记　廖顺雁（女）
党委委员、工会主席　杨凌霄（女，回族）

## 新闻单位

**黔西南日报社**

党委书记、社长　许新晓
党委副书记　杨建萍
总编辑　杨建萍　许新晓 ※
党委委员、副总编辑　邓伯祥　查必芳（女，布依族）
党委委员、纪委书记　韦永江（布依族）

**黔西南广播电视台**

党委书记、台长　吕天华
党委副书记、总编辑　张　克
党委委员、副台长（副总编辑）　冯安全 ※　孟　江
　　　　　　　　　　　　　　　吴洪炳（彝族）
党委委员、总工程师　张　翔
党委委员、工会主席　胡秀青

**州广播电视网络信息传输中心（广播电视转播发射台）**

主任（台长）
总工程师　刘　洁（女）

## 医院　卫生机构

**州人民医院**

党委书记　张传跃
党委副书记、院长　白宁艳（女）
党委副书记　许荣荣（女，土家族）
副院长、党委委员　白宁艳（女）※　李文茂
　　　　　　　　　李方学（苗族）　蒋显成
　　　　　　　　　王忠安
工会主席、党委委员　王　楠（女，布依族）※
总会计师、党委委员　景　秋（女）
党委委员、纪委书记　王志胜

**州中医院（工伤医院、工伤康复中心）**

党委书记、院长　李　明
副院长、党委委员　谢远志 ※　王开化 ※

吴　涛　许　涛
总会计师、党委委员　陈桂柱
党委委员、纪委书记　韦元富（布依族）

**州疾病预防控制中心**
主　　任　唐鹏程
副 主 任　潘　牛（苗族）　吴国刚

**州妇幼保健院（州儿童医院、州妇幼保健计划生育技术服务中心）**
党委书记　吴营兴
院长（主任）　刘　松

**州紧急医疗救援中心**
主　　任　张合俊（回族）

## 州管国有企业

**州文化旅游产业投资开发（集团）有限公司**
党委书记、董事长、总经理　张洪波（女）
党委书记、董事长　熊　秋 ※
党委副书记　陈秀玲（女，布依族）※
党委委员、纪委书记　潘睿琦（女）
党委委员、副总经理　裴钜潸
副总经理　陈明廷
　　　　　龙远平（女）

**州工业投资（集团）有限公司**
党委书记、董事长　徐声健
党委副书记、总经理　王文波（布依族）
党委副书记　姚明朝 ※
党委委员、纪委书记　唐名江
总会计师　岑玉梅（女，布依族）
副总经理　裴若舜
党委委员　肖大勇（彝族）

**贵州金州电力有限责任公司**
党委书记、董事长　吕世霖
党委副书记、总经理　沈堂江
党委委员、纪委书记　徐海峰
党委委员、副总经理　韦延宏
副总经理　蒋茂军　秦　勇

**州宏升资本营运有限责任公司（州扶贫开发投资有限责任公司、州国有资本运营有限责任公司）**
董 事 长　吕纪焱
总 经 理　周　龙
副总经理　何信彰　叶祥君　徐　妤（女）

**州城市建设投资有限公司**
董事长、总经理　李启斌　梁永松（布依族）※
副总经理　吴　华　罗　宇（布依族）　舒　江

**州水资源开发投资有限公司（州金农生态产业发展有限公司）**
董 事 长　皮祖乔
总 经 理　蒋　丹　皮祖乔 ※
副总经理　陈　永　贺正凯（布依族）※

**州畅达养老产业有限责任公司**
总 经 理　姚明朝
副总经理　杨　文　杨　怡（女，彝族）　熊建兴

**兴义汽车运输总公司**
党委书记　黄兴玉
党委副书记、总经理　林昌平　周学诗 ※
党委副书记　韦智勇（布依族）※
党委委员、纪委书记　唐登明
党委委员、副总经理　周维志　杨　斌 ※

**州黄金公司**
总 经 理　刘民元

## 其他机构

**普晴林场**
党委书记、场长　张卫龙
副场长、党委委员　吴祥学　罗天书（布依族）

党委委员、工会主席　陈历龙
党委委员、纪委书记　罗琳杰（苗族）

**南盘江林场**

党委书记、场长　陈昌远（彝族）
党委委员、工会主席　尹衍强
党委委员、纪委书记　冯大林

**喀斯特区域发展研究院**

党组书记　王一中
院　　长　魏晓双（女）
副 院 长　赵　伟　张泽志

**州民族文化中心（非物质文化遗产保护中心、文物保护中心）**

主　　任　金　漫

**兴义国家粮食储备库**

主　　任　谭　山

## 县市区党委、纪委、人大、政府、政协、法院、检察院

**兴义市**

中国共产党兴义市委员会
书　　记　顾先林（苗族）　许风伦 ※
副 书 记　田　涛　潘维维（布依族）
　　　　　班庭源（满族）※
常　　委　兰有祥　谢　娜（女）　黄　晨（彝族）
　　　　　吴贵森（彝族）　周遵桂　陈　江
　　　　　李祖平　袁煊松　青　松（女）※
中国共产党兴义市纪律检查委员会
书　　记　兰有祥
兴义市人大常委会
主　　任　蒋蜀安
副 主 任　唐　钢　文筑邑（女）　钟世友（苗族）
　　　　　任登华　晋永坤　金保明
兴义市人民政府
市　　长　田　涛
副 市 长　陈　江　李祖平　张　超　李启明
　　　　　曹　勇 ※　王　健 ※　袁　艺（女）
　　　　　蔡和科
政协兴义市委员会
主　　席　熊和金（布依族）
副 主 席　聂建强　田进领　李明刚　郑代平（女）
　　　　　李兴富　刘文梅（女）　陈再云
　　　　　葛佳华（女）※　姚继武 ※
兴义市人民法院
院　　长　杨再官（侗族）
兴义市人民检察院
检 察 长　曾　英（女）

**兴仁市**

中国共产党兴仁市委员会
书　　记　方　俊
副 书 记　方先红（女）　刘海峰（彝族）
常　　委　张　桂（女，回族）　王绥鸿　袁　军
　　　　　马安平（回族）　潘炳云　刘彦城
　　　　　李汉清　李泽军（彝族）※
中国共产党兴仁市纪律检查委员会
书　　记　张　桂（女，回族）
兴仁市人大常委会
主　　任　范国美（女）
副 主 任　陈　勇　张普华（回族）　刘远昌（苗族）
　　　　　梁大勇（布依族）　陈登鳌　龚詹伦（彝族）
兴仁市人民政府
市　　长　方先红（女）
副 市 长　王绥鸿　王长贵　白美宏（回族）
　　　　　刘　玻（黎族）　蔡洪斌　吴　松
政协兴仁市委员会
主　　席　周国辉
副 主 席　陈朝洪（黎族）　王启斌（布依族）
　　　　　胡光帅　邱锦林　钟邦伟（女，布依族）
　　　　　白品华（回族）　张再兴（回族）
兴仁市人民法院
院　　长　王　柱
兴仁市人民检察院
检 察 长　唐　力

**安龙县**

中国共产党安龙县委员会
书　　记　钱正浩
副 书 记　冉隆斌　黄思勇（布依族）
常　　委　魏松林（苗族）　马子奎（回族）
　　　　　马德胜（回族）　陈　胜　赵廷波（彝族）
　　　　　孔德跃　刘海中　罗　锦（女，彝族）※
　　　　　刘先国※　谭　宏※　郑逢春※
中国共产党安龙县纪律检查委员会
书　　记　孔德跃　刘先国※
安龙县人大常委会
主　　任　罗　锦（女，彝族）　黄朝文（布依族）※
副 主 任　韦世欧（布依族）　辛富康
　　　　　韦安忠（布依族）　梅秀文　尤光祥
　　　　　黎晓娟（女）
安龙县人民政府
县　　长　冉隆斌
副 县 长　魏松林（苗族）　马德胜（回族）　郑少典
　　　　　李洋国（布依族）　马兴菊（女，回族）
　　　　　郑逢春※
政协安龙县委员会
主　　席　梅　俊
副 主 席　颜仕亮（布依族）　杨　琨　胡荣鑫
　　　　　黄显旷（布依族）　杨盛意（苗族）
　　　　　唐素炎　宁龙镔
安龙县人民法院
院　　长　潘建林
安龙县人民检察院
检 察 长　吴　军

**贞丰县**

中国共产党贞丰县委员会
书　　记　张玉龙
副 书 记　郑梦英（女）　陈　磊（回族）
常　　委　易应学　保国才（回族）　李正渊
　　　　　王仕祥　郑　锐（壮族）
　　　　　马　莉（女，回族）　杜　平（女，黎族）
　　　　　潘吉友（布依族）
中国共产党贞丰县纪律检查委员会
书　　记　易应学
贞丰县人大常委会
主　　任　蒙立胜（布依族）
副 主 任　梁　峰（布依族）　毛　跃（布依族）
　　　　　卓国虎　雷启才（苗族）
贞丰县人民政府
县　　长　郑梦英（女）
副 县 长　李正渊　王仕祥　贺志强　徐正祥
　　　　　陈克鑫（畲族）　毛文波
政协贞丰县委员会
主　　席　冯　勇（苗族）
副 主 席　杨光武　黄桂荣（女）　涂章友　窦万文
　　　　　张　勇（回族）
贞丰县人民法院
院　　长　赵　鸿
贞丰县人民检察院
检 察 长　史顺宁（回族）

**普安县**

中国共产党普安县委员会
书　　记　农文海（布依族）
副 书 记　龙　强（苗族）　曾　蔚（穿青人）
　　　　　刘启万※
常　　委　吴立社　龚德雄　熊华禹（回族）
　　　　　陈　刚　罗　立（女，布依族）　姚开元
　　　　　潘　伟（布依族）　毛日全
中国共产党普安县纪律检查委员会
书　　记　陈　刚
普安县人大常委会
主　　任　张盛琦
副 主 任　张建英（女）　李国奉（苗族）　李学富
　　　　　陈太阳　戴　松（彝族）
　　　　　董艳均（女，回族）
普安县人民政府
县　　长　龙　强（苗族）
副 县 长　熊华禹（回族）　姚开元　刘明江
　　　　　庹锦涛　王　滩　张维海
政协普安县委员会
主　　席　孙有林
副 主 席　孔祥顺※　王　强　黄工能（女，苗族）
　　　　　姜文静（女，黎族）　纪承隆　张　祥
　　　　　袁　敏（女）

普安县人民法院
院　　长　朱维文（黎族）
普安县人民检察院
检 察 长　国　刚

**晴隆县**

中国共产党晴隆县委员会
书　　记　袁建林
副 书 记　冯子建（布依族）　余泽漱　付明勇 ※
常　　委　吕　军　潘　琼（女，苗族）
　　　　　郑登洋（黎族）　田　青（布依族）
　　　　　封汪鑫　郭　位　刘　英（女）
　　　　　罗佳梅（女，布依族）　龙　金（苗族）※
中国共产党晴隆县纪律检查委员会
书　　记　罗佳梅（女，布依族）
晴隆县人大常委会
主　　任　吴金山
副 主 任　杜昌益（苗族）　唐　飞（黎族）
　　　　　罗　勇（苗族）　李秀琼（女，苗族）
　　　　　马群明
晴隆县人民政府
县　　长　冯子建（布依族）
副 县 长　吕　军　封汪鑫　刘　英（女）
　　　　　曹　琨（布依族）　贺伯果　袁　力（苗族）
　　　　　龙　金（苗族）※
政协晴隆县委员会
主　　席　付明勇
副 主 席　李少敏（布依族）　潘盛江　夏开国
　　　　　周兴峰　易　勇
晴隆县人民法院
院　　长　刘筱青（女，布依族）
晴隆县人民检察院
检 察 长　王成刚

**册亨县**

中国共产党册亨县委员会
书　　记　詹丹志
副 书 记　张　茂（回族）　刘　洁（女）
常　　委　罗佐文　李　涛　方　华
　　　　　李尚成（布依族）　王勤彬　易　翔（彝族）
　　　　　曹　勇　樊新周　谭显荣 ※　谢　坤 ※
　　　　　甘　彬（彝族）※
中国共产党册亨县纪律检查委员会
书　　记　曹　勇　甘　彬（彝族）※
册亨县人大常委会
主　　任　王永忠
副 主 任　符宁平　梁群英（女，布依族）　李克彬
　　　　　杨兴文　冷正楷　黄锦周（布依族）
册亨县人民政府
县　　长　张　茂（回族）
副 县 长　李　涛　朱明琳（仡佬族）　王国杰
　　　　　郭媛媛（女，布依族）　方　华 ※
　　　　　谢　坤 ※
政协册亨县委员会
主　　席　王　专（布依族）
副 主 席　张显文　王邦成（布依族）
　　　　　岑仕香（女，布依族）　谭显荣
　　　　　陈光益 ※
册亨县人民法院
院　　长　农文勇（布依族）
册亨县人民检察院
检 察 长　胡兴燕（女）

**望谟县**

中国共产党望谟县委员会
书　　记　李建勋
副 书 记　徐　炼　贺孝斌（布依族）
常　　委　刘　涵（苗族）　胡　亦　黄锦睿（布依族）
　　　　　董顺飞　刘　桢（回族）　刘曜熙（苗族）
　　　　　莫　川　范春明
　　　　　伍定英（女，布依族）※　李天维 ※
中国共产党望谟县纪律检查委员会
书　　记　董顺飞
望谟县人大常委会
主　　任　韦炫章（布依族）
副 主 任　黄祖军（布依族）　韦寒冬（女，布依族）
　　　　　韦定德（布依族）　王永蓉（女）　田太奇
　　　　　谭　鸿
望谟县人民政府
县　　长　徐　炼
副 县 长　刘　涵（苗族）　刘曜熙（苗族）　王忠仕
　　　　　黄　云　谢金金　刘　鹏

王永蓉（女）※

政协望谟县委员会

主　　席

副 主 席　黄锦艳（布依族）　谭承顶（布依族）

李　彬（布依族）　岑显芬（女，瑶族）

张恒跃（苗族）　胡　亦 ※

韦家坤（布依族）※

望谟县人民法院

院　　长　陈大林（布依族）

望谟县人民检察院

检 察 长　孙国祥（布依族）

**威舍经济开发区**

中国共产党威舍经济开发区工委

副 书 记　王才祥

威舍经济开发区管委会

副 主 任　王才祥

**清水河经济开发区**

清水河经济开发区党工委

书　　记

委　　员　罗伦洪（苗族）

清水河经济开发区管委会

主　　任　田　涛

副 主 任　罗伦洪（苗族）

**兴义万峰林景区**

兴义万峰林景区党工委

书　　记　顾先林（苗族）　许风伦 ※

副 书 记

兴义万峰林景区管委会

主　　任

**万峰林现代服务业开发区**

万峰林现代服务业开发区党工委

书　　记　顾先林（苗族）　许风伦 ※

万峰林现代服务业开发区管委会

副 主 任　谢文明

**黔西南高新技术产业开发区（黔西南州义龙新区）**

黔西南高新技术产业开发区（黔西南州义龙新区）党工委

书　　记　顾先林（苗族）　许风伦 ※

副 书 记　田　涛　潘维维（布依族）　钟贵华（壮族）

荀　刚

委　　员　吕　祥　胡庭洪　瞿　麟　周　云

李启明 ※　李明刚 ※　肖华东 ※

**黔西南高新技术产业开发区（黔西南州义龙新区）人大工委**

主　　任　雷乃祥 ※

副 主 任　马艳贵（回族）

**黔西南高新技术产业开发区（黔西南州义龙新区）纪工委**

书　　记　方文毅

**黔西南高新技术产业开发区（黔西南州义龙新区）管委会**

主　　任　田　涛　潘维维（布依族）※

副 主 任　钟贵华（壮族）　吕　祥　胡庭洪

瞿　麟　周　云　李明刚 ※　肖华东 ※

**黔西南高新技术产业开发区（黔西南州义龙新区）政协工委**

主　　任

副 主 任　江　旭（黎族）

**兴仁经济开发区**

兴仁经济开发区党工委

书　　记　方　俊

副 书 记　方先红（女）　李　青（彝族）

委　　员

**兴仁经济开发区管委会**

主　　任　方先红（女）

副 主 任　李　青（彝族）　吴　韬　黄　奇

（州委组织部　杨　钊　黄照康　张延磊　王　辉）

# 中共贵州省委贵州省人民政府
# 关于表彰贵州省脱贫攻坚先进集体和先进个人名录

## 一、黔西南州脱贫攻坚先进集体名录

兴义市委洒金街道党工委
兴义市南盘江镇党委
兴义市农业农村局
兴义市人力资源和社会保障局
兴义市卫生健康局
兴义市精准扶贫开发投资有限公司
兴仁市扶贫开发办公室
兴仁市生态移民局
兴仁市屯脚镇党委
兴仁市鲁础营乡清水河村党支部
兴仁市大山镇猪槽箐村党支部
兴仁农村商业银行股份有限公司
浙江省慈溪市人力资源和社会保障局
安龙县委政法委
安龙县人民检察院
安龙县委钱相街道党工委
安龙县笃山镇坡老村党支部
贵州景地生物科技有限公司
贞丰县鲁贡镇党委
贞丰县财政局
贵州电网有限责任公司兴义贞丰供电局
贞丰县妇女联合会
中国建设银行股份有限公司贞丰支行
贞丰县丰茂街道珉城社区党支部
普安县扶贫开发办公室
普安县公安局
普安县委盘水街道党工委
普安县新店镇党委
普安县九峰街道甬安社区居委会
贵州正山堂普安红茶业有限责任公司党支部
晴隆县政府办公室
晴隆县茶马镇党委
晴隆二十四道拐文化旅游(集团)有限公司
晴隆县委政法委
晴隆县大厂镇高岭村委会
晴隆县光照镇党委
册亨县脱贫攻坚指挥部
浙江省宁波市江北区赴册亨县扶贫工作队
中国保利集团赴册亨县扶贫工作队
册亨县生态移民局
中国联通派驻册亨县扶贫工作队
望谟县委组织部
望谟县生态移民局
望谟县民政局
望谟县教育局
望谟县麻山镇扶贫工作站
中国扶贫志愿服务促进会挂牌督战助力贵州省望谟县坡头村脱贫攻坚领导小组
黔西南州高新技术产业开发区(义龙新区)纪检监察工委
黔西南州自然资源局义龙新区分局
黔西南州义龙新区鲁屯镇七一村党总支
黔西南州义龙新区木陇街道办事处社区卫生服务中心
黔西南州委办公室
黔西南州委政法委办公室
黔西南州教育局
黔西南州住房和城乡建设局
黔西南州水务局
黔西南州人力资源和社会保障局
黔西南州农业农村发展中心
黔西南州生态移民局
黔西南州“星火计划、科技扶贫”试验区联络中心
浙江省宁波市委组织部干部教育处

公安部直属机关党委扶贫支援工作处
黔西南州公安局脱贫攻坚“百人护航战队”
黔西南州市场监督管理局
黔西南州民政局社会救助中心
黔西南州交通建设发展中心
黔西南州消防救援支队东环路特勤站
黔西南州林业局
贵州电网有限责任公司兴义供电局
黔西南州文旅集团
中国电信股份有限公司黔西南分公司
中国人民银行路西南州中心支行货币信贷管理科
贵州富康实业投资(集团)有限公司
黔西南州浙江商会
宁波申洲针织有限公司
黔西南州商务局
中国联通黔西南州分公司

## 二、黔西南州脱贫攻坚先进个人名录

李启明　兴义市副市长，市生态移民局(市扶贫办)局长(主任)
吴宗泽　贵州万峰林现代服务业开发区投融资办公室主任
段晓娟(女，白族)　兴义市生态移民局(市扶贫办)正科级督查专员，市脱贫攻坚指挥部综合协调组副组长
王大鹏　兴义市敬南镇党委书记
王应涛　兴义市雄武乡高峰村第一书记，市财政局猪场坪分局副分局长
吕邦宏　兴义市七舍镇党委书记
向录灿　兴义市猪场坪镇堡上村第一书记，市公安局猪场坪镇派出所一级警长
马　震(回族)　兴义市委办副主任，市生态移民局(市扶贫办)副局长(副主任)、党组书记
王根福　兴义市扶贫办副主任(挂职)，浙江省余姚市河姆渡镇党委副书记
刘春明(女)　兴义四中教师(挂职)，浙江省余姚市子陵中学高级教师
马安平(回族)　兴仁市委常委、市委统战部部长、市委政法委书记
刘　玻(黎族)　兴仁市副市长，市生态移民局局长
林　斌　兴仁市薏品田园街道杨泗屯村党总支书记
赵开富(黎族)　兴仁市波阳镇党委书记
杨明慧(女，布依族)　兴仁市人社局副局长
蒋青松(回族)　兴仁市百德镇围塘村第一书记，贵州省人大常委会办公厅行政处七级职员
张大泉(回族)　生前为兴仁市民族中学教师
丁　琨　兴仁市鲁础营乡索土村第一书记，黔西南州水资源开发投资有限公司工程部副经理
房　科　兴仁市政府办副主任、市扶贫办副主任(挂职)，浙江省慈溪市掌起镇党委委员
马子奎(回族)　安龙县委常委、县政协党组副书记、县委统战部部长
马兴菊(女，回族)　安龙县副县长，县公安局局长、党委书记
田　彪(苗族)　安龙县洒雨镇堵瓦村第一书记，黔西南州检察院办公室四级主任科员
张　涛(回族)　安龙县万峰湖镇龙万村前沿工作组组长，安龙县发改局工作人员
王国妹(女，布依族)　安龙县龙山镇纳赖村党支部书记
黄大兴(布依族)　安龙县海子镇堡堡村党支部书记、村委会主任
张平原(黎族)　安龙县春潭街道天菇居委会党支部书记、居委会主任
王仕祥　贞丰县委常委、副县长，县生态移民局局长
罗志贤　贞丰县长田镇陇塔村第一书记，贵州大学后勤处副处长
罗明俊　贞丰县卫生健康局局长、党组书记
詹　淋　贞丰县医疗保障局党组成员、医保中心主任
曹绮瑜(女，布依族)　国家税务总局贞丰县税务局财务管理股副股长
罗开斌(布依族)　贞丰县第四中学教师
张忠文　贞丰县龙兴街道心安处社区居委会党支部书记
刘大莊(布依族)　贞丰县者相镇这艾村第一书记，贵州省公安厅禁毒总队四级高级警长
甘新红　贞丰县白层镇兴龙村第一书记，黔西南州人大民宗侨工委业务科科长
陈远琴(女)　贞丰县者相镇初级中学教师

谢春宝　贞丰县人民医院急诊科副主任医师（挂职），浙江省宁波市海曙区第二医院副主任医师
卢赤坤　贞丰县委常委、副县长（挂职），中国黄金集团贵州有限公司副总经理
代文东　普安县委常委、副县长（挂职），贵州省农业科学院油菜研究所党委委员、副所长
谭化江　普安县委办主任
康启富（黎族）　普安县纪委县监委派驻第五纪检监察组组长
陈太峰　普安县人力资源和社会保障局局长、党组书记
周　灿　普安县兴中镇党委书记
李顺华　普安县南湖街道党工委副书记
陈　峰　普安县委政法委综治服务中心主任
孟成相（苗族）　普安县龙吟镇吟路村党支部书记、村委会主任
徐书林　普安县人民检察院检察室主任
刘凡松（苗族）　晴隆县返乡助攻团团长，黔西南州纪委州监委正县级纪检监察员
杨　健　晴隆县委常委、副县长（挂职），贵州省委组织部干部一处副处长、二级调研员
李国富　晴隆县莲城街道党工委委员、办事处副主任
邓鳞珊（女，苗族）　晴隆县医疗保障局工作人员
宋应龙（侗族）　晴隆县鸡场镇紫塘村第一书记，贵州省民政厅基层政权与社区治理处工作人员
廖高志　晴隆县腾龙街道大兴田社区搬迁户、脱贫户
岑健（布依族）　晴隆县光照镇孟寨村驻村干部，黔西南州文化市场综合行政执法支队四级主任科员
王　勇　晴隆县人民医院副院长（挂职），浙江省宁波市第一医院心脏中心第二党支部书记、CCU 病区副主任
邓能江　晴隆县同心助攻团成员，黔西南州社保局机关事业单位养老保险待遇审理科科长
姚世超（侗族）　册亨县秧坝镇大伟村第一书记，册亨县委常委、副县长（挂职），贵州省林业局办公室副主任
王国杰　册亨县副县长、县脱贫攻坚指挥部副指挥长
邵玉康　册亨县扶贫办主任、县委办副主任、三级调研员
李成恩　册亨县岩架镇党委书记
杨胜溢（女，布依族）　册亨县人大信访室主任
张恩郡　册亨县公安局治安大队长
黄正能　册亨县双江镇坝布村党支部书记、村委会主任
陆国胜（布依族）　册亨县巧马镇纳桃村脱贫户
周三英（女）　册亨县第三中学教务处副主任（挂职），浙江省宁波市江北区绿梅中学教师
欧阳川（苗族）　册亨县委常委、副县长（挂职），中国联通贵州省分公司宣传部副部长
何　冰　望谟县“两补”工作推动组成员，黔西南州政协智力支边办业务科科长
董顺飞　望谟县委常委、县纪委书记、县监察委员会主任
刘曜熙（苗族）　望谟县委常委、副县长，县生态移民局局长
韦家准（布依族）　望谟县人力资源和社会保障局局长、党组书记
向官吉　望谟县石屯镇党委书记
王治斌（黎族）　望谟县新屯街道党工委副书记、政法委书记
李　刚　望谟县乐旺镇副镇长
田　准　望谟县脱贫攻坚指挥部工作员
王定昌（布依族）　望谟县郊纳镇关寨村第一书记，黔西南州财政局信息中心网络工程师
刘　瑜　望谟县乐元镇党委第一书记（同心助攻团成员），贞丰县小屯镇党委书记
张建丰　望谟县人民医院党委副书记、执行院长（挂职），浙江省余姚市人民医院院长助理
刘海峰　望谟县委常委、副县长（挂职），中央统战部一局二处副处长
王金辉　望谟县昂武镇九老山村第一书记，黔西南州交通运输综合行政执法支队工作人员
韦贞臣（布依族）　望谟县麻山镇纳良村第一书记，黔西南州就业创业服务中心副主任
刘　斌　黔西南州公安局义龙新区分局副局长、一级警长
蒋立龙　黔西南州义龙新区木陇街道办事处副主任

杨　梅（女）　黔西南州义龙新区扶贫办资金项目股工作员

代芝明　黔西南州义龙新区新桥镇水利移民站站长

刘　徐（苗族）　黔西南州义龙新区龙广镇五台村第一书记，区行政审批局党组成员

杨剑云　黔西南州义龙新区党工委委员、工（管）委办公室副主任（挂职），浙江省宁波市海曙区横街镇党委副书记

陈　侃　黔西南州义龙新区扶贫办副主任（挂职），浙江省宁波市天一阁·月湖景区管理委员会文旅管理科科长

付光翔　黔西南州脱贫攻坚指挥部考评问效组组长，州扶贫办副主任

曾德阳　黔西南州脱贫攻坚指挥部综合协调组副组长，团州委组织宣传部部长

黄恩榕（布依族）　黔西南州脱贫攻坚指挥部开发指导组副组长，州农业农村局一级主任科员

刘　丹（女）　黔西南州脱贫攻坚指挥部东西部协作与定点帮扶组副组长，州投资促进局项目科科长

袁　泉　黔西南州脱贫攻坚指挥部规划监测组副组长，兴义市林业局坡岗喀斯特植被保护区管理站站长

田　香（女）　黔西南州脱贫攻坚指挥部资金项目组组员，州扶贫开发促进中心产业指导科工作员

王　梅（女）　黔西南州医疗保障局副局长

周　剑　黔西南州住建局发展中心房地产业（物业）服务科科长

李忠诚　黔西南州水利资源开发建设中心高级工程师

龙　波（彝族）　黔西南日报社记者部副主任

徐　辉（女）　中国农业发展银行贵州省分行巡察工作办公室主任（中国农业发展银行黔西南分行原党委书记、行长）

吕　锋（侗族）　国家开发银行贵州省分行客户六处一级客户经理

岑　岚（布依族）　黔西南州文学艺术界联合会副主席

谭　华　黔西南州人民政府驻北京联络处办公室主任

仇忠平　浙江省宁波市对口支援和区域合作局二级调研员

陈江飞　浙江省宁波市卫生健康委员会干部

柯涛涛（女）　浙江省宁波市纪委市监委党风政风监督室四级调研员

张　剑（土家族）　黔西南州委组织部组织二科科长（党建扶贫专班成员）

赵　波　黔西南州委宣传部网络科科长

王　莹　黔西南广播电视台电视新闻部副主任

邹书香（女）　黔西南州财政局绩效评价服务中心副科长

罗　雄　黔西南州人力资源和社会保障局副局长、党组成员

王　琴（女，布依族）　黔西南州残联副主席、理事长、党组书记

郝成迁　黔西南州公安局山地旅游警察支队政委

徐光淮（仡佬族）　黔西南州中级人民法院一级警长

曾光秀（女）　贵州光秀生态食品有限责任公司董事长

罗　敏（女，布依族）　民盟黔西南州委专职副主任委员

赵　伟　贵州黔西南喀斯特区域发展研究院党组成员、副院长

刘颖刚　贵州金州电力集团有限责任公司工作人员

# 黔西南州2020年度“全省道德模范”“中国好人”“贵州好人”“新时代好少年”名单

| 序号 | 姓名 | 类 别 | 住址或单位 | 备注 |
|---|---|---|---|---|
| 1 | 陈 珊 | 第七届全省助人为乐道德模范 | 兴仁市司法局办公室负责人 | 2020年入选全省道德模范4人、全省道德模范提名奖5人 |
| 2 | 纪 迁 | 第七届全省诚实守信道德模范 | 兴仁市强发汽车修理厂厂长 | |
| 3 | 刘秀祥 | 第七届全省敬业奉献道德模范 | 望谟县实验高中党总支副书记、副校长 | |
| 4 | 孙福先 | 第七届全省孝老爱亲道德模范 | 兴仁市回龙镇计屯村村民 | |
| 5 | 李先进 | 第七届全省助人为乐道德模范提名奖 | 国家税务总局兴义市税务局机关党委办公室工作人员 | |
| 6 | 伍乾生 | 第七届全省见义勇为道德模范提名奖 | 贵州省乾生药业有限责任公司总经理 | |
| 7 | 谢 剑 | 第七届全省诚实守信道德模范提名奖 | 兴仁市屯脚镇鲤鱼村金鲵山庄总经理 | |
| 8 | 龙福刚 | 第七届全省敬业奉献道德模范提名奖 | 贵州电网有限责任公司兴义供电局输电管理所输电五班班长 | |
| 9 | 李勋春 | 第七届全省敬业奉献道德模范提名奖 | 黔西南露露环境工程有限责任公司贞丰分公司环卫工人 | |
| 10 | 刘武华 | 2020年“中国好人榜”好人 | 兴仁市回龙镇新坪村村民 | 2020年入选“中国好人”8人 |
| 11 | 马德敏 | 2020年“中国好人榜”好人 | 兴仁市回龙镇新坪村村民 | |
| 12 | 龙 雄 | 2020年“中国好人榜”好人 | 安龙县栖凤街道九龙社区易地扶贫搬迁居民 | |
| 13 | 代明松 | 2020年“中国好人榜”好人 | 安龙县栖凤街道九龙社区易地扶贫搬迁居民 | |
| 14 | 杨正权 | 2020年“中国好人榜”好人 | 安龙县栖凤街道九龙社区易地扶贫搬迁居民 | |
| 15 | 肖体奎 | 2020年“中国好人榜”好人 | 兴仁市潘家庄镇下溪村护林员 | |
| 16 | 王永仁 | 2020年“中国好人榜”好人 | 望谟县纳上国有林场护林员 | |
| 17 | 刘永芳 | 2020年“中国好人榜”好人 | 兴仁市疾病预防控制中心副主任、潘家庄镇下溪村第一书记 | |
| 18 | 吴显文 | 2020年1月孝老爱亲贵州好人 | 安龙县海子镇古里小学教师 | 2020年入选“贵州好人”28人，其中，疫情防控类6人 |
| 19 | 杨建平 | 2020年1月敬业奉献贵州好人 | 兴仁市屯脚镇鲤鱼村党委书记 | |
| 20 | 龙 雄 | 2020年1月见义勇为贵州好人 | 安龙县栖凤街道九龙社区易地扶贫搬迁居民 | |
| 21 | 代明松 | 2020年1月见义勇为贵州好人 | 安龙县栖凤街道九龙社区易地扶贫搬迁居民 | |
| 22 | 杨正权 | 2020年1月见义勇为贵州好人 | 安龙县栖凤街道九龙社区易地扶贫搬迁居民 | |
| 23 | 李 冰 | 2020年2月抗击疫情贵州好人 | 普安县人民医院重症医学科护士 | |
| 24 | 李 晶 | 2020年2月抗击疫情贵州好人 | 兴仁市凯蒂阑幼儿园园长 | |
| 25 | 刘武华 | 2020年2月抗击疫情贵州好人 | 兴仁市回龙镇新坪村村民 | |
| 26 | 马德敏 | 2020年2月抗击疫情贵州好人 | 兴仁市回龙镇新坪村村民 | |
| 27 | 王祖红 | 2020年2月助人为乐贵州好人 | 兴仁市天雨花卉鲜花店店主 | |
| 28 | 孙进琼 | 2020年3月抗击疫情贵州好人 | 兴仁市回龙镇金子田村村协管员 | |

续表

| 序号 | 姓名 | 类 别 | 住址或单位 | 备注 |
|---|---|---|---|---|
| 29 | 王显珍 | 2020年3月抗击疫情贵州好人 | 兴义市丰都街道社会事务办办公室主任 | 2020年入选“贵州好人”28人，其中，疫情防控类6人 |
| 30 | 张幺妹 | 2020年3月孝老爱亲贵州好人 | 望谟县乐旺镇懂木村村民 | |
| 31 | 陈　凤 | 2020年4月助人为乐贵州好人 | 兴仁市城南街道薏品田园社区工会主席 | |
| 32 | 卞忠宝 | 2020年5月敬业奉献贵州好人 | 生前系兴义市人民政府办公室正科级干部 | |
| 33 | 刘关银 | 2020年5月助人为乐贵州好人 | 兴仁市贵州苗西南饮品有限公司董事长 | |
| 34 | 张志兰 | 2020年5月孝老爱亲贵州好人 | 兴仁市陆关街道在水一方社区新市民 | |
| 35 | 谢　剑 | 2020年5月诚实守信贵州好人 | 兴仁市屯脚镇鲤鱼村金鲵山庄总经理 | |
| 36 | 王忠安 | 2020年6月敬业奉献贵州好人 | 兴义市人民医院党委书记、院长，神经外科主任 | |
| 37 | 黄　智 | 2020年7月敬业奉献贵州好人 | 生前系望谟县石屯镇羊架村原村支部书记 | |
| 38 | 肖体奎 | 2020年8月敬业奉献贵州好人 | 兴仁市潘家庄镇下溪村护林员 | |
| 39 | 赵　波 | 2020年8月敬业奉献贵州好人 | 黔西南州委宣传部派驻册亨县冗渡镇冗贝村驻村干部 | |
| 40 | 李先进 | 2020年9月助人为乐贵州好人 | 国家税务总局贵州省兴义市税务局工作人员 | |
| 41 | 王永仁 | 2020年10月敬业奉献贵州好人 | 望谟县纳上国有林场护林员 | |
| 42 | 刘永芳 | 2020年11月敬业奉献贵州好人 | 兴仁市疾病预防控制中心副主任、潘家庄镇下溪村第一书记 | |
| 43 | 张顺禄 | 2020年12月助人为乐贵州好人 | 贞丰县连环乡屯上村村民 | |
| 44 | 杨正光 | 2020年12月诚实守信贵州好人 | 安龙县洒雨镇下陇村村民 | |
| 45 | 王封江 | 2020年12月敬业奉献贵州好人 | 望谟县平洞街道办岜赖村党支部书记 | |
| 46 | 丁　媛 | 2020年全省新时代好少年 | 兴仁市第十二小学五年级（2）班 | 2020年入选贵州省“新时代好少年”3人 |
| 47 | 黄东糠 | 2020年全省新时代好少年 | 兴义市下五屯街道办事处新屯学校七（3）班 | |
| 48 | 郑清月 | 2020年全省新时代好少年 | 兴义市第四中学八年级（12）班 | |

# 全州脱贫攻坚优秀共产党员和先进党组织名单

## 一、全州脱贫攻坚优秀共产党员（100名）

### 1. 兴义市（10名）

王永志　兴义市丰都街道永安社区党支部书记

王应涛　兴义市财政局猪场坪分局工作员，雄武乡高峰村第一书记

张洪俊（彝族）　兴义市政府办公室工作员，万峰林街道瓮本村第一书记

严中将　州市场监督管理局三级主任科员，兴义市猪场坪镇毛草湾村第一书记

刘家海　兴义市坪东街道锅底河村党总支书记

梁　凤（女）　兴义市融媒体中心工作员，清水河镇新村第一书记

林　松（布依族）　兴义市委干部档案管理中心工作员，泥凼镇石山村第一书记
祝　勇　兴义市人力资源和社会保障局考试中心主任，晴隆县脱贫攻坚同心助攻团业务指导组成员
洪黎明（女）　余姚电大（余姚市社区学院）青少年部主任，兴义市中等职业学校副校长
余顺江　兴义市则戎镇党委书记

2. 兴仁市（8名）

冯力德　宁波市鄞州中学英语教师，兴仁市第六中学教务处副主任
李　伟　兴仁市扶贫办党组成员、贫困监测中心主任
金孟雄（回族）　兴仁市马马崖镇党委副书记、镇长
李　江　兴仁市大山镇党委委员、组织委员、宣传委员、统战委员
赵贵生　中车贵阳车辆有限公司（南方汇通股份有限公司）党委组织部部长，兴仁市巴铃镇林家田村第一书记
杨　雄（彝族）　兴仁市波阳镇经济发展办公室一级科员，杨柳井村第一书记
林　斌　兴仁市薏品田园街道杨泗屯居委会党总支书记
陶华易　兴仁市委干部档案管理中心业务股股长，陆官街道在水一方社区第一书记

3. 安龙县（8名）

陈白丁　省体育局体育事业服务管理中心副主任，安龙县委常委、副县长，笃山镇拉坡村第一书记
蒋浩杰　慈溪市横河初级中学数学教师，安龙县第六中学数学教师
潘贞伦（布依族）　州委老干部局办公室一级科员，安龙县招堤街道打江居委会第一书记
韦贞禄（布依族）　安龙县委组织部退休干部，栖凤街道幺塘村名誉书记
王顺礼　贵州安龙农村商业银行股份有限公司普坪支行行长，普坪镇胡巷居委会第一书记
陈永蚝　州医院党委办公室副主任，安龙县龙山镇肖家桥村第一书记
王家权　安龙县笃山镇党委书记
王国妹（女，布依族）　安龙县龙山镇纳赖村党总支书记

4. 贞丰县（10名）

刘　瑜　贞丰县小屯镇党委书记
张永刚　贞丰县龙场镇政务服务中心工作员
刘　旭　贞丰县者相镇移民工作站站长
刘光龙（水族）　贞丰县委编办事业机构编制管理中心工作员，小屯镇纳秧村第一书记
余荣斌　贞丰县丰茂街道办事处工作员，西城社区党支部书记
王仕强（布依族）　贞丰县委组织部副部长
吴玉琼（女）　贞丰县住房和城乡建设局党组成员、副局长
王莉淑（女）　宁波市海曙区石碶街道冯家小学教师，贞丰县第八小学办公室副主任
张　敏（女，回族）　贞丰县医院党委委员、工会副主席
张吉丹（女）　贞丰县珉谷街道办事处一级科员

5. 普安县（10人）

左国辉　贵州日报社（集团）计划财务部副主任，普安县委常委、副县长、南湖街道大湾村第一书记
王条丽（女）　普安县茶源街道党工委副书记、办事处主任
张　俊（彝族）　普安县委宣传部二级主任科员，九峰街道云庄村驻村干部
蔡中华　普安县地瓜镇岗坡村党支部书记
刘远辉　普安县盘水街道党工委副书记、办事处主任
汪君杰　宁波市同济中学物理教师，普安县第一中学校长助理、物理教研组组长
李英厅　普安县民族宗教事务局党组成员、宗教执法大队副队长
王　英（女）　普安县林业局工作员，龙吟镇高阳村第一书记
刘荫奇（回族）　普安县青山镇歹苏村党支部书记
吴　娟（女）　普安县楼下镇文化服务中心工作员

6. 晴隆县（13名）

王忠雄　晴隆县三宝街道党工委副书记、办事处主任
罗耀祖（苗族）　晴隆县委宣传部文产办主任，花贡镇党委委员、副镇长
张维婷（女）　晴隆县大厂镇综治办主任、大厂社区西社组网格员
刘　贤（苗族）　晴隆县职业教育培训中心教师，安

谷乡五星村第一书记

薛家华　晴隆县碧痕镇村镇建设服务中心工作员，碧痕社区网格员

郑太忠　晴隆县莲城街道党工委委员、办事处副主任、组织委员、宣传委员、统战委员

黄　诚　晴隆县东观街道党工委委员、武装部部长、办事处副主任

袁大云　贵州晴隆农村商业银行中营支行副行长，中营镇新红村第一书记

邹泽育　省委办公厅一级调研员，晴隆县委副书记、三宝彝族乡大坪村第一书记

昂翁洛布（藏族）　中央统战部中国西藏杂志社藏英文版编辑部六级职员，晴隆县委常委、副县长

陈　康　宁海县农业农村局农村发展研究中心副主任，晴隆县农业农村局农业技术培训中心副主任

田庆国（土家族）　省民政厅肢体康复中心公益项目部主任，晴隆县紫马乡龙头村第一书记

张时明　晴隆县腾龙街道大兴田社区党支部书记

7. 册亨县（10名）

刘　柱　宁波市江北区农业农村局畜牧兽医站科员，册亨县农业区划办助理兽医师

陈大业（土家族）　贵州中医药大学针灸骨伤学院学生办公室副主任，册亨县双江镇央绕村第一书记

李　菊（女，彝族）　册亨县冗渡镇党委委员、副镇长

李佳锦　册亨县高洛街道党工委副书记

王锡石（苗族）　册亨县坡妹镇安监站工作员，纳塘村驻村干部

刘　娟（女）　册亨县八渡镇扶贫工作站站长

张　维　册亨县委组织部干部档案管理中心工作员，县脱贫攻坚指挥部党建扶贫专班、就业扶贫专班工作员

陈景飞　册亨县住房和城乡建设局建筑工程质量监督管理站工程师，县脱贫攻坚指挥部住房安全保障专班工作员

胡成勇　册亨县纳福街道党工委书记，望谟县边饶镇党委第一书记

覃永来（布依族）　册亨县直属机关工委办公室工作员，冗渡镇岜院村第一书记

8. 望谟县（14名）

刘海峰　中央统战部民主党派工作局综合处副处长，望谟县委常委，副县长

李旭东　省发改委项目管理处副处长，望谟县石屯镇打岩村第一书记

廖基娟（女，布依族）　共青团望谟县委书记、县脱贫攻坚指挥部开发指导组组长

王自理（布依族）　望谟县扶贫办副主任

张建丰　余姚市医院院长助理，望谟县医院党委副书记、副院长

罗成培　望谟县委办公室副主任，县委机构编制委员会办公室主任，打易镇二泥村脱贫攻坚指挥部常务副指挥长

周榆淋（壮族）　望谟县政府办公室党组成员、副主任

吴天金　望谟县委办公室副主任，县生态移民局党组书记、副局长，蔗香镇乐康村指挥部常务副指挥长

班生祥（布依族）　望谟县交通运输局工作员，打易镇双坝村第一书记

邓　科　州督查局信息处理中心工作员，望谟县新屯街道纳坝村第一书记

杨　松（黎族）　州移动公司政企事业部主管，望谟县大观镇伏开村第一书记

王成进（布依族）　望谟县委党校图书室主任

罗天云（布依族）　望谟县平洞街道纳桥村党支部书记

韦明高（布依族）　望谟县边饶镇新平村党支部书记

9. 义龙新区（5名）

杨剑云　宁波市海曙区横街镇党委副书记，义龙新区党工委委员、工（管）委办公室党组成员、副主任

吕林学　州水文水资源局天生桥（兴仁）水文监测站站长，义龙新区德卧镇扁占村驻村干部

杜　松（布依族）　义龙新区综合行政执法局雨樟综合行政执法大队大队长

严　洁（回族）　义龙新区木陇街道党工委书记

赵钰志　义龙新区龙广镇烂滩村党支部书记

10. 州直机关工委（8名）

黄　河（布依族）　州卫生健康局基层卫生科科长

邓能江　州人社局社会保险事业局机关事业单位养老保险待遇审理科科长

张　剑（土家族）　州委组织部组织二科科长
赵　波　州委宣传部精神文明建设科二级主任科员
范天友　州委办公室秘书二科科长
洪　珊（女，侗族）　州政府办公室秘书七科科长
何雪松　水利部淮委人事处副处长，挂任黔西南州人民政府副秘书长、州人民政府机关党组成员、州水务局党组成员、副局长
李忠诚　州重点水源工程建设管理局办公室副主任

### 11. 州委教育工委（1名）

王必盛　兴义一中组织人事科科长

### 12. 州国资委党委（3名）

韦朝峰（布依族）　州工业投资（集团）有限公司职工
郑羽恒　州城市建设投资有限公司职工
林震志　农行宁波奉化支行党委委员、纪委书记，农行黔西南州分行党委委员、副行长

## 二、全州脱贫攻坚先进党组织（100个）

### 1. 兴义市（10个）

兴义市乌沙镇普梯村党总支
兴义市医院党委
兴义市水务局党总支
兴义阳光资产经营管理集团有限公司党委
兴义市南盘江镇党委
兴义市教育局机关党支部
兴义市三江口镇团结社区党总支
兴义市洒金街道栗坪社区党支部
兴义市生态移民局（市扶贫办）党支部
兴义市卫生健康局机关党支部

### 2. 兴仁市（8个）

兴仁市委办公室党支部
兴仁市政协机关党支部
国家税务总局兴仁市税务局党委
兴仁市医院行政党支部
兴仁市黔龙学校党支部
兴仁市回龙镇党委
兴仁市新龙场镇民裕村党支部
兴仁市真武山街道长耳营党支部

### 3. 安龙县（7个）

安龙县医疗保障局党支部
安龙县招堤街道索汪党支部
安龙县五福街道五福社区党支部
安龙县农业农村局机关第一党支部
安龙县洒雨镇下龙村党支部
安龙县教育局党支部
安龙县春潭街道双龙党总支

### 4. 贞丰县（11个）

贞丰县平街乡党委
贞丰县扶贫开发办公室党支部
贞丰县北盘江镇龙井社区党支部
贞丰县双峰街道和鸣社区党支部
贞丰县鲁贡镇打嫩村党支部
贞丰县公安局第一党支部
贞丰县永丰街道坪上社区党支部
贞丰县工业投资有限责任公司党支部
贞丰县鲁容乡纳翁村党支部
贞丰县疾病预防控制中心党支部
贞丰县人力资源和社会保障局机关党支部

### 5. 普安县（10个）

普安县盘水街道大榜村党支部
普安县白沙乡大小寨村党支部
普安县九峰街道保冲村党支部
普安县检察院党总支
普安县纪委党总支
普安县供电局党委
普安县龙吟镇硝洞村党支部
普安县高棉乡棉花村党支部
普安县南湖街道惠民社区党总支
普安县罗汉镇罗汉社区党支部

### 6. 晴隆县（14个）

晴隆县长流乡党委
晴隆县三宝街道新坪社区党支部
晴隆县茶马镇达土村党支部
晴隆县安谷乡白岩村党支部
晴隆县鸡场镇田坝村党支部
晴隆县人力资源和社会保障局党支部
晴隆县民政局党支部
晴隆县中营镇高原村党总支
晴隆县发展和改革局党支部
晴隆县水务局党支部
晴隆县委组织部党支部
晴隆县碧痕镇东风村党总支
晴隆县花贡镇河塘社区党总支
晴隆县紫马乡栗树村党总支

7. 册亨县（11个）

册亨县医院行政后勤党支部

册亨县者楼街道机关党支部

册亨县秧坝镇昂涛村党支部

册亨县纪委第二党支部

册亨县巧马镇锅厂村党支部

册亨县双江镇路吉村党支部

册亨县委宣传部党支部

册亨县人力资源和社会保障局党支部

册亨县委政法党支部

册亨县冗渡小学党支部

册亨县坡妹镇岩云村党支部

8. 望谟县（15个）

望谟县纪委县监委党总支

望谟县检察院党支部

望谟县蟠桃街道蟠桃园社区党支部

望谟县疾控中心党支部

中国移动通信集团贵州有限公司望谟分公司党支部

望谟县审计局党支部

望谟县委组织部编委办联合党支部

望谟县新屯街道新屯村离退休党支部

望谟县公安局第三党支部

望谟县打易镇边王村党支部

望谟县委宣传部党支部

望谟县油迈瑶族乡巧路村党支部

望谟县政协机关党支部

望谟县医院内科党支部

望谟县平洞街道机关党支部

9. 义龙新区（5个）

义龙新区木咱镇木咱村党支部

义龙新区鲁屯镇党委

义龙新区城市开发投资有限公司党委

义龙新区万屯镇海丰村党支部

黔西南州发展资源开发有限公司党支部

10. 州直工委（7个）

州公安局机关党委

州纪委州监委机关党委

州教育局机关党委

州民政局机关党支部

黔西南广播电视台第三党支部

州残疾人联合会党支部

黔西南日报社新闻中心党支部

11. 州委教育工委（1个）

黔西南民族职业技术学院机械与电子工程系党总支

12. 州国资委党委（1个）

州文化旅游产业投资开发（集团）有限公司党委

中共黔西南州委

2020年6月30日

## 2020年黔西南州劳动模范和先进工作者（98名）

### 一、兴义市

（一）劳动模范（7名）

幸文波　兴义市水务公司副总经理

张文轩　贵州万峰电力股份有限责任公司检修中心主任

艾付英（女，布依族）　贵州省兴义市布谷鸟民族实业发展有限公司副主任

吴昊峰　贵州苗药药业有限公司董事长

肖云亮　兴义市白碗窑镇森福源养殖农民专业合作社负责人

荀仕旺　兴义市七舍镇兴旺茶叶厂（小微企业）厂长

赵富春（女）　兴义市黔灵女家政服务有限公司项目主管

（二）先进工作者（4名）

陈　稳　兴义市公安局副局长

王　巍　兴义市第十中学副校长

王　松（布依族）　兴义市税务局工会主席

龙或钊（苗族）　兴义市人大常委会代表联络办主任

## 二、兴仁市

### （一）劳动模范（9名）

张　浩　兴仁市供水总公司工程建设管理办公室主任

张和纬（回族）　贵州省明辉建筑工程有限公司总工程师

张志广　贵州锦兴轻合金装备制造有限公司工程师

肖　勇　兴仁农商行党委书记、董事长

林　斌（布依族）　兴仁市薏品田园街道办事处杨泗屯居委会党总支部书记

刘天涛　兴仁市天元农业发展有限公司负责人

张甫明（回族）　兴仁市潘家庄镇潘家庄村农民

艾德飞（女，布依族）　贵州省兴仁市荣凯五金搪瓷制品有限公司董事长兼总经理

韦大贵（布依族）　兴仁市巴铃镇大荒坪村党支部书记

### （二）先进工作者（3名）

张绪勇　兴仁市总工会服务职工中心负责人

张兴凭　中国人民政治协商会议兴仁市委员会委员服务中心副主任

陆　俊　兴仁市民政局党组成员、社会救助局局长

## 三、安龙县

### （一）劳动模范（6名）

黄　波　黔西南州烟草公司安龙县分公司站长

杨通辉　中国电信股份有限公司安龙分公司客户经理

游剑铭　兴义安龙供电局党委书记、副局长

查连敏（女，布依族）　安龙县艳宏养殖农民专业合作社负责人

张连贵　安龙县洒雨镇贵兴苗乡白茶种植创业园负责人

王国妹（女，布依族）　安龙县龙山镇纳赖村党支部书记

### （二）先进工作者（3名）

罗祖燕（女）　安龙县人民医院护理组长

杨再杰（女）　安龙县招堤街道经济发展办公室一级科员

王定礼（布依族）　安龙县人大常委会办公室四级主任科员

## 四、贞丰县

### （一）劳动模范（4名）

杨荣杰　贵州北盘江电力股份有限公司董箐分公司团委书记、运行维护部电气班班长

李勋春（女）　贵州新绰建筑物清洁服务有限责任公司环卫工人

陈积平　贵州紫金矿业股份有限公司副总经理

莫小会（女）　贞丰县强久肉牛养殖农民专业合作社负责人

### （二）先进工作者（3名）

彭开伦（黎族）　贞丰县消防救援大队左旗消防救援站站长

王　飞　贞丰县公安局治安管理大队大队长

龚雨雨（女）　贞丰县鲁容乡人民政府孔明村驻村干部

## 五、晴隆县

### （一）劳动模范（6名）

颜亨福　贵州北盘江电力股份有限公司光照分公司安全监督部专责

袁大云　晴隆农商银行中营支行副行长

魏　彬　晴隆二十四道拐文化旅游（集团）有限公司总经理

唐　伟　晴隆县马朝洞食用菌种植农民农业合作社监事长

李志彩（女）　晴隆县龙发服饰有限责任公司总经理

刘　镁（女）　晴隆二十四道拐文化旅游（集团）有限公司人力资源部副部长

### （二）先进工作者（2名）

曾洪梅（女）　晴隆县人民医院党委办副主任

罗开峋　中共晴隆县委组织部信息中心主任

## 六、普安县

### （一）劳动模范（6名）

黄启光（布依族）　黔西南州烟草公司普安县分公司安全管理股股长

周志波（穿青人）　普安县供电局江西坡供电所副所长

罗绍江　贵州正山堂普安红茶业有限责任公司总经理

袁宗平　贵州新普科技股份有限公司技术服务部经理

陈昌云　普安县云翔农业开发专业合作社理事长

罗绍海　普安县住房和城乡建设局县城管理大队环卫车驾驶员

### （二）先进工作者（3名）

王玉磊（苗族）　普安县司法局龙吟司法所所长

李　冰（女，苗族）　普安县人民医院 ICU 护士长助理

廖丹凤（女）　普安县西城区龙溪石砚小学执行校长

## 七、册亨县

### (一)劳动模范(4名)

黄　莲(女，布依族)　册亨县云娇布依特色染织刺绣公司生产部主管

郭　刚　册亨县农村信用合作联社坡妹信用社主任

黄　朗(布依族)　贵州德隆水泥有限公司水泥磨班班长

杨镇权(布依族)　册亨县弼佑镇秧佑村农民

### (二)先进工作者(3名)

邹向秋　册亨县生态移民局督查专员

毛明梅(女，彝族)　册亨县人民医院住院医师

李云峰(仡佬族)　册亨县农业农村局农村经济经营管理站站长

## 八、望谟县

### (一)劳动模范(6名)

王　妮(女，布依族)　中国电信股份有限公司望谟分公司城市分局支局长

韦鸿堂(布依族)　中国移动通信集团贵州有限公司望谟分公司工程管理员

韦树章(女，布依族)　贵州树娘绣刺绣有限公司董事

何　勇(布依族)　望谟县农村信用合作联社坎边信用社主任

李官磊(苗族)　望谟县打岩村官磊甜蜜蜜养蜂专业合作社经理

韦小华(布依族)　望谟县打易镇边王村党支部书记

### (二)先进工作者(3名)

黎崇佳(布依族)　贵州省望谟民族中学教师

孙　清(女)　望谟县疾病预防控制中心卫生检验股股长

段松林　贵州省望谟县扶贫开发办公室工作员

## 九、义龙新区

### (一)劳动模范(5名)

杨从林　贵州省公路开发有限责任公司兴义营运管理中心机电所弱电工程师

王仕超(彝族)　黔西南州发展资源开发有限公司助理工程师

项光权　贵州兴义西南水泥有限公司高级技师

杨永坤　贵州四季通达农业发展有限公司负责人

张浩东　义龙新区新桥镇新桥村党总支书记

### (二)先进工作者(2名)

黄联望　义龙新区市场监管局工作员

王　军(布依族)　义龙新区社会事务局广电工程师

## 十、州直单位

### (一)劳动模范(10名)

王明江　贵州中烟兴义烟叶储运站储运管理科副科长

刘　祥(回族)　贵州省机场集团有限公司兴义机场分公司特种车队驾驶员

陈　俊　贵州万峰电力股份有限公司装接电班组长

唐　玉(女)　中国移动通信集团贵州有限公司黔西南分公司晴隆县公司三费管理员、创新管理员

汤友明　黔西南州融泰商贸有限公司董事长

黄清扬　黔西南州文化旅游投资开发(集团)有限公司综合行政部副经理、驻村干部

李　山(女)　黔西南州工业投资(集团)有限公司财务部经理

罗　宇(布依族)　黔西南州城市建设投资有限公司副总经理

鲍华飞　黔西南州宏升资本营运有限责任公司财务转贷部副经理

杨晓竹　黔西南州扶贫开发投资有限责任公司项目开发部员工

### (二)先进工作者(9名)

徐　峰　黔西南广播电视台助理记者

张　威　黔西南消防救援支队安龙塔山路消防救援站政治指导员

戴德林　黔西南州应急管理局安全生产协调科科长

杨忠红(女)　黔西南州人民医院护士长

赵一飞　黔西南州委组织部研究室主任

姚正祥　黔西南州税务局一级主任科员

李　璇(女)　黔西南州人民政府办公室秘书科科长

张天峰(回族)　黔西南州人民检察院第一检察部员额制检察官

吕昌静　黔西南州扶贫开发促进中心高级农艺师

# 县（市、新区）概貌

## 兴义市

【概况】 兴义市位于贵州省西南部，地处黔、滇、桂三省（区）结合部，是中国金州——黔西南布依族苗族自治州首府所在地和全州政治、经济、文化、信息和旅游度假中心，素有“三省通衢”“黔桂锁钥”之称，1987年11月6日经国务院批准建市。兴义市总面积2911平方千米，耕地面积61046.7万公顷。辖3个乡、17个镇、12个社区（街道办事处），171个村民委员会、61个居民委员会。年末总人口92.94万人，其中少数民族23.7万人，城镇人口57.35万人，乡村人口35.58万人。人口出生率12.2‰，自然增长率8.28‰，符合政策生育率83.67%。人口较多的少数民族有布依族、苗族、彝族。主要矿藏有煤、金、铜、汞；森林覆盖率60.67%。

【疫情防控】 新冠肺炎疫情发生以来，坚持把人民群众身体健康和生命安全放在第一位，坚决扛起疫情防控政治责任，下好先手棋、打好主动仗，组织最强工作力量、开展最广泛动员、采取最有力措施，牢牢掌握疫情防控主动权，全市全年没有出现确诊病例或疑似病例；在疫情最为严重的时刻，12名医务人员驰援湖北鄂州。同时，在全省率先实现复工复产、复学复市，强力启动“四个一批”重大项目建设工作，全力推进重点产业发展和重大项目建设，主要经济指标率先实现由负转正、逐季加快，全年地区生产总值增长5%。

【经济发展】 2020年，全年生产总值493.23亿元，比上年增长5%；农林牧渔业总产值81.86亿元，比上年增长6.4%；规上工业总产值426.2亿元，同比增长5.4%；财政总收入695471万元，同比下降7.46%，其中地方财政收入301621万元，同比下降10.73%；财政总支出741415万元，同比下降0.95%；固定资产投资同比增长4.4%，新建续建项目49个。社会消费品零售总额281.12亿元，城镇居民人均可支配收入37358元，农民人均纯收入14533元。旅游接待人数和旅游总收入分别为1877.62万人次、207.35万元。综合经济实力排中国西部百强县市第18位，全国创新创业（双创）百强县（市）第100位。

纵深推进农村产业革命，加快提升农业产业三化水平。大力推进蔬菜、中药材、精品水果、食用菌等13个特色产业发展，着力打造11个坝区和3个林下菌药种植示范点，形成高、中、低海拔和石山半石山4条山地特色农业产业带。全年发展种植蔬菜(含辣椒)36万亩次、食用菌0.895万亩、烤烟6.13万亩。全力推进“工业强市”战略，完善“两区三园”基础设施，不断壮大工业经济发展基础。引进云南戎合、华能集团等优强企业入驻，启动贵州宜兴化工有限公司年产38万吨合成氨、30万吨尿素项目，贵州醇1.25万吨提质扩能技改工程项目建设，加快推进清水河煤电冶一体化建设、华腾阳光年产20万吨铁合金项目、白碗窑光伏(二期)、牛头坡光伏项目等重大项目建设，黔西南州智慧矿山建设项目、兴义市霖生木业建筑模板生产线(二期)建设项目、兴义市金元清水河镇牛头坡农业光伏电站项目等10个项目建成投产。以旅游业为龙头的第三产业蓬勃发展，则戎纳具康养小镇、州市共建康养产业园、新松国际康养城、恒丰足球小镇、奥特莱斯等项目建设有序推进，成功举办中国万峰湖第十四届野钓大赛、2020年兴义市创建全国文明城市“湾塘悦府”杯篮球运动会等重大赛事和2020中国·兴义首届金秋购物节，黔西南州二手车交易市场、西南医药现代物流中心等竣工运营，商贸经济市场体系逐步完善。三次产业结构调整为9.1:36.7:54.2。

**【项目建设】** 以“项目建设年”为统揽，形成谋划储备一批、投资签约一批、开工建设一批、竣工投产一批“四个一批”项目建设工作机制。完成兴义市人民医院门急诊综合楼建设项目、兴义市下五屯街道办殡仪服务站项目建设投用，建成“四好农村路”41.176公里，308.42公里农村公路生命防护工程“清零”任务顺利完成，纳达水库、革里水库、城区污水收集管网工程等基础设施持续完善，兴义市中医院新建、兴义市人民医院迁建、兴义市老年养护院等项目建设有序推进，金州大桥、高铁项目有序推进，万丰瑞鑫2×33000千伏安矿热炉项目、年产20万吨锰系铁合金及尾渣、余气综合利用循环经济项目、森乾冶炼有限公司1×33000千伏矿热炉技改项目、兴义市天鼎甲醇综合加注站等重大项目加快推进。全年谋划和储备中央、省预算内投资项目163个，总投资259.42亿元。实施重大工程和重点项目共133个，总投资752.26亿元，年度计划投资299.65亿元。

**【重大风险防范】** 落实省委、省政府“八个一批”和14条化债措施要求，政府债务风险防控工作有力有效，涉债舆情、政府债券还本付息违约事件“零发生”。深入推进扫黑除恶专项斗争，信访工作、“平安兴义”建设和扫黑除恶专项斗争成效明显。严格落实安全生产责任制，以安全生产专项整治三年行动为抓手，扎实开展安全生产强查强管强治和重点行业领域生产安全专项整治行动，实现事故起数和死亡人数“双降”，安全生产总体形势向好。

**【民生保障】** 医疗卫生事业投入不断加大，新建、改扩建村卫生室136个，完善26个乡镇(街道)卫生院中医馆，配备合格乡村医生154名，完成健康扶贫现行标准“三个三”任务目标。建立形成以市人民医院为龙头，27个乡镇(街道)卫生院(社区卫生服务中心)为枢纽的“基层首诊、双向转诊、急慢分治、上下联动”就医格局，在全州率先实现医共体全覆盖建设，稳步提高基本医疗保险参保率。深入落实教育立州战略，加强师资队伍建设，投资3.2亿元续建、在建教学楼等项目共76个，城区13所学校实施校内托管服务工作，全市127所学校和101所幼儿园实施学生营养改善计划，安排易地扶贫搬迁安置学生319名，13.12万名学生享受资助资金9301.66万元。紧扣“六稳六保”工作要求，把稳就业作为首要民生来抓，多措并举推进就业创业培训、城镇新增就业、农村劳动力转移就业。累计发放就业扶贫援助补贴2403人次96.12万元；发放创业小额担保贷款75户2275万元。城市低保标准提高至675元/月，农村低保标准提高至4332元/年，增幅分别达到3.85%和4.64%，集中特困供养提高到1012元/月，散居特困供养提高到878元/月，散居孤儿生活费提高到1050元/月。

(卢加贵)

## 兴仁市

**【概况】** 兴仁市地处贵州省西南部，黔西南州中部，是滇、桂、黔三省结合部的中心，位于北纬25°18′～25°47′、东经104°54′～105°34′之间。东邻贞丰、南接安龙、兴义，西抵普安，北界晴隆，东北与关岭隔江相望。全市国土面积1785平方千米，辖屯脚、巴铃、回龙、百德、大山、马马崖、波阳、下山、潘家庄、新龙场、雨樟11个镇（其中雨樟镇由黔西南州义龙新区管理），东湖、城南、真武山、城北、陆官、薏品田园6个街道和鲁础营回族乡。下设134个村民委员会、33个居民委员会社区。居住有汉、布依、苗、彝、回、仡佬、瑶等16个民族。2020年，全市总人口57.82万人。境内属亚热带温和湿润季风气候，年平均气温15.2℃，年降水量1300～1450毫米，雨热同季。全市共有矿种21个，探明资源储量矿种9个，其中煤炭资源已探明储量21.5亿吨，远景储量超过45亿吨；黄金远景储量超过100吨。

2020年，全市地区生产总值完成191.64亿元，同比增长3.5%，其中第一产业增加值完成34.29亿元，同比增长5.98%；第二产业增加值完成75.67亿元，同比增长4.9%；第三产业增加值完成81.67亿元，同比增长1.0%；三次产业结构比为17.9:39.5:42.6。规模以上工业增加值同比增长6.6%；固定资产投资同比增长9.6%；社会消费品零售总额同比增长5.5%；金融机构存款余额148.07亿元、贷款余额183.65亿元，同比增长5.7%、16.23%；城镇、农村常住居民人均可支配收入分别达34032元、11280元，同比增长5.3%、8.4%。

【农业产业】 2020年，稳定粮食种植面积和产量，落实耕地地力补贴发放，实施“菜篮子”工程，农产品稳产保供工作扎实有效。落实产业发展“八要素”，按照“三区”规划，以“两线”为脉络，以“五带”为基石，以“六园”为目标，推进特色产业发展，调优坝区、调强坡地，一、二、三产融合发展。开展农产品品牌培育，薏仁米、牛干巴获全国农产品地理标志认证。发展薏仁米等农特产品精深加工，6家企业申报省级农业龙头企业。希望集团兴仁20万头生猪基地项目建成投产。获批贵州省高标准农田建设整县推进首批试点县。启动创建国家农产品质量安全县。组织辖区内薏仁米加工企业参加全国第三届粮食交易大会，专场推介兴仁薏仁米；举行贵州省“黔货出山进军营”薏仁米产品展示展销现场会，获“贵州省军粮供应薏仁米生产基地”称号；通过外引内帮，实施薏仁米“购储销”全链条调控收储，切实保护全市5万余户20余万名薏农利益；兴仁薏仁米多次获国家领导、省领导肯定。

【工业建设】 2020年，实施工业强市首位战略，主攻产业链培育壮大，通过大招商突破、大项目支撑、大投入带动，“煤电网铝+”循环经济产业链进一步深化、轻工加工产业进一步拓展。推进“两化”建设，完成煤炭过站量500万吨，占全州产能40%以上。组建贵州能投集团，做大煤炭基础产业。推进兴仁登高新材料现有产能稳定运行，启动后续25万吨/年铝液生产线建设；建成年产10万吨铝基合金板带材项目、年产5万吨铝合金杆生产线和铝绞线项目；一期15万吨阳极碳素项目、年产100万支铝合金汽车轮毂生产项目即将建成投产；10万吨废铝再生资源综合利用项目、交通轻量化整车装配项目开工建设。中视芯科、年产300万件儿童服饰研发加工生产项目建成投产；年产300万只编织袋生产项目有序推进；高锶矿泉水康养产业园建设被列入省级重点项目。

【服务业复苏】 2020年，多举措激发消费活力，全市消费市场逐步复苏。年末全市市场主体2.71万户，比上年末增长15.2%；市场主体注册资本387.9亿元。全年全市新登记市场主体0.48万户。全年全市社会消费品零售总额比上年增长5.5%。按经营地统计，城镇消费品零售额增长5.3%，乡村消费品零售额增长5.9%。住宿业、餐饮业负增长幅度持续收窄；全年接待游客560万人次，达到上年同期水平，旅游综合收入47.89亿元，恢复到同期96%。

【生态环境建设】 2020年，推行“河长制”，推进污染防治“五场战役”，推进生态环境保护督察及“回头看”突出问题整改。推进国家储备林建设。完成大山镇等7个乡镇污水处理厂主体工程建设。全市森林覆盖率53.22%，城区环境空气质量优良率100%，城镇污水处理率96.24%，全市集中式饮用水源地水质达标率100%。

【城乡发展】 完成S318计屯经百德至巴铃公路、兴仁至潘家庄、巴铃至屯脚等项目建设。实施农村公路安全生命防护工程60千米、窄路面拓宽改造16千米、新龙场至崩土山段路网改善工程30千米，推进“四好农村路”创建。新增城镇道路5.2千米。完成城西客运站建设项目主体工程。尖山、响水等水库建成下闸蓄水，兴仁水库列入黔中水网重大水利工程建设项目上报至国家发改委。新一轮农村电网改造升级工程基本完成，供电可靠率达99.8%。开展"两违"清理。完成兴仁市第三次国土调查工作。《兴仁市旧城核心区概念性规划及城市设计》通过州级审查，《兴仁市国土空间规划》编制工作有序推进，《兴仁市城市综合管廊规划》通过城规委审查。启动城市污水管网改扩建工程建设。完成天然气管道敷设23千米，博融国际养生城、东湖新城、锦绣都会等小区供气管网设施实现全覆盖。建设城市住宅小区5个，新增住房面积11.4万平方米。下山、鲁础营、马马崖小城镇项目建设稳步推进。

**【脱贫攻坚】** 严格落实"四个不摘"，常态化、制度化开展"四逐四准"，完善农村低收入人口帮扶工作，健全防贫监测和帮扶机制，未发生返贫和新的致贫。易地扶贫搬迁后续扶持推进，脱贫攻坚普查任务完成，对口帮扶持续助力，2020年全市建档立卡脱贫群众人均纯收入达10442元，改写绝对贫困的历史。

**【社会事业】** 落实国家教育普惠性政策，实现农村义务教育和学前教育营养改善计划全覆盖。开展控辍保学，义务教育适龄人口全部入学。建成市医院、市疾控中心核酸检测实验室，日检测能力达2.3万人。建成东湖街道社区卫生服务中心。市妇幼保健院新院区建成投用，创建二级妇幼保健院有序推进。全市城乡居民医保参保43.3万人，市域内就诊率90%左右。城乡低保平均标准分别提高到每月645元、每年4318元。聚焦"八个一批"，与慈溪市、东阳市、义乌市签订稳岗就业协议，优化配置公益性岗位，全市全年城镇新增就业5414人，城镇登记失业率3.54%。完成民政园区逸居老年公寓主体及配套设施建设，建成公益性公墓3处、在建9处。完成第七次全国人口普查。全力创建"平安兴仁"，开展禁毒"大扫除"专项行动和全国禁毒示范城市创建，推进全市毒品治理能力现代化。落实退役军人优抚安置各项政策，巩固第九轮全省"双拥模范城（县）"创建成果。

**【深化改革】** 2020年，坚持深化改革，扩大开放，发展动力活力增强。农村集体产权制度、医药卫生、教育等改革稳步推进。破解易地扶贫搬迁不动产登记难题，完成登记发证4885套。清理公布政府部门权责清单。推行"全省通办、一次办成""一窗通办""一网通办""跨省联办"和套餐服务，网上可办率100%，实现"只进一扇门""最多跑一次"，兴仁网格化一窗通办模式成为全省典型。市场监管"双随机、一公开"实现全覆盖，"诚信兴仁"信用体系不断健全。推进"证照分离"改革，惠及市场主体1953户。落实支持民营经济发展的政策措施，落实减税降费政策，激发发展活力。坚持"走出去、请进来"，引进大招商项目60个，涉及总投资112.6亿元。新增各类市场主体6686户，民营经济稳步发展。

**【全州"烤烟+N"产业融合发展现场推进会在兴仁市召开】** 4月14日，全州"烤烟+N"产业融合发展暨烤烟移栽现场推进会在兴仁市召开。会上，黔西南州委副书记、州长杨永英强调，烟叶产业历来是州委、州政府主抓的支柱产业，在全州产业培植、农民增收、财政增长和经济社会发展中

兴仁市下山镇马乃屯500亩烤烟+薏仁米基地（兴仁市融媒体中心 提供）

的地位举足轻重，烟叶产业作为最稳定的订单式农业，在全州决战脱贫攻坚、决胜全面小康、助力乡村振兴等方面发挥重要支撑作用。黔西南州是全省第三大烟叶产区，独特的生态优势不可复制，基础设施提档升级带来新机遇，烟叶产业结构调整效果明显。各级各部门务必要认清形势，抢抓机遇，增强推进优质烟区建设的信心和决心，紧抓不放、顺势而上，力争2020年烟叶生产取得更大成绩。与会的州直相关部门、各产烟县（市）政府、义龙新区管委会相关人员到下山镇马乃屯“烤烟（薏仁米）+”综合体连片烟区，现场观摩兴仁市烤烟产业发展现状及起垄机、覆膜机、定点器等烤烟种植全程机械化展示，对兴仁市烟区高标准、规范化的种植给予充分肯定。

**【李再勇到兴仁市调研】** 6月5日，省委常委、常务副省长李再勇到兴仁市调研工农业发展工作。李再勇一行先后到泛亚集团薏仁米饮料加工厂、贵州兴仁登高新材料有限公司、贵州锦兴轻合金装备制造有限公司调研，了解企业生产、运营情况。在泛亚集团薏仁米饮料加工厂，李再勇听取兴仁市薏仁米产业发展情况汇报，了解企业生产、加工、销售情况，李再勇强调，兴仁薏仁米群众基础好、产业发展后劲足、产业优势明显，黔西南州及兴仁市要在基地建设、市场整治、产品研发、科研收储、品牌建设等方面加大力度，整合资金，持续用好“保底收购”政策，集中精力做出兴仁薏仁米的高端产品及系列产品，要切实发挥好龙头企业带动作用，进一步提高特色优势产业的标准化、组织化程度，做大、做优、做强品牌，带动更多群众稳定脱贫、持续增收，为巩固脱贫攻坚成果，提升乡村振兴战略提供坚强的产业基础。

**【“黔货出山进军营”薏仁米产品展示展销现场会】** 9月25日，贵州省“黔货出山进军营”薏仁米产品展示展销现场会在兴仁市举行。国家粮食和物资储备局军粮供应中心副主任王仲涛，贵州省粮食和物资储备局副局长鲁黔灵，南部战区桂林联勤保障中心供应处仓库参谋长贺东阳，省军区保障局副局长王欢及省武警总队、省委相关办、黔西南州、兴仁市相关领导参加观摩或出席会议。与会人员先后到巴铃镇大普村薏仁米加工生产线、薏品田园街道杨泗屯薏仁米种植基地、薏品田园小镇产业服务中心进行观摩。

**【参加中国粮食交易大会薏仁米专场推介会】** 10月20日，第三届中国粮食交易大会兴仁薏仁米专场推介会在福建省福州市海峡国际会展中心举行。省农业科学院亚热带作物研究所副研究员敖茂宏，黔西南州政协副主席、州薏仁米产业发展专班班长莫武安，兴仁市委副书记、市长方先红等出席。来自国内专家学者从绿色种植、精深加工、高端研发、品牌建设以及助力脱贫攻坚、推动乡村振兴等方面对兴仁薏仁米产业作推介，为推动兴仁市薏仁米产业提质增效提出建设性建议意见。

**【贵州食用菌产业发展大会现场观摩会在兴仁召开】** 11月8日，2020中国贵州食用菌产业发展大会现场观摩会在兴仁召开，来自全国部分地区的政府机构、科研院所和企业代表组成的观摩团对兴仁林下菌药产业发展情况进行现场观摩。2020年，兴仁市大力发展林下菌药产业，谋划以梨树坪林场为核心，带动15个乡镇（街道）发展的产业布局发展种植羊肚菌、黑皮鸡枞菌、灵芝等林下食用菌6025亩，种植铁皮石斛、钩藤、白及等中药材8184亩，通过

10月20日，第三届中国粮食交易大会兴仁薏仁米专场推介会
（兴仁市融媒体中心　提供）

产业带动就业4.59万人次，其中贫困人口2.43万人次，新市民1.5万人次，发放农民工工资300多万元，为稳固脱贫成效、助推乡村振兴奠定坚实基础。

【道德模范】 12月18日，第七届贵州省道德模范颁奖仪式在贵阳举行。本届共评出道德模范41例43人，兴仁市3例3人获此殊荣，获奖例数（人数）居全省第一。其中，兴仁市强发汽车修理厂厂长纪迁获“诚实守信”道德模范称号、兴仁市司法局办公室负责人陈珊获“助人为乐”道德模范称号、兴仁市回龙镇计屯村村民孙福先获“孝老爱亲”道德模范称号。

（兴仁市史志办）

## 安龙县

【概况】 安龙县位于贵州省西南部，隶属于黔西南布依族苗族自治州，素有“西南屏障”“黔桂锁钥”之称，地跨北纬24°55′～25°33′，东经104°59′～105°41′。东与册亨县、东北与贞丰县、北与兴仁市、西与兴义市接壤，南隔南盘江与广西壮族自治区隆林各族自治县相望。南昆铁路、324国道和汕昆高速公路横贯全境，成为连接云南、广西两省（区）的咽喉之地，南盘江水道可直通两广和港澳。全县总面积2237.6平方千米，耕地总面积20.30万公顷。2020年末，辖招堤、栖凤、钱相、春潭、五福5个街道和龙广、德卧、万峰湖、龙山、普坪、洒雨、木咱、新桥、海子、笃山10个镇（其中龙广、德卧、新桥、木咱4镇由黔西南州义龙试验区负责管理），下设147个村民委员会、42个社区居民委员会。县境居住着汉族、布依族、苗族、回族、仡佬族、彝族等30余个民族，人口较多的民族有汉族、布依族、苗族、回族等，至2020年末，全县户籍总人口49.27万人，其中非农户21.30万人、农业人口27.98万人，年末常住人口36.5万人。县境已发现的矿产有金矿、煤矿、铁矿（硫铁矿、褐铁矿、磁铁矿、菱铁矿）、锰矿、钾矿、汞矿、水泥用石灰岩、电石用石灰岩、方解石、冰洲石、水晶等11种矿种，共有矿床5处、矿点40余处。全县森林覆盖率为60%。

2020年，安龙县经济总量进入全省县域第二方阵的“头部地位”，全县全年地区生产总值完成145亿元，是2015年的1.64倍、年均增长11.1%，人均生产总值完成40700元，年均增长10.9%；固定资产投资完成120亿元，是2015年的1.3倍，年均增长17.2%；一般公共预算收入完成11.8亿元，在新税制下保持6.2%的年均增长；城镇、农村人均可支配收入分别完成37389元、11100元，分别是2015年的1.68倍、1.65倍，年均分别增长9.6%、10.4%；主要经济指标年均增长速度均高于全省、全州。2016年至2019年，在全省县域第二方阵经济发展综合测评中，分别排名第七、第四、第四、第二。

安龙县历史悠久、人杰地灵，是贵州省唯一建立过皇都的地方，是贵州省政府首批公布的历史文

安龙县西区新城全貌 （安龙县 提供）

化名城，是“全国武术之乡”“中国文化生态旅游示范地”“中国最美的小城（五十佳）”“中国十大最具发展潜力的小城”“中国（安龙）木纹石之乡”“中国剪粉之乡”，贵州省“文明城市”。安龙自然景观秀美，气候宜人，成功获评“2017年中国宜居宜业宜游旅游目的地”称号，境内有国家级森林公园——仙鹤坪、国家湿地公园（省级风景名胜区）——招堤、全国首个国家户外运动示范公园——安龙国家山地户外运动示范公园（笃山攀岩公园），招堤景区获评“贵州省十大魅力旅游景区”。

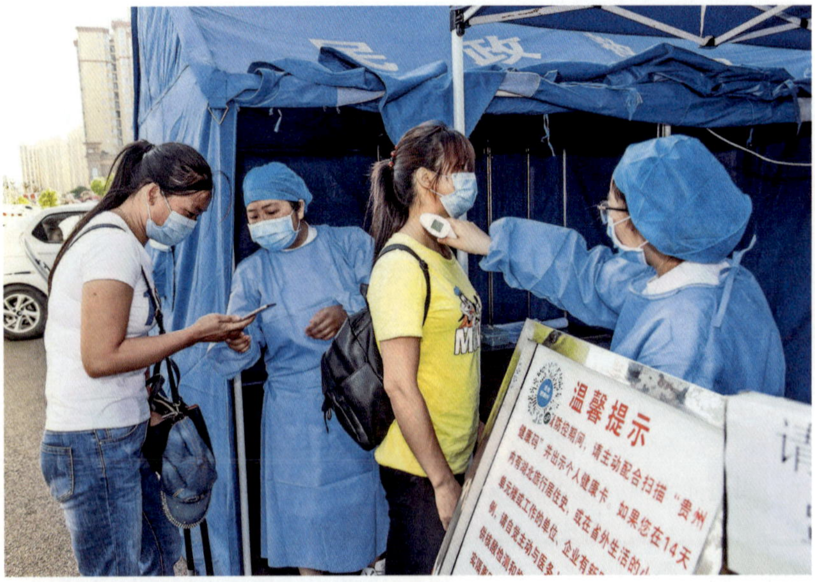

2020年5月7日，疫情防控常态化　（安龙县　提供）

**【疫情防控阻击战】** 2020年1月24日凌晨，安龙县出现首例输入型新型冠状病毒确诊病例，全县上下一夜之间第一时间投入疫情防控阻击战、总体战、人民战争中，从大年三十的“除夕模式”瞬间转变与病毒赛跑的“战斗模式”，454个党组织和9102名党员，1.2万余名机关干部、公安干警、基层干部、医务人员和3万余名社会积极分子投入防控一线，形成党委政府牵头抓、行业部门具体抓、村级组织自觉抓、驻村单位主动抓、一线干部全力抓的联防联控、群防群控、稳防稳控的局面。实行县乡两级书记每日调度机制，先后召开80次新冠肺炎防控工作领导小组会议，按照“快排查、防输入、减流动、停聚集、严隔高、精救治、保供应、清环境、控舆情、实督查、严纪律、强作风”要求，以最高标准、最大力度、最严措施、最快速度实行“三查一问一书一报告”制度，落实“走到、问到、签到、量到”等工作标准，设置服务点1600余个，拉网式全覆盖大排查35.7万余人。2月11日，县内唯一一例感染病例治愈出院后无新增病例。此后，安龙县坚持组织领导不变、常态化防控措施不变，坚持每日调度、每周研判机制不变，累计排查出进入安龙县境重点人员11406人，累计完成核酸检现查58058人次。其间，安龙县还派出6名医务人员驰援湖北抗疫工作。

按照“管点、控线、畅面”要求，在做好疫情防控的前提下，坚持一刻不能停、一步不能错、一天不能耽搁，巩固拓展疫情防控良好势头，精准有序推进复工复产，实现141个企业项目和重大项目全面复工复产，有效推送816家企业用工岗位11.35万个，促进15.67万名劳动力有效就业。围绕全员排查、全员培训、全覆盖签订承诺书、全面消杀的“四个全”措施，抓好校园疫情防控，有序推进复课复学，全县各类学校平稳有序开学。

**【经济建设】** 2020年，安龙县做好“六稳”工作、全面落实“六保”任务，巩固拓展疫情防控和经济社会发展成果，在危机中育新机，于变局中开新局，实现经济增长扭负为正，全县全年地区生产总值完成145亿元，同比增长5%。其中，一、二、三产业增加值分别完成36.54亿元、50.41亿元、58.62亿元，分别同比增长6.7%、0.5%、3.5%；规模以上工业增加值完成17.5亿元，同比增长0.22%；固定资产投资同比增长13.3%，其中产投比完成40%；批发和零售业完成4.76亿元，同比增长4.5%；住宿和餐饮业完成6800万元，同比增长–0.3%；金融机构人民币存贷款余额同比增长8.4%，金融机构人民币贷款余额同比增长21.3%；城镇常住居民人均可支配收入完成37389元，同比增长9.79%；农村常住居民人均可支配收入完成11100元，同比增长10.8%。

农业。2020年，安龙县以“一

主三辅”产业为定位，对25个坝区制定“一坝一策”，完成调减低产值农作物967公顷，谋划实施食用菌、配套发展烤烟、蔬菜、茶叶、精品水果等山地特色农业，发展林下菌药产业。全县全年共完成林下种植1207.93公顷，其中林下食用菌900.33公顷、林下中药材307.6公顷，直接带动种植的劳务合作社15个、贫困户1947户。省级现代高效农业示范园区达到7个，引进企业70家，派驻农民专业合作社94家，完成投资29.28亿元，同比增长10.5%，实现产值29.6亿元，同比增长10.3%。推广实施“一包三保”带贫益贫机制，优化企业、合作社、村集体、农户在产业链、利益链中的份额。承办2020中国·贵州食用菌产业发展大会，签约食用菌产业项目41个，签约资金66.9亿元，涉及菌材、食用菌种植、冷链物流、精深加工以及产品营销、出口等全产业链环节。坚持一手抓生猪生产、一手抓非洲猪瘟防控，全县全年生猪出栏18.44万头，年末生猪存栏16.29万头。

工业。2020年，安龙县投资15亿元，实施“千企改造”工程项目8个。其中，玉林石材、木纹石公司、自备电厂纳入省级龙头企业，天刺力纳入省级高成长企业，金源铁合金、邱家湾煤矿、温氏畜牧有限公司纳入州级“千企改造”重点企业。加快煤炭资源优化整合及开发利用，长湾煤矿30万吨/年矿井建设有序推进，完成煤矿智能机械化升级改造3个，采煤机械化率100%。推进“大电强网+大产业”战略，全县正常运行光伏电站3家，累计发电量约1.37亿千瓦时。小微企业创业园入园企业35家，现代物流版块入园企业21家，生态载能版块入园企业1家，石材产业园入园企业6家。慈溪·安龙万洋众创城（一期）顺利开园，入驻企业14家、投产6家，投资约10亿元。

现代服务业。2020年，安龙县以打造山地生态康养城为目标，创新思路，整合资源，疫情期间积极筹备各个景区“再开园”工作，做好疫情防控应急预案之后在全州率先实现复工开放。高标准规划建设万亩白及产业园、石斛养生谷等一批集观光旅游、文化体验、科技研发、产加销为一体的全产业链特色园区，建成石板小镇、光伏小镇等山地旅游户外运动小镇。实施古城改造、招堤景区提质改造等工程，完善重要景区旅游交通标识标牌1000余块，城区新增停车场5个、停车位2124个，新建、改建旅游厕所52座。建成招提景区游客接待中心，打凼、大秦农业园等集散中心，均设置有游客资讯服务点，构成多层级的旅游集散服务网络。全县全年累计接待游客439.42万人次，实现旅游综合收入44.92亿元。推进国家级农村电子商务综合示范县建设，建成电子商务公共服务平台，完善县镇村电商服务体系，助推农产品销售额750万元；构建冷链物流体系，冷库库容达2.5万吨。

新型城镇化。2020年，安龙县按照县城区“北扩、南伸、东疏、西迁”发展思路，加快推进易地扶贫搬迁安置区建设、城市综合体建设、棚户区改造，县城建成区面积拓展到30平方公里，城区人口由7万人增加到10万人左右，城镇化率由43%增加到50.67%。推进房地产开发，完成碧桂园、五格生态新城、学府一号、尚水上城（三期）、万洋众创城、南北部商业街区建设。实施小城镇整县推进，小城镇建设完成投资27.36亿元，新市民广场建成投入使用，新增城市停车位2000余个。推进水利基础设施建设，美女山大型水库前期工作快速推进，平桥、科花等4个中小型水库建设进展顺利，新增高效节水灌溉面积2326.67公顷，农村饮水安全实现全覆盖。完善能源输送网络，推进农村电网改造升级，农村电网供电可靠率99.66%。

**【巩固脱贫成效和乡村振兴】** 2020年，安龙县落实“四个不摘”，按照“两场战役都要打、两个胜利都要夺”要求，围绕质量高、成色足目标，谋划好疫情防控和脱贫攻坚工作，建立“三个不过夜”“双台账”“双责任”“双问责”“三单三制”等机制体制，推动“两补两看”和新一轮“四逐四准”大走访大排查，推动中央定点帮扶和东西部扶贫协作向纵深发展，狠抓产业发展和稳岗就业，注重易地扶贫搬迁后续扶持工作，实现全县已脱贫建档立卡户、边缘户、脱贫监测户年人均纯收入均稳定高于5000元。

落实“四个不摘”。2020年，安龙县坚持摘帽不摘责任，聚焦“两个确保”目标任务，以县委全会的形式对减贫摘帽后的脱贫攻坚工作进行动员部署，继续坚持“抓一把手、一把手抓”，继续执行县委书记、县长任扶贫开发领

2020年9月9日，农户采摘林下食用菌　　（安龙县　提供）

导小组“双组长”制，落实“五级书记”抓扶贫和“五主五包”要求，全年召开研究部署脱贫攻坚工作县委全会4次、县委常委会36次、扶贫开发领导小组会议10次。坚持摘帽不摘帮扶，优化调整全县攻坚体系、优化调整网格化作战指挥体系，继续强化前沿工作组执行“五天四夜”驻村工作机制、继续落实7613名包保干部“周述职”工作机制。坚持摘帽不摘政策，按照“扶上马送一程”“目标不变、靶心不散、频道不换、力量不减”等攻坚作战要求，出台《安龙县脱贫攻坚“冲刺90天打赢歼灭战”行动方案》《关于开展新一轮“四逐四准”遍访农村农户，确保按时高质量打赢脱贫攻坚最后总攻歼灭战实施方案》《安龙县脱贫攻坚新一轮“四逐四准”“八个一”专项行动工作方案》《安龙县决战决胜脱贫攻坚收官战行动方案》等系列方案，推动产业发展、就业创业、危房改造、易地扶贫搬迁、教育资助、医疗报销等政策全面落地，现有帮扶政策总体稳定，帮扶资金和指导力度不减。坚持摘帽不摘监管，按照“四逐四准”工作要求，对全县农村人口和脱贫人口开展多轮次地毯式排查，将人均可支配收入低于6000元，以及因病、因残、因灾、因新冠病毒疫情影响或其他原因等引起收入骤减或支出骤增的家庭纳入重点监测管理，按照缺什么补什么的原则，精准制定脱贫攻坚巩固提升方案，给予产业和就业、临时救助、兜底保障、“四险一金”等政策帮扶，实现重点人群动态监管、脱贫成果精准巩固全覆盖。坚持县级领导蹲点督战，常态化制度化开展巡回督战，对责任落实不到位、形式主义官僚主义等问题，严肃问责并坚决整改。2020年，上级检查、县级自查发现问题共66个，全部按时完成整改销号。

巩固提升脱贫成果。2020年，安龙县以“两补两看”“新一轮‘四逐四准’大排查”“八个一专项行动”为抓手，开展“脱贫攻坚零问题总攻”，完成大遍访9轮，实现“3+1”保障、生态扶贫、金融扶贫等领域全覆盖大排查。按照“两补两看”“双台账、双责任、双问责”“八个高质量”“户户过、人人过、天天过”要求，建立各级部门问题“两本账”，对镇（街道）、村（社区）实施红黄绿“三色”动态管理，全县统一执行村（社区）一天一调度、镇（街道）两天一调度、县级三天一调度的“123”调度机制，推动工作查缺补漏、问题整改销号，补齐教育、医疗、住房、饮水等各方面的短板弱项，巩固提升脱贫成果。

产业扶贫。2020年，安龙县对标对表农村产业结构“八要素”“六个转变”，调整坝区产业结构、调减低效作物，发展林下经济和林特产业，构建以食用菌产业为主，温氏养猪、中药材、蔬菜等为辅的“一主三辅”扶贫产业体系，形成“五园争春”的产业扶贫格局。支持食用菌主导产业，在资金上优先考虑、在项目上优先安排、在基础设施建设上优先落实，获批全国唯一一个以食用菌为主导产业的国家级现代农业示范园——贵州省安龙县现代农业产业园，建成投用菌种、研发、培训、交易、文创“五个中心”，成功承办以“树黔菌品牌·强扶贫产业”为主题的2020中国·贵州食用菌产业发展大会，开展“黔货出山·风行天下”夏秋攻势行动。持续培育农业龙头企业26家、农民专业合作社513个，贫困人口和贫困村实现产业金覆盖，实现贫困村100%的建立农民专业合作社，贫困人口100%的参加农民专业合作社，农民专业合作社100%的实现技术团队覆盖。

稳岗就业。2020年，安龙县坚持把稳就业保民生作为“六稳”“六保”的首要任务来抓，以建档立卡贫困户劳动力、新市民劳动力及外出返乡劳动力为重点，按照全面、精准、扎实、有序要求，围绕“户户就业、人人有岗”目标，采取系列超常规举措应对疫情冲击，按照“四个三”机制精准提供就业服务，全面摸清“四个底数”、建立“四个台账”，依托“就业型”合作社和社会化就业服务机构，通过点对点直通车，自驾车返岗就业，与浙江宁波、福建泉州等地签订稳岗协议，成立慈溪、晋江、安溪劳务协作工作站和稳岗就业联合党委等措施，有序组织劳动力7192人外出就业。坚持“两业”工作同研究、同安排、同部署、同落实，以产业促就业、以就业促增收、以增收防返贫稳脱贫。聚焦“一主三辅”产业、制造业、建筑业、服务业、旅游业、电子商务等就业容量大的行业，开展有针对性的就业创业培训，完成培训近2万人次、林下经济作物种植面积1207.93公顷、解决就业63382人次。

易地扶贫搬迁后续扶持。2020年，安龙县围绕“搬得出、稳得住、快融入、能致富”目标，深化“五个体系”建设，强化后续服务保障。在基本公共服务保障体系方面，4个安置点8所学校配齐配强师资202名、6个卫生服务站35名医务人员按照要求严格履行家庭医生签约服务，完成建档立卡贫困人口和卡外低保人口救助100%、农低保转城低保100%，新市民居住证、就业险、安居险办理100%，新市民不动产权证办理100%。在培训和就业服务体系方面，累计精准培训搬迁劳动力140场次，覆盖6000余人次。通过有组织劳务输出、点对点直通车、发展林下经济、就近就业创业等方式，实现5327户共12375人稳定就业创业，新市民有劳动力家庭1户1人以上稳岗就业全覆盖。在社区治理体系方面，配备完普新市民居住区平安风险感知系统，配齐社区居委会、治安调解委员会、法律顾问人员力量，推进社区网格化管理。在基层党建体系方面，推进“新市民·追梦桥”工程，完成4个新市民居住区“新市民·追梦桥”服务中心和工青妇服务工作站建设，以搭“五桥”建“五家”为抓手，推动创“五区”目标实现。

2020年9月22日，由慈溪市、安龙县、万洋集团三方投资、建设、招商、运营、管理的“慈溪·安龙万洋众创城”正式开园。图为黔西南州人民政府州长杨永英出席活动并讲话

（安龙县 提供）

民进中央定点帮扶和东西部扶贫协作。2020年，安龙县把握慈溪市对口帮扶的历史机遇，加强与慈溪市等地的沟通对接，签订“2020年东西部扶贫协作框架协议”“2020年宁波慈溪市对口帮扶项目协议”，宁波选派2名党政干部、54名专业技术人才到安龙挂职；安龙选派9名党政干部到宁波挂职，选派80名专业人才到宁波交流学习。全年获得宁波帮扶资金4250万元，新增引进落地企业15家，引进企业在建项目10个，到位资金5.8亿元，受益人数12428人。采取点对点直通车、自驾车返岗、爱心岗位、就业前培训等措施，帮助贫困劳动力到宁波市新增稳岗就业316人，帮助贫困劳动力到其他省份稳定就业600人，就近就业778人。打造消费扶贫体系，在慈溪市设立农产品分销中心，在各大超市设置销售展柜，有效推动“黔货出山”。民进中央投入帮扶资金354.35万元，引进帮扶资金709.09万元，培训基层干部155人次，培训技术人员5407人次，购买贫困县农特产品折合人民币49.94万元，帮助销售农特产品4.83亿元，惠及贫困人口2.37万人。

**【社会民生建设】** 教育事业。2020年，安龙县围绕“教育立州”战略，推进学前教育持续发展、义务教育均衡发展、高中教育改革发展、职业教育创新发展，全年培训校（园）长、教师11032人次，县内学校高考本科上线969人，本科录取率44.61%，高中阶段入学率96.72%。完善教育资源配置，以消除城镇学校大班额、加快教育信息化步伐为重点，投入资金4533万元，加强义务教育学校改薄提升，实施改薄工程项目74个。批准建设幼儿园11所，设立民办学校6所。围绕义务教育阶段“零”辍学目标，完善控辍保学长效机制，落实“双线”包保责任制、“七长”负责制，实现控辍保学动态“清零”。落实教育资助政策，全县全年资助学生56284人共5722.1万元，办理生源地信用助学贷款4429笔共3256.15万元，对符合资助政策的贫困学生实现资助全覆盖。

卫生健康事业。2020年，安龙县推进县、镇、村三级医疗机构场所建设，建成社区卫生服务中心（卫生院、分院）11个、村级卫生室182所，有执业医生170人、村医197人，实现医疗机构“三建成”、医疗技术人员“三合格”、医疗服务能力“三达标”目标。落实疫情防控各项措施，加强定点医疗机构发热门诊规范设置和管理，对重点人员和发热患者及时进行核酸检测，做到应检尽检。落实医疗保障扶贫政策，实现74645名贫困人口基本医疗保险参保和补贴全覆盖，资助金额共930.11万元；落实医保扶贫保障对象在定点医疗机构“先诊疗后付费”和“一站式结算”服务政策，全县全年垫付2950人次共118.78万元。

社会保障兜底。2020年，安龙县发挥扶贫、低保、救济、慈善等政策整体效能，农村低保标准与国家扶贫标准继续保持“两线融合”，农村低保平均标准提高到4308元，城市低保平均标准提高到7500元；落实社会救助政策，发放城乡低保、特困人员供养资金7271.58万元。落实居民养老保险待遇，发放80岁以上老人高龄津贴共256.04万元，发放残疾人护理补贴共148.79万元。落实小微企业社会保险费缓、减、免政策，为261家企业减免企业养老保险费共1989.3万元、241家企业减免失业保险费共83.02万元。组织开展政、金、企融资对接活动，全县全年发放疫情防控贷款10590万元、复工复产贷款90877万元。推进退役军人优抚政策落实，发放1743人优抚对象抚恤补助金共629.41万元。

**【深化改革开放】** 2020年，安龙县召开县委深化改革委员会会议8次，重点加强供给侧结构性改革、经济体制改革、扶贫开发体制改革、民主法治领域改革、文化体制改革、社会治理体制改革、生态文明体制改革、党建体制改革、纪律监察体制改革，完成县级事业单位和州直驻县单位规范设置，全年完成省、州部署在安龙县开展的改革试点3项，完成2020年度改革工作要点明确的改革任务50项。抢抓新时代推进西部大开发形成新格局机遇，积极融入“一带一路”“粤港澳大湾区”等经济建设，创建农业高新技术产业示范园。全年投资29.28亿元，完成7个省级现代高效农业示范园区建设，列入2020年国家现代农业产业园1个，培育国家级龙头企业1个、省级龙头企业10个、州级龙头企业15个。利用会展招商活动平台，开展招商推介和考察对接、项目签约，共计签约、引进项目94个，总投资129.93亿元。出台《安龙县优化营商环境专项整治实施方案》，针对营商存在的问题，制定问题清单及整改分解任务表逐一整改落实。

**【宣传文化思想建设】** 社会主义核心价值观建设。2020年，安龙县把学习宣传践行社会主义核心价值观融入精神文明建设全过程，把培育和践行社会主义核心价值观融入文明城市、文明村镇、文明单位、文明家庭、文明校园创建工作，加强社会公德、职业道德、家庭美德、个人品德建设，注重家风建设，培育道德模范、先进典型，全年开展感恩教育、志愿者服务等多形式宣讲400余场次，受众2万余人次；加强爱国主义教育基地建设，新增革命遗址（含纪念场馆设施）22处，编辑出版《安龙年鉴》《安龙县文物志》《安龙故事（第三辑）》等一批极具安龙特色的书籍。历时4个创建周期，全县“时代楷模”库存达到45人，县级层面成功创建文明单位25个、文明镇4个、文明村84个，创建率82.35%。

新闻宣传。2020年，安龙县将新时代文明实践中心试点与现有工作载体相结合，形成新时代文明实践中心“群众点单、中心派单、干部接单”运行模式，全年围绕“三大攻坚战”，聚焦脱贫攻坚主战场，在中央、省、州三级主流媒体播出和刊载安龙县稿件（视频）分别为200余条、1000余条、450余条，县内媒体播发稿件1000余条，开设专栏近10个。其中，中央广播电视总台《新闻联播》《第一时间》《经济信息联播》《东方时空》等多栏目，聚焦关注县内食用菌产业、战疫情抓脱贫、稳岗就业等专题24次；拍摄完成脱贫攻坚时代报告剧《石头开花》。

**【生态文明建设】** 林业生态建设。2020年，安龙县守牢生态安全底线，推进山水林田湖草系统治理和保护，完成各类造林工程5133.33公顷、退耕还林2466.67公顷，全县森林覆盖率60%，划定生态保护红线452平方千米。招堤国家湿地公园通过国家级验收，普坪镇成功创建省级生态示范镇。

污染防治。2020年，安龙县聚焦打好蓝天保卫战，开展大气污染防治工作，加强施工扬尘监管，落实建筑扬尘污染防治“六个100%”措施，全面禁止秸秆焚烧，全县环境空气质量优良率100%。聚焦打好碧水保卫战，开展水污染防治工作，落实“河长制”，常态化开展巡、管、治、护。强化水源地环境保护，对集中和分散式用水水源地开展环境整治，县级集中式饮用水水源地水质达标率100%。水环境质量和管理指标完成率100%，排名全州并列第1名、全省第20名。聚焦打好净土保卫战，开展土壤污染防治工作，加强农业面源污染治理，实现化肥农药使用零增长，建立土壤环境基础数据库。聚焦打好固废治理战，建成医疗废物处置中心，实现医疗废物集中处置“全覆盖”，完善和规范危险废物相关管理制度和处置流程，推进城乡生活垃圾收运一体化建设，生活垃圾无害化处理率85%。

乡村环境整治。2020年，安龙县围绕农村“厕所革命”，推进农村户用厕所和公共卫生厕所建设，全县15个示范村和4个非示范村共完成户用卫生厕所建设1108户。推进农村环境综合整治项目建设，在万峰湖镇坝盘村、普坪镇胡巷村和香车河村设立垃圾桶1000余个、垃圾箱300余个，配备勾臂垃圾清运车30辆。推进畜禽粪污资源化利用项目建设，新建和完善有机肥加工厂，全县畜禽粪污综合利用率90%，有机肥替代化肥率30%。

**【民主政治建设】** 人大工作。2020年，安龙县人大及其常委会依法行使决定、任免等法定职权，围绕“三大攻坚战”等县委各项中心工作，开展专题调研8次、听取和审议专项工作报告12个，收集代表建议意见128条、服务群众面广的意见建议34条，全部督促办结。履行河长制职责，县人大常委会班子成员到包保河（库）开展巡河80余次。开展“脱贫攻坚·代表在行动”活动，县人大常委会班子成员分别到招堤、栖凤、洒雨、笃山、海子、普坪担任一线指挥长，选派21名干部分别到18个村（居）投身脱贫攻坚主战场。

政协工作。2020年，围绕“三大攻坚战”等县委各项中心工作，安龙县政协班子成员牵头负责白香果、核桃等精品水果产业发展、到晴隆县开展脱贫攻坚“同心助攻”、到北京开展全国“两会”驻京工作、参与筹备2020中国·贵州食用菌产业发展大会等各项工作，73名政协委员结对帮扶贫困户287户，县政协班子成员全部担任一线指挥长，18个委员企业参与86个村脱贫攻坚工作。聚焦脱贫攻坚、疫情防控等工作开展调研，2020年收到委员提案96件，立案93件，办复93件，办复率100%。

全面依法治县。2020年，安龙县出台《安龙县大法治建设工作实施方案》《安龙县法治政府建设五年实施方案》《安龙县法治宣传教育第七个五年规划》等文件，推进法治政府建设。投入2万余元，在蘑菇小镇、九龙社区、五福小镇创建公共法律服务室及远程咨询系统示范点；充实和调整人民调解委员会163个；全县53名法律顾问分别与144个村（社区）两委签订《安龙县村（社区）法律顾问合同书》，受聘法律顾问接到村组电话和群众咨询1300余人次、代写法律文书197份、修订合同74份、代理案件385件、调解矛盾纠纷183起、指导修订《村规民约》144条，建立公安、检察、法院联合会议制度，通过“一案三查”，严厉打击黑恶势力中“警伞”“官伞”，探索建立警民联调“1+”工作模式（即警务室1名民警，居民委员会、楼长、单元长、治安信息员、老党员、离任村干部等N个调解委员），采取分类调解、集中调解、上门调解、巡视调解和思想疏导等方式，就地化解群众之间的矛盾纠纷。

统一战线和群团组织工作。2020年，安龙县引导统一战线人士和非公有制企业参与脱贫攻坚、疫情防控等工作，非公有制企业和统战人士为安龙捐款捐物折价100余万元，帮助销售农产品1亿元以上，21名民主党派人士参与脱贫攻坚包保；商会（企业）实施帮扶项目共254个，投入资金5.2亿元，帮扶村122个，受帮扶贫困人口21079人。420余名志愿者投身疫情防控、脱贫攻坚。通过“美美暖冬礼包”“茅台王子·明亮少年”“习酒·我的大学”等系列活动，5300余名贫困学生、新市民、80岁以上的老人、残疾儿童等群体得到资助、救助。成立并运行县、镇、村三级退役军人服务机构，全县9个镇（街道）和142个村（社区）服务站全部明确人员和办公场所。

**【党的建设】** 基层党建。2020年，安龙县落实提升基层党建质量三年行动计划，常态化开展软弱涣散党组织排查整顿，制定《安龙县发展党员工作计划（2020—2022）》，全年发展党员88人，村级后备干部库在库人员604人；推进村党组织书记、村主任“一肩挑”，完成村党组织书记、村主任一肩挑58个；派驻39名县处级干部挂点联系帮扶贫困村，85名第一书记、279名干部驻村帮扶；整顿提升软弱涣散村党组织5个、调整村党支部书记2人；以建设“让党中央放心，让人民满意”模范机关为契机，以党建分层工作法推进机关单位、公立医院、非公有制企业和社会组织党建工作，标准化党支部建设完成200个。

组织工作。2020年，安龙县坚持党管干部原则，实行干部纪实制度，注重在脱贫攻坚“两补两看”、疫情防控和风险防范化解等急、难、险、重工作纪实考核中发现和选拔敢于负责、勇于担当、善于作为、实绩突出、清正廉洁的干部，全年转重、调整、提拔干部173人，引进紧缺专业技术人才17人，调整不宜担任驻村第一书记人员12人，选派充实到纪检监察队伍24人。

党风廉政。2020年，安龙县委常委会专题听取纪检监察工作汇报4次，全县全年召开警示教育大会5次，开展“纪律教育一刻钟”活动620余次，教育党员领导干部9000余人次。聚焦“六围绕一加强”，组建22个巡察组开展第七轮、第八轮、第九轮三轮常规巡察，共发现问题1491个，移交问题线索59件，立案12件，党纪政务处分5人。中央第四巡视组移交问题线索16件全部办结，办结率100%。省委第三轮巡视组反馈的7个方面65个具体问题、州委易地扶贫搬计第二交叉专项巡察组巡察安龙县反馈的5个方面13个问题、2020年度州委全面从严治党检查组对安龙县指出的11个问题，全部完成整改。

政治巡察。2020年，安龙县把落实《中央关于加强党的政治建设的意见》、习近平总书记重要指示批示精神和中央、省委、州委决策部署作为践行“两个维护”的具体检验，严明“两个维护”最根本的政治纪律和政治规矩，组织对36个县直部门、4个镇（街道）及125个村（社区）开展政治巡察。抓好习近平总书记关于疫情防控、违规乱占耕地建房、制止餐饮浪费等重要指示批示精神以及“三重一大”决策情况的监督检查。

**【全省地方政府专项债券项目集中开工仪式在安龙举行】** 2020年6月16日，全省2020年地方政府专项债券项目集中开工仪式黔西南分会场集中开工仪式在安龙县举行，集中开工的项目共14个，总投资126.68亿元，专项债额度13.2亿元。其中，安龙县集中开工的项目3个，总投资13.8亿元，专项债额度1.26亿元，涉及养老、产业园区基础设施及停车场领域。

州政府副州长王丽琼主持会议，州委常委、州政府常务副州长陈健到会讲话并宣布开工。

**【慈溪·安龙万洋众创城开园】**
2020年9月22日，由慈溪市、安龙县、万洋集团三方投资、建设、招商、运营、管理的“慈溪·安龙万洋众创城”正式开园。

浙江省宁波市委副书记、市长裘东耀宣布慈溪·安龙万洋众创城开园，并代表宁波市委、市政府对万洋众创城开园表示祝贺。受州委书记刘文新委托，黔西南州委副书记、州政府州长杨永英出席活动并致辞，对宁波市长期以来的帮扶和支持表示感谢。贵州省政协副主席任湘生到县参加活动，向宁波市代表团表示欢迎。黔西南州人大常委会副主任、安龙县委书记钱正浩向入驻企业代表递交服务承诺书。万洋集团总裁吴建明、慈溪福山纸业橡塑有限公司董事长叶凯峰、入驻企业员工代表陈国平分别发言。与会人员现场参观入驻企业贵州佰莱克斯实业有限公司、贵州苹果亿轩实业有限公司等。

宁波市委常委、组织部部长钟关华，宁波市人大常委会副主任戎雪海，宁波市政协副主席张明华，宁波市政府秘书长朱金茂，慈溪市委副书记、市长盛悠，以及贵州省扶贫办副主任张涛，黔西南州委常委、副州长田宾，州政府副州长、州扶贫办主任刘兴吉等到县参加活动。

**【中国民主促进会深化“同心·彩虹行动”工作经验交流会在安龙召开】** 2020年10月28日，庆祝民进成立七十五周年——民进深化“同心·彩虹行动”工作经验交流会在安龙召开，民进各省级组织分管社会服务工作的领导、相关部门负责人参加会议。全国人大常委会委员、农业与农村委员会副主任委员、民进中央副主席王刚主持会议并宣读《关于“2020年度学习习近平总书记关于扶贫工作的重要论述征文活动”优秀组织奖的通报》，州委副书记穆嵘坤汇报黔西南州脱贫攻坚工作，北京、上海、辽宁、江苏、浙江、江西、广东、四川、河北9个省级组织作交流发言，实地走访安龙县万峰湖镇坝盘村、蘑菇小镇综合服务中心、安龙温氏畜牧有限公司、安龙教育园区等。

全国政协副主席、民进中央常务副主席刘新成出席并讲话，对黔西南州委、州政府推动脱贫攻坚取得决定性成果表示祝贺。

**【食用菌领域专家企业家座谈会在安龙举行】** 2020年11月7日，食用菌领域专家企业家座谈会在安龙举行，就贵州省食用菌产业发展高质量发展听取意见和建议。省农业农村厅副厅长步涛介绍贵州食用菌产业发展现状；上海农科院副院长、国家食用菌产业技术体系岗位专家谭琦，华中农业大学教授、国家食用菌产业技术体系岗位专家边银丙及江苏安惠生物科技有限公司董事长陈惠等专家和企业家，分别围绕各自研究领域和工作实践，从发展定位、发展方向、发展品种、深度加工、市场拓展等方面，为贵州省食用菌产业发展提出有针对性、有操作性的意见和建议。

贵州省副省长、省食用菌产业发展领导小组组长胡忠雄主持会议并向与会专家学者、企业家对贵州发展食用菌产业提出的宝贵意见和建议表示感谢。指出，贵州食用菌产业发展离不开各位专家、企业家的参与，希望各专家、企业家在以后的合作过程中继续贡献智慧、技术、管理，实现更深层次、更广领域的深度协作，为贵州食用菌产业发展来一个“大合唱”。省政府副秘书长邹康，黔西南州委副书记穆嵘坤，黔西南州人大常委会副主任、安龙县委书记钱正浩等到县出席活动。

本次活动系2020中国·贵州食用菌产业发展大会系列活动之一。

**【中国食用菌品牌集群成立发布暨食用菌品牌论坛在安龙举行】** 2020年11月8日，中国食用菌品牌集群成立发布暨食用菌品牌论坛在安龙举行。原农业部党组成

2020年11月9日，2020中国贵州食用菌产业发展大会在安龙召开 （安龙县 提供）

员、中国农产品市场协会会长张玉香主持会议，省政府副省长、省食用菌产业发展领导小组组长胡忠雄出席会议并致辞；中国品牌建设促进会专家委员会名誉主任、黑龙江原省长、中国食用菌品牌集群主席张左己宣布中国食用菌品牌集群筹备组名单，国务院参事室参事、原国家质检总局副局长、中国品牌集群专家委员会副主任葛志荣介绍中国食用菌品牌集群成立相关情况，中国品牌建设促进会理事长、国际标准化组织品牌评价技术委员会（ISO）主席顾问组主席刘平均作《推动中国食用菌品牌走上全球》主旨演讲。

中国食用菌品牌集群属于食用菌产业品牌发展的技术性组织（成员制），隶属于中国品牌建设促进会。

本次活动系2020中国·贵州食用菌产业发展大会系列活动之一。

**【贵州省食用菌市场流通高峰论坛在安龙举行】** 2020年11月9日，贵州省食用菌市场流通高峰论坛在安龙县举行，中国菌物学会菌文化分会长韩省华主持论坛，贵阳市农业投资发展（集团）有限公司党委副书记赵晓敏、云南木水花野生菌交易市场总经理成爱丽、湖北裕国菇业股份有限公司贵州总经理王金新、北京新发地农产品交易市场负责人宋春领、贵州敏新生产力促进中心主任李敏分别围绕食用菌交易中心定位、运营、管理、招商等环节进行交流发言。

本次活动系2020中国·贵州食用菌产业发展大会系列活动之一。

（唐保华）

## 贞丰县

**【概况】** 贞丰县位于黔西南布依族苗族自治州东北部，地处北纬25°07′～25°44′，东经105°25′～105°56′。距省城所在地贵阳约187千米、州府所在地兴义约100千米。东跨北盘江与安顺市镇宁布依族苗族自治县相接，东南隔北盘江和清水江与望谟县相邻，南跨大田河与册亨县连接，西隔龙山山脉与兴仁、安龙两县接壤，北隔北盘江与安顺市关岭布依族苗族自治县相望。东西最大距离52千米，南北最大距离67千米。西部的龙山山脉主峰公龙山为最高点、海拔1966.4米，东南角洛帆河汇入北盘江处为最低点、海拔324米。国土面积1511平方千米，森林覆盖率55.09%。辖平街、连环、鲁容3个乡；龙场、者相、北盘江、长田、小屯、挽澜、白层、鲁贡、沙坪9个镇；珉谷、永丰、丰茂、龙兴、双峰5个街道。全县133个村，35个社区。年末总人口432205人，其中城镇人口170614人，乡村人口261591人。人口自然增长率7.36‰，人口较多的少数民族有布依族、苗族、回族、仡佬族等。主要矿藏有煤、金、锡、铁、镁、铝、大理石等。主要水电站有董箐电站、大田河梯级电站等。主要旅游景区（点）有贞丰古城、双乳峰景区、三岔河风景区、北盘江大峡谷国家湿地公园、纳孔布依寨、岩鱼布依寨、必克布依寨、小花江布依寨、纳马苗寨等。

2020年，全县地区生产总值152.15亿元，增长5.3%。其中：第一产业增加值完成31.46亿元、同比增长7.1%，第二产业增加值完成62.47亿元、同比增长5.6%，第三产业增加值完成58.21亿元、同比增长3.9%；固定资产投资完成145.18亿元、同比增长12.1%；

2020年6月，贞丰县委荣获贵州省委表彰“全省脱贫攻坚先进党组织”荣誉称号
（贞丰县委办公室　提供）

财政总收入完成16.36亿元、同比增长5.23%。新增城镇就业5848人次、转移农村劳动力7522人次；城镇居民和农村居民人均可支配收入分别为33923元、11094元，分别同比增长5.4%、8.7%；财政总支出47.7亿元、同比增长2.74%，其中一般公共预算收入10.03亿元、同比下降6.34%；金融机构存款余额125.48亿元，贷款余额107.60亿元。全县贫困发生率由2019年的1.48%降至0。

**【疫情防控】** 2020年，贞丰县众志成城筑牢疫情防控"钢铁防线""智慧防线"，迅速落实"外防输入、内防反弹"和"早发现、早报告、早隔离、早治疗"等措施，投资2800万元用于疫情防控"九大能力"建设，建成投用两个核酸检测实验室，日检测量4700例，取得全县疫情"零病例"战果。

**【脱贫攻坚】** 2020年，贞丰县凝心聚力，始终保持攻坚态势，聚焦"四个不摘"，常态化推进"四逐四准"，较真碰硬开展挂牌督战，开展"两补两看"，全面查缺补漏，强力推进问题整改，鲁容乡卡务、纳翁两个深度贫困村实现出列，全县2008户5809人剩余贫困人口全部脱贫，顺利通过国家、省脱贫攻坚成效考核。

**【项目资金】** 2020年，贞丰县共争取项目33个，总投资4.23亿元。共获中央及省预算内和专项债资金6.06亿元，其中：中央资金1.196亿元，省级资金943万元，州级资金26万元，专项债资金4.86亿元。围绕国家投向编制申报2021年中央预算内投资项目134个，总投资131.87亿元，拟争取补助资金76.06亿元。

**【基础设施建设】** 2020年，完成双乳峰——三岔河景区（二期）升级改造，完成20万吨精制钙（一期）、50万吨脱硫石粉厂、白层火电厂（一期）和超千水库建设并投入使用，完成鲁花水库下闸蓄水、七星水库蓄水试运行和20万吨精制钙（二期）启动建设，完成长田金矿项目基本建成、贞丰古城三期投资建设等。启动筹备双乳峰（双乳峰和三岔河景区打捆申报）国家AAAAA级景区申报创建工作。

完成交通固定资产投资17.11亿元，其中一级公路建设项目完成固定资产投资1.18亿元，交通计划外项目完成固定资产投资15.98亿元。全县公路纳入统计总里程2447.54千米，其中：高速公路46.03千米、国道56.71千米、省道212.54千米、县道306.09千米、乡道433.98千米、村道884.38千米、组组通公路507.81千米，列养率100%；辖区县乡（镇）通畅率100%，建制村通畅率100%、组通畅率100%。

六安高速（贞丰境）全长49.067千米，总投资约84.5亿元。2020年，六安高速贞丰段4个标段施工单位已全部进驻现场，贞丰县交通部门已配合完成项目部、临时拌和站建设相关手续，各标段临时用地征地工作有序开展。全线共测量土地910.48亩，其中主线652.8亩、临时用地264.67亩；共测量房屋40栋，涉及6个乡镇43户。完成拨付正线补偿款238.36万元，部分施工便道、实验室、拌和站处于清表工作阶段。

完成G354贞丰县城至龙场段交工验收，S318望谟至贞丰公路改扩建工程北盘江至贞丰县城段交工资料收集齐全，并编制完成。

全面完成县乡道路面改善提升工程23千米。完成"美丽农村公路"项目4个52千米。投资1672万元，完成农村公路（隐患路段治理）生命安全防护工程项目59个167千米建设；投资23万元，完成州政府挂牌督办安全隐患10处治理。完成坡帽桥、纳腊1号桥、纳腊2号桥危桥改造施工。投

2020年，白层火电厂（一期）投产运行　　（贞丰县发改局　提供）

资400余万元，完成鲁容乡纳翁、卡务未出列贫困村进村道路纳翁至卡务、纳翁至过翁通村公路9千米路基缺口、路面修复、边沟清理、涵洞清理改造，增设安全生命防护工程护栏3千米。投资30余万元，实施贞丰县沙坪镇这年村至这年桥出行便道改造。

**【交通运输】** 2020年，全县道路客运企业5家，有公路客运线路34条151辆客运车辆，其中省际4条6辆、市县12条43辆、县内短途18条92辆，省内旅游（包车）车10辆。城市公交出租汽车公司2家，有巡游出租汽车143辆，公交车20辆。网约车企业7家，有网络预约出租车84辆。2020年，客运量254万人，客运周转量11783万人/千米。

货运企业5家，货运车辆37辆，总载重627吨。汽车维修企业7家（已许可备案），其中一类汽车维修企业2家、二类汽车维修企业5家。机动车驾驶培训学校4所，其中二类2所、三类2所，教练车及考试车辆152辆，机动车驾驶培训教练115人。

水上办公趸船2艘，巡逻船5艘，冲锋舟3艘，执法执勤车辆2辆，航标船1艘。监管水域有：北盘江龙滩库区水域董箐至洛凡河口，董箐库区水域马马岩电站至董箐电站大坝、大田河水库、水车田水库、白坟水库和三岔河水库。通航水域面积16.026平方千米，其中龙滩库区7.058平方千米、董箐库区6.02平方千米、大田河库区0.169平方千米、水车田库区0.42平方千米、白坟水库0.289平方千米、三岔河水库0.6平方千米。通航里程140.97千米（含支流），其中龙滩库区主航道74.81千米、董箐库区35.95千米。辖区内涉水乡（镇）8个，村26个，乡（镇）渡口1道，乡（镇）便民码头19道，共有船舶215艘，其中普通客船28艘、高速客船1艘、货船13艘、交通船11艘、10米以下乡镇自用船20艘、10米以上乡镇自用船24艘、渔船118艘。全年进出港船舶3100艘次，载客量52241人次。投资39万元，在董箐库区贞丰镜、龙滩库区贞丰境安装视频监控13个，一级平台1个，设在县交通运输局办公楼；二级平台2个，分别设在董箐中队、白层中队办公处，实时监控出行船舶。

**【住房和城乡建设】** 2020年，全县累计完成城镇基础设施固定资产投资20亿元，新增城市道路5.2千米，完成海绵城市项目建设1个，建设公共停车位400个，完成城镇公厕改造3个。完成农村危房改造770户，整治透风漏雨老旧住房8615户，改造农村户厕14426户。开展“两补”排查问题133个，全部整改完成，顺利通过国家、省、州第三方检查评估。

2020年，州下达贞丰县任务商品房销售面积30.03万平方米，房地产开发投资9亿元。全县现有房开公司6家，开发建设房开项目6个，总投资23.8亿元。全县在库房地产项目11个，商品房均价每平方米3695.59元；商业剩余存量3287套，28.59万平方米；住宅存量1477套，20.6万平方米。已完成房地产销售25.58万平方米，同比增长16%；累计完成房地产投资9.56亿元，提前完成州下达房地产开发投资任务。

全县有建筑施工企业15家，其中一级1家，二级4家，三级10家；现有劳务公司5家。第三季度完成建筑业产值4.86亿元，年底完成建筑业产值约7亿元。共办结工程建设项目审批事项90件，其中并联审批27件、联合验收项目3个，共有事项30件。

12月1日，启动政府门口片区抽签签约工作，片区预计改造拆迁324户，占地面积53.51亩，拆迁建筑面积约3.8万平方米。

2020年，贞丰县城镇老旧小区共17个，涉及1295户59栋楼。

贞丰县城乡生活垃圾收运系统建设项目项目于2016年4月29日开工建设，截至2020年已建设完成龙场、者相镇、北盘江镇、挽澜镇、长田镇、鲁贡镇、沙坪镇、鲁容乡、小屯镇、白层镇、平街乡、连环乡12个垃圾中转站主体工程及附属工程并投入运行，全县垃圾无害化处理率51.32%，农村垃圾收运覆盖率90%以上。

**【现代农业】** 2020年，实现全县农林牧渔总产值53.8亿元，可比速度7.26%，总产值增速位列全州第一；农村常住居民人均可支配收入11094元，绝对位次位列全州第三。

制定《贞丰县2020年农业产业结构调整实施方案》《贞丰县2020年农业产业结构调整推进方案》。完成产业结构调整种植面积24.37万亩，占目标任务23.47万亩的103.8%。到年底，全县累计种植花椒10.04万亩、林下菌药1.11万亩、精品水果30万亩、茶

7.9万亩、优质稻(含糯稻)8.97万亩、中药材7.74万亩、蔬菜15.41万亩、烤烟3.1万亩；生猪出栏22.03万头，肉牛出栏2.89万头，羊出栏2.68万头，家禽出栏239.02万羽，禽蛋产量9875吨，水产品产量363吨。

全县7个坝区，完成土地流转1.46万亩，完成种植2.66万亩(含复种)，培训86期3345人次，带动就业3.27万人次，带动种植5185亩。实现有效灌溉率91.5%，田间道路通达率95.6%，土地流转率100%，新型经营主体覆盖率86%；良种良法覆盖率100%，农作物绿色防控覆盖率99.29%，农作物参保率99.96%，预计亩产值8550元以上。落实坝区奖补235.8万元。

争取涉农整合资金1.72亿元，实施项目76个。争取高标准农田建设及坝区资金4338.5万元，受益农户1.27万户5.4万人。依托29个农村人居环境综合整治示范村，完成户厕改造2720户，为目标任务2000户的136%；完成公厕54座，为目标任务44座的123%。

**【生态环境保护】** 2020年，完成全县8家小水电企业环评清理核查、区域内856家企业排污许可证核实、审核、发证工作。出动执法人员518人次，检查排污企业290余家次，查处违法企业14家次，处罚金额220.28万元。对逃避监管，违法排放污染物的3家企业，按程序移送公安机关执行拘留。

中央环保督察反馈问题共22个，已完成21个，正在推进1个。中央生态环保督察“回头看”反馈问题共6个，已完成6个。省委环保督察反馈问题共4个，已完成4个。省委生态环境保护督察“回头看”反馈问题共11个方面17个问题，已全部完成。省级生态环境暗查暗访1个，已全部完成。

**【文化教育】** 2020年，在全县17个乡(镇、街道)开展“助力脱贫攻坚·决胜全面小康”暨文化科技卫生“三下乡”文艺巡演活动。举办“我为脱贫添风采·丰茂杯”歌舞文艺大赛和“中秋国庆天天乐”系列活动。举办“文琴戏”培训，培训60余人次；举办“我是新市民”文明礼仪培训及“我是新市民”文艺培训活动1期，参与人数500余人；举办布依族小打音乐培训1期，培训90人次；举办“感党恩”文艺演出暨“新市民文明礼仪”培训活动5期，培训3000余人次。创作歌曲《新冠病毒疫情战歌》《英雄的武汉》《等待》，快板《众志成城战疫情》《我想看看你的脸》，顺口溜《众乡亲，听我说》，歌舞小剧《特殊婚礼》，舞蹈《感党恩、记党情》《我是新市民》，器乐演奏《庆国庆、贺中秋》，歌舞《再一次出发》和布依族歌曲《不忘党恩情》，布依族舞蹈《梳花》《绣娘》《斗笠》《婚嫁》，布依木叶独奏，广场舞《相伴一生》，舞蹈《龙船调》《中华全家福》等文艺节目精彩上演。共有布依山歌100余首。

2020年12月，成功申报布依族服饰代表性传承人梁忠美、布依族摩经代表性传承人韦文必、窑上古法制陶代表性传承人潘龙、布依族狮灯代表性传承人王开玉4人为第五批省级非物质文化遗产代表性传承人。

2020年，全县有幼儿园103所，其中：公办幼儿园31所，民办幼儿园72所，在园(班)幼儿14684人；小学78所，在校小学生35622人；初级中学17所，九年一贯制学校4所，在校初中生21856人；高级中学3所，在校高中生6301人；职业技术学校1所，在校生3621人。全县在校生82084人。

全县教职工总数6384人，其中：专任教师5276人。全县在册

2020年5月18日，男高音歌唱家阎维文(前排左二)一行走进贞丰文昌宫，拍摄《听，这里是贵州》纪录片第二季

在编教职工总人数4216人，其中：专业技术教师3952人，特岗教师200人，管理岗1人，校医3人，工勤60人，民办教师2168人。

2020年6月5日，草拟完成《贞丰县教育集团化办学工作方案》。8月17日，修订完善《贞丰县教育集团化办学工作方案》，于9月7日实施。共建立高中集团校1个（3个校区）、初中集团校2个（各3个校区）、小学教育集团2个（各3个校区）。

2020年，高考考生1775人，本科录取503人（一本28人、二本475人），录取率28.34%；专科录取985人，录取率55.49%。中考考生3826人，录取高中1897人；未填报志愿1929人，其中录取贞丰中学340人，贞丰县第三中学586人，贞丰三立中学465人。

2020年，改扩建学校2所（贞丰中学学生宿舍、新园小学学生宿舍），建筑面积7127.87平方米，总投资1358.95万元。扩容扩建3所学校学生食堂（贞丰一中、贞丰二中、贞丰中学），扩建面积6641.62平方米，总投资1461.22万元。扩建贞丰中学综合楼，新建贞丰三中图书馆。投资5059.14万元，新扩建幼儿园4所并竣工投入使用（者相镇和鸣幼儿园、贞丰县第一幼儿园改扩建、北盘江第三幼儿园、贞丰县电商物流幼儿园）。审批民办幼儿园办学许可资格72所，其中3所具备办学许可资格的民办幼儿园获中央奖补资金共计110万元。

2020年，全县开办营养午餐中小学校和幼儿园172所，其中：小学74所，初中18所，幼儿园80所；共有学生69247人，其中：小学25792人，初中36512人，幼儿园6943人。学校食堂工人按在校生100:1比例配齐，全县共聘用学校食堂临时工人355人。

2020年，发放教育资助金5111.281万元，覆盖贫困学生91373人次。其中，学前教育资助7932人次，198.3万元；义务教育阶段家庭贫困学生生活补助52537人次，2307.25万元，县内高中（中职）国家助学金8434人次，843.4万元，县内高中（中职）国家免学费8829人次，725.796万元；高中至本科学段教育精准扶贫学生资助13369人次，963.555万元；海曙班150人次，60万元；大学新生路费补助96人次，6.5万元；两户子女补助26人次，6.48万元。全县申请生源地助学贷款学生4485人，成功办理4448人，贷款总金额3266.705万元。

2020年，全县207所学校安装一键报警系统，配备保卫人员310人。全县所有学校聘请法治副校长和派遣挂点民警207人，开展法治讲座414场。开展安全隐患大排查8次，应急疏散演练828场次。

**【社会保障】** 2020年，完成城镇新增就业系统录入6787人，完成目标任务数的101.3%；失业人员实现再就业808人，完成目标任务数的102.2%；就业困难人员实现就业511人，完成目标任务数的102%；农村劳动力转移7563人，完成目标任务数的102%；城镇登记失业率3.66%；开展劳动力技能培训6700人次，“以工代训”培训劳动力1470人；公益性岗位和公共服务岗位解决就业3597人；全县有建档立卡贫困劳动力54411人，实现就业53387人；易地扶贫搬迁劳动力24262人，实现就业23592人，两个重点劳动力家庭实现“一户一人”就业目标。

城镇企业职工基本养老保险参保9214人，收入7491.52万元，支出6362.2万元，发放待遇24704人次；全县城乡居民社会养老保险参保23.95万人，支出5532.3万元，发放待遇54.95万人次；机关事业单位养老保险参保7692人，收入3.58亿元，支出3.78亿元，发放待遇28407人次。失业保险完成参保14724人，收入2660万元，支出780万元，发放失业保险待遇2248人次，领取失业待遇期间参加医疗保险2224人次。工伤保险完成参保19570人，收入354万元，支出2250万元发放待遇2862人次。截至2020年12月31日，2018年以来累计办理新市民“安居险”71609人次，在保人数25426人，保险公司累计受理“安居险”案件24件，涉及金额42.38万元，赔付24件，赔付金额42.38万元。

引进聘用4名高层次人才，其中：硕士研究生3人、“985”工程类院校本科生1人；吸收聘用编外援鄂医疗卫生人才2人；公开招聘事业单位28人；聘用农村医学订单定向生7人；聘用安置退伍军人4人；选派66名专业技术人才赴宁波市海曙区交流学习，其中教育人才37名、医疗人才27名、其他人才2人；招募“三支一扶”6人；完成万名青年就业见习计划61人。

**【医疗卫生】** 2020年，共有医院29家，疾控中心1家，其中县级综合医院1家、民族中医院1家、妇幼保健院1家、乡镇卫生院(中心卫生院、社区卫生服务中心)14家，民营医院12家(含精神病专科医院2家)，医院从业人员2264人。公立医院(卫生院)从业人员1540人，县级公立医疗机构从业人员849人，其中在编人员305人；乡镇卫生院从业人员691人，其中在编人员443人，民营医院从业人员724人。全县医务人员中，主任医师3人，副主任医师33人，主治医师123人，执业(助理)医师370人，副主任护师21人，主管护师88人，执业护士773人；医技人员中副高级3人，中级39人，初级258人。

2020年，县级公立医院收入突破1.8亿元，平均住院日5.79天，开展手术3850台。

设置疫情风险监测点(县疾控中心)1个，传染病网络报告点[县人民医院、县中医院、县妇幼保健院、14个乡(镇、街道)卫生院]17个；落实发热门诊规范化和核酸实验室等疫情防控能力建设，投入资金2800余万元。

继续落实好计生各项奖励扶助政策。2020年，共计确认奖励扶助目标对象16214人，预计发放奖励扶助618.09万元。

建立卫生健康综合监管协调机制，着力净化医疗卫生行业市场。2020年立案查处卫生计生违法案件186件，罚款31.52万元，拆除禁播显示屏10块，拆除虚假广告100余幅，开展督医行动三次，随机抽查37家医疗机构，警告2个，立案处罚1个。

**【全省卫生健康系统业务培训走进贞丰】** 2020年5月10日，“冲刺90天打赢歼灭战”全省卫生健康系统决战健康扶贫攻坚系列行动暨第42分队业务培训会在贞丰县举行。省健康扶贫攻坚工作队第42分队队长、省药具站站长甘梁福，州卫生健康局副局长胡顺金，县委副书记陈磊，县人民政府副县长徐正祥出席。“冲刺90天打赢歼灭战”省健康扶贫攻坚工作队第42分队主要负责贞丰县和兴仁市健康扶贫工作。此次培训以视频会议的形式开到贞丰县及兴仁市卫生部门和各乡(镇、街道)卫生院。

**【全省粮食供应应急演练在贞丰举行】** 2020年11月27日，2020年全省粮食供应应急演练在贞丰举行。省粮食和物资储备局副局长、一级巡视员龙林出席；黔西南州政府副州长王丽琼，全省各市(州)粮食主管部门、州直相关部门负责人，县委副书记、县长郑梦英，县委副书记陈磊，县委常委、县委组织部部长马莉，各县(市、新区)发改、粮食和物资储备主管部门、粮食储备加工企业，县公安、交警、市监、医疗等部门及粮油购销公司负责人参加，模拟连日强降雨引发市场粮食供应紧张。州政府启动粮食供应应急预案二级应急响应，确保粮油供应和市场稳定的情景演练。

**【全省精品水果病虫害绿色防控暨冬季管理行动启动会在贞丰举行】** 2020年12月11日，全省精品水果病虫害绿色防控暨冬季管理行动启动会在贞丰县鲁容乡举行。副厅长级干部、省农村产业革命水果产业发展领导小组副组长、省水果专班班长向青云，州政协副主席莫武安出席，县政协主席冯勇，县委常委、副县长王仕祥参加。

省水果产业发展工作专班全体成员，省果蔬站、植保植检站、土壤肥料工作总站负责人，省水果产业专家团队，全省各市(州)、县(市、区)农业农村局负责人及相关人员参加。

会议期间，参训人员到贞丰县钏泰公司火龙果基地观摩。同时，通过微信视频方式，连线贞丰县惠农公司百香果、杧果基地，镇宁县贵豪公司火龙果基地、六马镇蜂糖李基地、良田开发有限公司火龙果基地和省农科院果树所基地火龙果园等多个分会场；就果园清洁、深耕灭蛹、树干涂白、药剂封园、覆网防控、培土增温、包扎和覆盖、冬季施肥等进行操作示范。

（刘德仁）

## 普安县

**【概况】** 普安县位于贵州省西南部，东接晴隆，南邻兴仁、兴义，西靠盘州，北连水城、六枝。县人民政府驻地距贵州省人民政府驻地贵阳198千米(沪昆高速公路里程227千米)；距黔西南州人民政府驻地兴义79千米(晴兴高速公路、汕昆高速公路里程112.7千米)；距云南省人民政府驻地昆明238千米(沪昆高速公路、杭瑞高速公路里程289千米)。2020年，全县土地总面积1454平方千米，耕地面积4.67万公顷。辖2个乡、

8个镇、4个街道，71个村民委员会、25个居民委员会。年末户籍总人口35.94万人，其中少数民族人口11.20万人，城镇人口8.98万人，乡村人口26.95万人。人口出生率8.2‰，自然增长率6.1‰，符合政策生育率80.1%。主要以汉族为主，人口较多的少数民族有苗族、回族、布依族、彝族等。主要矿藏有煤、黄金、铁、硅、铅、锌、磷矿、石膏、大理石等28种。旅游资源有全国第七批重点文物保护单位的茶马古道（普安段俗称白沙古驿道，含“金州十八景”之中的崧岿寺）、普安铜鼓山遗址（夜郎遗址），青山千年古镇、普纳山古战场等名胜古迹；歪梳苗芦笙舞、大花苗多声部合唱、布依族斗弹达吟、彝族嗨马舞等独具特色。

2020年，实现生产总值100.02亿元，同比增长4.5%；农林牧渔业总产值3.8亿元，同比增长6.09%；农业增加值完成22.76亿元，同比增长5.9%；完成工业投资21.83亿元，实现规上工业总产值41.36亿元；规模以上（2000万元及以上）工业增加值同比增长6.4%；财政总收入8.04亿元，同比下降7.7%，其中地方财政收入预算5.52亿元，同比下降2.6%；公共财政预算支出27.66亿元，同比下降1.3%；固定资产投资完成95.47亿元；社会消费品零售总额完成45.44亿元，同比增长4.3%；服务业增加值（第三产业）完成44.89亿元，同比增长4.6%；城镇居民人均可支配收入33689元，同比增长5.3%，农村居民人均可支配收入10644元，同比增长8.5%；金融机构各项存款余额89.76亿元，同比增长4.7%；各项贷款余额113.39亿元，同比增长14.7%。

**【脱贫成效】** 2020年，严格落实“四个不摘”要求，常态化、制度化开展“四逐四准”，推进“两补两看”，县领导带头，推进挂牌督战，安排财政扶贫资金9579.5万元，争取公安部、宁波市镇海区、省工行、《贵州日报》、南明区等帮扶资金1.54亿元，全面查缺补漏“一达标两不愁三保障”短板。不断做好易地搬迁后续工作，建成盛世普安、满吉服饰二期，浙茶产业园，九峰街道扶贫车间、派出所等。剩余4620人贫困人口全部脱贫。全县44个贫困村全部出列、19427户82598人贫困人口全部脱贫，贫困发生率降至零，35399名群众通过易地扶贫搬迁实现“挪穷窝”，成功退出贫困县系列。

**【疫情防控】** 2020年，面对突如其来的新冠疫情，闻令而动、果断决策，明确不同阶段的工作重点和主攻方向。疫情之初，主要防控工作重点是“外防输入、内防扩散”，全面筑牢疫情防线，切实抓好交通、村庄、社区卡点设防、重点地区来县人员管控、核酸筛查、隔离观察等工作，做好医疗防护物资、生活必需品等应急保供，累计隔离医学观察1368人次，核酸筛查4.1万人次，实现本地“零病例”。疫情防控形势平稳后，调整工作重点和应对措施，率先在全州推动分级分区精准复工复产，畅通人流、物流、资金流，打通产业链、供应链、服务链，稳步推进开学复课等工作，恢复正常生产生活秩序。千方百计帮助中小企业渡过难关，累计减免民营企业税费4455万元，为181户小微企业担保融资8.4亿元，帮助茶企延期还本付息1314.97万元，市场经营主体达1.91万家，较疫情前增长3.74%。

**【经济发展】** 2020年，地区生产总值完成100.02亿元，同比增长4.5%；实现城镇居民人均可支配收入33689元，同比增长5.3%，

2020年2月17日，欢送外出务工人员返岗就业　（普安县史志办　供图）

农村居民人均可支配收入10644元，同比增长8.5%。中电（普安）电厂发电56.5亿千瓦时，超上年9.3亿千瓦时。贵州现代生态农业发展有限公司（青山生猪养殖场）实现销售额2.5亿元、利润1.2亿元，宏鑫茶业公司、才华手袋厂等企业销售额突破1亿元，茶企销售额超过千万的有8家。完成16个县级自然保护区、普白省级森林公园优化调整，破解矿权压覆难题，加快矿井采面布置和技改建设，全县煤矿生产矿井机械化、智能化率分别达100%，完成煤炭产量265万吨，超任务15万吨。规上工业增加值从一季度负增长31.8%到11月正增长5%，提升36.8个百分点。

全县大豆、蔬菜、精品水果产量分别增长12.68%、19.7%、19.6%，生猪出栏16.7万头。消费扶贫农产品销售1.01亿元，惠及贫困群众1.15万人。8个坝区引进龙头企业10家，每公顷产值12.75万元，示范带动高附加值立体生态农业发展。发挥农业产业就业“蓄水池”作用，推进林下菌药产业种植693.33公顷，解决劳务用工5.6万人次。全年茶叶产量、价格实现“双增”，完成干茶产量7858吨，茶叶综合产值12.7亿元；133.33公顷“白叶一号”实现首次打顶采摘，茶园面积达9533.33公顷。建成199个长毛兔养殖小区，年末长毛兔存栏18.83万只，长毛兔项目被列为全国东西部扶贫协作20个产业合作经典案例之一。完成公安部帮扶万亩茶园种植，推进退耕还林带动茶产业发展，围绕种植模式、利益分配、茶农身份“三个转变”，探索出一条政府规划引导、农户全程参与、全产业链共享利益的茶产业发展新模式。全力打造普安县红茶发展，成立普安红集团，茶产业走上规模化发展；正山堂·普安红入选第一批“贵礼”，普安红茶成黔货出山中识别度最高的“网红标签”。

2020年，普安县楼下镇泥堡500亩坝区蔬菜种植　（普安县史志办　供图）

**【项目建设】** 2020年，争取到中央、省级专项资金、特殊转移资金、地方专项债、“两直达”资金等14.92亿元。破解棚改建设难题，创新性走出全省第一家棚改“自求平衡”模式，与贵州建工西南公司合作，启动2018年度棚改项目建设。通过修建城市主干道、盘活资产、增加商业价值、团购销售等举措，推动劳动街、消防队片区棚改项目复工。实施县领导服务企业解难题行动，引进恒丰国际商贸城、金州格能光伏等项目，引进投资62.58亿元、到位资金38.86亿元。县城城市主干道、标准化政务服务中心、6个乡镇污水处理厂等项目建成投用；县城屠宰场、县医院新院区基本完工；大湾、荒田、三岔河、白水等水库具备下闸蓄水条件；开工建设县城客运站、普兴一级路（一期）、县城污水处理厂（二期）、国储林等项目，完成固定资产投资95亿元。

**【重大风险防范】** 2020年，正确处理好防风险和稳增长的关系，以大概率思维防止小概率事件发生，大幅化解政府性债务、“红转橙”债务，防范和化解隐性债务“爆仓”风险，全年未发生一起债务违约事件。开展安全生产专项整治三年行动，安全事故起数、死亡人数实现“双降”，分别同比下降28.77%、54.55%。推进生态环境保护督察“回头看”反馈问题整改。县城空气质量优良率保持99%以上，主要河流、集中式饮用水源地水质达标率均保持100%。城乡生活垃圾无害化处理率80%，年度森林覆盖率提升1.5个百分点。有力应对“6·4”特大雹灾，最大程度减少灾情冲击，秋粮完成9.08万吨。收购烟叶6345.73吨，丰产120.3吨，烟农户均收入7.15万元。

**【民生保障】** 2020年，加大民生方面支出，"两直达"资金全部用于"六稳""六保"，民生类重点支出13.39亿元。与宁波市镇海区、义乌市、东阳市等地签订稳岗就业协议，开展就业扶贫全覆盖，累计实现12.8万人次就业，东西部就业扶贫工作获央视报道点赞。落实教育立县战略，探索实施"学历+就业"二元制扶贫新模式，帮助108名贫困学员就学就业；推进南湖实验中学、盘水一小建设，发放教育资助9481.44万元，实施教育项目建设58个，累计投入资金1.68亿元，实现应助尽助，镇海实验班、松果公益课堂、双师课堂教育成效日愈凸显，高考本科上线492人、上线率提升至43.23%，高考升学率实现"六连升"。医疗保障救助2.06万人次8278.34万元，建成疫情防控九大能力提升、白沙乡急救分中心等项目。对167家企业减免企业职工基本养老保险1792.14万元，对166家企业减免失业保险78.07万元，对168家企业减免工伤保险476.21万元，对88家企业发放稳岗返还金共计131.98万元；农低保、城低保标准分别同比提高5.59%、5.93%，发放临时救助金718.18万元、特困供养金459.95万元。

（秦汉娣）

## 晴隆县

**【概况】** 晴隆县位于贵州省西南部、黔西南布依族苗族自治州东北角，北纬25°33′～26°11′，东经105°01′2″～105°25′之间，南北长69千米，东西宽33千米，地处云贵高原中段，属珠江水系北盘江流域。县境东与关岭县隔江相望，北与水城、六枝划江为界，南连兴仁县，西接普安县。沪昆高速晴隆至省城贵阳段198千米、晴隆至云南昆明段340千米；320国道晴隆至贵阳247千米；晴兴高速晴隆至州府兴义市136千米、县际公路166千米。县境南北长69千米，东西宽33千米，全县土地面积1327.3平方千米。旱地面14.23万亩，水田面积6.87万亩，实际宜粮面积21.1万亩、宜林面积20余万亩、宜牧面积10余万亩。

晴隆县整个地形西高东低，南高北低，县境内最高点为与普安县交界处的地久五月朝天以北约1千米处，海拔2025米，最低点为麻沙河与北盘江汇合处，海拔543米，海拔高差为1482米，因受北盘江及其支流的切割，切深长达500～700米，形成深切割岩溶侵蚀山区。全县地形起伏大，具有"山高谷深坡陡"的特点。水文、土壤、植被具有复杂性，内部差异性明显。全县可分为低山侵蚀山地峡谷区、岩溶高原槽坎区、岩溶侵蚀高原区、岩溶侵蚀山地区、侵蚀山地河谷区5个不同地貌区。土壤资源分类多、土种多，土壤多属酸性和微酸性红黄土壤。全县气候属亚热带湿润气候区，热量充沛，年平均日照数为1454～1714小时，常年平均气温为14.0℃～14.7℃。雨量充沛，年平均降雨量为1590.7毫米左右，雨热同季，无霜期为250～320天，中年温暖湿润，冬无严寒，夏无酷暑。境内有15条河流入北盘江，形成北盘江流域，除北盘江水流面积外，15条河流总长约为230千米。全县总集水面积为1325平方千米，水力发电蓄量为7.8万千瓦。境内矿产资源丰富，主要有煤、锑、萤石、大理石、石灰石、铅、锌、铜、铁、黄金、贵翠等。全县16个乡镇（街道）中10个乡镇有煤，并且煤质好、藏量多；4个乡镇有黄金，品位高、易开采提炼；3个镇有锑、锌、铜等矿产。晴隆县气候多样，给生物生长和繁衍提供优良条件。境内生物资源种类繁多，树种资源十分丰富，主要植物有150种375属760余科，主要森林大部分为天然次森林。树种主要有松、栎类桦木、椿、楸、杉等。珍稀树种有银杏、苏铁、榔树等20余种。药用植物有天麻、杜仲、三七、黄柏、灵芝、淫羊藿、半夏、倒提壶等，可作中药材的植物种类繁多。有野生珍稀动物近10种，县境内粮食作物种植以稻谷、玉米、小麦、薏仁米为主，薯类、豆类次之，高粱、粟类杂粮为零星种植。

2020年，全县总户数10.39万户，总人口33.94万人，其中少数民族人口19.31万人，占总人口的56.9%，人口自然增长率8.38‰。全县辖8镇4乡4个街道，即中营镇、花贡镇、茶马镇、光照镇、沙子镇、碧痕镇、大厂镇、鸡场镇、长流乡、安谷乡、紫马乡、三宝彝族乡、莲城街道、东观街道、三宝街道、腾龙街道，共有196个村（社区）。

2020年地区生产总值完成88.53亿元，同比增长5.9%；固定资产投资同比增长8.2%；社会消费品零售总额同比增长6.9%；金融机构存贷款余额同比增长23.21%；城镇和农村常住居民人均可支配收入分别同比增长5.5%和8.8%，圆满超额完成“十三五”收官任务。

【疫情防控工作】 2020年，认真开展粮油、食盐等生活物资巡查监测和承储企业地方储备粮的摸底检查，深入一线抓好重点商品价格监测工作，对医用口罩、药品、消毒液等疫情防控商品和肉蛋奶、蔬菜等群众息息相关的商品市场价格开展监测，确保全县市场稳价保供工作。采取靠前服务推动重大项目复工复产，通过争取口罩5630只、卷筒式口罩16卷、酒精225公斤、消毒液350公斤等防护物资，确保全县39个在建省、州重大工程和重点项目同全州一道在全省率先实现复工复产。县财政累计投入疫情防控经费3298.63万元，其中支付全县设备和防控物资采购资金2271.91万元，工作经费1026.72万元。聚焦复工就业，推进经济持续发展。结合县委县政府“优良作风建设年”“产业项目建设年”活动暨代化营商环境工作，制定措施，加大对企业复工复产的支持力度，力争将疫情造成的经济损失降到最低。落实落细减税降费政策，全面围绕疫情防控和经济发展出台税费优惠政策，释放改革红利，切实降低企业成本，激发市场活力，全年共为企业减税2100万元。落实疫情防控重点保障企业贷款贴息政策，为2家疫情防控重点保障企业申报贴息资金170.69万元。开通融资担保“绿色通道”，为县域内中、小微企业加强融资担保，积极响应国家政策，降低担保费率，切实缓解小微企业融资难、融资贵取得明显成效。全年公司在保户数32户，在保余额8429万元，新增16户，新增在保余额4290万元，解保32户，解保5845万元。落实租金减免政策，为8户承租全县国有资产类经营性房产的中小企业和个体工商户减免租金31万元。1个集体、4名个人荣获省州表彰，3名主动请缨参与武汉雷神山医院建设的“工地战士”和首次外派的4名援鄂医护人员逆行出征，不辱使命，胜利归来，用实际行动诠释“晴隆担当”。

【脱贫攻坚】 2020年安排县级财政专项扶贫资金5160万元，比2019年5000万元增加160万元，增幅3.22%。全年使用资金4422万元。进一步加强涉农资金整合。整合涉农资金4.17亿元，比2019年增幅42.12%，支付率94.04%。加快资金拨付。2020年上级到位扶贫资金4.98亿元，拨付4.71亿元，资金拨付率94.52%。在2020年的全国脱贫攻坚总结表彰大会上，中共晴隆县委和三宝彝族乡人民政府获得党中央国务院“全国脱贫攻坚先进集体”表彰，牺牲在脱贫攻坚战线上的原县委书记姜仕坤获全国仅有的10位、贵州唯一的“全国脱贫攻坚楷模”荣誉称号。先后获得国家级电子商务进农村综合示范县、全省创建文明城市先进县等一批荣誉；“23456”扶贫资产管理模式得到省州领导高度肯定并在全省推广，阿妹戚托小镇被评为全国“十三五”易地扶贫搬迁美丽安置区典型案例，二十四道拐体育综合体入列全国典型案例；仅中央电视台、《人民日报》、新华社等中央主流媒体47次对晴隆脱贫攻坚做法和成效进行宣传报道，超过过去历年来中央主流媒体对晴隆宣传报道的总和，提升晴隆的知名度和美誉度，特别是阿妹戚托小镇作为全国唯一一个建制镇整乡搬迁的示范点，成为脱贫攻坚精神的“网红”高地。2020年，共实现3576户11041人贫困人口脱贫，24个贫困村出列。全县2.78万户12.61万人全部脱贫，56个贫困村全部出列。经县级申请、州级初审、省级审核和第三方评估机构实地评估检查，2020年11月23日，省委、省政府宣布晴隆县脱贫摘帽。

按照网格化服务、常态化保洁、常态化维修的思路，实施县城精细化管理，彻底扭转县城脏乱差的局面，文明行动考核从2017年全省79位提升到40位；建成投用临时赶集场所，顺利取缔全州最后一个县城赶集马路市场，缓解城区交通拥堵，打通群众期盼已久的县医院就医车辆“绿色生命通道”；顶住日益凸显的财政收支矛盾压力，多方筹措投入资金9.17亿元，建成投用西泌河水库和县城供水工程，历史性地解决县城“数百年”来的吃水难问题；千方百计保民生防风险，全面落实稳就业惠民生政策，强化特殊困难群众基本生活保障，2020年“十件民生实事”基本完成，实现社会大局持续稳定、人民群众安居乐业。

【项目争取及实施】 2020年，争取中央和省级预算内投资项目36个，资金3.55亿元，排全州前列，连续4年争资超过3亿元。争取地方政府专项债券项目两批次6

个，总投资8.9亿元，获专项债券资金4.96亿元。争取抗疫特别国债基础设施项目1个，获国债资金0.21亿元。实施省、州重大项目62个，总投资159.84亿元，年度计划投资77.82亿元。全年计划开工25个，实际开工31个，开工率124%。计划完工4个，累计实际完工38个，完工率950%。计划完成投资77.82亿元，实际完成88.74亿元，投资完成率114.03%，超额完成全年投资任务。推进省、州重大项目和预算内项目建设，以考核为契机，提升项目建设能力，在前三季度考核中，排名位居全州前列。协调推进全县“厕所革命”工作，完成建设任务2537座。扎实抓好粮食储备管理工作，完成县级储备稻谷3700吨及县级储备粮962吨的轮换出库工作。2020年前三季度全县地区生产总值增速5.2%，在全省第三方阵甲类县排名第一，在全州排名第一；2020年地区生产总值达93亿元，增长10%左右。

【财政收支】 2020年，全县财政总收入完成9.39亿元，占年初预算数12亿元的78.23%，比上年同期下降18.87%，减收21832万元。全县一般公共预算收入完成5.09亿元，占年初预算数5.81亿元的87.63%，比上年同期下降10.61%，减收6042万元。一般公共预算支出完成43.77亿元，占年初预算33.67亿元的130.01%，比上年同期增长13.18%，增支5.1亿元。受国际国内疫情形势发展变化影响，短期内财政收入仍将低位运行，累计降幅将逐月收窄。全县政府性债务风险可控。

【保障性住房】 建成县城南街棚户区改造安置房739套，启动拆迁户回迁376户。御山湖安置房开工200套，其中基本建成168套，主体施工中32套、2021年1月启动拆迁户回迁。2020年第一期棚改专项债券争取到位资金1亿元，开工建设县城莲城棚户区改造项目。2020年租赁补贴发放数847户，发放资金66.11万元，基本实现住房租赁补贴应保尽保的目标。推进晴隆县二中职工宿舍老旧小区改造建设项目开工108户，完成投资120万元。为缓解老旧小区改造县级匹配资金压力，争取发改基础配套资金2332万元，其中2019年安居小区及二小片区948万元，2020年老旧小区改造1384万元，项目全部完成前期手续，进场施工，完成投资500万元，计划于2021年5月完工。全年完成建筑业产值5.06亿元，同比增长24.88%。房地产投资完成商品房销售面积8.35万平方米，较上年同比增长16.3%，完成商品房投资51691万元，较上年同比增长63.6%。房地产业工资总额1538.3万元，房地产业从业人员工资总额现价增长速度41.3%。建筑工程施工招标造价备案项目35个（含二次备案项目1个），备案总金额51200万元。

【农村产业调整】 完成2.17万亩低效作物调减目标任务，大力替代种植蔬菜、水果、中药材、茶叶、食用菌等经济作物，农村经济效益凸显，重点产业初具规模。全县茶叶面积13.2万亩，产量0.8万吨，产值4.18亿元。花椒规划发展10万亩，完成种植面积7.67万亩。特色粮食种植7.38万亩，其中薏仁米种植面积5万亩、高粱种植面积2.38万亩。发展生态畜牧业26.8万头只，生态家禽75.4万羽。大水面生态养鱼7.6万亩，投放鱼苗154万公斤。食用菌种植面积0.8万亩，产量2.98万吨，产值3.84亿元。烤烟种植面积2.5万亩。蔬菜（含辣椒）种植面积12.9万亩，产量19.2万吨，产值5.76亿元。精品水果种植面积5.8万亩，投产面积5.5万亩。中药材种植面积3.17万亩。林下菌药完成种植14737亩，其中林下食用菌种植5264亩、中药材种植9473亩。在产业革命的带动下，综合指标稳步增长。全年预计完成农林牧渔业总产值增速6.1%，农产品加工转化率49%，畜牧业增加值占农林牧渔业增加值比重23%，农村居民人均可支配收入10200元，同比增长10.1%。

【教育助力脱贫攻坚】 建立完善教育四级台账，全县各乡镇（街道）共4次组织网格员、包保责任人、教师等3700名干部对全县6–16周岁信息和整班移交情况逐村逐户逐人开展教育保障大排查。强化机制管理，确保学生全部到校，加强全县义务教育阶段班主任业务培训，继续用好义务教育疑似辍学预警班主任直报系统，班主任切实履行控辍保学工作职责，确保直报系统闭环高效运行，对返校复学的及时通过系统销账。根据制定的小升初整班移交方案和各学校的一校一案，全县整班移交工作顺利完成。“四个一批”工作法有效控辍，充分发挥控辍保学劝返复学工作组、法制专班

（护航战队）及公、检、法、司、政法、教育6部门合力，按照讲清道理感召一批、特殊关爱感化一批、行政措施劝返一批、法治手段兜底一批"四个一批"工作办法，有效落实控辍保学工作。全面规范学籍管理，加强全县各学校学籍管理人员业务培训，压实学籍管理人员责任，规范操作，确保学生实际就读情况和学籍信息一致，实现籍随人走，人籍一致，人班一致。

教育资助台账清，精准建立全县、乡镇、村、学校学前教育、义务教育、高中、中职、大学专科、本科等四级资助台账。教育资助发放实，共投入资助资金3983.86万元，惠及学生54822人次，教育资助实现应助尽助。2020年11月1—7日，省级2020年贫困县退出专项评估检查晴隆县脱贫攻坚中，晴隆县控辍保学实现动态清零，教育资助全部得到应助尽助，教育保障措施有力，成效显著、工作印证资料齐全规范，取得教育保障"零问题、零印证、百分百满意度"的可喜成绩，受到教育部、省教育厅、州教育局的认可和表扬。教育工程项目建设，定措施压责任，抓好教育工程项目建设。加大投入，改善办学条件，学前教育、义务教育和高中教育以及易地扶贫搬迁点学校均得到明显改善，教育设施完备，全县教育发展得到有力的保障。2020年投入资金18221万元，涉及学校106所单体项目214个，其中学前教育项目25个；"全面改薄"项目涉及79所单体项目182个；普通高中项目涉及2所单体项目7个。

【健康扶贫工作】 组建101个家庭医生签约服务团队476人，签约服务建档立卡贫困人口27608户124540人，实现建档立卡贫困人口应签尽签，4类慢病患者8753人，其中高血压患者6677人、糖尿病患者1041人、肺结核患者109人、严重精神障碍患者926人，按照《国家基本公共卫生服务规范（第三版）》开展随访服务。严格落实大病专项救治和先诊疗、后付费。持续做好30种大病救治工作，救治大病患者1204人。全面落实县域内定点医疗机构先诊疗，后付费，全年先诊疗后付费政策受益6825人次，群众就医压力得到减轻。推进医疗卫生对口帮扶工作。解放军联勤910医院派驻专家近60人次，接收进修20余人次；宁波市第一医院选派专家173人次（短期指导138人次、驻点帮扶35人），接收进修82人次；宁海县医疗集团派驻专家51人次，接收进修34人。县人民医院冠心病治疗介入中心、胸痛中心、尿路结石中心、心脑血管病防治临床指导中心等能力水平得到全面提升，降低疾病发病率、致残率、死亡率和复发率，有效降低因病致贫风险。得到贵阳市公共卫生救治中心的医疗卫生帮扶指导，推进项目建设、开展大型义诊活动。紫马乡、碧痕镇、大厂镇社区卫生服务中心、县妇幼保健院建成投用，县人民医院改扩建、县中医院建设项目持续推进。2020年完成村医培训200余人次，开展"万医下基层大型义诊巡诊活动"3次，提供健康咨询，为群众免费送药送诊，提升群众满意度。

【交通建设项目】 全年计划完成全社会交通固定资产投资16.63亿元，实际完成投资16.64亿元。做好省州重点项目纳雍至晴隆高速公路建设协调保障工作，采取有力措施，为施工单位落实临时料场、施工便道临时用地等事项，协调解决工程建设中的困难和问题，确保项目有序推进。完成晴隆县北部与六枝特区公路晴隆段路基主体工程形象进度为75%。为促进晴隆县与普安县的融合发展，国道G320沙子至（普安）新寨河段和G320哈马至高坡段项目（共计15千米）前期工作稳步推进。续建和实施农村公路改扩建、提等级改造等项目，优化调整晴隆县砂锅经三宝至沙余公路改扩建工程23.9千米，总投资3.31亿元。完成地久至箐口公路改造11.1千米，投资2746.83万元，解决群众出行难和运煤通道，助推地方经济发展。2020年9月动工建设哈马经下者布至麻沙河旅游公路17.8千米，总投资2164万元，工程顺利推进。2020年6月完成县乡道路面改善提升工程12个项目共166.67千米，投资1.67亿元。完成老万场至地久公路建设8.6千米，总投资860万元。2020年10月开工建设县乡公路路面改善提升工程9个项目66千米，投资0.66亿元。完成窄路基路建设工程项目13个64.23千米，总投资1413.2万元，其中上级补助835.1万元，地方配套578.1万元。5.公路安全防护工程。完成公路安全生命防护工程358.67千米，其中国省道87.27千米、县乡道199.97千米、村道71.43千米。6.危桥改造项目。有序推进村道危桥改造2个，总投资255.79万元，上级补助70万元，县级配套185.79万元，其中双生桥小桥14米，总投资116.2万元；木城桥小桥14米，总投资139.69万元。

【生态环境建设】 2020年完成退耕还林还草工程种植任务8.05万亩，完成退耕还林低产低效林改造项目5.5万亩，落实地块4.47万亩，合同签订3.49万亩，完成检查验收8991.12亩。完成造林1.83万亩，其中2019年珠防三期1.5万亩；2019年县级植被恢复0.28亩；2019年省级林业改革发展资金（重点区域绿化）0.05万亩。完成2019年石漠化综合治理工程人工造林建设16645亩，落实封山育林（全封）15355亩及管护碑牌，落实护林人员30名。

国家储备林建设。全县国家储备林建设项目任务10万亩，分两期进行推进。一期总面积1.83万亩（国家储备林面积1.78万亩，经济林面积500.5亩），其中集约人工林栽培5249.7亩，现有林改培7264.5亩，中幼林抚育5266.5亩，新建红花椒林（大红袍）500.5亩。总投资1.58亿元。完成营造林5249.7亩（集约人工林栽培），完成招投标签订承包实施合同。完成林木调查、林地勘界确权、集约人工林栽培。进行经济林种植、中幼林抚育和现有林改培。二期面积8.26万亩，其中现有林改培7.19万亩、中幼林抚育1.07万亩；林下经济1000亩，特色经济林2万亩，总投资为8.06亿元。完成工程招投标工作。全县完成花椒种植7万亩，涉及小班624个。完成施肥6.48万亩，占完成数的93.1%；除草6.4万亩，占完成数的92%；打药6.13万亩，占完成数的88.1%；修枝定杆4.68万亩，占完成数的67.3%；补植补种2.35亩。推送资金到乡镇1.19亿元，完成全县土地流转费兑现2.93万亩712.79万元，花椒种植企业支付分红资金443.82万元。企业共计发放劳务报酬2340万元。土地流转增收，全县土地流转费兑现2.93万亩712.79万元；债权分红增收，全县花椒种植企业支付分红资金443.82万元；采取企业经营，群众参与投劳模式增加贫困人口收入。企业共发放劳务报酬2340万元。带动务工人数25.1万人次，贫困人口10.5万人次。完成林下仿野生天麻种植710亩，占任务数的71%；种源基地建设200亩，完成205亩，占任务数的102.5%；完成100万瓶（密环菌、萌发菌）菌种厂建设，新建1000吨天麻加工厂，完成占地6.5亩场平工作80%，拨付资金235.1万元。完成林下经济天麻种植226.5亩，占任务数的113.2%；黄精种植205.1亩，占任务数的102.5%；建成辣木精深加工年产辣木酵素饮液100吨生产线、年产400吨双辣木叶菜（辣木油辣椒）生产线、年产600吨辣木泡液生产线1条、年烘干2000吨辣木叶干燥生产线、年产辣木叶精粉100吨生产线各1条，修建辣木采收便道2.2千米。天麻种植、黄精种植、辣木精深加工项目2020年169户贫困户分红，分红资金20.28万元，户均增收0.12万元。林下经济项目长期带动项目区200余人务工增收，户均增收2万元，解决灵活就业务工人次6000人次，发放务工工资60万元。通过辣木叶采收加工，生产辣木油辣椒10万瓶，辣木酵素饮液2万瓶，辣木面条2000盒，年产值达到300万元。

生态补偿工作。兑现新一轮退耕还林还草工程补助资金2.89亿元，兑现率98.29%。全县公益林总面积61.82万亩，2020年划拨生态补偿资金693.01万元，实行村财乡管。全县有生态护林员共2800名，全部为建档立卡贫困人口，兑现补助资金1894.4万元。全年完成集体天然商品林区划界定2.19万亩。完成2017至2020年停伐管护补助资金兑现工作，共兑现资金100.64万元。

环境质量持续稳定。大气环境持续向好，城区环境空气质量总体良好，环境空气六参数浓度值监测结果均达到国家环境空气质量二级标准。严格按照《环境空气质量标准》要求监测六项污染物（二氧化硫、二氧化氮、细颗粒物、可吸入颗粒物、一氧化碳、臭氧）指标，实现空气质量小时数据实时传输，由州监测站统一通过网络平台向社会公布。截至2020年11月30日，总天数335天，无效天数6天，有效天数329天，优292天，比率88.8%；良37天，比率11.2%；优良率达100%，综合指数1.93。水环境质量总体稳定，至2020年11月30日，县城集中式饮用水源地、农村千人以上集中式饮用水源地、省州控制河流断面水质监测达标率均为100%，综合指数3.49。

【水务工作】 2020年，完成固定资产投资任务5.5亿元及水资源三条红线考核。完成农村饮水安全补短板项目、西泌河水库工程及县城供水管网工程建设，建成集中供水81处、小水窖978口，覆盖3.47万人，共安装小水窖净水设备1.24万台，全县集中供水600处水质检测均为合格，全县实现农村人口饮水安全全覆盖，人人喝上安全水、放心水，彻底解决晴隆县城“吃水难”的历史性问题，在省级第三方评估和国家脱贫攻坚普查中实现饮水安全“零问题”。推进骨干水源建设和骨干水源前期工作。完成西泌河水库电站并网发电，实现以电养水、以水养电的目标。完成鲁打水库主体工程建设并通过下闸蓄水验收。普岔河水库等骨干水源前期工作达到开工条件。完成《黔西南州城镇污水处理设施建设三年行动方案（2018—2020年）》，明确大厂、光照、茶马、鸡场、花贡、碧痕、中营7个小城镇污水处理项目建设任务，同步推进安谷、长流、紫马3个乡的集镇污水处理工程建设。县城雨水排水（老营排洪工程）顺利推进。调整完善县三级河长制指挥联动体系，落实县级河（库）长制总河长2名、副总河长2名、县级河（库）长26名、乡镇（街道）级河（库）长28名、村级河（库）长65名。依托“智慧金州—生态环保”系统及“河长云”平台，各级河长共巡河5683人次，责令相关部门和乡镇整改发现的问题6起。

**【自然资源利用】** 2020年，通过基本农田保护巡查，严格落实基本农田“五不准”原则，晴隆县耕地保有量未降低。完成晴隆县鲁打水库、马龙水库项目建设基本农田补划方案踏勘论证、晴隆县收费站至光照湖旅游公路建设、晴隆县砂锅厂至三宝公路建设基本农田补划方案审查工作。完成全县16个乡镇（街道）征地区片综合地价测算工作，按照征地案例比较法和农用地产值修正法，测算得出区片一（莲城街道、东观街道、三宝街道、光照镇、腾龙街道、沙子镇）综合地价为3.61万元/亩，区片二（长流乡、中营镇、花贡镇、茶马镇、鸡场镇、碧痕镇、大厂镇、安谷乡、紫马乡、三宝乡）为3.51万元/亩。完成晴隆县永久性基本农田储备区划定工作。按照“质量不降，布局稳定”及相关要求严格划定永久基本农田储备区，最终纳入储备区图斑1149块，面积1378.73公顷。平均质量等别11.96等，高于国家下发储备区潜力图斑耕地平均质量等别12.01等，确定的储备区划定面积为700余公顷。建设用地土地复垦得到落实。完成晴隆县众兴建材有限公司年产标砖3000万块、空心砖500万块项目临时用地、晴隆县应恩水泥标砖厂临时用地、晴隆县加益贸易有限责任公司免烧砖加工销售项目临时用地、晴隆县鸡场镇延虎水泥制品厂加工项目临时用地、晴隆县兴田砖厂免烧砖加工项目临时用地、晴隆县马场乡罗光似砖厂免烧砖加工项目临时用地土地复垦方案的评审工作。完成2019年实施的城乡建设用地增减挂钩项目工程复核，项目建设规模1109.60亩，总投资381.30万元。旱改水项目有序推进。完成晴隆县大厂镇、安谷乡两个旱改水项目前期工作，项目建设总规模40.66公顷，预计新增旱地改水田34.57公顷，项目总投资584.38万元，项目于2020年2月27日通过州、县相关部门评审。完成晴隆县2019年实施的旱改水项目工程复核工作。完成晴隆县“十三五”易地扶贫搬迁旧房宅基地复垦复绿验收8250户，全面通过验收6850户。

**【旅游产业】** 2020年全县接待游客319.4万人次，同比下降8.5%，实现总收入37.92亿元，同比增长3.72%。接待国内过夜游客28.13万人次（2019年29.64万人次），同比下降5.1%；接待入国境过夜游客54人次，同比下降19.4%。2020年2月24日，景区景点恢复开放，每日安排专人对景区接待游客进行登记汇总，严格落实戴口罩、测温、扫码、登记等服务，核实游客信息，做好人员分类鉴别，推进疫情防控常态化。加强景区建设，推动旅游业高质量发展。开展景区创建，成功申报普晴林场为国家AAA级旅游景区，阿妹戚托小镇申报AAAA级景区已通过省级景观质量评审，正式被省级列入创建国家AAAA级景区预备名单。进一步丰富景区业态，完成二十四道拐情景体验剧拍摄项目，启动阿妹戚托景区舞蹈培训系列活动，阿妹戚托景区月亮湖游船、小火车、游泳馆正式营业，二十四道拐史迪威小镇富锶温泉勘探顺利竣工，二十四道拐军事抗战展览馆正式开放。积极推进项目建设，补足旅游厕所建设短板，2020年完成14座旅游厕所建设，并完成百度地图标注，稳步有序推进二十四道拐遗址、茶马古道贵州晴隆段、阿妹戚托旅游基础设施、三望坪旅游基础设施等项目建设，强化景区基础设施建设，进一步提升景区吸引力，推进旅游业高质量发展。发展乡村旅游，拟定《2020年晴隆县乡村旅游质量等级评定工作方案》，完成7个旅游村寨（2个乙级、5个标准级）、5家农家乐（2家四星级、3家三星级）、5家民宿客栈（三星级）评定，积极推进乡村旅游标准化建设，助力乡村振兴。加强部门联动，强化行业监管。联合卫健、市监、公安等多部门开展联合检查，加强对旅游市场的监管，尤其是五一、国庆、中秋等重大节假日的安全生产工作，结合实际做好接待方案和应急预案，实现全县旅游行业安全、稳定、有序的目标。累计开展检查50余次，出动执法人员300余人次，检查旅游企业200余家次。多渠道申报补助资金、服务好企业。为疫情期间经济受损企业申报补助，争取到贵州省抗疫特别国债资金30万元补助疫情期间受损的文化旅游企业，争取到省级文化和旅游发展专项资金补助10万元，其中晴隆二十四道拐景区6万元，晴隆兴盛源茶叶农民专业合作社3万元，贵州晴隆怡丰源贵翠文化产业有限公司1万元。文体活动有序开展。开展阿妹戚托小镇、腾龙岭“中国梦，文化进万家”及2020年腾龙街道“搬新家、庆元旦、过新年”文艺会演等文化活动及彝族火把节、庆祝中华人民共和国成立70周年合唱大赛等大型系列活动。通过申请，阿妹戚托小镇景区、二十四道拐景区被省体育局列入贵州省体育旅游示范基地创建名单，二十四道拐景区被国家体育总局评为体育综合体典型案例，二十四道拐景区成功申报为全省“十大研学旅游基地”。

（晴隆县史志办）

## 册亨县

【概况】 册亨县总面积2598平方千米，耕地面积3.73万公顷。辖1个乡、9个镇、3个街道办事处，26个社区，123个村民委员会，7个居民委员会。2020年，户籍人口24.98万人，其中少数民族19.31万人，城镇户籍人口9.31万人，乡村户籍人口15.67万人，城镇户籍人口的比重为37.3%。男女性别比（以女性为100）为106.49。全年出生人口3742人，出生率为15.27‰；死亡人口1813人，死亡率为7.40‰；自然增长率为7.87‰。人口较多的少数民族有布依、苗族等民族。主要矿藏有金、锑、砷、汞、水晶、黏土、大理石岩、天然气等；森林覆盖率72.37%。2020年全县地区生产总值（GDP）80.32亿元，比上年增长5.0%。按产业分，第一产业增加值24.29亿元，增长6.6%；第二产业增加值20.42亿元，增长6.0%；第三产业增加值35.61亿元，增长3.2%。全县人均地区生产总值为42309元，比上年增长5.0%。农林牧渔业总产值41.42亿元，增长6.7%；规模以上工业总产值18.99亿元，增长12.74%；财政总收入6.59亿元，其中地方财政收入3.89亿元，增长4.78%；一般公共预算支出27.8亿元。年内固定资产投资完成97.8亿元，在建重点项目49个，全县通车里程1968.23千米，全年新增城镇人口2.43万人，减少贫困人口0.3318万人。社会消费品零售总额18.2亿元；城镇常住居民人均可支配收入33434元，增长5.9%；农村常住居民人均可支配收入10024元，增长8.8%。2020年4月，被国家信访局表彰为全国信访工作“三无”县荣誉称号。建成通村路449.71千米、通组路600.7千米，实现村村通油路、组组通硬化路。实施农村安全饮水工程136个，解决9.7万人农村安全饮水困难。义务教育阶段辍学生动态清零，行政村卫生室标准化建设和村医配备全覆盖，改造农村危房7766户、透风漏雨整治1660户。累计建成国家AAA级景区4个、省级乡村旅游村寨4个，新增精品酒店4家。累计建成锦绣坊21个、作坊186个、电子商务站点62个、全国民族特需商品定点生产企业1家、省民族贸易企业88家，旅游收入年均增长35.53%。

【疫情防控】 2020年1月21日州政府组织召开全州疫情防控工作会议，安排部署疫情防控工作后，册亨县组织召开全县新型冠状病毒感染的肺炎疫情防控工作部署会议，安排部署全县疫情防控工作，制定册亨县应对新型冠状病毒感染的肺炎疫情防工作方案，建立工作机制，将脱贫攻坚作战指挥体系顺势转化为疫情防控指挥体系，脱贫攻坚驻村帮扶工作队就地转为疫情防控工作队，成立疫情防控工作领导小组，下设八个工作组，明确工作职责，完善各项工作措施。在高速路口、码头、车站、过境公路等处设置疫情监测点14个，实行24小时监测制，对所有返乡车辆及人员进行全面排查。对2019年12月20日后，从武汉市返回册亨所有人员及有密切接触的人员，进行拉网式排查，登记在册，追踪随访，共排查176152人，其中武汉返回人员308人，密切接触者29人。组建流调、采样等防控队伍11支共446人，排查管控境外返册人员36人、国内中高风险地区返册人员37人，累计追踪密切接触者13人、发热病人监测4504人、流行病学调查321人、隔离医学观察1265人、出具就业医学健康证明38883张。按照“应检尽检、愿检尽检、人物同防”的要求，对2019年12月20日以后从湖北返回人员、1月23日以后从重点疫区返回人员、发热门诊病人进行核酸检测，全年共采样36092人，累计检测37754次。开展环境核酸检测17次，采样291份（进口产品103份），特定行业从业人员检测396人，检测结果均为阴性，2月8日1人第一次检测疑似阳性（后连续两次采样复检均为阴性）。规范所有医疗机构预检分诊、发病门诊的设置，明确县人民医院为定点治疗医院，纳福、巧马、岩架为医学观察医院，将者楼卫生服务中心确定为与武汉无关发热病人治疗点，将羊博园确定为武汉返乡无发热症状但有其他症状人员观察点，将康养中心确定为与疑似、确诊病例接触者观察点。采取发放宣传资料、制作宣传展板、播放宣传视频等方式，开展健康教育宣传，增强群众防护意识，共发放宣传资料1540余份，设置宣传栏145个，电视台播放宣传短片10次，对各医疗机构医务人员开展健康教育培训9次719人次。制定活禽市场“一日一清洗，一周一消毒，一月一休市，过夜零存栏”措施，禁止私自贩卖野生动物，定期关闭活禽市场。对超市、电影院、政府、农贸市场、客车站等公共场所进行消杀，全年累计消杀面积4242.88万平方米。响应省人民政府启动的1级突发公共卫生事件应急预案，关闭县域内网吧、影院、烧烤摊点等人群聚集公共场所。投入特别国债、“两直达”等资金2864.01万元，采取各项措施，发动合作供货商想办法联系物资、设备采购，并组织人员到兴义、贵阳等地采购防控物资，采购到医用一次性防护服120套、外科口罩7200个、84消毒液900瓶、红外体温检测仪62个、防护眼镜100个、全面罩正压呼吸防护器100（套）、呼吸机4台、红外体温检测仪100个、速干手消毒液900瓶。提升县医院发热门诊、核酸实验室、乡镇转动能力、哨点工程、物资储备等疫情防控能力，配备负压病房7间、治疗病房9间、标准留观病房3间、负压救护车1辆、监护型救护车10辆、核酸日检测量达1万人份以上（10混1）、冷库储存疫苗量达15万人份、物资储备达30天用量。成立企业复工复产工作疫情防控指导专班，制定重大项目复工防疫工作方案、重点企业复工复产防疫工作方案，指导复工企业做好返岗人员现场清洗消毒、员工防护、健康监测等工作，指导企业累计67家。年内被省委、省政府分别授予新冠肺炎疫情防控援鄂干警记二等功1人和医疗队员记功奖励4人。

**【脱贫攻坚】** 按照“四个不摘”要求，实行挂牌督战，常态化、制度化开展“四逐四准”。制定出台《册亨县建立防（返）贫监测和帮扶机制的工作方案》，共监测稳定脱贫户19448户82357人、脱贫监测户716户2876人、边缘户937户3585人。至年末，脱贫监测户、边缘户已全部取消风险。开展脱贫成效巩固提升工作，统筹县级财政资金1000万元作为“农民扶助金”“防贫扶助险”资金，用于预防欠稳脱贫农户返贫和非建档立卡低收入农户致贫，全年累计办理农调扶贫险15474户、新市民安居险41484人、新市民就业险44502人、防贫扶助险20437户、防贫惠农综合保险5000户、农民扶助金59072户。办理防贫扶助险理赔22件，理赔金额438439.53元。结合各级巡视巡察、评估考核、督查检查、审计等反馈问题，建立问题整改“双台账”25个，实现双销号25个。实施东西部扶贫协作和定点帮扶，争取宁波江北区帮扶资金6600万元，实施对口帮扶项目22个，资金项目重点投向县易地扶贫搬迁县内安置点教育医疗配套设施建设、产业项目、就业培训等。江北区选派驻点帮扶党政干部2名、支援专业技术人才199名，协作双方联合举办党政干部培训68期14932人次，教育、卫生系统专业技术人员培训班185期10529人次。中国联通实施定点帮扶项目9个，帮扶资金3600万元，选派干部驻点帮扶4名，引进企业投资1.2亿元，帮助培训基层干部、技术人员2590人，省分公司优先录用册亨籍应届高校毕业生就业7名，破格录用建档立卡贫困户高校毕业生就业3人。省直定点帮扶单位省林业局选派干部驻点帮扶7名，投入帮扶资金1.5亿元，落实帮扶项目29个，帮扶指导编制国家储备林项目建设（一期）规划和实施方案、二期建设可行性研究报告，协调各方力量助力林下经济发展。省中医药局、贵州中医药大学、保利久联控股集团有限责任公司、贵州黔源电力股份有限公司、中国联合网络通信有限公司贵州省分公司等6家单位累计投入帮扶资金3000余万元。实施国家储备林项目建设，带动贫困户脱贫增收。全县累计测量国家储备林5.2万亩，签订流转合同563户2.67万亩，涉及资金1.01亿元，一期项目涉及建档立卡贫困户203户857人8890.56亩2663.64万元，易地扶贫搬迁户217户963人1.06万亩2766.83万元，涉及建档立卡贫困户户均增收13.12万元，人均增收3.11万元；易地扶贫搬迁户户均增收12.75万元，人均增收2.87万元。实施坝区产业，完成坛坪、者楼、大寨、板万等6个坝区产业结构调整，完善坝区水、电、路及冷链物流等配套设施建设。坛坪坝区成功申报为“粤港澳大湾区”保供蔬菜基地。通过坝区建设，辐射带动标准化蔬菜基地1万亩，带动贫困户增收1620户6642人。开展返岗就业及促进易地扶贫搬迁户和建档立卡贫困户就业创业工作，搭建招聘就业信息平台，组织开展“春风行动”“就业援助月”“东西部协作劳务输出专场招聘会”“新市民安置区专场招聘会”活动，提供岗位10000余个，达成就业意愿3000余人。以进企业、进车间、进园区、自主创业、有组织的劳务输出等方式，拓宽就业渠道，挂牌扶贫车间22个，实施公益性岗位安置困难人员就业716人，完成城镇新增就业人数3166人、就业困难人员就业320人，转移农村劳动力18035人。完成建档立卡贫困户技能培训6670人。易地扶贫搬迁劳动力技能培训7890人。发放创业小额贷款294笔3999.5万元，直接带动就业1170人。扶持高校毕业生、退伍军人、返乡农民工创业，发放一次性创业补贴165笔82.5万元。累计建成易地扶贫搬迁安置区7个，搬迁8.75万人，搬迁人数占比全国最高，搬迁规模全国第二、全省第一，城镇化率提升30个百分点。至年末，全县74个贫困村全部出列，82357名贫困人口全部脱贫，比原计划提前一年实现“脱贫摘帽”目标。全县累计投入扶贫资金173.32亿元，共有4302名帮扶干部冲锋脱贫攻坚战一线。1月，册亨县通过贵州省委托第三方2019年贫困县退出专项检查评估，实现零漏评、零错退，贫困发生率降至3%以下。3月，省政府公告册亨县退出贫困县序列，提前一年实现脱贫摘帽。6月，通过国务院委托第三方2019年贫困县退出专项抽查。8月，通过国家统计部门组织的建档立卡贫困户脱贫成效普查。9月，全县剩余贫困人口1113户3313人全部脱贫。11月，通过省级脱贫攻坚成效考核。

**【项目建设】** 争取中央及省预算内项目17个，补助资金1.1亿元。其中，县发改局3个、县教育局3个、县林业局2个、县卫健局1个、县住建局5个、供电局1个、城投公司1个、水投公司1个；抗疫特别国债项目14个6331万元，地方专项债券项目18个47076万元。完成500万元以上固定资产投资59.49亿元，同比增长为15.3%。其中，工业投资5.35亿元，占比8.99%，民间投资6.92亿元，占比11.63%，产业投资16.52亿元，占比27.75%，生态投资20.01亿元，占比33.64%。共申报入库固定资产投资项目58个，成功入库52个，总投资64.68亿元。实施2020年州级重大项目56个，累计完成投资100.3亿元，新开工项目20个，完工项目35个。2017、2018年遗留预算内项目25个，完成竣工验收19个，竣工验收率76%。2019、2020年预算内项目51个，完成竣工验收12个，竣工验收率23.53%。成立册亨县产业招商工作专班7个，组建招商队，开展“走出去、请进来”招商150余次，县委书记、县长带队赴浙江、江西、陕西、内蒙古、湖南、云南、广东、广西等地招商，引进国家电力投资集团有限公司、中广核新能源投资（深圳）有限公司、中农汇生（北京）文旅科技有限公司等企业到册亨投资建设册亨大顶柱10兆瓦风光互补光伏、册亨县幸福板其光伏、册亨县丫他洛哈光伏、册亨县年产10万头新型食草生态“矛香猪”综合养殖等项目15个，总投资30余亿元。全年录入贵州省招商引资项目信息管理平台29个，签约投资总额33.83亿元，引进高新技术企业2家，林（农）龙头企业1家。实施丫他洛哈林业光伏电站项目，完成送出线路工程施工、开关站生产区域土建、电气安装调试、电网电力质检站验收等工作，完成光伏区土地流转544亩，桩基础施工8兆瓦，年内完成并网发电。实施丫他板其农业光伏电站项目，项目由原建设单位新疆特变电工转为华电集团贵州乌江电力公司实施建设，完成并网发电1MW。实施册亨县大顶柱风光互补农业光伏电站项目，由贵州金元公司实施建设，年内完成总体进度70%，并网发电。实施S 214贞丰至册亨（册亨段）、偏坡桥至双江二级公路建设项目，年内实现竣工通车，完成纳福至者干公路大修工程油面铺装建设。完成坡妹至拉荣、坝坎至交关、坝稿至者冲（万重山段）县乡道提等改造工程建设共24.8千米；完成冗渡至茶园、丫他至板其、者央至纳上路面提升工程建设共70千米；完成羊场至洛凡、宜哨至弼佑、秧坝至达央、团协至团丰、烈士塔至秧坪“畅返不畅”工程建设共57.5千米；完成百口至坝赖县乡道改扩建工程建设21.34千米、册亨至八渡公路灾毁修复68千米。配合省公路开发有限公司实施洪江至板其、磺厂丫口至纳相、万重山至者冲、三岔河至孔屯段、威旁至坛坪、洛凡至外磨、板万丫口至板万县乡道路面改善工程建设。

**【工业经济】** 全年新增规模以上工业企业入库4家（高洛山水、大亨油茶、精准光伏、册望交通），企业总数达31家。完成工业总产值18.98亿元，完成工业增加值5.84亿元，增速1.3%。其中，采矿业增加值0.11亿元，增长43.3%；制造业增加值5.15亿元，增长1.4%；电力、燃气及水的生产和供应业增加值0.58亿元，增长-6.5%。完成高新技术制造业增加值0.14亿元，占规上工业增加值比重的2.39%。规模以上工业增加值能耗下降2%。全年共引进工业项目4个（大顶柱风光互补农业光伏电站项目，册亨县丫他板其农业光伏电站项目，丫他洛哈林业光伏电站项目，贵州俪人源生物科技有限公司化妆品、日用品生产加工项目），全县500万元口径以上的工业项目26个，其中，产业投资项目16个，园区基础设施项目10个。完成工业投资（含园区基础设施投资）10.2亿元；列入“千企改造”工程项目5个，其中；省级1个，县级4个，总投资3.97亿元。组织德水、正胤活性炭等5家企业申报上级补助资金1100万元，年内德水公司到位资金100万元、正胤活性炭到位300万元。组织21家企业与政府、金融部门召开全县政金企座谈会，签约企业4家；动员参加多彩贵州百日促销专项行动企业23家，帮助企业解决销路问题。开展拖欠民营企业中小企业账款清理工作，制定出台《2020年册亨县清理拖欠民营企业中小企业欠款清偿方案》《册亨县2020年无分歧账款清偿计划月度分解表》。全年拖欠民营企业中小企业账款4家，涉及项目6个，资金804.9万元，其中，物资采购款341.63万元，工程款463.27万元。年内拖欠账款全部清偿完毕，清偿占比100%。出台《册亨县人民政府办公室关于印发册亨县抗疫特别国债资金补助市场主体兑现实施办法的通知》《册亨县推进招商引资项目落地实施方案》《册亨县企业服务专项行动方案》，实施《关于大力支持民营经济发展壮大的二十八条措施》，全年完成民营经济增加值47.3亿元，同比增长13.7%，民营经济增加值占GDP比重达60.11%，同比增加0.01个百分点。全县有民营经济主体单位1918家，完成民营经济注册资本12.5亿元，同比增加3.7亿元，增长32.19%；新增加就业4860人，同比增长33.61%。就业人数累计56764人；规模以上民营企业63户（工业31户、批零住餐业36户）。全年累计挂牌就业扶贫车间19家，开展以工代训培训743人次，累计带动困劳动力1740人就业。对大型企业减半征收社会保险4家，减征养老保险91.19万元，失业保险费3.99万元；对大型企业减半征收工伤保险费8家，减征保险费5.05万元；对中小微企业、民办非企业、以单位形式参保的个体工商户减免征收社会保险费单位缴费部分328个，减征保险费1037.59万元。其中，养老保险费931.16万元、失业保险费40.37万元、工伤保险费66.06万元。对生产经营困难，受疫情影响确实无力足额缴纳社会保险费的企业缓缴养老、失业、工伤保险费1家，缓缴保险费1.8万元。实施企业融资担保工作，为企业提供贷款担保26家，涉及资金1.30亿元；对小微企业减半收取融资担保费93.55万元。

**【农业产业】** 全年农林牧渔业产值41.42亿元，比上年增长6.7%。其中，种植业产值21.28亿元，增长8.1%；林业产值5.76亿元，增长7.7%；畜牧业产值11.99亿元，增长3.7%；渔业产值4160万元，增长6.4%。全年全县粮食种植面积18.51万亩，比上年增长2.2%；粮食总产量5.52万吨，比上年增长0.3%。全年全县粮食种植面积18.51万亩，比上年增长2.2%；粮食总产量5.52万吨，比上年增长0.3%。蔬菜播种面积17.12万亩，总产量18.68万吨。水果种植面积12.55万亩，总产量10.5万吨。油料、豆类等作物基本保持稳定。开始实施林下菌药种植，全县累计在林下种植菌药19297亩，其中，完成食用菌8309亩（灵芝3343亩、黑木耳2973亩、红托竹荪1915亩、黑皮鸡枞78亩），中药材10988亩（艾纳香6491亩、黄精1963亩、天冬1582亩、板蓝根952亩）。引进现代化农业企业实施农业产业化经营，至年末，全县有省级农业龙头企业4家，州级农业龙头企业12家，农民专业合作社353家，以龙头企业和农民专业合作社带动，建设以甘蔗、蔬菜、水果为主的种植产业化生产模式，以猪、鸡、牛、羊为主的养殖产业化模式。实施粮油高产创建、粮食增产工程、有机质提升、绿色植保工程，开展生猪、肉羊标准化养殖和水果、蔬菜标准园创建工作。全县主要农作物良种覆盖率96%，推广测土配方施肥面积25万亩，农作物病虫害统防统治面积10万亩次，农作物病虫害损失率低于5%。实施“阳光工程”、农民科技培训工程，培训农民691人，农业科技贡献达76.2%。开展农机装备水平提升工作，争取中央财政资金实施农机补贴，至年末，全县农机总动力达25.6万千瓦，农用拖拉机150余台，农作物机械化作业水平达35.2%。提高农产品质量安全水平，全县累计通过“两品一标”认证的农产品（含加工产品）3个。年内全县农产品农药残留“省检”合格率达100%，农产品农药残留定性速测合格率达100%，应免动物免疫率和上市畜禽检疫率达100%。继续实施农村集体产权制度改革，农村土地经营权确权颁证完成率达96%。开展耕地地力补贴、农机购机补贴发放工作，落实种植业保险等惠农政策。年末全县猪存栏11.53万头，比上年末增长14.8%；牛存栏2.72万头，增长2.1%；羊存栏6.47万只，增长2.7%；家禽存栏115.36万羽，增长3.7%。全年猪出栏11.55万头，比上年增长2.8%；牛出栏1.29万头，增长2.8%；羊出栏8.44万只，增长6.1%；家禽出栏169.79万羽，增长2.1%。全年猪牛羊禽肉产量1.58万吨，比上年增长1.0%；禽蛋产量0.54万吨，比上年增长9.2%。

**【教育事业】** 2020年，全县共有学校95所点，其中，学前教育45所（公办31所、民办14所），义务教育阶段46所（小学31所、教学点3所、初中7所、九年一贯制5所），特殊教育1所，高中阶段学校3所（普通高中2所、中等职业学校1所）。共有教职工3086人，其中，学前教育教职工763人、专任教师361人（公办学校教职工527人、专任教师250人，民办学校教职工236人、专任教师111人）；义务教育阶段教职1891人，专任教师1769人（公办学校教职工1844人、专任教师1731人，民办学校教职工47人、专任教师38人）；特殊教育教职工17人，专任教师10人；普通高中教职工415人，专任教师347人；中等职业学校教职工35人，专任教师31人。共有学生45023人，其中，学前教育学生8629（公办6660人、民办1969人）；义务教育阶段学校学生31039人，其中小学生22203人（公办22010人、民办193人），初中8836人（公办8646人、民办190人）；普通高中学生4655人；中等职业学校学生609（不含非全日制学生1460人），特殊教育学校学生91人。学前教育毛入园率91.26%，义务教育巩固率95.01%，高中阶段毛入学率89.97%，特殊教育三残儿童入学率100%。全年争取上级教育专项资金22370.09万元，全部用于教育保障。县级财政匹配资金拨付生均公用经费812.9万元，其中用于农村义务教育阶段学校53.33万元、公办幼儿园419.65万元、普通高中339.92万元。投入资金8000万元，完成高洛第一小学等易地扶贫搬迁续建项目建设5所。投入资金933万元，新建改扩建教育设施项目15个，年内完工并投入使用14个。采购教育教学设备项目10个。全年共培训教师7484人次，省级课题立项1项，州课题申立项19项，在州优质课比赛中分别获小学组语文学科、初中组音乐学科、中等职业学校组数学说课一等奖教师各1位；在州实验创新大赛中分别获初中组物理学科、高中组物理学科一等奖教师各1位，在州教学技能大赛中分别获初中年级组数学学科、小学年级组数学学科、小学年级组体育与健康学科、高中年级组化学学科一等奖教师各1位。获州级骨干教师40人、州级骨干校（园）长6人、州级教学名师21人、州级名园长1人。按照"精准资助、应助尽助、应免尽免、应贷尽贷"原则，开展贫困学生教育资助工作。全年共划拨资助金3394.18万元，涉及贫困学生56099人次，其中建档立卡贫困学生35924人次，资助金2151.48万元。办理源地助学贷款3978人，贷款金额2826.51万元。划拨营养改善计划资金2131.78万元，涉及学生78531人次，其中，农村学前儿童营养改善计划专项资金374.94万元，涉及幼儿16498人次；义务教育阶段营养改善计划中央专项资金1756.84万元，涉及学生62033人次。采取"公司＋合作社（农户）＋学校"模式开展校农结合工作，与基地、农户签约的食材配送公司2家、合作社28个，签约农户568户，覆盖农户1514户6799人，其中精准扶贫户560户2379人。全县开餐学校、配送公司全年共采购食材5876.72吨，采购资金5734.84万元，其中采购本省农产品5491.81吨，采购资金5449.49万元，采购本省农产品比例93.45%。

**【卫生计生】** 2020年，全县6岁以下儿童健康管理率93%，孕产妇早孕建册率90.2%、产后访视率91.2%，65岁以上老年人健康管理率70.1%，高血压、糖尿病患者健康管理任务完成率分别为101.52%、100.33%，规范管理率分别达72.38%、75.38%，严重精神障碍患者规范管理率达94%，65岁以上老年人、0-3岁儿童中医药健康管理率分别达68.7%、67.2%，肺结核患者规则服药率为98.86%，流感疫苗累计接种6471人次，完成率107.85%。开展妇幼保健服务管理工作，全县全年共完成宫颈癌筛查11316人，乳腺癌筛查3685人，儿童营养改善项目发放35982盒，孕前优生健康检查1735对。婴儿死亡率控制在7.5‰以内，5岁以下儿童死亡率控制在9.5‰以内，全年孕产妇死亡0人。开展妇幼保健院等级创建工作，年内评审资料初步通过省级评审。开展民生实事，为全县65岁以上老年人和脱贫攻坚一线干部免费体检1次，共实施65岁以上老年人体检14964人，脱贫攻坚一线干部444名，为农村35～64岁妇女免费做"两癌"检查，共实施宫颈癌检查11316例；乳腺癌检查3646例。开展健康扶贫工作，落实建档立卡贫困患者在县域内定点医疗机构住院先诊疗后付费、无须缴纳住院押金政策，全年享受县域内先诊疗后付费5816人次。继续开展家庭医生签约服务，贫困人口四类慢性病签约服务4299人。对农村建档立卡贫困人口患30种大病进行集中救治，全年共救治256人，救治总费用291.84万元，报销254.83万元。充实卫生计生人才队伍，全年引进人才4人，公开招聘7人，接收见习生10名，聘用村级卫生消杀员158名，转岗培训1人，订单定向医学生到岗服务26名，其中本科20名、专科6名，乡镇卫生院医务人员参加全科医生转岗培训9名。开展基层卫生服务能力提升工作，制定《册亨县乡村医生管理制度》，年内各乡（镇、街道）卫生院共建成外科特色专科1个，内科特色专科4个，儿科特色专科6个。引进招录乡村医生9人，组织各类资格考前培训15人，参加国家基层能力提升线上和线下培训共39人，举办村医培训班4期，累计培训村医512人次。

**【民生保障】** 2020年完成城乡低保提标工作，农村最低生活保障标准提高到4308元/年，城镇最低生活保障标准提高到625元/月。全县农村低保对象5180户13816人，累计发放资金3701.52万元；全县城市低保对象4813户15942人，累计发放城市低保资金6265.10万元。启动社会救助和保障标准与物价上涨挂钩联动机制，全年共发放价格临时补贴995.56万元。开展特困人员供养工作，按照不低于当地城市低保保障标准的1.3倍提高特困供养人员生活标准，将2020年特困供养人员生活标准提高到813元/月·人。全县特困供养对象537人，其中集中供养对象195人，全年发放特困供养对象基本生活费和照料护理费789.73万元。完善规范临时救助制度，对易地扶贫搬迁对象中的建档立卡农村贫困人口和未纳入建档立卡农村贫困人口范围的农村低保对象发放贫困移民一次性临时救助资金，全年共发放11806人1770.90万元。对遭遇突发性、临时性、紧迫性生活困难的困难群众实施临时救助，全年为困难群众解决临时性、突发性生活困难753余次，发放临时救助资金185.84万元，实施急难救助5例，发放救助金8万元。开展残疾人救助帮扶工作，解决残疾人因残疾产生的额外生活支出和长期照护支出困难，所有符合条件的残疾人“两项补贴”制度全覆盖。全年共发放残疾人临时救助753人185.84万元，发放残疾人护理补贴27727人次165.84万元，发放生活补贴33690人次440.06万元。开展孤儿救助工作，做好孤儿和事实无人抚养儿童基本生活保障，依托全国儿童福利综合管理系统，建立孤儿和事实无人抚养儿童电子档案，按规定新增和清退。全县2020年散居孤儿基本生活费为1050元/人·月，集中供养孤儿基本生活费为1600元/人·月。全县共纳入孤儿基本生活保障儿童77名，其中机构养育孤儿35人，散居42人，全年共发放孤儿生活费126万元。开展事实无人抚养排查和系统审批发放工作，共排查上报符合事实无人抚养儿童38人，发放事实无人抚养儿童生活费22.3万元。资助孤儿助学25人，发放助学金25万元。开展流浪乞讨人员救助管理工作，同时开展站内救助和寻亲服务，全年共为长期滞留人员办理户口3人，接收求助和主动救助流浪乞人员70人次，用于流浪乞讨人员返乡、接送、医疗、食品、衣物等经费18万元。开展养老服务设施完善和建设工作，年内完成八渡镇敬老院提质改造工程，新建坡妹镇龙洞湾社区日间照料中心1个。海福祥养老院接受民政部验收组全国第五批居家和社区养老服务改革试点验收。

**【生态文明建设】** 全县划定生态红线883平方千米、县城禁燃区2.26平方千米。建成城乡生活污水处理工程29个、农村生活垃圾中转站14个、水源地整治项目8个、千人以上集中式饮水标准化建设项目18个，新增和改造卫生厕所2.96万个，城镇污水处理率80.9%。医疗固废无害化处理率100%。营造林42.93万亩，石漠化治理133平方千米，北盘江国家湿地公园、万重山省级森林公园建设持续推进。建成“四在农家·美丽乡村”村寨35个、省级生态示范村2个和州级生态乡镇6个、生态村12个。全年县城环境空气质量综合指数1.78，总有效天数361天，达标率、优良率均为100%，在全省88个县（市、区）中排名第九位，在全州排名第一位，在全省县域第三方阵乙类县中排名第二位。开展建筑施工和道路扬尘整治攻坚行动，对建筑工地、渣土运输车辆规范化管理，修订《册亨县重污染天气应急预案（修订）》，按照《册亨县2020年露天焚烧管理工作实施方案》对县域内城镇废弃物、农村秸秆焚烧进行排查整治，开展非道路移动机械摸底调查和编码登记工作。完成秧坝镇者术水库、弼佑镇者岳水库、冗渡河头上水源保护区划分工作；投入资金565.64万元，实施秧坝镇者术村、高洛街道办高寨村、冗渡镇冗渡村农村环境整治和实施丫他水库、秧坝镇福尧沟、岩架镇洛王沟3个水源保护区环境污染整治；完成全县农村千人饮用水源水质摸底监测、水源地无人机遥感解疑现场核查和全州水源地交叉检查问题整改工作。开展县域农村生活污水治理信息调查，对全县123个建制村的农村黑臭水体进行排查，完成《册亨县县域农村生活污水治理专项规划（2020—2030年）》编制工作。开展饮用水源地排查和河长制联合执法等专项行动，对县城集中式饮用水源地和各乡镇千人以上集中式饮用水源保护区进行巡查；组织环保、公安、海事、河长办等部门联合对红水河、南盘江、北盘江开展以养殖网箱治理、打击禁渔期非法捕捞、渔业船舶环境安全检查、“清六乱”等为重点的执法行动。按月对全县10个集中式饮用水水源地、1个省控断面、6个州控断面，按季度对17个千人以上集中式饮用水水源开展监测，水质类别均在III类以上，达标率100%。开展重点行业企业用地土壤污染状况调查和建设用地疑似污染地块调查工作，完成贵州兴金矿业等重金属行业企业排查整治，全县共纳入调查名单地块14个，纳入详查取样重点行业企业地块5个，完成土壤污染重点监管单位土壤环境信息化管理备案。开展全县农业耕地土壤环境质量类别划分工作。开展声环境质量检测工作，全年共开展区域声环境104个点位、城市道路交通声环境20个点位质量监测1次，开展城市声环境功能区7个点位监测4次，结果均符合《声环境质量标准》（GB 3096-2008）中相应的类别标准，达标率100%。

（册亨县史志办）

## 望谟县

**【概况】** 望谟县地处北纬24°53′～25°37′，东经105°50′～106°32′之间的云贵高原向广西丘陵过渡的斜坡地带，东西宽69.2千米，南北长79.2千米，北盘江、红水河护绕于西、南；县境位于贵州省南部，黔西南布依族苗族自治州东部，黔、桂两省（区）四州（市）交界处，东与黔南布依族苗族自治州罗甸县接壤，南与广西壮族自治区乐业县隔红水河相望，西与贞丰、册亨两县以北盘江为界，北与安顺市紫云苗族布依族自治县、镇宁布依族苗族自治县毗邻。境内山地占76.76%，丘陵占20.38%，河谷盆地占2.86%。全县面积3018.44平方千米，占全州面积的17.89%，是黔西南州面积最大的县。有耕地面积2.54万公顷，占全县面积的8.41%，草地2.01万公顷，占全县面积的6.7%，林地16.91万公顷，占全县面积的56.26%；有水域面积8000公顷，航道133千米，可通行千吨级船舶。县境地势西北高、东南低，平均海拔550米，最高处为打易镇跑马坪，海拔1718.1米，最低处为昂武镇打乐村，海拔375米。年平均降雨量1236.8毫米，年平均日照时数1401.6小时，无霜期平均341天，年平均温度19.3℃，有“贵州天然温室”之称。主要矿产有金矿、水晶石、大理石等。辖1个瑶族乡、11个镇、4个街道，161个村、9个社区。2020年底，户籍人口32.6万人，其中男性16.76万人，女性15.84万人，常住人口21.65万人。县人民政府驻王母街道，距州府所在地兴义市157千米，距省会贵阳市216千米。国道552、省道212、省道318、余（庆）安（龙）高速、赤（水）望（谟）高速穿境而过。

**【党的建设】** 印发《2020年全县党委（党组）理论学习中心组专题学习重点内容安排》《望谟县“基层党建提升年”实施方案》《望谟县“基层党建提升年”重点工作推进方案》《关于推行“3+X”载体规范和完善主题党日活动的通知》《关于认真做好2020年度村第一书记和驻村干部全年工作述职评议和年度考核工作的通知》等文件。县委中心组集中学习5次，各级各部门党委（党组）利用新时代大讲堂、云视训，学习强国等载体开展宣讲活动1万余场次，覆盖人群超过30万人次。调整乡镇（街道）领导干部39人（党政主要领导3人），新提拔使用干部40人，进一步使用干部8人、晋升职级83人，因履职不力提醒约谈37人、诫勉3人、调整1人、降级1人、免职4人。举办培训班21期，培训2223人次；精准选派干部参加中央、省、州组织的干部调训24期，培训干部76人次；依托线上学习平台组织县、乡、村三级领导干部培训1206人次，开展业务知识专题讲座学习79期，培训2万余人次；举办脱贫攻坚“四逐四准”基层干部专题培训3期507人，余姚市举办的培训班培训252人，村党支部书记、主任专题培训班2期304人；选派103名村干部赴开阳县委党校参加望谟县2020年村“两委”干部培训班。吸收入党积极分子600人，发展预备党员400人，发动全县442个党支部10253名党员亮着党徽开展系列主题活动。中央巡视贵州反馈涉及望谟4个问题和州委巡察组巡察郊纳镇反馈54个问题、巡察昂武镇反馈9个问题均完成整改。对省委第八巡视组反馈涉及的退耕还林、县城污水处理厂等38个整改滞后的项目开展监督检查，约谈副处级干部4人，乡科级干部6人，启动审查调查2人，省委第八巡视组反馈7个方面29个主要问题涉及的53个具体问题阶段性整改完成。完成第七轮、第八轮巡察，覆盖

图为2020年建设中的中鼎万象城　（望谟县住建局　供图）

单位24个，其中第七轮完成对8个乡镇和69个村的巡察，第八轮完成对8个县直部门的巡察。查处违反中央八项规定精神案件14件14人，党纪政纪处分12人，组织处理2人；查处形式主义、官僚主义问题26起，处理27人，党纪政务处分27人；通报典型问题3批9起；查处民生领域案件94件97人，给予党纪政纪处分74人，劝勉谈话21人，通报批评1人。望谟县被省级表彰对象14人（全省脱贫攻坚优秀共产党员5人、全省脱贫攻坚党组织书记2人、全省脱贫攻坚优秀党组织书记3人、全省脱贫攻坚先进党组织4个）；获得州级表彰对象29个（全州脱贫攻坚优秀共产党员14人、全州先进党组织15个）；开展县级脱贫攻坚党内表彰，表彰全县脱贫攻坚优秀共产党员120人、全县先进党组织60个。

2020年施工中的羊石光伏发电项目　（望谟县工科局　供图）

**【经济发展】** 2020年，全县地区生产总值完成100.48亿元，同比增长5.3%，增速排全州第2位。规模以上工业增加值完成4.3亿元，同比增长1.39%，增速排全州第6位。限额以上固定资产投资完成77.65亿元，同比增长12%，增速排全州第2位。一般公共预算收入完成3.94亿元，同比增长1.89%，增速排全州第4位。社会消费品零售总额完成21.21亿元，同比增长5.1%，增速排全州第6位。实现城镇居民人均可支配收入33226元，同比增长5.8%，增速排全州第2位；农村居民人均可支配收入9778元，同比增长8.9%，增速排全州第1位。年末，金融机构人民币各项贷款余额108.82亿元，同比增长19.82%，存款余额93.47亿元，同比下降5.33%。

**【脱贫攻坚】** 全县贫困村103个，出列81个。其中2016年贫困村出列12个、2017年贫困村出列20个、2018年贫困村出列19个、2019年贫困村出列30个、未出列贫困村22个。建档立卡贫困人口26667户115994人，其中脱贫22764户105210人、未脱贫人口3921户10784人。制订并下发《望谟县建立防止返贫致贫监测和帮扶机制实施方案》《望谟县建立农民扶助金制度实施方案》《望谟县2020年财政扶贫资金项目推进方案》《财政扶贫资金项目审批实施方案》《望谟县扶贫产业及扶贫资产收益分配管理实施方案》《望谟县财政专项扶贫资金项目监督检查制度》《财政专项扶贫资金报账细则》等文件。县委组建169个村（社区）党员先锋队、同心突击队、乡贤服务队、互助小组“三队一组”，发动1810名网格员和2770名村级指挥部成员带上红袖套，引导群众抱团发展。调整优化脱贫攻坚指挥体系，明确县、乡、村三级攻坚责任，县委主要负责人统筹调度、督促检查、考核对接等工作，乡镇（街道）主要领导担任本辖区贫困发生率高的村级指挥长，乡镇（街道）党政班子成员担任辖区内村级指挥长，县直包保部门主要领导担任指挥长或常务副指挥长。50家民营企业对50个村（其中深度贫困村42个）进行帮扶，投入资金430万元。国务院实施挂牌督战村5个，分别是乐旺镇大湾村、猫寨村、新华村、坡头村和打易镇边王村。全年投入财政专项扶贫资金4.55亿元，安排项目483个。其中产业类项目213个，投资2.65亿元；基础设施类项目138个，投资1.66亿元；教育、培训、贴息等其他类项目32个，投资0.24亿元。扶贫小额信贷发放11057户6.12亿元。10月，全县26601户建档立卡贫困户115992人建档立卡贫困人口全部脱贫，22个未脱贫的贫困村出列，全县实现103个贫困村全部出列，达到摘帽标准。截至11月，通过县级申请、州级初审、省级核查和第三方评估机构实地评估检查，符合国家贫困县退出程序和标准，11月23日，贵州省人民政府宣布望谟县出列，标志着望谟县实现整县摘帽，撕掉千百年来的贫困标签。

**【项目建设】** 实施重大工程和项目建设55个，总投资241.14亿元，年度计划投资完成88.29亿元，全年累计完成投资97.13亿元，限额以上固定资产投资完成77.64亿元，增长12%。继续推进国道552桑郎至祥乐段工程建设；建成省道望谟至贞丰公路（县城至北盘江段）改扩建工程42.32千米；建成第一批农村公路路面改善提升工程项目8个252.66千米，投入资金2.6亿元；11月，启动第二批县乡公路路面改善提升工程项目8个109千米，完成总体工程形象进度38%。建成通村公路建设项目17个110.21千米。纳绒、乐元、大观、上亭水库竣工验收，新屯、八一水库下闸蓄水，郊纳、油啥、九羊、纳学、纳夜5座水库完成前期工作。完成易地扶贫搬迁安置点一号路和二号路、坝算至垃圾场路口、枫林小城至天主堂路口、景阳新城至河被桥、外环路至中医院等市政道路项目。完成2017年城市棚改及配套基础设施项目建设，2018年城市棚改完成工程量的60%，2018年城市棚改配套基础设施二期、三期项目开始铺设管网。完成21所中小学及9所幼儿园维修改造工程。继续实施观山水公馆、中鼎万象城、布依之春、商业住宅小区建设，建成商住面积26.8万平方米，全年实现商品房销售17.89万平方米，销售额5.96亿元，同比增长30%。供电配网项目投资3.18亿元。其中主网投资1.81亿元，新建220千伏变电站1座，220千伏线路1条48千米，110千伏线路3条33.3千米，35千伏变电站1座，35千伏线路4条28.6千米，扩建35千伏变电站2座；配网投资1.37亿元，新建或改造280个项目，新建或改造10千伏线路405.766千米、低压线路212.361千米，新增或更换配变150台、总容量13455千伏安。完成妇幼保健院、蟠桃社区卫生服务中心、平洞街道卫生服务中心建设和县医院原门诊楼、住院楼改造；完成12个乡镇卫生院、4个街道社区卫生服务中心标准化建设和137个村卫生室规范化建设。

**【农业产业】** 全年实现粮食总产量7.14万吨，人均粮食占有量219.02公斤。农林牧渔业总产值49.64亿元，与2019年相比，增长6.96%；其中农业总产值28.74亿元，同比增长7.98%；林业总产值4.03亿元，同比增长9.52%；牧业总产值14.45亿元，同比增长3.83%；渔业总产值5551万元，同比增长17.46%；农林牧渔业服务业产值1.87亿元，同比增长5.5%。实现农林牧渔增加值31.24亿元，同比增长6.8%。全县农作物种植面积114.05万亩，其中粮食作物25.97万亩，同比增长1.36%，经济作物88.08万亩，同比增长1%，粮食作物中水稻种植9.26万亩，同比增长3.21%，小麦种植3.82万亩，同比增长8.25%，玉米种植8.24万亩，同比增长14.5%，其他谷物种植0.78万亩，同比下降55.45%，大豆种植1.31万亩，同比下降8.09%，杂豆种植0.75万亩，同比下降24.2%，薯类种植1.81万亩，同比增长2.35%；经济作物中药材10.4万亩，蔬菜26.1万亩，其他经济作物51.58万亩。年末，牛存栏10.99万头，出栏3.47万头；羊存栏14.04万只，出栏9.64万只；生猪存栏9.3万头，出栏16.55万头；家禽存栏96.16万羽，出栏117.55万羽；肉类产量2.28万吨，禽蛋产量2130吨，水产品总产量达4300吨。依托贵阳农扶投集团、黔西南州观品畜牧科技有限公司等龙头企业，建

边饶高速收费站 （黄世林　摄）

成大观100万羽生态蛋鸡养殖、大观纳岸3.2万头生猪标准化养殖，启动平洞街道5万头生猪标准化养殖场建设，完成全县5个规模养殖场粪污改造项目，并以企业、合作社为主体，发展林下养蜂产业，全县养蜂2.8万群/箱。年末投入鱼苗430万尾，预计产量4300吨，预计产值8600万元。

【工业产业】 全年二产增加值完成20.3亿元，同比增长7.3%。全县有各类工业企业300家，其中规模以上工业（指年主营收入2000万以上企业）企业27家，从业人数1325人，实现规模以上工业年销售额15.12亿元，增加值4.3亿元，增长速度1.3%；规模以上采矿业可比价增加值增速2.3%；规模以上制造业可比价增加值增速1.1%；规模以下工业可比价增加值增速18.3%。完成500万元口径工业投资（园区基础设施投资）10亿元，完成“千企改造”（即每年滚动实施1000户以上企业改造升级任务，其中省级200户、市县共800户，到2020年全省规模以上工业企业全部实施改造升级）投资1亿元。引进工业重点项目18个，到位资金7.54亿元。推动工业企业复工复产，8月全部实现复工复产。推进“千企引进”工程和企业转型升级，引进浩丰矿业在麻山投资建设碳酸钙加工产业链项目，华能集团在石屯羊石、昂武和亨投资建设光伏发电项目，瑞丰在大观投资建设塑料颗粒加工厂。全年生产成品糖产量6808吨、中成药281吨、水泥41.4万吨、黄金383.8千克、手提包（背包）36.1万个、活性炭1474吨、灯具照明装置6.65万套。昂武镇和亨、石屯镇羊石光伏发电项目建设完成，项目总投资3.17亿元，总装机量6万千瓦，累计发电量276.61万千瓦时。

【商贸企业】 外贸出口34.59万美元，无进口交易额；完成社会消费品零售总额21.2亿元，增速为5.1%；批发业销售额2.71亿元，增速24.6%；零售业销售额20.1亿元，增速8.4%；餐饮业营业额0.18亿元，增速25.3%；电子商务网络零售额完成4327.37万元，同比增长101.9%。全年旅游收入10.5亿元、线上批发业销售2.71亿、零售业销售额10.2亿元、住宿营业额0.4亿元、餐饮业营业额0.19亿元，三产增加值完成50.38亿元，同比增长3.5%，增速较2019年下降9.2个百分点。全县有民营企业2133户，注册资金60.93亿元；个体工商户12309户，注册资金11.46亿元；农民专业合作社748户，注册资金5.76亿元。冷库占地面积7492.9平方米，冷库容积3.5亿立方米，容量1.24万吨。环城（高速西出口）、石屯、麻山、边饶服务区加油一、二站5座加油站建设完成，截至年底，全县有加油站14座，覆盖10个乡镇（街道）。

【生态建设】 新增实施退耕还林4.6万亩，森林覆盖率提高到70.53%。完成石漠化治理20.23平方千米。开展汽车尾气、秸秆禁烧、建筑施工扬尘整治、温室气体防止和监督，全县空气质量优良天数100%。完成新屯、打易等8个污水处理厂建设，污水日处理能力新增4000吨，全县乡镇（街道）政府所在地实现污水处理全覆盖。持续推进千人以上集中式饮用水源地环境排查整治和国省控断面等水质检查工作。完成矿山地质环境恢复治理300余亩、废弃工矿地复垦复绿1500余亩；推进农用地废弃农膜回收及农药减量工作，全县未出现重大突然污染事故。

2020年12月22日，大观水库竣工　（望谟县水务局　供图）

推进生活垃圾运收系统建设，建成11座乡镇垃圾中转站，实现建制镇垃圾中转全覆盖。建成望谟县医疗废弃物处置中心，日处理医疗废弃物0.3吨。全年出动环保执法人员187人次，排查企业82家次，立案查处环境违法行为企业10家，处罚资金36.6万元。

**【法治工作】** 公安机关全年立各类刑事案件584起，破364起，破案率62.32%；与上年相比立案数增加90起，上升18.21%；破案数增加67起，上升22.55%，破案率上升2.2个百分点。抓获违法犯罪嫌疑人460人，其中刑事拘留202人，逮捕201人；移送起诉326人；抓获网上逃犯101人。全年未发生故意杀人、绑架、放火、爆炸、投放危险物质等重大案件。受理各类治安案件1205起，查处1018起，查处率84.48%，打击处理837人。与上年同期受理935起，查处753起，查处率78.6%相比，查处率上升5个百分点。检察机关批准逮捕各类犯罪案件83件153人、提起公诉168件281人。纠正“套路贷”“假官司”2件，办理支持起诉案件12件。对审判程序违法情形发出检察建议21份，执行活动违法情形发出检察建议17份，向行政机关发出生态检察建议45份。办理刑事附带民事公益诉讼8件。审判机关全年受理刑事案件184件305人，审结155件244人，结案率84.24%。受理各类民商事案件1877件，结案1622件，结案率86.41%，调撤结案791件，调撤率51%。受理执行案件626件，申请执行标的1.07亿元，执结593件，执结率94.73%，执行到位资金2694.03万元，执行到位率50.09%。法院庭审直播1013件，直播覆盖率53.28%，点击观看31.72万次。公开裁判文书1277件，文书上网率52.27%，审判流程信息有效公开2696件，有效公开率99.94%。开通“移动微法院”调解功能，在线调解案件372件。接待律师查阅卷宗690余人次。通过互联网公开审判执行各流程节点信息4980余件次。

**【卫生计生】** 2020年，全县有医疗机构174所。其中二级医院2所，分别为县人民医院、县中医院；公共卫生机构2所，分别为县疾控中心、县妇幼保健院；乡（镇）卫生院12所；街道社区卫生服务中心4所；社区卫生服务站1所；行政村卫生室135所；新市民社区卫生室4所；民营医疗机构14个（一级综合医院5个、一级专科医院1个、一级中西医结合医院1个、个体诊所6个、民营社区卫生服务站1个）。全县医疗机构有床位1217张，每千人拥有床位4.91张。卫生技术人员1335人，常住人口每千人拥有卫生技术人员5.08人；执业医师（助理）352人，常住人口每千人拥有执业（助理）医师1.47人；执业护士551人，常住人口每千人拥有护士2.3人；全科医生78人，常住人口每万人拥有全科医生3.25人。全年活产3461例，其中住院分娩98%，新生儿访视率91.77%，产妇建档率90.92%，产检率91.95%，产后访视率91.88%，系统管理率90.26%。新生儿死亡16人，死亡率4.62‰，5岁以下儿童死亡30人，死亡率8.67‰。宫颈癌筛查完成1万余例；乳腺癌筛查4000余例。卫生执法立案126件。其中医院52件、公共场所73件、林材加工1件，共处罚金19.78万元。

全年常住人口出生1585人，期初、期末常住平均人口21.65万人，常住人口出生率7.32‰；常住人口死亡915人，常住人口自然增长率3.09‰；早育个案149人，早育率9.4%，早育率呈下降趋势。发放利益导向资金270.23万元。其中节育奖133.85万元，农村奖扶59.51万元，基础养老金补助46.74万元，手术并发症补助13.44万元，特殊家庭补助16.69万元。

**【社会保障】** 城乡居民医疗保险参保28.03万人，基金征缴7007.43万元，完成州医保局下达望谟县参保目标任务26.16万人，完成率为107%。城乡居民养老保险参保19.49万人，基金征缴1273.02万元，参保率98.7%，全年发放4万人4564.31万元城乡居民养老金（不含机关事业单位及企业）。发放社保卡3200张，采集社保卡信息465人。处理劳动争议案件96件，其中调解结案66件，裁决结案30件，涉及劳动者96人、涉及金额300余万元，案件办结率100%。开展有组织劳务输出引导就业1万余人。完成劳动力全员培训193个班次8781人次，培训后实现初次就业5300人次。开发公共服务岗位2.3万个，在岗就业人员达到2.1万人。城镇新增就业3270人，城镇登记失业率控制在4.2%以内。发放创业贷款5714.7万元，扶持918人创业。发放农村低保金1亿元，惠及3.49万人次，人均保障标准从2019年的4080元

/年提升至2020年的4308元/年；发放城市低保金2056万元，惠及6983人次，人均保障标准从2019年的590元/月提升至2020年的625元/月。

**【教育事业】** 全县有学校101所，其中幼儿园30所、小学56所(含教学点4个)、初中11所(含九年制学校1所)、普通高中2所、职业高中1所、特殊教育学校1所。全县学生55303人，其中学前幼儿8169人、小学24232人、初中14561人、普通高中6519人、职业高中1715人、特殊教育学校在校学生107人。全县教职工4495人，其中专任教师4254人。学前三年毛入学率90%，6~16周岁适龄儿童入学率100%，高中毛入学率91.21%，九年义务教育巩固率96.35%，三残儿童入学率100%。引进高层次人才2人，招聘教师75人。全县参加高考1997人，本科上线1267人，上线率63.44%，排全州第三位。其中望谟县油迈瑶族乡纳王村黄阿想，以总分694分成绩荣获2020年贵州省高考文科状元。中考各科成绩均有提升，总分和平均分均排全州第四。全年发放学生资助8421.36万元，覆盖78615人次。其中学前教育幼儿资助发放133.15万元，资助5326人次；城乡义务教育阶段家庭经济困难学生生活费补助发放2229.9万元，资助45354人次；高中国家助学金发放605.38万元，资助6053人次；高中国家免学费发放335.408万元，资助5410人次；中职国家助学金发放209.68万元，资助2117人次；中职国家免学费发放261.3万元，资助2613人次；贵州省教育扶贫发放1247.508万元，资助7047人次。生源地信用助学贷款发放3399.05万元，资助4695人。

**【疫情防控】** 成立县、乡、村三级领导小组，制订《望谟县秋冬季新冠肺炎疫情防控工作方案》《望谟县秋冬季新冠疫情防控应急方案》《关于加强中、高风险地区及境外来县人员常态化排查管控工作的通知》等防控方案。组建医疗救治专家组、核酸检测组和流行性病学调查组，以望谟县人民医院为定点救治医院，独立设置发热门诊1个，在各医疗单位设立预检分诊点26个。完成发热门诊、核酸检测实验室、核酸检测物资储备、基层哨点、冷链能力、流调现场处置能力、医疗物资储备、乡镇转运能力提升、冷库硬件等9大疫情防控能力提升建设项目。设立400余个村、组疫情监测卡点，对县乡道、码头、汽车站、高速公路等重要关口过往人员进行体温检测等防控工作；集结党员先锋队、党员突击队进入315个村组逐户逐人摸排登记，累计排查47万余人次。全县排查省外来县人员3.81万人，其中中高风险地区户籍人员569人，有中高风险地区轨迹人员137人，外省来县车辆1200余辆。全县酒店（宾馆）共登记入住4.84万人，其中有湖北省轨迹1人(除武汉市外)，湖北籍58人(除武汉市外)，有武汉轨迹2人，省外(除湖北省)人员6521人，省内人员41789人。境外来县返县67人，中国户籍47人、越南籍20人，遣返2人，其余人员均已集中隔离满14天，全部进行核酸检测为阴性。全年累计医学观察938人，审核累计核酸采样2.3万人，送检2.5万份(含复查)，未发现新冠肺炎确诊病例和疑似病例。选派1名护士赴湖北省武汉市江方舱医院支援疫情防控工作，被中共湖北省委、湖北省人民政府授予“最美逆行者”荣誉称号，被中共贵州省委、贵州省人民政府给予“记功”嘉奖，荣获黔西南州委宣传部、黔西南州卫生健康局、黔西南州总工会“优秀医务工作者”荣誉称号；选派1名护士赴贵州省贵阳市将军山医院支援疫情防控工作，荣获中共贵州省委、贵州省人民政府“贵州省抗击新冠肺炎疫情先进个人”表彰，荣获中共黔西南州委宣传部、黔西南州卫生健康局、黔西南州总工会授予“优秀医务工作者”荣誉称号。

**【望谟多座水库竣工验收】** 2020年4月17日，八一水库下闸蓄水。2020年6月30日，纳绒水库、乐元水库竣工验收。2020年12月14日，新屯水库下闸蓄水。2020年12月22日，大观水库、上亭水库竣工验收。全县新增库容1592万立方米，累计库容4597.4万立方米，水库数量、库容及密度为全省之最，洪涝灾害得以根治。

**【赤(水)望(谟)高速紫云至望谟段建成通车】** 2020年1月1日，总投资108.77亿元的赤(水)望(谟)高速紫云至望谟段建成通车。赤(水)望(谟)高速是贵州省高速路网“6横7纵8联”的第五纵，于2015年12月31日举行动工仪式，2016年9月正式动工，全线74千米，有隧道15座，桥梁112座，其中特大桥1座、大桥88座、中桥23座，桥隧比65.3%。赤（水）望（谟）高速紫云至望谟段通车后，紫云自治县至望谟县的通车时间从3个小时缩短至50分钟。标志着赤（水）望（谟）高速全线完全贯通，将发挥连接黔滇桂川渝五省（市、区）的交通枢纽作用，打通长江水上运输至珠江源头水上运输的中通道。赤（水）望（谟）高速通车后，望谟形成余（庆）安（龙）、赤（水）望（谟）两条高速东西方向、南北方向纵横交叉过境，由黔西南州最偏僻的县成为交通最便利的县，到贵阳首府距离及耗时最短，两条高速纵横过境乡镇（街道）12个，仅5个乡镇不通高速，高速路网密度为黔西南之最。

**【望谟两个光伏电站并网发电】** 2020年12月18日、12月22日，望谟县羊石农业光伏电站、望谟县昂武和亭光伏电站分别并网发电成为黔西南州2020年首批并网发电的光伏电站。

（罗明刚）

## 义龙新区

**【概况】** 义龙新区2013年6月2日成立，位于贵州省西南部，地处滇、黔、桂三省（区）结合部，地理坐标为，北纬24°55′37″—25°24′2″，东经104°52′18″—105°23′24″，东与安龙县相连，北与兴仁县接壤，西与兴义市毗邻，南与安龙县万峰湖镇和广西壮族自治区隆林县相接，国土面积1258.5平方千米，管理1个省级高新技术产业开发区（黔西南高新技术产业开发区）、1个省级经济开发区（安龙经济开发区），辖顶效街道、木陇街道、郑屯镇、鲁屯镇、万屯镇、新桥镇、德卧镇、龙广镇、木咱镇、雨樟镇8镇2街道，共99个村（社区、居），其中行政村84个、城镇社区10个、农村社区4个、农村居委会1个，共1234个村民小组。2020年全区户籍人口35.07万人，除汉族外，有布依族、苗族、回族、彝族、白族等19个少数民族。

境内有南昆铁路、汕昆高速、晴兴高速、兴义环城高速、324国道、309省道穿境而过。义龙大道、东峰林大道、查白大道城市主干道，九州大道、樱花大道、新德大道、郑鲁大道、顶郑大道等支道相互交织成网状联通各镇（街道），实现镇镇通高速、镇镇通大道。

境内有国家地质公园喀斯特地貌万峰林景区东峰林，东峰林内景区天印山、间歇泉、太阳泉，贵州龙化石园区等美丽、丰富的自然旅游资源，有鲁屯古镇清代牌坊、龙广卧雪山庄、袁祖铭故居、交乐汉墓群、中国最美休闲乡村楼纳等人文景观。建成东峰林片区全域旅游开发、鲁屯古镇、大明边屯、一线穿六湖、云屯公园、贵州省首座棒垒球生态体育公园等旅游项目。

全区地势东北高、西南低，最高海拔略1800米，位于万屯镇的佐舍村境内，最低海拔453米，位于德卧镇长田村南盘江面，平均海拔1200米，属于典型的中海拔低纬度亚热带季风性湿润气候，常年平均气温16.2℃，平均日照1542小时，无霜期300天左右，平均降雨量1214.15毫米，热量充足、雨量充沛，居于世界公认的黄金气候带。境内河流属珠江流域南盘江水系，共有南盘江、马别河、白水河等37条河流，河流总长度326.29千米。

境内植物资源共有332科930属2131种，其中被子植物131科494属998种，蕨类植物17科45属107种，有国家Ⅰ级保护植物贵州苏铁1种，国家Ⅱ级保护植物香果树、毛红椿、榉树、翅荚木（任豆）、喜树等5种。2020年，林地面积75032.27公顷，森林覆盖率61.4%。

2020年，全区耕地面积78901.28公顷，基本农田保护面积24647公顷。受新冠肺炎疫情影响，全年地区生产总值完成170.17亿元，同比增长5.1%，其中一产生产总值35.39亿元、二产生产总值70.85亿元、三产生产总值63.93亿元。人均GDP达55798元。农林牧渔业总产值65.6亿元，同比增长6.3%。工业总产值121.6亿元，工业增加值30.44亿元，同比增长21.2%。固定资产投资160.1亿元，同比增加-1.4%。社会消费零食总额21.92亿元，同比增长8.7%。

2020年，受新冠肺炎疫情影响，全区财政总收入12.33亿元，同比增长-11.94%。其中地方财政收入9.04亿元，同比增长18.8%。一般公共预算支出28.84亿元，增长1.14%。税收完成8.88亿元，同比增长-27%，城镇、农村常住居民人均可支配收入分别达37697元、13109元，同比分别增长8.7%和10.5%，达到全面小康水平。

**【党建工作】** 2020年，新区党工委召开理论中心组学习会议、政治学习会议共35次，深入学习习近平总书记重要讲话精神，学习中央、省委、州委主要会议精神，不断增强“四个意识”，坚定“四个自信”、做到“两个维护”。全区发展党员167人，全区189名党员领导干部建立162个联系点，选派12个指导组督导35家单位开展“防风险、守底线”工作，年内完成党支部标准化规范化建设达标党支部161个。4个易地扶贫搬迁新市民居住区10个先进党支部与10个新市民社区党组织结对共建，4705名党员干部与11102户新市民结对帮扶实现全覆盖，建立“五员队伍”315人。召开全区国企党建工作推进会，推进党建入章、党组织决策前置机制，重大事项请示报告等制度的落实，选树贵州义龙（集团）投资管理有限公司为先进典型党支部，推动国企党建品牌创建。全区非公企业建党组织80个，党组织覆盖率78.43%；社会组织建党组织14个，党组织覆盖率100%。通过组织“新党员、青年党员、发展对象集中培训班”“脱贫攻坚一线干部培训班”等培训党员3670余人次。采取讲座、访谈、情景等方式开展“党课开讲啦”活动300余次。拍摄《迁徙头雁——记义龙新区麻山社区党总支书记尤崇峰》作为全区党员教育题材，在州电视台播出的《大山里的共产党员》，宣传报道新桥镇新桥村党总支书记张浩东、郑屯镇岩峰村主任蒋贵林、区扶贫办主任、党组书记刘凡勇等先进事迹。选派14名优秀干部组建“同心助攻团”帮扶贞丰、晴隆、望谟县，选派25名第一书记驻村帮扶25个贫困村，对全区4376名脱贫攻坚一线干部进行履职评估，评价“较好”等次的2人已作提拔任用。全年获省、州、区表彰的脱贫攻坚优秀共产党员、第一书记94人，先进党组织20个。

**【干部管理】** 2020年，开展12批（次）125名干部任免职、职级晋升事项，其中提拔干部52名（正科级16名，副科级36名），转任重要领导职务2人，晋升一级主任科员5名。3批调整乡镇（街道）党政正职3人。调整配备干部预审备案方案4次，涉及提拔或交流干部56人。组建5个调研组，对10个镇（街道）、区直“四保两促一兜底一巩固五体系”涉及的行业部门领导班子成员以及其他涉及“两补”工作的干部开展调研。对5名表现差的区管干部，进行提醒谈话，对2名表现不好的干部，由所在单位党委（党组）调查核实后依纪依规处理。开展领导干部脱贫攻坚收官战干部履职跟踪评估工作，对评定为一般等次的2名科级干部进行组织调整，免去其领导职务，对评定为一般的2名结对帮扶干部进行撤换。

**【疫情防控】** 2020年，面对突如其来的新冠肺炎疫情，全区5000余名党员干部严格按照中央、省委、州委的安排部署，全力奔赴新冠肺炎疫情防控一线，广大党员干部和医务工作者不畏艰苦、连续作战，奋力筑起“外防输入、内防扩散”的防控体系，切实保障广大人民群众的生命健康安全，以健全防控指挥体系，保障复工复产复学复市，强化重要站所、重点场所疫情监测，做好重点人员核酸检测应检尽检，加强高中风险地区来区、返区人员管控，做好集中健康医学观察及居家观察医学服务，开展卫生环境整治等举措，扎实开展防控工作。全区共排查63.8万余人次，下发宣传资料17.23万余份，悬挂

2020年2月4日，黔西南州义龙空中救援分队利用空中救援直升机空中广播的形式，向顶效街道、鲁屯镇、万屯镇群众宣传疫情防控知识

（义龙新闻中心　提供）

宣传标语2300余条，张贴宣传海报500余张，设立疫情防控和宣传点500余个，发布信息200万余条（次），发放口罩135.2万余个、防护服1000余套、手套71600余只、脚套4470余双、手术外科帽11100余顶、84消毒液84700余升、75%酒精25800余升、洗手液29400余瓶、手术衣2420余件、护目镜720余个、体温枪1530余把、水银温度计3950余支、病毒采样管4820余支。年内累计核酸筛查6586人次，在“义龙·新桥康居驿站”集中健康医学观察1203人，解除集中隔离医学观察1203人。全区出现确诊病例2例、无症状感染者2例。共派出核酸采样专业技术人员65人次，对全区5家大型冷库、3家大型生活超市、8家农贸市场进行外环境采样，共采集标本281份，核酸检测结果均为阴性。共派出医务人员600人次、公安交警500余人次，以“公安+卫计+教育”的方式，开展春季、秋季错峰复学、开学疫情防控和安全工作，确保全区师生健康安全。

**【脱贫攻坚】** 2020年，新区向上争取资金共2.51亿元，其中：教育扶贫资金1.17亿元，社会兜底资金4976.63万元，医疗卫生资金1232.23万元（其中上级疫情防控资金773.1万元），安全饮水维修养护资金52万元，财政专项扶贫资金4077.47万元，危房改造资金53.4万元，东西部扶贫协作资金3000万元。区级投入脱贫攻坚资金1.47亿元，其中：教育扶贫资金2456.74万元，医疗扶贫医疗卫生保障资金1248.21万元（其中区级疫情防控资金606.52万元），社会兜底扶贫6901.66万元，安全人饮及骨干水源241.64万元，扶贫项目资金3623万元，脱贫攻坚工作经费211万元。共收到上级财政专项扶贫资金4077.47万元，安排项目53个。其中：中央第一批财政专项扶贫资金1791.87万元，安排项目35个；省级财政专项扶贫资金301.28万元，安排项目7个；中央第二批财政专项扶贫资金1543万元，安排项目9个；省级生态护林员工资250万元，安排项目1个；州级农村饮水安全工程30万元，安排项目1个。已报账4077.47万元，报账率100%。

2020年共下达财政扶贫资金7700.47万元，其中：上级财政专项扶贫资金4077.47万元，区级共安排扶贫资金3623万元，实施项目95个。获得宁波海曙区对口帮扶资金2000万元、册望划转东西部扶贫协作资金1000万元、册望划转东西部扶贫资金1000万元、宁波市新增财政500万元，实施项目共11个，项目竣工率和资金报账率均达100%。

产业扶贫。持续推进农业产业结构调整，调减低效作物2.24万亩，完成率100%。按照清单化、规模化全面推进23个坝区建设，全年坝区有效种植面积4.44万亩，完成土地流转3.54万亩，入驻龙头企业32个，合作社47个，完成种植6.4万亩（含复种），带动农民67025人（其中贫困人口3304人）。“一县一业”种草养牛产业，推广种植优质牧草4.52万亩，牛存栏6.44万头，年牛出栏规模达3.2万头，带动农户1346户（其中贫困户538户）增收；发展林下菌药产业5514亩，现有经营主体6家；组建技术指导服务专班，选派农业专家64人，深入村组开展技术服务和培训，开展技术指导114人次，培训农民150余人，建立技术指导群，实现“农户—专家”直接对话；培育州级以上龙头企业41家，组建“村社合一”合作社92个，健全企业、合作社、农户三者的利益联结机制，帮助农民获得订单生产、劳动务工、入股分红等

发展林下药菌，助推脱贫攻坚。图为鲁屯云屯公园林下菌业一角
（义龙新闻中心　提供）

收益。全年完成农产品销售额约2.5亿元，其中持续推动农产品“十进”行动销售额约1.64亿元。

就业扶贫。开展贫困劳动力和易地扶贫搬迁劳动力培训92个班次，培训劳动力4134人次，其中贫困劳动力717人次，易地扶贫搬迁劳动力3166人次。全区贫困劳动力实现就业6288户14037人，易地扶贫搬迁劳动力实现就业10811户26119人，均实现“一户一人以上就业”目标。2020年开发公共服务岗位“十员”、公益性岗位、就业援助补贴岗位共促进就业6449人。其中：建档立卡贫困劳动力2507人，易地扶贫搬迁劳动力1560人。开展东西部劳务协作贫困劳动力培训413人，促进就业396人；培训贫困村致富带头人30人，创业成功21人，促进带动就业354人；在省外其他地区就业贫困劳动力3288人。

金融扶贫。现有扶贫小额信贷余额1069笔，金额5089.83万元，2020年绿色产业扶贫基金项目2个，获批基金5.1亿元，到位基金2.12亿元，投放基金362万元，带动贫困户18户就业。

生态扶贫。累计选聘建档立卡贫困户生态护林员746名，人均年收入1万元；落实退耕还林补助资金1794.76万元、森林生态补偿补助资金895万元、天然商品林停伐管护等补贴补助资金53万元，带动农户34113户（其中建档立卡贫困户5989户）。

兜底保障扶贫。严格落实省州有关社会兜底救助的文件精神，深入开展特殊困难群体兜底排查，确保做到“应保尽保，应救尽救，应兜尽兜”。全区低保对象5578户13040人（城市低保1776户4940人，农村低保3802户8100人），发放资金合计4408.35万元（其中农村低保对象87632人次，发放资金2233.53万元、城市低保对象52842人次，发放资金2174.81万元）。发放易地搬迁对象“农转城”资金2460万元、临时救助、救济难、医疗救助资金188.3万元。发放散居特困供养3876人次，发放供养金315.3万元，护理费148.3万元。发放集中特困供养644人次，发放供养金59.5万元，护理费68.7万元。发放孤儿生活保障金211人次，发放保障金22.2万元。发放事实无人抚养儿童抚养金308人次，发放资金42.2万元。发放城乡低保对象、特困对象，孤儿、事实无人抚养儿童“价格临时补贴”资金共963.2万元。为全区70648户购买农房灾害保险，区级承担保费20.91万元。发放重度残疾人护理补贴21528人次，发放资金146.1万元；投入资金15.6万元完成残疾人家庭创业就业示范户26户。

**【重大风险防范】** 2020年，紧紧围绕社会大局稳定目标，全面做好就业、教育、社会保障、医药卫生、食品安全、安全生产、社会治安、扫黑除恶专项斗争、政府债务风险防范化解等工作。化解省交办个性风险3个稳控2个，化解稳控率100%；化解省交办共性风险6个，稳控10个，化解稳控率100%。区内排查风险化解2个，稳控4个，化解稳控率100%。组织开展反恐演习17次，紧盯民爆等重点危险物品及寄递物流工作安全监管工作不放松，共检查涉爆单位4家，民爆仓库4个，排查爆破作业人员114人，排查安全隐患34余条。审批炸药53.68吨，雷管2.85万枚。检查企业和零售网点61家（次），发现安全隐患24

2020年6月29日，省委统战部副部长、省民宗委党组书记、主任石松江（左三）率全省易地扶贫搬迁社区民族工作现场推进会观摩组到义龙新区木陇街道步马新市民社区观摩
（义龙新闻中心　提供）

起，已督促完成整改。加强企事业单位内部治安保卫工作，检查内保单位94家，下达限期整改通知书38份，处罚15家次。通过项目包装、资产抵押、资源开发等方式，完成债务化解，政府性债务风险可控。

**【生态环境建设】** 对辖区十大行业中的郑屯、万屯、雨樟、龙广和德卧污水处理厂进行提标改造，完成验收并向州生态环境局提交销号申请。对涉及固体废物的79家企业，督促其按照固体废物管理要求规范管理并建立健全处置台账，不定期对贵州宏达环保科技有限公司和黔西南州云洋资源回收有限公司开展现场检查，对涉及废机油企业4S店7家、修理厂164家进行全面排查，对4家重金属防治一类企业，完成消减量758.47千克。排查区内各级各类医疗机构共计229家，其中镇卫生院9家、民营医疗机构9家、社区卫生服务站5个、村卫生室190个、单位医务室1个、个体诊所15家。督促卫生院和医疗机构将医疗废物全部集中收集规范处置。完成栖仑水库、雨樟三角地饮用水源保护区环境整治。完成木陇大蚌、木咱龙滩、雨樟暗塘3个农村千人以上饮用水源划分和规范化建设。完成围山湖水库、栖仑水库、雨樟三角地、雨樟暗塘、木咱龙滩、木陇大蚌6个集中式饮用水源地水质检测，水质均达到Ⅲ类及以上，水质达标率100%。完成水污染防治资金600万元。完成德卧、龙广、郑屯污水处理厂15.48公里管网建设。完成红星、鲁屯污水处理厂建设、新桥污水建设。完成14家重点工业企业的41个物料堆场(库)物料堆场专项排查，完成5个工业企业10个工业物料堆场整治。

**【审计工作】** 2020年，完成竣工结算审计项目74个，审减金额6.3亿元，审减率14.74%。实施审计项目共5个，其中：开展对新区本级财政预算项目执行情况审计项目1个，开展对国家金库顶效开发区支库、安监局、经发局部门预算执行情况审计项目共3个，开展新冠肺炎疫情防控资金和捐赠款物的重大政策措施落实情况跟踪审计1个。

**【工业经济】** 2020年，全区工业入库任务6家，全年完成入库7家，超额完成1家，有规模以上工业企业76家。规模以上工业企业累计完成工业总产值121.6亿元，同比增长3.2%；完成工业增加值30.44亿元，同比增长21.2%。其中制造业增加值完成24.03亿元，增长5.6%；电力燃气及水生产和供应业增加值完成6.4亿元，同比增长195.5%。高技术产业增加值占比11.13%。全区累计完成工业投资(含园区基础设施)83.53亿元，完成全年目标任务的108%。完成技改投资23.8亿元，完成“千企改造”工程投资30.95亿元，完成全年目标任务的103%，成功申报2020年“千企改造”工程省级龙头企业及项目1家，“千企改造”工程省级高成长性企业5家。

**【固定资产投资】** 2020年，固定资产投资161.39亿元，其中建安投资完成151.68亿元，占比93.9%，产业投资完成92.8亿元，占全部固定资产投资比重为57.5%，民间投资完成95.6亿元，占全部固定资产投资比重的59.23%，工业投资完成81.9亿元，占全部固定资产投资比重的50.78%。省、州重大项目年度投资分配任务221.45亿元，完成224亿元，任务完成率达101.1%。年计划开工项目35个，实际开工项目37个，已完成目标任务的105%；年计划完工项目22个，已完工项目44个，超额完成年度目标任务。

**【招商引资】** 2020年，深入贯彻“六稳”方针，以项目“四个一批”即储备一批、签约一批、开工一批、投产一批工作，积极推进招商引资工作，努力优化营商环境，与兴义市共同制定《中共兴义市委　兴义市人民政府中共义龙新区工委　义龙新区管委会关于进一步加强项目建设的意见》《兴义市、义龙新区优化营商环境工作措施》文件。制定《义龙新区2020年优化提升营商环境监督工作方案》《关于推行规范政商交往“负面清单”构建亲清政商关系的实施意见》等文件。新区党政领导带队赴外开展招商引资工作9次，牵头引进项目7个，涉及项目总投资57.5亿元，到位资金16.88亿元；新引进重点产业项目45个，总投资额108.07亿元，新增重点产业累计到位资金87.82亿元，完成全年目标任务的125.45%。促成年产3万吨锆刚玉项目、27万吨棕刚玉生产项目、年产10万吨锌冶炼项目、静脉环保产业园项目、贵州高能资源综合利用产业园项目以及上海约堡重工生产基地易地搬迁项目等一批重点产业开工建设。

【财政收支】 2020年，新区财政总收入完成12.33亿元，减少1.67亿元，同比下降11.94%（其中，上划中央收入完成2.12亿元，减收1.66亿元，下降43.99%；上划省级收入完成-0.13亿元，减收1.03亿元，下降114.3%；上划州级收入完成1.3亿元，减收0.40亿元，下降23.80%）；本级一般公共预算收入完成9.04亿元（其中，税收收入完成2.67亿元，减收0.70亿元，下降20.9%。下降原因主要是受疫情防控及企业留抵退税政策等影响；非税收入完成6.37亿元，增收2.14亿元，增长50.4%；非税收入占比为70.47%），增收1.43亿元，增长18.81%，为全年预算7.76亿元的116%。一般公共预算支出完成28.84亿元，同比增支0.94亿元，增加1.14%。其中：民生类支出18.07亿元，占支出数的62.66%。

【城镇基础设施建设】 2020年，全区城镇基础设施固定资产完成投资15.5亿元，新增城镇道路5.9公里，完成具有吸水、蓄水、渗水、净水生态修复功能的“海绵城市”建设项目2个，在建1个，建成雨水排水网3.5公里，新增城市公共停车位212个，金州大桥项目已于2020年9月28日复工，郑屯、新桥城镇公厕已建设完成。新增城镇燃气管道2公里，在建燃气管道8公里，在建管道燃气项目1个，燃气普及率16.7%。新建万屯镇、木咱镇、雨樟镇瓶装燃气三级配送站，金帝燃气供气管道建设完工96公里，总投资8100万元。

【交通项目建设】 2020年，全区交通固定资产项目10个246.9公里，年度计划投资18.57亿元。实际完成交通固定资产投资18.57亿元，完成率100%。完成顶效北路延伸线至火车站货运场道路改造工程、顶效镇团结村水库移民道路、德卧镇坡告村大中型水库移民道路维修工程、桐子林至厂白通村公路工程、大坪至白水河大中修工程。兴义环城高速公路（义龙段）途径义龙新区19.3公里建设项目已于2020年12月23日组织验收。途经辖区的六枝至安龙高速公路（义龙段）项目建设已于2020年9月启动，计划2024年建成通车。

【旅游工作】 2020年，以项目建设“四个一批”为抓手推进旅游产业发展，实施鲁屯古镇AAA景区升级，申报义龙新区云屯生态体育公园景区为AAAA景区，签约4个项目，开工项目4个，建成项目2个，储备8个项目，储备项目为德卧镇毛杉树村大溶洞旅游开发建设项目、义龙新区房车露营基地建设项目。2020年内全区游客接待量210万人次，实现旅游收入15.2亿元；完成乡村旅游评定民宿5家、农家乐7家，乡村旅游村寨5个，积极将明镜酒店申报五星级酒店。承办第六届黔西南州旅游产业发展大会。推进旅游公厕建设，已完成建设4座并投入使用。

【医疗服务】 2020年，有10家公立医院（8个镇卫生院、2个街道办社区卫生服务中心）、政府建村卫生室88所，共有执业（助理）医师118名、合格乡村医生206名，实现医疗服务机构“三建成”、医疗服务能力“三达标”、医疗卫生人员“三合格”。

便民惠民措施落实，全面落实建档立卡贫困人口县域内住院“先诊疗后付费”“一站式”结报，年内建档立卡贫困人口享受“三重医疗保障”5257人次，住院医疗总费用3747.49万元，统筹报销2568.57万元，大病报销310.38万元，医疗救助286.56万元。落实大病专项救治。全年救治人数507人，2452人次，救治总费用1122.32万元，报销费用1042.98万元，报销比例92.93%。

【安全生产工作】 2020年，全区共发生事故6起，死亡6人（道路交通事故5起，其他事故1起）；同比减少3起、7人；分别下降33.33%、53.85%。共查出隐患1481条。下达执法文书503份；实施行政罚款193.48万元；消防领域查封关闭企业5家，交通安全领域停产停业整顿1家。统筹推进全区安全生产专项整治三年行动，组建综合督导检查组，每周都对辖区各镇（街道）、区直各部门、各企业开展督导检查，全年共出动督导检查组58组次，督导检查单位84家次，查出安全隐患460条。积极开展落实企业主体责任宣传月系列活动和安全生产监管执法月活动，深化16个行业领域安全生产专项整治，强化安全生产责任制落实。

【农业产业结构调整】 2020年，全区共创建坝区23个，实际种植面积4.44万亩，涉及农民67103人，

即将竣工的兴义环城高速义龙段磨盘山互通枢纽 （义龙新闻中心 提供）

其中贫困户3379人。现有龙头企业入驻32家，农民专业合作社47家，坝区年亩产值均达8500元以上，坝区农民人均可支配收入达5000元以上。2020年全区的低效作物调减任务为2.24万亩，调减面积2.24万亩，调减率为100%。产业替代种植面积完成2.24万亩，其中蔬菜种植910亩，食用菌种植100亩，中药材种植1180亩，精品水果种植1990亩，薏仁米种植7710亩，高粱种植2550亩，香料1500亩，饲草种植1410亩，茶叶130亩，其他替代作物4930亩。

**【食药品安全监管】** 2020年，组织开展食品生产企业业务培训2次，培训食品从业人员368人次。组织开展食品及食用农产品批发市场（集中交易市场）专项整治等12个专项整治，累计出动执法人员347人次、执法车辆135台次，检查农村集贸市场、农产品集中交易市场167个次，检查学校食堂及校园周边食品经营单位498户次，检查食品生产企业、高速公路服务区、旅游景区、商场超市等食品生产经营单位6630户次，责令整改99户次，完成整改95户次。实施餐饮服务食品安全量化分级管理，完成餐饮服务量化分级B级单位42户、C级单位1748户。组织开展"元旦春节""五一州庆""国庆中秋"等重点时间段餐饮食品安全集中整治，检查餐饮服务单位1617户次、学校食堂1607户次，下达限期整改通知书5份。全年食用农产品抽样工作470批次。共出动执法人员102人次、检查两品一械生产经营使用单位96次。

**【行政审批工作】** 2020年，办理各类审批事项6192件。新增市场主体859户（不含个体工商户），新增注册资金56.67亿元。工程项目建设类受理办结事项共372件，市场服务类受理办结事项4832件，食品药品类受理办结事项共1282件。贵州政务服务义龙站点已经录入并公布行政许可、行政处罚、行政确认、公共服务等11类事项2223项，镇（街道）各类事项43项（各镇、街道结合实际进行调整），村（社区）各类事项7项（各村、社区结合实际进行调整），开通"云上贵州多彩宝"App、微信"贵人服务"小程序等应用。"零跑腿"全程网办事项数323项，占比52.61%。认领全省通办事项818项，在新区政务大厅设置通办窗口17个，其中：综合通办窗口1个，行业通办窗口16个。借助"全省通办"系统办理全省通办事项902件，区域通办事项47件。办理企业开办集成套餐842户。办理企业简易注销400件。办理全程电子化登记注册业务1040件。859户企业享受免费刻制4枚到印章政策红利。办理工程项目类审批372件。

【税务征收及降费】 2020年全区税收收入完成收入8.88亿元，其中税收收入5.82亿元，一般公共预算收入2.92亿元，社会保险费（含职业年金）2.72亿元，非税收入3480万元，全年累计减免退税3.12亿元。切实让纳税人享受到政策红利，全年累计减免税费2.59亿元。完成企业社保费及灵活就业人员征收划转工作。全年机关事业单位及企业社保费共计入库1941.13万元，城乡居民养老保险入库1257.36万元，全年城乡居民医疗保险参保278656人。

【社会治安综合治理】 2020年，全区共接警8627起，共立刑事案件737起，破案312起，破案率为42.3%；刑事拘留172人，提请批准逮捕154人，逮捕179人。共受理各类经济犯罪案件6起，立案6起，破案6起，抓获犯罪嫌疑人31名，移送起诉经济案件积案2起，回复案件线索7起，移交案件线索7起，抓获在逃人员174名，其中抓获历年命案逃犯1人。共受理行政案件789起，办结624起；行政处罚1130人，共办理涉枪案件23起，其中刑事案件5起；行政案件18起，侦破“7·14”系列盗窃耕牛案、“8·25”顶兴中学保险柜被盗窃案件等重特大案件43起。发生命案1起破1起，侦破历年命案积案1起，抓获历年命案逃犯1人。梳理矛盾纠纷114起，其中婚恋纠纷76起，家庭矛盾纠纷17起，土地纠纷10起，邻里纠纷6起。

【扫黑除恶专项斗争】 2020年，

第六届黔西南州旅游产业发展大会期间，游客身着汉服在鲁屯古镇体验明代边屯古韵
（义龙新闻中心　提供）

公安分局抽调12名精干警力组成“扫黑除恶”专业队，共核查涉黑涉恶线索12条，其中新区扫黑办转办5条，州局扫黑办转办5条，群众来访举报2条，其中10条线索系实名举报，均已回访当事人，线索办结回访率达100%，兑现“9·17”群众举报奖励2万元。侦破典型案件“9·17”涉黑案件、“7·21”涉恶犯罪集团案件。

【新市民工作】 至2020年末，完成“十三五”期间易地扶贫搬迁目标任务，共搬迁安置11105户51710人（区内搬迁327户1429人），完成率为100%。实现搬迁群众就业创业26293人（贫困劳动力就业创业17397人），其中区内就业3618人，区外省内就业11154人，省外就业11521人，就业率97.67%，实现“一户一人”以上就业达100%。不断推进“五个体系”建设，引进9家小微扶贫企业（扶贫车间）入驻，实现安置区扶贫企业（扶贫车间）全覆盖，安置区周边有带贫企业15个，总共可提供就业岗位1440余个。立足辖区食用菌产业基础，按照“一个龙头企业、一个产业园区、一个全产业链、一个兜底保障”“四位一体”产业扶贫模式，统筹整合晴隆、望谟、册亨三个易地扶贫搬迁迁出县资金4600万元和宁波市帮扶资金1300万元，组建贵州裕农菌业有限公司，投入1.8亿元，建成一个菌棒生产线和万屯镇贡新村、龙广镇狮子山村、龙广镇双合村、龙广镇纳桃种植4个种植基地，建成大棚802个，其中666个已分配给农户种植，解决329户就业并实现分红。完成盘活已纳入补助“三块地”面积合计1.03万亩，按每亩7000元补助搬迁群众造林，纳入补助面积合计10335.5亩。完成四个安置区搬迁新市民安置住房不动产登记基础资料收集、用地审批、住房结构平面图测绘、免税和登记办证11105户。按照“来一个接收一个”的要求，共安排5091名学生在新市民学校就读，新市民子女就学率先在全州实现“六个100%”，即100%入学、100%应助尽助、100%因材施教、100%感恩教育、100%家庭教育、100%安全教育。在义龙一中单独为新市民学生开设3个普通高中班。在木陇街道麻山社区、王母社区、步马社区设置“四点半学校”，为新市民学生开展放学后管理和辅导服务。建成新市民幼儿园4所，创建“新市民感恩教育州级示范校”1所。

素质教育硕果丰——全州学生运动会上，义龙学生联合表演舞龙狮（李　跃　摄）

【教育工作】 2020年，实施各级各类教育工程项目14个，建设校园面积65815平方米，运动场40200平方米，完成投资15879万元。其中，新建新桥镇东妹场幼儿园、德卧镇第二幼儿园、基础教育园区幼儿园、顶效镇合心幼儿园4所；改建万屯下坝幼儿园、海丰幼儿园、盘兴幼儿园3所；新建改扩建义务教育及高中阶段学校7所，其中新建基础教育园区初中部、龙广二中运动场；改扩建新桥中学综合楼、木咱坡贡小学学生宿舍、雨樟镇中心小学食堂及学生宿舍、龙广镇第三中学厕所、义龙一中学术报告厅及运动场。

2020年，招聘特岗教师50人，新市民小学公开考调教师18人。选派438人参加国培培训，有200名幼儿教师信息技术2.0线上培训；省级培训25人，州级培训185人，其中6人参加职业教育“双师型”教师语言文字能力提升培训，1人参加“双师型”教师暨校园安全管理干部培训；26人参加高中教师“高中学科教学能手培养对象”培训，3人参加“流利说·乡村教师赋能计划进阶培训”；823人参加省语委办组织的“新生活语您相约”语文教师普通话培训；16名中小学校长到宁波挂职培训。培养州级骨干教师、州级名师、州级名校（园）长72名、区级骨干教师、区级名师、区级名校（园）长63名。

2020年7月7日，义龙新区采取“公安＋卫计＋教育”护卫学生高考，图为考生通过体温检测走进义龙一中考场（郎元厚　摄）

2020年，全区5883人参加高考报名，录取学生4921人，录取率83.65%，600分以上24人；本科录取人数1849人，录取率31.42%。600分人数比2019年增加12人，本科录取比上年增加278人。义龙一中创历史纪录录取北大1人，高考分类招生录取人数逐年增加，2020年分类招生完成率114.45%。中考招生改革顺利推进，2020年全区24所初中学校4861名学生参加中考，成绩稳中有升，中考总平均分417.5分。

2020年，发放幼儿园中央、省级奖补资金120.66万元，惠及幼儿4779人；发放农村义务教育阶段家庭经济困难寄宿生生活费补助资金2836.1万元，覆盖学校98所，资助学生52650人次，其中中学32252人次，小学20398人次；发放普通高中教育精准扶贫资助资金395.68万元，资助学生

4142人；发放普通高中免学杂费补助资金257.22万元，资助学生5395人次；发放普通高中国家助学金470.6万元，资助学生4706人次；发放中职教育精准扶贫资助资金9.5万元，资助学生100人；发放中职免学费补助资金60.8万元，资助学生608人；发放中职学校国家助学金78.3万元，资助学生783人次；发放普通高校教育精准扶贫资助资金144.8万元，资助学生325人；完成大学生生源地助学贷款2909.14万元，涉及学生4237人。

第六届黔西南州旅游产业发展大会期间，游客在新区山地博览园室内观摩“天人合——山水贵客”峰林画卷（义龙新闻中心　提供）

**【贵州省重大工程项目集中开工仪式在义龙新区新桥工业园区举行】** 4月3日，2020年贵州省重大工程项目集中开工仪式在新桥工业园区固鑫年产3万吨锆刚玉、27万吨棕刚玉生产线建设项目现场举行。州委副书记、州长杨永英在黔西南分会场出席开工仪式并宣布黔西南州项目开工。州委常委、义龙新区党工委书记许风伦，州委常委、州政府常务副州长陈健，州人大常委会副主任蒋静，州政府副州长黄华，州政协副主席黄榜泉、陈晴出席，州政府秘书长段棚主持开工仪式。州发改委主任高振敏，义龙新区党工委副书记、管委会副主任潘维维，州政府副秘书长刘刚、王波，义龙新区党工委委员、管委会副主任吕祥参加。此次重大项目集中开工仪式，是州委、州政府深入贯彻落实习近平总书记关于统筹推进疫情防控和经济社会发展工作重要讲话精神，进一步拉动投资增长，优化经济结构，增强发展后劲，提振士气的重要举措，也是实现加速发展、跨越发展的具体行动。项目的开工对促进高质量发展，把时间抢回来，把损失补回来，将推动全州经济转型，决战脱贫攻坚、决胜同步小康发挥一定作用。

2020年9月28日，兴义市、义龙新区2020年“四个一批”项目建设集中开工仪式在黔西南州金州大桥项目现场举行（义龙新闻中心　提供）

**【第六届黔西南州旅游产业发展大会开幕式在义龙新区举行】** 2020年9月28日，由州委、州政府主办，州文化广电旅游局、州体育局，义龙新区党工委、管委会承办，主题为“快乐运动·生态义龙”的第六届黔西南州旅游产业发展大会在义龙新区云屯国际生态体育公园隆重举行。州委书记刘文新宣布第六届黔西南州旅游产业发展大会开幕，州委副书记、州长杨永英作推介。国家体育总局监察局原局长、中国钓鱼运动协会会长施泽华，州人大常委会主任邓家富，州政协主席陈国芳，国家体育总局手曲棒垒球运动管理中心副主任杨旭，省文化和旅游厅党组副书记、副厅长许风伦，省体育局副局长王华平，州委常委、兴义市委书记、义龙新区党工委书记顾先林出席。州政府副州长黄曼主持，州政协副主席廖星参加。顾先林表示，义龙新区将以本届大会的召开为新起点，深入贯彻习近平总书记关于旅游业发展的重要论述和省委省政府、州委州政府的决策部署，聚焦旅游产业扶贫，走出一条生态立区、旅游强区，依生态转型、靠生态富民的绿色高质量发展之路，把义龙打造成为一座具有贵州特色的山地旅游生态智慧城市。

**【兴义市、义龙新区2020年“四个一批”项目建设集中开工仪式举行】** 2020年9月28日，兴义市、义龙新区2020年“四个一批”项目建设集中开工仪式在黔西南州金州大桥项目现场举行，州委副书记、州长杨永英，贵州省公路工程集团有限公司党委书记、董事长廖柳，贵州省公路工程集团有限公司党委副书记、总经理计中彦，州委常委、兴义市委书记、义龙新区党工委书记顾先林，州政府副州长李杰、黄华，州人民政府秘书长段棚，州发展改革委主任高振敏，州交通运输局局长陈林涛，兴义市委副书记、市长、义龙新区党工委副书记、管委会主任田涛，兴义市、义龙新区四大家班子成员出席开工仪式。杨永英宣布开工，田涛主持开工仪式并介绍集中开工项目情况，本次共集中开工项目71个，总投资271.51亿元，涉及工业项目17个，总投资29.4亿元；农业项目7个，总投资25.29亿元；社会事业类项目30个，总投资138.4亿元；基础设施类项目17个，总投资78.42亿元。

**【2020年全国青年女子垒球锦标赛在义龙新区举行】** 2020年10月19日，2020年全国青年女子垒球锦标赛颁奖仪式在义龙新区举行，国家体育总局手曲棒垒球运动管理中心党委书记陈岩，中国垒球协会秘书长张萱，中国垒球协会理事杨刘出席颁奖仪式。2020年全国青年女子垒球锦标赛于10月15日在义龙新区棒垒球体育公园正式开赛，经过四天的激烈角逐，来自国内的北京队、天津队、上海队等8支参赛球队分为A、B两组进行激烈角逐，最终陕西队、上海队、广东队分别获得一、二、三名。义龙新区棒垒球体育公园是贵州省唯一一个以棒垒球为主题的体育公园，全国唯一一个设有集装箱看台的棒垒球场。先后成功举办2018年海峡杯女子垒球赛、2018年全国女子青年垒球锦标赛、2018年全国女子垒球锦标赛、2019年U17女子垒球亚洲杯系列精品赛、2019年全国青年女子垒球锦标赛、2020年全国女子垒球锦标赛、2020年全国女子垒球冠军杯赛、2020年全国青年女子垒球锦标赛等大型赛事。获国家体育总局手曲球棒垒球运动管理中心授牌为“全国软式棒垒球实验基地”，获中国垒球协会授予“全国垒球优秀赛区”荣誉。

**【电影《丛林追捕》开机仪式在雨樟镇金盾影视文化小镇举行】** 2020年11月21日，电影《丛林追捕》开机仪式在义龙新区雨樟镇金盾影视文化小镇举行，州政府副州长黄曼，州政府副州长、公安局局长李淞，州文化广电旅游局局长戴时昌，义龙新区党工委委员、管委会副主任胡庭洪出席开机仪式。电影《丛林追捕》是义龙新区雨樟镇金盾影视文化小镇建成后开机的第一部泛军警题材（动作、罪案）影视作品，片长90分钟，由中国公安部金盾影视文化中心、厦门乐道互娱文化传媒有限公司、北京哪吒印象娱乐传媒有限公司出品，东阳番茄影视

2020年11月21日，电影《丛林追捕》开机仪式在义龙新区雨樟镇金盾影视文化小镇举行，州政府副州长、公安局局长李淞（右一），州政府副州长黄曼（左三）出席开机仪式
（义龙新闻中心　提供）

传媒有限公司、京哪吒印象娱乐传媒有限公司制作，黔西南州兴义市富康梦乐城大酒店、贵州阳光思源饮品有限公司、贵州文松就业有限公司、国潮品牌《联》赞助，拍摄周期约1个月，由著名电影制作人林国华操刀，应昊茗、景岗山、侯勇、张子璇等实力演员倾情主演，影片预计明年与观众见面。

**【贵州省航空紧急医学救援首次培训会在义龙新区举行】** 2020年12月6日，贵州省航空紧急医学救援首次培训会在义龙新区举行。省卫生健康委应急处副处长陈鑫，义龙新区党工委委员、管委会副主任李明刚出席。开训仪式上，陈鑫作培训动员讲话，李明刚代表义龙新区工管委致欢迎辞。培训现场，救援中心培训老师结合一个个生动真实的案例，向参训人员详细讲解传授应急救援的相关知识。此次培训会的对象为省委直属3家综合医疗机构和9家市州人民医院从事航空紧急医学救援工作的医务人员，培训班共分为三期，每期3天，将对参训人员进行理论、实操及飞行的培训，最后经考核合格的，颁发由贵州省卫生健康委和中国航空运输协会通用航空分会联合统一编号认证的航空紧急医学救援培训合格证书。

**【2020年度贵州省山地紧急医学救援暨冬春季疫情防控综合演练在鲁屯举行】** 2020年12月14日，贵州省山地紧急医学救援暨冬春季疫情防控综合演练在义龙新区鲁屯镇举行。国家卫生健康委卫生应急办公室二级巡视员米燕平作点评，省政府副秘书长汤向前宣布演练开始，省卫生健康委主任孙发，省卫生健康委副主任皮宇飞、张玉琼、张巍出席。州政府副州长王丽琼致辞。兴义市委副书记、市长、义龙新区党工委副书记、管委会主任田涛，兴义市委副书记、义龙新区党工委副书记、管委会副主任潘维维出席。此次综合演练以兴义市某地发生1起新冠肺炎密切接触者集中隔离点房屋倒塌事件，造成数十名隔离人员被困为模拟背景，通过信息报告、应急响应、现场处置、核酸检测、终末消杀、新闻发布、总结评估等科目，展现13支国家、省、市三级应急救援队伍，按照预案和机制有序应对、科学处置全过程。

**【2020年贵州省产业大招商重大项目集中开工仪式在义龙新区举行】** 2020年12月26日，2020年贵州省产业大招商重大项目黔西南州分会场集中开工仪式在义龙新区上海约堡重工机械制造基地项目现场举行。州委书记刘文新出席并宣布黔西南州2020产业大招商重大项目集中开工，州委副书记、州长杨永英讲话，州委常委、兴义市委书记、义龙新区党工委书记顾先林，州委常委、州政府常务副州长陈健，州委常委、州委秘书长、州委宣传部部长范华，州政府副州长、州交通局局长黄华，州政协副主席、州能源局局长黄榜泉，州政府秘书长段棚，州委副秘书长张艳军，州政府副秘书长刘刚，州直部门相关负责人，新区领导田涛、潘维维、钟贵华、荀刚、肖华东、吕祥、胡庭洪、方文毅、马艳贵、江旭，各县（市）党委或政府主要负责人，上海龙金实业集团领导、项目业主、施工单位、监理单位有关人员参加开工仪式。此次黔西南州集中开工的项目29个，涵盖工业、农业、城建、康养各个领域，投资总额150多亿元。

**【兴义环城高速义龙段建成进入调试阶段】** 截至2020年12月28日，兴义环城高速公路义龙段全部建成，进入全程通车调试最后阶段。兴义环城高速公路义龙段自2019年1月4号开工建设以来，抢抓时间节点，加紧推进建设进度，工程进展顺利。该公路采取双向四车道高速公路标准建设，义龙段全长15.3公里，其中隧道7座，桥梁5座，总投资18个亿，设计速度100公里每小时。在义龙境内的重要工程有峰林大桥、楼纳隧道，楼纳互通、楼纳服务区、万屯镇磨盘山枢纽互通等。建成通车后，可大大缓解兴义中心城区和峡谷两岸的交通压力，并有效地把义龙新区的东峰林、间歇泉、楼纳田园综合体、鲁屯古镇、云屯公园等和兴义市的马岭河峡谷、天下山水、万峰湖等景区景点贯穿在一起，助力全州旅游业和经济社会快速发展。

（郎元厚）

# 附 录

## 州委2020年重要目录

【州党发〔2020〕1号】 2020年3月12日，州委、州政府印发《关于抓好“三农”领域重点工作确保如期实现全面小康的实施意见》。

【州党发〔2020〕3号】 2020年2月28日，州委、州政府印发《关于认真学习贯彻习近平总书记在统筹推进新冠肺炎疫情防控和经济社会发展工作部署会议上重要讲话精神的实施意见》。

【州党发〔2020〕7号】 2020年3月30日，州委印发《黔西南州贯彻落实〈中国共产党农村工作条例〉实施细则》。

【州党发〔2020〕14号】 2020年11月2日，州委印发《关于认真学习宣传贯彻落实党的十九届五中全会精神的通知》。

【州党发〔2020〕15号】 2020年11月5日，州委、州政府印发《关于支持公职人员到民办机构领办或参与文化艺术工作的意见》。

【州党发〔2020〕17号】 2020年12月24日，州委、州政府印发《黔西南州积极融入新时代推进西部大开发形成新格局工作措施》。

【州党发〔2020〕18号】 2020年12月24日，州委、州政府印发《黔西南州进一步深化改革扩大开放推动内陆开放型经济试验区建设工作措施》。

【州党发〔2020〕19号】 2020年12月24日，州委、州政府印发《黔西南州进一步促进区域协调发展工作措施》。

【州党发〔2020〕21号】 2020年12月29日，州委印发《关于实施文旅兴州战略的决定》。

【州党发〔2020〕22号】 2020年12月30日，州委印发《关于制定黔西南州国民经济和社会发展第十四个五年规划和二〇三五年远景目标的建议》。

【州党办发〔2020〕2号】 2020

年1月19日，州委印发《关于进一步加强党委联系服务专家工作的实施方案》。

**【州党办发〔2020〕3号】** 2020年1月20日，州委、州政府印发《黔西南州州管专家选拔和管理办法（试行）》。

**【州党办发〔2020〕4号】** 2020年1月20日，州委、州政府印发《黔西南州筑梦青年人才培养计划（试行）》。

**【州党办发〔2020〕6号】** 2020年2月14日，州委、州政府印发《黔西南州举办论坛、讲坛、讲座、年会、报告会、研讨会等活动的管理规定（修订）》。

**【州党办发〔2020〕9号】** 2020年4月21日，州委、州政府印发《黔西南州落实扩大高校、科研院所等科研事业单位科研活动自主权的实施办法》。

**【州党办发〔2020〕10号】** 2020年4月22日，州委、州政府印发《关于加强和改进生活无着的流浪乞讨人员救助管理工作实施方案》。

**【州党办发〔2020〕16号】** 2020年8月26日，州委、州政府印发《黔西南州厉行节约坚决制止餐饮浪费行为十八条措施》。

**【州党办发〔2020〕21号】** 2020年11月20日，州委印发《适应新时代要求大力发现培养选拔优秀年轻干部十五条措施》。

**【州党办发〔2020〕22号】** 2020年11月26日，州委印发《黔西南州党委（党组）意识形态工作责任制实施细则》。

**【州党办发〔2020〕23号】** 2020年12月18日，州委、州政府印发《黔西南州州管企业领导人员管理办法》。

# 州政府2020年重要文件目录

**【黔西南府发〔2020〕3号】** 2020年5月24日，州人民政府关于印发《黔西南州政务服务“全省通办、一次办成”改革工作推进方案》《黔西南州政务大厅“一窗通办”改革实施方案》。

**【黔西南府发〔2020〕4号】** 2020年6月17日，州人民政府关于印发《黔西南州2020年法治政府建设工作要点的通知》。

**【黔西南府发〔2020〕6号】** 2020年7月5日，州人民政府关于印发《黔西南州改革国有企业工资决定机制实施办法（试行）》。

**【州府办发〔2020〕1号】** 2020年1月20日，州人民政府办公室印发《黔西南州优化营商环境政策措施的通知》。

**【州府办发〔2020〕3号】** 2020年1月23日，州人民政府办公室关于成立黔西南州第七次全国人口普查领导小组的通知。

**【州府办发〔2020〕4号】** 2020年2月27日，州人民政府印发《黔西南州企业上市培育奖励工作管理办法（试行）》。

**【州府办发〔2020〕6号】** 2020年4月28日，州人民政府办公室印发《黔西南州促进服务业恢复性增长工作措施》。

**【州府办发〔2020〕12号】** 2020年6月30日，州人民政府办公室印发《黔西南州关于贯彻落实国家基本药物制度的实施意见》。

**【州府办发〔2020〕14号】** 2020年6月30日，州人民政府办公室关于大力发展地摊经济夜间经济推动商贸业发展的通知。

**【州府办发〔2020〕13号】** 2020年6月30日，州人民政府办公室印发《黔西南州殡葬管理条例实施细则》。

**【州府办发〔2020〕17号】** 2020年8月12日，州人民政府办公室关于印发加大金融政策支持力度促进创业就业稳岗工作措施。

**【州府办发〔2020〕22号】** 2020年10月12日，州人民政府办公室印发《关于促进3岁以下婴幼儿照护服务发展的实施方案》。

**【州府办发〔2020〕23号】** 2020年10月20日，州人民政府办公室印发《黔西南州居家和社区养老服务改革试点实施方案》。

**【州府办发〔2020〕26号】** 2020年11月5日，州人民政府办公室印发《黔西南州重大行政决策程序规定》。

**【州府办发〔2020〕27号】** 2020年11月5日，州人民政府办公室印发《黔西南州长期护理保险制度试点实施方案》。

**【州府办发〔2020〕29号】** 2020年11月11日，州人民政府办公室印发《黔西南州消防安全责任制实施办法》。

**【州府办发〔2020〕31号】** 2020年12月8日，州人民政府办公室印发《黔西南州贯彻落实贵州省提升城镇品质做强城镇经济推进新型城镇化若干措施的实施方案》。

**【州府办发〔2020〕33号】** 2020年12月8日，州人民政府办公室印发《黔西南州招标（采购）中介服务网上超市管理暂行办法》。

**【州府办发〔2020〕34号】** 2020年12月15日，州人民政府办公室印发《黔西南州贯彻落实政务服务“跨省通办”工作措施的通知》。

**【州府办发〔2020〕37号】** 2020年12月25日，州人民政府办公室印发《黔西南州市场主体住所（经营场所）注册登记管理实施细则》。

**【州府办发〔2020〕38号】** 2020年12月29日，州人民政府办公室印发《关于修订〈黔西南州殡葬管理条例实施细则〉的通知》。

（刁　程）

2020年，黔西南州消防救援支队联合兴义万峰林机场等部门开展航空器突发事件应急救援综合演练　（冉　杰　摄）

# 黔西南布依族苗族自治州民族医药保护与发展条例

（2020年1月22日黔西南布依族苗族自治州第八届人民代表大会第五次会议通过　2020年9月25日贵州省第十三届人民代表大会常务委员会第十九次会议批准）

## 第一章　总　则

**第一条**　为了保护和发展民族医药，充分发挥民族医药资源优势，促进民族医药事业发展，根据《中华人民共和国中医药法》《中华人民共和国药品管理法》《中华人民共和国执业医师法》等有关法律法规的规定，结合自治州实际，制定本条例。

**第二条**　在自治州行政区域内从事民族医药活动的单位和个人，应当遵守本条例。

**第三条**　本条例所称的民族医药是指在长期的医疗实践中形成和发展起来的，反映自治州各民族对生命、健康、疾病和自然的认识，具有悠久历史传统和独特理论及技术方法的医药体系。主要包括：

（一）医药、医疗理论知识；

（二）医疗技能、技法、器材以及用具；

（三）单方、验方、秘方、典籍；

（四）药材的炮制以及药物制剂制作技术；

（五）药材及其栽培、养殖技术等。

本条例所称的民族医医疗机构，是指依法取得医疗机构执业许可证，并且从事民族医医疗服务的医院、卫生院、疗养院、门诊部、诊所、卫生所（室）等。

**第四条**　发展民族医药应当遵循继承与创新、保护与发展相结合的原则，充分发挥民族医药资源优势，运用现代科学技术，促进民族医药理论和实践的发展。

**第五条**　县级以上人民政府应当将民族医药发展纳入本级国民经济和社会发展规划，所需经费列入本级财政预算，合理加大民族医药事业发展经费的投入。

**第六条**　县级以上人民政府中医药行政主管部门负责本区域的民族医药管理工作，其他有关部门在各自职责范围内负责与民族医药管理有关的工作。

**第七条**　县级以上人民政府可以成立民族医药研究保护机构，从事民族医药的收集、发掘、整理和研究。

鼓励拥有民族医药经卷、文献、手稿、手抄本、单方、偏方、秘方、验方等的单位和个人，将资料及实物捐赠给中医药主管部门、研究保护机构或医疗机构。

县级以上人民政府对在民族医药保护、传承、传播工作中作出显著贡献，捐献民族医药珍贵文献、特效治疗方法的单位或者个人，按照有关规定给予奖励。

## 第二章　保护与发展

**第八条**　县级以上人民政府应当支持民族医医院建设和民族医药企业发展，鼓励社会力量参与建设，鼓励医疗机构设置民族医医疗专科，鼓励社区、乡镇以及村级医疗服务机构提供民族医医药服务，鼓励金融机构对民族医药企业给予扶持。

**第九条**　县级以上人民政府应当加强本辖区内的民族医药传统资源的分级分类管理，对从事民族医药人员进行普查、登记、管理，制定民族药物品种保护规划。

**第十条**　自治州医疗保障行政主管部门应当及时将符合条件的民族医医疗机构纳入基本医疗保险定点医疗机构范围、省内及跨省异地就医直接结算定点医疗机构范围。

**第十一条**　自治州人民政府中医药行政主管部门应当根据需要组建民族医药专家委员会，负责拟定民族药材种植养殖技术规范、民族医医疗技术规范；开展民族药认定；审定民族药标识、标志、目录；进行民族药传承人、民族医药科研成果评审等工作。

**第十二条** 县级以上人民政府应当加强民族药材资源保护，科学划定保护管理范围并向社会公告。加强对乱采、滥挖、滥猎等违法行为的查处，保护和合理开发利用民族医药的野生药材资源。

**第十三条** 县级以上人民政府应当加强对民族药材种植养殖技术的推广、培训。扶持民族药材生产基地建设，加强民族药材资源合理开发和利用。

民族医医疗机构以及取得乡村医生执业证书者，按照国家有关规定可以自种、自采、自购及炮制民族药并在其相应医疗活动中使用。

**第十四条** 采集、贮存民族药材以及对民族药材进行加工，应当符合国家有关技术规范、标准和管理规定。

保护民族药饮片的传统炮制技术和工艺，鼓励运用现代科学技术开展民族药饮片的炮制技术研究。

**第十五条** 县级以上人民政府应当加强对民族药材流通全过程的质量监督管理，确保民族药材质量安全。支持发展民族药材现代流通体系，建立健全民族药材流通追溯体系。

**第十六条** 县级以上人民政府应当采取措施培育民族药研发、生产、销售企业，推动民族药制药企业发展。

**第十七条** 鼓励和支持医疗机构和研发机构以民族医药理论为基础，研发民族药新制剂。

医疗机构仅应用传统工艺配制民族药制剂品种，按照国家有关规定向省人民政府药品监督主管部门备案后即可配制。县级以上人民政府药品监督主管部门应当加强对备案的民族药制剂品种配制、使用的监督管理。

**第十八条** 县级以上人民政府应当将民族医药常识纳入健康教育和科普教育工作范围。

**第十九条** 县级以上人民政府应当加强对民族医药传承与创新管理，指导和帮助民族医药权利人、行业协会等申请专利，申报地理标志及非物质文化遗产等。依法保护民族医药的商业秘密、传统知识、独特技术和权利人的秘方、验方以及未公开的科研成果。

民族医药知识产权及其秘方、验方、专有技术和科研成果等，可以依法转让，也可以作为智力要素作价出资，参与开发和分配。

## 第三章 执业与管理

**第二十条** 开办民族医医疗机构，应当依法办理相关手续，获得医疗机构执业许可证等相关证照后，在备案范围内开展相应的诊疗活动。

民族医医疗机构合并、撤销以及改变其性质的，应当按照国家有关医疗机构管理规定办理。

**第二十一条** 自治州人民政府中医药行政主管部门应当会同人事部门，根据本行政区域民族医药事业发展的需要，组织未取得从业资格的民族医药师承人员或者确有专长的民族医药人员，进行以临床效果、工作实践和医疗安全为主的专门培训，经考试合格后，颁发乡村医生执业证书，允许其在乡村卫生医疗机构从事医疗活动。

**第二十二条** 县级人民政府中医药行政主管部门应当组织辖区内具有乡村医生执业证书者进行培训，由至少两名中医医师推荐，经中医医术确有专长人员医师资格考核合格后，取得《中医（专长）医师资格证书》，按照考核内容进行执业注册后，可在注册的执业范围内，以个人开业的方式或者在医疗机构内从事民族医医疗活动。

**第二十三条** 民族医药医疗事故的鉴定，鉴定人员应当有中医药和民族医药专家。

**第二十四条** 县级以上人民政府鼓励和支持高等中医院校毕业生从事民族医药工作；鼓励具有丰富临床经验的执业中医师、民族医药人员到农村开展医疗、预防、保健服务；鼓励州内各级医院以及综合医疗机构聘用取得执业资格的民族医药传承人从事临床、科研以及教学活动。

**第二十五条** 县级以上人民政府应当加强对民族医药市场的监督和检查，规范民族医药市场秩序。

**第二十六条** 医疗机构提供的民族药物和诊疗技术服务，应当体现民族医药服务的价值。

## 第四章 人才培养与科学研究

**第二十七条** 县级以上人民政府应当建立和完善民族医药从

业人员培训制度，鼓励大中专院校建立民族医药教育培训基地，加强民族医药医疗技术人才培养。

**第二十八条**　县级以上人民政府应当建立民族医药非物质文化遗产传承机制，鼓励和资助民族医药非物质文化遗产项目代表性传承人开展传承工作。

自治州人民政府中医药行政主管部门应当制定民族医药传承人和传习人标准，建立和完善民族医药师承教育制度，尊重和保护民族医药专家，鼓励和支持有丰富临床经验和技术专长的民族医药专家开展师承教育从业人员带徒授业、学术交流等活动，培养民族医药传习人。应当定期组织开展民族医药从业人员继续教育培训工作。

**第二十九条**　县级以上人民政府应当组织民族医药研究保护机构重点开展以下研究：

（一）医药理论、操作技术、诊疗项目；

（二）药材标准、操作技术标准、作用物质基础、作用机理等；

（三）民族医药治疗优势的病种；

（四）与现代医学结合治疗的优势病种；

（五）重大疾病、疑难疾病防治应用；

（六）在养生保健、治未病和大健康产业发展等方面的特色作用；

（七）其他经中医药主管部门认可的项目。

## 第五章　法律责任

**第三十条**　违反本条例第十二条规定，乱采、滥挖、滥猎野生民族药材资源的，由县级以上人民政府中医药行政主管部门会同同级有关部门责令停止违法行为，没收其非法采猎的民族药材及使用工具，并处以500元以上2000元以下罚款。

**第三十一条**　违反本条例第十七条第二款规定，医疗机构应用传统工艺配制民族药制剂未按照规定备案，或者未按照备案材料载明的要求配制民族药制剂的，由县级以上人民政府药品监督管理行政主管部门按照生产假药给予处罚。

2020年12月15日，黔西南州人民政府举行苗药新闻发布会

**第三十二条**　违反本条例第二十条规定，擅自开办民族医医疗机构，由县级以上人民政府中医药行政主管部门予以查处，没收其药品、器械及违法所得，并处以10万元以下的罚款；给患者造成损害的，依法承担赔偿责任。

民族医医疗机构超出备案范围开展医疗活动的，由所在地县级以上人民政府中医药行政主管部门责令改正，没收其违法所得，并处以1万元以上3万元以下罚款；情节严重的，责令停止医疗服务活动。

**第三十三条**　违反本条例第二十一条规定，未取得乡村医生执业证书开展医疗活动，尚不构成犯罪的，由县级以上人民政府中医药行政主管部门没收其药品、器械及其违法所得，并处以10万元以下罚款。

**第三十四条**　违反本条例第二十二条规定，经考核合格取得《中医（专长）医师资格证书》者超出注册的执业服务范围从事医疗活动的，由县级以上人民政府中医药行政主管部门责令暂停六个月以上一年以下民族医疗服务活动，并处以1万元以上3万元以下罚款；情节严重的，吊销其执业证书。

**第三十五条**　违反本条例规定的其他行为，法律、法规有处罚规定的，从其规定。

## 第六章　附　则

**第三十六条**　自治州人民政府应当依据本条例制定实施办法。

**第三十七条**　本条例自2021年1月1日起施行。

# 黔西南州2020年国民经济和社会发展统计公报

黔西南州统计局　国家统计局黔西南调查队

2020年是黔西南州发展历史中极不平凡的一年。面对严峻复杂的国内外形势特别是新冠肺炎疫情的严重冲击，在以习近平总书记为核心的党中央坚强领导下，全州上下坚持以习近平新时代中国特色社会主义思想为指导，坚决贯彻落实党中央、国务院、省委、省政府和州委、州政府决策部署，坚持稳中求进的工作总基调，科学统筹疫情防控、脱贫攻坚和经济社会发展，扎实做好"六稳"工作、落实"六保"任务，全州经济呈现强劲复苏势头，脱贫攻坚战取得全面胜利，"十三五"规划实现圆满收官。

## 一、综合

初步核算，全年全州地区生产总值1353.40亿元，比上年增长4.7%。其中，第一产业增加值249.35亿元，增长6.5%；第二产业增加值462.99亿元，增长5.3%；第三产业增加值641.06亿元，增长3.5%。第一产业增加值占地区生产总值的比重为18.4%，比上年提高0.6个百分点；第二产业增加值占地区生产总值的比重为34.2%，比上年下降0.7个百分点；第三产业增加值占地区生产总值的比重为47.4%，比上年提高0.1个百分点。

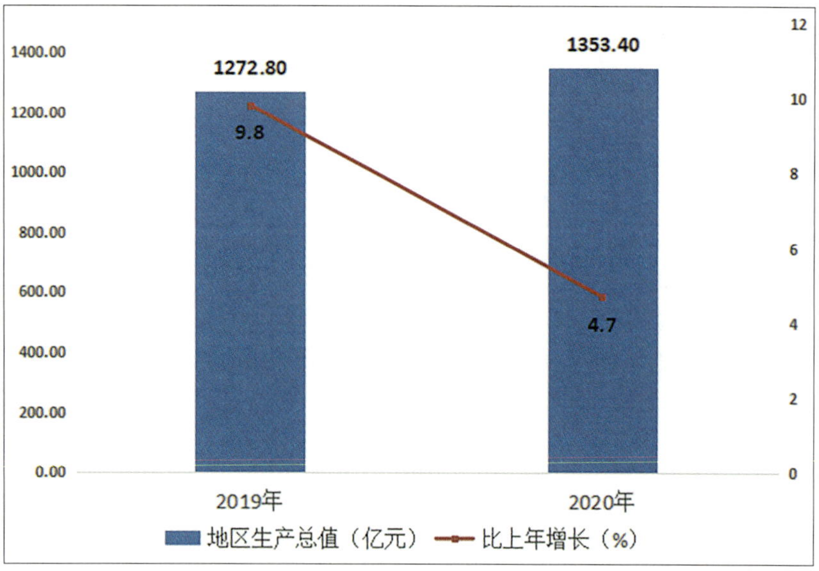


图1　地区生产总值及其增长速度

全年全州城镇新增就业4.26万人，比上年增长15.1%。其中，失业人员再就业6643人。年末城镇登记失业率3.6%。

## 二、脱贫攻坚

全年全州减少农村贫困人口3.59万人，晴隆县、望谟县2个剩余深度贫困县摘帽，48个剩余贫困村出列。2020年底，全州现行标准下农村贫困人口全部脱贫，7个贫困县全部摘帽，629个贫困村全部出列，脱贫攻坚战取得全面胜利。

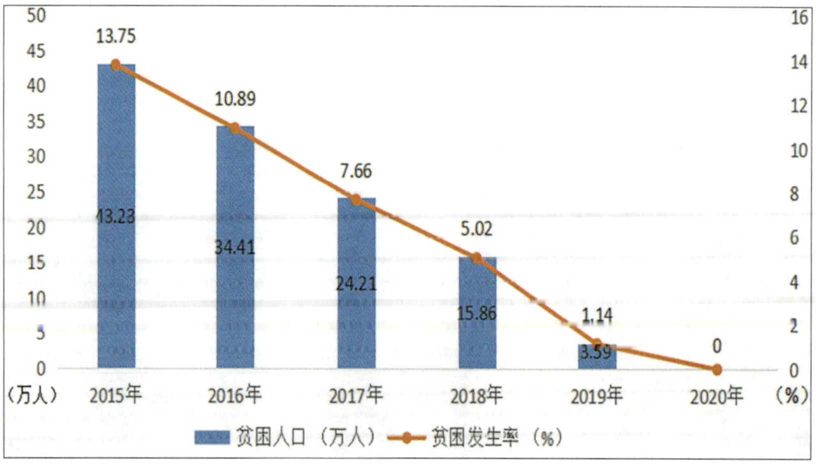


图2　农村建档立卡贫困人口及贫困发生率

## 三、农业

全年全州农林牧渔业总产值完成417.75亿元，比上年增长6.6%。其中，种植业产值248.69亿元，增长7.3%；林业产值32.53亿元，增长7.4%；畜牧业产值112.19亿元，增长4.0%；渔业产值4.24亿元，增长23.5%。

全年全州粮食种植面积299.95万亩，比上年增长1.3%；粮食总产量81.65万吨，增长0.2%。蔬菜种植面积159.53万亩，增长6.5%；产量229.12万吨，增长7.7%。食用菌产量10.80万吨，增长45.8%。中药材产量12.76万吨，增长35.9%。茶叶产量1.03万吨，增长9.0%。年末果园面积87.13万亩，比上年末增长10.8%；全年园林水果产量35.98万吨，比上年增长7.2%。

年末全州猪存栏106.99万头，比上年末增长13.8%；牛存栏52.16万头，增长2.1%；羊存栏44.81万只，下降3.7%；家禽存栏965.52万羽，增长3.7%。全年全州猪出栏142.55万头，比上年增长2.8%；牛出栏20.17万头，增长10.8%；羊出栏39.10万只，增长6.1%；家禽出栏1314.40万羽，增长2.1%。猪牛羊禽肉产量17.99万吨，比上年增长2.0%；禽蛋产量3.36万吨，增长9.8%。

全年全州水产品产量1.34万吨，比上年增长2.8%。其中，养殖水产品产量1.31万吨，增长3.1%。

## 四、工业和建筑业

全年全州规模以上工业增加值比上年增长5.7%。分经济类型看，国有企业增加值增长14.5%，股份制企业增加值增长6.0%，外

**表1　2020年农林牧渔业总产值及其增长速度**

| 指标名称 | 绝对数（亿元） | 比上年增长（%） |
|---|---|---|
| 农林牧渔业总产值 | 417.75 | 6.6 |
| 种植业 | 248.69 | 7.3 |
| 林业 | 32.53 | 7.4 |
| 畜牧业 | 112.19 | 4.0 |
| 渔业 | 4.24 | 23.5 |
| 农林牧渔专业及辅助性活动 | 20.10 | 6.1 |

**表2　2020年主要农产品产量及其增长速度**

| 指标名称 | 绝对数（万吨） | 比上年增长（%） |
|---|---|---|
| 粮食产量 | 81.65 | 0.2 |
| 蔬菜 | 229.12 | 7.7 |
| 食用菌 | 10.80 | 45.8 |
| 中药材 | 12.76 | 35.9 |
| 园林水果 | 35.98 | 7.2 |
| 茶叶 | 1.03 | 9.0 |

**表3　2020年规模以上工业主要行业增加值增长速度**

| 指标名称 | 比上年增长（%） |
|---|---|
| 规模以上工业增加值 | 5.7 |
| 煤炭开采和洗选业 | 1.9 |
| 食品制造业 | −61.2 |
| 酒、饮料和精制茶制造业 | −4.0 |
| 化学原料和化学制品制造业 | −4.4 |
| 医药制造业 | 1.3 |
| 非金属矿物制品业 | −3.5 |
| 黑色金属冶炼和压延加工业 | 18.7 |
| 有色金属冶炼和压延加工业 | 13.5 |
| 金属制品业 | 60.8 |
| 通用设备制造业 | 4.7 |
| 电气机械和器材制造业 | −30.4 |
| 计算机、通信和其他电子设备制造业 | −40.4 |
| 电力、热力生产和供应业 | 7.1 |

商及港澳台商投资企业增加值增长1.5%，其他经济类型企业增加值下降10.9%。分门类看，采矿业增加值增长2.1%，制造业增加值增长7.0%，电力、热力、燃气及水生产和供应业增加值增长7.0%。

全年规模以上工业中，金属制品业工业增加值比上年增长60.8%，电气机械和器材制造业下降30.4%，有色金属冶炼和压延加工业增长13.5%，黑色金属冶炼和压延加工业增长18.7%，煤炭开采和洗选业比上年增长1.9%，电力、热力生产和供应业增长7.1%。

全年全州规模以上工业营业收入575.82亿元，比上年增长3.9%。年末规模以上工业企业资产负债率为78.0%，比上年末增长6.5个百分点。

**表4 2020年规模以上工业主要产品产量增长速度**

| 指标名称 | 比上年增长（%） |
|---|---|
| 发电量 | 9.9 |
| 薏仁米 | -45.0 |
| 成品糖 | -12.9 |
| 饮料酒 | 22.0 |
| 精制茶 | -22.7 |
| 布 | -0.6 |
| 合成氨 | -74.7 |
| 中成药 | -28.3 |
| 水泥 | 1.4 |
| 天然大理石建筑板材 | -29.3 |
| 平板玻璃 | -36.8 |
| 钢材 | 1.9 |
| 铁合金 | 42.1 |
| 原铝（电解铝） | 56.0 |
| 黄金 | 2.7 |
| 自来水生产量 | 37.9 |

年末全州具有资质等级的总承包和专业承包建筑业企业172个，比上年末增加35个。其中，一级资质建筑业企业4个，增加1个；二级资质企业62个，增加6个；三级资质企业106个，增加28个。全年全州建筑业增加值125.48亿元，比上年增长9.6%。

## 五、固定资产投资

全年全州固定资产投资（不含农户）比上年增长7.5%。其中，第一产业投资增长47.8%，第二产业投资增长5.2%，第三产业投资增长3.2%。工业投资增长5.2%。

全年全州房地产开发投资比上年增长28.5%，其中，住宅投资增长17.8%。商品房销售面积498.39万平方米，比上年增长16.1%；商品房销售额219.78亿元，增长14.3%。

**表5 2020年分行业固定资产投资（不含农户）增长速度**

| 指标名称 | 比上年增长（%） |
|---|---|
| 固定资产投资（不含农户） | 7.5 |
| 农、林、牧、渔业 | 47.8 |
| 采矿业 | 21.0 |
| 煤炭开采和洗选业 | 8.1 |
| 制造业 | -22.7 |
| 酒、饮料和精制茶制造业 | -26.9 |
| 化学原料和化学制品制造业 | -41.2 |
| 医药制造业 | -96.9 |
| 黑色金属冶炼和压延加工业 | -83.9 |
| 有色金属冶炼和压延加工业 | 41.9 |
| 电力、热力、燃气及水生产和供应业 | 60.1 |
| 交通运输、仓储和邮政业 | -3.4 |
| 水利、环境和公共设施管理业 | -9.3 |
| 教育 | 54.9 |
| 卫生和社会工作 | 58.9 |
| 文化、体育和娱乐业 | -10.8 |
| 租赁和商务服务业 | 15.2 |
| 科学研究和技术服务业 | -7.6 |

## 六、市场、消费和物价

年末全州市场主体总数达24.12万户，比上年末增长9.6%；市场主体注册资本4075.65亿元，增长16.7%。全年全州新登记市场主体6.12万户。

全年全州社会消费品零售总额比上年增长5.4%。按经营地统计，城镇消费品零售额增长5.3%，乡村消费品零售额增长5.8%。按消费类型统计，商品零售额增长5.3%，餐饮收入额增长5.6%。

全年全州限额以上法人企业（单位）商品零售额比上年增长14.1%。其中，粮油、食品类零售额增长86.0%；服装、鞋帽、针纺织品类增长22.6%；金银珠宝类增长351.2%；体育、娱乐品类增长24.9%；中西药品类增长9.0%；石油及制品类增长14.6%；建筑及装潢材料类增长4.5%；汽车类增长14.2%。限额以上法人企业（单位）通过公共网络实现的商品销售额比上年增长257.8%。

全年全州居民消费价格比上年上涨2.7%，八大类消费价格指数中，食品烟酒类价格上涨9.7%，衣着类价格下降0.9%，居住类价格下降0.8%，生活用品及服务类持平，交通和通信类下降4.2%，教育文化和娱乐类上涨0.3%，医疗保健类上涨2.4%，其他用品和服务类上涨3.7%。

### 七、对外经济

全年全州进出口总额3.11亿元，比上年下降2.4%。其中，进口总额0.42亿元，下降46.6%；出口总额2.69亿元，增长12.1%。实际利用外资金额72万美元。

### 八、旅游和文化

全年全州旅游总人数比上年下降30.0%，旅游总收入下降30.7%。

年末全州AAAA级旅游景区10个，全国重点文物保护单位9处16个点，省级重点文物保护单位37处，省级以上乡村旅游重点村17个，乡村旅游扶贫重点村115个。年末全州客房数4.77万间，客房床位数7.34万张。

年末全州拥有艺术表演团体22个，艺术表演场馆6个，博物馆11个，公共图书馆9个，文化

**表6　2020年全州限额以上法人企业（单位）商品零售额增长速度**

| 指标名称 | 比上年增长（%） |
|---|---|
| 限额以上法人企业（单位）商品零售额 | 14.1 |
| # 粮油、食品类 | 86.0 |
| 烟酒类 | 7.6 |
| 服装、鞋帽、针纺织品类 | 22.6 |
| 化妆品类 | 18.4 |
| 金银珠宝类 | 351.2 |
| 日用品类 | 23.4 |
| 体育、娱乐品类 | 24.9 |
| 书报杂志类 | 11.0 |
| 家用电器和音像器材类 | −22.0 |
| 中西药品类 | 9.0 |
| 文化办公用品类 | −11.2 |
| 家具类 | −7.8 |
| 通信器材类 | 42.2 |
| 石油及制品类 | 14.6 |
| 建筑及装潢材料类 | 4.5 |
| 汽车类 | 14.2 |

**表7　2020年居民消费价格比上年涨跌幅度**

| 指标名称 | 比上年增长（%） |
|---|---|
| 居民消费价格 | 2.7 |
| # 食品烟酒 | 9.7 |
| 衣着 | −0.9 |
| 居住 | −0.8 |
| 生活用品及服务 | 0.0 |
| 交通和通信 | −4.2 |
| 教育文化和娱乐 | 0.3 |
| 医疗保健 | 2.4 |
| 其他用品和服务 | 3.7 |

**表8　2020年进出口总额及其增长速度**

| 指标名称 | 绝对数（亿元） | 比上年增长（%） |
|---|---|---|
| 进出口总额 | 3.11 | −2.4 |
| 进口总额 | 0.42 | −46.6 |
| 出口总额 | 2.69 | 12.1 |

馆9个，乡镇综合文化站126个，电视综合人口覆盖率为97.6%，广播综合人口覆盖率为97.3%，分别比上年提高0.2和0.2个百分点。

## 九、交通运输和邮电通信

年末全州公路通车里程23019.06公里，比上年末增长28.8%，其中，高速公路通车里程616.05公里，增长11.3%；内河航道里程1017.34公里，其中，四级航道361.79公里、五级航道409.72公里、六级航道117.22公里、七级航道65.6公里、等外级航道63公里。

全年全州民航货邮吞吐量782.89吨，比上年下降42.6%；民航旅客吞吐量104.26万人次，比上年下降24.7%。

全年全州邮政行业业务总量4.09亿元，比上年增长14.6%。快递业务收入1.83亿元，比上年增长22.0%；快递业务量892.91万件，增长23.4%。

全年全州电信业务总量398.77亿元，比上年增长36.0%。年末移动电话用户357.78万户，比上年末增长1.5%；长途光缆线路长度8.2万公里，增长21.5%。电话普及率（包括移动电话）提高到127.86部/百人。新增30户以上自然村4G网络52个，实现行政村和30户以上自然村4G网络全覆盖；5G基站建设完成1088个，完成5G商用试点示范应用，实现市县区核心区域覆盖5G网络。

## 十、财政和金融

全年全州财政总收入173.25亿元，比上年下降1.4%。其中，税收收入45.49亿元，下降32.0%。一般公共预算收入113.13亿元，增长3.1%。

### 表9　2020年财政收入主要指标及其增长速度

| 指标名称 | 绝对数（亿元） | 比上年增长（%） |
|---|---|---|
| 财政总收入 | 173.25 | -1.4 |
| 公共财政预算收入 | 113.13 | 3.1 |
| #税收收入 | 45.49 | -32.0 |
| 增值税 | 14.59 | -19.9 |
| 企业所得税 | 5.36 | -6.1 |
| 个人所得税 | 1.68 | 1.7 |
| 城市维护建设税 | 3.17 | -9.9 |
| 耕地占用税 | 0.92 | -85.4 |
| 契税 | 4.78 | -46.1 |
| #非税收入 | 67.64 | 58.2 |
| 专项收入 | 2.62 | -14.6 |
| 行政事业收费收入 | 3.97 | -36.9 |
| 罚没收入 | 6.23 | -24.3 |
| 国有资源有偿使用收入 | 49.84 | 132.6 |

### 表10　2020年财政支出主要指标及其增长速度

| 指标名称 | 2020年（亿元） | 比上年增长（%） |
|---|---|---|
| 公共财政预算支出 | 407.93 | 6.2 |
| #一般公共服务 | 38.28 | -23.5 |
| 国防支出 | 0.22 | 29.8 |
| 公共安全支出 | 15.94 | 0.22 |
| 教育 | 93.97 | 7.3 |
| 科学技术支出 | 9.88 | 16.9 |
| 文化旅游体育与传媒支出 | 5.53 | -14.0 |
| 社会保障与就业 | 42.65 | 15.2 |
| 医疗卫生支出 | 40.59 | 8.9 |
| 节能环保支出 | 13.85 | -16.0 |
| 城乡社区事务支出 | 14.92 | -36.8 |
| 农林水事务支出 | 71.80 | 32.3 |
| 交通运输支出 | 5.44 | -16.0 |
| 自然资源海洋气象等支出 | 3.13 | 27.2 |
| 粮油物资储备支出 | 1.28 | 29.3 |
| 其他支出 | 1.03 | -40.8 |

全年全州一般公共预算支出407.93亿元，比上年增长6.2%。其中，教育支出93.97亿元，增长7.3%；农林水事务支出71.89亿元，增长32.3%；社会保障与就业支出42.65亿元，增长15.2%。

年末全州金融机构人民币各项存款余额1501.55亿元，比年初增加26.72亿元。其中，住户存款余额831.28亿元，增加71.87亿元。金融机构人民币各项贷款余额1575.61亿元，增加199.58亿元。其中，住户贷款余额723.34亿元，增加85.09亿元。

全年全州通过境内市场筹资8.08亿元，其中股票市场筹资5.14亿元，债券市场筹资2.94亿元。证券、期货成交金额356.1亿元。

全年全州保险公司原保险保费收入29.28亿元，比上年增长12.6%。其中，财产险保费收入15.42亿元，人身险保费收入13.86亿元。赔付支出12.96亿元，比上年增长12.0%。其中，财产险业务赔款7.77亿元，人身险5.19亿元。

### 十一、人民生活

按常住地分，全年全州城镇居民人均可支配收入35154元，增长5.5%；农村居民人均可支配收入11441元，增长8.6%。

全年全州城镇居民人均消费支出22536元，增长5.0%；农村居民人均消费支出10810元，增长9.8%。

年末全州每百户城镇居民家庭拥有热水器98台，移动电话297部，彩色电视108台，电冰箱106台，洗衣机105台；每百户农村居民家庭拥有热水器62台，移动电话309部，彩色电视机100台，电冰箱95台，洗衣机95台。

### 表11　2020年年末金融机构人民币各项存贷款余额

| 指标名称 | 绝对数（亿元） | 比年初增加（亿元） |
|---|---|---|
| 各项存款余额 | 1501.55 | 26.72 |
| # 境内存款 | 1501.49 | 26.73 |
| 住户存款 | 831.28 | 71.87 |
| 非金融企业存款 | 339.80 | -0.53 |
| 财政性存款 | 11.82 | -0.09 |
| 机关团体存款 | 279.59 | -51.42 |
| 非银行业金融机构存款 | 39.01 | 6.91 |
| 各项贷款余额 | 1575.61 | 199.58 |
| # 境内贷款 | 1575.59 | 199.58 |
| 住户贷款 | 723.34 | 85.09 |
| 短期贷款 | 361.37 | 55.93 |
| 中长期贷款 | 361.97 | 29.16 |
| 企（事）业单位贷款 | 852.25 | 114.49 |
| 短期贷款 | 68.58 | -2.54 |
| 中长期贷款 | 780.52 | 117.84 |
| 票据融资 | 3.15 | -0.81 |
| 各项垫款 | 0.00 | 0.00 |

### 表12　2020年保险业主要经营状况简表

| 指标项目 | 本年累计（亿元） | 比上年增长（%） |
|---|---|---|
| 一、原保险保费收入 | 29.28 | 12.6 |
| 1. 财产险 | 15.42 | 5.6 |
| 其中：机动车辆保险 | 12.30 | 5.8 |
| 2. 人身险 | 13.86 | 21.5 |
| 人寿保险 | 7.09 | 4.1 |
| 健康保险 | 5.57 | 54.1 |
| 意外伤害保险 | 1.20 | 23.0 |
| 二、赔付支出 | 12.96 | 12.0 |
| 1. 财产险 | 7.77 | 9.5 |
| 其中：机动车辆保险 | 5.72 | 6.4 |
| 2. 人身险 | 5.19 | 15.9 |
| 人寿保险 | 1.21 | -3.4 |
| 健康保险 | 3.63 | 25.6 |
| 意外伤害保险 | 0.35 | 4.5 |

**表13　2020年城乡常住居民人均可支配收入构成情况**

| 指标名称 | 绝对数（元） |
| --- | --- |
| 城镇常住居民人均可支配收入 | 35154 |
| 工资性收入 | 20371 |
| 经营净收入 | 8094 |
| 财产净收入 | 2819 |
| 转移净收入 | 3870 |
| 农村常住居民人均可支配收入 | 11441 |
| 工资性收入 | 4769 |
| 经营净收入 | 4210 |
| 财产净收入 | 58 |
| 转移净收入 | 2405 |

**表14　2020年年末每百户居民家用耐用消费品拥有量**

| 指标名称（单位） | 绝对数 |
| --- | --- |
| 热水器（台） | 98 |
| 空调（台） | 26 |
| 计算机（台） | 60 |
| 移动电话（部） | 297 |
| 彩色电视机（台） | 108 |
| 电冰箱（柜）（台） | 106 |
| 摩托车（辆） | 69 |
| 洗衣机（台） | 105 |
| 热水器（台） | 62 |
| 空调（台） | 5 |
| 计算机（台） | 18 |
| 移动电话（部） | 309 |
| 彩色电视机（台） | 100 |
| 电冰箱（柜）（台） | 95 |
| 摩托车（辆） | 80 |
| 洗衣机（台） | 95 |

年末城镇常住居民人均现住房面积39.8平方米，农村常住居民人均现住房面积38.0平方米。

### 十二、社会保障

年末全州城乡居民基本养老保险参保人数191.11万人，比上年末增长0.5%。城镇职工基本养老保险参保人数25.59万人，增长13.6%。失业保险参保人数16.75万人，增长25.0%。城乡居民基本医疗保险参保人数302.75万人，增长2.9%。工伤保险参保人数23.82万人，增长10.0%。其中，农民工参保人数7.46万人，增长21.7%。生育保险参保人数23.89万人，增长42.2%。

年末全州共有6.87万人享受城市居民最低生活保障，比上年增长20.7%；19.08万人享受农村居民最低生活保障，下降4.3%。年末全州共计救助流浪乞讨人员1095人，养老服务机构集中供养老人978人次。

年末全州销售社会福利彩票1.57亿元，比上年下降16.8%；筹集社会福利资金2355万元。

### 十三、科学技术和教育

全年全州签订技术合同149项，比上年增长58.5%；合同成交金额17.62亿元，下降20.2%；取得厅级以上科技成果59项，增长391.7%。申请专利2039件，增长14.6%；授权专利1471件，增长22.9%。

年末全州拥有普通高等教育学校2所（兴义民族师范学院、黔西南民族职业技术学院），招生7583人，在校生22280人；普通高中招生30934人，在校生91086人；中等职业学校11所（不含黔西南民族职业技术学院中专学校），招生14312人，在校生30493人；初中招生53702人，在校生169694人；普通小学招生52033人，在校生335446人；特殊教育招生506人，在校生3172人；幼儿园在园幼儿数125500人。九年义务教育巩固率95.0%，高中阶段毛入学率92.5%。

### 十四、卫生健康和体育

年末全州拥有医疗卫生机构

2329个，其中，卫生机构床位数20074张，卫生机构人员27623人，卫生技术人员21483人。执业（助理）医师6905人，其中，执业医师5198人，助理医师1707人。

**表15　2019、2020年年末卫生基本情况**

| 指标名称（单位） | 2020年 | 比上年末增加（%） |
|---|---|---|
| 卫生机构数（个） | 2329 | 7.9 |
| 卫生机构床位数（张） | 20074 | 8.3 |
| 卫生机构人员数（人） | 27623 | 9.1 |
| 卫生技术人员数（人） | 21483 | 10.7 |

全州参加2020年贵州青少年锦标赛拳击、跆拳道、武术散打、武术套路、击剑、摔跤、举重等18个大项比赛，共获金牌33枚、银牌31枚、铜牌43枚。培育3所体育传统项目学校、2所体育试点学校和6个运动培训基地。全年完成94个村级“农体工程”、8个乡镇级“农体工程”、242套“路径工程”，对50公里健身绿道进行升级改造。

## 十五、生态环境

全年全州完成人工造林46640公顷，森林覆盖率61.2%。全年木材采伐量为85.40万立方米，比上年减少5.7%。年末全州共有20个自然保护地，其中，9个自然保护区（州级4个，县级5个）；6个国家级湿地公园；4个森林公园（国家级1个，州级3个）；1个地质公园。全州已批复的自然保护地和风景名胜区总面积14.93万公顷，占全州面积8.9%。

全年全州水、气、土、声、重金属、核辐射各项指标均达到预定目标，生态环境指数为“良”。纳入“水十条”考核的16个地表水考核断面水质优良率保持100%。地级集中式饮用水水源地水质达标率100%，县城集中式饮用水水源地水质达标率100%。全州各县级城市环境空气质量等级为二级；全州环境空气质量为二级，优良率为99.9%，比上年上升0.5个百分点，综合指数为2.06，比上年下降6.4%，空气质量有所改善。

全年全州持续开展“守护多彩贵州·严打环境犯罪”执法专项行动，共查办环境违法案件107件，罚款金额1361余万元。145个农村千人以上饮用水源保护区完成划定，科学调整、取消6个，31个农村饮用水源环境突出问题得到整治。全年妥善处置群众环境信访诉求235件。技术评估建设项目环境影响评价文件538个，审批建设项目环评578个，竣工验收355个，登记表备案1292个，核发排污许可证426个。

**注释：**

1. 本公报中数据均为初步统计数。

2. 2020年开展第七次全国人口普查，相关数据以发布的《第七次全国人口普查公报》为准，本公报中不再单独发布人口相关数据。

3. 地区生产总值、规模以上工业增加值及其分类项目增长速度按可比价计算，为实际增长速度；其他指标除特殊说明外，按现价计算，为名义增长速度。根据第四次全国经济普查结果，对地区生产总值相关指标的历史数据进行了修订。

4. 地区生产总值是指一个地区内所有常住单位在一定时期内生产的全部最终产品和服务的价值总和。

5. 2016年后，建档立卡贫困人口登记开展动态调整，存在新识别、返贫、人口自然增减影响，上下年度数据与减少贫困人口数据不闭合。

6. 规模以上工业的统计范围为年主营业务收入2000万元及以上的工业企业。

7. 固定资产投资（不含农户）是指以货币形式表现的在一定时期内完成的建造和购置固定资产的工作量以及与此有关的费用的总称。固定资产投资（不含农户）的统计范围为计划总投资500万元以上的固定资产项目投资及所有房地产开发项目投资。

8. 社会消费品零售统计中限额以上单位是指年主营业务收入2000万元及以上的批发业企业（单位）、500万元及以上的零售业企业（单位）、200万元及以上的住宿和餐饮业企业（单位）。

9. 社会消费品零售包括实物商品网上零售，不包括非实物商品网上零售。

10. 居民消费价格指数是指反映一定时期内城乡居民所购买的生活消费品价格和服务项目价格变动趋势和程度的相对数。

11. 部分数据因四舍五入的原因，存在总计与分项合计不等的情况。

**资料来源：**

本公报中就业、登记失业率、社会保障等数据来自州人力资源社会保障局；农村地区建档立卡贫困人口及贫困发生率数据来自州扶贫办；水产品产量数据来自州农业农村局；市场主体、专利数据来自州市场监管局；进出口数据来自州商务局；公路运输、水运数据来自州交通运输局；铁路运输数据来自州发改委；民航数据来自兴义万峰林机场；邮政数据来自州邮政管理局；电信数据来自州工业和信息化局；财政数据来自州财政局；货币金融数据来自州人行；证券期货数据来自州金融办；保险数据来自中国银行保险监督管理委员会贵州监管局；医疗保险数据来自州医疗保障局；城乡低保、社会服务数据来自州民政局；旅游、艺术表演团体、场馆数据，电视、广播数据来自州文化广电旅游局；教育数据来自州教育局；科技数据来自州科技局；医疗卫生数据来自州卫生健康局；体育数据来自州体育局；造林面积、森林覆盖率、自然保护区数据来自州林业局；环境数据来自州生态环境局。

2020年8月14日，铁匠街渐变成黄金珠宝首饰一条街　　（邢贵龙　摄）

# 索 引

1. 本索引采用主题分析法编制。索引范围全书条目和各部类具体内容，书中“特载”“州情概览”“大事记”“附录”内容和条目多次出现如“概况”等，未做索引。

2. 本索引按主题词首字汉语拼音音序排列，若首字拼音相同则按第二字音序排列，以此类推。非音序集中列在本索引末。

3.索引由主题词和位置组成，索引中的 a、b、c 表示主题内容在该页码的栏别（从左到右）。

## A



## B

## C

## D

# G

## M



## N

## P



## Q

## R



## S

## T

## W



## X

## Z

## 非音序